国家社科基金
GUOJIA SHEKE JIJIN HOUQI ZIZHU XIANGMU
后期资助项目

U0802611

信息科学：概念、体系与展望

Information Science : Concept, System and Perspective

闫学杉 著

科学出版社
北京

图书在版编目（CIP）数据

信息科学：概念、体系与展望 / 闫学杉著. —北京：科学出版社，2016.3

ISBN 978-7-03-047704-0

I. ①信… II. ①闫… III. ①信息学-研究 IV. ①G201

中国版本图书馆 CIP 资料核字（2016）第 049412 号

责任编辑：牛　玲　卜　新 / 责任校对：张怡君　钟　洋
责任印制：李　彤 / 封面设计：无极书装

联系电话：010-64035853
电子邮箱：houjunlin@mail.sciencep.com

科学出版社 出版
北京东黄城根北街 16 号
邮政编码：100717
http://www.sciencep.com

北京凌奇印刷有限责任公司 印刷
科学出版社发行　各地新华书店经销

*

2016 年 3 月第　一　版　开本：720×1000 1/16
2021 年 8 月第五次印刷　印张：47 1/4
字数：850 000

定价：198.00 元

（如有印装质量问题，我社负责调换）

前　言

当今，世界上一共存在着两种信息科学：一种是唯信主义信息科学，一种是唯物主义信息科学。

唯信主义的信息科学观是：万物是由信息组成的，世界的统一性在于它的信息性，信息是物质的。唯信主义信息科学的核心理念，是 1989 年由物理学家惠勒提出的[①]，它已成为近年来物理学中逐渐兴起的弦网凝聚态理论研究的基础。弦网凝聚态研究的最终目的是解释万物的起源问题，手段是希望把所有的基本粒子，包括光子和电子甚至引力和空间都统一进来。弦网凝聚态理论认为，基本粒子是量子比特的波动涡旋，它的性质和规律起源于量子比特的组织和结构[②]。唯信主义信息科学的哲学基础是唯信主义。

唯物主义的信息科学观是：自然界的某些物质单元之间存在着通信问题，这些物质单元的大部分还能够处理信息。信息不能裸露存在，它必须以某种物质载体为其存在方式。[③]载体是分层的：一级载体叫符号，二级载体叫底物。根据信息类型的不同，载体的层数可能有所不同。有的信息用两层就够了，如人类信息。有的信息需要多层，如遗传信息。唯物主义信息科学的哲学基础是唯物主义。

本书研究的是唯物主义信息科学。在唯物主义信息科学中，所有的信息研究都包含着两个基本的信息操控问题："传输"和"处理"。1948 年，香农的著名论文《通信的数学理论》[④]问世，它标志着之前有关信息传输技术的零星研究开始走向一门系统的"通信科学"。尽管世界上第一

---

① 约翰·阿奇博尔德·惠勒. 宇宙逍遥. 田松，南宫梅芳译. 北京：北京理工大学出版社. 2006: 329-349.

② 潘颖. 文小刚（上）：物理学新的革命. http://chuansong.me/n/1098981 [2015-10-31].

③ 苗东升. 信息载体研究//马蔼乃, 姜璐, 苗东升, 等编. 信息科学交叉研究. 杭州：浙江教育出版社. 2007: 133-138.

④ 申农 C E. 通信的数学理论. 沈永朝译//上海市科学技术编译馆编. 信息论理论基础. 上海：上海市科学技术编译馆, 1965.

台电子计算机在1946年就已问世，但“计算机科学”这一术语直到1963年才在美国的斯坦福大学出现。自此，基于技术角度对信息的“传输”和“处理”进行研究的这两门学科——通信科学和计算机科学——全部问世。在《通信的数学理论》发表11年后，美国宾夕法尼亚大学莫尔电子工程学院于1959年首次提出了“信息科学”的概念，①并于1963年在美国西北大学召开的一次世界大会上将其正式命名为“计算机信息科学”。②美国图书馆学会于1968年又提出了一种信息科学：“图书馆信息科学”。③一年之后，中国学者钟义信于1969年又独立提出了一种信息科学：“通信论信息科学”。④至此，世界上一共出现了三种不同的信息科学流派。

世界上第一部《信息学原理》是于1965年在苏联用俄语写成的⑤。6年以后，一部英文版的《信息科学导论》在美国问世⑥。这两部著作都是图书馆信息科学家智慧的结晶。然而，信息概念并不是图书馆学的专利，它根植于普遍的社会现象，流行于信息技术科学，渗透于所有的科学学科。有鉴于此，一部范围应该涵盖所有信息问题的信息科学理论终会问世。历经20年的艰辛探索，钟义信以他坚韧的毅力，终于在1988年完成了世界上第一部以扩展了的香农信息论为基础的信息科学专著——《信息科学原理》⑦。它是一部意欲解决所有信息问题的基础性信息科学研究成果，作者在1996年阐释这一行动的宏大意蕴时是这样说的：

> 人类社会，以其持续增长的加速度，由既往奔向未来：百万年蒙昧，数万年游牧，几千年农耕，几百年工商；如今，正经历一场前所未有的巨变，由工业时代迈向信息时代！……物质、能量、信息，是人类可资利用的三项战略资源：物质可以被加工成为材料，能量可以被转换为动力，信息则可以被提炼为知识和智慧。……现代人类正在学会综合利用物质、能量和信息三种资源，这种历史性的进步，分别导致了古代人力工具、近代动力工具和现代智力工具的出现，推动着古代农业社会生产力向近代工业社会生产力再向现代信息社会生产

---

① Wellisch Hans. From Information Science to Informatics. *Journal of Librarianship*, 1972, 4(3): 164-187.

② 信息与控制编辑部. 计算机科学——计算机与当代信息科学. 信息与控制，1978, (3-4): 119.

③ Machlup F, Mansfield U. Cultural Diversity in Studies of Information//Machlup F, Mansfield U. ed. The *Study of Information:Interdisciplinary Messages*. New York:John Wiley & Sons. 1983:21.

④ 余有成. 智能奥秘探寻记. 香港: 香港文汇出版社. 2012: 51.

⑤ Михайлов А И, Чёрный А И, Гиляревский Р С. *Основы Информатики, Изд. 2-е, Перер.* и Дополн. М.: Наука. 1965.

⑥ Saracevic T. ed. *Introduction to Information Science*. New York: R. R. Bowker. 1970.

⑦ 钟义信. 信息科学原理. 福州: 福建人民出版社. 1988.

力转化飞跃。①

除了类似钟义信的这种面向所有信息但偏向理论的研究不断取得进步外，偏向技术的信息研究学科也在世界各国大踏步地前进。以中国为例，2001 年，代表中国自然科学界最高学术地位的《中国科学》杂志开始出版它的分卷《中国科学 F 辑：信息科学》②。一部由 61 位学者联合完成的《10000 个科学难题：信息科学卷》③也于 2011 年在北京问世。

但是，上述轰轰烈烈的“信息科学”行动，是否就意味着一个合理的信息科学研究范式已经上路？答案是否定的。国际学术界并不完全承认上述所谓的信息科学研究结果，不认为它们就代表着一门真正的信息科学已经问世。1982 年，美国普林斯顿大学的马克卢普以一个知识经济学家的眼光，首先对计算机信息科学和图书馆信息科学是否就是合格的信息科学提出了质疑。他的看法是：人类智慧已经证明：一个没有单一实质性研究对象的科学学科终将失去它的内在动力④。

1994 年，一批来自欧洲科学界的“小人物”聚集在靠近波兰的德国小城科特布斯，就信息科学面临的各种新问题试图勾画出一种信息科学新思维，并计划发展一门包括所有信息问题在内的“统一信息科学”⑤。接下来，以这种认识为基础，这些研究者在马德里（1994）、维也纳（1996）、巴黎（2005）、北京（2010）、莫斯科（2013）、维也纳（2015）反复聚会，就上述目标进行了一而再、再而三的讨论。同时，来自北京地区的一批怀有同样看法的怀疑论者，也于 2000 年冬开始聚集在北京大学，就信息科学的上述问题进行了为期长达 10 年的研究。但国内外所有学者付出的这些努力，却还没有什么公认的成果问世。什么是信息科学？如何找到它的正确答案，它已是一个世界性难题。

无疑，我们已经生活在一个以“信息”为特殊标志的时代，人们把它称作“信息时代”。在信息时代，以“信息”为研究对象的科学，也无疑会成为一个趋附者众的分支。但是，要让上述各类对信息问题具有特别兴趣的人确切地说一说信息科学应该研究什么，相信绝大多数人都无法解释

① 钟义信. 信息时代宣言. 今日电子论坛, 1996-7-25.

② 中国科学 F 辑：信息科学. http://info.scichina.com/sciF/CN/volumn/home.shtml [2015-10-11].

③ “10000 个科学难题”信息科学编委会. 10000 个科学难题：信息科学卷. 北京：科学出版社. 2011.

④ Machlup F, Mansfield U. Cultural Diversity in Studies of Information//Machlup F, Mansfield U. ed. *The Study of Information: Interdisciplinary Messages*. New York: John Wiley & Sons. 1983: 21.

⑤ Kornwachs K, Jacoby K. *Information: New Question to a Multidisciplinary Concept*. Berlin: Akademie Verlag GmbH. 1996.

清楚。如果你偶尔得到了答案，结果多半会说它是研究计算机理论或计算机应用的，或者说它是研究人工智能的。有人会说它是研究通信技术或通信理论的；有人认为它是研究包括计算机、通信、自动化、电子、生物技术中所有信息问题在内的一门综合性学科。各种答案使人莫衷一是。对信息科学具有不同解释特权的各色人士，虽然看似完成了自己的使命，但这种使命给他们各自心灵深处带来不安唯其自知。

在中国，位于北京中关村北部的国家自然科学基金委员会下设一个庞大的信息科学部。根据该部的看法，信息科学是由计算机科学、自动化科学、电子与信息系统、光学与光电子学、半导体与信息器件等五个学科组成的一个学科群①。离它不远就是著名的清华大学。清华大学信息科学技术学院把清华园里的电子科学、计算机科学、自动化科学等学科统统划归名下②。和清华大学毗邻而居的是北京大学，其信息科学技术学院的结构和清华大学信息科学技术学院的结构基本相似③。不过，在它下面还有一个著名的信息科学中心，其主要兴趣在人工智能、互联网的应用或一般智能科学方面④。另一个信息科学系则是北京大学数学科学学院下的一个分支，其中心任务是用数学模型和理论来解决信息技术领域的有关问题⑤；距北京大学以南 2 公里的是中国人民大学，其信息学院的研究范围包括数学、计算机科学、计算机在经济信息管理中的应用⑥。从该校向东望去，不到 5 公里就是秉承“学为人师，行为世范”校训的北京师范大学。在这所大学里，研究传统图书管理的图书馆学——它至今在美国等西方国家仍旧代表着起源于图书馆学的一个信息科学学派——曾一度更名为信息技术与管理学，之后被划归到校园中的信息科学与技术学院，从而和无线电电子学、计算机科学并列。设计者曾认为，这种“信息科学”将会是一个稳固的三角结构：理论、应用、管理。即设想让电子学系和计算机科学系来研究信息科学的理论与技术，让信息技术与管理学系来研究信息技术的管理和应用。但这种表面上都以“信息”为荣的三编信息科学——编码、编程、编目实际上是没有共同语言的。无线电电子学的重点在于信号的编码，计算机科学的重点在于指令的编程，图书馆学的重点在于图书的编目。

---

① 国家自然科学基金委员会信息科学部. http://www.nsfc.gov.cn/nsfc/cen/jgsz/13xx.htm [2015-11-31].

② 清华大学信息科学技术学院. http://www.sist.tsinghua.edu.cn/docinfo [2015-11-31].

③ 北京大学信息科学技术学院. http://eecs.pku.edu.cn [2015-11-31].

④ 北京大学信息科学技术学院信息科学中心. http://eecs.pku.edu.cn/index.aspx?menuid=5&type=articleinfo&lanmuid=86&infoid=236&language=cn [2015-11-31].

⑤ 北京大学数学学院信息科学系. http://www.is.pku.edu.cn [2015-11-31].

⑥ 中国人民大学信息学院. http://info.ruc.edu.cn [2015-11-31].

几度周折，2001 年，信息技术与管理学系转并管理学院，2013 年又并入政府管理学院，与行政管理、组织与人类资源管理、管理科学与工程等学科结成了一个松散的联盟[①]。与北京师范大学仅有一街之隔的北京邮电大学，一直被誉为培养通信工程师的摇篮，诞生在这里的一个独特的信息科学体系尽管成绩卓著，但校方并不乐意将其接纳为自己的一个正统分子。放眼望去，在世界各国大学里，主流的信息科学院系都是由计算机技术研究或通信技术研究组成的。在美国等不少国家，许多高举信息科学大旗的院系，实际上仍是图书馆学的化身。北京中关村地区对信息科学理解的混乱，正是目前世界范围内信息科学研究和教育混乱局面的一个缩影。

研究和教育方面的混乱，必然伴随着出版物方面的混乱。在荷兰，一份《信息科学国际杂志》[②]是由计算机信息科学家主办的；在美国，具有国际影响力的《信息科学与技术杂志》是由图书馆信息科学家主办的[③]。在英文出版物中，标有《信息科学》字样的专著，差不多都出自图书馆信息科学领域的研究者。2006 年，美国斯坦福大学出版的一部巨著《信息科学》，其内容是关于信息论、经济学、密码学、计算机科学、通信科学的叙述，核心直指信息和价格理论的关系问题[④]。除了前述的《中国科学 F 辑》是信息科学专辑之外，武汉大学和吉林大学的学报，除了出版常规的“自然科学版”和“哲学社会科学版”之外，也出版专门的“信息科学版”，但其内容仍局限在信息技术方面[⑤⑥]。按照常规的理解，“科学”和“技术”是两个不同的概念，由此产生的理论科学和技术科学也必然是不同的两门科学。但一般意义上的“信息科学”到底是一门“理论科学”，还是一门“技术科学”，抑或是一门“管理科学”？谁是信息科学的真正代表？“信息技术”和“信息科学”是一回事吗？如若不是，为什么我们却把它们视为同物，并在科学家中大行其道？怀疑和逻辑既是科学家的基本特质，也是他们的崇高使命。除了欧洲那批科学界的“小人物”，以及北京地区同样的一批科学界“小人物”关注了这些问题之外，全球成千上

① 北京师范大学政府管理学院信息管理与信息系统专业. http://www.sg.bnu.edu.cn/viewthis.jsp?ItemID=33 [2015-11-31].

② Information Sciences: Informatics and Computer Science, Intelligent Systems Applications. An International Journal. http://www.journals.elsevier.com/information-sciences [2013-3-25].

③ Journal of the Association for Information Science and Technology. https://www.asist.org/publications/jasist [2015-11-31].

④ Luenberger D G. *Information Science*. Princeton: Princeton University Press. 2006.

⑤ 武汉大学学报信息科学版. http://ch.whu.edu.cn/CN/volumn/home.shtml [2015-11-31].

⑥ 吉林大学学报信息科学版. http://xuebao.jlu.edu.cn/xxb/CN/volumn/home.shtml [2015-11-31].

万的“信息科学家”几乎都对此视而不见。

类似的困惑还来自大部分人文与社会科学家。语言学家会问：如果自然语言是承载和传播信息的媒介的话，那么计算机科学家和通信科学家所说的“信息”与语言学家所说的“信息”相干吗？心理学家和传播学家也会有相同的困惑。在经济学界，1994 年度、1996 年度、2001 年度及以后不少年度的诺贝尔经济学奖曾被颁给不少信息经济学研究者，但上述“信息科学”研究是否已经使经济学家心悦诚服地相信，经济学和计算机科学或电子学已经建立起了密切的联姻？博弈论已经成功地引进了“比特”的概念吗？答案都是否定的。更使人感到困惑的是，以媒体从业人员为代表的普通大众所理解的“信息”和上述“信息科学家”所研究的“信息”根本就不是一回事。

新近同“信息”研究发生了联系的一批自然科学工作者也会有同样的困惑。从事神经和内分泌研究的生物学家，十分希望从一般的信息科学理论中得到关于“信息”的普通说明，以帮助他们解释细胞之间“信息”的传输规律问题，可他们根本就看不到香农信息论或计算机中央处理器芯片发展的摩尔定律对他们的工作有什么指导意义。即使是对计算机科学具有强烈依赖关系的基因组学，也无法从上述所谓的信息科学成果里获得任何有关基因解码的启示。这些研究者最后也只能一边自己进行程序设计，一边借助互联网上提供的生物数据库来确认各种基因的生物学含义，而不是借用什么现成的信息科学理论来解释核苷酸链上的碱基排列与组合规律。从事超分子识别和组装研究的化学信息学研究者，也理所当然地对这些已经存在的“信息科学”深表失望。

国际学术界对信息科学理解的混乱、信息科学理论和信息应用实践之间的脱节，迫使我们有必要对信息科学的研究状况进行一个系统的考察，以期为解决这些混乱铺平道路。有鉴于此，我们必须从信息概念的语源学考察做起，对 1948 年维纳的控制论①和香农的信息论②问世之后逐渐建立起来的主要信息研究分支进行解剖，特别是对 20 世纪后半叶逐渐问世的 200 余门所谓的“信息理论”或“信息论”、“信息科学”或“信息学”进行分析，总结它们各自的历史、成就、问题。对 20 世纪 90 年代以来世界上兴起的统一信息科学思潮的起源、历史、现状，以及有关这一思潮的

① 维纳 N. 控制论：或关于在动物和机器中控制和通信的科学（第 2 版）. 郝季仁译. 北京：科学出版社. 1963.

② 申农 C E. 通信的数学理论. 沈永朝译//上海市科学技术编译馆编. 信息论理论基础. 上海：上海市科学技术编译馆, 1965.

基础性文献进行叙述和点评，最后对信息科学未来的发展进行展望。这样的努力需要涵盖当今所有的信息研究学科，它是基础信息科学应该关注的一个基本方向。开展这样的研究，有利于读者全面了解当代信息科学，并对在 20 世纪中叶兴起，却在末叶开始消沉的信息科学研究有所激励。

到目前为止，控制论和信息论问世已经跨越半个多世纪，两论为促进 20 世纪后半叶以来科学的繁荣立下了卓然的丰碑。我们试想，如果没有维纳和香农，不知道克里克是否还能够提出遗传信息流动的“中心法则”?因为薛定谔 1943 年在都柏林的《生命是什么？》[①]演讲中虽然提到了“信息”，但它和后来遗传学中使用的“信息”概念毫不相干。如果没有维纳和香农，莱恩是否还能够提出“化学信息”将成为一种揭示超分子之间相互作用的新方向？[②]纳什、泽尔腾、海萨尼、阿克洛夫、斯宾塞、斯蒂格利茨等是否还能够以博弈论为基础建立起信息经济学？这些人都在各自和信息相关的研究领域获得了诺贝尔奖。

回顾近代科学的发展史，很少有什么概念能够像信息这样，仅仅在半个多世纪就对人类的生活和思维，特别是科学工作者的思维产生了如此深邃的影响。它已经且仍将持续不断地引起人们对它的种种兴趣。但到目前为止，世界上还没有出现一个真正称得上是关于信息的通用理论，能使人们能够用它来合理地解释各种信息现象。信息是美妙的，但是否就一定存在着一个美妙的信息理论？不论人们对信息研究持一种什么样的态度，信息，与起源于信息传输的通信科学、起源于信息处理的计算机科学以及互联网技术一起，正在以剧烈的方式改变着人类生活和社会发展的方方面面。对这种改变表象背后隐藏的哲理进行分析，揭示出其动因所在，并最终使人类的认识和思维在信息的王国里能够自由地驰骋，并最后成为它的主宰，这就是信息研究者的最高使命。如果信息科学存在，它也许就隐藏在这一系列表象的背后，但它肯定不是一件轻易就能够被发现的瑰宝。

信息科学的探索是十分复杂的，主要原因在于信息概念应用的多元性和信息研究的多学科性。开始仅仅是一个单一的人文概念，在被不同学科，特别是电子通信研究引入后，首先出现了一个被认为是关于信息研究的新

① 埃尔温·薛定谔. 生命是什么?——活细胞的物理学观. 上海外国自然科学哲学著作编译组译. 上海: 上海人民出版社. 1973.

② Lehn J M. 超分子化学——概念和展望. 沈兴海, 等译；叶宪曾审校. 北京: 北京大学出版社. 2002: 208.

学科——信息论。随着信息概念应用领域的不断扩展，最后扩大为一个多学科信息论坛。如果我们希望一个真正的普通信息理论最终能够出现，且能够取得成功，至少需要两个条件作保障：第一，多学科的参与。真正的信息科学研究不仅需要通信科学研究者以及计算机科学研究者的参与，而且需要哲学研究者、语言学研究者、心理学研究者、艺术学研究者、社会学研究者、生物学研究者甚至经济学和化学等学科研究者的参与，每个学科的人都可能对它的建设做出有益的贡献。第二，概念的共识。要使不同知识背景的人能够聚集在一起，并对一些共性的信息问题进行富有成效的讨论，就需要有一个对话的基础平台，这就是对信息含义的共识，哪怕是简单的共识。

从 20 世纪中叶起，信息问题就一直是人们关注的热点，但它还会是 21 世纪继续被关注的热点吗？答案是肯定的。我们已经看到，在过去的 40 余年里，由瑞典皇家科学院所评定的诺贝尔奖的奖项中，表面上至少有 10 项与信息问题直接相关，而潜在的和信息相关的奖项比比皆是。例如，除了信息经济学之外，生理学或医学奖在过去很多年都曾授予那些从事信使理论研究的生物学和医学工作者，而信使理论是细胞通信理论中的基本问题。在中国，一部由一批中国科学家编写的《21 世纪 100 个科学难题》①，其中至少有 20 个难题和信息纠缠在一起；而由另一批学者编写的《21 世纪 100 个交叉科学难题》②，其中差不多有 50 个难题和信息有着直接联系。随着固定互联网和移动互联网在 21 世纪的更加普及，特别是移动互联网的日益崛起，更多的思想家会继续思考这样的问题：信息与人类社会的发展之间、信息与科学研究的开拓之间到底存在什么关系？回答清楚这些问题并非易事，同时它将还会成为不断诘难“信息科学家”的话题。按照物理学家戴维斯的话说，19 世纪是机械的世纪，20 世纪是信息的世纪，21 世纪是量子的世纪③。理解信息显然是 20 世纪的基本任务。我们现在已经迈进 21 世纪，并在其中度过 16 年的岁月。但到目前为止，我们对如何有效地理解信息，仍没有一个合适的答案；对怎样研究信息科学，仍没有一个正确的范式。这是一个历史的讽刺。

本书适度地提出了信息科学的一些新概念，贯穿于全书的最重要概念有四个：信器、自生成信息系统、群信息科学、有机主义信息科学。信器解释了信息的存在方式，自生成信息系统解释了为什么计算机科学

---

① 21 世纪 100 个科学难题编写组. 21 世纪 100 个科学难题. 长春：吉林人民出版社. 1998.

② 李喜先. 21 世纪 100 个交叉科学难题. 北京：科学出版社. 2005.

③ 安东尼・黑，帕特里克・沃尔特斯. 雷奕安译. 新量子世界. 长沙：湖南科学技术出版社, 2006: 3.

和通信科学不能成为基础性信息科学，群信息科学解释了为什么大统一信息科学近期不可能出现，有机主义信息科学则预测了信息科学未来的一种走向。

国际信息学学会副主席　闫学杉
（yxs@pku.edu.cn）
2016年2月于北京大学

致　谢

从某种意义上说，本书并不纯粹是一个人的努力成果，它实际上是以北京大学为基础的两个研讨班集体智慧的结晶。在北京大学校园里，1986～1988 年，由马希文教授和赵光武教授等一批著名学者组织的“人工智能与哲学问题研讨班”；2000～2010 年，由马蔼乃教授、冯国瑞教授和我一起组织的“交叉信息科学研究讨论班”。两个研讨班对信息科学在北京大学乃至中国的发展起到了良好的推进作用，因为在这里聚集着一大批对信息问题有着良好见解的优秀学者。在第一个研讨班里，我是作为秘书出现的。在第二个研讨班里，我是作为主办者之一出现的。因此，我有机会近距离和北京中关村地区乃至大陆和港台地区许多优秀的信息研究学者进行了面对面的接触，并从他们的报告中第一时间获得了许多关于信息研究的教育与启发。在研讨班的各种报告中，包括马希文教授（计算机科学）、赵光武教授（哲学）、吴允曾教授（数理逻辑学）、朱德熙教授（语言学）、王甦教授（认知心理学）、林建祥教授（计算机科学）、马蔼乃教授（地理科学）、苗东升教授（系统科学）、朱照宣教授（力学）、冯国瑞教授（哲学）、姜璐教授（系统科学）、罗先汉教授（天体物理学）等学者在内，大家都能站在各自学科的立场上，对信息问题提出许多独特的见解。因此，本书的内容已经无声地融进了这两个研讨班集体思考的成果，我所扮演的不过是这些优秀学者的执笔人而已。

特别感谢马希文教授，他是北京大学校园内公认的、具有卓越天赋的理论计算机科学家，同时在数学和语言学方面也有很深的造诣。他热情鼓励我对信息科学理论进行一次系统的探索，并推荐我去阅读早在 20 世纪 50 年代国际学术界发表的一批信息论研究文章。在他看到我于 1989 年完成的第一个信息科学研究纲领之后，立即给我开列了一个包括钱学森等教授在内的 40 余位中国优秀科学家名单，并要我尽快将这个纲领寄发给他们征求意见。后来我才知道，逝去的钱学森教授，实际上很早就希望从事信息科学的研究人员，能够尽早地对复杂的信息问题给出一个系统的解释。而马希文教授当时正在组织人力、物力，希望从情境语义学入手，计划探索计算机科学、语言学和信息科学之间的关系。这也许就是他为什么急于要我把一个看起来还十分粗糙，但尚有不少新意的信息科学研究纲领尽快地发给他们去征求意见的原因。但这个计划最终未能实现。

从 1999 年开始，在北京大学哲学系冯国瑞教授的热情引荐下，我有幸结识了北京大学地球与空间科学学院的马蔼乃教授。由于大家都对信息科学探索抱有浓厚的兴趣，最后由我们三人于 2000 年初在北京大学发起并组建了一个研究与学习小组：北京大学交叉信息科学研讨班。研讨班的核心成员主要来自北京地区几个著名院校对信息科学怀有浓厚兴趣的学者，但在 10 年的探索过程中，我们也陆续聘请了来自北京内外包括港台地区的许多优秀信息科学研究者，就信息科学的各种前沿问题做了数十场学术报告，这些工作产生了良好的社会反响，并引起了欧洲等地信息科学研究者的关注，最后于 2010 年秋在北京召开了第四届国际信息科学基础大会，在大会期间做出了组建“国际信息学会”的决定，而成立这一国际性的学术联盟，是世界范围内许多信息科学研究者多年的梦想。

尤其值得我一生感到荣幸的是，在第一个研讨班里，我有幸在两年时间里亲耳聆听了有着北京大学第一神童之称的马希文教授的许多发言；在第二个研讨班里，我又和有着北京大学第二神童之称的朱照宣教授一起相聚了十年。他们两人是北京大学公认的一对杰出学者，且都是数学学科出身并同时通晓多门外国语言。马希文教授对任何一门学科的核心问题，仅用三言两语就能简洁地勾勒出其概貌；朱照宣教授对任何一个难题，除了能迅速地给出自己的独特见解之外，还能够在不久之后就能提供一份精辟的科学考证。马希文教授给你启迪，朱照宣教授给你解惑。他们是人生难得的良师、难忘的益友。

本书的完成还融入了其他太多人的厚爱。感谢武汉大学严怡民教授，作为我的硕士研究生导师，他首先为我创造了一个得以继续我在大学时期就开始的、希望能对信息问题进行一个系统思考的平台；感谢清华大学赵立生教授、魏宏森教授、高景德前校长，是他们的热情推荐和果断决策，使我得以顺利地进入清华大学执教，并在那里对信息和语言的关系进行了思考；感谢北京大学前副校长、著名语言学家朱德熙教授，感谢北京大学著名理论计算机科学家马希文教授，在他们二人的关爱和感召下，我顺利转入北京大学计算语言学研究所工作，和他们二人一起共事了 6 年，并在那里认真思考了信息和计算机科学的关系。感谢王万宗教授，从 1994 年起，他又为我在北京大学信息管理系重新创造了一个信息科学的研究平台，这时我已开始转向思考信息和传播之间的关系问题。

冯国瑞教授是我在北京大学的忘年之交，2007 年因病被限制活动以后，久病卧床的他一边忍受着疾病的折磨，一边惦记着本书的进展，并不断给我提出各种鼓励和建议。北京理工大学物理学和物理信息学研究者邢修三教授也不断打来电话，督促我加快写作进展。在此谨以绵绵谢意，致予这些尊敬的长者。

早在 1988 年，马希文教授、朱德熙教授就和我进行专门的长谈，希望我在他们二位之中任选一位，让我完成一个博士学位。2005 年，马蔼乃教授又在电话中和我长谈，她愿意动员徐光宪院士和姜璐等 5 位教授，由他们专门为我成立一个博士研究生联合指导小组，让我完成一个博士学位。他们几位无疑都是我们国家在这个时代的杰出学者。他们的伟大胸襟，我会终生难忘。而婉拒这些善意，常让我深感内疚。但此时的我心已上路，是否有必要停下来，去读一个对自己的研究工作并不一定会有直接意义的博士学位，它对我已并不重要。人生苦短，每个人在历史长河中都不过是一个短暂的过客，而在这有限的时间里能够做出一件对科学和社会发展有意义的事情，并且是自己喜欢的事情，那么他的人生已经活得很精彩了。心灵的困境既已化作坚定，路上的辛酸也就不必再去多虑。维纳说过，科学不是一种事业，而是一种献身，我已深解其味。

在资料的提供方面，美国哈佛大学图书馆的高青女士，她越洋从哈佛校园给我提供了信息概念在早期英文应用中的一些珍贵资料；中国社会科学院文学研究所陈才智研究员，在分析信息一词的中文起源上帮助我进行了宝贵的考证；北京大学中文系计壁瑞教授，在帮助我理解一些和信息相关的古诗词方面也提供了许多指导。书中所参考的庞大数量的外文文献，包括图书、文章、网论，除了原文之外，在翻译出来的资料中，虽然主要是由我完成的，但数年来曾在我的研究生课程中听课的梅占武、李晓栓等同学们，也铢积寸累地给予了许多帮助，在此一并向他们表示谢忱。

感谢信息科学基础探索的国际同行，他们对这一工作提供了许多宝贵的支持。国际传播学会前主席克里彭多夫教授，将自己在信息论研究和内容分析法研究方面的最新专著赠我。英国信息科学研究者斯托尼尔教授，将他的“信息科学三部曲”及时赠我。这些宝贵的资料，为我早期的研究提供了及时的参考。我在国际信息学会的同事——来自奥地利的、首先提出“统一信息理论”概念的国际信息学会前主席霍夫基尔奇纳教授，以及永远充满深邃见解，并提出了著名的“信息概念三难困境”的德国信息科学研究者卡普罗教授——对我在研究中碰到的那些和他们工作有关的问题都是有问必答，这对我完成这一工作帮助巨大。本书对信息科学发展提出的一些新见解有些都直接来自西班牙马里胡安研究员的一系列思想。霍夫基尔奇纳教授、卡普罗教授、马里胡安研究员是当今活跃在欧洲信息科学研究前沿最优秀的三位学者，同他们的密切接触，为本书质量保持在国际前沿水平提供了基础性保障，我对他们表示衷心的感谢。

就信息科学研究而言，我的理解融入了许多人文思考。在信息和心理学的关系方面，王甦教授很早就推荐我去阅读林赛的人类信息加工理论。在信息和语言学的关系方面，朱德熙教授和马希文教授在中国语言学界的翘楚地位人所共知。在北京大学计算语言学研究所工作的日子里，作为同事，他们在语言学方面的学养早已沐浴我心。在信息和传播的关系方面，虽然我从 1985 年起就开始关注这方面的研究，但那时的传播学学科对中国学者来说仍是一个陌生的领域。为筹备在北京大学成立信息与传播学院（即现新闻与传播学院），从 1993 年开始，我就和走在亚洲传播学前沿的台湾传播学者开始了频繁的交流，并从他们那里获得了许多启蒙性教育和指导。我非常怀念台湾政治大学传播学院前院长王石番教授、前院长翁秀琪教授、新闻学前辈李瞻教授、资深学者陈世敏教授、兴趣广泛的冯建三教授、永远充满活力的臧国仁教授及夫人蔡琰教授。王石番教授无私地向我提供了台湾传播学研究现状的大量资料和自己的内容分析法方面的著作，并把我的注意力引向了日本东京大学的交叉信息科学研究。李瞻教授代表吉星福张振芳文教基金会，向北京大学新闻与传播学院及我个人赠送了 1300 余册当时在台湾出版的最新传播学图书。由于那时海峡两岸还没有实现直航，这些书籍需首先被运往日本福冈，然后转运到中国青岛，再运回北京。这些繁琐的事务，均由当时已届 70 岁高龄的李瞻教授亲自操办。在帮助我加深对传播学的理解中，在北京大学新闻与传播学院发展初期的建设中，这些书籍起到了重要的奠基作用。2002 年在台湾政治大学访问期间，在一个瑰丽多姿的明媚月夜，受臧国仁和冯建三等教授之邀，我们驱车越过政治大学的环山二道，然后攀援上一个高高的山顶。在一个岩壁旁的茶馆里，冯建三教授用他那娴熟的茶艺，让我们在一起愉快地品尝台湾香茗的同时，还畅想了如何深入开展海峡两岸传播学交流的未来。这些场景如今在我心中仍历历如初。此外，台湾世新大学新闻学系的李茂政教授、后来荣任该校校长的赖鼎铭教授对我提供的帮助也让我终生难忘。李茂政教授向我赠送了他撰写的大量传播学基础理论著作，赖鼎铭教授在提供出版便利和学术讲座方面表现出了世新大学的活力。同时，台湾

“中央研究院”资讯科学研究所谢清俊研究员热情邀请我访问“中央研究院”，并向我详细介绍台湾信息科学的发展状况，这给我的研究和写作也带来了很大的帮助。在我所接触的这些台湾学者中，他们都是那么的大气、清新、可爱、透明，我如今仍时常思念他们。

在研究经费和出版支持方面，北京大学研究生院、教务部、社会科学部在不同时期都给予了我不同额度的经费支持。而最重要的财政资助则来自国家社会科学基金后期资助项目。在此，我谨向北京大学和国家社会科学基金会的有关专家表示深深的感谢。

本书定稿之后，我之前的研究生姚学刚工程师首先通读了全稿，并提出了许多有益的修改建议。北京大学历史学系研究生余福海同学在历史信息学方面提供了参考文献。法国信息科学研究者布鲁纳帮我校对了英文目录。在此，向他们表示谢忱。

科学出版社的牛玲编辑，从 2009 年起就一直关注着本书的进展，她在编辑学方面的许多理念和追求令人钦佩。卜新编辑和他的工作团队高效和严谨的编辑工作使本书增色且快速出版。在此，对他们表示感谢。

目　　录

第二篇 对三组主要信息研究学科的述评

第三篇　信息研究中的若干争议性问题

Contents

第一篇

信息科学研究概况

第 1 章　信息概念的研究

信息的含义是什么？半个多世纪以来，它一直吸引着无数信息研究者的好奇心。据估计，到目前为止，包括各种专业的和业余的信息研究者在内，人们对信息已有超过 150 种的定义。尽管如此，我们还是没有找到一个可被普遍接受的选择。信息的定义问题得不到解决，基础信息科学研究的进展从某种程度上说仍会受到严重困扰。

造成信息定义问题如此困难的原因，主要源于信息概念应用的广泛性和扩展性。信息概念一开始仅应用于文学和人类生活方面，随着社会进步和人类思维的发展，它今天已经广泛地渗透到人文科学、社会科学、自然科学和一部分工程科学中。每当它渗入一个新领域时，信息概念的外延都有可能被扩展一次，而研究者就不得不去重新思考信息的内涵到底是什么。至于“什么信息问题才是信息科学应该研究的”，解决这样的问题其难度也在不断地增加。从另一方面来说，如果已经存在一个大家普遍承认的信息科学理论，那么，我们也可以尝试着用反演法来给信息进行定义。可是，这个条件目前也不存在。

对信息概念进行大规模的研究，在 20 世纪六七十年代的西方、八九十年代的中国都进行过，但最后的结果都是令人沮丧的。因为这一探索不但最终没有取得有效的成果，反而给人们留下一种消极的印象。一些人甚至曾经认为，信息科学研究不过是一种以讨论信息概念和定义为核心的空谈①，

---

① 作者 1986 年和北京大学一位著名学者谈起信息科学时，他说：“啊，信息科学不就是研究信息概念的吗！”在 20 世纪 80 年代中后期中国的学术界，对信息科学持有这种看法的人很多。根据钟义信的回忆，当他 1977 年提出建议在《国家中长期科学技术发展规划》中列入“信息科学”项目时，一些人还认为，“信息科学”就是有关“邮差送信”之类的事情，不值得研究。见：余有成. 智能奥秘探寻记. 香港：香港文汇出版社. 2012: 63. 根据马克卢普（Fritz Machlup）的回忆，当他在 20 世纪 80 年代向美国人解释说有好多学科事实上和信息科学有关时，那些人告诉他：“啊！我们从来还没听说过！”见：Machlup F, Mansfield U, *The Study of Information: Interdisciplinary Messages*. New York: John Wiley & Sons, 1983: 4.

结果使许多人对其不屑一顾[①]或敬而远之[②]。这种看法所留下的阴影，在很大程度上影响了20世纪80年代后半期甚至以后更长一段时间内人们对信息科学深入研究的热忱。信息概念应用的复杂性、多样性、模糊性，已经成为使信息科学研究裹足不前的一大障碍。

从词汇发生学的角度来看，不论在东方还是西方，“信息”一词都不是一个新概念。它源远流长，历久弥新。从应用范围上说，信息概念最初的使用仅星星点点，而大范围被各界使用并进入学术研究领域，是在1948年控制论和信息论问世之后才发生的事情，加速应用则肇始于20世纪80年代中期计算机应用的普及，更借助于通信技术不断推陈出新的东风，在20世纪90年代中期互联网大范围投入使用之后开始遍地开花。今天，从市井平民到山村耕夫，从天体物理到宗教禅学，人们无时无刻不在谈论信息，它的广泛应用已经变成了这个时代的一种文化，并成为我们思维的一种基因。有鉴于此，本书计划把控制论和信息论问世的1948年作为这个概念发生变化的分水岭，打算从人文、社会、自然及工程诸角度，对信息概念进行一个不同阶段和不同范围的语源学和历史学考察。

1.1 1948年以前汉语中的信息概念

在汉语中，“信”字最早见于金文，从“人”从“口”，其义为诚实，表示人讲话要真心诚意。从它的“形”进行解释，“信”的另一种含义就是借人口传言，人用口传闻，具有“书信”的含义。“信”字所具有的“书信”含义，一般学者认为它始于唐代，而唐代之前把“信”称为“书”。这个意义的更深刻解释可能和中国的阴阳学说有关。汉代杨雄在他的《太玄经》卷一（中）部曾提出：“阳气潜萌于皇宫，信无不在乎中。”《太玄经》卷二（应）部又提出：“阳气极于上，阴信萌乎下，上下相应。”一为阳气始于大地，一为阴气始于大地，意为大地萌生之前皆有征兆与信息。《太玄经》研究者认为，这里的“信”应为阴阳的感应，生长的征兆。[③]《辞海》根据“应”部提出的“阳气极于上，阴信萌乎下，上下相应”认为，“信”即指消息、音讯。

① 作者早年遇到某著名大学出版社的一位编辑，交谈时她曾用一种惊讶的口吻问我：“信息研究还能称为一门科学？”

② 20世纪中后期，有不少研究者曾决心致力于信息科学研究，但最后都转到其他领域了。

③ 刘韶军. 太玄校注. 武汉：华中师范大学出版社, 1996: 90.

《墨子经》上说："信，言合于意也。"《说文解字·言部》认为："信：诚也。从'人'从'言'，会意。""信"也是佛教的道德范畴。《智度论》卷一写道："佛法大海，信为能人。"表示遁入佛门者，应以诚为先。因此佛教中的"信"包含使心澄净为信，以忍为信，以不疑佛法为信和依子依人为信等四个方面的内容。①

"息"则会意兼形声，从"心"和"自"。《汉书·司马迁传》上说，"则心惕息"，意为喘息。由此，苗东升根据"信"和"息"的这些基本含义，曾提出了一个"人言为信，自心为息，信息是出自内心、以言词表达并讲究诚信的东西"②的训古解释。

把"信"和"息"合起来作为一个独立词汇在汉语中加以使用，这涉及信息概念在汉语中的起源问题。到目前为止，关于"信息"有三种说法。

第一种说法认为，"信息"这个概念最早出现在三国（公元220～280）时期。几位研究者③认为，他们在晋朝史家陈寿（公元233～297）编写的《三国志》中发现如下说法："诸葛恪围合肥新城，城中遣士刘整出围传消息。王子俭期曰：'正数欲来，信息甚大。'"后经多人反复考证发现，《三国志》中关于"诸葛恪围攻合肥新城"一节，以及整个《三国志》全书中仅和这个说法有关的文字只有如下段落："六年春二月己丑，镇东将军毌丘俭上言：'昔诸葛恪围攻合肥新城，城中遣士刘整出围传消息，为贼所得……'"这里只用了"消息"而未见"信息"一词。看来，"正数欲来，信息甚大"是后人的杜撰。吕建新和李晋瑞④经过考证后发现，史书上有"正叔欲来，信息甚大"的说法，但不是"正数欲来，信息甚大"的说法。故前一说法出自宋代而不是三国时期，两者相距700余年。他们还发现，宋代朱熹为哲学家、教育家程颐和程颢编写过一部《二程外书》，书中有"正叔"二字，但它是程颐的字号，故"正叔欲来，信息甚大"说法中的"正叔"指的是作为人名的程颐。因此，可以认为，"信息"一词问世于三国时期的说法是站不住脚的。

第二种说法认为，"信息"这个概念最早出现在南北朝（公元420～589）时期。王英玮在清代学者严可均编纂的《全梁文》第九集第五十二

① 吴东平. 汉字的故事. 北京：新世界出版社, 2006: 295-296.

② 见苗东升对谢清俊、谢瀛春的文章"一个通用的资讯（信息）定义"的评论，载：马蔼乃，姜璐，苗东升，等. 信息科学交叉研究. 杭州：浙江教育出版社, 2007: 43.

③ 这个说法流行甚广，见：a. 胡继武. 信息科学与信息产业. 广州：中山大学出版社, 1995: 21；b. 孟宪文. 公安信息学. 北京：警官教育出版社, 1999: 3；c. 司有和. 信息管理学. 重庆：重庆出版社, 2001: 1.

④ 吕建新，李晋瑞."信息"的源流发展及内涵详考. 图书情报工作, 2009, (8): 48.

卷的“中寺碑”段发现有这样的描写：“玲珑绮构，无风自响，不拂而净，眈眈肃肃，信息心之胜地。穆穆愔愔，固忘想之嘉所。”①但根据吕建新和李晋瑞的考证，这段文字早在唐高祖下令编修、于公元624年问世的《艺文类聚》第七十七卷《内典下·寺碑》篇中已出现过②，而不是第一次问世于清代的《全梁文·卷五十二》中。此时的“信息”二字并不是一个独立的“词”，而是两个分立的“字”。根据当时的文章含义及骈文的写作规律，“信息心之胜地”一句应读作“信……息心……之……胜地”和下句的“固……忘想……之……嘉所”相对应，而不应读作“信息……心……之……胜地”。这就是说，此处虽然表面上出现了“信息”二字，但实际上“信息”一词的本义此时并没有出现。因此他们认为，“信息”一词问世于南北朝时期的说法也是站不住脚的。

第三种说法得到普遍的认同，认为“信息”这一概念最早出现于唐代。在唐代，究竟是谁首先应用了“信息”一词，却又存在下面3种不同的说法：

第一种说法认为，王晙（公元653～732）最早使用了“信息”概念，因为他曾有“若置之朔塞，任之来往，通传信息，结成祸胎，此无策也”③的诗句。张九龄（公元678～740）有“平卢信息，日夕往来”④的诗句。李德裕（公元787～850）有“差都吕施合将军送至南朝，至今不知信息”⑤的说法。公元781年成为进士的崔备也曾有“别来无信息，可谓井瓶沉”⑥的诗句。公元844年成为进士的马戴也曾有“信息来非易，堪悲此路分”⑦的诗句等。由此可以断定，“信息”这个概念在公元653～732年即唐高宗或唐中宗时就已存在。

第二种说法认为，在唐朝早期曾有《寄远》一诗：“两叶愁眉愁不开，独含惆怅上层台。碧云空断雁行处，红叶已凋人未来。塞外音书无信息，道傍车马起尘埃。功名待寄凌烟阁，力尽辽城不肯回。”诗中含有“信息”

① 王英玮. “信息”一词源流考. 中国档案, 2004, (4): 44-45.《全梁文》为清代严可均编纂的《全上古三代秦汉三国六朝文》中的第九卷。该卷共收录唐代以前3497位作者的作品，且每人附有小传，是迄今为止收录唐以前文章最全的一部总集，同时也是中国古代文献中涵盖时间最长的一部文学总集，对唐以前历史、文学、宗教、语言等研究都具有极其重要的学术参考价值。

② 吕建新，李晋瑞.“信息”的源流发展及内涵详考. 图书情报工作, 2009, (8): 48.

③ 见《全唐文》卷二百九十八，王晙：“请移突厥降人於南中安置疏。”

④ 见《全唐文》卷二百八十五，张九龄：“敕幽州节度张守。”

⑤ 见《全唐文》卷七百七，李德裕：“代刘沔与回鹘宰相书意。”

⑥ 见《全唐诗》卷三百十八，崔备：“清溪路中寄诸公。”

⑦ 见《全唐诗》卷五百五十五，马戴：“送从叔赴南海幕。”

一词。但该诗究竟为许浑（公元 791～858）[①]所作，或杜牧（公元 803～约 852）所作，文学界尚有不同的争论。不论哪种说法，我们都可以得出结论："信息"这个概念是在唐宣宗至唐懿宗年间才出现的，它比第一种说法的出现大体晚了约半个世纪。

第 3 种说法流传甚广，认为"信息"一词最早为生活于五代时期的诗人李中（公元 920～974）[②]首次使用。因为人们在李中的《暮春怀故人》一诗中发现了"信息"一词。该诗的原文是："池馆寂寥三月尽，落花重叠盖莓苔。惜春眷恋不忍扫，感物心情无计开。梦断美人沉信息，目穿长路倚楼台。琅玕绣段安可得，流水浮云共不回。"

值得注意的一个问题是，时间上，虽然李中的《暮春怀故人》和许浑或杜牧的《寄远》问世时间间隔接近百年，但两诗却同体同韵，近似程度惊人，故不排除李中仿袭前诗的可能。即使不是仿袭，仅就"信息"概念首次使用而论，它也要比第一种说法（即认为"信息"一词最早问世于唐高宗或唐中宗时代）晚 200 年，比第二种说法（唐宣宗至唐懿宗时代）晚 100 年。但在今天的中国，包括《辞源》《辞海》《汉语大词典》等权威的辞书在内，一般把李中作为在汉语中使用"信息"的第一人，这个说法显然值得商榷。依据前述证据，"信息"这个当代最为流行的概念，在汉语中早在唐初就出现了。[③]

掠过唐代，从宋代开始，经元代、明代、清代和近代，一直到新中国成立，信息的应用频率随着时代的前行逐渐提高。下面是从宋代至今的文字记载（主要是文学作品）中随机挑选的一些例子。

例 1-1 辰州更在武陵西，每望长安**信息**希。[④]宋代，王庭珪，《辰州僻远》。

例 1-2 丈夫田忠上京控告，至今杳无**信息**。元代，石玉昆，《三侠五义》。

例 1-3 一从卢郎征西，杳无**信息**，不知彼中征战若何。明代，

① 见《全唐文》卷二百九十八，王晙："请移突厥降人於南中安置疏。"

② 同上。

③ 另在日本大正 13 年（1924），由高楠顺次郎和渡边海旭发起，小野玄妙等负责编辑校勘，1934 年印行的 100 卷《大正新修大藏经》卷 46、卷 47 诸宗部；卷 50、卷 51 史传部；卷 85 古逸部疑似部均有"信息"一词的使用，但这也并不能由此说明"信息"一词在唐代之前就出现了。

④ 该诗的全文是：辰州更在武陵西，每望长安信息希。二十年兴缙绅祸，一朝尽失相公威。外人初说哥奴病，远道俄闻逐客归。当日弄权谁敢指，如今忆得姓依稀。见：程千帆. 宋诗精选. 南京：江苏古籍出版社. 1992: 186. 辰州，今湖南辰溪。武陵，今湖南溆浦。

汤显祖，《邯郸记》。

例 1-4 楚囚深锁恨重重，哪得个情郎**信息**通。明代，冯梦龙，《夹竹桃》。

例 1-5 辽又曰：但知玄德**信息**，虽远必往。明代，罗贯中，《三国演义》。

例 1-6 武松道：小弟的哥哥多时不通**信息**，因此要去望他。明代，施耐庵、罗贯中，《水浒传》。

例 1-7 话说王夫人听见邢夫人来了，连忙迎了出去，邢夫人犹不知贾母已知鸳鸯之事，正还又来打听**信息**，进了院门。清代，曹雪芹，《红楼梦》。

例 1-8 老栓，就是运气了你！你运气，要不是我**信息**灵……现代，鲁迅，《药》。

例 1-9 二表哥事情怎样了，为什么连**信息**也不给我一个。现代，巴金，《家》。

例 1-10 志愿军的**信息**再一次传遍了辽阔的祖国。当代，古萍，《人民日报》，1953 年 3 月 18 日第 6 版。

例 1-11 建立通信联系，了解基层情况，贯彻方针政策，襄阳地委同生产小队**信息**相通。当代，刘维，《人民日报》，1961 年 3 月 22 日第 4 版。

例 1-12 让真实的中国**信息**传遍寰宇——当代，记伊文思、罗丽丹和他们的作品。当代，司徒慧敏，《人民日报》，1977 年 12 月 30 日第 3 版。

例 1-13 2 号线新车每节车厢设有两个摄像头，司机在驾驶室可以即时了解车厢内的**信息**。[①]当代，新浪新闻网，2007 年 11 月 11 日。

在上述信息概念的使用例子中，如果我们把发出信息的一方称作发信者，把接受信息的一方称作受信者，把信息在不同语境中所指代的原始世界的事物及运动状态称为指代对象，总结上述信息概念的应用例子中，我们可以得出如下三个规律。

第一，信息的指代对象最初主要指人。

在例 1-2、例 1-3、例 1-4、例 1-5、例 1-9、例 1-10 中，信息指代对象的主体均为人。例如例 1-2 中的主体指田忠，例 1-10 中的主体指志愿

① 孟环．北京地铁 2 号线新车正式运营．http://news.sina.com.cn/c/2007-11-11/133614281806.shtml [2008-8-25].

军。但偶尔也有代表抽象的事物。例如在例 1-1“辰州更在武陵西，每望长安信息希”的诗句中，信息除了代表作者好友的情况、长安的政坛情况外，它也指发生在长安的，除了人类活动之外的其他事情。

第二，当信息指代对象的主体是人时，主要指对人的动态情况的描写，但偶尔也指对人的静态情况的描写。

在例 1-7 中，曹雪芹所描写的故事梗概是：邢夫人要为自己的丈夫寻找一个妾女，并看上了在贾府侍待贾母的丫环鸳鸯。不料鸳鸯不仅不答应，却还把此事向贾母做了禀报。邢夫人还不知道贾母已经知道这件事，就前来贾母处探听关于这件事的进展。这里的“信息”，既包括贾母是否知道这件事，也包括贾母对这个事情的态度。主要指动态，也偶尔包含静态；例 1-5 陈述的是，《三国演义》中关云长在战场上失利，被曹操俘虏。曹操派张辽去说服关云长，要他归降曹操。关云长说他的三个条件若能被满足，即可归降。其中之一是：归降后，若关云长一旦获悉在战场上失散的兄长刘备的下落，曹操必须允许他离开曹营，回归刘备。张辽把这个情况向曹操汇报时，说关云长“但知玄德信息，虽远必往”。这里的“信息”即指关于刘备下落的情况，主要指对指代对象主体的动态的描写，但也包含对静态的描写。《水浒传》中使用信息的地方颇多，上述例 1-6 和《三国演义》中的用法相同，即武松离家之后，一直没有关于“他哥哥的情况（的报导）”，既有动态的，也有静态的。

第三，当信息指代对象的主体是人时，这个人、这些人或某个团体可以是明确的，也可以是模糊的。

在出自鲁迅的小说《药》的例 1-8 中，那个满脸横肉的康大叔提供给华老栓的信息，指的是他对他们所居住的那个小镇上发生的事情知道得非常快，尤其是在当天凌晨有人要被斩首，将会出售新鲜的人血馒头这件事，因此他要华老栓买一些回去为他儿子治疗肺病。但何人要被斩首？发出杀人命令的人是谁？谁去执行这个杀人的命令？谁要出售人血馒头？这些情况均无交代。

上述提供的信息使用例子，虽主要取自这些时代的文学作品或人类生活描写，说服力会有一定的局限，但考据远古词义的训诂学方法或大多数辞书分析词义的手段，大抵也都如此。如果我们能够在非文学作品中发现信息概念应用的其他案例当然更好，可这种情况在中文的“信息”早期应用中并不存在。我们在之前信息概念在汉语应用的文字记载中，还没有发现一例“信息”概念在其他文本表述中的案例。另外，我们发现，信息概念的应用，自明代起频率逐渐增加。在中国四大文学名著中，除了《西游记》之外，其他作品都使用了信息一词。十分有趣的是，以描写儿女情长著称的《红楼梦》应用信息最多，而以描写战场厮杀和帷幕韬略著称的《三国演义》却使用得最少，这和当代信息概念应用的实践是不同的。

1.2 1948年以前英语中的信息概念

在语言文字的进化史中，古埃及人的纸草文字、古巴比伦人的楔形文字、中美洲印第安人的玛雅文字、中国人的甲骨文字四大书写系统各成体系。在文字的不断发展过程中，只有中国人的甲骨文字得到了延续和发展。就西方文字而言，大约在1000年，出于海上贸易的需要，生活在地中海沿岸和幼发拉底河流域的人们，基于埃及的象形文字发明了腓尼基文字。腓尼基文字向东传播，产生了希伯来文和阿拉伯文；向西传播产生了希腊文。在后来的印欧语系中，拉丁文、法文、英文等文字都是希腊文的后裔。基于中国甲骨文字而衍生的后裔只有汉语。

在古希腊文中，有一个词为 μορφή，意为“形成”（to form）。它被传到拉丁文中后其动词形式为“informare”，意为“思维的形成（to give form to the mind），构成学科（to discipline），指导（to instruct），教育（to teach）”，所有这些含义的最基本义项是“to give form to”（使成型），“to shape”（构成形状），或“to form”（形成）等。其名词形式为“informatio”[①]。经由古法文，这一拉丁文中的 informatio 最终传到了英文。根据刘钢的考证，英语词典在给出 inform 的拉丁语词源时，一般给出的都是该词的不定式 informare，而非直陈式现在时。单数第一人称 informo 才是英语动词的基本形态。同理，有的权威英语词典在谈到 information 一词的词源时，都说它源于中古英语的 informacion，而 informacion 则来自中古法语的 enfourmen 或 informen。刘刚认为，英语 information 一词分为本义和引申义，“to give form to”是它的本义。什么是它的引申义？刘钢提出了一个新命题：to be is to form，即 information 的引申义是“存在”（to be，existence）。刘钢的看法是，英语中现代意义上的 information 皆是它的引申义“存在”，而和本义“使成形”无关[②]。

① information 在古拉丁语中的名词形式为“informatio”。德国学者卡普罗（Rafael Capurro）和丹麦学者约兰德（Birger Hjørland）2003年进一步完善了有关看法，具体文献参见：Capurro R, Hjørland B. The Concept of Information. *Annual Review of Information Science and Technology*, 2003, 37: 343.

② 刘钢. 信息哲学探源. 北京：金城出版社, 2007: 105-126.

这一点和德国学者卡普罗（Rafael Capurro）对 information 的语源学考证是相同的。卡普罗认为："信息是'外在'的。和任何事物一样，它们都具有我们所认为的'外在'的可能性"（Information is 'out there' as far as everything has the possibility (!) for us (!) of being out there）。①

英国学者克雷奇（William A. Craige）的考证指出，在 12～17 世纪古英语中，Informatio 在英语中曾采用 informatiou、informacioun、informatyoun、informacion、informacyon、informatiod 等几种拼写形式。②可见，英语中的 information 在形态学方面的变化要比汉语中的词汇形态更为复杂。

克雷奇在他的《12 至 17 世纪末的古苏格兰英语词典》中曾列举了这个时期在讲英语的民族中不同人对 information 的不同用法，下面的两个例子取自他的词典。

例 1-14　The counsell having ...taken sufficient tryall and **information** of the supplicant.③

律师获得了关于原告的足够调查和**信息**。

在这个例子中，信息的接收者是律师，信息的指代对象的主体也是律师，但内容是什么例句中没有交代。这里的"原告的足够调查"是和"原告的信息"并用的。

例 1-15　Letters purcheist ... upone the sinister **informatioun** of James Leslie.④

根据詹姆斯·莱斯利不吉利的**信息**，这封信被买了下来。

作者在这里只对信息进行了形容，但没指明信息的指代对象是什么。

例 1-16～例 1-18 取自史威夫（Jonathan Swift）1727 年的著名童话故事《格列佛游记》。

例 1-16　These false **informations**，which I afterwards came to the

---

① Capurro R. Re：Information and Natural Languages. http://fis.icts.sbg.ac.at/mailings/0003.html [2009-6-2].

② Craige W A. *A Dictionary of the Older Scottish Tongue from the Twelfth Century to the End of the Seventeenth*. Chicago: The University of Chicago Press. 1962.

③ 同上，154.

④ 同上，154.

knowledge of, by an accident not proper to mention, made Flimnap the Treasurer shew his Lady for some time an ill countenance, and me a worse.

这些诬陷**信息**的告密者竟使得财政大臣一度对他的太太非常粗暴，而对我不用说就更坏了。

例 1-17 Out of gratitude for the favours you have done me, I procured **information** of the whole proceedings, and a copy of the articles, wherein I venture my head for your service.

为了报答你对我的恩惠，我才冒着杀头的危险探听到了这件事情全部经过的**信息**，并且弄到了一份弹劾书的原文。

例 1-18 Not mentioning a word of my disgrace, because I had hitherto no regular **information** of it, and might suppose myself wholly ignorant of any such design.①

关于我失宠的事，却一字没提。因为我那时一直没有得到正式的**信息**，可以装作完全不知道这回事的样子。

在《格列佛游记》中，信息的指代对象仍代表关于人或人类活动情况的报导。第一个信息的指代对象指的是作者本人被传言他和小人国里财政大臣夫人有染的事；第二个信息的指代对象是格列佛在皇帝和大臣中遭到非难和弹劾，他的一个朋友把这件事情探听到后告诉了他；第三个信息的指代对象是朝廷还没有正式下达关于罢免格列佛职位的事。

再下行百年，到汉诺威王朝（1692～1866）后期，我们在勃朗特（Charlotte Brontë）1847 年的不朽名作《简・爱》里可以看到信息有如下的应用。

例 1-19 The **information** about Mr. John's death and the manner

① 在由人民文学出版社 1979 年出版、张健翻译的《格列佛游记》中，上述三句的译文是：

a. 这些捏造**谣言**的告密者竟使财政大臣一度对他的太太非常粗暴，而对我不用说就更坏了（第 49 页）。

b. 为了报答你对我的恩惠，我才冒着杀头的危险探听到了这件事情的全部经过（**信息**），并且弄到了一份弹劾书的原文（第 51 页）。

c. 关于我失宠的事，却一字没提。因为我那时一直没有得到正式的**通知**，可以装作完全不知道这回事的样子（第 57 页）。

请注意信息一词的变通译法。英文版见：Swift J. *Gulliver's Travels*. New York: Norton, 1970.

of it came too suddenly: it brought on a stroke.

突然传来的关于约翰先生逝世的**信息**使她中风了。

例 1-20　His mouth certainly looked a good deal compressed, and the lower part of his face unusually stern and square, as the laughing girl gave him this **information**.①

当这个笑呵呵的姑娘告诉他这一**信息**的时候，他的嘴看起来的确闭得很紧；他的脸的下半部显得特别严厉和方正。

在例 1-19 里，信息的指代对象是"约翰先生的逝世"，受信者指简·爱的养母里德太太；在例 1-20 里，信息指的是奥立佛小姐跳了一晚上舞的事，发信者是奥立佛，受信者是里弗斯先生，奥立佛小姐是沼屋的男主人里弗斯先生的女友，这些"信息"是奥立佛小姐告诉里弗斯先生的。

上述 information 在英语中的使用方法和早期汉语中的使用方法完全相同，它们也遵从信息早期应用的规律。但是，从英国维多利亚女王时代以后，信息一词在西方语言，特别是在英语中的使用范围逐渐扩大，从而开始和中文的使用方法出现了差异。当我们把注意的目光告别信息在文学作品和人类日常生活领域之后便吃惊地发现，从 19 世纪初叶开始，信息在英语中的使用逐渐进入非文学作品和非人类生活领域。我们最早发现的例子是统计学，然后依次是神经科学、遗传学、通信工程、博弈论等。在这些信息概念应用的新领域里，它所指代的对象逐渐从人或人类的活动领域扩大到了一般的事物。

贝叶斯（Reverend Bayes）是一位著名的统计学家，他生前曾写过一篇著名的文章：《机会学说中的一个问题》（*A Problem in the Doctrine of Chances*）在文中，他是这样使用信息的：

例 1-21　The **information** it gives us is, that the required chance is

① 在 1989 年上海译文出版社出版，祝庆英翻译的中文版《简·爱》中，上述两句的中文译法是：
a. 约翰先生去世，**消息**又来得那么突然，使她中风了（第 289 页）。
b. 这个笑呵呵的姑娘告诉他这个**消息**的时候，他的嘴看起来的确闭得很紧，他的脸的下半部显得特别严厉和方正(第 477 页)。请注意信息一词的变通译法。英文版见：Bronte C. *Jane Erye*. Oxford: Oxford University Press, 1980.

greater than .97421, or more than an odds of 40 to 1.①

它给我们的**信息**指的是，所求机会大于 0.97421，或大于 40 比 1 的可能性。

例 1-22 It is compleat in those cases where **information** is most wanted, and where Mr. De Moivre's solution of the inverse problem can give little of no direction; I mean, in all cases where either *p* or *q* are of no considerable magnitude.②

本书中的解法最可取之处，在那些**信息**最缺乏，狄莫弗先生的逆问题的解不能提供任何指导的情形下，它是圆满的，我是指 *p* 或 *q* 不十分大的所有情形。

但这还不是信息在统计学中的真正应用，它们仍属一种信息的人文应用。

作为当代神经科学中神经元理论的奠基人，1888 年，西班牙著名解剖学家卡哈尔（Santiago Ramóny Cajal）在他的神经科学研究中首先使用“信息”这个概念，他在文中说道：

例 1-23 一个神经元的轴突末梢与另一种神经元的树突和胞体的接触处乃是从一个神经元的向另一个神经元流通**信息**之点。③

根据目前我们查到的文献记载，自信息概念出现之后，卡哈尔是第一个把它从人文应用领域真正引入自然科学领域的研究者。今天，这个例子仍代表神经科学家乃至生物学家对信息概念的基本理解和应用模式：信息指代对象的主体不仅可以指人，也可以指物；信息不仅可以在文学作品中使用，也可以在非文学作品中使用。虽然在古代中国，例如在宋代王庭珪的信息使用案例里，信息的指代对象主体隐约可以指除人及人类活动情况以外的对象，但仍很少能够见到清晰的使用实践，可卡哈尔却这样做了。这一工作在信息科学上的重要意义是：信息的使用存在着可扩展空间。由

---

① Bayes T. An Essay towards Solving a Problem in the Doctrine of Chances. *Philosophical Transactions of the Royal Society of London*, 1763. 3(416).

② 同上，53 (418).

③ 徐科. 神经生物学纲要. 北京：科学出版社, 2002: 86.

此我们可以在信息使用的规律中加入新的一条：

第四，信息的指代对象可以代表一切认知客体。

在卡哈尔之后，德国胚胎学家兼哲学家德里施（Hans Driesch）在对当时的生物活力论进行反驳时，他从受精卵分裂形成的细胞可以产生出完整的海胆幼虫试验出发，于 1908 年首次在遗传学中引进了位置信息（Positional Information）①②的概念。位置信息是指一个物种在发育过程中，不断分裂和移动的细胞所表现出来的物理位置，该位置决定着细胞未来的分化方向或移动路径。位置信息的概念自诞生至今，它在生物学上仍一直被大量地使用。

不久，著名的遗传学家和统计学家费希尔（Ronald Fisher）将信息概念大范围地引入数学，特别是统计学。他在 1920 年一篇关于统计推断的著作中这样写道：

例 1–24　Consequently when σ_2, the estimate based on the mean square, is known, a value of σ_1, the estimate based on the mean deviation, gives no additional **information** as to the true value .It is shown that the same proposition is true if any other estimate is substituted for σ_1, and consequently that the whole of the **information** respecting the variance which a sample provides is summed up in the single estimate σ_2.③

所以，当基于均方差的估计 σ_2 是 σ_1 的时候，基于均差的估计不给出关于真值的附加**信息**。如果任何其他估计被 σ_1 所取代，其结果是，有关由一个样品所提供的方差的全部**信息**被计入单一的估计 σ_2 中。这就证明：同样的命题是真的。

他在 1921 年另一篇文章中又继续这样使用信息：

① Driesch H. The Science and Philosophy of the Organism. *I. Gilford Lectures*；*II. Gilford Lectures*. London：A & C. Black，1907，1908. 在中国的“五四运动”以后，德国文化，尤其是马克思主义经典作家的作品被介绍到中国。1920 年，陈望道第一个翻译出版了马克思和恩格斯的《共产党宣言》。其他一些著名的德国哲学著作，如康德、黑格尔的作品也被逐渐译成中文。德里施作为新唯心主义“能动主义”哲学和新活力论者，于 1922 年到中国上海进行过讲学。见：迈尔 E. 生物学思想发展的历史. 涂长晟, 等译. 成都: 四川教育出版社, 1990: 60-63.

② 曲良焕, 孙蒙祥. 位置信息与植物发育. 植物学通报, 2005, 22(3): 366-374.

③ Fisher R A. A Mathematical Examination of the Methods of Determining the Accuracy of Observation by the Mean Error, and by the Mean Square Error. *Monthly Notices of the Royal Astronomical Society*, 1920, 127(8): 759.

例 1–25 The efficiency of a statistic is the ratio which its intrinsic accuracy bears to that of the most efficient statistic possible. It expresses the proportion of the total available relevant **information** of which that statistic makes use.①

统计的效率是一种比率，其内在的精度具有大多数有效的统计可能，它表示统计使用的总的可资利用的相关**信息**部分。

例 1-24 中，信息的指代对象是真值；例 1-25 中，信息的指代对象是方差，只是属性都没有给出，这实际上是继承了卡哈尔和德里施的信息概念应用传统。从费希尔所开创的统计学中的信息应用先例分析，信息可以代表的对象已经正式从（人类）生命领域扩大到了非生命领域。但这里的"发信者"和"受信者"指的仍是"人"，"信息"只是一种拟人应用。直到今天，这两个例子仍代表统计学界乃至数学界对信息概念的基本理解和应用模式。

另一个在非文学和非生活领域里开始使用信息概念的领域是通信工程。虽然在信息的普遍应用中，它是今天仅次于人类社会生活的第二或第三个较大的领域，但在 1928 年也许并非如此。我们在哈特莱（Ralph V. L. Hartley）1928 年的开创性论文《信息的传输》（*Transmission of Information*）一文里，见到了他关于信息概念的看法和使用，这篇发表在《贝尔系统杂志》1928 年 7 月号上的文章中，里面有这样一段关于信息的论述：

例 1–26 As commonly used，**information** is a very elastic term，and it will first be necessary to set up for it a more specific meaning as applied to the present discussion.②

从一般应用上看，**信息**是一个弹性很大的词。因此，当我们在这里使用它时，需要首先赋予它一个特定的含义。

显然，哈特莱已经注意到，在当时，信息已经是一个在人文科学和自然科学等领域里已经有很大使用范围的词汇，并认为它"弹性很大"。虽然我们无法准确知道究竟谁是第一个把 information 引入通信工程领域的

---

① Fisher R A. Statistical Methods, Experimental Design and Scientific Inference//Fisher R A. *Fisher's Collection*. Oxford: Clarendon Press, 1927(8): 233.

② Hartley R V L. Transmission of Information. *Bell System Technical Journal*, 1928, (7): 536.

人，但至少可以断定，在哈特莱时代，信息在通信领域的应用还不普遍。和在统计学中信息概念的应用一样，在通信工程里应用的信息，其指代对象代表了一个非生命主体。更为有趣的是，在电子工程领域里使用的“信息”，大多数情况下是和“传输”同时出现的。也就是说，在电子工程中，信息更强调传输方面的使用。哈特莱工作的重要意义不仅是他使用信息，而且是把信息和通信同时置于信息应用的中心位置，而在这之前的人文应用中，我们并非能够轻易地经常看到信息和“传输”“传播”“交流”同时出现。通过哈特莱的工作，在信息使用的变化规律里又增加了一条：

第五，发信者和受信者可以是非生命的。

数学是一个纯粹的抽象领域，但在由冯·诺依曼（John von Neumann）等人所完成的开创性著作《博弈论和经济行为》中，信息是被作为一个非常专业的概念来对待的，它直接导致了今天以博弈论为核心的信息经济学的问世，从而在社会科学和信息科学之间架起了一座联系的桥梁。下面的应用取自他们两人 1947 年的著作：

> **例 1–27**　The only things he can be informed about are the choices corresponding to the moves preceding $Щ_k$ — the moves $Щ_1$-$Щ_{k-1}$. I.e., he may know the values of $б_1, \ldots, б_{k-1}$. But he need not know that much. It is an important peculiarity of Γ, just how much **information** concerning $б_1$, …, $б_{k-1}$ the player k_k is granted, when he is called upon to choose $б_k$.[①]
>
> 他能够被告知的唯一东西，就是在$Щ_k$以前的各种走法——走法$Щ_1$…，$Щ_{k-1}$。这就是说，他有可能知道$б_1$，…，$б_{k-1}$的值。然而，他不一定知道这些值的全部。在选手k_k要选择$б_k$的时候，他究竟拥有多少关于$б_1$，…，$б_{k-1}$的**信息**，这是竞赛Γ的一个重要特性。

从表面上看，这里的信息概念和费希尔开创的统计学中信息概念的应用一样，只强调关于非生命主体类的指代对象，但这里的这个非生命主体却处于运动状态，并特别地强调了两个博弈者在对局时对彼此思路的了解方面。

---

① Neumann J V, Morgenstern O. *Theory of Games and Economic Behavior*. Princeton: Princeton University Press, 1947: 23. 中文版见：约翰·冯·诺依曼，奥斯卡·摩根斯特恩. 竞赛论与经济行为. 王建华，顾玮琳译. 北京：科学出版社, 1963. 或：冯·诺伊曼，摩根斯顿. 博弈论与经济行为. 王文玉，王宇译. 北京：生活·读书·新知三联书店, 2004.

一个对概念研究抱有实证和操作主义精神的方法也许是值得欣赏的，它也许能够受到那些希望对各门科学的微妙发展趋势有所了解的人们的欢迎。正如我们所看到的那样，追溯信息概念在不同学科的适用语境，特别是那些具有创新使用的案例，不仅是我们分析信息概念在当今不同学科中基本含义的重要依据，同时也是指导这些学科在继续发展中涉及这个概念时需要注意的有效参考。总之，1948 年前，除了它最初应用在社会与文学领域之外，信息在上述其他领域和学科中的应用少得可怜，这些我们已经证据确凿。但是，涉及信息在一些学科中的应用和引起的理论骚动，历史上也有一些不正确的语源学论断，物理学就是一例。

标准的熵理论在 19 世纪后半叶就已经出现，即使把薛定谔（Erwin Schrödinger）的“负熵”理论算进来，这也是 1944 年的事情。香农（Claude E. Shannon）的信息理论直到 1948 年才完成。按照一般的推断，把“熵理论”和“信息理论”联系起来的时间，应该不早于 1948 年。但是，很多研究者都一致认为①②③，早在 1929 年，德国物理学家西拉德（Leo Szilard）就已经研究了“熵”和“信息”的关系。这让人感到困惑：难道西拉德比维纳和香农更早地创造出了一种初等信息观吗？或是西拉德仅仅使用了“熵”和“信息”这两个概念？考虑到物理信息在未来整个信息科学发展中的地位和作用，我们需要认真对待这段历史。我们已经注意到，关于熵和信息概念之间的关系，现在已经被解释得相当混乱。更为重要的是，从熵理论到信息理论，最后还直接涉及了天体物理学中的黑洞信息理论等。

认为是西拉德第一个把信息和熵联系起来的所有说法，采用的证据都是西拉德 1929 年用德文撰写的一篇论文，题目是：“论由智能生灵导致一个热力学系统中熵的减少”（*Über die entropieverminderung in einem thermodynamischen system bei eingriffen intelligenter wesen*）。下面是他发表在 1929 年德国《物理学杂志》（*Zeitschrift für Physik*）第 53 卷第 11、12 期合刊上的文章中的，把熵和信息联系起来的唯一一段和信息有关的论述：

---

① 冯瑞和冯步云在《熵》一书中说：西拉德在对麦克斯韦妖的研究中，说明了妖精有获得信息、存储信息和运用信息的功能，通过对妖精作用的分析，揭示了信息与熵之间存在的密切关系，开创了现代信息论的先河。见：冯瑞，冯步云. 熵. 北京：科学出版社, 1992: 151-152.

② 闫康年在《热力学史》一书中说：1929 年，西拉德在德国《物理杂志》上发表了一篇著名的论文，……第一次发现了分子运动信息与熵变化的关系，从而为后来的深入研究开辟了道路。见：闫康. 热力学史. 济南: 山东科学技术出版社, 1989: 190-191.

③ 米歇尔在《复杂》一书中说：西拉德是第一个将熵和信息联系起来的人，这个关联后来成了信息论的基础和复杂系统的关键思想。见：梅拉妮・米歇尔. 复杂. 唐璐译. 长沙: 湖南科学技术出版社, 2014: 56.

Genauer gesprochen，müssen hier zwei Entropiegrößen unterschieden werden，die eine，S_1，wird erzeugt，wenn bei dem Meßprozeß y den Wert 1 annimmt，und die andre，S_2，wenn y den Wert -1 erhält. Wir können nicht erwarten，ganz allgemein über S_1 oder S_2 allein etwas zu erfahren.①

在这段论述中，作者既没有用到和英语“information”相同的德文单词“information”，或其变种 informationen，也没有使用其近义词 nachricht 等。但当这篇文章被拉波特（Anatol Rapoport）和挪拉（Mechthilde Knoller）以“*On the Decrease of Entropy in a Thermodynamic System by the Intervention of Intelligent Beings*”为标题翻译成英文，并于 1964 年刊登在美国著名的《行为科学》杂志上时，却在对应的英文译文中凭空给出了一个现代意义上的“information”：

To put it precisely：we have to distingguish here between two entropy values. One of them，S_1，is produced when during the measurement y assumes the value 1，and the other，S_2，when y assumes the value -1. We cannot expect to get general **information** about S_1 or S_2 separately.②

准确地说，我们在这里不得不区别两个熵的值。S_1 是当 y 取值为 1 时产生的，而 S_2 是当 y 取值为-1 时产生的。我们无法期望分别得到关于 S_1 或 S_2 的一般**信息**。

就在《行为科学》公开发表前后，美国航空航天局航空航天信息中心以“On Entropy Reduction in a Thermodynamic System by Interference by Intelligent Subjects”为标题也对该文作为重要科学文献进行了翻译，该中心对该段的译文是：

More exactly，two quantities of entropy must be differentiated here，the first，S_1，is produced if “y” has the value of 1 on measurement，

① Szilard L. Uber die Entropieverminderung in Einem Thermodynamischen System bei Eingriffen Intelligenter Wesen. *Zeitschrift für Physik*, 1929, 53(11-12): 845.

② Szilard L. On the Decrease of Entropy in a Thermodynamic System by the Intervention of Intelligent Beings. *Behavioral Science*, 1964, 9(4): 304. or：Szilard L. On the Decrease of Entropy in a Thermodynamic System by the Intervention of Intelligent Beings//*The Collection Works of Leo Szilard*. Cambridge, Mass: MIT Press, 1972: 127.

and the other, S_2, when y=1. We can not expect to learn anything, generally, about S_1 or S_2, individually.①

在后一译文中，并没有“信息”一词的出现，这比较忠实于德文原文。很显然，那些认为是西拉德第一个把熵和信息联系起来的作者，其依据均是“论由智能生灵导致一个热力学系统中熵的减少”在《行为科学》上的英文译文，而不是作者发表在德国《物理学杂志》上的德文原文，或美国航空航天局航空航天信息中心的译文，所以，《行为科学》的这段译文就“信息”一词的德英翻译上根本就是一个错误。由此我们断定，对于西拉德是第一个把熵和信息联系起来的研究者的说法，作者中很少有人去对必要的原始论据进行考证，才最后得出了错误的结论。我们对这个问题的重视不仅仅是一个词汇翻译问题，而是一个重要的科学态度问题。因为不仅是中国，而且是许多西方的物理学家②也普遍认为，西拉德是使用信息概念的第一个物理学家，西方的信息哲学家③在哲学方面也普遍接受了这种物理信息观阐释。

通过对信息在英语使用中的实例分析之后我们发现，1760～1948 年，信息虽然被引进到统计学、神经科学、其他自然科学和工程科学领域，但它在这些领域的应用却十分有限，远不像它在文学和生活领域里的应用那么广泛。总体上，在 1948 年以前信息概念应用变迁的漫漫长河中，它最开始指的是对某个人或某些人动态活动的一种反映、一种报导；之后，它开始推演到可以用来指那些没有处于活动状态的人的某种情况的报导上。再后，信息又被扩大到非生命界的一些对象的情况报导上。如果对静态的人的情况的报道使用“信息”是由于有“人”的因素在起作用的话，而对动态的非生命的情况的报道使用“信息”是由于有“活动”的因素在起作用的话，那么，信息最后被应用到“非人”和“非生命”等领域，只是信息应用被扩大的一个最终趋势。从理论上说，既然用于反映一个对象的任何属性都能够使用信息，那么，之后在各领域里大范围地使用信息，也只是一个时间问题了。

---

① Szilard L. On Entropy Reduction in a Thermodynamic System by Interference by Intelligent Subjects. http://aurellem.org/jaynes/sources/Szilard.pdf [2014-10-23]. 美国航空航天局航空航天信息中心，译文编号: NASA-TT-F-16723。

② 如国际商业机械公司 IBM 的物理学家阿奇夫（Garwin Archive）等，见：Archive G. Leo Szilard in Physics and Information. http://www.fas.org/rlg/04_07_2014LeoSzilardinPhysicsandInformation.pdf [2013-5-14].

③ 如美国哈佛大学天文学系信息哲学家多伊莱（Bob Doyle）等，见：Doyle B. About Information Philosopher. http://www.informationphilosopher.com/solutions/scientists/szilard [2013-5-14].

1.3　1948 年后信息概念的广泛流行

1948 年之前，信息概念虽然在不少领域里存在并具有不同的应用，但此时它还并不是一个科学概念。然而，这正为新科学的发展创造了一个契机，两个卓越学者的出现打破了信息时代来临前苍穹中的长久宁静，一个初等但广域的信息科学研究规划，和一个精细但局域的数学信息理论，分别被美国哈佛大学一个具有俄裔犹太血统的理论数学家维纳（Norbert Wiener），和美国贝尔实验室一个来自发明世家的电子工程师香农（Claude E. Shannon）提出。1948 年，维纳用法文和英文同时出版了他的不朽名著：《控制论：或关于在动物和机器中控制和通信的科学》（*Cybernetics: Or Control and Communication in the Animal and the Machine*）。①同年，香农在《贝尔系统技术杂志》（*The Bell System Technical Journal*）1948 年第 27 卷第 3 期和第 4 期连续发表了他的经典名作《通信的数学理论》（*A Mathematical Theory of Communication*）②，后人把它称为信息论。两论使“信息”从一般概念的地位上升到了科学概念的地位，“信息”概念身份的转变最终导致科学中一个新纪元的出现。

在维纳的控制论中，除了我们前述的信息概念应用领域之外，维纳开创了信息概念在许许多多领域里应用的先河，机器和生物中的信息问题当然是维纳谈论得最多的话题。例如，他说：“无论在计算机工作室或在电话线路中，时间序列和处理时间序列的装置都要涉及信息的记录、储藏、传递和使用等问题。”③“由此可见，为了能对外界产生有效的动作，重要的不仅是我们必须具有良好的效应器，而且必须把效应器的动作情况恰当地回报给中枢神经系统，而这些报告的内容必须适当地和其他来自感官

---

① Wiener N. *Cybernetics: Or Control and Communication in the Animal and the Machine*. New York: MIT Press, 1961. 维纳这部著作的中文版有 2 个版本 4 次印刷，均由科学出版社负责。第 1 版由龚育之、罗劲柏、侯德彭、陈步四位学者于 1961 年译出。由于侯德彭、陈步当时已被划为右派，按照当时的规定，右派是不能用真名出版著作的，故在 1961 年版开始一直到今天为止，该书的译者就一直采用“郝季仁”这一化名，意为“好几人”。1963 的中文版增添了原书 1961 年第 2 版新增的两章。2009 年改为简体字出版，并将前两版书名中 communication“通讯”的译法统一改成了“通信”。见龚育之在 2009 年再版前言中对这段历史的还原。见：维纳 N. 控制论：或关于在动物和机器中控制和通信的科学（第 2 版）. 郝季仁译. 北京：科学出版社: 2009. 《控制论》中译本和它的译者“郝季仁”。

② Shannon C E. A Mathematical Theory of Communication. *Bell System Technical Journal*, 1948, 27(3): 379-423; 27(4): 623-656. 或：Shannon C E, Weaver W. *The Mathematical Theory of Communication*. Urbana: The University of Illinois Press, 1964.

③ 维纳 N. 控制论：或关于在动物和机器中控制和通信的科学(第 2 版). 郝季仁译, 北京：科学出版社, 1963: 61.

的信息组织起来，以便对效应器产生一个适当的调节输出。”①“我们可以估计一个生殖细胞中全部基因所携带的有意义的信息量，从而决定人体所携带的遗传信息量，与后天学习所获得的信息量相对照。”②

在维纳的著作中，他谈论了很多类型的信息问题，除了机器和生物信息之外，他关注得最多的是人类信息及其传播问题。例如，他认为：“至于说到社会学和人类学，十分明显，信息和通信作为组织化机制不但对于个体是重要的而且对于集体也是重要的。”③“即使伟大的古典文艺，也失去了许多明显的信息价值。”④“我们支配环境的命令就是给环境一种信息。”⑤“在典型的美国，信息的命运已经变成某种可以买卖的东西了。”⑥“在 19 世纪物理学中，信息的取得似乎不消耗任何能量。因此在麦克斯韦看来，没有任何东西能阻碍他的小妖为自己提供能量。但现代物理学认为，小妖只能通过某种类似于感官的器官获得信息，并根据这些信息来打开小门或关闭小门。”⑦。此外，他还辟出专门的章节来讨论信息和社会、信息和语言、通信和法律的关系问题。在控制论中，他事实上已经把一般生活和科学中的许多问题都“信息化”了。在他的第二部著作《人有人的用处：控制论与社会》(*Human Use of Human Beings: Cybernetics and Society*) ⑧中，这种形式的讨论已经无处不在。按照今天的分类，他在控制论中已经分别谈到技术信息、物理信息、生物信息、遗传信息、神经信息、人类信息（经济信息、艺术信息）等。我们今天把这些领域的问题和信息联系起来看待，似乎是太平常不过的事了。但在当时，这却是一种超时代的思维。

不能说控制论的成功主要得益于维纳成功地选择了“信息”这个概念作为他所关注问题的中心论题的名称，但相反的例子却为这个论断提供了有力的佐证。在维纳控制论问世前的 1938 年，罗马尼亚军医奥多布莱扎

① 维纳 N. 控制论：或关于在动物和机器中控制和通信的科学(第 2 版). 郝季仁译, 北京：科学出版社, 1963: 98.

② 同上，90.

③ 同上，19.

④ 同上，107.

⑤ 同上，3.

⑥ 同上，100.

⑦ 诺伯特·维纳. 维纳著作选. 钟韧译. 上海：上海译文出版社, 1978: 15.

⑧ Wiener N. *The Human Use of Human Beings: Cybernetics and Society*. Boston: Houghton Mifflin, 1954. 中文版见：维纳. 人有人的用处：控制论和社会. 陈步译. 北京：商务印书馆, 1978. 或：维纳. 人有人的用处：控制论与社会. 陈步译. 北京：北京大学出版社, 2010. 或：诺伯特·维纳. 人当作人来使用：控制论与社会//诺伯特·维纳. 维纳著作选. 钟韧译. 上海：上海译文出版社. 1978.

（Ştcfan Odobleja）曾出版了一本《协调心理学》[①]，其中谈论了很多被认为是控制论最为关心的问题：反馈。在维纳成名之后，奥多布莱扎感到学术界对自己的工作评价不公，并因此花费了自己后半生的大部分时间，来试图证明是他先于维纳提出了控制论思想，或者说维纳控制论的核心之一“反馈理论”，是他早在 1938 年就已经提出，并“推断”维纳在 1941 年之前可能已经了解他的研究成果，但在自己的著作里故意不提及他。我们无从考证奥多布莱扎所说的话有多大的可信性，但戈卢（Mihai Golu）在为他的《协调心理学》所写的序言中曾恰当地指出，《协调心理学》所欠缺的是没有导入“信息”概念。[②]换句话说，奥多布莱扎的工作之所以没有得到人们的重视，最重要的一点恰恰在于他没有把“信息”概念引入自己的核心表述中。

另一个导致信息概念大范围流行的因素来自香农的信息论。从实际情况来看，信息论纯粹是两篇合二为一的技术性论文，但由于科学和社会历史发展的需要，也由于维纳控制论的助推，香农在文章中提出的信息计量方法和维纳在书中阐述以机器、生物、社会等领域的通信问题珠联璧合地联系了起来，它们一起唤起了科学界的信息热忱。信息论问世后的第 3 年，50 名国际电气和电子工程师协会的会员给他们的理事会递交了一份签名信，呼吁应该在无线电工程师协会中成立一个信息论学组。这一倡议很快得以落实。新学组也很快于 1950 年 9 月在伦敦召开了第一届信息论会议并出版了论文集。之后，它又主办了 1953 年在美国加利福尼亚州伯克利举行的通信工程统计方法讨论会，而它组织的第一次信息论国际会议也于次年在美国麻省理工学院举行。

20 世纪 50 年代，仅在英国和美国就连续举行了一系列重要的信息论会议，而在捷克斯洛伐克的布拉格也召开了一系列会议。大多数信息论方面的工作者都强烈地期待着这些会议的举行，且每次都问世了一些很好的文章，每次会议都成了交流彼此关于信息研究的心得和结识同行的新场所。在美国举行的大部分会议，包括 1953 年的伯克利会议、1954 年和 1956 年的麻省理工学院会议、1959 年的洛杉矶会议在内，所涉及的学术范围和当时的杂志所刊登的信息论研究范围类似，而伦敦会议则范围更广。人们曾尽可能从广泛的意义上来理解信息论。因而“信息”概念就日益被许许多多不同的学科加以引进。在 1950 年 9 月英国伦敦皇家学会举行的信

---

① 斯特凡·奥多布莱扎. 协调心理学与控制论. 柳风运, 蒋本良译. 北京: 商务印书馆, 1997.

② 米海·戈卢. 导言//斯特凡·奥多布莱扎. 协调心理学与控制论. 柳风运, 蒋本良译. 北京: 商务印书馆, 1997: 11.

息论会议上，在提交的约 20 篇文章中，其中 6 篇是关于信息论在心理学和神经生理学方面应用的。1952 年 9 月，在电子电气工程师学会举行的第二届会议上，人们的注意力就从这些领域转移到了语言的分析和传输问题上，38 篇文章中有 8 篇是涉及后一主题的。1955 年 9 月，在伦敦皇家学会举行的第三届信息论会议上，除了信息论的基本内容和编码理论之外，其讨论范围也变得更加广泛，不仅包括上述几个方面，而且还包括机器翻译等。此外，扩大的信息论研究范围之广还表现在与会者的行业上，那时已经包括来自解剖学、动物保健学、人类学、经济学、电子学、数理语言学、神经精神学、神经生理学、哲学、语音学、物理学、政治学、心理学和统计学等领域的专家。1960 年，举行了第四届伦敦会议；1956 年、1959 年在捷克布拉格举行了信息论、统计判决函数以及随机过程方面的会议。这些会议具有强烈的数学性，因此只有少数人参加①②③④。在中国，信息论的著作最早出现在上海 1965 年印刷的一份非正式出版物《信息论理论基础》一书中，且仅作为一个部分刊出⑤，而此时距香农信息论问世已过去 17 年。但经过 10 年的“文化大革命”灾难，香农信息论和维纳控制论两个理论直到 20 世纪 80 年代后才有机会开始被中国学者加以深入研究。

从信息概念的选择上说，香农信息论的成功有些系于偶然，因为他的理论那时差点成为一个熵论，而不是信息论。人们都知道，1948 年，当香农完成了他的论文初稿后，面临的问题是，以函数形式表述的消息（message）内容，到底是用“熵”还是用“信息”来表示时，香农徘徊不定。根据法国学者特里布斯（Myron Tribus）的回忆，香农曾和他讲过，就在他为如何称呼这个函数困惑不解的时候，他去征询了冯·诺依曼的意见，冯·诺依曼曾十分油滑地建议他：“你应该叫它‘熵’。有两个理由：首先，这个函数已经在热力学中叫这个名字了；其次，而且更重要的是，许多人并不知道熵究竟是什么，如果你使用‘熵’这个词，在辩论时你每次都会取胜。”⑥但香农最后并没有采纳冯·诺依曼的建议选用“熵”而最后选用了“信息”。至于出于何种原因他最终选择“信息”而

① 关于信息论问世以后到 20 世纪 60～70 年代的进展，见：IEEE Transactions, Information Theory 分册 1973 年第 19 卷第 1 期、第 2 期、第 3 期《信息论发表 25 周年纪念专辑》。中文译文见：脚注②～④。

② Pierce J R. 早期信息论. 康继鼎译，钟义信校. 计算机应用与应用数学, 1976, (4): 60-66.

③ Slepian D. 五十年代信息论. 康继鼎译，钟义信校. 计算机应用与应用数学, 1976, (5):71-76.

④ Viterbi A J. 六十年代信息论. 康继鼎译，钟义信校. 计算机应用与应用数学, 1976, (6): 29-34.

⑤ 申农 C E. 通信的数学理论，沈永朝译//上海市科学技术编译馆编. 信息论理论基础. 上海：上海市科学技术编译馆, 1965.

⑥ Mryon T, *The Maximum Entropy Formalism*. Cambridge, Mass: MIT Press, 1978: 1.

不使用"熵"，我们至今没有看到过香农的进一步解释。实践证明，他选用"信息"是使他成功的最重要因素之一。这一方面表现了香农性格上特立独行的一面，另一方面也表明信息本身和通信是密不可分的。试想，如果香农最后选用了"熵"概念而不是"信息"概念，那么他的理论最后就应该叫作《熵论》。那么，两个概念在物理学家和通信科学家的博弈中，最终可能导致物理学家控制着对该学科的最终解释权，信息概念最终能否像今天这样广泛地普及，即使能够普及，它究竟在今天会发展成一门什么样的理论也是很是难预料的。苏联控制论学家列尔涅尔（Александр Лернер）在他 1967 年所写的《控制论基础》一书中曾预言道：控制论能够发展成为一门物理学①。

就维纳所做的工作来看，他把一种普适的信息思维方法带给了人们，它的直接作用是掀起了不同研究领域中人们在自己的思维中自觉或不自觉地"信息化"了，他们开始尝试用信息的思维把本领域看来不一定是信息问题的问题也试图用信息概念来表述，尝试的结果一般都会加深和启发人们对自己所研究的问题的认识，且大都变成了堂堂正正的信息问题，从而在这个领域直接生成了信息研究。典型的如法国斯特拉斯堡大学莫耳斯（Abraham Moles）于 20 世纪 50 年代在艺术学中掀起的信息论美学运动②。和维纳的贡献不同，香农把一种工程信息计量方法带给了人们，它的直接作用是在维纳引起的"思维信息化"热潮之后，激起了不同研究领域中的人们借香农信息计量方法来对本学科实行"数学化"的尝试，不论是否成功，尝试的结果都会启发人们思考自己所研究的问题是否可以转化为信息问题，从而在这个领域里间接地普及了信息概念。典型的如布兰森（Herman R. Branson）于 20 世纪 60 年代对蛋白质分子所进行的信息计量探索③。但能够引起一场信息概念广泛流行运动的动因远非仅此。因为除了它们之外，另外还有一些学科对信息概念的普及也起到了关键性的推动作用，例如系统论、自动化理论、计算机科学等。

"系统论"或称"系统科学"成形于奥地利生物学家贝塔朗菲（Ludwig von Bertalanffy）于 1945 年提出的"一般系统论"概念，完整的著作直到 1968 年才形成。20 世纪 80 年代，钱学森等一批中国学者把偏重生物和人

---

① 列尔涅尔 A Я. 控制论基础. 刘定一译. 北京：科学出版社，1980：69. 该书英文版 Fundamentals of Cybernetics 由 Chapman and Hall 公司 1972 年出版。作者是一位苏联犹太裔著名控制论学家，2004 年 7 月逝世。

② 涂途. 信息论 控制论 系统论与美学. 北京：世界知识出版社，1990：49.

③ 方丁. 生物信息流. 南京：江苏科学技术出版社. 1985：29-31.

类问题的《一般系统论》和在中国推广已久的《运筹学》结合起来正式命名为《系统科学》。但在一般人的使用中，大家还是喜欢使用和信息论、控制论类似的称呼，并称之为“系统论”，从而把它和其他两论一起合称为（旧）三论。和一般系统论相比，系统科学采用一种整体还原论的思想，强调世界是由一些简单的元素通过有机结合组成了一个整体。苗东升在谈到系统科学时强调：“现实世界不存在没有任何内在相关性的事物群体”，“系统是一切事物的存在方式”[①]。在由简单元素组成系统或大系统或复杂系统或巨系统方面，系统科学家使用着不同的概念来表述这些“单子”，它们包括元素、要素、组分、子系统、事物群体等。那么，究竟这些单子最后是如何组成系统的？从总体上说，系统科学家还没有给出完整的说明。但他们一致认为，单子靠或物质、或能量、或信息被组织在一起。这就是说，从形式上看，一个系统的成分中起码有信息在起作用。依靠信息，系统就有可能被组织起来。从实际情况来看，靠信息组织起来的系统比率很高，这就是系统科学研究会天然地和信息研究发生联系的内在原因。此外，在对系统的解释方面，许多系统的行为是靠内部的或和环境之间的信息交换来表现的。例如，在人体系统中，内分泌、神经、免疫三个系统的综合表现就是靠信息居间交换发生作用的。在自然、人类、社会、工程中普遍存在着这种信息系统现象。特别是在抽象的信息系统方面，例如人类的认知系统，系统的行为几乎完全是靠信息在其内部发挥作用。

尽管在系统科学中使用的信息概念是跟进式的而不是自进式的，但从学科的系统性和研究队伍的综合素质来看，系统科学研究和信息科学研究相互促进已经是不可抗拒的趋势。既然说系统是一个普遍存在的现象，既然说许多系统是靠信息来进行组织和维护的，那么，信息就必然在系统的很多地方存在。如果人们习惯于用系统的观点看待世界，其结果就必然会使信息概念利用的概率增加。苗东升认为：系统科学目前面临着两大困惑，一个来自“涌现”，一个来自“信息”[②]。这两个问题最终能否得到圆满解决，将会直接影响到系统科学的根本性进展。

至于计算机科学，它包括内容和表象两个方面。在信息科学发展史上，没有人不知道信息科学曾经是计算机科学的代名词甚至是同义词。在计算机科学的研究过程中，指令、数据、知识、信息几个概念经常是混用的。我们可以说在中央处理器的 5 个单元之间在传输指令，或者传输数据，我

① 苗东升. (系统科学的)基本概念与方法//许国志. 系统科学. 上海: 上海科技教育出版社, 2000: 17.

② 苗东升. 系统科学是关于整体涌现性的科学//许国志. 系统科学与工程研究. 上海: 上海科技教育出版社, 2000: 174.

们同样可以说是在传输信息。这种情况同样适用于计算机其他元器件的研发和运行。例如，在中央处理器和视频系统、音频系统、调制解调器之间，甚至在和键盘、鼠标之间的信息传递方面，在以中央处理器为中心的整个计算机系统的各个零部件之间，我们既可以说有数据和指令在其间传输，也可以说有信息在其间传输。我们把一种信息输入计算机，最后得到形式上或内容上改变了的另一种信息。在互联网问世之后，计算机和信息的联系更加紧密了，没有人不知道以计算机为主的互联网是信息传输的一个强大工具，互联网这一概念是计算机科学与技术在当今引起大众争相使用信息概念的另一个巨大引擎。在互联网上，主要传输的是各种各样的人类信息，其次才是各种各样的软件代码等。通常，人们把它们都称为信息。

在通过对信息的历时和共时分析之后我们已经看到，信息这个直到 20 世纪后半叶才得以广泛流行的概念，其含义已远不是它在“消息”、“音讯”、“情况”等这些一般社会成员所理解的原始含义了，虽然它们仍旧占据着信息含义的重要部分，且已经在哲学、语言、心理等研究领域深深地扎下了根。更为引人关注的是，信息概念不仅已经应用到物理学、化学和生物学这些领域，并且业已形成许多和信息存在交叉的学科分支，其中的一些分支还正在为真正的信息科学建设提供着强烈的支持。今天，我们已经很难在哪个学科中寻觅不到“信息”的芳踪。在人文与社会科学中，我们根本就找不到不使用信息概念的研究分支。

到底是什么原因导致信息概念能够如此广泛地被青睐和应用呢？归纳起来主要有两个，那就是信息概念在应用上的“概括性”和“暂代性”。

（1）**概括性**。一般在生活中所谈到的消息、音讯、情况，如学者与学者之间交流的知识，领导给下属下达的指示，下属给上级的汇报，广播电视每天播送的新闻，气象台发布的天气预报，统计局发布的国家经济变化和个人收入增减的指标等，这些在人类社会成员之间传输的内容，过去是分别用不同的概念来表示的。20 世纪后半叶，这种现象逐渐发生了变化：我们过去用这些不同词汇来表达的内容，今天可以用“信息”一词概括。信息是消息、音信、新闻、资料、指标、数据、情报、命令、指示、知识、文学和艺术话语，甚至编码、信号等含义的总称。这种现象在过去 20 年间主要发生在人文领域，今天也逐渐向自然与工程方面延伸。指令、数据、刺激、编码、递质内容、分子属性甚至宇宙的根本属性方面也在用信息来尝试替代相关概念。鲁宾斯坦（Ariel Rubinstein）曾经证明，从心理学上来讲，人们普遍存在着语言经济学的应用习性。能够用较少的语言来表达的情况，人们就决不用更多的语言。每个表达者都倾向于用最简单的话语让阅听者精确地理解自己所表述的含义。他指出，自然语言的特征使沟通的双方存在着某种理性函数的最优化，语言的语义结构受着最优化选择法则的支配。①一个纵观这些纷繁现象的人在用一般的观点看待这种现象的时候，他当然喜欢用信息一词而不喜欢分别用消息、指令、知识、编码、模式等来分述；反过来说，具体的当事者在同他人进行沟通的时候，其范围常常是超越消息、知识等界限的，这时，信息这个词汇就受到了人们的普遍欢迎，从而也成了不二之选。

（2）**暂代性**。我们知道，任何一个新学科在探讨所面临的新问题时，总会碰到这样或那样的困惑，而对这些难题实质的认识一开始通常是十分模糊的，尤其是在一个彼此具有相互作用的系统中，如果能够判断出系统一方行为的变化是由另一方行为的变化所引起，但又不知道对应的具体因素是什么的时候，人们就喜欢用“信息”这个概念来暂代那个对应的因素。特别是在能够确定的是物质、能量、信息三者之一所为，同时又能确定不是物质或能量所为，但又不能确切知道是什么所为的时候，信息就成了一个最佳的替代词汇。黑洞、天体、不明飞行物、遗传、免疫、内分泌、外分泌、神经等研究领域中信息概念的应用无一不是在这种情况下出现的。近年来兴起的复杂性科学、混沌科学、非线性科学等许多前沿性研究，无一没用到信息概念，而其中引用信息的原因少部分是那里所关注的对象确实是信息，大部分原因是不明白所关注的对象究竟应该用什么词汇来表达更好时才使用信息概念的。除了科学研究领域之外，灵学、星象、巫术、算命、测字、占卜以及其他形形色色的貌似“科学”的行当中，信息更是一个敲门砖或万用灵药。信息的这种性质可称为暂代性。“暂”的含义是：一旦这些领域明白了自己的学科中过去被称为“信息”问题的真实本质之后，具体概念登场，信息概念隐退。遗传信息就是一个最好的明证。我们过去说亲代把某种信息通过遗传细胞传给了子代，现在我们会说是亲代的某些性状通过顺反子传给了我们的子代。信息概念暂代性的更好例子目前正用在植物学家和生化分子学家在研究植物以及分子之间的相互作用方面。

综上所述，和信息问题密切相关的几门学科、信息概念的两个内在特征一起构成了推进信息概念普及的原动力。可以这样认为，信息概念应用的热潮源自信息的内在机制，它是必然的。因此，在 20 世纪即将结束、

① 鲁宾斯坦 A. 经济学与语言. 钱勇，周翼译. 上海：上海财经大学出版社，2004: 157-185.

21 世纪的黎明即将来临的时候，德国语言学界和大众媒体业界联合评选了“在 20 世纪出现并对 20 世纪产生了重大影响且成为 20 世纪历史的一个组成部分”的 100 个流行词汇，“信息”概念名列首位。

1.4　信息的各种定义

在信息科学的发展历程中，我们已有统计信息理论、动态信息理论、效用信息理论、算法信息理论等，甚至已有信息代数、信息力学、信息微积分等。就专业信息学科而言，我们已有电子信息学、量子信息学、医疗信息学、地理信息学、信息经济学等。同时，全世界关于信息理论研究的著作和文章每年仍以数以百计的速度在不断问世。但是，这个学科有一个极其特别之处，那就是，尽管其成果已经累累繁多，但就其最基本的问题而言，我们连“信息是什么”这个基本的问题都没有解决。为此，学者们已经进行了为期半个多世纪的讨论，以期给出一个的答案，而在辞典之外试图重新给出的信息定义已在 150 个左右①。

是的，如何对信息进行定义是信息科学的一个基础问题，错误或不合适的定义有可能会困扰或误导信息科学的基础建设。就这个问题而言，目前一共存在两种局面：①学者们仍在夜以继日地去寻找不同的信息定义，大多数给出某一定义的定义者，一般对自己所给出的定义都持“非常乐观，无比正确”的态度。即使在一位学者自认为找到了一个合适的定义，但被其他学者认为尚存在某些错误，或不够全面时，该定义的定义者多半会就所给出的定义加以修正，以适应更加全面、更加精准的要求。于是，新的信息定义便层出不穷；②研究者认为，信息是一个在不同语境中不断变化的概念，任何在短期内试图找到一个普适定义的努力都是不大可能成功的。不论有多少人反对，第一种局面仍占据很大市场。下面我们对半个多世纪以来中外研究者在这方面已经取得的部分成果予以展示，并从这个展示中欣赏它的异彩纷呈。

在辞典之外最先挑起对信息重新进行定义的人是维纳。在 1948 年出版的《控制论：或关于在动物和机器中控制和通信的科学》中，他虽然没有就信息给出正面的新定义，但没有人否认，它的“信息就是信息，既不

① 本节关于英语中信息概念的讨论案例，大部分引自 Mark Burgin. *Theory of Information: Fundamentality, Diversity and Unification*. Singapore: World Scientific Publishing Co. Pty, Ltd. 2010.

是物质也不是能量”[①]无疑是在赋予信息一种新解释。接着，在他1950年出版的《人有人的用处：控制论与社会》中他就给出了一个正式的信息新定义：“信息是我们适应外部世界，并且使这种适应为外部世界所感受到的过程中，同外部世界进行交换的内容的名称。”[②]这一举措实际上正式开创了信息新定义的先河。与此同时，基于维纳的控制论和香农的信息论，一个流行性的准信息定义也广为传播，它一共有三种说法：①信息是消除了的不定性；②信息是用来消除随机不定性的东西；③信息是消除了的不定性，或对各种变化的反映[③]。这一看法代表了信息的统计定义，且仍是目前最为流行的信息定义之一。勒纳尔（Vladimir S. Lerner）2007年写道，信息度量不确定性的特点是它与减少的不确定性相等，且有不同的量[④]。然而，香农的追随者之一、当时旅美的法国物理学家布里渊（Léon Brillouin）认为，在这个理论中“信息的人类方面”完全被忽略了，并在其著作《科学与信息论》中把信息和熵进行了关联[⑤]。

由香农的信息论和布里渊的《科学和信息论》引申出的信息和熵的关系的讨论，曾引起一系列用熵来定义信息的尝试。萨尔斯（Stanley N. Salthe）认为：信息是在熵产生上的任何约束。香农的信息熵与玻尔兹曼（Ludwig E. Boltzmann）的热力学熵是一回事。一个消息源的熵等于在任何特定的消息中能够传送的信息量。你收到的消息“表面上看随机性越大”，这个消息源的熵一般就越高，这条消息容纳的信息一般也就越多。熵，就是对不明晰性、不可预测性及不确定性的一种测量。对于一个消息源来说，有一个高熵是件好事，这说明那个消息源是不可预测的，你无法提前知晓来自那个消息源的一条消息是什么。然而，一旦接收者收到那条消息，且其中包含很多的信息，这就会减少对一个问题答案的不确定性。熵越高，答案

---

① 维纳 N. 控制论：或关于在动物和机器中控制和通信的科学(第2版). 郝季仁译. 北京：科学出版社，1963: 133.

② 维纳 N. 维纳著作选. 钟韧译. 上海：上海译文出版社，1978: 4. 这个说法还有另外一种译本：“信息这个名称的内容就是我们对外界进行调节并使我们的调节为外界所了解时而与外界交换来的东西。”见：维纳. 人有人的用处：控制论与社会. 陈步译. 北京：北京大学出版社，2010: 13. 原文：“Information is a name for the content of what is exchanged with the outer world as we adjust to it, and make our adjustment felt upon it.”

③ 在普通的流行读物里，都把这种说法看作香农给出的信息定义，事实并非如此。香农在 *A Mathematical Theory of Communication* 上下篇中只在一处（第6小节的标题上）用到了“不定性”一词：6. Choice, Uncertainty and Entropy（6. 选择、不确定性和熵）。

④ Lerner V S. Information Systems Theory and Informational Macrodynamics: Review of the Main Results. *IEEE Transactions on Systems, Man, and Cybernetics*, 2007, 37(6): 1-17.

⑤ Brillouin L. *Science and Information Theory*. New York: Academic Press Inc., 1962: 1.

的不确定性就越大，你收到的信息肯定就越少①。关于信息和熵的关系，人们根据薛定谔的“生命赖负熵为生”的观点，最后又得出“信息就是负熵”的结论。

之后，许多作者开始了独立于辞典、维纳、香农来试图给信息进行不同定义的广泛尝试，从而导致信息概念定义上出现的空前混乱。这种混乱的生动画面曾由波斯特（Mark Poster）于 1990 年在《信息的模式：后结构主义和社会环境》一书中加以描述。他说：信息“在我们的文化中已成为一个特权术语，它已经形成一个新的文化事件，我们必须用怀疑的态度去对待它”。他列举了“信息的许多形式：文字、数字、音乐、视觉图像”。在谈到科学方法时他写道，理论家喜欢在定义信息时从广义上把信息“简化为物质和能量的组织”。波斯特还假定，从狭义的角度看，信息是通信中没有丢失的组成部分，而“丢失”的仅仅是噪声②。然而，有很多例子证明，在传输中信息恰恰被丢失了，而噪声却仍还被保留着。

在信息科学的图书馆信息科学学派中，一般认为：信息就是一种知识。例如，1980 年，布鲁克斯（Bertlam Brookes）提出，“信息是一些零碎的知识”③。1992 年，科格特（Bruce Kogut）和赞德尔（Udo Zander）认为，信息是“在传播过程中其完整性还未损失的知识”④。1991 年，巴克兰（Michael Buckland）分析了信息概念后得出结论，“信息这个词可以和知识作为同义词来使用”⑤。根据戈丁（Benoît Godin）2008 年的研究，始于 20 世纪 50 年代的信息经济学研究采用的观点，就是把信息作为一种知识来看待的。然而，20 世纪七八十年代，许多关于信息的观念都变成了一种商品或经济活动，再往后又变成了一种技术概念⑥。事实上，把信息和知识联系起来的最早思考来自布里渊，他在 1956 年出版的《科学和信息论》一书中首先提出，“信息是原材料，知识是思维对信息进行加工后的产物”⑦。信

① Salthe S N. A Definition of Information. http://fis.icts.sbg.ac.at/mailings/1312.html [2009-6-1].

② Poster M. *The Mode of Information: Poststructuralism and Social Context*. Chicago: University of Chicago Press, 1990: 7-14.

③ Brooks B C. The Foundations of Information Science, Part. I, Philosophical Aspects. *Journal of Information*, 1980, (2): 131.

④ Kogut B, Zander U. Knowledge of the Firm: Combinative Capabilities, and the Replication of Technology. *Organization Science*, 1992, 3(3): 383-397.

⑤ Buckland M. Information and Information Systems. New Directions in Information Management. *New York Praeger*, 1991: 10.

⑥ Godin B. The Information Economy: The History of a Concept through Its Measurement, 1949-2005. *History and Technology*, 2008, 24(3); 255-287.

⑦ Brillouin L. *Science and Information Theory*. New York: Academic Press Inc., 1962: 1.

息的定义非常宽泛，这一切都增加了把信息理解为一种现象的难度。

在信息科学的计算机信息科学学派中，事实上没有多少人对信息的定义产生兴趣。他们要么认为信息是一种数据——特别是在数据结构和数据库研究中，要么认为信息就是一种知识——尤其在人工智能研究中。有时信息也被一些学者认为是由意义组成或填充的数据（包括事实和数字）。例如，1989 年，柯蒂斯（Graham Curtis）认为，信息是为某一目的所处理的数据①。1990 年，森恩（James A. Senn）认为，信息是一种以有意义的形式提供给接收者的数据②。旅居瑞士的华人学者林书坤（Shu-Kun Lin）认为：信息是被压缩的数据量。信息的概念可以通过检验它与熵、对称和可识别性等概念的联系来澄清③。此外，在大部分大学所使用的教科书中，数据和信息这两个术语有时是可以互换的，当数据是原始材料时，信息就被改造成了一个在有意义和有用处的环境中的数据。1996 年，劳顿（Kenneth C. Laudon）提出，我们找到了信息的一个类似概念，它可以定义为一种可以理解的数据的有组织的集合④。然而在把信息作为一种数据的定义方面，工作在英国的意大利学者弗洛里迪（Lucian Floridi）是一个坚定拥护者，他在 2010 年为英国牛津大学袖珍导论丛书“信息”卷撰写的《信息：袖珍导论》（*Information: A Very Short Introduction*）中坚称：当且仅当一个数据满足下列三个条件时，它就可以成为一个普适的信息定义。这三个条件分别是：①信息是由数据构成的；②数据是经过良好组织的；③良好组织的数据是有意义的。⑤

把信息和反映联系起来的观点是哲学界早期流行的一种思潮，最早出现在前苏联。著名的信息哲学家和社会信息学家乌尔苏尔（Аркадий Д. Урсул）认为，“信息不仅是反映的内容和形式，也是反映过程的内容和形式”⑥。苏哈诺夫（Александр П. Суханов）在《信息与人》一书中认

① Curtis G. Business Information Systems: Analysis, Design and Practice. *Addison-Wesley: Workingham*, 2008: 3.

② Senn J A. *Information Systems in Management*. Belmont, CA.: Wadsworth Publishing, 1990: 4.

③ Shu-Kun L. What Is the Definition of Information? http://fis.icts.sbg.ac.at/mailings/2121.html [2009-6-2].

④ Laudon K C, Traver C, Laudon J. *Information Technology and Society*. Cambridge, MA: Course Technology Inc. The Thompson Group, 1996: 6.

⑤ Floridi L. *Information: A Very Short Introduction*. Oxford: Oxford University Press, 2010: 20-31. 牛津大学袖珍导论（A Very Short Introduction）是一套当代科普丛书，1995 年开始出版，原计划仅出版 200 卷，范围从古希腊历史到现代宇宙学等，内容包罗万象。但到目前为止，已经出版近 500 卷。《信息》是它的第 225 卷选题。每卷定价均为 7.99 英镑，约 11.95 美元。见：http://www.oup.co.uk/general/vsi. 或：http://ukcatalogue.oup.com/category/academic/series/general/vsi.do [2010-2-4]

⑥ 乌尔苏尔 А Д. 认识论和逻辑学中的信息方法. 何以常译. 外国自然科学哲学, 1974, (2): 17.

为："信息与反映具有一个不可分割的方面，即反映的内容、反映过程的内容和结果。"①意大利学者朗高（Giuseppe Longo）在其 1975 年编辑的《信息论：新趋势与开放性问题》一书的序言中也说，信息是反映事物的形式、关系和差别，它包含在事物的差异里而不是在事物的自身中②。

另一个意义深远的定义是由著名物理学家魏茨泽克（Carl von Weizsäcker）2006 年提出的。他认为："信息是一种形式（完形）计量。"③之前他曾设想，信息由两个类别组成："①信息只是被理解的部分；②信息只是那些产生信息的部分。"④这些表面上看来很简单的说法，却意外地引起了许多深邃的讨论。卡普罗是当代对信息和信息科学具有深刻见解的一位乌拉圭籍德国学者，他在回顾自己对信息定义的思考历程时说，魏茨泽克的定义暗示我们，信息的概念是思考柏拉图哲学和亚里士多德哲学中思想、文化表象、词素这些概念的新方式，这些概念构成了西方哲学（和科学）的基础。⑤

1972 年，英国的贝特森（Gregory Bateson）提出了一个更加隐喻的信息定义，他把信息描述为一种"制造差异的差异"（a difference that makes a difference）。⑥克兰西（William J. Clancey）1997 年扩大了贝特森的定义并提出：信息是差异的检测。对一个代理人所适应的一定环境来说，它在

---

① 转引自：王雨田. 控制论信息论系统科学与哲学(第 2 版). 北京：中国人民大学出版社, 1988: 370.

② Giuseppe L. *Information Theory: New Trends and Open Problems*. New York: Springer in Komm, 1975: III.

③ von Weizsäcker C F. *The Structure of Physics*. Revised and Enlarged by Thomas Görnitz and Holger Lyre. Dordrecht: Springer, 2006.

④ von Weizsäcker C F. *Die Einheit der Natur*. München: Deutscher Taschenbuch Verlag, 1982.

⑤ Capurro R. Biology, Technology and Information. http://fis.icts.sbg.ac.at/mailings/0108.html [2005-9-16]. 魏茨泽克（1912～2007）. 物理学家和哲学家，出身于德国一个显赫的政治家和科学家家族，其弟理查德・冯・魏茨泽克（Richard von Weizsäcker）曾出任德国总统，完成了东西德统一大业。迄今为止，呼吁应该对魏茨泽克的信息科学思想引起注意的是卡普罗，他在欧洲信息科学 10 多年的网络讨论中频频介绍魏茨泽克的一系列重要信息科学见解。这些见解主要出现在魏茨泽克的下列著作中：

a.《自然的统一》（*Die Einheit der Natur*，1959）。书中第一次提到了信息和柏拉图与亚里士多德以及生物学的关系。他的关于信息的双重定义，信息和生命，信息和灵魂，信息和艺术等思想均在这部著作中有所论述。

b.《物理学的结构》（*Aufbau der Physik*，1981）。这是一部关于物理学的综合性读物。在这部书中，魏茨泽克分析了物质、能量、信息，以及信息和决策之间的一系列关系问题。

c.《时间和知识》（*Zeit und Wissen*，1992）。这是一部综合性图书。在书中，魏茨泽克分析了物质、能量、信息之间的关系问题。他问道：在物理学中，形式/完形意味着什么？形式和时间的关系是什么？它和意识的关系呢？时间和知识间的关系呢？我们是否又回到了形式哲学（柏拉图）中去了？见：Capurro R. Re: Biology, Technology and Information. http://fis.icts.sbg.ac.at/mailings/0110.html [2008-3-2].

⑥ Bateson G. *Steps to an Ecology of Mind*. New York: Ballantine Books, 1972: 230, 361, 339.

功能上是非常重要的①。2007 年，穆勒（Scott J. Muller）认为，“信息是一个对象对自身能力的区别”②。2007 年，马尔科夫（Krassimir Markov）等写道，当存在一个信源、证据、信宿的三元组时，第一个实体在第二个实体中的反映可称为信息。因此，信息可解释为对一个具体现实的反映③。

与此同时，一些研究者尝试用另外的抽象概念来定义信息。例如，复杂性科学研究者克拉奇菲尔德（James P. Crutchfield）1990 年提出，可把一个信源的信息定义为一个符号序列中所有记录的等价类④。这是一个有趣的定义，但它不允许一个人考虑许多信息类，也不代表符号序列。罗泼伊（Laszlo Ropolyi）说：“信息是一种被解释的符号。”⑤博格曼（Albert Borgman）于 1999 年提出，“信息是一种人与物理实在之间的关系，它由符号组成，在一定范围内，它告知人们现实中的东西”⑥。与此相反，帕克尔（Edwin B. Parker）于 1974 年定义的信息是物质和能量的组织模式⑦。珀蒂让（Michel Petitjean）说：列出当前被接受的信息定义是件好事情，但它至少应该包容它在数学/计算机科学、费希尔信息、香农/雷尼尔信息（它与费希尔信息相当不同）的含义。但是，未来应把信息概念在其他领域的含义也包括进来，所有定义都应该接受检验，但它们之中没有一个适用于所有领域。⑧

德雷斯基（Fred Dretske）在他著名的《知识与信息流》一书中写到：“大体上说，信息是能够产生知识的商品，信息或信号所携带的正是我们需要知道的。”⑨塞尔（John Searle）认为：“信息是任何我们能够计算或用作信息的东西。”⑩罗西（Robert M. Losee）1997 年使用了如下的信息定义：“信息是由所有过程产生的，它是在信息过程中输出的具有特性

① Clancey W J. *Situated Cognition: On Human Knowledge and Computer Representations*. Cambridge: Cambridge University Press, 1997: 7.

② Muller S J. *Asymmetry: The Foundation of Information. The Frontiers Collection*. Berlin: Springer-Verlag, 2007.

③ Markov K, Ivanova K, Mitov I. Basic Structure of the General Information Theory. *International Journal of Information Theories and Applications*, 2007, 14: 5-19.

④ Crutchfield J P. *Information and Its Metric. Nonlinear Structures in Physical Systems-Pattern Formation, Chaos and Waves*. New York: Springer-Verlag, 1990.

⑤ Ropolyi L. What Is Information? http://fis.iguw.tuwien.ac.at/mailings/2168.html [2008-5-16].

⑥ Borgmann A. *Holding on to Reality: The Nature of Information at the Turn of the Millennium*. Chicago/London: University of Chicago Press, 1999.

⑦ Parker E B. *Information and Society. Library and Information Science Needs of the Nation*. National Commission on Libraries and Information Science, Washington, DC, 1974: 9-50.

⑧ Petitjean M.What Is the Definition of Information? http://fis.icts.sbg.ac.at/mailings/2123.html [2011-5-16].

⑨ Dretske F I. *Knowledge and the Flow of Information*. Cambridge, MA: The MIT Press, 1981.

⑩ Searle J R. *Philosophy in a New Century: Selected Essays*. Cambridge: Cambridge University Press, 2008.

的价值。”[①]阿理（Syed Ali）认为：“信息是把一个东西的意义至少能够传输到另一个东西上的特性。”[②]亚沃尔斯基（Karl Javorszky）认为：“信息是接收者在输入评价上期望空间的减少。”[③]不久之后他又认为：“信息是许多选择中的一个。”[④]斯托尼尔（Tom Stonier）1997 年对把“信息”理解成“讯息”提出了批评。他写道，“信息是原材料，在对信息进行处理时，它可以产生出讯息。”[⑤]在算法信息理论中，柯尔莫哥洛夫（Андрей Н. Колмогоров）1965 年和柴廷（Gregory J. Chaitin）1975 年都把信息视为一个暂时消除了的复杂性[⑥⑦]。

2010 年，巴尔金（Mark Burgin）提出了他对信息定义的新看法，认为信息的存在与否或信息量的大小完全取决于信息接收者的判断。为了证明这一点，他举例说：假如我们有一本日文图书，并且想问一问书中包含了什么信息。对于一个不懂日文的人来说，书中不含信息，但这些信息对于懂日文的人来说作用可能是巨大的。另一种情形也有可能。我们来考虑一下教科书，如数学教科书。如果这是一本很好的教科书，那么，它对于数学专业的学生来说，其中必然包含大量的信息。然而，如果我们让一位专业的数学家看这本教科书，他或她可能会说：“噢，我已经知道书中的一切了，所以它对我来说不含信息。”如果我们把这本书给一个讨厌数学并正在主修艺术的学生看，我们将得到同样的结果，只是理由不同罢了。因此，一条讯息的含义只能被与之相关的接收者所理解。[⑧]

邦格（Mario A. Bunge）和阿迪拉（Ruben Ardila）1987 年区分了下列七种不同的信息使用方式：①信息作为意义（语义信息）；②信息作为遗传物质的结构（基因“信息”）；③信息作为一个信号；④信息作为脉

---

① Losee R M. A Discipline Independent Definition of Information. *Journal of the American Society for Information Science*, 1997, 48(3): 254-269.

② Ali S. A Definition of Information. http://fis.iguw.tuwien.ac.at/mailings/1311.html [2005-5-16].

③ Javorszky K. A One Sentence Definition of Information. http://fis.iguw.tuwien.ac.at/mailings/1344.html [2005-5-16].

④ Javorszky K. What Is the Definition of Information? http://fis.iguw.tuwien.ac.at/mailings/2122.html [2005-5-15].

⑤ Stonier T. *Information and Meaning: An Evolutionary Perspective*. London: Springer-Verlag, 1997: 5.

⑥ Kolmogorov A N. Three Approaches to the Definition of the Quantity of Information. *Problems of Information Transmission*, 1965, 1: 3-11.

⑦ Chaitin G J. A Theory of Program Size Formally Identical to Information Theory. *Journal of Association for Computing Machinery*, 1975, 22: 329-340.

⑧ Burgin M. *Theory of Information: Fundamentality, Diversity and Unification*. Singapore: World Scientific Publishing Co. Pty, Ltd., 2010: 94.

冲编码信号携带的消息；⑤信息作为系统中信号携带的信息数量；⑥信息作为知识；⑦信息在某种意义上说是由社会行为者使用信号（例如，语音）进行的信息（知识）通信①。

1989 年，布拉曼（Sandra Braman）从管理学角度提出了定义信息的四种功能：①信息作为一种资源；②信息作为一种商品；③信息作为一种感知模式；④信息作为一种社会构成力量。之后他对这四个概念的相对益处和问题进行了讨论。文章指出，一个或另一个定义的选择都会带来重要的后果，忽视这个问题的倾向性后果就会导致冲突而不是合作。因此，定义信息也成了一项政治决策。②

在中国，20 世纪 80 年代以来，有五批研究力量曾为寻求一个合适的信息定义做出努力。第一批力量来自以钟义信为代表的正宗的信息科学家。钟义信在构筑他的全信息信息科学理论之前，首先提出了一个充满人文色彩的信息定义，它虽然和通信工程理论并不十分协调，但却受到了包括许多人文学科和自然科学研究者在内的人士的普遍欢迎。第二批力量是以黎鸣、刘长林、邬焜等为代表的正统的哲学家，他们在吸收了控制论、信息论、系统论等有关研究中的信息思想，并在苏联学者关于信息定义的基础上，分别提出了自己的信息定义。第三批力量来自一批交叉学科研究者。关注交叉科学发展人都十分清楚，在 20 世纪中后期出现的所有交叉学科中，大部分学科都和信息纠缠在一起。第四批力量来自图书馆信息科学研究者。遗憾的是，在中国，这支十分强大的信息研究队伍早期使用了一个不被主流信息科学研究者关注的概念——情报，后期又选择了一个同样无法进入主流信息科学的概念——信息管理，从而人为地使自己和信息科学研究阵营分开了，这也就断送了自己本来有可能成为信息科学生力军的前程。第五批力量来自其他不同的专业人士。由于信息概念几乎渗透到所有的科学领域，这些领域中具有开拓精神的研究者因此也时不时地提出一些新的信息定义，从而为信息科学研究提供了许多新的思路。20 世纪 80 年代至 90 年代中后期，上述几批力量一直是中国信息定义乃至信息科学研究的生力军。直到现在，在这些研究者当中，仍不乏一些雄心勃勃的信息概念定义爱好者，仍旧在不停地在为寻求准确的信息定义孜孜不倦地工作着。

力和信息都能在两个对象之间传输。1984 年，黎鸣在把两者进行了

---

① Bunge M A, Ardila R. *Philosophy of Psychology*. New York: Springer-Verlag, 1987.

② Braman S. Defining Information: An Approach for Policymakers. *Telecommunications Policy*, 1989, 13(1): 233-242.

比较之后认为，力和信息均属于物质的相互作用范畴。受此启发，他把信息定义为物质的普遍属性，认为信息在它所属的物质系统中同任何其他物质系统全面相互作用（或联系）时，信息代表了以质、能、波动的形式所呈现的结构、状态和历史[①]。1985 年，刘长林认为，可以在哲学上把信息理解为被反映的事物属性，或反映出来的事物属性。客观存在的事物属性是产生信息的本源，没有多种多样的事物属性，就没有信息[②]。2005 年，洪昆辉和杨娅认为：“信息是事物及现象的存在方式之一，它是通过一定的媒介对事物及运动状态的一种显示（映射、反映），它标志事物及现象的间接存在。”[③]1980 年，周怀珍认为，信息概念刻画了系统有序化过程，它深刻地揭示了一切事物进化发展的本质，它反映了同热运动相反的一切自然过程。由此而导致更广泛的信息含义：信息是任何一个系统的组织性、复杂性的量度，是有序化程度的标志。……从广义上说，信息是指客观世界中一切过程发生变化的内在联系，是物质系统互相联系、互相作用的组织化形式，这种组织化形式在系统的运动过程中表现为有序性。……从最一般的意义上来理解，它是物质和能量在空间和时间中分布的不均匀程度。这种分布的状态可以看作物质系统排列组合的有序化形式，也可以是不同物质系统之间互相联系的一种组织形式。[④]2001 年，周鸿铎认为，信息是信息源所发生的各种信号和消息经过传递被人们所感知、接收、认识和理解的内容的统称[⑤]。1998 年，李艺提出，物质是不依赖于意识的客观实在。物质同时具有直接存在性和间接存在性。运动、时空等一般的属性是物质的直接的具体的存在形式。信息则不然，它不是具体的直接存在，而是借助于客观实在的直接形式表现出来的间接存在。世界上所有事物都可以归入直接存在和间接存在两种类型，信息作为所有直接存在的显示，就具有最大的外延，所有客观实在以外的存在都是信息，这便是信息作为物质间接存在性的标志的真实意义[⑥]。1984 年，潘乐山认为，信息是物质和能量在时空中分布的不均匀度[⑦]。1989 年，郝宁湘提出，信息是物质系

---

① 黎鸣. 论信息. 中国社会科学, 1984, (4): 21.

② 刘长林. 论信息的哲学本性. 中国社会科学, 1985, (2): 103.

③ 洪昆辉, 杨娅. 论复杂关系中的信息存在//马蔼乃, 姜璐, 苗东升, 等. 信息科学交叉研究. 杭州: 浙江教育出版社, 2007: 79.

④ 周怀珍. 信息方法的哲学分析. 哲学研究, 1980, (9): 39.

⑤ 周鸿铎. 信息资源开发利用策略. 北京: 中国发展出版社, 2001: 12.

⑥ 李艺. 信息与信息量. 自然辩证法研究, 1998, 14(12): 36-37.

⑦ 潘乐山. 信息概念研究简介. 国内哲学动态, 1984, (4): 24-29.

统间相互作用时所表现出来的一切属性的总和[①]。

在哲学界，对信息定义探索得更早，而且进行得最为持久并最后形成了最为深刻思考的是邬焜。他从 20 世纪 80 年代初期就开始发表关于信息定义的文章及其著作。邬焜认为：从信息的存在方式来看，信息并不是一个直接的、具体的物质存在形式，信息是在表征、表现、外化，显示事物及其特征的意义上构成其自身存在价值的。对于信息概念，邬焜分出了 4 个基本层次。层次一，信息是物质的存在方式，是物质的属性；层次二，信息是显示物质的存在方式、状态的物质的属性；层次三，信息是物质自身显示自身的属性；层次四，信息是间接存在的标志。综上所述，他认为，信息是标志间接存在的哲学范畴，是物质（直接）存在方式和状态的自身显示。简而言之，信息是（它所表现的）事物（特征的）间接存在方式。[②]

关于信息的不同定义，值得关注的看法还有很多。罗先汉认为，可以把信息理解为在相当程度上确切信赖的情况消息。它是事物的实在状态及其相关规律（自然规律、社会规则等）[③]。冯国瑞认为，可以从两个相互联系着的方面来理解信息。一方面，从本体论意义来说，信息是事物运动的状态和方式，它与物质紧密地相互联系又互有区别。另一方面，从认识论意义来理解，信息是认识主体所感受或所表述的事物运动的状态和方式[④]。张学文认为，信息不是物质，它是物质的复杂程度的映射[⑤]。鲁晨光认为，信息是被反映的特殊性[⑥]。李伯聪认为信息是多元关系的他在之物[⑦]。王振武认为信息是主体对多样性消息的选择[⑧]。钟焕懈认为，信息是从客观到主观的媒介物质[⑨]。沙莲香认为信息是物质和能量在时间、空间上具有一定意义的图像集合或符号序列[⑩]。戴元光提出，信息是物质运动的一种存在形式，它是以物质的属性或运动状态为内容，是物质运动

---

① 郝宁湘. 对信息本质的分析和认识. 青海社会科学, 1989, (5): 120.

② 邬焜. 信息哲学——理论、体系、方法. 北京：商务印书馆, 2005: 45-46, 538-539.

③ 罗先汉. 信息概念的发展及其哲学意义//马蔼乃, 姜璐, 苗东升, 等. 信息科学交叉研究. 杭州：浙江教育出版社, 2007: 24.

④ 冯国瑞. 信息科学与认识论. 北京：北京大学出版社, 1994: 13-14.

⑤ 张学文. 组成论. 合肥：中国科学技术大学出版社, 2003: 74.

⑥ 鲁晨光. 论信息守恒. 科学技术与辩证法, 1989, (3): 44-46.

⑦ 李伯聪. 赋义与释义：多元关系中的信息. 哲学研究, 1997, (1): 52.

⑧ 王振武. 反映 选择 信息. 中国社会科学, 1987, (1): 209.

⑨ 钟焕懈. 信息与反映. 哲学研究, 1980, (2): 57.

⑩ 沙莲香. 传播学. 北京：中国人民大学出版社, 1990: 19.

的一种反映，它的传播或储存借助一定的物质作载体①。苑子熙提出，信息是泛宇宙存在着的一切事物的状态和多样性，它不依赖于是否被接受、反映而存在②。董春雨和姜璐认为，在物质运动变化过程中，不发生改变的那些性质都可以被定义为信息③。电子学研究者赵保经认为，信息就是原先我们不知道的或者不能加以肯定的消息④。现代通信科学研究者黄载禄认为：信息一词早期的基本含义等同于消息，但到了 20 世纪 50 年代，它们的含义逐渐有了区别。一般来说，信息是事物的运动状态⑤。系统科学研究者吴今培和李学伟认为，信息是人们直接或间接感知的一切有意义的东西⑥。湛垦华、孟宪俊、张强等认为，信息是系统结构内部及其与外部环境间各类差异的一种相互协调作用方式⑦。苗东升认为，信息指的是能够表征事物、具有可信性而又从被表征事物中分离出来栖息于载体上的东西⑧。车宏安认为，信息是信宿所反映的信源性态（性质和性状），是通信系统传递的东西，这种东西并不是通信系统所固有的，是自在于通信系统之外的，但是，又是通信系统所传递的⑨。王浣尘认为，信息是事物状态之表征⑩。乌家培将信息分为三类：①自在信息，即客观存在的信息，并不以是否被人们接收而转移；②自为信息，即接收方根据特定目的和实际能力所得到的信息，它能排除对发送方了解的不确定性；③积存信息，即接收方已有的先验信息，是对自在信息的解释系统，即辨别选择自在信息的能力。经过积存信息的解释，自在信息转化为接受方的自为信息⑪。

对于中外学者对信息概念的认识和对信息定义所做的工作，我们可以给出一个长长的列表。尽管如此，我们仍无法保证这个列表就能够一览无余地列出研究者在信息定义方面的全部工作。信息是一个根据语境的不同具有太多含义的术语。2000 年，霍巴特（Michael E. Hobart）和谢夫曼（Zachary S. Schiffman）认为，信息概念随着时间的推移而发生变化，每

---

① 戴元光. 传播学原理与应用. 兰州: 兰州大学出版社, 1988: 145.

② 苑子熙. 应用传播学. 北京: 北京广播学院出版社, 1991: 206.

③ 董春雨, 姜璐. 从不变量看信息概念的定义. 北京师范大学学报(哲学社会科学版), 2004, (4): 109.

④ 赵保经. 从有线通信发展到无线电通信. 北京: 中国农业机械出版社, 1983: 1.

⑤ 黄载禄. 电子信息科学与技术导论. 北京: 高等教育出版社, 2011: 2.

⑥ 吴今培, 李学伟. 系统科学发展概论. 北京: 清华大学出版社, 2010: 4.

⑦ 湛垦华, 孟宪俊, 张强. 信息、结构与系统自组织. 社会科学研究, 1989, (5): 115.

⑧ 苗东升. 系统科学精要(第 2 版), 北京：中国人民大学出版社, 2006: 31.

⑨ 车宏安. 信息的系统观——从系统观点看问题//中国系统工程学会, 上海交通大学. 钱学森系统思想研究. 上海: 上海交通大学出版社, 2007: 80.

⑩ 王浣尘. 信息距离与信息. 北京: 科学出版社, 2006: 6.

⑪ 乌家培. 信息与经济. 北京: 清华大学出版社, 1993: 4-5.

个时代的信息含义都是独特的。之所以在错误的地方去寻找它所构成的成本一直居高不下，是因为信息科学还没有一个恰当的理论基础。如果一任研究者只考虑一些信息的肤浅特性，这对于一个学术领域来说是件很糟糕的事情。①信息的定义如此之多，致使一般的研究者在其面前很容易茫然不知所措，因此，负面的评价也不绝于耳。1989 年，斯卡罗特（Gordon G. Scarrott）写道："在过去几年中，信息研究领域许多敏锐的研究者就忧虑地意识到，尽管信息技术取得了令人鼓舞的进步，但目前对信息是什么这一简单的问题仍还没有一个普遍认同的答案。信息是什么？信息有自然属性吗？若有，它们又是什么？相关的讨论一直缺乏一个值得信赖的基础。"②

美国著名哲学家塞尔曾在他的一个演讲中强调，"信息概念是很误导人的。"③1984 年，著名的哲学家辛迪卡（Jakko Hintikka）写道："信息概念是非常含糊的。"④1975 年，法国著名数学家、突变论的创始人托姆（René Thom）称"信息"这个词是一个"语义变色龙"，它非常容易改变自己以适应不同的环境。科学界和外行人彼此关于信息概念的想象，常常缺乏最小的精确关系。于是我们看到，"太多"的定义以至于糟糕成了"太少"。⑤这种情况同时也被不少研究者注意到。例如，2005 年，麦格雷戈（George Macgregor）指出："由定义信息和寻找信息特性所造成的问题已经成为信息科学研究群体中的一个难解之迷。"⑥1978 年，贝尔金（Nicholas J. Belkin）间接引述了戈夫曼（William Goffman）1970 年所说的话：信息这个术语已经在这么多不同的语境下使用，若想形成单一的包括所有方面的精确定义，原则上是不可能的⑦。

范·雷斯伯根（Cornelis van Rijsbergen）和莱马斯（Mounia Laimas）1996 年写到："信息是且一直是一个难以捉摸的概念，许多哲学家、数

---

① Hobart M E, Schiffman Z S. *Information Ages: Literacy, and the Computer Revolution*. Baltimore: Johns Hopkins University Press, 2000: 2.

② Scarrott G G. The Nature of Information. *Computer Journal*, 1989, 32(3): 262-266.

③ Searle J R, et al. (*On*) *Searle on Conversation*. Amsterdam, Philadelphia: J. Benjamins Pub. Co., 1992.

④ Hintikka J. Some Varieties of Information. *Information Processing & Management*, 1984, 20(1-2): 175-181.

⑤ Thom R. *Structural Stability and Morphogenesis: An Outline of a General Theory of Models*. (Translated from the French). Reading, Mass: W. A. Benjamin, 1975.

⑥ Macgregor G. The Nature of Information in the Twenty-first Century: Conundrums for the Informatics Community? *Library Review*, 2005, 54(1): 10-23.

⑦ Belkin N J. Information Concepts for Information Science. *Journal of Documentation*, 1978, 34: 55-85.

学家、逻辑学家、计算机科学家都认识到了这个根本性的问题，许多人已经尝试去获得一些明智的和直观上可以接受的定义。但到目前为止，还没有一个人取得成功。"①巴维斯（Jon Barwise）和赛利格曼（Jerry Seligman）针对信息定义所存在的混乱现象，于 1997 年从"信息流"和"信息内容"的角度进行了分析，他们说："没有一个十分保险的办法来谈论信息。当应用到特定信息术语时，'信息流'的比喻往往是一个误导，甚至作为一般的情况也往往让人想到在时空中的运动。'信息内容'的比喻更糟，信息从本质上讲被包含在一个信源之中，在每一种情况下它给每个人带来的信息是相同的。"②考虑到信息和基本的哲学问题密切相关，罗杰斯蒂芬斯基（Igor Rojdestvenski）警告道：基于我以前在苏联的经历，我们的教育从哲学上一直告诉我们什么是主要的：物质还是精神？这个问题是唯心主义和唯物主义的分界线。我认为，信息可能是一个排除这种矛盾的概念。③

鉴于对信息进行定义的努力长期以来有着极为不一致的结果，于是，一些研究者对寻找一个合适的信息定义便失去了信心。1990 年，克拉奇菲尔德指出，"信息在信息论中一般都不进行定义。许多这方面的专家相信，对信息进行定义的尝试，可能是徒劳无益的。"④另一些激进的研究者则倾向于不使用信息这个词。例如，2001 年，斯邦-哈森（Spang-Hanssen）提出："事实上，我们全然没有义务把信息作为一个专业术语来看待。可以把这个概念留下来而不给出任何正规定义将是非常有效的。"⑤1973 年，费尔桑（Robert A. Fairthorn）提出过一个极端的动议，他建议从科学词表中将"信息"这一术语剔除，并在词典中也放弃它⑥。2004 年，弗尼尔（Jonathan Furner）在他的论文"没有信息的信息研究"中以同样的口吻写道：很容易看出，语言哲学家已经为人类传播的基本现象建立了模型，在

① Rijsbergen V, Cornelis J, Laimas M. Information Calculus for Information Retrieval. *Journal of the American Society for Information Science*, 1996, 47(5): 385-398.

② Barwise J, Seligman J. *Information Flow: The Logic of Distributed Systems*. New York: Cambridge University Press, 1997.

③ Rojdestvenski I. Biological Phlogiston. http://fis.iguw.tuwien.ac.at/mailings/0389.html [2010-9-2].

④ Crutchfield J P. *Information and Its Metric. Nonlinear Structures in Physical Systems-Pattern Formation, Chaos and Waves*. New York: Springer-Verlag, 1990.

⑤ Spang-Hanssen H. How to Teach about Information as Related to Documentation. *Human IT*, 5(1): 125-143. Original Work Published in 1970. http://www.hb.se/bhs/ith/humanit.htm [2001-12-18].

⑥ Fairthorn R A. Information: One Label, Several Bottles. Perspectives in Information Science. *Nato Science Series E:* (Book 10), Leyden: Noordhoff, 1973: 65-73. "信息"概念是"一个标签，几个瓶子"，这是费尔桑 20 世纪 70 年代的名言。

那里并不需要我们承诺非要把单独的“信息”概念分离出来。因此，他得出结论说：像信息这样一个概念，它对信息研究来说可能是没有必要的。一旦在这个领域里对这个概念的兴趣都被传统的名字诸如“数据”“意义”“传播”“相关性”等概念进行了标示，和采用“信息”这个词比较起来，我们并不会失去什么。①

所有这些情况都表明，当前所有关于信息定义的种种尝试还缺乏一个系统和有效的方法。长期以来，我们一直期待能够定义出一个正确的信息概念，使其反映出信息的主要或基本属性。这个概念必须是新信息理论的基础，它能够为信息科学、信息传输/传播、信息处理/加工、信息管理、信息系统等研究提供一个有效的工具。1993 年，马特西奇（Richard Mattessich）认为：“信息概念需要一个概念化的过程，这个过程对人们的折磨程度也许不会小于过去 200 年间人们为精炼‘能量’这一的概念时所付出的艰辛。”②

当问到什么是信息时，对于当代许多著名的信息科学研究者来说，不少人的答案竟都是：我不知道③。在中西方信息科学研究史上，关于什么是信息的困惑，类似于什么是基因的困惑对生物学一样，它几乎快把信息科学研究者逼疯！在整个基础信息科学研究领域，关于信息定义的讨论虽然一直是一个长年不衰的话题，但一直达不到任何共识，本书也不可能对此做出定论。经年的讨论已经出现令人鼓舞的一面，不同的研究者逐渐在向一些具有最大共识的看法靠拢。目前，就欧洲、中国、俄罗斯的信息科学研究而论，这种趋势多少显现出两种集中的意见：一批学者倾向于在对信息进行定义时从性质的角度进行考察，从而把信息看作一种“差异”或“事物的运动状态或变化”；另一批学者倾向于在对信息进行定义时从生成的角度进行考察，从而把信息看作一种“反映”。我们可以把前者称作“性质论学派”，把后者称作“生成论学派”。下面我们就对两种具有代表性的学派进行评论。

在欧洲“性质论学派”中，最为流行的信息定义是贝特森于 1972 年提出的，其原始表述是：“信息是一种制造差异的差异”（Information is a difference which makes a difference）④。该定义在欧洲近 20 年来的各种

---

① Furner J. Information Studies without Information. *Library Trends*, 2004, 52(3).

② Mattessich R. On the Nature of Information and Knowledge and the Interpretation in the Economic Sciences. *Library Trends*, 1993, 41(4): 567-593.

③ Marijuán P C. Biological Phlogiston. http://fis.icts.sbg.ac.at/mailings/0098.html [2013-11-2].

④ 有关这个定义的所有权问题有两种不同的说法。一种说法认为，它是由麦凯 1969 年在他的《信息、机制和意义》（*Information, Mechanism and Meaning*）一书中提出的（见：MacKay D M. *Information, Mechanism and Meaning*. Cambridge, Mass.: The MIT Press, 1969），其表述形式是：“信息是制造差

讨论中出现的次数非常多。但它在 1972 年首次被提出时几乎没有人注意到它。1993 年，由丹麦奥登塞大学文化研究中心的果卓普（Lars Qvortrup）、丹麦哥本哈根商学院国际商业传播系布赫尔（Søren Brier）主编的《控制论与人类认知——二阶控制论，自生成和赛博符号学杂志》（*Cybernetics & Human Knowing—A Journal of Second Order Cybernetics, Autopoiesis & Cyber-Semiotics*）第 1 卷第 4 期上发表了一篇文章，题目是："关于信息概念的争论——综述与相关文献的注解"（*The Controversy over the Concept of Information—An Overview and a Selected and Annotated Biblio-*

别的差异"（Information Is a Distinction that Makes a Difference）；另一种说法认为，它是由贝特森 1972 年在他的《迈向心灵的生态学》（*Steps to an Ecology of Mind*）中提出的（见：Bateson G. *Steps to an Ecology of Mind*. New York: Ballantine Books, 1972），其表述形式是："信息是制造差异的差异"（Information is a difference that makes a difference）。前者用的是"distinction"，后者用的是"difference"。本书作者逐页查阅过上述两书。但在麦凯的《信息、机制和意义》一书中根本找不到该定义。相反，在贝特森的《迈向心灵的生态学》的第 230 页、第 361 页、第 339 页等处，均看到了这个定义。到底他们二人谁拥有提出这个定义的优先权？为此，作者于 2013 年 4 月 14 日在《信息科学基础论坛文摘》第 570 卷第 3 期上提出了这个问题。（Yan Xueshan. Re: Contents of FIS Digest. *FIS Digest*, 570（3））之后，几位相关当事人迅速进行了回复：

a. 科列尔（Collier）：这恐怕是我的一个错误。在我的记忆中，这是来自麦凯的一个引文，但实际上它是一个解释，抱歉。

b. 霍夫基尔奇纳（Hofkirchner）：两年前，我参加过英国米镇的 DTMD 定义讨论会，会议组织者玛瑙斯（Magnus）和大卫（David）同我讨论过这个问题，我倾向麦凯是第一个提出这种说法的人。我是参考了弗洛里迪的著作后得出的，但弗洛里迪没有给出具体的参考文献。玛瑙斯和大卫带着同样的问题查阅了麦凯的著作，也指出该书没有这个定义。

c. 劳甘（Logan）：我在我的文章"信息是什么？为什么说它是相对的和它同物质、意义和组织的关系是什么？"一文中，我是以麦凯的著作为引用标准的，但我是转引凯瑟琳•海莱斯（Katherine Hayles）1999 年在芝加哥大学出版的《我们是如何成为后人类的》（*How We Became Posthuman*）一书的，您可以在那里找到有关麦凯对该定义的详细讨论。您如果用谷歌搜索"Information is a distinction that makes a difference"的话，您将会发现有很多对麦凯说法的引用。见我的文章：Logan R K. What Is Information? Why Is It Relativistic and What Is Its Relationship to Materiality, Meaning and Organization. Information, 2012(3): 68-91.

d. 霍夫基尔奇纳（Hofkirchner）：这个引文的出处是个迷，在维基百科中关于弗洛里迪、索马鲁卡、查普曼、巴尔金的条目，在斯坦福哲学百科全书中有关科列尔、布赫尔的条目，以及在《博威计算与信息哲学指南》（*The Blackwell Guide to the Philosophy of Computing and Information*）中，共有 43 份参考文献。但我都找不到该引文的原始出处，他们都说是麦凯 1969 年在《信息、机制和意义》一书中提出的，但又统统没有给出该引文是出自该书的哪一页。从斯坦福出版的图书来看，该表述通常归功于麦凯。那就是说，麦凯的"Information is a distinction that makes a difference"表述早于贝特森的表述，细微的差别是：他用的是"distinction"而不是"difference"，但这只是认识论的不同而不是本体论的不同。

e. 科列尔（Collier）：就像我之前所说的那样，我相信一切混乱都源自我还没有出版的一部著作，在那里，我认为麦凯说了这些话，但看起来它是对他所思考的东西的一种解释。对于出现这种混乱，我深表歉意。它传播得如此之广真有点不同寻常。一旦我的著作出版，我将不得不去核实这一参考文献。看来我们在引用未出版的著作时需要格外小心。

graphy），文中提到并特别强调了这个概念①。1996 年，在由德国学者卡普罗（Rafael Capurro）、奥地利学者霍夫基尔奇纳（Wolfgang Hofkirchner）、奥地利学者弗莱斯纳（Peter Fleissner）进行的一个著名谈话中，卡普罗特别提到了这个概念，并认为它是由果卓普最先提出的。之后他们进行了挖掘，一直追溯到 1968 年的麦凯（Donaald M. MacKay）和 1972 年的贝特森。基于这个概念在欧洲学者心目中的重要地位，位于英国伦敦的剑桥和牛津之间的英国开放大学通信与系统系的查普曼（David Chapman）和拉梅奇（Magnus Ramage）将此定义命名为"DTMD"定义②，并为它专门注册了一个独立的互联网域名，同时开办了一系列 DTMD 论坛和博客③。奥地利的霍夫基尔奇纳在电子期刊 *TripleC* 2013 年第 11 卷第 1 期还专门出版了一个专辑来讨论这个定义④。

贝特森是一位英国人类学家和控制论学家，1904 年出生在英国，他一生只发表了为数很少的文章和著作，而"信息是制造差异的差异"的观点，首次发表在《一般语义学通讯》（*General Semantics Bulletin*）1970 年第 37 卷上的一篇名为"形式、物质和差异"（*Form, Substance and Difference*）的文章中，后被贝特森的论文集《通向心灵的生态学》（Steps to an Ecology of Mind）收录。贝特森在提出"信息是制造差异的差异"的观点时是从对地图的讨论开始的，他说：

> "表现在地图上的领土含义是什么呢？我们知道，领土本身并不在地图上。我们都同意这是问题的核心所在。如果领土都被清一色地表示，除了边界之外，一幅地图什么也表现不出来，这就是为什么对一些较大的母体来说它不能是清一色的原因。事实上，我们在地图上所得到的都是差异，包括海拔的差异、植被的差异、人口结构的差异、

① Qvortrup L. The Controversy over the Concept of Information—An Overview and a Selected and Annotated Bibliography. *Cybernetics & Human Knowing*, 1993, 1(4): 3-4. 遗憾的是，作者在文章中并未给出参考文献从而指明这个概念是贝特森 1972 年或是麦凯 1968 年提出的，好像是他自己提出的一样。

② "DTMD"是依据麦凯的"Information is a distinction that makes a difference"定义关键词的首字母大写简写而成。按照今天的共识，它显然应该改为以贝特森的"Information is a difference which makes a difference"说法而简写成"DWMD"。

③ 有关 The Difference that Makes a Difference 定义，在英国有很多网站，如：http://www.dtmd.org.uk [2014-2-6]. http://www.dtmd2011.info [2014-2-6]. Intropy: http://www.intropy.co.uk [2014-2-6].

④ Special Issue: The Difference that Makes a Difference, http://www.triple-c.at/index.php/TripleC/issue/view/26. *TripleC*, 2013, 11(1): 1-126.

地表的差异等。差异是地图所呈现出来的东西。”①

贝特森接着说：

“就粉笔和在粉笔之内存在的无限多的差异来说，差异存在于粉笔和其余的宇宙之间，存在于粉笔和太阳或月亮之间。在粉笔之内，对于每个分子来说，在它们已占据的位置和可能占据的位置之间，仍然包含着无限多的差异。在这个无穷数之内，我们选择了一个有穷数，它就变成了信息。事实上，我们所说的信息——信息的基本单元——是一种能够产生差异的差异。”②

贝特森的信息定义是从性质角度出发对信息进行的一种描述，而实际上这类例子还有很多。例如在中国，钟义信在他的《信息科学原理》巨著于 1988 年问世的时候就给出了一个从性质描述入手的信息定义，该书虽然历经 1/4 世纪并已出版了 5 个版本，但其核心一直没有变化。在《信息科学原理》第一版中，钟义信把信息的定义分为两个层次，即本体论层次的信息和认识论层次的信息。他说：本体论层次的信息，是事物运动的状态和（状态改变的）方式。认识论层次的信息，是认识主体所感知或所表述的事物运动状态和方式。③在经过 20 年的实践之后，作者对这个定义只做了微小的变动：“某事物的本体论层次信息，是该事物所呈现（所表述）的运动状态及其变化。”“某事物的认识论信息，是指主体所表述的该事物运动状态及其变化方式，包括运动状态及其变化的外在形式，内在含义和效用价值。”④一句话，“信息是事物的运动状态及其变化方式。”邬焜的“信息是事物的间接存在方式”⑤也是从性质的角度对信息进行定义的。

在中外学者中，另一类比较有影响的定义不是从信息的性质角度，而是从信息的生成角度给出的。例如最早从香农思想演绎出的“信息是消除了的不定性，或是对各种变化的反映”，乌尔苏尔的“信息不仅是反映的内容和形式，也是反映过程的内容和形式”⑥，苏哈诺夫的“信息与反映

---

① Bateson G. Steps to an Ecology of Mind. New York: Ballantine Books, 1972: 320.

② 同上，321.

③ 钟义信. 信息科学原理. 福州：福建人民出版社, 1988: 40-41.

④ 钟义信. 信息科学教程(第 5 版), 北京：北京邮电大学出版社, 2013: 66-67.

⑤ 邬焜. 信息哲学——理论、体系、方法. 北京：商务印书馆, 2005: 45-46, 538-539.

⑥ 乌尔苏尔 А.Д. 认识论和逻辑学中的信息方法. 何以常译//摘译：外国自然科学哲学, 1974, (2): 17.

具有一个不可分割的方面，即反映的内容、反映过程的内容和结果”①，马尔科夫的“信息可解释为一个具体的反映”②，刘长林的可“把信息理解为被反映的事物属性”③，鲁晨光“信息是被反映的特殊性”④，车宏安的“信息是信宿所反映的信源性态”⑤等，都是这方面的例子。朗高的“信息是反映事物的形式、关系和差别的东西，它包含在事物的差异里而不在事物的自身之中”⑥则是对“性质论”和“反映论”两种观点的综合。

以上就是“性质论学派”和“生成论学派”彼此的基本看法。对于一位喜欢“问题驱动”而不是“定义驱动”的信息科学研究者来说，作者也曾就这一问题思考过数年并给出过不下 10 种定义却无一有用。因此，目前任何的信息定义讨论都难以再唤起作者的热情。但是，对于这一信息科学发展中至关重要的问题来说，我们谁也不能视而不见。对于这一问题，任教于日本秋田国际教养大学的波兰物理学家者施罗德（Marcin J. Schroeder），于 2005 年 9 月在欧洲“信息科学基础论坛”上发表了一篇长文，题目是：“什么是信息的定义？”文章对近年来出现在西方学术界的各种信息定义系统地谈了他的看法。就作者的阅读经历来说，这是近年来出现在信息科学界的一篇关于信息进行定义的最好综述。故此全文转译如下：

> 我已经（从前面的信息概念讨论中）受益匪浅，并欣赏一些有趣的看法。然而，如果我能够肯定我已经很好地理解了这些看法，我相信我能够受益更多。但我却经常陷入迷茫。恐怕在我们实际想要到达的地方上还存在着太多的混乱，下面我将自己所遇到的问题同大家进行一些认真的讨论。
>
> （1）最初的、普遍的想法都是，自己对自己定义的概念进行声明：“信息的定义是什么？”人们都想当然地认为，确实存在着一个“好的”“合适的”“最好的”信息定义。然而，我们没有理由去期待存在着这

① 转引自：王雨田. 控制论信息论系统科学与哲学(第 2 版). 北京：中国人民大学出版社, 1988: 370.

② Markov K, Ivanova K, Mitov I. Basic Structure of the General Information Theory. *International Journal of Information Theories and Applications*, 2007, (14): 5-19.

③ 刘长林. 论信息的哲学本性. 中国社会科学, 1985, (2): 103.

④ 鲁晨光. 论信息守恒. 科学技术与辩证法, 1989, (3): 44-46.

⑤ 中国系统工程学会, 上海交通大学. 钱学森系统思想研究. 上海：上海交通大学出版社, 2007: 80.

⑥ Giuseppe L. *Information Theory: New Trends and Open Problems*. New York: Springer in Komm, 1975:III.

个独特的东西。一旦我自己提出一个本质上不同于别人的定义，很明显，我就有理由相信我给出的定义比别人已经给出的定义更好。

我同意存在着一些标准，它们能够用来对信息的不同定义进行比较，但我不相信在没有参考语景的情况下——在一个上下文里说出这个概念的应用情况——对“什么是信息”这个问题能够找到唯一的答案。毕竟我们进行概念的定义是为了通过它们来解释我们的意指。当一些人拿给我逻辑上是正确的一些概念时，我无法说“它是错的”，而仅能说“我对这个概念没有兴趣”，或“我不相信这个概念能被应用到我们都已同意的概念外延上。”有一些情况则是，定义被批评为与一般认可的概念在总体层次上并不相容。这听起来可能有些令人费解，所以我有责任对此进行说明。

（2）由于我们是在寻求对信息这个概念进行定义，于是我们就不能讨论相关的，但是从某种程度上属于操作定义的不同问题，不能讨论关于如何测量某些东西的问题。举个简单的例子来说：把温度说成是温度计上汞柱的位置就是个错误。

是的，我们通过汞柱的最高位置来测量温度，但没有液体的热胀理论作支撑，这个测量就与什么是温度这一问题毫不相干。只有在我们定义了温度的概念之后，我们才能够说温度表能够测量温度。因此，我不能同意萨尔斯所说的信息是“熵产生的约束”这种定义。

如果我们要定义这个概念，我们就不得不把这个概念置于其他已经定义且达成共识的概念的框架之下，或者把它们当作原始概念，或者把它们当作公理性概念。后者的情况是在没有更多的基本概念可用时才进行的。我不相信信息这个概念是如此的基本，所以我也不打算在此讨论把它作为原始概念的可能性。

（3）我也想谈谈在逻辑上是正确的精细问题。大家也许认为这是在小事上浪费时间，但我并不这么看。在我收集到的大量各种对信息进行的定义中，很多定义明显是错误的。它们有时被故意用一种不正确的方法来表达，其目的是想不顾一切地证明，定义这样一个基本概念是如此困难。

最好的例子是塞尔的“信息是任何我们能够计算或用作信息的东西”，它可以用在入门性逻辑学教科书中作为一个“循环定义”（同语重复）的典型案例给出。这使我们想起正确进行定义的第一逻辑规则：在进行定义时，不应该用被定义的项用作定义说明。

（4）定义的规则还包括参考是间接的，即定义中的概念在另一个地方被用作被定义项。这可能发生在当我们把来自不同出版物的陈述收集在一起思考时。弗洛里迪从不同的出版物中收集了这些可能容易导致“黏性循环”（循环定义）的下述例子：

“信息是对接收者来说已经被处理成有意义的形式的数据；数据是被处理和精炼成一般信息的原材料；信息等于数据加意义；信息是已经被接收者解释和理解了的讯息；数据被解释或处理成的信息。”

在我们的讨论中，林书坤提出了一个“信息是压缩了的数据量”的定义，这个定义需要用数据来说明。我同意它是一个非常重要的方面，因为数据经常被定义为信息的特别形式。如果我们把数据定义成能够被记录在报纸、图书、磁带等上面的某种东西（什么东西？），那么这种定义就变得非常非常狭窄了。我反对林书坤的定义还有另外的理由，我不明白在什么样的意义上信息是某些东西的量。是信息的本体地位低于数据的本体地位吗？信息不存在，但仅有一个它描述有多少数据被压缩了的数，或我所怀疑的正是林书坤所要表达的，数据被压缩成了一个什么样的量？这对我来说十分难以理解，甚至难以接受。

（5）有很多混乱的例子来自对信息概念进行量化特性的区别上（数值的测量），以及概念的自身问题上。类似的混淆可以在一些人用熵来衡量信息这种思维中发现。有许多可能的方法都可以用来量化描述信息的特性。

察利斯（Constantino Tsallis）提出了大约20个熵的概念推广。我想我还能增加半打在17世纪和18世纪就已经出现的基于多元参数而推广的熵的定义。这意味着有两打多的熵的类别，每个都有无限的、不可数的数。每一时代的新作者都有很好的理由来声称他们的创造的重要性。

另一方面，我相信用熵并不能度量信息，但系统能够接受/增加信息的容量和系统中的信息应该利用一个可选的测量方法；这个测量值可与大家熟悉的相对熵值或从均匀分布的库尔伯克-勒贝尔（Kullback-Leibler）距离相联系，但它能够从任何别的概念中被独立地引进来。对于目前我们的讨论来说，重要的是存在着这么多不同的信息计量方法，而每一个又都包含着无穷多个（each with infinite number of members）。

于是，即使我们忽略所有的逻辑和本体论的理由，按照熵或其他任何的方法来定义信息，都会引起在按照不同方法定义的信息之间，存在着的差别究竟是什么的问题。

（6）现在让我们看看最流行的信息“定义”，虽然它没有直接引自香农和威弗尔的名著，但肯定是来自这里所说的相应的熵和不定性：信息是不定性的减少/变化。

就我所知，“不定性”这个词有两种基本含义。一个是“信息的缺乏”；另一个是由信息的缺乏引起的心理上的焦虑。在每种情况下，这类定义都违背了“定义不能参考被定义项”的第一逻辑规则。

是的，定义可以通过把不定性看作按照行为学的术语描述的心理状态来加以拯救，那么它的外延就变得非常狭窄了。

这虽有点离题，但很有意思。这个著名的“定义”经常被那些追随香农、但声称绝对对信息的意义不感兴趣的人使用，因为它不属于工程师关注的主题。但心理学的解释在这种情况下无法应用是相当清楚的。

想象一位年轻的男士通过电子邮件向一位年轻的女士求婚时说：“你愿意嫁给我吗？”这种情形的不定性是相当高的。他收到的回答是：“Gwulp brdean hrwut.”[①]这个讯息肯定包含着一些信息（我们可以计算出它的熵，所以我们能测量出他所收到的信息总量）。但你认为这位男士的不定性减少了吗？

回到在定义中使用不定性概念来定义的情况。一些人反对说这个词具有不同的、非一般的意义。那么他不得不提供说明，以证明在该定义中没有信息的参考被生成。我祝福那些想采取这种方法来定义信息的人们，但我怀疑这种努力能否成功。就此而言，我们已经转到另一个逻辑学问题中。

（7）虽然出于风格的原因，下面的第二规则不总是以严格的形式出现，我期待逻辑上正确的定义应该具有经典的属加种差（genus-differentia）形式，或者至少应该在形式上如此。

“A是B，于是C（such that C）。”这里A是被定义项（被定义的），B是A的属，即这个概念是更一般于A而被提前定义了，或是已经知道的，而C并不代表这一概念。但对于所有的陈述来说，A是不同于B的所有其他种的（即所有别的概念的一般性更小于B）。例如，在“人是两条腿的无羽毛动物”中：

A=“人”，B=“两条腿动物”，C=“无羽毛”。

① 这是一个随机字符集，不是一个（波兰语）句子。

这是亚里士多德在他的演讲中对学生讲的如何进行概念定义的著名例子。它已经是如此的著名，以至于第二天有位学生将一只剔了羽毛的鸡带到了演讲会上。

那不是太明显地吸引你的注意力了吗？不要相信我，我们正在接近信息定义问题的核心。

（8）经典的“属”加“种差”定义方法，把以其他概念框架来进行概念定义放在了一种非常特殊的地位上。必要的（通常是困难的）步骤是找到一个该概念的种，更一般的概念不得不被定义，更困难的任务是为它找到一个合适的属。这就是为什么如此多的信息定义虽在逻辑上正确，但总不怎么令人信服的原因。

看一看由德雷斯基撰写的具有广泛影响的《知识与信息流》一书，他的在逻辑上说并不完全正确的关于信息的定义是这样说的：“粗略地说，信息是能够产生知识的商品，信息或信号所携带的正是我们需要知道的。”

在应用“商品”这个词之前，可怜的德雷斯基一定花了很多时间来思考如何表述。我无法接受这个定义的第一个理由是：这一成为信息的属概念的选择是古怪的。我不是说德雷斯基不能使用商品这个概念，而是说他把他的定义弄得索然无味了。

但是，还有另一个原因说明为什么许多相当正确地修改了的定义仍然引不起我的兴趣，为什么我对追随德雷斯基路线来推导信息概念的意义也不感兴趣。德雷斯基正在使用他的知识概念进行定义，就好像知识是有关信息的一个原始概念。这使得他的定义狭窄得就像“不定性概念”的心理学翻版。我不相信在没有任何参考的情况下知识可以为信息做定义。于是德雷斯基的定义注定会变成要么是循环的，要么是无关痛痒的。

（9）对于我来说，信息的概念是如此有趣，是因为它描述了一个实体，而这个实体可以在我们研究的许多领域中发现。于是所有那些把外延的范围仅仅限定在信息的个别案例上，不管它在逻辑上是如何正确，但统统是没有意义的。

我需要一个具有极大力量的工具，一个把通信科学、热力学、计算机科学、基因学、认知科学等学科中的许多现象都归为信息的定义。如果定义直接涉及十分狭窄的领域，例如就像限定在心理学中的信息那样，它并非十分有趣。对于我来说，就信息这一问题而言，它并不比一本韦伯辞典所能告诉我们的更多。

这适用于一些案例，在那里所考虑的概念被认为是具有独立的关注。例如，对于我来说，费希尔信息是很有意义的，可以看作更加一般概念的潜在特例。实际上，费希尔从来没有对信息给予清楚的定义，他仅仅考虑一个样本中的信息计量方法，很可能把它理解成一种知识的来源，第一时刻就提供了存在于总体中的参数值。于是，在信息概念的定义中，为费希尔信息找到一个位置是很困难的，就好像费希尔的工作仅对自己有兴趣一样。

（10）在这个讨论中，贝特森的把信息定义为“制造差异的差异”且被大家反复提及。它达到了一个非常知名的状态，仅次于“不定性定义”。它是十分妩媚和诱人的。我可以想象它具有特别的诉求，对于那些喜欢深奥对话风格的人来说，像珠宝，像禅宗，像俳句（Zen Koan 或 Haiku）。我能够想象那些崇高但虚伪的知识分子会说，“关于信息，我已经讲了这么多”。但实际上它什么也没有告诉我们。其广受欢迎的原因在于它是开放性的（open-endedness）。你在任何地方都可以这么说，只要你乐意。它看起来有用，但实际上什么用也没有。

更严格地说，贝特森定义的魅力在于：相关名词在没有参照物的逻辑下得到了不正确的应用。差异存在于什么之间？我想起在小学时我是如何对这类玩笑着迷的：“鸟从别处得到了一只腿。”我能够从同一句子中体会其荒谬时自我酣笑过很多次。但是，现在我是一个成年人了，在对我的学生进行过的千百次家庭作业评级中，面对那些在没有任何企图戏弄我的情况下写下的同样奇怪的句子，我已经不觉得它们有趣了。

贝特森正在用一句英语习语“制造差异”（to make a difference）试图将他的定义翻译成另一种语言，你将要看到在他的呼吁中它损失了多少。在我的母语波兰语中它实际上变成了愚钝和浅薄。

公正地说，贝特森的定义具有好的一面。它涉及“差异”这个概念，它正确地指出了这个概念的多样性。依我看，这可能导致对信息这个概念来说可能是合适的哲学基础。那样一个哲学基础对有趣的信息定义来说具有极大的重要性。

（11）为什么有这么多的人试图对信息进行定义却又困难重重？现在让我来解释我的看法。在许多尝试中，信息概念被置于其他被认为是简单的、容易的、直观的概念框架中来加以定义，尤其最后一个条件是危险的。用直观上清晰的术语进行定义是最好的、最容易理解的，但这仅是一种幻想。只有那些天真的人才会相信，像信息这样具有高度概括性的概念能够被放在简单、直观、日常生活的概念框架中。

为了获得有趣的一般信息概念。我们应该寻找一个博大的、丰富的哲学传统做框架。有一些尝试就是这么做的。按照“形成”这个术语来寻找信息概念定义的所有方向都基于这个假设，虽然在某些情况下，研究的动机仅仅是“信息”这个词的字源学解释。在亚里士多德对物质进行定义的古老传统中情况就是如此。形式告知物体，物体物化形式，从而变成物质。

对于这个讨论，我喜欢表达我坚定的信念，要给出一个一般的信息概念，这需要一个伴随它的发达的概念框架而构建的具有适当丰富的哲学传统做基础。我自己已经适当地选择了具有一对多关系研究的欧亚古老哲学传统。一些没有满足我的定义的人可以寻找不同的基础和它们不同的应用。但是，我相信，只要信息是按照“不定性”或仅是按照简单、容易、明了等类似的术语来进行定义的，其结果都不大可能有什么意义。①

施罗德系统总结了当今信息概念定义研究中的种种弊端。就本书作者看，现在已经定义了的任何信息概念，很少能够发现哪个能够被统一信息科学所接纳，因为这个时机尚未成熟。虽然《辞海》《现代汉语词典》《韦伯大词典》《牛津英语词典》《朗曼当代英语词典》《美国传统词典》等能够相对跟上时代发展的辞书编纂者，会通过不断增加词汇的新义项对“信息”进行新的释义，来满足人们学习和研究信息科学的需要，但没有什么辞书会永远及时满足研究人员的新需求而走在科学发展的前列，辞书的定义永远落后于时代，这是它们的编纂者必须恪守的信条。就“信息”概念而言，在20世纪80年代之前出版的辞书中，对信息进行定义的参考标准都是按照信息的人文使用范围来确定的，因此，它们的结论都是十分可信的。自“信息论”和“计算机科学”等学科流行之后，一些辞书的信息定义也开始尝试增加它在这些学科中的含义，以适应信息科学发展的需要，而加入这些适用领域也是合情合理的。但我们并不能总要求词典学家和术语学家亦步亦趋地跟上信息科学发展的步伐，来对日新月异的信息含义洞察秋毫，从而不断给出一个个满足各方面信息研究的标准定义。其结果是，信息和信息科学研究者对词典给出的信息定义就会感到不满。如果

① Schroeder M J. What is the Definition of Information? http://fis.iguw.tuwien.ac.at/mailings/2140.html [2010-5-14].

这些研究者对其他研究人员给出的定义也感到不满，于是就只得自己动手来对信息重新定义。其结果就像人们看到的那样，在当代学科园林的所有定义中，关于信息的定义是如此之多——如果不是最多，但至少也是令人眼花缭乱的一簇。

我们已经看到，信息最初仅应用于人类社会的文学和生活方面，基于这个范围来对信息进行定义，其适用范围都仅仅是信息应用的人文方面。但是，信息的现代应用范围远远超出了这个界限，不仅在通信工程和计算机科学中普遍应用，而且还扩大到了物理学、化学、生物学、心理学、艺术学等学科中。从人类思维最精美的神经处理到动物通信中最灵巧的符号结构，从细胞分子中最纤细的化学递质，到苍茫宇宙中最神秘的天体，到处都出现了对它们进行表述和研究时使用信息的新方法。不错，研究信息科学最大的困难之一便是信息含义的难以掌控，因为不清楚信息的定义，研究者就很难去把握自己所研究对象的实质。

但是，学术界目前对信息定义的做法，普遍存在着一种令人担忧的轻浮现象：一个人在仅了解了一些或一部分信息概念的应用领域之后，就盲目和大胆地开始动手来给信息进行定义，最后还信心百倍地宣称，自己的信息定义是普适的和万能的。更有甚者，一些人干脆就不去研究不同学科中信息概念的适用语境，闭门造车，想当然地根据自己的看法来给信息进行定义，结果是可想而知的。如果一个工程师在看了几本信息论的专著之后，就十分自信地把信息定义为“事件发生概率的导数”，这让媒体学家怎么接受它？就目前的情况来看，不考虑层出不穷的专业信息学科对信息概念的隐含定义，不检视自己关注的信息是一种特殊的还是通用的，不对自己定义的信息给出适用范围，不把自己定义的信息放到不同信息学科中检验，定义者蒙上自己的眼睛从而对信息的不同应用领域视而不见，讨巧地仅把目光限定在信息的个别应用方面，最后就说这个意义是普适的，如果不说这种做法是一种错误，那也肯定是作者的一种懒惰。

那么，我们应该怎么消灭这种不健康的行为呢？应该怎么给信息进行定义呢？我们认为，准确地把握信息的含义，应该建立在对信息的某一或大多数适用范围有所了解之后才能有所行动。一个定义者应该对信息的应用语境有足够的了解，才能避免以偏概全的井底蛙见。如果你的志向在于追求一个普适的信息定义，那你就应该对层出不穷的专业信息学发展具有足够的洞察能力，或从对一个个专业信息学的发展进行考察和把握入手，待自己觉得这些考察已经使研究者自己觉得能足够把握到信息概念在这些领域的实质和变化的脉搏之后，再对信息开始定义不迟。如果你仅对一半个专业信息学中的信息含义感兴趣，那起码也得在对这些专业信息学有一定了解之后再做。如果为研究需要对信息进行定义，我们欣赏数学家的做法，使用“有限定义”，或一部分自然科学家的做法，使用“工作定义”，仅把自己的定义限定在某个范围或某个时段，这样来讨论不同的信息问题，而不是轻易地认为自己是在给出一个普适的信息定义，这种态度也许是值得赞赏的。所有为定义而定义的辛劳都不会取得成功，至少目前不会。这从国内外近半个多世纪来的信息概念讨论中就可以看出。如果我们能够多关注些精美复杂的信息问题，少谈些言之无物的信息定义，对建立信息科学理论来说，我们就会像原始人那样不是仅仅举目仰望着天空中的月亮，而是从树上走下来去发现火和车轮。只有这样，信息概念研究和信息科学建设才可能向着令人鼓舞的方向发展。

和对信息进行定义有类似通病的信息性质或属性研究也同样存在这类问题。在通常的情况下，描述或命名一两个信息的属性并不被视为一个定义。但是，对信息的属性描述若是抓着其本质所在，它看起来也可以作为一个定义使用。一个领域的信息，其性质和其他领域里的性质总会有所差异。不可能期望所有的技术信息都有人类信息那样丰富的属性，不可能期望免疫信息都有遗传信息那样丰富的属性，不可能期望分子信息会有细胞信息那样丰富的属性。所以，如果在没有对大部分信息学科有一个清澈的了解之后，就慌忙地说信息具有可复制性、可守恒性这些结论，如果不说它们是不充分的，至少也应该说是不合适的。同理，研究者还是先确定自己的信息研究范围，先总结或归纳出一个或几个领域里信息的属性或性质，最后再向其他领域试着验证和推广所得结论，不要一开始就站在统一信息科学的大舞台上。目前这种研究者虽比比皆是，但成功者没有一例。关于信息定义的问题，我们目前的看法是：在大部分的专业信息学中研究都可以比较容易地找到有效的定义，但按照量子力学的语言来说，它们都是局域的；要找到一个合格的统一信息定义，仍需漫长的等待，因为它是全域的。在大部分情况下，信息概念只有在系统的背景下加以考察，它才有可能得出有效的结论，任何孤立地定义信息的努力都很难取得成功。

1.5 信息的相近概念

随着信息概念应用领域的与日俱增，我们不禁要问，难道越来越多的信息概念所表达的问题，是人类过去从来没有认识到，或者是认识到但无法表达出来的新现象吗？答案是否定的!用信息概念所表达的事物并不是因为采用了信息概念来表述才使其成为了新事物或新问题，也不是不用信息概念，它们就无法被表述出来。通过仔细观察我们就会发现，我们今天使用信息概念所表达的事物和问题，人们在过去是用其他相近概念来表述的。换句话说，在各种语言的词汇体系中，已经存在一组和信息相近的概念，它们能够执行或能够近似地执行用信息表述该问题的功能。我们把这些能够执行，或者能够近似地执行信息表述功能的概念称为信息的相近概念。它们有的早已存在，有的还具有悠久的历史，一些还被相应的学科成功地研究过。需要说明的是，这里用来做基准比较的信息含义，如不加特别说明，统统指的是信息的基本词典含义，即它的人文含义。

（1）信息和消息。

只把有关人类动态情形和状况的反映称为消息，这既是消息的原始含义，也是消息的现代含义中的主要部分。也就是说，我们不把有关描述对象的静态情况看作消息，虽然从理论上说，消息的指代对象可以指任何事物，但在实践上它基本局限在对人或人类的动态报道上。我们把“老王住院了”看作消息，而不把“老王家住西城”看作消息，更不把“一个水分子是由两个氢原子和一个氧原子组成”看作消息。在大众传播业，消息的含义是指关于人或事物的情况报道，但只是这种情况必须具备动态的性质。信息不同，它可以是指对任何对象的任何属性进行反映或报道的结果，而消息仅指那些对和人类活动有关的报道，信息还可以指那些对非人类活动的有关报道上。消息主要指有关对象的动态，而信息还可以指那些静态。因此，凡是可以使用消息的地方都可以用信息来替代，但反之不全成立。

和消息相近的概念有很多，它们包括音信、音讯、新闻、报道、报导、通信等。大部分中文辞书都认为，信息的基本含义中包含着音讯和音信的成分，二者在大部分情况下都是信息的同义词。它们多指关于人的，尤其是关于熟人的、较了解的人的消息，且使用范围主要限于文学和生活范围里。新闻和消息的区别是：新闻是一种消息，在大众传媒业，它指经由报纸、广播、电视、网络等媒体报道的消息，尤其是指最近发生的新事情。消息可以指那些不经过大众媒体报道的信息，且普通的消息和信息都不一定指新近出现的情况，但新闻却必须包含这个含义。报导和报道是同义词，它们是指用书面或广播或网络形式发表的新闻稿，多强调关于人或事物的有关事情，当它们作为名词使用时，和新闻、通信基本上同义。

在英语中，消息和新闻是一个词，都用 news 来表达。从中文来说，新闻有时更和信息接近。在法语区里，尤其在很多过去曾是法国殖民地的非洲国家里，一个国家的内阁部门中差不多都有一个新闻部，但这个新闻部的名字在英语中不和 news 对应，而是 information。一般的原文是 Information Ministry 或者 Ministry of Information。另外，在一些公共场合，也经常可以见到 Information Department 或 Information Desk 的标识，但它们不是指“信息部”或“信息桌”，在中文里，我们通常将它们翻译成“问讯处”或“咨询台”。

（2）信息和讯息。

讯息这个词在中文中应用较少，在英语中虽然也不是很多，但要比它在中文中的应用频繁一些。讯息的英文是 message，它源自中世纪的拉丁语 missām，在大多数情况下，它属于 information 的一种，或者是和 information 同义。虽然它们具有如此密切的关系，但在人文和技术两个领域的应用上存在很大的不同，所以我们需要谨慎地对待它们。

在人文应用中，“讯息”通常有三种含义，一个是“消息”，一个是“讯息”，一个是“信儿”。关于它的消息含义，我们在前面已经予以叙述。“信息”通常代表一种高级形式，“讯息”则属于一种低级形式。2011 年，德国学者卡普罗从词源学上考察了 message 的含义，他得出的结论是：在古希腊，message 更多代表一种人类学或人类意义上的“信息”，代表一种理念、理性（logos）。最典型的例子是，当我们说一个天使（angel）传达一个讯息时，通常人们采用 message 而不是 information。卡普罗考察了二者的含义，认为它们的相同和差别主要表现在如下四个方面：①讯息更多地依赖于发送者，但信息的情况并非如此；②讯息被认定为会给接收者带来一些新的或相关的东西，这点和信息的使用情况并不完全相同；③讯息可以通过不同的媒介和信使被编码和传递出去，而信息的情况也如此；④讯息是通过释放或解释机制而产生的一种供接收者选择的表达方式①。从某种意义上说，讯息和信息的差别，有些类似知识和信息的差别。但在汉语中谈到“信儿”时，它应该是一种短小、非正规的信息。当“信儿”被翻译成英文时，最准确的译法应该是 message。此外，在大众媒体中，“讯息”和“消息”在很多情况下是混用的。

在技术研究领域，讯息主要使用在如下两个方面：通信科学和计算机科学。在通信科学中，message 和 information 是两个不同的概念，前者在多数情况下被翻译成消息，少数情况下翻译成讯息，而在这两个领域里，

① Rafael C. Angeletics: A Message Theory. http://www.capurro.de/angeletics_zkm.html [2013-3-14].

information 就仅有信息一种译法。二者的关系是：消息大于信息，即信息被包含在消息之中，消息是信息的载体，就像信号是消息的载体一样。消息是进入信道的总体，当消息中的有效成分被量化之后才能被称为“信息”。香农信息论所计算就是消息中的这种信息。因此，在我们阅读信息论或通信科学的著作时，需要牢牢记住这一点。我们在一般生活中所说的信息，是和香农信息论中所说的消息相对应的。但在信息的一般人文应用和通信科学的应用中，信息和消息的情况恰好相反。在信息的一般人文应用中，信息大于消息，凡是应用消息的地方都可以用信息来取代。在通信科学中，情况恰好相反：信息小于消息，信息被包含在消息之中。在日常生活中，我们经常使用的联系人或朋友、亲人、同事的信息集合，一般用“通讯录”，而不是“通信录”。

在计算机科学的程序设计或硬件设计理论中也常用到消息或讯息。在软件理论中，消息的传递是通信的一种形式，在并发和并行计算中，在面向对象的编程中，在指令进程间的通信中，发送方到接收方之间所传递的内容一般都称作消息。尤其像在 Smalltalk 或 Java 这类面向对象的编程语言中，消息通常代表着发送给一个对象，尤其是对一个指定对象的操作请求等。

（3）信息和知识。

从人类信息是人类对客观世界的认识结果或传播的产品来看，知识是信息的一部分，而且是极其特殊的一部分。和讯息、信息的关系一样，知识也可以从下列三个方面强调它和一般信息的不同：①一般信息是零散的、个别的、片断的、特殊的；而知识是结构性的、具有内在联系的、所有的和通用的；②一般信息是合时势的、短效的、短命的；而知识是持久的；③一般信息是一种消息流，而知识则主要是来自该流的结构物。从“输入”的意义上来说，一般信息可以通过对知识的增容、重构或改变等方式来对它产生影响，虽然可以想象信息无法改变知识。[①]

信息和知识的另一个区别值得强调：大多数信息是通过反映或被告知而获得的，虽然知识也可以通过被告知而获得，但它主要是通过科学的思维或系统的学习而获得的。从某种意义上来说，这种看法被包含在前述的第三种区别中，即对由新信息引起的知识加以限制。然而，问题是，反思可能仅仅是无意识地与先前收到的信息有关或与收到的信息全然无关。任何经验——偶然的印象、观察，甚至不是由从环境收到的刺激而引起的“内

① Machlup F, Mansfield U. *The Study of Information: Interdisciplinary Messages*. New York: John Wiley & Sons, 1983.

在经验”——都可能对导致个人知识变化的认知过程进行初始化。这就是说，新知识可以在不收到任何信息的情况下而获得。

我们再回到前述的三种区别上。当学校的儿童被告知明天可以不上学，这一消息立即被看作信息并且一般不被看作“知识”。当我们把 7×8＝56 告知幼儿园里的孩子时，这将被看作一个有内在联系和持久知识结构的一个组成部分，但它同时是一个信息。当人们被告知一种流行病在街头蔓延，患者只要服用某种药物就可以杀死其中的病毒，并可以用它作为一种免疫方法时，他们既收到了信息，也收到了知识。当一种新发现或新理论在报纸上或广播中公布时，大多数接收者感兴趣的是其中的非知识性信息部分。对于一些研究领域的专家来说，他们更对该信息中的知识部分感兴趣。另一种可能是，一些人开始仅认为是瞬息相关的信息片断，但最终发现该信息对他或她的知识结构作了重要的改变。信息和知识还有一个重要区别，那就是大部分知识是经过加工后的信息，而信息则多指“原装品”。

从告知和被告知的意义上来说，一般信息总是与在“知道”意义上的知识不同：前者是一种过程，后者是一种状态。在被告知的意义上说，信息可能等同于知识。在知道的意义上说二者并不一样。在平时的说法中，人们意识到了这种差别，这可以从下列事实中看出，即人们期待在火车站、机场、百货商店和大型公共商业场合的货摊或柜台上看到显示的是信息而不是知识。同样，在现代经济中我们发现了许多提供信息服务的公司而很少见到提供知识服务的企业。从另一方面来说，我们对那些用寿命短暂的信息来塞满学生头脑的教学方法和计划感到失望，而希望他们向学生传播具有持久价值的知识和激起学生对知识而不是对那些信息的爱好和渴望。

在关于知识和信息的研究中，它们常常被误用，主要表现在如下几个领域：①计算机科学中的人工智能研究；②信息法学中的知识产权法研究；③知识经济学和信息经济学研究；④科技情报学研究。

在人工智能实践中，如果人类要让机器能够智能地、像人一样地完成某种事情，研究者就需要把人类认识世界过程中已经形成的各种成果，一步一步地输入计算机。包括对大千世界最简单的认识，人类成功行事的各个简单步骤，以及判断不同情况的前提等到复杂的科学理论。人工智能研究者把这些需要输入计算机的各种信息统称为知识，把如何形式化地表示这些知识的研究称作“知识表示”或“知识工程”。把“如果两个物体摩擦，那么一定有热生成”说成是一种知识肯定和一般人类的表述相吻合；

但把“老张生病了”，或者是“太阳落山了”也看作知识，这就和我们的关于知识的普通表述习惯产生了矛盾，而如若把两者都说成是信息却不会令人感到有任何的唐突。

在知识产权法中，知识的含义包括图书、文章、图像、音乐、软件等媒介中所有信息内容的总和，准确地说应该叫（人类）信息，它的内容是我们对世界反映的成果。知识应该是我们对这些信息加工后的成果。我们可以把学术著作里的内容看作知识，但如果你要把新闻报道，摄影作品等也看作知识，它与我们对知识的理解就存在着矛盾，是对知识概念的一种误用，但反过来却可以成立。知识产权法把大部分信息作品都划为知识作品，这仅在图书、软件等作品中成立，但在新闻、广告、文学、艺术信息等作品中却都说不通。

20 世纪末期曾流行过两门和经济学与信息科学有关的学科，一门叫信息经济学，一门叫知识经济学。在信息经济学中，一种是基于信息产业的投入和产出研究的信息经济学；一门是基于博弈论和信息对称与否的信息经济学。知识经济学的基本理论认为，由于知识产业的比重增加，国民经济的产出会发生变化。但是，知识是信息的一个部分，由此必然得出知识经济学属于信息经济学的一个部分的结论。但信息经济学究竟是研究什么的，研究者们到目前为止还没有彻底弄清楚，而在这种情况下又提出知识经济学，它必然会把问题弄得更加混乱。两门学科的鼻祖都是马克卢普（Fritz Machlup），而他又是一位竭力想弄明白“信息”和“知识”的区别究竟在哪里的一位经济学家。混用“信息”和“知识”的另外两个和经济与信息研究的相近领域是“信息管理”和“知识管理”，其窘境和知识经济学与信息经济学的情况基本相同。

按照一般的大众理解，情报和知识并不等价。情报常指那些政治、经济、军事方面具有竞争意义的信息，而知识则是一种关于人类对自然和社会的普通认识结果。当在“情报”前面加上“科技”一词变成“科技情报”时，有时还勉强可以把它理解成科技知识。但若去掉“科技”而把整个“情报”说成是一种“知识”，那就未必是合适的。情报不一定都是知识，两者并不存在必然的关联，但情报和知识都是信息的一种。在中国过去出现的“科技情报学”里，它把信息、知识、情报进行混淆的大部分根源都出自这里。

当信息和知识被混合应用时，人们有时选择信息，有时选择知识。美国前国务卿赖斯（Condoleezza Rice）是个俄罗斯问题专家，她曾被选作布什（George Bush）内阁的得力助手。当戈尔巴乔夫（Михаил Горбачёв）

访问美国时，布什曾告诉戈尔巴乔夫说：“我所有的关于俄罗斯问题的知识都是赖斯教我的。”显然，这里所说的知识并不是一种纯粹的知识，而是一种信息和知识的混合体。

（4）信息和情报。

情报是一种特殊的信息，二者的区别在于：在一个信息的发送者和接收者之间，或在一个信息的认知者和认知对象之间，如果彼此处于一种竞争、对峙、矛盾或敌对状态时，对于双方而言，有关对方的信息大部分都可被称为情报。基于“信息”和“情报”两词之间的这种区别，如果把任何信息都当作情报来看待，其结果是我们把该信息的接收者就无形渲染或假设成了竞争对手或敌方。反之，如果我们把情报当作信息来看待，我们会把真正的竞争对手或敌方看作一般的无竞争关系的一方了。随之而来的是，决策的紧迫性和针对性消失了，从而造成该信息在传递、处理、存储中应具有的竞争特性和保密特性也受到了损害。

一个人听到一个足球教练在对他的队员进行战略或战术部署时，对于局外的观众来说，它不过是一种普通的信息；但对于正在与之比赛的竞争对手来说，这就是地地道道的情报。在所有的竞技体育方面，参与比赛的双方一般都把有关参赛对手的，可能对己方有利或不利甚至是无所谓的信息都看作情报。军事上敌对双方都把关于对方的任何信息都看作情报。政治上有利益冲突或者是在意识形态对立的国家之间，彼此也经常开展关于对方情报的搜集活动。一个制造或销售某种产品的商家，也会把制造或销售同类产品的任何商家看作竞争对手。因而，他们会把有关对方的大多数信息看作情报。军事信息、政治信息、商业信息中的大部分都包含着情报的成分。但教师在课堂上传授的知识，图书馆收藏的图书里蕴藏的丰富信息，不应当拿来当情报看待。大众传播媒介上每日报导的消息，对普通大众来说只不过是普通的信息，但常常是无数个暗中和潜在的竞争对手的一种情报来源。由于情报是一种具有竞争含义的特殊信息，所以，从理论上说，以信息产业为基础的信息经济学才是真正的信息经济学；以博弈论为基础的信息经济学才是真正的情报经济学。

信息和情报在英文里是截然不同的两个词汇，信息用 information，情报用 intelligence，前者常和 news（消息）、knowledge（知识）连在一起，后者常和 spy（间谍）、state security（国家安全）连在一起。在几乎所有大的西方语系中，信息和情报都很明确地被分开来使用，唯独在中国有交叉，在日本是同一个词。information 一词在很长一段时间里在中国被错误地翻译为“情报”，部分是基于日语影响的原因，部分是基于 20 世纪 50

年代后冷战时期世界两大对抗集团的科技发展策略的原因。“信息”和“情报”在汉语里曾经长时期地，而且目前仍有被混淆使用的现象，它在一定程度上使信息科学在中国的发展失去了一支生力军。因为在以美国为首的使用英语的西方国家里，非常通用的 information science 学科常被大多数中国学者翻译成“情报（科）学”①，尤其在 20 世纪 50 年代末至 90 年代中期这段时间非常盛行。由于这种做法不断受到人们的批评，实践中也处处碰壁，这种局面最终在 90 年代后期得到了逐渐的改正②，但这种扭转仍没有得到这个领域所有人的赞同。

也有把情报当作一种“情况的报导”来理解的。但情报的这种含义在一般生活的使用中所占份额很小，它仅出现在一些政府的政务信息流通中。在“情况的报导”上来看情报，它和信息是同义词，甚至比信息更具有适用性。从“信息”和“情况”的关系上来看，情况是原始的、第一手的；而信息是被传递过的、第二手的。因此，某些用“情况”一词的地方不能随便用“信息”取代。但在“情况的报导”意义上的情报在这些方面

① 从概念上说，对于将英文“information”和日文“情報”译为中文“情报”的做法，姚健和贾桂华两位研究者对此曾做过透彻的分析。他们认为，在英语国家的军政机构中，一般都同时存在着以 information 和 intelligence 分别命名的，但性质却完全不同的两类机构。例如在美国艾森豪威尔就任总统时期于 1953 年建立的“美国信息局”（United States Information Agency，USIA），它归美国新闻署管辖而不是情报机构管辖。在杜鲁门就任总统时期于 1947 年重组的美国中央情报局（Central Intelligence Agencg，CIA），它直接规美国总统管辖，是真正的情报机构。在西方政府机构中，没有一个以 information 命名但其工作内容却与 CIA 的工作内容相同的机构，也没有一个以 intelligence 命名但其性质类同 USIA 的工作内容相同的机构。最为明显的是，在美军各级司令部里，都同时设有以 information 和 intelligence 分别命名的，但性质和职能却完全不同的两个部门。前者为新闻处，负责发布本司令部所辖部队和战区的新闻报导；后者负责搜集外军的情报。这表明，information 一词在西语军界和政界中并无中文传统意义上的“情报”概念。此外，在冷战时期，针对美国的马歇尔计划，苏联提出了莫洛托夫计划，即从政治角度成立了一个相互及时交流信息的“共产党和工人党信息局（共产党信息局）”，经济上成立“经济互助委员会（经互会）”。两个组织都是公开的。共产党信息局最先设在南斯拉夫的贝尔格莱德，之后转设到罗马尼亚的布加拉斯特，1956 年宣布解散。其名称在中国普遍被翻译成了“共产党情报局”。在冷战时期建立的基于政治活动的组织，没有人不会把它和秘密情报活动进行联想，因为情报概念的内涵早已深入人心。至于将日文的“情報”直译成中文的“情报”，姚健和贾桂华认为，这是源于中文隐性日文化的误译，正确的汉译应该是“信息”而不是“情报”。他们接着说，将日文“情報”直译成中文“情报”，把“情报（科）学”看作一门独立于“信息（科）学”的思维，纯粹是一种标新立异，其做法是反科学的（见：姚健，贾桂华. 中日文情报科学术语的相互关系——试析中国情报学亦应更名的根本原因. 情报资料工作, 1998, (6): 6-9）。1978～2014 年的实践证明，中国图书馆情报科学界使用中文“情报”，企图使其和日文“情報”概念的内涵和外延相一致，试图改变“情报”一词在普通中国人心目的含义，从目前来看，这种成功的可能性几乎不存在了。

② 过去，中国有一大批隶属于各级科委的称为“科学技术情报研究所”的机构，主要职能是收集科技文献，特别是非正规的科技文献，近似于一个特别的图书馆而和间谍工作毫不相干。现在部分撤销了，余下的一些也多改称“科学技术信息研究所”，业务内容五花八门。

却不同，凡是用情况的地方，信息也适用。此外，情报一词还有一种幽默性的应用。例如，当你招待一个客人却在对方不知情的情况下为对方准备好了许多他或她喜欢吃的东西，对方会报以“你的情报工作做得真好啊”来夸奖对方。

由于情报是一个近代词，所以它在早期出版的《辞海》等权威辞书中没有被收录。因此，它应是起源于日语“情報”一词的舶来品。对于日语中的“情報”，根据日本医疗信息中心長山泰介的考证[①]，它是日本小说家森鸥外在翻译德国军事学家克劳塞维茨（Carl von Clausewitz）的《战争论》[②]一书中“情报”一词时借鉴而来的，1888 年前后（明治 20 年）出现在日本。此后，森鸥外在自己的小说中作为军事用语使用过这个概念，在日文词典中正式出现的时间则是 1925 年的大正末期和昭和时代，那时它具有很重的谍报含义。第二次世界大战后，其军事用语的含义逐渐淡薄并慢慢演化成了今天和中文“信息”相同的一个普通词汇。

既然日语里只有“情報”而无“信息”一词，因此，当把 information 翻译为日语时唯有一个“情報”与之相对应，而把日语的“情報”译为中文时，它既是中文里的“情报”，又是中文里的“信息”，这需要谨慎对待。既然日文的“情報”包含着中文的“信息”（information）和“情报”（intelligence）双重含义，那么，在把“情報”一词向英语翻译时究竟应该选择 intelligence 还是 information 呢？根据姚健和贾桂华两位作者的考察，在这种情况下，它就使用到了日语的外来语，日本人分别采用“インテリジエンス”和“インフォメーション”两个概念来区分它们，从而避免歧义[③]。

另外，根据《信息简史》一书作者格雷克（James Gleick）的考证，在通信论研究的早期，奈奎斯特（Harry Nyquist）和哈特莱（Ralph V. L. Hartley）一度为使用 intelligence 还是 information 曾经有过争论，但最后还是采用了 information[④]。

（5）信息和资讯。

英语的 information 在汉语翻译中存在着一个重要的译法需要值得特别留意，它就是资讯。“资讯”概念主要流行在香港、澳门、台湾和东南

---

① 長山泰介. 情報という言葉の起源. ドクメンテーション研究, 1983, (33): 431.

② 卡尔・冯・克劳塞维茨. 战争论. 中国人民解放军军事科学院译. 北京: 商务印书馆, 1978. 全书有 41 处使用了“情报”一词.

③ 姚健, 贾桂华. 中日文情报科学术语的相互关系——试析中国情报学亦应更名的根本原因. 情报资料工作, 1998, (6): 8.

④ 詹姆斯・格雷克. 信息简史. 高博译. 北京: 人民邮电出版社, 2013: 195.

亚等华人集中的区域。从纯粹的流行应用来看，英语区流行“information”，大陆使用“信息”，港、澳、台及东南亚华人集中地区使用“资讯”。但近年来随着大陆和港澳台等地区学术和经济交流活动的日益频繁，这些地区特别是台湾地区的部分学者也逐渐接受了大陆的译法并开始使用“信息”一词，但这终究没有也不会成为这些地区的应用主流。在大陆，一些人也模仿港澳台的习惯，放着“信息”不用，却偏偏时髦地在很多地方大量使用“资讯”。但它终究也不会成为应用主流，这是海峡两岸学术界的两个“围城”。

在大陆出版的《辞源》和《辞海》两部辞书中，过去都没有收录过“资讯”一词。在台湾地区中文大辞典编纂委员会 1969 年编辑的 40 卷《中文大辞典》中也没有“资讯”这个词。这就是说，在汉语中，它是一个近代词，或者说，它是港台等地区的一个自造词。到目前为止，我们还没有看到港台学者关于“资讯”这个概念是如何在这些地区被创造出来的标准语源学考证。但根据熟悉该词的当事人之一谢清俊回忆，台湾地区用资讯一词和 information 对应，“是 1976 年左右，在‘中央研究院’资讯科学研究所筹备会议上确定的”[①]。另一些资料来源认为，英语 information 在台湾地区早期一般被译为“资料”，后经“中央研究院”数学研究所建议正式定名为“资讯”[②]。从直觉来说，资讯是“资料”和“讯息”的合称，它把资料的意义和讯息的含义都综合地考虑了进来。所以，从总体上说，“资讯”属于“信息”早期含义的对应物。从人文角度看，它也不失为一个很好的新词汇。但谢清俊又认为，“这里的‘资’字，尚有‘前事之资，后事之师’中‘资’的含义”[③]。可见，又不能简单地把资讯理解成“资料”和“讯息”的合称。在由信息导致的新词汇使用方面，大陆学术界勉强可以接受由资讯引起的“经济资讯”“科学资讯”等概念，但很难接受“生物资讯”“分子资讯”等说法。

台湾地区一些学者在另一些地方提到，在台湾地区早期的词典或百科全书中把资讯看成“从资料或数据导出的有用信息。”近年来在和大陆的不断接触中，谢清俊和谢瀛春提出了“资讯”和“信息”分工的建议，主张用资讯来表示“所知表现在媒介上的形式”，用信息来表示“所知表现

① 谢清俊. 谢清俊谈人文与资讯. 台北: 数位典藏维运管理分项计划, 2006: 8. 注释部分.

② 徐跃权. 我国情报概念的特点及其对学科发展的影响. 情报科学. 2003, 21(4): 340. 该文提出，这一考证是由台湾地区图书馆学家顾敏先生指出的，但文章中没有提供顾敏的文章出处。

③ 谢清俊. 谢清俊谈人文与资讯. 台北: 数位典藏维运管理分项计划. 2006: 4, 8. 注释部分.

出来的内容”[①]。换句话说，他们主张把 information 的形式方面用“资讯”来表示，内容方面用“信息”来表示。若这样使用起来，后者的问题不大，但把前者定义为内容的形式方面，资讯学就变成了一门形式科学，后者才是内容的科学。沿着这个思路，港台地区的“资讯学”或“资讯科学”就很难深入研究。因为语法学、符号学已是关于 information 发展得不错的形式科学了。另外，该倡议者还主张，“资讯”和形式上的“语义”相等，信息则因人而异，二者不一定相等。如果我们说“台湾花莲地区多震多风”，该句既提供了“资讯”，也提供了“信息”，接下来的“资讯（科）学”和“信息（科）学”研究该如何分工呢？资讯是唯一的，而信息是因人而异的，这种观点表面自洽，但实则较难把握。统用（统一）的“资讯”和“信息”定义讨论往往被拖入这个境地：满足了一方面的要求，而另一方面在感觉上就常会出现问题。

台湾学者谈论资讯定义和大陆学者谈论信息定义的方式是不一样的。大陆学界常喜欢先看看《词源》《辞海》《现代汉语词典》是怎么定义的，然后再参考英语和其他语种中它是怎样被定义的，如果觉得这些定义还不能解决问题时再自行定义。台湾学者常常是首先看西方学者是怎么定义的，然后再做自己的决定。有一句话叫作“资讯时代，信息泛滥”，资讯和信息在此句中换位之后其含义不变，故此句属于两岸同形不同义的混乱词汇应用中最典型的一个案例。

（6）信息和语义。

语义有四种类型，即字义（限汉语）、词义、句义、语篇义。和信息概念关系比较密切是句义和语篇义。就专门研究语言意义的语义学来说，它恰巧在词汇意义上研究得最为充分。语言学家基于词义代表符号和世界的一种关系的立场，详细考察过词汇的本义和引申义，考察过词汇的同义、多义和反义等。在句义和语篇义上研究得较少。关于句义和语篇义的系统解释，目前还没有见到比较满意的理论。虽然词义的性质得到了充分的研究，但信息和词义关系不大。信息和句义和语篇义的关系虽更加紧密，但语言学家在语义研究上所取得的有效成果却少得可怜。

句子的语义问题还是工程信息论的一个敏感话题。香农所完成的信息计量理论实际上仅是信息的一种形式计量理论，而不是信息的内容计量理论。这个根本性的缺憾常构成许多人对信息论不满的理由之一。为了弥补这一不足，香农理论的追随者、美国洛克菲勒基金会自然科学部主任威弗

① 见本书作者对谢清俊、谢瀛春文章“一个通用的资讯（信息）定义”的评论。载：马蔼乃，姜璐，苗东升，等. 信息科学交叉研究. 杭州：浙江教育出版社，2007: 39-40.

尔（Warren Weaver）曾说：完整的信息计量理论应该包含信息的语法、语义、语用三个方面。在这种思想的指导下，以色列的语言和逻辑学家巴-希莱尔（Yehoshua Bar-Hillel）和美国的逻辑实证主义哲学家卡尔纳普（Rudolf Carnap）进行合作，他们于 20 世纪 60 年代就提出了“语义信息”①这一术语。然而，在对信号传输的统计理论方面，他们又欣赏用“信息”这个词来代表意义的信号部分。巴-希莱尔和卡尔纳普模仿通信学家的计量工作试图找到语义信息的新计量理论，在分析了原子陈述的意义之后，他们提出了一个叫作“语义内容元素”的计量单元，但反应者寥寥无几。

和语义相近的词汇是意义和含义。意义也是一个非常含混的词汇，它不仅是语言学中语义学的话题，而且是逻辑语义学和哲学语义学的话题。在语言学的语义学中，利奇（Geoffrey Leech）曾列举过“意义”的 7 种类型②，它们分别是理性意义、内涵意义、社会意义、情感意义、反映意义、搭配意义和主题意义等。如果我们只打算从一般的角度分析意义，意义仅指语言文字或其他符号所表示的内容，它和“意思”的意义相近，在解释语言文字所表达的内容时可以通用。如果我们所说的信息是基于语言的内容方面，那么我们就无须过问某一信息的“意义”或“意思”是什么。含义既指词句等所包含的意义，也指暗示和示意。前者可能进化成真正的信息，后者仅是一个信号。

（7）信息和资料。

资料的应用主要出现在下列三个方面：第一，思维的原材料或原来做依据的材料。包括统计资料、参考资料、谈笑资料等。从一般意义上讲，它们都可以用信息来替换。第二，小型图书馆里所收藏的文献总称。在这里，资料一般不用信息来替换。我们可以说某一图书馆里的资料很多，但我们不习惯说这个图书馆里的信息很多，虽然我们知道资料很多一般必然会导致信息很多。当信息被用来替代资料时，它主要指上述第一种含义。在信息概念流行之前，在指思维的素材、凭据时，人们一般用资料来指称，那时人们常说一个人花费了大部分时间在搜集资料上，今天人们习惯说他们的时间大部分都花在了信息的搜集上。资料的第三种含义是物质性生产原料和资源，它和信息混用的情况十分少见。

和资料相近的概念是材料，二者都是名词，都可以用来指那些构造精神产品的东西。区别在于：①词义的着重点不同。“材料”着重指未经加

---

① Bar-Hillel Y, Carnap R. Semantic Information. *British Journal for the Philosophy of the Science*, 1953, (4): 147-157.

② 杰弗里 • 利奇. 语义学. 李瑞华, 等译. 上海: 上海外语教育出版社, 1987: 13-32.

工的原始素材，“资料”着重指用作依据等而加工了的材料；②词义的范围不同。“材料”还指一切物质成品的原料，“资料”没有这层意思。“资料”可以指生产、生活中必需的东西，如土地、厂房、衣服、住房等，“材料”却没有这层意思。只有在用作制造精神成品的东西时，材料才可以被信息所取代。

（8）信息和意识。

信息和意识在用法上没有明显的联系，但自从维纳提出了关于世界可以分成物质、能量、信息的非标准化三元世界观之后[①]，多元论世界观才开始出现。它和传统的把世界仅分成物质和意识（精神）两种基本成分的世界观不同，新的世界观包含一个信息世界。这种由信息引起的关于世界的基本组成的哲学讨论不断出现，其中一个最值得思考的问题是：信息是否可以取代意识而成为世界的基本一元。意识是一个古老的词汇，是哲学和心理学研究史上的，继灵魂之后的第二个中心概念，但意识问题很难解释清楚，含义过于复杂，我们仅倾向于把意识用在和大脑活动有关的认识与思维方面来讨论，因此它仅限于人类信息方面。

意识既可以作为一个动词来使用，也可以作为一个名词来使用。当它作为一个动词来使用时，后面常需要加上助词“到”。这时，“意识”的功能和“认识”一词近似，所涉及的问题在大多数情况下可以从能动态性上来考虑。当意识作为名词来使用时它有两个范畴，一是个人意识，一是社会意识，我们着重考虑个人意识。哲学家之所以在个人意识的探讨上难以达成统一的认识，是因为在哲学家眼里，意识作为物质的对立面，对精神世界而言，它几乎无所不包。由于其广延性，意识的各个方面都需要分析到。例如，意识是怎样产生的？它又是如何作用于人类的？……这会使哲学家在研究的征途中不堪重负。又由于意识的高度抽象性，这使得意识的实践远不如信息的实践接近人类生活。信息多和人类的认知、推理、问题解决、决策和审美联系在一起，而意识多和人类的感觉、认识、思维、世界观结合在一起。

除了哲学家研究意识之外，心理学家也特别着重研究意识问题。当心理学家用现代科学的眼光审视意识时，它和信息的大部分问题是重合的。

---

① 维纳的原话是“信息就是信息，不是物质也不是能量，不承认这一点的唯物论，在今天就不能存在下去”（原文：Information is information，not matter or energy. No materialism which does not admit this can survive at the present day）。这个论点后来被学界普遍看成维纳的一个非标准的三元论世界观。见：维纳 N. 控制论：或关于在动物和机器中控制和通信的科学. 郝季仁译. 北京：科学出版社，1963：133. 英文版见：Wiener N. *Cybernetics: Or Control and Communication in the Animal and the Machine*. New York: MIT Press, 1961: 132.

例如，意识的心理过程和信息的心理过程几乎是同一个问题，而且心理学家已经习惯把信息概念作为探索意识过程的工具。在现代认知心理学中，研究者曾打算干脆抛弃掉意识，直接用信息过程来揭示心理学家传统上所关怀的认知过程。实践证明，这一举措大大提高了人类对客观世界是如何被理解的这一古老话题的认识水平。因此，信息的前景是光明的，意识的未来是荆棘的。现在，越来越多的心理学家和哲学家一起，开始拿起信息的武器向传统的意识研究领域进军，在认识论领域里用信息进行分析所取得的成功已经有目共睹。特别值得注意的是，在一些新兴的科学领域，例如物理科学、生命科学、量子科学等领域的科学家，也非常喜欢讨论意识问题。薛定谔在他的《生命是什么？》1967 年版中专门加入了他于 1956 年 10 月在剑桥三一学院的演讲："意识和物质"①。近年来关于量子意识的研究也不断有新的成果问世。

如果我们关注的是人们对客观世界反映结果的总体方面而不是个别方面，是结果方面而不是过程方面，那么信息和意识（精神）就有可能等同使用了。我们说一个人的大脑里装的全部是意识，同时我们也可以说一个人大脑里装的全部是信息。一个图书馆里所有的产品是人类精神产品，也可以说成一个图书馆里装的全部是人类信息产品。人类对客观对象的认知结果是意识，但人类对客观对象的认知结果也是信息。按照我们对人类信息含义的理解，它是人类通过感官对客观存在的反映结果，而这个定义恰巧也是哲学家对意识的定义。因此从渊源上看，静态意义上的意识和信息是同一个东西。但意识概念的存在已有几千年的历史了，为什么人们只把它看作街角书店里摆放的、仅供哲学家永无休止地争论的题目，而一般大众认为它不是生活中的一个中心成分呢？很显然，信息在我们的生活里是实在的，而意识是抽象的，后者离我们的生活和前者相比总有些遥远。

意识的近义词是精神。意识和精神在两个方面可以互换。①在讨论和物质世界的对立方面时，意识和精神可以互换，两者同指非物质性的东西；②在讨论个人的心理过程时可以互换，不论是意识活动或精神活动，它们都是指内心的反省、思考、遗憾、乐观等。信息一般只用在实际的对象上。比如一个人接收到一个信息后，显得欢歌笑语或焦躁不安。信息更多的是在信息世界的概念上对意识及精神的新表述。如果由信息引起的新世界观学说值得继续讨论，信息世界最终逐渐取代精神世界的说法也不是不可能的。

① 埃尔温·薛定谔. 生命是什么？罗来鸥，罗辽复译. 长沙：湖南科学技术出版社，2003: 91-164.

（9）信息和情况。

情况常常表示某个认识对象由于不断变化所带来的结果，它和信息在信息的产生方面渊源相近。情况有两方面的含义：一种是静止客体的状况和情形；另一种是事情进行中的样子。情况和信息在使用上的主要区别在于：情况既强调客观事物是怎么一回事，也强调表示认知的结果；而信息总是只强调认知的结果，是“第一次反映的结果”，或者是“被传递之后的反映结果”。情况虽然可以指反映后的结果，但更多的是指事物未被反映时的原始状态。信息可以指报道，但情况特别地不指报道或报道的结果。当一个人目击了一场事故后，他用自己的语言把所看到的事故状况进行组织并记忆在大脑中。我们一般会说“你能谈谈关于这次事故的情况吗？”或者问“你知道关于这次事故的情况吗？”但我们一般不会说“你能谈谈关于这次事故的信息吗？”虽然我们会问“你知道关于这次事故的信息吗？”但它和基于情况之上的“你知道关于这次事故的情况吗？”着眼点不同。前者强调抽象的、外化的情况是怎么一回事，后者强调问题实际上是怎么一回事。一旦一个人把关于这次事故的情况告诉另外一个人，就是说进行了一次传递后，我们便可以很自然地向第二人发问：“你有关于这次事故的信息吗？”这个人会很自然地会回答说他有或者没有。我们同样可以用问第一个人的方式来问第二个人：“你能谈谈关于这次事故的情况吗？”这就是说，一些用信息的地方可以用情况来取代，反之并不成立。信息可以是一种情况、情形、状况，但它必须是通报或告知后的情况、情形、状况，而不能够指原始的这些东西。所以，我们在生活中就经常看到“情况”和“信息”并列使用的情况。例如，“律师对在执业活动中知悉的委托人的有关情况和信息，有权予以保密。”

和情况相近的概念是情形和状况。情形和状况都指事情进行中的样子，常常可以互换。但情形多指某一事情发生的经过或进行中的样子。状况还可以指事情的发生、存在、变化等有关的行动和动静。情况和状况都指某种情形，但状况多指事物或现象所呈现的状态或形势，一般指事物在较长时间里形成的状态或情形。情形指事物发生、存在、变化的情形，所指的发展历程和变化时间可长可短。

（10）信息和数据。

数据这一概念主要应用在两大领域：第一是普通生活、经济统计和科学研究；第二是计算机科学。在第一个领域里，数据没有什么歧义，它和各种统计、计算、研究、设计等工作所依据的数值、数目、数量等词的含义相等，即数字。但由于在计算机科学中大量使用了数据这一概念，最终造成了“数据”和“信息”在汉语中应用的混乱。

数据的英语是 data，它来自拉丁语 datum（也是英语复数形式 data 的单数形式），意为 something given（给予的事物）。data 的含义是：facts or information given from which other facts may be worked out（可以用来产生其他事实的事实或信息）。也就是说，在英语中，data 除了汉语中传统的“数据”含义之外，它还应用于不含“数据”的事实和信息方面。尽管存在这些差别，但在一般应用上还不易产生误解。

在计算机科学中，有三个研究分支和数据概念密切相关，即程序设计、数据结构、数据库。这些领域应用到的数据概念包含着计算机内部可能需要处理的各种 data，从数值“1、3、5、7”到非数值“太阳落山了”等都是数据。软件设计理论认为，程序等于算法和数据结构的有机混合体。其含义是，一个具有不可分割结构的程序，是由一个数据结构和加在其上的算法构成的。这个著名的论断，确立了计算机程序设计中的数据，以及加工这些数据所涉及的算法和程序设计三者之间的关系。不论是一份详尽的从 1940～1990 年印度国民总收入的统计资料，或是一份中国女子足球队 1996 年 8 月 13 日的足球得分记录，或者是一份学术论文或一个神秘故事的手稿，或是一本教科书的目录，或是一份法国油画史的参考文献，或是一名医生对一个病人的诊断说明，从各种数值到文字，从各种图表到画图，不论它们是系统的或是零碎的，我们一般都可以把这些从外部客观世界得来的东西统称为“信息”，而当把它们输入计算机系统之后，不论它们是怎样被存储、被检索、或被处理的。从经验分析的意义上说，虽然它们大部分远非数据，但计算机科学通称它们是“数据”。信息和数据在计算机这个界面附近被赋予了不同的称谓，这就是数据和信息容易出现混淆的近代原因，我们需要格外小心地使用它们。尤其是近年来流行的“大数据”概念，它更是把这种混乱推向了高峰。数据概念不论如何地“大”，它仍是信息概念的一个种概念。

究竟怎样把握这种容易造成混乱的现象呢？一个简便的办法是，我们把计算机看作一个黑箱，黑箱之外是信息，黑箱之内是数据。这样，从总体上理解普通生活、经济统计、一般科学研究这三个领域中所用的信息和计算机科学中所说的数据时，我们就不会轻易把两者一步一步地推向混乱的深渊。有什么办法呢，自从互联网问世之后，尼葛洛庞帝（Nicholas Negroponte）曾在他的《数字化生存》中提出：凡是输入计算机中的一切信息都是数字（digit）。①大陆基于地理信息系统计划要建立“数字中国”，

① 尼古拉・尼葛洛庞帝. 数字化生存. 胡咏, 范海燕译. 海口: 海南出版社, 1997: 26-27.

台湾地区基于全岛公立和私立数据库要建立“数位典藏”，这里已经把信息、数据、数字、数位这些概念弄得十分混乱。但从这些混乱的意义上来说，我们所面临的计算机时代，既是一个信息时代，也是一个数据时代，更是一个数字时代。

（11）信息和信号。

信号也有三种不同的应用。一种是它的技术通信应用，一种是它的细胞通信应用，另一种是它的人文通信应用。从宏观的技术通信应用上讲，一个通信系统内所传输的信号总是包含着通信系统所传输的信息。信号和信息这两个概念好像没有什么可以混淆的地方，但事实并非如此。自从香农信息论问世以后，虽然未必都得出了有效的结果，但通信的工程模型作为一种普遍的信息传输模型几乎影响了所有引用信息概念的学科。这种通信模型——基本上指的是香农模型——既把一般人的“信息”和“消息”概念给搅乱了，也把“信息”和“信号”在一些情况下给搅乱了。

我们一般人看待一个通信系统的工作原理是：从系统外的信息开始，系统负责把这些信息用不同的物理信号进行编码，然后在系统内进行传输，最后到达终端；之后系统再负责把这些信号还原成最初状态的信息，接着再表达出来，之间的信息是整个系统所传输的内容。通信工程师看待一个通信系统的工作原理是：从系统外的消息（message）开始，系统负责把这些消息用不同的物理信号进行编码，然后在系统中进行传输，最后到达终端，系统再负责把这些信号还原成最初状态的消息，接着再表达出来。消息是整个系统所传输的内容，信息仅指这些内容的（数量化）抽象表述。按照我们一般人的话说：“电话把我们的信息传给了对方。”按通信工程师的话，就必须说成是：“电话把我们的消息传给了对方。”当我们去读一本从工程角度来讨论信息传输的著作时，你不要指望那里有多少关于信息的论述，你可以看到的是：除了信号理论之外还是信号理论。纯粹的信息传输理论甚至连这些信号究竟是用电子、用光子还是用声波，或者是用其他什么粒子或物质去传输的也不加以讨论，他们把那些内容放在了通信工程中，标准的信息传输理论实际上是关于信号的编码和传输的理论。在工程信息论中，信号指的是消息的具体物理体现，如声波信号、电信号等。它们是消息的物理载体，将消息转换为信号才能够在信道中传输。

另外，在通信工程中，不管你传输的内容是多么有趣或无聊，对于通信工程师来说，它们都是一回事。5 分钟的无线电广播，不管是重大的新闻公告还是轻松的娱乐节目，它所传送的信息量都是相同的。①信息论专家在解释他们的通信系统时所谈到的“信息”和我们一般人谈到的“信息”是不同的。作为一种信号传输内容，他们所描述的信息不包含语义，应用在系统中的信息仅是传输、激活、活化的脉冲信号。可测量的物理信号不包含信息的实际含义，这对于设计电报、电话和其他通信信道的通信工程师来说是有道理的。但在个人口头交流方面，在书面交流方面，我们根本无法接受这种信息观。工程信息论不考虑语义问题可以成立，但人类信息的基本精华恰恰就在于它是基于语义的。那么，怎样理解信号和信息在工程中的区别呢？很简单，对于通信工程来说，信号是消息的载体，消息是信息的载体。怎样理解信息以及信号所包含的消息之间的关系呢？同理，我们可以把通信系统作为一个黑箱来看待，在黑箱之外是信息，在黑箱之内是消息，信号是消息的载体。这样，当我们看到或听到信息和信号两个术语在通信工程中的应用时，就容易区别它们的彼此所指了。

生命体是由一群具有特殊结构与功能的细胞组成的复杂有机体，其中的大分子、细胞器、器官组织，它们在空间上是相互隔开的，且大多数情况下细胞不与外界环境直接接触。因此，多细胞生物对外界的刺激（包括物理、化学、生物因素），都需要细胞间复杂的信息传输系统将必要的信息传递过去，从而调控机体内的每个功能各异的细胞的新陈代谢和行为，以保证整体生命活动的正常进行。可以说，所有重要的生命现象都和细胞的信息传递有关。细胞信息的传递通常是指细胞通过细胞表面受体（或胞内的核受体）接受外界信号，通过系统级联传递机制，将胞外信号转导为胞内信号，最终引起细胞的生理反应，或诱导特定的基因进行表达，引起细胞的应答反应。生物体细胞之间的信号传递可通过相邻细胞之间的间隙连接来实现，但更重要的则是通过细胞分泌各种化学物质来调节自身和其他细胞的代谢和功能。但是，这里的“信号”和“信息”是什么关系呢？

最近 30 年来，生物学家在研究细胞之间的信息传输时开始使用信号的概念，不过，他们用了一个非常古怪的名字：信号转导（signal transformation）。信号只是一个载体。对这些载体的研究已经成为生命科学深入研究下去的一个基本话题。在神经科学中，荷载信号的载体叫递质；在内分泌科学中，荷载信号的载体叫激素。那么，“信号”一词在生物学中的含义究竟是什么呢？它和信息的关系是什么呢？按照信息科学的一般看法，“信号”之后起作用的“因子”必然是信息。对于这个问题，孙大

① 罗斯 A M. 信息与通信理论. 钟义信, 李道本, 王继先译. 北京: 人民邮电出版社, 1979: 序言部分.

业等在2010年的表述最为准确。他们说：与“信号”一词最相近的概念是信息，信号是信息的具体物理化学载体①。按照我们的看法，这里的信号不是指符号，就是指荷载符号和信息的复合体：信器②。因此，出现在生命科学中的这个“信号转导”概念，并不是一个合适的选择，标准的用法仍是“信息传输”。它的出现和遗传学中的基因概念历程有些相似，当人们把基因的研究向前推进时先创造了“遗传物质”的概念，这导致人们找到了狄恩酸③，它对推进遗传信息的理论构建起到了极大的推进作用。“信号转导”这一术语未来的使用，大体也会遵从这个路线。

在一般的人类社会实践中使用的“信号”一词，它有约定使用和非约定使用之分。在约定使用中，信号是一种简略的符号系统，它表示一个特定信息的表面形式。交通路口的红绿黄信号灯发出的车辆和行人许可或不许可通过或缓行的信号，战场上开始冲锋前信号弹或信号枪发出的进军信号都是这种约定性使用。当非约定性的信号出现时，信号相当于一种“暗示”或“预测”，这时，信号后面通常会有一个“行动”或“预期”出现或不出现。信号发出者想告知人们，后面的一些行动是“允许”“可能”“不允许”或“不可能”的。两个国家之间的外交活动非常频繁时，要么是两国要更加和睦地往来，要么是将要发生冲突的信号。一些恐怖分子针对他们的反对派所采取的暗杀措施，两个邻居家庭间刚发生冲突后不久，一方突然对另一方热情了起来，这种举动都可以看作信号，它是一种主动的“暗示”。当动物普遍表现出一种焦躁不安状态时，这可能是地震要来临的信号；当一个国家的货币在流动过剩情况下金融机构采取了加息动作，这可能是一个货币紧缩的信号。由此我们得出：当信号被人类用传播信息的一般方法表示出时，它后面就必然紧跟着一个或若干个特殊的事件出现。当你仅仅想表达这个信息而不想有后续的信息给出时，你仅仅能使用“信息”而不能使用“信号”。当你的信息不是要用语言方法，而是要通过行动方法来表示时，也只能用信号而不能用信息。在性子直率的表达者中，一般喜欢直接告知对方信号后面的信息是什么而不是给一个信号，即不会让对方来费尽心思来琢磨这个信号后面的信息是什么。在信息流通自由的政治体制中，政府和公民也喜欢直接告知信息是什么。相反，在一

① 孙大业, 崔素娟, 孙颖. 细胞信号转导(基础篇: 第4版). 北京: 科学出版社, 2010: 5.

② 信器：一种荷载符号的底物，而其中的符号又能荷载信息。具体含义见本书4.1.1节。

③ 狄恩酸是本书对脱氧核糖核酸DNA的新译法，详见附录A：关于几个英文缩略语和名词的汉译。一共包括5个新译法。其他4个是阿恩酸（RNA）、信使阿恩酸（mRNA）、转运阿恩酸（tRNA）、核糖体阿恩酸（rRNA）。

些限制信息流通的政治体制中，统治者常常喜欢发送信号来让其国民去费力琢磨其中的含义，比如“杀鸡给猴看”就是这种信号使用的典型。

随着信息概念应用的越来越加流行，信号和信息的使用也慢慢出现了混淆，应该使用信号的地方有时开始直接使用信息了，反之亦然。例如，近年来在关于伊朗核问题的报道中，我们不时看到这样的说法：“伊朗必须停止核武器的研发和制造，如果不能保证这样，它就会向世界各国发出负面信息，让他们怀疑伊朗的目的是要制造大规模杀伤性核武器。”在房地产行业，我们也看到了这种说法：“香港房地产大亨连抛大陆资产，大陆房地产研究专家认为这是一种信息。”在传统的说法里，这两句话中的“信息”是要用“信号”来表达的，因为事实上的“信息”都还没有出现。

在个人之间的交往中，适当地使用信号而不是直接提供信息有时是很必要的。例如，你的朋友对你的生活习惯的某一方面并不喜欢，他/她可以用表达信号的方式间接地提示你他/她不喜欢这种习惯，而不必直接用信息表达出来而使你得以保留体面。但在一个正常的国家政治信息状态环境统里，经常靠释放信号让国民揣度其背后的信息是什么，或是在一对恋人之间总是靠释放信号让对方揣度其背后的信息是什么，这种情况总是令人困惑的。信息的传输总是要以消耗物质和能量为代价的。为了节约能源和社会可以更好地持续发展，能够直接地告知信息总要比间接地释放信号要好。

（12）信息和基因。

遗传学中的信息概念使用是逐渐形成的。1865 年，现代遗传学之父，奥地利遗传学家孟德尔（Gregor Mendel）提出，生物性状的遗传是由一种叫作遗传因子（inherited factor）的物质所控制的。1909 年，丹麦遗传学家约翰生（Wilhelm Johannsen）把孟德尔的“遗传因子”称为“基因”（gene），从此，“基因”一词一直伴随着遗传学发展至今。之后，美国遗传学家摩尔根（Thomas Morgan）及其同事以果蝇、玉米为材料进行了大量研究，最后建立了以基因和染色体为核心的经典遗传学。经典遗传学关于基因的含义有如下几个要点：①基因是不连续的颗粒状因子，在染色体上有固定的位置，呈直线排列，具有相对的稳定性；②基因作为一个功能单位用于控制有机体的性状表达；③基因以整体进行突变，是突变的最小单位；④基因在交换中不再被分割，是重组的最小单位；⑤基因能自我复制，在有机体内通过有丝分裂有规律地传递，在上下代之间能够通过减数分裂和受精作用有规律地传递。交换、突变都涉及基因的结构，因此突变单位和重组单位统称为结构单位。所以，经典遗传学认为，基因既是一个结构单位，又是一个功能单位。

基因到底是由什么物质构成的？基因的本质是什么？经典遗传学无法回答这些问题。20 世纪 40 年代，随着狄恩酸双螺旋模型的建立、遗传密码的破译，以及分子遗传学等一系列成就出现之后，人类对基因的本质开始有了越来越深刻的认识。分子遗传学关于基因的定义有如下几个要点：①基因位于狄恩酸分子上，一个基因就是狄恩酸分子上的一个区段；②每个基因都携带有特殊的遗传信息，这些遗传信息或者被转录为阿恩酸并进而翻译为多肽，或者只要被转录为阿恩酸即可行使功能，或者对其他基因的活动起调控作用；③基因在结构上并不是不可分割的最小单位，一个基因还可以划分为突变子、重组子、顺反子三个较小的单位。顺反子是基因中指导一条多肽链合成狄恩酸的基本单元，它与经典概念的功能遗传单位相当，是遗传活动的最小功能单位。因此，可以把基因看作狄恩酸分子中的，含有特定遗传信息的一段核苷酸序列，是遗传物质的特别功能单位。从此，“基因”和“信息”概念就发生了密切的联系。信息这个概念现在几乎被分子生物学或生物学家处处使用。例如，分子生物学家通常认为，基因是负责编码遗传信息的线性狄恩酸分子。遗传信息从狄恩酸转录成信使阿恩酸，然后再传递到蛋白质。最后，蛋白质经过适当地折叠形成特定的三维空间结构。在大多数情况下，现代生物学家，特别是遗传学家在谈到基因这个概念时，总是和信息混合使用且有时相互代替。顺反子信息是细胞传输过程中的一个最小功能单位，但基因绝非是一个最小的遗传功能单元。它就像人类信息中一篇文章的篇义，往下有句义和词义，往上有事义。如果我们把它确定为“最小的功能单元”，这必将从还原论上阻碍分子遗传学的发展。事实上，很多研究者对此说法并不以为然。例如有些研究者就坚持认为，基因仅是遗传信息的存储和加工单元。①

在分子生物学中，很多人会想当然地认为，“遗传信息”指的是“遗传密码”。实际上，两者之间存在着很大的差别。分子生物学中的“遗传密码”是指狄恩酸分子中“三个相邻的碱基”，它决定着一个氨基酸的形态。在狄恩酸分子上，彼此相邻的三个碱基对组成一个“遗传密码”，它对应 20 种氨基酸中的一种；同时，也有很多时候是由多个类似的三联体密码共同决定一种氨基酸。三联体碱基和它们所对应的氨基酸构成了一个“遗传密码表”。分子生物学所指的“遗传信息”是线性狄恩酸分子上遗传密码的线性排列顺序，这样的排列顺序需要经过“基因转录”才能够传递给信使阿恩酸，之后再被进一步翻译成蛋白质分子上不同氨基酸的线性

① 李振刚. 分子遗传学(第 3 版). 北京: 科学出版社, 2008: 165.

排列顺序。在狄恩酸分子遗传密码的线性排列顺序和蛋白质分子氨基酸的线性排列顺序之间，彼此往往并不单纯地呈现线性关系。

对于生物学家来说，他们对模糊的“基因”概念采取的态度是：一边讨论一边使用。对“信息”概念的态度也是如此。目前，还没有看到哪个分子生物学家或分子遗传学家给出了“信息”概念的清晰解释，不确定性关系到处存在。在通常情况下，他们倾向于认为生物的遗传信息存在于狄恩酸或阿恩酸分子上，其他生物分子并不能携带遗传信息。但是，随着研究的不断深入，现代分子生物学已经陆续认可“组蛋白密码”和“蛋白质折叠密码”之类的学说。前者指染色质中组蛋白的化学修饰信息可呈现出“表观遗传学”现象；后者则强调蛋白质的空间折叠信息取决于其氨基酸的排列顺序。问题是，这些“遗传密码”所对应的“遗传信息”究竟是不是来自狄恩酸和阿恩酸分子所携带的遗传信息。

一些研究者认为，直到 20 世纪 50 年代，分子生物学界在描述遗传机制时还很少使用“信息”概念。当时的分子生物学家习惯使用“特异性”这一术语。直到沃森（James Watson）和克里克（Francis Crick）发表了狄恩酸双螺旋模型所隐含的遗传学意义之后，“信息”概念才开始逐渐取代“特异性”这一术语。在之后的讨论中，狄恩酸双螺旋被视为“遗传密码”和“信息”的载体。其中的“遗传密码”携带遗传信息①。例如，在“狄恩酸经过复制并传递给子代”这个问题上，分子生物学家通常习惯性地把它描述为“遗传信息”从亲代传到了子代。1958 年，当克里克利用“信息”阐释分子生物学的“中心法则”时曾写道：一旦遗传信息被传给蛋白质之后，遗传信息便不能再被重新得到。克里克所讲的“遗传信息”，指的就是核酸中碱基的排列顺序，或者蛋白质中的氨基酸的排列顺序。

据此，我们可以得出如下结论：基因是一种遗传信息，二者可以作为同义词使用。但在使用中我们需要注意，在现代遗传学中，基因的数量是可以计数的。例如我们说人类基因组中包含约 30 亿个碱基对，大约为 25 000 个基因。但这个数量是怎么得来的？它的含义是什么？从目前的研究结果看，这个数量得来的依据，在狄恩酸上是依据开放阅读框（Open Reading Frame，ORF）的数量而定的。也就是说，基因是一个具有独立遗传性状的单元。但是，并不是所有的基因概念都可以这么用，而是只有确定了顺反子的基因才可以。我们知道，基因的概念已经争论了一个世纪，和信息概念一样，不同研究者给出的定义加起来恐怕也不低于上百种，而

① 潘学峰. 现代分子生物学教程. 北京：科学出版社, 2009: 18-19.

且看样子还要继续争论下去，这将会继续耗去生物学家或遗传学家不少精力。因此，我们倾向于生物学家接受用“遗传信息”代替“基因”概念的看法，这可能为这个争论画上句号。我们的看法是，生物学家今后可能只在必要地方使用“基因”这个词，例如在表述作为具有最小独立意义的开放阅读框内的碱基片段时，在表述作为具有最大独立意义的一个遗传性状时，在表述作为一个生物物种的所有核苷酸上的碱基集合时等。和语言学相比，第一种情况的基因相当于“句义”，第二种情况的基因相当于“事义”，第三种情况的基因相当于一个领域的全部意义。在其他地方逐渐用“信息”概念取而代之。其理由在于，随着基因研究的不断深入，还原论将会使基因概念变得越来越清晰，就像物质被还原为分子、原子、更基本的粒子；语义被分为事义、篇义、句义、词义一样。由于语义和基因都是信息世界的元素，所以，它们在更多的情况下都可以被信息取而代之。生物学研究是一门高度依赖信息概念的科学，生物学家已经从信息概念的使用中获得了太多的好处，相信他们还会从这一举措中继续获益。同时，对于信息科学来说，若能如此，这也可能是它在 21 世纪发展中的一个巨大收获。

（13）信息和熵。

熵概念是由德国物理学家克劳修斯（Rudolf Clausius）于 1854 年提出的，更一般的数学表述由奥地利物理学家玻尔兹曼 1877 年完成，但后来通用的 $S=k\log W$ 表达式是作为一个墓志铭在玻尔兹曼长眠地的墓碑上首次出现的，它和玻尔兹曼生前惯用的表述在形式上略有不同。通信理论中的信息计量方程最早由哈特莱于 1928 年提出，更一般的数学表述由香农于 1848 年完成。两个标准表述所走的道路并不相同，前者是从繁到简，后者则由简到繁。在香农理论里，当所有的事件概率相等时，香农的信息量计算方程 $H=k\log P$ 和玻尔兹曼的熵计算方程 $S=k\log W$ 所采用的方法，有时除去两者的符号相反之外其绝对值是一样的。

信息概念之所以能够被大范围使用，熵概念所起的作用功不可没。但不幸的是，在很多情况下，两者出现了混淆，它们之间关系的模糊性已被争论几十年。到目前为止，还有许多疑惑需要解决。熵概念在克劳修斯那里指的是温度与能量之比，在玻尔兹曼那里指的是分子排列的概率，它甚至在不存在热流时也会发生。当一个系统变得无序或混乱时，这种情况就会出现。在香农的表达式里，信息指的是事件发生概率的对数。除了符号不同，几种计算结果存在着相同的可能。所以，在有关讨论熵和信息关系的一些著作中，一些人习惯地把熵和信息看作一个东西。如物理学家刘易斯（Gilbert N. Lewis）就曾说过：“获得熵总意味着丢失信息而不是别的。”

威弗尔在他第一次解释香农理论时说道："'信息是由熵来确定的'——已事先假定它们是不同的东西——然后才说'熵与损失的信息有关'，最后又说'熵和信息'是相同的概念。"

除了熵之外，该类中和信息概念近似的常用词是负熵，此外还有不确定性、有序度。信息是一个古老的概念，熵概念是由克劳修斯 1854 年提出的，负熵的概念是 1946 年由薛定谔提出的，但在熵的意义上使用信息概念只是 1948 年以后的事。由于香农对信息的计量结果和熵计量结果绝对值相等而符号相反，所以当人们用熵来解释信息时就说它是负熵；同样，人们用信息来解释熵时会说它是负信息，这有点像概念游戏。和信息关系比较密切的另一个概念是不确定性。一般情况下，增加信息的确能够减少我们对某些事物认识上的不确定性，即信息能够减少不确定性，但信息的增加也可以增大人们对某些事物认识的不确定性。我们通常说的"眼不见，心不烦"，就是以眼见某事物之后获得了更多的信息，但这些增加的信息反而会使你心烦意乱。有序度是系统科学中经常使用的名词，它不是信息概念的自然延伸，而是熵概念的另一种解释。当分子间的热流增大时，分子的排列秩序就更加混乱，因此也就更加缺少秩序。因此，当系统科学学者把熵的概念应用到这里时，用有序或无序来解释系统，效果可能比信息概念更加精确。熵（混乱）/负熵（有序）、秩序（有序）/无序（混沌、混乱）、确定性/不确定性这三组概念可以互换，它们都有极性。信息是一个中性词。一个信息可以使一个系统混乱，也可以使一个系统有序。一封信可以使一个人兴奋不已，也可能令一个人万念俱灰。这些例子说明，信息和这些现象高度相关。但若想通过在熵、秩序、确定性等这些测量之前加负号或添参数的办法，最后使它们之间建立某种线性或非线性关系，这未必是明智的选择。

关于信息相近概念的讨论，上面列举的 13 组近义词肯定还不是一个穷尽的列表。但对乐于从考察信息概念入手来理清各个信息学科的关系并阐明各自的地位或希望从词汇入手来对一般的信息问题进行研究的人们来说，这方面的需求已经基本可以满足了。

第 2 章　信息科学的历史

信息概念不断地向其他学科渗透，最终能否形成一门专门研究信息问题的科学分支？早期，这仅是一种猜想，并未引起人们的注意。人们也不知道由哪个学科更适合来完成这一使命。即使有这种想法，人们也理所当然地认为，要完成这一使命，应该是信息论或控制论的任务。这种思想很快在 20 世纪 50 年代后期出现了变化，一些“起码从名称上看”是对或将要对信息进行“专门研究”的信息科学学科逐渐问世。1959 年至今，独立地使用“信息（科）学”或“信息（理）论”①称谓的研究起码有 4 个；限定性地使用“信息（科）学”或“信息（理）论”称谓的研究已达 200 余门。在这里，“独立”是指那些在对自己所进行的“信息研究”进行指称时，在“信息（科）学”或“信息（理）论”概念之前不加任何限定词，从而单独使用“信息（科）学”或“信息（理）论”概念的学科；“限定”是指那些在对自己所进行的“信息研究”进行指称时，在“信息（科）学”或“信息（理）论”概念之前加有限定词而不单独使用“信息（科）学”或“信息（理）论”概念的学科。在 200 余门或独立或限定性地使用“信息（科）学”或“信息（理）论”的学科中，大多数首先出现在西方，且以围绕信息技术的应用学科居多，围绕人文与社会信息方面形成的学科次之，在自然科学中出现的信息学科思维直到 20 世纪 80 年代后期才逐渐抬头。在这 200 余门限定性地使用“信息（科）学”或“信息（理）论”概念的学科中，除了香农信息论之外，有两门学科具有特别的地位，那就是“计算机信息科学”和“图书馆信息科学”。其特别之处在于：研究者们在不同场合干脆就把作为限定词的“计算机”或“图书馆”拿掉而单独称自己为“信息科学”。从总体上说，到目前为止，这两种所谓的“信息科学”并未得到学术共同体的承认。但是，围绕“信息”概念构造“某

① 英语“information theory”在汉语中有两种译法，有人译为“信息论”，有人译为“信息理论”，二者含义相同。

某信息（科）学”或“某某信息（理）论”，今天已经成为科学界的一种时髦，不断问世的新分支几乎有些令人眼花缭乱。

2.1　信息学科形成的两大源流

第二次世界大战结束之后，欧美各国都笼罩在一片医治战争创伤和恢复战后经济的运动中，科学研究的秩序也逐渐得以复苏。而在科学研究领域里，逐步出现了一种起源于控制论和信息论的信息应用热潮，并最后导致了关于信息研究学科的纷纷出现。

2.1.1　控制论

控制论究竟是一门什么样的学科，这是一个带有争议的问题①。好在维纳用一个副标题：“或关于在动物和机器中控制和通信的科学”给出了一个有效的注解，它加深了人们对控制论含义的认识。通过对控制论研究内容的考察，人们不难发现，控制论是一门通过以信息、噪声、反馈、通信、控制等一系列概念为基础而形成的一门基础性跨学科研究。简单地说，控制论是一门以信息传输和信息处理为研究手段，主要对机器和动物，甚至对人类社会中的通信、控制和反馈机制进行研究的科学。由于信息的价值在于促进一个系统中的元素形成互动，而要实现这一目的，之前它必须经过传输。这样一来，原来属于不同学科的各种信息问题，在控制论的名称下就被统一了起来。从这个观点出发，控制论的任务可以被理解成是从自然、技术、社会等对象中抽象出各种信息系统，然后从控制角度考察这些系统的共同特征，最后提出一种被称为控制或管理的新理论。对统一的抽象系统进行考察所得出的结论，其适用范围自然要比对彼此分立的系统考察所得出的结论普适性更大。

---

① 有人认为，维纳的控制论远不是一部慎密的学术著作，它只是一篇长长的、启人心智的“多学科杂谈”。维纳思维活跃，因而其写作也就表现出极大的随意性，甚至在使用别人的科学成果时，也表现出一种不尊重他人的随意行为。除了奥多布莱扎花费了自己后半生的大部分时间，以证明是他先于维纳创建了控制论，或者说维纳控制论的基本理论——“反馈规律”是其早在 1938 年出版的《协调心理学》中就已经提出的，并推断维纳在 1941 年之前可能已经了解了他的研究成果，但却没有在他的著作里提及他之外，控制论中一些思想也确实并非经过严格的推敲。有许多反对维纳理论的声音，在 1973 年波士顿的一次会议上达到高潮。许多人认为，维纳控制论的核心——反馈理论在很早以前就被生理学家发现了。人们甚至指责维纳亵渎了科学，有人称其理论应该叫“多科学杂谈”或“塞博”。见：蒋卡林. 谈维纳其人其书. 读书, 1983, (6): 124.

自控制论问世之后，历史上曾出现过把它看成一门几乎包罗当代大多数新兴学科的学科群。1974 年，苏联出版了两大卷控制论百科全书，其中列出了控制论所涉及的学科有 10 个，它们分别是：①计算机科学；②信息科学；③通信理论；④控制理论；⑤人工智能；⑥一般系统论；⑦机器人学；⑧神经科学与脑科学；⑨认知科学；⑩行为科学。当然，这些还只能算是控制论的核心部分，而它的应用范围则更广，其中与其他学科交叉形成的子学科还有不少，如生物控制论、经济控制论、工程控制论等。[①]

关于维纳控制论一书的正标题：控制论，作者最早在决定该书书名的时候，曾希望寻找一个具有“传递消息（message）的信使”含义的希腊单词来称谓它，而符合这个含义的唯一希腊单词是 αγγελος，被翻译成英文后，就成为 angel（天使），其原意指上帝的信使[②]。但维纳不愿意采用这个词，最后才选择了希腊文 κυβερνήτης（掌舵人），在英语中用 cybernetics（控制论）来表达它。作者在选择该词时希望表达对麦克斯韦 1868 年进行的关于调速器研究所涉及的反馈机制理论的纪念。我们在第 1 章已经谈到，从一般意义上说，消息是信息的一种，因此，研究消息传递的理论当然也是关于信息传输或传播的理论，从信息科学近半个世纪所走过的道路来看，这一主题任何时候都是信息科学的一个核心内容。

关于维纳控制论一书的副标题：或关于在动物和机器中控制和通信的科学，从形式上看，它可以分为如下四个分支：动物控制、动物通信、机器控制、机器通信。但是，我们对问题的分析不应就此停滞不前。由于信息是控制的工具，同时是的通信的客体。所以，控制论实际上就成了一门主要讨论关于如何在动物和机器中用信息进行控制和信息是如何被传输的科学。如果更为深入分析的话，有足够的理由相信，控制论实际上就是一门以信息和控制为研究核心的科学，因此也是一门有史以来最早关于信息研究的科学。关于其具体的研究内容，读者通过后面的分析将会看到，关于动物方面的信息学研究，今天已经分化为关于高等动物的人类信息学和关于除人类之外的其他低等动物的动物信息学。这是最高的层面。次级层面是细胞信息学，它包括遗传信息学、神经信息学、内分泌信息学、免疫信息学。关于机器方面的信息学研究，它已经分化成了电子信息学、光子信息学、量子信息学等若干分支。而其实践方面已经被计算机科学、通信科学、自动化科学所拥有。从另一方面看，和机器信息学相近的学科如

① 胡作玄.《人有人的用处》导读//维纳 N. 人有人的用处：控制论与社会. 陈步译. 北京：北京大学出版社，2010: 4.

② 同上，18.

“机械信息学”①和“制造信息学”②也于 20 世纪陆续问世。维纳曾经说过：“如果一门新的科学学科是真正有生命力的，它的引人兴趣的中心就必须而且应该随着岁月而转移。”③我们相信，在今天所看到的许多信息学科中，按照维纳在控制论中所表达的思想，它们都可以被看成是控制论的新分支。因此，控制论是我们今天能够得以进行考察诸多信息学科的理论雏形和源流之一。

在胡作玄为维纳的《人有人的用处：控制论与社会》一书再版所写的导读中，他曾总结了构成维纳控制论的四大理论来源，它们是：计算机设计、火炮自动化、通信工程、神经生理学。实际上，还应加上一个，那就是人类通信。从某种意义上说，除了火炮自动化设计之外，其他几个研究分支现在几乎都已经是当代信息科学的主要研究内容了。

1. 关于计算机科学

在计算机科学的发展历史中，维纳常常是被忽略的人。事实上，维纳对计算机的发明曾起到过不少推进作用。当受李郁荣之邀于 1935～1936 年在中国清华大学进行访问期间，他仍一直同美国的计算机工程师和计算机创始人之一布什（Vannevar Bush）保持着密切的学术联系。例如，由于第一代计算机是模拟的，为了提高其计算的精度，维纳曾建议：①在计算机的中心部分，加法和乘法装置应当是数字式的，如通常的加法机一样，而不像布什设想的微分分析机那样；②开关装置的元器件应当用电子管，不应该再用齿轮或机械元件，这样就能保证计算机具有更快的运算速度；③加法和乘法运算可以采用二进制，因为和采用十进制相比，它在装置上会更经济一些；④从把数据放入机器开始起到最后输出结果为止，中间应该没有人工干预，所需的一切逻辑判断都交给机器自身完成，全部运算步骤也要在机器上自动完成；⑤机器中要包含用来存储数据的装置，这个装置要能够迅速把数据记录下来，并且能够可靠地加以保存，直到把它们清除掉为止。读出数据的过程要迅速，而且要能够立刻用来存储新的信息。维纳虽然没有在计算机的具体研制方面显示出他的才华，但他的计算机设计思想实际上也形成了今天计算机工业的设计基础。

---

① 詹捷，黄文振，梁锡昌. 机械信息学. 重庆：重庆出版社，1997.

② 张伯鹏. 制造信息学. 北京：清华大学出版社，2003.

③ 维纳 N. 控制论：或关于在动物和机器中控制和通信的科学. 郝季仁译. 北京：科学出版社，2009：第二版序言.

2. 关于通信工程理论

一般人认为，信息论的创始人是香农，是他给出了信息的定量方法。但香农自己却认为：“光荣应属于维纳教授。在这个领域里，他对平稳序列的滤波和预测问题的漂亮解决，对我的思想产生了重大的影响。”维纳认为，通信技术中首先需要解决的问题是要尽可能地滤掉噪声，以还原消息的本来面目，这就是所谓的滤波。早在 1942 年，维纳在进行火炮自动化研究时就完成过一部用数学描述的理论著作：《平稳时间序列的外推，内插及光滑化及其在工程上的应用》①，书中主要讨论了采取什么样的方法才能够比较准确地预测飞机未来的位置，并设计出火炮的自动控制装置，使得对敌机的预测、发现、瞄准和发射能连续协调地完成。因此，滤波理论也成了他关于机器通信的一种思想。值得一提的是，与香农的离散观点不同，维纳是从连续观点来定义信息量的，其理论来源就是关于滤波器的设计。同冯·诺依曼一样，维纳把一个系统的信息量看成其有组织程度的度量，而一个系统的熵则是系统无组织程度的度量。这样，他便得到了同用香农信息计算方法等价的信息量，只不过香农的求和在维纳那里变成了积分。而正是“把一个系统的信息量看成其组织化程度的度量”的思想，最后才形成了一个作为生物学家的斯托尼尔于 20 世纪 90 年代下决心构建一门“信息物理学”②，其基本理论依据就是维纳的这一思想。关于这一点，我们在后面将会有详细的叙述。

3. 关于神经生理学

维纳在同比奇洛（Julian H. Bigelow）合作研究高射炮手在发射火炮时如何才能协调地行动时，他们曾得出过一个重要结论：随意运动（或自主运动）的重要因素依赖于系统的反馈作用。当我们期望按照某个方式行动时，期望的行动方式和实际完成的行动之间存在着差异，而这个差异可以被当作一个新的输入反过来调节这个行动，从而使之更加接近初始的期望。例如要去捡起一支铅笔，我们就需要动员机体上一组肌肉实现这一动作。为了实现这一动作，我们必须将我们与铅笔之间的差距随时报告给大脑，然后通过脊髓把反馈信息传达到运动神经来缩小这个差距。而当反馈不足时，我们就无法完成这个动作。维纳和他的合作者在观察了运动性共济失调等疾病之后，曾和罗森勃吕特（Arturo Rosenblueth）一起把这种病

---

① Wiener N. *Extrapolation, Interpolation, and Smoothing of Stationary Time Series: With Engineering Application*. Cambridge, Mass: Technology Press of the Massachusetts Institute of Technology, 1949.

② Stonier T. *Information and the Internal Structure of the Universe: An Exploration into Information Physics*. London: Springer-Verlag, 1990: 17.

因归于由反馈失调而引起的目的性震颤。这样，他们对中枢神经系统活动的认识便得到了一个整体的看法。它不再是过去认为的那样，由感官接受输入又传给肌肉运动中的中介器官，而是大脑指挥肌肉运动后再通过感官传入中枢神经系统的闭路过程，也就是反馈所形成的过程。①

4. 关于人类通信理论

关于人类通信，或者说人类传播，有关这类问题的论述在维纳的理论中随处可见。这一点不仅可以在《控制论》中看到，而且在其《人有人的用处》一书中更是比比皆是。维纳对信息学理方面的思考远远超出了通信工程，且在关于人类通信的论述中，它们都涉及信息的语义层次。例如，他用信息和传输的概念来解释法律问题时是这样看待法律的："法律问题可以看作通信问题和控制论问题，也就是说，法律问题就是对若干危险情况进行秩序的和可重复的控制。"②"在整个庭审过程中，任何一方的目的都在于"设法把对方的陈述变成没有意义的东西，并且有意识地把对方和审判官与陪审员之间的消息堵塞起来。在这种堵塞过程中，欺骗手段有时不免非常需要。"③实际上，现在所实行的法律其最大的矛盾在于："在法律的许多部门中，法律想说的话和法律所考虑的实际情况之间缺乏令人满意的语义方面的一致。每当这种理论方面的一致性不存在时，我们就生活在一个无人管辖的地区中，其情况好比我们有两种流通货币而没有共同的交换基础一样。"④

维纳是继莱布尼茨（Gottfried W. Leibniz）之后少有饱学之士，他当时涉猎的领域已包括哲学、数学、物理学、统计学、生理学、通信工程、自动控制、人工智能等，并一直与这些领域的一流学者保持着密切的联系。在第二次世界大战结束后的年代，控制论曾引发了许多新理论的出现，特别是关于信息理论的不断问世与发展。那时人们尝试把信息引入的许多科学的"空白地带"，今天一个个都变成了独立的与信息研究相关的学科。维纳所扩展的信息概念，直接导致了许多新信息学科的诞生，而他在《上帝与高兰合股公司》⑤一文中所钟情的"自动化工厂"，今天已经被"工业信息化"的阳光所普照。

① 胡作玄. 《人有人的用处》导读//维纳 N. 人有人的用处: 控制论与社会. 陈步译. 北京: 北京大学出版社, 2010: 15-16.

② 维纳 N. 人有人的用处: 控制论与社会. 陈步译. 北京: 北京大学出版社, 2010: 97.

③ 同上，98.

④ 同上，97.

⑤ 诺伯特·维纳. 维纳著作选. 钟韧译. 上海: 上海译文出版社, 1978: 187-250.

2.1.2 信息论

长期以来，人们把香农信息论时而说成是论文，时而说成是著作。说它是论文，因为它最早是以“*A Mathematical Theory of Communication*”（通信的数学理论）为标题分两期在 1948 年《贝尔系统技术杂志》第 3 期①和第 4 期②连载。说它是著作，是因为这两篇论文的确和后来威弗尔加写的一篇标题为“通信的数学理论的最新进展”（*Recent Contributions to The Mathematical Theory of Communication*）的论文一起，于 1963 年由美国伊利诺伊大学出版社出版并一版再版③。对于我们一般的读者而言，通常所说的香农信息论，指的是“通信的数学理论”上下两篇文章的合集，它是香农信息论的核心。

以“通信的数学理论”为标准构成的香农信息论合起来共由 5 章、23 个定理、7 个附录组成。在这 23 个定理中，其中有三个定理最为著名。它们是**香农第一定理**，又称“可变长无失真信源编码定理”。该定理表述的是：采用无失真最佳信源编码可使得用于每个信源符号的编码位数尽可能地小，而它的极限是原始信源的熵值。当超过这一极限时就不可能实现无失真译码；**香农第二定理**，又称为“有噪声信道编码定理”。该定理表述的是：当一个信道的信息传输速率不超过信道容量时，采用合适的信道

---

① Shannon C E. A Mathematical Theory of Communication. *Bell System Technical Journal*, 1948, 27(3): 379-423. http://www3.alcatel-lucent.com/bstj/vol27-1948/bstj-vol27-issue03.html [2013-9-2].

② Shannon C E. A Mathematical Theory of Communication. *Bell System Technical Journal*, 1948, 27(4): 623-656. http://www3.alcatel-lucent.com/bstj/vol27-1948/bstj-vol27-issue04.html [2013-9-2].

③ 有人认为，从总体上说，香农信息论由两大部分组成：一是信息的计量理论，一是符号逻辑和开关理论。也有人认为，香农信息论除了上述两篇论文之外，还应包含他的另一篇论文——《保密通信理论》，完整的香农信息论应该包括香农的这三篇论文。香农的“通信的数学理论”作为著作形式的出版有若干个版本。最为流行的一个版本是伊利诺伊大学出版社的 1963 年版本，它是由香农的原始论文，加上威弗尔 1949 年发表在美国《科学》杂志上的一篇综述性论文：“Recent Contributions to the Mathematical Theory of Communication”（通信理论的近期进展），二者合在一起作为著作问世的。在罗杰斯所著的《传播学史：一种传记式的方法》中对此有详细的描述。罗杰斯说，施拉姆从艾奥瓦大学转到伊利诺伊大学之后，还担任着伊利诺伊大学出版社总编的职务，关于香农发表的论文影响之大的情况，施拉姆是从伊利诺伊大学研究生院院长赖德诺尔处听到的。由于“通信”和“传播”在英语里都是 communication，施拉姆（和无数的传播学家）就望文生义地认为，这将是促进传播学定量化的一部重要著作，因此他决定说服威弗尔把他于 1949 年发表的那篇《通信理论的近期进展》一文加以修改，之后和香农的论文合在一起以《通信的数学理论》为书名出版。最初的版本是把香农的论文放在该书的第一部分，威弗尔的论文放在第二部分出版的。但由于威弗尔的文章对于读者理解香农的文章非常有利，故在之后的版本中就把威弗尔的文章调到了香农论文之前。根据罗杰斯的调查，该书是伊利诺伊大学出版社销量最好的出版物之一。1949～1990 年共销售 45 000 册，而在 20 世纪 80 年代，每年的销售量仍保持在 600 本以上。见：罗杰斯 E M. 传播学史：一种传记式的方法. 殷晓蓉译. 上海：上海译文出版社, 2002: 448.

编码方法可以实现任意高的可靠性传输，但若信息传输速率超过信道容量，其目标就不可能实现；**香农第三定理**，又称“保失真度准则下的有失真信源编码定理”。该定理表述的是：只要一个消息的码元足够长，人们总可以找到一种信源编码方法，使编码后的信息传输速率略大于失真函数，而码元的平均失真度不大于给定的允许失真度。香农信息论的三大定理是狭义信息论的基础，虽然它们没有提供具体的编码实现方法，但为后来的通信理论研究和实践指明了方向。

在香农完成他的信息论之前，苏联的柯尔莫哥洛夫，美国的奈奎斯特和哈特莱等人的工作已经把这一研究推进到了一个不错的境界。那时人们已经预测到，对莫尔斯（Samrel Morse）电码的研究将会导致用概率论方法来考察信息。比如，在英文电报中，字母 E 的出现概率总比 Q 大得多，字母“TH”联合出现的概率总比字母“WD”联合出现的概率大得多。香农由此进一步设想：“通信的基本问题是在消息的接收端精确或近似地复现发送端所挑选的消息。通常的消息是有意义的，……而这和通信的语义问题和工程问题没有关系。”“重要的是，一个实际的信息总是从可能消息的集合中选择出来的。”香农的这一看法包含两个要点：①通信工程与语义无关；②通信系统所处理的信息本质上是随机的。香农还在其著作的第一章第 6 节以“选择、不确定性和熵”为标题向人们暗示：“信息是可用来消除不确定性的东西”，并曾尝试用概率论方法来给通信信道中的信息量给出精确的定义。就信息科学后来的发展来说，香农的这一观点，可能是他的整个理论中最为光辉的核心所在，而并非它之后给出的信息计量公式。

基于这种思路，香农进一步引入了信息熵的概念。我们已经谈到，熵概念来源于 19 世纪的热力学第二定律。但在这里，香农不把信息看作有意义的消息，而是当作信源中各元素符号组合成消息时的自由度，即各元素符号相继出现的不确定程度。很显然，消息的自由度越大，信息量也就随之越大。比如，如果 A 的后面只能出现 B，若没有自由选择的机会，那么消息 A 和 AB 的信息量是一样的。所以，用不确定度（或自由度，或混乱程度）来刻画通信技术中的信息量是非常合适的。正是这一革命性的思想，铸就了经典信息论的问世。在香农信息量的简化计算公式 $I=\log 1/p$ 中，其对数若以 2 为底，其单位被称为比特（bit），而当选取以 10 或 e 为底时，相应的单位称为迪西特（decit）与奈特（nat）。基于这种思路，在香农信息论里，他采用了严密的数学方法，对信源、消息、信息、信道、编码、解码、传输、接收、滤波等一系列概念，进行了严格的数学描述和定量计算，使得通信工程中信息问题由之前的粗糙定性分析变成了精密的定量理论，并因此发展成了一门通信工程的数学理论。

人们对香农信息论感兴趣的另一个方面是信息的冗余度问题，这在通信工程中是常见的。例如，我们在早期拍发电报时，总是努力压缩字数以减少多余的字符从而节约开支。但香农指出，适量的信息重复并非是无用的，完全去掉多余信息未必就一定好。例如，一条“To err is human”（人非圣贤孰能无过）的消息经传输后在接收方若变成了“Too err is fuman”（由于 to 被传成了 too，human 被传成了 fuman，从而多出一个 o，同时错把 h 传成 f），一般具有较好英语知识的人大体都能猜出它的意义。可是，如果拍发一个“Yanks beat reds”（纽约扬基棒球队击败了红队），在接收方变成了“Yanks beat rebs”，虽然只错传一个字母（d 变成 b），即使英语很好的人，也很难猜出它是什么意思，因为两条消息的冗余度不同。香农估计，英语中的信息冗余度约 50%。在信息的传输中，保持有限的冗余度是一个从实践上证明非常好的设计。例如，在科学著述中，中国的自然科学家大多喜欢过分地追求“精炼”和“简明”。一部数学著作，恨不得根本不要序言之类的“冗余”说明。在第一章第一节的开头就这样讲：设 f 是定义在实直线 R^1 中点集 A 上的有限函数，如果对 A 中的任何两点 x^1，x^2……一部好的学术著作，总是会先交代清楚问题的来龙去脉，背景说明，然后开始讲述我们为什么要这么做，等等。提供有限的冗余信息对通信目的的实现是必要的，在工程通信中如此，在社会通信中也如此。

香农信息论在 1948 年发表之后，他并未期望它会对通信技术会产生多大的影响，更不用说希望对其他人文、社会、自然科学领域产生巨大的影响了。然而，通信工程师们很快就意识到，香农所提供的数学思路对通信实践是十分有用的，这就出现了我们在上一章提到的随之而来的信息论推广热潮。但随着时间的推移，一些人开始逐渐意识到，信息论的有效应用领域只是一个非常狭窄的地带。和 20 世纪五六十年代出现的信息论狂热应用浪潮相比，这一时尚此后便开始逐渐降温。例如，在 1971 年国际电气和电子工程师学会出版的纪念信息论问世 20 周年的文集里，这种现象已经体现了出来。1998 年，在该协会出版的纪念信息论问世 50 周年的文集里，除了一篇是讨论关于量子信息论的文章之外，其余文章业已完全界定在了信息论的电子工程讨论范围内①。在今天的信息论研究中，香农当时所开创的方法已经与当代信息研究渐行渐远。在他提出的 23 个定理

① Verdú S, McLanghlin S. ed. *Information Theory: 50 Years of Discovery*. New York: IEEE Press, 1998.

中，除了其中个别定理外，在当代信息论研究中，其他大多数定理几乎被人忘掉。人们已经认识到，尽管由香农发展的信息概念是新颖的和引人入胜的，并且会使人感到它对于语言、组织、语义和听觉等问题的研究能提供一些很有意义的启发，而且它们在最初的年代里，也曾导致无数人为这些新思想激动不已。但遗憾的是，检视香农信息论问世之后所引发的信息论在不同学科中的应用成果，从其中获得有效结果的学科几乎是凤毛麟角，而有些学科在几乎看不到成功的情况下虽然仍然坚持了很久，但之后这些方面的论文数量就越来越少了，因为有远见的研究者都逐渐转到其他更有希望的研究领域中去了。

那么，究竟是什么原因促使人们一开始对信息概念的使用和引进这样热衷呢？一般认为，是香农那闻名遐迩的信息计量理论。从表面上看，这是合情合理的。但是，我们相信，和维纳的控制论相比，没有几个人能够在先读懂香农那充满着非一般公众所能够轻易理解的 23 个信息计量公式或几个基本信息计量方法的前提下，然后会认识到“信息”现象具有普遍存在的可能，从而自觉或不自觉地把信息概念连同一些信息的计量方法统统引入自己的研究领域。因为香农信息论有两个显著的特点：①全文以数学语言描述为主；②其阅读对象主要局限于那些从事通信工程研究的人们。这和维纳的控制论是截然不同的，后者的最大成功之处，是将信息问题通俗地用自然语言进行描述，并尽力尝试将信息概念推广到许多过去不曾使用信息概念的科学研究领域和生活实践中，并使这些领域和实践耳目一新。虽然当时已有为数极少的学科已经在正常地使用着信息概念，但除了信息的大量人文应用之外，实际上其他领域的学者大范围自觉地去应用它还为数极少。在维纳之前，信息概念在这里的应用实际上带有某种随机性质。而在维纳之后，科学中的信息思维已经变成一种自觉行动。尽管控制论一直没有建立起一个完整的理论体系，但维纳在控制论早期所提出的思想，仍可以成为启迪人们在 21 世纪或今后更长的时间里进行科学思维的一个巨大引擎，并可能会让我们享用终生。维纳控制论和香农信息论一起共同创造了香农–维纳信息量计算方法。在许多实践方面，维纳理论都是香农理论的天然盟友。香农理论是成功的，但没有维纳控制论的辅助，除了通信工程师之外，我们相信，香农理论绝不可能受到世人的强烈关注。没有香农的信息论，维纳控制论中的信息学说虽然会减少一定的“科学”色彩，但相信它仍会获得世人的青睐。因为维纳理论所根植的层次要远比香农的高，考虑的信息问题也远比香农的广。维纳钟情科学，香农青睐工程。维纳是科学家，香农是工程师。但从信息角度来说，两者起到了珠联璧合的作用，它们一起为 20 世纪许多科学中所呈现的信息思考奠定了开拓性基础。

香农信息论究竟是一门什么样的学科呢？它是利用数学方法研究通信工程中消息传输问题的理论科学，是现代通信科学的基础理论之一。香农信息论在 1948 年取得成功并不是偶然的，因为这时数学上的概率论、数理统计、数理逻辑、运筹学、工程科学中的通信技术、电子技术、自动控制技术和计算机技术等都在逐渐成熟。香农站在前人的肩膀上完成了这一划时代的杰作。尽管此后也有人对信息概念应用范围的无限扩大表示怀疑，并对许多把香农理论应用到有关领域的意图进行过指责，但最后受到遏制的只是试图用香农的计量方法来测算其他领域的信息量，而大规模地把信息概念引进其他不同的学术领域，它几乎从来就没有受到过责难和诘斥。由于香农把“信息”概念严格地限制在通信工程的范围之内，他绝不去涉及信息的语义问题。所以，他的理论体系才保持了一种高度的纯洁性。和维纳的研究风格相比，两者是迥然不同的。维纳不但有着雄厚的以数学理论为核心的多学科知识，特别是他还师从过英国当代哲学大师罗素（Bertrand Russell）研习过哲学。所以，在维纳的论著中，除了数学家所具有的严谨思维之外，他更喜欢对一些科学问题嵌以哲学思考。以麦克斯韦妖的讨论为例，换成香农，他必付之以数学证明。换成维纳，他必赋以深刻的哲学思辨并最后用自然语言来描述。从这个意义上说，信息论的发明权属于香农，信息科学的发明权属于维纳。这就是为什么维纳的传记作者康威（Flo Conway）和西格尔曼（Jim Siegelman）称维纳为“信息时代之父”①；而香农的理论仅被著名专栏作家霍根称为“信息时代的大宪章”。对于香农本人，他的同事斯莱皮恩（David S. Slepian）曾写到：“他真是一位天才，在我所认识的人中，我只对他一人使用这个词。”

总体上说，控制论的显著功绩在于它在科学家和大众之中扩展和引领了信息概念的应用范围，使历史上那些过去从未使用信息概念的学科开始逐渐自觉地使用信息概念来表述各自学科中的相关问题，而这些使用信息概念的学科中的大部分，今天都已演变成一门信息学科，它们聚集一起已经形成一个信息研究群体。信息论的主要功绩首先在于它引起了许多学科对自己学科进行信息计量的好奇心，然后再用信息概念来思考本学科中的信息问题。例如像蛋白质研究这些过去根本不可能使用信息概念的学科竟也在这方面进行了不少尝试。不论它们成功与否，和控制论一样，其结果

① 胡作玄.《人有人的用处》导读//维纳 N. 人有人的用处：控制论与社会. 陈步译. 北京：北京大学出版社, 2010: 3.

在客观上都起到了将信息概念引入这些学科中的效果，从而最后使它们都有变成一个个信息学科的可能。尽管信息论是一种形式理论，而信息的形式理论在应用到其他许多学科时，在大多数情况下都是没有意义的。但它的量化思想正好迎合了从 19 世纪到 20 世纪科学界所倡导的“任何一门科学只有充分利用了数学才能够达到完美境界”的思潮，玻意耳（Robert Boyle）、马克思（Karl H. Marx）、恩格斯（Friedrich von Engels）都是这种思潮的坚定拥护者。

控制论开拓了信息概念应用的边疆，其张扬无羁的思想狂欢，激发了人们用信息概念来考虑自己学科的热潮。信息论给人们带来了使用信息概念可能会使一门研究更具科学气质的理论畅想，在 20 世纪后半叶茫茫的科学森林中，它们唤起了无数研究者的梦想，其中的许多人曾普遍希望通过信息论的方法在寻找解决自己学科的创新过程中能够出现奇迹，两个理论一起作用所形成的合力，最终引发了“信息科学”的诞生。

2.2　信息科学的三个基本名称

在信息科学研究中，主要存在着三个基本称谓，它们是：信息论（information theory）、信息学（informatics）、信息科学（information science）。由于英语 theory 译成汉语时可以用“论”也可以用“理论”，所以 information theory 在汉语中除“信息论”之外还存在着“信息理论”的译法。此外，在英语的 information science 中，还有单数和复数之分。单数 information science 常代表一门独立的“信息科学”，复数的 information sciences 常代表由一些不同的信息研究分支组合起来的“信息科学”。在英语中，代表“学”的研究通常以后缀-ics、-logy、或另加 science、study 等单词形成学名；但是，这并不必然说明凡是使用“学”结尾的汉语学科名称在英语中就一定能够找到与之相对应的，以-ics 或-logy 或 science、study 结尾的对等词汇。例如，在汉语中，广为流行的“传播学”——虽然其汉译不一定准确——它在英文中就仅用 communication 表示。同样的现象还出现在“文献学”中，其英语仅用 documentation 来表示；而“通信科学”其英语用的是 telecommunication(s)[①]。由于我们在这里主要讨论基础信息科学问题，所以，关于信息论、信息学、信息科学三个名称之外

① 标准的通信科学，不论是使用 communication，或是使用 telecommunication，其结尾都以复数形式出现。但现在很多英语文献的作者已经不在意这个习惯了，加不加 s 完全依作者个人的喜好而定。

的其他名词就不予讨论，尽管它们之中有的和信息研究学科的关系也可能十分密切，如系统科学等。

2.2.1 “信息论”名称的起源与含义

当人们提及“信息论”或“信息理论”这两个名称时，一般都把它们当作来自通信技术科学的一种理论。更准确地说，一般认为它是一门关于电子通信工程中的信号中所包含的消息（message）的统计理论，即香农的“通信的数学理论”。特别需要说明的是，香农对自己的论文并没有使用“信息论”的概念，它是在其理论问世后两年后被他人迅速称为信息论的。在 20 世纪中期，香农信息论既是通信科学的理论基础，同时还是统计数学的一个分支。后人将香农的“通信的数学理论”称作“信息论”而没有称作其他，马克卢普曾对此进行过分析。他说，对于香农的“通信的数学理论”，除了使用“信息论”之外，人们本还可以选择使用其他的名称，例如通信理论、编码理论、信号传输理论、信息计量的数学理论等[①]。我们前面还曾提到，它实际上还差点被称作“熵论”。

随着 1948 年之后香农信息论和维纳控制论向不同学科的渗透，最后激发起一股强大的信息理论研究和信息概念应用热潮，许多学科都争先恐后地在自己的学科中提出了自己的信息理论，例如生物信息论、化学信息论、经济信息论等。于是就有人就开始提议，主张把主要研究消息中的信息度量、信道能力以及消息的编码等问题的香农信息论称为“狭义信息论”；把除了“狭义信息论”所包含的研究内容之外，再加上对通信系统中噪声、滤波、检测、估计、信号预测、调制调解等问题一起研究的信息论称为“一般信息论”；以一般信息论为基础，再加上对一般人文与社会信息问题的研究称为“广义信息论”。但用广义信息论的概念来代表对所有信息进行统一研究这一建议仅仅存在不久，人们就把在更大范围内研究信息的实践转到已经问世的“信息学”或“信息科学”概念中了。不过，近年来仍有人使用“信息论”来代表关于一般信息的理论研究，例如由奥地利的霍夫基尔奇纳等人于 1994 年提出的统一信息论（unified information theory）[②]，乌克兰的巴尔金（Mark Burgin）2010 年出版的《信息论：基

---

① Machlup F, Mansfield U. Cultural Diversity in Studies of Information//Machlup F, Mansfield U. ed. *The Study of Information: Interdisciplinary Messages*. New York: John Wiley & Sons, 1983: 46-47.

② Fenzl N, Fleissner P, Hofkirchner W, et al. On the Genesis of Information Structures: A View that Is Neither Reductionistic Nor Holistic//Kornwachs K, Jacoby K. ed. *Information: New Question to a Multi-disciplinary Concept*. Berlin: Akademie Verlag GmbH, 1996: 274.

础、差异与统一》（*Theory of Information: Fundamentality, Diversity and Unification*）[①]等，这些使用“信息论”名称的研究，实际是信息科学研究而不仅仅是关于某种信息，例如关于技术信息的传输研究。

2.2.2　“信息学”名称的起源与含义

在德国，卡尔斯鲁厄大学计算机科学家施泰因布赫（Karl Steinbuch）于 1957 年发表了一篇论文，题目是：“信息学：自动化信息处理”（*Informatik: Automatische Informationsverarbeitung*）。在该文中，他首创“informatik”一词。据目前可以查到的文献记载，这是“信息学”这一概念在世界上第一次使用。[②]1968 年 2 月 25 日，当时西德的科学研究部部长施托尔滕贝格（Gerhard Stoltenberg）在西柏林举办的一次学术会议开幕式上又再次用到“informatik”一词。[③]

依据上述学者和政治家对 informatik 概念的使用分析，informatik 在德文中的含义纯粹代表着计算机科学研究。尤其是 1968 年 2 月在德累斯顿召开的一次国际会议上，德国的学者们参考该词在法语、俄语，以及刚刚出现在英语中的相应含义，建议把 informatik 定义为已经流行的计算机科学的同义语，这个建议使得 informatik 在德语中的含义被固定了下来直到今天。现在，我们在德语中看到的 informatik，它实际上就是英文的“computer science”或中文的“计算机科学”。

但是，“信息学”一词最初是由德国学者创造的这一说法并不被法国学者所接受。他们认为，早在 1962 年，法国电子技术专家、计算机应用协会创始人之一的德雷福斯（Philippe Dreyfus）就已独立地创造了 informatique 这个概念，显然它和德文中的 informatik 概念存在着斯拉夫字母体系的对应关系。之后，法兰西科学院于 1966 承认了这个法语新词，并在次年出版的一部法语词典中将其收录。[④]

根据该法语词典的定义，informatique 是“一门借助自动机器对信息进行逻辑加工的学科，这些信息是人类的知识基础，也是人类在技术、经济和社会领域进行沟通和交往的基础。”而著名的法语《罗伯特大词典》

---

① Burgin M. *Theory of Information: Fundamentality, Diversity and Unification.* Singapore: World Scientific Publishing Co. Pty, Ltd., 2010.

② Wikipedia. Informatik. http://de.wikipedia.org/wiki/Informatik [2013-2-27].

③ 尤里 • 乔尔内. 信息学: 如何定名?——学术中的一词多义现象. 李俊升译. 国外社会科学, 2012, (4): 142-143.

④ 米哈依洛夫 А И, 乔尔内 А И, 吉里列夫斯基 Р С. 科学交流与情报学. 北京: 科学文献出版社. 徐新民, 张国华, 孙荣科, 等译. 北京: 科学文献出版社, 1980: 435.

1970 年第 7 卷对它的解释是："informatique 代表信息技术的总称，尤其指信息传送的电子技术处理。"[①]在之前的 1968 年，法国高等电工学校计算技术教员黑本施特赖特（Jacques Hebenstreit）在爱丁堡举行的一次关于信息处理的国际会议中也提出了这种观点。在讨论到信息学课程的内容时他说："自从两年前法国科学院规定 informatique 一词主要是指用计算机处理信息的科学（即人类知识的载体及其传播手段）以来，informatique 至少在法国已被正式看作一门独立的科学了。有趣的是，这个定义恰好同其他地方为这门科学所下的定义相吻合。"[②]

一个有趣的故事能够说明法国人是如何理解 informatique 的。在法国，著名的《观点》（*Le Point*）周刊，1986 年曾对法国青少年对未来职业的向往进行了一次调查，结果发现，在四种职业排名的"十种最具魅力的职业""十种最有前途的职业""十种最希望自己子女所从事的职业"三种职业中，"信息学"几乎都排在了第一名或第二名。在"十种最赚钱的职业"中没有"信息学"。很显然，在法国人的心目中，informatique 指的是计算机科学。相信没有人会认为一般意义上的纯信息学理论研究是一门能够多么赚钱的职业。

在苏联，信息学一词的表述形式是 информатика。同样在 1962 年，苏联科学院通讯院士哈尔凯维奇（Александр А. Харкевич）最先使用了这一概念。但是，目前我们尚不能完全确定，究竟是哈尔凯维奇从德语的 informatik 或法语的 informatique 中对译出了俄语的 информатика，还是他自己基于对通信理论的理解独立地在俄语中创造了 информатика 的概念。根据 1962 年他对苏联"科学信息学派"创始人米哈依洛夫（Алексей И. Михайлов）等人进行的指责中判断，这个俄语新词是由哈尔凯维奇自己创造出来的。当时，米哈依洛夫是全苏科学与技术信息研究所所长，而哈尔凯维奇是全苏信息传输问题研究所所长。但由于哈尔凯维奇具有院士的头衔，他在由米哈依洛夫呈交给上级单位的一份《学术信息》上对米哈依洛夫的报告进行了这样的批示："我绝不会仅仅把这一术语抛出来就止步不前。要宣传新术语，你比任何人都容易得多。如'信息学'或'信息技术'。"[③]然而，在由米哈依洛夫等人于 1976 年完成的《科学交流与信息

① 郭世远. 读《医学信息学的起源与医学情报学——术语辨析》一文所想到的. 医学情报工作, 1992: (6): 23.

② 米哈依洛夫 A И, 乔尔内 A И, 吉里列夫斯基 P C. 科学交流与情报学. 北京: 科学文献出版社. 徐新民, 张国华, 孙荣科, 等译. 北京: 科学文献出版社, 1980: 436.

③ 尤里·乔尔内. 信息学: 如何定名?——学术中的一词多义现象. 李俊升译. 国外社会科学, 2012, (4): 141.

学》（*Научные Коммуникации и Информатика*）[①]一书中，作者自己又证实了这样的线索："在俄语中，'信息学'这一术语并不完全是个新词。它是由苏联科学院通讯院士哈尔凯维奇作为讨论科学学科的名称时于1962 年提出来的。"[②]

至于 **информатика** 在俄语中的含义，1963 年，莫斯科动力学院捷姆尼科夫（Федор Е. Темников）建议把它的研究内容和"信息的搜集、传递、交换、加工和利用等许多问题联系在一起。"他认为，这门学科有可能成为"自动化技术、遥控力学、测量和计算技术、通信和无线电探测、仿生学、控制论的重要理论核心"[③]。然而，这一定义并未被后来的俄罗斯学者广泛接受。另一个来自数学和计算机科学的杰出科学家、苏联科学院通讯院士叶尔绍夫（Андре́й П. Ершо́в）1983 年提出：信息学应该是一门驱动计算机实施活动的知识；1984 年，他认为信息学是研究信息传输和信息加工等过程的基础自然学科；1985 年，他又提出，信息学是一门研究信息的积累、传输和加工规律和方法的学科。显然，他的看法随着信息研究的深入也一直在不断地完善和修正着。1987 年，他生前最后一次陈述到："信息学作为一门学科，它的研究对象是借助电子计算机来研究信息的积累、传输、加工规律的方法及手段。能够反映物质结构的具有普遍学科意义的信息学概念，在作为数据和知识，尤其是当它在以算法和程序的形式出现的信息中就会渐渐具象化。信息学的基础学科是数学、控制论、系统论、电子学、逻辑学和语文学。在现代，信息学的主要研究方向是计算技术的理论基础、信息的统计理论、数学模拟和计算实验理论、算法、程序设计、人工智能和社会体系中的信息交流和传播过程的科学。"[④]随着他于 1988 年的逝世，叶尔绍夫最先仅仅把信息学限定在计算机和通信范围之内，然后又扩大到全部信息意义上的设想也就在苏联消失了。为了纪念这位卓越的计算机科学和信息学先驱，俄罗斯科学院于 1990 年 4 月在新西伯利亚分院建立了一个"叶尔绍夫信息系统研究所（Институт

---

① Михайлов А И, Чёрный А И, Гиляревский Р С. *Научные Коммуникации и Информатика*. М.: Наука, 1976. 中文版见：米哈依洛夫 А И, 乔尔内 А И, 吉里列夫斯基 Р С. 科学交流与情报学. 北京: 科学文献出版社. 徐新民, 张国华, 孙荣科, 等译. 北京: 科学文献出版社, 1980. 该版在中国于1980 年出版，1988 年再次印刷，第 2 次印刷时略有改动。例如，将第 1 版中的人名"米哈依诺夫"在第 2 次印刷中改成了"米哈依洛夫"等。

② 米哈依洛夫 А И, 乔尔内 А И, 吉里列夫斯基 Р С. 科学交流与情报学. 北京: 科学文献出版社. 徐新民, 张国华, 孙荣科, 等译. 北京: 科学文献出版社, 1980: 433.

③ 同上。

④ 尤里·乔尔内. 信息学: 如何定名？——学术中的一词多义现象. 李俊升译. 国外社会科学, 2012, (4): 143-144.

систем информатики им. А.П. Ершова）”[①]，以此缅怀这一优秀学者在计算机科学和信息学研究领域所提出的前瞻性建议。

随着信息学这一概念在德国、法国和苏联逐渐流行之后，在欧洲的许多国家，相关的研究者们都把这一概念对译成了自己国家的新术语。不久以后，在荷兰语中出现了 informatika，在意大利语中出现了 informatica，在波兰语中出现了 informatyka。和意大利语一样，西班牙语中的“信息学”使用的也是 informatica。随着这一概念在欧洲非英语国家广泛流行所表现出来的巨大活力，英语世界最后也不得不接受这个概念，并用 informatics 来代表之。它最先于 1967 年在英国出现，之后又传到美国等其他使用英语的国家和地区。从内容上讲，这一概念除了在俄语以及今天的英语中常包含着多种含义之外，在欧洲其他的大多数国家里，“信息学”一词的含义基本上都倾向于仅指计算机科学（信息处理科学）及自动化科学。反过来说，它并非像叶尔绍夫所倡导的那样，信息学还应该研究“社会体系中的信息交流和传播过程”这样的人文信息问题。实际上，叶尔绍夫的这种广义信息学思想，在英语中更适合用 information science 来表示。

由于欧洲内部在“信息学”概念理解上的差异，在不同语言的翻译上就常常引起很多麻烦。一个有趣的故事是：1976 年，叶尔绍夫等人要把德国慕尼黑工业大学鲍尔（Friedrich L. Bauer）和戈兹（Gerhard Goos）1971 年在德国出版的，一部带有“信息学”字样的德文著作：《信息学：入门教程》（*Informatik: Eine einführende Übersicht*）[②③]翻译成俄语时，在如何确定俄语书名时出现了困惑。由于书的内容讲的是如何通过程序设计来对信息进行处理，如果按该书的原名使用的“信息学”译出，由于米哈依洛夫等人在苏联已经将“信息学”定义成科学文献与信息的研究，所以就必然会出现混乱并误导读者。最后，译者只得用《编程导论》的书名译出。在俄文版序言中，叶尔绍夫表达了这样的愤怒：“如果不是文献和信息检索系统的专家们十年前‘抢先’使用了‘信息学’这一术语的话，我们就不用在这里为解决名称的翻译多费口舌了。”[④]

---

① 俄罗斯科学院新西伯利亚分院叶尔绍夫信息系统研究所. http://www.iis.nsk.su [2013-2-25].

② Bauer F L, Goos G. *Informatik: Eine Einführende Übersicht*. Berlin: Springer-Verlag, 1971.

③ 尤里·乔尔内. 信息学：如何定名？——学术中的一词多义现象. 李俊升译. 国外社会科学, 2012, (4): 142.

④ 同上。

2.2.3 "信息科学"名称的起源与含义

和"信息学"概念的产生和传播的途径相反，"信息科学"（information science）这一概念首先出现在美国。1959 年，在美国宾夕法尼亚大学莫尔电子工程学院首次出现了"information science"这一概念，它当然也是在控制论和信息论等研究所引起的一系列"信息热"以后"信息科学"概念的首次问世。但出现在美国的这一称谓当时并不是指对信息问题所进行的理论研究，而是被用来代表一组计算机程序设计方面的课程①。同时，与"information science"伴生的还有另外两个概念："计算机信息科学"（computer and information science）和"图书馆信息科学"（library and information science），之后这些概念又慢慢渗透到了其他使用英语的国家和地区。

诚如我们在之前所考察的那样，在 information science 这一概念于 1959 年问世之前，德国的学者已于 1957 年创造了 informatik 这一概念，而当 1963 年在美国出现"computer and information science"之前的一年，法国的 informatique 和苏联的 информатика 同时问世。由于欧洲的"informatics"和美国的"computer science"或"computer and information science"含义基本相同，所以，英语中的"information science"概念在欧洲就一直没有流行起来。但是，学术界最后还是在欧洲的几个国家中分别构造了和英语"information science"相对应的词汇。在法语中，相应的概念是 science de l'information 或 l'information。在德语中，分别出现了 informationswissenschaft 和 informationswissenschaften 两个概念。在西班牙语中，相应的概念是 ciencia de la información。有趣的是，在今日的德国学术界，更多的人把 informationswissenschaft 理解成和图书馆信息科学相关的学科，而把 informationswissenschaften 理解成和信息技术相关的学科。在俄罗斯，之前只有信息学（информатика）一个有关信息的学术概念。1988 年，苏联科学院计算机设备及技术部信息问题研究所第一任所长，研究计算机与自动化的诺莫夫（Борис Н. Наумов）院士又提出了一个理论信息科学（teoретическую информатику）的概念②。之后，该所副所长科林（Константин Колин）等于 1990 年又提出了一个理论信息学（teoретическая информатика）的概念③。再后来，又逐渐出现了对应于英

① Wellisch Hans. From Information Science to Informatics. *Journal of Librarianship*, 1972, 4(3): 164-187.

② 科林 K.K. 信息科学中的哲学问题. 邬焜译. 北京：中国社会科学出版社, 2012: 12.

③ 同上，14.

语“information sciences”复数形式的概念“信息科学”（информатики）。事实上，在1990年前后，俄语中还出现过普通信息学（информология）这一概念，但遗憾的是它没有流行起来。[①]

在中国，首次使用“信息科学”概念的不是计算机科学家或图书馆学家，而是来自通信科学研究领域的信息论研究者钟义信。从信息论专业研究生毕业的他，在尚处于“文化大革命”的1969年，就最先在北京邮电学院提出了“信息科学”的概念，并以“信息科学和它的社会意义”的报告形式，经由学院革命委员会提交给北京市革命委员会，可能最后还被提交给了中央文化革命领导小组[②]。“文化大革命”于1976年一结束，长期积聚的能量最终像被压缩的弹簧释放其弹性势能一样迸发了出来，钟义信于1978年在《北京邮电学院学报》第1期发表了《信息科学的现状与未来》，这是有史以来中文文献中首次以论文形式出现的“信息科学”理论文章。他在该文中说：“信息科学是研究信息利用的科学，它的内容包括信息的本质（哲学、信息论）、信息的取得（遥感、遥测、检测）、传递（通信、广播）、存储（记录、显示）、处理（计算机、处理机）、控制（自动化、控制论）、模拟（仿生、人工智能）以及最佳化（系统科学）等各个领域。……作为信息科学的发源地——通信领域的科学技术工作者，理当成为攀登信息科学险峰的一支突击队。”[③]1978年，他应《国外电子技术》杂志约稿，完成了“《信息科学与信息论》一文。在该文中，他继续就信息科学进行了讨论。他说：“信息科学是一门新兴学科，它的发展将对现代科学技术产生深远的影响。……信息科学的发展现在还处在幼年阶段，许多重大的理论问题还没有得到满意的解决。”[④]在《自然杂志》1979年第4期发表的“信息科学”论文中，他又补充道：“信息科学是在信息论、控制论、计算机科学、仿生学、人工智能和系统工程学的基础上发展起来的边缘科学，它的任务是研究信息的性质，研究机器、生物和人类关于信息的取得、存储、变换、传递、处理、利用和控制的一般

① 乌尔苏尔 А Д. 论社会信息学的发展. 国外社会科学. 赵国琦译. 1991, (5): 32.该文原标题是：“社会信息学发展的两种观点. 苏联《科技信息》（第1类）. 1990：1期。很显然，这个Информология概念是基于希望把“科技信息学”和“社会信息学”两个学派统一起来称作“普通信息学”而提出的，虽然它只是对当时的两个信息学科而言的，但却具有历史意义，即它和今日的“统一信息科学”、“统一信息论”等概念具有异曲同工之妙。-логия 作为一个俄语单词后缀，含有“某类”或“某一性质”的含义，所以，Информология 这个俄语单词并不是“普通信息学”的一个理想新词。基于这两个原因，它后来就没有流行开来。

② 余有成. 智能奥秘探寻记. 香港：香港文汇出版社, 2012: 51.

③ 钟义信. 信息科学的现状与未来. 北京邮电学院学报, 1978, (1): 65-74.

④ 钟义信. 信息科学与信息论. 国外电子技术, 1978, (2): 17-22.

规律，设计和制造各种智能信息处理和控制设备，实现操作的自动化，进而实现部分脑力劳动的机械化和自动化，不仅把人手而且把人脑逐步从自然力的束缚下尽其可能地解放出来，去从事更富有创造性的劳动。”①同时，冯秉铨、蔡长年、周炯槃等学者在这前后也分别在《光明日报》《百科知识》等杂志和一系列会议上发表了相应的《信息科学》文章或演讲。从此，“信息科学”这个概念在中国学术界开始正式流行，相应的研究也逐渐开展起来。需要提请读者注意的是，除了问世于美国的图书馆信息科学之外，所有西方学者心目中的 Information Science，之前（和今天）都没有人类似钟义信这样明确提出应该包括“人类关于信息的……”这种说法，苏联的叶尔绍夫也只是到 1987 年才提出：（广义的）信息学应该研究“社会体系中的信息交流和传播”的说法，而钟义信的这种说法已经在 1979 年提出。我们在后面的论述中将会看到，缺乏对人类社会中的信息进行研究的信息科学将不会是一门完整的信息科学。

从事通信科学的一批学者在中国最先进入了“信息科学”的研究阵地，按照惯例，与之相应的“计算机信息科学”和“图书馆信息科学”研究者也应及时跟进。但这种现象都没有在中国出现。原因如下：受英美研究传统的影响，计算机科学家对作为一门独立于计算机科学的信息科学探索没有兴趣，他们在计算机科学上有做不完的事情。对于图书馆学家来说，一方面，他们根本没有能力来完成复杂的信息科学研究；另一方面，受冷战思维的影响和日文“情報”概念的影响，他们在把 information science 或 информатика 翻译成中文时译成了“情报科学”或“情报学”，从而使这个既有着庞大的研究队伍，又有广泛的教学基地的学术群体，在自 20 世纪 70 年代开始到今天仍如火如荼的信息研究热潮中，失去了本应拥有的话语权。他们本可以在当时汹涌澎湃的信息浪潮中一展身手，却用“情报（科）学”这个“防火墙”主动把自己和社会“安全地”隔离了开来，直到今天仍处于这种被动局面，不能自拔。

随着信息研究的不断深入，使用“信息学”或“信息科学”概念的现象也开始出现使用“信息论”的概念在晚期曾经遇到的尴尬：形形色色的“信息学”或“信息科学”最终让人们弄不清究竟什么才是真正的信息（科）学，于是，致力于基础信息理论或基础信息科学研究的人士就不得不提出了“统一信息科学”（UIS）②或“统一信息理论”

---

① 钟义信. 信息科学. 自然杂志. 1979, (3): 155.

② 闫学杉. 论普通信息科学. 北京大学学报(信息管理系专刊), 1997: 50. 该文认为：“按照一般的看法，普通信息科学，或称统一信息科学，是研究一切信息的共同特性，比如信息的表达、获取、传输、

(UIT)①等新概念，希望用它们来代表一个基础性的信息科学理论研究，或作为一门统一的信息科学基础，这似乎变成了当今的一个不成文惯例。总体来说，除了用于通信技术的理论基础或作为一门概率论数学分支之外，信息论（information theory）的概念使用越来越少；一般来说，信息学（informatics）通常专指一门专业的或小型的信息科学研究，信息科学（information science）则通常专指关于一个总体的、普通的、统一的信息科学研究。在英语里，就 information 和 science 及 theory 的组合顺序来说，过去常用的 information science 或 information theory 的组合顺序，今天开始出现相反的组合形式，于是我们就看到了 science of information、theory of information 或 unified theory of information 的新表述②。后面的几种表示形式一般都指不同于过去的，基于较少的信息对象和学科考察基础之上的信息科学，而指一个新的、综合的、面向各种信息和各种信息学科而考察的信息科学，一般称为统一信息科学。总体而言，“信息学”在大多数情况下代表着一种应用信息研究。而在内容上涉及的若是基础信息研究时，其含义和“信息科学”相同。但在讨论整个基础信息理论时，一般人仍喜欢采用“信息科学”的名称。

2.3 信息科学的三大经典学派

在过去的半个多世纪中，全球大体上一共存在着三种类型的信息科学：以计算机科学为基础的信息科学、以图书馆科学为基础的信息科学、以通信论为基础的信息科学。前两种产生于美国，第三种主要起源于中国。依照英语的使用惯例，我们把前两者分别称作“计算机信息科学”和“图书馆信息科学”。同理，把以通信论为基础的信息科学称作“通信论信息科学”，且把每个类型称作一种信息科学的学派或流派。

处理、作用等一系列问题的一门理论科学。”

① Fenzl N, Fleissner P, Hofkirchner W. et al. On the Genesis of Information Structures: A View that Is Neither Reductionistic nor Holistic//Kornwachs K, Jacoby K. ed. *Information: New Question to a Multi-disciplinary Concept*. Berlin: Akademie Verlag GmbH, 1996: 274. 在这六位作者在德国的这次会议上提交的这篇论文中，首次出现了“unified information theory，UIT”的概念。1996 年，他们将它改成了“unified theory of information，UTI”，并一直沿用至今。

② 闫学杉. 论当代信息科学. 北京大学计算语言学研究所研究报告, 1989, 1:16. 作者当时的看法是：“建立一门统一的信息科学将是非常困难的。”

2.3.1　计算机信息科学

前面已经提到，信息科学（information science）这一概念诞生于 1959 年美国宾夕法尼亚大学莫尔电子工程学院。1963 年，美国西北大学举行了一次计算机科学方面的国际会议，会议首次采用了“计算机信息科学”（computer and information sciences）的名称，这次会议后来被简称为 COINS-63 会议，它是继“信息科学”这个概念问世之后出现的一个关键性术语。COINS-63 会议举办者之后决定，以“computer and information sciences”为主题的会议以后将每三年举办一次[①]。很快，这一现象被（美国）计算机协会（Association for Computing Machinery，ACM）课程专业委员会注意到。1968 年，在给计算机科学的本科生进行课程设计时，该委员会建议，应该把计算机科学称作“计算机信息科学（computer and information sciences）”。理由是：这样做“能在更大范围内考虑问题并强调正在被处理的信息”[②]；他们同时认为，计算机科学应“致力于信息的表示、存储、操作和提供。”[③]于是，“计算机信息科学”的名字在英语中就一直被沿用了下来。在不少情况下，尤其是在美国和中国，许多学者干脆将“Computer and”（计算机和）省略掉，从而使这一学科被简化成了“信息科学”。直到今天，不论在西方或者是东方，把“信息科学”当作“计算机科学”的代名词来理解的现象已成为一种公众认知。而在德国和法国等欧洲国家里，“计算机科学”和“信息学”尽管已是一个同义词，但还是有一些计算机科学家希望用“信息学”来代替“计算机科学”。例如在国际信息处理联合会（International Federation for Information Processing，IFIP）1986 年 10 月在爱尔兰首都都柏林召开的第十届世界计算机大会（World Computer Congress）上，来自挪威的著名计算机科学家、图灵奖和冯·诺依曼奖获得者、Simula 程序的创始人、面向对象技术的先驱尼高（Kristen Nygaard）提出：应该用“信息学”代替“计算机科学”。他说，“计算机科学”的含义过窄，它不能概括当今社会信息化过程中提出的各种要求。他建议：可以把“信息学”定义为以信息过程及其在计算机、社会和自然界相联系的现象为其研究领域的科学。认为“既不能

① 信息与控制编辑部. 计算机科学——计算机与当代信息科学. 信息与控制, 1978, (3-4): 119.

② ACM Curriculum Committee on Computer Science Curriculum 68: Recommendations for Academic Programs//Computer Science, *Communications of the ACM*, 11, March, 1968: 151-197.

③ ACM Curriculum Committee on Computer Science. An Undergraduate Program in Computer Science: Preliminary Recommendations. A Report from the ACM Curriculum Committee on Computer Science, *Communications of the ACM*, 8, September, 1965: 543-552.

把信息学视为形式科学而归属于数学，也不要因为信息技术对社会的冲击而把它归属于社会学。信息学与数据处理也不能混为一谈，数据处理是一种过程和功能，而信息学则是科学。”①但是，直到尼高 2002 年去世时，这种思想也没有得到全球计算机科学家共同体的一致认同。

自“信息科学”概念和“计算机信息科学”的概念诞生起到今天为止，在整个计算机科学界，我们还没有看到过任何正统的计算机科学研究者对“信息”或“信息科学”进行过专门的“基础性研究”。这里所说的“基础性研究”，指的是一般信息意义上的信息理论研究。在计算机科学界，唯一一份在名称上冠有“信息科学”字样的国际性杂志：《信息科学国际杂志》（*Information Sciences: An International Journal*）②，其内容仍是计算机科学的研究。它由两个部分组成：一是信息学与计算机科学，主要刊登软件设计和数据库方面的研究成果；二是智能系统与应用，主要刊登计算机应用方面的研究成果。自 1968 年 10 月创刊以来，在这个杂志上根本就看不到任何关于“什么是信息”和“什么是信息科学”之类的标本性信息科学基础性讨论。从实践上看，尽管计算机科学界在理论上一直保持着低调的态度，并没有到处大肆声言，计算机信息科学是信息科学的唯一合法代表，也没有显示出一种信息科学唯我莫属的样子，但那里的研究者在很多情况下仍喜欢把自己称为“信息科学家”，因为形而上学的称谓能够使他们更加附庸风雅。他们在宏观上也比较在意给公众塑造这样的观念：计算机科学就是信息科学。或者像德国和法国那样，认为信息学就是计算机科学的等价物。在微观上，他们仅把“信息科学”一词使用在了一些无关紧要的地方。例如一些课程的设置方面，或者是用“信息科学系”或“计算机信息科学系”在办公楼入口处替换掉了原来的“计算机科学系”门牌旧称，或者把一些计算机科学和技术研究中心改成了“信息科学中心”。最为注目的一个实践是，在 1987 年第 24 届联合国教科文组织会议上，来自保加利亚的森多夫（Blagovest Sendov）提出，为了在青少年教育中推进计算机知识的普及，我们需要设立一个国际性的奥林匹克竞赛（International Olympiad in Informatics，IOI）。由于森多夫是来自欧洲的，那种把计算机科学和信息学看作同一学科的国家，因此这个实际上专门为

① Nygaard K. Program Development as a Social Activity. Hans-Jurgen K. Information Processing 86: Proceedings of the IFIP 10th World Computer Congress, ed. Dublin, Ireland, 1986, *IFIP Congress Series*, 10. Boston: Kluwer Academic Publishers, 1986: 190.

② 该杂志全名为：Information Sciences：Informatics and Computer Science, Intelligent Systems Applications. An International Journal. http://www.journals.elsevier.com/information-sciences [2013-3-25].

青少年设立的计算机科学竞赛，最后被普遍称作“信息学奥林匹克国际竞赛”①，这对欧洲以外的人在理解什么是“信息学”方面造成了极大的混乱。和图书馆信息科学一样，计算机信息科学之所以被称做信息科学，是因为有人称它是信息科学，并不是人们认为它是信息科学。

在研究内容上，计算机科学界为什么不做真正的信息科学研究呢？个中原因也许很多，但有一点是肯定的：这门学科本来就是一门以工程和技艺为主的学科，计算机科学家对“什么是信息？”这类讨论压根儿就不感兴趣，而对什么是“计算机信息科学”中的“信息科学”？它是否是这门学科的理论基础？除了个别学者之外②，大部分人同样没有兴趣。关于计算机科学是一门什么样性质的学科，几十年来虽然也偶有争议发生，但这种争议的任何结果，根本上无法去改变把这一学科的主旨用“信息”概念将“硬件、软件、人工智能或互联网”等研究内容统一起来的设想。

计算机科学的性质到底是什么？1976 年，美国布朗大学的著名计算机科学家威格纳（Peter Wegner）在旧金山第二届软件工程国际会议上提交一篇论文，题目是《计算机科学的研究范式》（*Research Paradigms in Computer Science*），在这篇论文中，作者列出了不同研究者对计算机科学研究内容的四种认知，它们分别是：①计算机科学是对与计算机有关现象的研究；②计算机科学是对算法的研究；③计算机科学是对信息结构的研究；④计算机科学是对复杂状态进行管理的研究③。对于第 3 种说法，有人说应该是对信息的处理研究。④但在具体的讨论中，始终没有人能够给出一个强有力的说法，以其证明“信息理论”才是计算机科学的核心所在。作为计算机科学家和经济学家的诺贝尔奖获得者西蒙（Herbert A. Simon）和计算机科学家纽威尔（Allen Newell）曾一起非常另类地称计算机科学是一种符号学科⑤，但这种观点并未在计算机科学界引起共鸣。20 世纪初，由（美国）计算机协会和（美国）电气和电子工程师协会计算机

---

① International Olympiad in Informatics, IOI. http://www.ioinformatics.org [2014-8-6]. 它在世界很多国家都设有分赛机构，例如中国的全国青少年信息学奥林匹克竞赛（NOI），英国的信息学奥林匹克竞赛（British Informatics Olympiad），澳大利亚的信息学奥林匹克竞赛（Australian Informatics Olympiad）、德国的联邦信息学竞赛（Bundeswettbewerb Informatik）等。

② 在中国国内，只有很少学者对这类纯理论问题感兴趣，例外的如马希文等。见：马希文. 什么是理论计算机科学？自然杂志, 1984: 7(6): 409-413.

③ Wegner P. Research Paradigms in Computer Science. *Proceedings of the 2nd International Conference on Software Engineering*. San Francisco, California, United States, Year of Publication, 1976: 322-330.

④ 王行刚, 钱锋. 计算机基础教程(下册). 清华大学出版社, 1984: 147-150.

⑤ Pearson C, Slamecka V. Perspectives on Informatics as a Semiotic Discipline. Machlup F, Mansfield U. ed. *The Study of Information: Interdisciplinary Messages*. New York: John Wiley & Sons, 1983: 141-147.

分会组成了一个联合研究小组，并于 2001 年提交了一份《计算作为一门学科》的 CC2001 报告，他们在报告中提出，计算机科学是一门以研究“计算”为中心任务的学科，从而把该学科定义为“计算科学”。尽管如此，他们仍然忘不掉“信息”这个概念。在 CC2001 报告最终定稿时，报告的提交者仍在“计算科学”后面加了一个解释性说明，认为计算科学是一门“对描述和变换信息的算法过程，包括对其理论、分析、设计、效率、实现和应用等进行的系统研究。”①可以大胆地预言，计算机科学家不会对任何纯粹的抽象信息理论发生兴趣，他们清楚地知道，检验他们成果的主要标志，是计算机硬件的运行速度和软件的易用性，中心是硬件工艺的发展和程序设计的水准。尤其在软件设计方面始终是软件设计指导思想的指标有：①易用性；②多功能；③低价格；④对硬件的低依赖性；⑤良好的向下兼容性等。计算机科学家对信息理论的兴趣，甚至还不如他们对生物学中狄恩酸的兴致高。尤其是计划在把“计算”作为计算机科学的中心概念占据一定市场的背景下，让计算机科学家来研究一般意义上的信息理论，即使不被主流计算机科学界看作异端邪说，至少也会被当成是一种离经叛道。

尽管如此，呼吁“计算机信息科学”应该考虑信息科学理论研究的倡议，还是不时地出现过一些微弱的声音，这里有三个例子可供参考。第一，我们在前一节已经提到，苏联的著名计算机科学家叶尔绍夫曾认为，“信息（科）学的主要研究方向是计算技术的理论基础、信息的统计理论、数学模拟和计算实验理论、算法、程序设计、人工智能和社会体系中的信息交流和传播过程的科学。”②第二，在西蒙和纽威尔提出计算机科学是一种符号学科之后，一些追随者对这种看法进行了系统的论证。例如，在由马克卢普（Fritz Machlup）和曼斯菲尔德（Una Mansfield）编辑的《信息研究：学科间的讯息》（*The Study of Information: Interdisciplinary Messages*）中我们就看到，另一位符号学家皮尔逊（Charls Pearson）和计算机科学家斯拉麦卡（Vladimir Slameka）特别主张，应该把计算机科学看作一门符号学③；斯拉麦卡来自美国南部计算机研究实力雄厚的乔治亚工学院计算机信息科学系，除了强调信息学和经验符号学是同一门学科之外，他历年

① 董荣胜，古天龙. 计算机科学与技术方法论. 北京：人民邮电出版社, 2002: 22.

② 尤里·乔尔内. 信息学：如何定名？——学术中的一词多义现象. 李俊升译. 国外社会科学, 2012, (4): 143-144.

③ Pearson C, Slameka V. Perspective on Informatics as a Semiotic Discipline//Machlup F, Mansfield U. ed. *The Study of Information: Interdisciplinary Messages*. New York: John Wiley & Sons, 1983: 141-147.

来还和其他一些人强调，应该加强信息科学的基础理论研究。他于1975年就开始呼吁，应该从信息问题上加强信息科学的基础理论研究。他认为："没有理论，信息科学就无法成为一门科学事业或一门科学，充其量仅是一门技巧性行当而已；没有理论，从事信息科学工作的人就会经常受到质问与怀疑；没有理论，信息科学教育将缺乏一致性和方向。"他还说："如果我们在普遍受到科学团体尊敬的意义上希望使用'科学'一词，那么进行基础性研究的必要是不言而喻的。"①第三，美国的"计算机信息科学"和"图书馆信息科学"有着密切的联系。例如，基本上被看作来源于图书馆信息科学家主办和发行的杂志《美国信息科学与技术学会杂志》（*Journal of the American Society for Information Science and Technology*），其编委员会中的一些主要成员，经常包含一大批来自美国甚至其他国家的优秀计算机科学家。在该学会历年来所颁发的奖项中，许多也授给了纯粹的计算机科学家。例如，1987年所颁发的最佳信息科学著作奖，就授给了斯坦福大学著名的人工智能兼语言学家威诺格拉德（Terry Winograd），以表彰他在其1986完成的著作《理解计算机与认知：设计的新基础》②中对信息理论研究所做的贡献。就具体的个人来讲，情况就更复杂。例如，像斯拉麦卡这样的人，你可以说他是纯粹的计算机科学家，因为他曾是佐治亚理工学院计算机信息科学系的主任；但你也可以说他是文献学家，因为他还曾经是国际文献联合会（Fédération Internationale de Documentation，FID）③的主席。《美国信息科学学会杂志》上届主编克拉夫特（Donald H. Kraft），时而是图书馆信息科学系的教授，时而是计算机科学系的教授④。在该杂志近年的一些编辑中仍有许多人来自计算机科学界。如它的前任副主编热沃（Mike Thelwall）⑤就来自英国规模最大的伍尔弗汉普顿大学计算与信息技术学院（School of Computing and Information Technology of University of Wolverhampton）。在中国，这两个领域基本上没有什么联系。

到目前为止，在"计算机信息科学"学派中，除了前述的一些微弱声

① Slameka V. Fundamental Research in Information Science. Unpublished Paper Dated October, 1975, Cf. Poole H L., *Theories of the Middle Range*. Norwood: Ablex Publishing Corporation, 1985.

② Winograd T. *Understanding Computers and Cognition*. Norwood: Ablex Publishing Corporation, 1986.

③ 国际文献联合会（Fédération Internationale de Documentation）创建于1895年，1988年更名为国际信息与文献联合会（Fédération Internationale d'Information et de Documentation）。办事处设在比利时布鲁塞尔，秘书处设在荷兰海牙，2002年关闭。

④ Kraft D H. http://csc.lsu.edu/~kraft [2010-4-12].

⑤ Thelwall M. http://www.mendeley.com/profiles/mike-thelwall [2010-4-13].

音外，我们再也难以听到“计算机信息科学”应该考虑信息基础理论研究的呼声，更难以看到他们致力于信息科学基础和概论性研究的兴致。从信息科学的意义上来说，计算机科学是一门有名无实的“信息科学”。

在全世界，在不去深究信息科学到底是什么的成千上万科学家中，把计算机科学当作信息科学同义语的现象已经成为常识并已深入人心。但是，计算机科学是计算机科学而不是信息科学，这是一个无须争论的事实。随着信息科学研究的不断深入，把计算机科学当作信息科学代名词的现象终将终结，许多大学中计算机院系的信息科学匾牌终将会被逐渐更换，要么使用“计算机科学”，要么使用“信息技术科学”或其他理论与实践相对应的概念来取而代之。

2.3.2 图书馆信息科学

1967 年，从第二次世界大战欧洲战场返回美国的退伍军人考琴（Manfred Kochen）等，在国际商用机器公司（IBM）完成了一个计算机文献检索试验。从今天的数据库查询技术来看，那只不过是一个简单的程序设计产品。他把一个个文献著录信息通过穿孔机打到纸带上，最后通过光敏元件输入机器中。如果我们按某个关键词对包含某一主题词的存入计算机中的文件进行检索，机器就会去快速地完成这一任务。后来，考琴等把这个试验命名为“信息科学”（information science）试验①。由于这一试验和图书馆学在传统上所关注的手工文献检索工作密切相关，故而迅速激起了美国图书馆学界的极大兴趣。美国文献学会（American Documentation Institute，ADI）于 1968 年采取果断行动，迅速将其名称更换成“美国信息科学学会”（American Society for Information Science，ASIS），即现在的“信息科学与技术学会”（Association for Information Science and Technology）②，其成员今日已经遍布全球各地，该学会现在也在事实上已经变成全球最大的信息科学学术团体。它过去所出版的会刊《美国文献学》（*American Documentation*）也从 1970 年起更名为《美国信息科学学

① Kochen M. *Some Problems in Information Science*. New York: Scarecrow Press, 1965.

② “美国信息科学学会”（American Society for Information Science，ASIS），系 1968 年从美国文献研究所（American Documentation Institute，ADI）改名而来。1968 年开始使用“美国信息科学学会”（American Society for Information Science，ASIS）的名称。2000 年更名为“美国信息科学与技术学会”（American Society for Information Science and Technology，ASIS&T）；2013 年又更名为“信息科学与技术学会”（Association for Information Science and Technology，ASIS&T），用词上是把 American Society 两个单词巧妙地换成了 Association，从而使头两个字母 AS 保持不变，目的是使其简称 ASIS&T 看起来没有变化，但因全名中去掉了“美国”一词，从而看起来好像是一个国际性而不是地区性的学术组织。详情访问：http://www.asis.org/history.html [2014-2-29].

会杂志》（*Journal of the American Society for Information Science, JASIS*），即今日的《美国信息科学与技术学会杂志》（*Journal of the American Society for Information Science and Technology, JASIS&T*）①，它也是当今全世界学术杂志中为数不多的独立使用“信息科学”术语，并发行量最大的“信息科学”读物。正因为这种信息科学是由图书馆学界发起的，所以，后人就把这种以图书馆学为基础的信息科学称为“图书馆信息科学”（library and information sciences），以其和由计算机科学界使用的“计算机信息科学”（computer and information sciences）加以区分。

图书馆学界在美国的这一“信息科学”更名行动，其更早的实践事实上在苏联业已存在。1965 年，全苏科技信息研究所的米哈依洛夫（Алексей И. Михайлов）、乔尔内（Аркадий И. Чёрный）、吉里列夫斯基（Руджеро С. Гиляревский）等三人，那时就完成了世界上第一部基于文献学基础的“信息学”研究专著，即《信息学原理》（*Основы Информатики*）②。之后，它迅疾被 8 个经互会成员国翻译成了本国文字。该书于 1968 年再版。9 年后的 1976 年，米哈依洛夫等三人在这部开创性著作的基础上，又重新完成了一部名为《科学交流与信息学》（*Научные Коммуникации и Информатика*）③的新著，和之前的《信息学原理》相比，该书在理论上更加深入，范围也更加全面，因此在全世界也得到了更加广泛的认可。1980 年，该书中文版问世，民主德国于 1981 年出版德文版，美国 1984 年出版英文版。《科学交流与信息学》一书主要讨论了如下 5 个方面的问题：①信息、科技信息、科技信息学、信息科学；②科学信息的交流与传播；③科技文献与文献计量学；④科技信息分析与研究；⑤文献信息管理系统。

虽然“图书馆信息科学”这个概念最早问世于美国，但直到 1971 年，来自美国开思西方后备大学的萨尔切维奇（Tefko Saracevic），才着手在美国编辑出版第一部信息科学著作。他收集了自 1953 年以来发表在英国的《自然》、美国的《科学》，以及《美国经济评论》《美国文献学》等

---

① 美国信息科学与技术学会（Association for Information Science and Technology, ASIS&T）会刊. http://www.asis.org/jasist.html [2014-2-29].

② Михайлов А И, Чёрный А И, Гиляревский Р С. *Основы Информатики*, Изд. 2-е, Перер. и Дополн. М.: Наука, 1965.

③ Михайлов А И, Чёрный А И, Гиляревский Р С. *Научные Коммуникации и Информатика*. М: Наука, 1976. 中文版见：米哈依洛夫 А И, 乔尔内 А И, 吉里列夫斯基 Р С. 科学交流与情报学. 北京：科学文献出版社. 徐新民，张国华，孙荣科，等译. 北京：科学文献出版社，1980. 文中的“информатика”被译为“情报学”。

杂志上的数十篇关于信息、科技文献学、文献计量学、科学交流和传播、计算机信息检索等方面的文章，最后以《信息科学导论》的名称出版，它实际上是一部文章汇编而非专著[①]。即使这样，它也比苏联第一部信息学著作问世整整晚了4年。有趣的是，文集根本没有提及苏联米哈依洛夫等1967年的工作。和米哈依洛夫等的工作相近，萨尔切维奇的《信息科学导论》把“信息科学”的研究范围确定在如下4个方面：①信息的基本问题，即信息的含义、信息的属性和信息传播过程等；②信息系统，即信息检索系统、信息的获取、信息的表示方式、信息的组织、信息的处理及检索过程等；③信息系统的评价，即信息系统中人的因素、信息系统的测试、信息和经济增长等；④科学交流和一般的信息传播理论。这部著作的问世，标志着以图书馆学为基础的信息科学学派在西方世界的正式确立。在经历20世纪70年代初的兴盛之后，该学派到80年代末就出现没落的迹象。经过20余年的发展，整个美国的图书馆信息科学研究之后一直就未能超越米哈依洛夫等或萨尔切维奇所划定的范畴。

在这个信息科学学派中，对这门学科应该如何进行，人们并未完全认同米哈依洛夫等人或萨尔切维奇的观点。其中一个最具代表性的意见是，在这个学派诞生之初，来自美国加利福尼亚大学洛杉矶分校的博尔克（Harold Borko）[②]，在美国文献学会1968年更名为美国信息科学学会时他就提出建议，认为信息科学应该研究“信息的特性和作用，支配信息流的动力，以及处理信息，使之最便于获取并得以最佳应用的方法”，信息科学应该是一门与“信息的产生、收集、组织、存储、检索、解释、传递、转换和利用有关的知识体系。”[③]这一建议对自1948年以来关注信息应用热潮的研究者来说，它显示出的诱惑力是不言而喻的。但是，包括博尔克在内，图书馆信息科学学派始终未能兑现这一许诺，尤其是未能建立起一个系统的信息科学理论体系。起源于图书馆学的信息科学研究者，研究兴趣一般只局限在文献、标引、分类、检索、文献工作自动化和文献计量学方面，他们能够做的也只是这些。可这是文献学或计算机应用而不是信息科学，更不是理论信息科学。1980年，来自英国伦敦大学的布鲁克斯

---

① Saracevic T. ed. *Introduction to Information Science*. New York: R. R. Bowker, 1970.

② 博尔克是美国图书馆信息科学界元老，曾就职于美国加利福尼亚大学洛杉矶分校信息学院，并担任过1970年代“美国信息科学学会”主席，他还是美国《信息处理与管理》（*Information Processing & Management*）杂志的创始人，2012年逝世。

③ Borko, Harold Information Science: What Is It? American Documentation, 1968, 19(1). http://gseis.ucla.edu/news-events/news-items/harold-borko-1922-2012-professor-pioneered-information-studies-at-ucla [2013-3-26].

终于按耐不着他的焦急心情，计划为这个学派的信息科学打造一个坚实的理论基础。他在由英国信息科学家协会（Institute of Information Scientists，IIS）①主办的《信息科学杂志》（*Journal of Information Science*）②上发表了一篇分 4 期才刊完的名为《信息科学基础》（*The Foundations of Information Science*）的长文。他在文中断言：图书馆信息科学界的“理论信息科学至今还未建立起来，一些零碎的理论分支单个看起来还不错，但由于彼此缺乏相关性，集中起来却是困难的。”“信息科学目前正运转在大量的常识性实践应用之中。”他批评道：图书馆信息科学把“由几门任意分散的学科集合成一个大杂烩（称作信息科学）是没有前途的。”尽管他的批评铿锵有力，但他试图建立一套有别于香农信息理论的信息计量理论或图书馆信息科学基础理论的努力始终也未能取得成功。③

从 1968 年开始到 20 世纪 80 年代末为止，美国设有图书馆学系或学院的大学，大部分都兴高采烈地在自己的名字上去掉了“图书馆学”几个字，从而堂而皇之地变成了“信息科学学院”或“信息科学系”。或者是虽保留了“图书馆学”几个字，但在后面加上了“信息科学”一词，从而改成新名“图书馆信息科学”。没有改名的学校很早就关闭了。例如具有 60 多年历史，并最早设有图书馆学博士学位的美国芝加哥大学图书馆学院于 1990 年正式关门。时至今日，流行在美国大学校园里的“information science”，除了计算机科学界的之外，其他大部分都属于这种类型。在出版物方面，除了美国信息科学学会和英国信息科学家协会出版着它们的会刊

① 英国图书馆学界 1958 年 5 月成立的一个学术组织，其中的“信息科学家”（Information Scientists）相当于中国的图书馆工作中、给读者提供参考咨询服务的“参考馆员”或“信息分析师”. http://jis.sagepub.com [2013-8-6].

② 英国图书馆学界的“信息科学家协会”（Institute of Information Scientists）会刊。该刊最早叫“信息科学家通讯”（*Bulletin of the Institute of Information Scientists*），1967 年改为“信息科学家”（*The Information Scientist*），1979 年改为“信息科学：理论与实践杂志”（*Journal of Information Science: Theory and Practice*），1990 年改为现名：“信息科学杂志”（*Journal of Information Science*）. http://jis.sagepub.com [2013-8-6].

③ Brookes B C. The Foundations of Information Science. *Journal of Information Science*, Part Ⅰ, 1980, 2(3-4): Part Ⅱ, 1980, 2(5): Part Ⅲ, 1980, 2(6): Part Ⅳ, 1981, 3(1). 布鲁克斯曾经经历过如下困惑：当他从英国到来到北美，在那里访问了一些（图书馆学界的）“信息科学学院”，热情的主人向他介绍说，这是 A 教授，主讲语言学；这是 B 教授，主讲统计学；那是 C 教授，主讲计算机科学。布鲁克斯忍不住问道：那么，在我们的信息科学学院里，哪位是主讲“信息科学”的教授呢？主人答道：（图书馆与）信息科学就是语言学、计算机科学、统计学、图书馆分类和索引等学科的混合物。这就是说，打着“信息科学”旗号的机构实际上并没有一门实际的信息科学理论存在。于是，布鲁克斯下决心为信息科学寻求一个独立的理论体系。这四篇论文的最成功之处，仅在于他把波普尔的三个世界理论中的第三世界“精神内容的世界”改称为“信息世界”。

外，美国的《信息处理与管理》（*Information Processing & Management*）①、英国的《文献学杂志》（*Journal of Documentation*）②等出版物，也都是这类信息科学研究者发表成果的园地。由于英文的 information 在日文中只有“情報”一词与之对应，在日本，“信息学”或“信息科学”相应地就叫“情報学”或“情報科学”。同时，由于受第二次世界大战后冷战思维的影响，“library and information sciences”于 20 世纪 50 年代传到中国时，被译成了“图书馆情报（科）学”，大多数时间干脆称为“情报学”或“情报科学”。加之由于图书馆信息科学的苏联科技交流学派在中国有着较大的影响，该学派在中国早期也叫“科技情报学”③。对于使用“情

---

① 《信息处理与管理》（*Information Processing & Management*）. http://www.journals.elsevier.com/information-processing-and-management [2013-8-6].

② 《文献学杂志》（*Journal of Documentation*）. http://www.emeraldinsight.com/journal/jd [2013-8-6].

③ 在中国，提及“情报科学”或“情报学”两个概念，这是一个争议性极大的话题。它的起源、繁荣、衰落一直和进入这个专业求学的无数年轻学子、进入这个研究领域的无数研究者的命运紧密地连在一起。对于学生来说，4 年的本科教育，这虽在他们漫长的人生中只是短暂的一瞬，但却会影响到他们的整个人生。对于那些从事该学科的研究和教育的工作者来说，一个错误的方向可能会毁掉他们的一生。

“情报”这个词的使用受着英文“information”和日文“情報”两方面的影响。1958 年，在中国科学院建制内成立中国科技情报大学，2 年后即被撤销。之后，在合肥中国科技大学已有 13 个系的基础上，新建了一个“科技情报系”作为该校的第 14 个系开始招生。它下设物理科学情报专业、化学科学情报专业、生物科学情报专业等 3 个专业，1960 年旋即再被撤销，学生分别并入物理、化学、生物等系，1963 年停止招生。因此这个专业在中国科技大学实际上只招收了一届学生。1978 年恢复高等学校入学考试之后，武汉大学首先恢复科技情报（学）专业，然后中国其他许多大学由图书馆牵头，相继效仿开设（科技）情报（学）专业。

谢晓专认为，从实践上说，情报学的存在引起了诸如国防、公安、军事这些真正的“情报”研究团体的反对。他们认为，图书馆信息科学界使用“情报科学”或“情报学”概念，事实上侵占了他们的“地盘”，从而使他们在对中文真正意义上的“情报”进行研究和表述时，总得被迫地添加许多额外的说明，以其和图书馆信息科学界的“情报（科）学”所研究的伪“情报（科）学”相区别。他坚信，来自国防、公安、军事等领域所研究的“情报（科）学”才是真正的“情报（科）学”。毕竟，美国中央情报局，英国军情六处，韩国国家情报院这类真正的情报机构现在已为人所共知，改变“情报”的概念使其内涵为不含这类特别的政治含义实属难事。谢晓专建议，来自图书馆信息科学界的“情报（科）学”，要么从大学黑板上的“情报（科）学”回到真实世界的“情报（科）学”里去，要么让出这个名字给国防、公安、军事这些真正的“情报”研究团体使用。但这是一件非常困难的事情，因为它不是一个单边游戏。见：谢晓专.‘情报学’名不副实的尴尬及其解决之道. 情报资料工作. 2010, (3): 14-19.

于是，从 20 世纪末开始，图书馆信息科学界提出了两种解决方案，一是将它改成“信息管理（学）”，一是将它改成“竞争情报（学）”。就目前付诸实践的，改为“信息管理（学）”的方案来看，它和计算机科学界的“信息管理”，和经济管理学界的“信息管理”又出现了名称上的矛盾。而就“情报（科）学”改成“竞争情报（学）”而言，因“情报”本身就包含“竞争”的含义，不存在不含竞争意义的“情报”，加上“竞争”二字并不能从根本上解决问题。总之，这个学科已经深陷于科技情报学、情报学、情报科学、信息管理、信息资源管理，以及原有的图书情报学等几个混乱的概念中并在痛苦中挣扎。

报科学”或“情报学”，学科内部争议虽然很多，但外界并不关注。物理学家和词典学家王竹溪曾就专业用词提出过一个很好的看法是：“专业词最好少和生活用词相靠近”①。我们的看法是，使用了不合适的专业词，这种状况无疑会给该学科的发展带来一定的困惑。但改变一个概念的内涵是词汇进化的基本特征，关键是，对已有词汇被添加或被改变的义项是否具有强大的生命力，以及基于此而建立的理论是否是一个优秀和合乎逻辑的体系，只要看看计算机这个冷冰冰的没有任何生命意义的机器却在活生生地使用着病毒（virus）和虫子（bug）这些有机生物概念，我们就应该明白所谓的“情报科学”或“情报学”的问题所在。

1971～1991年的20年间，在西方，几乎每年都可以看到这个学科有一到若干本新的以“信息科学”命名的著作问世。例如，1987年美国匹兹堡大学交叉信息科学院的福林（Roger R. Flynn）撰写的《信息科学导论》（*An Introduction to Information Science*），该书是从信息处理的角度来考察信息理论问题的。在这部巨著中，他把信息科学的核心集中在了信息的收集、组织、利用、编码、存储、显示、传播、操作、问题求解等一系列信息技术问题上②。1988年，同是匹茨堡大学的戴彭斯（Anthony Debons）和另外两位研究者合作完成了另一部信息科学专著：《信息科学：一种集成的观点》（*Information Science：An Integrated View*）③，该书主要讨论了信息职业、信息技术、信息系统、信息社会和信息伦理等问题。它曾获得美国信息科学学会1989年颁发的最佳信息科学专著奖。1987年，成长于澳大利亚新南威尔士州，并已经从伦敦大学学院图书档案和信息学院退休的化学研究者布伦·维克利（Brian Vickery）和埃伦娜·维克利（Alina Vickery）一起，合作出版了一部以文献学和文献工作为基础的《信息科学理论与实践》（*Information Science in Theory and Practice*）④，这部著作1987～2005年两次再版。但1990年后，在该学派中，以“信息科学”命名的著作就问世得越来越少了，最近几年干脆就很少有作品出现。近年来，唯一一部由鲍登（David Bawden）和罗宾逊（Lyn Robinson）合著的《信息科学导论》（*Introduction to Information Science*）于2012年在

---

① 转引自：朱照宣. 说撄宁//中国系统工程学会，上海交通大学编. 钱学森系统科学思想研究. 上海：上海交通大学出版社, 2007: 95.

② Flynn R R. *An Introduction to Information Science*. New York: Marcel Dekker Inc. 1987.

③ Debons A, et al. *Information Science: An Integrated View*. Boston, Mass.: G.K. Hall & Co.1988.

④ Vickery B, Vickery A. *Information Science in Theory and Practice*. London, Melbourne: Bowker-Saur, 1987. 中文版见：维克利 B, 维克利 A. 情报科学的理论与实践. 中国科学技术情报研究所硕士研究生班译. 北京：科学技术文献出版社, 1990.

英国出版。鲍登是英国《文献学杂志》（*Journal of Documentation*）的前任编辑和英国专门图书馆和信息机构协会理事；罗宾逊是英国城市大学信息科学博士后规划办公室主任，曾致力于卫生保健信息方面的研究。该书讨论了信息科学的基本概念，信息科学的研究范式，信息哲学等问题。但中心仍旧集中在文献分类、文献计量、信息检索、信息行为、信息社会等主题上[①]。该书作者同时请 6 位学者为其写序。但留给人们印象最深的仍是第一作者的简历：鲍登一生具有 150 部、篇、章、节的“信息科学”作品，这样高产的作者更适合去写脸谱（Facebook）或推特（Twitter），博客（Blog）或微博（Weibo），唯一不适合的就是研究和撰写信息科学著作。随着人们对信息科学理解视野的扩展，不排除这种“信息科学”著作将会越来越失去它们的市场直至绝迹。

在中国，图书馆信息科学界 1980～1990 年也陆续出版了大约 10 部被称为“情报学”或“情报科学”的专著，之后以这种名称问世的著作也开始逐渐变少。[②]即使有少量的著作出版，但任何一部著作的理论核心都未能超出苏美两国之前的研究范围，从而使图书馆信息科学在本质上产生改变。抛开美国的 library and information sciences 不论，中国的“情报科学家”们很少反思过，假如徐新民等人在 1980 年把苏联米哈依洛夫等三人的那部著名的 *Научные Коммуникации и Информатика* 在翻译成中文时若采用《科学交流与信息学》或《科学信息传播学》或《科学信息学》的译名，而不是最终以《科学交流与情报学》的名称问世，基于钟义信等在中国已经开拓出的信息科学研究之路，伴随着这部名著在中国的传播，对在 information 研究方面唯一具有专门的大学专业、雄厚的师资力量、充足的教育经费的中国的这一学派而言，在世界范围内，今天掌控中国“信息科学”话语权的人将会是谁呢？苗东升曾经认为，就硬科学研究而言，由于缺乏长期的研究积累和精密技术的支持，中国若想和西方世界直面竞争，取胜的概率和范围将是很小的。但就一些包括像信息科学这样的软科学而言，中国将有可能占据一席之地。但图书馆信息科学学派用“情报（科）学”的面具把自己坚实地掩盖起来，虽然躲开了公众的审视，但也挡着了

---

① Bawden D, Robinson L. *Introduction to Information Science*. London: Facet Publishing, c2012. 该书在介绍第一作者时写道：鲍登是一位具有 150 个出版单元（包括著作、文章、章节和其他形式出版物）的作者。这类高产的（信息科学）研究者，其作品的质量通常是令人敬而远之的。

② 停止了近 10 年之后，浙江大学的叶鹰、潘有能、潘卫编等于 2006 年出版了一本《情报学基础教程》；靖继鹏、马费成、张向先等于 2009 年出版了一本《情报科学理论》，但这些著作均没能超出苏联米哈依洛夫等和美国萨尔切维奇等的理论体系。见：叶鹰, 潘有能, 潘卫. 情报学基础教程. 北京: 科学出版社, 2006. 靖继鹏, 马费成, 张向先. 情报科学理论. 北京: 科学出版社, 2009.

公众的热望，最后失去了公众的理解。即使也出现过几位富有才华的学者，但他们也只能在螺蛳壳里做做道场。亚当・斯密（Adam Smith）在《国富论》中指出，只有经过充分的市场竞争，财富才可能得以有效的积累。和经济学一样，既然决定涉足于信息科学的研究和教育事业，那么它的从业者就必须和其他信息科学研究者进行竞争与合作，不然它怎么会变得强大呢？更为重要的，在这个学科多如牛毛的学术杂志中，没有哪个刊物敢于推出一些深刻的反省文章；在这个学派许多学术领袖的胸襟中，几乎容不下任何人的不同意见①。科学一如国家治理，异议是对它的最好的呵护形式。对于研究者和教育者来说，如果他们把神圣的科学知识当作一种儿戏；那么，对于那些怀揣梦想的求知者来说，他们就会把自己的数年寒窗仅看作对这一存在的空虚冷笑。回望青春，他们的记忆将不会充满人面桃花。

从一些严酷的事实中也可以观察出这个学派的前景。在美国著名的加利福尼亚大学伯克利分校，作为华人校长的田长霖 1991 年刚一赴任，他就迅速决定关闭该校的“（图书馆与）信息科学学院”②。按照田长霖的教育理念，一流大学的专业设置应该基于以下两个标准：一是研究内容，即这个领域应该具有高深的知识来吸引一流的教师去从事对它的探索，而这些教师对学校来说是一种荣耀；二是教学内容，即它是否能够吸引有能力的学生来从事对这个领域的学习，他们毕业后能否成为领导先驱。他显然认为，“图书馆信息科学”的理论与实践一概不符合这一原则，所以必须关闭。事实上，从 20 世纪 80 年代起，美国的一些图书信息科学院校就陆续被关闭了，只是这个学院关闭得有点突然，令人深思良多。从另一个侧面来看，在美国著名的 8 所常青藤老大学中，竟没有一所大学青睐它并在自己的校园中设立这个学科，但基本上都设有计算机信息科学学院或系。

由于使用了连词和复数，对于 library and information sciences 中的“信

---

① 学术批评是科学研究中的一个基本组成部分。例如德雷福斯对人工智能的强烈批评。参见：休伯特・德雷福斯. 计算机不能做什么？——人工智能的极限. 宁春岩译. 北京：生活・读书・新知三联书店, 1986. 或如胡翼青等对传播学的强烈批评。见：胡翼青. 传播学: 学科危机与范式革命. 北京: 首都师范大学出版社, 2004.

② 美国加利福尼亚大学伯克利分校信息学院. http://www.ischool.berkeley.edu/about/history [2013-1-22]. 该校 1918 年成立“图书馆学系”（Department of Library Science），并于 1926 年改成图书馆学院（School of Librarianship）. 1976 年更名为“图书馆信息学院”（School of Library and Information Studies），1992 年被新任校长田长霖撤销，1994 年整顿后用“信息管理与系统学院”（School of Information Management and Systems）之名恢复，2006 年再度更名为“信息学院”（School of Information）至今。

息科学”来说，它若加进“图书馆学”的内容，那么它就不会成为一门真正的信息科学；它若去掉“图书馆学”的内容，那么它就不会有多少形而下的实质性知识存在。这种两难境地，无疑决定了这门学科永远也无法逃脱从深层的阴霾中走出来的命运。当然，它可以完全脱离开图书馆学而走入一个包括所有信息研究在内的信息科学大家庭，可图书馆学家愿意吗？对于“图书馆学”来说，尽管有“信息科学”做陪衬，虽然它没能给这一学科带来多少实质性的改变，但模糊的概念——连词加复数——使得外界完全不会知道它们在究竟研究什么；但若没有“信息科学”做陪衬，那么它就无法生存。美国那么多纯粹的图书馆学院校一个个关闭就是最好的明证。

为了寻找这个学派中信息科学的未来，从 1988 年开始，由美国匹兹堡等 3 所大学的图书馆信息科学学院院长牵头，一起成立了一个“信息学校联盟”（i-Schools），目前全球已有 59 所学校加入，并每年都有新的学校添列其中，似乎谁能够加入这个阵营就是一种荣耀。中国的武汉大学信息管理学院、南京大学信息管理学院、中山大学资讯管理学院也分别于 2006 年、2011 年、2014 年加入该联盟。但是，这个联盟从 2005 年正式成立到现在，还提不出任何一个令人振奋的、可供加入该联盟的其他院校参考的办学指南，更不用说为它的盟员勾勒出一个光明的未来。该联盟在其最早的宪章中一开头曾写道：“信息学校联盟”的主旨是，在“信息、技术和人”的办学方针下改造整个图书馆信息科学。[①]在一个各种信息技术研究如此喧嚣，不同的专业信息学探索如此狂热的今天，这话和什么也没有说几乎没有什么区别。无疑，那些加入这个联盟的院校的心态是非常积极向上的，但若指望这个联盟会使其盟员院校脱贫致富，那将是没有任何可能的，抱团取暖并不是解决问题的根本之路。

纵观全球基于图书馆学的信息科学发展，包括美国的“信息学校联盟”在内，该学科目前普遍在以下三潭泥淖中挣扎：①发展一门以量化为核心的文献学。从现有的布拉德福定律（Bradford’s Law）、科学引文索引（Science Citation Index）等现代文献学研究成果来看，这些理论既算不上真正的信息科学，也没有太大的实用价值。以美国费城信息科学研究所 1961 年提出的科学引文索引 SCI 为例，它已经在科学家中招致了许多批评。单一的科学引文索引认识论正在破坏着科学的良心；②更好地推进文献工作和图书馆工作的计算机化（数字化）。就这个方向而言，不论你做

① 美国信息学校联盟. http://ischools.org [2013-3-2].

得多么成功，它仍旧属于一种信息技术应用，况且也没有取得成功[①]；③研究包括自然科学、工程科学、社会科学、人文科学所有领域科学家之间的学术信息交流规律。但是，即使你在这方面做得再好，它仍旧属于传播学的一个分支。况且由苏联米哈依洛夫等人开创的这一研究方向，还仅允许把它限定在自然科学家和技术科学家之间的学术信息交流上。捆绑难成夫妻，由图书馆学欢欢喜喜地把信息科学“迎娶”过来而形成的这种“联姻”，恰似当下中国某种婚姻的真实写照：一方默认对方可以在外面恣意潇洒，而唯独不希望这个婚姻解体。但是，贫贱夫妻百事哀，在大的信息科学生态如此贫瘠的环境下，纵使你让对方离开这个家庭去率性飘逸，他又能成就什么呢？现实令图书馆信息科学家无所适从。

2.3.3　通信论信息科学

前面已经提到，当中国还在轰轰烈烈地进行“文化大革命”的时候，北京邮电学院的钟义信于 1969 年就提出应该开展“信息科学”研究的倡议。1976 年，他连续撰写了多篇关于信息科学研究的文章发表，加上西方的“信息革命”和“信息社会”等思潮源源不断地涌入，它们一起导致中国大地上出现了一股信息科学研究热潮，并最终在 20 世纪 80 年代末形成了一个以通信工程和信息论为基础的信息科学学派，它实质上是一个完全独立于西方的“计算机信息科学”和“图书馆信息科学”之外的第三种信息科学，我们把它称为“通信论信息科学”（telecommunications and information sciences）。作为一个学派而言[②]，钟义信是它的当然缔造者。

钟义信 1957～1965 年在北京邮电大学学习，促使一个本科期间就读无线电通信与广播专业、研究生期间就读信息论专业的青年最后走上信息

---

① 以中国的图书馆信息管理系统为例，大的系统均是从国外专业的计算机信息系统开发公司引进的。如中国国家图书馆使用的图书馆信息管理系统 Aleph 是由以色列的 Exlibrary 公司开发的，北京大学图书馆使用的图书馆管理信息系统 Symphony 是由美国 SirsiDynix 公司开发的，清华大学图书馆使用的图书馆管理信息系统 INNOPAC 是美国 INNOVATIVE 公司开发的。

尽管连一个小的图书馆信息管理系统也设计不出来，但以美国为主的主流图书馆信息科学家对计算机科学的热情仍如痴如醉。他们踮起脚丫，仰着脖颈，贪婪地窥伺着计算机科学的花园。一如丹纳当年在评价巴尔扎克的作品时说：他趴在贵族朱门的缝隙上，满怀羡慕之情，觊觎着客厅里优雅的夫人们身上佩戴的珠宝和穿戴的衣着。

② 在中国的 1978 年代，把信息科学看作是起源于无线电电子学的看法，和把它等同于计算机科学的看法都有。例如，冯秉铨和蒋卡琳在《信息与控制》1978 年第 1 期的“漫谈信息学控制学及其他”中写道：“信息科学，或者说，信息学，是研究信息传输、检测、处理、识别等等的一门科学。它起源于无线电电子学……”见：冯秉铨，蒋卡琳. 漫谈信息学控制学及其他. 信息与控制, 1978, (1): 1.

科学研究道路的动因有三个：①从大的方面说，当一个社会的生产力文明从农业转变到工业，进而发展到以信息传输和信息处理为核心的信息产业时，拥有通信科学知识背景的他具有先天的优势；②当钟义信即将完成大学学业时，他在图书馆里偶然读到一本优秀的中文译著：《通信论简述》（*Очерки Общей Теории Связи*）。作者是苏联科学院通讯院士、俄语“информатика”（信息学）概念的创造者哈尔凯维奇。作者在这部 1955 年写就的著作里预言，在未来的社会里，关于信息的研究将会出现像物理学中的能量转换定律那样的定律从而震惊学术界①，这一预言为钟义信提供了献身科学的精神指南；③香农的信息理论问世以后，一直就存在着对其在通信领域之外有效性的质疑。威弗尔在回答这些质疑时认为，如果把香农理论看作一种语法形式信息计量理论的话，将来一旦把它扩大到能够包括语法、语义、语用三类信息的综合计量理论时，它就有可能变成一种通用的信息理论。钟义信当然注意到了香农理论的这个缺憾，因此，他沿着威弗尔的建议起步，一开始就把建立一个全信息理论（comprehensive information theory，CIT）作为一门信息科学理论的突破口。这为他提供了在信息科学研究道路上成功的方向性保障。带着对人生的梦想和憧憬，钟义信走上了信息科学研究的漫漫长路，并将自己一生最富活力的岁月大部分都献给了寻找“信息转换定律”之梦。基于持之以恒的努力，当中国的社会发展结束动乱进入常态之时，他在信息问题方面长期积累的思考立即迸发出了巨大的活力。在前述的他发表的一系列信息科学文章的基础上，再加上他和其他一些合作者翻译和出版的一系列信息论著述，经过近 20 年的不懈努力，钟义信终于在 1988 年完成了一部长篇巨著《信息科学原理》，并于 1996 年、2002 年、2005 年、2013 年分别出版了它的第二版、第三版、第四版②、第五版。

钟义信认为，信息科学的研究内容应该包括如下 3 个方面：①研究信息的定性本质和量化测度；②阐明信息过程的基本规律，包括信息获取、信息传递、信息认知、智能决策、策略执行和策略优化等基本规律；③总

① 哈尔凯维奇 A A. 通信论简述. 张煦译. 北京：人民邮电出版社，1957. 激励钟义信决心走向信息科学研究的指南，是哈尔凯维奇在该书第 2 页谈到的如下预言：“通信论虽然发展得很快，但是这一理论的基本结构还不很完整。特别应该注意，直到现在，还缺乏像守恒定律类型的基本定律系，而这些定律是衡量各知识部门已否奠定理论基础的特征。通信方面专门的这类定律的存在，是可以直接觉察到的。不过，这些定律还未发现因而也还没有形成。”按照一般的理解，“缺乏像守恒定律类型的基本定律系”这种说法意味着：关于信息研究，其中一定存在着若干类似（物理学能量）守恒定律或能量转换定律之类的基本定律。

② 该书第四版实际是其之前专著的一个（合作）简写本。见：钟义信，周延泉，李蕾. 信息科学教程. 北京：北京邮电大学出版社，2005.

结和提炼信息科学的方法论[1]。他把信息分为两大类别，一类是事物运动的状态和（状态改变）方式的本体论层次信息；一类是主体所感知或该主体所描述的相应事物的运动状态及其变化方式，包括状态及其变化方式的形式、含义和效用的认识论层次信息。[2]他认为，对于信息科学来说，包含语法、语用和语义的全信息及其理论是整个信息科学的基石。[3]简而言之，钟义信的信息科学理论体系由下列三大部分组成：第一，一种带有浓厚人文色彩的一般信息科学基础概念阐述；第二，以香农的统计信息方法为基础，一个包括语法、语用和语义在内的全信息计量理论；第三，这种信息计量方法在一些领域的应用。我们看到，《信息科学原理》巨著在中国的出版，对促进中国的信息科学研究事业起到了巨大的推动作用。有充分的理由相信，没有钟义信的工作，就没有中国今天的信息科学。退一步说，即使有，它也可能还处在一个较低的层次上。

在国外，沿着香农信息论构建信息科学的思想也有人很早就在尝试。例如，曾在美国国家科学基金会信息科学部工作的雷斯尼科夫（Howard L. Resnikoff），他在整个 20 世纪 80 年代就一直致力于建立一门他认为是真正的信息科学理论，并希望最后能使其在大学里讲授。他的这个计划最终取得了部分成功。之所以说是部分成功，是因为他确实完成了这个研究的初步构思，并且在麻省理工学院进行了讲授。但莱斯尼可夫很快发现，他的这一尝试无法再继续下去，于是不久之后就投身商海了。在莱斯尼可夫已经建立的不完善的信息理论中，他认为信息科学理论应该以香农信息计量为基础，主要研究内容包括熵，包括对一般信息系统和生命信息系统中的不确定性信息的测量，包括对信号检测和信息处理的量化等。莱斯尼可夫认为，在计算机科学、认知科学和图书馆学之间有一个关联的因素存在，在生物体的信息处理和电子机械的信息处理之间也有某些共同的东西存在，而它们都服从于信息计量理论，也服从于物理学。很遗憾，他把这种看法仅停留在了猜想阶段，而没有像钟义信那样在研究中用具体的方法去实践它们，结果只能作为一种设想性追求，最后表述在了他于 1989 年完成的那部带有框架性色彩的信息科学专著《现实的幻想》（*The Illusion of Reality*）中。[4]

从 20 世纪后半叶开始，信息学科研究的阵营发生了巨大的变化，而

① 钟义信. 信息科学原理(第 5 版). 北京: 北京邮电大学出版社, 2013: 22.

② 同上，17.

③ 同上，69.

④ Resnikoff H L. *The Illusion of Reality*. New York: Springer-Verlag, 1989.

对整个信息科学的发展历史和研究阵营并不太了解的人来说，香农信息论仍被看作建立一门信息科学的首选基石。例如，在斯坦福大学管理科学与工程系任教的伦伯格（David Luenberger）于2006年完成了一部《信息科学》（*Information Science*）新著，显现在全书5个部分的是一种被他称为5E的信息科学思想，5E代表熵（entropy）、经济（economics）、加密（encryption）、提取（extraction）、发射（emission）5个英文单词的首字母缩写。初看起来，人们会为这种新奇的信息科学思想感到振奋，但仔细阅读之后就会发现，他的5E实际上指的是（香农）信息论、经济学、密码学、计算机科学、通信科学。有趣的是，他把（香农的）信息论和熵理论结合起来，并进行了将它们应用到经济学的价格理论中的尝试，而这正是由冯·诺依曼等人以及以后的信息经济学者的研究方向，但他却把它们拼凑到一起，并称之为《信息科学》[①]。中国的姜丹也在中国科技大学管理学院讲授过非常细化的“信息论”，但他既不敢像伦伯格那样把信息论放大成“信息科学”，也不敢把它们和信息经济学进行结合[②]。我们不会为这种5E理论唱任何赞歌，而只为伦伯格的胆量而折服。一部问世于20世纪初的信息科学专著竟是如此地狭隘，这绝不会成为斯坦福大学的骄傲。2010年，信息科学的研究前沿就开始呈现出一些质的变化，典型的例子表现在来自乌克兰的一位数学家和信息科学家巴尔金身上，在他出版的《信息论：基础、差异与统一》里，他开始采用另一种数学方法建立了一种新的、他称为“广义信息论”的信息科学理论[③]。对于巴尔金理论的价值，我们目前还无法给予充分的评述。但正如意大利裔美籍物理学家赛格雷（Emilio G. Segrè）所言，“条条道路都可能通向罗马，但不是所有大路都必定通向罗马”[④]。

在中国，不论是否沿着香农信息论向前推进信息科学，实际情况是，整个信息科学的基础研究在很长的时间里一直没有出现新的突破。但自2005年以来，基于对香农的语法信息理论和钟义信的全信息理论以及有限的物理信息问题的思考，来自北京理工大学的应用物理学研究者邢修三

---

① Luenberger D G, *Information Science*. Princeton: Princeton University Press, 2006. 在谈到全球信息科学发展时，俄罗斯的科林在自己的《信息科学的哲学基础》中向俄罗斯学者唯一推荐了这部来自国外的信息科学著作。见：科林 K K. 信息科学的哲学问题. 邬焜译. 中国社会科学出版社, 2012: 130.

② 姜丹. 信息论与编码. 合肥: 中国科学技术大学出版社, 2001.

③ Burgin M. *Theory of Information: Fundamentality, Diversity and Unification*. Singapore: World Scientific Publishing Co. Pty, Ltd., 2010.

④ 埃米里奥·赛格雷. 从X射线到夸克——近代物理学家和他们的发现. 夏孝勇, 等译. 上海: 上海科学技术文献出版社, 1984: 323.

提出了一个“动态统计信息理论”[①②③]。邢修三认为，不论香农的形式信息计量理论也好，或者是钟义信的全信息计量理论也好，它们都有一个不足：那就是仅从静态方面思考信息。他认为，正确的信息计量理论应该从动态入手，静态只是一个特例。邢修三具有很好物理学知识背景，同时对熵理论以及当代物理信息和生物信息的发展前沿都有深刻的见解。作者在推进信息计量理论方面的这一重要成果，也许在信息科学发展史上具有更加深刻的意义，但需要实践和时间的检验。

总体上，从维纳控制论和香农信息论诞生到目前为止这半个多世纪里，钟义信的信息科学理论代表了世界范围内所有系统化的信息科学理论研究中最出色的一个，这也是其他两个学派或其他零星的“信息科学”研究在“理论”层面上根本无法与其相比的。之后虽然也有人对其实用价值提出过质疑，但在以威弗尔的建议为基础，把香农的单一形式信息计量扩展成包含语法、语义和语用的全信息计量这一点上，在中西方信息科学研究者中还无人能超越他。因此，在前述三种“信息科学”学派中，真正算得上“信息科学理论”的，唯有钟义信的工作。

但是，在“通信论信息科学”学派中，我们也应该清醒地认识到，尽管钟义信已经充分考虑到信息的人文意义，但由于其理论大厦仍是建立在香农信息论基础之上的[④]，因此，它就不可避免地要受到香农信息论的制约。数学方法在自然科学中，特别是物理学中被证明是通向成功的主要手段。但就信息科学这一不仅涉及工程科学，而且还涉及人文、自然等诸多领域的大幅度跨学科研究来说，唯计量是王道的思维就未必一定能取得成功。而事实也正在证明着这一点。基于语法信息的形式信息计量理论的有效性在普遍的信息实践中被证明是相当受限的，而基于语法、语用和语义的全信息计量理论在这个缺憾面前仍显得力不从心。在未来的信息科学研究中，如果数学家能够提供出新的，除了概率论和统计学之外的，对信息研究更加有效的计量方法，如果信息科学家能够调整思维，把信息计量方法仅仅看作认识复杂的信息问题的手段之一，那么，在把信息科学向前推

① 邢修三. 动态统计信息理论. 中国科学 G 辑: 物理学 力学 天文学, 2005, 35(4): 337-368.

② 邢修三. 动态信息理论和动力学系统信息描述. 中国科学 G 辑: 物理学 力学 天文学, 2010, 40(2): 160.

③ 邢修三. 论动态信息理论. 物理学报, 2014, 63(23): 1-27.

④ 钟义信在《国外电子技术》1978 年第 2 期写道：“信息科学主要是应用现代数学物理学方法来研究信息的性质，研究利用机器来检测、变换、传输、处理和控制各种信息的基本理论与技术，研究实现这些功能所需要的设备和系统原理的科学，是信息论与电子计算机、控制论、仿生学、智能理论等相互渗透相互结合形成的一门新兴科学。它的基本理论是信息论和控制理论。”见：钟义信. 信息科学与信息论. 国外电子技术, 1978, (2): 21.

进的道路上我们就有可能发现另外的世界。

如何评价通信论信息科学的价值呢？我们知道，1948 年以来，全世界熟悉香农信息论的科学家有很多。但仅就信息科学基础研究而言，钟义信的工作可能更具理论意义。我们用今天的眼光来审视钟义信的全信息理论，应该主要看他自 1969 年提出信息科学设想以来，或更准确地说，自他 1988 年建立起全信息理论以来，该理论是否引起了更多人关于信息、关于信息计量、关于信息科学的思考，以及这一理论本身是否自洽，而不必太在意它有多大的实用价值，就像我们不必太在意香农的形式信息计量理论在各种信息学科中有多大的实用价值一样。在信息概念已经几乎渗透到各个学科的今天，关于信息的各种惊人之语比比皆是。就数学来说，全世界的数学家每年提出的各种定理和定律加起来有上百个，而真正有价值的为数寥寥。对信息科学来说，它还仅处于幼年阶段，我们需要用更加宽容的眼光来看待各种新的学说。这样，钟义信的全信息理论的意义一下就凸显了出来。

在沿着把“信息论”推向“信息科学”的发展过程中，作为一个信息科学工作者，如果你不沿着香农路线去尝试将信息计量作为信息科学研究的突破口，而是选择其他更加有效的办法开始这一探索并取得成功，那你肯定是一个天才；但你如若去尝试用信息计量方法去作为问鼎这一事业的突破口，那你注定要冒一定的风险。对于一般的信息科学研究者而言，如果我们承认自己并不位于天才的行列，那么还有什么可供选择的路线比不去冒这一风险更有意义呢？

第 3 章　信息科学的现状

自 1948 年维纳控制论和香农信息论问世之后，除了通信领域之外，神经科学、心理学、语言学、计算机科学等学科也都迅速地将信息概念引入到自己的研究之中，并形成一种信息思维思潮。这些学科还普遍希望通过香农提出的对数信息计量方法，来解决自己学科中的一些基本问题。

1974 年，除了第 2 章提到的三大信息科学流派之外，科学界开始出现一种以信息技术应用为基础，或者是以信息工作为基础的“信息学”研究热潮，带头者是医疗信息学，著名的有地理信息学、生物信息学等。到今天为止，这一潮流导致的结果是：信息学的阵营已经成为一个庞大的群体，统计起来大约有 200 余门。

对于基础信息科学研究者来说，如果我们不去关注这些学科中的信息问题，这将会使我们失去和这些研究者对话的基础，同时，如若对这些学科中所研究的信息问题不甚了解，要想建立起一门基础性信息科学也是不大可能的。按照常规的办法，我们需要对不同的信息学进行剖析，分析哪些信息学是真正的信息学，并给出我们的合理建议。这一切都需要以学科分类为前提。下面我们着手解决这些问题。

3.1　不同学科的信息关注

在前述三大信息科学学派之外，虽然我们并没有发现有关于信息的系统研究出现，但许多学科仍旧站在自己的立场上提出了许多不同的信息见解。对整个信息科学研究而言，有些信息见解和问题可能还十分重要，下面我们就对它们进行简单的介绍。

3.1.1 在人文科学中

1. 在哲学中

自 1948 年之后，信息的哲学问题很快就成了哲学界的热门话题。其实，信息科学每取得一个哪怕是微小的进展，它都会在哲学家中激起阵阵涟漪。哲学家对信息的研究，早期较多的是站在信息论、控制论和系统论角度予以考察。例如，德国的克劳斯（Georg Klaus）在 20 世纪 70 年代完成的《从哲学看控制论》①就代表这种思潮。在哲学界最有影响的信息研究，是美国威斯康星大学的哲学家德雷斯基，他于 1981 年完成了一部颇具影响的著作，即《知识与信息流》②。该书出版后，剑桥大学的《脑与行为科学杂志》在 1983 年第一期上辟出巨幅版面，聘请世界上许多著名学者撰文发表对德雷斯基理论的看法③。1988 年，伊比利亚美洲社会哲学协会（Sociedad Filosófica Ibero Americana）在墨西哥召开了一次“信息理论：语义学和认识论”④国际大会，其中心议题即是德雷斯基的信息流理论。中国西安交通大学的邬焜，从学生时代起就致力于信息的哲学研究，昔日筚路蓝缕，今日终成大业。他历年来完成了《信息哲学：一种新的时代精神》⑤《信息认识论》⑥《信息哲学——理论、体系、方法》⑦等一系列具有开拓意义的信息哲学著作，其中的一些思想如今已经引起国内外同行的良好反应。来自瑞士的化学、逻辑学、信息科学研究者布鲁纳（Joseph Brenner），曾在欧洲的另一个信息科学研究阵营：保加利亚信息技术与应用研究所马尔科夫（Krassimir Markov）主办的电子杂志《信息理论与实践》上，撰文对其工作给予很好的评价⑧。在西方国家，曾工作于联合国教科文组织，目前在剑桥大学工作的意大利学者弗洛里迪，则是另一位潜心于信息哲学研究的优秀学者。他曾乐观地认为，在整个哲学体系中，信息哲学终将成为“第一哲学”（Information Prima）⑨。和弗洛里迪有着

---

① 克劳斯 G. 从哲学看控制论. 梁志学译. 北京：中国社会科学出版社, 1981.

② Dretske F. *Knowledge and the Flow of Information*. Cambridge, Mass: MIT Press, 1981.

③ Alston W P, et al. Open Peer Commentary on Knowledge and the Flow of Information. *Behavioral and Brain Science*, 1983, 6(1): 63-82.

④ Villanueva E. *Information, Semantic and Epistemology*. Cambridge, Mass: Basil Blackwell, 1990.

⑤ 邬焜. 信息哲学：一种新的时代精神. 西安：陕西师范大学出版社, 1989.

⑥ 邬焜. 信息认识论. 北京：中国社会科学出版社, 2002.

⑦ 邬焜. 信息哲学——理论、体系、方法. 北京：商务印书馆, 2005.

⑧ Brenner J. Wu Kun and the Metaphilosophy of Information. *International Journal of Information Theories and Applications*, 2011, 18(2): 103-129.

⑨ 弗洛里迪 L. 什么是信息哲学？刘钢译. 世界哲学, 2002, (4): 72-80.

密切交往的刘钢也于 2007 年出版了他的《信息哲学探源》[①]。此外，基于钟义信所开创的信息科学理论，冯国瑞也早在 1994 年就出版了另外一部讨论信息和哲学关系的专著——《信息科学与认识论》[②]。罗先汉在 2005 年提出，并在之后不断完善的一个从整个哲学高度看待世界的“物信论”，则是更值得深思的一种物质和信息关系的新世界观[③]。

2. *在心理学中*

心理学长期以来也一直处于信息研究的最前沿。从冯特（Wilhelm Wundt）的构造心理学算起，在 100 余年的心理学研究历史中，心理学家对心理学的研究对象始终争论不休。20 世纪 70 年代，一批新的心理学家开始大胆地抛弃心理学是研究行为还是研究意识的持久争论，直接把信息概念引入心理学研究的腹地。其中最有价值的探索始于诺曼（Donald Norman）。他在 1969 年完成的博士论文《记忆与注意：人类信息处理导论》[④]中，首次系统地尝试用信息的观点解释记忆与注意这两个传统的心理学问题。6 年之后，他又和林赛（Peter H. Lindsay）一起完成了一部开创性的心理学著作——《人的信息加工：心理学导论》[⑤]，从而开创了“用信息概念系统地改造传统心理学”的新思维。这些思想和耐塞尔（Ulric Neisser）于 1967 年完成的“认知心理学”[⑥]，以及 20 世纪六七十年代由西蒙和纽威尔等人所倡导的“认知科学”一起，共同导致了心理学于 20 世纪中后期发生一场以认知心理学为核心的“信息革命”。其后，认知心理学、认知神经科学，以及认知科学这些新的和信息关系紧密的学科，也都以充满信息色彩的特征占据心理学的一席之地，而且是重要的一席，同时启发着信息科学家的思维。近年来，思维科学也一直是许多学科关怀的对象，而思维科学最终要取得有效成就，就必然少不了心理学家的参与。从西蒙等提倡的以物理符号系统假设为基础的认知心理学角度来说，思维的本质就是一个人类信息加工或处理过程。到目前为止，不仅心理学中传统的记忆与注意问题已经在用信息概念来阐释，而且旧有的感觉、知觉、

① 刘钢. 信息哲学探源. 北京: 金城出版社, 2007.

② 冯国瑞. 信息科学与认识论. 北京: 北京大学出版社, 1994.

③ 罗先汉. 物信论——多层次物质信息系统及其哲学探索. 北京大学学报（自然科学版）, 2005: 41(3): 440-447.

④ Norman D A. *Memory and Attention: An Introduction to Human Information Processing*. New York: Wiley, 1969.

⑤ Lindsay P H, Norman D A. *Human Information Processing: An Introduction to Psychology*. New York: Academic Press, 1977. 中文版见：林赛 P H, 诺曼 D A. 人的信息加工: 心理学导论. 孙晔, 王甦, 等译. 北京: 科学出版社, 1987.

⑥ Neisser U. *Cognitive Psychology*. New York: Appleton-Century-Crofts, 1967.

思维等几乎所有的心理学问题都在不同程度地尝试用信息概念来阐释，心理学在信息研究的道路上已经接近语言学，它们都正在向一门实实在在的信息科学研究迈进。

3. 在语言学中

除了把语言看作一种特殊的社会现象，一种音义结合的符号系统，一种人类思维的工具之外，从 20 世纪 70 年代后期开始，许多语言学家都开始强调语言的交际功能，即信息的传播功能，这在莱昂斯（John Lyons）等的著作里表现得尤为明显①。自从香农的信息论问世之后，更有若干语言学家大胆地尝试用信息的观点去系统地解释语言学问题。最早的研究来自以色列的语言学家巴-希莱尔，他在自己的著作《语言和信息》②里，系统尝试了用香农的统计信息理论对语义问题进行了计量。自 20 世纪 70 年代之后，语言学中的信息观是沿着三条支流展开的：第一条支流是莫里斯（Charles W. Morris）所提出的语言学是由语法、语用、语义三个部分组成的观点③。从对莫里斯的三分法研究成果来看，目前的语用学研究，很多工作几乎就是人类信息的应用分析；至于语义学，它干脆就是狭义人类信息学的同义语；而语法学，它已经构成了香农语法信息计量研究的基础。第二条支流和计算语言学相关。随着计算语言学的兴起，面向自然语言信息处理的语法理论层出不穷，它们中的一部分实际上都可以看作信息研究。最具特色的例子，是鲁川等人干脆就把现代语法理论之一的格语法称作信息语法④。第三条支流是一般的语法学理论，如韩礼德（Michael A. K. Halliday）于 20 世纪 70～80 年代开创的系统功能语法理论，其讨论问题的方式基本上就是用信息概念去解释整个语言学⑤。在深入探索信息与语言学的关系方面，哈佛大学的著名语言学家哈里斯（Zellig Harris）终于打破传统语言学家对信息探索所保持的沉默态度，于 1991 年出版了现代语言学中第一部关于信息研究的专著——《语言和信息理论：一种数学探索》⑥。在中国，由陈忠完成的《信息语用学》于 1999 年出版⑦，由吕公礼完成的系统探讨语言和信息关系的《语言信息新论》也于 2007 年在

---

① Lyons J. *Introduction to Theoretical Linguistics*. London: Cambridge University Press, 1968.

② Bar-Hillel Y. *Language and Information*. Reading, Mass: Addison Wesley, 1964.

③ Morris C W. *Foundations of the Theory of Signs*. Chicago: The University of Chicago Press, 1938: 6-7.

④ 鲁川, 梁镇韩. 汉语信息语法. 河南财经学院学报, 1986, (2):70-79.

⑤ Halliday M A K. *An Introduction to Functional Grammar*. London: E. Arnold, 1985. 中文版见：Halliday M A K. 功能语法导论. 彭宣维, 等译. 北京：外语教学与研究出版社, 2010.

⑥ Harris Z S. *A Theory of Language and Information: A Mathematical Approach*. Oxford: Clarendon Press, 1991.

⑦ 陈忠. 信息语用学. 济南: 山东教育出版社, 1999.

北京问世[①]。

4. 在传播学中

根据流行的传播学研究模式，传播学的研究内容是由传播者、信息（内容）、媒介（渠道）、受传者、效果等五个部分组成的[②]，由此可以得出，信息研究是传播学的若干问题之一，就像信息研究也可以看作语言学的问题之一一样。不过这是从传播角度来看信息的。按照现代传播学的一些观点，传播学实际上是“一门专门研究人类信息传播现象和传播行为及其规律的一门新兴学科”[③]。此外，传播学中有一个著名的内容分析法，它所说的“内容”一词，若用“信息”来表述也并无不妥。事实上，传播学中一些内容分析法研究权威，同时也是信息研究的权威。例如，国际传播学学会前任主席、美国宾夕法尼亚大学安南伯格传播学院的克里彭多夫（Klaus Krippendorff）既擅长内容分析法研究[④]，也是一个香农信息论研究[⑤]的优秀学者。在美国新泽西罗特格斯州立大学前传播、信息与图书馆学院[⑥]工作的传播学家鲁本（Brenda D. Ruben），从 1985 年开始，就着手编纂一个系列出版物——《信息和行为》[⑦]，集中反映了传播学家对信息问题的关注和看法，其视角是极其新颖的。他本人所撰写的一部传播学教科书《传播和人类行为》[⑧]，更是一部像心理学家林赛完成的《人的信息加工：心理学导论》那样，立足信息，颠覆传统，创造经典。在传播学的世界名著中，由李约翰撰写的，已经出版到第 10 版的《人类传播理论》，也是强调传播学中信息观的典范[⑨]。在传播学和信息学的教育实践中，两个机构的合并在 20 世纪 80 年代还是一件新鲜事，而在之后的世界传播学教育体系中，每隔若干年，就会听到世界上有新成立或者更名后的传播与信息学院，或者是信息与传播学院的消息不断传来。最为值得关注的是处于亚洲的日本东京大学，它

① 吕公礼. 语言信息新论. 北京: 中国社会科学出版社, 2007.

② 明安香. 西方大众传播研究概况//中国社会科学院新闻研究所世界新闻研究室. 传播学(简介). 北京: 人民日报出版社, 1983: 2-33.

③ 明安香. 传播学的历史、现状与未来//袁军, 龙耘, 韩运荣. 传播学在中国——传播学者访谈录. 北京: 北京广播学院出版社, 1999: 1.

④ Krippendorff K. *Content Analysis: An Introduction to Its Methodology*. Beverly Hills, CA: Sage, 1980.

⑤ Krippendorff K. *Information Theory: Structural Models for Qualitative Data*. Beverly Hills, CA: Sage Publications, 1986.

⑥ 该学院从 2009 年起再次更名，新名是将旧学院名称上的“图书馆”一词去掉而改为现名“新泽西州立大学罗特格斯传播与信息学院”。 http://comminfo.rutgers.edu [2013-11-3].

⑦ Ruben B D. *Information and Behavior (1, 2, 3, 4, 5)*. New Brunswick: Transaction Books, 1981-1986.

⑧ Ruben B D. *Communication and Human Behavior*. New York: Macmillan Publishing Company, 1988.

⑨ 斯蒂芬・李特约翰. 人类传播理论. 史安斌译. 北京: 清华大学出版社, 2004.

曾有一个70余年新闻学研究历史的新闻学研究所，在1992年彻底改名成社会信息学研究所（对外称社会信息与传播研究所），并将其研究重点放在了信息媒体、信息行为、信息社会这三个方向上[①]。随着研究的进一步深入，从2000年4月起，该校又以该研究所为基础，新成立一个跨院系的东京大学信息学院，即东京大学院际信息学规划及交叉信息科学研究生院[②]。该院以信息的人文研究为基础，把东京大学校内关于社会信息、自然信息等方面的信息学科进行最大程度的整合，这是当前国际教育界基于人类社会信息传播角度对信息科学进行的最大一次官方调整行动。

5. *在新闻学中*

所有的大众媒体研究都可以从三个角度去分析：第一，从技术角度。从技术角度去考察大众媒体，所有的媒体技术都是和电子通信、光（子）通信、计算机以及互联网技术分不开的。第二，从管理角度。关于媒体管理，它长久以来就是一个富有争议的话题。新闻学研究者不愿仅把这门学科看作一个技巧性行当，更喜欢从理论上对其进行探索。因此从管理学——他们更喜欢用“经营”这个概念——角度看待新闻学就成了新闻学中的热门话题。因此，新闻学有时就成了媒体学。第三，从理论角度。这是媒体学的始祖。新闻学是从对报纸的研究起家的，但长久以来，它一直得不到学术界的认可，虽然个中原因很多，但从信息的角度来看，新闻仅是信息的一种，而大多数媒体所负载的信息内容并不仅仅是新闻信息，有的媒体所报道的新闻信息仅占其很小的部分。例如某些文艺和科技方面的信息。所以新闻学就一直在一种名不正、言不顺的状态中挣扎。总体上看，无论从上述三个角度的哪一个角度分析，新闻学都和信息密切相关。方汉奇在回顾新闻学教育的历史时，曾把1918年徐宝璜在旧北京大学沙滩红楼开设的《新闻学大意》比作“冬末的萌芽”，“有点稚嫩”[③]。但已经接近一个世纪，新闻学仍旧没有从稚嫩的萌芽成长为参天大树，倚重技能操作的新闻学科，乃至其他的大众媒体学科，目前仍旧被看作理论上“欠发达”的学问。鉴于上述原因，近年来，世界上大多数媒体研究都开始对旧有的新闻学或大众传

---

① 闫学杉. 从新闻学到社会信息学——日本新闻与传播教育的变迁. 国际新闻界, 1997, (4): 65.

② 東京大学大学院情報学環・学際情報学府（Graduate School of Interdisciplinary Information Studies, Interfaculty Initiative in Information Studies）. http://www.iii.u-tokyo.ac.jp/gnrl_info/constitution.html [2013-11-5].

③ 方汉奇. 新闻史的奇情壮彩. 北京：华文出版社, 2000: 230.

播学进行改造，多数研究者都把弥补上述不足的希望寄予了传播学；而另一些人则把这种希望寄予信息学。武汉大学李元授于 1994 年完成了一部很有特色的专著《新闻信息论》[①]，这一研究就是后一种理念的尝试。浙江大学的张允若在总结了新闻学的所有基本概念之后认为，新闻学有三个核心概念需要加以认真对待，而信息就是其中之一[②]。

6. *在历史学中*

历史学的研究对象是历史事实，历史事实是无法重演的过去。有关当前事件的新闻信息是历史学家得以在未来反观今日的历史信息。学会分析、辨别、考证历史事实是史家和史学家的基本技能。在控制论、信息论、系统论开始流行的年代，历史学家也曾从信息的观点看待过历史学，但效果并不理想。20 世纪 80 年代中期，有人进一步提出，“历史学是一门特殊的信息科学。”[③]但由于论证不够充分，它并没有引起历史学家们的特别注意。在历史学家的思维中，“事件”“事实”“史料”等概念已经能够足以表达和信息类似的问题，就像物理学家冷落信息时对物理学中“熵”所持的态度一样，历史学家认为他们和信息问题保持一定的距离是可以接受的。但是，“事件”“事实”“史料”等概念本身就是典型的信息类概念，所以，历史学和信息学的关系不是很远而是很近。在历史学著名的“事实与解释”之争中，按照德国著名的客观主义史学创始人兰克（Leopold von Ranke）的观点，历史学家的任务就是“照录史实”[④]，这里的“史实”就是“过去的信息”。回顾历史学的研究历程，特别是在纪事本末体事件表述中，历史学家本可以像英国心理学家巴特利特（Frederic C. Bartlett）或瑞士心理学家皮亚杰（Jean Piaget）那样，从“图式”角度深入分析事件本身的结构和事件发生的客观规律，从而和信息学建立起密切的联系，但历史学家太“历史”了，以至于历史学和信息学就这样平静地相处在两个咫尺的遥远天涯。但这种现象正在改变，近年来，关于历史本体和历史叙事的研究已经逐渐多了起来。[⑤]“本体”和“叙事”正是人类信息学关注的基本内容。进入 21 世纪以来，一些深入的历史学思考也开始逐渐从

---

① 李元授. 新闻信息论. 武汉: 武汉大学出版社, 1994.

② 张允若. 对传播学几个基本概念的辨析. 杭州大学学报（哲学社会科学版), 1998, (1): 103-108. 他提出的传播学另外两个重要概念是“传播”和“媒介”。

③ 程洪. 历史研究: 一门特殊的信息科学//中国史研究编辑部, 等合编. 系统论与历史科学. 郑州: 中州古籍出版社, 1987: 150.

④ 陆象淦. 现代历史科学. 重庆: 重庆出版社, 1991: 27.

⑤ 海登・怀特. 后现代历史叙事学. 陈永国, 张万娟译. 北京: 中国社会科学出版社, 2003.

信息角度解剖不同的历史学问题[1][2][3]，这些研究正在使一门合格的信息科学问世变得迫在眉睫。

7. 在科学学中

传统的科学学研究发端于 20 世纪 30 年代的波兰。1939 年，英国物理学家和科学学家贝尔纳（John D. Bernal）的代表作《科学的社会功能》问世，在他详细地列出的科学学研究纲领中，第一次把“科学交流”列为其中的一个问题，而科学交流就是科学信息的交流，是专门讨论科学信息及其传播问题的信息学或传播学分支。贝尔纳说：“按照过去的概念，交流是科学家之间唯一的桥梁。”“在今天我们已经明白，科学信息数量之多已使其传播成了一个巨大的问题。”[4]20 世纪 60 年代，苏联（乌克兰）科学学奠基人多勃罗夫（Геннадий М. Добров）开始在科学学研究中大量引入信息概念。他说：“在客观存在的现实世界上，在各种各样的信息中，绝大部分是由与一切科学领域有关的大量信息组成的。它在过去和将来都是人类认识和科学研究的对象。”“众所周知，在人类进步的长期历史中积累的信息量是巨大的。信息流始终存在并迅速发展，科学本身以信息的形式创造工具、方法和抽象概念。”[5]70 年代，苏联图书馆信息科学家米哈依洛夫等人完全接受了这种观点，并借此创建了以科学信息交流为核心的图书馆信息科学学派。米哈依洛夫等在他们的《科学交流与信息学》一书中开宗明义地宣称，他们欣赏把科学定义为“取得、传递、积累和合理整理科学信息，以便得到新科学信息的巨大社会系统”，“取得科学信息和使用（解释）科学信息是在研究活动本身范围内进行的，而传递科学信息的过程是在科学交流的范围内实现的”[6]。

8. 在教育学中

在教育学中引进信息概念并不是自 1948 之后才开始的，据孙绍荣[7]考证，哲学家和教育学家杜威（John Dewey）在 1916 年谈到教育的传授过程时就使用到信息概念。他那时说：“没有人反对信息包含在词汇之中，

---

① 邓小南. 政绩考察与信息渠道：以宋代为重心. 北京：北京大学出版社, 2008.

② 邓小南, 曹家齐, 平田茂树. 文书·政令·信息沟通：以唐宋时期为主. 北京：北京大学出版社, 2012.

③ 李浩. 天子文书·政令·信息沟通：以两汉魏晋南北朝为中心. 上海：复旦大学出版社, 2014.

④ 贝尔纳 J D. 科学的社会功能. 陈体芳译, 张今校. 北京：商务印书馆, 1982.

⑤ 多勃罗夫 Г М. 普通科学学导论（第 2 版）. 王兴成, 等译. 天津：天津科学技术出版社, 1984: 33.

⑥ 米哈依洛夫 А И, 乔尔内 А И, 吉里列夫斯基 Р С. 科学交流与情报学. 徐新民, 张国华, 孙荣科, 等译. 北京：科学文献出版社, 1980: 1-5.

⑦ 孙绍荣. 教育信息理论. 上海：上海教育出版社, 2000: 23.

因而传播就必须就通过词汇来进行。”[①]但在教育研究中大规模地引进信息概念，还只是从 20 世纪 80 年代初才开始的。之后，不少教育学家尝试着使用信息传递与加工的观点来看待教育过程，并形成信息的传递、接受、加工活动是教育活动赖以存在的基础这种基本的教育信息观，并构造出许多教学过程的信息流程图，也即教育信息的传递模型，并依此提出了教育信息论或教育信息学。教育信息学目前的主要研究内容，还只局限在教育信息的传递理论上，它包括学习者对信息的接收和加工原理、学习过程、信息传递的模型、教育传播等。此外也涉及用信息观来看待教育学中的传统课题。更深入的研究就涉及对知识的分类，也即教育信息的分类。其中一个更重要的问题是，教育学具有很多分支，课堂教学、远程教学、多媒体教学都可以划归到教育信息学或教育信息化的范畴中，但其他的教育学分支和信息学的关系又是什么呢？中国的教育学研究者胡德海提出：“就教育活动这一教育形态而言，可以认为它是人类一种特有的文化传递形式、一种手段和工具。教育的本质是它的传递性、工具性、手段性。传递什么？传递文化，传递人类文明，传递人类劳动和智慧的一切成果和结晶。”所有这些论述最后可以归成一句话：“从信息理论的角度来看教育活动，它是一种信息的传递过程。”[②]用现在的话说，不论德、智、体也好，不论音、体、美也好，信息和传播，二者永远是教育学的核心。林建祥站在信息科学的角度更特别地警告我们，要注意教育信息传播的 LOGO 方法论问题。LOGO 方法论的基本思想是：“把学习、研究的对象分解为基本成分，在这些成份的基础上再进行综合，使其成为不同层次的模型、模式、或语义。”[③]

9. 在艺术学中

说艺术品的主要内容就是信息，这对艺术学家来说没有新意。因为在香农的信息论诞生不久，艺术学家就追随时代的气息，迅速地把信息概念引入艺术学，引入美学，从而创造了“信息论美学”，它曾在香农信息论和维纳控制论问世后兴盛一时。著名的研究者，如法国斯特拉斯堡大学的莫耳斯，德国对物理学、化学、数学、地质学都有研究的本泽（Max von Bense），日本的川野洋[④][⑤]，中国的涂途[⑥]等都在维纳控制论和香农信息论

---

① Deway J. *Democracy and Education*. New York: The Macmillan Company, 1961: 187-188.

② 胡德海. 教育学原理 (第 3 版). 北京: 人民教育出版社, 2013: 65-66, 216.

③ 林建祥. LOGO 思想与教育信息化 (上). 中国信息技术教育, 2008, 10: 116.

④ 川野洋. 芸術情報の理論. 東京: 新曜社, 1972. 川野洋的《艺术信息论》在 20 世纪是一部影响很大的艺术信息论专著。

⑤ 川野洋. 芸術の論理: 情報美学の方法. 東京: 早稲田大学出版部, 1983.

⑥ 涂途. 信息论 控制论 系统论与美学. 北京: 世界知识出版社, 1990.

的启发下完成了一批相应的艺术信息学研究成果。中国美术信息研究者罗一平 2002 年出版的《美术信息学》①则是在现代信息科学背景下进行的美术信息理论研究。根据金克木的看法，“艺术品总是在传达一种信息”②，更广泛地说，任何艺术的表现形式都是一种信息，这曾是信息论美学的基本观点。但是，信息论美学最后衰败了。究其原因，最重要的一点就是：艺术学家把信息在艺术理论中应用得过于宽泛。他们把代表客观内容的信息称作美学信息，这是没有问题的；但他们还把代表主观感觉的美也划入信息的范畴③，这就给他们带来了麻烦。艺术作品包含一定的美学信息是必然的，但这些美学信息在不同人的审美过程中所能引起的美学感受是不同的，要把这种不同的美学感受作为艺术信息来看待，它必然会使信息在艺术学领域里承载的对象大大超越它本身能够承载的负荷，最终就导致了美学信息概念从基础上的崩溃。艺术品所包含的内容是一种信息，但美感不是信息。艺术学家今后要想再次扬起信息学的风帆，他们就应该牢记：不要把美感也看作信息，而把可以产生美感的艺术内容看作信息就足够了。

3.1.2 在社会科学中

1. 在经济学中

从 1959 年马尔萨克（Jacob Marschak）把信息作为一个经济学概念正式引入经济学开始④，到 2001 年诺贝尔经济学奖第三次授予信息经济学家为止，古老的经济科学和年轻的信息科学结成联姻已成事实。目前，信息问题在经济学中一共形成了两个分支。第一个分支是经济信息学，它和其他大部分信息学科一样，把经济看作一个系统，信息经济学注重考察信息在这个系统中的传播和处理问题；第二个分支是信息经济学，根据出发点的不同，它已经分为两种完全不同的研究思路。第一种思路是由马克卢普（Fritz Machlup）⑤、波拉特（Marc Porat）⑥等开创的信息经济学，其宗旨的是用经济学中的投入产出原理来分析由信息产业所产生的经济效益问

---

① 罗一平. 美术信息学. 广州: 中山大学出版社, 2002.

② 金克木. 艺术科学丛谈. 北京: 生活·读书·新知三联书店, 1996: 8.

③ Harold O. 20 世纪艺术中的抽象和技巧. 闫嘉, 黄欢译. 成都: 四川美术出版社, 1988. 作者在第二章“艺术与信息论”中指出，艺术作品可以传达三种信息：①语义信息；②符号信息；③表现信息。作者所说的表现信息即受众获得的美感。见该书第 7～28 页.

④ Jacob M. Problems in Information Economics//Bonini C P, Jaediicke R K, Wagner H M. ed. *Management Controls: New Directions in Basic Research*. New York: McCraw-Hill Book Co., 1964: 38-74.

⑤ Machlup F. *The Production and Distribution of Knowledge in the United States*. Princeton: Princeton University Press, 1962.

⑥ 马克·波拉特. 信息经济. 袁君时, 等译. 北京: 中国展望出版社, 1987.

题；第二种思路是由马尔萨克、阿克洛夫（George Akerlof）、斯蒂格利茨（Joseph Stiglitz）[①]等开创的，其核心是把信息，而不是信息产业作为一个信息经济学元素，注重考察在信息不对称的情况下，商品的价格是如何靠信息——而不是靠供求关系或商品的社会劳动价值来决定的。后者可谓是信息概念在所有不同学科应用中产生的一种表面上具有深度交叉的学科。尽管如此，除了马克卢普之外，大多数经济学研究者对什么是真正的信息科学并不关心，因为他们清楚地知道，就连博弈论也还没有成功地引进“比特”的概念，经济学中的信息问题还只不过是一些表面化的新概念而已，信息在这里并没有像在语言学或生物学中那样深入自己学科的骨髓。但从信息角度来解释大多数经济现象，已经变成前卫经济学家们的一种思考准则。要使今天的经济学家不去关心信息研究，和说服历史学家去关心信息研究同样困难。

2. 在法学中

从法学理论来看，自 1991 年第一届世界信息法学大会在荷兰召开以来，以“信息法学”为主题的著作、期刊、网站等不断地涌现出来。信息法学的指导思想是：过去分布在法理学、民法、商法、行政法等法学分支中，和信息传播有关的法学思想和法规，将以信息传播思想为主线加以整合。新的信息法学不仅仅是新闻法、出版法、广告法、著作权法、专利法、艺术法、电影法、电视法、电信法、互联网法、国家保密法、游行示威法、政府政务信息公开法，以及隶属于民法中人身权内容的个人姓名权、名称权、隐私权、肖像权、名誉权等法规的集合，它应该是一部建立在公民和政府的一切信息行为，必须在法律的保障和约束下进行的法典。但把这一系列信息传播法学归并到一个法典中并不现实，我们期望在未来的信息社会里，先建立一个类似民法或民商法那样的一个大的“人类信息法”或“信息自由法”，如有必要，之后再分别建立新闻信息法、历史信息法、文学信息法、艺术信息法、科学信息法，以及其他一些有关人类信息的法律和法规分支。在中国，上述大部分法规目前由知识产权法代行其职能，更多人关心的新闻法，一直处于某些政治家的拒斥范围之中。从更一般的意义上说，和医疗信息学理论一样，从司法实践来看，从一个案件的立案到调查取证，再到最后的判决，基本上就是一套完整的信息搜集、分析和判定的过程。

3. 在社会学中

社会互动、社会组织、社会群体、社会调查、社会控制，这些占社会

---

① 谢康. 信息经济学原理. 长沙：中南工业大学出版社, 1998: 100-111.

学大部分研究内容的主题，无一不和信息问题相关。社会互动本身就是一个信息传播和交流问题。没有信息，互动根本就无从谈起。一部由美国弗莱德曼（Jonathan Freedman）等编写的《社会心理学》①教科书在 20 世纪 70 年代出版后多次再版，它在美国大学的社会心理学专业中广受欢迎。翻开该书，到处都是对信息问题的分析和论证。其中，对信息的一致性、信息的差异、信息的可信度、信息交流中的干扰因素、信息与信任、信息交流模式、信息网络等的论述比比皆是。社会调查——一门社会学的基础实践学科——本身就是人类信息搜集的同义语，社会控制的基本手段就是信息。对社会学中有关信息问题进行研究所形成的结论，终将成为社会学的一些基本理论。

4. *在政治学中*

信息和权力的关系是十分明显的。美国政治学家洛威（Theodore Lowi）1972 年曾提出：信息与政治之间存在着一种直接的联系，这种联系建立在信息是一种可以转化为政治权力的手段这一命题之上②。所有的资源，包括人力的、物力的、信息的，它们都影响着决策者的态度和社会结构中上层集团的组成。由于政治对信息的种类与数量的变化特别敏感，所以，可以给政治给出一个这样的定义：政治是信息操作的一种特殊形式，是一种有效利用信息的能力机制。在占有越来越多的第一手信息之后，特别是当这些信息将决定他人命运的时候，人们就被授予某种信息特权，于是就当权了。我们可以不带感情色彩地把这种情况称为由信息转让所得的权力。而由信息转让获得的权力其基础是不稳固的，就像靠信息垄断和信息愚昧而维护的制度一样是不能维持得太久一样，因为大多数信息应该被当权者和公民平等地拥有，而信息公开是这种靠信息获得特权而铁腕钳制社会的致命杀手。在信息时代，极权专制在全世界的崩溃，绝非是靠哪个国家的公民力量能够轻易造成的，而是因为极权专制的物质技术基础——信息垄断的脆弱性所致，在信息社会里，它会因信息技术的力量而一点一点地被抽空。基于互联网基础上的信息产品，如网页、博客、微博、微信，以及兴起在早期的即时通信和电子邮件等这些看似只为生活便捷而诞生的新信息技术，却会使依赖信息垄断而保持极权专制的梦想慢慢地丧失基础。如果一个统治集团主要靠谎言生存，那么它在如此迅猛的信息潮流冲击下离崩溃的边缘会越来越近。当一个时代的主要统治手段被技术的力量无情地予以打击之后，不管统治集团及其治下的臣民有多大的惰

① 弗里德曼 J, 等. 社会心理学. 高地, 高佳, 等译. 哈尔滨: 黑龙江人民出版社. 1985.

② 彼得·霍尔. 2000 年的欧洲. 刘觉俦, 等译. 北京: 世界知识出版社. 1982: 188-190.

性，历史都将会无情地被超越。就互联网技术而言，它是我们这个时代的最伟大发明，互联网使得封杀一种思想，禁绝一种声音变得越来越不可能。网络上的每一次点击、跟帖、转评，其单一效果虽说可以小到忽略不计，但就是这看似微弱和孤立的每个行动一旦快速积聚，孤掌就会变成共鸣，无数的陌生人就组成了一个声音嘹亮的行动集团。

3.1.3　在自然科学中

1. 在物理学中

物理学曾是自然科学中对信息概念最持保留态度的学科之一。一些物理学家曾认为，对物理学来说，一个“熵”概念差不多已经可以把物理学中和信息问题近似的问题说得非常明白了，物理学家没有必要去赶这个“信息”时髦。另外一些事实也证明，世界上曾有相当多的物理学家并非持这种观点。有五个事实可以作为这种看法的证明：第一，在 1994 年、1996 年召开的两届国际信息科学基础大会上，很多物理学家都积极参与了信息和物理学关系的讨论。特别是 1996 年在马德里召开的第二届国际信息科学基础大会，会后的论文集共收录 40 篇论文，其中 1/4 都来自物理学家①。第二，自从费曼（Richard Feynman）1983 年提出“量子信息”这一概念之后，量子物理学和信息科学的结合所产生的量子信息学今天已经变成物理学和信息技术的前沿话题，而其中的一些理念，正在引起一些信息科学研究者的关注。第三，世界上首部“信息物理学”专著已于 1990 年出版②。它虽然是一种尝试，但书中却提出了许多足以使正统的物理学家值得深思的信息和物理学关系的思考。第四，著名天体物理学家惠勒（John A. Wheeler）根据自己一生对物理学的思考，认为过去所提出的“万物是由粒子组成”或“万物是由场组成”的说法，远没有“万物是由信息组成”的说法更为接近物理学的本质，他的物理信息学思想正在引起人们的深思③。第五，协同学、混沌学、复杂性科学等这些当代前沿科学，不论怎样估计，它们在某种意义上都和物理学有关，更不用说当代天体物理学中的黑洞研究、暗物质研究等也一直在尝试着从信息和熵的角度来考虑问题。随着对黑洞等特别天体的深入探索，以及对量子纠缠态的深入研究，

---

① Hofkirchner W. *The Quest for a Unified Theory of Information*. Amsterdam: Gordon and Breach Publishers, 1999.

② Stonier T. *Information and the Internal Structure of the Universe: An Exploration into Information Physics*. London: Springer-Verlag, 1990: 17.

③ 约翰·阿奇博尔德·惠勒. 宇宙逍遥. 田松, 南宫梅芳译. 北京: 北京理工大学出版社, 2006: 329-350.

以及它们有可能给人类社会发展带来巨大应用便利的预见，物理学中的信息问题正在逐渐被越来越多的物理学家关注。虽然斯托尼尔在《信息物理学》中那种“凡有结构的地方就一定有信息的存在”的泛信息主义论断值得怀疑，但像松野孝一郎这类生物物理学家提出的，在信息背景下复苏的“笛卡儿物理学”，无论你是怎样的超然，也未必都敢采取对这些学说不屑一顾的态度。也许物理学家在其研究中并不情愿使用“信息”概念，但信息所具有的力量又在逼迫着他们不得不去改变自己的某些世界观。

2. *在化学中*

化学中引进信息概念的早期尝试，是和化学文献的使用和管理，以及计算机在化学计算中的应用分不开的。但化学家真正使用信息概念来解释化学问题，始于诺贝尔化学奖获得者莱恩（Jean-Marie Lehn）。按照莱恩最初的设想，化学信息学的主要目的，在于借用信息概念来解释超分子之间的相互作用或识别问题，特别是为解释超分子的形成过程提供依据①。根据化学理论，在某些超分子中，分子与分子之间的强相作用力不存在了，取而代之的是一种弱相作用力，或称之为“弱键”。弱键的作用力要比化学键小几百倍，但形成超分子的效率却非常高。如何解释弱键在超分子形成过程中所起的作用，化学信息学对此给出了独辟蹊径的解释。这些解释认为，在化学反应过程中，接受信息的分子将会依据自身的性质和发送信息的分子所提供的化学信息相互寻求一种最佳耦合状态，从而决定反应的方向和产物的结构②。用信息概念和方法解释化学反应的思路，与传统的化学理论在方法论上有天壤之别。对于信息科学家来说，像化学科学这种看来和信息具有遥远距离的学科，能够引入信息概念已经让人感到十分欣慰，而研究化学信息学的科学家所提出的观点更是有些让人们瞠目结舌。莱恩甚至认为，随着对分子之间传递信息机理之谜的逐渐揭开，化学信息学研究最终可能改变整个化学科学的命运——化学科学有可能被理解为一门信息科学③。化学信息学家的这些大胆论述目前仅处于一种猜测阶段。这些猜想能否成立，它还需要化学家做出巨大的努力。

3. *在生物学中*

信息技术和生物学联姻所形成的生物信息学问世于20世纪80年代，它主要是以计算机和互联网的应用为起家的。但随着生物学家对生物信息

---

① 宋心琦, 周金渭, 周福添. 分子识别、化学信息学和化学反应智能化问题//21世纪100个科学难题编写组编. 21世纪100个科学难题. 长春: 吉林人民出版社, 1998: 403.

② 宋心琦. 21世纪理论化学的重要课题之我见. 大学化学, 2000, (1): 15-19.

③ Lehn J M. 超分子化学——概念和展望. 沈兴海, 等译. 北京: 北京大学出版社, 2002: 208, 237, 250.

问题的深入研究，“信息”并不再是一个专有的技术名词，它在生物学中蕴涵着更为基本的生物学含义。生物学也是自然科学中接受信息概念最早的学科之一。这门学科对信息概念的关注主要表现在下列四个方面：遗传学、神经学、内分泌学、免疫学。此外，中医的经络研究也提出疑问：生命之所以能够生生不息，生命体内部是否存在着不停的信息传输通道并不停地在传输着信息？在上述分支中，神经研究和遗传研究中的生物信息问题已有着久远的研究历史。而在今天，生机勃勃的生物信息学研究，其真正的学理不仅涉及基因编码和解码，而且还涉及蛋白质表达等问题。进一步的研究发现，内分泌系统实质上是一种生理信息的传输系统，在生物的肠胃、肾脏、神经、生殖等系统内部，激素都扮演着一个信使角色，它们源源不断地把不同的内分泌信息从一个细胞传递到另一个细胞①。免疫学研究是近几年才引入信息概念的学科。和经络研究以及生命体和外界是否存在着信息交换研究一样，免疫问题中是否存在着信息的传递尚需进一步证明。在生物学的信息研究中，许多看法还不尽一致。有人认为，在这个分支中过分强调计算机和互联网的工具性质的同时，应该清醒地认识到它们在整个生物学研究中仅是工具性的②。也有人认为，在“在分子水平上的信息和集成的生物系统水平上的信息之间仍存在着巨大的差别。”③从信息学的观点来看，信息概念对生物学的冲击可能又是一次还原论的革命。但是，这次起作用的因素已不是 18 世纪的力学，或 20 世纪的分子运动规律或物理–化学过程，而是用信息的观点来还原，生物信息研究所开创的新方向只不过是生物学进入后基因组时代信息科学登场的一个序幕。

4. *在地理学中*

和生物信息学一样，问世于 1992 年的“地理信息学”④也是基于计算机技术、通信技术和互联网技术在地理学实践中的应用而建立的，它所形成的形形色色地理信息系统产品，已经变成一种推进国民经济发展的强大生产力。聚焦于虚拟空间、赛博空间和网络空间等方面的地理信息学，已成为当今地理学研究中的前沿领域。从目前地理信息学家关注的信息问题来看，它们大部分仍是技术层面的，主要关注的是地理信息技术是否会成为社会结构变革和空间重组的重要力量。从地理信息技术的发展趋势来说，全球定位系统、遥感和空间分析等技术在地理学中的应用越来越广泛。

① 王玢，左明雪. 人体及动物生理学(第 2 版). 北京：科学出版社, 1995: 367.
② Attwood T K, Dvid J. *Introduction to Bioinformatics*. England: Addison Wesley Longman Limited, 1999.
③ Kanehisa M. *Post-Genome Informatics*. Oxford: Oxford University Press, 2000.
④ 陈述彭，等. 地理信息系统导论. 北京：科学出版社, 1999: 231.

地理学的理论与方法已经融入地理信息技术之中，从而使其成为具有地理学特色的特殊技术。尽管地理信息学被视为地理科学的技术学科，但现实是，地理信息学的研究与传统地理科学研究已经逐渐分裂开来，地理学的技术特色也开始越来越明显，而且还存在着地理学逐渐技术化的趋势，这种思想有可能影响整个地理科学的发展。虽然进行地理信息学研究的学者已经认识到地理信息学的理论、思想、方法对地理科学整体发展所起的作用，但限于精力，他们还很难把这些思想与方法用于理论地理学的研究之中。而从事理论地理学研究的研究者又难于把地理信息学中所蕴涵的理论、思想和方法用于理论地理研究之中①。地理信息学给地理学带来了生机，但也给地理学带来了难以言说的困惑。

5. 在医药学中

医药学界于1974年提出了医疗信息学的新概念②，紧接着，国际医药协会于1978年成立医疗信息学分会③。自20世纪70年代以来，这一诞生于医学、药学、护理学之间的一个新方向从此蓬勃发展，分支层出不穷。从范·伯墨（Jan H. van Bemmel）和穆森（Mark A. Musen）1997年编写的《医疗信息学手册》④来看，医疗信息学家曾试图用信息概念彻底影响医学和药学，从疾病的诊断到治疗，到医护人员对患者的护理，到药物配置和医院管理，医疗信息学家都从不同的角度提出了信息问题。但是，除了把疾病的诊治过程可以模拟成一个对疾病信息的观察、确诊和给出治疗方案的信息处理过程——它是一个实质性的信息学问题——之外，医疗信息学中真正使信息科学家感兴趣的题目还相当少。计算机在各种具体信息处理领域中的应用有数千种，根据医疗信息学家目前已经提出的一些医疗信息学分支来看，如果我们把心电图处理中的计算机应用称之为心电信息学，把计算机对患者外伤的辅助治疗称之为外伤信息学，把计算机在护理工作中的应用称之为护理信息学，很显然，随着计算机和网络技术在医药学中应用的更加普及，将会有更多的“信息学”分支在医药学领域里诞生，医药学从此就有可能成为一个滋生“信息学”的温床。和大多数计算机应用一样，计算机在医药行业的应用只是在操作层面上改变了一些传统的医疗规程，并使得诊断、治疗、护理，以至于医院管理变得更加方便有效。

---

① 王爱民. 地理学思想史. 北京: 科学出版社, 2010: 226-227.

② 吕婷, 姜友好. 中美医学信息学教育比较研究. 医学信息学杂志, 2009: 30(12): 1.

③ 国际医学信息学学会. http://www.imia-medinfo.org/new2/ [2011-3-2].

④ von Bemmel J H, Musen M A. *Handbook of Medical Informatics*. Houten/Diegen: Springer-Verlag, 1997. 中文版见：von Bemmel J H, Musen M A. 医学信息学. 包含飞, 郑学侃主译. 上海: 上海科学技术出版社, 2002.

但要完成信息概念从理论上，而不是仅从技术上对医药学的真正渗透，医疗信息学家目前还提不出任何理论上的说明。

除了在上述人文科学、社会科学和自然科学研究中研究者利用信息观点来看待自己的研究之外，一些用信息概念将不同学科交叉起来进行信息研究的情况也不时出现。典型的如逻辑学家、语言学家和人工智能学家的合作，这些先驱者中包括巴-希莱尔（Yehoshua Bar-Hillel）、卡尔纳普（Rudolf Carnap）①和明斯基（Marvin L. Minsky）②等。他们于 20 世纪五六十年代就开展了一系列以香农信息论为基础的形式语义信息理论思考。此后很久，这些研究还一直是语言学家和逻辑学家的研究课题。斯坦福大学语言、认知与信息研究中心的巴维斯（Jon Barwise）和佩里（John Perry），于 1983 年出版一本《情境与态度》③的情境语义学专著，它曾被认为是语义形式化的经典著作，在逻辑学、语言学、人工智能等领域广泛受到好评，实质上它后来也的确对信息的研究产生了相当大的冲击。1988 年，加拿大西蒙弗雷泽大学（Simon Fraser University）在酝酿该校关于认知科学研究的发展规划时，第一个行动就是召开一次交叉学科的国际会议，主题就是“信息、语言和认知”④。从会后出版的文集来看，其中不少信息研究的思考都是用这种形式语义化的方法来统领的。邹崇理认为，情境语义学是一种贯穿“信息”思想的语义学理论⑤。1991 年，美国缅因州的数学家德夫林（Keith Devlin）也加入了这个讨论，并完成《逻辑与信息》一书。德夫林的理论是一个颇具影响力的、和信息科学关系密切的理论，而作者就是用巴维斯和佩里所创建的那种形式语义方法来研究信息的。他在阐述写作意图时说：“在当今的信息时代，回答什么是信息已经成为一个难题，本书是试图对这种缺乏一个统一的、基本的、并可以籍此建立起一个可以接受的（信息）定义找到一个答案。”⑥德夫林认为，世界是由情境组成的，情境是由信元组成的。由于情境语义学被认为是面向信息理论的，且被认为是描述世界的理想工具，它在 20 世纪末受到计算机科学、人工智

① Bar-Hillel Y, Carnap R. Semantic Information. *British Journal for the Philosophy of the Science*, 1953(4): 147-157.

② Minsky M L. *Semantic Information Processing*. Cambridge, Mass: The MIT Press, 1968.

③ Barwise J, Perry J. *Situation and Attitudes*. Cambridge, Mass: The MIT Press, 1983. 中文版见：乔恩·巴威斯, 约翰·佩里. 情境与态度. 贾国恒译, 张建军审订. 南京：南京大学出版社, 2015.

④ Hanson P P. *Information, Language and Cognition*. Vancouver: University of British Columbia Press, 1990.

⑤ 邹崇理. 逻辑、语言和信息. 北京：人民出版社, 2002: 40, 187.

⑥ Devlin K. *Logic and Information*. New York: Cambridge University Press, 1991.

能、逻辑学、语义学研究者的高度赞扬。但由于描述方法类似符号逻辑，其高度抽象性的缺点已经使其曾经的光辉慢慢退去。

从目前的情况看来，对各种信息问题进行研究的阵营已经变得十分庞大，它早已不再是一个能够由计算机信息科学、图书馆信息科学、通信论信息科学这一三角体系所能支撑起的庞然大物。当20世纪即将进入尾声的时候，欧洲和亚洲的许多信息科学研究者分别掀起了一股重新审视信息科学发展的新思维，关于它的起源、现状与未来，我们将在第15和第16章对它们进行详细的讨论。

3.2 当代信息学科的阵营

从1948年控制论和信息论的问世到今天为止，由“信息”概念向不同学科渗透所形成的各种信息学科，今日已经形成一个蔚为壮观的阵营，统计起来大约已有200余门。研究信息科学的人，特别是研究基础信息科学的人，如果对这一阵营没有足够的了解，那么要想在这种背景下建立起一门真正的信息科学，这将是一件不大不可能的事情。

需要特别说明的是，在大多数情况下，我们在使用上都将信息科学（information science）和信息学科（information discipline）两个概念进行区分。当我们说某门学科是一门“信息科学”时，这就意味着这一学科对某类信息问题的研究已经形成一套系统化的知识，或独立的信息理论，或交叉的信息理论。当我们说某学科是一门“信息学科”时候，这仅仅意味着这门研究和信息问题相关。当然，所有的“信息科学”无疑都是“信息学科”，反之不然。从实践方面看，在目前的许多信息学科中，它们大多数都声称自己是“某某信息（理）论”或“某某信息（科）学”。本章将重点讨论这个问题，并展示它们之间的深层逻辑联系。

总体来说，和信息问题相关的研究可以分为如下三类：①仅在研究内容中涉及信息问题，但在学科名称中并不包含“信息”一词的学科。如博弈论、管理学、社会学等。②不仅在研究内容中涉及信息问题，而且在其学科名称上还采取“某某信息（理）论”或“某某信息（科）学”的字样。如算法信息论、医疗信息学、地理信息科学等。③虽然在研究内容中涉及信息问题，但在学科名称上使用的却是“信息某某（理）论”或“信息某某（科）学”的命名形式。如信息力学、信息经济学、信息伦理学等。

在“某某信息（理）论”或“某某信息（科）学”，或“信息某某（理）

论”或“某某信息（科）学”两类研究中，信息概念位置的不同所导致的信息学科性质是不同的。从汉语构词形态上说，“某某信息”和“信息某某”都是偏正结构，处于前面的词是修饰词，处于后面的词是中心词，而中心词所涉及的问题才是该学科的主要研究内容。一般来说，“某某信息”研究致力的是一种信息问题，因此它们一般属于信息学科研究。退一步说，它们或者是属于信息科学和某一专业学科的交叉科学。例如神经信息学、经济信息学、文艺信息学等。而“信息某某”型学科，虽然它们和信息研究具有一定的联系，但在本质上更应该被看作和信息相关的一门交叉学科，其重点是在被信息概念修饰的那个专业词汇所属的专业学科。例如信息法学、信息力学等。我们在这里将主要讨论前述三种类型中的第二类信息学科。因为从某种意义上说，它们才有可能被看作纯粹的信息科学构成的原材料。在下面列出的所有这些和信息有关的学科中，并非都意味着它们都真正属于信息学科。相反，有些可能根本就不在这个列表中的一些学科，我们会认为它们是一种真正的信息学科并予以提出。如符号学。而就第一或第三类信息学科而言，例如系统论、认知心理学、信息经济学、信息伦理学等，虽然它们不属于“某某信息（理）论”或“某某信息（科）学”，但它们对信息科学所做的贡献可能比第二类学科更大。

3.2.1　早期仅在研究内容中有“信息”概念的学科

对信息概念向不同学科渗透的现象给予的最早关注，始于美国普林斯顿大学的经济学家马克卢普（Fritz Machlup）。出于对信息经济和知识经济研究的需要，1980 年，他启动了一个研究计划，打算对当时所有科学学科中“和信息问题相关的学科”进行系统分析。那时他已发现，这个群体的总数已达 39 门。他研究了英国化学家兼小说家斯诺（Charles Snow）于 1959 年提出的，认为科学可以分为“自然科学”和“人文科学”两种文化的观点①之后认为，不排除和信息相关的学科在未来有可能形成第三种文化：“信息文化”的可能。根据他的调查，当时和信息有关的学科有 39 门，它们是：①目录计量学；②控制论；③语言学；④语音学；⑤生理语言学；⑥机器人学；⑦科学计量学；⑧语义学；⑨符号学；⑩系统学；⑪认知心理学；⑫词汇学；⑬神经心理学；⑭心理生物学；⑮脑科学；⑯认知科学；⑰认知神经科学；⑱计算机科学；⑲计算科学；⑳通信科学；㉑图书馆科学；㉒管理科学；㉓言语科学；㉔系统科学；㉕系统分析；㉖自动化理论；

① 斯诺 C P. 两种文化. 纪树立译. 北京：生活・读书・新知三联书店, 1994: 1-100.

㉗传播理论；㉘控制理论；㉙决策理论；㉚搏弈理论；㉛一般系统理论；㉜人工智能研究；㉝基因信息研究；㉞生命系统研究；㉟运筹学；㊱模式识别研究；㊲电子通信研究；㊳文献学；㊴密码学①。

在这 39 门学科中，他对文献学和密码学进行了额外的评论。在谈到文献学时他说，这个学科过去曾受到尊重但以后却不再流行，主要原因是它的研究缺乏新思想的缘故；而在谈到密码学时他说，它是一个与机密情报的搜集有关但常常被忽视的学科。最后，他从总体上把这 39 门学科分成 9 个学组，并邀请 38 位和这些学科相关的学者写出了 56 篇文章对它们进行详尽的分析。这 9 个学组分别是：信息科学、计算机信息科学、人工智能、语言学、图书馆信息科学、控制论、信息论、系统论、其他。

进入 20 世纪 80 年代之后，和信息问题相关的学科在数量上已经出现大幅度的增容，在自然科学、社会科学、人文科学中，这类学科已经俯拾皆是。1994 年，当第一届世界信息科学基础大会在西班牙首都马德里召开时，大会主席马里胡安（Pedro C. Marijuán）在回顾自 1948 年之后近 50 年间信息概念的应用状况之后感概地说：当代的“信息”概念已经成为一个“无所不能”的万用概念。他最后给出一个基于信息概念而形成的信息学科或学组列表，一共有 19 个，它们是：①热力学第二定律和熵；②量子理论；③香农信息论；④非平衡系统和线性动力学；⑤细胞狄恩酸和酶；⑥生命进化的达尔文主义；⑦生态多样性测量；⑧神经系统的起源和进化；⑨大脑功能；⑩智能本质；⑪人工智能的表达模式；⑫逻辑（逻辑深度、算法的复杂性）；⑬语言学（意义、语义）；⑭认识论和本体论；⑮电子学以及计算机硬件和软件工程；⑯大众媒体和所有的新传播技术；⑰图书馆和文献管理；⑱经济学和社会科学的基本假定；⑲政治哲学等②。

和马克卢普的统计相比，在马里胡安所列出的 19 个学科或学组中，其中大部分学科都已在其名字上加上了“信息”一词。

3.2.2 当前学科名称为“专业”加“信息”形式的学科

2005 年，我们对那时在名称上使用“信息（理）论”或“信息（科）学”概念的学科——请注意，不是马克卢普所说的“和信息问题相关的学科”，而是在其学科名称上直接使用了“信息”一词的学科——进行过一

① Machlup F, Mansfield U. *The Study of Information: Interdisciplinary Messages*. New York: John Wiley & Sons, 1983: 6.

② Marijuán P C. First Conference on the Foundations of Information Science: From Computers and Quantum Physics to Cells, Nervous Systems, and Societies. *BioSystems*, 1996, 38(2-3): 88-89.

个粗略统计，发现这个数字已达 70 余门[①]。2011 年 8 月，我应马里胡安之邀为电子杂志《信息》（*Information*）撰写了一篇长文，文中对使用“信息（理）论”或“信息（科）学”概念的学科进行了一次较为详细的统计，这时这个列表已增加到 172 门[②]。5 年后的今天，作者在完成这部书稿时对这一现象再次进行统计，此时这一数字已达 215 门：①阿恩酸信息学；②癌症信息学；③安全信息学；④保险信息学；⑤病案信息学；⑥病理信息学；⑦博物馆信息学；⑧材料信息学；⑨财务信息学；⑩财政和市场信息学；⑪财政信息论/财政信息学；⑫测量和土地信息学；⑬城市地理信息学；⑭城市空间信息学；⑮城市水利信息学；⑯城市信息学；⑰创伤信息学；⑱代理人信息学；⑲代数量子信息论；⑳代数信息学；㉑蛋白质生物信息学；㉒蛋白质信息学；㉓蛋白质组生物信息学；㉔档案信息论/档案信息学；㉕道路运输信息学；㉖地理空间信息科学；㉗地理水利信息学；㉘地理信息学/地理信息科学；㉙地球空间信息学/地球空间信息科学；㉚地球信息学/地球信息科学；㉛电气信息学/电气信息科学；㉜电子通信与信息学；㉝电子信息（理）论/电子信息科学；㉞发展信息学；㉟法律信息学；㊱翻译信息学；㊲犯罪信息学；㊳仿生信息学；㊴分子生物信息学；㊵分子信息论/分子信息学/分子信息科学；㊶工程信息论/工程信息学；㊷工程造价信息学；㊸工业信息学；㊹公安信息学/公安信息科学；㊺公共卫生信息学；㊻公关信息学；㊼公路运输信息学；㊽功能信息论/功能信息学；㊾股市信息学；㊿顾客卫生信息学；(51)馆藏信息学；(52)管理信息学；(53)灌溉信息学；(54)光信息论/光信息学/光信息科学；(55)广告信息学；(56)广义信息论；(57)海岸信息学；(58)汉字信息学；(59)后基因组信息学；(60)护理信息学；(61)化学信息论/化学信息学/化学信息科学；(62)环境生物信息学；(63)环境信息学；(64)会话信息学；(65)会计信息论；(66)机器信息学；(67)机械信息学；(68)基因组信息学；(69)疾病感染信息学；(70)疾病信息学；(71)计算机信息科学；(72)计算信息学；(73)计算艺术和创造信息学；(74)家庭信息学；(75)检察信息学；(76)健康护理信息学；(77)健康教育信息学；(78)健康信息学；(79)交际信息学；(80)交通信息（理）论；(81)教育信息论/教育信息学；(82)结构生物信息学；(83)结构信息学；(84)解释信息学；(85)金融信息（理）论/金融信息学；(86)进化生物信息学；(87)进化信息学；(88)经济信息论/经济信息学；(89)决策信息学；(90)军事信息学/军事信息科学；(91)科技信息学；

---

① 闫学杉. 信息科学的历史、现状与未来//马蔼乃, 姜璐, 苗东升, 等编. 信息科学交叉研究. 杭州: 浙江教育出版社, 2007: 6.

② Yan Xueshan. Information Science: Its Past, Present and Future. *Information*, 2011, 2(3): 523-524.

㉜科学信息学；㉝空间时间信息学；㉞空间信息论/空间信息学/空间信息科学；㉟恐怖主义信息学；㊱口腔信息学；㊲口腔医学信息学；㊳矿物信息学；㊴理论信息学；⑩力学信息论；⑩量子生物信息学；⑩量子信息（理）论/量子信息学/量子信息科学；⑩临床生物信息学；⑩临床心电信息学；⑩临床信息学；⑩临床医学信息学；⑩流行病信息学；⑩旅游信息学；⑩麻醉信息学；⑩美术信息学；⑪免疫信息学；⑪纳米信息学；⑪脑电图信息学；⑪脑信息学；⑪农业信息论/农业信息学/农业信息科学；⑪普通信息学；⑪气象信息学；⑪企业经济信息论/企业经济信息学；⑪情报与安全信息学；⑫人才管理信息论；⑫人类信息学；⑫人体系统信息论；⑫认知信息学；⑫森林信息学；⑫商务信息学；⑫商业信息学；⑫设计信息学；⑫社会科学信息学；⑫社会信息学；⑬社区信息学（社群信息学）；⑬身体锻炼信息学；⑬神经信息学/神经信息科学；⑬生活信息学；⑬生命信息学/生命信息科学；⑬生纳信息学；⑬生态信息学/生态信息科学；⑬生物多样性信息学；⑬生物分析信息论；⑬生物分子信息论；⑭生物图像信息学；⑭生物信息学/生物信息科学；⑭生物医学信息学；⑭时空信息学；⑭实验室信息学；⑭实验医学信息学；⑭食品信息学；⑭市场经济信息学；⑭市场信息学；⑭视觉信息学；⑮兽医信息学；⑮书法信息学；⑮水环境信息学；⑮水信息学；⑮算法信息论；⑮糖信息学；⑮体育信息科学；⑮通信与信息科学；⑮统计信息（理）论/统计信息学；⑮统一信息（理）论/统一信息科学；⑯图书馆信息科学；⑯图像信息学；⑯土地信息学/土地信息科学；⑯外伤信息学；⑯微阵列生物信息学；⑯卫生信息学；⑯文献信息学；⑯文艺信息学；⑯物流信息学；⑯系统信息学；⑰消费健康信息学；⑰消费信息学；⑰效用信息论；⑰心电信息学；⑰新闻信息学；⑰牙科信息学；⑰眼科信息学；⑰遥感信息学/遥感信息科学；⑰药物分析信息学；⑰药物信息学；⑱医疗信息论/医疗信息学；⑱医疗影像信息学；⑱医药分析信息学；⑱医药信息学；⑱遗传信息学；⑱艺术信息论/艺术信息学；⑱音乐信息学；⑱营销信息学；⑱影像信息学/影像信息科学；⑱语言信息论/语言信息学；⑲语义信息论；⑲语用信息论；⑲预算信息论/预算信息学；⑲元信息学；⑲远程地理信息学；⑲远程信息学；⑲运输信息论；⑲哲学信息论；⑲真空信息论；⑲政府事务信息学/政府事务信息科学；⑳政府信息学；⑳政务信息（理）论/政务信息科学；⑳政治信息学；⑳植物生物信息学；⑳植物信息学；⑳指甲生命信息学；⑳制造信息学；⑳质量信息论；⑳中药信息学；⑳中医神经信息学；㉑中医信息学；㉑资源环境信息学；㉑自动化生物信息学；㉑自

动化信息学；⑭自然灵感信息学；⑮组织信息学。

尽管这个数字已经非常庞大，但在我们的统计中，在方法上仍使这一统计受控于下列三个限制：①只统计了在汉语和英语中出现的信息学科，而世界上其他语种中出现的关于信息研究的新学科并不在统计之列；②统计对象主要指的是图书，其次是正式发表的文章。而在一些学术讨论中虽然提到，但还仅仅处于概念性探索阶段的新的“信息学科”并不在统计之列；③统计主要集中在“专业＋信息”类的“信息（理）论”和“信息（科）学”学科上，而对“信息＋专业”类学科并未给予充分的关注。而类似马克卢普所关注的那种和信息问题相关，但在其名称上没有出现“信息”一词的学科均被排除在外。如果除去这三个限制，可以想象，这个数字会大得惊人。从统计过程来看，从 1948 年到现在的 60 余年间，许多过去仅仅是引入信息概念或作为和信息问题相关的研究，今天已经堂而皇之地发展成为“某某信息（理）论”或“某某信息（科）学”了。

3.2.3　当前学科名称为“信息”加“专业”形式的学科

在“信息某某理论或某某信息科学”中，以“经济信息学”和“信息经济学”为例，前者是把经济信息看作信息的一类来加以研究的，虽然属于信息科学和经济科学的交叉分支，但更应该把它看作偏重信息学科的交叉信息学科分支；后者则是把和信息有关的产业看作一类经济实体，从而当作经济学的一部分来研究的，主要属于经济科学中的产业经济学分支。虽然和信息问题也具有密切的联系，但更应该把它看作偏重于经济科学的交叉经济学科分支；而就后者而言，它还包含着两个学派：以信息产业为基础的信息经济学派和以博弈论为基础的信息经济学派[①]。以信息产业为基础的信息经济学派关注的是信息产业所产生的经济效益在国民经济中的比例是怎样构成的；以博弈论为基础的信息经济学派关注的是信息是怎样影响人们的经济决策的。尽管两者的着重点不同，但它们关注的都是经济问题而不是信息问题。经济信息学研究的着重点在于经济学家把信息看作研究经济学问题的一个手段，从而试图寻找经济系统中经济信息的收集、加工、传播、利用的规律。

当然，前述的例子还比较容易区分，但在引入信息概念的学科中，有些学科的区分并非易事，例如关于物理信息的研究就是一例。1990 年，斯

① 以信息产业为研究基础的信息经济学著作有很多，如：张守一. 信息经济学. 沈阳：辽宁人民出版社，1992. 以博弈论为研究基础的信息经济学也很多，如：张维迎. 博弈论与信息经济学. 上海：上海三联书店，上海人民出版社，1996.

托尼尔把“信息”概念引入物理学，并希望将信息概念和质量、能量、体积、长度等基本物理学概念并列，从而打算建立一门新的物理学分支：信息物理学[①]。显然，这是一门物理学学科。毋庸置疑，斯托尼尔在这里讨论的信息主要是物理信息。但是，这立即给我们带来两个思考：第一，从“信息物理学”的名称看，它应该属于和“物质物理学”并列的一门物理学。在这个意义上，它是一门物理学分支。第二，从其具体的研究内容看，他主要关注的是物理信息。和经济信息学、文化信息学等信息学科的建立思路比较起来，我们有理由称他的信息物理学为物理信息学。同样的问题也出现在“化学信息学”与“信息化学”等信息学科中。在一些新出现的信息研究领域，有些信息学科区分起来就更加困难，例如信息光学和光（子）信息学。

到目前为止，在学科名称中使用“信息＋专业”形式的学科，大体有如下分支：信息哲学、信息社会学、信息管理学、信息传播学、信息经济学、信息法学、信息伦理学、信息文化学、信息语用学、信息物理学、信息光学、信息力学、信息化学、信息代数、信息几何、信息微积分、信息逻辑等。

3.3 当代信息学科的体系

从宏观上看，目前的所有信息学科可以分为两大类，第一类是基础性信息学科，它们包括机体信息学、生物信息学，以及争论中的化学信息学，探索中的物理信息学；第二类是应用性信息学科，它们包括纯粹的信息技术应用学科，以及综合性信息应用学科。

3.3.1 理论性信息学科

在基础性信息学科中，几乎所有的学科都是具有争议的，因而也都是探索性质的。依照承载信息的基本物质单元由大到小划分，它们可分为机体信息学、生物信息学、化学信息学、物理信息学等学科（图 3-1）。在机体信息学中，承载信息的基础单元是神经系统。在生物信息学中，它是细胞。在化学信息学中，它是有机分子。在物理信息学中，它可能是基本粒子，但并不确定。

---

① Stonier T. *Information and the Internal Structure of the Universe: An Exploration into Information Physics*. London: Springer-Verlag, 1990.

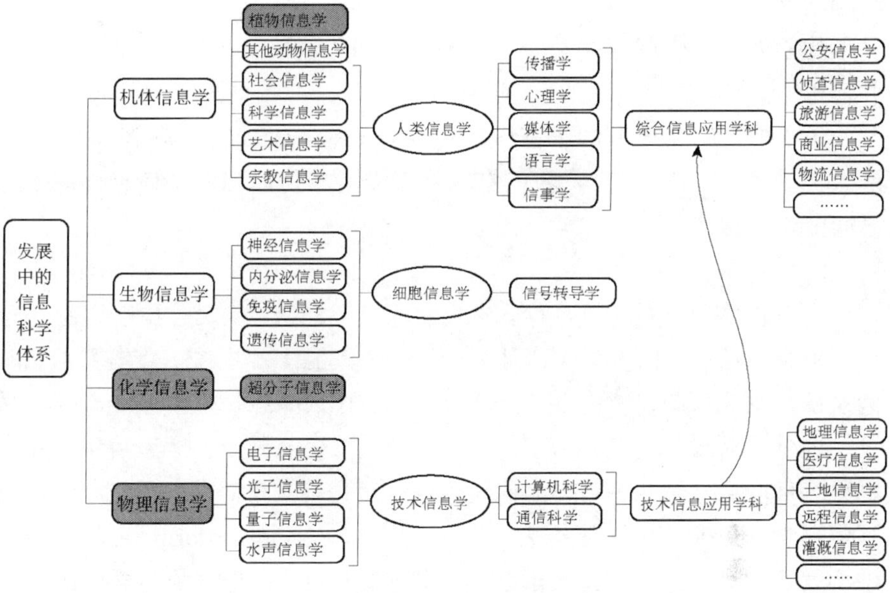

图 3-1　发展中的信息科学体系

1. 机体信息学

在现有的基础性信息学科中，最大的承载信息单元是有机体或简称为机体或个体。它分为动物和植物，当然还有原核生物、原生生物和真菌等。动物能够传输和处理信息的事实是毋庸置疑的，但植物个体是否能够处理信息似乎是可能的，但彼此之间是否能够传输信息，这是一个争议性话题。其原因在于：植物是否有神经系统或大脑尚不确定。动物是社会性的，社会性的动物机体需要彼此交流，相互交流就能够构成机体信息学（organic informatics）。

人类和其他动物的主要区别是：人类具有高度复杂和发达的神经系统，它们能够接受来自体内和体外的物理刺激并变成信息来处理它们。但是，具有能够接受来自外界物理刺激并处理它们的特性，并不只有具有高度复杂神经系统的动物所独有。例如草履虫这样的单细胞生物，它们虽只有简单的大脑，但仍可以接受来自外界的物理刺激并处理它们。而对于那些并没有进化出大脑的动物而言，情况也是如此。例如变形虫就是一例。变形虫个体虽然只有一个细胞，但它却能接受来自外界的各种刺激并做出适当的反应。从单细胞动物到多细胞动物，从无脊椎动物到脊椎动物，神经系统最为发达的是人[①]。人是具有复杂的信息传输和信息处理系统的

① 萧静宁. 脑科学概要. 武汉：武汉大学出版社, 1986: 20.

高等动物。

我们人类天生就存在着一个处理信息和传输信息的复杂的神经系统，并已形成一门集关于信息处理研究的心理学、关于信息传输研究的传播学、关于信息符号研究的语言学、关于信息本体研究的信事学[①]等于一体的人类信息综合研究学科，我们打算将人类信息传输和人类信息处理的综合研究学科称为人类信息学。

2. 生物信息学

沿着机体向下是细胞层次。生物学家已经证明，生命体中普遍存在着携带信息的细胞。以人类生命体为例，一个人的生理系统由骨骼系统、肌肉系统、血液系统、消化系统、呼吸系统、排泄系统、生殖系统、神经系统、内分泌系统、免疫系统等 10 个系统组成。在这 10 个系统中，后 4 种系统都能构成信息系统，因此就出现了遗传信息学、神经信息学、内分泌信息学、免疫信息学等 4 个生物信息学（biological informatics）分支。生物信息学是一个称谓混淆的名称，故我们更倾向于把生物科学中的信息传输和信息处理的研究称作细胞信息学。

3. 化学信息学

分子是化学科学的研究对象，但它是否具有传输和处理信息的能力呢？它能够成为一种信息的广义载体吗？并由此最后构成一门化学信息学（Chemical Informatics）吗？尽管化学家已经提出这种可能性是存在的。但到目前为止，除了类似核酸、氨基酸、生物碱、烷烃等有机分子，以及可能具有信息传输和信息处理功能的冠醚、乙醚等超分子外，人们目前还没有能力做出足够的证明，所有的分子都具有传输信息和处理信息，并成为一种信息存在方式的能力。所以，对作为一门整体的化学信息学来说，它目前仍停留在一个猜想阶段。

4. 物理信息学

到目前为止我们已经清楚，基于电子学、光子学、量子学、水声学等学科，人们虽然可以制造出电学或光学或量子或声呐等元器件，并用这些元器件的集成工艺建立起复杂的信息系统，对这些信息系统中的各种信息传输或信息处理进行的研究已经构成了技术信息学。目前的技术信息学主要包括信息传输科学和信息处理科学（计算机科学）两大分支。技术信息学所依赖的物理学原理主要包括电子信息学、光子信息学、量子信息学、水声信息学等。而这些学科又高度依赖于基础物理学。尽管如此，我们目

① “信事学”及其上位学科“人类信息学”是本书提出的新的信息科学分支，详见本书 7.4 节。

前仅依此仍不能确切地判定，这些学科的存在就一定能够导致一门物理信息学（Physical Informatics）的诞生。其核心问题是：我们并不知道一个粒子自身是否就能够储存信息、处理信息，以及彼此之间传输信息。近年来，由于量子物理学的研究不断深入，粒子的纠缠问题研究正在缓慢地取得进步，我们期待类似这些物理学理论的开展能够揭开这重迷雾。

3.3.2 应用性信息学科

应用性信息学科的含义是，依赖基础性信息科学的原理或基础性信息技术的手段，在某一领域应用而产生的一门信息学科。在目前的信息学科体系中，一共存在着两类应用性信息学科，它们是技术信息学应用学科，以及技术信息学和人类信息学的综合性应用学科。此外，基因工程学是遗传信息学的应用性学科。作为一门基础性信息学科的化学信息学是否存在，目前尚无定论，故像药物学这类学科是否有可能属于应用性化学信息学科，目前也就无法确定。

1. 技术信息应用学科

形成技术信息学应用学科的大多数信息学科，都是由计算机技术以及一些通信技术在某一领域的应用研究而产生的，如工业信息学、财会信息学等。在目前的 200 多门信息学科中，计算机技术的应用性信息学科占大多数，而由通信科学单独应用而产生的应用性信息学科并不多见。由上述两类信息技术学科一起综合形成的技术信息学应用学科虽然存在，但不多。目前已知的、比较流行的这类学科是地理信息学和医疗信息学等。

2. 综合信息应用学科

在已经出现的 200 余门信息学科中，第一大类由计算机科学和通信科学在某一实践领域或应用领域中的应用形成，第二大类由技术信息学和人类信息学的应用形成。它们目前在信息学科的阵营中占很大比重，我们将其称为综合性信息应用学科，如公安信息学、检察信息学、旅游信息学等。

图 3-1 代表一种发展中的信息科学体系。其中，许多基础性学科是有争议的，它们最后能否成立，目前还难以确定，故我们用深色底纹将它们标出。许多应用性学科没有太大的理论价值，故我们以后的讨论将把注意力主要放在那些争议较少或者把握性较大的学科上。它们包括三大分支：技术信息学、细胞信息学、人类信息学。这三门专业信息学科及其应用学科已经构成一个简明的信息科学体系，我们将在第二篇专门讨论。这个简明的信息科学体系如图 3-2 所示。

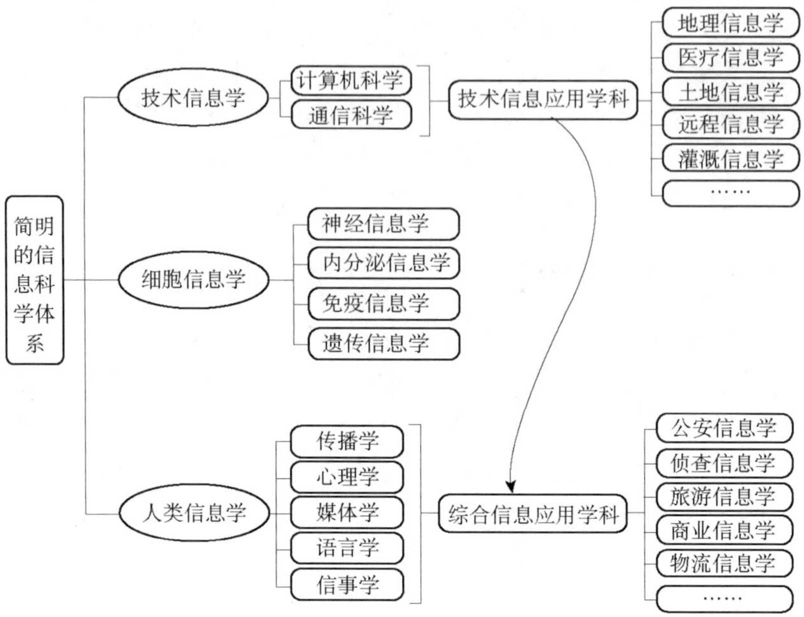

图 3-2　简明的信息科学体系

第 4 章　信息科学的概念与模式

在信息科学研究中，我们发现，除去香农信息论不论，包括一般信息科学探索和专业信息学科在内，信息科学现有的概念体系是非常薄弱的。因此，在梳理已有信息科学概念的同时，我们必须适度地提出一些新概念来扩大这个体系，以使它们不仅对分类当今的信息学科有用，而且期待它们在朝向建立一门信息科学的新努力面前也显现出积极的意义。最后，我们按照这些概念来对当前的信息学科研究模式进行总结。

4.1　信息科学的一些基本概念

在现有的信息科学概念体系中，仅有的一组概念来自香农信息论，它是围绕着所谓的香农模型展开的，包括信源（information source）、信息传送者（information transmitter）、信息接收者（information receiver）、信宿（information destination）、噪声源（noise source）等 5 个，再加上信息（information）、消息（message）、信号（signal）、信道（channel）[①]等 4 个，共计 9 个概念。需要说明的是，其中的信息传送者概念在通信工程中常被“发送机”取代，在一般的应用实践中多被“发送者”取代。另外还有两组具有争议的概念，它们源自热力学的“熵”及香农创造的“信息熵”，以及起源于概率论中的“确定性”及“不确定性（不定性）”。但是，面对从信息实践中不断涌现出的专业信息学而言，这些概念远不能适应整个信息学科阵营中出现的大部分信息问题，甚至是基本的信息问题。因此，我们必须从不同的专业信息学中及时地抽取出那些具有本质的、普遍意义的信息概念，使其既能服务于一般的信息科学理论建设，同时又能

① 香农的信息论传输模型中并不包括“信道”，但在所有的信息论著作中都必然讨论“信道”。

为专业信息学的建设服务。

就香农信息传输模型而言，迄今为止，我们都曾认为它是一个标准的通信模型。但是，在其他信息传输理论研究和应用实践中，却只有很少人愿意接纳它。我们仔细分析后就会发现，里面隐藏的问题很多。例如“信源”和“信宿”、“传送者”和“接收者”这两组概念，其含义基本相近，以至于许多研究者在选用“信息发送者”时不知道究竟应该选用“信源”好还是选用“信息发送者”好；在选用“信息接受者”时不知道究竟应该选用“信宿”好还是选用“信息接收者”好。因此，有的研究者干脆把第二组概念省掉，而用“信源→信道→信宿”来表示通信模型①。既然如此，我们不如干脆就把其中的一组删掉而只留下一组或合二为一。至于香农模型中的“消息”（message），它属于技术通信的范畴，指被荷载在信号中的、在“信源”和“信宿”、或在“发送者”和“接收者”之间传输的实际内容；而“信息”（information）是按照一定的数学规则抽象化的“消息或讯息”，它更偏重信息的“量”而不关心信息的“质”。因此，一些严肃的研究者，在面对香农模型中的“信息”时更喜欢用“信息量”而不用或很少用“信息”。为了通用，除了香农信息论之外，在未来的一般信息科学讨论中，我们倾向于不再区分“消息”“讯息”“信息”的差别而统统用“信息”代替。对于“信源”和“信宿”，“发送者”和“接收者”这两组含义相近的概念来说，我们打算使用“供信体”（provider）和“受信体”（acceptor）这对更具一般意义的概念。如果某个供信体不是特别明确时，我们建议仍旧使用“信源”这个概念。例如在新闻学中提供信息的人有时需要不被公开，这时我们用“信源”是个很好的选择。为了建立比较通用的通信模型，我们需要对香农的模型进行修正。②

---

① 宋祖顺, 等. 现代通信原理 (第 3 版). 北京: 电子工业出版社, 2009: 3.

② 2009 年，苗东升在讨论复杂性科学时，从信息的观点提出了一个启人心智的信息科学基本问题，那就是信源与信宿之间的关系问题。在回顾了香农、札德、哈肯、钱学森等学者对信息的研究和看法之后，他认为，目前大多数学者对信息（科学）的研究基本上是属于机械论和还原论的。在深入分析了信息科学当前的状况后，他以钟义信、车宏安、王浣尘三位学者对信息的定义为出发点，详细分析了信源和信宿之间的关系。他问到：钟义信认为“本体论层次信息能够自我表述或自我显示”，但信息能够“自我表述或自我显示”吗？车宏安认为“信息是信宿所反映的信源的性状（从起源的角度看）”，那么“未被信宿反映的信源的性状”是什么？王浣尘认为“信息是事物性状的表征（从性质的角度看）”，同理，客观存在但“尚未被表征的事物性状”又是什么？他接着说，这些定义之所以不够完美，是因为我们还缺少一个有效概念的缘故，于是他提出一个“元信息”（meta-information）的概念。和“元信息”相对应的概念是他称之为“现实信息”的概念。“现实信息”是一种“已经存在的信息”或“已被反映的信息”。他认为，有了“元信息”概念之后，对上述问题的质疑就开始向着比较接近理想的目标发展。毋庸置疑，苗东升的建议是有一定道理的，所提出的设想也具有启发意义。但是，“元信息”和“现实信息”两个概念并不是一种理想的选择。按照

以人类信息为例，一个完整的信息传输过程（模型）包含如下几个部分：一个认知者对世界的某一特定部分进行反映，进而生成一份信息，之后发送到接收者那里，最后直到被使用为止。又因为一个信息不能以裸露的方式存在或传输，它必须被嵌入一定的符号体系中。同时，因为大部分符号也不能独立存在，它们还需要被镶嵌在其他物理载体中。因此，这个过程一共涉及 7 个方面：1 个待认知的世界部分、1 个信息、1 个荷载信息的符号载体、1 个（或多个/层）荷载符号载体的载体、1 个发送者、1 个接收者、1 个信道。考虑到其他诸如动物信息、植物信息、细胞信息，以及正在讨论的分子信息，已经成熟的技术信息等，我们计划分别用视域、信息、符号、底物、供信体、受信体、信道来分别表示上述几个部分。视域、信息、符号、底物属于信息科学的本体论范畴，供信体和受信体属于信息科学的动力学范畴。因为信道在具体的技术通信学、细胞通信学、人类传播学中含义非常抽象并相差甚远，所以我们在此打算暂且搁置对它的讨论。为长远发展计，我们还计划提出信器、传偶、信使等概念，并分别把它们分为本体论概念、动力学概念、其他概念等三大范畴进行讨论。

4.1.1　本体论方面的概念

本体论（ontology）一词是由德国经院学家郭克兰纽（Rudolphus Goclenius）17 世纪首先提出的。onto 源于希腊文的 ὄv，相当于英文的 being（存在、是）。因此，本体论可以理解为对某物存在的基本理论。从米利都学派开始，早期的希腊哲学家们就致力于探索组成万物的“本原”是什么，且逐步逼近对“存在”的本质认识。在古希腊哲学中，各哲学派别都力图把世界的存在归结为某种物质实体或精神实体。根据本体论的含义，在信息科学中，对它的研究主要指用静态的方法分析信息问题，特别是致力于解释信息和它对应的原始世界的关系，以及信息世界本身的结构和层次等方面的问题。本体论方面的信息研究是信息科学中最为基础的方面。在本书主要应用的归纳法信息科学研究中，我们把本体论信息研究分为狭义本体论和广义本体论两种。狭义本体论只关注信息本身的研究，广义本

苗东升的阐述，“元信息”指的是未被反映的世界（部分）。由于反映之后才成为信息，所以未被反映的世界就不能称为信息。否则，我们就有可能陷入循环定义的误区。问题的关键还在于：这一问题背后所蕴含的复杂性还远没有被揭开。这一建议给我们的启发是：现有的信息概念体系远不能解决基本的信息科学问题，我们需要发展一个信息科学概念体系。参见：苗东升. 开来学于今——复杂性科学纵横论. 北京：光明日报出版社, 2009: 167-183. 同时，苗东升已经注意到，波兰经济学院的切米莱基（Andrzej Chmielecki）已经使用过“元信息”这个概念，但后者与前者的含义是不同的。见：Chmielecki A. What Is Information? http://www.bu.edu/wcp/Papers/Cogn/CognChmi.htm [2013-12-25].

体论则包括视域、信息、符号、底物、信器等问题的研究。

1. 视域

“视域”（viewport）概念的实际应用可以在本书第 1 章里找到，那时，我们使用的是“信息的指代对象”。在信息概念的使用中，我们所说的任何信息都有其具体指代，或者说是有所指。在信息研究和使用实践中，我们经常会看到这样的字样：“这一事件提供的信息说明”“从媒体上传来的这一信息显示”等。在这些信息概念的应用实践中，“这一事件”“这一”均指该信息所指的原始世界。

在人类信息实践中，以我们在第一章提供的信息概念应用的例子为例，比如说在“但知玄德信息，虽远必往。”一例中，这里的“信息”指的是关于刘备当前的下落。“信息显示，上海市物价上涨的趋势在第三季度得到有效的遏制。”这里的“信息”指的是上海市第二或第三季度的物价。“这些信息表明，火星上的自然环境并不适合人类居住。”这里的“信息”指的是火星表面上的自然环境。

在细胞信息实践中，“这一信息说明，孩子的祖先中至少有一人在某个年代曾患过亨廷顿病。”这里的“信息”指的是该家族中的亨廷顿病。“胰岛素给靶细胞带去了关于调节血糖功能的信息。”这里的“信息”指的是“血糖调节功能”。“从脚底传来的热信息证实，整个冷扎槽的温度至少不低于 45℃。”这里的“信息”指的是冷扎槽的温度。

在技术信息实践中，“从网络传来的信息非常模糊，从而导致用户把一条狗看成了一只狐狸。”这里的“信息”指的是关于一只动物的影像。“信息显示，机器系统可能被某种黑客程序劫持。”这里的“信息”指的是关于计算机的异常情况。

任何一个被认知的客体，只有那些被认知者反映了的部分才从“本源世界”的一部分变成“信息世界”的一部分，这就是信息和它的反映对象的差别，以及信息和整个原始世界的差别。一切即将或已经被认知的客体都可以成为视域，因而视域是无穷无尽的。

视域有虚实之分。实视域是信息生成器官实际接触到的世界。一个人的活动范围决定了他的实视域范围。看得多，听得多，基本就意味着他会得到比一般人更多的信息。虚视域是我们根据自己的知识和能力想象的世界。有些人可能没有见过某一实视域，但凭自己的经验和判断却能把那个世界想象得差不多。从实视域获得的信息是真实的信息，而虚视域能够提供一种想象的信息。

视域概念和后面引入的信息系统概念一起，为澄清整个“信息”概念的边缘提供了指南。视域不仅适于人类信息研究，而且还适于细胞信息和其他信息的研究。从成果来说，旧有的信息世界只是一个以人类主义为核心的世界，而人类信息世界只是整个信息世界的一部分。

2. 信息

关于信息自身的研究，即狭义的信息本体论研究，过去主要集中在信息的定义、属性（性质、特征）、计量三个方面。关于信息的定义研究，我们已经在第 1 章进行了比较详尽的讨论。由于东西方文化习惯和意识形态的不同，世界上目前主要存在着两种影响较大的定义流派："性质论"流派和"生成论"流派。欧洲的主流学者比较倾向于认可贝特森的"信息是一种制造差异的差异"的定义；中国（和俄罗斯）的学者比较倾向于认可"信息是一种对客观世界的反映"的定义。对于中国学者来说，"差异论"是很难理解和接受的，"反映论"更符合我们观察世界的习惯。卡普罗在分析了东西方学者对信息主流定义的不同之后认为，对于中国和俄罗斯学者而言，他们从小接受的是马克思理论的教育①。马克思主义的哲学基础是：意识是对客观存在的一种反映。他显然在暗示我们，哲学中的反映论和今日信息科学中的反映论之间存在着某种内在联系。他的这种说法是很有透视力的。融合东西方思维传统的波兰物理学家者施罗德的看法更有新意，他认为，为了取得一个有效的一般信息定义，我们应该寻找一个更为博大而丰富的哲学传统做框架②。

关于信息的属性问题，钟义信对此进行过比较全面的分析。他认为，信息包括 8 种特征和 8 种性质。8 种特征分别是：①信息来源于物质，但又不是物质本身。它从物质的运动中产生出来，而又可以脱离它的源物质而寄生于别的载体相对独立地存在；②信息也来源于精神世界，但又不限于精神领域；③信息与能量息息相关，但又与能量有本质的区别；④信息可以被提炼成知识，但信息本身又不等于知识；⑤信息是具体的，并可被人（生物、机器等）所感知、提取、识别、传递、存储、变换、处理、显示、检索和利用；⑥信息可以被复制，可以被共享；⑦语法信息在传递和处理过程中永不增值；⑧在封闭系统中，语法信息的最大值不会增加。

信息的 8 种性质分别是：①普遍性。信息是普遍存在的；②无限性。在整个宇宙时空中，信息是无限的，即使是在有限的空间中，信息也是无

① Capurro R. Re: Biology, Technology and Information, http://fis.icts.sbg.ac.at/mailings/0108.html [2009-6-2].

② Schroeder M J. What Is the Definition of Information? http://fis.iguw.tuwien.ac.at/mailings/2140.html [2010-5-2].

限的；③相对性。对于同一个事物，不同的观察者所能获得的信息量可能不同；④传递性。信息可以在时间上或在空间中从一点传递到另一点；⑤变换性。信息是可变换的，它可以由不同的载体用不同的方法来载荷；⑥有序性。信息可以用来消除系统的不定性，增加系统的有序性；⑦动态性。一切活的信息都随时间而变化。因此，信息也是有时效的；⑧转化性。从潜在的意义上讲，信息是可以转化的。它在一定的条件下，可以转化为物质、能量、时间及其他①。

作为一个信息哲学研究者，邬焜也归纳出信息的 10 种特性并提出了信息的 14 种功能。这 10 种特性分别是：①对直接存在的依附性；②存在范围的普遍性；③载体的可替换性；④内容的可存储性；⑤内容的可传输性；⑥内容的可复合性和可重组性；⑦内容复合和重组中的畸变性和创新性；⑧内容的可共享性；⑨对内容理解的歧义性；⑩内容的可耗散性。

14 种功能分别是：①显示功能；②启示功能；③代示功能；④联系功能；⑤消除不定性（或解惑）功能；⑥组织功能；⑦传播功能；⑧宣传与教化功能；⑨探测与监控功能；⑩评价功能；⑪保持功能；⑫模拟功能；⑬构建功能；⑭预见功能②。尽管不一定全面，但这是国内外在这方面列举得最为详尽的两份列表。信息有许多重要的属性、特征、性质、功能，由于不同研究人员观察问题的角度和背景知识的不同，各自做出的结论也不尽相同。

所有的事物都是具有属性的事物，所有的属性也都归结为某一事物的属性。一个事物具有无限多方面的属性，它们形成一个集合。在这个属性集合中，其中有两种特殊的属性：特性（特征）属性和性质属性。特性是这个集合中的一个子集，性质又是特性的一个子集。特性是一事物区别与他事物的一些基本属性。性质是基本属性中的那些根本的属性。谈不谈一个事物的基本属性，可能并不影响我们认识该事物。但谈不谈一个事物的性质，就可能影响到我们对该事物的根本认识。一个事物与另一个事物的相同或相异，就是一个事物的属性与另一事物的属性的相同或相异。由于事物属性的相同或相异，我们的客观世界就形成了许多不同的事物类。具有相同属性的事物形成一个类，具有不同属性的事物就形成另一个类。苹果是一类事物，它是由许多具有相同属性的个别事物组成的。梨也是一类事物，它也是由许多具有相同属性的个别事物组成的。苹果和梨是两个不同的类。苹果这个类的共同属性是不同于梨这个类的共同属性的。需要提

① 钟义信. 信息科学教程 (第 5 版). 北京：北京邮电大学出版社, 2013: 81-87.

② 邬焜. 信息哲学——理论、体系、方法. 北京：商务印书馆, 2005: 65-73.

请读者注意的是，钟义信和邬焜对信息的本体论研究是相当深入的，但他们却都有一个不足，那就是，这种本体论主要都是建立在人类主义基础上的，当我们将这种信息的本体论放到诸如细胞信息或分子信息等信息类型中去检视时，其中的一部分说法都可能难以行得通。信息科学是一个发展中的学科，一个理论的完善可能需要几代人的努力。

长久以来，信息的计量问题也是信息论研究和信息科学研究方面的基本话题，本书在第 14 章中将会对这个问题进行专门的讨论。作为信息科学本体论方面的研究，过去一直集中在定义、属性、计量这三个方面，但我们认为这是不够的，深入的研究还应该探索新的信息问题。例如，本书在接下来的讨论中就引入了信息的载体研究；在第六章第 4 节的信事学部分，我们将尝试对人类信息的结构进行分析。关于信息的类型问题，对它的深入研究也可能会成为信息科学中一个有趣的方面，这些都需要新的信息概念来支持。

3. 符号

从 1997 年开始，杨伟国、苗东升、邬焜等就开始对信息的载体问题进行相关分析。杨伟国认为，信息载体是一种形而上的新形态，它有不少未被认识的新特点。①苗东升提出，信息不能以裸露的方式存在，它必须被荷载于某种载体之上。同时他还提出，载体是有层次性的，并对人工符号载体进行了初步的分类。②邬焜认为，任何物体都是一个直接存在和间接存在的统一体，这个统一体自身就同时具有信源、载体和信息的三重属性。③本书认可这些观点，并计划把载体分为两个基本的层次：第一个层次是符号，第二个层次是底物。当然，在一些信息类型中，它们需要的载体可能远多于这两个层次。比如遗传信息。目前可以看出的是，它依附的载体依次可分为碱基、狄恩酸、染色体、细胞等几个层次。我们把碱基称为符号载体，而把其他的底层载体一律称为底物载体。

关于符号（sign）的研究，早已存在着一门专门研究它的学科：符号学（semiotics、semiology）。在自然世界、人类社会、技术实践中存在着很多类型的符号，符号学家对它们进行了很多分类。著名的符号学家皮尔斯（Charles Peirce）认为，一个符号包含三种基本的元素：形体、对象、

---

① 杨伟国. “信息的载体”与“信息载体”差异的深思//马蔼乃, 姜璐, 苗东升, 等. 信息科学交叉研究. 杭州: 浙江教育出版社, 2007: 145.

② 苗东升. 信息载体研究//马蔼乃, 姜璐, 苗东升, 等. 信息科学交叉研究. 杭州: 浙江教育出版社, 2007: 133-138.

③ 邬焜. 信息哲学——理论、体系、方法. 北京: 商务印书馆, 2005: 45.

解释。在信息科学中，我们更乐于接受美国符号学家塞比奥克（Thomas A. Sebeok）的分类法，他按照符号的来源把符号分为自然符号、人工符号、动物符号、人类符号四大类[①]。

自然符号（信号）适用于正在探索的分子信息学和细胞信息学中的信息载体。但需要注意的是，在超自然学说和神话解释中，解释者通常把大自然的某种天然现象看作一种自然符号。例如雷电现象。**人工符号**是一个最大的符号类型，它适用于所有技术信息领域使用的符号（信号），它充满着技术特色，故也可称为技术符号。在通信工程或信息处理工程中，由人工设计的荷载信息的电磁波、声、光、热、量子等物理实体或状态都可以被称作人工符号。**动物符号**包括人类和其他动物传输和处理信息使用的各种符号。至于动物对符号的识别能力是天生的还是通过后天学习获得的，这个问题目前仍无定论。在动物符号中，**人类符号**包括人类信息传输和人类信息处理使用的各种符号，且已成为所有符号系统中最为复杂、最为精细的一种。人类符号包括两个大类：大众符号和小众符号。大众符号包括文字符号和艺术符号。文字符号适用于最一般的大众信息交流与传播实践，艺术符号适用于音乐、舞蹈、戏剧、雕塑等艺术信息的大众交流与传播实践。小众符号常见于路标、信号灯之类的小范围信息交流与特殊传播实践。

过去，符号学研究是哲学的一部分；今天，它仍和哲学密切相关，并和语言学具有千丝万缕的联系。今天，我们建议将符号学正式列入信息科学的一个学术分支。进入现代科学之后，语言学家索绪尔（Ferdinand de Saussure）最早研究了符号和语言的关系。他认为，语言本身就是一种符号。在他著名的“语言和言语”理论和“历时和共时”理论中，他研究了符号的“能指和所指”，认为一个符号的“能指”（signifier）指的是符号能够表达对象的能力，“所知”（signified）指的是符号已经表达的对象。索绪尔依此提出了一个符号任意性原理，即所指与能指的联系是任意的，两者之间没有任何内在的、天然的联系。之后，皮尔斯又进一步指出，符号学研究本质上是一种对符号三元关系的研究，即对符号形体（representament）、符号对象（object）、符号解释（interpretant）之间关系的研究。他认为，符号学是一门“对潜在符号化过程所具有的根本性质及其基础变体进行研究的学问”[②]。

---

① 他在这个分类中还附带一种“非地球类符号”，但这一问题的复杂程度之大几乎是难以研究的。见：李幼蒸. 理论符号学导论. 北京：中国社会科学出版社, 1993: 487.

② Peirce C S. *Collected Papers*. Cambridge, Mass.: Harvard University Press, 1931-1935: 228.

1936 年，美国符号学家莫里斯（Charles W. Morris）在皮尔斯理论的基础上，提出了一种改进的符号三元关系理论，即后来产生了巨大影响的符号学研究任务的划分理论。该理论认为，符号学有三项基本的任务，并分别称之语法学（syntactics）、语义学（semantics）、语用学（pragmatics）。研究符号与符号之间关系的任务叫语法学，研究符号与其所指对象之间关系的任务叫语义学，研究符号与其使用者之间关系的任务叫语用学[①]。这三项基本任务的划分原则，之后变成了语言学家的一个不可动摇的理论指南。语言学家在很长的时间里称其为语言的“三个平面”，并已学会自觉地用三个平面理论来检验语言学的各个方面是否圆满地完成了这一使命。[②]

在当代符号学研究中，符号学家巴尔特（Roland Barthes）在索绪尔理论的基础上提出了符号的“内涵”和“外延”两个基本概念。“内涵”是指把符号第一系统的“能指”和“所指”结合为符号第二系统的能指，另外给定一个所指，也即“意义”。“外延”指的是符号第一系统的能指和所指结合起来，成为第二系统中符号“能指”的“所指”。巴尔特的思想在文学、美学、艺术、文化等领域都获得了很高的认同。[③]继索绪尔之后，许多语言学家开始在他们的工作中将“符号”和“信息”两个概念逐渐关联起来。例如，美籍俄罗斯语言符号学家雅各布森（Roman Jakobson）等就认为：“每一个信息都是由符号构成的”[④]，“意义的传递过程包含六个因素：说话者、受话者、语境、信息、接触和代码（符号）”等[⑤]。在卡普罗、弗莱斯纳、霍夫基尔奇纳 1996 年著名的“统一信息理论三人谈”中，弗莱斯纳特别强调了符号和信息的关系。他说，“按照我的看法，信息具有一个特殊的符号属性”。卡普罗也认为，信息需要有符号表示。[⑥]

4. *底物*

我们已经知道，在人类通信中，在细胞通信中，在技术通信中，符号（信号）是信息的载体。在信息的存储等应用实践中，信息一定要借助符号才能进行操控。但是，我们是否需要问一问，符号是信息的唯一和最终载体吗？答案是否定的。我们只要从信息的传输和处理角度去观察，就不

---

① Morris C W. *Foundations of the Theory of Signs*. Chicago: The University of Chicago Press, 1938: 6-7.

② 袁晖，戴耀晶. 三个平面：汉语语法研究的多维视野. 北京：语文出版社, 1998.

③ 黄华新，陈宗明. 符号学导论. 郑州：河南人民出版社, 2004: 310-311.

④ 特伦斯·霍克斯. 结构主义和符号学. 瞿铁鹏译. 上海：上海译文出版社, 1987: 129.

⑤ 黄华新，陈宗明. 符号学导论. 郑州：河南人民出版社, 2004: 296-297.

⑥ Capurro R, Fleissner P, Hofkirchner W. Is a Unified Theory of Information Feasible? A Trialogue//Hofkirchner W, ed. *The Quest for a Unified Theory of Information*. Amsterdam: Gordon and Breach Publishers, 1999.

难发现，和信息不能裸露存在一样，符号在大多数情况下也不能裸露存在，它还需要另一个（层）载体来荷载它。人类的声音符号、视觉符号（图画、文字）、味觉符号、嗅觉符号、触觉符号等的收发和处理不是依赖我们的生理器官，就是依赖于外在的物理器件来传输和处理的。图书向我们提供了符号，但这些符号是被印刷在纸张上的。通信线路中的信号（符号）是靠电线或电磁波传输的。光子信号（符号）是依靠光导纤维等物质载体而存在或传输的。碱基符号是靠狄恩酸或阿恩酸等载体而存在的。我们把这种荷载符号的载体称为底物载体（substrate）。底物的研究在各种信息学中的重要性和复杂程度是参差不齐的，它在人类信息的传输和处理研究中，在自然信息的传输和处理研究中，在技术信息的传输和处理研究中情况各不相同。

在人类信息的传输和处理过程中，底物的种类非常之多，常用的包括最早的绳结、甲骨、竹片、纸张等。在普通的信息传输和处理中，纸张是最通用的一种底物，但今天已经融进固定电话、移动电话、广播、电视、电影、台式计算机、平板计算机等；在特殊的信息传输和处理中，除了纸张之外，还有绘画、雕塑、音乐、舞蹈等方式。在特别的氏族部落和宗教团体中，画符和特殊的事物也可以当作底物来使用。

在自然信息的传输和处理过程中，荷载符号的底物大多是天然物质。在细胞信息学中，荷载符号的是细胞或其他活性物质。在化学信息学中荷载符号的是分子。在神经科学和内分泌学中，作为信使的递质和激素，它们的底物目前已经定位到分子层次。特别是在遗传信息学中，底物已得到充分的研究。正如我们所知道的那样，今天的基因组学是一种关于遗传信息编码和解码研究的科学，但遗传信息的符号碱基早在 19 世纪初就已经被发现，但碱基所依存的底物（遗传物质）是狄恩酸或阿恩酸，它直到 1944 年才被弄清楚，且已是基因组学的一个基础理论。换句话说，如果没有关于狄恩酸的研究，遗传信息结构的探索今天可能仍然在黑暗中摸索。

在技术信息的传输和处理过程中，底物常常被称作材料。按照用途的不同，这些材料通常包括处理材料、传输材料、存储材料、显示材料、检测材料、获取材料、运算材料等。基于对这些技术信息学和材料科学的交叉研究，它们今天已经形成一门信息材料学（information materials）①，也有人把它称之为功能信息材料学（functional information materials）②，

① 雷智等. 信息材料. 北京：国防工业出版社, 2009: 1-2.

② 赵连城, 国凤云, 等. 信息功能材料学. 哈尔滨：哈尔滨工业大学出版社, 2005.

它是底物研究的典范。

在信息实践中我们有时可以看到，符号和底物可以合二为一存在。例如广告公司经常制作一些大型的文字（符号），让其飘浮在空中以达到良好的广告效应。这里的符号和底物就合二为一了。交通路口的信号灯向行人和车辆提供信号（符号），但这个信号是依附在发光设备上的，它们也是合二为一的。在底物和符号合二为一的信息传输方式中，成为底物也成为符号的有电子、光子等，它们在信道中的存在和传输方式也多是合二为一的。在人类信息学中，行为艺术家热衷于用自己的身体塑造出各种不同的符号造型来表达信息，舞蹈家用自己身体的不同造型形成不同的符号来表达不同的信息，它们也是符号和底物合二为一的典范。

底物研究是广义信息科学本体论研究中的一个基本问题，是信息科学研究中一个不可或缺的组成部分。但底物是一种物质材料，它的研究和物质科学紧密相连。底物被工程科学看作材料科学，而在自然科学中属于具体的物理、化学或生物学的研究对象。在人类信息学中，它属于媒体学的研究范围。

包括符号和底物在内的信息载体研究涉及信息科学的一个基本问题，即信息的存在方式是什么？信息的本体是一种抽象的客观存在；但信息存在是物质的，是一种具体的物理存在。这就决定了信息科学的双重特性：抽象性和物质性。一般的研究者基本上都同意信息是一种非物质性的实体。但兰道尔（Rolf Landauer）①和惠勒较倾向于认为信息是物质的，其理由可能就在于底物的物理性质。故底物是一个重要的概念。对它的分析会加深我们把信息科学看作一门信息-物质性科学，按照时下的一种说法，它会是物质科学和人文科学的桥梁科学。

需要提请读者注意的是，底物是个多义词，它在生物科学、生物化学、电子科学、材料科学、建筑科学、绘画技巧中都有应用。例如在化学科学，尤其是在配位化学中，底物通常指相互作用中具有较小分子的一方，或接受化学反应的物质（或信息）一方。在建筑科学中，它指地表以下的东西，如沙子、黏土等。在信息科学中，我们的底物是指荷载符号的，或荷载更低层次底物的一种基础性物质。

底物嵌套理论能成功地解释细胞遗传学和分子遗传学关于遗传信息究竟在哪里的争论。细胞遗传学认为，遗传信息存在于染色体上；分子遗传学认为，遗传信息存在于狄恩酸上。分子遗传学家认为前者是一种门户

① Landauer R. Information is Physical. *Physics Today*, 1991, 44(5): 23-29.

之见[①]。底物嵌套理论会认为两者都是对的，只不过一种被嵌套到了另一种之上罢了。

5. 信器

信息被荷载在符号上，符号被荷载在底物上，三者嵌套存在。我们把由信息、符号、底物三者级进嵌套组成的物质客体称为信器（inforware）[②]。当一个信器荷载信息的时候，它是实信器；当一个信器没有荷载信息的时候，它是空信器。工厂流水线上出产的计算机硬盘是空信器，因为它还没有利用外加磁场对磁介质表面进行磁化，即还没有写入信息。我们正在使用中的计算机硬盘是实信器，因为它已经通过磁头在硬盘上划出许多磁畴单元并用 0 或 1 表示，之后通过由 0 或 1 的编码装载我们输入给计算机的信息，并被写入磁头的不同扇区。我们阅读的书籍是由信息、符号、纸张组成的，我们观看的电视是由信息、画面符号和声音符号、机体组成的，它们都是完整的信器。在通信科学中，信器可以是送话器、交换机、受话器；在计算机科学中，信器可以是运算器、存储器、控制器，以及键盘、鼠标、显卡、网卡等；在化学信息学中，信器是分子；在细胞信息学中，信器是细胞或染色体；在人类（和动物）信息学中，信器是大脑或神经系统。信器具有信息器官的含义。

在一个信息系统中，传输过程的发生一般是在同质信器中进行的。例如，人类信器和电子信器就不能直接构成一个信息系统。在目前的光学传输技术中，媒介是光纤，但发送和接收光信息的仍是电子信器，所以它在传输中就必须使用光–电转换技术，这是影响光信息传输速度的瓶颈。一般来说，不使用特别的转换器，异质信器之间是不能进行直接通信的。鸡同鸭讲话不能实现，人对牛弹琴没有意义。到目前为止，在动物通信中，异质分子、异质细胞、异质机体之间能够顺利地、真正地进行通信的事情还未发生。在生态学中，部分生态学家认为，动物和植物之间有通信的现象存在，但这种说法是不科学的。

按照现有信息概念涉及的范围，信器可以分为机体信器、细胞信器、分子信器、粒子信器等。机体信器可以分为植物信器、动物信器，细胞信器可以分为神经信器、内分泌信器、免疫信器、遗传信器等，由于分

---

① 李振刚. 分子遗传学 (第 3 版). 北京: 科学出版社, 2008: 17-18.

② 信息、符号、底物三者嵌套组合构成信器的问题不仅是信息本体论的基本问题，还涉及信息到底是物质的还是非物质的争论。除了兰道尔坚持认为信息是物质的观点之外，欧洲信息科学论坛在过去的 20 年讨论中也不断有人提到这个问题。此外，中国学者及海龙提出的“信息子”问题也和这个问题相关。

子信息学和粒子（物理）信息学是否能够成立还是一个待商榷的问题，所以我们还不能确定是否存在着一般的分子信器或电子信器、光子信器等自然信器，但有一点是肯定的，基于集成电路而制造的人工合成信器是存在的，所以我们在计算机科学和通信科学中就出现了很多不同类型的信器（图 4-1）。在该图中①，对于没有确定的信器类型，我们用底色表示。

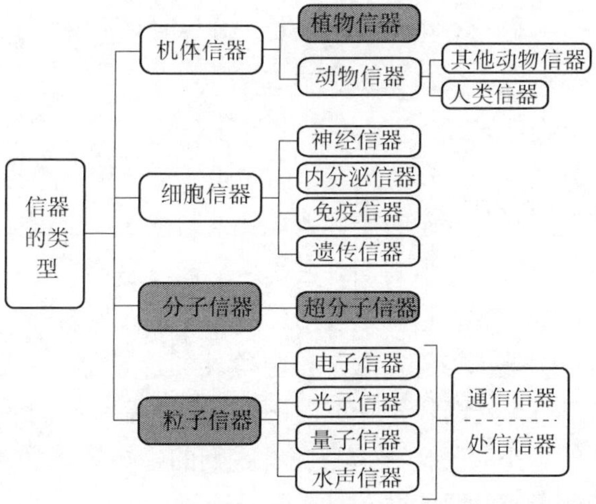

图 4-1　信器的类型

根据我们之前的看法，“传输”和“处理”是所有信息操控研究中的两个基本问题，因此，我们在信器中就有“通信器”和“处信器”的概念。对信息进行传输的信器叫“通信信器”，简称“通信器”；对信息进行处理的信器叫“处信信器”，简称“处信器”。通信器包括机体通信器、细胞通信器、分子通信器，以及动物通信器、植物通信器、人类通信器等；处信器包括机体处信器、细胞处信器、分子处信器，以及动物处信器、植物处信器、人类处信器等。信器将是信息科学中的一个重要概念，它和载体、媒体等概念有某种程度的类似。

引入信器的概念以后，它立即引起了“信息分类”问题。在我们所有谈及的信息类型中，它们应该分属于不同的信息类型，我们需要对这些信息类型进行分类。分类通常是认识具有较大样本的研究对象时所采取的一种有效方法。也许存在着许多其他不同的信息分类方法，但我们在这里主要讨论两种：第一种是信器分类法，第二种是专业分类法。

① 按照严格的生物学分类，人属于动物的一种，故二者并不能并列。但在生物学和心理学等学科中，一般的研究者常将二者并列，这已是一个人所共知的错误了。本处也将错就错将二者予以并列。

（1）信器分类法。

所谓信器分类法，其分类的指导思想是：当一种信息被某种“通信器”或“处信器”操控时，信器的类型就是该信息的类型。例如，一种信息若是经过“机械通信器”传输或处理的，那么我们就把这种信息称作“机械信息”。同理，凡是经过“机体通信器”传输或处理的，那么我们就把这种信息称作“机体信息”。依此类推，我们就有“细胞信息”“分子信息”“粒子信息”等。此外，我们还可以分出“动物信息”和“植物信息”。在动物信息之下我们再分出“人类信息”和“其他动物信息”等。在其他动物信息中我们再分出狮子信息、河马信息等。

（2）专业分类法。

所谓专业分类法，其分类的指导思想是：当一种信息的指代对象是从什么专业领域观察时，专业的类型就是该信息的类型。例如，被某种信器操控的信息被从物理专业看待时，它就是物理信息；被某种信器操控的信息被从政治专业看待时，它就是政治信息。同理，我们有经济信息、工业信息、农业信息、技术信息、社会信息等。

这样，我们马上就面临一个新问题，既然有两种不同的分类法，那么怎么决定一种信息是属于何种类型呢？我们的指导思想是，信器分类法是第一位的，专业分类法是第二位的。

当我们接触到某一信息之后，我们首先需要对一个信息的类型从信器的性质进行判断。如果操控该信息的信器是细胞型的，那么，我们应该首先确定它为细胞信息。如果一个信器是被人类操控的，那么这一信息首先是人类信息。这会和我们已经习惯了的信息思维发生矛盾。以“一个五碳糖是一个分子中含有 5 个碳原子的糖”这句话为例，如果我们向大多数人发问，它是什么类型的信息？答案一定是生化信息或分子信息，即它是在细胞通信过程中，由一个狄恩酸或阿恩酸提供的细胞或分子信息。但我们的问题是，一个细胞或分子能够理解“五碳糖是一个分子中含有 5 个碳原子的糖”这句由人类符号组成的句子含义吗？答案是否定的。一个狄恩酸或阿恩酸分子唯一能够理解的生物信息形式是“GCAT”之类的碱基序列。换句话说，我们可以把信器比作一个手电筒，它照耀了某一客体的某一视域并形成了信息，但这种信息的性质首先不取决于它照耀的那个客体或视域的性质，而是先取决于手电筒的性质。如果手电筒是分子型的，所形成的信息首先就是分子信息。如果手电筒是人类型的，所形成的信息首先是人类信息。因此，一个信息的类型首先不取决于它所反映的客体的专业性质，而取决于通信器或处信器的物理性质，或者说信息系统的间架性质。

一个图书馆中的所有图书，包括物理、化学、生物、经济、历史、艺术图书中的信息首先是人类信息，然后我们才能根据它们的专业来决定它们的第二信息特征。

信器分类法在改变我们传统上对信息类型的看法方面带来了麻烦，但它对我们深入开展信息科学的研究方面却是不可或缺的。所有“手电筒”获取的信息集合形成一个信息世界。事实上，这种思想早在 20 世纪 80 年代就由一些科学哲学研究者提出过。例如，柳延延 1998 年就提出：当问到信息是物质还是意识的时候，首先要搞清你所问的信息是在人与人、人与物之间交流的，还是在其他什么系统中交流的。只有搞清你要问的信息是在哪一类系统中产生着、循环着、使用着，才能明确回答信息的归宿问题[①]。

4.1.2　动力学方面的概念

动力学（dynamics）一词是从希腊语 δυναμικός 演化而来的，意为有力的（powerful）。一般意义上的动力学研究是经典力学的一个分支，主要研究运动的变化与造成这变化的各种原因和结果。换句话说，动力学主要研究的是力对物体运动所产生的影响。更详细地说，动力学研究那些由力的作用而引起的物理系统是怎样随着时间的演进而改变的。动力学的基础是牛顿运动定律。对于任意的物理系统来说，只要知道其作用力的性质，运用牛顿运动定律，就可以研究出该作用力对这一物理系统的影响。20 世纪，动力学的含义已远远超出了力学含义而渗入一般的自然、工程、社会研究方面。例如，工程动力学是研究工程技术应用方面力学变化的一个分支，社会动力学是研究社会变化能力的一个分支，群体动力学是研究社会群体过程中群体的影响和作用的一个分支，精神动力学是研究驱动人类基本心理力量的一个分支等。21 世纪以来，基于牛顿力学的世界观正在向着量子力学世界观的改变，动力学的概念也将随着这个潮流发生微妙的变化。具体到信息科学来说，信息动力学研究内容指的是对信息动态现象的研究，主要包括信息传输、信息处理、信息显示、信息存储等问题。自然的动态现象叫活动，技术的动态现象叫操控（manipulation）、控制（control）或管理（management），人脑的动态现象叫心理或思维。但就比较成型的和系统的动力学信息问题而言，只有对信息的传输和信息的处理两个问题的研究比较成功，且都已形成了信息学科。其他的信息动力学研究还仅是算一个方向。

---

① 柳延延. 评当代关于信息定义的争鸣. 福建论坛 (文史哲版), 1998, (6): 82.

1. 通信

通信指信息的传输，其含义指在某一时空域上对信息进行的一个位移操作，英文名称叫 communication。它仅包含一个义项：传输。但在今天的应用实践中，常认为它包含两个义项，即除了传输之外，还有信息。在技术通信中，通信和电子通信、光子通信、量子通信等远距通信的 telecommunication(s)同义。在人类通信中，它指交流、沟通、传播等。信息的传输研究在技术信息学中一般被称为通信科学，在人类信息学中称为传播科学或传播学。至于在生物学中，包括神经信息传输、内分泌信息传输、免疫信息传输在内，生物学家已习惯将它们称为细胞的信号转导，但我们主张将其称作细胞信息学中的细胞通信学。在未来的通信研究中，可能还会出现分子通信学和动物通信学，抑或植物通信学等方面的分支。按照语言学家索绪尔的观点，通信可以分为共时（synchronic）通信和历时（diachronic）通信。共时通信指在时间的横轴上将信息从甲处传向乙处，历时通信指在时间的纵轴上将信息从过去传向现在，或从现在传回过去。但从理论上说，历时通信是不可能出现的。近年来，一些物理学家根据爱因斯坦的理论证明，沿着时空路径返回到出发点的时间旅行不是不可能的，并提出“时空隧道”和“虫洞”等概念。这会马上使我们联想到，我们是否可以将人类信息或遗传信息从现在传回过去？但跨越时空的后向传输，无论对遗传信息或人类信息而言，它们都是不可思议的。时间旅行可以发生在量子尺度而无法在宏观层面实现，否则它将导致各种奇怪的悖论出现。

所有的通信过程都是通过一个个步骤完成的，但需要的步骤彼此在质和量上都存在着许多不同。在光电信息传输中，较大的步骤通常包括：编码、解码、调制、调解等。较小的步骤包括滤波、存储、加载、显示、交换、表达等。更小的步骤包括运算、转变、推导、分解、合成等；在遗传信息传输中，这些步骤包括：转录、转译、表达、编码、译码等；在神经信息传输中，这些步骤包括：感觉、知觉、记录、编码、传导、整合等，并衍生出递质的概念；在内分泌信息传输中衍生出激素的概念；在人类信息传输（传播）中，这些步骤包括：需求、产生、表达、获取、利用等衍生概念，甚至还提出了“守门人理论”和“子弹理论”等。

信息的传输研究是激发各种专业信息学问世的一个最大源泉。从许多专业信息学的诞生历程中我们可以看出，它们最初关注的信息问题通常都是由信息的传输问题引起的，研究某类信息的传输、传播、交流常常是创建一门信息学的通用手段，技术信息学是这样，神经信息学、内分泌信息学、遗传信息学也都是这样。到目前为止，动物信息学（除人类通信外）和植物信息学还一直没能建立起来，正因为是在这些学科中，还没有人能够对一种动物的语言编码系统得以有效的破译，从而了解一种通信中使用的语言体系的符号和语法规则是什么。对一种植物向另一种植物或动物发送信息这种说法是否能够成立？或者说它们之间是否有通信实践发生，这实际上还是一个谜。这些问题的根本基本上属于化学信息的传输问题，但化学信息学自己能否成立，我们目前实际上还不知道。

此外，我们对"信息"和"通信"的关系应该特别加以注意。从某种意义上说，通信有时几乎是信息的卵生概念，马克卢普曾经认为，"作为信息这一概念的可能替代物，它实际上就是通信（传播）"。这就导致方丁曾认为，"信息论和通信理论几乎就是同义语"①。"信息"和"通信"在宏观上可以作为同义语的例子还可以从一些实例中看出。例如在传播学研究中，"传播法"通常也可以叫作"信息法"，"教育信息学"也可以叫作"教育传播学"。这就导致一些教育或研究机构干脆就把"信息"和"通信"二者合并起来，故在人文科学中就有"信息传播学"、在工程科学中就有"信息通信学"的称谓②。

2. 处信

在动态的信息研究中，除了"信息传输"的概念支撑着信息的动力学研究之外，还有一个基本的信息操控问题，即信息处理问题，它与信息传

① 方丁. 生物信息流. 南京: 江苏科学技术出版社, 1985: 1.

② 这方面的例子有很多，以下列出世界上一些大学把信息和传输整合在一起的学院、系科、专业，例如：

a. 美国阿拉巴马大学通信与信息科学学院（College of Communication and Information Sciences）. 下设 5 个学院和系，它们是：广告和公共关系系（Department of Advertising and Public Relations）、传播学系（Department of Communication Studies）、新闻学系（Department of Journalism）. 图书馆信息学学院（School of Library and Information Studies）、电子通信与电影系（Department of Telecommunication and Film）。单独看 Department of Communication Studies 的名称，虽然我们未必明白它究竟是研究"传播"还是"通信"，但一般不会把它理解成研究"交通"。见：美国阿拉巴马大学通信与信息科学学院. http://www.cis.ua.edu/about.html [2013-3-25].

b. 俄罗斯西伯利亚国立电子通信与信息科学大学（Сибирский государственный университет телеко ммуникаций и информатики / Telecommunications and Information Sciences）下设 6 个学院：移动广播通信与多媒体学院（Mobile Radio Communication and Multimedia Faculty）、自动化电子与通信学院（The Faculty of Automatic Electrocommunication）、多信道电子通信学院（The Faculty of Multichannel Electrocommunication）、经济学院（Faculty of Economics）、人文学院（The Faculty of Humanities）、信息科学与计算工程学院（Faculty of Information Science and Computer Engineering）。其信息科学与计算工程学院设有 5 个方向，分别是：计算机软件与自动化系统（software for computers and automated systems）、计算机、封装、系统、网络（computers，packages，systems，and networks）、经济学中的数学方法（mathematical methods in economics）、商业信息科学（business information science）、经济学中的应用信息科学（applied information science in economics）。见：俄罗斯西伯利亚国立电子通信与信息科学大学. http://www.sibsutis.ru [2013-3-25].

输一样也起着同等重要的作用。“信息传输”已经有单一的专有名词与之相对应，那就是“通信”（communication）。而“信息处理”却缺乏这个词汇。从计算机科学方面讲，从20世纪初开始，由（美国）计算机协会（Association for Computing Machinery）、国际电气和电子工程师协会计算机分会组成了一个联合攻关组，提出了一个“计算”（computing）的概念，倡导者希望把计算机科学称之为“计算科学”。之所以使用computing这个概念，概因计算机早期的名字是“计算机器”（computing machinery），而不是今日通用的“计算机”（computer）。即使在今天，美国计算机协会仍旧使用着这个概念。但我们注意到，英语中动名词的computing这个概念并不十分受欢迎，许多和计算机应用有联系的学科更喜欢用computational这个形容词，例如计算生物学（computational biology），计算基因组学（computational genomics），计算技术（computational technologies）等。这样，与其采用compute的动名词形式computing，倒不如采用它的名词形式computation，从而将其和communication并列作为动态信息问题的第二大概念。另一个和计算（computing）接近并曾经有一定应用规模的词汇是处理（processing）。追溯processing的来源，它是process的动名词。process是由词根pro（向前）和ceed（行走）合成而来的，表示一种向前走的过程。因此，就processing、computing、computational、computation四个和信息处理相关的英语词汇来说，使用computation可能更加理想。在汉语中，我们可以将其称为“处信”，从而达到“信息处理”也有单一的专有名词目的。

提出“处信”（computation）的概念还可以很好地解决信息技术人文研究中的另一个遗留问题。我们知道，在英语词汇中，有一个有关信息技术人文研究方面的流行词汇ICT或ICTs，它的全称是information and communication technologies（信息与通信技术）。研究信息技术社会方面问题的学者，如“信息社会学”研究者会经常使用它。什么是ICT或ICTs？维基百科英文版对它的解释是：“信息与通信技术”常被用作“广义信息技术”的同义语，但它更强调包括有线和无线通信、计算机以及企业软件、中间件、存储、视听系统在内的，使用户能够访问、存储、传输、操控信息的统一通信[①]。根据这个解释，显然ICT或ICTs指的是整个信息技术，但术语本身会给人带来误解，会认为它仅指以通信为核心的信息技术，从而把计算机为核心的信息技术当作一门次要的信息技术看待。问题出在哪里？很显然，我们缺乏一个和“通信”处于同等地位的，代表计算机信息

① Wikipedia. Information and communications technology. http://en.wikipedia.org/wiki/Information_and_communications_technology [2013-8-7].

处理核心价值观的“处信”概念。有了它，我们就可以使用“信息技术”（information technology，IT）或“通信和处信技术”（communication & computation technology，CCT）来代表以通信和处信两者为核心的信息技术概念并不会造成任何误解。

和通信的含义相对应，处信的含义可指对一个信息在某一时空域上进行的一个形式变换。比照 communication 的当今用法，它也包含两个义项：“处理”和“信息”。目前的处信学科包括计算机科学（技术信息处理科学）、脑科学（神经信息处理科学）、心理学或思维科学（人类信息处理科学）等。在认知心理学的鼎盛时期，它也曾被心理学家称为人类信息处理（human information processing）。随着信息科学研究的深入，许多过去仅讨论信息传输的学科也将会慢慢开始讨论信息的处理问题，这是必然的趋势。例如，在遗传信息学中，在神经信息学中，目前这里的细胞信息学研究主要致力于细胞的通信，但时间将会证明，随着这些研究的愈加深入，细胞的处信研究也将会变成一个重要的细胞信息学研究方向。

到目前为止，除了还处于概念时期的细胞信息处理研究还没有形成自己的概念体系之外，计算机科学和心理学各自都已形成了自己的处信概念体系。在计算机科学中，最基本的概念是逻辑加、与、或、非。展开的概念包括加、减、乘、除、开方、编程、运行、调试、存储、表示等；衍生概念包括存储、检索、学习、显示等；在心理学中，这些概念包括注意、感觉、知觉、记忆、回忆、表征、思维、推理、学习等；到目前为止，把计算机科学看作信息科学的最大理由是，计算机是一个信息加工机器或物理信息加工系统，这一点似乎没有人能提出有效的反驳理由。把思维看作一种信息加工的观点，或者是看作一种心理学或认知心理学的观点，它虽然还没有得到心理学家的普遍认同，但随着神经信息学研究的深入，这种看法也将会逐步深入人心。最近几十年的研究表明，思维的物理活动和一定的脑电波活动是密不可分的。因此，也有报道说，一些研究者正在开发窥探他人思维秘密的精密仪器。

事实上，任何一种基本的信息研究，只要其中的信息事件具有足够的复杂性，它都有可能构成一门信息学科。例如在细胞遗传信息学或分子遗传信息学中，信息的合成就是一个十分复杂的信息问题等。但由于和其相邻的还有信息的传输问题、信息的表示问题，所以，我们就习惯把它们合在一起称作遗传信息学。历史上，虽然大部分信息学科都是因通信研究而诞生的，但在近年来出现的大部分专业信息学中，更多的则是因计算机技术的应用——处信研究——而产生的。但在这些应用学科中，很少出现具有普遍意义的信息处理理论。

3. 传偶

在一般情况下，供信体的职能只有一个：提供信息。受信体的职能有两个：①接受本系统可识别的，且已被编码成信息的物理刺激，即接受信息；②接受本系统可编码的，但还未编码为信息的物理刺激，即生成信息。对本系统不可编码的其他物理刺激皆不予以反应。对一般的信息理论研究来说，我们通常是用“供信体→信道→受信体→信道→受信体……”的方式进行解释的。但对信息实践来说，我们应该换成“受信体→信道→供信体→信道→受信体……”的顺序来解说。一个信息系统工作的伊始，必须先决定它是接受“已被编码成信息的物理刺激”，还是接受“未被编码成信息的物理刺激”，然后才能开始工作。一句话，供信体的职能只有一个，即信息提供。受信体的职能有两个：接受信息，生成信息。一块岩石可以是一个“视域”，如果一个反映者想对这块岩石进行反映，并将反映所形成的信息发送给他人，那么他应该立即从反映者的角色转变成发送者的角色从而成为一个“供信体”，最后使得该信息到达作为信息接收者的“受信体”。这样，增加了“视域”概念，明确了供信体和受信体概念，许多关于信息的基本叙述就突然变得清晰起来。

由于信息的可传输性是信息的一个基本特性，故按照我们的理解，通信（信息传输）是在一个时空域上对信息进行的一个位移操作。在通常情况下，这个位移操作是从一个携带信息的信器开始，通过一个能够荷载信息的信使，最后再把该信息传送到目的地为止。提供信息的一方和接收信息的一方通常总是成对出现的。在技术通信学中，它们被叫作信源和信宿，发信者和收信者；在人类传播学中，分别称作言者、讲者和听者，写者（作者、记者）读者和看者，（音乐、舞蹈等艺术）表演者和观众，一般的表示是传播者和受众。而它在神经通信中是树突和突触，在内分泌通信中是腺细胞和靶细胞，在免疫通信中是抗原和抗体，在遗传通信中是母细胞和子细胞。值得注意的是，在化学（信息学）研究中，这种成对出现的概念最多，配位化学研究者游效增等人曾总结了这些概念，归纳起来包括锁（lock）和钥匙（key）、给予体（receptee）和接受体（acceptor）、给体（donor）和受体（acceptor）、主体（host）和客体（guest）、受体（receptor）和底物（substrate）等[①]。为统一信息科学的建立计，我们应该为通信科学中这些成对出现的概念寻找一个通用表述。在一般情况下，所有的通信

① 游效增，孟庆金，韩万书. 配位化学进展. 北京：高等教育出版社，2000: 9-10.

现象都有一个基本的特征：有供信体就必有受信体，而这正是我们追求基础通信研究的一个重要理由。有了供信体和受信体之后，我们把这一对概念称为传偶（communication-dipole）。在判定一门信息学科是否能够构成一门通信学科时，传偶的存在是一个重要的前提和基本元素。通常情况下，供信体和受信体是成对出现的。和其类似的概念，在物理学中有偶极子或电子偶素，在化学中有耦联物等。

把传偶概念引入信息科学，它立即引起的第一个问题是：两个异质的供信体或受信体是否能够组成一个传偶？例如一只猫（的大脑）和一条狗（的大脑），一个人（的大脑）和一只大象（的大脑），一个人和一台机器等。根据我们之前提出的信器概念，信息必须先以信号为存在方式，在大多数情况下，之后信号又必须以底物为存在方式。一个信器之所以能够和另一个信器进行通信，是因为一个信器的物理符号系统和另一个信器的物理符号系统是同质的。换句话说，它们的语言系统中的成分可以按同一套语言学规则混合后仍可以被另一个信器所解读。但到目前为止，还没有人能够证明，把狗的语言和猫的语言进行混合后仍能被任何一方或第三方所理解，人的语言和大象的语言或机器的语言也不能够进行混合。

一个可以启发我们深入思考这个问题的是“图灵测试”（Turing Testing），我们也可以把它称之为“图灵通信试验”。图灵于 1950 年在曼彻斯特大学提出：一个人在不接触对方的情况下，通过一种特殊的方式和对方进行一系列的问答，如果在相当长时间内，他无法根据提出的问题判断出对方是人还是计算机，那么，就可以认为这台计算机具有人的智力，即这台计算机是可以思维的。“图灵测试”对我们的启示是，异质信器可以组成传偶。前提是，它们必须能够进行有效的通信。但我们不同意这种看法，两个异质信器是否能够构成传偶，这是值得商榷的。同理，我们从现实中虽然已经普遍看到，光通信技术已经出现在我们生活中的方方面面，但由于我们使用的各种技术信息终端基本上都是以电子原理进行工作的，所以要把光信道中的光子所携带的信息向亿万用户终端进行传输时，我们在开始和最后还必须使用光-电转换器将它们进行转换，使光信号变成电信号之后信息才能得以被正确地解码和识别。同理，人和鸡、鸭、猫、狗之类的低等动物之所以不能进行有效的通信，是因为彼此的信器不能构成传偶。除非我们能够破译出低等动物的语言系统，或让低等动物能够理解我们人类的语言。但到今天为止，在全世界，几乎每若干年都会有报道传来，说一些人已经如何成功地破译了某一低等动物的语言系统并能够与之进行通信。但据我们观察，所有这些案例都是基于苏联生理学家巴甫洛夫（Иван П. Павлов）的条件反射学说而完成的。人与其他动物，抑或一种动物与另一种动物之间能够进行真正有效的通信，到目前为止，世界上还无一例成功。同样，人也不能和机器进行同质通信。虽然我们可以找到很多机器可以和人类进行通信的反驳例子，例如受话器能够接受人类的语声，计算机键盘可以接受人类的文字，移动电话可以和人进行对话等。但这些通信并不是真正的同质信器通信，而是通过某种信器在中间执行符号转换后才执行的通信。

宇宙间的各种成分总是在相互作用着的，相互作用就必须以两个客体的基本相互作用为出发点。在过去，相互作用中最抽象的作用者是力，但力到底是什么？这并不是一个可以轻易回答的问题。但依靠信息来使客体之间产生相互作用的事实，已越来越多地被人们所认识，特别是从系统科学近年来的研究来看，引入传偶概念来对相互作用进行解释将是非常有用的。

4. 信使

信道是通信工程师们常用的一个基本概念，它指信息传输的通道。在比较抽象和宏观的通信分析中，我们可以使用信道这个概念。例如在两人对话时，我们说信息是靠声波通过两人之间的空气来传送的，因此两人之间的空气部分就是信道。无线电话的信道是电波传输所通过的空间，有线电话的信道是电缆。如果我们要继续问一问，在两人对话的信道中，信息是以怎样的方式在空气中被传输的？在无线电话信道中，信息是以怎样的方式在空间中被传输的？在有线电话信道中，信息是以怎样的方式在电缆中被传输的？这时的信道概念就不够用了，我们需要加入一个新概念：信使。

当一个荷载信息的信器能够在一个传偶之间执行信息的传输功能时，我们就称这种信器为信使。信使和传偶可以是同质的，也可以是异质的。之所以将信使概念引入一般的信息科学讨论中，是因为它的应用，尤其在细胞通信中的应用已经非常普遍。在技术通信中，传递信息的物质被抽象地称作“信号”。在细胞通信中，传递信息的物质一般也被称作“信号”。在细胞通信中，例如在神经通信中，传递信息的物质被称作“递质”，在内分泌通信中则被称作“激素”。在人类通信中，我们一般把它们称作“媒体”。在假想的两个粒子可能出现通信时，物理学家又使用了“信使粒子”的概念。此外，我们还看到基督教信徒还偶尔和上帝指派来的信使进行心灵沟通的说法。在昔日的邮政实践中，执行信使功能的工作者常被称作邮差，更早的叫驿卒。

信使的英文概念 messenger 最早源自拉丁语的 missus，在古法语中最先为 messager，进入古英语后就成为 messenger。把信使概念引入生物学研究的开拓者是美国的内分泌学家萨瑟兰（Earl W. Sutherland）。1960 年，萨瑟兰发现，人体内各种含氮激素都是通过细胞内的环磷酸腺苷发挥作用的，他把它们称作第二信使。把细胞膜之外的其他类似激素的活性物质称作第一信使。近年来，有些生物学家或生理学家声称，他们已在细胞核内发现了传递信息的化学分子，并将其称作第三信使。[①②]因此，在生物学中，今天一共存在着三种信使。第一信使、第二信使、第三信使。

第一信使（first messenger）指在细胞体之外，机体之内的，能与细胞表面受体结合并将受体激活和引起细胞内信号产生级联反应的信号分子，其化学性质是离子或蛋白质等。第一信使由细胞产生，可被细胞表面或胞内受体接受并跨膜转导，最后产生特定的胞内信号。

第二信使（second messenger）指配体与受体结合后并不进入细胞内部，但能间接激活细胞内其他可扩散的，并能调节信号转导的蛋白活性小分子或离子。第二信使是受细胞外信号作用，在胞质溶胶内形成，向胞质溶胶释放的胞内小分子。

第三信使（third messenger）指负责细胞核内信号转导的物质，是一类可特异结合靶基因和调节基因所转录的蛋白质，通常又称为狄恩酸结合蛋白；第三信使的研究内容是细胞核内信息的调控，主要涉及胞浆的信息分子如何进入细胞核内，以及如何在核内执行信息传输并进行基因的转录调节，以保障细胞周期正常控制物质的核输入与输出问题的研究[③④⑤]。

---

① 王玢, 左明雪. 人体及动物生理学 (第 2 版). 北京: 高等教育出版社, 2001: 24.

② 刘景生. 细胞信息与调控. 北京: 北京医科大学出版社, 中国协和医科大学出版社, 1998: 3.

③ 根据余海若的统计，到 2004 年为止，诺贝尔生理与医学奖已经有 54 次授给关于信使理论的研究者。见：余海若. 诺贝尔奖为何 64 次聚焦生命信使.（山东）大众科技报，2004 年 2 月 10 日～2004 年 2 月 24 日. 该系列文章一共包含 6 篇。标题是 64 次，但实则是 54 次。该文认为："中医的经络等于一种生命信使经过的信道"，中国有许多学者都提出这一猜想，这个问题值得深入研究。

④ 比较著名的信使研究如：甲状腺素功能的查明（瑞士学者埃米尔·科歇，1909）；胰岛素的发现（加拿大学者弗雷德里克·班丁和约翰·麦克劳德，1923）；乙酰胆碱的确认（英国学者亨利·戴尔和奥托·列维，1936）；上丘脑激素的释明（瑞士学者瓦尔特·赫斯和安东尼奥·莫尼兹，1949）；肾上腺皮质激素的分离和鉴定（美国学者爱德华·肯德尔和菲利浦·亨奇、瑞士学者塔迪斯·赖希斯胆，1950）；乙酰胆碱和去甲肾上腺素的合成及释放规律破译（英国学者伯纳尔·卡茨和瑞典学者朱留斯·阿克塞尔罗德，1970）；垂体激素的探明（美国学者罗杰·吉耶曼、安德鲁·沙利和罗莎琳·雅罗，1997）；前列腺素的阐明（瑞典学者苏讷·贝格斯特伦和本特·萨穆埃尔格、英国学者约翰·文，1982）；生长因子的发现（美国学者斯坦利·科恩和约瑟夫·戈尔斯坦，1986）等。

⑤ 2013 年的 3 位诺贝尔生理与医学获奖者进行的也是关于细胞信使的研究。美国耶鲁大学细胞生物学和化学家罗斯曼（James E. Rothman）、加利福尼亚大学伯克利分校细胞生物学家谢克曼（Randy W. Schekman）、斯坦福大学生物化学家聚德霍夫（Thomas C. Südhof）研究了细胞内信息的运输机制，发现生物体内每一个细胞都是一个生产和输出分子的工厂。例如，胰岛素在这里被制造出来并释放到血液中，以及神经递质从一个细胞传导至另一个细胞。这些包含信息的细胞核分子在细胞内都是以"小包"的形式传递的，即细胞囊泡。

区分不同信使的标准在于以界面为标准的信息活动区域。目前已经提出了两个界面："胞膜"和"核膜"。第一信使在胞膜之外第二信使在核膜之外，胞膜之内活动，第三信使在核膜之内活动。沿着这个思路，我们需要提出这样的问题：隔离细胞外信息和机体外信息的"膜"是什么？很显然，是机体的外膜，具体到动物就是"脑膜"，即大脑皮层。以人为例，大脑皮层是细胞信息和动物信息成为两类信息的分界线。这样，我们就有了另一种信使，我们称之为**O 信使**（organic messenger）。O 信使指在机体个体之间执行携带信息并使之传输的信器。当这种信器为人类时，其信使便是 HO 信使（human-organic messenger）。相应地，我们就有 AO 信使（animal-organic messenger）、PO 信使（plant-organic messenger）等。以人为例，我们相互传递信息时是靠视觉、听觉、味觉、嗅觉、触觉来进行的。在这类信使中，执行人类信息传输最重要的信使是各种小众或大众媒体。HO 信使在脑膜之外活动，它代表所有的大众或小众媒体。

在信息科学的本体论和动力学研究中，作为信息科学的基本概念，**信息**是整个信器的核心，**信器**是信息的存在方式。这是本体论需要研究的问题。但静态的信息不经过传输和处理等操作，它们的价值就不会有所体现。要实现这一目的，就需要一个**执行者**来通过信器对信息行使不同的操控。执行者可以是人，也可以是其他动物、植物、细胞、分子，或其他人工技术产品。由于信息的类型包括技术信息、分子信息、细胞信息、动物信息，特别是动物信息中的人类信息等；相应地，信器就包含技术信器、分子信器、细胞信器、动物信器等。在动物信器中，人类信器即大脑，它是信息科学过去的一个基本研究对象。就执行者而言，在分子信息中，在细胞信息中，执行工作是由这些个体中的自然操控者分别完成的。对于动物信器而言，执行者就是该类动物。特别地，对于人类信器和技术信器而言，执行者都是我们人类。因此，信息、信器、执行者三者不仅存在着密切的联系，而且是整个信息科学相关概念的核心。

4.1.3 其他方面的概念

在既有的信息科学研究中，有些概念的使用常常是非常含混的。例如，信息科学、信息学、信息论、信息技术、信息工程、信息工作、信息实践等。因此，在 200 多门信息学科中，我们需要制定出一个标准，以期区别哪些是真正的信息科学而哪些并不是。这就涉及一些新概念，它们包括信息间架、信息系统、自生成信息系统等。下面我们对它们进行讨论。

1. 信息科学

科学是人们对自然、社会等客观世界进行观察和思考的活动，它通常是为满足人们对认识世界的好奇心而进行的活动，其推理过程通常使人觉得它就是那么一回事。科学的结果通常是一套系统化和理论化的知识体系，这套知识体系具有一般真理或普遍规律的特征。科学知识的形成比较依赖逻辑推理。就其抽象程度而言，科学和理论常被看作一回事。工业革命开始时期的很多科学巨匠，其研究通常都是由个人独立完成的，很多研究者还出自优裕的家庭。由于近代科学体系已经变得非常庞大，中观问题基本已经研究清楚，有趣的问题常出现在宏观和微观方面，这不仅需要进行团体性的、跨学科的研究，还需要巨大的经济投入。献身科学研究的人通常称为科学家，尤其是那些大科学家，他们有时必须倾尽毕生寻找问题的答案，不求回报。理论科学的困难，常难于找好找准问题，并在最后给出好的答案。从事科学事业必须真心献身，甘于寂寞。

信息科学研究所形成的知识是对自然、社会等基本的信息现象进行观察和思考所形成的知识体系。我们前面已经从历史的起源方面考察过信息科学、信息学、信息论三个基本概念，一般来说，它们都是指信息科学，只是规模大小不同而已。信息科学（information science）[①]、信息学（informatics）、信息理论（information theory）三者的区别在于：信息科学通常指那些较大规模的信息科学研究，例如一般信息科学，统一信息科学；信息理论通常指一种较小规模的信息理论，它一般出现在早期关于某一类型信息的研究上，现在已不太常用；目前比较流行的概念是信息学，它多指一种较小的，尤其是关于技术信息应用方面的研究，或某一领域的信息工作的系统知识。

在传统的信息科学定义中，研究者多受计算机科学的影响，把信息科学的研究内容主要确定在信息的动力学研究中。由于以计算机科学为核心的信息科学恰巧不研究信息的本体论问题，所以，其内容就被今日前沿的信息科学研究者基本放弃了。

2. 信息技术

从产品角度来说，技术的结果是人们为实现某种特定目的而制造的一

① 在英语中，也常存在着单数形式的 information science 和复数形式的 information sciences，而 computer and information sciences 和 library and information sciences 也常以复数形式出现。马克卢普曾质问到，这种表述到底代表着它们是一门学科，还是两门学科或多门学科，它们的区别在哪里？这个疑问是非常深刻的。见：Machlup F, Mansfield U. Cultural Diversity in Studies of Information//Machlup F, Mansfield U. ed. *The Study of Information: Interdisciplinary Messages*. New York: John Wiley & Sons, 1983: 19-22.

套器械；从研究角度来说，技术的结果通常也表现为一种知识，但它是关于如何制造该类产品的知识，以及为制造这种产品所采用的工艺或服务的知识。技术知识的形成比较依赖发明创造。和科学或理论类似，虽然科学和技术都能提供一套系统化的知识，但科学或理论知识的目的是回答事物为什么是这样的，技术知识的目的是回答我们该如何做事。技术是应用科学所提供的知识来解决问题。技术是有的放矢的，带有功利性的，多是由社会实践驱动的。目前关于科学和技术两个概念常被混淆。很多研究单位和大学做的实际是技术科学，但研究者却喜欢把它们称作理论科学。

一般而言，科学和技术的区别是：科学是对自然界客观规律的探索，科学的任务是要有所发现，从而增加人类的知识和精神财富。科学知识的基本形式是科学概念、科学假说、科学定律，科学活动的典型形式是基础科学研究，包括科学实验和理论研究，进行科学活动的主要社会角色是科学家。技术是改造世界的手段、方法、过程，它是要在科学认识的基础之上有所发明，从而增加人类的物质财富并使人类生活得更好。技术知识的基本形式是技术原理和操作方法，技术活动的最典型方式是技术开发，包括发明、创新、转化，其主要社会角色是发明家。

信息技术（information technology）的另一个名称叫信息工程（information engineering），二者的区别在于：信息技术关注的研究通常是从具体方面制造或改造信器产品，信息工程通常关注从宏观方面对信器产品的制造进行规划和设计。传统的信息技术和信息工程通常指在通信科学和处信科学中对信器的单一制造和总成组装。例如计算机技术中显示器的制造是单一的信器制造技术，而一台计算机的整体组装则是总成的信器制造技术。同样，在通信工业的移动电话制造技术中，单一的天线模块制造是单一的信器制造，而整部电话的集成则是总成的信器产品。在实践中，信息技术和信息工程两个概念通常不加严格区分。

从历史过程来说，信息技术和信息工程两个概念在传统上是指用电、光、声、量子技术生产或组装信器产品的方法和技巧。但是，随着信息技术研究的进一步发展，我们将不得不对这种观点进行修正。最为重要的一个方面是：遗传技术（遗传工程）将被视为一种信息技术并加入信息技术（信息工程）行列。理由在于：在一些信息学中，例如在细胞信息学的遗传信息学中，我们已经承认基因是一种信息，一个物种的基因组是该物种全部信息的总和。很显然，把基因克隆、基因修正、基因重组等遗传工程中使用的所有技术都称作遗传信息技术是理所当然的。更具体地说，像染色体观察中的酸洋红染色技术，核酸分析中的凝胶电泳技术，狄恩酸测序中的双脱氧终止技术都是一种（遗传）信息技术。

除了以传输和处理人类等信息为主的电子等信息技术、传输和处理分子信息为主的分子信息技术、传输和处理基因信息为主的遗传信息技术这些精湛的信息技术之外，还有一类技术也应被称为信息技术，但过去我们都将它们忽略了，那就是传统的以纸张为核心的信息技术。它们包括造纸技术、制笔技术、印刷技术等。在过去的信息技术范畴里，人们之所以没有把它们看成一种信息技术，是因为信息技术这个概念一直被电子等信息技术所垄断。我们知道，人类为了扩展信息传输和处理的效能，最先把以纸质信息技术为中心的信息技术镶嵌到了人类信息传输实践中，接下来才是电子信息技术等。但是，我们不能因为以传统的纸质信息技术为中心的信息技术简单就不把它们看成一种信息技术。试想，如果电子信息技术在纸质信息技术之前已经出现，那么，还会有谁不把蔡伦的造纸技术、毕昇或古登堡（Johannes Gutenberg）的印刷技术看作一种复杂而伟大的信息技术呢？就信息技术而言，对它的研究所形成的知识，其目的在于告诉人们如何构造一种以传输或处理信息为主的信息系统知识，使其为人类社会服务。

3. 信息工作

工作具有动词和名词两种词性。作为动词，它有操作、行动、运转、运作等含义。作为名词，它有工程、制作、业务、任务、职业、使命等含义。当它作为动词使用时，多指生产和劳动。从一般意义上说，从事某种工作的人也称为艺人。和技术相比，技术和工作都强调规程，但按技术规程操作的结果强调的是一种产品，按工作规程操作的结果强调的仅是完成一项任务的使命。如果把这套规程记录下来，它和技术知识有一定程度的类似。所不同的是，技术规程具有一定的复杂性，而工作规程相对来说是一种简单的流程说明。从知识形成的角度来说，对信息工作规程进行记录所形成的一套知识是信息实践知识。一般来说，信息工作所形成的知识主要是一种经验及技巧，尤指在劳动生产方面的经验和技巧。

信息工作（information work）的另一个名称是信息实践（information practice），二者在狭义上并无太大的区别，但在广义上却不相同。从广义上说，一切和信息相关的科学研究、技术制造、经营管理都可以称为信息工作或信息实践；但从狭义上说，信息工作更倾向于口语化，而信息实践更多应用于书面语言。例如，在来自图书馆信息科学的信息科学家中，有许多研究者撰写的所谓的“信息科学”著作就常以“信息理论与实践”

来命名。①

信息科学、信息学、信息理论三者追求的是一种抽象的信息现象解释知识，信息技术、信息工程二者追求是一种具体的信器产品制造知识，信息工作、信息实践二者追求的是一种具体的信器产品操控知识。因此，信息科学（信息学、信息理论）、信息技术（信息工程）、信息工作（信息实践）是完全不同的三组概念。就目的来说，信息科学的目的是创造一套知识体系，该知识体系的目的在于说明信息现象是什么样的；信息技术的目的也是创造一套知识体系，该知识体系的目的在于告诉人们如何去制造信息产品；信息工作的目的主要不是为了创造一套知识体系，它仅是告诉我们如何操控好信息产品的运行。但目前我们看到的现实是：许多从事信息技术和信息工作的从业者，都希望把自己"具体的信器产品制造"或"具体的信器产品操控"称为"抽象的信息现象解释"，从而把自己的研究结果形而上地称为一种信息科学或信息学或信息理论。在我们接下来将要进行的信息学科分类讨论中，大部分信息科学、信息学、信息理论学科，从本质上说，它们更应该称作信息技术（信息工程）或信息工作（信息实践），而不宜称作信息科学或信息学或信息理论。

4. 信息间架

信息间架（inforframe）指构成信息传输与信息处理等信息活动的硬件系统，和信息间架相对应的是不能构成信息传输与信息处理等信息活动的硬件系统。信息间架对信息系统内信息的传输和处理等活动起支撑作用，它不仅在维持信息传输和信息处理等方面保持着信息系统的内外形态，而且在保持信息系统内部结构的有序性方面也起着重要的作用。例如在信息传输过程中，它使各种信息沿着信息间架定向地运动和活动。在信息处理过程中，信息间架起着支撑信息在运算、存储、控制、输入与输出等信器之间的加工和处理。在信息系统中，信息间架和其他物理设备一起组成信息的动力学系统。在信息操作过程中，信息间架就是一个个具有有机联系的信器以及支撑信器工作的物质系统。从微观上说，我们一般只谈信息。但从整体上说，我们就必须谈到间架。以神经系统为例，信息间架就是由树突、轴突、胞体构成的神经元或神经元系统，信息是流淌在神经系统中的血液。以一个国家的信息系统为例，信息间架就是互联网、电话网、广播网、电视网、图书网、杂志网、报纸网等，我们日常需要的信息

① Vickery B, Vickery A. *Information Science in Theory and Practice*. London, Melbourne: Bowker-Saur, 1987. 中文版见：维克利 B, 维克利 A. 情报科学的理论与实践. 中国科学技术情报研究所硕士研究生班译. 北京：科学技术文献出版社, 1990.

在其间得以传输或处理。

在技术信息学方面，通信系统中的信息间架有中继站、信号塔、电缆、光缆等；处信系统中的信息间架有计算部分、存储部分、输入部分、输出部分、控制部分等。在细胞学中，间架的主要成分是微管、微丝、中间纤维；在人类信息学中，信息间架指出版社、图书馆、档案馆、广播电台、电视台、互联网等一切提供人类信息传输和处理的物理设备或社会组织。间架与信器不同，信器是一个个独立的个体，间架是一个个独立的信器连接起来的系统，其中包括信器这种包含信息的器件，但也可以包含不含信息的器件，例如房屋等。一台计算机通过电缆联系起来形成信息系统，但支撑电缆的还可能包括支架、电源、建筑物等。信息间架的概念不仅对理解信息科学基础有用，而且对评价和研究信息社会和信息产业也十分有用。

信息间架的概念和美国政府 1995 年提出的“国家信息基础结构”（The National Information Infrastructure，NII）①，以及同年提出的“全球信息基础结构”（Global Information Infrastructure，GII）②有近似之处。我们之所以还要在信息科学中提出信息间架这个新概念，是因为在进一步的信息科学讨论中，我们打算将抽象的信息系统和具体的物理系统加以区别。但正如我们所知道的那样，就信息基础结构来说，更多的人喜欢将它称为“信息高速公路”（information highways），或“超级信息高速公路”（information superhighways）。我们的间架物理系统将不仅仅包含一个传输系统，还应该包含处理、存储、显示等系统。按照美国学者的建议，“国家信息基础结构”的内容包括 5 个组成部分，分别是：①计算机硬件；②高速通信网；③相关软件；④信息及应用；⑤开发信息的人员。我们希望信息不包含在间架概念的范畴中。

从构词方面来说，基础结构的英语 infrastructure 由拉丁语 infra（下面）和 structure（结构）组成。它最初来自法语，意思是路基。在英语中，infrastructure 至少在 1927 年就出现了，其原始的含义是：为一个行动或系统形成的一种设施。有些领域的应用强调了它的军事含义，北大西洋公约组织在 20 世纪 40 年代就采用了它，20 世纪 70 年代，它又被应用于城建领域，正式流行是在 80 年代，之后被应用到关于遗址研究的出版物方面，以及公共政策的基础结构危机等方面。今天，在凯恩斯经济学和后凯

① Wikipedia. National Information Infrastructure. http://en.wikipedia.org/wiki/National_Information_Infrastructure [2014-1-15].

② Wikipedia. Global Information Infrastructure. http://en.wikipedia.org/wiki/Global_Information_Infrastructure [2014-1-15].

恩斯经济学中都频繁地使用着这个词汇。今天的 infrastructure 概念已经包含硬基础结构和软基础结构两个部分，并且构成了很多短语。例如运输基础结构、能源基础结构、水管理基础结构、社会基础结构、文化基础结构、运动和娱乐基础结构、工程和建筑基础结构、危机基础结构、城市基础结构、通信基础结构等，而最新的应用是“信息基础结构”①。

对信息科学来说，我们希望有一个新词汇，它能够用来单独表示信息传输和信息处理以及其他对信息进行操作的单纯硬件系统，这在遗传信息学、神经信息学、内分泌信息学、人类信息学或技术信息学方面都是必要的。就 information infrastructure 这个概念而言，除了它的“基础性”含义和我们的要求一致之外，其他方面与我们的设想的信息间架概念具有一定的距离。主要表现在：①它虽然强调硬件方面，但它还包括软件方面；②在使用中一般都把它仅理解成一种信息传输设备（故称公路），但我们要求它还要包含处理信息的其他设备含义；③information infrastructure 在英语中构词太长，远不如 inforframe 表示简洁，方便推广。就汉语来说，若使用 information infrastructure，我们就必须将其译成“信息基础结构”，但若采用 inforframe，我们就可以简单地将称其为“信息间架”。信息间架的基本含义指它能够为信息操作提供物理支持。简单来说，“信息间架”和“信息基础结构”是近义词，而其区别仅在于：“信息间架”仅指骨架而不包含信息，因此它们在某种情况下可以通用。

5. 信息系统

有了“信息”和“间架”两个概念之后，我们就可以讨论基于这两个概念之上而组成的信息系统。到目前为止，无论是信息科学还是系统科学，二者还都没有给出过一个具有一般意义的信息系统（information system）概念，这是一个遗憾。从已有的信息系统概念来看，它是由计算机科学和管理科学联合给出的。在那里，信息系统指一种以信息、人、计算机为中心的信息管理系统，它是为特定的信息处理和管理服务的。信息系统最初是从计算机在企业管理的应用角度提出的，所以它最先被称作“管理信息系统”（MIS），但今天已经发展成了已经不再仅局限于企业事务管理的一般信息系统。计算机技术方面的信息系统包含计算机硬件、网络和通信设备、计算机软件、信息资源、信息用户、规章制度等部分，它是以处理信息为目的的，信息系统能够进行信息的收集、传递、存储、加工、维护和使用。但对于信息科学和系统科学而言，即使计算机技术提出这样的信

① Wikipedia. Infrastructure. http://en.wikipedia.org/wiki/Infrastructure [2014-2-10].

息系统概念，它也仍是一种基于计算机技术的信息系统。就通信科学而言，研究者也使用信息系统的概念。同样，它也仅指一种基于信息传输的信息系统，两者都是一种技术含义上的狭义信息系统。我们需要一个更加一般的信息系统概念，并希望它不带明显的技术色彩。

我们已经讨论了信息的概念，但什么是系统的概念呢？在系统科学中，存在着两种不同的说法，一种是技术层次的，一种是科学层次的。在技术层次上，通常采用钱学森的看法：认为系统是由相互制约着的各部分组成的，具有一定功能的整体。这个定义强调的是系统的功能，因为从技术科学看，系统的研究、设计、组建、管理等都是为了实现特定的功能目标服务的。具有特定功能是系统的本质特性。在科学层次上，通常采用贝塔朗菲的看法：认为系统是相互联系、相互作用的各元素综合体。这个定义强调的不是功能，而是元素之间的相互作用以及系统对元素的整合作用和由此形成的整体特性。苗东升在对上述两种系统定义对比之后给出了一个新的形式化定义，其表述是：

如果对象集 S 满足以下两个条件：①S 中至少包含两个不同对象；②S 中的对象按照一定的方式保持某种相互联系和作用，则称 S 为一个系统。S 中的对象为系统的组分。简而言之，两个或两个以上的组分相互作用而形成的统一整体就是系统。例如一台机器、一个动物、一家公司、一个国家、一篇文章、一句话等都是一种系统。[①]

根据这一系统概念，如果一个系统中的组分不是物质或其他什么元素，而是信息或荷载信息的信器，那么，我们就可以把这种系统称为广义的“信息系统”。换句话说，当一个系统内相互联系和相互作用的组分是由信息本体或支撑信息本体工作的信息间架组成时，我们就称之为一般意义上的信息系统。计算机应用技术或通信技术中的信息系统只是一般信息系统的特例。

一般信息系统概念对于信息科学和系统科学来说都是非常有用的。从信息科学来说，信息系统中信息的相互联系和相互作用通常表现为信息的传输和信息的处理。从分类上说，信息系统可以分为理论信息系统和技术信息系统、有机信息系统和无机信息系统、自组织信息系统和他组织信息系统、自生成信息系统和他生成信息系统等，下面我们先讨论一种对信息科学的发展起着决定性作用的信息系统：自生成信息系统。

---

① 苗东升. 系统科学精要 (第 2 版). 北京：中国人民大学出版社, 2006: 20-21.

6. 自生成信息系统

自生成（autopoiesis），顾名思义就是自己生成自己。自生成这个概念最初是由智利生物学家马图拉纳（Humberto Maturana）和瓦雷拉（Francisco Varela）于 1972 年提出的[①]。它由英语 auto 和 poiesis 组成。auto 对应于希腊语的 αὐτo，意为自己（self）；poiesis 对应于希腊语的 ποίησις，意为生成（creation）、产生（production）。autopoiesis 的含义是：一个封闭的系统具有自我生成的能力。1994 年，美国肯特大学商学院的明格斯（John Mingers）在他的《自生成系统：自生成的含义与应用》（*Self-Producing Systems: Implications and Applications of Autopoiesis*）一书中，曾对自生成的基本问题进行了详细的叙述[②]。在欧洲信息科学基础论坛 2004 年 1 月间的讨论中，发言者曾围绕着这个概念进行了很久的争论，但最后仍没有找到把它和信息科学有机地融合起来的办法。[③]东京大学信息学院的西垣通（Toru Nishigaki）等，过去也曾认真地研究过这个概念，并把它和信息科学进行了一定程度的融合。但由于不是在系统科学的背景下进行的，所以在信息科学中仍旧没有产生太大的影响。[④⑤⑥]需要说明的，在中国，过去分布在生物学、系统科学、法学领域中为数不多的几个学者的讨论中，大家都将 autopoiesis 翻译成“自创生”，但我们觉得这个译法有待商榷。因为译为“自创生”容易使人把它理解成“自己创造生命”，而 autopoiesis 中 poiesis 的含义仅指“生成”和“产生”，并无生命的含义。由于“产生”可以简化为“生”，所以，它容易和“生命”概念发生混淆。[⑦]

自生成信息系统包括两个方面：一是信息的自生成，二是间架的自生

---

① Wikipedia. Autopoiesis. http://en.wikipedia.org/wiki/Autopoiesis [2014-3-16].

② Mingers J. *Self-Producing Systems: Implications and Applications of Autopoiesis*. New York: Plenum Press, 1995.

③ Marijuán P C. Information, Autopoiesis, Life and Semiosis. http://fis.icts.sbg.ac.at/mailings/1247.html [2011-5-15].

④ Nishigaki T，Takenouchi T. The Informatic Turn—Who Observes the 'Infosphere'? *Journal of Socio-Informatics*, 2009, 2(1): 81-90.

⑤ Hashimoto W. Autopoiesis, Observation and Informatics Lessons from the Development of Autopoietic Systems Theory in Japan. *TripleC*, 2011, 9(2): 414-423.

⑥ Nishida Y. The Relationship between Autopoiesis Theory and Biosemiotics: On Philosophical Suppositions as Bases for a New Information Theory. *TripleC*, 2011, 9(2): 424-433.

⑦ 在哈肯的《信息与自组织：复杂系统的宏观方法》一书中，作者谈到了意义的“自创生”，其英文原文为：“self-creating”。虽然“self-creating”和“self-producing”相近，但哈肯并未注意到 autopoiesis 问题。见：Haken. H. *Information and Self-Organization: A Macroscopic Approach to Complex Systems*. Berlin: Springer-Verlag, 1988: 23. 中文版见：哈肯 H. 信息与自组织：复杂系统的宏观方法（第 2 版）. 信息与自组织翻译组译. 成都: 四川教育出版社: 2010: 35.

成。如果一个信息系统的信息是靠该信息系统自我生成的，那么这种信息就是自生成的；如果一个信息系统的信息是从其他现成的信息系统输入的，那么这种信息就是他生成的。同理，如果一个信息系统的间架是系统自身生成的，那么这种间架是自生成的；如果一个信息系统的间架是由他物或他人创造的，那么这种间架就是他生成的。因此，一个信息系统就有四种类型：①自生成信息＋自生成间架；②他生成信息＋自生成间架；③自生成信息＋他生成间架；④他生成信息＋他生成间架。在信息科学实践中，我们可以发现，遗传信息学、神经信息学、内分泌信息学、人类信息学中的信息现象均属于第 1 类，即自生成信息＋自生成间架型；技术信息学属于第 4 类，即他生成信息＋他生成间架型。至于"自生成信息＋他生成间架"和"他生成信息＋自生成间架"型信息系统迄今我们还没有发现。用自生成信息和自生成间架的概念解释人类和其他动物之间的正常通信是不可能实现时就非常有用。例如，我们就可以尝试用下述方法进行说明："他生成信息＋自生成间架"这种信息系统在动物中是很难出现或存在的。未来的三维打印技术能实现吗？如果答案是肯定的，那么其结果就绝不会仅仅是由克隆人类所引起的争议那样简单，其结果将会使我们这个世界变成一个由所有动物组成的角斗场。

就上述几种情况而言，第 1 种和第 4 种情况是我们非常关心的。即当一个信息系统中的信息和间架是由该系统自己产生或创造的时，我们就把该信息系统称为自生成信息系统（autopoietic information system）；相反，当一个信息系统的间架是他生成并且信息是由外界植入的时，我们就把该信息系统称为他生成信息系统（heteropoietic information system）。由人类社会成员组成的信息系统是一个自生成信息系统，因为经过数千万年的进化，人类不仅形成了自己创造信息间架的能力，而且我们天生就会自己创造信息并在这个间架中传输和处理它们，其根本原因在于，我们的大脑是一个具有高等智能的自生成信息系统。在有性繁殖动物中，由合子经有丝分裂而复制出的子细胞组成的遗传信息系统是一个自生成信息系统，因为其遗传信息系统的一切组织和行为都是自我形成的。由感觉神经和运动神经组成的躯体神经系统，由交感神经和副交感神经组成的自主神经系统，它们都是自生成信息系统。由内分泌腺、激素、靶细胞组成的内分泌信息系统也是一个自生成信息系统，因为内分泌系统的一切组织和行为也是自我形成的。至于技术通信系统，它通常都是一种他生成信息系统，因为在大多数情况下，系统内的间架是他生成的，信息又都是由人类或其他系统从外部植入的。但是，人工智能科学家会提出不同的意见，会认为在未来的计算机信息系统中，计算机自己将会产生信息，从而将计算机信息系统变成一个自生成信息系统，但这只是一种预言而不是一个现实。①从控制的方面讲，在列举的这些系统中，唯有神经系统中的自主神经系统是一个籍自组织原理可以自我调节运行的信息系统，而人类信息系统，不控制它时它是否可以具有完全的自我调节功能而使自己运行得良好？从传播学和政治学角度来说，对这个问题的研究将是非常有意义的。

此外需要注意的是，一个系统可能接受两种输入，比如说信息的输入和力或电的输入等，信息当然是被编过码的，这时它的外部形态也必须是用电或其他物理形态编过码的。但有些形态，例如力或电的形态有可能是没有被编过码的。这时我们容易混淆来自外部输入的是信息或不是信息。区别的标准是：被编码过的物理形态是信息，否则就不是。以神经系统包括外周神经系统和内脏神经系统为例，它们接受到来自系统外部的一部分都是力或电的形态，是一种没有经过编码的物理形态。因此，这些只能称作物理刺激。而当这些物理刺激到达神经系统内部以后，它们就转化为信息。因此，神经系统既可以作为一种自生成信息系统看待，也可以当作他生成信息系统看待。当它接受的是来自其他系统传来的信息时，系统界面的递质扮演的是信息传输（信使）的角色，当它接受的是其他系统传来的纯粹物理刺激时，系统界面的递质扮演的是信息生成的角色。因此，神经系统是一种二重信息系统。同理，人类信息系统也是如此。人可以接受既成的信息，也可以接受物理刺激而生成信息。

自生成信息系统是比照自生成生命系统概念提出的。在生物学中，基于活细胞的自维化学（self-maintaining chemistry of living cells）特性，研究者把自生成能力看成区分生命系统和非生命系统的一个基本标准。我们则倾向于认为，信息的自生成能力是有机体的一种特权，只有有机体能够自己产生信息，而无机体却没有这种特性。结合系统科学的研究，它们将会引出许多对系统科学和信息科学都有意义的话题来。例如，在系

① 需要注意的是，虽然在极个别的情况下，计算机内部能够在脱离人工干预的情况下产生或处理信息，但不要忘记，它是靠计算机程序控制的，而程序目前都是由人工编制的。当我们从商店买回一台并没有安装操作系统的计算机，即计算机的硬盘在还没有任何数据被先行写入时，理应说这台计算机内部不会出现什么信息传输或处理问题。但事实是：当我们启动这台没有安装操作系统的计算机电源时，机器马上就能显示出一行行的信息。那么这是否可以说计算机也能够自己创造信息呢？答案是否定的。因为计算机厂商在设计之初就做好了一种只能读出事先存储数据的固态半导体存储器（ROM）. 只要向它供电，它就能将这台计算机的基本硬件信息自动显示出来。这是一个由人工事先嵌入的一个微程序在显示信息，因此它并不代表计算机能够自我产生信息。因此，计算机信息系统目前仍是一个彻底的他生成信息系统。就技术通信和处信系统而言，它们通常都是一种他生成信息系统，因为在大多数情况下，系统内的信息总是由人工或其他外部客体植入的。

统科学中，自组织是一个重要的概念。我们禁不住会提出这样的问题：一个自生成信息系统是一个自组织信息系统吗？信息系统的自组织能力是否是自生成信息系统的内秉特性？这些问题都有待信息科学和系统科学家去深入研究。①对信息科学来说，自生成信息系统是理论信息科学的研究对象，他生成信息系统是技术信息科学的研究对象。由于自生成信息概念的引入，信息科学的研究内容就变得异常丰富起来，并有可能借此架起系统科学和信息科学之间的桥梁，并弥补一般信息科学以往在研究内容上的相对单调。

4.2　信息科学的研究模式

虽然我们目前还没有找到基本的信息科学研究范式，但是，根据我们前面提出的信息科学概念，我们可以对目前已经存在的信息学科进行类型分析。分析的依据可以先从动力学问题入手，然后再看它们之中的本体论问题。

4.2.1　信息科学的研究模式

大体上说，目前一共有两类信息学科，一门是通信型信息学科，一门是处信型信息学科。这是从动力学的观点看问题的。在这两门信息学科中，要充分阐明其中的操控问题，它们都必须建立三个基本的本体论概念之上，即信息、符号、底物。但在不同的信息研究实践中，我们看到，有的学科全面分析了这些本体论问题，有的只分析了其中的个别问题。而在这些本体论问题中，“信息”问题是最为基本的。如果一个信息学科对自己的信息问题给予了充分的讨论，那么，这种信息研究就具有很强的说服力；反之，人们就会觉得它们丢掉了某些重要的东西，从而看起来并不像一门真正的信息科学。

理论上，信息研究学科可以有如下 21 种研究模式，它们如表 4-1 所示。

① 例如我们可以进一步把系统分为自组织信息系统和他组织信息系统。如果自生成、他生成与自组织、他组织概念结合，我们就能划分出另外 4 种不同的信息系统：a. 自生成自组织信息系统；b. 自生成他组织信息系统；c. 他生成自组织信息系统；d. 他生成他组织信息系统。

表 4-1　信息科学的不同研究模式

类型	本体论内容			动力学内容	
	信息	符号	底物	通信	处信
1	●			●	
2		●		●	
3			●	●	
4	●	●		●	
5		●	●	●	
6	●		●	●	
7	●	●	●	●	
8	●				●
9		●			●
10			●		●
11	●	●			●
12		●	●		●
13	●		●		●
14	●	●	●		●
15	●			●	●
16		●		●	●
17			●	●	●
18	●	●		●	●
19		●	●	●	●
20	●		●	●	●
21	●	●	●	●	●

就完整的信息科学体系而言，动力学部分的信息学分支是决定一门信息科学是否能够成立的前提，而本体论部分的信息学问题是决定一门信息科学是否为真的根本。换句话说，一门信息科学必须以信息动力学做统领，以信息本体论为支撑。在这两个部分的研究中，对信息本体论范畴中信息本身的研究是一门信息科学学科成立的必要条件，而符号研究和底物研究只是对信息研究的配套支撑。

以我们提出的人类信息学为例。从动力学方面看，传播学和心理学是人类信息学的两个基本学科。从本体论方面看，信事学研究信息问题，语言学研究符号问题，底物研究部分包含纸张及印刷研究和电子器件制作研究等，而它们通常是由专业的工程科学来完成的。这样，人类信息学就可以作为信息科学的 18 号“2+2”模式或 21 号“3+2”模式看待。加号“+”前面的部分代表本体论分支个数，之后的部分代表动力学分支个数。但是，从纯理论的角度看，一般的人类信息学并不去研究媒体部分，故人类信息学的本体论部分通常就变成了两个：“信息”和“符号”，所以它们的基本模式常是 18 号“2+2”模式。

就细胞信息学来说，从动力学研究来看，其中的神经信息学除了考虑信息的传输之外，还考虑信息的处理问题。内分泌信息学和遗传信息学目前只考虑到信息的传输问题。从本体论研究来看，遗传信息学研究所有的信息（基因）、符号（碱基）、底物（狄恩酸或阿恩酸、染色体、细胞等）三大本体论分支，所以它是一门标准的信息学，是 7 号“3+1”模式。而神经信息学的底物部分目前只分析到细胞，但在动力学部分不仅研究信息的传输，而且还正在研究信息的加工，故神经信息学属于信息科学的 17 号“1+2”模式。内分泌信息学在底物部分也只分析到细胞，动力学部分也只是集中在信息的传输，故它只能属于 3 号“1+1”模式。但在这些研究者的纲领中，信息无疑将将是他们探索的一个最高目标之一，而之前都先会去分析信息的符号问题，最终再朝着完整的 21 号“3+2”模式迈进。

至于技术信息学的通信科学和计算机科学，作为信息科学的动力学分支，它们是不言而喻的。但在研究纲领上，就本体论部分而言，它们一般只研究到信号（符号）和底物（材料）为止，技术信息学并不对信息本体进行研究。所以，包括通信科学和计算机科学在内，目前的技术信息学属于 19 号“2+2”模式。其中通信科学属于 5 号“2+1”模式，计算机科学属于 12 号“2+1”模式。

1982 年，马克卢普对图书馆信息科学和计算机信息科学两种称为“信息科学”的信息科学提出异议，认为它们并不是一门真正的信息科学。但是，他没有提出合适的异议理由。我们的看法是，包括计算机科学和通信科学在内的技术信息科学，它们都不研究信息问题，但又声称自己是一门信息科学，这是说不过去的，也是难以令人信服的。仅用“信号”（符号）研究来代替“信息”研究，结果人们就不明白这些信息科学研究的信息究竟是什么，从而就会提出种种疑问。上述解释为马克卢普的结论提供了理论依据，也为欧洲信息科学研究者在进行的 20 年讨论中，为什么从来不把技术信息学当作一门基础信息科学看待的做法提供了理论注解。

4.2.2 成为一门信息科学的必要条件

从理论上说，鉴于我们已经提出机体信息、细胞信息、分子信息、技术信息等信息类型。那么，我们就会有相应的机体信息学、细胞信息学、分子信息学、技术信息学等学科。由于机体信息下面又有动物信息和植物信息，所以我们就会有动物信息学和植物信息学。鉴于动物信息下面有人类信息，人类信息又可以分为社会信息、科学信息、文艺信息、宗教信息等，那么我们就会有相应的社会信息学、科学信息学、艺术信息学、宗教信息学等。

但理论和实践通常总是不同步的。实践上，我们目前仅有计算机信息科学、图书馆信息科学、通信论信息科学等不同的信息科学流派。我们也看到了许多专业信息学科又急于把自己标榜成一门信息科学的成员，或把自己说成是与信息科学具有密切联系的学科的愿望。作为信息科学研究者，我们理解这些学者们勇于创新的愿望。但我们自己内心明白，虽然已经尽了很大的努力，但在对信息科学的解释方面我们能够提出的理论仍是十分有限的。尽管如此，仍有太多的科学学科愿意把自己看作信息科学的一员或作为与信息科学具有密切联系的一员。例如，在由赛费（Charles Seife）2006年撰写的一部科普读物《宇宙解码：新信息科学看天地万物》中，他就大胆地提出，信息定律已经封着我们的命运，就像它封着了宇宙的命运一样。赛费认为，热力学和量子理论事实上也是一种信息理论。尽管不一定赞同，但这些看法我们尚还似曾相识。但他还更大胆地提出，相对论也是一种信息理论，地球上每个生物都是一个信息生命体。①在信息概念已经使用得过分泛滥的今天，为了给这类学科提供一个是否可以归入信息科学的标准，我们有必要尽早地就上述主张进行判断，即成为一门信息科学的基本条件是什么。

信息科学之所以称为信息科学，其基本理由之一是：因为它是一门关于“信息”的研究。但是，如果一门“信息科学”——如通信科学和计算机科学——只对信号（符号）和底物（材料）进行研究，而把信息研究搁置一旁，对于把这样的“信号科学”或“材料科学”称作“信息科学”，这是说不过去的。我们的观点是：一门完整的信息科学必须包含信息的本体论研究和动力学研究。没有信息本体论研究的信息科学不是一门真正的信息科学；没有信息动力学研究的信息科学同样不是一门真正的信息科学。同时，我们还必须强调，信息理论、信息技术、信息工作是三个不同

---

① 查尔斯·赛费. 宇宙解码：新信息科学看天地万物. 隋竹梅译. 上海：上海科技教育出版社，2010. 前言部分.

的概念，基础信息科学应该关注的是信息理论而不是信息技术，更不是某种信息工作。概括地说，一门真正的信息科学应该具备以下三个条件。

1. 本体论研究

（1）该学科中的信息必须是自生成的。无须赘述，如果这种信息不是自生成的，那么我们终会找到它是由谁生成的，并去对那种原始的信息加以研究，并最后将这种没有原始信息研究的“信息研究”抛弃掉；

（2）还原论方法应该和整体论方法相结合。对信息的还原进行到一定的程度时，就应该适时地把整体论思维加入进来。例如人类信息可以继续还原到经济信息、历史信息等。细胞信息可以继续还原到遗传信息、内分泌信息等。但从实用性来看，就人类信息而言，仅还原到人类信息就够了。对细胞信息而言，仅还原到细胞信息就够了。如果再往下，就进入到另一个层次的信息学研究了。

2. 动力学研究

（1）可以就某种信息的传输进行研究。例如对遗传信息的传输问题进行研究，或对人类信息的传播（传输）问题的研究；

（2）可以就某种信息的处理进行研究。例如对神经或大脑信息的处理问题进行研究，或对某种分子信息的处理问题进行研究；

（3）其他具有一定规模的，除了通信和处信两种常规信息问题以外的其他动态信息问题的研究，但不应该属于对它们的衍生问题进行的研究。

3. 以信息系统为背景

就信息的本体论研究和动力学研究而言，所有的信息研究都应该在信息系统的背景下进行思考。因此，系统科学的大部分概念都适用于信息科学理论。换句话说，信息科学应该和系统科学进行密切的合作。具体地说，某一类信息研究若想朝着信息科学的方向推进，那么，它首先需要在系统的背景下进行思考，孤立的信息研究不可能使其成为一门合格的信息科学。根据前述一些学者的看法，信息具有“可传输”和“可加工”两种特性。而对信息进行传输和加工就必然会形成一个信息系统。从现有的信息概念应用范围来看，活化细胞、有机个体、通信器件、处信器件等，它们都是能够组成信息系统的信器，基于这些信器构成的信息系统下进行的信息思考是一门合格的信息科学必须具备的前提。

总体来说，一门合格的信息科学必须包含信息的本体论研究，而且这种本体论研究应该被镶嵌在信息的动力学研究背景之中。因此，按照我们上面的模式，就目前的信息科学研究状况来说，缺乏对底物进行研究的信息科学模式 18 和包含对底物进行研究的模式 21，两种信息科学都是合格的信息科学。但我们最推崇 21 号研究模式，因为它研究各种各样的信息问题。21 号研究模式是一种完整的信息科学研究模式，可以用图 4-2 表示。

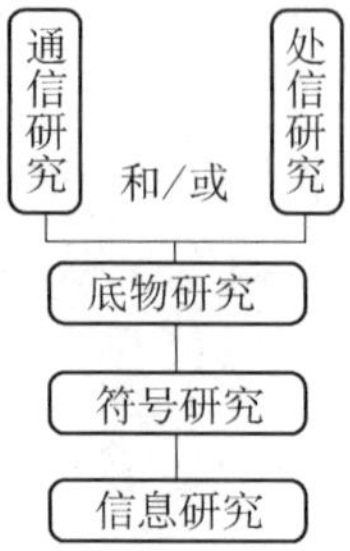

图 4-2　完整的信息科学研究模式

由于 21 号研究模式的形状近似汉字的“羊”，而 18 号研究模式“2+2”好像是“羊”字下面少一横，所以我们可以把完整的信息科学研究模式，即包含信息、符号、底物、通信、处信的信息科学研究模式称为“大羊”模式，把不包含底物研究的信息科学称为“小羊”模式。就“2”即“通信”和“处信”所说，仅有一个动力学分支的研究也同样可以称为合法的信息科学。例如传播学、心理学、遗传信息学、内分泌信息学等。

此外我们需要说明的是，区别信息科学和非信息科学的标准是：信息科学必须是以围绕各种各样“信息”为研究对象的学科，而人们通常容易犯下的一个错误是，认为某门学科，例如对自然、社会、或技术进行研究的一些学科，其研究过程中可能涉及，尤其有的是大量涉及某种信息问题，如果研究者对这种信息进行了或深或浅的研究，结果就声称这门学科是信息科学，这种看法是不恰当的，本书将在第 8～11 章对这种思潮进行实例分析。

一个人发现了某种信息，并对它进行了充分的本体论研究，但没有进行动力学研究，即使他把自己的这种研究看作是“多么好”的信息科学理论，但终归在未来的有一天他会发现，有人会就它的动力学问题进行研究，以此证明他的“多么好”还“不够好”。同样，一个人发现了某种信息，并对它进行了充分的动力学研究，但没有进行本体论研究，即使他把自己的这种研究看作是某种“多么好”的信息科学理论，但终归在未来的某一天，他会发现，有人会就它的本体论问题进行研究，以此证明他的“多么好”还“不够好”。因此，上述三个条件是一门真正的信息科学成立的必要条件，如果一门信息研究同时具备了上述三个条件，那么，它就具备了成为一门真正信息科学的可能。如果系统中的信器是专用的，那么这门信息科学就是独立的；如果系统中的信器是兼用的，那么这门信息科学就是交叉的。本体论研究中所涉及的信息其还原程度越高，在使用整体论思维时其科学性也就随之越高，反之越低。我们愿意在此再次特别地强调：没有信息本体论的研究，任何自称为“信息科学”的“信息科学”都不是真正的基础性信息科学。

第二篇

对三组主要信息研究学科的述评

第 5 章　技术信息学

什么是技术信息？按照我们的观点，一种信息的性质由两个因素决定——信器和视域。很显然，技术信息的信器是技术性产品，利用信息技术进行信息传输和信息处理的信器当然是技术信器。就目前的实践来看，信息技术产品所操控的信息，是其他类型的信息——主要是人类信息——在计算机系统或通信系统内部的一个形式变换或位置转移，这种经过形式变换或位置转移的信息，信息技术操作并没有使其在本体上或语义上发生变化。在技术信息系统中，虽有部分信息是由这些信器自己攫取的，但它们也是按照人类的意志进行的，因而它们只能被看作一种异化的人类信息。因此，5 分钟的音乐和 5 分钟的新闻所包含的意义，一篇散文和一幅油画所包含的意义，对于信息工程师来说都是等价的。在这里，音乐和油画都可以从人类和技术两方面进行考察。但从根本上说，由于技术信息系统本身不创造信息，这就决定信息本体研究在技术信息学中是不存在的。根据现有的信息技术实践看，在技术信息系统中，存在、传输、处理的信息主要是人类信息。

技术信息学（technological informatics）是一门以研究如何制造信息技术产品为目的的技术科学。具体地说，技术信息学的主要任务，是致力于研究如何用人工信器对各种信息进行有效地传输和处理等主要操作为主的一门技术科学。和细胞信息学一定会研究细胞信器是怎样对生物信息进行传输和处理不同，技术信息学一般不研究这些信器为什么能够对信息进行传输和处理的基本原理，它把这些任务留给了物理学。这些物理学理论主要包括电子信息学，其次是光子信息学等。近年来最为流行的是量子信息学，其理论虽然接近成熟，但产品的制造却一直处于试验阶段；由于水声信息学的应用范围目前还十分狭窄，因此它一直没有受到人们的广泛注意。从技术信息学的应用实践来看，每一类成熟的分支，一般都包含传输和处理两个门类，个别的还包括存储、显示等特殊的信息处理或信息传输问题。在余下的信息本体论研究中，符号和底物也是技术信息学的研究对象。在这里，符号是用信号来代替的，底物包括各种信息技术产品，且它们通常被看作通信和处信技术的辅助研究。所以，在本章，我们计划仅对信息处理和信息传输两个分支，具体地说，对计算机科学和通信科学进行讨论。

需要说明的是，我们在这里对这两门专业信息学的讨论，其目的不在于告诉人们这些学科的具体知识是什么，而在于从信息科学的角度向人们展示这些学科的研究风格，并通过这些风格去理解它们在整个信息科学中的地位和意义，并通过将它们和其他专业信息学的对比，然后判断它们是否应该属于基础性专业信息科学。关于这些学科的标准知识，请读者去研读相关的专业文献。

5.1 计算机科学

尽管世界上第一台电子计算机在 1946 年就问世，但“计算机科学”（computer science）这一术语，直到 1963 年才由美国斯坦福大学的福塞思（George Forsythe）引入学术界。自此之后，有两个争论在计算机科学界就一直没有停息过：一个是关于学科内容的争论，一个是关于学科名称的争论。关于计算机科学的研究与教育内容，最早不是从数学，就是从电子学开始的，但在大多数学校设置的计算机专业课程中，开始都比较偏重软件方向。关于学科名称的争论，我们在第 2 章已经考察过，除了最早使用“计算机科学”之外，1959 年又出现了“信息科学”这一名称，1963 年又出现了“计算机信息科学”这一名称。但是，在很多大学和研究机构里，人们还是比较喜欢使用“计算机科学”或“计算机科学与技术”这个直观的概念。从 20 世纪 80 年代中期开始，在大学和研究机构中，同时使用的名称还包括计算机科学理论、计算机软件、计算机系统与结构、计算机应用、计算机器件与外部设备等。计算机科学学术界后来又把上述 5 个名称合并一起称为计算机科学理论、计算机软件、计算机及应用三个专业。目前，计算机本科专业统称为计算机科学与技术，研究生教育继续保留软件与理论、体系结构、计算机应用技术三个专业[①]。在国际学术界，近年来流行一个新观点，那就是倾向于把这门学科改称为“计算科学”。很明显，之前主张把计算机科学称为其他许多不同名称的人，以及现在主张把它称

① 赵致琢. 计算科学导论（第 3 版）. 北京：科学出版社, 2004: 2.

为计算学科的人，其理由都来自对计算机科学研究内容的认知。

5.1.1　研究概况

前面已经提到，对于计算机科学到底是一门什么样的学科，美国布朗大学的著名计算机科学家威格纳 1976 年总结了 4 种定义：①计算机科学是对与计算机有关现象的研究；②计算机科学是对算法的研究；③计算机科学是对信息结构的研究；④计算机科学是对复杂状态进行管理的研究[①]。

由于第一种定义认为计算机科学是关于计算机、程序设计、算法和数据结构等人工设计的研究，因而它反映一种实验的观点；第二种和第三种定义反映了数学传统，因为算法和信息结构是两个抽象概念，它们决定着为建立计算机科学诸研究模型所需的不同范型；第四种定义接受了工程学的观点，反映出在硬件–软件复合系统的发展中所出现的信息工程学问题。从计算机科学的发展历史来看，每一种定义都曾促成了有价值的贡献，各种定义都应被看作相互补充而不是相互排斥。第一种定义在 20 世纪 50 年代曾占主导地位，目前由于偏重实验的计算机科学日益流行，所以这种定义仍被大多数学者认可；第二种定义在之后的 60 年代后期和 70 年代前期曾引起算法分析和计算复杂性等方面的研究热潮；第三种定义也在之后的 60 年代后期和 70 年代前期促进了程序设计语义模型的研究；第四种定义导致了软件工程学的形成，它在 20 世纪 60 年代后期也曾作为一个分支学科出现，在之后的 70 年代中期便成为计算机科学中占主导地位的研究领域。

威格纳接着说：关于计算机科学的第一种观点是偏重行动的，第二和第三种观点是偏重知识的，第四种观点代表上述两种观点的综合。20 世纪 50 年代的主导范型是偏重行动的，在之后的 60 年代后期和 70 年代前期，其主导范型是偏重知识的，20 世纪 70 年代后期和 80 年代的研究范式开始进化为两者的融合。在计算机技术刚刚诞生后的一段时期内，计算机科学是偏重行动的，因为那时尚无支持这种新技术的理论。但在理论基础建立之后，它又经历了一个以理论探讨占主导地位的一个短暂时期，到了 20 世纪 80 年代，人们这时的想法是把理论与实践结合起来进行研究，但这个想法并不总为人们所认可。[②]

---

① Wegner P. Research Paradigms in Computer Science. *Proceedings of the 2nd International Conference on Software Engineering*. San Francisco, California, United States, Year of Publication, 1976: 322-330.

② Wegner P. Research Paradigms of Information Engineering//Machlup F, Mansfield U. ed. *The Study of Information: Interdisciplinary Messages*. New York: John Wiley & Sons, 1983: 165-175.

20 世纪 80 年代，计算技术得到迅猛的发展，并开始和其他大多数学科进行融合，而以往的激烈争论仍在继续。主要问题包括："计算机科学"能否能作为一门"科学"？如果可以的话，它究竟是理科还是工科？或者说是一门理论科学还是一门技术科学？为了解决这些认识上的分歧，从 1985 年起，美国计算机协会（ACM）和美国电气和电子工程师协会计算机课程专业委员会（IEEE/CS）两个学组成立了一个联合攻关组，开始了一个后来引起持久争论的、并对计算机科学产生着根本性观念变革的系列研究，其结果形成了一篇著名的"计算作为一门学科"的研究报告。该报告抛去之前对计算机科学名称的所有争论，主张把计算机科学看作一门"计算学科"。其基本论证表现在 1990 年该小组提交的著名报告《计算作为一门学科》中。和该报告同时诞生的是一份计算学科的教学大纲：《计算课程 1991》（*Computing Curricula 1991*），简称 CC1991。之后又于 2001 年 12 月提交了 CC2001。CC2001 肯定了 CC1991 所提出的"计算作为一门学科"的论点，并称这一贡献是为"谋求合法性的战役取得了胜利"[①]。2005 年 9 月，该小组又发布了计算学科教学计划的新版本 CC2005。在 CC2005 中，他们将计算学科分为五个专业，它们分别是：计算机工程、计算机科学、信息系统、信息技术、软件工程。针对每个专业的特点和要求，CC2005 还提交了支撑每个专业的知识构架，它们自底向上分别是：计算机硬件与结构、系统基础、软件方法与技术、应用技术、信息系统结构共 5 个层次，每个层次又分为"面向理论"与"面向应用"的两个方向。与 CC2001 相比，CC2005 中第一次出现"信息技术"专业[②]。

但《计算作为一门学科》的报告对计算作为一门学科的论证，在内容上还无法令人信服地相信：这门学科的核心是"计算"而不是"机器"，从 CC1991 问世算起至今已经过去 23 年，"计算科学"这个概念仍旧没有广泛地得到计算机科学家的认同，普通的公众更不大理会这个更名，因为"计算科学"听起来更像一门数学分支从而和机器和程序设计无关，更不用说这对像在英特尔（Intel）公司、高等微设备公司（AMD），以及英伟达公司（NVIDIA）等公司中那些专门从事微电子学研究的科学家和工程师。对于他们来说，"计算科学"使他们在感觉上好自己被拒在了计算机科学的大门之外。对于微软和谷歌这样拥有世界数千名最优秀的软件工程师的公司来说，也很难说他们的工作都是在做"计算"。事实上，光

① 董荣胜, 古天龙. 计算机科学与技术方法论. 北京: 人民邮电出版社, 2002: 2-4.

② 陈金儿, 王让定, 林雪明, 等. 基于 CC2005 的"计算机组成原理与结构"课程改革. 计算机教育, 2006, (11): 33-35.

子计算机和量子计算机的研究也正在密锣紧鼓地进行着，如果再过 10～20 年，“计算科学”这一概念仍旧得不到大多数计算机科学家认可的话，“计算机科学”应该叫作“计算科学”的设想就应该算作学科更名史上的一个失败尝试。

5.1.2　硬件系统

虽然可以把算盘、计算尺等机械式计算工具视为现代计算机的前身，但是，具有真正现代计算机含义的计算机器应该从 19 世纪的巴比奇（Charles Babbage）算起。在 1834 年去法国参观完穿孔织布机返回到英国之后，巴比奇就着手设计一部包含输入、处理、存储、控制、输出等五个部分组成的具有计算功能的机器。这个复杂的发明设计，是以齿轮为元件，以蒸汽机为动力，由数千个齿轮和杠杆组成。可想而知，这在当时的条件下实现起来有多么困难。但是，之后让计算自动化的梦想一直在不断地激励着发明家，他们一刻也没有停止过这种尝试。例如，1941 年 5 月，由德国祖色（Konrad Zuse）完成的机电共享设备 Z3，就是第一台具有自动二进制数学计算特色，以及具有可编程功能的计算机，但它还不是“电子式的”。同年，美国艾奥瓦州立大学数学系的美籍保加利亚人阿塔纳索夫（John V. Atanasoff）和他的研究生贝里（Clifford Berry）一起，共同设计完成了世界上第一台真正意义上的电子计算机，它使用真空管，采用二进制以及可复用内存。但世界上第一台现代意义上的计算机，一般认为是由美国宾夕法尼亚大学莫尔电子工程学院在 1946 年 2 月 14 日完成的，名字为“埃尼阿克”号的电子数字积分和计算器（electronic numerical integrator and calculator，ENIAC）。“埃尼阿克”由 17 468 个电子管、6 万个电阻器、1 万个电容器和 6000 个开关组成，重量高达 30 吨，占地 160 平方米，耗电 174 千瓦，1 秒钟能进行 5000 次加法运算和 500 次乘法运算。

在“埃尼阿克”号问世之前，英国数学家图灵（Alan M. Turing）于 1936 年提出了一个理论模型，后来人们把这个模型称为图灵机。图灵机以一种抽象的方式详细地描述了我们现在所说的编程理论。该理论证明，存在着一个通用图灵机，它可以完全刻画用算法所能完成的所有任务，即任何可以由硬件执行的算法，都存在着一个通用图灵机上的等价算法，它可以完成相同的任务。之后，计算机科学家在图灵理论的基础上构建了一套完善的可计算性理论。1950 年，图灵又提出一个智能测验理论，它为今天的人工智能研究，以至于理论计算机科学研究都奠定了一定的理论基础①。

图灵的论文发表后不久，第一台电子计算机就问世了。其设计基础是基于冯·诺依曼的思想，在实践中用元件实现通用图灵机的理论，即一种基于“存储程序控制”思想的计算机，现代计算机的设计和制造基本上都是按照“存储程序控制”思想设计和生产的。冯·诺依曼的存储程序控制模型主要有以下三个特点：第一，在计算机中，指令和数据都采用二进制代码表示。计算机的具体工作表现为执行程序，而程序是由不同的指令序列组成。通常，程序运行的目的是对一定的数据进行加工。第二，采用存储程序的工作方式。在分析了“埃尼阿克”号计算机在输入和更换程序时十分繁琐的弊病之后，冯·诺依曼提出了将程序中的指令与指令所处理的数据一起存入存储器中的设想，这个设想已经成了现代计算机工作的基本原理。第三，计算机的硬件系统由五大部分组成，它们是输入设备、存储设备、运算设备、控制设备、输出设备，运算器、存储器、控制器三个部件合称为中央处理器（central processing unit，CPU）。围绕着中央处理器的是一些基本的辅助设备，包括非随机性存储设备、视频信号设备、音频信号设备、通信信号设备以及各种各样的接驳口设备。它们和中央处理器一起通常被固定在一个封闭的主机箱内。在计算机硬件系统中，通常不属于主机箱内的设备一般都称为外部设备，简称外设，包括键盘、鼠标、显示器、打印机、调制解调器、路由器等。但在现代计算机技术中，其发展趋势是越来越多地将过去称之为外部设备的器件逐渐集成到了内部设备中，有的是直接集成到中央处理器 CPU 上。计算机的硬件是计算机系统中看得见和摸得着的物理实体。

冯·诺依曼出生于匈牙利，在数学、博弈论、物理学和计算机科学上均有良好的造诣。他懂得 7 国语言，1930 年移居美国并成为普林斯顿大学的终身教授。他曾参与美国的“曼哈顿原子弹计划”，1944 年加入“埃尼阿克”研究小组。当“埃尼阿克”的一些关键技术正处于摇摆不定时，冯·诺依曼提出了改进以二进制代替十进制和采用存储程序的关键性技术建议。尽管由于各种原因这一建议最终未被采用，但冯·诺依曼的一些思想对“埃尼阿克”的研制工作还是起到了很大的促进作用。1945 年，冯·诺依曼自己提出一台新的“埃德瓦克”型（electronic discrete variable computer，EDVAC）计算机设计方案，并在 1945 年 6 月发表了名为“电子离散变量计算机”的著名论文，文中描述了新的计算机设计雏形，它为现代

① 刘瑞挺. 计算机系统导论. 北京：高等教育出版社, 1993: 15-16.

计算机的设计奠定了坚实的理论基础。这一理念也被后人称为冯·诺依曼思想。这是计算机发展史上的一个里程碑。几十年来，虽然计算机发展的速度很快，机型类型变化很多，但计算机体系结构的发展仍没有从根本上突破冯·诺依曼体系。在主流的计算机科学教科书中，基本上还是将冯·诺依曼体系作为计算机科学的基础理论被广泛采用。冯·诺依曼计算机的核心由五个部分组成，它们如图 5-1 所示。

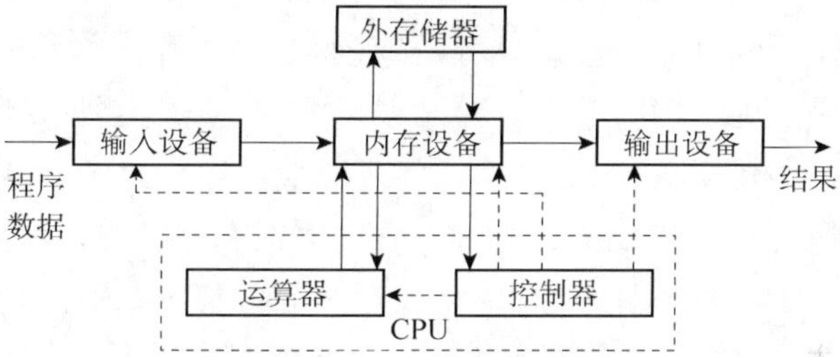

图 5-1　冯·诺依曼机器模型

1. 运算器

运算器是一台计算机中执行各种算术运算和逻辑运算的部件。其基本操作包括加、减、乘、除等算数运算，与、或、非、异等逻辑运算，以及移位、比较、传送等特殊运算。运算器主要由 3 个部分组成：寄存器、执行部件、控制电路。一般的运算器中设有 3 个寄存器，它们是：接收并保存一个操作数的接收寄存器，保存另一个操作数和运算结果的累加寄存器，进行乘、除运算时保存乘数或商数的乘商寄存器。为了减少对存储器的访问频率，很多计算机的运算器中都设有 3 个以上的寄存器。执行部件包括一个加法器和各种类型的输入输出门电路。控制电路按照一定的时间顺序发出不同的控制信号，使数据经过相应的门电路进入寄存器或加法器。衡量一个运算器的指标一般有两个，即机器字长和运算速度。机器字长是指参与运算的数据的基本位数。它决定了寄存器、运算器和数据总线的位数，因而直接影响到硬件的价格。字长一般从 8 位、16 位、32 位到 64 位。运算速度是指计算机执行不同运算和操作所需的时间，对运算速度存在不同的计算方法，一般用平均速度来表示，即在单位时间内平均能执行的指令条数，如一台计算机的运算速度为 100 万次/秒，就是指该机在 1 秒内能平均执行 100 万条指令。

2. 存储器

存储器的主要功能是存放程序和数据。程序是计算机操作的指令，数据是计算机操作的对象。程序和数据在存储器中都用二进制形式表示。为了实现自动计算，它们必须预先存放在存储器中。存储器由许多小的单元组成，每个单元存放一条指令或一个数据。存储单元按某种顺序编号，每个存储单元对应一个编号，称为单元地址，用二进制编码表示。由于计算机需要分步执行指令，相应地，存放在存储器中的指令需被逐条读出，然后予以分析执行。所需的数据也是被逐个取出，予以运算处理。这就要求将存储器分成若干个存储单元，并给每个存储单元分配一个地址。如果指令或数据较长，就用相邻的几个单元一起存放一条指令或数据。因此，存储器的一个重要特征是能按地址存入或读取内容。存储单元地址与存储在其中的数据是一对一的。单元地址只有一个，它是固定不变的，而存储在其中的数据却是可以更换的。

存储器所有存储单元的总数称为存储器的存储容量，通常用单位 KB（千字节）、MB（兆字节）、GB（千兆字节）、TB（万亿字节）等表示。存储容量越大，它表示计算机能够记忆存储的信息就越多。半导体存储器的存储容量毕竟有限，因此计算机中又配备了存储容量更大的磁盘存储器、外存储器等。相对而言，半导体存储器称为内存储器，简称内存。向存储单元存入或从存储单元取出信息，都称为对存储器的访问。当计算机访问存储器时，先由地址译码器将所给的单元地址进行译码，控制器负责找到相应的存储单元，再由读/写控制电路来确定访问存储器，即读（取出）或写（存入）操作，然后再按规定的方式具体完成读出或存入的操作。在计算机运行过程中，存储器的内容是不断变化的：已执行完的程序如没有保留的必要，则其内容就被装入的新程序所取代。一开始存入的原始数据，也不断地被新的计算结果所替代。

3. 控制器

对信息的输入、输出、存储与运算，都必须在控制器的控制下有序地进行，控制器是整个计算机的指挥中心，它控制各部件的动作，使整个机器有条不紊地连续运行。控制器工作的实质就是解释程序。程序是指令的有序集合，通常按顺序执行，所以这些指令顺序存放在存储器里。控制器每次从存储器读取一条指令，经过分析译码，就产生一连串操作命令，然后由它发向各个部件并让它们执行相应的操作，之后再从存储器取出下一条指令并予以执行，依此类推。一般的指令内容由操作码和地址码两个或三个或四个部分组成。操作码说明操作的性质，即执行何种操作；地址码指出操作数的地址，即要从存储器的哪个单元获取操作数。输入/输出设备与控制器之间也常采取如下的方式进行工作：当输入/输出设备做好相应的准备之后，就向中央控制器发出请求，然后控制器发出输入或输出命令指挥运行。

整体上，计算机内部共有两种信息在流动。一种是数据信息，它受控制信息的控制，从一个部件流向另一个部件，边流动，边被加工；另一种是控制信息，即操作命令，其发源地从控制器分散流向各个部件。通常把取出指令的时间称为取指周期，而把执行指令的时间称为执行周期。控制器反复交替地处在取指周期与执行同期之间，直至程序执行完毕。指令和数据统统放在内存中。形式上，它们都是二进制编码，似乎很难分清楚哪些是数据，哪些是指令，然而控制器完全可以区分它们。通常在取指周期内，从内存读出的信息流是指令；它流向控制器，由控制器解释，从而发出一系列微操作信号；而在执行周期中从内存读出的信息是数据，它由内存流向运算器。

4. 输入与输出设备

计算机的输入设备是转换输入信息形式的部件，输出设备是转换计算机输出信息形式的部件。计算机的输入/输出设备通常称为外部设备。

输入设备将人们熟悉的信息形式如数字、字母、文字、图形、图像、声音等变换成计算机能够接收并识别的信息形式。理想的计算机输入设备应“能看”和“会听”等，即能够把人们用上述所表达的自然信息形式，变换成计算机能够接收并识别的信息形式，然后直接送到计算机内部进行处理。但一般的输入设备只用于原始数据和程序的输入。常用的输入设备有鼠标、键盘、扫描仪、触摸屏、数码照相机、模/数转换器等。

输出设备是把计算机运算处理后的二进制信息，转换成人类或其他设备能接收和识别的信息形式的部件。输出信息的形式如字符、文字、图形、图像、声音等。理想的输出设备应该是“能讲”和“会写”等，还能输出文字符号、图画图标、公式曲线等。输出设备与输入设备一样，它们都需要通过接口与主机相联。

计算机之所以需要使用接口设备，主要是因为外部设备有高速的、低速的，也有机械式的、电子式的、光电式的。由于种类繁多、速度各异，因而它们不是直接同高速工作的主机相连，而是通过适配器与主机联系。适配器的作用相当于转换器，可以保证外围设备按计算机系统所要求的形式发送或接收信息。一个典型的计算机系统具有各种类型的外部设备，因而就有各种类型的适配器，它使得被连接的外部设备通过系统总线与主机进行联系，以便使主机和外部设备并行协调地工作。在当前所有的计算机外部输入输出设备中，三维（3D）打印成型技术可能是最为引人注目的一项新发明，它可以将人们设计出的各种物件让计算机用特殊的材料层层叠加打印成人们期待的实物成品，三维打印正在带来一场制造业的大变革。

5. 总线

总线是计算机指令和数据传输的公共通道。中央处理器工作时需要与外部硬件设备进行数据或命令的交换，如果每种设备都分别引入一组线路直接与中央处理器相连，则可能导致系统线路杂乱无章，甚至不可能实现。为了简化硬件电路和系统结构，人们引入了一组通用线路，并配以适当的接口，中央处理器通过这条线路与外部硬件设备相连，这条通用线路被称为总线。根据连接设备的不同，总线又可以分为数据总线、系统总线、外部总线，分别用来传输数据、地址、控制指令。内部总线连接的是中央处理器与系统内部芯片，系统总线是连接系统主板与扩展卡的总线，外部总线则是用于连接系统与外部设备的总线。

最早的总线结构是按工业标准结构（Industrial Standard Architecture，ISA）设计的，但由于工业标准结构总线仅能提供每秒 5 兆～8 兆的带宽，无法满足当代计算机运行速度的需求，因此需要一种新的总线技术来取代它。这样，外设部件互连标准（Peripheral Component Interconnect，PCI）总线结构就应运而生。它是由英特尔公司推出的一种总线技术，该总线定义了 32 位数据，而且可以扩展到 64 位。外设部件互连标准总线支持突发读写操作，最大带宽可达每秒 132 兆，可同时支持多组外部设备。可是，随着微处理器技术的发展，现在的外设部件互连标准总线也面临着当初工业标准结构总线的问题，即使是经过改进的、用于服务器和高端计算机系统的外设部件互连可以提供高达每秒 533 兆的带宽，但它仍然无法满足现代计算机应用迅猛发展的要求。因此一些新型的、稳定的高效总线结构就继续被制订出来。例如目前有希望成为高端总线技术标准的外设部件互连–X 总线和无限带宽总线等标准。

以上就是冯·诺依曼型计算机系统的基本结构。冯·诺依曼型计算机系统问世以来，它的优缺点也越来越深刻地被人们所认识。首先，由于冯·诺依曼型计算机的中央处理器与存储器之间的特殊关系，中央处理器需要频繁地访问存储器，而中央处理器的速度要高出存储器几个数量级，这就出现了中央处理器与存储器之间的速度差异瓶颈。同时，由于其执行指令是串行的，由此就造成指令串行执行效率低下的问题，从而使中央处理器不能充分发挥其功效；其次，在使用计算机语言的时候，人们常常使用高级语言，而高级语言与机器语言之间的差别是很大的，它们需要用不同的编译和解释程序将高级语言的源程序翻译成机器可以识别的机器语言，从而带来了较大的工作量；最后，冯·诺依曼型计算机采用按地址顺序的方式访问存储空间，这对于复杂的数据结构来说，必须经过地址映像存放才能解决问题，因此带来了许多不便。

对于传统的冯·诺依曼计算机系统存在的缺点，计算机科学家一直在寻求解决问题的新办法。目前已经发现有两种方法可以使用：一种是改良性的方法，即在现有的机型上进行不断的改进，使系统更加合理，更加有效；另一种方法是革命性的方法，那就是彻底推翻冯·诺依曼计算机系统的结构，重新设计更完整的、更合理的系统。显然，革命性的方法不论从哪个方面讲代价都是巨大的，而且设计周期也会很长，况且设计出来的新结构也不可能一定是完美无缺的。因此，主流的系统结构设计者一般都选择了改良的方法对计算机体系结构进行改进，在实践中不断探索，以便设计出更好的系统。①

在实践上，人们已经进行了不同的计算机设计类型探索。它们包括：①**超导计算机**。它的耗电仅为半导体器件计算机的几千分之一，执行一条指令只需十亿分之一秒，比半导体元件制造的计算机快几十倍。②**激光计算机**。其运算速度将比普通的电子计算机至少快 1000 倍。③**分子计算机**。美国惠普公司和加利福尼亚大学 1999 年就宣布，它们已经成功地研制出分子计算机中的逻辑门电路，其线宽只有几个原子直径那么大，而运算速度则是目前计算机的 1000 亿倍。④**狄恩酸计算机**。科学家研究发现，狄恩酸有一种特性，它能够携带生物体的大量基因物质。数学家、生物学家、化学家以及计算机科学家从中得到启迪，正在合作研究制造未来的液体狄恩酸计算机。这种狄恩酸计算机的工作原理是以瞬间发生的化学反应为基础，通过和酶的相互作用，将发生过程进行分子编码，把二进制数字翻译成遗传密码的片段，每个片段就是双螺旋的一个链，然后对问题以新的狄恩酸编码形式加以解答。和普通计算机相比，狄恩酸计算机的优点首先是体积小，但存储的信息容量却能超过现在世界上所有的计算机。⑤**神经元计算机**。人们将制造能够完成类似人脑功能的计算机系统，即人造神经元网络。神经元可以识别物体和目标，处理复杂的雷达信号，决定要击毁的目标等。神经元计算机的联想式信息存储，对学习的自适应，数据处理中的平行重复现象等特性都将异常有效，⑥**生物计算机**。它利用蛋白质的开关特性，用蛋白质分子作元件制成生物芯片再制造出计算机，其性能是由元件与元件之间电流启闭的开关速度来决定的。用蛋白质制成的计算机芯

① 马礼. 计算机组成原理与系统结构. 北京：人民邮电出版社, 2004: 19-20.

片，它的一个存储点只有—个分子大小，所以它的存储容量可以达到普通计算机的上亿倍。由蛋白质构成的集成电路，其大小只相当于硅片集成电路的十万分之一，但运行速度更快，大大超过人脑的思维速度。⑦**量子计算机**。物理学理论证明，个体光子通常不相互作用，但当它们与光学谐腔内的原子聚在一起时，彼此之间就会产生巨大影响。光子的这种特性可用来发展量子力学效应的信息处理器件——光学量子逻辑门，进而制造量子计算机。在理论方面，量子计算机的性能能超过任何可以想象的其他计算机。而在上述所有不同的新型计算机设想中，量子计算机是目前讨论得最多，也是最有可能首先问世的一种新计算机类型。

从硬件的构造上来说，除了现在正在流行的各种精致的移动电话之外，1981 年问世的个人计算机现在也正经历着平板计算机和智能电话机的双重挤压，朝向两端发展的两个明显趋势是：一个是高性能，一个是小型化。就小型化而言，英特尔公司 2014 年发布的计算棒可能代表未来小型个人计算机的雏形。带上一个类似 U 盘那样的计算棒，在任何一个可以提供显示器、键盘、鼠标的地方，将计算棒插在显示器或键盘上，就可以立即组成一台功能和家中或办公室功能相同的个人计算机。这对于移动商务人士而言，在各处做不同的演讲会既轻松又方便。由于触摸屏的日渐普及，即使是回到家里或住在宾馆里，把一个计算棒插在任何一个显示器上，一个个人计算机系统也立即被建立起来。

5.1.3 软件系统

没有安装程序的机器称为“裸机”，裸机是一堆被组合起来但什么都干不了的物理部件集。为了让机器运转起来，并按照我们的规定执行既定的操作，我们必须写出指令，输入机器，激活机器，命令机器，让机器一步一步地去执行我们的意图，最后完成我们既定的信息处理任务。用来编写这些指令的工具被称为“程序设计语言”，用程序设计语言写出的作品称为“程序”。按照程序在机器上所运行的层面划分，它们可以分为机器程序、汇编程序、系统程序、应用程序。按照程序设计语言的发展年代划分，它们一共有四代，分别是：机器语言、汇编语言、高级语言和未来的自然语言。由于现在一般人很少再用机器语言和汇编语言来手工编写程序，用自然语言来编写程序也只是计算机科学家的设想。所以，计算机科学中的软件研究自然仍集中在高级程序设计语言上。

1. 机器语言

机器语言是直接用二进制代码“0”和“1”书写成的计算机语言，它们通常被分成若干个段，各段的编码表示不同的含义，其总数根据不同的机型具有固定的位数。如果一台计算机的字长为16位，即由16个二进制数组成一条指令或数据，那么16个“0”和“1”可组成各种排列组合，通过电子线路转变成电子或其他信号，然后让计算机执行各种不同的操作。机器语言也称为二进制代码语言，计算机不需要进行任何翻译就可以直接识别然后执行它们。每台机器的指令，其格式和代码所代表的含义都是事先规定好的，故机器语言也称为面向机器的语言。机器语言对不同型号的计算机来说一般是不通用的。

机器语言虽然可以让机器直接运行，但大量繁杂琐碎和难以阅读的细节需消耗程序员的大量精力，它使人们不可能有更多的时间去从事创造性的程序设计，去完成对他们来说更为重要的任务。如确保程序的正确性、高效率等。此外，书写机器语言时程序员既要驾驭程序构架的全局，又要考虑每一个局部的实现细节，即使智力超群的程序员也常常会顾此失彼，屡出差错。因而所编出的程序可靠性差，开发周期长。由于用机器语言进行程序设计的思维和表达方式与人们的思维习惯大相径庭，只有经过长时间职业训练的程序员才能胜任，结果使得程序设计艰深繁琐。因为它的书面形式看起来像是一种密码，可读性差，不便于交流与合作。加上它又严重地依赖于具体的计算机类型，移植性差，重用性更谈不上。基于这些弊端，使用机器语言编写程序为计算机的推广就带来了重重困难，这就催生了另一种程序设计语言——汇编语言。

2. 汇编语言

汇编语言不同于机器语言用“0”和“1”这种“密码”式语言编写程序，在汇编语言中，人们发明了“MOV”（移动）、“CMP”（比较）、“STR”（字符串）这类近似英语缩写单词的助记符来代替操作码，用地址符号或标号代替地址码。用这样的符号语言代替机器语言所编写的程序就叫汇编语言。汇编语言的助记符与指令代码一一对应，基本保留机器语言的灵活性。因为程序在内存中的运行就是要中央处理器处理一条条的机器指令，而汇编语言不过是把这些机器指令符号化而已。使用汇编语言能面向机器并较好地发挥机器的特性，因此能够得到质量较高的程序。

汇编语言的移植性不如以后出现的高级语言，但是几乎所有高级语言能实现的功能都可以由汇编语言来实现。汇编语言仍然不能和高级程序设计语言相比，因为高级程序设计语言已经和我们的自然语言很相近，就像我们日常生活中的简单口令一样通俗易懂。虽然汇编语言比机器语言易于读写、调试、修改，同时具有机器语言的全部优点，但在编写复杂程序时，相对于高级语言来说，其代码量仍然庞大，而且汇编语言仍然较依赖于具体的计算机处理器体系结构，不能通用，因此不能直接在不同处理器体系之间移植。这就使下一代的程序设计语言——高级语言得以问世。

3. 高级语言

由于汇编语言同样依赖于硬件体系，且大量的非通用助记符同样难以记忆，于是人们又发明了更加易用的高级语言。在这种语言下，其语法和结构更类似于普通的自然语言(主要指英语，可以用汉语编程的语言有“易语言”，但并不流行)，且由于远离对硬件的直接操作，使得一般人经过并不太难的学习之后都有可能进行编程。

高级程序设计语言也分为不同的类型，它们包括：①命令式语言。这种语言的语义基础是模拟“数据存储/数据操作”的图灵机可计算模型设计的，它十分符合现代计算机体系结构的自然实现方式。现代流行的大多数语言都是这种类型；②函数式语言。这种语言的语义基础是基于数学函数概念的值映射的一种算子可计算模型。这种语言非常适合人工智能方面的计算；③逻辑式语言。这种语言的语义基础是基于一组已知规则的形式逻辑系统，主要用于专家系统的实现；④面向对象的语言。这种语言可以提供良好的模块移植性。虽然各种面向对象的语言属于不同的类型，但它们各自都不同程度地对其他类型的运算模式有所支持。因此，它是带有一种哲学方法论性质的程序设计语言。现代程序设计语言中的大多数语言都提供面向对象的支持，而且有些语言是直接建立在面向对象的基本模型上的，语言的语义就是对基本对象的操作。因此，向对象的程序设计语言已经成为当今的通用程序设计语言。

回顾程序设计语言的发展史，我们可以看到，在过去的几十年间，大量的程序设计语言被发明、被取代、被修改、或被组合。尽管人们多次试图创造一种通用的程序设计语言，但没有一次尝试是成功的。之所以有那么多种不同的语言存在，原因是编写程序的初衷各不相同，新手与专家之间存在着技术差距，不同程序之间的运行成本也各不相同。据统计，到目前为止，已经出现的程序设计语言有 1000 余种。其中，一半在机器上实现过，另一半只是设想或方案。随着技术的发展，许多语言已经被淘汰。重要的只剩下几十种，常用的高级语言也仅有十多种。但从现有的理论和技术条件来看，它们对于目前人们能够让计算机解决的大多数问题来说，这些程序已经可以完成大部分的目标。对建立在如何用这些程序设计语言来让计算机完成既定的目标方面存在着两个研究方向：程序设计学和软件工程学。

一个完整的程序设计过程由以下几个步骤组成：①把程序的功能描述清楚。这个程序要加工什么数据？希望得到什么结果？用什么办法加工？这些都要利用定义、定理、公式、函数等数学工具准确地表达出来。因此，一个程序员必须掌握形式化的方法；②用程序语言把预定的计算方案书写出来，这是程序设计中最有特色的部分。简单的计算可以直觉地进行程序设计，复杂的计算往往可以由简单的程序按照各种模式搭配而成；③程序正确性的证明。一个程序是否正确是应该证明的。通常，存在一些机械的步骤可以把一个程序的正确性归结为证明一组逻辑公式。但是也有一些办法可以简化证明过程；④在实际工作中，试算与修正过程是不可缺少的。由于在以上三个步骤中难免发生错误，所以要选择有代表性的例题进行试算，看看是否能得到预期的答案。研究以上各个步骤技艺的程序设计理论被称为程序设计学。①

在 20 世纪 50～60 年代，程序设计曾经被看作是一种任人发挥创造才能的技术领域。当时人们认为，写出的程序只要能够在计算机上运行并得出正确的结果，程序的写法可以不受任何约束。只有那些通篇充满程序设计技巧的程序才是高水平的佳作，尽管在很多情况下它们很难被别人看懂。然而，随着计算机应用的普及，人们逐渐抛弃了这种观点。对于稍大的、需要较长时间为许多人使用的程序，人们不仅要求这些程序容易被看懂和使用，并且还要求它们容易被修改和扩充。于是，程序便从个人按自己意图创造的“艺术品”逐步转变为能被其他设计者接受的工程化产品。研究如何创造出这样的工程化产品的理论，今天已经被称为计算机软件设计中的另一个学科：软件工程学。②

不少人在初学习编程的时候都会与“世界，你好！”（Hello，World！）这句话邂逅。之后会被要求牢记“全小写，用逗号隔开，在逗号后面加空格”这些编程教诲。在高级程序设计语言的大家庭中，从 1972 年到现在，C 语言一直是各领域所使用得最广泛的一种，也是大部分人第一次接触编程时所学的语言。由于 C 语言在数据封装上有安全的缺陷，所以就诞生了 C++。当学生初学 C++时，一时为了好玩，还会在叫法上分成“C 加加”派和“CPP”派，还会为这个名字的读法而相互较劲，还会为由于用不同的指针完成同一个目标而乐在其中。当然，C++已经成为当今主流编程语

---

① 马希文. 逻辑・语言・计算——马希文文选. 北京: 商务印书馆, 2003: 94.

② 郑人杰, 殷人昆. 软件工程概论. 北京: 清华大学出版社, 1998: 1-14.

言中最复杂的一种。因为它实用可靠，一直以来稳居编程语言的霸主地位。但在商业应用上，Java 则是名副其实的青出于蓝的高级程序设计语言。在人们第一次接触它的时候，往往会很容易爱上它。因为 Java 解析问题的角度和我们平时对问题的解析角度是一样的。但 Java 也有其一定的缺陷，例如开发节奏相对缓慢。以上三种程序设计语言是一般程序设计者在编程入门时接触得最多的，它们常年都排在流行编程语言排行榜三甲之列。此外，其他一些由 C 语言衍生出的语言，也一直被沿用到各个领域。例如，Obj-C 因苹果公司的 iPhone 和 iPad 流行而得到快速发展。但根据最新统计，Python 语言作为后起之秀，已成为美国大学计算机科学系入门课程最受欢迎的编程语言。在美国大学计算机科学系排行榜的前 39 所中，2014 年时最受欢迎的 7 种编程语言分别是 Python、Java、MATLAB、C++、C、Scheme 和 Scratch。

计算机科学习惯上把机器内部所处理的信息和存储在内外介质上的信息一般都说成数据。这主要是由计算机科学几个重要研究领域的概念体系促成的。它们包括数据库理论、数据结构理论、数据挖掘理论、大数据理论。其中最主要是数据库理论和数据结构理论。

随着计算机应用的日益普及和信息时代的到来，越来越多的信息需要被处理。于是，在经过手工管理、文件管理两个阶段之后，一个专门用来分类、组织、编码、存储、检索和维护信息的软件系统诞生了，它就是数据库技术。在数据库技术中，普遍认可一个级进的三阶认识论模式，即现实世界—信息世界—数据世界。现实世界存在于客观世界中，它由任何客体本身、客体之间的各种关系，以及客体所处的环境组成。任何一个客体都可能进行内部活动或与环境交往的活动以实现某些目标。这些活动由人、设施、行为、物品等组成。对客体的管理就是对这些人、设施、行为、物品等进行管理，从而实现对相应组织活动的管理以实现既定的目标；信息世界存在于人们的大脑中，它来源于人们对现实世界的认识和反映，人们按照一定的方法对现实世界的现象进行收集、整理，用人脑的神经信息存储格式存储在大脑中，在需要的时候对它们进行记忆、回忆、与加工（思维）。在信息世界里，对现实世界中实体的认知是通过对实体的各种属性和关系来进行的。属性是一个实体所具有的特性；数据世界存在于计算机中，它主要来源于人类的信息世界。也就是说，人类把自己大脑中的信息输入计算机后就被称做数据，数据的全体称为数据世界。当然，随着计算机技术和通信技术的发展，除了人类可以把自己大脑中的信息世界输入计算机外，计算机自己也能够自动收集一部分来自现实世界的信息，但这不是数据世界来源的主流。在计算机中，数据是信息的载体，它表达着现实世界的各种特征，包括字母、数字、符号、声音、图像等。人们一般所说的计算机信息处理是由计算机通过对数据的处理来完成的，从这个意义上说，数据处理与信息处理同义，数据管理与信息管理同义，数据库与信息库同义。事实上，我们也的确发现，这三组概念在整个计算机科学中也不同程度地被同时使用着，信息世界搭起了现实世界与数据世界之间联系的桥梁。

计算机科学中关注数据和信息关系的另一个分支是数据结构理论。数据结构研究最早起源于程序设计学，正确区分和掌握数据及其类型，是我们进行计算机程序设计的基础。数据类型随计算机语言的不同而存在着些许差异，但就数据的性质而言，一般都将数据分做整型、实型、字符型、布尔型、数组型、文件型等几类。在计算机科学中，数据通常以四种形态出现：常数、变量、函数、表达式。和程序设计看问题的角度不同，数据结构研究数据的角度不是从数据类型入手，而是从数组、记录、栈、队列、串、链表、树、图、数据库等角度进行。数据结构理论特别强调，计算机科学是一门研究数据表示和数据处理的科学，数据是计算机可以直接处理的对象。无论是在科学计算、数据处理、过程控制、或对文件的存储和检索，乃至数据库技术等计算机应用领域，其核心都是对数据进行处理和加工。因此要设计出一个结构和效率都相对优良的程序，就必须研究数据的特性，研究数据间的相互关系及其对应的存储表示，并利用这种特性和关系来设计出相应的算法和程序。对这一过程的归纳和抽象就是数据结构这门学科产生和发展的由来。因此，数据结构也被称作是信息结构。正因为如此，关注数据结构在计算机学中地位的计算机科学家都偏爱威格纳的名言：计算机科学是“一门关于信息结构转换的科学”。

正因为如此，在计算机科学中，数据和信息的关系可以概括地表述为：数据是机器化的信息。而数据库理论和数据结构理论，以及近年来兴起的数据挖掘理论和大数据理论就是专门研究这些“数据”的几个计算机科学分支。计算机使用的数据来自外部世界。但对计算机来说，向它提供数据和提供信息两个说法之间没有严格的区别，但计算机科学界最后选用了前者。但是，不论是数据库理论还是数据结构理论，不论是数据挖掘理论还是大数据理论，我们都会认为，把计算机对信息的处理表述成是对数据的处理，二者本质上没有什么区别。因此，从这个意义上说，计算机科学是一门信息科学似乎是顺理成章的。

5.2 通信科学

通信科学起源于有线和无线通信研究，因此，在英文中，它用表示具有“远”的含义的词根“tele”加上表示传输含义的“communication”组合构成“telecommunication(s)”一词。但 telecommunication 中的前缀 tele 既有“远”的含义，也有“电信、电报、电视”等的含义。在现代通信科学家的术语中，telecommunication(s)和 communication(s)在使用上常常区别不大。但有一点需要注意，如果把 telecommunications 翻译成中文“电子通信”，还说得过去，把 communication(s)也翻译成中文“电子通信”，就不妥了。在中文中，“电通信”几乎就是“通信”的代名词①，“通信”与“电信”也几乎是同义语②③。从词源上说，英文中的 communication 仅指“传输”，本身既不包含“电”的含义，也不包含“远”的含义，更不包含“信息”的含义。但在实践应用中，这些义项却都已被纳入其现代含义。同时，它还包含着浓郁的“传播”、“交流”、“沟通”等人文含义。根据英文维基百科的解释，英语 telecommunication 一词源自西班牙语的 telecom，而西班牙语中的 telecom 是根据希腊语的 τηλε（far off）和拉丁语的 communicare（to share）组合而成。而在法语中，telecommunication 的相应名称是 télécommunication。法国人认为，该词是由法国国家高等邮电学院的工程师和小说家埃斯托尼耶（Édouard Estaunié）于 1904 年创造的④。由于光通信技术和水声通信技术是后来才出现的，所以，通信科学在过去除了被叫作电子通信外，同时还被叫作电信学、电信科学、邮电科学、邮电通信科学⑤等。从它的英文名称仅使用 telecommunication 或 telecommunications 来代表这一研究的角度来看，通信研究通常并不被看作一门理论科学，它仅被看作一门借助电、光、声等技术手段进行信息传输的技术科学。因此，到目前为止它仍没有一个以-ics 或-logy 做后缀的纯正学名，也没有以补加 theory 或 science 这些词汇来进行订正。

自从高琨 1964 年证明光纤可以作为信息传输的媒介，荷兰的波德沃尔特（Leendert J. Poldervaart）1970 年提出“光子学（photonics）”的概

① 吴延海, 陈光军. 数据通信技术教程. 北京: 北京大学出版社, 2006: 11.
② 达新宇, 等. 通信原理教程. 北京: 北京邮电大学出版社, 2005: 1.
③ 陶亚雄. 现代通信原理与技术（第 2 版）. 北京: 电子工业出版社, 2012: 1.
④ Wikipedia. Telecommunication. http://en.wikipedia.org/wiki/Telecommunication [2013-4-23].
⑤ 卢宇澄. 邮电通信科学研究的展望. 通信科学, 1958, (10): 1.

念之后，光通信技术开始逐渐成为与电通信技术并列的两大通信技术。钱学森认为，光子工程是和电子工程并列的一门技术。①此外，尽管水声通信并不特别重要，但它仍是通信技术的一个方面②，更不用说今日的量子通信科学更呈现出一派欣欣向荣的局面。尽管如此，在通信研究界，许多研究者仍不赞成使用“通信”而坚持认为“电信”这个概念更为科学。他们承认光通信正在和电通信一样成为通信技术的一个主要分支，但认为光也是一种电磁信号，因此光通信的本质仍属于电通信，所以“电信科学”仍是一个最合适的称谓③④。中国通信科学技术名词审定委员会是中国全国科学技术名词审定委员会的一个下属单位，在它于 2007 年公布的《通信科学技术名词》标准中，其中的“通信科学技术”使用的英语名称却是“communication science and technology”⑤。在由中国通信学会主办的官方权威性刊物中，它们却一直使用“电信科学”一词，并用英语“telecommunications science”与之相对应⑥。可见在通信科学界，对该专业名词的使用尚还缺乏统一的标准。但由于我们希望在信息科学的宏观背景下对通信技术和计算机技术进行一个统一的审视，希望从“科学”而不仅仅是“工程”的角度对其进行分析。如果“计算机技术”可以称作“计算机科学”的话，我们就有理由把“通信技术”也称为“通信科学”。因为在一个信息化的社会中，对通信原理和技术的研究值得特别期许，它在科学知识体系中应该获得一个与其重要性相匹配的学术地位。既然人们已经普遍把通信工程和它的姊妹学科计算机工程并列，而计算机工程几乎从一开始就被冠以“科学”的称谓，但把通信工程却仅被看作一门“技术”，这对通信研究者来说是不公平的。因此，在我们谈到技术信息学的时候，在涉及通信工程时更多地会使用“通信科学”这个概念。

在通信科学的大学专业设置中，根据各个学校的历史不同，它曾分别被称作电信专业、电讯专业、无线电技术专业、有线电技术专业、有线电制造专业、无线电制造专业等。在经过若干年的争论之后，这些混乱的叫法后来被统一到电讯技术、电信技术、无线电技术、通信工程等几个不同

① 钱学森. 光子学、光子技术、光子工业. 中国激光. 1980，(1): 6.

② 刘伯胜，雷家煜编. 水声学原理. 哈尔滨: 哈尔滨工程大学出版社, 1993: 3-5.

③ 杨波，周亚宁. 大话通信——通信基础知识读本. 北京: 人民邮电出版社, 2009: 5.

④ 吴延海，陈光军. 数据通信技术教程. 北京: 北京大学出版社, 2006: 11.

⑤ 通信科学技术名词审定委员会. 通信科学技术名词. 北京: 科学出版社，2007.该书的英文书名是: Chinese Terms in Communication Science and Technology.

⑥ 中文“电信科学杂志”(*Telecommunications Science*). http: //www. telecomsci.com/CN/1000-0801/ home. shtml [2015-12-13].

的专业名称之下。目前通用的名称为通信工程，有时也叫信息工程。该专业目前主要的研究内容是通信技术、多媒体处理、通信系统与通信网络以及各种信息的传输、存储、变换、处理、检测与显示等[①②]。

导致通信科学出现这种不协调局面的原因有很多，但有一条是明确的，那就是，在整个技术发明史上，通信技术产品的推陈出新速度总是非常快的，尤其是在电的发明和计算机的发明问世之后，其速度更是日新月异。许多通信产品的问世是和实践家的发现和发明家的创新紧密地连在一起的。当通信科学需要关注其发明背后所蕴涵的原理，例如电报、电话、传真、广播、电视、雷达、卫星、光纤、以致量子通信技术等信息传输技术背后所依据的信息传输原理时，这些属于物理（信息）学家的探索总是落后于通信技术实践的。从 20 世纪后半叶开始，随着通信技术本身的迅猛发展和计算机技术在通信研究和实践领域的应用之外，和计算机科学一样，通信科学也正在逐渐变为一门显学，并将在 21 世纪里会继续成为一门前景辉煌的技术信息学科之一。

5.2.1 研究概况

1729 年，英国修道院的格雷（Steven Gray）发现，电可以迅速从金属导线的一端传到另一端。丹麦哥本哈根大学的奥斯特（Hans Oersted）1820 年发现电能生磁，英国实验物理学家法拉第（Michael Faraday）1831 年发现磁能生电，这两个基本的物理学事实，奠定了 1844 年莫尔斯电报的发明能够取得成功的理论保证。阐明电流、电压、电阻三者之间关系的欧姆定律，是贝尔（Alexander G. Bell）1876 年发明电话，从而把声音通过导线传向远方的科学支柱。麦克斯韦（James Maxwell）1855 年提出的电磁场理论，通过赫兹（Heinrich Hertz）的试验被成功证实之后，马可尼（Guglielmo Marconi）1895 年的无线电报问世也就在理论上顺理成章了。从 1937 年有线电报的问世，经 1876 年有线电话的出现，再到 1895 年无线电报的使用，这中间用了近 60 年的时间，期间问世的这三项通信技术，一起谱写了通信技术革命的最初篇章。从 1906 年无线电广播问世开始，经由 1927 年电视技术的发明成功，最后到 1957 年人造卫星的上天为止，这三大技术又用去近 60 年的时光。但对现代通信事业起着至关重要影响的另外三大通信技术：1971 年的互联网、1976 年的光导纤维、1978 年的

① 孙云山, 刘婷, 张立毅. 我国通信工程专业的发展与现状. 太原理工大学学报（社会科学版）, 2006, 24（增刊）: 85-86.

② 张毅, 郭亚利. 通信工程（专业）概论. 武汉: 武汉理工大学出版社, 2007: 4-5.

移动电话的问世仅用不到 10 年的时间，和其他业已存在的现代通信技术一起，它们正在把通信革命向另一个高峰推进，而且步伐也越来越快。通信技术的舞台今日正在呈现出一派生机勃勃的活力。就通信技术的基础理论而言，在对电磁波、光、声、量子等传输媒介的研究上，量子通信是当代通信科学家最热衷追逐的话题之一。在通信技术的实践中，光通信正在逐渐超越电通信而成为一种主要的信息传输媒介，它和无线通信和卫星通信一起，正在推动着将电话网、互联网、广播电视网进行统一的融合。通信科学就是研究这些技术背后的基本原理，并为通信技术产品的制造和运行提供理论依据的一门技术信息学。

从通信科学的发展趋势来看，在计算机互联网问世以后，把一个个通信系统的组合看成一个更大的，甚至包括计算机互联网在内的统一通信网络的观点逐渐成为一种新的通信科学观。因此，本书对通信科学的叙述也将以通信网络而不仅仅是通信系统为宗旨来进行。按照喜爱用通信网络而不是通信系统观点的通信科学家的看法，和计算机科学一样，一个通信网络也是由硬件系统和软件系统组成的。硬件系统包括终端技术、传输技术、交换技术；软件系统包括电话网信令和互联网协议[①②]。

5.2.2　硬件系统

在通信实践中，从信息发送开始到信息被接收为止，由中间的一系列设备有机构成的总体称为通信系统。依据不同的分类标准可以划分出不同的通信系统。通信学家一般分出如下的不同系统：①按传输内容分，通信系统可分为电报、电传、电话、广播、电视等系统。这些系统可以是专用的，但通常是兼用的。由于电话通信最为普遍，因而其他通信常常借助电话通信系统进行。例如基本已经消亡了的电报通信在其兴盛时期就常常是从电话电路中分出一部分频带来供其使用，或者是用一个话路传送多路电报。随着计算机技术的发展，数据通信已经占据主流，近距通信多用专线传送，而远距通信则常借助电话线路传送。②按传输媒质分，通信系统可

---

① 张云麟等认为：通信网的构成要素包括硬件和软件两部分。通信网的硬件一般由终端设备、传输系统、交换系统三部分构成，是构成通信网的物理实体。通信网的软件是指通信网为能很好地完成信息的传递和转接交换所必需的一整套协议和标准。包括网络结构、网内信令、协议和接口以及技术体制、技术标准，如信令方案、路由方案、编号方案、资费标准、质量标准等，是通信网实现通信服务和运营支撑的重要组成部分。见：张云麟. 通信网的信令系统. 北京：北京大学出版社, 2009: 4.

② 余燕平等认为：抽象地说，通信网可以说是通信系统的系统，包括所有的通信设备和通信规程。通信网组成部件从硬件角度看主要有三种：一是终端，二是传输通道，三是交换设备。软件包括：信令、协议和标准。见：余燕平，李式巨编. 信息交换与通信网. 杭州：浙江大学出版社, 2002: 7.

以分为有线通信系统和无线通信系统。有线通信系统的传输媒质可以是架空明线、电缆和光缆。无线通信系统则是借助电磁波在空间的传播进行。根据电磁波的波长不同可分为中波、长波、短波、微波等通信系统。③按传输信号的特征分，供信体发出的离散消息或连续消息均能变换为相应的基带信号。一类称作模拟信号，它通常在时间和取值上都是连续的。另一类称作数字信号，它在时间和取值上都是离散的。在实际应用中，往往将模拟信号笼统地称为连续信号，而将数字信号等同于离散信号。传输模拟信号的通信系统称为模拟通信系统，传输数字信号的通信系统则称为数字通信系统。④按调制方式分，可将通信系统分为基带传输和调制传输两大类。基带传输是将未经调制的信号直接在线路上进行传输，如音频市内电话和数字信号的基带传输等。调制传输是先对信号进行调制后再进行传输。⑤按复用方式分，在通信系统中，信道能提供比基带信号宽得多的带宽，倘若在信道中只传输一路信号，信道的利用率就非常低，结果就会导致信道资源浪费。解决的方法是，让多路信号在一条线路中同时传送，这就是信道复用技术。有三种复用方法：频分复用、时分复用、码分复用。频分复用是利用频谱搬移的方法使各路基带信号分别占用不同的频率范围；时分复用则是用脉冲调制的方法使不同线路的信号占据不同的时间区间，很多数字通信采用的就是时分复用方法；码分复用则是用一组正交脉冲序列来分别携带不同路数的信号。码分复用主要应用于空间通信的扩频通信。

如果整个计算机科学可以按冯•诺依曼模型来统领的话，对于通信科学来说，尽管通信系统的种类繁多，但对于一般的数字通信系统而言，它们都可用扩大化了的香农模型来概括，如图 5-2 所示。

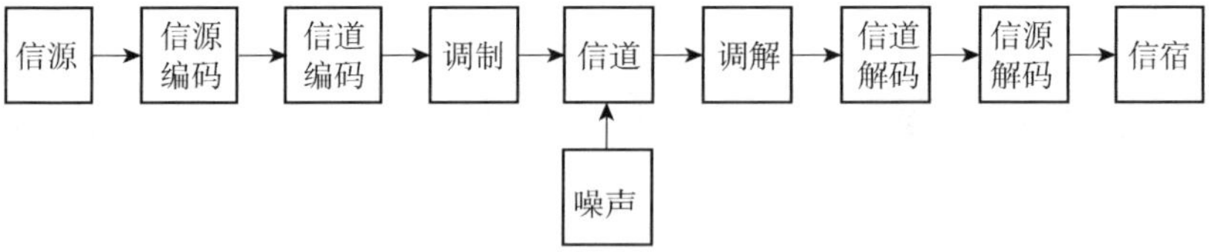

图 5-2　通信系统模型

这是一个典型的通信系统模型。如果把其中的信源编码和信源解码，信道编码和信道解码部分去掉，余下的部分就是一个典型的模拟通信系统。

1. 终端技术

终端技术也称终端设备，它是通信网络与用户之间进行交互的媒介，是用户与通信网络的接口，其主要作用是完成通信网与用户的接驳和信号转换。若要打电话，我们就需要用电话机接入电话网；若要访问互联网，我们就需要用计算机接入互联网；若要看电视，我们就需要用电视终端接入电视网。所以，终端设备是进入通信网络的基本设施。从大类来看，用户终端主要有固定通信的固话终端、移动通信的移动终端、数据通信的计算机终端、广电通信的音视频终端四大类。通信科学家在谈到终端时，更多的是指用户方面的终端，而来自供信体方的终端却很少被提及。

固定通信的固话终端主要指电话机。电话机的种类有很多，人们通常把现代常用的电话机分为普通话机和特种话机两类。普通话机包括脉冲话机和双音频按键话机，或叫拨号盘脉冲式自动话机和脉冲按键话机。使用拨号盘脉冲式话机时，用户每拨动一次号盘，电话机就产生一串与被叫号码相对应的电脉冲。脉冲按键话机需将用户所按下的号码一一存储起来，然后再发送出相应的脉冲序列，且可以配合不具备音频接收器的交换机使用。双音频按键话机主要是配合程控交换机而出现的。它的信号发送方式与直流脉冲信号发送方式截然不同。在按键号盘编码信号控制触发下，由双音多频信号发送的集成电路产生双音频组合信号。用户每按下一个键，可以同时发出相应编号的两个单频组合波。双音频按键电话机具有发号速度快、抗干扰能力强等优点，因而应用较为广泛。特种话机包括投币话机、磁卡话机、集成电路卡话机（IC 卡话机）、无绳话机、可视会议话机、录音话机、数字话机等。目前的许多数字话机，是配合专用的数字话机、高速数据网和综合业务数字网来进行语音和非语音信号传输的。20 世纪 50 年代以前，电话机的更新换代速度比较缓慢。20 世纪 60 年代以后，它开始从最早的磁石式、共电式、经由传统的机械旋转拨号直流脉冲式发展到今天的全电子多功能按键式。信号的传送方式也从模拟信号逐步转向数字信号。

移动通信中的终端设备主要包括移动电话终端、无线市话终端、对讲机、车载台等，它们一般都采用无线方式同通信网进行连接。由于移动通信均采用无线传输技术，而无线传输技术的复杂性必然导致其终端的构造比固定电话机复杂得多。从技术方面讲，移动通信终端主要由天线射频电路、无线基带处理电路、处理器、存储器、显示器、键盘等电路组成。无线射频电路主要完成无线信号的收发功能，它既要将移动电话中的信号发射出去，也要接收从空中传来的无线信号。无线基带处理电路是移动终端的核心部件，它负责完成信号的分析和处理等功能。处理器完成整个终端设备的控制功能，存储器完成信息的存储功能，如存储电话号码等。显示器和键盘是提供给用户用做信息显示和输入的部件。

广播和电视通信中的音视频终端是一种声音和图像终端，主要指广播和电视终端。广播终端一般也被称作收音机，它由机械器件、电子器件、磁铁等部件构造而成，是一种能将电波信号转换并接受广播电台发射出的音频信号的一种机器。最简单的收音机是直接检波机，但它从接收天线得到的高频无线电信号一般非常弱，直接把它送到检波器不太合适，最好在选择电路和检波器之间插入一个高频放大器将信号放大。依据这种设计制造的收音机虽比直接检波式收音机灵敏度高、功率大，但选择性较差，调谐也比较复杂。为了克服这些缺点，当前的收音机几乎都采用超外差式电路，依此电路制造的收音机叫作超外差收音机。它的特点是将被选择的高频信号的载波频率变为较低的固定不变的中频，再利用中频放大器放大，以满足检波的要求。现在常用的收音机一般都是超外差式收音机，主要有调幅和调频两大类。

电视终端经历了从最早的黑白电视机到阴极射线管彩色电视机，再到彩色离子电视机和彩色液晶电视机等过程。一般彩色电视机主要由电源电路、高频调谐器、节目预选器、选台控制电路、遥控接收电路、中放通道、解码电路、伴音通道、同步分离电路、场扫描电路、行扫描电路、显像管电路、末级视放电路组成。早期的黑白电视和彩色电视都是模拟电视，传输和接收的都是模拟信号。在技术发达的地区，模拟信号已逐步被淘汰并换成了数字信号，模拟电视也变成了数字电视。为了使电视的清晰度更高和节目源更加丰富，就需要使用高质量的专用信道。为了实现这一目的，目前较多用数字电视接收机加机顶盒的方式，通过机顶盒将数字信号的电视节目接收后，再送到电视机中。今后的趋势是数字电视的一体化，也就是将数字接收、解码与显示融为一体。那时，机顶盒的功能将内置到电视机中，人们在观看数字电视时，不需要另加机顶盒，直接打开电视机就能收看电视节目。除了传统的电视外，现在还有通过计算机加电视接收卡或接收盒进行电视接收的方式，以及用移动电话电视等设备直接收看电视节目。目前的市售产品主流是液晶电视，等离子电视已经被逐渐淘汰。电路也逐渐朝着智能化和高集成化发展，并将采用和计算机或移动电话相同的标准来统一控制显示。

数据通信中的常用终端是计算机，它是一种能够高速数值运算和信息处理的机械设备。总体上说，固定通信的固话终端、移动通信的移动终端、数据通信的计算机终端、广电通信的音视频终端有可能朝着一体化的方向发展。从现在广泛流行的智能功能移动电话的发展趋势就能看到这一点。

2. 传输技术

在整个通信科学领域，目前最为前沿的发展是关于传输技术的研究以及随之而来的传输设备制造。最早的传输技术不过是让一个消息发送端的电子设备发出信号，中间敷设电线把携带消息的信号传输过去，最后使得接收端的设备接收到这个信号并对原始消息予以还原。今天的传输技术已经发展得相当复杂，如频率的搬移技术、信号的分割技术等，并有可能朝着量子传物的目标进军。通信技术的内容十分丰富，下面我们仅择要介绍在通信科学中一些比较成熟的传输技术，它们包括调制技术、编码技术、分割技术等。同样，展示在这里的传输技术知识，其目的仅是向读者强调通信科学是对技术信息学的认知。

（1）模拟调制与数字调制。

为了有效地将基带信号转换成在既有信道中更加适合的方式进行信息传输，通信系统需要对基带信号进行变换，这个变换首先需要通过发送端的调制器完成，然后通过它发出信号，最后在接收端的解调器上恢复原基带信号。前者叫调制，后者叫解调。信号调制的目的表现在以下几个方面：①对信号进行频谱搬移，使之适合信道传输的要求；②把基带信号调制到较高的频率上，使天线容易辐射；③为了使无线电台发出的信号互不干扰，每个发射台都被分配使用不同的频率，调制后的信号便于频率分配；④有利于实现信道多路复用，提高系统的传输效率；⑤可以减小噪声和干扰，提高系统传输信号的可靠性。根据信号调制的类型，调制分为模拟调制和数字调制两类。

模拟调制是根据调制信号控制载波参数（如幅度、频率、相位）的不同，将信号分为幅度调制、频率调制、相位调制的总称。幅度调制（amplitude modulation，AM）是指用调制信号去控制高频载波信号的幅度，使高频载波信号的幅度随调制信号线性地进行变化，简称调幅。调幅在无线电广播、电视、雷达中具有广泛的应用。频率调制（frequency modulation，FM）是指将调制信号加载在高频载波的频率上，使高频载波信号的频率随着调制信号线性地变化，而载波的幅度保持不变，简称调频。相位调制（phase modulation，PM）是指将调制信号加载在高频载波的相位上，使高频载波信号的相位随着调制信号线性地变化，而载波的幅度保持不变，简称调相。后两种调制方式：调频和调相，它们都表现为高频载波信号瞬间相位的变化，因此也称为角度调制，简称调角。角度调制和幅度调制相比，所占用的频带较宽，但抗干扰能力很强，因此有着广泛的应用。数字调制是用数字基带信号对高频载波的幅度、频率或相位三者之一进行控制，使高频载波的幅度、频率或相位随数字基带信号的变化而变化。由于数字基带信号可以控制高频载波的幅度、频率、相位，因此也就有3种基本的调制形式：幅度调制、频率调制、相位调制，它们是最基本的数字调制方式。由于二进制脉冲序列只有“有”和“无”两种状态，因此它们能用电键产生，故一般称为键控信号。相应地，上述的数字调幅、数字调频、数字调相，就分别称为振幅键控、频率键控、相位键控。[①]振幅键控（amplitude shift keying，ASK）是用数字基带信号控制载波信号的振幅，是一种古老的调制方式。例如，用电键控制一个载频振荡器的输出，使它时断时续地输出信号，这便是一部振幅式键控发报机。由于振幅键控信号抗噪性不够理想，因此已经逐步被频率键控和相位键控所替代。但随着对信息传输速率要求的不断提高，要在较窄的频带内实现较高的信息传输速率，多进制的数字振幅键控又得到了较好的运用，特别是在信道条件较好而频带又较紧张的恒参信道内——如有线信道中——往往优先采用。频率键控（frequency shift keying，FSK）是用数字基带信号控制载波信号的频率，即以不同频率的高频振荡来表示不同的数字基带信息。频率键控在无线短波通信中应用广泛，这是因为它除了设备简单、调制与解调方便外，更重要的是这种调制方式具有较好的抗多径时延性。相位键控（phase shift keying，PSK）是用数字基带信号控制载波的相位，使载波的相位发生跳变，而载波的振幅和频率维持不变的一种调制方式。由于这种方式的频带利用率高，抗噪声性能好。因此，数字相位调制在通信实践中得到了广泛的应用。

（2）信源编码与信道编码。

在数字通信系统中，当信源发出的信号为模拟信号时，系统必须先将模拟信号转变为数字信号，或者说把某一消息的符号集转换成另一个符号集，这就是信源编码。信源编码的目的是提高通信的有效性或可靠性。如果信源给出的消息本身是一种非常适合下一个环节所需要的信号序列，那么信源编码这一个环节就可以省去。例如，消息的形式是计算机或其他设备输出的二进制序列，而下一个环节所要求的输入也是二进制序列，在这种情况下，就不需要进行信源编码。如果消息是时间的连续函数或离散的模拟量，信源编码器则要对该消息进行取样、量化和编码，使它变为数字信号。信源中的消息通常存在着一定的冗余度，它们占用着一定带宽的信道，浪费资源，信源编码就需要把这些冗余度去掉，这样才能保证最大限度地节省传输时间和信号频带。但是，由于冗余度有助于克服噪声的影响，

---

① 宋祖顺，等. 现代通信原理（第3版）. 北京：电子工业出版社，2009: 198.

故在信源编码过程中，人们有时人为地加入一定的冗余度，用以提高系统的抗干扰性从而更准确地传输消息。在信源编码过程中，消息所含的信息量并无增减。对一个信源进行数字化过程需要三个步骤：首先对模拟信号进行采样，它意味着只有离散的值在时间或空间间隔中被保留；其次，采样信号被量化，它意味着离散值将出现。在量化之后，并非所有的值都被保留；最后再将每一个量化值与一组独特的比特相联系，这组比特称为码字。这就是一个完整的信源编码过程。信道编码的实质是在编码中增加一定数量的多余码元，使它们满足一定的约束关系。这样，由基础码元和监督码元共同组成一个由信道传输的码字。消息在传输过程中如果受到干扰，某位码元发生变化，它们之间的约束关系就会被破坏，接收方通过检验这种约束关系即可把错误的消息识别出来并加以纠正。如果不进行信道编码，直接把消息代码送入信道，收到的消息其可靠性就可能不高，最后会导致信息失真。

（3）复用技术与多址技术。

在一个无线通信网络中，当多个用户同时接入一个网络时，若让他们共享一个无线信道，结果就可以大大提高频带的利用率。但要使多个用户的信号在同一个信道上传输，并在传输过程中互不干扰，最后还能使接收端正确地区分并解调出各个用户的不同信号，这就要用到信道复用技术和多址技术。根据合并与区分各种信号方法的不同，复用技术可分为频分复用（frequency division multiplexing，FDM）和时分复用（time division multiplexing，TDM）。**频分复用**是指将一个信号划分为多个子频带，每个子频带占用不同的频段，然后把需要在同一信道上同时传送的多个信号的频谱，调制到不同的频带上进行合并且使其互不影响，最后在接收端彼此分开。**时分复用**是指将信号按时间区分，即把连续的时间划分成若干时帧或时隙，让各路信号仅占用自己的时隙，用这种方法来实现在同一信道上传输多路信号。时分复用在时域上的各路信号是分离的，即实现信号时域的正交性，而在频域上各路信号频谱是混叠的。复用技术则主要用于固定通信系统中，一般都在基带或中频频段实现。

和信道复用技术相似，多址技术也是利用信号的特性在发送端对各路信号进行设计，在接收端则根据发送端设计规则将收到的信号分离出来分别解调。两者的不同在于，多址技术主要针对移动通信和卫星通信，利用射频辐射的电磁波搜索不断变化的移动地址码，在接收端区分出多个动态地址，所以它只能在射频频段实现。目前常用的多址技术有频分多址、时分多址、码分多址、空分多址等几种。

频分多址（frequency division multiple access，FDMA）技术是一种常见的多址方式，其工作原理与频分多路复用相同。使用频分多址时，需要先把传输频带划分为若干个较窄的，互不重叠的子频带，每个用户分配到一个固定子频带，按频带区分用户。在传输时，将信号调制到该子频带内，并利用信号的频率不同，将它们在发送端组合起来，用同一个信道传送。而接收端则根据各发送信号的不同频率把它们分离开来，实现多址通信。所以，频分多址技术实现的是频率域上的正交性。在实际通信中，必须保证信号频谱排列互不重叠，在相邻子频带间留有一定的保护频带宽度。频分多址技术是模拟载波通信、微波通信、卫星通信中最基本的技术之一。

时分多址（time division multiple access，TDMA）技术是依靠极其微小的时差，把信道划分为若干互不重叠的时隙，再把每个时隙分配给不同的用户专用，在接收端根据发送各个用户信号的不同时间顺序分别接收不同用户的信号。在卫星通信中，时分多址方式分配给各地面站的不是不同的载波，而是转发器的不同时间片段，即时隙，从而使各地面站的信号只能在规定的时隙内通过卫星转发器。从卫星转发器的角度来看，各地面站发来的信号是按时间顺序排列的，各站的信号在时间上互不重叠。因此，各地面站可以使用相同的载波频率。也就是说，在任一时刻，卫星行波管功率放大器放大的都只是一个地面站的一个射频信号，这就可以从根源上杜绝了上述频分多址方式中导致交调干扰的因素。

码分多址（code division multiple access，CDMA）技术是利用调制编码的不同来区别各个用户所传送的消息。它将各用户信号用一组两两正交的序列编码来调制，使得调制后的信号可以同时在同一个信道载频上传输而互不干扰。在接收端，利用编码的正交性，使得只具有和发送端某一地址码完全相同的接收机才能正确地解调恢复出相对应于这一路的原始信号。码分多址技术的基础是频谱扩展，即扩频技术，它是指用传输消息的信号带宽远远大于消息本身带宽的一种通信方式。扩频通信属于宽带通信的范畴，通常用正交码或准正交码作为扩频码，即地址码对信号进行调制，以此来实现码分多址。其研究和应用已有数十年的历史，最早的思想由香农在 20 世纪中期提出。

空分多址（space division multiple access，SDMA）是利用无线电波在空间的不重叠分割构成不同的信道，然后再将这些空间信道分配给不同地址的用户使用，空间波束与用户具有一一对应关系，依波束的空间位置区分来自不同地址的用户信号，从而完成多址连接。空分多址应满足正交性。[①]采用复用技术和多址技术的目的都是为了使通信资源得到最大的共享，降低通信成本，提高频带利用率。二者的差别是：对复用技术而言，用户对通信资源共享的需求是固定的或缓慢变化的，资源是预先分配的。对多址技术而言，用户对通信资源共享的需求是动态变化的，并且可以由用户在远端随时提出共享要求。简单地说，多址技术主要解决的是用户的识别问题，而复用技术主要解决的是信道的利用问题，各自的侧重点不同。但是，它们的理论基础是一样的，即“信号分割理论”，它赋予每个信号不同的“地址”特征，按“地址”分发，然后根据各个信号的特征进行彼此区分，最后构成各独立用户所发出的消息独立，实现通信的互不干扰。

复用技术与多址技术目前主要应用在蓬勃发展的无线通信技术中。在无线通信系统中，第一代移动通信技术（1G）采用的是频分多址接入技术，它是一种模拟传输技术，采用窄带通信，因此不适合具有各种传输速率的多媒体通信。第二代移动通信技术（2G）采用的是时分多址/频分双工和码分多址接入技术，它已经是一种数字传输技术。时分多址可以是窄带的也可以是宽带的。第一代移动通信系统和第二代移动通信系统主要提供语音业务。用户通过呼叫，系统为每个用户分配一个固定的频分多址频带，或一个同步时分多址或异步时分多址时隙供用户传输语音。第三代移动通信技术（3G）采用的是宽带传输的码分多址接入技术，它支持多媒体业务。就目前的第三代移动通信系统而言，它一共存在四种标准：美国高通公司等研制的 CDMA2000（码分多址 2000）技术、欧洲和日本联合研制的 WCDMA（宽带码分多址）技术、中国大唐电信科技产业集团等研制的 TD-SCDMA（时分双工同步码分多址）技术、世界多家公司联合研制的 WiMAX（全球微波互联接入）技术。就中国的三大移动运营商所采用的技术标准而言，中国电信采用“码分多址 2000”即 CDMA2000 技术，中国联通采用“宽带码分多址”即 WCDMA 技术，中国移动采用“时分双工同步码分多址”即 TD-SCDMA 技术，它们在中国形成了三分天下的混乱局面。一个一般的移动通信用户，往往弄不清三家的区别到底在哪里，因而常常在购买通信服务时无所适从。

关于第四代移动通信技术（4G），它们均采用正交频分复用（orthogonal frequency division multiplexing，OFDM）技术，并分为频分双工（FDD）和时分双工（TDD）两种模式。2012 年，国际电信联盟正式审议并通过

① 陶亚雄. 现代通信原理与技术（第 2 版）. 北京: 电子工业出版社, 2012: 172-188.

将日本电报电话公司、日本电气股份有限公司、日本富士通等公司联合研发的频分双工长期演进技术（frequency division duplexing long term evolution advance，FDD-LTE-Advance）和中国主导研制的时分长期演进技术（time division long term evolution advanced，TD-LTE-Advanced）同时列为第四代移动通信技术仅有的两个国际标准。两大标准在核心网方面仅有5%的差异，而在无线接入方面有10%的差异。在未来的第五代移动通信技术（5G）中，无线通信领域将可能不会再出现类似第三代移动通信系统或第四代移动通信系统存在的标准之争，从而有可能在世界范围内只采用一种技术标准。从 2005 年开始，中国的几大互联网运营商就全面进入 4G 通信的角斗场，到目前为止，究竟频分双工长期演进技术FDD-LTE 和时分长期演进技术 TD-LTE 谁会成为最后的赢家，还需进一步的观察。同时，中国政府也批准了两种模式在一个系统中同时运营的混合式组网试验。

就在全球目前正在推进 4G 网路之时，5G 通信技术的研发也正在紧张地进行。5G 网络究竟是什么样子？一些人士预测，5G 不仅关注人与人之间的联系，而且关注物与物之间的联系，即物联网。5G 在传输速率上将实现突破，并大幅降低延时。此外，5G 在帮助移动互联网进一步发展的同时，它会首先实现空中接口的统一，从而减少 2G、3G、4G 时代因接入标准不同给用户带来的困惑，用户不需再在 TD-LTE、LTE-FDD、TD-SCDMA、WCDMA、CDMA2000、CDMA 1X、GSM 网络制式之间被搅得眼花缭乱；或为了保持常规的通信，不得不去选择具有双卡双待功能的移动电话。5G 时代将提供极速连接，它能够使人们更加高效地使用频谱资源。我们知道，在 2G 时代，网络的传输速率理论峰值也不过是几百K，3G 时代达到几 M，4G 时代进一步提升至一两百 M。5G 时代，用户可以享受到峰值 10Gbps 的传输速率，它是目前 4G 峰值速率的 100 倍。5G 并不仅是速率的大幅度提升，它还是世界联接方式的变化，人们的生活方式、工作方式、娱乐方式都因此而发生变化，用移动设备实现远程医疗、远程驾驶、远程监控也将逐步成为可能。

3. 交换技术

通信的目的是实现消息的传递。一个能传递消息的通信系统至少应该由传输设备和终端设备组成。终端将含有信息的消息，如话音、图像、计算机数据等转换成可被传输设备接收的信号形式，之后由传输技术对它们进行加工和传输，最后再把它们在接收端还原成原始信息。这样一种仅涉及两个终端的单向或交互式通信称为点对点通信。但在存在多个终端，而且希望它们中的任何两个都可以进行点对点通信时，最直接的方法是把所有终端两两相连起来，这样的连接方式称为全互连方式。但在一个通信系统中，全互连方式需要的连线数目是很大的，一般为$C_N^2 = N \times (N-1)/2$条。以 5 部电话机为例，若要实现 5 个用户能两两通话，则需要的总线路数为 10 条。若有 10 000 个用户，就需要 50 000 000 条线路。当终端数目较少，地理位置相对集中时还可以采用这种方式。但如果用户数量过多，全互连方式所需要的线路数就会大得惊人。除此之外，这种方式在每次通话时还要考虑对方终端的连接情况，如是否与自己的连线相连等。同时，若新增一个终端，则需要与前面已有的所有终端进行连线，其工程量之浩大，使得它在大范围内实现通信几乎是不可能的。

为了解决这一问题，通信科学家很自然地就想到在用户密集的中心安装一个中间设备，它把每个用户的电话机或其他终端设备都用各自专用的线路连接到这个设备上。此设备相当于一个开关节点，平时处于断开状态，当任意两个用户之间提出信息交换的要求时，该设备就把连接这两个用户的有关节点接通从而使线路连通。当这两个用户通信完毕，相应的节点就自动断开，两用户之间的连线同时就断开。由于该设备能够完成任意两用户之间交换信息的任务，所以被称为交换设备。最简单的通信网仅由一台交换设备组成，每一台电话或通信终端通过一条专门的用户线与交换设备中的相应接口连接。当电话用户分布的区域较广时，就需要设置多个交换设备，这些交换设备之间再通过中继线相连，从而构成更大的电话交换网。不难看出，有了交换设备，线路的利用率就可以大大提高，而线路的数量却可以大大减少，整个通信系统的建设和使用费用也就可以大大地降低。交换设备承担着将各用户点传来的信息转接到其他用户点去的任务，在任意选定的两条用户线之间建立一条通信线路，并能按需断开该线路，交换设备是整个网络的核心（图 5-3）。

交换技术从最早的人工交换阶段开始，经过磁石式人工交换和共电式人工交换阶段后，最后进入自动交换阶段。早期的自动交换分为步进制电话交换和纵横制电话交换阶段，后来又进入程控制电话交换阶段。随着计算机技术在通信技术中的应用，又开始出现针对数据业务的分组电话交换，从而产生了新的异步传输模式交换、互联网协议交换等不同的交换方式。这些不同的交换方式可以用电路交换、分组交换、异步传输模式等方式来概括。

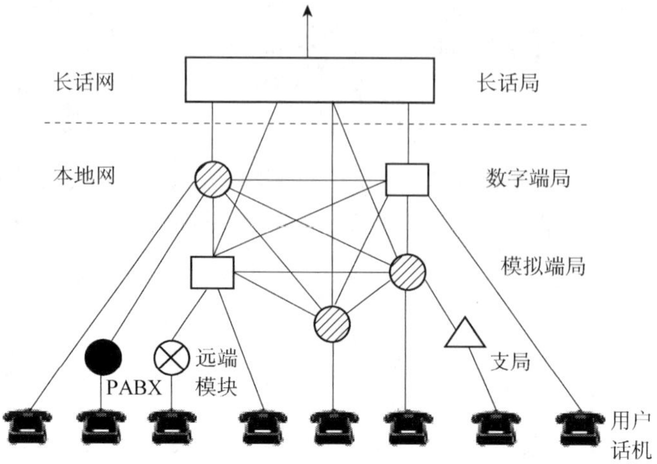

图 5-3　电话网络系统

电路交换又称为线路交换，它只是以接通电路为目的的交换方式，电话网就是采用电路交换方式实现的。在电路交换中，当终端用户之间需要通信时，一方发起呼叫，独占一条物理线路，在整个通信过程中双方一直占用该电路，通信完毕时再把电路断开。整个交换过程分为建立线路、占用线路、释放线路三个阶段。电路交换经历了人工交换、机电式自动交换、程控式自动交换三个阶段后，目前已进入第三阶段的高等程控交换方式。**分组交换**也称为包交换，它是以信息分发为目的，把从插入端进来的数据按一定长度分成若干个数据段，也称分组或分包，并且在每个分组中增加信息头及信息尾，表示该段信息的开始及结束。此外，还要加上地址域和控制域，用以表示这段信息的类型和送达地址，再加上错误校验码，以检验传送中可能发生的错误，然后由交换机根据每个分组的地址标志发送。在网中以“存储–转发”的方式传到目的地，最后去掉控制信息，分组还原成发送端的原始消息，交给收信端用户，这一过程称为分组交换。**异步传输模式**交换是在分组交换的基础上发展而来的快速分组交换技术，被认为是目前已知的最适合宽带综合数字业务网的交换方式。异步转移模式技术是以分组交换传送模式为基础，并融合了电路交换传送模式高速化的优点。它可以克服电路交换模式不能适应任意速率业务，难于导入未来新业务的缺点，并简化了分组交换模式中的协议，用硬件对简化的协议进行处理，交换节点不再对消息进行差错控制，从而极大地提高了网络的通信能力。

进一步的交换技术还包括互联网协议交换、光交换、软交换等三种。

网络协议交换是基于计算机互联网的一种交换技术。互联网的各个网络是通过一套称为“路由器”的计算机装置连接起来的。**软交换**也称为呼叫代理、呼叫服务器或媒体网关控制器，它是一种基于软件来实现传统程控交换机的“呼叫控制”技术。具体地说，就是把“呼叫控制”功能从媒体网关中分离出来，通过服务器或网络上的软件来实现呼叫选路、连接控制（建立和拆除会话）、管理控制和信令互通。**光交换**是指不经过任何光/电转换，在光域内直接将输入的光信号交换到不同的输出端。光交换技术能确保用户与用户之间的信号传输，交换过程全部采用光波技术，即数据从源节点到目的节点的传输过程都在光域内进行，效率和精度都能得到极大的提高。①

5.2.3　软件系统

按照现代通信科学的惯例，软件系统被称为通信规程。电话网中的通信规程叫信令（signaling），计算机网中的通信规程叫协议（protocal）。

信令的目的是用来协调电话通信系统的运行，达到互通互控的目的。在通信技术的人工转接时代，大部分转接任务是由人工完成的，因此就不需要通信规程。为了建立一个规模较大的通信系统，让不同国家和地区的通信用户，在使用不同语言时不因语言障碍，以及中途多次转接的麻烦而影响信息的传输速度，通信系统就必须建立一套统一的规范。最初人们没有认识到统一规范的重要性，且各国正在使用的系统都有其自己的历史背景，因此距世界范围内的统一通信还有一定的距离，对当前正在使用的许多产品也无法轻易进行全部改动，因为影响这一工作的因素太多。②但国际标准化组织和国际电信联盟正在做出努力，希望最终能够早日迈向完全的统一通信。

协议即计算机互联网中传递和管理信息的一种规范。和电话网之间相互通信时需要遵循一定的规范一样，计算机之间的相互通信也需要共同遵守一定的规范。在所有规范化的协议中是网络协议。它尤指传输控制协议/互联网络协议（Transmission Control Protocol/Internet Protocol，TCP/IP）。该协议规范了网络上的所有通信设备，尤其是一台主机与另一台主机之间的数据往来格式以及传送方式。传输控制协议/互联网络协议是计算机网络得以运行的基础协议，也是一种计算机数据打包和寻址的标准方法。在数据传送中，可以形象地理解为有两个大小不同的信封，传输控制协议/

① 张毅, 郭亚利. 通信工程（专业）概论. 武汉: 武汉理工大学出版社, 2007: 126-147.

② 周炯槃, 等. 通信原理（第 3 版）. 北京: 北京邮电大学出版社, 2002: 478-479.

互联网络协议就像是信封，要传递的信息被划分成若干个小段，每一小段塞入一个传输控制协议信封，并在该信封封皮上填入收信者的信息，然后再将传输控制协议的小信封塞入互联网络协议的大信封，然后开始上网发送。在接收端，一个传输控制协议软件包收集信封，抽出数据，按发送前的顺序还原，并加以校验，若发现差错，传输控制协议将会要求发送者重发。因此，传输控制协议/互联网络协议在互联网中几乎可以无差错地传送信息。对普通用户来说，我们并不需要了解网络协议的具体结构是什么，仅需了解互联网络协议的地址格式即可与世界各地进行网络通信。

1. 电话网信令

通信网是由终端设备、传输设备、交换设备构成的一个系统。建立通信网的目的是为用户传递各种信息。为此，通信网中的各种设备之间必须相互交换有关的控制信息，以说明各自的运行情况，提出对相关设备的要求，从而使各种设备协调运行。在通信设备之间相互交换的控制信息被称为信令。

在一个运行信令系统的通信网络中，当主叫用户摘机时，用户线直流环路接通，向发送端交换机发出“主叫摘机”的信号。发送端交换机识别到主叫摘机后，对主叫用户的用户数据进行分析，如果允许用户发起呼叫，则根据用户话机的类型将该用户线接到信号接收设备上，然后向主叫用户发送拨号音，通知用户开始拨号。当主叫用户听到拨号音后就可以拨打被叫用户的号码，告知发送端交换机此次需要接通的终端。发送端交换机对被叫电话号码进行数字分析，当确定这是一个出局呼叫时，它就选择一条到终端交换机的空闲中继电路，发出“占用”信令，告知终端交换机为本次呼叫所预先占用的中继电路，并将被叫电话号码发送给终端交换机。终端交换机对被叫号码进行分析，当发现被叫用户空闲时，向发送端交换机回送“证实”信令，同时向被叫用户发送“振铃”信号，在预先占用的中继电路上向主叫用户发送回铃音。当被叫用户应答后，送出一个“摘机”信号，终端交换机向发送端交换机发送“应答”信令。交换机将主叫端和被叫端接通并启动计费，至此话路正式接通，用户开始通话。

当用户通话完毕后，假设被叫用户先挂机，发送“挂机”信令。终端交换机发现被叫挂机时就向发送端交换机发送“反向拆线”信令，告知发送端交换机被叫已经挂机。发送端交换机向主叫送达忙音，催促主叫挂机。当主叫用户挂机时，发送端交换机向终端交换机发送“正向拆线”信令，终端交换机收到后将话路释放并向发送端交换机发送“拆线证实”信令。

发送端交换机收到“拆线证实”信令后将相关设备释放，该条中继线重新变为空闲状态。

从上述过程可以看到，信令是设备间相互协作所采用的一种“通信语言”。为了使不同厂家生产的设备可以配合工作，这种“通信语言”应该是可以“相互理解”的。因此，通信网中的设备在信令交互时需要遵循一定的规约和规定，这些规约和规定就是信令方式。信令方式包括信令的结构形式、传送方式、信令在传送过程中使用的控制方式。①

电话网信令是电话终端和交换机之间，以及交换机和交换机之间所传递的一种指令信息，这种信息可以指导用户终端、交换系统、传输系统协同运行，在指定的终端间建立和拆除临时的通信通道，并维护网路本身的正常运行。在电话通信中，若没有摘机信令，交换机就不知道该为哪个用户提供服务；若没有拨号音频，用户就不知道交换机是否空闲并准备就绪。若盲目拨号，交换机就可能收不到。因此，电话信令系统是电话通信网的神经系统。电话信令有很多类型。按信令的工作区域，可分为用户信令和局间信令；按信令信道与用户信息传送信道的关系，可分为随路信令和公共信令；其他还有按所完成功能分的监视信令、地址信令、管理信令；按信令的传送方可分为前向信令和后向信令等。

用户信令指在终端和交换机之间的用户线上传输的信令。其中在模拟用户线路上传输的信令叫模拟用户线信令，主要包括用户终端向交换机发送的监视信令和地址信令。例如主叫和被叫用户的摘机和挂机信令，主叫用户拨打的电话号码等；交换机向用户发送的信令主要有拨号音和线忙音等。在数字用户线上传送的信令则叫数字用户线信令，它们比模拟线路的信令传递的信息要多。由于每一条用户线路都要配置一套用户线路信令设备，因此用户线路信令应尽量简单，以降低设备的复杂度和成本；局间信令指在交换机和交换机之间、交换机与业务控制节点等设备间传递的信令。它主要用来控制连接的建立、监视、释放、测试等功能。局间信令功能要比用户线信令复杂得多。

随路信令是投入使用得较早的信令系统。在随路信令系统中，信令与用户信息在同一条信道上传送，或信令信道与对应的用户信息传送信道一一对应。在两端交换节点的信令设备之间没有直接相连的信令信道中，信令是通过对应的用户信道来传送的。以传统的电话网为例，当有一个呼叫到来时，交换机先为该呼叫选择一条到下一交换机的空闲话路，然后在这

① 桂海源，张碧玲. 信令系统. 北京：北京邮电大学出版社，2008: 1-2.

条空闲的话路上传递信令，当端到端的连接建立成功后，再在该话路上传递用户的话音信号；在公共信令系统中，信令是在一条与用户信道分开的信道上传送，并且该信令信道并非为某一个用户信道的专用信令信道，而是为一群用户信道所共享。在两端交换节点的信令设备之间有直接相连的信令信道中，信令的传送是与话路分开的、无关的。在磁石交换机、机电交换机时期，用户随路信令采用直流方式。在程控交换机应用之后，用户随路信令开始改用双音多频方式，直流脉冲号码方式被逐渐淘汰。近几年来随着来电显示等新业务的应用，用户随路信令还采用了其他新的信令方式，如频移键控方式等。①

在通信网上，不同厂商的设备要相互配合工作，就要求设备之间传递的信令必须遵守一定的规则和约定，这就是信令方式。它包含信令的编码方式，信令在多段链路上的传送方式及控制方式。信令方式的选择对通信质量、业务的实现影响很大。信令方式有未编码方式和已编码方式两种。未编码方式的信令可按脉冲幅度、脉冲时间、脉冲数量的不同来进行区分。它在过去模拟电话网的随路信令系统中使用。但由于编码容量小、传输速度慢等缺点，使用局限很大。已编码方式有以下几种：①模拟编码方式：有起止式单频编码、双频二进制编码和多频编码方式，其中使用得最多的是多频编码方式。多频编码方式的特点是编码较多，有自检能力，可靠性较好，曾被广泛地应用于随路信令系统中；②二进制编码方式：典型的代表是数字型线路信令，它使用 4 比特二进制编码来表示线路的状态；③信令单元方式，即不定长分组形式，它是用经二进制编码的若干字节构成的信令单元来表示各种信令的。该方式编码容量大、传输速度快、可靠性高、可扩充性强，是目前各类公共信道信令系统广泛采用的方式。

信令在多段链路上的传送方式有三种。以长途电话为例，在电话通信过程中的信令包括：①端到端方式。发送端局的收号器收到用户发来的全部号码后，由发送端局发号器发送第一转接局所需的长途区号，并完成到第一转接局的接续；第一转接局根据收到的长途区号，完成到第二转接局的接续，再由发送端发号器向第二转接局发送长途区号；第二转接局根据长途区号找到接收端局，完成到接收端局的接续。此时发送端局向接收端局发送用户号码以建立发送端到接收端的接续。端到端的特点是发码速度较快，拨号后等待时间较短，但要求全程采用同样的信令系统，并且发送端信令设备连接建立期间占用周期长；②逐段转发方式。信令逐段进行接

---

① 桂海源，张碧玲. 信令系统. 北京：北京邮电大学出版社，2008: 4-5.

收和转发，全部被叫号码由每一个转接局全部接收，并依次逐段转发出去。逐段转发的特点是，对链路质量要求不高，在每一段链路上的信令形式可以不一样，但信令的传输速度较慢，连接建立的时间比端到端方式也慢；③混合方式。在实际应用中，常将两种方式结合起来混合使用。

信令在传输过程中还需要不同的控制方式，它主要有以下几种：①非互控方式：发送端连续向接收端发送信令，而不必等待接收端的证实信号。该方法控制机制简单，发码速度快，适用于误码率很低的数字信道；②半互控方式：发送端向接收端发送一个或一组信令后，必须等待收到接收端回送的证实信号后，才能接着发送下一个信号。半互控方式中前向信令的发送受控于后向证实信令；③全互控方式：该方式发送端连续发送一个前向信令，且不能自动中断，直到收到接收端发来的后向证实信令后，才停止该前向信令的发送，接收端后向证实信令的发送也是连续且不能自动中断的，直到发送端停发前向信令，才能停发该证实信令。这种不间断的连续互控方式抗干扰能力强，可靠性好，但设备复杂，发码速度慢，主要用于传输质量差的模拟电路上，目前在公共信道方式中已不再使用。[①]

信令在电话通信中起着控制接续作用，它总是随着交换技术的发展而发展。在信令技术的发展史上，无论是用户信令还是局间信令，它们都经历了从随路信令到公共信道信令的转换过程。在未来的通信规程发展趋势中，公共信道信令会逐渐向互联网协议信令方向演进。

2. 互联网协议

在计算机网络问世的初期，许多计算机厂商都纷纷建立了自己的网络连接规定，然后配套一系列相应的计算机硬件设备来完成计算机的组网需求。但这些由各公司自己生产的设备相互之间不能通用，用户一旦选择一个厂商的网络产品，就必须永远与之捆绑在一起，不得不“从一而终”。这显然降低了整个网络系统的可扩展性，甚至妨碍了计算机网络的进一步发展。

1977 年，美国霍尼韦尔信息系统（Honeywell Information System）公司巴奇曼（Charlie Bachman）小组完成了一个开放系统互连参考模型（open system interconnection/reference model，OSI/RM），并在 1983 年得到国际标准化组织（International Organization for Standardization，ISO）[②]的认可。

① 杨成军，等. 现代通信网络概论. 西安：西安电子科技大学出版社，2004: 54-57.

② 国际标准化组织（International Organization for Standardization）的缩写是 ISO 而不是 IOS，原因是：“ISO”是一个来源于希腊语的单词，意为“相等”。从“相等”到“标准”，内涵上的联系使“ISO”成为一个非常合适的国际组织名称。

在此之前，美国国防部高级研究计划管理局（Advanced Research Projects Agency，ARPA）也早在 1962 年就成立了一个信息处理技术办公室（Information Processing Techniques Office，IPTO），其任务之一就是专门研究计算机网络的通信问题。经过 20 年的努力，由卡恩（Robert E. Kahn）和瑟夫（Vinton Cerf）领衔，终于于 1983 年研制出一套计算机网络通信协议，即被后来广泛使用的“传输控制协议”（Transmission Control Protocol，TCP）和“网络互联协议”（Inernet Protocol，IP），合称为传输控制与网络互联协议（TCP/IP），前者确保数据传输的质量，后者确保数据传输的成功。①之后，美国国防部于 1984 年开始向全世界公布其核心技术并进行推广，最终导致了今天互联网在全球的大发展。现在，在有关计算机通信网络的教科书中，一般都同时介绍这两种协议并将它们加以对比。

一般说来，一个网络协议应该包括两个基本组成部分：一是标识网络系统的组成部分，它需要清晰地描述各个部分的功能、目的、特点；二是描述网络各个组成部分之间的横向和纵向关系，将各个部分有机地结合在一起，形成完整的网络系统，从而保证网络的有效运转。目前，在全世界的大部分网络中都在使用着传输控制与网络互联协议 TCP/IP。但是，传输控制与网络互联协议并不是仅由两个协议组成的，它实际上指一组协议，因此也称为传输控制与网络互联协议集。在实际使用中，人们常将“传输控制与网络互联”几个字省掉，简称为“协议集”。在大多数情况下，人们干脆也把“集”字给省掉，简称为“协议”。传输控制与网络互联协议集 TCP/IP 把一个计算机网络抽象为 5 个不同的层次，由上而下，它们分别被称作应用层、传输层、网络层、数据链路层、物理层。国际标准化组织推荐的开放系统互连参考模型 OSI 则把一个计算机网络抽象为 7 个不同的层次，分别由应用层、表示层、会话层、传输层、网络层、数据链路层、物理层组成。两种协议的每一层，运行起来可能都需要若干个协议。网络互联协议集的基本传输单位是数据包。在进行数据的传输之前，协议集负责把数据分成若干个小数据包，并给每个小数据包加上一个包头，每个数据包的包头再加上接收端的地址，然后开始传送。如果在传输过程中出现数据丢失或失真等情况，协议集会自动要求数据重新打包并再次进行传送。

国际标准化组织推荐的开放系统互连参考模型协议（OSI）由 7 层组成，而实际上投入使用的传输控制协议/互联网协议（TCP/IP）一般由 4

① 邹海林，刘法胜，汤小兵，等. 计算机科学导论. 北京：科学出版社，2008: 396.

层或 5 层组成。理论上，5 层比较理想，4 层则更实用。目前，在全世界的互联网实践中，普遍采用的是 TCP/IP，而 OSI 仅作为一个理论被加以研究（表 5-1）。其中，基本的层含义如下。

表 5-1　TCP/IP 与 OSI 对比

TCP/IP	OSI
应用层	应用层
	表示层
	会话层
TCP 层	传输层
IP 层	网络层
网络接口层	数据链路层
	物理层

（1）应用层。

应用层协议规范了彼此通信的两个端系统的应用程序间信息交换的格式和操作规则，包括通信双方如何请求、响应、管理一个网络应用。例如，通信双方可以通过应用协议交互所使用的压缩方法，使得接收方能够以正确的方法对接收数据进行解压。常见的应用层协议有：网页浏览协议 HTTP 或 HTTPS，它定义了 WEB 网页服务中客户端与服务器端进行数据交流的控制格式；文件传输协议 FTP，它定义了网络中不同端系统间进行文件传输的相关规则等。这些常用的应用层协议已在互联网上被广泛采用，并成为网络用户一致遵循的、公认的网络应用协议。当然，用户也可以自行开发自己的网络应用，并为这个应用定义其独特的数据格式及管理方式。一个端系统可以同时运行多个网络应用，每个网络应用在启动时由系统为其设置区别于其他的应用，这个端口号也是应用层与其下面传输层的接口。

（2）传输层。

传输层的主要任务是为网络应用提供进一步的服务。传输控制协议可以对网络中传输的数据进行分组差错控制，对出现问题的分组进行修正，最终为网络应用提供可靠的数据。传输控制协议还能够调节发送端发送的数据分组速度，当网络负载较重或者接收端的处理速度较慢时，传输控制发送端能够相应减缓发送数据的速度。传输层的另一任务是实现网络应用的分用和复用，具体说就是端系统同时运行多个网络应用时，以端口号来区别属于不同网络应用的数据分组。为此，传输层负责在发送端为这些不同的应用数据添加上端口号以形成传输层的数据分组，并在接收端按照分组的端口号将数据分别提交给不同的应用程序。

除了传输控制协议外，互联网还提供另一种传输协议，即用户数据报协议。用户数据报协议相对来说比较简单，它仅为网络应用提供传输层最基本的功能，即数据分组与应用程序进行匹配的功能，它并不提供可靠的、具有流量控制的数据传输服务。用户数据报协议因其简单而能够达到较传输协议更高的数据传输速率，因此是一些对数据传输数据率要求较高，而对数据传输的可靠性并不十分敏感的网络用户喜欢选择的一种协议。

（3）网络层。

应用层与传输层的主要功能是由进行数据通信的终端系统实现的。网络层的任务是由端系统和网络设备（路由器）共同完成的。网络层的任务有两个：端系统将数据按互联网的统一传输格式进行数据分组格式化；路由器根据数据分组的目的地址为该分组选择相应的路径。网络层架设在所有与硬件相关的设备上，当数据分组跨越不同物理特征的网络时，以统一的网络互联协议数据报分组格式在网络之间传输。网络互联协议可以作用在端系统和路由器之间，以及路由器和路由器之间的网络层上。

此外，互联网的网络层还提供其他协议。例如路由器之间用于交换路由信息所使用的路由协议，用于通告网络互联协议数据报传输过程中的异常现象的互联网控制协议等，所有这些网络层协议共同协作一起实现互联网的网络层功能。

（4）数据链路层。

数据链路层主要负责由网络中节点到节点之间的链路管理及数据传输控制，主要任务是将数据以一定的分组格式从一个节点传输到相邻的另一个节点。数据链路层协议定义相邻节点之间的数据传输格式、差错校验方法、流量控制以及寻址方法等。这里所说的地址是硬件的地址，也称为物理地址。物理地址仅在一个物理网络中有效，属于局部地址。网络互联协议地址是一个逻辑地址，是互联网在全球范围内使用的全局地址。数据分组从源端点到目的端点传输，通常会穿越不同的网络，经过若干条传输链路，且每条链路都分别有其各自独特的物理特性，并有着对应于这些不同物理特性的链路层协议。因此，同一个分组在不同的链路上传输，可能会涉及不同的链路协议。

（5）物理层。

物理层是网络分层结构的最底层，主要任务是将链路层形成的数据分组中的数据从一个节点通过传输介质传输到另一个节点。物理层定义发送节点如何将数据转换成能够在传输介质上传输的脉冲信号，以及接收点怎样识别这些脉冲信号并将其还原成原始的数据等一系列与传输介质的物理特性相关的技术规则。

从对上述各层的功能描述可以看出，互联网体系结构有如下几个特点：第一，应用层协议和传输层协议是为实现网络应用而设立的，它们只在进行彼此通信的端系统上运行。而如交换机、路由器这些网络设备并不实现这两层的功能，也不需要运行这两层的协议。第二，互联网的网络互联协议是所有进行数据通信的端系统和连接不同网络的路由器都要运行的网络互联协议。事实上，网络互联协议与端系统上运行的传输层控制协议，以及用户数据报协议共同构成了互联网协议集，它们一起为互联网上实现的各种网络应用提供数据传输服务，因此，人们常将传输控制与网络互联协议简称为互联网协议。第三，物理层和数据链路层协议直接与物理网络及物理链路相关，体现了不同的网络特点和不同传输介质的物理性质。①

开放系统互连参考模型协议是国际标准化组织制定的。在国内外所有关于计算机网络的教科书中，如果谁不提这个参考模型，仿佛谁就不够“理论”，相信绝大多数学过计算机网络的人都知道这一事实。在 20 世纪 80 年代末到 90 年代初，开放系统互连参考模型协议的确有一统天下的趋势，主流学术期刊曾刊登了无数作者的文章，他们给人们描绘了一个伟大的未来：“开放系统互连模型及其协议将会统领整个世界，从而把所有其他技术和标准都淘汰出局。”人们将会从国际商用机器公司 IBM 的系统网络结构 SNA、美国国防部的传输控制与网络互联协议 TCP/IP 等技术的奴役中解放出来，最终投入开放系统互连参考模型协议的统一王国。

然而，从 20 世纪 90 年代中后期互联网开始大规模投入使用的实践来看，在传输控制与网络互联的协议模型和开放系统互连参考模型的相互竞争中，后者却以失败告终。无论在工程界还是学术界，人们只用开放系统互连参考模型所定义的某些术语或概念进行学术交流，但在实践中却不去理会它，而仅采用传输控制与网络互联协议。在国内外一本广泛传播的《计算机网络》教材中，塔嫩鲍姆（Andrew S. Tanenbaum）曾总结过开放系统互连参考模型出台的教训，认为它是一个“糟糕时机、糟糕技术、糟糕实现、糟糕政策”的产物②。美国普渡大学的科默（Douglas Comer）2007

① 王卫红, 李晓明. 计算机网络与互联网. 北京: 机械工业出版社, 2010: 16-17.

② 塔嫩鲍姆, 等. 计算机网络（第 4 版）. 严伟, 潘爱民译. 北京: 清华大学出版社, 2012: 39.

年在一个演讲中谈到了网络分层和开放系统互连参考模型起源的真实故事，他在演讲中质疑："互联网如今已经取得了如此的成功，我们为什么仍然用开放系统互连参考模型的7层模型而不是互联网的5层模型来描述互联网？"①从研究的角度看，究竟是开放系统互连协议 OSI 好还是传输控制与网络互联协议 TCP/IP 好，这个争论一直持续了十几年，但现在已经很少有人再为此事纠结。②今天，各种标准陆续出台，基于传输控制与网络互联协议的下一代互联网 IPv6 也已成为业界关注的热点，甚至也有人宣称 IPv9 互联网也很快会投入使用。

---

① Comer D. Lessons Learned from the Internet Project. http://course. ccert.edu. cn/reference/Comer_ Internet_Lessons_Talk. pdf, http://xys. ccert. edu. cn/reference/Comer_Internet_Lessons_Talk. pdf [2014-1-10].

② 关于开放系统互连的出台背景，斯陶灵（William Stalling）有过详细的介绍。他说，开放系统互连的大部分设计工作实际上只是由霍尼韦尔信息系统（Honeywell Information System）公司的一个小组完成的。小组的技术负责人叫巴奇曼（Charlie Bachman）。20 世纪 70 年代中期，这个小组的主要任务是开发一些原型系统，他们主要关注数据库系统的设计。当时，为了支持数据库系统的访问，需要一个结构化的分布式通信系统体系结构。于是，这个小组研究了当时已经存在的一些解决方案，其中包括国际商用机器公司 IBM 的系统网络结构、阿帕网的协议，以及为数据库标准化而正在研究中的一些表示服务方面的相关概念。1977 年，他们提出了一个 7 层的体系结构模型，内部称之为分布式系统体系结构。

与此同时，英国标准化协会 1977 年向国际标准化组织提议，为了定义分布式处理之间的通信基础设施，需要一个标准的体系结构。结果，国际标准化组织就开放系统互联问题成立了一个专门委员会，并指定由美国国家标准协会开发一个标准草案，要求在专门委员会第一次正式会议之前提交。

巴奇曼参加了美国国家标准协会早期的会议，并提交了他的 7 层模型，而它也是提交给国际标准化组织专业委员会的唯一一份草案。1978 年 3 月，在国际标准化组织的开放系统互连专业委员会在华盛顿召开的会议上，与会专家很快达成共识，认为这个分层体系结构能够满足开放式系统的大多数需求，而且具有可扩展的能力，能够满足新的需求。于是，1978 年发布了它的临时版本，1979 年稍作细化之后，成为最终版本。因此，开放系统互连模型和 1977 年公布的分布式系统体系结构模型基本相同。

研究人员之后回顾了开放系统互连七层参考模型的起源，琢磨这个笨重的、模糊不清的模型为什么能够如此持久地挥之不去？在这个过程中，他们发现了一个令人吃惊的事实：巴奇曼小组在提出这个标准的一天深夜，一群人聚集在酒吧里取笑美国的流行文化。他们在餐巾纸上胡乱地写下迪斯尼电影"白雪公主和七个小矮人"中的 7 个小矮人的名字，有人开玩笑说，"7"对网络分层来讲是一个很好的数字。于是，在第 2 天上午的标准化委员会会议上，工作组传看着餐巾纸，一致同意他们在前天夜里的醉酒状态中提出的这个"重大发现"7。会议结束时，他们对 7 个层次重新命名，使之听起来更像科学。于是 OSI 基本模型就诞生了。见：Stallings W. The Origins of OSI. http://williamstallings.com/Extras/OSI.html [2013-9-18]; Salus P H. OSI and TCP: A History. http://www.groklaw.net/articlebasic.php?story=20050219170121955 [2013-8-8].

然而，这就涉及了互联网研究中的"世界观"和"方法论"问题。1992 年，克拉克（David Clark）在麻省理工学院举办的第 24 届互联网工程特别工作组会议上讲过这样一句话："We reject: kings, presidents, and voting. We believe in：rough consensus and running code."（"我们拒绝国王、总统和投票；我们相信大多数人的意见和运行的代码。"）这就是广为流传的"互联网哲学"（Internet Philosophy），它也许使正统的哲学家大跌眼镜：这究竟算哪门子哲学？见：Clark D D. A Cloudy Crystal Ball—Visions of the Future. http://ietf.org/proceedings/prior29/IETF24.pdf [2013-8-10].

在通信科学中，信号是消息和信息的物理载体，所以，研究和处理信号是通信科学的基本内容。一个通信系统的基本任务是传输、变换、处理信号而不是消息，更不是抽象的信息。因此，要对通信科学和通信工程有一个透彻的了解，我们就应该明白信号在通信科学和通信工程中的意义和作用。在通信科学中，信号——早期是电信号，现在还包括光信号。而量子信号可能是下一个登场的主角——才是该学科的理论和实践关注的核心。在通信工程专业就读的学生，第一专业基础课是通信系统，其核心是信号理论。在接下来的信号与系统课程中，核心仍是信号。

信号理论涉及的范围很广，内容也很丰富。从大的方面来说，它可以分为两个部分：一是信号分析。它研究信号的解析表示、信号的数值特征、信号的变换处理等；二是信号的综合。它讨论在满足系统给定的条件下如何设计或选择信号的最佳形式。信号分析与信号综合有区别但又互相联系，信号分析是综合的基础，信号综合是信号分析的目的。在通信科学中，研究者一般关注信号 4 个方面的特性：①频谱特性。它表示信号传输占有的带宽；②时间特性。它表示信号传输所需的时间；③能量特性。它表明信号传输使用的功率；④信息特性。它表示信号的内容含量。它们分别从频域、时域、能量、信息四个不同角度对信号进行描述，各有各的主题，同时又彼此相连。

信号总是表现为某种例如声、光、电等物理量的变化。在自然界中，存在着各种各样的信号，它们的物理表象虽各不相同，但它们都有一个共同点，即或多或少都能携带一定的意义。此处所说的“一定的意义”，是指人类社会和自然界中需要传送、交换、存储、提取的抽象内容，也就是通常所说的“信息”。一个信息传输系统的质量如何，主要是看它的性能如何。描述系统性能的指标有很多，如信号传输的有效性、可靠性、系统的适应能力、经济效益及使用维护等。但从研究信号传输的角度分析，通常采用的指标有两个：信号如何传输及传输的效果如何，即传输的有效性和传输的可靠性。前者指信号传输的速度问题，后者指信号传输的质量问题。

任何一个信号可以用它的形状、幅度、时间以及其他物理参量来表示。在许多情况下，通信科学常常将信号处理表示为一个数学方程。在某些情况下，信号又被表示为一个图形、一条曲线或一组数据。在常用的电信号中，它一般是指随时间变化的电压或电流。描述信号的基本方法是写出信号的时域解析表达式或绘出信号的波形图，它们都是直观的表述方法。此外，还可用频谱分析或其他正交变换方式来加以描述。信号的形式是多种多样的，对于各种信号都可以从不同的角度进行分类，且常与系统有关。通常，信号是一个或几个独立变量的函数，这一函数包含着某一客观世界的信息，而系统对于某一信号做出响应而产生特定的信号，最后达到信息传输的目的。

在对计算机科学和通信科学进行了简单的分析之后，如果加以对比，我们就会惊奇地发现，计算机科学钟情于“数据”，通信科学钟情于“信号”。如果我们把它们都看作技术信息学，那么，它们的相同和不同之处在哪里？换句话说，从信息科学的角度看，它们有一个共同的操控视角吗？没有人怀疑，由于计算机科学和通信科学的发展，特别是基于通信科学而发展出的香农信息理论，是导致今日信息研究热潮出现的重要动因之一，由这些思想所激发出来的活力和热忱在此毋庸赘述。但是，人们也由此产生了深深的误解。从表面上看，大家都想当然地认为，计算机科学和通信科学研究的核心都是信息问题。但通过实际考察之后我们却发展，情况并非如此。

我们知道，和人类信息只有借助语言符号才能交流、记忆、回忆、加工一样，技术信息也必须借助物理符号（信号）进行传输、存储、提取、处理等一系列信息操控。在通信科学家的术语体系里，语音、文字、图像等这些来自现实世界的物理内容叫消息（message）而不是信息（information），一旦进入通信系统后，这些消息的物理形式被称之为信号（signal），信号是消息的载体，信息是消息的内容。在计算机科学家的术语体系里，如果不去考虑软件科学而就硬件科学来说，语音、文字、图像等这些来自现实世界的物理内容被叫作数据（data）而不是信息（information），一旦进入处信系统后，这些数据的物理形式也叫信号（signal），信号是数据的载体，信息是数据的内容。即，通信科学把“信息”看作“消息”的内容，计算机科学把“信息”看作“数据”的内容。也就是说，计算机科学是通过一个“外部世界—信息—数据—信号”的四连体术语体系实现了信息的间接表述，通信科学是通过一个“外部世界—信息—消息—信号”的四连体术语体系实现了信息的间接表述。从这个意义上说，通信科学和计算机科学就被统一了起来。稍微不同的是，通信科学中的信息是通过对消息的计算得出的，计算机科学中的信息实际上就是数据的同义语。总体上，如果我们把一个“计算机系统”看作一个黑箱，在黑箱和外界相连接的界面上，在外面被说成信息，通过界面进入黑箱之后就被说成是数据。这种说法为计算机科学带来的好处是：它可以侥幸在

"数据"概念的掩护下回避开了关于"信息"的复杂争论，从而去专门地研究自己的"数据"问题，为促进这门学科的发展创造出一个优良的外部生态环境。对通信科学来说，我们如果把一个"通信系统"看作一个黑箱，在黑箱和外界相连接的界面上，在外面被说成"信息"，通过界面进入黑箱之后就被说成了"消息"。和计算机科学通过一个"数据"概念把自己保护起来一样，通信科学通过"消息"的概念把自己保护了起来，在这个概念的掩护下回避开了关于"信息"的复杂争论，从而去专门地研究自己的"消息"问题，也为促进这门学科的发展创造了一个优良的外部生态环境。稍微不同的是，通信科学的中心任务更偏重硬件的研究，所以"信号理论"似乎就占据着这个学科的中心地位。而计算机科学更偏重软件的研究，"数据理论"似乎就占据着这个学科的中心地位。但就两门科学来说，我们不应忘记，各自都存在着一个"四连体"的概念体系，我们不应该将它们予以混淆。如果不考虑计算机科学中软件研究的话，两个"四连体"概念体系很好地揭示了理论信息科学和技术信息科学两界为什么互不联系的原因。

随着技术信息学中的移动互联网技术的出现，信息的处理研究和传输研究两者之间的界限变得越来越加模糊。在"晨鸟"号计算机问世的时候，人们不需要考虑其中的通信问题。虽然在冯·诺依曼机型中，我们清楚地知道，寄存器、运算器、控制器等单元要能够协调工作，就必须保证它们之间能够进行良好的通信，但这只是一种微距通信，而一般意义上的通信是建立在中距通信之上的。例如蓝牙技术、近场技术、无线路由技术等。但当互联网问世之后，计算机就成了网络的基本设备，调制解调器就成为了必不可少的信器，但这在冯·诺依曼体系中一直是被当作一种外设来看待的。反过来看，当"晨鸟"问世的时候，那时的通信技术只不过是一些零散的集成电路。但是，随着功能移动电话被智能移动电话逐步取代，移动电话的集成电路也开始逐渐集成到了一个中央处理器内。例如在美国高通公司的精简指令集机器（ARM）构架中，它不但集成了传统的复杂指令集机器（X86）构架中的基本模块，还集成了图形模块及通信模块，你很难说它是通信第一还是处信第一。现代移动电话实际上已经变成了一个集强大通信功能的移动计算机，通信和处信已经融为一体。在软件方面，微软这位巨人一直在世界的一片质疑甚至谩骂声中执意要把台式机操作系统、平板机操作系统、移动电话操作系统在它的"视窗 10"（Windows 10）中集成一起，从这个意义上说，通信和处信合二为一已经是一个不可阻挡的趋势。

随着大屏智能移动电话逐渐成为市场主流，用户对平板计算机的购买需求正在逐渐下滑。不仅如此，智能移动电话还“侵占”了大量原本属于个人计算机或者平板计算机的市场，这不仅让用户摆脱了对于个人计算机和平板计算机的依赖，同时让这两类产品的使用周期大幅延长。如今，一款普通的消费级个人计算机或者平板计算机的生命周期为 2～3 年，这远超过智能移动电话的生命周期，因此用户自然不急于购买技术提升不大的新产品，这就加剧了个人计算机和平板计算机市场销量下滑的趋势。

二合一跨界计算机的出现，模糊了个人计算机和平板计算机的边界，给用户打造了多样化的使用方式，同时也开拓出了较为广阔的发展空间。但对于这一类产品，移动电话和平板计算机的业界领袖苹果公司并不认可。库克（Tim Cook）曾把融合平板计算机和笔记本的产品比作“烤箱和冰箱的融合物，是一种鸡肋式的产品。”然而现实却是：许多人都会购买第三方键盘，将 iPad 当作笔记本使用。此外也有很多预测指出，苹果公司在未来会推出的大屏平板计算机极有可能是二合一的跨界产品。如果这将成为事实，那么，这将是苹果公司在大屏 iPhone 推出后对市场做出的又一次妥协。正因为传信和处信的技术融合是一个不可逆转的趋势，个人计算机和平板计算机的融合导致二合一跨界平板的出现就是必然的。既然它是一个发展趋势，又有谁能够证明平板计算机和移动电话不会融合呢？

根据信息技术的发展趋势来看，手持电话和个人计算机合二为一的设备越来越受到人们的青睐，它们不仅对电子爱好者有着强大的吸引力，同时代表了广大消费者对未来信息技术的期待方向：一部可以集通信和处信于一体的手持移动设备，正是后个人计算机时代的发展图景。用户只需携带一部可以握在手中或放在袋中的设备，就可以自由应付各种娱乐交际和办公业务的信息需求。人们会为此付费吗？答案是肯定的。不知道全功能的通信和处信设备将来会走到哪一步，但有一点可以肯定：它们绝不会是传统的个人计算机或移动电话功能的简单叠加，未来将属于云计算、大数据、三维打印技术的精致融合，广袤的大千世界被握在人类的小手之中，这不是一个遥远的梦。

第6章　细胞信息学

细胞信息是在两个或多个细胞之间传输的，或一个细胞内部所加工的非物质性内容。在细胞通信中，通信是靠信使完成的。信使通常包含着一个供信体细胞赋予它的全部或部分信息。

细胞信息学（celluar informatics）是一门以细胞信息及其运动规律为研究对象的信息科学分支。它属于生物科学和信息科学的交叉学科，具体地说，细胞信息学注重研究细胞之间的通信和细胞自己的处信问题，范围包括神经信息学、内分泌信息学、免疫信息学、遗传信息学等四个分支。但在生物科学的研究历史中，研究者多习惯仅研究前三种，特别是神经信息学和内分泌信息学研究的基础理论部分被看作细胞信息学的主体，使用的名称是“细胞信号转导”。遗传信息学并不在这个范围，原因是，遗传信息和信号转导两类研究的层次和风格并不相同。例如，神经信息学、内分泌信息学的主要研究内容集中在供信体、信使、受信体的生化机制等方面，特别是关于信使和受信体的初等分子学解释方面。遗传信息学却早已深化到供信体、信使、受信体的信息机制方面，所关注的是染色体、核苷酸、碱基、细胞分裂、中心法则、基因组等方面的深层分子学问题。

把两大类细胞信息研究割裂开来的思想是细胞信息学研究中使用还原论方法的必然结果，而整体论的思想目前只有在后续阶段才抬头。孙大业等已经提出，上述两类研究关注的都是生物体内的信息流，后者是遗传信息流，前者可称为环境信息流。亲代遗传基因决定子代代谢和生长发育的基本模式，其最终生长发育表型的实现在很大程度上受控于环境信息。人们通常将遗传信息的传递过程称为遗传信息的传输规律。同理，个体发育过程是通过细胞信号转导的环境信息来实现的，因此，细胞的信号转导所研究的内容是环境信息的传输规律。如果都用“中心法则”的概念来表示的话，遗传信息传递的中心法则是：遗传信息源头狄恩酸→传输信使阿恩酸→传输归宿蛋白质→性状显示的表型；环境信息传递的中心法则就是：体内外环境刺激→细胞信号转导→调节基因表达与生理生化反应→改变当代表型；遗传信息传递的中心法则是主导生物自主繁殖过程中的基本法则，而环境信息传递的中心法则是主导个体发育过程中的基本法则。[①]因此，对环境信息流和遗传信息流的研究在此有必要统一起来，并统一称之为细胞信息学。

众所周知，对遗传信息的研究历来都是生物学的一个基本内容，特别是进入分子生物学时代以后，分子生物学几乎就是分子遗传学的代名词。但对神经信息、内分泌信息、免疫信息进行研究的信号转导理论却并未如此幸运。但是，对环境信息的关注实际上早在 19 世纪末就开始了。1865 年，法国生理学家伯纳尔（Claude Bérnard）认为，生命体内环境的恒定性是有机体自由和独立生存的基本条件，当有机体外部环境和自身状态改变时，内环境的恒定状态可能受到影响而改变，如果细胞不能对它们进行及时地调节和控制，并使其恢复到恒定状态，那么，有机体就不可能继续生存。1929 年，美国生理学家坎农（Walter B. Cannon），将有机体这一通过复杂的调节过程建立起来的动态平衡思想命名为“内稳态”（homeostasis）[②③]。

“内稳态”最初指人体中体温、血压、血氧、血糖等参数的相对恒定状态。具体含义是，正常的细胞代谢速率应该被控制在一个十分精密的范围内，使得各种物质的浓度处于一个合适的状态。但随着信息概念应用热潮的兴起，大部分生物学家都认为，保证生命过程中的物质和能量代谢处于恒稳状态的控制因子是信息流。生物体要适应外界环境的变化，首先必须通过一种载体，然后将细胞外的环境信息传递到细胞内，之后再产生相应的反应。生物学家将这种载体称为信号，具体的传输过程叫“信号转导”（signal transduction）。

信号转导概念的起源最早可追溯到 20 世纪 70 年代末，但直至 1980 年，美国生化学家和内分泌学家罗德贝尔（Martin Rodbell）才首次在《自然》杂志发表了一篇文章，题目是：“激素受体和三磷酸鸟苷调节蛋白在跨膜转导中的作用”。他在该文中首次使用了“信号转导”一词。但查阅该作者的原文，signal（信号）的概念在该文正文部分只出现过一次，

① 孙大业, 崔素娟, 孙颖. 细胞信号转导（基础篇：第四版）. 北京：科学出版社, 2010: 9.

② Wikipedia. Homeostasis. http://en.wikipedia.org/wiki/Homeostasis [2014-3-19].

③ 朱照宣建议在系统学中将“homeostasis”译为“攖宁”，理由是：“homeostasis”强调的是“本领”和“能力”而非一种“态”。见：朱照宣. 说攖宁//中国系统工程学会, 上海交通大学. 钱学森系统科学思想研究. 上海：上海交通大学出版社, 2007: 95.

transduction（转导）的概念在该文正文部分只出现过两次，而导致后来作为学科概念使用的“signal transduction”（信号转导）术语，它并没有在该文的正文部分出现，而仅在内容提要部分出现过一次。①所以，“信号转导”这个概念在该领域的通用是十分勉强的。

在一般情况下，就任何信息传输系统而言，若我们比较关注其信息传输载体而不是其信息传输内容，我们会使用“信号传输”（signal transmission）而不会使用“信号转导”。从信息概念引进的传统来看，细胞的信号转导理论仅相当于技术通信科学 1948 年之前的水平。从表面上讲，在香农信息论问世之前，通信科学的中心问题是“信号”而不是“信息”。在其之后，通信科学的中心问题是“信息”而不是“信号”。从深层的角度分析，生物学当时使用“转导”的概念是受那个时代的局限的，因为那时的生物学家仅认识到细胞信号从细胞外“跨”（trans-）过细胞膜而被“导”（-duct）入细胞之内，即跨膜转导。今天的细胞通信研究已经扩大到胞间信息传输和胞内信息传输，所以，“转导”这个概念已经多少有些过时。但不管怎样，罗德贝尔在细胞的信息传输方面所做的贡献是具有历史意义的。②③

根据信息概念的应用历史来看，凡是使用通信、信使、信号之类概念的地方，其背后存在的深层问题都可能是信息问题。因此，在细胞的信息传输研究中，一些研究者虽然喜欢严格遵从这个学科的传统，从而继续使用“细胞的信号转导”概念④，但另一些研究者已经意识到上述问题，并

---

① Rodbell M. The Role of Hormone Receptors and GTP-Regulatory Proteins in Membrane Transduction. *Nature*, 1980, 284 (5751) : 17-22. 中文文献见：孙大业，崔素娟，孙颖. 细胞信号转导（基础篇：第 4 版）. 北京：科学出版社, 2010: 6. 黄文林，朱孝峰. 信号转导与疾病（第 2 版）. 北京：人民卫生出版社, 2012: 9. 以上文献对此都曾做过介绍。

② 20 世纪 60～70 年代，他和他在美国国家卫生研究所的同事发现，细胞信息传输包括三个部分：a. 放大器，它能够调节那些加速化学反应的分子；b. 接收器，或者叫作第二信使，例如激素等；c. 变换器。它把一个细胞从别的细胞那里或者外界环境中获得的信号“翻译”或者“传递”过来。罗德贝尔提出，变换器的功能是由一种叫作三磷酸鸟苷调节蛋白（G 蛋白）的物质来实现的。1977 年，美国药理学家和生化学家吉尔曼（Alfred G. Gilman）通过试验证明了三磷酸鸟苷调节蛋白的存在，同时也证实了它的变换器作用。这对帮助科学家在了解诸如癌症和霍乱等疾病的机理方面，细胞信息究竟是如何进行传递的起到了非常重要的作用。1994 年，诺贝尔奖委员会也因他们在鉴定将外界信号进行翻译，并使之与细胞第二信使联接成一个整体的三磷酸鸟苷调节蛋白研究方面所做的杰出贡献，将该年度的诺贝尔生理学或医学奖授予他们。

③ 陈小章，王子栋. 外分泌生理学：基础与临床（第 2 版）. 北京：科学出版社, 2012: 1.

④ 例如孙大业等的研究。即便如此，他们还是认为“与‘信号’相近的概念是‘信息’，前者是后者具体的物理化学信息载体”这句话是不准确的，根据后半句我们可以得出：“信号”是“信息”的物理载体，两者不是“相近”的概念，而是“不同层次”的概念。见：孙大业，崔素娟，孙颖. 细胞信号转导（基础篇：第 4 版）. 北京：科学出版社, 2010: 5.

开始转向使用“细胞信息与调控”的概念①。在此，我们打算把生物学中这两类研究统一起来，把所有关于细胞信息的传输研究和处理研究通称为细胞信息学。由于标准的免疫信息学（immune informatics）还没有起步，所以我们下面仅讨论神经信息学（neural informatics）、内分泌信息学（endocrine informatics）、遗传信息学（genetic informatics）这三门细胞信息学的信息问题。

6.1 神经信息学

虽然神经信息的概念是描写神经系统中神经细胞之间信息的传递机制，以及大脑内部的信息处理机制的一个有效工具，但它在描述感觉脉冲或信号被传输到中枢神经系统，或在描述控制运动肌在肌肉或其他器官上所发生的反应时，并不是神经系统方面的所有研究者都认为一定得使用这个概念。和许多学科一样，在现代信息概念流行热潮的冲击下，神经科学家发现，引入信息概念在解释神经细胞之间的信息传输和神经信息的处理机制时，不论是在周围神经系统或者是在中枢神经系统方面，它都给人们的论述带来了无尽的方便。近年来问世的神经信息学，虽然其驱动力并不是由于神经科学是一门研究神经信息传输和神经信息处理的基本生物系统学科而问世的，而是由于神经科学家在受到基于基因组学和蛋白质组学建立起来的生物信息学的刺激下才问世的。但就目前的情况来看，除了使用信息这个概念之外，也很难找到更为恰当的术语来代替这个概念在神经科学中的中心位置。由于研究者的背景不同，神经信息学研究目前存在着三个不同的学派。

第一个学派受生物信息学研究模式的影响，研究者把神经信息学作为计算机科学和神经科学的交叉分支看待，它于 1991 年夏天在美国问世。这种神经信息学主要致力于建立和利用神经数据库，以及神经数据的获取，神经数据的可视化操作，神经数据的整合与合成，使用互联网等工具来进行神经研究。它的方法类似于时下流行的基于基因组学的生物信息学②；第二个学派是用数学和系统的方法来研究神经信息问题，主要包括神经信息和控制回路，视觉信息加工的数学模型，学习和记忆的理论模型，脑科学

---

① 刘景生. 细胞信息与调控（第 2 版）. 北京：中国协和医科大学出版社, 2004.

② 唐孝威. 等. 人脑计划和神经信息学. 武警医学, 2003, 14(1): 5.

的动力学模型，以及神经信息的编码和意识等问题[①]；第三个学派由医学和生物学专家组成的，他们希望从信息的角度去探索神经元的信息传输以及大脑的信息处理机制，探索神经信息的载体形式，神经信息的产生、编码、存储与提取等神经信息机理[②]。虽然第一个分支的势头强大，但它对揭示神经信息的奥秘方面并非是一条最佳路径，且最终还要回归到它的生物学和医学道路上来。我们认为，应该把神经信息学看成是用信息的观点对神经科学所做的一种整合研究，虽然信息在这里仅作为工具性概念使用，且未必是所有神经科学问题中最关键的一个。神经信息学有广义和狭义之分。广义的神经信息学包含着信息传输和信息处理两大基本问题，狭义的神经信息学仅包括脑科学或神经认知科学。从传统上看，后者的研究大部分是由心理学家进行的。神经信息的传输和处理研究都是信息的动力学问题，一旦神经信息学发展到成熟阶段，也许类似基因组学那样，神经信息学家才有可能把神经信息的本体论问题提升到他们的议事日程上。

神经信息学一词在美国与欧洲的含义并不完全相同。美国偏重于脑科学的数据库开发与使用，包括一小部分理论模型；欧洲则是把神经科学和理论模型看作同一种研究。按照现代神经科学的看法，当今广义的脑科学和神经科学是同一学科。按照信息科学的看法，除了信息传输和信息处理之外，两者还应该包括神经底物、神经符号、神经信息问题本身的研究。当我们谈论脑科学时，偏重的是信息处理研究；当我们谈论神经科学时，偏重的是信息传输研究。所以，此处计划仅对神经信息的传输问题进行讨论。按照神经信息学既往的传统，把神经信息的处理研究放在后面的人类信息学的心理学部分讨论，虽然心理学只讨论了神经信息的一般表象问题。由于神经信息学还处于探索阶段，所以我们在此仅介绍广义神经信息学中的信息传输内容。

6.1.1　神经科学概况

人们几千年来都一直认为，心是思想的器官。直到公元前 4 世纪，古希腊人希波克拉底才明确表示，人生的喜怒哀乐全部产生于脑。亚里士多德后来提出，心脏才是智慧之源，而头脑只是一个“散热器”。古希腊医生盖伦（Claude Galien）继承希波克拉底的观点，发现羊脑可分为大脑和小脑，推测前者负责感觉，后者管理运动。盖伦还发现，脑内有一个可称为脑室的空腔，其中充满液体。他将其类比为心脏中的液体经过血管来给

① 汪云九, 等. 神经信息学——神经系统的理论和模型. 北京: 高等教育出版社. 2006: 前言部分.

② 陈惟昌, 王自强, 陈志华, 等. 神经信息学的原理与展望. 生物物理学报, 2001, 17 (4) : 613-618.

整个机体提供营养，推测脑中的液体经过神经支配肢体。这种“液体机械论”（fluid-mechanical theory）统治医学界长达千余年。文艺复兴时代的笛卡儿（René Descartes）一面继续宣扬液体机械论，一面又认为上述论点只能解释躯体的感知和运动功能而不能解释“灵魂”的归宿，认为后者存在于脑外，通过松果腺体指挥脑的活动。17～18 世纪，一些学者开始将注意力从脑室转移到脑实质上，开始关注脑的灰质和白质、脑回和脑叶的功能，最终导致 19 世纪才陆续出现脑研究的重要进展。[①]在文艺复兴思潮和物理学研究的影响下，伽伐尼（Luigi Galvani）在 18 世纪后期用青蛙做实验证明了生物电学说，人们从此认识到神经冲动是依赖电活动来传递信息的，这一发现把神经活动基本过程的本质性说明向前推进了重要的一步。19 世纪，欧洲大陆的神经生理学家在伽伐尼理论的基础上又提出了生物电的膜理论，它和生物电的兴奋学说，以及后来的突触理论一起构成了阐明神经活动基本过程的系统理论。

19 世纪，神经科学方面最重要的进展是意大利解剖学家高尔基（Camillo Colgi）用银染法将脑细胞切成薄片，从而使研究者在显微镜下能够观察到完整的神经元及其胞体，这是神经科学史上的一次重大的突破。紧接着，生活在同时代的西班牙神经组织学家卡哈尔利用同样的方法，于 20 世纪初确认，神经的结构不是一团脑浆互相联通的组合体，而是由许多互相分开、边界明确的细胞即神经元组成。卡哈尔认为，神经元之间仅有接触关系而没有原生质联系，他的发现最终构成了神经元学说，并为以后的神经系统功能研究打下了坚实的基础。之后，英国生理学家谢灵顿（Charles Sherrington）对脊髓的生理功能进行了研究。他推想，如果卡哈尔关于神经元的认识是正确的话，那么，感觉神经元到达神经中枢形成的游离末梢，必然会以某种特殊的接点与运动神经元的胞体或树突发生联系。他在 1897 年首次把这种联系称为“突触”，从而在神经科学中创建了一个划时代的丰碑。

神经冲动沿着传出神经纤维到达下一个神经元或支配肌纤维，它是通过什么途径使效应器产生兴奋的呢？早在 19 世纪 70 年代，莱温诺德（Du Bois Revrnond）认为，神经肌肉接头处可能是电传递也有可能是化学传递。德国生理学家勒维（Otto Loewi）和英国生理学家戴尔（Henry Dale）分别从不同角度证明，化学传递的假设才是合理的信息传输手段，从而牢固地建立起了突触的化学传递学说。但以澳大利亚的埃克尔斯（John Eccles）

① 韩济生. 神经科学（第 3 版）. 北京: 北京大学医学出版社, 2009: 1.

等为代表的另一派学者则坚持电学说的正确性。这一争论一直延续到 20 世纪中叶，直到微电极技术被应用到突触传递研究后才得到解决。埃克尔斯本人与其同事，在猫的脊髓运动神经元中用胞内微电极，不仅记录到了信息的正向传输，而且还记录到了信息的负向突触后电位。显然，特别是后者是不可能用电传递学说进行解释的。但正当化学传递的观点在大多数突触上被证明是正确的同时，在神经系统中又发现了为数不多的电传递突触，即电突触，并且在电突触处还有连接两侧突触膜的大口径通道，从而使得两侧神经胞浆中的小分子也可以通过。从此，对胞间信息传递的研究就形成了电突触和化学突触两种信息传递理论并存的现象。

在接下来的半个世纪中，神经科学完成了第一个由结构基础到生理功能活动，之后又发展到神经化学的认识过程，以后的半个世纪是在更高层次上进行的螺旋式上升。在生化药理学方面，英国科学家艾略特（Thomas R. Elliott）1904 年首先提出了交感神经末梢所释放的肾上腺素是神经信息传递的化学物质的观点。次年，英国剑桥大学的生理学家兰利（John Langley）也指出，骨骼肌的兴奋是由与尼古丁有关的化学物质传递的。1920 年，勒维用蛙心灌流实验显示迷走神经末梢释放“迷走物质”使心脏抑制。在这些工作的基础上，关于神经末梢化学传递的理论才逐渐建立起来，并由神经肌肉接点逐渐转移到神经接点上来，同时建立了配体和受体相互作用的神经信息传输理论。认为神经信息是通过化学递质来传递的理论虽然占了上风，但坚持认为它是由电脉冲完成的看法仍大有人在。

大脑是一个复合的细胞系统，它连续不断地感知周围神经所传来的信息并处理它们，然后做出决断再传到相应的效应器官，最后指挥整个机体对外部世界做出合理或错误的反应。中枢神经系统同时能够启动和作用于各种感觉器官，以调节它们的性能。而神经信息学的最终任务就是去发现它们发出的这些信息的含义，并从这些含义方面研究机体的行为。然而，仅记下冲动，记下神经元传送的信息是不够的，还需要对神经信号从感受器中的产生开始到大脑皮层这种连续传输的信息进行追踪分析。

现代神经信息学的研究倾向于向着多学科多层次的综合研究方向发展。在神经科学的旗帜下，研究脑和脊髓的形态结构和正常的生理功能、神经系统疾病的发生和治疗等各方面的研究者正在进行着多学科的协作。[①]由于人工智能等学科对它也寄予崇高的期盼，以及受到来自基因组学的激励，神经信息学目前正变得引人注目，并将成为继基因组学之后另一个规

① 陈宜张. 神经科学的历史发展和思考. 上海: 上海科学技术出版社, 2008: 1-13.

模宏大的生物信息学分支，对生物体内信息系统的这一令人鼓舞的研究帷幕正在徐徐拉开。

6.1.2 神经信息系统

以人的神经系统为例，它是由中枢神经系统和周围神经系统组成的，如图 6-1 所示。中枢神经系统由大脑神经系统和脊髓神经系统组成。周围神经系统由躯体神经系统和自主神经系统组成。中枢神经系统是整个神经系统的指挥中心，它不和神经系统的外围组织和环境进行通信，就像一个部队的总司令，他通常接触的是他的下级军官而不是士兵。保持和中枢神经系统正常通信的是周围神经系统中的躯体神经系统和自主神经系统。

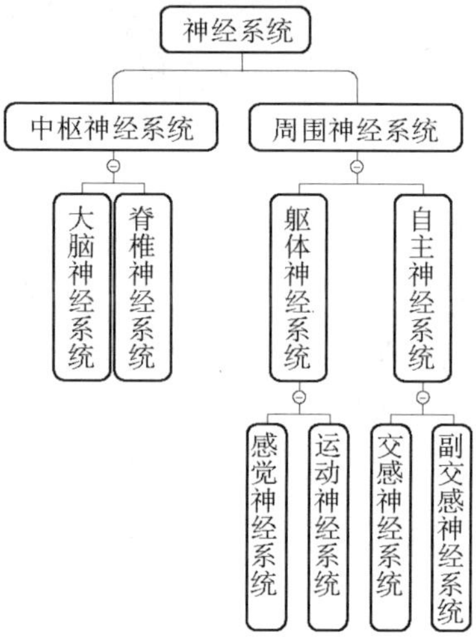

图 6-1　人的神经系统

躯体神经系统由感觉神经元和运动神经元组成，在大多数无脊椎动物和所有脊椎动物的神经系统中，除了感觉神经元和运动神经元之外，还有第三种神经元——中间神经元。这种神经元位于脊椎动物的脑和脊髓部位，而其功能是帮助产生更复杂的反射和更协调的功能，包括学习和记忆等信息处理活动。在一般情况下，感觉神经元将来自环境的神经刺激冲动（感受器）传入中枢神经系统，运动神经元则将神经冲动从中枢神经系统传到肌肉或腺体上（效应器）。在无脊椎动物的大部分纲和脊椎动物的各个门中，感觉神经元和运动神经元都是通过神经系统连接起来的。

自主运动神经系统由交感神经和副交感神经组成。交感神经是由脊髓发出的神经纤维到交感神经节，再由此发出纤维，分布到内脏、心血管和腺体。交感神经的主要功能很多，典型的如使瞳孔散大，心跳加快，皮肤及内脏血管收缩，冠状动脉扩张等。当机体处于紧张状态时，交感神经活动起着主要作用。副交感神经系统的作用主要是维持机体安静的生理需要，多数扮演休养生息的角色，如让瞳孔缩小、心跳减慢，血压降低、消化腺分泌增加等。交感神经系统和副交感神经系统二者之间相互制约，保持平衡。和躯体神经系统不同，自主运动神经系统的一切活动无法受我们的意识控制，即我们自己不能控制它们（图 6-2）。

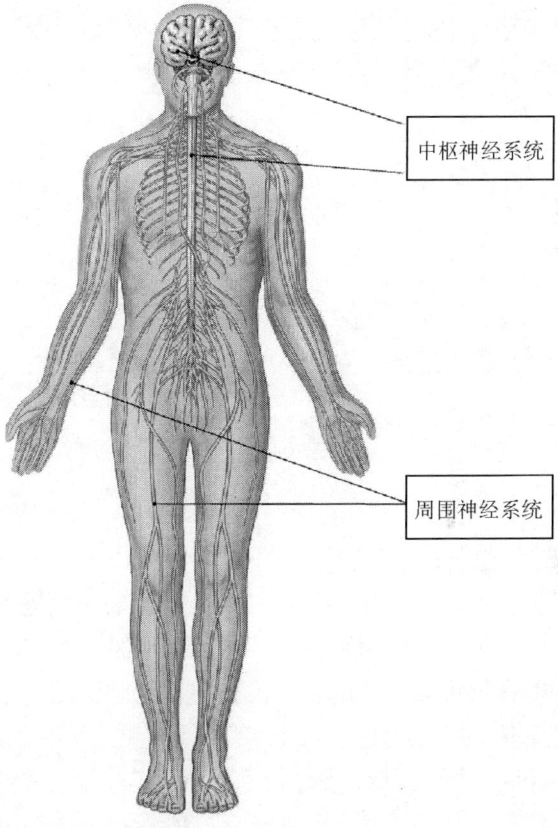

图 6-2　人的神经信息系统

神经系统中的大多数神经元虽然外形各异，但它们的功能结构非常相似。细胞体是一个膨大的区域，其中含有细胞核。从细胞体发出一条或多条细胞质的延伸物称为树突。运动神经元和中间神经元拥有大量高度分叉的树突，这种结构使细胞从多个不同的地点获取信息。有些神经元的树突上还有一些突起，即树突棘，它们可以增大接受刺激的面积。细胞体的表面将综合来自各个树突的所有信息。如果足以激起兴奋，则引起 1 个神经冲动沿着轴突传播出去。每个神经元都只发出 1 条轴突，但是 1 个轴突却可能分叉产生出多个小末端，并刺激多个细胞。1 条轴突可以相当长，如控制人的足部肌肉的轴突可以长过 1 米，而 1 只长颈鹿的神经从头顶延伸到骨盆的长度约有 3 米。

一个神经元包括三个部分，即细胞体、树突、轴突，如图 6-3 所示。细胞体具有细胞核。树突是一种细而短且高度分支化的突起，其功能是接受传入的刺激，并将电冲动传给细胞体。由于传入的电冲动，细胞体在轴突发起处产生一个外流的电冲动。轴突是一个无分支的突起，通过其中的细胞质将电冲动传出细胞体。有些轴突很长。例如，控制我们的脚部肌肉的神经元细胞体位于脊髓内，而轴突延伸长达 1 米而到达脚部。

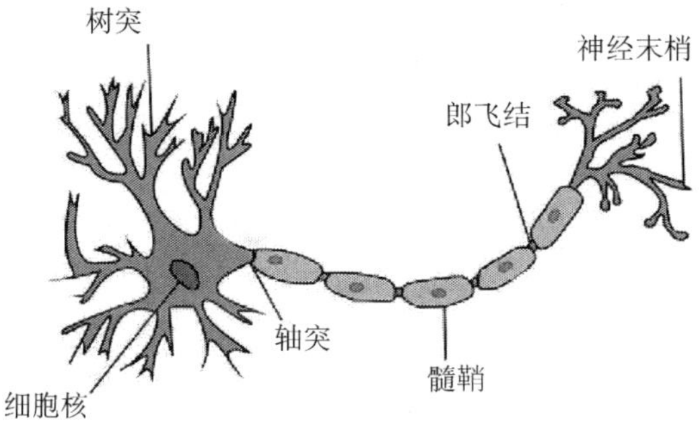

图 6-3　神经元

神经信息系统中除基本的神经细胞外还有一类特殊的细胞——神经胶质细胞，又称支持细胞。神经胶质细胞不能传导电兴奋，但是它能起到支持冲动和绝缘冲动的作用，并且它能阻止外来物质进入神经元。在许多神经元中，神经胶质细胞与轴突相连，形成绝缘的覆盖物，称为髓鞘。髓鞘连续地包围在轴突膜上。相邻的神经胶质细胞由郎飞结隔开，郎飞结能起到加速冲动传导的作用。

一个神经元的树突短而分支多，它们起着与其他神经元的轴突、突触或胞体形成纽带的作用。但一个神经元一般只有一个轴突，它躯干长而表面无突起，但在末端有许多伸出的小分支，起着效应器或与其他神经元的连接功能。轴突外面包裹着由特殊细胞形成的神经膜，许多轴突外裹着髓鞘，周围神经系统的髓鞘位于轴突和神经膜之间，是神经发育中由部分特殊细胞发育而成的。中枢神经系统的轴突没有神经膜，只有髓鞘。髓鞘由神经胶质细胞形成。神经膜起着保护轴突的作用。①

① 张惟杰. 生命科学导论. 北京：高等教育出版社, 1999: 167.

生物，特别是动物的神经信息传输系统，是由一个个执行同一功能的树突、轴突、突触组成的信息系统构成。若干个执行同一功能的神经元构成复杂的神经信息系统。为了考察神经信息系统基本原理，我们在这里只以最简单的神经信息传输模型为例进行分析，且仅以人的神经信息传输模型为标本进行讨论。一个简单的人类神经信息传输模型由作为供信体的树突、作为信道的轴突、作为受信体的突触，以及作为信使的递质等部分组成。

1. 树突与突触

从信息科学的观点看，一个由神经元的树突、轴突、突触三个部分构成了一个既有自生成也有他生成型的混合型信息系统。来自系统内的各种信息都是自生成的，相反，来自体外的各种信息又都是他生成的。由这些自生成信息和他生成信息混合一起最后构成了一个复杂的神经信息系统。

（1）树突供信体。

一个神经元的前段伸延部分产生的分枝称为树突，它是一个神经元接受从其他神经元传入信息的入口。树突接受上一个神经元的突触等部分释放的递质使该神经元产生电位差形成电信号传递信息。每个神经元可以有一或多个树突，它们能够接受刺激并将兴奋传入细胞体。在光镜和电镜下很难区分胞体的终点和树突的起点，胞体中所含的细胞器大多可进入树突，在树突附近可见用于蛋白质合成的细胞器，包括粗面内质网、游离核糖体和高尔基复合体等，到远端会越来越少。一个神经元的树突在向外生长的过程中不断发出分支。

树突表面生长着一些细小的突起，称为树突棘。树突棘是树突接受信息传入的重要部位，在此处与其他神经元的末梢形成突触连接，树突棘的表面形成突触连接的突触后成分，有多种受体和离子通道，在树突棘内也有蛋白质的合成。树突棘分为简单的和复杂的两种，简单的树突棘是中枢神经系统神经元中最常见的形式，主要由一个泡状的头通过一根狭窄的茎与树突相连，复杂的树突棘呈多叶的瘤状，常形成多个突触，树突棘可短而粗或长而细，其形状的主要差别在于颈的直径、长度、体积、表面积方面。树突棘的形状、大小、数量与它们与胞体的距离、神经的支配、机体的发育阶段相关，当神经元处于活动状态时，树突棘的数量和形状都会发生改变。

（2）突触受信体。

突触是一个神经元中发送信息到其他树突的物理部分，也是神经元实现信息传输功能的重要基础。它由突触前膜、突触间隙及突触后膜组成。

根据突触的结构和电生理特点，突触主要包括化学突触和电突触两种。突触连接可以发生在不同的神经元之间，也可以发生在一个神经元自己的轴突和树突或树突和树突之间。根据突触的电生理特性，它还可以分为兴奋性突触和抑制性突触两大类。根据突触前后膜的特征，还可以分为不对称型突触和对称型突触等类别。

在电突触上，轴突末端和另一神经元的接触表面之间有一条很窄的缝隙，神经冲动可以直接通过这个缝隙向突触的另一端传递。按照电子通信工程的术语来说，电位传导是一种双工通信，可以进行双向的信息传递。电突触是低等动物神经系统的主要突触形式。脊椎动物的突触主要是化学突触，化学突触的突触间隙比较宽，神经冲动不能直接通过，而需要神经递质（信使）的介导，它的作用和将与后面内分泌信息学部分提到的激素信使的作用相同。

在脊椎动物中，大多数情况下轴突直接与其他神经元胞体表面结合形成突触。每个神经元总是与多个神经元相连，一个典型的神经元可以形成数万个突触，它们既包括其自身的胞体和树突与其他多个神经元的轴突连接，也包括其自身的轴突的多个分支与另外多个神经元的胞体和树突的连接。神经元之间以多线连接形成了错综复杂的网络，这就使神经系统能够对神经信息的强度进行各种组合。一般而言，一个突触前细胞的刺激强度不足以引起突触后细胞的反应，即不足以产生足够的神经递质，只有在几个细胞的共同作用下，最后才能使突触后细胞获得足够的信息底物数量和质量，从而引起后续神经元细胞的兴奋。一个突触后细胞可同时与几个突触前细胞分别构成兴奋性突触和抑制性突触。因此，如果这些突触同时作用，其效果有可能被互相抵消。如果抑制性突触发生作用，要使突触后细胞兴奋，就需要兴奋性突触前细胞提供更强烈的刺激。一个神经元既是一个信息传输器，也是一个信息整合器，它随时都在接受各种信息，也随时都在加工信息。神经组织中还有数目庞大的非神经细胞——胶质细胞，它们的作用是支持和引导神经元的迁移，参与神经系统的修复和再生，参与免疫应答，形成髓鞘及血脑屏障，物质代谢和营养的作用以及参与神经细胞外的钾离子浓度的维持等作用。①②

2. 递质

在神经信息系统中，携带信息的信使称神经递质（neurotransmitter），一般简称为递质。在两种突触通路中，由于在电突触中起作用的是电子，

---

① 韩济生. 神经科学（第3版）. 北京: 北京大学医学出版社, 2009: 141-144.

② 王玢, 左明雪. 人体及动物生理学（第2版）. 北京: 科学出版社, 1995: 56.

它在很多学科中已都有研究，因此神经科学家对这类突触的研究兴趣甚少。而最多的信使研究主要集中在化学突触方面。在化学突触中，起作用的信使是一种叫作神经递质的小分子化合物。1921 年，勒维首先发现乙酰胆碱递质，随后人们又逐渐发现了诸如谷氨酸、儿茶胺酚、多巴胺、去甲肾上腺素、一氧化碳等数百种递质。一种化学物质被确认为神经递质，一般应符合下列条件：①在突触前神经元内具有合成递质的前体物质和合成酶系，使得它们能够合成这一递质；②递质存储在突触小泡内以防止被胞浆内其他酶系破坏，当兴奋冲突抵达神经末梢时，小泡内递质能释放入突触间隙；③递质通过突触间隙作用于突触后膜的特殊受体，从而发挥其生理作用；④存在着使这一递质失活的酶或其他环节；⑤用递质拟似剂或受体阻断剂能够加强或阻断这一递质的突触传递作用。在神经系统内还存在许多其他化学物质，但它们不一定都是递质，只有符合或基本符合以上条件的化学物质才能够称得上是递质。[①②]关于递质的研究目前已成为神经科学中的一个主要分支。由于递质执行着神经细胞间而不是神经细胞内的信息传递功能，因此它也被称作第一信使。

目前发现的小分子递质和大分子递质有数百种，原认为一个神经元只合成一种递质，但近年来的研究发现，在一个神经元内可合成两种以上的经典递质或两种以上的神经肽。神经肽是存在于神经组织并参与神经系统功能作用的内源性活性物质，是一类特殊的，类似于遗传信息学中狄恩酸或蛋白质之类的信息物质。其特点是含量低、活性高、作用广泛而又复杂，它们在体内能够调节多种多样的生理功能，如痛觉、睡眠、情绪、学习与记忆乃至神经系统本身的分化和发育。一个神经元可合成经典递质和神经肽，人们把这种现象叫递质共存。共存递质的释放主要是神经元末梢内存在有两种大小不同的囊泡。经典递质存储在大、小两种囊泡里，而经典递质与神经肽共同存储在大囊泡里。低频率信息可使小囊泡释放，高频率信息则使大囊泡释放。经典递质和神经肽共同释放来传递信息，可以起到相互协同作用或拮抗作用，并能有效地调节细胞或器官的生理功能，还可通过突触前互相调节来改变递质的释放量，有利于加强或减弱作用强度。

---

① 杨焕民，计红，甄莉. 动物生理学. 北京：中国农业出版社, 2012: 251-254.

② 徐科认为，判断是否能成为内原性神经活性物质递质的鉴定标准，一般应满足下列 4 个条件：a. 存在。要证明在突触前神经元内有该物质及其合成酶的存在。b. 释放。从突触前末梢可释放出足以在突触后细胞或效应器引起一定反应的物质。c. 相同的突触后效应。将适当浓度的该物质人工地施加到突触后细胞应能引起与神经诱发的相同反应。d.灭活机制。应找到将该物质从突触间隙除去的机制。见：徐科. 神经生物学纲要. 北京：科学出版社, 2002: 109-110.

6.1.3 神经信息传输

1. 胞间信息传输

神经系统收到从视域或之前的神经元传来的信息之后，它先将它们传入一个神经元的树突上，然后以电位的方式经过轴突信道传送到突触前膜，之后再经过电突触或化学突触，再传递到另一个神经元上，之后再经过其他神经元以相同的方式最后传递到中枢神经系统或效应器官上。这样，细胞间的一个信息传导任务就此完成。

在两种突触传递方式中，电突触不仅见于包括人脑在内的所有神经系统，在心肌、平滑肌和肝脏中也有发现。电突触的传递机制是电耦合，因此在传递中无时间延迟，不易受到环境因素的调制。在神经系统中，它们的功能是快速地传递定型化的去极化（兴奋性）信号，并且多数是双向传递。化学突触则不同，传递的结果既可传递去极化，也可传递超极化（抑制性）信号，并且是单向传递，因为在传递过程中需要将突触前的全或无电信号转换成化学信号，在突触后膜再转换成全或无电信号或其他化学信号（如第二信使），所以，化学突触的传递过程易于调制，可短时间或长时间地改变传递效率，即具有突触可塑性，它对大脑的学习和记忆功能非常重要。

在胞间信息传导的电突触理论和化学突触理论中，电突触是神经元间信息传递的最简单形式。在突触的结构方面，突触前膜、突触后膜内均有膜蛋白颗粒，呈六角形结构，跨越膜的全层，顶端露于膜的外表，中心形成一个微型通道，此通道与膜表面相垂直。缝隙连接两侧的膜是对称的。在相邻的两突触膜间，其膜蛋白颗粒顶端相互对应，直接接触，两侧中央小管由此相通。轴突终端无突触小泡，传导不需要递质，可以以电流传递信息，神经冲动的传递一般均为双向性。神经细胞间电阻小，通透性好，局部电流极易通过。电突触功能有双向快速传递的特点，传递空间减少，传送更加有效。信号经过时，连接部位的神经细胞膜并不增厚，膜两侧旁胞浆内无突触小泡，两侧膜上有沟通两细胞胞浆的通道蛋白，允许带电离子通过而传递电信号。电突触传递的功能是促进不同神经元产生同步性放电。电突触对内、外环境变化非常敏感。在疲劳、缺氧、麻醉或酸中毒情况下，都可使兴奋性降低。

化学突触传递的过程是通过动作电位完成的，它沿轴突传导到突触前末梢，由末梢电位触发一定量的递质（如乙酰胆碱）释放到突触间隙。递质扩散到突触后膜，然后与位于其中的递质受体结合，递质受体的离子通道开放，钠与钾离子沿着浓度梯度跨膜流动导致突触后膜去极化，达到阈值电位后诱发肌细胞动作电位和引起肌细胞收缩。另一方面，所释放出来的递质，无论它们是否已与受体结合，随后都旋即被递质水解或扩散，突触然后又去进行下一次传递的准备。

电突触信息传递和化学递质信息传递既有相同也有不同。化学性突触依靠突触前神经元末梢释放递质信使来影响突触后神经元。和电突触的主要区别在于前一神经元释放的物质不同，电突触是依靠突触前神经末梢的生物电和离子交换直接传递信息。特点是以神经递质为媒介，单向传导。化学性突触是由突触前成分、突触后成分、突触间隙组成。电突触在结构上虽然也是由突触前膜、后膜、突触间隙三个部分构成，但与化学突触不同的是，其突触前膜与后膜相同，无结构分化，成为双向传递的基础。在突触间隙处两神经元间的距离很小，电突触的间隙不仅如此窄小，而且还有多条排列整齐的小缝隙连接通道将两侧突触膜连接起来。在功能上，虽然也发现了单向传递的电突触例子，但电突触主要仍是双向传递的兴奋性突触，化学突触则都是单向传递的，它既有兴奋性的，又有抑制性的。电突触的传递是定型化的快速传递，化学突触的传递则具有可塑性和突触延迟。①

2. 胞内信息传输

每个神经细胞的细胞膜两侧都存在一个电势差，其值仅处于毫伏级。细胞的内侧朝向细胞内质，带负电；细胞的外侧朝向细胞外液，带正电。当一个神经元没有受到外界刺激时，这一恒定的电势差叫作静息膜电位。与这个静息膜电位的建立有关的离子受到两种力的作用：离子受到与之电性相反的离子或分子的吸引，或离子受到浓度梯度的影响，它将会从高浓度区域流向低浓度区域。

细胞外带正电的阳离子会被细胞内带负电的阴离子所吸引。同时，处于静息状态的细胞膜对一种钾离子的通透性强于对任何其他离子的通透性。因此，钾离子将进入细胞内。虽然其他阳离子也会进入细胞，但是钾离子的渗透对静息膜电位起着最重要的作用。电势差驱使钾离子进入细胞，由纳钾泵所建立的钾离子梯度有一种特别功能，它会驱使钾离子离开细胞。在一个特定的位置上，这两种力彼此平衡，使得钾离子的流出量与钾离子的流入量相对平衡，保持这种平衡的电压叫作平衡电位。

当一个神经细胞或一个肌体细胞受到刺激时，钠离子通道的通透性通

① 徐科. 神经生物学纲要. 北京：科学出版社, 2002: 87.

常会增强。这时，钠离子就会沿着它的浓度梯度大量地涌入胞内。这种正电荷的迅猛流动降低了细胞膜内侧的负电性，并使细胞去极化（朝着与静息电位相反的方向变化）。经过很短的一段时间之后，钾离子通道的通透能力也会增强，这样，钾离子就沿着它的浓度梯度流出细胞。类似地，细胞膜对氯离子的通透能力也会增强，最后使氯离子流入细胞。但是，氯离子对细胞的跨膜电位的影响程度远低于钾离子。这样，细胞膜的内侧又呈现负电性，并使细胞超极化，即细胞的跨膜电位低于静息电位。这一电势差主要反映了细胞膜两侧钾离子的浓度差异。

细胞膜有时会发生轻微的去极化，并会迅速回落到静息膜电位上去。由于这一变化的幅度取决于刺激的强度，跨膜电位的这一叫作分级电位的微小变化，既可以是去极化的，也可以是超极化的。同时，它们的作用还能够彼此相互加强或抵消。就像两个同相的波在相遇时相互加强，两个反相的波在相遇时相互削弱一样。当达到一个特定程度的去极化时，一个神经冲动或动作电位就产生了。产生一个动作电位所需的最小去极化程度称作阈值。当去极化程度达到或超过阈值时，钠离子通道和钾离子通道都将被打开，但钠离子通道先于钾离子通道被首先打开，随之迅速涌入细胞内的钠离子，使跨膜电位朝着钠离子的平衡电位变化。

动作电位的整个过程会持续几微秒，它有两个显著特征：首先，它们是有或无的。在阈值处，电压门控钠离子通道完全打开。因此，每一次的去极化，要么形成完整的动作电位，要么不形成动作电位。其次，动作电位总是孤立的事件。它们并不能像分级电位那样两两相加或相互影响，因为细胞膜在产生动作电位后会有一个短暂的不应期。在这段时间内，电压门控制离子通道无法再次打开。

生物学家常把轴突传导动作电位称作神经冲动，但动作电位并非真正沿着轴突传播——它们实际上是在轴突膜的不同地点发生。钠离子的迅速流入以及随之而来的钾离子的流出，造成了跨膜电位的迅速改变，这就是动作电位。动作电位分为“有”或“无”两种状态，但不能叠加。它沿着轴突不断重现。一个动作电位能激发下一个动作电位。动作电位在传导过程中不会衰减，即幅度不会下降。这样，轴突末端的最后一个动作电位与第一个动作电位是完全相同的。如果轴突的直径较大，则动作电位的传导将更迅速。如果轴突是有髓鞘的，动作电位的传导速度也会增加。在有髓鞘的轴突中，由于动作电位只产生于一个叫作郎飞结的地方，所以，其传导神经冲动的速度比无髓鞘的轴突要快。一个动作电位仍将充当产生下一个动作电位所需的去极化刺激。但是，一个郎飞结处的去极化是在下一个电压门控离子通道被打开之前就被传到下一个郎飞结的。这样，神经冲动就好像从一个节段跳到了另一个节段，这一过程就叫作跳跃式传导。这就是胞内信息传导的整个过程。①

6.2 内分泌信息学

动物，尤其是大多数哺乳动物，其体内都包含一种能够向体内或体外排放化学物质的机体组织，生物学家称它们为分泌腺。对于一般人来说，"分泌"是一个特定的概念，认为它仅和女性的生理现象有关。从生物学上来说，它泛指细胞从血液中摄取小分子物质，经过细胞内的生物合成，形成分泌物，进而排放出细胞外的一种过程。"腺"指生物体内能分泌出某些液汁的机体组织。携带被分泌出的液汁的机体组织称为"激素"。根据"腺"的生理机能及其腺体上是否具有排出导管，分泌腺可分为"内分泌腺"和"外分泌腺"。分泌出的激素不经导管直接进入血液，然后对机体进行调节的分泌腺称为内分泌腺，分泌出的激素经由导管，然后再对机体外的环境进行调节的分泌腺称为外分泌腺。排入体内的分泌物叫内激素（hormon）并一般简称为激素，排出体外的分泌物叫外激素（pheromone）。内激素被排出之后，会经过一定的通路传输到被称为靶细胞、组织、或器官的受信体上，最后由靶细胞进行信息处理并对生命体进行调节。专门研究内分泌信息的传输和处理机制，即，研究激素中的信息从内分泌腺排出之后的传输过程，以及它们最后对靶细胞产生各种影响的生物学和生理学分支叫内分泌学（endocrinology）②。外分泌学（exocrinology）只有很少人在研究。

导致我们把内分泌学看作一门信息学的理由来自如下思考：①20 世纪中期以后，生物学家和生理学家发现，由内分泌腺分泌出的激素在发生作用的过程中，并不给靶细胞提供任何有效的物质或能量，而只提供某种特定的东西，之前人们一般把这种"东西"称为"特异物质"；②1965 年，萨瑟兰等基于环一磷酸腺苷的作用机理提出了第二信使理论。内分泌学家已经广泛接受了激素是一种信使的看法；③研究细胞通信问题的细胞信号转导理论已经早在 1970 年就开始了。宏观上说，细胞信号转导理论

① Raven P H, George B J. 生物学. 谢莉萍，张荣庆，张贵友主译. 北京：清华大学出版社，2008: 1040-1044.

② 特纳 C D, 贝格纳尔 J T. 普通内分泌学. 刘以训，等译. 北京；科学出版社，1983: 9.

已经把内分泌问题看作了一个细胞通信问题；[①②]④2001 年，中国学者王玢和左明雪在她们主编的《人体及动物生理学》第二版中，首次提出可以将内分泌系统看作一种“生理信息传递系统”。[③]按照我们的观点，凡是以“通信”“处信”“信号”“信使”等概念为基本问题的学科一定是一门信息科学；所以，在信息思潮影响下，信息成为这一学科的中心概念，内分泌学和信息科学发生联系是迟早的事情。在内分泌学中，传输内分泌信息的信使被称为激素，它在整个生理活动中只起着携带和传递生理信息的作用。因此，按照我们提出的信息科学术语体系，可以把腺细胞称为供信体，把激素称为信使，把靶细胞称为受信体。根据考察，内分泌信息的传递方式主要有四种：①远距分泌。激素被释放出来之后直接进入毛细血管，经血液循环运送到远距离的靶器官；②旁分泌。激素被释放出来之后进入细胞外液，通过扩散到达邻近的靶细胞；③自分泌。激素被分泌入细胞外液后，又作用于腺细胞自身；④神经分泌。神经细胞合成的激素沿轴浆流动，运送到所连接的组织，或从神经末梢输入毛细血管，由血液运送至靶细胞（图 6-4）。

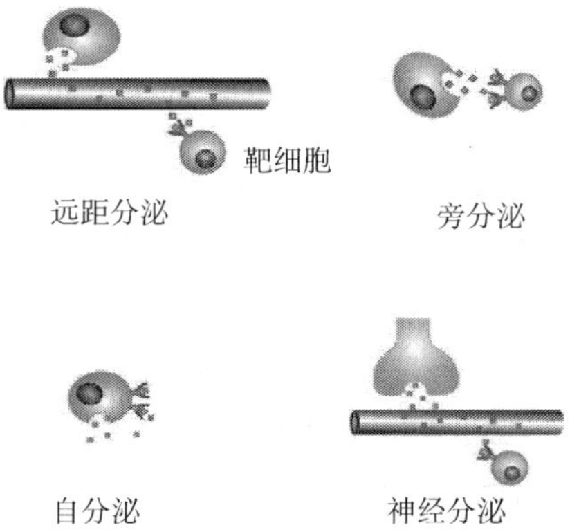

图 6-4　四种基本的内分泌类型

6.2.1　内分泌学概况

人和家畜的阉割已有很久的历史。按照坦普勒（Robert Temple）的看法，为了医疗的目的，公元前 200 年，中国人就开始从尿液中分离出性激素和垂体激素。[④]亚里士多德曾十分精确地描述过阉割对鸟类的影响，并

① 北京大学生命科学学院编写组. 生命科学导论. 北京：高等教育出版社, 2000: 287.

② 叶加明. 奇妙的细胞间通信——细胞与环境. 长春：吉林人民出版社, 1984: 163.

③ 王玢, 左明雪. 人体及动物生理学（第 2 版）. 北京：科学出版社, 1995: 367.

④ Temple R. *The Genius of China: 3, 000 Years of Science, Discovery & Invention*. London：Andre Deutsch (2007). 1986: 141-145.

且把这些阉割了的鸟同阉割了的人所产生的变化进行过精细的比较。第一个有关内分泌腺的成功实验是 1849 年由伯特霍尔德（Arnold A. Berthold）进行的。他是德国哥廷根的一位教授和医生，由于受到当时的泛生论影响，在对一只公鸡进行阉割之后，他发现，动物能从身体各部分释放出一些颗粒，这些颗粒再通过血液在身体内循环，最后集中于生殖器官，最后在此形成一种聚合物并产生出与亲本或双亲相似的后代。不管动机如何，伯特霍尔德所做的实验提出了一些有趣的问题，如身体的某些特殊器官会向血液释放某种特异物质，并能将它们携带到身体的特定部位，最后为特殊的需要所利用。

1853 年，法国的伯纳尔研究了各种动物的胃液之后发现，动物的肝脏内含有一种特殊物质，它们具有多种不可思议的功能。之后他又用化学方法证明，肝脏能直接向血液释放葡萄糖，并把这个功能看成“内分泌”（internal secretion）。同年，艾迪生（Thomas Addison）报道了一种在人体上发现的病症，它是由肾上腺皮质萎缩引起的。虽然当时已经积累了某些关于甲状腺功能不足和亢进的知识，但这个试验似乎还只是对临床内分泌器官缺陷症的研究。虽然此时伯纳尔已经提出了内分泌的概念，但它的含义还未完全确立，人们对甲状腺存储碘的重要意义还有许多争论。许多学者宣称，把腆从甲状腺血液中去掉，就可以产生解毒作用。合成甲状腺素时不可缺少一种原子的观点在 1900 年前已经形成。

1880 年，德国的奥斯特瓦尔德（Friedrich W. Ostwald）从甲状腺中提取了大量的含碘物质，并确认它们的功能就是对甲状腺进行生理调节。1901 年，日本学者高峰让吉，在美国从牛的副肾中提炼出调节血压的物质，并做成晶体，起名为肾上腺素（epinephrine）。这是世界上提取出的第一例激素晶体。1902 年，英国生理学家斯塔灵（Ernest H. Starling）和贝利斯（William M. Bayliss）经过长期的观察，发现当食物进入小肠时，由于食物在肠壁摩擦，小肠黏膜就会分泌出一种数量极小的物质进入血液，当它们流入胰腺时，胰腺就立刻分泌出胰液。他们将这种物质提取出来注入哺乳动物的血液中，结果发现，即使动物不吃东西，也会立即分泌出胰液来，于是，他们给这种物质起名为“促胰液素”（secretin）。之后，斯塔灵和贝利斯给上述这类数量极少但具有生理作用，可激起生物体内器官反应的物质正式命名为激素（hormon）。1909 年，意大利的医学家庞德（Nicola Pende）正式提出了内分泌学（endocrinology）的概念①。

① Turner C D, Bagnara J T. *General Endocrinology*. Philadelphia: Saunders, 1976: 22.

之后，新的激素种类被大量发现，产生激素的性腺、甲状腺、肾上腺、胰岛、脑垂体等主要内分泌腺也相继被发现。瑞士的科克尔（Theodor Kocher）、加拿大的班廷（Frederick Banting）、瑞士的赖希施泰因（Tadeus Reichstein）分别在甲状腺激素、胰岛素、肾上腺皮质激素的生理功能、化学结构及生物鉴定方法等研究方面做出了贡献，并相应获得了 1909 年、1923 年、1950 年的诺贝尔生理学或医学奖。

20 世纪 60 年代，内分泌学研究似乎进入到一个繁花似锦的时期，亚鲁（Rosalyn Yalow）等于 1960 年发明了激素放射的免疫分析法，萨瑟兰等于 1965 年发现了环一磷酸腺苷，并提出了第二信使理论。中国科学院上海生物化学研究所、中国科学院上海有机化学研究所、北京大学生物学系与化学系一起，于 1965 年在世界上第一次人工合成了牛胰岛素。之后，美国的沙利（Andrew Schally）和吉耶曼（Roger Guillemin）经过近 20 年的艰苦探索，前后用了几百万只羊和数以吨计的猪下丘脑做试验，终于在 1969 年分离和纯化出了第一个下丘脑释放因子，进而阐明了它的结构，并正式命名为促甲状腺素释放激素。

近 20 年来，随着与其他学科的交叉发展，内分泌学整合的范畴与内涵也在不断扩大。自 1980 年以后，内分泌学家发现，免疫细胞能产生 20 多种激素。继而还发现，免疫细胞上广泛存在着激素受体。大量研究又不断表明，神经及内分泌细胞也有各种细胞因子的受体，而且这些细胞也能分泌多种细胞因子。随着研究的进一步深入，人们发现，神经、内分泌、免疫系统之间不仅存在着重要的联系，而且这些联系已经构成一个神经-内分泌-免疫生命信息系统。20 世纪的最后 20 年，由于分子生物学、细胞生物学、免疫学、遗传学等学科的迅速发展，它们共同促进了内分泌学的新进展。由于新理论、新技术、新药物的不断问世，传统的内分泌学正在进入变革、扩展、丰富和提高的新阶段，一个崭新的基于信息概念的内分泌信息学正在逐渐形成。

从信息科学的观点看，内分泌学从信息方面所关注的问题包括：何种内分泌腺所分泌的何种激素带给了相应的靶细胞什么样的信息？靶细胞在接受这种信息之后又发生了什么样的反应？靶细胞与内分泌腺之间存在着什么样的信息联系？各种内分泌系统与神经系统和免疫系统之间是如何组织成一个多级复杂的信息传输、接受、处理和存储系统的？是不是机体内的任何细胞都能毫无例外地能够接受任何激素所传送的信息等。①

① 叶加明. 奇妙的细胞间通信——细胞与环境. 长春: 吉林人民出版社, 1984: 160-166.

随着内分泌学研究范围的不断扩大，把远距分泌、旁分泌、自分泌、神经分泌，以及外分泌联合起来一起研究，其趋势将会朝着一个统一的分泌学发展。但其中最好的研究仍然集中在内分泌研究方面，其他的分泌研究，尤其是外分泌研究等仍是一个较少人关注的方向。外分泌涉及一种被称作“外激素”的生物化学分子，而这里我们只关注内分泌学及其相关的信息问题。

6.2.2　内分泌信息系统

动物的内分泌信息系统是由一个个执行独立功能的腺细胞、激素、靶细胞组成的信息传输系统。若干个执行同一功能的内分泌信息系统又构成复杂的内分泌信息系统。为了考察内分泌信息计，我们在这里仅以最简单的内分泌信息传输模型为例进行分析，且仅以人体的内分泌信息传输系统为标本进行考察。

1. 腺细胞与靶细胞

（1）腺细胞供信体。

人体内有许多内分泌腺分散在各处。有些内分泌腺单独组成一个器官，如脑垂体、甲状腺、胸腺、松果体、肾上腺等。另一些内分泌腺存在于其他器官内，如胰腺内的胰岛、女性卵巢内的黄体和男性睾丸内的间质细胞等。内分泌腺所分泌的各种激素对机体的各种器官的生长发育、机能活动、新陈代谢等都起着十分复杂而又十分重要的调节作用。

腺细胞供信体可以分为三种：经典内分泌腺、弥散性神经-内分泌腺、非内分泌组织中的细胞等。①经典内分泌腺是指具有特定形态结构特征的腺体。主要包括下丘脑和神经垂体、腺垂体、松果体、甲状腺、甲状旁腺、内分泌胰腺、肾上腺皮质和髓质及性腺；②弥散性神经-内分泌腺主要是指分布于脑、胃、肠、膜、肾上腺髓质和神经组织内的神经内分泌细胞；③非内分泌组织中的细胞。体内某些非内分泌组织的细胞也具有合成和分泌激素及细胞因子的功能，如脂肪细胞、胰岛细胞、下丘脑的某些神经元、心房肌细胞、血管内皮细胞、肝脏的库普弗细胞、皮肤和血管的成纤维细胞、T 淋巴细胞及单核吞噬细胞等。但在一般的内分泌研究中，研究者更倾向于把内分泌腺分为两类。一类是合成肽类激素的细胞。这些细胞含有丰富的、与激素合成相关的粗面内质网和高尔基体。另一类是合成类固醇激素的细胞。该类细胞的亚细胞器具有合成类固醇激素的结构特点，如富含与激素合成相关的滑面内质网。胞质内脂滴较多，含有大量的供合成类固醇激素的胆固醇原料。[①]

人体的内分泌细胞有群居和散居两种。群居的细胞腺体形成了内分泌腺，如大脑里的脑垂体，颈部前端的甲状腺和位于其上的甲状旁腺、腹内的肾上腺、胰岛、女性的卵巢及男性的睾丸等。散居的如胃肠黏膜中的胃肠激素细胞，丘脑下部分泌出的肽类激素细胞等。每一个内分泌细胞都是制造激素的小作坊。大量的内分泌细胞制造出的激素集中起来，便形成了调节身体机能正常运行的巨大力量。在一般的研究中，人们认为人体内包含 10 种主要的内分泌腺：松果体、下丘脑、脑垂体、甲状腺、甲状旁腺、胸腺、肾上腺、胰腺、卵巢、睾丸（图 6-5）[②]。其他人们不太了解的内分泌腺还有很多，如女性的胎盘、男性的前列腺等。人体内 10 种主要的内分泌腺及其位置、分泌的激素类型及其作用、靶细胞名称如表 6-1 所示。

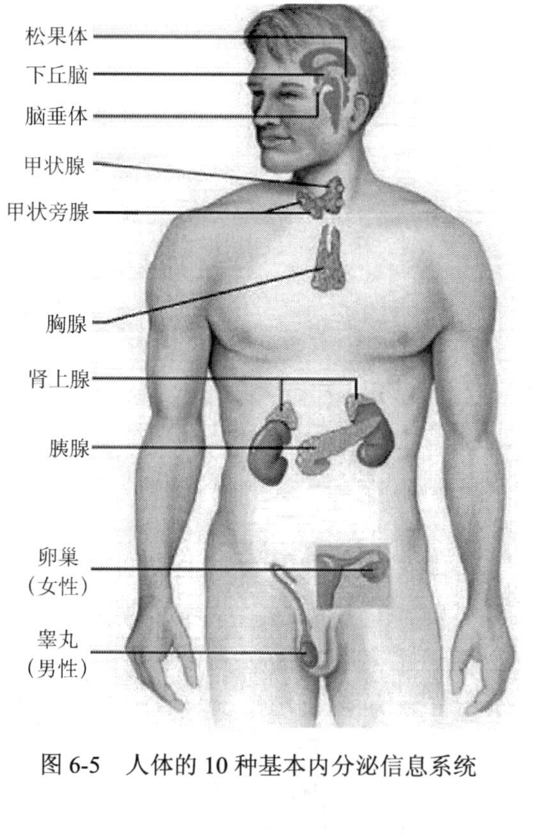

图 6-5　人体的 10 种基本内分泌信息系统

① 高惠宝，宁光. 内分泌系统. 上海：上海交通大学出版社, 2012: 1-2.

② 刘广发. 现代生物科学概论（第 2 版）. 北京：科学出版社, 2001: 239-244.

表 6-1　人体的 10 种基本内分泌信息系统

供信体		激素		受信体
内分泌腺	位置	分泌的激素类型	作用	
松果体	中脑前丘和丘脑之间	**褪黑激素**	抑制性腺激素释放，人体生物钟的调控中心	下丘脑
下丘脑	大脑腹面、丘脑下方	**释放多种激素，包括抑制激素**	主要控制脑垂体多种激素的分泌	脑垂体（包括腺垂体和神经垂体）
脑垂体	丘脑下腹部	**促甲状腺激素**	促进甲状腺合成与分泌	甲状腺
		促肾上腺皮质激素	促进肾上腺皮质激素的释放	肾上腺皮质
		促黄体生成激素	促进睾丸和卵巢中的性激素分泌	性腺
		促卵泡生成激素	促进女性卵细胞的生长和成熟	性腺
		生长激素	促进蛋白质合成与组织生长	骨骼、肝、肌肉
		催乳激素	促进乳汁产生	乳腺
		促黑素细胞激素	控制皮肤色素形成	黑素细胞
甲状腺	喉下部气管上部的前侧	**甲状腺素** **抑钙素**	促进和维持新陈代谢 促进骨骼形成，降低血钙	多种组织 骨骼
甲状旁腺	甲状腺左右叶的背面，上下两对	**甲状旁腺激素**	吸收钙，提高血钙含量	骨骼
胸腺	胸骨后面	**胸腺激素**	促进 T 细胞发育，激活对 T 细胞的免疫应答	免疫系统
肾上腺	两侧肾脏的上方	**肾上腺素** **去甲肾上腺素**	使心脏收缩力上升；心脏、肝、筋骨的血管扩张和皮肤、黏膜的血管缩小	冠状血管
胰腺	腹上区和左季肋区	**胰岛素** **胰高血糖素** **生长抑素**	降低血糖的水平 升高血糖水平 抑制上述两种激素的释放	肌肉、肝、脂肪等 消化管、胰腺细胞
卵巢	女性子宫底的后外侧，左右各一	**雌激素** **孕激素**	促进女性性征分化和性行为、抑制排卵、促进乳腺腺泡的生长等	乳房、子宫等组织
睾丸	男性阴囊内，左右各一	**雄激素**	促进男性性征和第二性征分化，促进性行为和精子生成	各种组织

（2）靶细胞受信体。

在内分泌学中，对靶细胞受信体的研究远不如神经科学中对突触受信体的研究深入。一个折中的结果是，内分泌学家一般都用药理学家提出的受体/受点学说来弥补这一缺陷。早在 1879 年，为解释药物作用的机理时最早提出了受体的概念。人们设想，在效应细胞上含有一种与药物互补的受体分子，只有当药物与其特异性受体结合时才能发挥其生物效应。从此，受体概念得到广泛的应用。经过将近一个世纪的研究，生物学家证明受体是客观存在的。受体学说也被运用于解释各种化学分子或药物的生理、病理、药理作用，当然也包括内分泌学。受体一般是糖蛋白，它们多数分布在靶细胞质膜的表面，少数分布在靶细胞内部。由于受体学说是通过阐明药物作用而发展起来的，在相当长的时间内，几乎只有药理学家关注这个学说用以解释药物作用。然而，受体在细胞信息传递中的重要性不仅限于内分泌系统，它还涉及神经、免疫、遗传、药理学以外的众多学科。近年来，随着分子生物学研究的发展与应用，生物学家在不少受体的基因、分子结构、受体激动后信息转导等分子机制解释以及阐明一些疾病的病理过程等方面不断取得新进展，并已成为药理学和分子生物学发展的领域之一。[①]受体学是综合神经科学、内分泌学、药理学而统一提出的，当然其中的许多原理必然适于内分泌系统中的靶细胞。但是，为了解释清楚靶细胞接受信息的详细机理，仅用受体学说承担这一任务是远远不够的。鉴于目前这方面的研究还非常薄弱，我们暂且按照内分泌学家的思路对这一问题进行简单的阐述。

要使激素信使能够对靶细胞产生生物效应，一个首要条件是必须先让它们与靶细胞上某一特定部位结合，这一结合部位称为受点，它存在于某一特异高分子上的。人们可能分离提纯出受体，但不能分离出受点，这与酶可以分离却不能分离其活性中心的道理是一样的。凡是能够与特异性受体结合并能发挥生物效应的激素等活性物质统称为配基或配体。这种结合并非像化学研究早期提出的锁–钥关系那样，它是二者的构象发生相适应的改变，并称为诱导契合。

传统的研究认为，激素受点位于靶细胞的表面，或亚细胞组分中的一种天然高分子上，它们可以识别有生物活力的激素并与其特异结合，从而生成复合物来激活或启动一系列生物化学变化，最终导致激素产生生物效应。一种假设认为，当受体的结合部位被相应的激素结合时，受体蛋白的整个分子形状就引起了构象的改变，从而导致内分泌信息通过激素–受体的信道传递，最终影响靶细胞的生化反应。从生理学意义上讲，受体具备双重功能：一是从包围在细胞外围无数分子中识别和结合某种特异性激素；二是把激素–受体复合物的信息进行转换，从而改变靶细胞内原来存在的生化反应速率，最后导致激素产生自己的生物效应。

---

① 刘景生. 细胞信息与调控. 北京: 北京医科大学出版社, 中国协和医科大学出版社, 1998: 92.

由于激素受体分布在靶细胞上，因此，研究激素受体的分布可以促使人们发现激素的某些尚未被人们注意到的生物效应。在受体研究中，也有些研究者提出不要过分地强调受体的生物效应，认为那些存在于细胞上能结合识别激素的高分子，不一定能激活或根本不可能产生生物效应。或它们虽能从细胞上被溶解下来，但仍能结合识别激素，即可溶性受体都可以定义为激素受体。这一思路强调的是“结合识别”，也就是说，只要结合行为相同，就可以认为是相同的受体，这样就不会遗漏那些暂时还没有认识到的或检测不到生物效应的靶细胞受体，从而为受体研究开辟一条更为广泛的途径。①

需要说明的是，随着内分泌学研究的不断深入，人们发现，在分泌激素的供信体中，除了腺细胞外，还包括组织和器官等。这一情况也同样适用于受信体方面。随着分子生物学研究的深入，把靶细胞、受体、受点等概念含混地等同起来的说法已经不再适应内分泌学及外分泌学研究的需要。因此，金荫昌等已经为此提出，应该将“受体”和“受点”等概念严加区别。②这一建议无疑会对内、外分泌学的深化研究起到促进作用。但从根本上说，即使将受体和受点区别开来，仍不意味着受体和细胞是相同的东西。从这个意义上说，从信息角度研究靶细胞接受信息的机理是非常有趣的。

2. *激素*

和神经系统中神经元之间传输神经信息的神经递质信使相比，虽然人们已经人工合成出胰岛素激素，但从整体而言，人们对腺细胞和靶细胞之间传输内分泌信息的激素信使的生理结构和功能机理等仍知之甚少。已经知道的是，激素是内分泌腺细胞所分泌出的一种高效生物活性物质，它将内分泌腺所分泌出的信息带到靶细胞，最终通过与特定靶细胞的融合来调节各种细胞组织的代谢，最后影响人体的生理活动。

按照来源分类，激素可以分成高等动物激素、植物激素、昆虫激素等。其中人体激素的种类最多，所以，对该类激素的研究也比其他激素的研究较为详细。对人体激素的分类存在着不同的方法。主要包括二分法、三分法、四分法等几种。在二分法中，以溶解性质为标准，激素分为脂溶性激素和水溶性激素。肾上腺皮质激素、性激素等属于脂溶性激素；肾上腺素、含氮激素等属于水溶性激素。但更多研究者采用的是含氮激素和类固醇激

① 缪明. 内分泌学. 北京: 高等教育出版社, 1992: 17-26.

② 刘景生. 细胞信息与调控. 北京: 北京医科大学出版社, 中国协和医科大学出版社, 1998: 金荫昌序言部分.

素二分法。人和哺乳动物体内大部分激素属于含氮激素，例如神经垂体激素、腺垂体激素、胰岛激素、甲状旁腺激素、降钙激素以及胃肠激素等。类固醇激素的数量不多，主要由肾上腺皮质和生殖腺等细胞所分泌。在三分法中，按照化学本质分类，激素可分为含氮激素、蛋白质激素、脂肪酸衍生物激素三类。四分法把激素分为类固醇激素、氨基酸衍生物激素、肽与蛋白质激素、脂肪酸衍生物激素四种。类固醇激素包括肾上腺皮质激素、性激素等；氨基酸衍生物激素包括甲状腺素、肾上腺髓质激素、松果体激素等。肽与蛋白质激素包括下丘脑激素、垂体激素、胃肠激素、降钙素等。脂肪酸衍生物激素包括前列腺素等。

代谢是生物体内发生的用于维持生命活动的一系列有序化学反应的总称，它被认为是生物体不断进行物质、能量、信息交换的过程，一旦这些交换停止，生物体的结构和系统就会解体。激素的主要作用就是调节体内蛋白质、糖、脂肪、水、盐等物质的代谢，维持机体的内稳态，影响细胞的分裂与分化，使机体在正常的生长、发育、成熟、衰老过程中促进或抑制神经系统的发育和活动。激素能直接进入周围的血管和淋巴管，由血液和淋巴液将激素输送到全身。它所携带的生理信息能够对机体各器官的生长发育、机能活动、新陈代谢等起着重要的调节作用。激素的分泌量虽然很小，但其调节作用的能力却很大。但在具体的实施过程中，激素只对特定的代谢和生理过程进行速度和方向等方面的调节，从而使机体的活动能适应于内外环境的变化。

由于激素仅是调节机体正常活动的物质，所以，它们中的任何一种都不能在体内发动新的代谢过程，也不直接参与物质、能量、信息的转换，只能直接或间接地促进或减慢体内原有的代谢过程。所以，激素只是一种机体的辅助性物质，但这并不是说没有激素的辅助性作用，机体的功能也有可能正常进行。事实恰恰相反，如生长和发育都是人体原有的代谢过程，但通过增加生长激素或其他相关激素就可以加快这一进程，减少生长激素或其他相关激素则使生长发育缓慢。激素对人类的繁殖、生长、发育、行为变化及适应内外环境等都能发挥重要的调节作用。一旦激素分泌失衡，便会带来各种相关的疾病。

激素只对一定的靶组织或靶细胞发挥特有的作用。就人类而言，人体的每一种组织或细胞，都可能成为这种或那种激素的靶组织或靶细胞。如生长激素可以在骨骼、肌肉、结缔组织和内脏上发挥特殊作用，使人体长得高大粗壮。这时肌肉就充当了雄性激素和甲状腺激素的靶组织。

总体来说，激素的作用可以归纳为以下五个方面：①通过调节蛋白质、糖、脂肪等三大营养物质和水、盐等进行代谢，为生命活动供给能量，维持代谢的动态平衡；②促进细胞的增殖与分化，影响细胞的衰老，确保各组织和各器官的正常生长和发育，以及细胞的更新与衰老。例如生长激素、甲状腺激素、性激素等都是促进生长发育的激素；③促进生殖器官的发育和成熟、调节生殖功能。性激素的分泌和调节还包括生殖活动的产卵、排卵、生精、受精、着床、妊娠、泌乳等一系列过程；④影响中枢神经系统和植物性神经系统的发育活动，影响学习、记忆、行为的进行；⑤与神经系统密切配合使机体对环境的适应。上述五方面的作用很难截然分开，不论对哪一种激素而言，它们只起着信使作用，任务是传递生理信息从而使生理过程加速或减慢。

自从激素一词问世以后，种类繁多的新激素层出不穷地被医学家和生物学家发现，人们对激素的认识也在不断地加深和扩大。随着对激素研究的深入和发展，激素概念的含义也在不断地更新。新的研究认为，激素是由某些特殊细胞所分泌，是能够传递信息的化学物质。它可以从这一细胞传递到另一细胞，也可以从细胞的一部分传递到同一细胞的另一部分。激素的新定义除了强调激素是一种化学物质之外，更强调激素的信息传递作用。无论是通过血液，还是通过组织或细胞间液都可以进行传递。随着分子生物学的发展，以往的激素作用机制学说和理论正不断得到修正和完善。作为携带内分泌信息的激素，在体内要对靶细胞发挥作用，至少需要经过三个基本环节：①靶细胞对激素的识别与结合；②激素-受体复合物转导调节信号；③所转导的信号引起靶细胞的生物效应，乃至激素作用的终止。激素对靶细胞的作用是通过受体介导的，不同结构的激素可分别与细胞膜上的受体或者细胞内的受体结合，并通过不同的信号转导途径最终引起靶细胞的生物效应。

内分泌学研究的缓慢进展导致了一些内分泌学家把激素研究看成了内分泌学的代名词。例如，英国的内分泌学家博兰德尔（Franklyn F. Bolander）在 2004 年出版的《分子内分泌学》（*Molecular Endocrinology*）一书中就提出：“内分泌学就是激素学。”（Endocrinology is the study of hormones.）[①]但我们不同意这种看法。内分泌学或内分泌信息学是一门完整的专业信息科学。作为信息科学，它不但要研究本体论，还要研究动力学。激素只是动力学领域的一个信使。其他的内分泌信息学问题还有很多，例如我们还没有见到内分泌学家提出激素信息在激素底物上是怎样被

① Bolander F F. *Molecular Endocrinology*. Boston: Elsevier Academic Press, 2004: 4.

编码和被存储的解释，激素信息的符号学解释，内分泌腺供信体和靶细胞受信体的信息行为解释等。也就是说，从信息科学的角度来说，内分泌学的信息研究还相当薄弱。尤其在本体论研究方面，它和遗传信息学家提出的狄恩酸是遗传信息的载体，而四个碱基在一条或两条狄恩酸链上的特别排列从而构成遗传信息的存在方式的理论相差甚远。随着分子生物学研究对生物科学各学科的不断渗透，这个问题终有一天会被内分泌信息学研究者攻克。

6.2.3 内分泌信息传输

1. 胞间信息传输

激素的作用机制是通过它与细胞膜上或细胞质中的专一性受体蛋白结合，从而将内分泌信息传入细胞，引起细胞内发生一系列相应的连锁变化，最后表达出激素的生理效应的。研究表明，存在着两种激素作用方式：细胞膜作用方式和细胞质作用方式。细胞膜作用方式是指激素只作用在细胞表面就可促进机体产生变化，这类激素的种类很多，作用机理比较复杂。细胞质作用方式是指激素不与细胞表面的受体分子结合，而是穿过细胞膜直接进入细胞质中。一旦进入细胞，激素便立即与细胞内的受体蛋白相结合。在这种内分泌信息的传导过程中，由内分泌腺发送的激素第一步是先到达靶细胞的外膜，其携带的信息通常在外膜处就被转录到膜内的一种叫作环苷磷酸的环状核苷酸分子上，然后再由这种环苷磷酸将激素信息传递到细胞质和细胞核上。

多细胞生物体中承担细胞间信息传导的激素信使多种多样，包括蛋白质、小肽、核苷酸、类固醇、某些离子、某些可溶性气体分子等。细胞间或细胞外承载信息的激素分子其浓度通常都非常低，靶细胞表面需要有特异的受体对这些低浓度分子做出反应并与之结合。细胞表面受体类型可分为离子通道偶联受体、鸟苷酸结合蛋白受体和酶受体等。其中鸟苷酸结合蛋白受体和酶受体是两个研究得较多的重要细胞表面受体类型，它们各自介导不同的细胞信息传导途径。在鸟苷酸结合蛋白介导的信息传导途径中，鸟苷酸结合蛋白偶联受体接受胞外信息后，蛋白质构象发生改变从而导致鸟苷酸结合蛋白被激活，间接地通过激活的鸟苷酸结合蛋白去活化效应蛋白，之后产生胞内信息继续向胞质内和核内传递。在酶联受体介导的信息传导途径中，受体一旦与配体结合，它就会获得酶的催化活性，从而激活胞内的效应蛋白，将信息继续向胞内和核内传递。这两类细胞表面受体接收到信息后的共同特征是：将信息传入胞内由蛋白质组成的精密的信息网络系统，系统中的蛋白成员逐级地被磷酸化或去磷酸化。一般情况下，胞内信号蛋白通过获得磷酸基团被激活，失去磷酸基团而失活，造成下游的信号蛋白磷酸基团的依次转移，形成磷酸化级联反应。如此便使信号蛋白逐级激活或抑制，最终将信息传递到细胞核内，调控特异基因，从而改变细胞的行为。这就是激素信息传递到靶细胞受体并与之结合，并最终发生细胞应答反应的激素信息传输过程。①

2. 胞内信息传输

胞内信息传输是指由胞内受体介导的内分泌信息传递机制，例如类固醇类激素，它们并不与胞膜受体结合，而是直接进入细胞内，与胞内受体结合并生成复合物，然后直接与起介导靶细胞效应的信使发生作用。这类激素进入细胞后一般需要经过两个步骤来影响基因的表达，增加新的酶和功能蛋白质而发挥作用，故一般将此种作用机制也称为“二步作用原理”或“基因表达学说”。胞内受体分为胞浆受体和核内受体。类固醇、维生素 D、甲状腺素等亲脂性激素的受体位于细胞内，而且多半是核内受体。这类激素分子为非极性，呈脂溶性，分子质量相对较小。它有三个特点：①可透过细胞膜进入细胞与胞浆受体结合，形成激素–受体复合物，受体蛋白发生构型变化，使激素–受体复合物获得向细胞核内转移的能力；②激素–受体复合物进入核内后，再与核受体结合变成有生物活性的核内激素–受体复合物；③生成新的信使阿恩酸来诱导新的蛋白质合成，再引起细胞的最终效应。还有一些激素，如雌激素、孕激素、雄激素，它们进入细胞后，直接穿过核膜与核受体结合，调节基因表达。甲状腺激素虽属含氮激素，但其作用机制却与类固醇激素相似，它们进入细胞内后便直接与核受体结合来调节转录过程。

激素信使和递质信使一样，是整个内分泌信息学和神经信息学甚至整个信息科学中一个独特的信器问题。如果内分泌系统发挥作用的本质是一种细胞通信，那么，把这门生物学和医学的分支看作一个和信息高度相关的学科是合情合理的，我们依此有足够的理由相信，一门内分泌信息学将和神经信息学和遗传信息学一样，终究会成为生物科学和信息科学的一个有趣交叉研究方向。不是吗？在目前已经出现的整个生物信息科学的二三个分支中，提出信使，甚至是第一至三信使这类重要信息科学概念的学科有多少呢？对激素导致靶细胞最终发生人们希望或不希望出现的效应方面，化学信息学、神

① 吴庆余. 基础生命科学. 北京：高等教育出版社, 2006: 180-183.

经信息学都有可能借此得到某种借鉴或启示。此外，靶细胞要接收激素所携带的信息内容，在具有很好识别不同激素信使的能力方面，内分泌信息学有可能为化学信息学或遗传信息学的发展提供一定的借鉴。

从整个生物科学、化学科学、信息科学的一些相关概念不断渗透到内分泌学的各个方面看，这个学科已经成为一门越来越受到重视的研究领域。从历史上看，内分泌学过去在很大程度上是医生通过直接观察和实验而发展起来的。回顾以往，人们更多的是只从疾病和治疗的观点来研究激素。20 世纪 20 年代，许多研究者似乎感到，当人们能够诊断激素是亢进与否的症状时，就算对激素有所了解了。从纯粹的临床观点来研究激素，那就会易于受到庸医的夸张并引起很大的混乱。人们尚不了解内分泌学涉及健康以及在内分泌失调的情况下的一系列化学变化。那时大部分人相信，内分泌学家只把兴趣局限于像侏儒、巨人、长胡须的女性、双性人、其他具有奇异特性的个人上。当时几乎没有内分泌学家想到会有这么一天，他们会用信息的观点全力以赴地去阐明内分泌腺与靶细胞之间的作用机理，从而发现激素是如何通过用其携带的信息产生生命调节效应的。时代在前进，由控制论和信息论引起的信息科学正在影响着整个科学体系的发展，而在这一百花园里盛开的蓓蕾中，内分泌信息学即使不是最灿烂的一朵，但至少也是很可爱的一株。

此外，在关于细胞的分子信息传输机制研究方面，近年来也一直是诺贝尔医学与生理学奖的重要鼓励领域。以 2013 年诺贝尔医学与生理学奖为例，获奖者分别为美国耶鲁大学细胞生物学系的细胞生物学和化学家罗斯曼（James E. Rothman）、加利福尼亚大学伯克利分校细胞生物学家谢克曼（Randy W. Schekman）、美国斯坦福大学的生物化学家聚德霍夫（Thomas C. Südhof）。他们得奖的主要原因是因为他们在细胞内运输机制方面的发现，生物体内每一个细胞都是一个生产和输出分子的工厂。例如，胰岛素在这里被制造出来并释放到血液中，以及神经递质从一个细胞传导至另一个细胞。这些包含信息的细胞分子在细胞内都是以“小包”的形式传递的，即细胞囊泡。这三位获奖科学家发现了这些“小包”是如何在正确的时间里被输运到正确地点的分子机制。在国内，以孙大业①、刘景生②等为主的关于细胞的信息传输理论也在进一步向纵深的方面开展，虽然这只队伍还不够强大。

① 孙大业，郭艳林，马力耕. 细胞信号转导（第 3 版）. 北京：科学出版社，2001. 孙大业，崔素娟，孙颖. 细胞信号转导（基础篇：第 4 版）. 北京：科学出版社，2010.

② 刘景生. 细胞信息与调控. 北京：北京医科大学出版社，中国协和医科大学出版社，1998.

近年来，中国学者陈小章和王子栋等的研究揭示，外分泌物不仅可以作为细胞外的信号参与调节细胞的生物学反应，同时可以参与调节神经内分泌的信息传输过程，这些发现对外分泌生理学（exocrine physiology）①的研究朝着外分泌学的建立迈进了一步。和内分泌学不同，外分泌学专门研究外分泌腺分泌激素的生理机制，激素从内分泌腺排放出来之后的传输过程，以及它们最后是如何对靶细胞产生各种影响的。这样，如果外分泌学说能够逐渐地不断完善，它有可能和内分泌学一起被统称为一门统一的分泌学，最后发展出一门统一的分泌信息学，这种可能性是存在的。

6.3　遗传信息学

按照早期的说法，遗传学是研究生物的遗传与变异的科学。按照近代的说法，遗传学是研究基因的结构、功能，及其变异、传递、表达规律的科学。按照现代的说法，遗传学是研究遗传物质的本质、遗传物质的传递、遗传信息的实现等问题的科学。什么是基因？我们之前已经说过：基因就是遗传信息。什么是遗传物质？它是遗传信息的载体。因此，这样的遗传学研究，最重要的核心是遗传信息问题。按照我们的看法，一个遗传通信器由三个部分组成：遗传底物、遗传符号、遗传信息。信息是核心，符号和底物是衍生概念。我们已经说过，通信的本质是在一个时空域内对信息进行的一个位移。遗传的本质符合这个定义。它把母细胞中的亲本信息在一个有限的时空域内通过某种特定的方式传递给子细胞。因此，遗传学的本质是一门关于细胞或分子间的信息传输和信息处理问题的研究，它属于生命科学和信息科学的一个交叉科学。

在现在的遗传学研究中，已经有不少学者遵从了以遗传信息为主线的研究或教学新思维。一些研究者认为，“遗传学是生命科学领域一门新兴的学科，它主要研究遗传信息的化学结构、纵向和横向的传递规律及其变异、重组和进化”②。另一些研究者认为，（分子）遗传学着重研究的是

① 陈小章, 王子栋. 外分泌生理学: 基础与临床. 北京: 科学出版社, 2012.

② 在由徐晋麟，徐沁，陈淳等几位作者 2001 年编著的《现代遗传学原理》中，他们以遗传信息为主线，把全书分成了四个组成部分，各部分的名称分别是：遗传信息的传递规律和物质基础，遗传信息的表达，遗传信息的改变，发生遗传学和分子进化。在该书的 2011 年版中，他们就提出了上述遗传学新定义。就体例安排和给出定义相比，后者的份量可能更能说明问题。见：a. 徐晋麟, 徐沁, 陈淳. 现代遗传学原理. 北京: 科学出版社, 2001. b. 徐晋麟, 徐沁, 陈淳. 现代遗传学原理(第3版). 北京: 科学出版社, 2011: 1.

遗传信息大分子在生命系统中的存储、复制、表达及调控过程①。一些较为激进的研究者更喜欢向人们暗示：遗传学等同于遗传信息学②。关于这个问题，来自美国华盛顿大学生物学系的生物学史兼生物哲学家艾伦（Garland E. Allen）1975 年曾写过一本专著：《二十世纪的生命科学》。作者在书中分析了发生在 1890～1965 年的重要生物学事件，他把分子生物学的形成归纳为三个学派：结构学派、生化学派、信息学派。艾伦认为，以物理学家德尔布吕克（Max Delbrück）与微生物学家卢利亚（Salvador Luria）领导的“噬菌体小组”，从 1938 年就进行了染色体上遗传信息编码的研究。1952 年，噬菌体小组的两个成员赫尔希（Alfred D. Hershey）和蔡斯（Mark Chase）各自用试验有力地证明了狄恩酸是遗传物质。此外，在遗传学的教学实践中，以遗传信息为主线的教学方法也正变得流行起来③。

观察遗传学的研究历史，虽然狄恩酸的分子结构在 1953 年就被发现了，之后人们相信遗传信息存在于狄恩酸中而不是蛋白质中，但那时的信

---

① 李振刚. 分子遗传学（第 3 版）. 北京: 科学出版社, 2008: 1.

② 如在由闫桂琴、郜刚主编，科学出版社 2010 年出版的《遗传学》中，他们把全书共分为 12 章，各章的标题分别是：第一章：绪论；第二章：世代间遗传信息的传递规律：分离与组合；第三章：世代间遗传信息的传递规律：连锁与重组；第四章：遗传信息的物质基础：DNA 与 RNA；第五章：遗传物质的组织方式：染色体与基因组；第六章：遗传信息的稳定性：改变与修复；第七章：细胞内遗传信息的流动：复制与表达；第八章：遗传信息的表达调控：激活与抑制、开启与关闭；第九章：遗传信息的表达调控：分化与发育；第十章：群体间遗传信息的流动：群体与进化；第十一章：遗传信息的研究：模式与方法；第十二章：遗传信息的改造：遗传工程。该书开头就开宗明义地写道：

本书采用了遗传信息基本统领全部章节的体系结构。首先是因为目前国内外许多优秀的同类教材都在不同的章节中强调了遗传信息的含义和作用。例如由杰明所著的《基因》第八卷开篇就指出：之所以采用信息这个术语，是因为每个生物体的基因组决定了该生物体的遗传特性。任何有机体的基因组都蕴涵了一套完整的遗传信息。但是，基因组本身在构建机体时是不承担任何主动角色的，而是由核酸的单一亚基序列决定着遗传特性。如在威廉的《遗传学基础》中定义遗传学这个概念时，就特别强调了遗传信息不仅在整个进化过程中扮演着重要的角色，而且在其表达的各个水平上都影响了个体的功能。又如在王亚馥等主编的著名遗传学教材《遗传学》、徐晋麟等主编的《现代遗传学原理》、赵寿元等主编的《现代遗传学》等著作里，作者都在前言、绪论或者章节标题中突出了遗传信息的作用。其次，采用遗传信息统领遗传学的整个研究符合遗传学学科自身的发展规律。遗传学发展史上的信息学派和结构学派，实际上都是为了阐明遗传信息的化学本质、传递规律及其如何影响生物的进化和生物的多样性的。纵观遗传学发展的历史可以发现，虽然它不是单线发展，但是，其中有一条主线始终没有变化，那就是遗传信息对细胞分化、个体形成、群体进化的决定性影响。尤其是最近发展起来的表观遗传信息、发育调控中的位置信息等前沿研究课题，都在进一步丰富着遗传信息在整个遗传学中所起的决定性作用。见：闫桂琴, 郜刚. 遗传学. 北京: 科学出版社, 2010: 前言部分.

③ 邢万金, 莫日根, 阿拉坦高勒, 等. 以遗传信息为主线的遗传学教学架构及与其他课程的衔接. 遗传. 2011, 33(6): 661-664.

息概念在遗传学中的使用并没有广泛流行①。直到自 1958 年遗传信息流动的中心法则提出开始，遗传学的中心概念才开始转入信息。从基因组学开始，信息概念实际上已经充溢了遗传学。我们的看法是：一个学派的思想起源是一回事，而真正大范围地使用信息概念则是另一回事，而我们更关注后者。今天，尽管碱基、狄恩酸、阿恩酸、蛋白质等概念的使用频率仍很高，但在遗传学中，它们都属于信息或信息载体概念的伴生品，是为解释遗传信息传输的各种理论服务的。这种现象也使一些研究者认为，遗传学更应该称为以中心法则为基础的“分子信息理论”。②但从信息科学的观点看，遗传学中的信息问题仍是生物学中许多信息问题中的一个，因此，我们还是主张将其称为遗传信息学。同时提请读者注意的是，由于我们接受了基因就是遗传信息的说法。就是说，“基因”的概念可以用“遗传信息”去替代，除去非常习惯的一些表述外（例如基因组学），我们将在本节的表述中最大限度地履行这一承诺。

6.3.1　遗传学概况

遗传学（genetics）的概念是由英国生物学家贝特森（William Bateson）于 1906 年在伦敦召开的第三次国际植物杂交大会上提出的。对遗传现象的关注，人们在史前时期就已经开始。那时就有人尝试利用生物体的遗传特性来进行育种，以期提高谷物和牲畜的产量和品质。但现代遗传学的研究目的，却是为了寻求了解整个遗传的过程和机制，范围包括遗传底物的构成、遗传符号的系统、遗传信息的传递和处理等遗传学问题。

遗传学的奠基者孟德尔（Gregor Mendel）是奥地利一个修道院的修士。通过对豌豆的杂交试验研究，他于 1866 年提出了遗传学的两个基本定律：分离定律和自由组合定律。但是，鉴于当时英国拉马克（Jean-Baptiste de Lamarck）的“用进废退”和“获得性遗传”理念在遗传学界仍占据着不可动摇的地位，达尔文（Charles Darwin）的“泛生粒”假设，魏斯曼（August Weismann）的种质连续论等学说也还充斥着生物学界，因此，孟德尔工作的重要性当时并没有得到人们的理解和重视，直到他逝世之后很久的 1900 年，来自荷兰的弗里斯（Hugo de Vries）、来自德国的科伦斯（Carl Correns）和来自奥地利的柴马克（Erich von Tschermak）三人，在分别对月见草、玉米、菜豆以及孟德尔试验时候曾喜欢采用的豌豆等植物

① 艾伦 G E. 二十世纪的生命科学. 谭茜，田铭，王云松译. 北京：北京师范大学出版社，1985: 254-305.

② 李振刚. 分子遗传学（第 3 版）. 北京：科学出版社，2008: 478.

进行的研究中，各自又独立地发现了孟德尔提出的上述两个基本定律，孟德尔理论此后才得到生物学界的普遍承认。孟德尔在提出遗传的分离定律和自由组合定律的同时，还提出了一个遗传因子（hereditary factor）概念，该概念之后于 1909 年被“纯系学说”的创始人约翰生（Wilhelm Johannsen）进行修正，最后变成了今天普遍使用的基因（gene）一词。

此后，遗传学就进入了一个新时代，其主要领军人物是美国的生物学家摩尔根，他在利用果蝇进行遗传分析时，发现了位于同一染色体上的基因之间的连锁、交换、不分离等现象，从而提出了遗传学的第三定律——连锁交换定律。该定律和孟德尔的分离定律和自由组合定律一起构成了细胞遗传学的三大基本定律，也有人把追随这三大定律的研究者们称为遗传学的孟德尔-摩尔根学派。①

孟德尔遗传定律被重新发现以后，人们不断思考和研究孟德尔提出的“遗传因子”到底是什么？它的结构是怎样的？它们存在于细胞的什么地方等一系列问题。1900 年，科伦斯（Carl Correns）发现，细胞质中的线粒体和叶绿体等也都含有基因，并起着一定的遗传作用。他们据此提出了细胞质遗传学说，其含义是：存在着一种亲代和子代之间能够进行遗传和变异的物质，它深深地隐藏在细胞质中。1903 年，美国的萨顿（Walter Sutton）和德国的波维里（Theodor H. Boveri）各自也都独立地认识到，他们的染色体传递方式学说与孟德尔的遗传因子传递方式学说之间，存在着一种平行关系。他们认为，遗传因子位于染色体上。这样，关于遗传因子究竟位于细胞质上还是染色体上就存在着两种不同的看法。最后，通过对果蝇的研究，摩尔根发现有 400 多种突变基因都位于染色体上，人们由此最终确立了遗传物质位于染色体中的遗传学说，并将它们绘成了染色体图谱，即基因连锁图，摩尔根据此于 1928 年完成了他的《基因论》。《基因论》不仅对遗传学的基本概念进行了具体而明确的理论描述，也为实现新的生物学综合奠定了基础。在推进细胞学发展的同时，也推进了遗传学向其他生物学分支的渗透，在胚胎学和进化论之间架设了一座理论桥梁，并促使遗传学和生物学从细胞水平开始了向分子水平的缓慢过渡。

虽然摩尔根等人的工作使人们认识到基因位于染色体上，但当时人们已经知道，染色体主要是由蛋白质和狄恩酸两种生物大分子构成的，这样一来就出现了新问题：蛋白质和狄恩酸两者究竟哪个是遗传物质？接下来的三大实验最终揭开了这个谜底。第一个试验是 1928 年进行的。英国的

① 杨学仁，朱英国. 遗传学发展史. 武汉：武汉大学出版社，1995: 151.

细菌学家格里菲斯（Frederick Griffith）用小白鼠进行了一种肺炎链球菌实验，试验表明，死亡的细菌可以将遗传物质“转化”到其他依然活着的细菌体内，从而证明基因是一类特殊的生物分子。第二个试验于 16 年后进行。美国洛克菲勒研究所的埃弗里（Osward Avervy）就格里菲斯的结论进行了反复的实验，并于 1944 年得出结论：狄恩酸是遗传物质。第三个试验于 1952 年进行。来自美国的赫尔希（Alfred Hershey）和蔡斯（Matha Chase），一起用一种叫作噬菌体的病毒重新进行试验，最后证明埃弗里的结论完全正确。自此，人们完全确信，狄恩酸是标准的遗传物质。

虽然人们知道了狄恩酸是遗传物质，但对于狄恩酸的结构，以及它是如何在生命活动中存储和传输的机制仍不清楚。就在这时，英国伦敦国王学院的 X 射线结晶学家威尔金斯（Maurice Wilkins）和富兰克林（Rosalind Franklin），在狄恩酸的结构研究上取得了重大突破。富兰克林是一位具有鲜明个性而又长相美丽的女科学家，特立独行是她的一贯作风。尽管她和威尔金斯的合作极不融洽，但富兰克林最终还是拍摄到了一份狄恩酸晶体的模糊照片，它为以后确定狄恩酸双螺旋结构的建立起到了决定性的作用。但富兰克林没有等到享受自己劳动成果的岁月，和居里（Marie Skłodowska-Curie）长期接触放射性物质而患上皮肤癌类似，富兰克林因长期接触放射性物质而患上了乳腺癌而英年早逝，时年 38 岁。此时，来自美国的生物学家沃森（James Watson）和英国的物理学研究者克里克（Francis Crick）也同样处于发现狄恩酸奥秘的前沿。

沃森毕业于芝加哥大学，后进入印第安纳大学研究生院深造，1950 年获得博士学位后去丹麦哥本哈根大学从事噬菌体研究。当他在 1951 年的一天听完威尔金斯的一个学术报告，并看到了富兰克林所拍摄的狄恩酸 X 射线衍射图后立刻意识到：人们一旦了解了狄恩酸的结构，那么就可能知道它是如何起作用的。于是，他迫不及待地从丹麦转到伦敦去学习 X 射线衍射技术，随后又进入剑桥大学卡文迪许实验室进修。此时，他遇到了最终成就他们两人伟业的合作伙伴克里克。克里克是一位物理学研究者，出生在英国，当他取得了物理学博士学位之后不久就爆发了第二次世界大战，这迫使他不得已进入海军研究鱼雷，但业绩乏善可陈。此后，克里克读到了薛定谔的《生命是什么？》一书，对薛定谔在书中预言一个生物学研究的新纪元即将开始，并指出生物学中的一些重要问题，最终可能要靠物理学和化学的方法去解决，而且很可能从生物学研究中发现新的物理学定律兴奋不已。克里克深信自己的物理学知识有助于生物学研究，但自己的化学知识却十分匮乏，于是他开始发愤攻读有机化学和 X 射线衍射理论，准备深入探索蛋白质的结构。1951 年，他与 23 岁的沃森在卡文迪许实验室相遇时，当他知道对方也十分欣赏《生命是什么？》中的观点时，两人一见如故，从此开始了对遗传物质中狄恩酸分子结构的历史性合作。沃森的生物学基础扎实，训练有素；克里克不受传统生物学观念的束缚，视角新颖。二人彼此取长补短，并吸收和借鉴了当时在研究狄恩酸分子结构的波林（Linus Pauling）、威尔金斯、富兰克林等人的成果，结果在不到 2 年时间内便成功地发现了狄恩酸分子的结构。他们所提出的双螺旋模型包含有两条狄恩酸链，链与链之间通过核苷酸上的碱基配对，从而形成了一个类似于旋转梯状的结构，两条狄恩酸链靠四种碱基之间的共价键相连，并认为遗传信息就是由这四种碱基组成的不同长度的排列组合。沃森和克里克的发现不仅挽救了当时已呈停滞不前的遗传学，而且开创了一个分子生物学新纪元。

20 世纪 70 年代，许多领先的分子生物学家都找到了自己感兴趣的新研究领域，分子生物学本身也开始向“基因组学”转变。因为“基因”概念似乎已经变得清晰。80 年代，因为有了狄恩酸测序技术，美国能源部组织了“人类基因组计划”。这个计划的原意是希望了解在广岛和长崎核爆炸之后，辐射对人类基因组的影响是什么？但最后这个计划被纳入美国能源部和国立卫生研究院的共同管理，目的也从利用现有狄恩酸测序技术，以及与此有关的新技术对人类基因组中狄恩酸序列开始进行全面的解析。

在基因组计划方面，英国剑桥大学的桑格（Frederick Sanger）扮演了一个重要的角色。他曾因发展了蛋白质测序技术于 1958 年获得了他的第一次诺贝尔化学奖之后，1977 年，他又设计出一种测定狄恩酸核苷酸序列的新方法——双脱氧链终止法（桑格测序法），并成功地测了出胰岛素的氨基酸序列，桑格也因此再度获得诺贝尔奖。与此同时，美国哈佛大学的马克撒姆（Allan Maxam）和吉尔伯特（Walter Gilbert）也提出了“狄恩酸测序化学降解法”，而在桑格狄恩酸测序技术的启发下，穆利斯（Kary Mullis）又发明了狄恩酸聚合酶链反应的测序方法，并因此获得了诺贝尔奖。

迄今，基因组测序技术，尤其是人类基因组测序技术已经引发公众的普遍关注，领域也不断向其他一些生物物种拓展。据美国国家人类基因组研究所的初步估计，现在至少已有 1000 种生物的基因组序列得到测定。目前，可以利用这些已经测序的物种进行功能基因组、比较基因组、结构基因组分析。与此同时，基因组学和与其相关的一些理论和技术也催生了转录组学、蛋白质组学、代谢组学、作用组学的出现和发展。同时，也带动了行为遗传学、发育生物学、细胞生物学、生物进化学等学科，特别是系统生物学的发展。现在，基因组学已经成为生命科学的一个基本教学和研究内容。有关基因组学、转录组学、蛋白质组学、作用组学等研究成果的杂志和书籍大量充斥着生物学领域，并出现了许多专门收集基因组信息的数据库，并由此诞生了所谓的“生物信息学”。

6.3.2　遗传信息系统

和其他所有的基础性专业信息学研究相比，遗传信息学目前已经拥有信息本体论研究和信息动力学研究。尤其是在信息本体论研究方面，它已经成为所有专业信息科学本体论研究中最为复杂和最为精深的成果范例。就动力学而言，从宏观上说，过去的遗传信息研究主要集中在信息的传输方面。至于遗传信息的处理问题，虽然遗传学在过去的研究上有一部分是属于这方面的，但至今却还没有人专门使用这个名称。就已有的信息传输研究来说，它的情况也十分特殊。和神经信息与内分泌信息的传输过程相比，遗传信息的传输根本不符合传统的香农信息传输模型。这首先表现在它的信息生成上。我们习惯地认为，在大多数信息系统内，不论是自生成或是他生成信息系统，供信体中信息的生成不会由两种以上的特定信息混合而成，但遗传信息恰巧就不是这样。和所有的信息在传输之前必须先生成一样，遗传信息在传输之前也必须先行存在。但它的生成方式却和其他信息的生成方式不同，它取自两个亲代每个母细胞各自染色体上信息的各自一半——单倍体信息——进行合成，之后经过复杂的融合，最后在一个合子上形成了一套双倍体基因组。之后经过细胞的有丝分裂，最后以全信器复制方式一次一次地生成了新的子细胞，胞间信息传输的任务就是在其中完成的。在遗传信息的传输方面，从细胞的层次上说，即使可以把合子看作一种供信体，但它在传输中的最大特点是不使用信使，也不会同时出现供信体和受信体共存的现象。只是在细胞分裂的过程中，这些成分才得以表达出来。下面我们分别来叙述它们。

1. *母细胞与子细胞*

细菌和其他单细胞生物一般通过简单的细胞分裂来进行无性繁殖。无性繁殖方式在许多植物中也普遍存在，它们通过形成多细胞的侧枝，然后与母本分离而形成新的独立植株。即使在动物界，也有许多物种可以通过发芽来繁殖，而有些蠕虫则可以被分裂为两部分，每一部分都可以再生出被丢掉的另一半。昆虫、蜥蜴，甚至是一些鸟类的雌性个体，也都可以通过产卵进行这种孤雌生殖。也就是说，不需要雄配子或者受精过程就可以产生出健康的个体，它们这些子代的个体也可以以同样的方式进行孤雌繁殖。对于无性繁殖而言，遗传信息的传递相当简单。每个个体将其自身的基因进行复制，在细胞分裂的时候平均地分配给两个子细胞。这些生物体的遗传信息系统，就是简单地通过细胞分裂将细胞与其祖先和后代联系一起形成一个遗传信息系统。

然而，我们周围的大多数生物，如人、鱼或许多其他植物，它们的繁殖都是通过有性方式进行的（图 6-6）。有性繁殖可以将配子的两个基因组结合起来而产生出在遗传上与双亲不同的个体。这种生殖模式显然具有更大的优势，因此，绝大多数动物和植物都采用这种生殖模式。对于进行有性繁殖的多细胞生物体而言，遗传信息系统就显得相当复杂。在这个过程中，首先要产生出两个携带亲本特性的生殖细胞：一个雄配子和一个雌配子。之后，雄配子和雌配子开始结合使两个亲本个体的基因组得以相配，之后再产生出一个合子。合子是有性生殖的生物雌雄配子结合后的细胞统称，它是生命体发育过程第一阶段的一个特殊细胞。合子概念在遗传学上有时会被以较为宽松的形式用于经过最初几次分裂后的子细胞。但严格地讲，这一阶段应称为卵裂球。一个合子通常是通过两个单倍体细胞所形成的二倍体细胞。因此，合子包含来自父亲和母亲的狄恩酸，即包含一个生命体的全套遗传信息。①

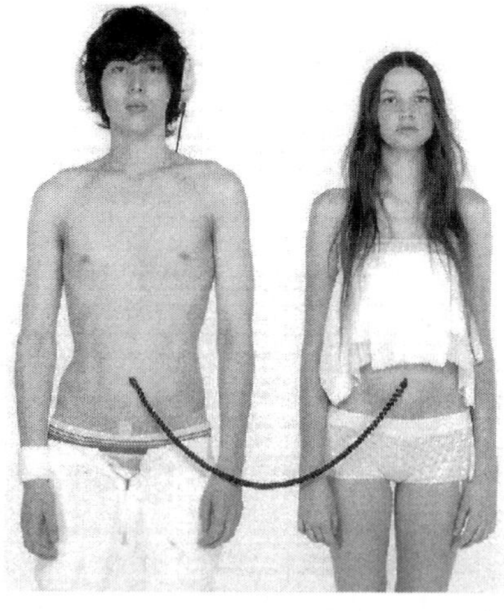

图 6-6　包含雄细胞和雌细胞的人类

① 艾伯茨 B, 布雷 D, 霍普金 K, 等. 细胞生物学精要. 丁小燕, 陈跃磊, 等译. 北京: 科学出版社, 2012: 641.

合子被生成之后的信息传输活动就进入了细胞的有丝分裂期，它是活细胞繁殖后代时一种必要的一分为二过程，分裂前的细胞称母细胞，分裂后形成的新细胞称子细胞。细胞分裂通常包括细胞核分裂和细胞质分裂两个阶段。在核分裂过程中，母细胞把遗传信息传递给子细胞。在单细胞生物中，细胞分裂就是个体的繁殖。在多细胞生物中，细胞分裂就是个体的发育和生长。多细胞生物的增殖是一件非常复杂的事情。除了生殖细胞之外，每个个体细胞都包含个体的一个全套基因组，但只有生殖细胞能够参与到遗传信息的传输过程中，而体细胞不能，而所有的体细胞最终都会死亡且不会留下后代。有性生殖的遗传信息系统比单纯通过细胞分裂来传递遗传信息的无性生殖信息系统复杂得多。

对于一般的信息系统而言，其基本特征是：在某一时刻，传偶的供信体和受信体是同时存在的。但就遗传信息系统而言，这个现象就不存在了。在遗传信息系统运行的某一时刻，要么存在一个供信体，要么存在一个受信体。传偶的两个元素是通过母细胞或子细胞在一个时空域上的身份转变来实现的。这个过程在遗传学上叫细胞的分裂或卵裂。鉴于遗传信息学是所有信息学科中最为精深的一支，我们在此不打算考虑遗传信息的生成问题，也不考虑它们最终在传递到蛋白质上之后是如何通过生物性状显示出来的问题，而仅以一个生命体从合子的母细胞开始到如何生成一个生命个体为止，且仅以脊椎动物的合子到胚泡的一小段信息传输过程为例进行讨论。

2. 染色体、狄恩酸、碱基

细胞由细胞膜、细胞质、细胞核组成。在细胞核中，有一种特别的物质叫染色体，它的另一种形态叫染色质，染色体和染色质是同一种物质在细胞分裂过程中的不同称谓。染色质由狄恩酸、蛋白质、少量的阿恩酸组成，前两者的含量分别占近 40%和近 60%，而阿恩酸的含量却很少。在遗传信息的传输过程中，起主要作用的是狄恩酸和阿恩酸。狄恩酸和阿恩酸是两种生物大分子，其基本成分是核苷酸（图 6-7）。

每个核苷酸单体由三部分组成：一个五碳糖，一个磷酸，一个碱基。核苷酸的化学构象图近似一个正五角星（图 6-8）。如果把这个正五角星的每个顶角分配一个数字，正顶角位置用 0 表示，那么按正时针方向旋转，接下来我们就有 1 号位，2 号位，3 号位，最后到 4 号位。从 4 号位以后它不再向 0 号位方向延伸，而是直接向上延伸一段停止，最后停在那里形成 5 号位。其中 1 号、2 号、3 号、4 号、5 号位均是碳原子，而 5 号位的碳原子是在糖链外面的，即磷酸基，0 号位是一个氧原子。为了表示这些碳原子是在糖中而不是在碱基中，生化学家和生物学家通常用数字右上角加一撇的方式表达各个位①，故一个核苷酸分子的 6 个位可以写成 0′、1′、2′、3′、4′、5′。

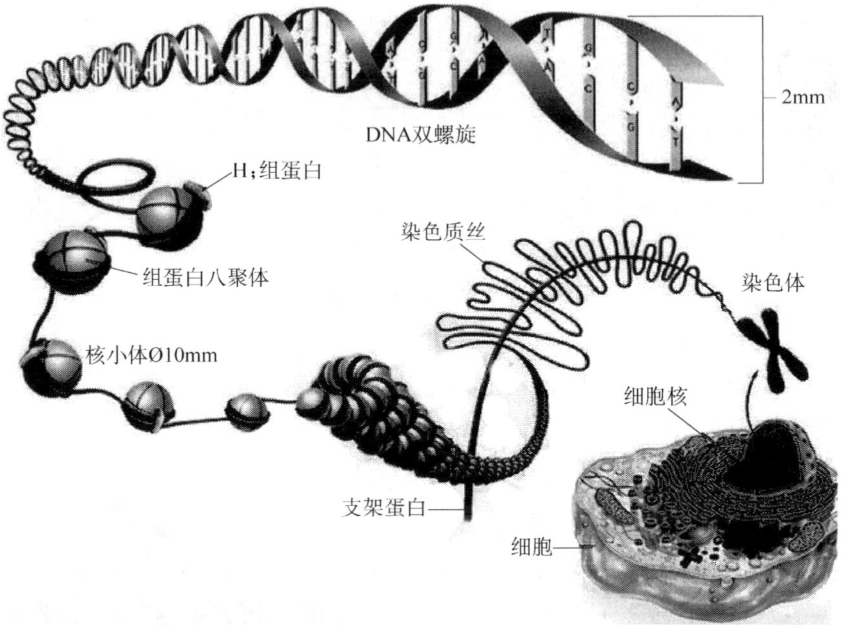

图 6-7 细胞、染色体、狄恩酸、碱基

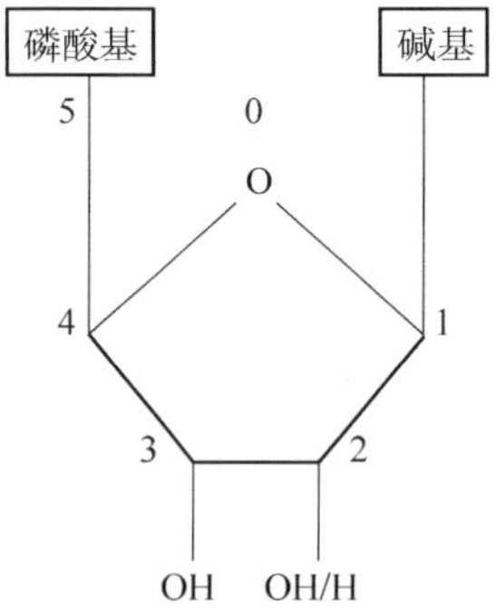

图 6-8 核苷酸的分子结构

在核苷酸分子的正五角星构象图中，1 号位、2 号位、3 号位、5 号位的位置比较特殊，它们决定着一个核苷酸分子在狄恩酸或阿恩酸中的基本性质。2 号位上的分子类型通常有两种：当它是一个羟基（—OH）时，由这个核苷酸最后形成的分子叫阿恩酸；当这个位上是一个氢原子（H）时，由这个核苷酸最后形成的分子就叫狄恩酸（O 被去掉了，即“脱氧”）。3 号位上总是一个羟基（—OH），5 号位上总是一个磷酸基（—PO_4）。当若干个核苷酸分子被连接在一起时，一个核苷酸的 3 号位上的羟基，总是和另一个核苷酸 5 号位上的磷酸基发生

① Raven P H, George B J. 生物学. 谢莉萍，张荣庆，张贵友主译. 北京：清华大学出版社，2008: 271-272.

化学反应，被连接起来的长链叫作核酸链，两条核酸链扭结在一起就形成了一条呈双螺旋形结构的狄恩酸长链或阿恩酸长链，把两个核苷酸连在一起形成长链的中介物质是一个叫作磷酸二酯键的化合物，它靠一个磷原子与其他两个五碳糖分子上的碳原子形成的共价键进行链接。

核苷酸 1 号位上的碱基有四种，在一个狄恩酸中，分别是 A、G、C、T，它们分别代表腺嘌呤、鸟嘌呤、胞嘧啶、胸腺嘧啶。在一个阿恩酸中，这四种分别是 A、U、G、C，其中 A、G、C 的含义同前，而 U 则代表尿嘧啶。在狄恩酸或阿恩酸形成时，这些碱基之间的配对规则起着关键性作用。在一条核酸链同另一条核酸链扭结时，在狄恩酸分子中，A 一定与 T 配对，G 一定与 C 配对。在阿恩酸分子中，A 一定与 U 配对，G 同样只与 C 配对。这种规则叫作碱基配对规则，也称互补规则。

无论一条狄恩酸或阿恩酸链有多么长，它们总含方向性。习惯上，其顺序总是由 5′ 到 3′，若有延长，就从 3′ 继续下去。为了表示狄恩酸或阿恩酸的含义，生化学家提出了若干种表示方法，比较常用方法的是文字表示法。

在文字表示法中，书写一条核酸链时就用大写英文字母 A、T、C、U、G 代表碱基，用小写英文字母 p 代表磷酸基，而五碳糖、磷酸二酯键等成分均被省略。对一段碱基序列而言，凡序列中出现 T 时就视其为狄恩酸，出现 U 则视为阿恩酸。下面两段序列分别代表一段狄恩酸链和一段阿恩酸链：

5′ pApTpGpCpApTpGpCpTpApCpGpApTpTpCpG3′　　狄恩酸

5′ pGpUpApCpApUpCpGpUpApCpGpApUpCpGpC3′　　阿恩酸

各种碱基序列的读写方向都是从左到右，所表示的核酸链的方向为 5′ →3′。所以，核酸链末端的 5′ 和 3′ 可以省略不写。而核酸链中的磷酸二酯键中的 p 可以写也可以不写。在上面的狄恩酸片段中，若 5′ 端写出 p，即 pATGCATGCTACGATTCG，则它表示这个狄恩酸片段的 5′ 端含有一个磷酸基团，3′ 端含有一个自由羟基。若 5′ 端不写 p，则表示 5′ 端为自由羟基。双链狄恩酸分子的简写式多采用省略磷酸基 p 的写法，若在上述文字表述方式的基础上再增加一条互补链，链间的配对碱基用短纵线相连或省略，这个表示法就变成了下面的形式：

5′ ATGCATGCTACGATTCG3′

3′ TACGTACGATGCTAAGC5′ ①

一条典型的人类染色体，其狄恩酸中含有 1.4×10^8 个核苷酸。如果将

① 郭蔼光. 基础生物化学. 北京: 高等教育出版社, 2001: 16.

一条染色体中的狄恩酸链拉成一条直线，其长度约为 5 厘米。因此，一个人的染色体总长约有 46×5=230 厘米。就人类最长的第 1 号染色体而言，它大约缠绕 2.5 万个碱基对，大概包含了人类细胞中 8%的狄恩酸，其解旋后的长度也不过只有 1 米。如果我们轻轻地打开一个真核细胞的核，在电子显微镜下观察一个狄恩酸分子就可以发现，它就像一串连在一起的珠子。狄恩酸双链的每 200 个核苷酸缠绕着由 8 个组蛋白组成的复合物核心，它被称为核小体。

自染色体 1882 年首次被发现以来，它在所有的真核生物细胞中被陆续发现，其数量随物种的不同有很大差别。少数生物只有一对染色体，部分生物的染色体超过 1000 条，而大多数生物只含有 10～50 条。对于人类来说，每个人的体细胞内都含有 46 条，每条上面都含有几百或数千万个基因，这些基因对于决定我们人体的发育和生理功能具有重要的作用。正是由于这个原因，拥有不多不少的 46 条染色体是人类生存的特殊条件。

6.3.3 遗传信息传输

遗传信息的传输是一种极为特殊和复杂的信息传输类型。研究它的生成、传输、表达等问题曾花费了生物学家的许多时光。但迄今为止，它的许多原理仍不为人们所了解。为了展示这一研究的复杂性，我们打算仅以人类的遗传信息传输为例进行讨论，且仅限于它的传输（和部分表达）方面。

1. 胞间信息传输

从一个合子细胞开始，一个包含来自我们双亲的遗传信息就合成了我们自己的基因组。从合子细胞到胚卵、胚胎、胎儿、婴儿、成人，以至老人，整个发育过程漫长而充满戏剧性，期间包含许多信息事件。从信息科学的角度来看，虽然一个生物体的一生都包含着遗传信息的传输问题，但最简单且最有意义的过程仍是从合子到胚卵期的一个短暂间期。因为在这个过程中所发生的信息传输事件，其特性十分明确，且并不伴随诸如神经等器官的发育生物学问题。

从某种意义上讲，从合子细胞开始到发育为成体细胞为止，这期间有三种类型的有丝分裂：胚卵细胞的有丝分裂、胚胎细胞的有丝分裂、成体细胞的有丝分裂。三种分裂的差别在于：在胚卵细胞的有丝分裂过程中，整个细胞的数量不论增加到多少个，其总体体积并不增大，甚至会略有减小。在胚胎细胞的有丝分裂和成体细胞的有丝分裂过程中，每次分裂完成之后，两个子细胞的总体积总是母细胞体积的两倍大。原因在于，第一阶段的有丝分裂任务，主要是单纯地将母细胞中遗传信息（和控制信息）组成的完整基因组传输给子细胞，它不涉及发育等问题。而在第二和第三阶段的有丝分裂，除了要完成和第一阶段有丝分裂相同的任务之外，它们还要执行器官发生、组织分化、机体成型等其他任务。

分裂也叫卵裂。以人为例。从单独的合子细胞形成开始，到第一次卵裂完成为止，再到结果为 2 个子细胞的卵裂球，时间需要 1 天多，大约 30 小时。依此类推，到近 2 天的 40 个小时时，形成了 4 个子细胞的卵裂球；到 2 天多的 50 个小时时，形成了 8 个子细胞的卵裂球；到第 3 天的 72 个小时时，形成了 16 个子细胞的卵裂球；到第 4 天时，形成了 64 个子细胞的卵裂球；到第 5 天时，形成了 128 个左右子细胞的卵裂球①。此后就转到了第二个分裂期——胚胎期。生物学家把第一个分裂期具有 16 个子细胞时的卵裂球称为桑葚胚（morula），把最后具有 128 个左右子细胞的卵裂球称为胚泡（blastocyst），亦叫囊胚或胚球。桑葚胚中的卵裂球彼此之间是紧挨着的，因此是一个致密的球体。胚泡则是一个中空的球体，卵裂球黏附在这个大球体的内层（图 6-9）。

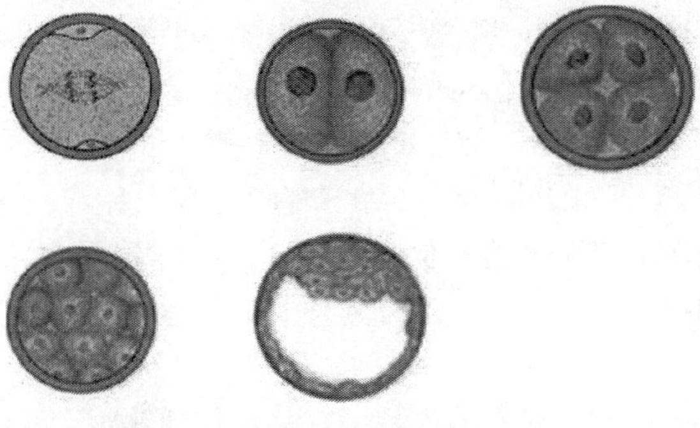

图 6-9　胚胎卵裂过程

在合子从每一次卵裂开始到胚泡形成为止，虽然各子细胞中的遗传物质在总体上是相同的，但在具体上有两点不同：①子细胞胞质内各区的组分——或称组分信息（constituent information）——并不相同；②子细胞胞质各自的位置——或称位置信息（position information）——并不相同。从合子的第一次卵裂开始，细胞核就受到包括组分信息和位置信息构成的内环境影响，这些特殊的内环境称为细胞发育的决定子（determinant）。决定子支配着细胞未来的分化途径，它把一个特定的细胞定型到特定的发

① 在各个不同时期究竟形成了多少个胚裂球，不同的胚胎学著作有不同的说法，此处仅供参考。

育路程上去。这些决定子事先已经在母细胞中形成，在此后的数次卵裂过程中，它们被一次次地重组、分配，并经过卵裂后最终被固定下来，并分配到不同的子细胞中，结果形成了控制信息并使以后的细胞分裂、增长、表达并在蛋白质上产生不同的生命性状①。胚卵期形成的细胞都是全能性的，它们可以培育成具有任何功能的细胞——干细胞。将 2 细胞期的卵裂球分开，或将桑葚胚分为两半后，每一半均可演化为一个全能卵裂球。动物和植物的有丝分裂过程相差不大，只在真菌和一些原生生物中稍有不同。真核细胞则有着更大更复杂的基因组。在细胞的有丝分裂中，母细胞中的一套基因组被平均地分配到两个子细胞中。

细胞间的这种特殊信息传输方式可用比喻来说明。假设在一个房间内有 33 人，其中 1 人想把他自己脑海中的 1 份信息分送给其他 32 人。常规的做法是，他将自己脑海中的信息用文字或其他载体写成 32 份比如说“字条”之类的媒介上，然后分发给其余 32 人。最终，房间内的 33 人每人都会拥有 1 份该信息的完整副本。假设这时这“33 个个体”不是人而是遗传细胞，如果第一个细胞“想”把自己的信息传递到其余 32 个细胞上，它采用的方法是：先把自己 1 分为 2 变成所含信息相同的 2 个细胞，原细胞不再作为独立个体存在。这 2 个新细胞中的每个又采用 1 分为 2 的方法最后变成每个都含相同信息的 4 个新细胞，直到最后成为 32 个新细胞为止。两者的区别是，第一种结果最后有 33 个个体存在，并在中间使用“字条”这种信使，且可以仅用一次性传输（分发）完成；第二种结果最后却只有 32 个个体，且中间没有使用任何信使，共需要 5 次传输（分裂）完成。

有丝分裂的重要意义是将母细胞的染色体中的狄恩酸信息加以复制，最后被精确地分配到两个子细胞中。由于染色体上有遗传物质狄恩酸，因而在生物的亲代和子代之间保持了遗传性状的稳定。可见，细胞间通过有丝分裂完成的信息传输对于生物遗传的意义是多么的重要。

2. 胞内信息传输

在胞间信息传输过程中，基于卵裂方式而完成的复制型信息传输将原始的供信体细胞分裂掉了。但我们说过，遗传信息的符号系统是由四个碱基组成的，底物则包括染色体和狄恩酸。在胞间信息传输讨论中，我们是以染色体作为信息底物媒介进行讨论的，但在深入的胞内信息传输讨论中，我们应该以狄恩酸作为底物载体再讨论。从宏观上说，发生在细胞合成期的，不论是以狄恩酸底物做信息载体或以染色体底物做信息载体，它

① 余鸿. 人体发生发育学. 北京：人民卫生出版社, 2009: 40-41.

们在信息传输方面是相同的，故在此不再赘述。

在胞内信息传输过程中，有一个特别的理论应当予以注意，那就是由克里克 1958 年提出的中心法则，或被称为遗传信息流理论，或被称为基因表达理论。严格地说，该理论所阐明的不仅仅是一个微观或狭义的信息传输问题，而且还包含了信息的表达问题，且在其他的信息传输理论中很少有它那样的系统和精致。例如在人类传播学中，演讲和写作都是信息的表达；在技术信息学中，信息的显示实际也是信息的表达，但它们的机理都没有中心法则理论那样的深邃和抽象。有鉴于此，我们应该对它予以特别重视。和胞间的信息传输理论相比，胞内信息的传输有两个重要的特点：①使用信使信器；②传偶是不同质的。

我们知道，遗传信息最终的呈现方式都要通过三个氨基酸为一组的蛋白质一级结构表达出来，它最终的显示方式受控于狄恩酸上信息的存在方式。狄恩酸是通过什么方式把基因信息的结构信息传递给蛋白质呢？这就是中心法则所表达的内容。中心法则的基本思想是：所有的生物体，从最简单的细菌到我们自己，都通过同样的机制来解读和表达遗传信息。正如我们所知道的那样，遗传信息先从狄恩酸开始传递至一个阿恩酸拷贝上，然后再从这个阿恩酸拷贝指导氨基酸链的序列装配。简单地说，就是一个“狄恩酸→阿恩酸→蛋白质”的信息传输流程。在传输开始之前，不论是生殖细胞或是体细胞，它们首先以狄恩酸的半保留复制形式存储信息。

中心法则的第一步是，信息先从一个狄恩酸分子转移至一个阿恩酸分子上，这发生在基因的信使阿恩酸拷贝产生的时候。像其他的阿恩酸一样，信使阿恩酸同样以狄恩酸模板合成。因为狄恩酸的序列被转录为阿恩酸的序列，这个步骤通常称为转录。当阿恩酸聚合酶与基因起始端的一个叫作启动子的特殊结合位点相结合的时候，转录就开始了。此后，阿恩酸聚合酶沿着原狄恩酸链的基因链移动，当它每遇到一个狄恩酸核苷酸时，就相应地在不断伸长的信使阿恩酸链上加上一个互补的新的阿恩酸核苷酸。于是，狄恩酸中的鸟嘌呤 G、胞嘧啶 C、胸腺嘧啶 T、腺嘌呤 A，分别与信使阿恩酸中的胞嘧啶 C、鸟嘌呤 G、腺嘌呤 A、尿嘧啶 U 相对应。当阿恩酸聚合酶遇到基因另一端的转录“终止”信号时，它便从狄恩酸上脱离下来，并释放出新合成的阿恩酸链，这条链是与它所复制的基因信息具有互补特性的转录本。

中心法则的第二步是，把阿恩酸上的信息翻译成蛋白质，也就是用信使阿恩酸转录本中所含的信息来指导核糖体上多肽链合成时的氨基酸序列，这个过程叫作翻译，因为信使阿恩酸转录本中的核苷酸序列被翻译成了多肽链中的氨基酸序列。当核糖体中的核糖体阿恩酸分子辨认并结合在信使阿恩酸上的一个“开始”序列的时候，翻译就开始了。核糖体随后沿着信使阿恩酸分子移动，一次 3 个核苷酸。每 3 个一组的核苷酸都是一个决定什么氨基酸将要被加在伸长的多肽链上的密码子。核糖体按此方法继续移动，直到它遇到一个翻译“终止”信号时，它便从信使阿恩酸上脱离下来，并释放出新生的多肽链。①

关于遗传信息的胞内传输研究，一般认为信息是从狄恩酸通过阿恩酸而最终到达蛋白质的。这意味着信息从受狄恩酸复制单位的集中控制过渡到由小的阿恩酸复制本的独立控制。也就是说，过渡为一种分散的效应。一个完整的基因组包含有成千上万个基因，而狄恩酸的合成方式则保证了细胞分裂期间每个子细胞能够得到一套完整的基因组。分配在细胞内的每个基因，随后在个体发育过程中又通过阿恩酸转录产生一个个转录本。每一个转录本又指导着为维持细胞或有机体生命活动所需的成千上万种蛋白质中的某一种蛋白质的合成。在细胞和有机体的生长和发育期间，每一种蛋白质的合成都有各自最合适的时间和地点，激发阿恩酸合成的控制机构能够接受某种工作信息，而这个信息只是对有许多基因的基因组中某一个基因的阿恩酸的合成发挥着调控作用。接受基因指令产生一个或一个以上自身转录本这一事实，证明了阿恩酸分子长度各不相同，而且阿恩酸分子的数值必定比狄恩酸分子小。此外，阿恩酸与狄恩酸的化学性质和结构也不相同，必须牢记二者在功能上有着本质的差异：狄恩酸担负着存储、复制和转录信息的功能，而阿恩酸则把信息转译为蛋白质。②

克里克 1958 年在《论蛋白质合成》一文中的论述，以其远见卓识提出了中心法则。在此基础上，他预见性地分析了信使阿恩酸、转运阿恩酸、三联体密码，甚至细胞质中核糖体等生物大分子或生物组织的存在。这些具有丰富想象力的科学预见，在之后的 10 年左右时间里都被一一证实，并导致了分子生物学的崛起，最后成了 20 世纪自然科学界最为令人瞩目的事件之一。狄恩酸双螺旋模型成了近代科学发展史上的一个标志性事件，遗传学已成为一部狄恩酸连锁离合的精彩剧本，而分子生物学则是一部从狄恩酸到蛋白质的中心法则的宏大演出。③

---

① Raven P H, George B J. 生物学. 谢莉萍，张荣庆，张贵友主译. 北京：清华大学出版社，2008: 286-287.

② 伍德沃德 D O，伍德沃德 V W. 分子遗传学概论：遗传与进化中的信息流. 葛扣麟，等译. 上海：上海科学技术出版社，1983: 180-183.

③ 李振刚. 分子遗传学（第 3 版）. 北京：科学出版社，2008: 430-431.

20 世纪 70 年代，随着反转录酶的发现，其进展逐步显现出了一种对分子生物学的冲击。内含子的发现已使克里克感到困惑。80 年代，不连续转录、非翻译序列等新发现和新理论，更使中心法则处于惊涛骇浪之中。正如彭尼西（Elizabeth Pennisi）2001 年在《科学》杂志上所表述的那样："基因占据生物学的中心舞台已经数十年。但最近几年的工作表明，虽然基因经常是挂牌的名角，可它们更像是一个'木偶'。"[①]有丝分裂理论表达了细胞间的信息传输机理，中心法则理论表达了细胞内的信息传输规则，它们珠联璧合地构成了整个遗传通信学——遗传信息学的动力学理论核心。

在遗传信息学中，基因研究、碱基研究、狄恩酸研究代表了 3 个基本的信息学本体论研究。整个遗传和变异原理，包括孟德尔和摩尔根的三大遗传原理，它们代表了信息学的动力学（传输）研究。一个遗传细胞具有信息传输能力，这是不言而喻的。一个遗传细胞是否具有信息的处理能力？我们认为这是存在的。遗传信息来自亲代的细胞，但变异的信息究竟来自哪里？显然它不是亲代的遗产，而是基因信息在环境的变化中产生的。但遗传细胞究竟是怎么处理它们的？这个问题将有待遗传信息学进一步研究来阐明。

翻开当代任何一部生物学教科书，我们很快就会发现，细胞信息学的问题在这些著作中通常会用三个部分加以表达：其一是遗传信息的传输和处理问题，它们常常在遗传学和基因工程两个部分单独进行阐述；其二是神经系统、内分泌系统、免疫系统这三个生命信息系统中的信息传输和代谢控制问题；其三是关于细胞的通信研究，包括细胞内的通信和细胞间的通信，有的作者用"细胞通信"做标题，有的作者用"细胞信号转导"做标题。在专业和非专业的生物学教科书中，第一个信息问题的讨论都是必不可少的。在专业的生物学教科书中，第二个问题要么被分散到了神经系统、内分泌系统、免疫系统中分别讨论，要么将三者集中起来冠以"生命的自我调控"[②]，或"生命体内信号的传递与处理"[③]来讨论。至于第三个信息问题：细胞通信问题的讲与不讲，完全取决于著作者个人的喜好。就一个细胞的复杂性而言，坎贝尔（Neil A. Campbell）等曾认为，其程度不

---

① Pennisi E. Behind the Scenes of Gene Expression. *Science*, 2001, 293 (5532) : 293.

② 张惟杰. 生命科学导论. 北京: 高等教育出版社, 1999: 153-203.

③ 北京大学生命科学学院编写组. 生命科学导论. 北京: 高等教育出版社, 2000: 285-327.

亚于一架使用喷气式发动机的飞机。[①]我们认为，其复杂程度绝不比一架使用涡轮风扇式发动机的波音飞机的复杂度更低。生物学家揭开这个有机的微观细胞世界之谜，将会比物理学家揭开无机的微观粒子世界之谜更加诱人。细胞信息学的内容已成为当代生命科学中的一个基本话题。对于信息科学家而言，其间到处充满着复杂的细胞信息学问题，我们有什么理由视而不见呢？随着细胞信息学研究的开展，生物学正在经历着从一个用物质科学研究信息科学的模式向一个用信息科学研究物质科学的模式转变。

---

① Campbell N A, Reece J B, Simon E J. 生物学导论. 吴相钰, 尚玉昌, 安利国, 等译. 北京: 高等教育出版社, 2006: 49.

第7章　人类信息学

什么是人类信息？从生成的角度来说，人类信息是人类对世界进行反映的结果。之后它开始在人与人之间传递，必要时可以保存下来。在人类信息的通信中，信偶都是人，尽管彼此可能使用着不同国家或地区的语言，但它们都可以彼此被翻译成对方可以理解的语言，从而达到信息传输的目的。人类信息学（human informatics）是一门以人类信息及其运动规律为研究对象的信息科学分支。

人类信息的概念起源于20世纪60年代，那时，美国心理学家诺曼（Donald A. Norman）撰写了一篇博士论文，题目是：《记忆与注意：人类信息处理导论》①。在这篇文章中，他首次把“人类”和“信息”这两个概念进行了组合，从而创造出了“人类信息”这一概念。但心理学中人类信息概念研究的广泛普及，一直到诺曼和林赛于1975年完成了他们的开创性巨著——《人的信息加工：心理学导论》②之后才得以流行。在这部著作中，他们把“人类信息”这个概念深深地嵌入传统的心理学中。这一大胆的尝试不仅为以信息处理为主线的认知心理学研究奠定了理论基础，同时也使认知心理学在一般心理学中的地位得到了提升。但是，本书所讨论的人类信息问题，除了心理学家所关注的人类信息加工之外，它还包括人类信息的本体、符号、传播等其他本体论或动力学问题。

关于对“人类信息”进行系统研究的设想，最早出现在日本的名古屋大学，它们曾于1993年在自己的校园里建立了世界上第一个人类信息学

---

① Norman D A. *Memory and Attention: An Introduction to Human Information Processing*. New York: Wiley, 1969.

② Lindsay P H, Norman D A. *Human Information Processing: An Introduction to Psychology*. New York: Academic Press, 1977. 中文版见：林赛 P H，诺曼 D A. 人的信息加工：心理学导论. 孙晔，王甦，等译. 北京：科学出版社，1987. 其中的 human 被翻译成“人的”。

（人間情報学）研究生院。[①]在今日日本的许多大学里，研究者对人类信息的关注，仍是世界上其他国家和地区所不能比拟的。需要注意的是，在日本学者的研究实践中，早期的“人类信息”概念，今天大部分是用“社会信息”来近似地表达的。不过我们认为，和“人类信息”相比，“社会信息”是一个相对模糊的概念，采用“人类信息”比采用“社会信息”会给我们的研究带来更多的益处。

考察人文与社会科学的研究史，我们不难发现，在第二次世界大战之前，语言学和心理学研究都早已有各自的辉煌历史，传播学在第二次世界大战之后也很快建立了起来。在这些学科中，信息概念无疑都居于非常重要的，甚至是核心的地位。从名称上看，在心理学和传播学的早期研究中，研究者都曾在各自学科的名称前冠以“人类”一词；但随着这些学科的普及，在后来的研究实践中，人们逐渐把“人类”一词省略掉了。在一些严肃学者的表述中，仍有不少人坚持在自己的研究名称之前冠以“人类”一词，以其对自己所研究的信息范围加以限定，以免引起不必要的误解。例如，在由著名传播学家李约翰（Stephen W. Littlejohn）撰写的，目前已经出版到第十版的《人类传播理论》[②]中，他就一直使用“人类传播理论”而不是简单地使用“传播理论”或“传播学”；在心理学研究的早期，例如由沃伦（Howard C. Warren）1922 年撰写的一部心理学著作，其名称使用的也是《人类心理学要义》[③]而不是简单的“心理学要义”。语言学中的情况要特殊一些。一般的语言学研究证明，语言学只研究人类语言而不包括其他客体或动物之间进行交流时所使用的语言。故按照上述那些强调概念精准的传播学家和心理学家的传统来看，语言学也应该称作“人类语言学”。由于在语言学的学科家族中，“人类语言学”一词专指从人类学角度考察一个民族的社会文化和语言符号之间的对应关系[④]，所以，一般语言学家就不便采用“人类语言学”来代表一般的语言学研究而只有采用简单的“语言学”这一概念了。

在上述几门人文学科中，心理学是从信息加工的角度来对人类信息进

---

① 1992 年 4 月，日本名古屋大学设立人类信息学院（大学院人間情報学研究科）. 同时下设物质与生命信息学学科。1994 年，该院重构为“信息学与科学学院（信息文化学部）”，下设“自然科学信息学系”与“社会与人类科学信息学系”。见：http://www.sis.nagoya-u.ac.jp/aboutsis/enkaku.html [2012-12-11].

② 斯蒂芬・李约翰著，人类传播理论. 史安斌译. 北京：清华大学出版社, 2004. 该书按 2002 年第 7 版英文版译出，现英文版第 10 版已于 2010 年出版。英文版原书名: *Theories of Human Communication*.

③ 霍华德・沃伦著，人类心理学要义. 赵演，汪德全译述. 上海：上海商务印书馆, 1927. 英文版原书名: *Elements of Human Psychology*.

④ 傅懋勣. 人类语言学. 中国大百科全书（语言・文字卷）. 北京：中国大百科全书出版社, 1988: 326.

行研究的，传播学是从信息传输的角度来对人类信息进行研究的，语言学是从信息符号的角度来对人类信息进行研究的。按照我们的“三基两支”理念，人类信息学还缺乏两个研究：人类信息的本体研究、人类信息的底物研究。此处我们打算先提出一门从信息的本体和结构等角度来对人类信息进行研究的学科，并将其命名为信事学（infordomics）。至于关于信息底物的研究，由于人类信息的传输一般有三大类：①不使用媒介；②使用纸质媒介；③使用电子媒介。电子媒介一般归技术信息学的研究内容，而纸质媒介的纸张技术并不是一门特别复杂的工艺，所以，在人类信息学的理论层面，底物的研究可以不予讨论。这样，对人类信息从处理加工、传输交流、符号载体、本体结构等不同角度所进行的研究就形成了一个有机的学科群，我们把这个学科群称为人类信息学。人类信息学是我们在本书所列举的包括技术信息学、细胞信息学、其他未加详述的诸多专业信息学中最为系统的一个信息科学学科，它的发展和它所呈现出的体系，对其他专业信息学和统一信息科学的建设都具有良好的观察价值和积极的示范作用。

在所有的信息类型中，人类信息不仅具有最长的应用历史，最广的应用范围，也是所有信息类型中最为丰富的类型之一。撇开技术信息学不论，只有人类信息学是一门能够和细胞信息学相媲美，且已初具规模的理论体系。坚实的人类信息学研究不仅可以帮助人们理解这一信息类型，而且还有可能促进另外几门和人类信息具有密切联系的人文信息研究学科的发展，同时也可以为所有基础性专业信息学的发展创造出一个合格的研究范式。因此，发展人类信息学研究具有特别重要的理论意义。在细胞信息学部分，由于作为其基础理论的信号转导理论还没有分化出不同的研究分支，所以，我们就仅以它的实践性学科为例进行了讨论。但在人类信息学研究中，它最成熟的部分不是其实践分支而是理论分支。故在这部分，我们打算就其 5 个分支中的 4 个，即心理学、传播学、语言学、信事学进行讨论。

7.1　心理学

7.1.1　心理学研究概述

心理学界流行着一个自辩的说法，认为心理学作为一门科学学科还只有很短的历史①②，这个“很短的历史”起点，是从1879年冯特在德国建立起世界上第一个心理学实验室开始时算起的。但1879年距今已长达130多年，说一门具有130多年历史的学科历史还很短，这是难以令人信服的。众所周知，心理学是从哲学的孕育中成长壮大的，它的历史实际已经很长。

把注意、感觉、知觉、记忆、思维、情绪、行为这些心理现象作为心理学研究的任务，心理学家并不是一开始就达成这种共识的。1879年，冯特在德国建立的心理学被称为构造心理学。构造心理学认为，心理学是研究人的直接经验或意识的科学。复杂的心理活动是由简单的元素构成的，心理学的任务就是把心理活动分解成一些简单的心理元素并加以研究。而其核心的概念那时被称为意识。心理学家那时的共识是：心理学就是研究“意识”的科学。这样，还原论思想在心理学中得到了完美的体现。1913年，美国心理学家华生（John B. Watson）认为，心理学如果要想成为一门能和自然科学和其他学科平起平坐的科学，就必须来一场彻底的革命。革命的中心任务就是必须放弃把“意识”作为心理学的研究对象。华生的看法是：意识是主观性的东西，既看不见，也摸不着，更不能放到试管里去化验，这样虚无缥缈的东西决不能成为科学的研究对象。他认为，科学的心理学要建立在可以客观观察的对象之上。人和动物的行为是可以客观观察的，因而“行为”才是心理学研究的对象，心理学应该是一门研究行为的科学。人们也由此把华生的理论称为行为主义。但心理学家之后很快发现，行为主义的观点过于绝对化了，不能因为头脑中的“意识”不能看见，从而就彻底否定人们能够间接研究它的可能性。

在行为主义兴起的同时，欧洲又出现了两大心理学派别，一个是格式塔学派，一个是精神分析学派。格式塔心理学派诞生于德国，它反对冯特的构造心理学中的元素主义，并主张心理学的任务是研究人脑的内部过程。精神分析心理学派源于精神病学，主张心理学要研究“无意识”问题，并同时探讨人在生活中的基本心理动机。但这些学派仍旧无法在心理学家中实现他们要建立一门科学心理学的梦想；于是，突破旧学派，建立新理论的主张就继续在心理学家中被酝酿着。1962年，伴随着计算机技术的轻轻足音，心理学跨入了革命的前夜：在对旧学派不断质疑的浪潮中，一个全新的心理学派——认知心理学出现了。1969年，诺曼在他的博士论文《记

① 潘菽．荆其诚．心理学．中国大百科全书（哲学卷）．北京：中国大百科全书出版社，1988: 1.

② Coon D, Mitter J O. 心理学导论：思想与行为的认识之路．刘刚，等译．北京：中国轻工业出版社，2008: 17.

忆与注意：人类信息处理导论》[①]中首次提出了人类信息处理问题，而其最重要的成果是他和林赛于 1971 年提出的“用信息的概念改造传统的心理学”思想，这在他们合著的《人的信息加工：心理学导论》中有完整的描述。

认知心理学的主要理论是信息加工理论，所以又称为信息加工心理学。20 世纪五六十年代，纽威尔和西蒙把人类所具有的概念、观念、表征等大脑内部活动过程都看作是一种物理符号过程。他们认为，人的大脑是一个物理系统，大脑内的整个活动就是对这些符号进行操作。人类思维中的概念和符号操作可以比拟一个计算机系统对物理符号的加工处理。这一物理符号系统假设理论在人脑的思维活动和计算机信息处理活动之间架起了一座联系的桥梁。纽威尔和西蒙在混沌的心理信息研究中引入了符号的概念，这是一个睿智的创举。信息必须借助符号和底物而存在，我们在前面已经进行了叙述。今天，在认知心理学的影响下，不论是传统的心理学或者是现代心理学，心理学中的注意、感觉、知觉、记忆、思维、情绪、行为等基本的心理学问题，都已经开始完全或部分采用信息概念来阐释了。

7.1.2　心理学的基本问题

1. 注意

注意是指心理活动对一定对象有选择地集中。注意可以指向外界事物，也可以指向自己的行动或思想。但注意并不是一种独立的心理过程，而是心理过程的一种特性。人在注意着什么的时候，总是在感知着、记忆着、思考着、想象着或体验着某些信息。在同一时间内，人不能感知很多对象，只能感知环境中的少数。要获得对事物的清晰、深刻、完整的反映，就需要使心理活动有选择地指向有关的对象。集中注意的对象总处于意识的中心，而其余的对象则处于注意的边缘或范围之外，以至于不能被清楚地意识到或干脆就不能被意识到。从信息的观点看，注意是一种内部机制。通过注意，个体能够对影响其行为的刺激物加以选择。

人的注意是在实践活动中发展起来的，并对实践活动起着重要作用。注意能使人的感受性提高，知觉清晰，思维敏锐，从而使行动及时、准确，所以它是人们获得知识和提高工作效率的必要前提。注意的方向和强度受客观刺激物特点的影响，受个人知识经验以及个性特征的制约。不同的人

---

① Norman D A. *Memory and Attention: An Introduction to Human Information Processing*. New York: Wiley, 1969.

有不同的兴趣、气质、性格、信念、世界观，因而他们注意的方向和紧张度不同，认识事物的范围和深刻程度也就有所不同。

在注意的研究方面，心理学家曾提出过不同的理论。例如，1958 年布罗德本特（Donald Broadbent）提出的过滤理论，1960 年特赖斯曼（Anne Treisman）提出的滤衰减理论。过滤理论认为，注意的选择性是由神经系统在同一时间内对信息进行加工的有限容量造成。注意犹如一个过滤器，它在信息加工过程中能对输入的信息进行筛选。过滤活动之所以能够进行，是因为外界各种不同的刺激是由彼此分离的神经通道加以处理的，这就为区分外界各种不同的刺激提供了条件。过滤器的作用在于避免大脑的有限容量负担过重。布罗德本特认为，过滤器对信息的通过或拒绝是由刺激的简单物理特性决定的，它并不需要高级的分析活动。过滤器实质上是通过改变获取信息的策略，对平行输入的信息进行系列加工和控制。过滤衰减理论认为，知觉分析器的过滤活动并不是以“全有”或“全无”的方式工作的。所谓过滤器，并不完全割断那些被大脑所拒绝的信息，只是衰减了它们的强度。通过知觉分析以后，已衰减和未衰减的信息全部进入大脑，意识选择将在这个高级水平上最终完成。由于被衰减的信息在强度上不足以激活相应的高级中枢的知觉部位，一般就不能引起有意识的心理活动。然而，由于以往的知识经验会起作用，那些对人具有重要意义的信息被激活的阈限较低，故即使在有关的输入信息被衰减时，它仍能继续引起知觉。

2. 感觉

感觉是外部刺激作用于感受器官，经过大脑的信息加工活动所产生的对客观事物的基本属性的反映。感觉作为认识过程的初级阶段，它为知觉和其他复杂认识过程提供基本的原始材料。通过感觉，人们从外界获得信息。这些信息在感觉系统的不同水平上经过加工，并与已经存储的信息进行对照并得到补充，从而产生了对外界事物基本属性的反映。因此，在人们认识世界的过程中，感觉担负着对复杂事物的简单要素进行分析的任务。任何感觉的产生，首先要有一个近端刺激，即作用于感官表面而产生的客观事物的刺激模式。其次是由刺激引起的，通过神经系统和脑内的神经生理活动，也就是信息加工活动，最后产生感觉体验。各种感觉过程的实现是由相应的感觉器官做保证的。感觉器官包括感受器、神经通道、大脑皮层的感觉中枢三个部分。感觉的种类可依信息的来源分为外部感觉和内部感觉两大类。外部感觉包括视觉、听觉、味觉、嗅觉、触觉。内部感觉反映机体本身的状态，包括动觉、平衡觉、机体觉。由于视觉和听觉在人们日常生活中占有特别重要的地位，所以，心理学的感觉研究大多集中在这两个方面。感觉的相互作用主要表现在时间和空间两个方面。时间上的相互作用发生在同一个感觉通道内，其规律是：当一个刺激持续作用于感受器的某一特定部位时，如果刺激持续不变，机体对它的感受性将逐渐减弱或提高。前者如触觉和味觉的适应现象，后者如视觉的暗适应。各种感觉都有适应现象，但其生理机制不同。而味觉，例如用盐刺激鼻子 30 分钟，味神经的放电效应保持不变，其高级神经中枢可能产生适应性。正常视觉中眼球不断在运动，这是为了避免视网膜上的同一区域，在长时间接受同一刺激会发生不适应现象。空间上的相互作用，是指在同一感觉通道内或不同感觉通道间，感受器或高级神经中枢相邻部位之间的相互抑制。

3. 知觉

知觉是人对客观环境和主体状态的感觉和解释过程，这个过程不仅同某一种感觉相联系，而且往往是视觉、听觉、触觉等协同作用的结果。在知觉过程中，人脑将感官刺激转化为整体经验。因而知觉是人对客观事物和身体状态整体形象的反映。感觉和知觉是两种不同的心理过程。感觉是人对客观事物基本属性的反映，知觉是人对客观事物整体属性的反映。看到一个物体的红色是感觉，而看到一个红色的汽车则是知觉。知觉是人对物体的许多感觉——颜色、形状、气味等——的综合。因此，感觉和知觉在认识过程中也是两个不可分割的环节。感觉和知觉的另一区别是：感觉的产生取决于客观刺激的物理特性，相同的客观刺激会引起相同的感觉，而知觉在很大程度上依赖于主体的态度、知识、经验。由于经验的积累，人在实践活动中能使知觉形象变得更加精确、更加丰富。

在知觉研究中，有代表性的理论有以下几种：

（1）格式塔理论。

格式塔理论主要提出了如下几个原则：①知觉的主动性。知觉者并不像一架照相机那样，仅仅去被动地记录刺激的全部细节。相反，知觉是一个主动的过程，它对由刺激而引起的信息进行加工处理，丢掉其中的某些细节，保留其基本特征，并用概念的形式把刺激经验组织起来，使客观刺激在知觉中变成具有完整结构的形象；②知觉的组织性。在不断变化、丰富多彩的世界中，知觉者受通道的限制，不可能输入每一时刻作用于感官的所有信息。因此，人们只能对刺激的基本特征进行反应，把外界许多孤立的刺激组织成一个有意义的整体；③最简单原则。格式塔的观点假定，人们总是要以尽可能简单的方式来感知外界刺激。在感觉通道有限的条件下，知觉者排除外界刺激中的多余东西，使知觉更有目的性。

（2）知觉的推断理论。

知觉的推断理论假设：知觉经验是一个混合物，一部分来自当前的感觉，而大部分是从大脑已经保存着的信息中提取的。人们根据在整个生活中获得的经验对作用于感官的刺激做出推断。这种推断是人在整个生活中形成的感官经验的基础上做出的，因此其可能性的概率很高。知觉的推断理论的另一基本假定是：瞬间输入的感觉信息是非常初步的、模糊的、或不完整的，不能以此确定相应的外在物理刺激是什么。在任何知觉过程中，作用于感官的近端刺激只能提供线索，而不能对远端刺激提供真实而完整的描述。所以，必须根据近端刺激所提供的线索及在过去经验基础上做出的一系列关于世界的假设，对近端刺激的真实性质进行评价，这个评价的结果就是人的知觉。知觉的推断理论是一种再造理论。也就是说，人们通过知觉可以把客观世界再造出来。

（3）心理物理对应理论。

与知觉的推断理论相反，心理物理对应理论认为，自然界中的刺激是非常完整的，知觉者直接与环境相接触，完全可以产生各方面都与达到感官的刺激相对应的知觉经验，而不需要假设和推理。知觉的心理物理对应理论完全排除了知觉的主动性及过去经验的作用，而这些因素在知觉过程中所起的作用又是不能否定的。随着近代认知心理学的发展，知觉研究者们比较着重视觉图形的信息加工过程。这些研究包括图形知觉的形成、发展，以及图像识别等问题。在图像识别中，人们提出了模板匹配、原型匹配、"泛魔"识别等理论。知觉的认知观点强调知觉中表征和概念的作用，认为知觉是人类高级认识活动的一部分。

4. 记忆

记忆分为广义记忆和狭义记忆。广义记忆指人在认知过程中对信息的输入、编码、存储、提取的过程。狭义记忆指人对过去经验的存储，它包括识记、保持、再认、再现等 4 个基本过程。识记是记忆的开始，它具有选择性，只有环境中那些引起人们注意的信息，才能在感觉和知觉的基础上形成记忆；保持是记忆过的信息在头脑中的存储，即已经识记了的信息在头脑中得以巩固的过程。人们通过保持记忆信息来丰富个体的经验，为再现准备资料；再现也称回忆，是对已存储的信息进行提取并使之恢复。有些已存储的信息由于某种原因不能被提取出来，但当刺激重新出现时却仍能被正确地被提取；信息不能很好地被保持，在应用时不能及时提取的现象称为遗忘。在人的识记过程中，当前的外部信息、内部信息、被期待的倾向都在信息加工过程中发挥着一定的作用。人通过阅读和聆听等手段从外界获得信息，然后再将它们在记忆中保存下来，以便日后加以运用。记忆在人的整个认知活动中处于突出的地位。不仅是思考，任何其他的心理活动和心理现象，从认知、情绪、情感、个性都离不开记忆的参与。记忆将心理活动的过去、现在、未来联成一体，使心理发展、知识积累、个性形成得以实现。

从总体上看，从 19 世纪末到 20 世纪中期，心理学对记忆的研究，是沿着艾宾浩斯（Hermann Ebbinghaus）曲线方向进行的，虽然涉及记忆活动的不同环节和方面，但所研究的是那种可以容纳大量材料，并可保持很长时期的记忆现象。如人能记得并背诵出很久以前学会的一首诗，这就是现在所说的长时记忆。在长达几十年的时间里，心理学只知道这一种记忆。或者说，把记忆看成某种单一的东西。第二次世界大战以后，由于工程技术的需要，在信息论等新兴学科的影响下，心理学家开始重视另一种记忆现象，即我们的大脑只容纳有限的几个项目，并能在保持短暂的时间后又把它们忘掉。翻看笔记本上的某个电话号码后就能记着它并用来拨出电话，但时间一长就又把它忘记了，这就是后来所说的短时记忆。随着认知心理学理论的兴起，短时记忆研究在 20 世纪 50 年代中期曾得到蓬勃发展。大量的初期研究结果表明，短时记忆在信息的容量、编码、保持、作用等方面都与长时记忆不同。因此出现了一个新看法，认为记忆不是单一的东西，不只存在一种长时记忆，而是存在着长时记忆和短时记忆两种。此外，还有其他的记忆类型，例如感觉记忆，即那种保持感觉信息极其短暂的记忆，它又被称为瞬时记忆。短时记忆和之前的几种记忆学说的提出，以及感觉记忆的确定，对 19 世纪末叶以后心理学关于记忆的传统观点产生了猛烈的冲击，并引出了记忆的结构问题，并最后形成了记忆研究中的一个新话题。

5. 学习

学习是人们获取知识和掌握技能的过程。它既包括通过正规教育和训练获得知识的技能，也包括在日常生活和实践活动中积累知识的经验。学习的这种含义在日常用语和科学术语中都是一样的。行为主义心理学给学习下的定义是：因受到强化的练习而出现的潜在反应能力的持久改变。这个定义包含着 4 个对了解学习过程至关重要的要点：第一，较为持久的改变。它排除了因疲劳、厌食、习惯化而造成的动机和反应能力下降等临时性的行为变化，这类变化都不属于学习；第二，潜在反应能力。它说明，通过学习不仅发生外部行为的明显改变，也会出现难以直接观察到的内在变化。比如因接触某些对象和情境而使学习效能明显提高的潜伏学习以及无意识学习，它们都属于学习的范围；第三，受到强化。它是行为主义心理学家最为重视的一个部分，因为没有强化，就不会有潜在反应能力的持久改变，而且会使已经获得的反应能力出现消退；第四，练习。意欲学习的行为必须实际出现，并经过反复才会发生学习。当然，通过观察和模仿而实现的学习，也可以只有内在的变化而没有明显的外部行为。此外，由于学习是经过练习而实现的，因而某些物种的先天倾向和因机体成熟而引起的变化，应该排除在学习之外。

学习的本质在于在刺激和反应之间建立起联系，但又可分为不同的类型。如试错学习、顿悟学习、潜伏学习、观察学习等。学习问题自古以来就受到哲学家和教育家的关注。为了对这方面的研究做出系统解释并阐明学习的机制，不同学派的心理学家都提出了自己的学习理论。其中行为主义者主张只对机体的学习行为进行实验分析，而不求助于假设的内部过程或生理活动；而另外一些学习理论研究者则考虑到下列 3 种情况而不同意这种观点：①机体的行为和引发这一行为的事件，往往存在着相当长的时间间隔，故需要设想有习惯或记忆这样的中间变量来填补这种缺口；②机体在相同的环境中往往表现出不同的行为，要说明这种差别就需要考虑存在着观察不到的不同动机；③复杂的种系演化史和个体的发展史都影响着机体的行为表现，而其中的许多现象都是难以直接观察的。因此必须靠有作为中介的神经活动和无法观察的认知过程来说明所观察到的行为。行为主义心理学家曾对学习进行了大量的研究，并在实验方法上做出过重大贡献。关于学习的神经生理机制，人们已经认识到，任何学习活动，即使是最简单的学习也不是靠单个细胞的活动能够实现的，它需要大量神经元的综合活动构成的复杂网络完成。人们对这种关系模式在各种不同学习中的具体表现曾有过多种理论假设，但到目前为止，对学习所涉及的生理过程仍然知之甚少。

6. 思维

思维是人们对客观现实的间接和概括的反映。客观事物直接作用于人的感觉器官，之后产生感觉和知觉。感觉和知觉以感性形象反映事物的个别属性，使人能够把握各种现象和事物的外部联系。思维是以感觉和知觉为基础进行的一种高级认识过程，它运用分析和综合、抽象和概括等智力操作对感觉信息进行加工，以存储于记忆中的知识为媒介，反映事物的本质和内部联系。这种反映以概念、判断、推理的形式进行，带有间接和概括的特性。对客观事物间接和概括的反映，使人们能认识那些没有直接作用于感觉器官的事物，把握事物的本质和规律。人们掌握事物的本质和规律，就能预见事物的未来变化和发展，进而能够能动地改造世界。人们的思维是否正确地反映客观事物，需要接受实践的检验。

思维活动可由外部事物引起，也可由记忆中的事物引起。一般来说，当人需要完成某种任务而又没有现成手段时，思维活动便被触发，并沿着任务所指引的方向进行。换句话说，思维活动是由一定的问题引起的，并指向问题的解决。这种思维活动称作目的指向性思维。它受意识的控制，是人的主导性思维活动。另外，还有一种没有明确目的的思维活动，它很少受意识控制，带有自发的联想性质。思维突出地表现在获得知识和应用知识去解决问题方面。

思维之所以能够反映事物的本质、规律、解决问题，是由于它能对进入头脑的各种信息进行加工。这种加工是运用一些智力操作进行的。通常将分析、综合、抽象、概括看作思维的基本操作。此外还有比较、分类等其他操作。分析是在思想上将一个完整的对象分解为各个组成部分，或者将它的各种属性、方面、联系等区分开来。综合是在思想上将对象的各个部分联合为整体，将它的各种属性、方面、联系等结合起来。分析和综合是互相对立的，但又是整体统一的，二者在思维活动中通过互相联系发挥作用。

思维总是与问题联系着的，任何一个问题都由一些条件和要求构成，问题解决首先需要人们将问题的条件和要求区分开来，同时又能将条件和要求联系起来。要在思想上将整体分解为部分，不管这是一个客体、事件、过程、问题，它都需要应用记忆中存储的知识选择一个分析的角度，即形成一个分析的标准，然后用这个标准或角度来分析世界。

人们在进行分析和综合时常会以联想的方式进行思维。当客观条件发生变化，并需要新的分析标准和综合方式时，人们就会用类比的方法做出尝试，在分析综合的过程中逐步形成新的分析标准和综合方式。这是分析综合过程的一个重要方面。一种有效的分析，是将一个整体的几个部分或者几个事物联系起来进行的。这种分析称作综合分析。以事物的联系作为分析标准，不仅能使分析得以进行，而且它本身就是一种综合。通过综合的分析有助于保持思维活动的方向，激活记忆中的有关信息，发现事物的新属性或新方面。

抽象和概括也是互相联系的智力操作。抽象是在思想上将各个事物的共同属性抽取出来。概括是将抽象出来的各个事物的共同属性在思维上联合起来。通过抽象和概括，人们可以从具体中把握一般，从个性中把握共性，从现象中把握本质。概念就是依靠抽象和概括形成的。抽象有肯定和否定两个方面。抽象所肯定的是从各种事物中抽取出来的共同属性，这种肯定是通过概括实现的。抽象所否定的是事物的具体特征。在形成概念时，需要将所肯定的东西与所否定的东西分离开来，人们往往清楚地意识到前者，而对后者则比较模糊。这就会使概念的应用发生困难，因为在应用概念时又需要再回到被否定事物的具体特征上。所以，在进行抽象和概括时，人们既需要清楚地区分肯定和否定两个方面，又需要把握这两个方面的联系。抽象和概括依赖于分析和综合。没有适当的分析和综合，抽象和概括就难以进行。

思维可以分为具体思维和抽象思维。具体思维是指以动作或形象进行的思维活动。抽象思维是指以概念或理论进行的思维活动。人的思维还可按照新颖性而分为再造性思维和创造性思维。再造性思维表现为应用过去曾经采用的方法去解决问题，缺乏新颖性。创造性思维是应用独创的新颖方法来解决问题，它具有强大的开拓力量，是一切发明创造和创作所必需的。①②③

7.1.3　心理学的发展

心理学目前存在着两个十分棘手的问题。一个是心理学的学科性质问题，一个是心理学的反差问题。

就第一个问题而言，关于它的争论由来已久。在有关心理学的研究对象从灵魂、意识、行为，再回归到意识的反反复复争论中，最不缺少的东西就是看似非常系统化的各种理论表述，这从每若干年都会问世一大批心理学巨著就可以看得出来。但在这些说不清的理论中，究竟有多少是有价值的？美国心理学家科克（Sigmund Koch）1981 年提出：心理学在脱离哲学后的 100 多年中，一直未能成为一门独立的科学，而永远也不可能发展成一门独立的科学。现有的心理学知识，在性质上只不过是资料的堆积，其中绝大多数并非是科学的研究结果④。

---

① 彼得罗夫斯基. 普通心理学. 朱智贤，伍棠棣，卢盛忠，等译. 北京：人民教育出版社，1981: 250-373.

② 克雷奇，克拉奇菲尔德，利维森，等. 心理学纲要（下）. 周先庚，林传鼎，张述祖，等译. 北京：人民教育出版社，1981: 4-217.

③ 托马斯・L・贝纳特. 感觉世界：感觉和知觉导论. 旦明译. 北京：科学出版社，1981: 28-140.

④ Koch S. The Nature and Limits of Psychological Knowledge: Lessons of a Century Qua 'Science'. *American Psychologist*, 1981, 36(3): 257. 或见：Koch S. The Nature and Limits of Psychological Knowledge: Lessons of a Century Qua 'Science'.//Koch S, Leary D E. ed. *A Century of Psychology as Science*. NewYork: Mc2 Graw2 Hill, 1985.

众所周知，在心理学的发展史上，心理学的学科性质问题一直是个争论不休的话题，西方的心理学如此，中国的心理学也如此。20 世纪的中国心理学界，对于心理学的学科性质的认定，最有代表性的观点主要有四种：第一种观点认为，心理学是研究心的作用，或称精神作用的科学；第二种观点认为，心理学是生物科学的一个分支，其任务是用自然科学的方法研究有机体的全部行为；第三种观点认为，心理学是一门社会科学，且是所有社会科学的基础；第四种观点认为，心理学是和物理学、生物学平行的三大自然科学学科之一。最后一种观点是潘菽提出的，但经历了数年的思考之后，潘菽放弃了心理学要同物理学和生物学平起平坐的不切实际的幻想，并重新提出了一个心理学的研究思路，即认为心理学应该定位成一门介于自然科学与社会科学之间的中间性学科，即目前常说的桥梁学科。[①]但很不幸，20 世纪 80 年代末，中国的心理学一直被前述的第二种观点所垄断，这从中国的一个国家级心理学研究所被设置在中国科学院从而作为一个自然科学的生物学分支就能看出。噩梦由此开始，20 多年的研究实践证明，这个盛产院士桂冠的中国科学院，竟没能施舍出一个名额给它的心理学家，心理学不但没能和物理学和生物学平起平坐，甚至在整个科学体系中的存在也备受争议。一种悲观情绪一直在心理学家中弥漫：只要把心理学归为科学，心理学家就心满意足了。

从信息科学的观点看，心理过程是一个信息过程，思维活动是一种信息加工，这一来自认知心理学的观点——不论心理学家是否愿意承认它——已经深入人心。我们之所以这样认为，并不是仅仅受到认知心理学家把人脑作为一个类似计算机那样的信息处理器的物理符号观的启发——虽然它是支撑我们观点的重要依据。但更重要的是，人脑本身就是一个信息处理器。

从系统科学观点看问题，当我们对一个系统的工作原理还不十分清楚的时候，我们倾向于把这个系统称作黑色的或灰色的，考察系统的输入输出变量——在这里，心理学家已经称它们为信息——之间的关系，我们大体可以间接地了解到该系统的工作原理。当然，这只是系统科学的一个假设。但从心理学研究的实践上看，心理学家的确就是这么做的。人类从外部世界接收信息，经过神经系统，特别是经过脑神经系统加工之后再传向外部世界。因此，大脑，或者说神经系统中的中枢神经系统本身就是一个信息处理器。

---

① 汪凤炎. 当前中国心理学发展中值得反省的四个问题. 西北师大学报(社会科学版), 2006, 43(5): 42.

尽管可以把大脑看作一个信息处理器，但这种观点最后仍不过是把认知心理学看作心理学的一个分支，它从理论上推导不出心理学是一门信息处理科学的必然结论。我们把心理学看作人类信息处理科学的观点，更重要的还是来自林赛和诺曼于20世纪70年代提出的，应该把心理学看作人类信息加工的思维。[①]在心理学的传统研究纲领中，早期关于注意、感觉、知觉、记忆、思维等问题的研究并没有使用信息概念。但翻一翻任何一本现代心理学著作，绕开信息概念，不知道还有哪个心理学家的工作还能够继续下去。

神经科学是从自然科学的角度理解心理信息，或者说神经信息，或者说思维加工信息的，它理所当然地属于自然科学，并且是按照自然科学的方法去做的。但心理学是一种表象科学，或者是经验科学。虽然心理学家也在做试验，但这种试验和真正的自然科学试验是有很大差别的。随着细胞信息学的不断深入，基于生物学的神经信息学——而不是类似生物信息学的神经信息学——将会一步一个脚印地开展下去，心理学家应该不失时机地抓着这个机会，基于信息，抓着行为。即让神经信息学家基于物质来研究信息，而心理学家基于行为来研究信息，这样，心理学将有可能在信息科学的大背景下在自然科学和人文科学之间架设起一座真正的桥梁。

就第二个问题而言，即心理学家研究的心理学和普通公众理解的心理学是两个同名不同实的问题，这是近年来公众对心理学理解的偏差和心理咨询业盛行而引起的。一般公众认为，在社会交往和工作学习中，猜测相关人士的心理，或对自己的心理和思维做一总结，这对一个人的工作和生活总是有益的，起码也能满足一种好奇心。于是就寄希望于心理学家或由他们写出的心理学教科书，认为在读了几本心理学著作之后，一个人就必然能够知道别人对某一问题是怎么想的。但心理学恰巧不研究这些问题，他们关注的是人类行为中的感觉、知觉、学习、记忆、思维等问题。更重要的误解是来自流行的心理咨询。

在当今的社会中，总有人不断地向心理咨询师发问，问他们是不是能够看穿咨询者自己或他人的大脑和内心世界？心理咨询师通常很难回答这个问题。他们不能肯定地说能，因为他们并不通灵，不知道他人内心是小九九还是小六六。但他们也很难回答说不能，因为被询问者的举手投足和说话姿态，其实都正在用自己的身体语言透露着他们的内心世界。究竟

① Lindsay P H, Norman D A. *Human Information Processing: An Introduction to Psychology*. Academic Press, 1977. 中文版见：林赛 P H,诺曼 D. A. 人的信息加工：心理学导论. 孙晔，王甦，等译. 北京：科学出版社，1987.

想了解咨询者在说什么，咨询师往往只需不停地和连续地与对方交谈，确认和询问相关的一系列问题，结果就会从咨询者吐露的大量信息中捕捉到对方的真实内心世界。心理学有很多讨巧的理论，咨询师可以拿它们去对很多心理现象进行迷人的解释。当咨询师学习了很多心理学知识和理论之后，甚至在临床上也处理了很多个案之后，他/她们很容易“看到”这个人的“强迫症状”，那个人的“讨好行为”，或者一个十分活泼的女孩在内心深处却处于一种极端的焦虑状态。

从表面上看，咨询师总是能看到和别人不同的东西，总能对相关的人和事提出独特的见解，总能在他们的朋友面前得意洋洋。当别人还处于疑虑重重的时候，咨询师却什么都知道了，这看起来是件多么神奇的事情啊！可是，这恰巧是心理学给心理咨询师设计的最大、最深、最残酷和最恶毒的陷阱。因为心理学终归是关于“人”的。心理咨询的本质，是在于帮助被咨询者了解自己，而绝非满足心理咨询师偷窥他人的私欲。当一个心理咨询师开始拿五花八门的咨询理论去生搬硬套，站在自己的神坛上，抱着自己的小本子冥思苦想，之后得意洋洋，告诉你现在遇见了姑娘就犯怵是因为你小时候妈妈对你管教太严，是因为你 3 岁时丢失了一件最心爱的遥控汽车，7 岁时被老师体罚，12 岁时最好的朋友转学离你而去并对你造成了伤害，说你不够自信，说你太放不下过去……貌似很在行的原因。但你一定要相信，这个世界上没有人比你更加了解自己，只有你自己才是那个能够真正了解自己的人。因为我们的生命是如此地丰富浩渺，它大过任何单独个体所能够经历的一切。别人对我们的猜测、理解，即使在某些方面是准确的，但我们也要明白，这是他们基于他们自己的生活经历或别人的故事加工而成的“理解”。我们的生活，我们所经历的一切快乐、痛苦，别人从未体验过，也无从体验。当一个人穿上“心理学”的外衣，对你指手画脚，左右分析的时候，这就变成了这个人的自我表演，多半和我们的生活无关。因此，一个好的心理咨询师，甚至是一个好的朋友，会陪伴你发现世界，探索你内心的宇宙。他会小心翼翼地帮你打开你的眼睛，触碰你的内在。他也许会在一个安全的时候，告诉你他所看到的和他感到的；但他知道：只有靠你的眼睛所见，你的内心感受，你对自己生活的诠释，才能让一切治愈成为可能。每个人的心里都有一座孤独守望的灯塔，别人进不来，自己出不去。这并不是心理学的学士、硕士或博士课程中能够讲授出来的东西。随着量子信息技术、基因组技术、神经信息学的进展，人们正在尝试用更加科学的方法对心理的过程进行探索，心理学家和咨询师在事业上成功的概率也正在变得越来越大。

7.2 传播学

7.2.1 传播学研究概述

传播学是一门研究人类信息传输和交流问题的学科。没有人能够孤独地在世上有效地活着，信息交流是克服这一问题的唯一手段，而它也是一切机构、教会、国家等组织存在的基本理由。但值得注意的是，传播学关注的信息传输和交流问题和诸如机器或细胞之间的信息传输问题并不相同。在古希腊，亚里士多德在其《修辞学》中强调：劝说应当建立在听众承认的真理上，只有了解听众的心理，劝说者才能达到劝说的目的。[①]这种观念被认为是传播学最古老的思想之一。至 20 世纪早期，美国的一些社会科学家开始陆续对传播问题发表看法。例如，作为实证主义哲学家的杜威提出，传播的角色在于调和个人自由与社会责任的关系；社会学家科利（Charles H. Colley）深信，传播的历史是所有历史的根本；社会学家帕克（Robert Park）认为，传播问题绝不仅是信息的传播及其效果问题，它是人类社会关系的本质所在。作为一个专栏作家，李普曼（Walter Lippmann）在对“宣传”这种特殊的传播类型进行研究之后认为，宣传的任务就是帮助公众形成一种歪曲的世界图景，在一个人创造出他认为明智且可取的虚拟环境之前，宣传的目的是尽力限制受众接近世界的真实环境并最终形成一个虚假的世界图像[②]。

第二次世界大战爆发之后，许多美国科学家响应政府的号召，以各自的职业特点参与到了战争中，包括拉斯韦尔（Harold D. Lasswell）。拉斯韦尔是一个政治学家，1927 年在芝加哥大学完成了一篇《世界大战中的宣传技巧》的博士论文[③]。战争结束之后，他根据自己在战场中的经验，撰写了一篇奠定今日传播学基础的开创性文章：“传播在社会中的结构与功能”[④]。他在该文中强调，如果我们在未来希望更好地实现对一个既定受众进行心理宣传，那么，作为一个宣传者就应该牢记着以下五个因素：谁说的（who）？说了什么（says what）？通过什么渠道（in which channel）？对谁（to whom）？取得了什么效果（with what effect）？由于这五个因素

① 周琴，杨海霞. 亚里士多德修辞学——西方传播研究之渊源. 东南传播, 2008, 4: 87.

② 胡翼青. 传播学：学科危机与范式革命. 北京：首都师范大学出版社, 2004: 16-24.

③ Lasswell H. *Propaganda Technique in the World War*. New York: Knopf, 1927.

④ Lasswell H. The Structure and Function of Communication in Society//Bryson L. ed. *The Communication of Ideas: A Series of Addresses*. New York: Knopf, 1948: 37-51.

都包含着以英语字母 W 开头的英文核心单词，后人就把其称为“五 W 原则”或“五 W 模式”。换句话说，“五 W 模式”提出了一个传播过程应该关注的五大基本问题，即传播者研究、内容研究、媒介研究、受众研究、效果研究。“五 W 模式”虽然并不是一个科学理论，但的确是一个重要的发现。

除了拉斯韦尔之外，在传播学的起源上还有另外三个奠基性人物需要牢记。第一个是拉扎斯菲尔德（Paul F. Lazarsfeld），他是 20 世纪美国最重要的实证主义社会学家之一。拉扎斯菲尔德对传播学的主要贡献体现在他提出了一个“二级传播理论”。该理论的含义是：在一个确定的传播范围内，一般都存在着一个“舆论领袖”。“舆论领袖”一般都具有较高的威望，其观点能够经常影响周围的人。各种信息通过不同的渠道首先传递给“舆论领袖”，之后由“舆论领袖”加工之后再传给一般受众。这一信息传播现象被拉扎斯菲尔德称之为“二级传播”。第二个对传播学做出过基础性贡献的人是从德国逃亡到美国的物理学兼心理学家勒温（Kurt Lewin），基于对战时家庭主妇是否愿意用一种动物内脏做家用食品的态度类比分析，勒温提出了一个“把关人”理论。该理论认为，在大多数信息传播渠道中都存在着一些允许或不允许信息传播出去的人或机构，勒温称之为“把关人”。第三个为传播学提出了基础性理论的人是霍夫兰（Carl Hovland），他对传播学的贡献主要体现在他提出了一个“有限效果论”。在此之前，人们普遍相信基于弗洛伊德（Sigmund Freud）的心理学理论提出的“魔弹”学说，该学说认为，媒体是万能的，尤其在战场上，士兵在接受信息时常常像人们被子弹射中一样，一旦中弹，应声倒地。作为一位杰出的实验心理学家，霍夫兰在军队中进行了一个著名的“陆军实验”。实验表明，“魔弹”学说是不可信的，不同的人对不同的信息会有不同的反应，理解深浅也因人而异。因此，不同的传播方式和传播策略所产生的传播效果并不相同，霍夫兰把这种现象称为“有限效果论”。

上述各种观点在第二次世界大战时期已经陆续问世，这为可能正式出现一门被称为“传播学”的理论创造了条件。1943 年，具有文学研究背景的施拉姆（Wilbur Schramm）从华盛顿统计局和战时新闻局来到美国艾奥瓦大学新闻学院，并在这里设立了世界上第一个“大众传播”博士学位课程，它和艾奥瓦大学语言和戏剧艺术系已有的“人际传播”一起，作为艾奥瓦大学的两个传播研究方向并存。在艾奥瓦大学，施拉姆把他早年因治疗自己的口吃而接触到的言语训练技巧和战时在华盛顿地区接触到的前述各种传播学说进行了统一思考，决心建立一门专门研究各种传播问题的学科——传播学（communication）。于是，他向学校当局提出了一个每年需要投入 13 万美元的传播学 10 年发展规划。由于艾奥瓦大学没有足够的财力接受这个方案，结果导致施拉姆的方案最终落户到伊利诺伊大学。该校不仅立即满足了施拉姆的要求，并答应他在伊利诺伊大学建立一个传播学研究所，并可以开设传播学博士课程①。在伊利诺伊大学期间，施拉姆编辑了世界上第一部《大众传播论文集》（*Mass Communication*：*A Book of Readings*），由伊利诺伊大学出版社于 1949 年出版，之后又多次印刷②；该文集收录了 36 篇论文，内容从报纸史到动画片，从广播技术到舆论民意。在伊利诺伊工作了 8 年之后，经历了一些不愉快的人事纷争后，施拉姆郁闷地离开那里并来到了斯坦福大学，并在斯坦福大学传播与新闻学系下属的一个传播学研究所担任所长 6 年，直到 1973 年退休。③之后，65 岁的施拉姆跨洋来到了夏威夷大学，并在那里再次创建了一个传播学研究机构，即今日著名的“东西方中心传播学研究所”（Communication Institute at the East-West Center）。在经过对前人各种传播学说进行了融合性思考之后，施拉姆终于于 1973 年在夏威夷写出了世界上第一部传播学专著——《人、讯息和媒介：人类传播概览》（*Men，Messages，and Media：A Look at Human Communication*）④，并于 1982 年和波特（William E. Porter）合作，以《男人、女人、讯息和媒介：理解人类传播》（*Men，Women，Messages，and Media：Understanding Human Communication*）的新书名出版了它的修订版⑤。以这部著作的出版为标志，作为一门专门研究人类传播问题的“传播学”正式诞生。

在目前的传播学研究中，一般人常把传播学、（大众）媒体学、新闻学几个不同学科的研究内容混在一起。在专业的研究内容上，传统的传播学研究往往会从宣传、舆论、意见领袖、把关人这些论题开始，并最后上升到以媒介效果为主的理论⑥。在目前的传播学专著和大学教科书中，其研究范式和上述体系完全不同，概括起来大体分为两种：一种是过程范式（process model），一种是人群范式（population model，美国人习惯称其

① 罗杰斯 E M. 传播学史：一种传记式的方法. 殷晓蓉译. 上海：上海译文出版社, 2002: 2-31.

② Schramm W. *Mass Communications: A Book of Readings Selected and Edited for the Institute of Communications Research in the University of Illinois*. Urbana: University of Illinois Press, 1949.

③ 罗杰斯 E M. 传播学史：一种传记式的方法. 殷晓蓉译. 上海：上海译文出版社, 2002: 475-481.

④ Schramm W. *Men, Messages, and Media: A Look at Human Communication*. New York: Harper & Row. 1978.

⑤ Schramm W, Porter W. *Men, Women, Messages, and Media: A Look at Human Communication*. New York: Harper & Row. 1982.

⑥ 胡翼青. 传播学科的奠定：1922～1949. 北京：中国大百科全书出版社, 2012: 15.

为情景范式：context model），下面我们来逐一对它们进行分析并最后提出一种新范式：行为范式（behavior model）。

7.2.2 传播学的基本问题

1. 过程范式

传播学的过程研究范式起源于拉斯韦尔基于战争的宣传技巧学说，后经施拉姆系统整理，后来就变成了传播学研究的标准范式。近 40 年来，在超越半数的传播学专著或教科书中，一般都把这个范式当作标准的传播学理论体系予以阐述。我们可以把这个范式中的传播者研究、内容研究、媒介研究、受众研究、效果研究五个问题分作两类，一类是方向正确但模糊不清的，一类是越俎代庖因而无法完成的。

方向正确的问题包括传播者研究、受众研究、效果研究。当信息在一个传偶之间传输时，传播学家对这三个问题加以深入地系统分析并得出有效的结论，这显然是一个十分有价值的话题。但是，除效果研究之外，就传播者研究和受众研究而言，很少有人能够弄清楚施拉姆的指导思想，究竟是想让传播学家研究传播者和接收者的什么问题。在大多数情况下，很多人把传播者不是作为一个个体的人而是作为一个传播机构来看待。在受众研究和效果研究之间，彼此重复的东西又太多。特别是当一个信息接收者在接受一份信息之后究竟能够产生什么样的想法，并根据这一想法产生出什么样的信息行为，我们实际上很难予以把握，因而也难理解清楚。

越俎代庖的内容是渠道研究和内容研究。众所周知，由施拉姆创建的传播学是在艾奥瓦大学新闻学院的背景下提出的，因为媒体是新闻学的基本研究内容。所以，在施拉姆提倡的渠道研究中，其研究内容往往就变成了关于媒体的研究。这样，在新闻学、媒体学（大众传播学）、传播学之间，关于媒体的研究就成为三个学科之间彼此重复的话题，而这一现象也成为当今许多传播学设立在新闻学院系之下，并启发一些研究者期待将新闻学改造成传播学或新闻传播学的动因之一。根据这些学科的发展趋势，就像法国传播学家所思考的那样，建立一门独立的媒体学（mediologie）[①]才是合理的选择，并可能成为一种发展趋势，但它并不是传播学的研究内容；至于内容研究，也就是信息研究，这大概是传播学家永远津津乐道、但永远也不会取得成功的一个梦想。阅读本书的读者应该明白，信息的概念今日已经远远超越人类交流范围，进入技术科学和自然科学等领域，成

① 袁军，龙耘，韩运荣. 传播学在中国：传播学者访谈. 北京：北京广播学院出版社，1999: 49.

功地研究包括技术信息和自然信息在内的一切信息，这对传播学家来说其成功的概率几乎为零。但对信息的研究是传播学必须面对的，合理的选择是在信息之前应该加上“人类”这个限定词。

2. *人群范式*

按照信息的发出、经由、被接收的范围不同，我们可以得出二人传播、小组传播、组织传播、国家传播、国际传播等几种传播类型。如果信息在二人之间交流，其传播类型就是二人交流。二人交流是传播学最基础的传播类型；如果信息在一个没有固定人数：从二人到数十人甚至更多的人群之间传播，我们就把这种传播类型称作小组传播或团体传播；如果信息在一个具有固定机制的组织之间传播，我们就把其间的信息传播称作组织传播。组织传播通常被看作管理学的研究对象；同理，超越组织传播的是国家传播，超越国家传播的是国际传播。如果按照信息在传播时所采用的媒体类型分类，我们还可以得出无媒传播（语言传播）、小众传播、大众传播等几种类型。如果我们采用的是面对面的直接传播，所得的类型就是无媒传播；如果我们采用的是信件、电报、电话等这些小众媒体传输信息，所得的类型就是小众传播；如果我们采用的是图书、杂志、报纸、广播、电视、互联网等这些大众媒体传播信息，其传播类型就叫大众传播。如果按照所传播的信息类型进行分类，我们还可以得出经济传播、政治传播、科学传播、宗教传播等。上述第一种分类叫人群分类，第二种分类叫媒体分类，第三种分类叫内容分类。在这几类研究实践中，传播学家基本以人群分类为基本的研究范式，主要研究二人传播、小组传播、组织传播。不幸的是，几乎在所有的传播学人群研究范式中，研究者都在其论述中加入了大众传播研究，而它却是媒体分类的一个类型，这种混合的研究范式在逻辑上是混乱的。

如果抛开这种混合传播学研究在逻辑上形成的混乱不论，只考虑二人传播、小组传播、组织传播这些逻辑分类统一的信息传播类型，我们很快就会意识到，它们并不是基本的元传播学问题，而是把具有共同因素的传播类型并列起来的平行分析，而期间的共同因素应是关于各种传播类型中关于人的信息行为问题，如若研究者在分析各种传播类型时去重复地叙述这些问题，那么就称不上是一种合格的传播学研究方法。作为传播学的理论基础，其努力恰巧在于分析这些不同传播类型之间的共同因素，然后再应用所得的结论去分析不同的传播类型，这才是传播学的总体策略所在。因此，我们有足够的理由相信，采用人群范式来进行传播学研究并不能把传播学研究带向成功的彼岸，尽管它在无数的传播学著作和教科书中具有广泛的市场。

此外，在人群范式研究中还存在着许多争议性问题。其中一个最大的争议是关于内向传播（intracommunication）。传播学家对内向传播的定义是：一个人在自己的大脑中自己对自己进行的信息述说，而它基本上是一个冥想问题。许多研究者认为，对它的分析应属于心理学而不是传播学。按照林之达的看法：把内向传播这种说法作为传播学的课题来进行研究，其结果必将产生与认知心理学、生理心理学在研究内容上的重复，从而损害传播学的科学性，背离拉斯韦尔等开拓的“人的社会传播”原则①。另一个值得深思的传播学争议是，基于人群类型的传播学理所当然地应该对公众演讲进行研究，因为它是一个一对多的面对面（或通过媒介技术）信息传播类型。但是，这就会让我们立即想到教育学。教育学中的课堂教学理论恰巧就是一个一对多的知识信息传播问题，如何将教育学中这个问题和传播学理论有效地协调起来，这也是传播学需要深思的课题。

3. 行为范式

如果把过程范式中的传播者和接收者两个方向定位在传偶的信息行为方面。特别是把人群范式中的所有共同因素抽取出来，我们很快就会发现，研究信息传播过程中各种共同的信息行为问题将会成为传播学发展的一个合理范式。事实上，强调传播学应该集中在人类信息传播方面的观点已经被一些有远见的学者提出。例如，在中国的传播学研究者当中，明安香历来主张，传播学应该研究人类信息的传播问题②。张允若也认为，传播学有三个基本的概念，它们是传播、信息、媒介③。熊澄宇更是大胆地提出，传播学是信息科学和行为科学的交叉学科④；和业界联系比较紧密的人更是从 20 世纪 80 年代就注意到了这类问题⑤。特别值得欣慰的是，在新一代的传播学研究者当中，胡翼青是这一观点的坚定支持者和清晰阐述者。他在系统地研究了传播学的历史和范式之后提出，传播学应该走出拉斯韦尔和施拉姆所创建的范式，进入以人的信息行为为思考基础的人本主义范式上去。他认为，传播学应该集中在人类本身而不是信息传播过程

① 林之达. 有关传播学理论的探讨//袁军, 龙耘, 韩运荣. 传播学在中国: 传播学者访谈. 北京: 北京广播学院出版社, 1999: 33.

② 明安香. 传播学的历史、现状和未来//袁军, 龙耘, 韩运荣. 传播学在中国: 传播学者访谈. 北京: 北京广播学院出版社, 1999: 1.

③ 张允若. 对传播学几个基本概念的辨析. 杭州大学学报, 1998, (1): 103-108.

④ 熊澄宇. 清华传播译丛: 序//保罗•利文森. 软边缘: 信息革命的历史与未来. 熊澄宇, 等译. 北京: 清华大学出版社, 2002: Ⅳ.

⑤ 李良荣. “信息热”和新闻改革. 新闻大学, 1984, 7: 9-13.

上，它最后才能成为一门成熟的人文社会科学的主干学科。①在国外，李约翰（Stephen W. Littlejohn）在其已经出版了 10 版的传播学名著中，尽管每版都有不少变动，但信息问题一直是他研究的重点。②1992 年，美国新泽西州立大学传播学家鲁本在《美国信息科学学会杂志》（*Journal of the American Society for Information Science*）上发表长文，强调传播学研究和信息学研究应该紧密地结合起来③。并在 1981~1986 年编辑出版了一份主要由传播学家撰写的关于信息和行为的传播学丛书——《信息与行为》④，上面刊登了传播学家对信息的大量研究。更不用说在日本东京大学这样亚洲甚至是世界的著名大学里，像"传播学"这样的概念已经在"社会信息学"的大潮下早已冲刷得不见踪影，起源于新闻学研究的社会信息学研究今日已经变成了支撑东京大学信息科学研究的中坚力量。

概括地讲，传播学的行为研究范式应该集中在如下的传播学研究方面：①信息生产。研究信息的生成问题，这是整个信息传播的起源问题；②信息表达。当人们在自己的大脑中生成了信息之后，表达与否或怎样表达是信息传播的基础问题；③信息提供。为了有效地让信息发挥作用或使得社会的运行更加有效，政府、组织、或个人有责任考虑如何向受众提供不同的信息需求保障机制；④信息需求。为了有效地提供信息，人们必须研究个体和社会的信息需求；⑤信息接收。对于各种不同的信息，人类的接收行为可能是很不相同的；⑥信息获取。不同的信息被人类形成之后，人们需要知道如何用有效的方法去获取它们；⑦信息效果。这是传播学的一个传统话题和重要内容，信息最后产生什么作用需要我们仔细分析；⑧信息调和。信息的传播要讲究平衡与和谐，从信息传播方面看，一个社会的理想传播状态应是：信息的生产和消费应该保持基本平衡，可以供大于求而不应该供不应求；⑨信息传播。传播学研究要能够和语言学、心理学等学科平起平坐，它就应该同时研究信息的形而上问题而不是研究具体的媒体管理这类形而下的问题。例如信息的对称理论，信息的分度理论等，或更加具有实用价值的其他信息传播学问题。例如，在互联网大潮中，人们为什么会越来越少地使用电话而改用电子邮件、短信、微信等。传播学家有责任让这些典型的信息传播问题从经济学、社会学等学科中回归到传播

---

① 胡翼青. 传播学：学科危机与范式革命. 北京：首都师范大学出版社, 2004: 238.

② Littlejohn S W, Foss K A. *Theories of Human Communication*. Long Grove: Waveland Press, Inc. 2010.

③ Ruben B D. The Communication-Information Relationship in System-Theoretic Perspective. *Journal of the American Society for Information Science*, 1992, 43(1): 15-26.

④ Ruben B D. *Information and Behavior. (1, 2, 3, 4, 5)*. New Brunswick: Transaction Books, 1981-1986.

学中来。

不论是旧大众媒体（图书、杂志、报纸、广播、电视、电影、广告）或新社交媒体（脸书、推特、博客、微博、微信、QQ），它们的运行基础都是人类信息行为。如果传播学希望自己将来能够成为人文科学的一分子和基础性信息科学之一的话，它就应该从研究和培养"新闻信息工匠"的思维转变到"人类信息工作者"的思维上去，"新闻信息"在媒体上的份额只占一部分，另外两部分是"知识信息"和"文艺信息"，用"新闻"一词涵盖"知识"和"文艺"的混乱传播学时代应该结束了。

7.2.3　传播学的发展

自施拉姆的《人、讯息、媒介：人类传播概览》一书于 1973 年问世之后，传播学经历了一段表面的繁荣，并于 20 世纪末进入了低谷，许多有思想的研究者纷纷质疑：传播学是一门合格的科学学科吗？传播学究竟应该研究些什么？传播学的未来是什么？在美国，除了斯坦福大学之外，常青藤联盟中的哈佛大学、耶鲁大学、普林斯顿大学、哥伦比亚大学等学校均将传播学拒之门外；在欧洲的英国、法国、德国的众多大学中，基本上也都没有把传播学当作一回事。在日本，传播学从来就没有正式列入哪所大学的正式学科列表上。东京大学虽然在 1929 年就开设了新闻学讲座，但之后却仅仅保留了一个小小的新闻学研究室建制直至 1992 年一跃升迁成了社会信息学研究所。[①]在使用汉语的国家和地区里，台湾在 20 世纪中后期就建立了传播学的相应大学专业，但在很长的时间里，台湾的教育部始终拒绝承认传播学是一门合格的人文社会学科。在中国，传播学沿袭美国和台湾的传统，从新闻学起家。由于地缘政治的原因，近 20 年来，去日本东京大学访问、进修、留学的中国学者不计其数，但从信息角度领会该校对传播学思考的精髓，却很少有人能够做到。在接近 21 世纪来临的时候，北京大学和清华大学曾经计划建立一种新的信息与传播学院来发展中国的传播学、媒体学、新闻学，但这种思想被一些保守主义者很快扼杀在摇篮中。最后建立起来的却是一种早在 20 年前就被东京大学抛弃掉的"新闻传播学"，而且这一现象还很快被中国其他的大学仿效，从而造成了今日中国新闻学专业的学生一毕业就面临失业或不得不转行的尴尬局面。正如大家所看到的那样，10 多年过去了，中国的传播学所取得的成绩乏善可陈。如果从施拉姆 1973 年完成的《人、讯息、媒介：人类传播概览》算

① 闫学杉. 从新闻学到社会信息学. 国际新闻界, 1997, 4: 64.

起至今，传播学走过40余年。若要从施拉姆在艾奥瓦大学开设“大众传播”博士课程的1943年算起，传播学的历史更已经超过70个年头。对于一个人的全部生涯来说，如果他本身具有足够的创造潜力，70年差不多早会令他的才华得以充分的绽放。对于一门科学研究学科来说，70年仍旧处于迷失之中，我们只能说这个学科赖以建立的基础或范式是有问题的。

对于这一问题的思考，中国的一批传播学研究者对其提出了深刻的反思。在这个令人诟病的角斗场上，不少具有批判思想的学者对这一由施拉姆于20世纪后半叶开创的学科进行了深刻的剖析，而且一致认为，他所构建的传播学基础本身是有问题的。例如，伍静认为，“施拉姆不仅是学术水平有问题，而且并非是一个以学术作为自己第一追求的学者”。她分析道：“20世纪40年代末，有些社会科学家紧盯着研究经费和学术地位，一心想挤进与冷战事业相关的行列中。施拉姆便是其中之一。他的一生可以用下面的话来概括：借助二战和冷战期间为国效劳的契机，为把自己挤进权重一时的主流行为科学家之列，为把传播学塑造成一门具备合法性的行为科学而奋斗不息。”[①]伍静继续说道：“作为学者（知识的生产者），施拉姆是比较平庸的，尽管他的著作很多，但基本上发挥着主编的角色，是典型的‘二传手’。他的理论大多属于派生性的，缺乏原创性，始终脱离不了别人阐发的概念。……施拉姆一生涉猎的研究不计其数，……但这些不同的项目如同分散的碎片，似乎很难拼合成一个完整的景观。施拉姆也由此给人留下一种身份不明的印象，仿佛他在学问上东一榔头西一棒子，缺乏一个核心关注。他的门生、同侪们要么为尊者讳、闪烁其词；要么力图做出正面的解释……但是细究起来，还是可以发现这些研究项目的内在连贯性，即它们几乎清一色地属于‘御用研究’（政策研究）的范畴，当中有不少可谓是打着学术旗号的政治行为，这些无疑为施拉姆贴上了政策科学家的标签，同时他所创立的传播学也打上了深深的‘政策科学’的烙印。……二战后美国所谓的‘大众传播研究’不过是心理战研究的一个变种或者说一个中立化的遮羞布而已。”[②]胡翼青认为：“施拉姆没有自己的学术思想和坚定的学术追求，而且由于他自身学术地位不高，因而特别崇拜和巴结当时负有盛名的学者。……对于传播学而言，他更多地像个编辑而不像是个学者。在他的圈子里，他像是二战期间那个学术共同体的宣传部长，一生都在忙于包装第二次世界大战期间他所在的那个学术共同体在传播研究方面的成果和价值观。但他本人没有能力判断这一学术方向

① 伍静. 中美传播学早期的建制史与反思. 济南：山东人民出版社, 2011: 68.

② 同上, 71-72.

是否具有理论繁殖力。”[①]王怡红认为：“如今的传播学在中国已经有了社会需要、学科边界、培养机制、行业组织、专家取向、学术职称、研究经费，还包括学术资源与权力之间的种种斗争，但唯一缺少的却是对传播理论的开拓与方法创新的学术能力。20 世纪 70 年代，我们一直在以外来学科的方式学习传播学，做传播学研究，既没有相对于西方的传播理论与方法的建树，也缺乏接近中国理论临界点的研究成果问世，甚至没有明确找到真正意义上的传播研究对象。这一绕不开的现实困境促使我们必须进行学科立场的反思，必须着手传播学科史的批判研究，必须检点我们接触西方传播学的方式，以便获得一个比较的视野，让我们能更好地想想该从哪里重新起步才能促进传播学在中国发展这样根本的问题。”[②]黄旦的看法是，中国的传播学研究者们目前的大量精力是放在出产或洋或土的教材上而不是对传播学本身进行深入的研究[③]。台湾的传播学研究者李茂政也早在 1993 年就指出：施拉姆使美国的传播研究大都集中在受众效果的主题方面，显露出一种短期的、心理学的方法及个体的反应，缺乏宏观的角度。他虽然推广了传播学，但窄化了美国传播学研究的视野，他虽然是这一学科的综合者，但没有为传播学建立起一个完整的理论体系。施拉姆本人也曾于 1984 年说过：传播学还没有塑造出一个理论的、主要的、整合性实体。[④]这些传播学学者的分析和洞察是何其的深刻！根据世界传播学的发展趋势，我们完全有必要像一些法国传播学家所倡导的那样，应该将现有的传播学推倒重来（botter en touche）[⑤]。

在传播学的发展历史中，把关于“communication(s)”研究当作“交通”研究述说的时代早已过去。但是，只要我们不把传播学、媒体学、新闻学彼此分离开来，只要我们能够看到新闻传播学院仍是一所继续为体育明星、演艺明星、政治明星不断制造和发放廉价文凭的加工厂和批发商，只要我们继续看到在传播学的“名著”中仍把香农的“通信的数学理论”称作“传播的数学理论”，只要我们继续相信施拉姆生前在其计算机硬盘中留下的没有发表的无知预言：“传播学在不久的将来，会通过一个合并和重新确认的阶段。在那里，现在被称为新闻学、言语传播学、电影学、大众传播学和信息科学的大学机构将合并成被简单地称为‘传播学’的更

① 胡翼青. 传播学科的奠定: 1922～1949. 北京: 中国大百科全书出版社, 2012: 207.

② 王怡红. 导读: 我们从美国传播学科史研究中读到什么?//胡翼青. 传播学科的奠定: 1922～1949. 北京: 中国大百科全书出版社, 2012: 23.

③ 黄旦. 学科与问题//胡翼青. 传播学科的奠定: 1922～1949. 北京: 中国大百科全书出版社, 2012: 5.

④ 李茂政. 传播学: 再见！宣伟伯. 台北: 美国教育出版社, 1993: 2.

⑤ 多米尼克・吴尔敦. 拯救传播. 盖连香, 刘昶译. 北京: 中国传媒大学出版社, 2012: 71.

大机构（学院和/或大学）[①]”，传播学将不会有未来，即使有它也不可能被科学共同体接纳其为一个合格分子。

风险大吗？正如战略投资家们所认为的那样，人们只有投资那些日趋复杂的项目才能辉煌，而能坐享其成的事情实在太少。科学更是这样，位列其中的成员必是那些在程度上具有一定复杂性的问题而不是常识或小儿科知识。否则，按照物理学家泡利（Wolfgang E. Pauli）的说法：我们所犯的错误甚至连错误都够不上。一位古罗马演说家曾给后人留下了这样的人生警示：“愿意的命运领着走，不愿意的命运拖着走。”传播学家只有勇于直面自己的丑陋，才能够完成生命的涅槃。

顺便说一下，英语 communication 在作为一门人类通信的研究在汉语中译为“传播学”，这是一件相当遗憾的事情。因为 communication 的基本义项仅指把一个信息向“另一个人或地点”或“很多人或很多地点”传输，但不必然包含对“很多人或很多地点”进行传输。而当译成“传播”时，它就相当于把一个信息必然地向“很多人或很多地点”进行传输，即在“传输”概念之外凭空给 communication 添加了一个“向很多人或很多地点（至少两个人或两个地点以上）”的义项，从而排除了一对一传输是 communication 的一个基本现象，而一对一的传输类型恰巧是人类通信学研究的基点。这种结果给今天及以后的传播学研究带来了许多潜在的障碍。典型的如“一个人将一个信息向另一个人进行传播”这样犯着基本逻辑错误的语句，今天却在传播学家中习以为常。同理，译成“交流”时也会多出一个“来回”的义项，译成“沟通”时会多出一个“通达”的义项。特别地，传播学把一个人的自我冥想（思考）称作“自我传播”[②]，这是很具争议的。虽然内分泌学也涉及信息的自身传输问题，但在它讲到一个腺细胞自身向自身传输信息时就仅使用“传输”或“通信”，这样就不会犯传播学中出现的那种基本的逻辑错误。此外，虽然 communication 一词所包含着交通含义，但现在它和通信研究一般不会产生交集。[③]

---

① 罗杰斯 E. M. 传播学史：一种传记式的方法. 殷晓蓉译. 上海：上海译文出版社, 2002: 520.

② 关于自我传播的概念，本书作者比较赞成林之达的观点。所谓“自我传播”，是一种人脑内的信息处理，而不是一种信息传输，而其他传播是一种社会化的信息传输过程，彼此具有天壤之别。见：林之达. 有关传播学理论的探讨//袁军，龙耘，韩运荣. 传播学在中国——传播学者访谈录. 北京：北京广播学院出版社，1999: 35-36. 但在内分泌学研究中，普遍认为腺细胞的信使分泌有三种类型：长距分泌、旁邻分泌、自我分泌。自我分泌类似于这里的“自我传播”，这个问题值得斟酌。

③ 这个故事在不少书籍中都有记载。改革开放之初，时任北京大学校长的周培源接待了一位来自西方的传播学研究者，作者把自己的一部传播学专著赠送给了周培源，周培源误以为这是一本关于交通方面的著作，随即将它转送给了当时的交通部。因为“communication”既可以译为“传播”，也可以译为“交通”。

在改革开放之初，中国的学者在讨论 communication 在汉语中究竟采取什么译法最为合适时，当时曾经提出过若干种方案。例如陈韵昭等就希望将它译为“传学”①，居延安主张应该根据具体著作内容和具体语境将它译作“传播”“沟通”“交流”等②，图书馆信息科学派使用“交流”③，前驻法大使吴建民在外交学院使用“交流学”④，管理学中使用“沟通”⑤。在所有这些译法中，最为传神的一个是来自台湾的优秀语言学家廖秋忠——可惜他英年早逝，他把它翻译成“传信”⑥，这和工程技术中使用的“通信”遥相呼应。但不知道这个惋惜是否能够在汉语的 communication 进一步研究中获得补救。另一种值得借鉴的是民俗学家的说法——流传学。这是民俗学中的一个学派，它是专门研究民间故事在世界各民族之间传播途径的⑦。

7.3 语言学

7.3.1 语言学研究概述

语言学研究产生于上古时期，其时印度人完成了世界上第一部语言学著作《梵语语法》⑧。今天，语言学已经正式进入科学共同体并被看成其中最具实力的一员。在语言学漫长的发展历程中，它一共经历了四个重要的发展阶段，即传统的语文学阶段、历史比较语言学阶段、结构语言学阶段、转换生成语言学阶段。今天，语言学正在向认知语言学迈进。此外，20 世纪 70 年代，英国语言学家韩礼德等人创建了一种被称为系统功能语言学的理论，但和其他几大语言学学派相比，系统功能语言学距离一个完善和成熟的语言学学派尚有一定的差距。因此，在目前的语言学研究中，先锋派语言学家一般都倾向于把认知语言学而不是系统功能语言学看作

① 陈韵昭. 传学浅谈. 新闻大学, 1981, (1): 29-33.

② 居延安. 信息·沟通·传播. 上海: 上海人民出版社, 1986: 26.

③ 米哈依洛夫 А И, 乔尔内 А И, 吉里列夫斯基 Р С. 科学交流与情报学. 北京: 科学文献出版社, 徐新民, 张国华, 孙荣科, 等译. 北京: 科学文献出版社, 1980.

④ 吴建民. 交流学讲章. 北京: 中国人民大学出版社, 2010.

⑤ 吴娟瑜. 沟通管理学. 北京: 中国对外翻译出版公司, 2002.

⑥ 廖秋忠. 《篇章语言学导论》简介. 国外语言学, 1987, (2): 66. 作者在解释为什么选择这个译名时是这么说的: “传信”是由英文“communication”一词译过来的, 也就是传递信息的缩略语。

⑦ 刘魁立认为, 民间文学研究中的流传学派、传播学派、播化学派等都是一回事。见: 刘魁立. 欧洲民间文学研究中的流传学派//刘魁立. 刘魁立民俗学论集. 上海: 上海文艺出版社, 1998: 269-295.

⑧ 岑麒祥. 语言学史概要. 岑运强评注. 北京: 世界图书出版公司, 2008: 10.

语言学未来的发展方向。

1916 年，在索绪尔完成了他那“用诗人和充满梦想之人的明亮而湛蓝的眼睛看待科学事物”的结构主义语言学理论之后，一个来自语言学家之外的非语言学家的著名语言学学说，却意外地对语言学家的研究纲领产生历史性的冲击，那就是，1936 年由美国哲学家莫里斯（Charles W. Morris）提出的符号分工理论。这个理论把符号学研究分为三个分支：对符号与符号之间关系进行的研究叫语法学，对符号与所指对象之间关系进行的研究叫语义学，对符号与其使用者之间关系进行的研究叫语用学。①这个理论所提出的漂亮的分工原则原本是为符号学研究服务的，但却意外地受到了语言学家的热烈欢迎。因此，从后乔姆斯基时代起，除了文字学和语音学之外，语法学、语义学、语用学所形成的三足鼎立之势，逐渐在语言学中构筑起了一个看似坚固的堡垒。

随着研究的不断深入，这种优美的观点背后却出现了毛病。在过去，甚至包括现在的语言学研究在内，语法学一直是语言学的研究核心。在所有的语言学研究队伍中，80%的语言学家所从事的研究都是关于语法学的，而仅有 20%的研究者所做的工作分布在诸如语义学、语用学、文字学、语音学等其他领域。但在语言学中那 80%的研究者所做的工作中，有些仅成了语法学研究者自我陶醉的一种精神食粮，在语言学家之外同样使用语言作为交际工具的普罗大众，对它们知之甚少，兴趣鲜有。

在转换生成语法研究轰轰烈烈地进行的时候，美国哈佛大学的语言学家哈里斯于 1952 年提出了一个新的语言学分支——话语分析学，德国人称其为篇章语言学——现在一般被称之为话语语言学，中国的一些学者希望将其称为语篇学。这门新学科的一些理念虽然在早期的希腊语和法语中都可以找到相应的阐述，但哈里斯的思想却立刻在全球语言学家中得到热烈的响应。随后，话语分析学、篇章语言学的话题几乎每年都出现在世界大多数语言学会议、丛书、文章和著作的目录中。自 20 世纪后半叶起到目前为止，话语分析学一直是语言学研究中最为活跃的分支之一。这样，从宏观上说，以文字学、语音学、语法学、语义学、语用学、语篇学这 6 个分支为核心再加上其他的一些零星研究，它们一起筑起了整个语言学研究的大厦。

---

① 李幼蒸. 理论符号学引论. 北京：中国社会科学出版社, 1993: 453.

7.3.2　语言学的基本问题

1. 语音

人类信息交往的最初是从身势语开始的，之后是语音，之后又有了文字符号。任何声音系统的有效范围开始都是很小的，但随着交往圈子的不断扩大和深度的加强，语音系统就需要进行不断完善。直至最后，它就有可能出现一个完整的语音系统。因为它能够帮助人们对具体或抽象的对象进行分析，人类语音系统就成了所有人类信息交流中最为重要的一个工具，对这个工具进行研究的学科就是语音学。

语音学主要研究语言的发音机制、语音特性和它们在言谈中的变化规律。由于它的研究内容关系到发音的生理学基础，这些基础又涉及物理学，所以，语音学研究需要一些简单的生理学和物理学知识。在生理学方面，语音学家需要知道呼吸器官、喉头、喉上腔道三个器官是如何协调发声的；在物理学方面，语音学家需要知道声音的音高、音强、音长、音色四个物理属性是什么，它们是怎样完成声音的形成和传导的，等等。

我们讲话的时候所发出的一连串音流，它们是由一个个音素组成的。音素也简称为音。每个音素都有自己的自然性质，包括生理性质和声学性质两个方面。音素是从物理学角度析出的最小声音单位。在一种语言中，包括语素和词汇在内，人们发出的各种音素，有的具有区别表义单位的作用，有的则没有。在语言学中，从功能的角度把那些不能区别表义单位的音素归并为同一个语音单位，而将那些能够区别表义单位的音素归并到另一类里去，语言学家称之为音位。因此，音位是某一语言中具有区别表义单位作用的最小语音单位。一种语言中音位数量总比音素要少，一般为 20～50 个。我们通常说某一语言有多少个音，实际上指的不是音素而是音位。音位本身不表示意义，音位组合而成语素，语素才是语言中表示一定意义的最小单位。词由语素组合而成，句子由词组合而成。单从语音的角度看，语素是音位组成的序列，词和句子也是音位组成的序列。音位序列有自己的结构。音位和音位组合而成音节，音节是由音位组合而成的一种与意义无关的语音单位。音节的界限可以和语素或词的界限一致，也可以不一致。

音位是语言中首要的语音材料。语言中各种大小不同的表义单位，如语素、词、词组、句子，它们的物质表现形式是语音外壳，它是由音位组成的。音位是由音素概括归并出来的最小功能单位，而音素是人的发音器官所能发出的最小音段。不同的音素之间主要是音质的不同，有的也有音长的差别，例如长元音和短元音。除了音位之外，语言的语音材料还有重音、声调、语调等。它们是利用音强、音长、或音高的变化构成的语音特征，但也能表示一定的意义。

2. 文字

文字研究的主要任务是分析书写系统的结构，以及相应的书写形式和规则，文字符号发生和发展的历史等。文字是在有声语言的基础上派生出来的，但由于它是视觉感受的书面符号系统，所以，它与有声语言是有差别的。

从起源上讲，语言随着人类社会的形成而产生。根据考古发掘和古人类学的研究，语言距今已有数百万年的历史，文字则在原始公社制后期由于社会生活的需要才开始创立。最早出现的系统性文字，距今已有五千多年。在历史发展长河中，文字记录有声语言，是有声语言的派生物，因此它必须随着语言的发展而发展。但文字的书面形式比有声语言的语音形式较为固定，并受书面符号系统的制约。因此，文字的发展往往落后于有声语言。

从存在形式上看，语言以语音符号为物质材料，文字则以书写符号为物质材料。不论文字的书写符号是否直接记录并表示语言的语音，这种物质存在形式的差异，不仅在一定程度上决定了文字系统的产生和发展不同于有声语言，也决定了人们对这两者在掌握和使用上的差异。根据目前的研究结果来看，人们掌握有声语言的能力是与生俱来的。一个人在孩提时期就学会了说话，掌握了有声语言。文字则不同，至今世界上多数语言还没有文字，而在有文字的语言种类中也不是人人都会使用和能够掌握的。

就使用情况来说，文字和语言的差别主要表现在实现交际功能的方式上。文字具有社会交际功能，这是对有声语言交际功能的延伸和补充。因此，文字是语言最重要的辅助工具。有声语言多用于人们面对面相处时的直接交际。交谈时语句相连，谈话的进行在共处的情景下有助于相互理解，特别可借助于手势、姿态、表情等身势语言，因此，遣词造句往往比较简单。文字语言多用于有时空距离的间接交际，既无共处的环境，又不能凭借身势语言等手段，但它不像有声语言那样转瞬即逝，故可以对使用的词句加以推敲，选择精确的用词，陈述也能较为详尽。

文字一共有三种类型：①**图画文字**。图画文字是文字发展的最初阶段，也是原始的文字形态。它用一幅画或连续几幅画来记录和表达一段话语的意思。因此也称“文字画”。对于各个具有悠久文字历史的民族来说，有些曾经有过图画的文字系统已经无从考证。但是，在交往实践中，图画文字今日已经基本不在任何民族的基本交往实践中使用；②**表意文字**。表意文字是文字发展的第二阶段，是文字由萌芽进入成熟的阶段，也是世界上现有的主要文字类型之一。自表意文字开始，文字才真正成为书写的符号系统。在表意文字中，每个书写符号代表着语言中的一个表义单元。语言中最基本的表义单位是词和语素。早期表意文字的每个符号都是用来记录单词的，因此又称为词符文字。表意文字在历史上曾经被很多民族使用。例如古埃及象形文字、巴比伦楔形文字、中美洲玛雅文字、中国的汉字。但现在只有中国的汉字把表意文字保留了下来，其他类型的表意文字已经不再在生活中使用；③**表音文字**。这是用书面符号即字母表示语词读音的文字系统。它的书面符号既不是实物的图像，也不直接代表词或语素的意义单位，而只表示不含意义的较小的语音单位。表音文字与语言的语音物质材料有直接的联系。根据表音文字的字母拼合起来的读音，人们能够辨认出它们所代表的词或语素这些意义单位。它表明人们已经认识到有声语言的语音物质形式及其可分析性。因而通过语音单位的书写就能记录和表达相应的意义单位。由于语言中较小的语音单位为数不多，表音文字的书面符号也比较少，远没有表意文字那样的复杂，掌握和使用起来都比较方便。根据书面符号所代表的语音单位，表音文字又可以分为音节文字、辅音文字、音素文字。

在表音文字中，早在1600年左右，地中海畔的腓尼基人，就在古埃及文字的表音符号和原始塞姆语音节文字的基础上，创造了当时只有 22 个字母的腓尼基字母，它在今天世界的表音文字中占据着控制地位。由于地中海属于当时的世界商业中心，商人带着腓尼基文字向西传播，首先出现了改变了的腓尼基字母的文字系统——希腊字母。在希腊字母基础上又形成了拉丁字母和斯拉夫字母。之后向东分化成了希伯来字母和阿拉米字母。希伯来语一直在单独使用，而阿拉米字母又发展出了阿拉伯字母和叙利亚字母，阿拉伯字母在今日的非洲地区和部分亚洲地区使用，叙利亚字母发展出了古维吾尔字母，古维吾尔字母在成吉思汗的努力下又演化出了蒙文字母，蒙文字母又演化出了满文字母，以及印度文字母、缅甸文字母、高棉文字母、老挝文字母等字母系统。

3. 语法

语法研究是语言学中历史最为悠久、阵营最为强大的一个分支。语法研究分为普通语法和特别语法，或称教学语法和理论语法。普通语法着重解决一般人在信息交流中语言符号使用的规则问题，特别语法着重强调语法的理论含义和视角换位问题，近年来还特别强调服务于计算机信息处理和人工智能应用中的一些特殊问题。就人际交流而言，不论是口语或者是书面语，现有的普通语法已基本满足我们日常信息交流而不至于出现错乱。特别语法仅表现了语法学家从不同角度看待语法现象的特别兴趣，更重要的是，语法学家已经形成了一种将语法现象看成一种客观存在，从而模仿一些物质科学的世界观进行观察。不论它们是否有使用价值，语法学家觉得自己都应责无旁贷地对它们进行探索。以英语为例，传统的语法学把词汇分为名词、数词、代词、形容词、动词、副词等若干实词，以及服务于这些词汇组成句子的若干虚词，如冠词、连词、介词等。把句子的成分分为主语、谓语、宾语、定语、状语、补语等，不同的词汇在句子中可以担任不同的角色。

人类使用语言传递信息的时候，一条信息虽然可以有不同的表达方法，但就一种民族的表达习惯和方法而言，词汇或短语在句子中的位置是不能随意放置的，否则，就会造成信息的错误传输。喜欢视角换位的语法学家，例如，格语法学家就不这么看问题，他们认为，一旦一个词的格地位被确定之后，它在一个句子中的位置是无关紧要的。面向计算机信息处理和人工智能的语法学近年来提出了层出不穷的语法理论，它们已经有些令人眼花缭乱：配价语法、扩充转移网络语法、语义网络语法、功能合一语法等。

在普通语法理论中，语法学家认为，每种语法形式所构成的方式都表示着一定的语法意义，把语法意义概括起来进行归类形成了语法范畴。每种语言都有自己的语法范畴。如汉语和英语都有名词数的语法范畴，但汉语只限于表人的具体名词，而英语不仅有表人的具体名词，还包括表物的具体名词。许多语言有名词格的语法范畴，但格的数量并不一样多。如英语有 3 个格，德语有 4 个格，俄语有 6 个格，而格鲁吉亚语有 36 个格。虽然各种语言的语法范畴所包括的内容可能不尽相同，但不同的语言归纳起来就形成了个共同的语法范畴集，它们大体包括性、数、格、体、时、态、称等。

某一语言与其他语言相比，如果没有某个语法范畴，或者没有语法范畴中的某个内容，不等于说它不能表达所缺少的语法范畴的内容。如汉语中的名词没有格的语法范畴，不等于汉语不能表达像俄语或英语中名词的格所表达的那些意义，它可以用别的方法。例如可以用语法手段，也可以用词汇手段来表达。像英语名词所有格的语法意义就表示领属关系，而在汉语中则用表人名词加助词“的”的方法来表达。俄语有名词性的语法范畴，对表人的具体名词来讲，与人的性别有直接联系。一般地讲，男人是阳性名词，女人是阴性名词。汉语的名词没有性的范畴，人的性别用词汇手段表示。如在表人的名词前加“男”或“女”，或用“他”或“她”即可达到例如英语中名词性的信息含义。

语法范畴是在语言发展过程中逐渐形成的，并日益抽象化和条理化。语法范畴有时会稍有增加，已有的语法范畴也会不断改进、完善、精练，以适应社会发展对语言的要求。如现代汉语中动词体的语法范畴是近代才发展起来的，但它在古汉语中并不存在。体的出现使汉语语法的表达能力更加强大。许多语言中有名词数的语法范畴。现代俄语、英语、德语等名词的数只分单数和复数，但在历史上却还存在过双数。由于抽象思维的发展，人们逐渐认识到，两个对象的概念同许多对象的概念一样，同属于“多”的范畴，于是双数就逐渐被并入复数。

语法范畴在语言中占有中心地位，它是语法结构的核心。一方面，语法范畴从语法的角度把语言中所有的词汇组织起来，分门别类，使之系统化而形成词类。词类的划分就是根据词所具有的语法范畴的分类。每一种词类都有主要的共同语言范畴。如在英语的动词中，具有人称、时态、语态等语法范畴。凡是具有这些语法范畴的词都归入动词，每一个动词都必须具有这些主要的语法范畴。俄语名词有独立的性、数、格语法范畴，名词用这些语法范畴与其他词类区别开来。这样，语言中的词汇虽成千上万，但通过语法范畴把它们组织起来就成了一个有机的整体。另一方面，语法范畴从语法的角度把句子中的词组织起来构成一个整体。句中的词根据词汇本身的语法范畴所具有的语法意义相互连接在一起，使句子的理性意义得以形成。语法范畴具有组织的作用，它把词组成词类，把句子中的词汇组成为一个整体，从而使语言的信息交流得以实现。①

4. 语用

按照莫里斯最初的设计，语用学是研究语言和使用语言的人的之间关系的学科。但是，自荷兰 1977 年开始出版《语用学杂志》以来，特别是自莱文森（Stephen C. Levinson）和利奇（Geoffrey Leech）于 1983 年出版《语用学》和《语用学原则》之后，从主流语用学家的语用学研究实践来看，如果把语法学看作一门在独立于语境的情况下，人们在信息交流过程中必须遵守的言语规范理论的话，那么语用学就是一门在依赖于语境的情况下，人们在信息交流过程中必须遵守的言语规范理论。根据研究者偏

① 王振昆, 谢文庆, 刘振铎. 语言学基础. 北京: 中央广播电视大学出版社, 1983: 178-262.

好的不同，语用学研究内容因人而异。但标准的语用学理论基本由如下五个方面组成，即指示语、会话含义、预设、言语行为、关联。

指示语的概念源于希腊语，意思是“指到”（pointing）或“指点”（indicating），语言实践中的人称代词、指示代词、指示副词等语言成分便是行使这种功能的代表。它们指称的对象随着说话者、说话时间、说话地点等语境要素的变化而变化。较早使用“指示语”这一概念的是德国心理学家比勒（Karl Buhler）。他认为，“指示语”就是用某一词语直接指称某一事物。之后对“指示语”问题讨论得较为深入的是巴–希莱尔，他认为，语言表达式的指称对语境的依赖程度是不一样的。在纯粹的语言学家中，莱昂斯是一个深入研究指示语的学者，他提出了“指称源于指示语”的观点。**会话含义**理论是由美国语言哲学家格赖斯（Paul Grice）提出的，它今天已经成为语用学的重要研究内容之一。语用学家注意到，人们在交际过程中往往出于某种需要，会有意或无意地使用“文不对题”的对话方式向对方传递信息。为了保证在这种“文不对题”的对话语境中正确地传输信息，格赖斯于1967年在哈佛大学提出了会话双方在会话中必须遵守的“量的准则”“质的准则”“关系准则”“方式准则”等四条会话原则。这四条原则后来被霍恩（Laurence Horn）合并为“数量准则”和“关系准则”。同时，莱文森还提出了另外三个准则，即“数量准则”“信息准则”“方式准则”。在这些准则之外，利奇（Geoffrey N. Leech）又提出了“得体”“慷慨”“赞扬”“谦虚”“一致”“同情”等6个原则。**预设**问题是100多年前由德国哲学家弗雷格（Friedrich Frege）首先提出的。预设研究关注的是：某些特殊的话语之所以能够在交流中使用，它必须是以之前的另一些话语成立为先决条件的。例如“万物的本原是什么？”该问题的提出预设着“万物必定有一个本原”。和会话含义理论所研究的现象相同，在日常会话中人们往往使用预设理论。例如狡诈的提问、激烈的辩论、新闻的发布等。**言语行为**理论是一个完整的语用学理论，其创始人是奥斯汀（John Austin），后继者是奥斯汀的学生塞尔。1969年，塞尔出版了《“言语行为——一篇语言哲学论文》。之后，“言语行为理论”便成了该理论的正式名称。言语行为理论讨论的是言与行之间关系的一种理论。其核心基于如下的假设：人类交际的基本单位不是句子或其表达式，而是一定的行为执行。他把这些行为分作三类，即说话行为、行事行为、取效行为。奥斯汀重点研究了“行事行为”。**关联**理论由施佩贝尔（Dan Sperber）和威尔逊1（Deirdre Wilson）1979年在他们合著的《现代语言学：乔姆斯基革命的结果》[①]一书中提出之后在他们 1986 年合著的《关联性：交际与认知》[②]一书中得以完善，并于 1995 年做了较大的修改。关联理论强调，一句话的解读取决于听话人对话语关联性的判断。如果他判定话语之间有关联，他就会想方设法做出解读。通常是这句话在表面上没有公开表达出来的信息在起作用。如果他判定话语之间无关联，但仍可以从中获取一些有关联的信息。总之，听话人只会设法从一句话中听出他认为说话人试图要说的话，对话语关联性的判断决定了一个人准备付出多少努力去寻找这句话的含义。

在语用学这五个研究方向中，“会话含义”和“预设”已经成为语用学名副其实的核心理论，两者都是从一个信息获得另一个信息的语言学方法。从信息角度讲，研究从一个信息获得另一个信息方法的学科并不止语言学一个。逻辑学、统计学、数据挖掘理论、大数据理论等这些研究都是部分或整体地在研究“从一个（些）信息获得另一个（些）信息”的方法。会话含义成立的理论基础是基于逻辑学或者说三段论的推理之上：一个大前提信息、一个小前提信息，最后获得了一个新的结论信息；预设理论成立的理论基础是基于逻辑学或者说命题判断之上：一个特称命题信息被包含在一个全称命题信息之中。

5. 语义

对一门学科而言，如果一个人的知识水平具有足够理解它的能力，但在读了这个学科的 1～5 本著作之后却仍还不知道它在言说何物，那么，问题就不是出于我们而是该学科了。很不幸，语义学就属于这类学科。如果我们选择当今世界上最好的 5 本语义学著作来研读，对不起，我们读完之后仍不会知道语义学究竟在研究什么或研究了什么。

现代语言学的语义学分为结构主义语义学和生成语义学。结构主义语义学是从 20 世纪上半叶以美国为主的结构主义语言学发展而来的，研究的内容主要集中在词汇的意义和结构方面，比如说义素分析、语义场、词义之间的结构关系等方面。这样的语义学研究其实就是词汇语义学。词与词之间的各种关系是词汇语义学研究的一个方面，例如同义词、反义词等，目标是找出它们之间的细微差别。生成语义学是 20 世纪六七十年代流行于生成语言学内部的一个语义学分支，它介于早期的结构主义语言学和后来的形式语义学之间。生成语义学借鉴了结构语义学对义素的

---

① 尼尔・史密斯，达埃德尔・威尔逊. 现代语言学：乔姆斯基革命的结果. 李谷城，等译. 北京：外语教学与研究出版社，1983.

② 丹・斯珀波，迪埃钰・威尔逊. 关联：交际与认知. 蒋严译. 北京：中国社会科学出版社，2008.

分析方法，它比照生成音系学的音位区别特征理论，主张语言的最深层结构是义素。在表层方面，它通过句法变化和词汇化手段而得到句子的形式。在生成语言学的语义学研究中，从 20 世纪 70 年代开始又发展出了一个形式语义学理论，它最初的研究始于美国数学家与哲学家蒙太古（Richard M. Montague）在 20 世纪 70 年代用数理逻辑方法对英语的研究，后来经过语言学家和哲学家的共同努力，最终发展成了一门独立的学科。之后的这种语义学研究注意到了蒙太古对生成语言学的句法学忽视，因而强调语义解释和句法结构方面的统一。

对语义进行研究的学科不止语言学一科，心理学、逻辑学、人类学、社会学、计算机科学及人工智能等其他学科都对语义问题怀有兴趣。在已成型的研究中，逻辑学、哲学、计算机科学等研究都形成了各自的语义学理论，它们分别叫逻辑学的语义学、哲学的语义学、计算机科学的语义学等。毋庸赘言，我们在这里讨论的是语言学的语义学。

按照字面的理解，语义应该包含词义、句义、语篇义等不同的语言单元的含义，或称意义。其中也有人研究过小句义和语段义。一个普遍接受的准则是：一个词必然与其表达的事物相对应。我们学习一种语言，必须首先从这种对应规则学起。依此理论，语言学家进行了同时隶属于语义学和词汇学的词义学研究。词义学研究词汇的义素、义项、义场；词汇学研究词汇的同义、反义、单义、多义、本义、引申义，以及熟语、谚语、成语、歇后语等问题。

这样看来，在进一步完善语义学的道路上前途未必是曲折的。一方面，我们已经有经过证明是强有力的分析原则：一个语言单位的意义是其映射对象的一个抽象实体。另一方面，即将开始的理论研究可以通过对词义结构等问题的细致分析来达成某种期待的结果。词义学可以告诉我们需要对一个语言单元的意义应该做些什么，且什么是最重要的。很显然，只要保持这种必要的信念，我们就不难建立起其他语言单位的语义学，并由此构成一个完整的语言学的语义学理论。

但就在这种观点的背后，事情的进展却是出人意料的。自利奇等的著作问世之后，伴随着莫里斯理论出现后在语言学家中涌现出来语义学研究热情随之中断了，半个多世纪以来，语义学一直没有取得像词义学研究那样的戏剧性成果。句义学更是没有人问津。没有哪一位语义学家曾观察到新的、明显的，除了词之外的其他语言单元和其表达对象之间从理论上能够阐明的对应关系。语义学一直处于进退两难的状态。在全球范围内，虽然每年都有一半本语义学著作问世，但在这些新研究中，没有哪一位语义学家在阐明高于词汇的语义学理论方面是有所建树的。可以发现，所谓的语义学总是在围绕着词义学在打转，它们给人留下的印象是：语义学等同于词义学。很难说清楚为什么会发生这种情况，但我们还是可以找出几个因素来解释这种窘境，最可以说明问题的例子是语篇学。

6. 语篇

对语篇的研究叫语篇学或语篇语言学，德国学者喜欢用篇章语言学（textlinguistik），英美学者喜欢用话语语言学或话语分析（discourse linguistics/discourse analysis）。语篇研究最早始于修辞学和诗学，受到过叙事文学的影响，产生于 20 世纪 70 年代。在 20 世纪末期，它所提出的设想曾令人鼓舞。我们知道，传统的语言学是以句子为最大语言单位进行的，但人们在对现实世界进行描述和理解的时候，往往不是以句子为单元，而是以比句子更大的语段或语篇为单位进行的。在语言学研究的历史上，也有人进行过以段落为单元的语言学分析，但语段是一个没有严格形式划分标准和规律的语言单元，所以，它几乎就没有出现过像样的研究成果。相同的一个事件或物品，在被不同人进行描写的时候，一个人可以给出两个语段，而另一个人用一个就完成了，而其他人或写成了三段或者更多。语篇语言学提出的以语篇为单元进行的研究，恰巧可以弥补这方面的缺憾。一个语篇可以是一句话、一篇博客、一个微信，也可以是一场演讲、一封书信、一篇文章或者是一部著作，甚至是一个具有 70 个字的短信或 140 个字的微博。但从形式上说，它是一个具有清晰边界的语言单位。

语篇学的理论基础是 20 世纪初在欧洲奠定的。在这方面，捷克语言学家做出过很大贡献。他们认为，语言是一个功能体系，研究语言必须同具体的人类交际和社会文化相联系。捷克语言学家马泰休斯（Vilém Mathesius）创立的句子切分理论认为，对一个语篇的写作或阅读可以看成一个句子从“已知信息”向“未知信息”的累阶进级，前一个句子中的“未知信息”，在新句子里马上就变成了“已知信息”，然后逐级推进。“句子的信息切分”理论是迄今为止在语言学家中，包括语法学家、语篇学家甚至系统功能语言学家一直津津乐道的一种语言信息理论。在苏联，由波斯列罗夫（Николай С. Поспелов）撰写的“复杂句法整体及其主要结构特征”和“现代俄语中的复杂句法整体问题”，由菲多罗夫斯基（Иннокентий А. Фитуровский）撰写的“从单句句法到话语句法”，完成于 1948 年这三篇俄语文章，一起为俄语语篇学奠定了基础[①]。在德国，“篇

① Славкии В В. 苏联篇章语言学发展概况. 华劭译. 国外语言学, 1988, (1): 21.

章语言学”一词出自德国语言学研究者魏里克（Harald Weinrich）之手。他于1967年提出，语言学只可能是篇章语言学。但科赫（Anton F. Koch）曾多次批评“篇章语言学”的提法，他认为，使用哈维格（Roland Harweg）的“篇章学”（textolgie）更为合适①。在荷兰，范•迪克（Teun A. van Dijk）从20世纪70年代起就开始用荷兰语、英语、法语、西班牙语出版了一系列篇章语言学著作。1972年，他出版了一部名为“篇章语法要略”（*Some Aspects of Text Grammars*）的专著②，故有人把他早期的研究称为“篇章语法”。接着他又出版了一系列这方面的专著。在所有这些著作中，以他编辑出版的4卷本的《话语分析手册》（*Handbook of Discourse Analysis*）③等最为著名。在英语地区的研究者当中，美国的结构主义语言学家哈里斯于1952年发表了两篇关于“话语分析”④⑤的文章，他分析了句子与句子之间关系的规则，并涉及语言与文化、语篇与社会情景等问题。哈里斯在这些文章中提出，语篇分析有两种方法，一种是超越句子界限描述语言，一种是研究文化与语言之间的关系。哈里斯的文章标题很吸引人，但他提出的分析方法几乎没有人重视过。尽管如此，哈里斯的工作仍在英美语言学中开辟了一个新天地。⑥在中国，这一起源于欧美的“篇章语言学”或“话语语言学”理论，最早是由中山大学黄国文1988年引入中国的。⑦但这些偏重英语语言学的研究者普遍有一种爱好：尽管这些理论应该是适用于所有语言而不仅仅是英语的，但他们在举例中偏偏都仅喜欢用英语做例证，好像语篇现象只存在于英语之中。总体上，中国的研究者根据自己爱好的不同，有人喜欢用欧洲大陆的“篇章语言学”，有人喜欢用英美国家的“话语语言学”或“话语分析”，但现在更多的人倾向于使用中国学者提出“语篇学”或“语篇语言学”。但使用前者有一个弊病，即它很容易和中国已有的一个“文章学”概念相混淆。但语篇学是研究语篇的含义和结构理论的，文章学则是研究如何写作和如何修辞的，二者完全不同。

经过近20年的研究，语篇学中最主要的成果仅仅是关于语段之间衔接关系的研究。所谓一个句子的组成是由“旧信息”向“新信息”的推进

① 刘鸿绅. 篇章语言学的发展史及其研究领域（上）. 国外语言学, 1987, (3): 124.

② van Dijk T A. *Aspects of Text Grammars*. The Hague: Mouton, 1972.

③ van Dijk T A. *Handbook of Discourse Analysis*. London, Orlando: Academic Press, 1985.

④ Harris Z S. Discourse Analysis. *Language*, 1952, 28(1): 1-30.

⑤ Harris Z S. Discourse Analysis: A Sample Text. *Language*, 1952, 28(4): 474-494.

⑥ 黄国文. 语篇分析的理论与实践——广告语篇研究. 上海: 上海外语教育出版社, 2001: 2.

⑦ 黄国文. 语篇分析概要. 长沙: 湖南教育出版社, 1988.

过程理论，但它只不过是昔日语言学研究中“主位”与“述位”，“主题”与“述题”的信息学翻版。在此之后，最初的热情好像逐渐递减了。一些研究者认为，要将话语语言学继续进行下去，就必须像莫里斯在符号学中提出的准则那样，即将语篇学分成语篇语法学、语篇语义学、语篇语用学来研究。但这种理念很难得到贯彻。就整个语篇学来说，除了荷兰的范·迪克研究了语篇的宏观结构①之外，没有发现有什么人依此理论构建出了新理论并在实践中得到了验证，因此这一研究现在再也很少有像样的理论出现，而范·迪克在提出了语篇的宏观结构之后也开始转向新闻语篇的实用结构分析，以及语篇中的种族歧视等问题上去了。就这样，这个和人类信息研究关系最为密切的分支目前也在十字路口徘徊。

7.3.3　语言学的发展

现代语言学家在确定语言功能的时候，一般都认为如下两种功能是基本的：语言是交际的工具，语言是思维的工具。从这两个基本的表述上我们不难得出，从传输信息的意义上说，语言学是信息科学的分支；从处理信息的意义上说，语言学也是信息科学的分支；但从语言是思维的工具这个意义上说，我们还需要仔细分析心理学家的看法。我们不仅发现，在人类的思维这种信息加工活动中需要语言的参与，而且是在心理活动的任何阶段都需要语言的参与②。这就为语言学、心理学、信息学的彻底融合奠定了理论基础。因此，不论我们怎样从学理上进行分析，语言学都可以被看作信息科学的分支，主要是作为信息科学分支中的人类信息学分支。但很久以来，语言学研究一直存在着一些令人困惑的问题，它们使语言学的研究与发展变得相当缓慢和有些迷失。

人类的语言是从简单的发声系统开始，到最后才形成了复杂的语音系统。在有书面文字的语言中，其书写形式也是从简单的图画符号体系发展到简单的词汇符号体系，最后再发展到复杂的包括抽象词汇在内的词汇符号体系的。从这个历程来看，研究语音的语音学和研究文字的文字学是语言学的两个基本学科是无可置疑的。但语言学的研究历来是以语法研究为核心的，例如产生于上古时期的印度语言学就是从《梵语语法》开始的，中国引进西方的语言学研究也是从模仿西方语法学研究的《马氏文通》开始的。这就是说，语音学、文字学、语法学是语言学的三大基础学科是合

① van Dijk T A. *Macrostructures: An Interdisciplinary Study of Global Structures in Disclosure, Interaction, and Cognition*. Hillsdale: Lawrence Erlbaum Associates, 1980.

② 王甦, 汪圣安. 认知心理学. 北京: 北京大学出版社, 1992: 334.

乎历史唯物主义的。但是，自从莫里斯 1936 年提出了符号三分法的思想之后，语言学的研究内容除了保持原有的三分法之外，又新增了语义学和语用学两个新分支。此后，研究语言学的学者无不对这两个新分支寄予了厚望。但是，半个多世纪过去了，语义学和语用学两个新分支的发展和人们最初的期待相去甚远。下面我们希望对包括后来出现的语篇学和认知语言学一起，来对整个语言学的发展进行宏观分析，它一共包括四个方面：

（1）对莫里斯三分法的思考。

莫里斯 1901 年出生在美国科罗拉多州的丹佛，在硕士研究生阶段研究工程学和心理学问题，在博士研究生阶段研究了心智的符号学问题。在 20 世纪 30 年代美国经济不景气的时候，他还一度认为哲学可以成为点燃世界文明的火炬。莫里斯的符号学是属于行为主义的，即希望把逻辑实证主义、行为经验主义、实用主义三者进行统一，这最终导致他于 1938 年为《科学的统一基础：朝向统一科学国际百科全书》撰写了符号学条目：《符号理论的基础》（*Foundations of the Theory of Signs*），芝加哥大学出版社此后以此条目为书名出版了它的单行本，并最后被翻译成了意大利文、德文、西班牙文等不同的语言。在这部仅有 59 页的著作中，他首次提出了语义学、语用学、语法学的符号三分法雏形，他的原话是这么说的：

> 一个人可以研究符号与其应用到的对象的关系。这个关系将被称作符号学的语义维度，用 D_{sem} 来表示，对这一维度的研究就称为语义学。研究符号与解释者关系的主题可叫作符号学的语用维度，用 D_p 来表示，对这个维度的研究就称为语用学。……对第三维度的研究叫符号学的语法维度，用 D_{syn} 来表示，对这个维度的研究就称为语法学。①

随后，莫里斯在他 1946 年出版的《符号，语言和行为》（*Signs, Language and Behavior*）中，他把这个理论简述为：语用学：研究符号和解释者之间的关系。语义学：研究符号和其所指示的对象之间的关系。语法学：研究符号相互间的形式关系。②这就是著名的语言学三分法的来历。

自莫里斯提出这一理论以后的几十年，语言学家为之欢欣鼓舞，大多

---

① Morris C W. *Foundations of the Theory of Signs*. Chicago: The University of Chicago Press, 1938: 6-7.

② Morris C W. *Signs, Language and Behavior*. New York: Prentice-Hall, 1946: 6. 中文版见：莫里斯 C W.指号，语言和行为. 罗兰，周易译. 上海：上海人民出版社，2011: 226. 译者将 sign 译作“指号”，将 syntactics 译作“语形学”。

数语言学家都自觉或不自觉地把它看成是检验语言学是否成功的标准并称之为“三个平面”。但这个理论提出距今已有 78 年，三分法理论成为一个听起来很漂亮、做起来很失败的理论。其原因在于：①语法学理论无需符号学为它寻找新归属，因为在莫里斯之前它一直就是语言学的一个重要分支；②语义学研究目前除了词义学之外，句义学一直没有取得什么像样的研究成果，篇义学更是连提都很少有人去提及。而词义、句义、篇义是语义学的三个基本单元；③语用学的研究成果看起来硕果累累，但其研究终究是个信息学问题，或者是语言学和信息学的交叉学科问题。离开关于信息的思考，语用学研究就无法进行下去。因此，如果承认语法学、语义学、语用学是一个稳固的三角体系的话，那么，这个三角结构现在实际上成了只有语法学和语用学两个角，而第三个角——语义学之角的长度已缩减为零。从几何学上说，三角体系是稳固的，两角是一条直线，它没有稳固性可言。

（2）对语篇学研究的思考。

从英美的 20 世纪 50 年代或欧洲的 70 年代算起，语篇学研究已经有 60 年或 40 年的历史。但现在它却有无法继续进行下去的危机。原因在于，从形式上说，单词、句子、语篇是语言的三个基本单元，但却都是形式单元。理论上说，对单词和句子都可以从形式上分析，但对词汇进行分析怎么才能入手？离开内容分析的句子形式分析虽然可以得出一些结论，但完整的句子分析必须有内容分析的参与才行，语法学的成功已充分证明了这个道理。语篇的形式分析是可以进行的，但仅靠段与段之间的衔接词分析还构不成语篇学。从内容上说，包括单词、句子、语篇的内容研究也即意义研究在内，如果要把单词的意义研究算作理论的话，它也是属于词义学的，而句义、篇义并无任何成果。即使有，它们也属于一个信息学问题。

若我们继续进行分析的话，语篇语义学和句子语义学都会指向一个新问题——图式。一个篇章的意义是一个宏观事件的含义，一个句子的语义是一个微观事件的含义，这些事件在认知语言学中统统叫图式。但语篇语言学中最具意义的是故事结构，或称图式结构，我们只要看看范・迪克在研究了多半生语篇语言学的宏观结构之后为什么转而去研究新闻图式就会明白其中的苦衷。有一些学者希望借助乔姆斯基的句法深层理论方法来研究语篇学或故事学，但乔姆斯基理论只适于句子，对于句子之上的语篇单元它无能为力。

在现代语言学的基于莫里斯理论而提出的三分法理论中，语用学和语义学这两个新分支都走向了两个极端：前者成了一个炙手可热的领域，后者成了一个触者聊聊的方向，中间杀出的语篇学也仅介于二者之间。这一切现象背后的原因是什么？我们的看法是，一切皆系一只看不见的手在作祟，而它就是“信息”。

（3）对语义和信息关系的思考。

总体上，词义、篇义、信息相混的概率不是特别大，重要的是句义和信息极易混淆。假如我告诉一个人：“据报道，昨晚亚美尼亚发生了大地震”，接着我向这个人提出两个问题：第一，这句话所包含的语义是什么？第二，这句话包含的信息是什么？按照一般语言学或语义学的解释，这句话所包含的语义是：“昨晚亚美尼亚发生了大地震。”而这句话包含的信息又是什么呢？答案相同：“昨晚亚美尼亚发生了大地震。”在这里，语义和信息是同一个东西。这样，我们就可以立即得出如下推论：仅就人类语言而言，语义和信息相等。接下去就必然得出一个合乎逻辑的结论：信息研究就是语义研究。如果我们把这种讨论都限定在人类语言方面，我们就得出了一个逻辑严密的结论：**信息学等于语义学**。我们从宏观上认为，由于语义学是语言学的一个分支，根据信息学等于语义学的结论，我们于是就有就有如下第一个推论：

A：**信息学是语言学的一个分支**

但是，根据我们之前的分析，由于语言是传递信息的工具，包含研究语义学在内的语言学，它们都是信息学的分支。这样，我们就可以得到第二个推论：

B：**语言学是信息学的一个分支**

很显然，推论 1 和推论 2 构成了一个语义信息悖论，我们称其为“亚美尼亚语言信息悖论”或简称为“亚美尼亚悖论”。解决亚美尼亚悖论牵涉到整个信息科学和语言科学的关系问题，它所引起的思考是非常复杂的。在语言学家的研究中，傅雨贤早期曾给出了一种比较从容的解释，他说：“句子在未进入交际场合之前，只有意义，没有信息。只有进入语境、交际场合之后，作为言语句子时，它才传递信息。”①但这种说法的力量在有效解释语义信息悖论方面还是相当微弱的。而最终的解释可能使我们不得不接受情境语义学家贾国恒的大胆结论：信息与意义二者是相同的。②但我们的看法是：信息、意义、语义三者是相同的。

（4）对认知语言学转向的思考。

从 20 世纪 80 年代后期至 90 年代初，语言学家就提出了语言学在未

① 傅雨贤. 现代汉语语法学(增订本). 广州：广东高等教育出版社, 1988: 79.

② 贾国恒. 情境语义学研究. 北京：中国社会科学出版社, 2012: 250, 252, 256.

来应该走向何方的问题。在美国，加利福尼亚大学伯克利分校的雷可夫（George Lakoff）、圣迭戈分校的兰盖克（Ronald Langacker）、俄勒冈大学的约翰逊（Mark Johnson）等一致认为：认知语言学是语言学未来的发展方向。但是，语言学向认知语言学的转向能够把语言学带入成功的彼岸吗？我们的看法是，这一转向是不会太有前途的。认知语言学是把图式作为其核心来加以研究的，先不说把图式作为语言学的研究核心是否合理，我们只需要注意另外两个前提：①图式问题曾经是许多学科的研究要点，但到目前为止，尚无一家取得成功；②语言学在研究词义方面取得的成功是有目共睹的，但从用形式方法对句义研究起就开始失灵，而用同种方法在进行话语分析方面更是失败得一塌糊涂。有谁能够证明语言学的认知转向就能够保证图式研究取得成功？没有人敢下这个赌注。我们的看法是，语言学取得的许多成就都是基于形式方面的，而图式研究的核心必须基于内容方面，尤其是其话语图式的研究必须基于语篇的内容分析之上，而不是语篇的形式分析之上。从宏观上说，认知语言学和信事学都将对图式进行研究，但语言学对图式的研究将沿用语言学的从语言到世界的传统风格对图式进行分析，而信事学将使用从世界到语言的风格对图式进行分析。换句话说，语言学是建立在信息的表层结构之上研究图式，而信事学将建立在对信息的深层结构之上研究图式。

从研究风格上来说，语言学家已经习惯从已有的语言材料中理解世界，因而他们总是用例子说明问题。当我们和语言学家对话的时候，不出 10 句他们就必然举一个词汇或句子的例子来和你进行讨论。但图式不行，人们无法用三言两语就把一个图式以及图式背后的故事表达出来，它通常需要用很多句话——更多情况下不是什么话的问题，而是整个事件或物品——才能说明。因此，我们对把认知语言学作为整个语言学未来发展方向是不看好的。同时我们也认为，语言学的未来可能沿着一个我们称之为“1131”的方向发展：第一个“1”指语义学研究将会终止；第二个“1”指语用学将会合并到信事学中作为一个以信息为基点的方向而存在；“31”指语篇学、认知语言学、信事学三者将会协同发展。这个趋势是后莫里斯时代的一个新现象。合三为一鼎，一鼎三足立。究竟谁会成为这个新三足的最大支撑者呢？我们一方面可以认真研究“语义信息悖论”，一方面在实践中进行观察，语言学的信息学走向将会是它在 21 世纪发展中可能出现的一个大概率事件。

7.4 信事学

7.4.1 信事学研究概述

从 20 世纪中后叶开始，心理学、语言学、传播学中的一些前卫研究者，都曾尝试在各自的研究方案中提出一些有关信息的理论。例如，心理学家曾提出“心理”活动是“大脑对客观世界的信息处理”，语言学家曾提出“语言”是一种“信息的交际工具”，而传播学研究从一开始就和信息概念建立了密不可分的联系，其研究者把“传播”定义为“信息的共享活动”。毋庸置疑，这些学科所说的信息，都是指人类信息。如果我们深入这些学科的内部就会发现，它们不仅是在学科的定义层面高举着“信息”的大旗，而且在自己的理论核心地带也大幅度地进行了信息的讨论。例如，英国语言学家韩礼德 20 世纪 70 年代所创建的系统功能语言学，其中就到处充满着不同的信息问题解析。而心理学，特别是认知心理学，它早已把信息作为该学科的一个基本概念。至于传播学，如果离开信息概念，它的研究几乎一刻也无法进行下去。

尽管上述学科都认为自己的研究和信息问题高度相关，且都在自己的研究中大幅度地讨论了信息问题。但到目前为止，在这些学科乃至整个信息科学中，却一直缺乏一个以“人类信息”或“人文信息”为专一研究对象的独立学科，以其解答上述几门学科，抑或其他相关人文科学与社会科学都急切关注的信息问题。人类信息是什么？它有着什么样的特性和结构？这些问题一直困扰着这些学科中的研究者们。从信息科学问世以来 50 多年的研究实践看，对这类人文信息问题的研究，计算机科学不可能去从事它，通信科学也不可能去从事它，虽然它们的研究中有许多问题和人文信息问题紧密相关，但它们各自都有自己的事情要做，从而没有义务和精力来承担关于人类信息是什么的研究责任。统一信息科学家虽然对此责无旁贷，但目前他们也无暇顾及去对任何细化的信息问题进行深究，目前主要集中在统一信息的概念性讨论和尝试建立统一信息理论的方法性探索上。对人类信息这种特殊的专业信息学中的信息问题的无人问津，是信息科学在发展过程中出现的许多遗憾中的一个。要推进信息科学向前发展，我们就需要消除这一遗憾。在一部审视所有信息学科和所有基本信息问题的研究中，我们没有权力回避这个问题，我们需要采取行动。

另外，在将这一计划付诸实践的过程中，我们的指导思想还不应该仅建立在对人类信息做一些零敲碎打的研究上，这不仅与我们计划要站在统一信息科学的角度来系统研究人类信息的目标相去甚远，而且对于推进语言学、心理学、传播学等学科的研究也不会带来较大的帮助。一方面，我们需要站在基于上述这些学科发展的需要上，站在部分技术信息学发展的需要上来思考这个问题；另一方面，还需要考虑其他人文科学和社会科学的需要，考虑整个信息科学的需要。这就是我们提出信事学（infordomics）这一人类信息学科子学科的动因。信事，简言之，就是（人类）信息的事情。它包括人类信息的生成、结构，以及围绕这些问题所带来的一些实际应用，甚至包括人类信息的概念、属性等基本的人类信息问题。围绕信事问题所进行的系统研究就是信事学。它和心理学、语言学、传播学一起被并列为人类信息学的四大分支。本节如不加以特别说明，下面所说的信息都是指人类信息。

7.4.2　信事学的基本问题

每一门新学科的建立，必然有自己的研究对象，信事学也不例外。未来的信事学将有很多问题需要研究。但在它的初级阶段，我们计划把信事学的研究重点仅放在信元、图式、评价等 3 个方面。对这些信息问题的分析既具很好的理论价值，又和社会实践密切相关，下面分别予以讨论。

1. 信元

我们前面已经说过，符号是信息的载体，从某种角度来说，信息也是意义，因而符号也是意义的载体。符号学是研究信息或意义和其载体之间关系的科学。按照索绪尔的看法，语言学应该是一门符号科学，因此，语言学也就是一门研究信息或意义及它们和符号之间关系的科学。一般的符号学研究广义的符号问题，一般的语言学研究狭义的符号（人类语言）问题。在语言学中，信息、意义、语义三个概念经常是在微观上具有差别，宏观上又十分接近。在一般符号学中，符号和信息世界相对应；因此，在一般语言学中，语言自然也就和其信息世界相对应。

从生成的角度看，由于人类信息是人类对视域世界的反映结果，这种结果以信器的方式而存在。信器由信息、符号、底物组成。信息是抽象的和非物质的，符号和底物则是具体的和物质的。按照物质科学的看法，物质世界是可以被还原的。数百年来，自然科学家把它们已经还原成分子、原子、质子、中子，以及其他更加基本的粒子。由此我们立刻会提出这样的问题：一份完整的信息，其存在方式和被还原后的物质单元的存在方式边界相等吗？如果不相等，一份完整的信息需要几个独立的物质单元联合承载呢？反过来说，一个独立的物质单元可以承载几份完整的信息呢？从信息科学发展的长远角度看，就像粒子物理学一样，我们同时应该立即提出这样的问题：一个独立的信息单元是什么？如果存在，我们可以把这种独立的信息单元称为“信元”或“信子”，英语用 infon 表示。回顾整个自然科学和人文科学的发展史，由于独立的信息单元问题在我们普通的人类信息交流中是一个基本问题，所以，在历史上已经出现过对它的不同探索。归纳起来，大的探索一共出现过 6 次。

第一次探索是由法国符号学家兼文学评论家巴尔特（Roland Barthes）发起的。在他 1966 年完成的著名论文《叙事结构分析导论》（*Introduction à I'analyse Structurale des Récits*）中，巴尔特把一个文学作品分为功能层、行动层、叙述层等三个层次。在后来的叙事学发展中，行动层和叙述层被研究者改造成了关于行动者和叙述者的研究，只有功能层这一概念还保留着它的结构含义。巴尔特有时也将文学作品的最基本单元称为“信元”。有趣的是，作者在法语中使用的“信元”是 informant，而它在英语中的含义是“告密者”①。

第二次探索是由法国叙事学家托多洛夫（Tsvetan Todorov）发起的。1969 年，他在对意大利作家薄伽丘（Giovanni Boccaccio）的《十日谈》（*Decamerone*）②进行系统研究之后认为，任何一部叙事作品都可以分为词类、命题、序列、故事等四个单元层次。③词类和命题分别取自语言学和逻辑学术语，序列是个通用词汇，故事的含义在民间文学和一般的文学

① 该词在翻译成中文时，依据法文或英文的不同版本有几种译法。张裕禾译为信息成分；谢立新译为信息载体；李幼蒸译为信息项。分别见：巴特 R. 符号学美学. 董学文，王葵译. 沈阳：辽宁人民出版社，1987：108-145；赵毅衡. 符号学文学论文集. 天津：天津百花文艺出版社，2004：403-438. 罗兰•巴特. 符号学历险. 李幼蒸译. 北京：中国人民大学出版社，2008：79-113. 张裕禾译本和谢立新译本系根据英文版转译，李幼蒸译本系根据法文版译出。法文版：Barthes B. *Introduction à I'analyse Structurale des Récits*. Poétique du Recit. Paris: Seuil, 1981: 7-57. 英文版：Barthes R. Introduction to the Structural Analysis of Narratives.// Stephen Heath. *Image, Music, Text*. New York: Hill and Wang, 1977: 79-124.

② 薄伽丘的短篇小说集《十日谈》是欧洲文学史上第一部现实主义巨著。它和但丁的《神曲》齐名，并被称为“人曲”。14 世纪中叶，一场鼠疫使佛罗伦萨全城惨雾密布，一片凄凉。有七女三男率使女、男仆逃至城外一座别墅。他们每人每天讲一个故事，一共讲 10 天，合计有 100 个故事。包罗万象的故事内容抨击了教会的罪恶和黑暗，讽刺了僧侣的奸诈和伪善，暴露和鞭挞了封建贵族的腐化堕落。同时也赞赏了平民和新兴资产阶级的机智。故事结构紧凑，情节多姿多彩，语言诙谐。《十日谈》完成后，薄伽丘受到封建势力的迫害和打击，时常被教会派来的人咒骂和威胁。薄伽丘最后在孤独和贫困中于 1375 年悄悄地告别了这个世界。见：薄伽丘. 十日谈. 王永年译. 北京：人民文学出版社, 1994.

③ 胡亚敏. 叙事学. 武汉：华中师范大学出版社, 1994: 175.

研究中也有不同的含义。有鉴于此，这个简单化且名称划分标准并不统一的信息层次或单元探索最后也并未被叙事学家普遍接受。托多洛夫在他的研究中虽然没有使用“信息层次”或“信息单元”这类概念，但其思想的确是旨在对一个文学作品进行不同信息层次或信息单元的划分。

第三次探索是由荷兰语篇语言学家范·迪克（Teun A. van Dijk）完成的。基于对话语的宏观和微观结构分析，他于 1986 年提出了一个可以将新闻话语划分为主事件、环境、历史、后果、评价、总结等这些不同层次的新闻单元①。必须承认，范·迪克的这一划分具有某种开拓性意义。时至今日，把话语分析的一些宏观结构思想应用到新闻学研究中所引起的新闻话语（信息）宏观结构分析，已经引起了不少新闻学家或传播学家的极大兴趣。和巴尔特、托多洛夫一样，所有这些信息层次或信息单元的划分都是基于对信息的表层分析而形成的。最为明显的是，范·迪克所提出新闻结构，它实际是一种对记者的写作风格和人们的阅读习惯的经验总结。

第四次探索是由英国生物学和信息科学研究者斯托尼尔（Tom Stonier）提出的。他在 1990 年完成的《信息和宇宙的内部结构：信息物理学探索》（*Information and the Internal Structure of the Universe：An Exploration into Information Physics*）一书中提出，除了费密子（Fermion）和玻色子（Boson）之外，假定还存在着一种不包含质量和能量而只包含信息的粒子，他把其称为 infon。infon 在汉语中可译为“信子”或“信元”。斯托尼尔认为，信元只能通过改变组织的结构来显示自身的存在和功能。它的基本特征是：没有结构的结构可能包含着一种起结构作用的信息。（The absence of structure within a structure，may carry information as real as the structure itself.）他说，信元代表着信息中的一种基本微粒，并认为在所有信息研究学科中，唯有生物学中的基因可被看作一种（生物）信元。②

第五次探索是由美国数学家德夫林（Keith Devlin）提出的。和斯托尼尔的信元含义不同，1991 年，他在《逻辑与信息》（*Logic and Information*）一书中提出，信元（infon）是一种语义实体。一个抽象的情境（situation）是由信元的集合组成。德夫林的信元不考虑其物理因素，就像数学中的实

① 冯·戴伊克. 话语心理社会. 施旭，冯冰编译. 北京：中华书局出版，1993：68-93.

② Stonier T. *Information and the Internal Structure of the Universe: An Exploration into Information Physics*. London: Springer-Verlag, 1990: 115-116, 126-131.

数一样，信元是一个抽象的类，它并不是物理世界的一部分。[①]在汉语中，除了可以将德夫林的 infon 译为“信子”或“信元”之外，一些情境语义学研究者还把它译为“信息条目”。在情境语义学中，一个信元是由三个元素组成的：关系、个体、极性。以“美女爱英雄”句子为例，在情境语义学中，这里的信元就被表示成《爱，英雄，美女：真》，其中“英雄”和“美女”为个体，“爱”为关系，“真”是极性[②]。

第六次探索是由中国学者及海龙提出的。1998 年，作者在其《信息子论——关于宇宙本体的新探索》一书中独立提出了“信息子”的概念。作者的观点是：信息子是指信息赖以附着的各种物质单元和能量单元。它有两种基本形态：物质态和能量态。由此，我们就有物质态的信息子和能量态的信息子。前者指信息赖以附着的各种物质单元，后者是指信息赖以附着的各种能量单元。作者最后给出的结论是，世界是由信息子组成的。[③④⑤]

此外，协同学的创始人哈肯（Hermann Haken）也提出了“信子”的概念，但他用的“信子”英文是 informator。1988 年，他在其《信息与自组织：复杂系统的宏观方法》（*Information and Self-Organization：A Macroscopic Approach to Complex Systems*）一书中指出，一个“信子”是

① Devlin K. *Logic and Information*. New York: Cambridge University Press, 1991: 32-48. 德夫林是一位美国数学家，他写了 30 余部专业数学或科普数学作品，在美国有着“数学潮人”（math guy）的雅号。他曾任斯坦福大学语言与信息研究中心的高级研究员，因此对该中心的巴韦斯（Jon Barwise）和佩里（John Perry）1983 年出版的语义学名著《情境与态度》应当十分熟悉。他自己也将这部《逻辑与信息》的核心理论称为“信息数学”（methmetics of information），或基于“情境”之上的“信息数学”，它代表了一种信息数学研究新方向。作者在其书中并未提及他所说的 infon 概念起源。为此，斯托尼尔在其 1997 年出版的《信息与意义：一种进化观》中表示了很大的不满。因为英语中的 infon 概念的确是斯托尼尔先于德夫林于 1990 年提出的，但德夫林在 1991 年的《逻辑与信息》一书中根本就不提及这个问题，这的确是和科学传统不符的，尤其是对于一个数学家来说更不应该如此。见：Stonier T. *Information and Meaning：An Evolutionary Perspective*. London: Springer-Verlag, 1997: 24-25.

② 刘莉. 情境语义学探析. 重庆西南大学硕士学位论文, 2008: 18-19.

③ 及海龙. 信息子论——关于宇宙本体的新探索. 北京：中国工人出版社, 1998: 4-8.

④ 及海龙. 信息子进化论——关于宇宙本体的新探索之二. 北京：中国言实出版社, 2012: 1.

⑤ 按照及海龙的用语：一个“信息子”是信息赖以附着的各种不同物质单元和能量单元。苗东升认为，这个说法违反逻辑学的“循环定义”。及海龙的看法是，一些普遍性的基本概念不一定必须遵循逻辑学的“属＋种差”定义规则。及海龙的说法虽有一定道理，一些普遍性的基本概念可以不使用“属＋种差”的定义方法，而可以通过其他方法来给予定义，但任何定义都不能违反“循环定义”是逻辑学的普遍准则。参见：a. 及海龙. 信息子论——关于宇宙本体的新探索. 北京：中国工人出版社，1998：苗东升序言. b. 及海龙. 信息子进化论——关于宇宙本体的新探索之二. 北京：中国言实出版社, 2012：前言. 对于及海龙提出的“信息子”概念，我们倾向于使用“信器”。

指系统发生自组织或出现了压缩时的序参量（order rarameter）。[①]同时，可拓学创立者蔡文和研究者杨春燕在他们的理论中也涉及了这个问题。可拓学在研究事物拓展的可能性和开拓创新的规律与方法时，把世界描述成物元、事元、关系元，并给出用物元表示陈述型信息，用事元表示行为型信息，用关系元表示关系型信息的可拓学方法。[②]由此可以看出，从还原论的观点看信息，“信元”或“信子”是一个十分有价值的信息科学概念，它对基本的信息结构探索是非常有吸引力的。

和对客观物质实体进行自顶向下的还原性分解一样，我们对人类信息实体同样可以划分出更小的，以供我们深入观察和思考的研究对象。数百年来，物质科学的还原论探索逐渐产生了生物学、化学、原子物理学，以及其他更加微观的粒子物理学学科。在这里，“粒子”被看作人们认识物质世界不同层次的基本物质单元。人类信息世界也是由一份份信息构成的集合，它是人类对某一事物的单一或系统的反映或描述。借鉴自然科学中对物质的划分方法，并参考语言学的层次划分手段，我们也可以对信息进行单元划分。我们把一个独立的信息单元称之为信元，它可以进一步划分为不同的种类。但是，我们必须深刻铭记语言学在语义学单元划分上的失败教训，依据符号形式的划分注定是会失败的。1 个事件，1 个人可以用 1 页纸写出，而另 1 个人可能需要写上 100 页。表达 1 个事情，1 个人可能写上 2 段文字，而另 1 个人可能写上 10 段。1 个思想，1 个人说 5 句，而另 1 个人可能只用 1 句话就可以了。这就是语义学甚至语篇学不能成功的根本原因。有鉴于此，人类信息学就应该避开形式切分法而采取内容切分法，从思维的角度而不是从符号的角度对信元进行划分。例如，我们对 1 个事件的全部信息可以称为全元（omnion/integraton），相应地，其组分信息就可以称为分元（parton）。或把一件事情的全部信息称为思元（cognitron），相应地，其组分信息就可以称为索元（cluer）。

在生活中，我们对大多数事情的了解，基本上都处于全了解、部分了解、不了解的三种状态，全了解的信息为全元，在这种情况下，我们希望接受其分元信息而不是全元信息。我们经常听到这样的话：“这事我知道一些，你简单地说就可以了。”其意思是不要提供全元信息而只提供我不知道的分元信息。在特别的情况下，如在杀人案的刑事案件侦破过程中，

---

① Haken H. *Information and Self-Organization: A Macroscopic Approach to Complex Systems*. Berlin, New York: Springer-Verlag, 1988: 26. 中文版见：哈肯 H. 信息与自组织：复杂系统的宏观方法（第 2 版）. 信息与自组织翻译组译. 成都：四川教育出版社, 2010: 39.

② 杨春燕, 蔡文. 可拓学. 北京：科学出版社, 2012: 252-255.

侦查人员必须依据一步一步得到的分元信息最后拼成一个完整的全元信息，依据不矛盾原则确定真正的杀人犯。在特别的情况下，如确定的案件嫌疑人其作案动机、时间、地点、人证、物证信息都和真实情况相符，但最后发现狄恩酸不符，这时，侦破工作所需要的信息就变成了一种特别线索，我们可以把这种线索信息称为索元。和索元相对应的是思元，它指对一个事件的整体思维所需的全元信息。

按思维划分出的这些信息单元均为虚元，它们是看不见、摸不着的单位，我们只能依靠思维来感知。全元和分元，或思元和索元是整体和部分的关系，全部的分元组合一起就构成了全元，全部的索元组合一起就构成了思元。分元信息（parton information）是全元信息（omnion information）的部件。而索元信息（cluer information）也是思元信息（cognitron information）的部件。在四类信息单元中，分元和索元所包含的信息是信息存在的最小**认知**单元，思元所包含的信息是信息存在的最小**思维**单元，全元所包含的信息是关于一个事物的全部信息。信事学将以思元为核心对信元进行研究，因为它是我们接触得最多的一类信息单元。

2. 图式

图式的概念起源于希腊文 σχημα，英文是 schema。图式主要是基于思元型信元而提出的一种信息结构单元。柏拉图在《美诺篇》中曾记述了苏格拉底在谈到道德时强调的图式。他认为，图式即“样式”（figure），圆的和直的都是不同的样式。亚里士多德也曾在他的《形而上学》中以几何形状和物理样式的含义反复谈到图式。到了康德时代，他在其《纯粹理性批判》中提到，人类在理解事物的过程中有大量的图式存在。[①]之后，瑞士心理学家兼哲学家皮亚杰在他的结构主义研究中也大量使用了图式概念。他认为，人类的行为和认知都被一定的图式控制着。

之后，在不同学科的研究中，有许多学者对图式进行了不同程度的关注。例如，芬兰的阿尔奈（Antti Aarnt）于 1910 年在民俗学界开展的故事情节研究，英国的巴特利特于 1932 年在试验心理学界开展的图式研究，法国的巴尔特于 1966 年在文学理论界开展的叙事结构研究，美国的尚克（Roger C. Schank）和埃布尔松（Robert P. Abelson）于 1971 年在人工智能学界开展的脚本结构研究，美国的尼尔森（Katherlin Nelson）于 1983 年在发展心理学界开展的事件结构研究等。过去，由于人类信息概念尚未广泛使用，上述研究中曾分别使用了图式（schema）、母题（motif）[②]、

① Marshall S P. *Schemas in Problem Solving*. New York: Cambridge University Press, 1995: 4-9.

② 有的学者使用了母题素（motifeme）的概念。

脚本（script）、框架（frame）、故事（story）、篇章（text）、事件（event）、情节（plot）、场景（episode）、梗概（synopsis）等概念，所有这些研究的共同点都是集中在对一个信息语篇的基本结构分析上，这也充分体现了我们对信息科学的一贯看法：许多信息概念所表达的对象并不是一种新事物，它们只不过是对不同旧概念或老问题的一种新表述。因此，我们在相关的学科中总会寻觅到这类相关研究的踪影。在我们的叙述中，我们把图式定义为人类信息背后所蕴涵的一系列行为或指标序列的结构。

对图式的入门性了解，古印度《五卷书》中的“婆罗门幻想”是一个很好的范例。“婆罗门幻想”是一个古印度的民间故事，后续研究发现，在不同国家、不同民族、不同地区都有类似的“婆罗门幻想”的不同版本存在，民俗学家一般称其为“异文”。下面是流传在印度、德国、阿拉伯国家的“婆罗门幻想”的不同版本：

（1）印度。很久以前，一个婆罗门，他把乞讨来的一罐粥挂在木楔子上，下面放了一张床，他躺在床上看着罐子幻想着：要是遇上荒年，他就可以用这罐粥卖 100 元钱，用这钱可以买 2 只羊，羊再生羊，最后就会有一群羊，之后用羊换小牛，小牛再换水牛，水牛再换马，马再生小马，把小马卖掉之后就能得到许多金子，最后用金子买 1 所房子。一天，他遇到 1 个客人，客人把自己的女儿嫁给了他，之后生 1 个孩子。一天，孩子要他抱着玩，但他心烦，于是就躲到马厩后面看书。孩子追到马厩旁边来找他，他招呼自己的妻子来管管孩子。但由于妻子没有听见而让他很生气，于是就站起来踢妻子一脚。他突然从幻想中醒来，发现他把盛粥的罐子踢破了。最终一切都成为泡影。

（2）德国。有 1 对懒惰的夫妇，他们养了 2 只山羊，但不愿意天天出去放牧，于是就用这 2 只山羊同邻居换了 1 箱蜜蜂，蜜蜂非常勤奋，酿了好大一罐蜜，他们把这满满的 1 罐蜜放在墙上的木架上，为了防备小偷和老鼠，还在旁边放了 1 根结实的木棍，为的是在遇到小偷和老鼠时，他们不用起床就可以伸手拿棍赶走他们。懒惰的丈夫每天不到中午不起床。有一天，天已大亮，他躺在床上对妻子说：听说女人都爱吃甜的东西，我怕你也会慢慢把蜂蜜给偷吃了，我看还是先把它拿去换 1 只鹅吧。妻子回答说：还是等我们有孩子后再换吧，好让我们的孩子去放鹅。丈夫说：你以为孩子会去放鹅吗？现在的孩子都不听话。妻子说，他不听话我就用棍子打他。说着，便拿起那只准备打小偷和老鼠的棍子挥舞起来，一下子打破了墙上的罐子，结果蜂蜜全部流到了地上①。

（3）阿拉伯国家。从前，有个乞丐，他在外面讨饭时讨到了 1 罐蜜糖和 1 罐奶油，一天晚上，他幻想着，我卖掉蜜和油，用卖得的钱买上 10 只羊，每过 5 个月就会再生这么多只羊，5 年之后就会有 400 只羊，那时候就去换上 100 头大牲口。一面养牛，一面种地，5 年我就可以富起来，那时我为自己盖 1 幢房子，四面镶金，买下好多奴隶，并结婚成家。妻子给我生下 1 个孩子，这孩子一定是男孩儿，我来教育他。如果他不勤俭，我就用棍子打他。想着想着他便抄起一根棍子举手就打，结果一下子把罐子打破了，蜜和油流了一地，最后落得鸡飞蛋打一场空。

通过分析，我们可以看出，不同的“婆罗门幻想”异文背后存在着这样一个统一的图式：一个人获得了或将要获得一份财富，这份财富令他/她兴奋不已，因而使其进入了遐想状态，在他/她兴高采烈地基于这份财富开始勾画一个灿烂的未来时，一个不自觉的行动将这份财富毁掉了，幻想也由此破灭。我们将这个图式抽取出来表示如下：

> 婆罗门幻想≡{获得一份财富，进入遐想，一个意外的破坏性举动发生，财富丢失}。②

“婆罗门幻想”异文是基于一系列行动分析构成的，因此，图式中的每个节点都是一种行动或行为。但还有更多的语篇不是这样，它们是通过对一个静态对象的描写形成的，语篇异文是基于一系列指标或属性构成的，因此，图式中的节点是一个个指标或属性。下面的例子说的是一个通信公司随着业务发展的不断扩大，需要招聘一个高层管理人员，现有三个候选人进入了最后遴选阶段，各自的个人信息如下：

（1）应聘者 A：男，36 岁，计算机专业博士，工龄 5 年。毕业后一直在本公司从事技术研发工作，主持开发过多种主干产品，负责过某外资合作项目的建设。现任一个公司的副总经理，主管研发及企业战略工作。A 对通信技术发展趋势敏感，熟悉行业特性，能正确地把握企业的产品定位，决策果断；现正在主持开发其所在公司的一个主导产品；A 精通英、日两门外语，与外商谈判水平较高；爱惜技术人才，愿为他们提供良好的

---

① 刘魁立. 刘魁立民俗学论集. 上海：上海文艺出版社，1998: 274-284.

② 本书对一个图式的描写，一般采用图式名≡{X_1，X_2，X_3，…}的表示形式。若之间的节点存在着时序关系时，也可用图式名≡{X_1→X_2→X_3→…}的格式表示。此外，我们也可以用图示的方法来表示。著名的范·迪克新闻图式就是用图示法表示的。

发展空间。A 比较自信、坚韧，精力充沛。但他个性内向，人际交往能力欠佳，不喜欢应酬性的公关活动。在关于战略重点的看法上，他一贯主张把资金投向技术开发而不是市场开拓，他强调技术带动市场。

（2）应聘者 B：男，32 岁，毕业于中国某名牌大学经济管理专业，本科学历，在读工商管理硕士。1990~1992 年在某大型国营企业从事过技术研发，1993~1995 年在某外资通信企业从事市场营销，1996 年至今一直在本公司从事市场营销管理，业绩优良。现任一公司的副总经理，主管市场。B 有很强的品牌意识，重视广告与经营策略，注意市场研究与营销网络的建设，强调企业必须以市场为导向而组织生产经营活动。B 的企业策划能力、市场洞察能力、公关能力、指挥协调能力都比较强，并与许多客户具有良好的个人关系。其所在公司在其领导下营业额年年上升。B 个性热情，开朗，应变能力强，有魄力，开拓进取方面雄心勃勃。但却比较自负，性情也比较急躁，自我控制情感能力较差。

（3）应聘者 C：男 38 岁，通信技术专业专科毕业，毕业后在一中型国营电子企业工作长达 10 年之久，历任技术员、技术科长、车间主任、副厂长、厂长。在工作期间，C 利用业余时间进修学习，获得了中国某名牌大学的工商管理硕士学位。1996～1999 年进入一家美国独资企业华南办事处任首席代表并主持全面工作，业绩优良。C 重视企业内部管理，注重组织机构的合理设置，在理顺企业内部关系，制定规章制度，企业文化建设等方面经验丰富；C 重视企业内部人才培养，上下级关系都处理得很好。C 一贯强调一个企业要通过管理创新推动技术创新和市场创新。C 办事沉稳，喜欢深思熟虑；待人谦和，彬彬有礼，说话办事通情达理，在员工中威望很高。但为人处世总是求稳第一，开拓进取精神欠佳。①

对于 3 位应聘者来说，各自都比较全面地提供了自己的相关信息，由于该公司是一个通信技术企业，人力资源部决定用如下图式对三个应聘者进行考察：

待聘经理＝{年龄，受教育程度，人际关系，性格，在通信行业的工作经历，管理价值取向，管理能力}

有了这样一个比较科学的选人图式，公司人力资源部和决策层很快以这个图式为基础，最后选中了 A 为他们的新任经理。

① 萧鸣政，等. 人员评测理论与方法(第 2 版). 北京：中国劳动社会保障出版社，2004: 206-207.

上面的婆罗门幻想和人事招聘两个图式分别是以事件和指标为分类标准进行讨论的。实际上，我们还可以从表层和深层标准对图式分类。荷兰篇章语言学家范·迪克对世界主要媒体对在20世纪七八十年代间发生在黎巴嫩、以色列、巴勒斯坦等中东地区的战争冲突事件进行了详细的研究，最后他总结出了一个如下的新闻报道图式：

新闻报道≡{概述{{标题，导语}，故事{情景{情节{主要事件，后果}，背景{语境{环境，以前事件}，历史}}，评价{口头反应，结论{预测，评价}}}}。

其解构式如下：

（1）新闻报道≡{概述，故事}
（2）概述≡{标题，导语}
（3）故事≡{情景，评价}
（4）情景≡{情节，背景}
（5）情节≡{主要事件，后果}
（6）背景≡{语境，历史}
（7）语境≡{环境，以前事件}
（8）评价≡{口头反应，结论}
（9）结论≡{预测，评价}

可以看出，范·迪克的“新闻报道”图式是基于对大量新闻媒体上关于当时黎巴嫩事件的报道归纳而来的，这种图式的明显特征是：图式中的某些节点可有可无，秩序也可以前后互换。另一类图式就不可能这么做，典型的如尚克和埃布尔松1971年提出的餐馆就餐图式：

餐馆进餐≡｛进入餐馆，寻找座位，索要菜单，挑选菜肴，用餐吃饭，付款结账，离开餐馆｝。

虽然去餐馆就餐的过程在世界不同国家会有些微差异，例如在西方国家我们通常需要付给侍者小费，而在中国就不需要。在另一些餐馆中，有可能是先付费而后才能获得食品。尽管如此，上面的这个“餐馆进餐”图式仍具有很大的普遍意义。[①]

图式充斥着我们的日常思维和普通生活。在一般的婚恋小说中，图式≡{（男女双方的）相识，相恋，订婚，结婚，孕育，…}；在一场飞机空难事件报道中，图式≡{航空公司，航班号，飞机型号，飞行起点，飞机终点，失事原因，遇难者人数，遇难者姓名，遇难者身份，受伤者情况，生还者情况，有关调查结论，…}；在一场刑事诉讼报道中，图式≡{犯罪嫌疑人，传讯，起诉，诉辩，合议，判决，上诉，…}；在一场民事诉讼报道中，图式≡{确定提起诉讼的个人或组织身份，被告及其背景，所诉损害的事情，原告提出的补偿或赔偿条件，起诉时间，受理案件的法院，双方冲突或不和的历史，法院曾经审理过的类似案件，和解的可能性，双方的律师情况，审理的时间及合议庭，法官在处理同类案件中的声誉，…}；在科学研究中，图式≡{既往研究历史，不足或问题，解决办法，效果，概念，规律，定律，定理，…}；在粒子物理学中，一个粒子的图式≡{质量，电荷，自旋，寿命，宇称，重子数，轻子数，奇异数，同位旋，…}；等等。在更广泛的应用中，图式可以由工程设计中的数据，可由面向对象程序设计中的属性等节点组成。在具有既定思维模式的情况下，一个国家的发展统计指标，产品说明书上的规格参数，办理一次出国签证中的必要行动步骤，在网络上购买一件物品的各个环节，这些行动或指标在不同民族的思维中一般都有一个固定的图式。当人们谈起这些事情或新闻媒体在进行报道时，如果你不按照这种图式进行叙述，受信体就会在理解上形成一定的困难。图式在文学作品和新闻作品里重复出现的现象是这类信息中的一种基本现象。

深入的图式研究可以引进数学方法，这是自 20 世纪后半叶以后数理统计学的一大贡献。其中的多元分析法取得了一些有效的结论。这也支持了统计学家埃弗龙（Bradley Efron）坚持把统计学看作一门信息科学的观点[②]。统计学中的大多数方法是和人类信息直接相关的，例如指标信息的约减理论、点估计理论和区间估计理论等都直接适用于人类信息的图式分析。

3. 评价

对客体世界及其事物进行评价是我们在日常生活中随处可见的现象。

---

① 陆汝钤根据尚可和埃布尔松的这个图式（脚本），结合中国文化，写出了一个餐馆就餐的中国故事：王经理来到全聚德饭店。他冲进去抢到一个位子，服务员拿来菜单。王经理要了 2 只烤鸭、8 个菜。菜很快齐了。王经理又吃又喝，2 小时以后醉醺醺地离开了饭店。见：陆汝钤. 人工智能（上册）. 北京：科学出版社, 1995: 164.

② Efron B. Bayesians, Frequentists, and Scientists. *Journal of the American Statistical Association*, 2005, 100(469) : 1-5. 关于埃弗龙的这种看法，见本书 8.1 节的详细描述。

设想作为一个消费者，我们需要购买一台计算机。显然，我们会先了解市场上出售的各种品牌和档次的计算机概况。比如零件的质量、价格等，然后再依据自身的经济状况和自己对计算机的使用要求，最后从各种计算机中选择一款我们认为在总体上比较适合自己的机器。这样，我们会依据自己的情况来对市场上的各种计算机进行一个总体评价。如若作为一个大公司的总经理，而他的公司又下辖着许多分公司。这样，作为一个管理者，随时了解各分公司的经营状况就变得非常必要。也许他还想在年终时候奖励一些经营好的公司，而对一些经营较差的公司进行改造，那么他将依据什么去进行呢？正确的做法必须是先对各分公司进行一个合理的评价。对一个对象进行评价是我们日常生活的一个组成部分。

对几个不同的认知客体进行评价，理想的情况应该是我们对该客体的信息尽可能收集齐全，但事实上这种办法是行不通的。因为对大多数客体而言，其全部信息在大多数情况下是难以收集完整的，即便收集完整，我们的大脑也未必都能够对它们进行有效的加工处理，况且收集来的信息中有时还包含了大量的无关紧要的甚至是垃圾信息。因此，一般的方法是：我们以一个对象的特定主题为目标，从已有的信息中选取一个我们认为能够反映该认识对象的图式作为对该认识对象的一个评价代理，然后用对这个代理的评价来代替对原始对象的评价。

在选定对一个客体进行评价的图式中，当其中的节点信息只有一个时，评价就变得十分简单。当其节点信息多于一个时，评价就变得复杂。基于一个节点信息的评价称为简单评价，多于一个节点信息的评价称为综合评价。前面提到的购买计算机和对下属公司进行评比等问题，一般都属于综合评价。综合评价，简单地说，就是对客观事物不同侧面的节点信息做出综合性总体评判。综合评价涉及我们日常生活的方方面面，小到日常用品，大到社会经济发展等。

进入图式的节点信息通常分为定性和定量两种。除少数图式中的节点信息是量化的之外，大多数图式中的节点信息都是定性的。特别是新闻图式、历史图式、文学图式等图式中的信息基本上都是定性的。迄今为止，在图式中利用节点信息对客体进行评价所采用的方法都是一种可称之为计算图式法的方法，它在今日已经变成了一种通用的对客体进行评价的主要定量方法。计算图式法的核心由两大部分组成：图式选取和加权求值。如果喜欢的话，我们还可以按计算结果进行排序，即一般社会成员所说的排行榜。尽管这种方法的科学性十分欠佳，但在图式评价方面，目前还没有找到更好的方法来代替它。从历史上看，计算图式法已经构成社会上一种广泛流行的事物价值判断方法。它不仅广泛应用于个人评价中，而且还用在了国家事务管理等许多方面。

计算图式法的基本思想是：一个对象的优劣取决于对该图式中节点信息的计算，然后得出这个对象的总值。计算图式法目前已经发展成了一套程序化的方法，如果将其图式选取和加权求值两大部分组成进行具体分解，我们就可以得到如下的具体步骤：

①选定待评价对象的一个或一组相关信息建立一个图式；例如在评价一所大学的优劣时，可以选定该大学的教师的科研水平、教学水平、国际影响力、教师与学生的比例、教师与行政人员的比例、培养出来的学生对社会的贡献力、他们受社会的欢迎程度等节点信息组成一个图式；②根据某种方法给上述每个节点信息赋予一个介于 0～1 的权重；③使用统计学中的均值计算方法得出该对象的图式值；④用同样的方法对若干个同类对象求得各自的均值，最后进行排序。这就是计算图式法的基本流程。目前最为流行的应用，是对世界各国的经济实力和大学优劣进行排序。需要注意的是，如果各个节点值的量纲不同，在综合计算中还要进行无量纲化处理。

根据实践经验，依据计算图式法得出的结果往往是不准确的，有时甚至和人们的实际感受相去甚远。我们的看法是：对综合评价来说，就目前的数学工具而言，还没有任何其他有效的数学方法对一组认知对象进行数学上的精确评价和优劣排序。以我们熟悉的计算机性能而论，微软自“视窗 7”（Windows 7）发布以来到“视窗 8”（Windows 8），它在自己的系统中增加了一个微程序。该程序可以对每台计算机进行评分——体验指数，分值为 1.0～9.9。有趣的是，它取处理器运行速度、内存数据存取速度、桌面图形性能、3D 商务和游戏图形性能、硬盘数据存取速度 5 个指标分别进行评分，且取分数最低的一个指标值作为该计算机的总评分。对于一般用户而言，我们会选择综合性能，或者是选择该机器的运行速度作为评分标准，而微软的这个评分显然和我们的实际体验并不相符。退一步说，就专门对计算机性能进行评分的桑德拉（Sandra）程序而言，其情况也基本如此。归根结底，这不是评价方法本身的问题，而是数学方法的选用问题。就像大学排行榜一样，从根本上说，排行的争议不在于哪家排行有错，而是每家都采取的计算图式法本身就是一个并不准确的手段。在我们所看到的对静态图式进行评价的方法中，最有趣的是一个“男女朋友价格计算器”的程序。在这个程序中，以女性寻找男性做朋友为例，它选取了 63 个指标，分值为 1300～1800 分。低于 1300 分的属于不可取之列，大于 1800 分，尤其是在高于 2000 分或 3000 分的男士属于优等之列。在该程序中，如果一个男性的身高从 169 厘米升高到 170 厘米之后，从 170 厘米到 179 厘米的区间内，不论身高增加 1 厘米或 9 厘米，程序给出的分值都是一样的。若这个男性有“说话时，深情地注视着你”的特征，程序就一下给增加 100 分。显然这和实际生活中女性对男性的看法相去甚远。

在一般人的心目中，只有对一个静态客体的认识可以用计算图式法进行评价和排序。但很少人想到，这种方法同样适用于对动态客体的事件进行评价和排序。因为计算图式法的基本思想是：将一个对象的总体分解成若干个基本单元，用对节点信息的计算得出对总体的价值。不难理解，若一个静态对象是可以分解的，而一个动态对象同样是可分解的。因为每个事件都是由若干个行为或行动组成的，一个行为又是由一个个动作组成的。我们同样可以将其每个动作或行为信息进行量化处理，并将它们在这个事件中的重要性给出一个权值，最后利用计算图式法得出该动态图式的总值，这种方法的典型的应用广泛存在于体育比赛中。

如果一个人喜欢跳水运动，那他一定会为那些优秀运动员的优美跳水姿势赞叹不已。在跳台跳水比赛中，评判一个运动员一次跳水动作的好坏，主要取决于该运动员以下四个分解动作：助跑（走板、跑台）、起跳、空中旋转、入水。按照比赛规定，一个裁判对这四个分动作的评判标准是：失败记 0 分，不好记 0.5～2.0 分，普通记 2.5～4.5 分，较好记 5.0～6.0 分，很好记 6.5～8.0 分，最好记 8.0～10 分。若有 5 名裁判参加评判，在他/她们打出分数之后，先去掉一个最高分和一个最低分，余下 3 名裁判员的分数之和乘以运动员所跳动作的难度系数，便得出该动作的总分。例如 5 名裁判员的评分分别是 5、5.5、5、5、4.5，难度系数是 2.0，那么这个得分的总和便是：（5＋5.5＋5＋5＋4.5－5.5－4.5）×2.0＝30 分（实得分）。比赛结束后，把所做动作的实得分相加，便是该运动员的总分，总分最高者为优。如两人或两人以上总分相等，则名次相同。在设有全能项目的比赛中，将运动员跳板动作总分与跳台动作总分相加，结果就是全能总分。①

我们看到，这个动态行为的评分方法和静态指标的评分方法在本质上是相同的，只是在体育比赛中，为了省事起见，裁判者常将每个动作的权重设为相等。例如在跳水比赛中，对一个运动员计分方法是：总分＝1/4 助跑分＋1/4 起跳分＋1/4 空中分＋1/4 入水分。由于每个动作的权值是相

① 江岚. 运动项目概论. 北京：北京体育大学出版社, 2012: 141-142.

等的，这就出现了很大的模糊性。根据一般的观察，空中旋转 180 度或 360 度的动作总比起跳的动作要难得多。以这四个动作信息来为运动员评定分数，它要求每位运动员在比赛时助跑应当平稳，起跳时果断有力，角度选择恰当，并具有一定的高度，空中姿势优美，翻腾转体要快，入水时身体与水面垂直，水花越小越好。但一个擅长在空中做出优美复杂翻转动作的运动员，显然要比仅在起跑方面做得好的运动员更加优秀，而计算图式法就不能准确地反映出这位运动员在该方面所拥有的实力。

正由于计算图式法的这些不足，在未来的深入研究中，我们可以引入多元分析法。多元分析法是研究多个自变量与因变量相互关系的一组统计方法。人的心理和行为具有复杂的内在结构，它们会受到多种因素的制约。仅采用单变量分析难以揭示事物内在结构以及各种影响因素的主次作用和交互影响。因此，多元分析法可能会为图式分析和排名提供出更加科学的结果。但值得注意的是，近年来这一研究方向也正在慢慢取得长足的进展。一些数学家逐渐将诸如梅西法、科利法、基纳法等一些新方法引入这一研究，并认为这种方法更加科学。①

由于对动态图式进行计量的核心是对每个动作的计量。这样，我们就有足够的理由将这种方法推广到一般事件的评价中。例如，我们日常处理一件事情，有时办得很精彩，有时却糟糕得一塌糊涂。这就存在着我们对人类行事的能力和效率进行评价的可能。虽然说历史不能重演，但事实上很多历史事件其图式是惊人地相似，我们可以求得它们的指标或行为信息值，基于这些值来对一个历史事件或新闻事件进行评价，甚至可以对一个人的求学、工作、婚恋以致整个人生生涯的质量优略进行评价。由此可见，信事学的深化研究充满着巨大的诱惑力，它不仅会促进人类信息学或信息科学向纵深的方向发展，而且会极大地促进我们寻找出更加科学的方法去看待我们的自然、社会、人生。

用图式作为代理对客体进行评价的研究目前存在着很多争议。争议最大的诸如全球优秀经济学家排名、大学排行榜之类的案例。以位于美国圣路易斯联邦储备银行经济研究部主持的全球经济学家排名，或称“经济学研究论文排名”（RePEc/IDEAS rankings）②③为例，认同它的学者认为，经济学研究也是制造业，需要有一个类似的工业标准。反对这种排名的学

① Langville A N, Meyer C D. 谁排名第一？关于评价和排序的科学. 郭斯羽译. 北京：机械工业出版社, 2014: 24-27.

② RePEc. General principles. http://repec.org [2014-8-2].

③ IDEAS. RePEc/IDEAS rankings. http://ideas.repec.org/top [2014-8-2].

者认为，评估任何学者都没有系统和统一的指标可言，评出第一名更是荒谬。他们认为，排名通常都是给外行人看的，内行人更清楚谁的研究在把某个领域向前推进中起着关键的作用。一些公认的具有学术影响力的学者，很多排名都非常靠后，而远比他们影响力小的学者则排在前面。经济学家有自己的学术共同体，在其内部，他们非常清楚谁的学术水平比谁更高。[①]就大学排行榜而言，近年来关于它的争议虽愈演愈烈，但由于它有着一定的参考价值，大学排行榜不但没有偃旗息鼓的趋势，反而是愈加细化和增多。

7.4.3 信事学的发展

从方法论上看，在我们研究问题时，还原论和整体论是两个在不同阶段都不可或缺的方法，前者通常出现在对一个问题进行研究的初期，后者通常出现在对一个问题进行研究的结尾。读者已经看到，贯穿本书的指导思想是：信息科学目前不能再继续停留在笼统地谈论信息定义和信息计量等基本的信息问题上了，我们迫切需要还原论的方法，甚至需要一种机械论的方法，用脚踏实地的态度去解剖不同专业信息学中存在的不同信息问题，看看它们究竟是什么，看看我们能够用什么方法来解决它们。信事学就是在这样的背景下提出的。我们看到，贯穿在所有信息概念应用中最大的一个份额是人类信息，贯穿在所有人类信息研究的处理、传播、符号研究中还缺乏一个独立的信息本体论研究，贯穿在整个信息本体研究中的诸多问题中，信息结构问题就是其中之一。

回顾以往，在信息科学走过的 50 多年历史中，我们对这个问题的确有些忽略了。语言学，特别是语义学的研究对它更加忽略了，虽然人们并不愿意在表面上承认，但在内心深处却能感受得到，这些工作在深层次的研究上和信息问题密切相关。其次，我们也相信，信息哲学、语言哲学等研究也在不断地向这些问题进军。在 20 世纪 80 年代反省这类问题时，我们隐约地认识到我们曾丢掉了某种重要的东西。在语言学中也罢，在哲学中也罢，在一般信息科学中也罢，它们都没有得到很好的体现。之所以这样说，主要是因为我们已经看到，这些学科都是在以自己的任务为中心开展工作，很少有足够的精力和能力去专门解释人类信息的基本问题。以上诸种研究，麻痹了我们的神经，蒙蔽了我们的眼睛。就人类信息学而言，如果没有一个把整个核心追求放在对人类信息本体研究上的研究，那么对

① 唐澍，周晓蒙. 全球经济学家排名引中国学者争议. http://economy.caixin.com/2012-07-06/100408420_all.html#page2 [2012-7-6].

这一问题的完整解决和优雅成功是很难取得的。

在对这一问题进行分析的开始，我们会有很多发现。例如我们发现图式研究非常棘手。20 世纪五六十年代，几乎没有人意识到它是如此的艰难。在最终醒悟到必须认真对待这些问题时，人工智能、心理学、叙事学、故事学甚至语言学都遇到了难以深入下去的经历。之所以未能意识到问题的艰巨，是因为我们未能全面地正视图式研究还有深层和表层，动作和指标的不同类别问题。图式的概念虽已由亚里士多德和皮亚杰等人牢固地建立了起来，而对那些并不打算试图从不同的学科来统一进行这项研究的学者来说，可能会对此困难熟视无睹。图式的问题原本是一个难以捉摸的问题：从人工智能的观点看，虽然它曾经是那么重要，但却常常无法在所有的事件或事物中找到一个统一的提炼法则。不断问世的近 200 门专业信息学也带来了没完没了的麻烦；以指标理论或评价学为例，即使在对某一事物的认识上提取出了一个看似十分合理的指标体系，但说不定也只能在一个十分有限的范围里有效一阵，之后很快就失效湮灭了。像人工智能和心理学这样的一些早期研究，后来都出现了这种共同的、几乎令人绝望的现象：在这两个学科中任何事情都可能发生，而事实上之后在所有的学科中也都发生了。

人们可以从四种不同的视角来理解信事学。第一，还原论的研究风格是把用于解决一般科学问题的技巧拿来，用它来理解整个人类信息，观察它们的本义结构。虽然用这种方法能够发掘出一些有趣的想法，其中包括同时使用信息概念来解决语篇语言学、认知语言学这些学科中的基本图式问题，但这些研究究竟能否发挥出我们预想的应有效果并取得成功，这还要在这些研究中对各种不同的图式分析得出结果好坏后才能做出评价；第二，如果由于信事学的出现不仅使心理学、传播学、语言学建立了一个逻辑关系致密的知识共同体，并使彼此从其他研究成员中获得了益处，而且对解决各自学科中目前存在的问题时出现了种种曙光，那么，它就为把问题一步一步地朝着令人愉快的方向推进奠定了基础；第三，评价学的出现已经有数十年的历史，除了计算图式法本身的缺点之外，另一个较大的问题是，它还没有出现一个有效的图式理论做支撑，因此，其结果就有些声名狼藉。在由节点信息组成的图式代理角度去认识世界的方法中，也许根本就不存在着一个标准的图式，但人类认识世界用图式做代理的方法是客观存在的，有史以来就是如此，这是我们谁也否认不掉的。如果我们找不到一个标准的图式理论，并在此基础上提出不同的认识世界方法，那么，我们的工作很难说就是具有积极意义的。但是，我们在图式研究中加入了动态、静态、表层、深层等视点，提出了用图式方法还可以对动态事件进行评价，这些工作是非常引人入胜的；第四，人类信息学如果能够建立起来，它将会对整个信息科学的发展起到一种示范作用。我们曾反复强调，没有本体论的信息科学绝不会成为一门真正的信息科学，而信事学就是对人类信息学做出的标准本体分析，围绕以信息本体问题为中心，由心理学、传播学、语言学而形成的人类信息学体系，不仅会对信息科学基础体系中的其他基础信息科学分支的建设起到一种示范作用，而且会对整个统一信息科学的建设起到促进作用。

我们正处于一个信息泛滥的时代，信息科学家有责任分析不同的信息结构——类似于蛋白质的分层结构那样。由于信息在传输、存储、处理过程中既消耗物质，也消耗能量。我们有责任从社会可持续发展的角度看问题，使资源的消耗变得更小。另外，人类大脑的信息处理能力也是有限的，当所接收的信息太多以至于超越了个人的信息处理能力时，它必然会使我们的大脑失去工作效率，从而浪费我们的精力。例如，在互联网检索中，检索原始的文本信息，其数量已经成为我们互联网文化中的一个灾难。如若提供检索的服务器中保存了许多信息的图式结构而不是原始信息，若我们能够按这种结构来进行检索，结果就会使我们的负担大大减轻，这是互联网检索未来的一个发展方向，也是信息结构研究的理论价值。通过信息结构研究中对近似语篇的差异分析，在可能的情况下，我们可以用数学的方法分析其近似度。剽窃和抄袭是科学研究中常见的丑陋现象，结构分析在遏制这些现象方面也许会有所作为。

第三篇

信息研究中的若干争议性问题

第 8 章　它们是信息科学的成员吗？

20 世纪中后期以后，由于受到革命性的控制论和信息论所掀起的信息热潮冲击，一些比较偏重自然科学的研究者开始逐渐从思维的深处把自己的工作和信息概念特有的属性进行关联，尝试把信息概念及有限的信息理论引入自己的研究中。这种现象虽不像在人文与社会科学研究中那样普遍，但他们所提出的问题却比人文与社会科学家来得更加深刻。因为他们认为，在受到信息概念的冲击和信息理论的洗礼之后，这些学科从信息和信息科学方面看都已发生了根本性的改变，虽然说法不同，但大体可以归纳为如下两类：

A：**认为存在一个独立的信息科学知识体，而自己的学科是这个知识体的一个组成部分；**

B：**和物质性或社会性的学科不同，自己的学科所研究的对象更偏重信息，所以，自己的学科是信息性的。**

对第一种看法而言，区分一门学科是否是信息科学的一个分支，我们的一个基本价值判断是：如果某门学科的研究对象是物质，那么该学科就是物质科学；如果某门学科的研究对象是社会，那么该学科就是社会科学；如果某门学科的研究对象是信息，那么该学科就是信息科学。

对第二种看法而言，从信息的观点看，任何一门学科的研究者，他们都涉及信息的获取、加工、传播三个问题。区别仅在于，有的学科面对的信息只需要简单的加工就可以传播出去，例如新闻学。有的学科面对的信息可能需要漫长的时间进行加工（思考），之后才能成为一种理论，然后再传播出去，例如物理学。从直观上说，我们会把第一种学科说成是信息性的学科，第二种则不是。但是，从信息方面来看，新闻记者和物理学家的工作在本质上没有区别。当新闻记者看到一个社会情景之后，写下来就可以立即报道出去；对于一个物理学家而言，当他看到一个物理情景之后，可能需要 1 年、5 年或更久时间的思考，然后才能把其中的缘由梳理清楚，然后写出来再报道出去。因此，我们可以这样认为：新闻记者是简单的物理学家，物理学家是高级的新闻记者。

8.1 统计学是一门成熟的信息科学吗？

统计学是一门研究如何应用概率论建立数学模型，并对观察所得的数据进行量化分析，进而进行推断和预测的科学。统计学已被广泛应用到许多学科之中，包括自然科学、工程科学、社会科学、人文科学，有时还被运用到工商管理及政府决策过程中。

统计学具有悠久的历史，一般认为，其学理探讨自亚里士多德时代就开始了，而其实践应用则起源于对社会经济问题的研究。在两千多年的发展过程中，统计学经历了“城邦政情”“政治算数”“统计分析”三个发展阶段。“统计学”和“数理统计学”两个概念常被混淆。所谓的“数理统计”并非是独立于统计学的新学科，确切地说，它是统计学在第三发展阶段形成的一个有关数据收集和分析方法的一个新名称。至于概率论，它是数理统计方法的理论基础，属于数学而不属于统计学。

在古希腊时代，亚里士多德撰写了《城邦纪要》，其主要内容包括对各城邦的历史、行政、科学、文艺、人口、资源、财富等社会和经济情况的比较和分析，具有社会科学的特点。因此，这个阶段的统计学被称为统计学的“城邦政情”阶段。17 世纪，英国的配第（William Petty）进行了政治算数研究，主要内容是用诸如重量、尺度等数字概念将社会经济现象数量化，这种方法已成为近代统计学的一个重要方面。这个阶段的统计学被称为统计学的“政治算数”阶段；19 世纪末，欧洲许多大学纷纷开设了对社会经济问题进行统计分析的课程，而这个阶段的统计学被称为统计学的“统计分析”阶段。统计分析研究最早的工作是 1908 年由戈塞特（William S. Gosset）发表的学生 t-分布（Student's *t*-Distribution）一文开始的。学生氏分布理论不仅开创了小样本代替大样本的统计分析方法，同时也开创了统计学的新纪元。

按照我们对统计学的理解，统计学所依赖的基本材料是数据，而数据是一种本源信息，由统计推断而得出的结果是蕴涵信息。给定一组数据，统计学可以摘要并且描述这些数据，用统计方法对数据进行的研究称为描述统计学。研究者若以数据的形态为基础，之后建立一个用以解释其随机性和不确定性的数学模型，并用它来推论总体，这种研究被称做推论统计学。19 世纪中叶，不少研究者主张用研究自然科学的方法研究社会现象，正式把古典概率论引进统计学，从而使统计学进入了一个新的发展阶段。持这种主张的统计学被称作数理统计学。19 世后半叶，一些研究者的工作融合了“城邦政情学派”与“政治算术学派”的观点。在学科性质上，他们认为，统计学是一门研究社会现象变动原因和规律的科学，因而它是一门社会科学。带这种特性的统计学被称作社会统计学。1763 年，英国学者贝叶斯提出了一种基于先验分布的归纳推理理论，后被一些统计学者发展为一种系统的统计推断方法，依此方法为基础建立的统计学叫贝叶斯统计学。和其相对应，另一种不依赖先验分布，坚持概率的频率解释而形成的统计学叫频率统计学，频率统计学有时也叫经典统计学。因此，从不同角度看统计学，就有不同的统计学分类。到目前为止，从上述三种不同的角度进行分类，就有六种不同的统计学：①描述统计学和推断统计学；②数理统计学和社会统计学；③贝叶斯统计学和频率统计学。

2005 年，美国斯坦福大学著名的美籍俄裔犹太统计学家埃弗龙（Bradley Efron）发表了一篇演讲，题目是：“贝叶斯学派、频率学派和科学家”（*Bayesians，Frequentists，and Scientists*）。文中提出了一个关于统计学和信息科学关系的重要看法。他认为：“统计学是一门信息科学，而且是最早且发展得最为充分的信息科学。”（Statistics is an information science，the first and most fully developed information science.）①

如不认真分析，人们很可能从论文的标题猜想到，埃弗龙是在通过对贝叶斯统计学和频率统计学和科学家们的关系，或通过讨论贝叶斯统计学和频率统计学的异同来证明统计学是一门优秀的信息科学的。很不幸，他没有这么做。在整个演讲中，他始终没有给出任何“统计学是一门信息科学”的证明。但是，我们的看法是，在我们所观察到的不少科学领域里，其研究者在声称自己学科的信息性方面，统计学恰恰最有可能被认为是信息科学的分支之一。既然埃弗龙没有给出自己的论证，那么让我们来进行这一尝试。我们计划从两个角度来加以证明：

证明的第一个角度是从埃弗龙的演讲题目，当然也是统计学第三种分类法中谈到的贝叶斯统计学和频率统计学的异同开始。

按照统计学家的看法，贝叶斯统计学是一种标准的统计学。就其理论基础而言，贝叶斯统计学是从经典统计学演化而来的。根据现有的资料来

① Efron B. Bayesians, Frequentists, and Scientists. *Journal of the American Statistical Association,* 2005, 100(469): 1-5. 中译见：Efron B. 贝叶斯学派统计学家，频率学派统计学家和科学家. 朱钰，谢爱辉，郭晓烨译. 统计与信息论坛. 2005, 20(4): 109.

看，这方面最早的工作是以高斯（Johann Gauss）和勒让德尔（Adrien-Marie Legendre）提出的误差分析、正态分布、最小二乘法等理论为基础，经由19世纪末到20世纪上半叶杰出的统计学家皮尔逊（Karl Pearson）、费希尔（Ronald Fisher）、奈曼（Jerzy Neyman）等的工作建立了经典统计学，如今的统计学教科书大多数都是在叙述经典统计学的理论和方法。经典统计学有一个显著的特征，那就是：所有的理论和方法都建立在对总体信息和样本信息的分析和处理之上。

总体信息，即总体分布或总体所属分布族提供的信息。为了获取它们，人们往往需要耗费巨大的精力和财力；样本信息，即从总体中抽取出的样本的信息。它是一种选择性信息，为了使获得的结论精确度较高，加工和处理时选择得愈多愈好。人们希望通过对样本信息的加工和处理，最后做出对总体的某些特征的统计推断，因此我们可以认为，没有样本信息就没有统计学。从这个角度来说，经典统计学是一门依赖样本信息来推断总体信息的科学，它对信息的依赖性是不言而喻的。

人们之后逐渐发现，先验信息在统计学中也扮演着重要角色。先验信息是一种在人们进行抽样之前就有的有关总体或样本的相关信息。一般来说，先验信息主要来源于个人和历史的经验，它在日常生活和社会活动中随处可见，不少人在实践中都在自觉地或不自觉地使用着它。你若要进餐馆吃饭，中国的一个著名喜剧演员有句流行的广告语表达了典型的经验性信息（知识）的统计意义："哪儿人多我去哪儿！"它恰如其分地揭示了先验信息的重要性。

以经典统计学为基础，再加上对先验信息的分析所构建的统计学就是贝叶斯统计学。贝叶斯统计学重视对先验信息的收集、挖掘和加工，并使它数量化，然后再形成先验分布，最后参加到统计推断中，以提高统计推断的质量。[①]一句话，贝叶斯统计学是建立在对总体信息、样本信息、先验信息之上，最后再得出推断信息的统计学。因此我们可以认为，从方法论上讲，贝叶斯统计学是一门高度依赖信息的科学。如果按照前述第三种统计学分类方法，统计学可以分为贝叶斯统计学和频率统计学，而频率统计学和经典统计学一样，都是不使用先验信息的统计学。由此我们得出第一种肯定的结论：统计学是一门信息科学。

证明的第二个角度从统计学中的统计推断谈起。什么是统计推断？一般的统计学家都认为，统计推断是依据观测或试验所取得的有限信息对整

① 茆诗松. 贝叶斯统计. 北京: 中国统计出版社, 1999: 1-8.

体做出一种推断，每个推断必须伴随一定的概率以表明推断的可靠度。数理统计的基本问题是根据样本所提供的信息，对总体的分布以及分布的数字特征做出统计推断的信息研究。①

1990 年，著名的统计学家卡塞拉（George Casella）和伯杰（Roger L. Berger）在他们的统计学名著《统计推断》一书中，基于数据压缩理论归纳出了当代统计学中的三个数据简化原理：充分性原理、似然性原理、同变性原理。三个原理都表达了一种从本源信息到蕴涵信息的一种推断。这一用来证明统计学是一门信息科学的尝试相当深奥。和前面第一种用贝叶斯统计学、频率统计学进行对比得出的结论相比，用这三个原理来证明统计学是一门信息科学更有说服力。卡塞拉和伯杰提出的这三个数据压缩原理是这样表述的：

设 θ 是根据样本 X_1，…，X_n 中的信息待推断的一个未知参数，则有：

（1）**充分性原理**：如果 $T(X)$是 θ 的一个充分统计量，则 θ 的任意依赖于样本 X 的推断都可以经由 $T(X)$值完成，即，如果 x 和 y 是满足 $T(x)=T(y)$ 的两个样本点，则不论观测到的是 $X=x$ 还是 $Y=y$，关于 θ 的推断都完全相同。参数 θ 的一个充分统计量在某种意义上提炼出了样本中有关 θ 的全部信息，即除充分统计量的值以外，样本中其余信息不能再提供关于 θ 的任何信息。

（2）**似然性原理**：设样本点 x 和 y 满足 $L(\theta\mid x)$ 与 $L(\theta\mid y)$ 成比例，即存在某常数 $C(x,y)$，使得对任意 θ 有 $L(\theta\mid x)=C(x,y)L(\theta\mid y)$，则由 x 和 y 出发所作的关于 θ 的推断完全相同。特别地，若 $C(x,y)=1$，则似然性原理表明，如果两个样本点导出相同的似然函数，则它们所包含的关于 θ 的信息完全相同。似然原理从本质上揭示了似然函数可用于比较不同参数值的似真程度。

（3）**同变性原理**：设 $T=g(X)$是一个度量尺度变换且满足：Y 的模型与 X 的模型具有相同的形式结构，则推断方法应该同时满足度量同变与形式不变。同变性原理包含了两种不同的同变思想。第一种同变称作度量同变，它要求关于参数 θ 所作的推断不应依赖于所选用的测量尺度；第二种同变实际上是不变，可以称作形式不变，它要求数学模型形式结构相同的两个

① 在魏宗舒等编著的《概率论与数理统计教程》一书中，他们明确指出："在数理统计学中，一个基本的问题就是依据观测或试验所取得的有限信息对整体如何推断的问题，每个推断都必须伴随一定的概率以表明推断的可靠度。这种伴随有一定概率的推断称为统计推断。"见：魏宗舒. 概率论与数理统计教程. 北京：高等教育出版社, 1983: 227. 他们还提出："数理统计的基本问题是根据子样所提供的信息，对母体的分布以及分布的数字特征做出统计推断的问题。"见：魏宗舒. 概率论与数理统计教程. 北京：高等教育出版社, 1983: 256.

推断可以运用相同的推断过程。[①]

纵观上述三个数据压缩原理，它们都提供了使我们避免只关心那些不丢失与未知参数 θ 相关的重要信息的数据简化方法。充分性原理保证我们能够在不丢失 θ 相关信息的同时，还能对数据进行适当地概括；似然性原理根据观测样本给出了未知参数的函数，该函数提取了样本中所有关于 θ 的信息；同变性原理给出了另一种数据简化方法，同时又保留了原概率模型的一些重要性质。由于这些原理都建立在对数据和信息的推论之上，而且数据本身是一种本源信息，而推论是蕴涵信息。所以，正像香农信息论是从消息导出信息一样，统计学是从数据导出信息。这样，我们就从另一种角度得出了相同的结论，即统计学是一门信息科学。[②]

由于贝叶斯统计学比香农信息论的历史更为悠久，比计算机信息科学的历史也更修远，且得到了无数（数理）统计学家们的精炼和无数实践家们的检验。所以我们可以认为，统计学是一门成熟的信息科学。尽管如此，我们应该提醒统计学家，基于统计学是一门关于定量信息研究的方法性的学科。所以，我们也就不应该忘记，尽管可以承认统计学是一门信息科学，但它仅是方法论性质的信息科学，且对定性信息的研究并非适用，因而不应该把它看成是基础信息科学理论的必然组成部分。

尽管我们在某种意义上同意埃弗龙的看法，但它就一定能站得住脚吗？是的，从我们前面谈到的辨别信息科学成员时，其标准是该学科研究的是否是信息。在某种意义上，统计学看起来的确是一种关于信息内容的形式科学，因此从统计学的里外看，它都可以看作信息科学的一分子，但我们仍不要忘记，从根本上说它仍是一门数学学科。和统计学一样，可以解决众多信息问题的数学学科并不止统计学一个，这样，我们会立即提出这样的问题：它们都可以称作信息科学的一分子吗？答案未必是肯定的。因此，把统计学看作纯粹的信息科学分支未必是合适的。一个折中的理解是，它是双栖学科，或把它看成一门数学科学和信息科学的强交叉学科。如果我们一定要认定统计学是一门信息科学，而又找不出确切的理由来说明它在信息科学的贡献上和其他数学学科有着根本的区别，那么我们在接受把统计学看作一门信息科学方面还是应该持谨慎的态度。林建祥曾提示我们，是否应该把整个数学科学看作一门信息科学，这个问题值得数学家

---

① Casella G, Berger R L. 统计推断. 张忠占，傅莺莺译. 北京：机械工业出版社, 2010: 248-273.

② 陈希儒认为：“统计学不止是一种方法或技术，还含有世界观的成分——它是看待世界上万事万物的一种方法。”见：陈希儒. 数理统计学简史. 长沙：湖南教育出版社, 2002: 1. 按《不列颠百科全书》的看法，（数理）统计学是一门“收集和分析数据的科学和艺术”。

和信息科学家们一起深思①。

8.2　地理学是一门信息科学吗?

地理学是研究地表层自然要素与人文要素之间相互作用,以及它们的形成、演化、结构、过程、地域等问题的科学。在地理学家的表述中,研究者曾用地理壳、景观壳、地表层等术语来称呼地球表面。现在常用的术语是地表层或地球表层,它是由大气对流层、岩石圈上部、水圈、生物圈和人类圈组成的。在地球表层,各种自然现象和人文现象组成了一个宏大的地表综合体。因此,按照现代地理学的说法,地理学是一门具有高度复杂性的科学。地理学在其发展的初期曾获得过科学之母的称号。在钱学森的科学知识分类体系中,他使用了"地理科学"的名称,并把它和其他 10 个知识部门并列。之后,他又从开放复杂巨系统研究中提炼出了五个系统,地理系统便是其中之一②③。从 18 世纪末洪堡(Alexander von Humboldt)提倡地理学研究起到现在为止的 100 多年中,地理学的发展经历了经典地理学、近代地理学、现代地理学三个阶段。

经典地理学研究始于远古并至 18 世纪末为止,这个时期的地理学主要以描述的方式记载地理知识,而且这些记载的很多方面是缺乏理论见解的。但地理学内部尚未出现学科分化的格局,各国的地理学基本上都是在封闭的条件下发展起来的。早期,以中国和古希腊的地理学研究成果最为显著。后来,欧洲出现了哥伦布(Christopher Columbus)、达伽马(Vasco da Gama)、麦哲伦(Ferdinand Magellan)等地理探险家,他们的航海发现极大地推动了地理学的发展。

近代地理学始于 19 世纪初期至 20 世纪中期,这个时期的地理学成就,主要以德国洪堡的《宇宙》和李特尔(Carl Ritter)的《地学通论》两书问世为标志。近代地理学是产业革命的产物,它是随着工业社会的发展而成熟起来的。这一时期,各种学说纷纷出现,不同学派彼此林立。地理学的各分支学科几乎都是在这个时期出现和建立的,因此这个时期也是部门地理学的蓬勃发展时期。

现代地理学的出现,是随着科学技术的进步与发展而萌发的。20 世

---

① 林建祥. 信息科学的若干问题. 北京大学交叉信息科学研讨班报告, 2004, 13.

② 钱学森等. 论地理科学. 杭州: 浙江教育出版社, 1994.

③ 钱学森. 发展地理科学的建议//钱学森等. 论地理科学. 杭州: 浙江教育出版社, 1994: 36-46.

纪60年代，地理数量方法、理论地理学、计算机图形学、地理信息系统、卫星遥感等信息技术应用的出现给地理学的发展带来了许多新思想。这时，地理学便开始强调地理的统一性、理论化、数量化、行为化、生态化，地理学由此就进入了现代化的阶段。特别值得注意的是，现代地理学中有一门和信息科学关系相近的学科，即地理信息系统，地理学家今日普遍称其为地理信息（科）学，它的出现使地理学和信息科学发生了关联。正因为它的存在，现代地理学可以分为自然地理学、人文地理学、地理信息学三个分支。

1994年，青年地理学者陈涛，把20世纪中期问世的控制论和信息论中的信息思想，特别是之后出现的信息科学研究热潮中的信息观和地理科学进行了结合，提出了一个新观点：地理学是一门信息科学，或者说是一门关于空间（信息）的当代信息科学。①陈涛最早研习的是数学，他能在信息科学刚刚发展的早期就捕捉到地理学和信息科学的特殊关系，这是一件具有重大理论价值的思考，因此我们有必要对这一观点予以讨论。

陈涛认为，从地理学上说，地球是一个以倾斜地轴自转，同时沿椭圆型轨道绕太阳进行公转的星体，根据前述的地理学观点，地理学是研究地球表层特征的科学。地球表层的基本特性乃是变化着的空间差异性，即时空差异性，而地理学就是研究这种时空差异性的科学。从信息科学来说，根据意大利朗高1975年的看法：信息是反映事物的形式、关系和差别的东西。②陈涛认为，所谓的地理研究，乃是对空间信息的感知、提取、识别、传递、存储、变换、处理、显示、检索、利用的研究，它关心的应该是物质、能量分布的空间差异及时间变化的结果——信息流。无需赘述，地理学和信息科学在此进行了交汇，研究空间信息问题的地理学自然就成了信息科学的分支，这样的推理看起来并无不妥。

他接着说，地理研究的过程即信息产生的过程。由于信息是被反映的差异，当地表空间中的物质差异和能量差异的变化过程在人们的头脑中再现时，结果就产生了信息流。地理工作者的任务是提取、存储、加工、传递、使用这些信息流。地理信息的特征乃是人们对一定区域的空间性差异的反映。由于地球表层上不存在两个一模一样的区域，所以人们无法根据这些区域的信息来完整判定另一些区域的具体情况，反之亦然。再加上时间上的变化，由此就会产生众多的不确定性。整个地理学的研究过程，就是消除空间差异及其变化的不确定性过程。

---

① 陈涛. 地理学是一门空间信息科学. 信阳师范学院学报(自然科学版), 1994, 7(2): 217-220.

② Longo G. *Information Theory: New Trends and Open Problems*. Wien, New York: Springer, 1975: III.

陈涛认为，地理科学研究的成果表现是一种信息的载体。不论是科学成果（论文、报告等），抑或是技术产品（地图、计算机软件等），它们都是空间信息的载体。地理科学的最终成果也就体现了地理研究的最初目的。实际上，地理学产生的伊始，其目的便是为了传播空间信息。地理学发展的早期阶段——描述阶段，就是对空间信息的提取和传播。正是由于地理信息的传播才加强了不同地区的人类交流，推动了世界历史的发展。不论是从地理学研究对象的特性看，还是从其研究目的、过程、成果看，抑或是从地理学的产生及发展过程来看，地理学都称得上是一门空间信息科学，地理学作为一门科学体系，其功能也表现在对空间信息的加工、处理和应用方面。归纳陈涛的一系列论述，可以看出，他提出的地理学是一门信息科学的观点，全部依据均建立在如下三个命题之上：①地理学研究的目的是为了传播信息；②地理学研究的过程即信息的产生过程；③地理学研究的成果表现形式为信息的载体。

从地理学发展历史来看，如果地理学研究的早期是为了传播信息，这看似有些道理，但仔细想想，这种论述是不妥的。科学研究的目的是认识世界，传播只是其中的一个过程。而当代地理学的任务早已超越了仅仅为了传播信息而研究的时代。说地理学的研究过程仅是为消除对空间信息认识的差异是没有意义的，因为任何研究都具有消除某种认识差异的性质。生物科学对拟南芥和黑果蝇进行的研究也不过如此，我们不能仅凭此就说它们是信息科学。说地理科学研究的成果表现为信息载体形式更是没有意义，因为几乎所有科学研究者发表的科学研究成果最后都是以信息的载体形式所呈现，甚至在你不发表它们的时候也是如此。因此，仅凭以上三点断定地理学就是一门信息科学，其论据是十分牵强的。

就在陈涛的论文发表 5 年之后的 1999 年，北京大学的杨开忠和沈体雁撰文，再次讨论了地理科学和信息科学之间的关系，并提出了一个和陈涛的观点类似的观点，但范围有了界定。他们的看法是：“经典地理学是一门信息科学。”①而陈涛的观点是：“（整个）地理学是一门信息科学。”

杨开忠和沈体雁认为：地理信息存在于一定的物质和能量载体之上，并能从一个载体向另一些载体传递，这就形成了所谓的信息流。地理主体与地理对象是按照认知关系划分的两种基本的地理信息载体。地理对象的状态与方式是本体论意义的地理信息，其载体是地理对象本身。一旦地理对象被主体感知后进入意识层面，即成为认识论意义上的地理信息，其载

① 杨开忠, 沈体雁. 试论地理信息科学. 地理研究, 1999, 18 (3) : 262.

体是人的感觉器官和人脑。经过人脑加工和重构的地理信息就可以应用于改变和影响地理客体，并促成新的本体信息的发生与重构。杨开忠和沈体雁接着说：可以把地理信息的发生、发展、获取、传输、处理以及感受、响应与反馈的全过程称为地理信息运动过程。

在谈到经典地理学时两位作者认为，人类认知赖以生存的地球表层系统，经历了漫长的历史时期。科学技术作为第一生产力，决定着人地矛盾综合体中人、地相互决定能力的对比和改变，因而也决定着人类观测和认识地球的视野和能力，以及由此引起的基本地理观或人地观。不同的历史阶段，人们以不同的技术平台，从不同的科学视角出发，就会得到关于地球表层的不同认知模型，从而形成不同的观点或范式，形成地理学渊远流长、错综复杂而又不断分化组合、交替上升的分支和学派。地理科学探索的目的在于追求无限接近客观真实的地表整体模型，有力促进人类与地球的可持续发展。

为了证明这门发源于地理学和信息技术交叉所形成的地理信息科学在信息科学体系中的合法性，杨开忠和沈体雁回顾了地理学研究早期的形态，并得出大胆但却也不失谨慎的结论："经典地理学以航海和地理探险为社会历史背景产生和兴起，是关于地球表层形态描述的科学。经典地理学，主要包括调查、区划、分类和制图。地球表层形态是地表物质、能量存在的状态，是一种地理本体信息。调查是地理学获取地理信息的手段和方法，区划和分类是对获取的地理信息进行的处理，而制图则是对处理后的地理信息的空间表达。可见，经典地理学研究实际上是以人力测绘为技术基础，以定性概括为主要分析方法的地理信息过程，纸质地图和记录文本是其主要的地理信息载体。"因此，他们得出如下结论，从本源上说"经典地理学本质上是一门信息科学"。

毋庸置疑，表面上，不论把地理学看成是因研究空间差异信息而能够被称作信息科学，或者是把以地理调查和地图制作为主的经典地理学看作信息科学，两种说法都有一定的道理。对于地理学家来说，经典地理学的基本任务，就是以区域调查为地理信息的获取手段，以地图制作为地理信息的表达方式。和许多自然科学相比，地理信息的获取难度相对简单，那就是到实地里去勘察。获取信息后的任务又相对明确，那就是表达到地图上去。所以，这些地理学研究者就把地理学，或者是经典地理学看成了一门信息科学。但按照我们的说法，区分一门学科是否是信息科学，重要的标准是看该学科的研究对象是否是信息。很显然，地理学家具有不可推卸的责任来告知公众某种地理信息的真实性，这样，尽管地理学家的基本任务都是在地理信息的获取、加工、传播方面，但获取这些地理信息的基本手段是靠地理学家到野外去对地理现象进行观察、思考、研究。换句话说，地理学家的研究对象是自然和社会，尽管其结果获得了信息——如其他自然和社会科学家最终也会获得信息一样，但地理学家的研究对象并不是信息，所以，地理学并不是一门信息科学。

8.3　化学有可能被理解为一门信息科学吗?

化学是一门历史悠久的自然科学，它主要从物质化学变化的角度来思考、认识、改造世界。具体地说，化学科学是研究分子层次，以及以超分子为代表的分子以上层次的化学物质的组成、结构、性质和变化规律的科学。①

传统的化学认为，分子是由原子组成的，原子之所以能够相互结合成分子，是因为它们之间存在着一种较强的相互作用力，化学家通常把这种作用力称为化学键。化学键分为三类，它们分别是离子键、金属键、共价键，大多数分子的合成依赖共价键，尤其是在生物大分子中。“共价键”并不是传统意义上的某种化学连接物，它是在共享一对或几对电子的原子之间存在的一种稳定的化学引力。原子趋向于建立全满的最外层能级，结合原子平衡正负电性的趋向，大多数化学反应的性质都可根据门捷列夫（Дми́трий Менделе́ев）提出的“八电子规则”准确地判断出来。

随着化学科学的不断发展，特别是在 20 世纪后半叶，从自然界分离并鉴定出的化合物，加上化学家自己合成的化合物，1999 年时已达 2200 万种，到 2001 年时就已上升到 8000 万种以上，而且还以每年 100 多万种的速度不断地增加②。在早期的化学研究中，这些化学物种被称为络合物。直到 1937 年，德国的沃尔夫（Karl Wolf）等才将它们称作“超分子”（übermoleküle/supermolecule）③。1978 年，诺贝尔化学奖获得者，法国巴斯德研究院的莱恩（Jean-Marie Lehn），以及在美国杜邦公司工作的彼得森（Charles Pedersen）人工合成出了冠醚。之后，莱恩又设计出了

① 化学家通常认为，化学科学是研究物质的组成、结构、性质、变化规律的科学。但现在的许多化学家不同意这种看法，认为它太宽泛。见：北京师范大学, 华中师范大学, 南京师范大学无机化学教研室. 无机化学(第 4 版) (上册). 北京: 高等教育出版社, 2002: 3.

② 宋心琦, 周福添. 分子智能化猜想——超分子化学与化学信息论. 长沙: 湖南教育出版社, 2001: 4.

③ Wikipedia. Supermolecule. http://en. wikipedia. org/wiki/Supermolecule [2012-12-23].

一种类似冠醚但具却有三维结构的大环化合物穴醚①。在经过对穴醚进行了长期的研究之后，莱恩正式提出了“超分子化学”的概念②③。他把超分子合成之前的两种化合物分别看作底物④和受体，并通过 1894 年费歇尔（Email Fisher）提出的“锁–钥模型”进行比喻⑤，认为在分子的缔合中，尤其是在超分子的缔合中，底物和受体的结合是靠信息而不是靠传统的共价键作用完成的。因此，他给超分子化学加冕了另一个桂冠：化学信息学。莱恩以超分子化学为分界线，把超分子化学以前的化学称为（普通）分子化学，以后的化学称为超分子化学。他认为，超分子化学是化学科学今后的主要发展方向。根据超分子结合可能是在依靠信息在起作用的设想，他于 1995 年大胆地提出了一个对整个化学科学和信息科学两界看来都有点惊世骇俗的“莱恩猜想”：**“超分子化学已经为朝着把化学理解为一门信息科学铺平了道路。”**（Supramolecular chemistry has paved the way toward apprehending chemistry as an information science.）⑥⑦在之后的论述中，他有时把超分子化学称为化学信息学（chemical informatics）或化学信息科学（chemical information science），有时又称之为“分子信息学”（molecular informatics）⑧。此外，由于超分子化学是分子组合的科学，而配位化学是研究由一个或几个正离子或中性原子为中心，若干个负离子或中性分子在其周围进行配位⑨，并最后形成新化合物的科学，从新分子形成的角度来说，它和超分子化学具有相同的目标。所以，广义的配位化学也可以被

① 罗勤慧. 大环化学——主–客体化合物和超分子. 北京：科学出版社, 2009: 81.

② Lehn J M. Crepitates: Inclusion Complexes of Macropolycyclic Receptor Molecules. *Pure and Applied Chemistry*, 1978, 50(9-10): 871.

③ 苏成勇和潘梅在他们的著作中提供了 4 种不同的超分子化学定义：a. 超分子化学是超越分子的化学，与两种或两种以上的化学物种依靠分子间力结合在一起而形成的具有更高复杂性的有组织的实体有关；b. 超分子化学是分子间键的化学，涵盖由两种或两种以上的化学物种缔合而成的实体的结构和功能；c. 超分子化学是基于分子组装体和分子间键的化学；d. 超分子化学是非共价键的化学。见：苏成勇，潘梅. 配位超分子结构化学基础与进展. 北京：科学出版社, 2010: 7.

④ 这里所说的“底物”概念，与我们在信息科学中所说的“底物”概念不同。化学科学中的“底物”，通常代表提供化学物质或信息的分子，它一般与“受体”概念同时出现。我们在信息科学中所说的“底物”，指的是信息和符号的底层载体。

⑤ 徐筱杰. 超分子建筑——从分子到材料. 北京：科学技术出版社, 2000: 49.

⑥ Lehn J M. 超分子化学——概念和展望. 沈兴海, 等译；叶宪曾审校. 北京：北京大学出版社, 2002: 208, 250, 237. 根据该书提供的材料，作者自 1995 年后在很多文章和著作中都在宣扬这种观点.

⑦ Lehn J M. Toward Complex Matter: Supramolecular Chemistry and Self-Organization. http://www.pnas.org/content/99/8/4763 [2013-3-8].

⑧ Lehn J M. 超分子化学——概念和展望. 沈兴海, 等译；叶宪曾审校. 北京：北京大学出版社, 2002: 13.

⑨ 同济大学普通化学及无机化学教研室. 普通化学. 北京：高等教育出版社, 2004: 88.

认为是超分子化学[①]。1998 年，宋心琦、周金渭、周福添三位化学研究者撰文将莱恩的理论介绍到中国[②]。特别是宋心琦等，之后在许多刊物上发表文章[③④]，并出版专著[⑤]，呼吁化学家和信息科学家应对这个方向给予足够的关注。

需要说明的是，在化学科学中，还存在着另外两个和我们在这里讨论的化学信息学极易混淆的学科。第一个学科其名字也叫“化学信息学”（chmoinformatics）[⑥⑦]，但其研究重点是化学结构的表示和可视化、分子模型的构建及分子图形软件的使用。其主要目的是教会化学研究者如何熟练使用化学信息资源的数据库检索技术，介绍常用化学信息电子资源数据库及文献现象的管理，包含化学信息的设计、制造、组织、处理、检索、分析、传播和使用。这种化学信息学主要应用在信息检索管理学科中。第二个学科的名字叫“信息化学”，目的是对信号化合物或信号化学物质（semiochemical）的研究，所以，其恰当的翻译应该是“信号化学（semiochemistry）”。根据化学家的看法，信号化合物包括外激素（pheromones）、利己素（allomones）、利他素（kairomones）、引诱剂（attractants）、排斥剂（repellents）等外信使化合物[⑧]，生物学、生物行为学、化学生态学、心理学都对此问题饶有兴味。以莱恩的化学信息学和信号化学相比，二者的根本区别在于：前者是一种偏重信息的学科，它更多关怀的是超分子是如何通过信息传输（及信息处理）等作用而形成化合物的等问题。后者是一种偏重化学的学科，它更多关怀的是通过信息传输（及信息处理）等作用而形成的化合物性质等问题。虽然信号化合物是传递信息的使者，但它毕竟是一种物质。对一种传递信息的物质进行研究的化学当然是一门化学学科，不论它是如何形成的。

莱恩的“化学信息学”概念和对其有限的支持理论提出之后，令人感到沮丧的是，在国外，很少能够看到有什么化学家从信息科学的角度来讨论它。在这个意义上，莱恩几乎成了孤家寡人。在国内，除了宋心琦、徐

① 游效增，孟庆金，韩万书. 配位化学进展. 北京：高等教育出版社，2000: 9.

② 宋心琦，周金渭，周福添. 分子识别、化学信息学和化学反应智能化问题//21 世纪 100 个科学难题编写组. 21 世纪 100 个科学难题. 长春：吉林人民出版社，1998: 401-412.

③ 宋心琦. 21 世纪理论化学的重要课题之我见. 大学化学，2000, (1): 15-19.

④ 刘威，宋心琦. 化学信息论——21 世纪化学的重要课题之一. 河北大学学报(自然科学版)，2000, (3): 297-303.

⑤ 宋心琦，周福添. 分子智能化猜想——超分子化学与化学信息论. 长沙：湖南教育出版社，2001.

⑥ 陈明旦，谭凯. 化学信息学. 北京：化学工业出版社，2011.

⑦ 邵学广，蔡文生. 化学信息学(第 3 版). 北京：科学出版社，2013.

⑧ 詹豪强. 信息化学实验导论. 北京：科学出版社，2010: 1-9.

光宪①②③这些著名的化学研究者呼吁化学科学界对莱恩的猜想应该给予足够的重视之外，从整个化学家团体来看，从信息角度研究化学信息学机理的人同样屈指可数。毋庸置疑，对信息科学家而言，化学信息学给我们带来的学说是令人鼓舞的。但是，对作为一门交叉科学的化学信息学而言，要很好地理解莱恩提出的超分子合成过程中的信息机理，它涉及基础化学、无机化学、生物化学、配位化学、物理化学、生物学等，其难度可能是所有专业信息学中最大的。所以，从总体上说，这也是在全球的信息科学研究团体和化学科学研究团体中，讨论化学信息学的人基本是寥若晨星的根本原因。但是，要推进信息科学的进展，我们不能以它的理论太复杂和研究者甚少为借口去忽视它。也许正因为它太复杂和攻克甚艰，不排除里面存在着对信息科学来说可能是至关重要的信息原理的可能。

莱恩认为，确定、识别、配位三个概念构成了超分子化学的基础④。基于共价键存在着分子化学，基于分子有序体和分子间价键而存在着超分子化学，这就是他对超分子化学的定义。同时，基于莱恩的定义，其他一些超分子研究者也给出了不同的定义，但基本点都是相同的，那就是：分子间键是超分子缔合的基础⑤。根据大多数超分子化学家的看法，分子间的弱相作用力可统称为分子间键或分子间价键或次级键。分子间键涉及分子间和分子内基团间的相互作用力、各种组合体和聚集体的结构和性质、生命物质内部的作用等。一般而言，分子间的弱相互作用力主要包括范德华力、氢键、堆积力、其他弱相互作用力等几种不同的力。但不同研究者对分子间键有不同的分类，也对某些作用力是否属于分子间键存在不同的看法。与经典共价键相比，这些弱相作用力常常并不独立存在，而是在一定条件下进行加和协同作用，最终形成具有一定方向性和选择性的作用力集合，从而成为决定超分子形成、分子组装、分子识别的重要因素。

既然分子间键是超分子缔合的工具这一说法是一个普遍接受的原则，那么，不应再有什么关于信息问题的化学理论了，但问题恰巧就出现在这里。原因在于，传统的基于“八电子规则”的共价键形成的分子解释是非

---

① 徐光宪. 化学信息学的探索与思考//马蔼乃, 姜璐, 苗东升, 等. 信息科学交叉研究. 杭州: 浙江教育出版社, 2007: 194-202.

② 徐光宪. 关于化学信息学的探索与思考. 中国科学 B 辑: 化学, 2007, 37(1): 6-11.

③ 徐光宪. 化学分子信息量的计算和可见宇宙信息量的估算. 中国科学 B 辑: 化学, 2007, 37(4): 313-317.

④ Lehn J M. 超分子化学——概念和展望. 沈兴海, 等译. 北京: 北京大学出版社, 2002: 4.

⑤ 苏成勇，潘梅. 配位超分子结构化学基础与进展. 北京: 科学出版社, 2010: 43.

常清晰的，但用分子间键进行超分子缔合进行解释时就无法给予类似的清晰说明。况且，再加上化学家对分子间键的认识还未达成共识和成熟的地步①。于是，莱恩就坚持认为，“信息”在这里起着决定性作用，并假定两个可以发生化学缔合的分子，一个分子发出信息，而另一个分子接收信息，两个分子之间的信息如若能足够地契合，那么它们就可能发生缔合，而这就是化学信息学在信息科学方面的基本解释。因此，分子识别作用的本质，是一个在超分子水平上信息的存储与读出过程。人们在设计和合成受体分子时，必须把能够识别指定底物的若干信息，例如，能与底物相互作用的基团、种类、手性、数目、位置和排列等化学信息，预先存放在受体中。当符合上述设计要求的受体分子被合成出来后，这些识别底物的信息就已经被存储在受体分子中了，这就是信息的存储过程。而当受体在体系中寻找底物，并高度选择性地与之结合成超分子的过程，即实现对底物的识别过程，实际上就是已经存储在受体分子中的信息被读出的过程。从这个意义上说，分子识别和由此而导致的超分子结合的基础正是受体与底物在结构和能量方面各自具有的特征信息内容的相互匹配②。

有趣的是，在所有的超分子化学著作和文章中，大多数人都谨慎地使用了“信息”概念。例如“信息存储”“信息读取”等说法，但对莱恩的“化学科学有可能变成一门信息科学”的猜想却很少有人提及。对于信息概念来说，提一提是一回事，潜心研究则是另一回事。归纳起来，包括莱恩本人在内，在所有的超分子理论研究中，关于信息的含混描述③

---

① 化学键看起来似乎是一个成熟的概念，但一些化学家目前也对此提出了一些怀疑。见研究信息论和化学科学关系的波兰雅盖隆大学化学家纳列瓦斯基的文章：“化学键的信息起源：在轨道分辨率下从分子通信信道角度看键描述符”（*Information Origins of the Chemical Bound: Bond Descriptors from Molecular Communication Channels in Orbital Resolution*）。见：Nalewajski R F. Information Origins of the Chemical Bound：Bond Descriptors From Molecular Communication Channels in Orbital Resolution. *International Journal of Quantum Chemsity*, 2009, 109: 2495-2506. 以及：《分子系统的信息论》一书第 7.2 节：分子作为通信系统（Molecules as “Communication” System）。见：Nalewajski R F. *Information Theory of Molecular Systems*. Boston: Elsevier, 2006: 201-241.

② 同济大学普通化学及无机化学教研室编. 普通化学. 北京：高等教育出版社, 2004: 188.

③ 例如，晏华在《超分子液晶》一书的叙述中，在涉及化学信息时就采用了这种典型的含混表述方法。他说：“底物和受体键合形成超分子，它具有热力学和动力学的稳定性和选择性，这里涉及能量和信息。”事实上，在所有涉及“热力学和动力学的稳定性和选择性”的研究中，人们仅能考虑到能量和熵，而在传统的化学科学中，使用熵的地方已经比比皆是。他接着说：“分子识别在本质上是一个在超分子水平上信息的存储和读出问题。信息可能存储在配合物的结构中或在其键合位置（包括性质，数目和排列）。在包围键合底物的配合体中，以超分子的形成和缔合的速率来读出信息。”什么是信息？怎样判定信息可能存储在配合物的结构之中？正因为化学信息是这样地被化学家含混地表述着，以后的推论就很难表现出强大的说服力。类似的情况也同样发生在其他一些超分子研究的著作中。见：晏华. 超分子液晶. 北京：科学出版社, 2000: 9.

主要集中在如下四个方面：分子自组装、分子器件、分子机器、分子药物设计。在这些研究中，研究者们已经达成了一个高度的共识，即从分子反应角度来说，分子识别是非常智能化的。即底物和受体的结合是靠一个目前尚不清楚的“引路者”——用经济学学家话说，好像是一只“看不见的手”——在起作用。很清楚，莱恩想把这个“引路者”归为信息。但问题是，在大自然和人类社会中，具有高度智能化活动的现象比比皆是。在“信息”还没有广泛使用的时代，我们一般会认为它们要么是大自然的精巧造化，要么是人类智慧的高等体现。在信息时代，当我们不了解这些智能事件的背后的原因而又非要试图解释这些原因时，我们往往都喜欢将其归功于“信息”，化学信息学就是显著的一例。诸如飞碟、外星人等自然界的神秘现象，我们是否都要把它们归为某种“信息”问题呢？我们是否又陷入了信息暂代性的窠臼了呢？因此，在目前我们看到的超分子研究成果中，还找不到任何实质性的（化学）信息是怎样在超分子的合成和组装过程中起作用的确切证明，因而还不能明确地根据这种假想做出超分子化学和信息科学高度相关的有效推断。因为不论是从传统的或者是从新的信息研究方法来看，我们在化学信息学中都很难看到明确的信息问题。例如，（化学）信息是怎样在两个分子之间进行传输，或怎样在一个分子中被处理等方面的确定性信息说明。不但在现有的分子识别、分子组装理论中看不到，甚至用上溯至 13 世纪德国炼金家马格努斯（Albertus Magnus）提出的“亲和力”①，19 世纪费歇尔提出的“锁–钥模型”中都很难看到这些试验或实践能够给出的明确的信息证明。

但是，这种怀疑是否已经彻底阻断了超分子化学中存在着化学信息成分的猜想呢？在信息科学的探索传统中，信息科学家对信息动力学中的信息生成（合成）问题一般很少给予关注，而仅把信息的传输和信息的处理看作有可能成为一门信息学的充分条件。但是，遗传学和超分子化学恰恰就存在着一种特殊的“信息合成”问题，这就使其往往逃过超分子化学家和信息科学家的眼睛。这里有两个例子可以提供一些具有启发性的事实，一个是遗传学中的“中心法则”，一个是有机化学中的烷烃研究。

中心法则认为，信息在染色体的狄恩酸处半保留地复制之后，阿恩酸作为一个信使，它会通过转运阿恩酸将狄恩酸上的遗传信息传递给蛋白质予以表达。由于狄恩酸、阿恩酸、蛋白质三者都是一种生物超分子。这就是说，“狄恩酸—阿恩酸—蛋白质”的信息流过程实际上就是一个分子信

① 张嘉同. 化学基本概念的演变. 太原: 山西教育出版社, 1998: 93.

息的传输过程[①]。根据我们对信息科学的一贯看法，有信息传输的研究就有可能形成一门信息学科——当然这还需要加上对各自信息的本体论研究，而遗传信息的本体论研究已经存在。这一现象启示我们：在化学科学和生命科学的交叉地带，有限的化学信息学研究实际上已经存在，我们可以称之为生物化学信息学或简称为生化信息学。但问题是，为什么生化信息学的思路并没有能扩大到整个超分子化学领域？抑或像莱恩所设想的那样扩大到整个化学科学领域？而这就需要从信息科学角度对生物超分子的结构、构象、分子式等角度进行分析。

我们知道，狄恩酸分子是一个遗传信器，它的底物是五碳糖，它的符号是 4 个碱基分子。在所有的化学分子中，可以作为底物的物质可以随处找到，但我们能够在这些底物之上找到可以存储化学信息的类似碱基集的符号集吗？我们认为，这不会成为一个问题，因为只要底物上存在任何可以造成差异的物质体系，我们就有可能将其作为一个化学符号集。但遗憾的是，莱恩等超分子化学家只构思到分子缔合就再也停滞不前了，他们更没有去分析中心法则，以及除了中心法则之外的其他分子通信现象，而这一问题也未能引起他们的信息科学联想。

另一个事实是有机化学中的烷烃研究。生物体中烷烃很少，一些植物表皮外的蜡质层中含有少量的高级烷烃。化学家在某些昆虫分泌的“外激素”中也找到了一些烷烃。例如，某些昆虫常能分泌出某种外激素来传递信息。现已发现，某种蚂蚁的外激素中含有正十一烷和正十三烷。有一种雌虎蛾能分泌出“性引诱剂”来引诱雄虎蛾，它的结构是 2-甲基十七烷。可以用人工的方法合成性引诱剂来诱杀雄虫，使害虫不能繁殖后代。这种影响害虫某项生理活动而达到灭除害虫的农药，是新兴的“第三代农药”，有着广阔的发展前景。[②]

从总体上说，我们虽然对“莱恩猜想”并不持完全赞成的态度，仅局限在生化信息学范围内的化学信息学，预计在未来将会出现一个有限的繁荣，而且会成为一种必然的现象。理由如下：

虽然生命科学从 1938 年代起就已经步入分子生物学时代。但是，对生物学中的诸多信息传输现象进行分子学解释还仅仅处于初级阶段。在内分泌学中，萨撒兰认为，第一信使携带着信息穿过细胞膜传入细胞内，然

① 这一现象之前也曾经普遍被生物学家当作一种遗传信息流进行过表述，但未从信息科学角度进行过阐述。见：伍德沃德 D O, 伍德沃德著 V W. 分子遗传学概论: 遗传与进化中的信息流. 葛扣麟, 等译. 上海: 上海科学技术出版社, 1983.

② 徐伟亮. 有机化学(第 2 版). 北京: 科学出版社, 2008: 50.

后黏附在环磷酸腺苷第二信使上，但关于环磷酸腺苷的分子学解释仍未取得圆满的解决，更不用说大量的激素信使的分子学解释，例如神经递质的分子学解释，免疫抗体和受体的分子学等解释了。而这些大量的生化分子对生命体的内稳态都起着关键的调节作用，解释这些生化分子中包含的信息的任务，正亟待超分子化学家或生化学家或生物学家去完成。从 2013 年的生理学与医学奖几位诺贝尔奖得主的工作看，他们也不过是将化学信息的“解剖学”水平推进到了“小包”的水平，而对这个化学“小包”更深层的剖析不正是超分子化学家或生物化学家们施展才华的天地吗？因此，化学家如果在超分子研究中能够从分子识别入手关注化学通信或化学处信问题[①②]，这就会有可能把超分子化学的解释结果转换为把化学信息学向前推进的一个坚实基础。从另一方面说，解释分子的通信机制也是化学技术发展的需要。根据预言，它有可能成为与电子通信、光子通信、量子通信等相平行的通信技术的一个新方向。[③]因此，我们的结论是：作为一种理论，虽然把整个化学科学看作信息科学的猜想是值得怀疑的，但在生命科学和化学科学的交叉地带存在着有限的化学信息学假设却是值得期许的。

从信息科学的本体论来看，所有的分子构造都具有一定的结构复杂性，它们都有构成信器的条件。再说，分子器件、分子机器这类化学物质在超分子研究中已经十分流行。分子计算机、分子通信等基于分子的信息技术也早已有人在研究。它们形成一门他生成型的化学信息系统是完全有可能的。但和基于对生物超分子的通信机理进行解释所形成的生化信息学不同，他生成信息系统只能形成他生成型信息学科，而生化信息系统却能够形成自生成型信息科学。

从整个超分子研究的角度来说，莱恩把化学家带到了一扇上写着“化学信息学”的大门前，然后意味深长地告诉大家，里面有无尽的宝藏，然后就轻轻地走开了。但在走开之前他却没有把打开“化学信息学”大门的钥匙交给大家，因为他自己也并不知道这把钥匙究竟藏在哪里。莱恩意味深长的话令人兴奋，但没有告诉大家钥匙藏在哪里的现实又让人倍感失望。在可能寻找到宝藏的道路上，化学家只能面面相觑，并最后只得不去

① Nalewajski R F. *Information Theory of Molecular Systems*. Boston: Elsevier, 2006.

② 最近，英国华威大学（University of Warwick）与加拿大约克大学（York University）合作，使用价值大约 100 美元的材料和一些伏特加酒制成了一个分子信息系统，它可以在数米内传输数据。该系统模仿自然界中的化学信号，完全使用分子传输信息，而且还可以同时控制酒精分子的浓度水平来编码字母。见：http://www.cnbeta.com/articles/265371.htm [2013-12-29].

③ 黎作鹏等. 分子通信研究综述. 通信学报, 2013, 34(5): 152-167.

管它信息不信息地各走各的路了。这就是化学信息学目前的现状。

对于化学科学，莱恩的看法是：以超分子为分界线，之前的化学是一般化学，之后的化学是信息科学。但我们对这种看法并不完全赞同，如果给我们一种预言的权利，我们宁愿选择把有机大分子作为这个分界线，包括之前的无机化学和有机小分子化学在内，它们是一般化学，而有机大分子之后的化学将极有可能成为一种信息性科学。

8.4 生物学是一门信息性科学吗？

从最广义的角度来说，生物学是研究活机体的科学，即生命科学。生命的形态多种多样，生物学家也以各种各样的方法来研究它们。生物学家收集化石，分离病毒，种植蘑菇，解剖果蝇，倾听鲸鱼的声音，他们在实验室里解读基因上的遗传信息，也到野外去计算蜂鸟的翅膀每分钟扇动了多少下。生物学是自然科学的一个门类，生物学家研究生命体的结构、功能、发生和发展规律，以及生命体与周围环境的关系。[①]生物学源自博物学，在经历了实验生物学和分子生物学之后，21 世纪的生物学家们更倾向于把未来的生物学看作是一种从宏观角度看待生命体系的科学，即系统生物学。

人们常用**生命**来泛指所有的生物和广义或抽象的生物活动现象，而用**生物**来特指一种具有生命特征的个体或群体。据估计，地球上的生物共有 500 万～3000 万种，其中大部分还未被命名。迄今为止，在地球上已经发现和命名的生物有 200 多万种，其中植物约 26 万种，脊椎动物约 50 万种，这些生物彼此不同，即使同一物种的不同个体之间也存在着差异。生物的这种多样性存在于地球上的包括植物、动物、菌类等在内的一切生命体中，它们之间有着互不相同的特征及生存环境，相互之间存在着错综复杂的关系。所有的生物都具有某些共同特征，人们可以从不同的层面和深度来认识它们。由于生命活动是自然界最复杂、最高等的运动形式，尽管现代科学技术的发展使人类对生命现象和规律的认识越来越深入，但在生物王国中，仍存在着大量的未知领域。因此，生物学涉及的内容非常广泛和复杂，生命本质无限深奥。就目前的认识来说，基础生物学涵盖的最基本内容，至少应该包括生命的化学组成、细胞的结构与功能、能量与代谢、繁殖与遗传、遗传信息的传递与控制、生物的起源、进化与系统分类、生物个体

① Raven P H，Johnson G B. 生物学. 谢莉萍，张荣庆，张贵友主译. 北京：清华大学出版社. 2008: 4.

的发育、结构、功能和行为、生态环境和生物技术等分支。[①]

起源于1948年的控制论和信息论，出现在20世纪50年代而不是40年代的分子遗传学中的信息学派，以及19世纪80年代后期出现的基因组学，这几种学说的共同作用导致了一种生物学研究中的新现象：信息概念已经变成了生物学的一个基础概念，并导致了遗传信息学、神经信息学、内分泌信息学和免疫信息学等这些生物学和信息科学的交叉科学的出现——我们称其为细胞信息学（Cellular Informatics）。但这样的细胞信息学概念仅是一种对生物信息表象描述的权宜之计，因为我们还没有从根本上弄明白生物科学和信息以及信息科学之间的本质联系。尽管从控制论、信息论到当代信息科学，生物学家们对生物学中的信息问题已经进行了大量的思考，就生物学和信息的本质联系方面也给出了一些强有力的说明方面，并出现了一些优秀的理论。例如神经信息学和遗传信息学，但从总体上阐述生命科学和信息科学的本质联系，这种理论还未出现。

我们在前面考察信息概念的起源中已经述及，卡哈尔在1888年和德里施在1908年就已经在生物学中引进信息概念，但这一现象在此后生物学中的应用并不普遍。但是，不少生物学家仍然相信，早在1948年之前，生命科学和信息问题已经发生了深刻的联系。其一，艾伦（Garland E. Allen）在《二十世纪的生命科学》中提出，分子遗传学中的信息学派早在1938年就已出现。[②]这种表述无疑会使人相信，“信息”概念早在1938年时就已经在分子遗传学中占据了一定市场；其二，薛定谔（Erwin Schrödinger）1943年在爱尔兰都柏林三一学院的著名演讲《生命是什么？》中已经注意到生命和信息的关系，从而导致他提出了“生命的基本问题是信息问题”的论断，但事实并非如此。

就证据之一而言，艾伦在为什么将1938年确定为遗传学中信息学派浪漫时期的起源呢？因为早在1938年，作为分子遗传学中信息学派的重要成员之一的德尔布吕克，就开始选择把侵入各种细菌的病毒噬菌体作为研究工具，并开始对遗传物质进行研究。而在这方面的工作，过去主要集中在果蝇方面。但果蝇并不是解决这些问题的理想模式动物。之后，他遇到了卢利亚和赫尔希，他们三人一起组成了著名的“噬菌体小组”。随着“噬菌体小组”在20世纪50年代初利用放射性技术对噬菌体侵染过程中分子事件研究的进展，人们结果发现，当一个噬菌体侵染另一个

---

① 吴庆余. 基础生命科学(第2版). 北京：高等教育出版社, 2006: 10.

② 艾伦 G E. 二十世纪的生命科学. 谭茜, 田铭, 王云松译; 彭奕欣审校. 北京：北京师范大学出版社, 1985: 276.

细菌细胞时，它把狄恩酸注入了宿主体内，而把蛋白质外壳留在了外面。接下来的研究表明，参与噬菌体颗粒复制的生化过程只有狄恩酸而没有蛋白质。

根据潘学峰的看法①，1950 年之前，分子生物学界在描述遗传机制时还很少使用“信息”一词，当时的分子生物学家习惯使用“特异性”（specificity，particularity）之类的概念。直到沃森和克里克 1953 年发现了狄恩酸双螺旋模型及它们所隐含的遗传学意义之后，“信息”这个概念才开始逐渐取代“特异性”这类概念。也就是说，在遗传学派三个时期②之首甚至浪漫时期，信息并不是他们的一个基本概念，只是人们后来发现噬菌体是解释信息存在所依赖的基本物质的有效术语，所以艾伦就把 1938 年作为遗传学中信息学派浪漫时期的开始，但这并不代表着“信息”概念这时已在遗传学或生物学中广泛流行。

就证据之二而言，自从互联网的使用流行以来，我们在很多互联网站点甚至正式印刷出版物中发现一个流行说法，即：薛定谔早在《生命是什么？》中就已经开始注意到了生命和信息的关系。一个广为流行的说法是，薛定谔在该书中提出：“生命的基本问题是信息问题”。例如孙大业等在他们的《细胞信号转导》③一书第 1、2、3 版中，姚敦义等在他们的《生物科学发展史》④中都曾这样说过。但查遍薛定谔《生命是什么？》的英文原著，我们仅见到他使用了三次“information”概念，为了澄清这个问题，现将包含 information 概念的各段英中文对译如下：

（1）The act of crossing-over，being neither very rare nor very issues are frequent，has provided us with invaluable information regarding the location of properties in the chromosomes.

---

① 潘学峰. 现代分子生物学教程. 北京: 科学出版社, 2009: 1-9, 15-22.

② 艾伦在《二十世纪的生命科学》一书中，把分子遗传学中信息学派的发展历程分为三个时期：a. 浪漫时期（1938～1952）；b. 教义时期（1953～1963）；c. 学院时期（1963 年以后）。见：艾伦 G E. 二十世纪的生命科学. 谭茜，田铭，王云松译. 北京: 北京师范大学出版社, 1985: 276.

③ 孙大业, 郭艳林, 马力耕. 细胞信号转导. 北京: 科学出版社, 1998: 2, 2001: 1.

④ 在这部著作中，作者在三个地方提到过这个问题：a. 1943 年，信息论观点渗入生命科学领域（第 314 页）；b. 1944 年，奥地利物理学家薛定谔出版了《什么是生命？》（应为：《生命是什么？》）一书，书中全面地引进了物理学尤其是信息观点，使生物学彻底改观，新的思维方式产生了分子生物学（第 316 页）；c. 20 世纪 40 年代，薛定谔将信息概念引进生命科学后，经艾弗里、华生等的工作，逐渐将基因与狄恩酸联系起来，最终明确基因实际就是狄恩酸上一个片段，遗传学才从了解染色体行为的细胞水平进入研究狄恩酸的分子水平，这时才有可能从根本上了解基因是怎样工作的（第 318 页）。见：姚敦义. 生物科学发展史. 济南: 济南出版社, 2005.

这种既不罕见也不经常的交换事实，已为我们提供了特性在染色体上的位置的宝贵**信息**。①

（2）Indeed，I do not expect that any detailed **information** on this question is likely to come from physics in the near future.

我并不指望在不久的将来，物理学会对这个问题提供任何详细的**信息**。②

（3）The advance is proceeding and will，I am sure，continue to do so，from biochemistry under the guidance of physiology and genetics. No detailed **information** about the functioning of the genetical mechanism can emerge from a description of its structure so general as has been given above.

根据上述对遗传物质结构的一般描述，还不能显示出关于遗传机制功能的详细**信息**，这是显而易见的。③

很显然，薛定谔在这里使用的全部三个信息概念，并非今天任何正统生物学意义上的任何一种信息，而是信息概念的一般人文含义。在《生命是什么？》这部著作中，但凡在涉及今天看来在遗传学中可以正统地使用“信息”一词的地方，他却使用了“模式”（pattern）等词汇来取而代之。例如，他写道：

It is these chromosomes，or probably only an axial skeleton fibre of what we actually see under the microscope as the chromosome，that contain in some kind of code-script the entire pattern of the individual's future development and of its functioning in the mature state.

这些染色体也许只不过是我们在显微镜下看到的、被当作染色体的一种轴状骨架纤丝，它把个体未来发育的全部模式和个体在成年时的机能的全部**模式**都包含在一种密码正本里。每一套染色体都含有全部**密码**。④

① Schrödinger E. *What is Life? The Physical Aspect of the Living Cell*. New York: Cambridge University Press, 1992: 27. 中文版见：埃尔温·薛定谔. 生命是什么？——活细胞的物理学观. 上海外国自然科学哲学著作编译组译. 上海：上海人民出版社, 1973: 29.

② 同上，74.

③ 同上。

④ Schrödinger E. *What is Life? The Physical Aspect of the Living* Cell. New York: Cambridge University

从以上例句中可以看出，在《生命是什么？》中，薛定谔根本没有正式把遗传信息问题提到生物学家的专业词表上，更谈不上提出了“生命的基本问题是信息问题”的论断。薛定谔关于遗传物质可能是一种分子的预言，虽然使得沃森和克里克不仅摘取了 1962 年的诺贝尔生理学和医学奖桂冠，并且还在遗传学的结构学派和信息学派之间架起了一座坚实的桥梁。但是，信息概念在遗传学或分子遗传学中的普遍使用，只是沃森和克里克 1953 年发现了狄恩酸是遗传信息的载体之后的事。薛定谔虽然提出了“生命以负熵为生”①的生命科学观，但这一观点并没有明确提及生命和信息的直接关系，更不用说这种说法最后还遭到了许多包括物理学家在内的批评。因此，认为早在 1948 年（之前）信息概念对生命科学就产生了巨大冲击的论断缺乏足够的生物语源学论据和生物史学方面的考证。

根据现有的生物学论著，关于生物学和信息科学之间根本关系的一个最具震撼力说法，是由当代著名生物学家、美国工程院和美国医学院院士、诺贝尔生理学或医学奖获得者胡德（Leroy E. Hood）②提出的。在美国化

Press, 1992: 21. 中文版见：埃尔温・薛定谔. 生命是什么？——活细胞的物理学观. 上海外国自然科学哲学著作编译组译. 上海：上海人民出版社, 1973: 22.

① Schrödinger E. *What is Life? The Physical Aspect of the Living Cell*. New York：Cambridge University Press, 1992: 71. 埃尔温・薛定谔. 生命是什么？——活细胞的物理学观. 上海外国自然科学哲学著作编译组译. 上海：上海人民出版社, 1973: 78. 原文：What an organism feeds upon is negative entropy. 汉译：有机体就赖负熵为生.一般人喜欢把它表述成：生命以负熵为生.

② 胡德是一个什么样的学者呢？对当代分子生物学了解的人没有人不知道他，他是现代狄恩酸序列测定技术和系统生物学的奠基人。玛格纳（Lois N. Magner）在其 2003 年出版的《生命科学史》中对胡德进行了这样的描述：

许多其他技术上的创新由胡德发展而来，他被称为“发现科学”的研究方法的拥护者，这些创新使得测定人类基因组序列成为可能。取代用实验验证假说的方法。“发现科学”包含了分生的大型信息数据库，比如人类基因组计划和分子免疫学。胡德出生于蒙大纳的密苏拉，在约翰・霍普金斯大学（Johns Hopkins University）获得了医学博士学位（1964）后又在加利福尼亚理工学院获得了哲学博士学位（1968）。在国家健康协会待了两年后，胡德成为加利福尼亚理工学院的生物学教授。1992 年，带着微软公司比尔•盖茨 1200 万美元的馈赠，胡德在西雅图的华盛顿医科大学医学院创办了分子生物工程学系。胡德参与了许多生物技术公司的创办，包括安精、应用生物系统、达尔文分子和一个叫系统生物学研究所的非营利性研究中心。离开学术生活后，胡德抱怨大学不适于这个生物学的新时代了。

胡德最闻名的工作是对序列测定与合成蛋白质和基因的仪器操作的改进发展，他的经历证明了一位曾经告诉过他“假如你真想改变一门学科，发明一些新的技术，这将使你超越以前人们曾经所看到的”启蒙者的智慧。这个方法使胡德可以遵循他的研究兴趣而行。比如分子免疫学、自身免疫学、分子进化、癌症生物学和人类免疫缺陷病毒基因组的分析。如果没有高速自动化的狄恩酸测序仪，人类基因组计划将会变得完全不切实际。科学家使用 1985 年胡德发明的自动测序仪，一个晚上就可以收集到比以前一周多得多的数据。进一步的设备改进越来越快且越精确地产生了更多的数据。见：洛伊斯 N. 玛格纳. 生命科学史. 刘学礼主译. 上海：上海人民出版社, 2009: 398-399. 另

学学会主办的《蛋白质组研究》2002 年 6 月第 5 期上，他发表了一篇论文，题目是“分子技术如何改变了生物学的个人看法”（*A personal view of molecular technology and how It has changed biology*）。胡德在文中对生物学和信息科学的关系给出了这样的论断：**生物学是一门信息性科学”**（Biology is an informational science）。他在解释自己为什么提出这样的论断时说：

> 生物学是一门信息性科学。这是我们在如何审视生物学方面最重要的概念变化。有三点值得强调：①作为生物学核心的基因组是数字的。与所有其他科学学科，例如物理学、化学、地质学等学科相比，这些学科里的学者是通过模拟测量来了解这些学科的。但在生物学中，它们通过数字编码就能完全确定，这是生物学与其他学科所不同的重要哲学观。因此，生物学的核心最终是可知的，也正因为如此，我们一开始就肯定，这在其他学科里是不可能达到的。当然，随着环境信息通过许多模拟过程转化为一个四维（时间-变量）有机体，生物学的挑战是来自如何理解这个数字核心。②生命（基因组）的数字核心有两种不同的主要信息类型，即把生命的分子机器进行编码的基因和控制基因行为的调控网络。虽然在更复杂的有机体中，一些基因家族或蛋白质变得更加复杂，但所有多细胞动物的有机体都使用着非常相似的蛋白质工具箱。使多细胞有机体真正彼此不同的原因是调控网络（个体转录因子与它们的互补转录因子结合点的相互作用）。重点是，调控网络的信息最终也是数字的，因为正是每个基因彼此相邻的转录因子结合点的组织才决定了它的行为。调控网络是理解进化、发展、生理学的关键。③生物信息是层次性的并通过很多不同的层次来进行移动：狄恩酸→阿恩酸→蛋白质→蛋白质相互作用→生物模块等。生物模块是执行某一特定表型任务的蛋白质集合（例如代谢半乳糖）。重点是，每个层次的信息都提供着生物系统运作的新见解。因此，对系统生物学来说，信息必须尽可能多地从这些层面进行收集和综合。①②

外，Walter Gilbert 在《细胞生物学精要》第 317 页中也说，胡德是一名物理学家出身的生物学家，因发明了狄恩酸测序技术而获得了 1980 年的诺贝尔奖。见：艾伯茨 B, 布雷 D, 霍普金 K, 等. 细胞生物学精要. 丁小燕, 陈跃磊, 等译. 北京：科学出版社, 2012: 317.

① Hood L E. A Personal View of Molecular Technology and How It Has Changed Biology. *Journal of Proteome Research*, 2002, 1(5): 405.

② 吴家睿曾于 2002 年在《后基因组时代的思考——系统生物学面面观》一文中介绍过胡德的这一观

胡德在该文中一共提出了三个支持“生物学是一门信息性科学”的证据，我们用简化的语言概括如下：①基因组是生物学研究的核心，而它是数字化的，数字化的研究对象是可以完全破译的；②用生命的分子机器进行编码的基因和控制基因行为的调控网络是生命体存在的基础；③生物信息是分层次的，并通过不同的层次进行移动。

让我们从后往前看，先分析后两个观点。胡德所说的生命的分子机器进行编码的基因和控制基因行为的调控网络是生命体存在的基础，这一点是千真万确的，但这并不是一种新思想，它早在维纳的控制论里就被反复强调过。而就胡德所说的第三点而言，即生物信息是分层次的，并通过不同的层次进行移动。从这一点，或退后一步从后两点来说，不仅把生物学看作是“信息性的科学”是合适的，就是把生物学看作“信息科学”也并无不妥。但问题是他的第一个证据明显存在着问题。

胡德的第一个证据说，基因组作为生物学研究的核心，它是数字化的（digital），数字化的研究对象是可以完全破译的。而诸如物理学、化学、地理学的研究则是模拟的（analog），而模拟的方法是不能或很难被破译的。不错，到目前为止，对基因功能的确定已经精确到了“顺反子”的层次上，一个顺反子所包含的碱基情况已经被研究得比较精确。但是，除了数字之外，基因的其他许多未明生物性质远不是靠这些数字就能够说明白的，数字不包含一切。一条狄恩酸链上那么多包含着相同碱基排列的重复基因又能说明什么呢？人类基因组中97%的不明内含子又能说明什么呢？事实上，物理学家对这种观点可能最为不悦，因为物理学历来被认为是数学的天然盟友。从数学上看，尽管许多物理现象是连续的，而基因现象是离散的。但没有证据证明，可以用离散数学说明的对象就一定比用连续数学说明的对象更能彻底揭示对象的本质和规律。因此，从这一点看，胡德所说的“生物学是一门信息性科学”，除了强调了生物学和信息具有一种更加密切的联系之外，其他并没有什么特别重要的意义。

请注意，如果读者不去仔细分析胡德的原话，会误以为他和前述诸学者试图表明诸如地理学是一门“信息科学”是一样的。倘若你真的这样理解了，那你肯定犯了一个重大的错误。胡德是十分睿智的，他给自己的说

点。作者当时的译文是：“应该把生物学视为一门信息科学”，之后这种说法在中国流行甚广。现在看来，正确的译文应该是：“应该把生物学视为一门信息性科学。”使用“信息”（information）和“信息性”（informational）两个概念，结果会大不相同。见：吴家睿. 后基因组时代的思考——系统生物学面面观. 科学, 2002, (6): 23.

法留下了充足的回旋余地。他不是说“生物学是一门信息科学”，而是说“生物学是一门信息性科学”。即使用的名称是形容词 informational 而不是名词 information，词性的不同，导致说法性质的完全不同。形容词 informational 包含很大的弹性，而名词 information 是确定性的。我们可以这样来理解胡德的话：生物学不一定是一门信息科学，但它的确是一门和信息科学联系极具密切的科学。对于这样温和的表述，我们还能说什么呢？事实上，早在 1986 年，进化生物学家道金斯（Richard Dawkins）就提出：“处于所有生物核心的不是火，不是热气，也不是所谓的‘生命火化’，而是信息、字词以及指令……如果你想了解生命，就别去研究那些生机勃勃、动来动去的原生质了，请从信息技术的角度想想吧。”①当代最伟大的美籍南非生物学家布伦纳（Sydney Brenner）早年也曾说过：我认为，关于生命系统中最重要的事情是它们都有基因。（I think the most important thing we know about living systems is that they've got gens.）②③现在是信息时代了，有理由可以把布伦纳的话修改为：生命系统中最重要的事情是它们都有信息。

在信息时代，许多学科热望把自己称作一门信息科学，除了前面提到的这些学科之外还有不少案例。例如，美国俄亥俄州立大学会计与管理信息系统系的费灵哈姆（John Fellingham），他历年来在自己主讲的《会计学》中，一直都在试图向学生们灌输这样的观点：会计学是一门信息科学。（Accounting is an information science.）④格雷克（James Gleick）在《信息简史》一书中还提到，经济学也逐渐认识到自己也是一门信息科学（Economics is recognizing itself as an information science）⑤。我们理解这些

---

① 詹姆斯·格雷克. 信息简史. 高博译. 北京：人民邮电出版社, 2013: 6.

② Liljas A, 等. 结构生物学：从原子到生命. 苏晓东, 等译. 北京：科学出版社, 2013. 见译者序及致谢部分.

③ 除了胡德之外，西班牙的马里胡安在信息科学 2010 年北京年会上还提到，著名的生物学家布伦纳（Sydney Brenner）和吉尔伯特（Walter Gilbert）从系统生物学角度也提出过：“当代生物学是一门信息科学。”（Contemporary biology is really an information science.）但没有提供详细的参考文献出处。见：Marijuán P C. Foundations of Information Science, Beijing，21-24, August 2010.（2011 年信息科学基础北京会议，内部文稿）

④ Fellingham J. Accounting as an Information Science. http://fisher.osu.edu/~fellingham_1/523/index.html [2013-9-2].

⑤ 詹姆斯·格雷克. 信息简史. 高博译. 北京：人民邮电出版社，2013：6. 该书还提到：“货币是一种信息。”（Even when money……，it always was information.）这和麦克卢汉（Marshall McLuhan）1964 年所说的“媒体就是讯息”（The medium is the message）一样，它们均属于一种哗众取宠的文学表述，而不是一种严谨的科学表达。对于经济学来说，货币的职能可以由信息来替代，但货币不是信息。对于新闻学来说，媒体荷载信息，但媒体不是信息。按照我们的话来说，媒体是一种信器。

主张者的心情，认为自己的学科在信息时代应该受到人们更多的重视和尊敬。但是，长期以来，信息科学家一直在苦苦寻求一套独立的信息科学知识体；尽管还没有成功，但它绝不可能是地理学、生物学、统计学、会计学等这些强信息性学科的手册汇编或知识叠加。我们也不可能由此向世人宣布：这就是我们信息科学的最终成果。与其如此，我们还不如采纳类似费尔桑 1973 的建议，将信息一词从科学词表中抹去[①]，同时也让“信息科学”这一概念从科学丛林中消失。这样，它反而使整个科学发展减去了许多不必要的麻烦。本义上，没有哪个学科敢说自己是一门一般的信息科学理论，因此，这些提法的主张者不外乎有三种愿景：①本学科是一般信息科学的一个分支；②本学科是一门专业信息学；③本学科是一门与信息高度相关的学科。从这些主张者的表述来看，更多地都是指第三种情况。

① Fairthorn R A. *Information: One Label, Several Bottles. Perspectives in Information Science. Nato* Science Series E: (Book 10), Leyden: Noordhoff, 1973: 65-73.

第 9 章　这些专业信息学能够成立吗？

在第二篇中，我们已经对技术信息学、细胞信息学、人类信息学 3 个学组进行了示范性展示，而对其余众多的专业信息学尚未触及。原因是，它们究竟是否能够称为专业信息学，在认定原则上是存在争议的。尽管从表面上看，或者从提出者的观点上看，我们有一定的理由把它们划作专业信息学的范畴，但尚不能给出这种判断的有力依据。在对整个信息学科体系进行宏观分析时，又不得不去分析它们是否包含有其他的信息问题，或者是否达到了一门我们认为的真正的信息科学标准，而这是一个绕不过去的鸿沟。虽然完成这一工作会涉及一些非常专业的物理学、生物学和生态学等学科知识，但我们仍打算在此进行一些尝试。

9.1　物理信息学

回顾整个物理科学和信息科学关系的研究史，如果我们不把西拉德算作第一个把信息概念引入物理学的先驱的话，那么，物理学家对信息问题的基础性关注，在历史上总共出现过 5 次。第一次发生在 20 世纪 50 年代。那时，香农信息论问世已经 10 年有余。此时，旅美的法国物理学家布里渊，将信息概念和物理学联系起来，系统地讨论了信息熵和热力学熵的关系，对“麦克斯韦妖”也进行了新的解释。[①]但这一工作并没有使得物理学研究和信息科学研究发生实质性的关联。第二次发生在 20 世纪八九十

① Brillouin L. *Science and Information Theory*. New York: Academic Press Inc. 1962. 布里渊是一位法国量子物理学家，1889 年出生于巴黎西南郊的塞弗尔，1942 年退休后旋即定居美国，此时他已 53 岁。该书 1956 年的初版是用英文写成的（主要基于在 IBM 公司的一系列演讲而成），时年他已 67 岁，法文版到 1959 年才出版，1962 年出了英文第 2 版。

年代，在英国的霍金（Stephen Hawking）[①②]和以色列的贝肯斯坦（Jacob Bekenstein）[③]计算出黑洞的熵值以后，鉴于熵和信息的特殊关系，物理学家越来越多地在天体物理学等研究中引用了信息概念，从而提出了“黑洞信息量”“黑洞和信息佯谬”[④⑤]以及“暗信息”[⑥]等诸多物理信息问题，但对这些问题目前仍没有形成确定性的认识。第三次是美国的费曼（Richard Feynman），他在 20 世纪 80 年代提出量子信息概念之后，物理学界和技术信息学界很快掀起了一场空前的量子计算机和量子通信研究热潮，这个潮流早期被称作信息物理学，但现在多用量子信息学代表。第四次是定居在英国的美国生物学家、未来学家、信息科学家斯托尼尔，他于 20 世纪 80 年代末在分析物质的组织方面，建议在物理学中引进信息概念。这些思想最后促成一个非物理学家身体力行地完成了一部《宇宙的内部结构：信息物理学探索》的专著[⑦]。但他的理论最后既没有得到物理学界的认可，也没有在信息科学界得到普遍的赞许。第五次物理学中的信息关注也出现在 20 世纪 80 年代末，其倡导者是美国的著名理论物理学家惠勒。虽然惠勒用信息的概念彻底颠覆了传统的物理学，但这些思想仍属预测性的，以至于到目前为止，在科学界，还没有什么人能够解释得清楚，他的类似“物理学家将来不得不去学会用信息的语言来说话”之类的论断在物理学界为什么几乎还无人响应。关于惠勒的这些学说，我们在后面将会稍加仔细讨论。

另外值得提及的是，在中国，用信息科学的眼光去对物理学进行研究，也曾出现过个别尝试。例如，何继善于 2001 年提出了一个“信息物理学”研究的新方向，其目的是“利用某些物理原理和被探测对象的物理学特性，通过技术手段或仪器获得相关信息来感知人类感官所不能及的隐蔽或未知事物，包括查明目标物的存在与否，物理、几何属性和空间位置”，最终制造出精密的“信息”仪器，供人类探测自然使用。[⑧]他虽然把这种研

---

① Hawking S W. Particle Creation by Black Holes. *Communications in Mathematical Physics*, 1975, 43(3): 199-220.

② Hawking S W. Black Holes and Thermodynamics. *Physical Review D*, 1976, 13(2): 191-197.

③ Bekenstein J D. 世界是一张全息图. 何毓嵩译. 科学, 2003, (10) : 47-53. 或: Bekenstein J D. 世界是一张全息图. 张宏译. 科学大观园, 2006: (20): 4-9.

④ Susskind L. 黑洞与信息悖论. 何常译. 世界科学, 1998, (6): 2-5.

⑤ 李新洲. 黑洞信息佯谬. 科学，2004, 56(6): 6-9.

⑥ 裴钢. 暗信息. 自然杂志，2005,(3): 159-160.

⑦ Stonier T. *Information and the Internal Structure of the Universe：An Exploration into Information Physics*. London: Springer-Verlag, 1990.

⑧ 何继善.信息物理学——人类感官的延拓. 科学中国人, 2001,(10): 16.

究称为“信息物理学”，但他所倡导的这门学科的性质，纯粹是为信息检测仪器制造服务的，被称作信息物理学并不合适。此外，在当代中国的大学物理教育中，也有学者专门编写了一些“信息物理学”教科书。例如冯华君和李晓彤 2001 年编著的《信息物理基础》①，其核心是专门讨论电磁学、固体物理、量子力学、光学等问题的。在沈为民等 2013 年编写的一部《光电信息物理基础》教科书中，其核心涉及的也是电磁学、量子力学、固体物理、光学等物理学问题②。总体来说，这些“信息物理学”研究的目的，是为学习信息技术的学生们扎实掌握技术信息学的物理学知识基础服务的，它们的目标不在于教会学生们知道“物理信息”或“信息物理”是什么，而在于重点提供和信息技术相关的物理学知识。需要指出的是，在这些研究中，多数研究用的是“信息物理”概念，而它和我们关注的“物理信息”尚有一定的差距。

事实上，在“物理”和“信息”具有标示性联系的研究中，电子信息学、光（子）信息学、水声通信学等学科或研究早已存在，量子信息学也早已被提出。那么，关于“物理”和“信息”关系的研究是否可能导致一门“物理信息学”的诞生？如果诞生的话，使其核心定位在对物理学中的信息问题进行研究是否可能？在物理科学和信息科学两界，在整个 20 世纪后半叶和 21 世纪初，对这一问题的讨论曾进行过很多。加之前有“化学信息学”和“生物信息学”概念的刺激，后有惠勒“万物源于信息”猜想的渲染，我们似乎没有理由怀疑物理信息学这门学科最终出现的可能，本书作者过去就曾坚定地支持这种设想。但是，事实证明这一问题远非如此简单。

传统物理学认为，物质由一种不能再分的微小单元构成，它就是原子。从汤姆逊（Joseph Thomson）1897 年发现电子开始，到 1932 年卢瑟福（Ernest Rutherford）发现中子为止，物理学家一共发现了四种基本粒子，它们是电子、光子、质子、中子。为了解释粒子之间的相互作用，物理学家在 20 世纪六七十年代提出了一个夸克理论模型。该理论认为，物质世界由 62 种基本粒子构成，它们可以分为 4 类，即夸克、轻子、规范粒子、希格斯粒子。经典物理学认为，粒子之间的相互作用是通过场来实现的。强相作用力靠胶子和介子的传递实现，电磁力靠光子的传递实现，弱相作用力靠中间玻色子的传递实现，万有引力靠引力子的传递

① 冯华君, 李晓彤. 信息物理基础. 杭州: 浙江大学出版社, 2001.

② 沈为民等. 光电信息物理基础. 北京: 电子工业出版社, 2013.

实现①。

1926 年之后，物理学家在阐述粒子之间相互作用时开始引进了一个和信息科学关系密切的概念：信使粒子（messenger particle）②。在信息科学中，通信、处信、信号、信使等一类概念是信息概念的衍生物，只要有它们的存在，就一定能找到信息的存在。我们在第 4 章已经谈到，“信使”的含义就是“携带信息的媒介信器”。既然有“信使粒子”的存在，那么，在粒子相互作用问题上有信息的存在似乎是毋庸置疑的。但遗憾的是，到目前为止，还没有哪个粒子物理学家声称他们已经发现，两个（基本）粒子能够在没有外力作用的情况下能够产生通信或处信现象。既然如此，我们的看法是，物理学家在阐述粒子之间相互作用时是不应该使用“信使粒子”这个概念的，合适的选择应该是使用“媒介粒子”（media particle）。媒介可以用来传递信息，但也可以用来传递其他非信息的东西。就目前的物理学知识来看，要证明（基本）粒子之间有通信或处信现象发生，一个基本的条件是，我们必须把“力”看作信息。但是，这一设想将会改变整个物理学基础知识的大厦，而它几乎是不可能的。因此，如果信息科学家期待物理学家能够从电子、光子、水声、量子等这些基础物理学问题中发现信息理论问题，它也几乎是不大可能的。

这种论断表面看似有些武断。因为我们知道，电子是构成电子信息传输和电子信息处理的基本粒子。也就是说，“电子”和“信息”早已发生联系，物理学和信息科学联姻早已存在。因此，物理信息学的出现似乎不会是什么新奇的事情。但这种解释是合适的吗？

电磁学历史告诉我们，格雷 1729 年通过试验发现，“电”能够通过金属导线从一端迅速地传到另一端。人们开始认为，这种传输是由电荷的

① 物理学研究者认为，轻子和强子都是实体粒子。实体粒子之间的相互作用是通过“场”来实现的。已知的相互作用有四类，因而“场”也应有四类。“场”是量子化的，因而应当有四类“场量子”。量子化了的电磁场被称为光子，量子化的引力场叫作引力子，但至今还未发现。强作用力的作用距离很短，它犹如黏胶那样，因而量子化的强力场被称为胶子。弱作用力的作用距离更短强度很弱，这种力场的量子叫作中间玻色子。所有的场量子都属于玻色子范畴，都是在两个实体粒子之间起媒介作用的。因此，场量子又叫传播子。见：潘根. 基础物理述评教程. 北京：科学出版社，2002: 767-768.

② “信使粒子”概念的出现要追溯到 18 世纪。其时，法国物理学家哥伦布（Charles Coulomb）证明，带电物体之间的静电力遵从类似牛顿引力那样的定律。1862 年，德国物理学家亥姆霍兹（Hermann von Helmholtz）认为，所有信使中最快的是光线（ray of light）。1905 年，爱因斯坦在回答什么是光量子（light quanta）时提出了光粒子（light-particle）的存在。1926 年，刘易斯（Gilbert N. Lewis）引入了“光子”（photon）的概念，之后，人们很快认为它就是爱因斯坦所说的光粒子。“信使粒子”的概念自此就正式在物理学中使用了。见：Wikipedia. Force Carrier. http://en.wikipedia.org/wiki/Force_carrier [2013-12-18].

相互作用引起的。但法拉第最后证明情况并非如此。他发现，两个电荷之间的相互作用是由于电荷之间存在着一种起间接作用的电力空间在起作用的，这个空间之后被命名为电场。电荷和电场是同时存在的两种对象，只要有电荷的存在，它的周围就必然有电场的存在。当电荷静止不动时，电场静止不变。当电荷运动时，电场开始改变。以带电物体为例，其内部的电荷会在自己的周围产生电场，电场对处在其场内的其他电荷产生力的作用。如此循环，就形成了电流（电子的流动）。

1850 年，麦克斯韦通过力学现象与电磁现象的类比，用数学理论构造了电磁学理论。他指出，空间某一点若存在一个变化的电场，它必然会在周围激发出一个变化的磁场，这个变化的磁场又会在周围激发出另一个变化的电场，最终会出现一连串交替产生、相互激发、连续出现的电场和磁场的链锁振动，这种振动以原来的场源为中心向四面八方传播开来，从而形成一种新的物质运动形式：电磁波。像电场可以在导体中能将电能传向远方一样，磁场可以在真空或空气中也能将电能传向远方。麦克斯韦当时对电磁波的存在只是一种预言。1885 年，赫兹通过试验证实了它的真实性。电磁学的数学理论、电磁波的存在、电磁波与光波的同一性构成了麦克斯韦理论的三大基石。

从信息科学来看，电子系统和电磁波系统可以构成信息系统，但它们只能构成一个他生成信息系统。也就是说，这种信息系统不是自生成的，因此它们不能构成一门理论信息科学。因为要在这个系统中传输信息，我们就必须先将信号加载进去。为了使电子信息系统或电磁波信息系统能够工作，人们就需要设计出各种各样的复合电子器件——集成电路，然后按照电子学或电磁学原理将这些器件进行组装，最后形成由电子信息设备构成的信息传输和信息处理系统，对电子信息传输系统和电子信息处理系统进行的研究被称为电子信息学。技术通信系统中的终端设备、交换设备，技术处信系统中的计算机的中央处理器和外部设备都是靠这种原理工作的。电子信息系统和电磁波信息系统的情况如此，光（子）信息系统和光波信息系统也如此。至于量子通信系统，它所依赖的量子纠缠原理似乎可以看成一种自生成信息系统，但事实上也不是这样。我们知道，要使任意两个粒子能够发生量子纠缠，我们就必须先对它们进行制备，然后使一个粒子对的双方发生彼此的分离，然后才能进行通信。但关键的问题是，任何两个粒子在制备之前并不是天然就具有纠缠属性的，它是由人工制成的。因此，量子通信系统和电子或电磁波信息系统、光（子）或光波信息系统，以致水声信息系统一样，它们都是他生成信息系统，而他生成信息系统是不能构成基础信息学的。到目前为止，我们还没有发现自生成型物理信息系统的存在，因此，我们的结论是：作为一门基础性的专业信息学，物理信息学是不可能出现的。

依靠他生成信息系统不能产生物理信息学的例子还有很多。回顾我们的童年时代，两个伙伴各用一个火柴盒子，中间拉上一根连线。当我们各自对着火柴盒说话时，我们发现，声音传输的距离和强度比不用这种简单的玩具装置传得更远、更大。究其原因：一是火柴盒本身能够形成气流回声和振荡；二是连线本身是物质，声音通过高密度物质传输时效果要比低密度的空气好。因此，使用这种简单装置传声的效果就比不使用好。另一个例子是，两个儿时的伙伴或处于青春期的一对恋人，在不希望家长或监护人知道的情况下，会用一面小镜子照射对方的窗户或房间，以此通知对方某些秘密。这两个例子都构成了一个简单的物理通信系统，它们都能传输信息。但为什么它们不能大面积推广使用呢？因为它们仅能在很近的距离下进行通信，而且符号系统简单，不能进行复杂的编码。只有在导线中的电子、在空间里的电磁波、在光缆中的光子或光波，它们才能进行长距通信。这两个例子还同时告诉我们，建立一个基于物理技术的他生成信息系统是相当容易的，但所有的物理信息系统却都不能自我产生信息。因此，用物理学原理首先制造出复杂的物理器件，再用这些器件构成信息系统，这种物理信息系统并不能称作自生成信息系统。同样，在计算机制造方面，试图突破冯·诺依曼模型制造其他类型的计算机——处信系统，如神经元计算机、狄恩酸计算机、量子计算机、激光计算机、分子计算机、超导计算机，即使制造出来，它们仍需要在开始时从外界输入信息才能工作，其信息仍不能依靠自我生成，因而“物理信息学”，或基于“物理信息学”原理形成的技术信息学都不会形成理论信息学。即使霍金等早在 1976 年就提出了所谓的“黑洞信息悖论”，但我们并不明白，霍金所说的黑洞里的信息究竟是什么[①]。黑洞“信息悖论”或被解决，但最新计算表明黑洞并不吞噬信息。

物理学家不断提出的信息问题也常让信息科学家感到头晕。例如，宇宙的本质是不是一张二维全息图？这个问题一直没有确切的解答。一部分研究弦理论的“全息原理”的物理学家认为这是可能的，“一个系统原则上可以由它的边界上的一些自由度完全描述”。换而言之，宇宙仅仅是一个幻象，万事万物是对一个包含所有宇宙信息的全息图的反映。虽然这个

① 刘霞．“黑洞信息悖论”或被解决最新计算表明黑洞并不吞噬信息．http://www.cnbeta.com/articles/383445.htm [2015-4-7].

理论十分超前且难以解释与验证，但费米实验室的科学家们现在还是决定通过实验来验证它。①

自从暗物质的概念在20世纪30年代由荷兰天体物理学家奥尔特（Jan Oort）和瑞士天文学家扎维奇（Fritz Zwicky）等提出来之后，一些物理学家就一直在探索是否有暗信息存在的问题。这种观念显然是受维纳物质、能量、信息三元论理论的影响，好像有物质存在的地方就一定有信息的存在。但是，没有证据表明，物质是信息存在的充分条件，而只有“通信”和“处信”，或者退一步说包括“信号”，只有这些自然、技术、社会现象才是。和黑洞信息，大爆炸信息一样，暗信息概念未必是物理学家们未来可能会狂欢的一场盛宴。如果是的话，那一定是信息科学理论在21世纪的物理学夜空中绽放出的一场炫丽焰火。暗信息也罢，黑洞信息也罢，大爆炸信息也罢，它们在未来很长一段时间里将会成为物理学家们把玩一场新物理学游戏的一个绵绵话题。

至于霍金的物理信息，他历来没有告诉人们它是什么。根据霍金的看法，在信息被吸进黑洞之后并不会永久地停留在那里，部分信息可能会进入不同的维度，而部分信息可能依然会留在黑洞里。霍金表示：“黑洞有出去的路”②。根据量子力学的推断，这些进入黑洞的物质依然会保存完好。但是广义相对论则表示这些物质会被黑洞强大的引力所摧毁，这是天体物理学家们数十年来的一个难题——黑洞信息悖论（information paradox）。天知道，霍金所说的信息是什么，也许只有他自己清楚，也许连他自己也不清楚。事实上，对于黑洞的种种问题，一如大爆炸是否存在一样，一直以来都是物理学们的争论话题。要讨论清楚这类物理信息，一如要让我们要讨论清楚一个精灵的手指上到底能够承担几个小妖来跳舞一样难，因为我们既不知道一个精灵的手指有多大，也不知道一个小妖的脚底有多长。

9.2　动物信息学

动物信息学是研究包括所有高等和低等动物在内的动物个体信息问题的专业信息学，它包括一切动物个体之间的自我通信和自我处信等各种

---

① Bekenstein J D. 世界是一张全息图. 何毓嵩译. 科学, 2003, (10): 47-53; 或: 张宏译. 科学大观园, 2006, (20) : 4-9.

② 霍金新理论: 掉进黑洞也可能逃脱. http://www.cnbeta.com/articles/424161.htm [2015-8-26].

信息问题。我们在信息科学体系中所开辟的机体信息学分支中的动物信息学研究，是信息科学和诸如生物学、生态学、化学等学科的交叉学科。对于信息科学家而言，在信息科学中加入动物信息学研究会令人感到陌生，但我们需要提出这个分支，因为它是整个信息科学大厦不可或缺的部分。从生物学家的立场来看，在动物的通信过程中，供信体和受信体只能是同一种信器。但是，从生态学的角度看，它们也可以是不同的信器。例如，动物和环境之间是否存在着通信问题就是一个争议性话题。当蜜蜂嗅到花朵发出的香气时，蜜蜂与花朵之间发生了通信吗？这些问题涉及复杂的动物行为学问题。但越来越多的生物学家认识到，仅仅知道动物行为的内在化学和物理过程，这对充分了解动物之间的信息传输和动物自身的信息处理是不够的。①②但是，要研究清楚这些问题是非常困难的，目前只能简单地从信息的角度讨论这些问题。在动物的通信方面，我们几乎无法考虑其语义问题。在动物的处信方面，我们仅能在非常初级的层面上讨论一些动物的学习和认知问题。更加深入的研究会随着化学信息学、生态信息学、分子生物学、动物行为学等学科的深入开展而逐步进行。

需要说明的是，由于人类是所有动物中智能水平最高的一种，故对其研究内容也是相对最为充分的。因此，我们已将关于人类的通信和处信问题单独列为人类信息学分支，并看作一门标本性的专业信息学进行了讨论。作为一个物种，人类的最大特征就是能够利用文字符号进行抽象的思维（处信）和交流（通信），而这是其他动物所不具备的。但这并不能证明，由于人是所有动物中智能水平最高的一种，结果就拥有着其他动物的通信和处信的全部技能。

动物通信是指动物个体之间信息的传递和共享，这种共享具有生存的适应意义。动物借助通信可以把个体的内在生理状态和事物的认知等信息传递给另一些个体，并引起后者做出适当的反应。信息共享也能协调群体的活动而增加动物存活的机会。例如工蜂把蜜源方位和距离的信息传递给其他工蜂就可增加整个蜂群赖以生存的储蜜量，从而维持蜂群有较长的存活时间。

动物靠发送信号进行通信，这些信号包括特定的姿态、动作、声音、或化学物质等，它们都有一定的含义。动物种群中的每个成员都以非常相似的方式发出同样的信号。人类的语言则不是这样，相同的信息在不同人那里可以用不同的语言来表达。而动物的“语言”则经济得多，每一种动

① 弗林斯，等. 动物的通讯. 陈德茂，等译. 北京：科学出版社, 1981.

② 斯齐什考夫斯卡娅. 动物的语言. 董维国，等译. 北京：知识出版社, 1985.

物都有较少的符号系统。一般说来，一种动物大约能发出 15～45 种信号，它们大约可传递几十种信息。有时两个或多个信号组合起来可以表达一种新信息。

有时，某一特定信号在不同场合会有完全不同的含义。例如蜜蜂群体中唯一能正常产卵的蜂后所分泌的化学物质被护理它的工蜂带到蜂箱各处，其功能是抑制所有工蜂生殖腺的发育，以防蜂群中出现新的蜂后。但当蜂后在高空进行婚飞时，它们也分泌这种化学物质。在这种场合下，这种化合物的功能已经改变为促使雄蜂聚集在自己周围。也就是说，它已不再是一种蜂后抑制剂而成了一种性引诱剂。

通信是个体进行社会生活的基本前提和保障。反过来说，没有通信，个体意欲进行社会生活是不可能的。按照这种思路，我们可将动物通信的动因概况为如下几个方面：繁殖、觅食、安全、娱乐、地位等。

动物的通信可涉及动物的任何一种感觉通道，包括视觉、听觉、嗅觉、触觉、电场等。每一种感觉通道都有其优点和局限性，正如我们所看到的，某一特定信号所采用的感觉通道将决定该种动物的生物学特点和所在生存环境以及该信号的功能。

按照生物学家的看法，动物的通信主要借助如下 6 种方式进行：①**视觉通信**。视觉信号有两个明显的特性，第一是容易定位，如果可以看到信号，信号发送者的位置就能确定。例如当雄性个体进行求偶炫耀来吸引配偶时，它所在的位置肯定是准确无误的，它的求偶对象不仅能够看到它，而且还能根据它所在的位置做出反应。第二是呈直线传递，速度与光一样快，炫耀一旦停止，信号就会消失。②**听觉通信**。声音信号有很多优点，它可以传播很远，特别是在水中。虽然它的传播速度比光慢，但仍然能较快地传递信息。声音的传递性质使信息的迅速交流和即时改变成为可能。声音信号还有一个优点，那就是当视觉不灵或受到限制时也能传递信息。例如这种情况可能发生在暗夜、水下，或在稠密的植被中。③**触觉通信**。很多动物的通信是靠身体接触来传递信息的。显然，触觉信号只在较短的距离内才起作用，有时所传递的信息比较简单，可能只是表达一些自己的优势或劣势状态。如一只处于优势地位的狗常常把它的前足搭在一只从属个体的背上。但接触通信也能传递复杂的信息，如蜜蜂的侦察蜂可借助于舞蹈信号把蜜源的方位和距离告诉蜂箱中的同伴，这些同伴在黑暗的蜂箱中虽然看不到侦察蜂的舞蹈动作，但它们可用触角触摸侦察蜂并跟随它移动。④**化学通信**。化学通信是借助动物的嗅觉和味觉进行的，用于通信的外激素可能是原始生物最早使用的信使，它们可能是内激素的祖先或后裔，至少两者在生产方式和功能上十分相似。而主要差别是：内激素在动物体内传递信息，外激素则把信息从一个动物传递给另一个动物。同一种化学物质可以被不同的生物用于体内或体外。外激素可能是动物通信中最为常用的信使，即使是那些主要依赖其他方法进行通信的动物也常常会利用外激素来传递信息。[①]⑤**电（场）通信**。电信号是由专门的发电器官产生的，并均由肌肉衍生而来，只有一些裸背鳗的电器官是来自于神经。当正常的肌肉细胞收缩时，或当神经细胞产生脉冲时就会产生弱电流。在电器官中经过改造的肌肉细胞或神经细胞也能产生弱电流，但因为它们是成堆排列的，所以产生的电流比较强。例如在一些鱼类中，当电器官发电时，电器官所在的鱼的尾端相对于头端就会瞬时转变为负极。这样，在鱼的周围就会产生一个电场。该电场是电信号的基础，借助于电场形状、放电波形和放电频率的改变，以及信号从供信体到受信体之间的时间格局就可以产生多种多样的信号，甚至停止放电也是一种信号。⑥**震动通信**。动物的有些通信信号是借助于环境基质的震动形成的。如地面和水面的震动，这样的信号就叫震动信号。例如生活在茂密的热带雨林中的细趾蟾，其雄蟾是用足捶击地面或其他固体基质从而引起震动，并以此向雌蟾发出求偶信号，而雌蟾则可感受到这种地动。鼹鼠通常是单独生活在地下洞道中，雄鼠常在与雌鼠相邻的洞道内用后足捶击洞壁发出特殊的震动并以此向雌鼹鼠求偶[②]。

有关动物学习的研究也有着悠久的历史，它属于动物的处信研究。学习的概念包括能够使动物的行为对特定的环境条件发生适应性变化的所有过程，也可以说学习是动物借助于个体生活经历和经验使自身的行为发生适应性变化的过程，这种变化应当与感觉适应和神经系统发育无关。学习需要借助于感觉器官获得信息，并将这些信息存储在记忆中，当需要时可重新回忆起。在动物界的所有类群中，从单细胞动物到脊椎动物都存在学习过程。一般来说，与以前在同一刺激场合下的行为表现相比，动物的

---

① 事实上，在心理学、语言学、传播学这类标准的人类信息学科中，一般认为，我们人类的信息发送和接受器官主要包括视觉、听觉、触觉、味觉、嗅觉等。但在这些学科中，一般只研究视觉和听觉中的语言问题。触觉是一个物质的相互作用问题，味觉和嗅觉都是一个化学问题。这就是说，在我们人类中，关于化学信息的问题早已被注意，只是没有人从信息的角度给予解释。即使是在视觉和听觉这种通信系统中，我们对于借助自然（语言）符号之外的符号系统所引起的符号学和信息学问题，至今研究得仍相当少。我们认为，导致这一现象的根本原因不一定仅仅是一个信息问题，而且还可能是一个化学问题——化学物质问题。随着生物学家和化学家对细胞传导研究的不断深入，化学通信不仅需要找到发出信息和接受信息的细胞或分子传偶，进一步的研究还必须确定接受信息的细胞或分子上的受体是什么。

② 尚玉昌. 动物行为学. 北京: 北京大学出版社, 2005: 302-308.

行为如果在特定的刺激场合下发生变化，就可以认为是一种学习。

当我们观察自然界中的动物时，通常会发现动物的行为总是能够增加它的存活和生殖机会。自然选择是使动物的行为适应环境条件的一种机制。学习使动物从经历中获益，使它们的行为能够更好地适应环境条件，因此学习也是一种适应过程。由于学习能力是自然选择的产物，所以，不同物种在学习机制和过程方面必定存在差异，物种的特定学习类型在一定程度上将会受到该物种所处环境和生活史的影响。①

目前，人们对动物意识的研究投入了很多的关注，但核心问题是：动物是否表现出认知行为？它们的应答行为是否反映了它们的思考？哪种行为能够体现出动物的认知能力？城市中的鸟能衔走尚未回收的牛奶瓶锡盖，以得到下面黏着的牛奶。我们知道，这种“知识”已经在许多鸟类中得以传播；日本短尾猿能够学会洗净土豆，并从沙子中挑出谷粒；黑猩猩能够折下树枝，拿它伸入蚁穴，掏出白蚁。

只有少数实验检测了动物的思考能力，其中有一些实验表明动物还会撒谎。研究者们曾试图确定，灵长类动物是否会通过欺骗来操纵其他同类的行为。许多传奇性的事例似乎支持了动物也会欺骗的观点。比如灵长类的狒狒和黑猩猩。但是，设计实验来证明这一点仍然十分困难。对动物认知能力的研究尚处于起步阶段。尽管如此，它仍受到不少研究者的关注。无论是哪一种情况，固执地否认动物存在着某种特定的信息处理能力是不明智的。

许多实验表明，动物能够解决问题这一事实很难用非心理因素来解释。例如，在 19 世纪初所做的一系列经典试验中，一只黑猩猩被关在屋顶高悬着香蕉的屋子里，屋子的地面上还堆放着几只箱子。在几次跳跃去抓香蕉的尝试失败后，黑猩猩忽然发现了箱子，立刻堆积它们，然后爬到上面，取得了香蕉。②

从未来的发展来说，动物行为学家对动物信息问题的研究兴趣和会和信息科学家的一样多，大家都希望获得一种全面的信息科学方法论来分析普遍的动物行为。但一个动物行为学家花了四年时间希望弄明白某种鹰为什么会具有频繁的交配和繁殖行为而不得其解时，他应该求助于基因组学家或像威尔逊（Edward O. Wilson）这样的社会生物学家——他认为物种的遗传基因是动物和人的形态与性质的物质基础③——而不是

---

① 尚玉昌. 动物行为学. 北京: 北京大学出版社, 2005: 328-357.

② Raven P H，George B J. 生物学. 谢莉萍, 张荣庆, 张贵友主译. 北京: 清华大学出版社, 2008: 528.

③ 爱德华・威尔逊. 社会生物学——新的综合. 毛盛贤等译. 北京: 北京理工大学出版社, 2008: 7.

一般信息科学家，因为那是一个基因变异问题而不是一个普通的信息科学问题。

9.3　植物信息学

神经系统是等级动物的特有生理组织，一般的低等动物并不具备。和动物不同，一般的植物学家认为植物是没有神经的，从这点上说，它们还比不上低等动物。但是，有不少植物对自然界的刺激的确会产生强烈的本能性反应，其能力类似高等动物的神经系统。

早在 19 世纪，达尔文在研究食肉植物时就发现，捕蝇草的捉虫动作并不是遇到昆虫时就会发生。实际上，在它的叶片上，只有 6 根细毛有传递信号的功能。也就是说，昆虫只有在触及这 6 根细毛中的一根或几根时，它们会以很快的速度从叶片传递到捕蝇草叶子内部，叶片开始关闭。达尔文由此推测，植物也许具备与动物相似的神经系统，因为只有动物神经中的脉冲才能达到这样的速度。20 世纪 60 年代以后，这个问题再一次成为科学家们研究的重点。科学家在对捕蝇草的研究中，分别观察到了这种植物叶片上的电脉冲和不规则电信号，并由此推断植物是有神经的。有研究认为，植物有化学神经系统，因为它们在受伤时能做出防御性反应。

但许多学者并不同意这些看法，认为植物体内的电信号传递速度很慢，与高等动物的神经电信号传递速度可达每秒数千毫米是根本无法相比的。而且从解剖学角度看，植物体内根不存在任何神经组织。其他研究者在研究捕蝇草时发现，反复刺激叶片上的细毛，捕蝇草不仅能发出电信号，同时也能从表面的消化腺中分泌出少量的消化液。但仅仅据此仍然无法确定植物体内就一定具有神经组织。但所有植物都有应用电信号的能力，这已经被科学家们反复证实。人们认为，这是因为植物的电信号都是通过表皮等普通细胞和其他原始方式传导的，并无专门的传递组织。据此，许多科学家认为，植物的电信号与动物的电信号虽有相似之处，但仍不能认为植物已经具备神经系统。植物到底有没有神经，还有待人们进一步深入探讨。

如果我们能够确认植物有神经系统，那么，从神经是传递信息的特有通道这个观点来看，就一定会出现一门植物信息学。事实上，除了美国植物生物学家协会（American Society of Plant Biologists）2012 年为此召开过一次讨论会之外[①]，其他地方还没有正规地提出过植物信息学（Plant Informatics/Phyloinformatics）这个概念，但我们仍有必要对它给予重视。在这里，我们关怀的植物信息学将从机体信息学的视角看问题——讨论植物个体之间通信或处信等信息问题的专业信息学。虽然还没有著作和文章可以参考，但有关植物信息学的论述我们仍可以从生物学或植物学，特别是生态学中看到若干零星的表述。鉴于支持这门专业信息学的生态学在信息概念上应用的特殊性，我们有必要在此予以特别关注。我们打算从以下两个角度着手：植物的外激素、植物和环境之间的通信。至于这门学科最后能否成立的问题，我们在此还是先采取赞赏的态度。而其最后的结果，读者可以从我们的叙述中做出自己的判断。

我们下面讨论的第一个问题是植物与植物之间的通信问题，目前可以看到的理论依据是基于植物外激素的化学通信[②]。

外激素是有机体分泌到个体外部的一种化学信使，它能够激起同类物种特定的社会性反应。从化学方面来说，分泌外激素能够影响接收外激素的个体行为。根据生物信号转导理论研究学者们提出的观点，在植物体内的通信中，激素是存在的。但在植物个体之间是否存在着通信问题，而且是用外激素来进行通信的，这种现象已被很多人发现。

植物学家发现，在一片柳林中，一旦某一棵树受到虫害，其新叶中分泌出的石炭碱会大大增加，它们会抑制害虫取食新叶，从而保护自己，减少虫害。这是人们能够理解的一种适者生存现象。奇怪的是，在这棵遭受虫害的柳树周围约 70 米的其他柳树叶片中的石炭碱含量也会随之有不同程度的增加，而且越靠近被害之树，叶片中的石炭碱浓度越高。它们是通过何种方法对周围的柳树进行预警的呢？经过研究发现，受害之树所释放的乙烯要比正常情况下多。植物学家由此认为，传递相互作用的物质很可能是乙烯。乙烯通过风的作用，给邻近的柳树发出了危险及预防信息，使其各自采取防卫措施[③]。

从更一般的意义上说，在自然界中，许多植物都会合成在代谢上并无明显意义的次生有机化合物，这些化合物的合成需要消耗大量的能量。但令人不解的是，植物为什么要制造这些化合物？后来发现，这些化合物具有抑制与之竞争的植物以及微生物的生长功能，从而确保分泌这种化合物

---

① Plant Informatics. http://burkartproductions.smugmug.com/Conference-Photography/ASPB-American-Society-of-Plant/Plant-Informatics-Workshop [2013-9-10].

② Wikipedia. Pheromone. http://en.wikipedia.org/wiki/Pheromone [2013-12-10].

③ 李鹏翔. 植物传递信息的秘笈. 林业与生态, 2011, (8): 33.

的植物体自身的生存。最典型的例子是：胡桃树通过叶子或根部分泌一种叫“胡桃酮”的有毒物质，使周围 16 米以内土地上的番茄不能生存。1937 年，奥地利的毛利施（Hans Molisch）创造了“他感物质”（allelopathy）一词，用以表示植物间的此类现象。allelopathy 由源于拉丁文的 allelon（相互、交互）和 pathos（痛苦、受害）组成。1948 年控制论和信息论问世后，植物学家受到了启发。他们发现，他感作用过程包括供体植物、环境、受体植物，它们刚好相对于香农信息论中的信源、信道、信宿。在功能上，他感物质既不是植物的必要资源，客观上又引起了受体植物行为的变化，从而导致了组织性。因他感物质内部具有一定的空间，明确了植物间的空间关系，他们认为这是信息的功能。植物学家最后模仿香农信息论模型做了进一步的分析，认为他感物质在环境传递过程中不会像养分那样容易被非受体植物或微生物大量吸收或改造，从而降低了他感物质所含信息在传递过程中的“噪声”，从而提高了保真度，它类似于技术通信中“阻抗滤波”。

后续的研究使他们认识到：如果有朝一日生态化学家能够证明植物对他感物质的反应是基于他感物质浓度的不同而形成的，那么，他感物质将被认为更有资格担当着一种传递信息的信使使命，因为信息也可理解为“物质和能量在时空结构上分布的不均匀性”[①]。植物学家最后认为，他感物质是植物间传递信息的一种信号，也是植物生态学家们抽象出本学科信息概念最有希望的突破口。因此，信息在植物学中可理解为“植物间相互联系的物质”，而这种联系形式的可辨状态可能含有无穷多个变量。他们由此推论，信息实质上是一种可能性的空间变化，没有信息就没有事物间的规律性联系和互相控制，亦即没有组织。实际上，植物学家这时已把理解“他感物质”的本质问题，一股脑儿地抛给了“信息”。你若想进一步询问这里的“信息”是什么，他们一定会告诉你，这要等到人们对外激素的生化性质被弄明白之后才能找到答案。植物学家在这种意义上使用“信息”概念的结果，大大增加了植物信息学问世的可能。但是，在一些比较标准的生态生化研究中，研究者们在使用植物间是否存在“外激素”这个问题上仍是十分谨慎的[②]。

接下来讨论的第二个问题是植物与环境之间的通信问题。生态学家认

① 范航清. 他感、竞争和信息的植物生态学挑战. 自然杂志, 1988, 11(12) : 907.

② 例如，在李邵文编著的《生态生物化学》一书中，作者在讨论动物之间的相互作用时就广泛使用了“信息素”这一概念。在讨论植物间的相互作用时，却很少使用“信息”或“信息素”这些概念，而是使用诸如“蜕皮激素”等概念。见：李邵文. 生态生物化学. 北京: 北京大学出版社, 2001: 171-180.

为，生态系统中除了能量流动和物质循环之外，还存在着众多的其他信息联系。在这里，“信息”是指能引起生物生理、生化行为变化的信号。阳光和温度等生态因子均可作为生态系统的信息，植物可以根据环境信息的变化调整自己的生活及行为。如植物的趋光反应、树木秋后的落叶等行为，它们均离不开生态系统的信息调控。生态学家认为，植物界普遍存在着四种信息，它们是：物理信息、化学信息、行为信息、营养信息。下面只以物理信息为例讨论生态学家们所说的信息概念和植物和环境之间的信息传输问题是多么的与众不同。

生态学家的看法是，光、声、热、电、磁等物理能量，对植物产生的作用是能量源向植物流动的一种信息流。例如，向日葵随着太阳的转动而转动，含羞草受机械的触动或声音的振动而小叶闭合，它们均在证明着植物能够做出接受信息和传递信息之类的信息反应。近年来的一些研究也在愈加支持着这种观点。一些生态学家继续研究了含羞草的行为，发现这种植物被触摸时，它们为了躲避捕食者的伤害会向内折叠。研究者之后专门设计了一种装置，让它可以反复往含羞草上滴水，在强光和弱光环境中的观察结果显示，一旦含羞草知道水滴对它的生存并不构成威胁时，它们便会停止卷曲，并且在几周后依然能够记住之前获得的经验。即使在环境条件发生变化后也不会丧失这种记忆能力。科学家并不清楚含羞草会学习和记忆的真正原因是什么，但认为这可能是由它的细胞中一个以钙为基础的信号网络造成的，它在某些方面类似于动物的记忆过程。[①]植物是有知觉的，故这类问题均属于植物信息问题，所传递的信息均叫物理信息。[②③]

对于信息科学而言，我们认为生态学家对信息概念的这种使用是有严重问题的。科学体系证明，所有客体之间的相互作用都是通过某种媒介实现的。媒介一共有三种，即物质、力、信息。[④]我们用抛出的石子去击打

---

① 孝文. 科学家发现含羞草有学习和记忆能力. http://tech.sina.com.cn/d/2014-01-23/10329122108.shtml [2014-1-23].

② 李邦贵. 植物的信息传递. 发明与创新, 2004, (10): 40.

③ 杨持. 生态学(第 2 版). 北京: 高等教育出版社, 2008: 234.

④ 我们前面已经谈道：黎鸣早在 1984 年就提出：“力和信息均属于物质的相互作用范畴。”见：黎鸣. 论信息. 中国社会科学，1984, (4): 21. 有趣的是，李德昌 2008 年提出，可以把有关信息作用的所有现象的研究统称为“信息力学”。见：李德昌. 信息力学视角下的文理融合. 中国交叉科学//刘仲林. 中国交叉科学. 北京：科学出版社，2008, (2): 23. 超分子化学研究认为，由于超分子体系的化学、物理和生物特征，使这一学科形成新的研究路线和方法，由此产生的体系表现出一些特殊行为和功能。其中，贯穿所有超分子研究领域的一条主线就是存储在分子和超分子结构中的信息，即分子间的相互作用，所以人们又称超分子化学为分子信息化学。从中，我们可以体会到，在超分子化学研究方面，信息可以被看作是一种相互作用。从传统的角度理解，化学和物理学所说的“相互作用”常指“相互作用力”，即“力”。见：晏华. 超分子液晶. 北京：科学出版社，2000: 8.

他人，这是典型的物质作用。一个波色子去吸引另一个波色子，这是典型的引力作用。蜜蜂用不同的“8”字舞蹈告诉同伴花儿的地点，这是典型的信息作用。物质媒介属于物质科学的研究范围，引力媒介属于力学的研究范围，信息媒介属于信息科学的研究范围。信息媒介（信使）的主要作用是传输信息。我们的看法是，向日葵随着太阳的转动是一个热力能作用问题，含羞草因受机械的触动或声音的振动而小叶闭合的问题是一个机械能作用问题，蜜蜂用不同的“8” 字舞蹈告诉同伴花儿的地点才是一种真正的信息问题。

以这里的光物理信息为例进行分析。我们知道，所有的植物都能够接受光的作用。植物与动物不同，它们没有消化系统。因此，植物必须依靠其他方式来摄取营养。直到 18 世纪中期，人们还一直以为，植物体内的全部营养都是从土壤中获得的，并不知道植物体能够从空气中得到什么。1880 年，美国科学家恩格尔曼（George Engelmann）用水绵进行了光合作用实验。他把载有水绵和好氧细菌的临时装片放在没有空气并且是黑暗的环境中，然后用很细的光束照射水绵。通过显微镜观察发现，好氧细菌只集中在叶绿体被光束照射到的部位附近。如果上述临时装片完全暴露在光的照射下，好氧细菌则集中在叶绿体所有受光部位的周围。该实验证明：氧是由叶绿体释放出来的，叶绿体是绿色植物进行光合作用的场所，是阳光传递生命的媒介。经过光合作用的实验，人们认识到，绿叶在光的照射下把二氧化碳和水转化成存储能量的淀粉，并释放出氧气。[①]太阳对叶绿体的作用是能量的传递而不是信息的传递。

根据我们前面提出的信息科学基础概念，以日光为例，太阳属于可提供信息的视域，植物属于可能生成信息的受信体，而视域不属于信息系统的成分。因此，太阳和植物之间是不可能产生通信的。所以，生态学家所说的信息就成了无本之源。也就是说，从植物和环境的关系来看，只有能量的存在而不应该说有信息的存在。如果异质传偶间也可以进行通信，同时也把任何相互作用的媒介都看作信息，那么，任何两个可以发生单向或双向相互作用的客体之间都有信息的存在。这样，我们就会得出火炉和手之间会有通信的发生，锤子和石头之间会有通信的发生，这不是很荒唐的吗？把传递相互作用的一切媒介都看作信息，把物理媒介看成物理信息，把化学媒介看成化学信息，这是生态学家在植物和环境相互作用的研究方面犯下的最大错误。因此，从生态学家基于植物和环境之间关系的观点提

① 百度百科. 光合作用. http://baike.baidu.com/view/8885.htm [2013-12-29].

出的太阳和植物之间存在着信息传输的说法是不合适的。

同理，根据生态学家的描述，在磁异常地区播种小麦、玉米、向日葵及一年生牧草，其产量会比正常地区低。即使在很弱的磁场中，蒲公英开花的时间也要比没有磁场的地区晚得多，在磁场中长期生长还会死亡。其原因是植物和环境之间有磁“物理信息”的存在①。磁的最大作用是能够产生一种引力，和光物理信息类似，这里把另一种“相互作用”的媒介也看作了信息。生态学家经常使用的另一个含混的信息例子是“营养信息”。在生态学家看来，决定一个牧场载畜量的大小，必须根据相关牧区的供草量而定。如果不顾牧草提供的“营养信息”而超载过牧，就必定会因牧草饲料不足而使牲畜生长不良和引起草原退化②，这类的信息概念使用同样是令人费解的。

如此看来，在植物之间谈到的“外激素”是化学信息学急待解决的生化信息学问题，但它的理论尚处于探索阶段而无定论给出，除了生态学家使用它之外，生物学和生物化学也在广泛使用。但在植物和环境之间，很多生态学家所谈的所谓信息问题，相关的表述是相当不准确的，因此也是难以令人信服的。尤其在关于植物和环境之间对有信息传输存在这类信息概念的滥用，一如医疗学界在“医疗信息学”方面对“信息学”一词的滥用一样，两者都是相关学科和我们的信息科学皆不成熟的原因造成的。因此，从总体上说，植物信息学在目前基本上属于一个无法成立的学科。但是，从生化学家的观点看，在维管植物的体内的确普遍存在着一些特殊组织，它们能够分泌出一些次生代谢物。除去分泌到植物体内的分泌物不论，分泌到体外的分泌物的确是存在的。从信息科学的角度来说，植物生理学现已查明，供信体包括芳香腺、腺毛、密腺、排水器等。外激素包括蜜汁、黏液、挥发油、树脂、乳汁等。③近年来，一些关于植物具有信息学现象的证据也在不断地出现。例如，在 2012 年 6 月《科学美国人》发表的一篇题为“植物会思考吗？”（*Do Plants Think?*）的文章中，作者提出，和人一样，植物拥有短期记忆、免疫记忆甚至隔代记忆。虽然植物没有神经细胞，但它们确有谷氨酸受体，这些谷氨酸起着和人类神经系统同样的生理作用④。2014 年 12 月，《新科学家》发表了一篇《植物可以思考、感

① 杨持. 生态学(第 2 版). 北京: 高等教育出版社, 2008: 235.

② 同上，236.

③ 胡正海. 植物分泌结构解剖学. 上海: 上海科学技术出版社, 2012: 1-2.

④ Cook G. Do Plants Think? http: // www.scientificamerican.com/ article/do-plants-think-daniel-chamovitz/ #rd?sukey=fc78a68049a14bb24ce82efd8ef931e64057ce6142b1f2f7b919612d2b3f42c07f559f5be33be088 1613ccfbf5b43c4b [2014-6-2].

受和学习》（*Plants Can Think，Feel and Learn*）的文章，作者证明，植物根部的底端是根冠，它穿过土壤来为根部导航和保护根部，同时可以感知较大范围内的物理环境性质，比如重力、湿度、光照、氧气和土壤营养。在其之后是分生区，它是快速分裂细胞的区域。更里边的是伸长区，在这里细胞变长，从而使根部变长也变得弯曲。同时在分生区与伸长区之间的区域是转化区。转化区具有电活性。其中有一种可以调节植物生长的激素，它在被称为囊的蛋白质容器里输送蛋白质，一旦它卸下负荷后还可以再次被使用。这个转化区主要是耗氧区，起着和人类的大脑类似的功能。当根冠收集了感觉信息之后，它们通过转化区转化为指令传给伸长区，由此来控制根部的行为。①所有这些新探索或多或少地给人暗示，植物信息学的出现又是可能的。

① Ananthaswamy A. Plants Can Think，Feel and Learn. http://www.newscientist.com/article/mg22429980-400-root-intelligence-plants-can-think-feel-and-learn [2015-6-2].

第 10 章　几门流行的技术信息学应用学科

在第 3 章所列出的 200 余门信息学科里，大部分学科的创建思路是：首先把信息技术应用到某一领域建立起一个信息系统，最开始一般把这种系统叫作某某信息系统、某某管理信息系统或某某信息管理系统，然后在某一时刻将它们称为某某信息（科）学。依靠信息技术手段建立起来的信息（科）学有很多，若一味任这一现象泛滥下去，这对一般信息科学的建设是非常不利的，对这些所谓的专业信息（科）学来说也未必有多大好处，信息科学研究对此没有理由采取回避的态度。因此，我们应当对这些问题进行分析，之后找出相应的对策。把信息技术的应用称作信息（科）学的分支有很多，我们在这里仅打算以目前最为流行的医疗信息学（medical informatics）、地理信息学（geographic information science）、生物信息学（bioinformatics）为例进行剖析，然后依此来阐述我们的观点。之所以选择这三门信息学进行分析，是因为它们给人们塑造的信息学印象未必是一门信息科学应有的本质特征和发展方向。在这三门专业信息学中，“地理信息学”和“医疗信息学”还出版了专门的杂志。特别是医疗信息学，它已经变成一种“信息学”的加工厂：只要有一门医学专业，就必然有一门和这门医学专业相对应的“信息学”。至于近来流行的以基因组测序为基础的生物信息学，它的足迹已经踏遍全球每个大学和研究所的课堂和实验室。

10.1　医疗信息学

研究者习惯称医疗信息学为医学信息学，它是自计算机在图书馆自动化工作中的应用为主而出现“图书馆信息科学”之后，把计算机（包括通信技术）在某一行业的应用称作信息（科）学的第二个信息学科，它早期的英文名称是“medical information science”（医学信息科学）。医疗信息学萌芽于 20 世纪 60 年代，起源于医疗卫生领域，使用的手段是信息技术，主要目的是用计算机技术、通信技术、激光等技术在医疗和医院管理方面建立医疗信息系统，1974 年初见规模。1978 年，国际医学信息学学会（International Medical Informatics Association）①成立。1967 年，它还仅是国际信息处理联合会（International Federation for Information Processing）下面的一个分会，经过 40 余年的努力，这个信息技术应用学科中最为强劲的分支之一，从一开始仅有的个别医疗信息技术研究，发展到今天的一个几乎令人应接不暇的信息学群，其中包括卫生信息学、牙科信息学、护理信息学、心电信息学等。近年来又陆续问世了超声信息学、放射信息学、肿瘤信息学、器官移植信息学、临床病理信息学、外伤信息学、麻醉信息学、药物信息学等 20 余个医疗信息学分支。医疗信息学目前已经发展成一门强大的信息技术应用学科群。

以我们身边最容易看到的案例为例。当一个患者从进入医院开始，不论他是事先从医院的互联网系统取得就诊号码，或是从医院的窗口临时取得号码——有的医疗信息系统允许患者选择自己喜欢的医生，有的医疗信息系统则不允许这么做——自从患者拿到一个就诊号码后，他的个人信息可能就处于一个激活状态。在患者进入就诊室后，他和医生的沟通信息以及医生的诊断结果信息就详细地被记录在患者的个人病例中。如果需要进行相关的辅助诊断，如 X 射线拍照、B 型超声波检验、心电图检查等，那么，相应的诊断结果信息在主治医生进行最终的病理决策之前，也已经被记录在个人的病例中。当医生完成诊断开出处方之后，这个处方通过医疗信息系统已被传入药房，一旦患者完成付款手续，他需要的药物就已经在药房配备好或正在配备中，不久之后就可以在药房窗口取得药品。在患者看来更复杂的一些事务，例如疾病的远程会诊，或费用的支付等问题，在一个医疗信息系统中却是十分简单的事情。在不使用医疗信息系统的情况下，这可能会耗去一个患者或家属的大量精力。由于采用了医疗信息系统，医生对一个病人进行诊断时，他可以迅速地从桌面终端调出该患者的诊断和治疗历史，以便给出一个更为合理的诊断和治疗方案。医生也可以从联网的数据库系统或独立的数据库系统中迅速地检索出该病例的自己既往诊断或区域或全国甚至全球其他医生的最佳既往治疗方案，或查询相关药物或治疗的医学说明。对患者来说，如果需要，自己也可以取得有关

① International Medical Informatics Association. The IMIA Vision. http://www.imia-medinfo.org/new2 [2011-3-2].

自己的病例解释和诊断历史。由于系统设计的水准不同，好的医疗信息系统给医患双方都带来了极大的方便。但不好的系统也有一些弊端。例如在一些系统中，一个诊室门口或药物发放窗口的扩音器或显示屏会将患者的姓名等信息大大方方地公布给所有人。但一个医疗信息系统对于医院、科研、教学、卫生管理方面所带来的方便，利远大于弊。

从范·伯墨和穆森1997年编写的《医疗信息学手册》①来看，研究者构建医疗信息学的指导思想是：凡是计算机和通信技术在医疗研究领域有可能应用的地方，在那里都可以形成一门新的医疗信息学分支。医生和患者的所有接触可以分为观察、诊断和治疗三个阶段。从纵的方面看，由于信息技术的不断进步，以上每个阶段都可能出现计算机及其通信技术的应用机会，所以，依据这种思路构建的医疗信息学分支就显现得琳琅满目。从横的方面看，医疗本身被分成许多不同的分支：内科、外科、儿科、妇科、眼科、牙科、神经科、心血管科等。每个分科都可能涉及通信或者计算机技术的应用问题，这就导致了医疗信息学领域里信息学分支不断地增多。此外，也有仅仅把医药文献的查找，医院的计算机信息管理系统建设作为一种医疗信息学的，但这并不是它的主流。范·伯墨和穆森把信息技术在这三个阶段的具体应用分为6个领域，它们是：最底层的数据交换和远程通信，往上逐渐是医疗信息的存储和检索，处理和自动化，诊断和决策，治疗和控制，以及最后的研究与开发。

计算机在各种具体信息处理领域中的应用有数千种，根据医疗信息学家构建医疗信息学分支的惯例和指导思想，如果我们把心电图处理中的计算机应用称为心电信息学，把计算机对患者外伤的辅助治疗称作外伤信息学，把计算机在护理工作中的应用称为护理信息学，很显然，随着计算机和互联网技术在医疗领域应用的更加普及，结果将会有非常多的“信息学”分支在医学和药学领域里诞生，医疗信息学从此就会成为一个假不同名称的“信息学加工厂”，同时也有可能成为一个导致“信息学”泛滥的温床。和大多数计算机应用一样，计算机在医疗行业的应用只是在操作实践上改变了传统的一些规程，并使得疾病的诊断、治疗、护理，以至于医院的管理变得更加方便有效，并且使得有些在没有引进信息技术的时候难以或根本得不到诊治的疾病最后得到了治疗。但是，要完成信息概念从理论上，而不是仅从技术上对医学的真正渗透，医疗信息学家要走的路还很漫长。

---

① van Bemmel J H, Musen M A. *Handbook of Medical Informatics*. Houten/Diegen: Springer-Verlag, 1997. 中文版见：van Bemmel J H, Musen M A. 医学信息学. 包含飞，郑学侃译. 上海：上海科学技术出版社, 2002.

医疗信息学热衷于将信息技术引入医疗事业，而自身却缺乏一种医疗信息的理论研究。它要作为一门信息学科，就需要一个紧凑连贯和清楚一致的信息学研究成果。我们认为，医学家虽然试图用信息概念影响医学和药学，包括从疾病的诊断到治疗，到对患者的护理再到医院的管理，他们都从不同的角度提出了信息问题。但是，除了把疾病的诊疗过程可以模拟成一个对疾病信息的观察、确诊和给出治疗方案的信息处理过程——它实质上是一个人类信息学问题——之外，医疗信息学中真正成为信息科学的问题还相当少。医疗信息学中现在所谈论的“信息学”问题，在本质上是一个信息技术应用问题而不是一个信息理论问题。

医疗信息学最早产生于电子病历管理和医疗设备的信息化等方面的研究与开发。电子病历的大量应用和医疗设备的信息化，使得医疗数据库的信息容量不断地膨胀。然而，简单的信息存储只是数据库的低端操作，数据的集成和分析以及诊疗决策和知识的自动获取才是医疗信息学研究的重点。要对数据进行加工和分析，数据必须以特定的结构和方式存储。合理设计的数据结构允许计算机轻易地传递文字和图像，并大大提高医疗信息处理的速度。然而，这种数据结构不是仅由输入来决定的，医疗人员必须有一个约定俗成的数据标准，这一数据标准明确了数据库中存储的特殊符号所具有的含义。

20 世纪 70 年代中期，以计算机为基础的医学影像技术，随着数学、生物物理和工程控制而蓬勃发展起来。直到近年，界面友好的医学影像数据处理技术以及可视化传输技术将医学影像技术带到了一个新时代。新的医疗信息学、生物计量学、计算图像学的结合，使人们重新认识到影像信息与影像模拟的重要性。现代影像信息技术研究的重点包括图像传递标准、信息压缩、图像数据库索引、图像病例传递的安全等。当前的影像信息技术从分子水平、细胞水平、组织水平以至到个体水平都得到了广泛的应用。然而，医疗信息学面临着更多亟待解决的现实问题，影像信息的完整化需要更深层的科学、技术、医疗实践的结合，包括对二维和三维图像自动分区与注册的新技术等。随着互联网技术的不断发展，远程诊断和治疗已成为医疗信息学研究的重点。通过网络电视和无线技术在医疗实践中的不断应用，医生和患者能随时传递相应的疾病信息，从而为远程医疗带来更为广阔的应用前景。

最后需要说明的是，在这个信息技术应用领域采用“医学信息学”名称是不太恰当的。从以上的表述中我们已经看出，医疗信息学的主要任务是技术而不是理论，目的在“疗”而不在“学”，实践主要在医院而不是在课堂或实验室。因为该学科的主要目的是开拓计算机和通信技术在医疗实践方面，而不是在医学理论方面的应用①，因此其准确含义应该是medical treatment 或者 medical care，而不是 medical study 或者 medicine study，所以，其英文名称本身就是错误的，中文的译名也将错就错。就这一研究的本质而言，我们认为“医疗信息学”是它应该选择的更准确的名称。对于这个问题，日本学者也持相同的看法。因此，自从“medical informatics”概念传入日本之后，松田信義、樺澤一之等在他们的著作中采用的就是医疗信息学（医療情報学）而不是医学信息学（医学情報学）②③。国际医学信息学会亚太分会日本委员会使用的名称是“日本医療情報学会”（日本医疗信息学会），而不是“日本医学情報学会”（日本医学信息学会）④⑤。

10.2 地理信息学

地理信息学是集地理学、地图学、计算机技术、通信技术、遥感技术于一体的，另一个基于信息技术应用而形成的应用性信息技术学科，其研究和教育的主要目的是培养能在研究所和大学从事地理信息学的科研或教学工作，能在城市、区域、资源、环境、交通、人口、住房、土地、灾害、基础设施和规划管理等部门从事与地理信息系统开发和维护的相关人才。借助计算机技术和通信技术建立的诸多地理信息系统已经变成一股强大的社会生产力，它已给工业、农业、国防、交通等国民经济行业的发展带来了可观的经济和社会效益。

一般的地理信息学研究者更喜欢采用地理信息科学这一概念，而这一概念是 1992 年由英裔美籍地理学家古德柴尔（Michael Goodchild）提出的⑥。除了这个名字之外，它还有其他几个不同或近似的名称，其最初的名称是地理信息系统，之后不同的研究者使用的名称还有遥感信息科学、

---

① 就这一点而言,(计算机)生物信息学反而在遗传学理论上还有不少作为。

② 松田信義, 岸本光代. 情報科学・医療情報学(第 3 版). 東京: 医学書院, 2002.

③ 樺澤一之, 豊田修一. 医療情報学入門. 東京: 共立出版, 2006.

④ 日本医療情報学会(Japan Association for Medical Informatics). http://www.jami.jp/jami/index.html. [2013-4-6].

⑤ 日本医療情報学会10周年記念出版編纂委員会, 医療情報システム開発センター企画編集. 医療情報学(第 2 巻). 東京: 日本医療情報学会, 1997.

⑥ 陈述彭, 等. 地理信息系统导论. 北京: 科学出版社, 1999: 231.

地球信息科学、空间信息科学、地球空间信息科学等。虽然不同的研究名称其研究重点有不同的侧重，但它们大体上都属于一类研究。此外，使用和地理信息科学类似的方法和手段建立起的信息学学科还有水信息学（hydroinformatics）[①]、土地信息学[②]等。其中地理信息科学和水信息学都出版了专门的刊物。

从地理信息学的深层原理上讲，这门学科主要是从以建设大气圈、水圈、生物圈、土圈、人类圈等方面的信息系统工程演化而来的。从方法论上讲，它主要采用了地理学和计算机以及通信技术的交叉。根据马蔼乃的看法，地理学在第二次世界大战之后曾经繁荣了很长一段时间，之后，以自然地理学为主的古地理学，以部门地理学和区域地理学为主的历史地理学都不同程度地出现了危机[③]。危机的主要方面来自以卫星和远红外遥感技术为主的地理信息的搜集、以计算机技术特别是计算机图形学为主的地理信息的加工技术对旧有地理学提出的挑战。因此，地理学家就不得不开始对旧有的地理学体系进行改造。

在新的地理学体系中，首先是地理信息系统的建设和研究被放到了首要的位置。地理信息系统萌芽于 20 世纪 60 年代。那时，来自加拿大和美国的一些专家，开始提出利用计算机来处理和分析大量的土地和地图数据，以实现专题地图的叠加、面积的量算等[④]。随着地图数据的扫描输入、栅格矢量数据转换等技术的进一步发展，不同类型的地理信息系统就越来越流行于现代地理学家的研究议程中。围绕地理信息系统的研究是引人入胜的，尤其是以图像信息为主的多媒体信息，它在计算机系统中的表示、存储、检索是传统的数据库理论和实践都不能轻易达到的。所以，地理信息系统的建设就只能依赖专业的计算机信息系统和数据库技术而不是通用的商业数据库软件。此外，围绕地理信息系统建设的地理信息模型理论，地理信息的表达理论也不同于一般的信息系统研究。所以，它最终导致了在 20 世纪 80 年代"地理信息科学"概念的问世。与"地理信息系统"这个普通概念相比，更名了的"地理信息科学"更加侧重于将地理信息研究视为一门科学而不仅仅是一个信息系统建设。根据古德柴尔 1992 年的经典解释，地理信息科学主要研究计算机技术对地理信息进行处理、存储、

① IWA Publishing. Journal of Hydroinformatics. http://jh.iwaponline.com/content/water-science-and-technology-aims-and-scope [2013-3-3].

② 宋其友, 等. 土地信息学. 北京: 测绘出版社, 1997.

③ 马蔼乃. 地理科学与地理信息科学导论. 武汉: 武汉出版社, 2000: 4-5.

④ 陈述彭, 等. 地理信息系统导论. 北京: 科学出版社, 1999: 1.

提取、管理分类中提出的一系列基本问题①。

如果仅仅依赖于对地理信息系统的研究和建设就可以成立一门信息学，这和医疗信息学一样，它显然会成为一个争议的话题。因为建立不同的信息系统已经在很多专业领域里普遍存在，如果这种思想在地理信息学中是可以接受的，那么我们同样就没有理由去怀疑其他把专业信息系统工程研究也称作一门信息学的做法，这种困惑已经让医疗信息学家感到难堪。有鉴于此，一些地理信息学家就提出了地理信息科学的附加任务，认为除了地理信息系统的研究之外，地理信息学还应该研究“地理数据的不确定性、地理信息的认知”，以及其他“对于支撑地理信息技术发展的基础理论”②等。

在地理信息学家中基本已经达成共识，认为地理信息学不仅仅是一门技术学科，而且还是一门从信息机理的角度研究人地相互作用的地理学学科，是一个从基础理论到技术，再到应用，甚至包括某些产业、制度、文化问题的完整理论体系。它包括三个层次：第一，理论地理信息科学。它的主要研究方向在地理信息的基本理论方面。地理信息科学的本质是揭示和模拟地理信息运动过程的内在机理，为城市与区域可持续发展决策提供服务。其基础理论和核心内容包括：①地理信息的本质、结构、描述、分类和表达；②地理信息的发生、抽取、传输和重构；③地理信息运动过程中的熵增、熵减、误导和不确定性；④地理信息运动过程中人的感应与行为机制；⑤地理信息的机器模拟等一般性问题；等等。第二，技术地理信息科学。它的研究包括如何描述、处理地理信息等方面的问题。主要涉及遥感、全球定位、地理信息系统和空间信息基础设施等支撑技术的开发研究。技术系统是地理思维的物化和地理知识的载体，是地理信息运动机理研究的新语言和新手段，也是地理信息应用和地理建设的现代工具。第三，应用地理信息科学。在地理信息技术的支撑下，将地理信息应用于空间分析和空间规划，为全球和区域的持续发展提供决策，以指导人类的实践活动。主要包括：①人口、资源、环境、经济和社会的区域规划与管理；②地理信息工程建设。其最终目标在于将地理信息和地理信息技术应用于人类的科学决策，实现区域性可持续发展③。

地理信息学的探索是令人赏心悦目的，其结论对信息科学研究者来说也颇具启发意义。但是，地理信息学家的任务是把地理信息的搜集和处理，

---

① 陈述彭，等. 地理信息系统导论. 北京：科学出版社，1999: 231.

② 同上，232.

③ 杨开忠，沈体雁. 试论地理信息科学. 地理研究，1999, 18(3): 264-265.

最后再传播出去作为其唯一和首要的任务？还是把这个过程作为他们自己分析和解释地理现象的一个组成部分？或者是把对地理信息的理论分析作为他们的最终目标，而地理信息技术只是实现这个目标的手段？答案如果是第一个，那么地理信息科学就是一门一般的地理信息学研究；答案如果是第二个，那么地理信息学就是一门地理科学和信息科学的交叉分支；答案如果是第三个，那么地理信息科学就是一门标准的信息科学分支。马蔼乃曾明确地表达了她对当今流行的，这个作为一门地理科学和信息科学交叉所形成的新的交叉信息科学分支的担忧。她说：除了研究基于地理信息系统的地理图形图像与属性信息外，地理信息科学“还要研究地理知识信息、地理逻辑信息、地理模型信息等深层次的问题……只有解决了这些深层次的问题，它才称得上地理信息科学”①。在对把地理信息系统的建设一定要说成一门信息科学理论方面，马蔼乃显然是这个队伍中一个少有的清醒者。

10.3　生物信息学

根据一般的说法，“生物信息学”这个概念是由美籍马来西亚人林华安（Hwa A. Lim）提出的，但在普遍怀有科学优越感的欧美人撰写的生物信息学著作中，却很少有人提及这位亚裔学者。林华安出生于马来西亚的吉打州，当他于 1988 年在美国佛罗里达州立大学一个从事基因与生物物理研究的机构提出这个概念，并把无数的学者吸引到这个领域之后数年，自己却转行去做生纳信息学（binformatics）了。他的看法是：学习信息的人跨入生物信息领域，他需要知道的范围很广，但一定要有专业：“具有专长的通才。”（Be a generalist but with specialty.）“潮流并不重要，重要的是科学在哪里有突破时，人们应该知道如何把突破应用到自己的专业上。”②

生物信息学是由生物学、遗传工程学、计算机科学、数理统计学等学科构成的一个交叉分支，它同时还有另外几个近似的名称：计算生物学、计算遗传学、计算基因学、计算分子生物学等。但是，直到生物信息学这个概念在 1996 年开始流行之前，它在生物学家中仍不是被异口同声地认可的。当 1995 年在德国下萨克森州布伦瑞克市举办的一次“生物信息学：

① 马蔼乃. 地理科学与地理信息科学导论. 武汉: 武汉出版社, 2000: 322.

② 孔刚. 世界生物信息学之父. http://beskong.blogchina.com/36734.html [2013-9-10].

计算机在生命科学中的应用”（Bioinformatics: Computer Application in the Biosciences）大会上，研究者总结了当时这一研究的三个备选概念，它们分别是：生物信息学、生物信息论、计算机在生物学中的应用。1997 年，研究者中的绝大多数都一致同意把这一研究称为生物信息学了①。但是，一个并不准确的生物信息学研究起源的看法仍在该学科的研究者中普遍流行着，他们认为，生物信息学研究最早可追溯到 1956 年 10 月在美国田纳西州盖特林堡召开的一次生物信息方面的研讨会（Symposium on Information Theory in Biology），而这次会议实际上是生物学家对在 20 世纪中期控制论和信息论问世之后，生物学界为应对信息热召开的一次生物信息论会议，而不是讨论如何应用计算机技术分析狄恩酸或蛋白质序列，或建立相关生物信息数据库或者是生物数据分析问题的“生物信息学”会议。②关于这个会议，我们在后面的信息计量理论中将会再次提及。

20 世纪 50 年代中期，桑格这位大学时从没有获得过奖学金，不爱上课也很少指导学生，一生淡泊名利，只想做一名医生的人，却因率先解析了胰岛素的氨基酸排列顺序获得了他的第一次诺贝尔奖以后，人工合成胰岛素就成了一个世界性热门话题。1955～1965 年，全世界有 10 个左右的研究小组都在进行胰岛素的人工合成研究。在中国，中国科学院上海生物化学研究所、中国科学院上海有机化学研究所、北京大学生物学系与化学系于 1965 年在世界上第一次人工合成了牛胰岛素，这是一个可以获得诺贝尔奖的成果，但由于当时的“左倾”思潮泛滥而使这一荣誉化为泡影，这是中国科学家心中一个永远的伤痛。胰岛素是由 51 个氨基酸组成的双链蛋白激素，第一个链含有 21 个氨基酸，第二个链含有 30 个氨基酸，两条链之间由两个二硫键连接，两个链的第 6 和第 11 位氨基酸残基之间也由二硫键相连。从这个简单的例子也可以看出，生物大分子的结构是多么复杂，因此，它所能提供的数据信息也自然会十分丰富。开展类似胰岛素这类化学物种的生物信息工作是一种大数据研究。

桑格总是走在生物学的前沿。1977 年，他设计出了一种测定狄恩酸核苷酸序列的方法——双脱氧链终止法（桑格测序法），并成功地测序了胰岛素的氨基酸序列。之后，世界各国的科学家在狄恩酸和蛋白质测序方面提出的方法也越来越多，如循环阵列合成测序法、直接测序等方法层出

① Schombarg D. *Bioinformatics：From Nucleic Acids and Proteins to Cell Metabolism*. Berlin: Walter de Gruyter, 1994: 1.

② Yockey H P, With the Assistance of Platzman R L，Quastler H. *Symposium on Information Theory in Biology*. New York: Pergamum Press, 1956.

不穷，随之所建的数据库也是连年增多。例如，在核酸数据库方面，美国国家生物技术信息中心的 GenBank 数据库，欧洲分子生物学实验室的 EMBL 数据库，日本国家遗传学研究所的核酸数据库 DDBJ；在蛋白质数据库方面，美国国家生物医学基金会的 PIR 数据库，德国生物信息学和系统生物学研究所的 MIPS 数据库，欧洲生物信息学研究所的 SWISS-PROT 数据库等。根据有关统计，目前的生物分子数据量以每 15 个月就翻一番的速度在快速地增长，它超过了计算机芯片上的晶体管数量每 18 个月就翻一番的速度——摩尔定律。这些生物分子数据具有丰富的内涵，而其背后还隐藏着大量的、人类目前尚不知道的生物学奥秘。如何充分地利用这些数据，通过对它们进行分析和处理，最后揭示这些数据的生物学含义，从而得到对人类有用的信息，这是生物学家、计算机科学家、统计学家面临的一个光荣任务。这一工作的核心仍是计算机技术和统计技术在生物学研究中的应用。关于这方面的进展，生物信息学家已把它分为三个时代：

（1）前基因组时代。它从最初的相关工作开始到 20 世纪 90 年代之前为止。这一阶段工作的主要内容是各种序列比较算法的提出、生物数据库的建立、检索工具的开发以及狄恩酸和蛋白质序列分析等。

（2）基因组时代。它从 20 世纪 90 年代开始至 2003 年为止。这一阶段的主要工作是大规模的基因组测序，基因识别和发现，数据库系统的建立和交互界面工具的开发等。在这一阶段，人类基因组测序工作提前于 2003 年基本完成。同时，几乎所有的模式生物，例如大肠杆菌、线虫、果蝇、小白鼠、拟南芥、水稻等生物的全基因测序工作也已完成。

（3）后基因组时代。从 2003 年开始到目前为止。随着人类基因组测序和各种模式生物基因组测序工作的完成，生物学的发展已进入后基因组时代。生物信息学的研究重心也开始由结构基因组学转向功能基因组学。

生物信息学是由人类基因组计划进化而来的，这个计划的伊始是由诺贝尔奖获得者杜尔贝科（Renato Dulbecco）发起的，当时被誉为是和在美国 1942 年实施的“曼哈顿原子弹计划”、1961 年实施的“阿波罗登月计划”齐名的一个计划，从 1990 年开始实施起到 21 世纪初为止，进而发展成了今天的一个综合性生物信息学计划，且正在促进着一般生物学向系统生物学方向的转化。

从生物信息学的研究内容看，借助计算机手段来对各种生物数据进行处理是它的主要内容，生物学家利用各种不同的实用工具产生所要分析的原始数据，为生物信息学研究和应用提供依据。常用的分子生物学技术包括限制性酶消化、凝胶电泳、印迹和杂交、狄恩酸测序、克隆及聚合酶链式反应等。①现在，有些计算机技术已经非常成熟，但在生物信息学发展的早期，研究者们通常都十分强调程序设计，那时特别强调，生物信息学家都应学会应用新型的，具有通用网关接口的脚本语言 Perl。大部分生物信息学家在最初的研究中都曾经历过在 Perl 语言和 Excel 表格之间的炼狱中进行挣扎，从一大堆狄恩酸信息片段中挑选出必要的信息填在 Excel 表格的某一列，再附加一些另外的信息说明，最后建立一个数据库，但接下来就不知所措了。于是，人们就开始思索建立一个精致且优雅的，能够敏锐地捕捉到实验进程每个方面的实验室信息管理系统。他们希望这个信息管理系统能向生物学家们提供实验数据的分析结果，而结果又要被表达得优雅易懂，既能被轻松地阅读，又能随时检查它所涉及的数据。因此，一部分生物信息学家对该学科未来的发展都寄希望于大的计算机软件公司，例如微软。希望它们能够提供规范化的数据采集软件和数据库，包括从微阵列分析到蛋白质组学的实验，希望这些数据都能够以同一模式输出，并能够通过一套相同的算法进行计算。他们相信，这种设想将大大改善他们的处境。虽然对这项技术能否预测在以后实验中出现的新情况尚不得而知，但他们坚信，在适当的时候它一定能产生出具有强大功能的，以供生物信息学家进行方便分析的生物信息管理系统。

20 世纪 90 年代以后，伴随着各种基因组测序计划的展开和分子结构测定技术的突破和互联网技术的普及，数以百计的生物学数据库如雨后春笋般地涌现出来。在早期的生物信息学著作中，我们甚至看到一些满书皆是全球生物数据库互联网地址的内容。许多程序的界面那时还是 DOS 视窗而不是 Windows 视窗。但是，数以亿计的碱基序列中包含什么信息？基因组中的这些信息究竟是在怎样地控制着有机体的发育？基因组本身又是怎样进化的？这一系列挑战对生物学家充满着诱惑。何况，诸如如何从蛋白质的氨基酸序列预测出蛋白质结构之类的难题，也已困扰理论生物学家达半个多世纪，如今找到问题答案的要求正变得日益迫切。诺贝尔奖获得者吉尔伯特（Walter Gilbert）1991 年曾经指出：“传统生物学解决问题的方式是实验性的。现在，基于全部的基因都将知晓，并以电子可操作的方式驻留在数据库中，新生物学研究模式的出发点应是理论性的。一个科学家将从理论推测出发，然后再回到实验中，追踪或验证这些理

① 孙啸，陆祖宏，谢建明. 生物信息学基础. 北京：清华大学出版社，2005: 77.

论假设。”①

对于中观科学来说，一般的研究仅用有效的逻辑分析即可实现。但和物理学一样，一旦观察对象进入微观、宏观、宇观阶段，不借助复杂的仪器是难以取得成效的。比如基本粒子的发现就必须借助强子对撞机；天体物理的研究就必须借助于高倍望远镜。此外，分子生物学还有一个特殊性：那就是它的大信息（大数据）性，它必须借助高速电子计算机进行。

我们知道，克里克的中心法则描述了狄恩酸和蛋白质之间的联系，或者按照代数学的说法，它们具有同构或同态的关系。但是蛋白质有着三级结构，已经知晓的遗传密码只是破译了蛋白质的一级结构和二级结构之间的关系，即一级密码，它只对蛋白质的一级结构有效。但生物的性状是通过蛋白质的三级结构加以显现的，所以，人们还需要破译蛋白质的二级结构和三级结构之间的关系，即二级密码，从而确立狄恩酸的各级结构和蛋白质的各级结构之间的关系。而离开计算机技术，离开多元分析技术，要想完成这些工作，其复杂程度是难以想象的。

从目前的生物信息学研究来看，它并不是一个纯粹的生物学分支。准确地说，它是以生物学知识为基础，以开发生物数据库和开发基于这些数据库的应用程序为基本任务，同时辅以现代统计分析方法，对所得的各种生物数据进行数学分析，最后得出纯粹生物学结论的，一门由生物学、生物技术、计算机科学、数理统计学形成的交叉学科。对于生物学家来说，生物信息学像是一门工具性学科，就像银色法对染色体，X 射线法对狄恩酸一样，生物信息学对狄恩酸和蛋白质研究是一种不可或缺的工具。离开生物信息学这个工具学科，遗传信息学的进展乃至现代分子生物学的进展都将会无法想象。但生物信息学不会成为生物学家们的最终目标，他们并不在意去发展什么精致的算法，而会去试图发现生命体的存在和发展方式。但是，无论从理论上还是从实际情况来看，生物信息学的研究成果大大促进了生物学的发展，特别是分子生物学的发展。对于生物信息学家来说，为了促使这一作为工具性的学科更加有效，生物信息学家们就不得不在掌握生物学理论的同时，还需要分出一部分精力去关注计算机技术和相关统计学的发展。生物信息学的主要任务是开发和利用各种软件，然后利用这种软件对日益增长的核酸和蛋白质序列和结构信息进行收集、整理、存储、发布、提取、加工和分析，最后以生物学的观点、理论和方法对生命现象进行研究和解读。但许多计算机软件已经比较成熟，生物信息学将

---

① Gilbert W. Towards a Paradigm Shift in Biology. *Nature*, 1991, 349(6305) : 99.

转变到利用这些已经获得的核酸和蛋白质等数据库中的生物信息，并辅以适当的统计分析方法进行生物学研究。在生物信息学中，数学特别是统计学也占有很大的比重。例如多元统计分析，它是生物信息学的数学基础之一。此外，用于基因组分析的概率论与随机过程理论、用于序列比对的运筹学、用于蛋白质空间结构预测和分子对接研究中最优化理论、用于狄恩酸超螺旋结构分析的拓扑学、用于遗传密码和狄恩酸序列对称性分析的群论等都在生物信息学中扮演着重要的角色。

生物信息学是一门新兴学科，目前在这一领域的研究人员普遍表现出一种乐观态度。但由于生物信息学是基于分子生物学与多门学科交叉而形成的新学科，所以，现有的学科形式仍表现为各种学科的简单堆砌，相互之间的联系并不是特别紧密。在处理大数据方面，还没有一套特别行之有效的一般性方法。对于大数据内在的生成机制也没有完全弄明白。那么，要使上述问题能够得到真正的解决，计算机科学并不是它的终极工具。要真正地解决它们，最后可能还得从生物学自身，甚至从数学新思路上获得本质性的解决。生物史学家玛格纳（Lois N. Magner）在分析了这些技术的进步之后说："阅读人类基因组的完整说明书牵涉更加完整的生物学语法和新的知识爆炸，但在本质上并不会建立新的理解方法或者新的智慧源泉。避免将来的失望、觉醒、大量严重的灾祸，假如不是某些人所预示的伟大的天启，制定一个中心法则的全新版本可能会很有用，这提醒我们：'知识并不等于智慧。'"①

生物信息学发展速度如此之快，这也与它的实践应用有关。除了生物学理论本身的需求之外，它在改善我们人类生活的品质方面也有着广阔的前景。例如药物设计，物种改良，疾病治疗。但是，从信息科学的角度看，"生物信息学"这一名称仍是不合适的，它主要表现在两个方面：

第一，按照科学共同体的命名惯例，"生物信息学"应该包含着对生命科学中所有信息问题所做的统一研究。但起源于基因组学的生物信息学却仅指用信息技术和数学方法作为工具学科对基因组（和蛋白质组）进行的研究。这样，随着目前这种生物信息学的兴起，模仿这种模式而提出的"神经信息学"和"免疫信息学"已经问世。人们感到疑惑的是，"生物"的概念当然覆盖"神经"和"免疫"的内涵，如果生物信息学的概念和理论是合适的，建立神经信息学和免疫信息学，甚至内分泌信息学还有必要吗？难道它们不是生物信息学的子类吗？一生都在从事生物信息论和神经信息学的汪云九早就提出，"生物信息学"一词有点不妥，因为它仅着重

① 洛伊斯·N. 玛格纳. 生命科学史. 刘学礼主译. 上海：上海人民出版社，2009: 403.

遗传信息，并非包含所有生物学上的信息，特别没有包括神经科学方面的信息。[①]和医疗信息学和地理信息学一样，如果认可计算机技术在基因组信息分析的应用方面就能够成为一种信息学是合适的话，那么一旦生物学的其他分支中也出现大量的信息存储、信息检索、信息分析时，新的“生物信息学”出现也是不可避免的。生物信息学不应该重走医疗信息学的危险之路。

在生物信息研究中，除了走在前面的遗传信息学和还未起步的内分泌信息学之外，神经信息学和免疫信息学也都开始步入议程。从现有的神经信息学研究成果来看，它也是利用现代信息技术做工具，将不同层次的脑研究数据集中起来进行分析、处理、整合与建模，最后建立起一个神经信息数据库和有关神经系统所有数据的全球知识管理系统，以便从分子水平到整体系统水平研究脑、认识脑、保护脑和开发脑。[②]一句话，神经信息学方面的研究包括：数据库建立、查询方式、数据重获；数据的可视化和可操作性；数据的整合与合成；联网工具；在现有信息工具和资源之间建立桥梁等。[③]从免疫信息学看，这个由以色列学者赛格尔（Lee Segel）于 2001 年提出的新概念，虽然其研究理念目前还不太十分明朗，但从现有的情况判断，赛格尔等人所提出的免疫信息学，大体上也是以信息技术应用为主的一种信息技术在免疫学中的应用研究，其主要目的仍是将信息技术引进免疫学，然后再去发展免疫信息数据库和互联网在免疫学研究中的应用。[④]总体上，上述几个分支仅是从生命体的局部来考察生物信息的，而从总体上考察生命和信息的联系，这种研究也有人很早就进行了。早在 20 世纪 80 年代，日本国立放射研究所（National Institute of Radiation of Japan）和日本东京电机大学（Tokyo Denki University）就提出了生命信息科学（life information science）的概念，并把其定位在了诸如气功、东方医学、脑生理学、体气发射和心理物理现象等特殊的生命信息问题上，并建立了自己的学会：国际生命信息科学学会（International Society of Life Information Science）[⑤]，并出版着一年两期的《国际生命信息科学学会会刊》（*Journal of International Society of Life Information Science*）[⑥]。

---

① 汪云九，等. 神经信息学——神经系统的理论和模型. 北京：高等教育出版社, 2006: 3.

② 百度百科. 神经信息学. http://baike.baidu.com/view/1038418.htm [2014-9-13].

③ 范丽伟，唐焕文. 一门新兴的交叉学科：神经信息学. 自然杂志, 2002, 6(6): 352.

④ 王月丹，陈慰峰. 免疫信息学. 自然科学进展, 2004, 14(10): 1081-1084.

⑤ 国際生命情報科学会(International Society of Life Information Science). 生命情報科学シンポジウム一覧表. http://www.islis.a-iri.org [2011-3-2].

⑥ 国際生命情報科学会学会誌(Journal of International Society of Life Information Science). http://www.islis.a-iri.org/sjis/journalJ.htm [2011-4-7].

第二，按照生物学的常规理解，染色体主要是由狄恩酸和蛋白质组成的，基因是把这两种大分子串起来的一根红线，所以，把现代生物信息学理解成是由狄恩酸组学和蛋白质组学组成的一门学科将会非常容易理解。但“狄恩酸组”这个概念并没有人应用，而狄恩酸序列和蛋白质序列两个概念的应用却非常普遍。但说生物信息学是由基因组学和蛋白质组学组成的，这在逻辑方面是行不通的。因为它马上会使人想到，基因组学和蛋白质组学是两个平行的概念，进而还原到基因和蛋白质是两个平行的概念，这是错误的。好在生物学家大多不会为概念所迷惑，他们有明确的实用主义特质，基因概念困惑生物学家和遗传学家已经整整有一个世纪，但他们并没有因此而裹足不前；此外，尽管“基因”概念一直没有一个统一的定义，但不管你怎么定义基因组学，说它是研究生物基因组和如何利用基因的一门学问，包括基因作图、测序和整个基因组功能分析的遗传学分支。或者说它是研究基因序列测定与分析、基因组序列比较、新基因的发掘、基因组表达谱、从基因组水平研究生物进化等的学科，这都没有问题。而问题是，基因是狄恩酸实体底物表层的一个信息片段，虽然我们可以肯定地说，在蛋白质的一级和四级结构中存在着一种对应关系，但我们连所谓的二级密码系统还没有找到。若把关于这类相关的研究和基因组的研究相提并论，我们应该在这里找到一个类似的抽象概念。我们若用基因组和蛋白质组，甚至转录组、糖组、代谢组、表型组等与之平行，这肯定也是说不通的。

在分析了医疗信息学、地理信息学、生物信息学三个最为流行的专业信息学分支之后，至此我们应该明白，它们都是一种以信息技术的应用为主，或者再加上其他一些学科的理论应用而建立起来的一种“信息技术应用学科”。按照保守估计，不把通信技术的应用考虑在内，仅计算机应用所涉及的领域目前至少已达数千门，信息社会发展的趋势已经表明：几乎所有的这些行业都将会用信息技术去逐渐代替过去由人类手工完成的工作，去建立某种数据库和信息系统。如果把通信技术的应用也考虑在内，若在数千门计算机与通信技术的应用中有三分之一的应用是属于信息管理系统的，而建设者又希望把这种研究命名为某种“信息学”，加上大部分行业的信息管理研究者也希望将自己的研究从一般的信息管理实践上升为某种“信息学”，那么，在不久的将来，至少还会有数百甚至数千门“信息学”问世，这是非常可怕的。

第 11 章　信息管理学与信息系统学

除了许多信息技术的应用学科喜欢把自己标榜成一门信息（科）学学科一样，在前述的 200 余门信息（科）学学科中，还有另一个很大的组群，它们多起源于一门叫作“信息管理与信息系统”的学科，例如旅游信息学、公安信息学等。正因为有太多的本属于“信息管理与信息系统”的学科喜欢将自己逐渐改造成“信息（科）学”的一分子，为厘清信息科学阵营的缘故，我们仍需花费一些精力来对这一学科群做出解读，知其内涵，晓其真谛，同时也为这些学科的进一步发展提出我们的建议。对这一学科群进行系统的历史考察，对信息科学研究、对信息管理与信息系统研究两大阵营来说都是十分有益的。

11.1　相关学科对“信息管理与信息系统”学科的理解

从整体上说，“信息管理”和“信息系统”两个概念究竟存在着什么样的联系？到目前为止，我们还没有看到合理的答案出现。据我们观察，在国际上，“信息系统”这一名称的出现比“信息管理”要早。就“信息管理”而言，它的名称不但出现得很晚，而且使用频率很低。在大多数情况下，它仅仅出现在英国、德国和美国的极少数大学里。在中国大陆和台湾地区，其情况就有些复杂。大陆的具体情况是：在经济管理界，1978 年，中国人民大学率先在国内建立了第一个“经济信息管理系”；1979 年，在薛华成、侯炳辉等学者的倡导下，清华大学成立了一个“经济管理数学和计算机应用技术”新专业，其指导思想是：将这个专业的核心放在培养具有计算机、系统和工程方面的综合理论和技能上，使学习该专业的学生在毕业之后能为国民经济管理等领域中的信息化服务①②；在图书馆信息科学界，1992 年，北京大学图书馆学情报学系在中国第一个将自己的名称改成了“信息管理系”。之后，来自图书馆信息科学界和经济管理学界的教育决策者便开始纷纷仿效上述做法，逐渐采用了“信息管理”或“信息系统”的时髦称谓，最后导致中国的教育部门不得不于 1998 年进行协调，决定把“信息管理”和“信息系统”两个专业进行合并，并将合并之后的名称统称为“信息管理与信息系统”。在研究支持方面，“信息管理与信息系统”是“国家自然科学基金委员会”的“管理科学与工程”③学部的资助对象。而实际的支持，更多的仍来自“全国哲学社会科学规划办公室”下设的“图书馆、情报与文献学”和“管理学”学组④。从实践看，在大多数情况下，“信息管理”和“信息系统”实际上是两个互不联系的研究和教育团体。从全球的科学共同体来看，“信息管理与信息系统”这一学科的存在，基本上是中国大陆和台湾地区的一个独有现象⑤。

但是，从 1998 年这个概念被提出到现在已经 17 年过去，“信息管理与信息系统”这个具有冗长名称的学科至今仍是一门“学科”而没有变成“科学”，遥望其可见的未来，也看不出具有上升为一门具有内在联系的“科学”学科的前途。事实上，到目前为止，我们并不知道这个学科的含义是什么，也没有看到有什么人能够对“信息管理与信息系统”究竟是一门什么样的学科给出一个清晰的系统解释。据统计，在中国大陆地区的大学中，目前开设“信息管理与信息系统”专业的院校已达 600 余所⑥，每年都有成千上万的还处于懵懂中的应届高中或初中毕业生，及其那些望子成龙的家长，往往在是否选择“信息管理与信息系统”专业作为自己孩子未来献身的领域时，常常表现得手足无措。既然连设计该学科的专家对其含义尚还无法交代清楚，我们也就根本没有理由要求普通公众对其含义能

---

① 薛华成. MIS 专业方向探讨. 信息系统学报, 2011,(8) : 89-92.

② 侯炳辉. MIS 三十年回眸及其新认识. 信息系统学报, 2011, (8) : 93-99.

③ 国家自然科学基金委员会管理科学部：管理科学与工程：http://www.nsfcms.org/ index.php? r=guide/code&c=1.工商管理：http://www.nsfcms.org/index.php?r=guide/code&c=2 [2013-5-21].宏观管理与政策：http://www.nsfcms.org/index.php?r=guide/code&c=3 [2013-5-21].

④ 全国哲学社会科学规划办公室. 规划评审小组. http://www.npopss-cn.gov.cn/ GB/220819/14572067. html [2013-5-21].

⑤ 国外也有个别大学的商学院在使用，但较少，如卡内基-梅隆大学海因茨学院信息系统与管理系（Carnegie Mellon University，School of Information Systems and Management-Heinz College）. http://heinz.cmu.edu/school-of-information-systems-and-management/index.aspx [2013-5-12]. 有趣的是，该系也加入了美国 i-Schools 联盟。

⑥ 教育部高等学校管理科学与工程类学科专业教学指导委员会, 国际信息系统协会中国分会(CNAIS) 课题组. 中国信息系统学科课程体系 2011. 北京: 清华大学出版社, 2011: 13.

够了然于胸。虽然在由中国信息系统学科课程体系课题组编写的“中国信息系统学科课程体系”2005①和 2011②两个版本中，编写者对“信息管理与信息系统”这个概念都努力进行了解释，但所给出答案仍是模糊不清的。在书名的选择上，他们最终采用的是“信息系统”而不是“信息管理与信息系统”，这和中国教育部门规定的“信息管理与信息系统学科”在名称上是矛盾的。

纵观整个“信息管理与信息系统”学科的发展历史，一共有三个领域和此相关。第一个是计算机科学，第二个是图书馆信息科学，第三个是经济管理学。按照已经形成的研究习惯，计算机科学对“信息管理与信息系统”学科中的任何概念性讨论概无兴趣，研究者只对如何做好数据库系统建设和信息系统开发乐意介入；相反，来自图书馆信息科学界的“信息管理与信息系统”研究者对什么是“信息管理”的概念性讨论却乐此不疲；来自经济管理学界的“信息管理与信息系统”研究者仅对什么是“信息系统”的概念性讨论饶有兴味。这样，三个学科的研究者在“信息管理与信息系统”学科的旗帜下实际上是同床异梦，各怀心事。而对站在整体上来把握“信息管理与信息系统”学科究竟应该何去何从，鲜有见解深刻的分析出现。

11.1.1　计算机科学界对“信息管理”的理解

1984 年，美国一批著名的计算机科学家在犹他州召开会议，对计算机科学的发展进行了深入的讨论。这一讨论以及其他一些类似的研究，最后促使（美国）计算机协会（Association for Computing Machinery，ACM）和（美国）电气和电子工程师学会计算机分会（Institute of Electrical and Electronics Engineers-Computer Society，IEEE-CS）组成了一个联合攻关组，并开始用一种新思维从总体上理解计算机科学。此后，这个小组在对计算机科学的认知上发表了一系列研究报告，其中最著名的一个报告叫作 CC1991（*Computing Curricula 1991*）。CC1991 报告统计并提取了计算机科学在过去的发展中反复出现的，且具有方法论性质的 12 个核心概念，并把它们整理成了 12 个知识体，其中第 9 号知识体被称作“数据库与信息检索”。其他 11 个知识体分别是：离散结构，程序设计语言引论，算

---

① 中国高等院校信息系统学科课程体系课题组. 中国高等院校信息系统学科课程体系(征求意见版). 北京：清华大学出版社, 2005.

② 教育部高等学校管理科学与工程类学科专业教学指导委员会，国际信息系统协会中国分会(CNAIS)课题组. 中国信息系统学科课程体系 2011. 北京：清华大学出版社, 2011.

法与数据结构，计算机体系结构，操作系统，程序设计语言，人–机通信，人工智能与机器人学，软件方法学与工程，社会、道德与职业问题，数值与符号计算[①]。

上述两个团体继续联手攻关，经过 3 年多的努力，最后于 2001 年岁末提交了一份对之后计算机科学发展产生了巨大影响的课程报告，即 CC2001。该报告分析了自 CC1991 问世以后 10 年间计算机科学领域出现的新变化。根据这些变化，该攻关组将 CC1991 报告中划分的 12 个知识体重新进行组合，并从领域、单元、主题三个层次重新对计算机科学的知识体进行了划分，从而使其从 1991 年的 12 个知识体变成了 14 个。特别值得注意的是，他们将 CC1991 报告中业提出的“数据库与信息检索”知识体在 CC2001 报告中更名成了“信息管理”（Information Management）[②]。CC2001 报告提出的关于计算机科学的 14 个知识体是：①离散结构；②算法与复杂性；③程序设计基础；④程序设计语言；⑤软件工程；⑥图形学和可视化计算；⑦体系结构；⑧操作系统；⑨人机交互；⑩智能系统；⑪信息管理；⑫网络计算；⑬社会和职业问题；⑭科学计算。

其中第 11 号知识体“信息管理”所包含的内容是：①信息模型与信息系统；②数据库系统；③数据建模；④关系数据库；⑤数据库查询语言；⑥关系数据库设计；⑦事务处理；⑧分布式数据库；⑨物理数据库；⑩数据挖掘；⑪信息存储与检索；⑫超文本和超媒体；⑬多媒体信息与多媒体系统；⑭数字图书馆。

CC2001 报告的撰写者认为，作为计算机科学的“信息管理”知识体，其研究过程的基本指导思想应该是：①使用什么样的建模概念来表示数据元素及其相互关系？②怎样把基本的操作（如存储、定位、匹配和恢复）组合成有效的事务？③这些事务怎样才能够与用户有效地进行交互？④如何将高级查询翻译成高质量的程序？⑤哪种机器体系结构能够进行有效地恢复和更新？⑥怎样保护数据，避免非授权的访问、泄露和破坏？⑦如何保护大型的数据库，使其避免由于同时更新而引起的不一致性？⑧当数据分布在许多机器上时如何保护这些数据和保证它们的性能？⑨如何对文本进行索引和分类才能够进行有效的恢复？

以上就是计算机科学中“信息管理”的概念或“信息管理知识体”的基本含义。自 2001 年以来，来自计算机协会和电气和电子工程师学会计算机分会的联合攻关组对 CC2001 报告进行了修订，并提出了 CC2001 的

① 董古胜，古天龙. 计算机科学与技术方法论. 北京：人民邮电出版社，2002: 8.

② 同上。

修订版 CC2005，但新报告对“信息管理”的定义并未进行任何修改。同时，上述联合攻关组在 2008 年还提出了一个修订版的“计算机科学课程”（Computer Science Curriculum 2008，CSC2008）①，但该报告同样坚持了计算机科学中“信息管理”含义，认为它仍是围绕数据库进行的信息系统研究。对比 CC2001 和 CSC2008，两者虽有微小差别，但它们各自对“信息管理”的理解几近相同。②

据统计，计算机应用的很大一部分都集中在信息管理上。因此，计算机科学与技术中的信息管理研究实际上也决定着计算机技术应用的主导方向。因此，在世界各国大学实力较强的计算机院系中，一般很少在名称上使用这个画蛇添足的“信息管理”专业名称。它们认为，计算机信息管理理所当然地是计算机技术应用的一个重要组成部分。在中国，在一些反而不太著名的大学的计算机院系中，却纷纷专门设立了具有“信息管理”名称的专业。如北京工商大学计算机与信息工程学院的信息管理系③，太原科技大学计算机科学与技术学院的信息管理与信息系统专业④，新疆石河子大学信息科学与技术学院的信息管理与信息系统专业⑤等。

另外值得提及的是，在对外进行的“信息管理”宣称中，计算机科学界对自己作为正统的“信息管理”一族是很少张扬的——这一如他们不张扬自己是信息科学的正统族裔，但却占据着信息科学的制高点一样。此外，在计算机应用软件系列中，还存在着一个庞大的信息管理软件群，即个人信息管理（personal information management，PIM）。个人信息管理软件属于用计算机，或移动电话，或其他固定或移动信息设备对有关个人信息进行的操作管理，它属于软件科学的范畴。但对于不了解这类专业内情的

① 信息管理与信息系统专业课程设置：计算机科学中的信息管理课程. Association for Computing Machinery，IEEE Computer Society. Computer Science Curriculum 2008: An Interim Revision of CS 2001. http://www.acm.org//education/curricula/ComputerScience2008.pdf [2013-3-2].

② CC2001 和 CSC2008 两个报告关于“信息管理”的含义对比如下：

a. CC2001 课程列表：信息模型与信息系统、数据库系统、数据建模、关系数据库、数据库查询语言、关系数据库设计、事务处理、分布式数据库、物理数据库设计、数据挖掘、信息存储与检索、超文本和超媒体、多媒体信息与多媒体系统、数字图书馆。

b. CSC2008 课程列表：信息模型、数据系统、数据建模、索引、关系数据库、查询语言、关系数据库设计、事务处理、分布式数据库、物理数据库设计、数据挖掘、信息存储与检索、超媒体、多媒体系统、数字图书馆。

③ 北京工商大学计算机与信息工程学院信息管理系. http://cie.btbu.edu.cn/jgsz/gxzxgk/xxgl/index.htm [2013-3-2].

④ 太原科技大学计算机科学与技术学院信息管理与信息系统专业. http://www1.tyust.edu.cn/yuanxi/computer/List.asp?ID=550 [2013-3-2].

⑤ 新疆石河子大学信息科学与技术学院信息管理与信息系统系. http://202.201.164.25/index.php/Gaikuang/jigou [2013-3-2].

人来说，他们还常常以为，这类信息管理是属于来自图书信息科学界的信息管理学科的一个研究内容，但情况并非如此。

11.1.2 图书馆信息科学界对“信息管理”的理解

第二个和“信息管理与信息系统”概念发生联系的是信息管理学科，它在中国的戏剧性存在和不停地更名充满了传奇色彩。正如我们之前反复提到的那样，该学科的原名叫“图书情报学”，它起源于图书馆学，和今天以美国为首的西方国家通用的“图书馆信息科学”（library and information science，LIS）相对应。之所以在中国被改成了“信息管理”，其原因大体有两个：第一，自从中国 20 世纪 80 年代兴起的信息浪潮冲击了整个产业界和科学界之后，这个领域的研究者自然也不可避免地卷入了这个潮流中。而在西方的 library and information science 中所谈论的 information，大多数人认为，其准确的中文翻译应为“信息”而不是“情报”。为了适应时代的发展，来自中国的大多数 library and information science 研究者也开始在词汇的翻译上逐渐地将“情报”换成了“信息”。第二，由于 library and information science 学科是在图书馆学基础上发展起来的一门图书馆学和信息科学的混合物，它最早出现在 1968 年的前苏联，除去 1957 年短暂地出现在中国科技大学的“科技情报学”专业不论，大规模地在大学开办这个专业始于 1978 年的武汉大学。在经历了漫长的转型之后，该学科的研究者逐渐意识到它在未来的信息科学发展中再难有大的作为。既然把“information”翻译成“信息”已是大势所趋，那就干脆在学科名称上来一次彻底的变革，并最终由北京大学牵头，于 1992 年把“图书情报学”改名成了“信息管理”。这类学科一开始是用“信息管理”来称谓的，但今天大部分已改称为“信息管理学”了。需要注意的是，和中国不同，在大多数美国的相关院校中，自从它们改名为 library and information science 或 information science 之后，基本上还维持着这个现状。源自美国的“信息学校（i-Schools）联盟”并没有让它们在名称上找到更好的方案。更名“信息管理”仅是中国教育史上这类学科不断更名的一朵奇葩，这在本书的第 2 章中已经进行相应的叙述。

从更深的层次上说，中国的“图书情报”学科改名为“信息管理”学科也有一些非主流信息思维的影响，它主要来自欧洲。因为除了英国及部分欧洲国家之外，时至今日，“信息管理”这个概念在西方，特别是在美国，它还只仅被为数极少的一两个院校所采用。一个最能说明这种例子的是，在英国，有一个早在 1924 年就成立的“专门图书馆与信息机构协会”

（Association of Special Libraries and Information Bureaux，ASLIB），该机构对外更喜欢把自己称作“信息管理协会”（Association for Information Management，AIM），这在它们的网站上今日仍被赫然地标示着①。1989 年，该协会的前任主席刘易斯（Dennis Lewis）在谈到“信息管理”的含义时曾明确地表示：“在我的心目中，‘信息管理’的核心就是信息科学、图书馆学、档案学、记录管理等研究的集合②。”这和施拉姆在预测传播学的未来发展时认为的，“现在被称为新闻学、言语传播学、电影学、大众传播学和信息科学的大学机构将最终合并成传播学③”是非常类似的。就信息科学、信息管理学、传播学三者的关系来看，两人在混乱的认知方面具有很大的相似之处。在美国，“信息管理”概念虽然偶尔有人提及，但也多半是被来自商学院的从企业管理信息系统角度的研究者在使用。这就是来自图书馆信息科学界最终成为今日中国“信息管理与信息系统”学科一分子的历史过程。在美国，偶尔也有少数来自 Library and Information Science 的院校曾使用过它，如前面提到的加利福尼亚大学伯克利分校信息学院④以及锡拉丘兹（雪城）大学信息学院⑤等。

在图书馆信息科学方向的“信息管理与信息系统”专业研究内容方面，他们一般把信息管理的课程分为 4 个板块，以南京大学信息管理学院为例，每个版块的具体内容如下：

（1）计算机技术专业板块（占总课程的 20%）。具体包括：信息技术基础、程序设计语言、计算机网络基础、互联网实用技术、数据结构、数据库原理与应用、信息传播技术、计算机图像处理导论。

（2）信息管理与信息系统专业板块（占总课程的 5%）。具体包括：管理信息系统、管理信息系统开发工具、管理信息系统与软件工程、系统原理与方法、信息资源管理导论。

（3）图书馆信息科学专业板块（占总课程的 11%）。具体包括：MARC

① Association of Special Libraries and Information Bureaus, ASLIB. http://www.aslib.co.uk/about/about_us.htm [2013-1-22].

② Charles O. ed. *Perspectives in Information Management*. London: Butterworths, 1989: xi.

③ 罗杰斯 E. M. 传播学史：一种传记式的方法. 殷晓蓉译. 上海：上海译文出版社, 2002: 520.

④ 加利福尼亚大学伯克利分校信息学院. http://www.ischool.berkeley.edu/about/history [2013-1-22].

⑤ 锡拉丘兹大学信息学院. http://ischool.syr.edu/future [2014-9-22]. 有趣的是，该校在 i-School 的领导下并未看出其教育计划有什么特色，反而事先提出了未来的“信息学”教育设想。计划将来在本科生教育中设立“信息管理与技术”（information management and technology）和“系统与信息科学”（systems and information science）两个计划，在博士研究生层面设立“信息科学与技术”（information science and technology）和“信息管理专业研究”（professional studies in information management）两个计划。

与元数据、网络学术信息资源、文献学、信息法、科学技术信息检索、人文与社会科学信息检索、信息分析、信息咨询、信息资源评估、信息组织、信息用户与服务。

（4）其他（占总课程的 16%）。具体包括：传播学、电子商务、电子政务、公共关系学、管理统计学、市场信息与调研、文秘理论与实务、信息机构管理与经营、信息经济学、信息社会论、运筹与决策、知识产权、知识创新与学术规范、知识管理、中外知识传播①。

从这类专业的研究实践看，来自图书馆信息科学界内部的研究者们对什么是“信息管理与信息系统”的认知也存在着很大的差异。比较前卫的一些院校，在指导思想上已经在研究和教学中逐渐向经济管理界的“信息管理与信息系统”看齐。例如武汉大学信息管理学院信息管理系的“信息管理”课程设置，和来自经济管理学界的“信息系统”课程设置已经基本接近②。而较差的学校则是将“计算机技术、信息管理与系统、图书馆学”三类课程毫无原则地加以拼凑；更为有趣的，有的信息管理院系目前仍在“信息管理与信息系统”专业中将其传统的“图书馆学”课程列为“信息管理与信息系统”专业的必修课之一。

11.1.3　经济管理学界对“信息系统”的理解

在经济管理学界，“信息管理与信息系统”研究者更喜欢使用“信息系统”（information systems，IS）或“管理信息系统”（management information system，MIS）的概念，他们对“信息管理”这个概念的含义究竟是什么的研究也并无太多的兴趣。原因在于，一方面是“管理信息系统”的研究和实践在这个领域很早就出现了；另一方面是他们认为，“信息管理”的地位在“信息管理与信息系统”的研究中始终是从属性的，而处于第一位的仍然是信息系统的研究与开发。因此，对信息管理或信息系统含义的争论对他们的地位并不会构成什么威胁。

众所周知，20 世纪 60 年代，计算机应用技术开始逐渐在许多企业的日常数据处理中得以普及，例如工资管理、库存管理、生产控制等。1967 年，戴维斯（Gordon B. Davis）等在美国明尼苏达大学卡尔森管理学院首

① 信息管理与信息系统专业课程设置：南京大学信息管理学院“信息管理与信息系统专业”课程. http://im.nju.edu.cn/showtwodir.aspx?parentid=bcat2010063025&twocategoryid=bcat2010063025&contentid=cont20100630255&tcategoryid=tcat20100608134 [2013-3-2].

② 信息管理与信息系统专业课程设置：武汉大学信息管理学院信息管理科学系“信息管理与信息系统专业”课程. http://sim.whu.edu.cn/index.php/index-view-aid-170.html [2013-1-22].

创了世界上第一个“管理信息系统”专业。他们设立这一专业时已经注意到，当时社会上的许多管理者都乐意用计算机技术提升机构的管理能力，因为它们能够为组织中各级决策者提供更好的管理指南。在计算机技术冲击下的组织要适应时代的发展，就必须拥有一批能够理解和运用计算机技术来进行计算机信息管理系统的开发、实施和管理人员来完成这一使命①。为此，管理信息系统专业后来就逐渐演变发展成了一个新的学术领域。20 世纪 60～70 年代，美国许多大学中的信息系统学科普遍设立在商学院，这显然是因为当时的计算机和信息技术在企业中的主要应用是解决商业中的信息管理问题。正因为如此，历史上的信息系统学科总是倾向于关注管理、组织和信息技术这些问题②。

在中国，自 1978 年起，在以文科为主的高等学校里，基本都存在着一个其主要职能是为全校开设公共计算机课程的计算机院系或信息（学）院系或中心。学者们在这方面所从事的研究，在其他一些大学里可能属于正规的计算机科学学院或系的工作范围。例如，中国人民大学信息学院的著名学者萨师煊，他在过去很长一段时间里就一直扮演着中国数据库理论研究领军者的角色。但该类信息系统研究者中的大多数学者仍多以工科见长，典型的如清华大学。在经过若干次调整之后，设立在清华大学的这个面向信息系统的专业，今日不仅在清华大学经济管理学院牢牢地扎根，而且已成为中国信息系统学科研究中最具实力的一支中坚力量，甚至还成了其他兄弟院校纷纷效法的榜样。此外，（美国）信息系统协会（Association for Information Systems，AIS）中国分会秘书处也设在该院③，它还负责出版着一份主要发表中国学者关于信息系统理论研究成果的《信息系统学报》④。

在来自经济管理学界的“信息系统”研究中，除了偏重经济管理的信息系统学科之外，事实上还存在着另外一支研究力量，虽然它们也很重视计算机技术和管理科学在信息系统建设中的作用，但其知识背景一般来自财会和金融方面。正如我们所知道的那样，计算机技术在财经领域的应用最先主要体现在会计信息系统的建设方面。之后人们逐渐认识到，财会信息系统在给政府的税收和企业财务管理工作上会带来很大的好处，所以，

① Davis G B. 序. 信息系统学报, 2007, 1(1) : 1.

② Myers M D. 走向成熟: 信息系统学科的演变. 黄彦, 等译. 信息系统学报, 2008, 2(2): 111.

③ 美国信息系统协会（Association for Information Systems，AIS）中国分会网址参见：http://cnais.rbs.org.cn [2013-1-22].

④《信息系统学报》网址参见：http://cjis.sem.tsinghua.edu.cn.

建立偏重财会和金融特征的信息系统思维也开始逐渐普及开来。近几十年来，来自这一领域的信息系统学科的研究和教育也一直在不断地发展壮大。但在经历了从“经济信息管理”和“经济管理数学和计算机应用技术”到“管理信息系统”的建设，再到“信息系统”学科的演变之后，这个领域的信息系统学科也开始从整体上不断受到各种质疑，有人认为它“没有专业方向”“论技术不如计算机专业”“论管理不如不管理学专业”，这些刺耳的幽怨和问题，也正在考验着来自财经界的“信息管理与信息系统”学科的研究、建设和发展。

总体上，来自经济管理方向的“信息管理与信息系统”专业的研究内容一般由三个板块组成，以清华大学信息管理与信息系统专业的课程设置为例，每块的具体内容如下：

（1）计算机技术专业板块（占总课程的 25%）。具体开设：计算机系统原理、计算机语言、数据结构、数据库原理及应用、计算机网络。

（2）信息管理与信息系统专业板块（占总课程的35%）。具体开设：信息管理导论、管理信息系统、管理系统模拟、系统分析与设计、面向对象的分析设计方法、人机接口设计、信息资源管理。

（3）经济管理专业基础板块（占总课程的 40%）。具体开设：动态系统分析与控制、专家系统与决策支持系统、企业资源规划、优化模型及软件工具、电子商务、生产与运作管理、运筹学。①

我们可以看出，在这个由三大板块构成的课程中，按各自所占比例排序，经济管理专业课程占有的比例最高，信息管理与信息系统专业课程占有比例居中，计算机科学课程占有比例最低。很显然，他们对计算机科学虽有依赖，但依赖程度远比来自图书馆信息科学界的“信息管理与信息系统”课程要低得多。

11.1.4 标准信息系统组织对“信息系统”的理解

什么是标准的“信息系统”学科？2002 年，（美国）计算机协会（Association for Computing Machinery，ACM）、（美国）信息系统协会（Association for Information Systems，AIS）、（美国）信息技术专业人员协会（Association of Information Technology Professionals，AITP）三个相关机构进行联合研究，它们一共推荐了一个由 3 大领域 28 个分支组成的“信息系统”学科

① 信息管理与信息系统专业课程设置：清华大学经济管理学院管理科学与工程系“信息管理与信息系统专业”课程. http://www.sem.tsinghua.edu.cn/portalweb/appmanager/portal/ug?_nfpb=true&_pageLabel=P13403054/6313/01399446234&u=ugzyjs/54541.htm [2013-1-22].

课程体系 IS2002，它事实上代表了计算机科学界和信息系统学界对什么是信息系统学科的标准看法。具体内容如下：

计算机科学方面。包括：①计算机结构；②算法和数据结构；③程序设计语言；④操作系统；⑤电子通信；⑥数据库；⑦人工智能。

组织和管理方面。包括：①一般组织理论；②信息系统管理；③决策论；④组织行为；⑤变化中的管理；⑥信息系统的法律和伦理问题；⑦专业知识（professionalism）；⑧人际技巧。

理论与实践方面。包括：①系统开发方法；②系统开发的概念与方法论；③系统开发的工具和技术；④应用规划；⑤风险管理；⑥项目管理；⑦信息与商业分析；⑧信息系统设计；⑨系统运行与调试策略；⑩系统操作与维护；⑪特殊类型的信息系统开发。①

2010 年，美国信息系统协会对 IS2002 的内容进行了修订，并形成了 IS2010，它一共由 7 门核心课程（必修课）和 7 门辅助课程（选修课）组成。7 门核心课程是：①信息系统基础；②数据和信息管理；③企业结构；④信息系统的项目管理；⑤信息技术的基础结构；⑥系统分析与设计；⑦信息系统的战略、管理和获取。7 门辅助课程是：①商业过程；②管理事业；③系统；④人机接口导论；⑤信息技术的审计与控制；⑥信息系统的革新与新技术应用；⑦信息技术的安全与风险管理。②

中国的现状是：来自图书信息科学界的信息管理学者很少从事软件设计，实际上也基本不开发信息管理软件。他们的主要兴趣仍在图书管理或文献检索方面；来自经济管理界的信息系统学者们虽然开发了一些简单的信息管理软件系统，但并不精通。他们的兴趣仍在经济管理方面。比较特别的是，台湾的信息管理（与信息系统）研究与设计者则兼容了前述各个方面，似乎朝着首席信息官（chief information officer，CIO）的方向发展。但是，信息管理系统的开发是一个专门化的计算机应用知识领域，最精美而有效的系统一般都由具有雄厚计算机技术知识背景的人员来完成。因此，解决这些问题的最终思路，大陆和台湾的所有“信息管理和信息系统”研究和教育者都需要在理念上进行调整。

1998 年以来，来自中国各方的“信息管理与信息系统”专家都站在

---

① 美国计算机协会、信息系统协会、信息技术专业人员协会 2002 年联合推荐的“信息系统”学科课程体系（IS2002：Model Curriculum and Guidelines for Undergraduate Degree Programs in Information Systems）. http://www.acm.org/education/education/curric_vols/is2002.pdf [2013-1-22].

② 信息系统协会对 IS2002 的修订版（IS2010：Curriculum Guidelines for Undergraduate Degree Programs in Information Systems）. http://www.acm.org/education/curricula/IS%202010%20ACM%20final.pdf [2013-1-22].

自己的角度，希望在“信息管理与信息系统”课程表中能够更多地融入自己的课程元素。由于难以将本来就彼此理念甚远且没有多少共同语言的“信息管理”和“信息系统”硬性地捆绑在了一起，故最后不得不进行妥协，最先提出了一个“3+X”的课程方案。之后又经过若干年的酝酿，最后又形成了一个“6+X”的课程方案。其中的 3 或 6 代表各方必须开设的“信息管理与信息系统”核心课程（必修课），X 代表各方可以根据自己领域的特长灵活添加的辅助课程（选修课）。3/6+X 是一个表面上符合中国国情，但实际上并不能解决实际问题，也不符合国际学术惯例的产物。由清华大学经济管理学院和中国人民大学信息学院于 2004 年成立的“中国高等院校信息系统学科课程体系 2005 课题组”，以及后来由国内多所院校研究者组成的“中国信息系统学科课程体系 2011”课题组，分别承担和完善了这一工作。到目前为止，两个课题组前后一共公布了两个方案，分别称作 CIS 2005 和 CIS 2011。在最新的 CIS 2011 方案中，上面已经去掉原来的所谓的 X 这一不确定元素，将“信息管理与信息系统”明确地分为两个组成部分，第一部分为来自各类信息管理与信息系统院校必须开设的必修课，第二部分是为各院校可以根据自己的情况可以选择的选修课，二者各占一半，最新的 CIS2011 方案具体内容如下：

核心课程 6 门。具体包括：①管理信息系统；②信息资源管理；③计算机网络及应用；④数据结构；⑤数据库系统原理；⑥信息系统分析与设计。

辅助课程 6 门。具体包括：①信息组织；②商务智能方法与应用；③信息系统项目管理；④信息检索；⑤电子商务概论；⑥企业信息系统及应用。①

在这个由核心课程和辅助课程组成的 12 门课程体系中，来自经济管理界方面的课程共 5 门（占 42%），来自计算机方面的课程共 4 门（占 33%），来自源自图书馆信息科学界的信息管理课程共 2 门（占 17%）。值得指出的是，在来自图书馆的信息管理界的课程中，信息检索是个含混的概念，它既可以指图书文献的“信息检索”，也可以指互联网的“信息检索”，但 CIS2011 没有将它们进行区分。从教学实践看，许多院校并未将这个方案付诸执行。

一个有趣的例子值得在此提及。由于 1948 年大陆和台湾实行分治，不少简繁汉字之间的语义差异越来越大。台湾学者对“信息管理”的理解和大陆学者对“信息管理”的理解是不同的。台湾的“信息管理”概念更

---

① 教育部高等学校管理科学与工程类学科专业教学指导委员会，国际信息系统协会中国分会（CNAIS）课题组. 中国信息系统学科课程体系 2011. 北京：清华大学出版社，2011: 16.

接近大陆的“信息系统”概念。由此带来的一个意外好处是，大陆的“信息管理和信息系统”在台湾仅用“信息管理”一个概念就够了，它已将两者进行有机的融合——起码是表面上的。在由台湾大学谢清佳和吴琮璠2000 年合著的《资讯管理导论——理论与实务》一书中，他们将信息管理（学）定义为：资讯管理学是组织引用资讯技术处理资讯时，促使原组织能够适应资讯技术，并蜕变成新组织的一套知识。资讯管理中有三个基本概念，它们是：资讯、资讯技术、组织（原组织＋新组织）。①荣泰生在他 2000 年出版的《资讯管理学》一书中认为，信息管理应该包括三个范畴：资讯部门的管理、资讯资源的管理、资讯科技的策略与运用。②台湾大学目前的“信息管理”研究更类似于大陆方面经济管理学界的“信息系统”研究。而这与谢清佳、吴琮璠、荣泰生等学者倡导的“信息管理”理念是不一样的，他们的“信息管理”更倾向于所有组织中的信息管理而不仅仅是经济组织中的信息管理。在具体的教学方面，以台湾大学信息管理系（暨研究所）为例，该系要求学习资讯管理专业的学生研习的必修课程必须达到 79 学分，而这些课程共分为 4 个板块，每块的具体情况如下：

（1）信息系统板块（占总课程的 21%）。具体开设：①信息管理导论；②数据库管理；③网络技术与应用；④系统分析与设计；⑤信息管理专题；⑥信息管理专题讨论。

（2）经济管理板块（占总课程的22%）。具体开设：①会计学；②经济学（甲）；③管理学；④营销管理；⑤财务管理；⑥作业管理；⑦策略管理；⑧组织行为。

（3）数学板块（占总课程的 29%）。具体开设：①微积分；②管理数学；③离散数学；④统计学；⑤作业研究。

（4）计算机技术板块（占总课程的 26%）。具体开设：①计算机概论；②程序设计；③数据结构；④操作系统；⑤计算机组织与结构；⑥算法；⑦程序语言；⑧计算理论。③

可以看出，台湾的“信息管理”和大陆图书馆信息科学界的“信息管理”在研究和实践上没有任何联系。它们既不开设“信息资源管理”，也不开设“信息组织”“信息检索”等这类大陆图书馆信息科学界的“信息

---

① 谢清佳，吴琮璠. 资讯管理——理论与实务(第 4 版). 台北：智胜文化事业有限公司, 2000: 19.

② 荣泰生. 资讯管理学(第 4 版). 台北: 华泰书局, 1999: 序言部分.

③ 信息管理与信息系统专业课程设置：台湾大学管理学院“资讯管理学”大学部课程. http://www.management.ntu.edu.tw/IM/%E8%AA%B2%E7%A8%8B%E7%89%B9%E8%89%B2/%E5%A4%A7%E5%AD%B8%E9%83%A8 [2015-10-8].

管理”专业中引以为豪的课程。这个汉语中的特殊学科，在和西方学者进行交流时，必须使用更多的语言进行解释才能够相互明白，但最后也不一定能够明白。在大陆，原有的图书信息学院系今天基本上已经全部改成信息管理院系，而在台湾，以台湾大学①和淡江大学②为例，“信息管理学系”（隶属管理学院）和“图书信息学系”（隶属文学院）仍是一个校园中毫不相干的两个教学和科研单位。

在我们分析了上述几个彼此理念甚远的“信息管理与信息系统”专业各自的发展历程之后，相信人们对什么是“信息管理与信息系统”这样的学科仍不可能会有一个清晰的了解，相反也许困惑更多。来自计算机科学界的“信息管理与信息系统”，来自图书馆信息科学界的“信息管理与信息系统”，来自经济管理学界的“信息管理与信息系统”，甚至再加上国际标准组织对“信息系统”的理解，在上述各个组织中，还没有一个分支能够对什么是“信息管理与信息系统”学科给出一个满足各方的框架性解释。我们不禁要问：这样一个理念彼此相去甚远的“专业”还是一个“专业”吗？

就我们所知，在中国独有的“信息管理与信息系统”学科所包含的几支研究队伍之间，彼此在学术研究上几乎是互不沟通的。以“信息管理”学科为例，1994～2014 年，海峡两岸的学者分别在台湾、大陆、香港一共聚首召开过 20 次“海峡两岸信息管理发展与策略学术研讨会”。在这 20 次会议的与会者中，出席者的主流基本上都是来自经济管理学界的“信息系统”研究者，在历届的会议主题中，我们也看不出和图书馆信息科学转化而来的“信息管理”有太大的联系③。1994～2015 年，在中国大陆的“信息管理与信息系统”机构分布图中，“信息管理（学）”这个概念几乎大部分由原来的图书馆信息科学院系单独占有，而经济管理系列的院校单独占有的仅是“信息系统”。尽管参与学术会议与否完全是学者个人的行为而不一定代表着该机构的学术理念，但“以文取人”是国内外学术会议举办的通行原则。但 20 次规模庞大的“海峡两岸信息管理发展与策略学术研讨会”竟基本上没有几个事实上高举着“信息管理”大旗的大陆院系中“信息管理”学者的参加，这其中肯定是有问题的。这种情况表明，

---

① 台湾大学信息管理学系，台湾大学图书信息学系. http://www.ntu.edu.tw/academics/academics_list.html [2014-5-22].

② 淡江大学信息管理学系，淡江大学图书信息学系. http://www.tku.edu.tw/acad.asp [2014-5-22].

③ 在整个会议系列中，只有 2011 年的第 17 届会议由南京大学信息管理学院院长和南京大学工程管理学院院长联合主持，2014 年的第 20 届会议由武汉大学信息管理学院前院长主持。

这个具有鲜明“中国特色”的混合学科一定存在着令人隐忧的不安。

尽管如此，总体上，我们仍旧不难看出，三个领域彼此在学科的研究和建设上对培养目标仍有着些许共识：第一，培养能够设计和开发信息系统的人才；第二，培养能够管理和维护所开发出的信息系统的人才。第一个目标是以技术为导向的，第二个目标是以管理为导向的。但是，我们却不必在看到一些表面的共识之后就开始欢喜雀跃，因为它们彼此在认识上的分歧已经在这个理念上深深地埋下难以弥合的裂痕。

11.2　“信息管理与信息系统”学科的未来

虽然在“信息管理与信息系统”的大框架下存在着巨大的认识差异，但在关乎该学科未来的发展中，各方又必须认真考虑自己的生存、发展、繁荣。能够有机地融合在一起当然是再好不过的事情，但我们目前还看不到这种曙光。最大的可能是最终彼此走向分离。从信息科学发展的角度来看，我们一方面希望那些实质上是“信息系统”的研究或“信息管理”的研究不要去附庸风雅地走向名不副实的“信息（科）学”之路，它们应该努力回归到它们自己的本真状态中，但同时也希望它们在这种回归和分离中彼此寻找到自己的光明未来。

仔细分析彼此的认知差异，虽然在计算机科学中，数据库研究是“信息管理”或“信息系统”的真正核心所在，但要让图书馆信息科学界和经济管理学界都按照“信息管理与信息系统”这一概念的基本含义来设计自己的“信息管理与信息系统”学科，这几乎是没有可能的。在实践中，也没有看到哪个设立“信息管理”或“信息系统”的院校是按照这一概念的本质含义来理解“信息管理”或“信息系统”的，因为大家并不知道它是什么。抛开各自在认知上的差异不论，从社会信息化的实践来看，“信息系统”无疑是“信息管理与信息系统”这个混合学科的核心所在，“信息管理”是“信息系统”研究的一个次要附属。如果我们愿意承认这就是“信息管理与信息系统”研究今日在中国的现实的话，那么，我们就可能无须意气用事地采取一种冷静的心态，开始尝试着分析这一“学科”的未来。

11.2.1　“信息系统学”的建立

追溯信息系统实践的发展史，它最早起源于电子数据处理。1954 年，美国通用电气公司使用计算机进行了最早的员工工资管理和会计成本核算，从而开创了计算机信息系统应用于企业管理的先河。当时的这种电子数据处理系统主要应用于支持组织中操作层面的日常业务处理，它包括数据的采集、记录、维护，并最后做出业务分析报告。尽管引进电子数据处理系统的应用大大提高了企业数据处理的速度和工作效率，但这种数据处理系统仍属一种级别较低的信息系统。尽管如此，直到现在为止，它仍是许多高层次信息系统运行的基础。如果没有电子数据处理系统，一个现代化的组织机构尽管建立了高级的信息系统，但运行起来也仍会困难重重。因此，电子数据处理系统的问世树立了第一代信息系统的典范。

随着计算机技术的不断进步和它在企业管理中应用的迅速普及，之后就出现了管理信息系统。管理信息系统的主要特点是：它虽基于电子数据处理，但却将组织中的各种数据先行系统化地组织和保存起来，之后再去进行处理并统一使用，并且利用量化的管理方法，通过预测、优化、管理、调节、控制等手段来支持组织管理层的决策。但随着管理信息系统在各个行业中应用的不断深入，一些问题又逐渐暴露了出来。例如，固定的系统模式缺乏灵活性，系统也难以适应组织内外环境的变化和管理人员不断增加的需求，在面对一些复杂的决策时，它也难以辅助企业管理高层做出优质的决策。于是，在 20 世纪 70 年代中期，将数据库和模型库结合起来的决策支持系统就开始流行起来。随着计算机技术的进步和人们对信息系统要求的不断扩展，信息系统的结构也沿着宿主结构→单机结构→文件服务器结构→客户/服务器结构→浏览器/服务器结构，以致多层次混合结构的方向发展。信息系统类型也从电子数据处理系统扩大到了办公自动化信息系统、经理信息系统、专家信息系统、知识信息系统等诸多类型。关注计算机技术在信息处理领域中的应用，我们就会轻易地发现，信息系统现在已经成为计算机应用中最为广泛的一个领域。①

如果我们乐意通过实践来检验这种说法的可靠性，只要在互联网上随便检索一下，各种信息系统管理软件可以信手拈来。例如殡葬管理信息系统、餐饮娱乐信息管理系统、仓库保管信息管理系统、车辆管理信息系统、档案信息管理系统、地理信息系统、房屋中介信息系统、工资管理信息系统、固定资产信息系统、航空售票信息系统、铁路票务信息系统、户口管理信息系统、计划生育信息管理系统、体育竞赛管理信息系统、酒店客房管理信息系统、课表管理信息系统、库存管理信息系统、旅游信息管理系统、汽车配件信息管理系统、人事管理信息系统、人事考勤信息系统、桑

① 李晓，等. 信息系统分析与设计. 北京：中国水利水电出版社，2010: 10-15.

拿洗浴管理系统、试卷管理信息系统、桶装水配送管理系统、图书信息管理系统、土地信息管理系统、卫生收费系统、物流信息管理系统、信访接待登记管理系统、销售管理系统、学籍管理系统、医疗信息系统、医院信息管理系统、职业介绍系统、装饰管理系统、租赁管理系统等。在这些五花八门的计算机信息管理系统中，不论它们是否在名称上使用了“信息”或“管理”字样，毫无疑问，其实质都是一种“信息系统”或“信息管理系统”或“计算机管理信息系统”。值得一提的是，在这些信息系统中，有一种系统可能令由昨日的图书馆信息科学界改造而来的信息管理界学者感到颇难为情，那就是“图书信息管理系统”。了解图书馆信息科学的人都知道，建立“图书信息管理系统”，或者说“图书信息检索系统”，它曾是整个图书馆信息科学的最高追求之一。但以该研究在中国的发展为例，包括所有大中型图书馆的图书管理信息系统在内，这些研究、教育、从业人员既不能自行开发，也不擅长委托开发，更不会联合开发，结果是在稍大的图书馆内，其信息管理系统几乎是清一色地进口自国外的软件商。从信息系统研究的角度来看，在众多不同类型的信息系统中，它今天已经被当作一个一般事务信息处理系统来看待①。拿“地理信息管理系统”和“图书馆信息管理系统”相比，两个领域的实践家们所走的道路原理相似，而前者的系统几乎是清一色地靠自己开发。

让我们继续回到讨论的主题上来。就上述各种信息系统而言，我们是否曾经思考或检验过，立足于经济管理或财会管理的“信息系统”学科能够完成上述各种信息系统建设的使命吗？如果说我们建立一个财会信息系统或经理信息系统还能够胜任的话，那么，我们能够建立起地理信息系统、医疗信息系统吗？我们对此表示怀疑。（国际）信息系统协会前任主席、新西兰奥克兰大学的梅耶斯（Michael Myers）自己也曾认为：“信息系统将在众多不同的领域得到普及，且又与所有的行业相关。”②就信息系统学科的发展前景而言，这个问题将会成为它在前进道路上面临的一个严峻挑战。

因此，我们的看法是，未来的信息系统学科将会在计算机科学和经济管理科学之间进行一场博弈。如果说一个信息系统的研究内容可以分为系统分析与建模、系统设计与调试、系统管理与维护三个组成部分的话，那么，来自经济管理学界的系统分析与建模研究所提供的理论是否具有普遍的指导意义？执行编程任务的计算机工程师是否在了解了系统分析师所

① 郝晓玲，等. 信息系统开发——方法、案例与实验. 北京：清华大学出版社，2012: 6-10.

② Miehael D M. 走向成熟：信息系统学科的演变. 黄彦，等译. 信息系统学报，2008, 2(2): 114.

提供的建模模型之后就可以轻易地完成一个信息系统的建设？这将会成为区分信息系统学科究竟更适合属于一个计算机科学分支，还是更适合属于一个经济管理学分支的标准。争论可以持久地进行下去，但众多的信息系统建设实践需求却不会因学科的归属争论而踌躇不前。一个可以促进这个学科发展的有效办法是，既然系统科学家已经提出"系统学"（systemics）的概念，那么我们是否可以考虑在计算机科学和经济管理科学之间建立一个基于计算机技术、通信技术、管理科学的新交叉学科——信息系统学（information systemics）？新成立的信息系统学将会在完成信息系统建设的使命中抛开前述的各种羁绊，并可能会有效地推动这一学科朝着一个更加令人鼓舞的方向发展。我们注意到，设立在美国的，事实上具有着国际组织特征的"信息系统学会"（Association for Information Systems，AIS）还没有正式提出"信息系统学"这个概念。但鉴于计算机信息系统的建设已经成为计算机技术应用领域中一个强大的分支，并且会以一种具有强大生命力的势头发展下去。所以，把所有关于"信息系统"的研究集中起来，并将其命名为一门新的"信息系统学"的设想，可能会成为解决这一方向所遇到的种种矛盾的一个有效解决办法。它的设立不仅仅会为庞大的信息科学研究阵营瘦身，也可能会成为计算机科学与技术在深化发展过程中涌现出的一个新分支。谁会成为这一新分支主力军？其人员究竟应该属于计算机科学？还是经济管理学？抑或是图书馆学？这可以从实践方面慢慢得到具有说服力的证明。

11.2.2 "信息管理学"的重构

来自图书馆信息科学的信息管理，是对图书馆信息科学的一个反叛。有两种信息管理可供他们选择，即假信息管理和真信息管理。所谓假信息管理，就像英国专门图书馆与信息机构协会前任主席刘易斯 1989 年表达的那种理念："'信息管理'的核心就是信息科学、图书馆学、档案学、记录管理等研究的集合[①]。"就图书馆信息科学而言，我们在第 2 章已经分析了它的前途，它终会在现代文献学、文献与图书馆工作的计算机化、科学信息交流学三个泥淖中苦苦挣扎而不能自拔。所谓真信息管理，即计算机科学界所说的信息管理，它应该属于计算机科学而不是其他；至于基于经济管理学界的信息管理，它究竟是否是一种真信息管理，仍需通过进一步的实践来加以验证。如果我们承认"信息系统"研究是"信息管理与

① Charles O. *Perspectives in Information Management*. London: Butterworths, 1989: xi.

信息系统”学科的核心，且是由系统分析与建模、系统设计与调试、系统管理与维护三个部分组成的话，那么，留给传统的由图书馆信息科学改造而来的“信息管理学”学科，它能够在这个混合学科中扮演的角色，只能是信息系统的“管理与维护”部分，或简称为“信息管理”。不难想象，“信息管理”在“信息系统”面前将永远是一个配角。

这一说法可能会使信息管理界的一些研究者听起来有些沮丧，对于那些参与并积极支持这一设计的人也会感到不悦。但理性的分析远比意气用事更加有用。可以设想，一个信息系统的开发者如果对管理工作不感兴趣，那么他完全可以在开发完这个系统之后扬长而去，并开始着手进行另一个信息系统的开发。相反，如果他对管理和维护这个系统饶有兴趣，那么让他做起这个工作来就可能会游刃有余。反之，对一个信息系统的管理和维护者而言，如果他连这个系统的设计原理和系统构架是什么都模糊不清，那么他对系统的成功管理和有效维护就会变成一种勉为其难的事业。因此，信息系统的管理和维护者要能够有效地做好这项工作，他们也必须对信息系统的分析与建模、信息系统的设计与调试等工作具有相当程度的了解。但是，即使做出了这样努力，他们仍然不会像前者那样能够轻松地完成这一使命。这就像我们使用家用电器一样，当它们出现故障时，我们一般会请厂方的维修人员上门检修和排除故障，因为我们对出现故障的电器的技术细节和原理知之甚少；相反，对于一个来自厂方的电器维修人员来讲，一旦这个设备出现了使用方面的问题，事实上他可以将问题快速消解和融化，如果愿意（比如让维修者管理自己家中的电器），他可以毫不费力地做好这一工作。这个比喻的启示是：当一个信息系统的设计和开发人员愿意成为一个信息系统的管理和维护人员时，这个交易就易如反掌。反之，几乎很难取得成功。

上述分析的前提是，我们试图把“信息管理与信息系统”学科进行分解并试图打造成两个具有内在联系的独立学科：一个是信息系统学科，另一个是信息管理学科。把“信息管理学科”理解成围绕“信息系统学科”建设的“信息系统的维护与管理”的学科。但是，对来自图书馆信息科学界的信息管理研究者而言，相信不会有多少人去愿意这么做。因为研究者对“信息管理”的期待，完全是希望把它建立在基于文献计量学、图书馆工作的计算机化、科学信息交流学之上的一门独立学科，结果却形成了对“信息管理”这一概念理解的异化。

抛开当今不加任何修饰词或前缀，笼统地使用“信息”一词的做法已经不合时宜，我们姑且把信息管理中的“信息”一词作为“人类信息”或

“技术信息”来理解。人的大脑和计算机一样，它们都是一种信器，都有容纳和处理信息的能力。当我们笼统地谈到“信息管理”时，我们并不清楚这里的“信息管理”指的是让人来进行信息管理，还是让计算机来进行信息管理。信息管理的主体不明是造成“信息管理”概念混乱的第一根源。

其次，如果管理的主体是人，那么被管理的客体是什么？如果它是信息内容本身，那么这个说法本身就存在着逻辑上的错误。我们知道，就纯粹的信息内容而言，一个人只能管理自己大脑中的信息，对别人大脑中的信息或除了自己大脑之外的其他任何信息是不能进行“操作”或“管理”的。也许催眠师和未来的智能计算机能够做到，但它只是一个假说而不是一个现实。事实上，我们除了能够对自身之外的信息进行管理的只能是记录在笔记、信函、文件、图书、杂志、报纸、广播、电视、互联网等小众或大众媒体之上的媒介。换句话说，这种“信息管理”并不是真正的信息管理，而是（信息）媒体的管理。但对计算机而言，它的的确确能做到对信息内容的真实管理。基于计算机的所有数据处理和存储都可以称作“信息管理”，因为它是一种和“人类大脑”具有某种近似的“电子大脑”，但这又回到了当今信息管理学家不愿触及的话题上——对“人类大脑”或“电子大脑”之外的“信息管理”只能是一种对信息系统的维护和管理。依此推论，不论你愿意与否，事实是，不存在一门主体为人的，并能对其他人或机器里的信息进行管理的“信息管理学”，而只可能存在一门主体为计算机的，且能对其他信息进行管理的真正的“信息管理学”，当今流行的所谓“信息管理学”，事实上都是一种“媒体管理学”。在实践中，来自图书馆信息科学界的人更常把这里的“媒体”缩小到对图书、档案、资料的理解之上。这就是为什么连李彦宏这样的毕业于信息管理学科的信息技术精英分子，在谈到什么是“信息管理”时也不得不感慨道，他对什么是“信息管理”常常十分迷茫。①

由于“信息管理”概念存在着上述种种弊端，近年来，来自图书馆信息科学界的研究者开始试图悄悄地绕开它，逐渐地又换了一个新名字：信息资源管理，并已经建立起了“信息资源管理学”学科。在“中国信息系统学科课程体系”中，“信息资源管理”已经作为一门基础课程被排在整个“信息管理与信息系统”专业必修课的第二位。但是，迄今为止，在市面上已经出现的不下 20 余种的同名著作中，相信没有多少人能够弄明白“信息资源管理”应该研究的内容是什么。从国际学术界的情况来看，“信

① 李彦宏. 信息管理与信息系统专业的学习. http://wenku.baidu.com/view/a6a32fc5bb4cf7ec4afed097.html [2013-3-2].

息资源管理”中的“资源”概念更是模糊不清。当“资源”一词指的是英语单数形式 resource 时，那么“信息资源管理”指的就是对信息内容的管理。换而言之，这种“信息资源管理”就是那种模糊不清的“信息管理”的同义词，其弊端一如前述。若这里的“资源”一词指的是英语复数形式的 resources 时，那么，“信息资源管理”就是指对信息（内容）、人、计算机硬件、计算机软件和互联网等硬件设备的综合管理。

但是，在一个组织或企业内部，对人的管理属于人力资源管理学的研究内容；对计算机硬件、计算机软件、互联网等软硬件的管理属于信息系统管理的内容。从语言学上说，“信息资源管理”中的“信息资源”也存在着歧义。当我们按偏正词组来理解“信息资源”时，它就暗示着还存在着其他类型的资源。例如，人们马上就会想到：一个组织中是否还有其他类型的资源需要管理？事实上，在一般的组织中，除了“信息资源管理”之外，还存在着“人力资源管理”“设备资源管理”“金融资源管理”“膳食资源管理”等。这样，我们是否还应该还设立各种和这些“资源管理”平行的“资源管理学”呢？当把“信息资源”理解成一个主谓词组时，“信息资源管理”概念就变成了一个“对信息是一种资源的管理”的注释性说明。在一个学科名称上加注解释性说明并不符合学科名称的通用规范。在我们看到的关于什么是“信息资源”的五花八门解释中，最为令人啼笑皆非的是一本流行于美国的管理信息技术教科书，作者在对“信息资源”进行定义时，他们把“物理建筑物”也列为了一种“信息资源”。来自美国加利福尼亚大学长滩分校的图尔班（Efraim Turban）等，在他们已经出版到第五版的《管理信息技术》一书中写道：“信息资源的主要类型有硬件（所有的计算机、服务器和其他设备）、软件（开发工具、语言和应用系统）、数据库、网络（局域网、广域网、互联网、内联网、外联网、网络支持设备）、程序、安全设施和物理建筑。”[①]你认为物业公司会同意这种说法吗？

如果信息管理界不愿接受在“信息管理与信息系统”的混合学科中充当对信息系统进行“维护与管理”的配角角色，而在“信息管理”或“信息资源管理”方面又遇到了重重阻碍，那么，究竟什么才是这个学科的真正出路呢？

如前所述，在中国广泛流行的信息管理学科是以美国为主的“图书馆信息科学”的别称。从大的方面说，起源于图书馆学的信息学科是由文献

① 埃夫拉伊姆·图尔班, 等. 管理信息技术(第 5 版). 赵苹, 曹晓玮译; 毛基业审校. 北京: 中国人民大学出版社, 2009: 64.

计量学、图书馆工作的计算机化、科学信息交流研究三个部分组成的。更具体地说，在上述三个方向之外还有部分信息理论研究、信息分析研究、信息咨询研究等。这个学科在培养信息实践的人才方面曾做过一定的贡献，在推动信息科学发展的历史上也曾起到过一定的作用。但令人遗憾的是，该学科的研究者们既不擅长信息系统分析，也不擅长信息系统设计。即使是在信息系统的维护与管理方面，他们也没有多少自己的经验可供他人借鉴。因此，不管你把“信息管理”或“信息资源管理”描述得多么动听，研究者终将会意识到，在“信息管理与信息系统”这个大家庭中充当配角角色是没有前途的。他们也不会轻易地去丢掉自己的长处去和信息系统学科的研究者进行由衷地合作。从长远的发展来看，未来的信息管理学科将不会超越以下四个选择：①加入宏观的信息科学发展队伍，并在其中寻找到适合自己的发展方向；②走向一种新的信息管理学——首席信息官（chief information officer，CIO）培养之路[①]；③保持原有的图书馆信息科学格局不变；④保持现有的信息管理学格局不变。但不管选择哪条道路，有一条原则我们必须深刻铭记：图书馆信息科学的出现，是基于图书馆学家为了寻求更好的学术生态而诞生的。因此，图书馆信息科学学派不可能摆脱掉图书馆学的背景而发展成长，而不摆脱掉图书馆学背景而发展的信息科学又不可能承担起对细胞信息学、人类信息学、化学信息学等这些信息学科的理解，而任何不理解这些基础信息学科的信息科学都不可能有所作为。所以，不论是否在信息科学前面添加“图书馆”的字样，也不论这个学科叫作“信息管理”或“信息资源管理”，其发展道路都将是十分艰难的。同时我们也需要认识到，不论这个学科是否是由图书馆信息科学更

---

① 首席信息官（chief information officer，CIO）这个概念是由美国波士顿第一国民银行经理席诺特（William R. Synnott）和坎布里奇研究与规划公司经理格拉柏（William H. Gruber）二人，在他们 1981 年合著的《信息资源管理：80 年代的机会和战略》一书中提出来的。见：Synnott W R，Gruber W H. *Information Resource Management: Opportunities and Strategies for the 1980s*. New York: John Wiley & Sons Inc.，1981. 自从“C×O”这种流行概念引入中国之后，其他的“C×O”概念大多数是清晰的，唯独 CIO 例外。

对 CIO 概念目前一共存在着两种理解：一种是狭义的，一种是广义的。狭义的 CIO 把其定义在一个公司的信息技术管理，尤其是新技术的管理方面；广义的 CIO 把其定义在一个机构的所有信息工作管理方面。在未来的信息社会里，任何一个机构和组织，甚至一个国家，都将会有一个专门（或兼职）管理自己机构中所有信息工作（图书、杂志、报纸、广播、电视、网络、广告、公共关系、信息系统，及其相关信息的出版、发行、编辑等）的主管，这种 CIO 将是一类具有广阔发展前景的职业。广义的 CIO 的知识结构将以（人类）信息学、管理学、信息技术三大知识板块为核心，然后根据各自 CIO 所在行业的不同，兼具若干该行业的专业知识。就广义的 CIO 内容而言，在国家层面，各国的信息管理事业在做法上彼此差异很大。在中国，国家级的信息管理工作是由中宣部总控，工业与信息化部、文化部、国家新闻出版总局、广播电视总局、国家互联网中心、国务院新闻办公室等机构分别执行其中的一部分功能。

名而来的，如果有谁认为它的现状是没有问题的，那他肯定是不诚实的；如果有谁认为它的未来是没有前途的，那他肯定是短视的。在一个信息社会里，把一个高举着“信息”大旗的学科办得如此腻味和艰辛，这是非常令人不可思议的。

一个领域的科学家，如果他们希望自己所从事的研究和他人的研究能够进行有效地合作，那么，他们就必须知道别人正在做什么，他们必须生活在这样一种环境中：合作是建立在能够彼此充分理解的基础之上，他们在那里有自己的同伴，彼此之间可以相互交谈，并在交谈中能够展现出自己的独特学识。就目前的情况来看，“信息管理与信息系统”学科中的“信息管理”学人不可能从“信息系统”学人那里获得益处，因为他们永远不会明白“动态系统分析与控制”、“生产运作与管理”的真谛；“信息系统”学科中的学人也不可能从“信息管理”学人那里获得帮助，因为他们永远也不会知道“信息组织”、“信息检索”究竟指的是什么。人应该有所敬畏，就像真理必须敬畏实践一样。如果“信息管理与信息系统”是一门真正独立的科学学科的话，其中的任何研究者必须屈从于理性的思考，就像中世纪的诸侯占据他的采邑一样，仅使自己的头脑服从于领主的指挥。但是，16 年来的合作研究已经证明，这种情况根本不可能发生。

对于教育工作者和科学研究者而言，我们应该牢记自己的使命，我们有义务创建一个优良的知识体系，以使其在科学共同体面前能够发表对当代种种信息问题的见解，能够对社会发展中遇到的各种信息问题提出自己的建议。对于进入这个领域的学子而言，在接受该学科的研究者创造出的知识体系的过程中不再感到失望，不再当一个新生进入校园时就强烈地希望转入他系，不再用选修第二学位的无奈举措来弥补本学科有效知识的匮乏，从而花费比其他院系的同伴数倍的精力而苦苦地挣扎。当他们走出校园时，应该有一个体面并对口的从业机构在唯一地等待着他们去发挥一技之长。那时，他们就会为这一学科感到荣耀。作为教育工作者，我们不应该一味地为自己的职称和科研经费念念不忘，我们更应该考虑到作为一个知识分子和教育家的情操、道德、责任，更应该为广大进入该领域的莘莘学子的命运担当道义。对于一个高举着写有“信息”大旗的学科而言，这是一个比大多数夕阳学科具有无比优势的领域。信息管理与信息系统的研究者们若能正视“信息管理”和“信息系统”学科的发展潮流，并用自己的头脑去仔细分析它们的真谛，我们就会在其中找到自己的正确方向。一些人认为，假如时光可以倒流，世界上将有一半的人可以成为伟人；如果每个人都把反思提前10年，那么这些人中的一半也可能成为了不起的人。但若我们缺乏对过去的反思和对未来的预见，那么我们将不能正确地总结过去，不能开创光明的未来和实现自己的理想。从事信息管理的教育家，应该怀有一颗慈悲与危机之心。希望之路艰辛，随波逐流容易，但请选择艰辛的那一条。不为私利，只为学子，只为业者。让无力者有力，让悲观者前行。这个学科有很多问题，但在一个个尖锐得让人的道德和良心都无法承受的背景中，我们更应该承担起一个教育家的责任。当一门学科不能以合格的逻辑取信于人，它就不能正常地发挥自身的功能，也不能建立起自己的权威，捍卫一门学科的逻辑是科学家和教育家最基本的义务。它一如《尚书》所倡导的那样，损上益下，民悦无疆。

在信息科学研究正在日益广泛地吸引着人们注意力的今天，一部分涉及信息系统建设和信息管理工作的研究者，逐渐将实质上属于“某某信息系统”或“某某信息管理”这样的工程、技术、管理性质浓厚的研究，逐渐更名成了“某某信息学”。我们知道，从科学的传统上来讲，“某某信息学”显然比“某某信息系统”或“某某信息管理”听起来更加形而上学，而研究者也非常相信，使用这样的名字将会更加体面，更容易去说服别人来接受他们、学习他们、支持他们。但是，如果随着计算机技术和通信技术应用范围的不断扩大，随着各行各业的信息管理工作愈加被人们重视，这种思维所带来的后果——专业信息学科阵营的愈加臃肿——给真正的信息科学研究带来的负担却令人越来越难以承受。

在现实中我们已经看到，一些过去仅仅是简单的手工方面的媒体管理工作，也已经从“某某信息管理”变成“某某信息学”或“某某信息科学”。如果我们一任这种思潮泛滥下去，那么“信息学”或“信息科学”的阵营将会变得无比庞大，甚至任何学科或行业都有可能出现自己的“信息学”或“信息科学”。信息科学阵营迅速膨胀的部分根源出自这里，我们未来的焦虑也部分来自这里。从信息科学研究的角度来看，原本应该属于“信息系统”或“信息管理”的不同研究方向所形成的庞大“信息（科）学”群，已经在某种程度上严重地损害了真正的信息科学研究生态。我们对不同的“信息系统”和“信息管理”研究进行剖析，目的是使其研究更加具象和温和。同时坚信，创造性地破坏比破坏性地创造更有价值。

第 12 章　从社会信息学到人类信息学

从我们在前面的讨论中已经看到，信息概念除了在技术科学、自然科学中有着广泛的应用之外，它的大量应用实际上主要存在于人文科学、大众媒体和日常生活中，人文信息在这些领域中的应用，所占的比例约到40%～50%。但目前我们的信息科学，要么是香农信息论及其推演，要么是以计算机科学和通信科学为核心的信息技术科学，要么是自然科学的某个分支，更好一点的研究是某种交叉研究。这些理论中所提供的信息解释，对于上述人文信息来说，大部分是没有价值的。从另一方面来看，也还没有哪个学科声称其目标是专门研究人文信息的。这种现象引起了许多信息研究者这样的思考：我们是否可以建立一门能够解释人文科学、大众媒体、日常生活中所谈论的信息的一门信息理论呢？很久以来，它一直在不少信息研究者心中萦绕，并认为它会是一门极具魅力的信息科学研究新方向。对人文信息研究的这类诉求，既是信息社会发展的需要，也是信息科学深化的必然，同时也是许多人文与社会科学研究者对信息科学的期许。因此，我们应当予以特别的关注。在历史上，对这类人文信息曾有过一种目标并不明确的研究，其名称叫作“社会信息学”（social informatics）。正因为其目标不明确，已有的研究对这种人文信息也没有最后给出什么有效的解释。根据我们的看法，意欲进行的这种研究应该叫作“人类信息学”。过去，一种看法认为，人文科学是专门研究人类精神产品的科学；在今天，我们倾向于把人类精神产品看作一种人类信息，因此，人类信息学和人文科学具有等价性。

12.1　什么是社会信息学？

到目前为止，世界上一共出现过三种不同的社会信息学，它们分别由俄罗斯、日本、美国的学者提出。中国的信息研究学者近年来也开始关注这个问题，一些探索性成果也逐渐问世。

12.1.1 俄罗斯的社会信息学

“社会信息学”的概念最早是由前苏联学者提出的。1968~1976 年，以前全苏科技信息研究所米哈依洛夫（Алексей И. Михайлов）、乔尔内（Аркадий И. Чёрный）、吉里列夫斯基（Руджеро С. Гиляревский）等为主的一批信息研究者，在苏联发展了一种和西方的图书馆信息科学相对应的“信息学”，后来被学者称为“（自然）科学信息学”，其具体理念主要体现在他们 1965 年出版的《信息学原理》（*Основы Информатики*）[①]、1976 年出版的《科学交流与信息学》（*Научные Коммуникации и Информатика*）[②]两部著作中。三位作者构成了一个良好的研究团队。米哈依洛夫毕业于莫斯科化工学院，时任全苏科技信息研究所所长；乔尔内毕业于莫斯科东方学院，时任全苏科技信息研究所副所长；吉利亚列夫斯基毕业于国立莫斯科大学文学院，时任全苏科技信息研究所信息学理论部主任。他们的著作建立在如下观点之上：信息学是一门研究且只能研究科学信息（即科学知识，且多指自然科学知识）及其交流问题的科学。更具体地说，信息学在基础理论方面的诉求，仅应集中在科学信息、科学交流、科技文献等几个方面。在实践方面，则应主要致力于文献管理、信息分析、信息系统等方面的研究。他们还特别警告，如果把其他类型的信息，比如说“经济信息、法律信息”也纳入“信息学”的研究范围，这对“信息学”来说是不可接受的。[③]

米哈依洛夫等基于这种指导思想而建立的信息学学说，在苏联及其经互会（经济互助委员会）成员国中产生了巨大的反响，他们的著作迅疾被这些国家翻译成了自己的文字。但是，就在这种巨大影响的背后，还是出现了一些不同的质疑声音。主要的质疑者来自列宁格勒克鲁普斯卡娅国立文化学院（即今日的圣彼得堡国立文化艺术大学）的两位学者：索科洛夫（Аркадий В. Соколов）和曼克维奇（Анатольевна И. Манкевич）。事实

---

① Михайлов А И, Чёрный А И, Гиляревский Р С. *Основы Информатики*, Изд. 2-е, Перер. и Дополн. М.: Наука, 1965.

② Михайлов А И, Чёрный А И, Гиляревский Р С. *Научные Коммуникации и Информатика*. М.: Наука. 1976. 中文版见：米哈依洛夫 А И, 乔尔内 А И, 吉里列夫斯基 Р С. 科学交流与情报学. 徐新民, 张国华, 孙荣科, 等译. 北京：科学文献出版社, 1980.

③ 米哈依洛夫 А И, 乔尔内 А И, 吉里列夫斯基 Р С. 科学交流与情报学. 徐新民, 张国华, 孙荣科, 等译. 北京：科学文献出版社, 1980: 429.

上，这两位质疑者和米哈依洛夫等来自同一个学术领域：图书馆信息科学。他们提出的非常具有说服力的质疑理由是：如果武断地规定“信息学”的研究范围只能限定在科学信息之内，那么，如果我们要对经济信息、法律信息、专利信息等这类信息进行研究时，它们应该叫作什么“信息学”呢？此外，只以（科学）信息的交流与传播为信息学的唯一研究模式也是值得怀疑的。我们把这个争议称为米乔吉索曼（MCGSM）争议，简称为“米索争议”①。最后，他们将这一质疑写成了一篇题为“信息学的未来”（*Информатика в Перспективе*）的文章，发表在苏联著名的信息学杂志《科技信息》（第 2 类）（Научно-Техническая Информация, сер. 2）1971 年第 10 期上②。在这篇文章中，他们创造性地提出了一个新概念：社会信息学（социальная информатика）。索科洛夫和曼克维奇设想：“社会信息学”可仍以信息的交流和传播问题为研究模式，但应冲破信息学仅应研究科学信息的藩篱，主张它应包括众多的（社会）信息研究类型。例如，除了科学信息之外，还应该包括经济信息、专利信息、法律信息等。从信息学最初的发展到今天的现状来看，两位作者的思想是很有远见的。

这样，关于“信息学”究竟是只能研究“科学信息”，还是应该研究所有的“社会信息”，结果就出现了两种不同的声音，这个争论立即被前苏联具有航天知识背景的著名哲学家乌尔苏尔注意到了。基于进入 20 世纪下半叶以后才出现在前苏联的“信息化”浪潮在苏联决策层受到了高度重视的同时，它在推进过程中也遇到了种种难题，这就导致乌尔苏尔开始重新思考由索科洛夫和曼克维奇提出的“社会信息学”设想。乌尔苏尔认为，社会信息学对推进社会信息化是一个非常有用的理论武器，但其研究模式不应仅局限在对科学信息以及科学信息的交流和传播方面，而应该扩大到所有（人文）信息的所有问题研究上，例如其中应包括经济信息、社会信息、专利信息、法律信息、生态信息等③。很快，乌尔苏尔的观点在苏联学术界得到了认同，苏共中央随即决定在社会科学院成立一个社会信息学研究所，并由乌尔苏尔担任所长。这个新成立的研究所本身就隐含地向世人昭示，“信息学”不是自然科学或技术科学的专利，从某种程度上

---

① MCGSM(米乔吉索曼)：取自米哈依洛夫(Алексей И. Михайлов)、乔尔内(Аркадий И. Чёрный)、吉里列夫斯基(Руджеро С. Гиляревский)、索科洛夫(Аркадий В. Соколов)、曼克维奇(Анатольевна И. Манкевич)5 人俄文名字首写字母的缩写 МЧГСМ 的对应英文字母缩写：MCGSM。

② Соколов А В，Манкевич А И. Информатика в Перспективе к Вопросу о Классификации Видов Информации и Системе Наук Коммуникационного Цикла//Науч-Техн. *Информация*. 1971, 2(10) : 5-9.

③ 乌尔苏尔 А Д. 论社会信息学的发展. 赵国琦译. 国外社会科学, 1991, (5) : 33.

说，它更应该属于一种人文社会科学。

20 世纪 80 年代以后，在莫斯科、乌克兰、基辅、圣彼得堡、新西伯利亚等地，许多大学都普遍开设了社会信息学课程，但内容却五花八门。例如，在俄罗斯最高学府国立莫斯科大学，2010 年之前曾经在其校园中设立了一个“社会信息学教研室”，但它归属社会学系管辖（现已停办）。此后，来自俄罗斯科学院信息问题研究所（Институт Проблем Информатики）[①]的科林等，开始从另一种角度重新设计了社会信息学。如我们所知道的那样，以 20 世纪 80 年代为界，研究者在之前所面临的信息问题和之后所面临的信息问题已经发生巨大的变化。其中最重要的一个变化是：专业信息学，特别是自然科学和技术科学中大量的信息问题被提出，这就迫使信息科学研究者不得不在更大的背景下对信息问题进行思考。因此，除了基础信息科学研究之外，成立于 1983 年的俄罗斯科学院信息问题研究所于 2009 年提出了一个由四大部分组成的信息科学总体系，它们分别是：技术信息科学、社会信息科学、生物信息科学、物理信息科学。很显然，按照他们的看法，社会信息科学是信息科学的四大分支之一。科林认为，这四个部分的每个分支都会涉及四个问题：信息元素、信息过程、信息系统、信息科学的基本原理[②]。在讨论什么是社会信息学的研究范围时，该研究所提出了一个研究纲领，它不仅得到了联合国教科文组织设立在莫斯科的教育信息技术研究所的认可，而且被列为俄罗斯全国高等学校“社会信息学”研究生课程体系的参考标准。该课程体系一共由 6 个模块组成，它们分别是：①信息在社会发展中的作用；②社会的信息资源；③社会的信息能力；④信息社会；⑤信息社会中的人；⑥信息文明。[③]从 20 世纪后期以来整个信息科学的发展背景来看，立足于宏观的信息科学思考展来设计和发展社会信息学，它会给人们带来一种开阔的视野。但由索科洛夫和曼克维奇最先提出的这一“社会信息学”研究新方向，在今日的俄罗斯已经演化成一个没有总体指导思想和连贯体系的大杂烩。由于俄罗斯的社会信息学是基于索科洛夫和曼克维奇 1971 年提出的观点：信息学不应该仅仅研究科学信息，而且还应该研究其他人文信息的思路开始的。所以，我们把俄罗斯的社会信息学称为**基于人文信息的社会信息学**。

---

① 俄罗斯科学院一共有 11 个部，其中一个部叫计算机设备及技术部。信息问题研究所（Институт Проблем Информатики）就隶属于该部的一个下属机构。http://www.ipiran.ru [2013-2-28].

② 科林 K K. 信息科学中的哲学问题. 邬焜译. 北京：中国社会科学出版社, 2012: 161.

③ 同上，214-226.

12.1.2　日本的社会信息学

第二次世界大战结束之后，日本很快进入了技术大国的行列。特别是在电子技术和机械制造方面。直到今天为止，不论你在繁华的美国纽约，还是在贫穷的苏丹喀土穆，在世界上任何偏僻的角落都很容易发现丰田、三菱、松下、索尼等公司的产品。随着以计算机技术为核心的电子技术在日本的日益强盛，从 20 世纪 60 年代开始，日本的文化人类学家梅棹忠夫和未来学家增田米二等学者，就远早于西方学者独立地提出了“信息产业”① “信息社会”②等概念。不久，这些新思想就开始在学术界发酵，特别是在日本的第一高等学府东京大学。

1929 年，在德国学术思想的影响下，东京大学开设了第一个新闻学讲座，但它就像中国的北京大学在 1918 年设立的新闻学研究会一样，还仅是一个民间学术论坛。1949 年，基于这个新闻学讲座，之后产生了一个实体性的新闻学研究所。1980 年，受美国等西方大众传播学思潮的影响，该所计划将“新闻学研究所”更名为“新闻与传播学研究所”。根据日本的法律规定，国立大学任何教育机构的更名须由国会批准，因而这个计划最终不得不被搁浅。虽然研究所的日文名称不能变更，但他们却巧妙地采取了一个变通措施，将“新闻学研究所”的英文名称从“Institute of Journalism”（新闻学研究所）悄悄地变成了“Institute of Journalism and Communication”（新闻与传播学研究所）。

基于对信息社会的敏锐观察，东京大学于 1992 年又提出了一个新对策，以原新闻学研究所为基础，断然抛弃了“新闻学”的概念而采取一个大胆的举措，直接把“新闻学”改成了“社会情報学”（社会信息学）。为了和西方学术界能够便利地沟通，研究所的英文名称没有采用“Institute of Social Informatics”（社会信息学研究所），而是采用了“Institute of Socio-Information and Communication Studies”（社会信息和传播学研究所），研究内容也从传统新闻学所关心的报纸、广播、电视等媒体研究扩展成了三个方向：①信息与媒体。内容包括社会信息研究，大众媒体研究，

---

① 梅棹忠夫. 情報産業論. 原《放送朝日》. 1963 年 1 月，第 104 号，第 4-17 页。后被编入：梅棹忠夫. 情報の文明学. 東京：中央公論社，1988. 梅棹忠夫 1963 年在“论信息产业”一文中提出的“信息产业”概念是划时代的，这是世界范围内第一次使用“信息产业”的概念。继此，信息社会”和“信息化”这两个重要概念也陆续被提出。“信息产业”、“信息社会”、“信息化”是从经济和社会发展角度提出的三个重要人文概念。

② 增田米二等. 情報社会入門：コンピュータは人間社会を変える. 東京：日本経済新聞社，1972.（信息社会入门：计算机将改变人类社会）.

新媒体研究。②信息与行为。内容包括信息行为研究，信息处理过程研究，信息功能研究。③信息与社会。内容包括信息法规与政策研究，信息社会与文化研究，国际信息网络研究等三大知识体。[①]至于其英文名称Socio-Information and Communication Studies，到底是指对“‘社会信息’及其传播的研究”，还是对“‘信息和传播’的社会性问题的研究”，根据我们在第4章对Information and Communication Technology术语的考察，显然它指后者。

改革并没有停止。基于对信息问题，特别是人文信息问题的综合思考，东京大学以“社会信息学”研究所为基础，在校长滨田纯一的强力支持下，于2000年在校内组建了两个在世界范围内理念最为先进，组织最为复杂的信息科学研究机构：①信息学院（情報学環，Interfaculty Initiative in Information Studies）；②交叉信息学研究生院（学際情報学府，Graduate School of Interdisciplinary Information Studies）。两个机构于2004年进行合并，最后定名为东京大学信息学院和交叉信息学研究生院（東京大学大学院情報学環・学際情報学府）[②]，简称东京大学信息学院。那时，担任院长的吉见俊哉在解释该机构的合并原因时说，他们希望在更大的范围内理解信息科学，而不是仅仅局限在对信息社会问题的思考上。[③]该学院今天已将信息的思考几乎扩大到所有的信息问题方面。在组织结构上，它一共设立了五个方向：①社会信息学；②文化人类信息学；③新兴设计信息学；④综合分析信息学；⑤亚洲信息社会课程。其中，专业①和专业②分别是社会信息学专业和文化人类信息学专业的主要目标，即集中在对人文信息的研究上。两个专业下设10个研究方向：社会心理和行为、媒体和新闻学研究、法律和政策、经济学和产业、社会学和历史、亚洲区域研究、媒体展示・学习和文化、档案和历史信息学、生命・身体・环境、文化・表现・影像等。[④]由于日本的社会信息学是基于对大众媒体的思考而发展起来的，所以，我们把日本的社会信息学称作**基于大众媒体的社会信息学**。遗憾的是，它们的社会信息学专业在技术方面的思考仍基于我们之前分析过的，即当前在国际上具有很大影响力，但却不合逻辑的信息和通信技术（information and communication technology）方面。

---

① 闫学杉. 从新闻学到社会信息学——日本新闻与传播教育的变迁. 国际新闻界, 1997, (4) : 64-66.

② 日本東京大学大学院情報学環・学際情報学府. http://www.iii.u-tokyo.ac.jp [2013-2-27].

③ 见前任院长吉见俊哉的院长寄语. http://www.iii.u-tokyo.ac.jp [2011-2-27].

④ 日本東京大学大学院情報学環・学際情報学府文化・人間情報学コース. http://www.iii.u- tokyo.ac.jp/course/874 [2014-1-25].

在谈到东京大学"新闻学研究所"为什么改名为"社会信息学研究所"的原因时，时任所长，现任校长的滨田纯一解释说：建立社会信息学研究所的初衷是希望抛弃狭隘的新闻媒体研究视野，试图用信息概念及运动原理，在理论上探索用信息概念对社会进行重组的可能性，通过用信息的眼光去描绘社会和世界的景象，并用信息的理念去洞察社会的特征和要素[①]。和奥地利法学家凯尔森（Hans Kelsen）与德国社会学家韦伯（Max Weber）在 20 世纪从法学和社会学角度去探讨"法律社会"问题的思维模式一样，滨田纯一希望建立一种用"信息"概念来理解"信息社会"的机构和理论。他接着说：要广泛地解读与社会信息相关的各种现象，需要从各种角度进行思考，并需要采取多种多样的方法。在把"社会信息"作为"对象"处理的时候，它可以分为只把焦点对准社会上发生的信息现象的方法论，以及以信息现象为线索去解读与其相关的各种社会问题的方法论。[②]由于滨田纯一能够站在时代和科学的前沿，用一个教育家和战略家的眼光，去理解在信息社会背景下的科学和社会中占据首要地位的"社会信息"问题，他由此也于 2009 年被东京大学推选为该校的第 29 任校长连任至今。

事实上，在日本的大学教育中，除了东京大学之外，从人文角度去思考信息问题的机构还有很多。到目前为止，京都大学[③]、东北大学[④]、群马大学[⑤]、静冈大学[⑥]、关西大学[⑦]、札幌学院[⑧]等院校也都在自己的大学中设立了关于信息的人文研究院系。从名称上说，大多采用了"社会信息学"。但也有一些见解深刻的大学，例如名古屋大学，它于 1992 年就提出了另外一个名称——人类信息学（人間情報学）。现在在其校园内除了设立基于计算机科学、通信科学、复杂性科学、自动化科学的信息学院之外，还同时设立了自然科学信息学和人文社会信息学的教育机构。[⑨]

和俄罗斯学者的社会信息学研究思路相比，两者的相同之处是：对任何信息问题的研究，如果脱离开复杂的信息科学背景去孤立地理解信息，很容易使人陷入雾里看花或盲人摸象的境地。只有在统一信息科学的背景下去理解它，其效果才可能会更加接近问题的实质。和中国，例如北京大

---

① 滨田纯一. 社会信息学综述. 刘琦译. 国际新闻界, 1991, 1: 30.

② 同上。

③ 日本京都大学大学院情報学研究科. http://www.i.kyoto-u.ac.jp [2013-2-27].

④ 日本東北大学情報科学研究科. http://www.is.tohoku.ac.jp/introduction/organization.html [2013-2-27].

⑤ 日本群馬大学社会情報学部. http://www.gunma-u.ac.jp/html/section_2.html [2013-2-27].

⑥ 日本静岡大学情報学研究科. http://www.shizuoka.ac.jp/subject/graduate/inf/index.html [2013-2-27].

⑦ 日本関西大学総合情報学研究科. http://www.kansai-u.ac.jp/global/academics/inf.html [2013-2-27].

⑧ 日本札幌学院大学社会情報学部. http://www.sgu.ac.jp/socialinfo/index.html [2013-2-27].

⑨ 日本名古屋大学院情報文化学部. http://www.sis.nagoya-u.ac.jp/index.html [2013-2-27].

学的人文信息研究相比，它是特别具有讽刺意味的。我们曾很早就意识到，虽然其中心都是一个信息问题，但在发展新闻学和传播学二者之间，一流大学应该注重传播学的研究，这样才能逐步逼近将新闻学从政治的附属品中解放出来而变成一门独立科学的目标①。2000 年，北京大学在将早先提出的“信息传播学”理念付诸实践时，最后仍采用了“新闻传播学”的概念。从而使这门学科仍旧没有在微观上逃出“新闻采编播”的“工匠学”技艺范畴，在宏观上也没有脱离开“政治新闻学”的泥淖。前面已经提到，“新闻传播学”是日本东京大学早在 1980 年开始采用，1992 年就抛弃了的旧概念。这就是说，北京大学于 2000 年张灯结彩地成立的“新闻与传播学院”所采用的名称，是东京大学 20 年前就曾采用并于 12 年后就抛弃了的一个旧概念。同样在 2000 年，东京大学所成立的是一个“信息学院际规划”和“交叉信息学研究生院”，并于 2004 年合并为一个机构：信息学院。从这个意义上说，成立于 2000 年的北京大学“新闻与传播学院”，其起点就落后日本东京大学 20 年，这在通信技术如此发达的今天是令人不可思议的。东京大学是在“信息社会”和“信息化”的背景下思考新闻学长远未来的，而北京大学和中国其他仿效北京大学建立“新闻与传播学”相关院系的高等学府却仍在“报纸、广播、电视、电影”的工匠圈子里打转转，这与北京大学争创世界一流大学的理念是格格不入的。按照剑桥大学前副校长，著名教育家阿什比（Eric Ashby）的话来说，如果一所大学体系的规模与形式不能足以抗衡外部力量，那么它能够做的最好事情就是应该保持一个大学具有一个合理的内在逻辑②。在这方面，我们做得相当失败。

12.1.3 美国的社会信息学

如果说俄罗斯的社会信息学和日本的社会信息学在研究上都带有一种集体思维的特质，那么，于 1997 年出现在美国的社会信息学更具一种个人特质。从科学发展史来看，虽然存在着不少由一两个人的微型研究小组完成了无数优秀成果的先例，但在重大的科学突破方面，大多数成果仍都归功于个人埋头思考的结果。如果这个突破最后能够变成一门规范的学科，社会性思维在后期的推动上将扮演着不可或缺的角色。在美国，1997 年出现的社会信息学就是一个个人英雄主义的典范，但由于其理论定位的

① 事实上，由于采用了“新闻传播学”的名称，近年来，中国的新闻（传播）学院校在从院长到系主任的选拔或任命上，一直在选择一个学者还是选择一个来自新闻管理的政治家之间徘徊。这从近年北京大学、清华大学、中国人民大学、兰州大学等大学的院长人选上就可以看出。

② 阿什比. 科技发达时代的大学教育. 滕大春, 滕大生译. 北京: 人民教育出版社, 1983: 13.

偏差，随着创立者的去世，美国的社会信息学现也已逐渐淡出公众的视野。

美国的“社会信息学”（social informatics）一词最早是由印第安纳州立大学的科灵（Rob Kling）等学者于 1996 年开始酝酿，最后由科灵个人于 1997 年正式提出的。到目前为止，在有关美国的社会信息学文献记载中，除了他本人之外，似乎并没有发现还有其他人大规模地参与了这项研究。[①]因此，与其说是美国的社会信息学，倒不如说是科灵的社会信息学。

在科灵的社会信息学理论中，一个最为核心的概念是 ICTs，即我们前面分析过的“信息与通信技术”（Information and Communication Technologies）概念。[②]我们在第 4 章已经谈到，这个概念指的是整个信息技术而不仅仅是指偏向通信的信息技术。科灵认为，社会信息学的理论核心应该建立在对“信息与通信技术”给社会带来的经济、文化、伦理等各种人文影响的分析方面。具体地说，社会信息学研究应当由四个部分组成：①技术化社会的实体论。内容不仅仅是针对技术进行讨论，还应包括人与技术互动全过程的讨论。②信息与通信技术本身的构成。③制度性问题。如文化、制度、政策对社会的影响以及对管理制度的选择等。④互动后所产生的相关现象。因此，科灵所提出的社会信息学，实质上是立足于信息技术对社会的影响、信息技术的社会分析、以信息技术为基础的多媒体通信、信息政策、信息技术与社会等信息技术的社会等问题的研究。科灵认为，信息与通信技术不仅仅是一种工具，而且还是一种社会–科技网络，因此，对“社会信息学”的透彻分析，就需要用一种生态学的观点去处理它们。简而言之，信息与通信技术是整个社会生态环境的一部分，而且是被错综复杂地交织在各个因素中的一部分，社会信息学研究不能忽视它们。由于科灵的社会信息学是基于信息技术对社会的影响而起步的，所以我们把来自美国的社会信息学叫作**基于信息技术的社会信息学**。

科灵认为，社会信息学的研究目的，是促使信息技术在社会的应用与发展之间保持一种更加密切的联系，其相关性是社会信息学的研究核心。社会信息学应当分析如何促进技术进步向社会驱动型而不是技术驱动型的方向健康地迈进。他认为，以往许多技术人员没有对这种相关性给予应有的重视，而只是将它们看成一种枝节性问题。专业人员在信息系统设计、设备选择和安装以及咨询系统的发展方面，通常只注意到了具体的技术性

① Kling R. Learning about Information Technologies and Social Change: The Contribution of Social Informatics. *The Information Society*, 2000, 16(3): 217-232.

② 关于 ICTs 的具体含义，我们已经在 4.1.2 节提出了分析，并给出了“处信”这个新概念，以使它能够和“通信”概念相平行。

问题而不太注意它们与社会的联系，这方面的问题往往由社会科学家去研究了。如今，社会信息学应该去关注它们。[①]

科灵的这些观点很快让我们回想起了早在20世纪80年代初出现的托夫勒（Alvin Toffler）的"第三次浪潮"[②]、奈斯比特（John Naisbitt）的"大趋势"[③]、贝尔（Daniel Bell）的"后工业社会"[④]、梅棹忠夫的"信息产业"、增田米二的"信息社会"等概念或理论。上述诸理论关注的均是信息技术给社会带来的种种影响和变革问题。读过这些著作的人都会感到，对这些问题的认知，今天很难再在理论上出现重大的突破。但科灵并不这么看。他认为，过去对这种问题的研究都是技术决定论的，但若要更好地理解它们，我们就必须将信息技术的影响放在与每个信息系统的发展、运作、使用有关的社会环境中去进行系统地考察。信息系统的发展与应用皆有其特殊的环境，而其发挥的作用也随着不同的社会环境变化有所不同。对这些社会环境的观察不仅可以协助我们了解信息技术发展的过程，而且还能够给我们提供分析的基础。科灵提出了一个"社会技术网络"（sociotechnical networks）的概念。他认为，对社会技术网络的分析不但能解决技术决定论的过分简单化缺点，并且还能够协助我们了解新信息空间的特性。在技术决定论中常见的观点，是将信息技术视为一种工具，并以寻求信息技术所产生的社会影响为分析重点。科灵则从研究信息技术对社会产生影响的观点出发，提出了应该分析信息技术的影响如何受到社会环境的塑造。他认为，信息技术与社会环境两者之间存在着相互影响和彼此渗透。因此，**他将此前他人的研究视为信息技术决定论，而将他自己的研究视为科技与社会网络决定论**。

科灵还认为，社会信息学者应以发展和累积人们如何有效地塑造信息与通信技术，并因此改善人们的生活与工作相关研究为考虑的重点，这样的研究取向是超技术和超制度的。也就是说，我们应当发展适用于了解不同技术和不同社会环境的概念与理论。社会信息学分析有别于传统的技术决定论，因为它同时考虑了社会、文化、组织、其他环境因素；我们必须研究信息技术在操作过程中实际被运作的情形；信息技术应被放置到技术与社会的背景下来理解，而非仅以工具为核心。仔细分析科灵的社会信息

---

① 郑海燕. 社会信息学：一个新兴的跨学科研究领域. 国外社会科学, 2000, (3) : 14.

② 阿尔温・托夫勒. 第三次浪潮. 朱志焱, 潘琪, 张焱译. 北京：生活・读书・新知三联书店, 1983.

③ 约翰・奈斯比特. 大趋势——改变我们生活的十个新方向. 梅艳译. 北京：中国社会科学出版社, 1984.

④ 丹尼尔・贝尔. 后工业社会的来临——对社会预测的一项探索. 高铦，等译. 北京：商务印书馆, 1984.

学理论与之前托夫勒和贝尔等人的信息社会学理论，尽管差别诸多，但事实上我们很难说科灵的理论已经构成，或在未来能够构成一种全新的信息社会学研究新模式。

科灵 1944 年出生于美国的新泽西州并在那里长大，在哥伦比亚大学完成了大学学业，并在斯坦福大学取得了人工智能的博士学位。1970 年，他在威斯康星-麦迪逊大学担任计算机科学教员；1973 年，转到哥伦比亚警官学院任研究生院教授；1996 年，他来到位于美国布卢明顿的印地安纳大学图书馆信息科学学院担任信息系统和信息科学教授，并开始主持一个跨学科的社会信息学研究中心（Center for Social Informatics）①。科灵一生著述丰富，他是许多国际组织的成员和刊物的编委。随着他于 2003 年 5 月的去世，除了印地安纳大学继续为他保留了一个社会信息学研究中心之外，社会信息学在美国随着科灵的去世也正在慢慢地消失。

有趣的是，台湾“清华”大学于 2002 年成立了一个台湾信息社会研究学会（Taiwan Academy for Information Society）②，科灵生前有若干学生来自台湾。因此，他也曾两次受邀访问那里。科灵 2003 年逝世时，台湾《资讯社会研究杂志》（*Journal of Cyber Culture and Information Society*）为此专门出版了一个纪念文集③。正如我们所知道的那样，台湾的科学技术对以美国为核心的英语国家有着极强的依赖性。但在这种背景下，台湾的“信息社会学”者一直把科灵的“社会信息学”（social informatics）翻译成“信息社会学”（information sociology），这是一件不可思议的事情。我们应该明白，虽然科灵的“社会信息学”研究内容和台湾的“信息社会学”研究内容实质上是一样的，但从学科名称上看，前者是一个信息学问题，后者是一个社会学问题，两者完全不同。这一事实说明，要么科灵所创造的“社会信息学”在学科名称和研究内容上是名不副实的，要么台湾的“信息社会学”在对某些问题的理解方面是错误的。

顺便提一下，科灵的这些社会信息学思想除了在美国存在了一阵子之外，在今日的日本以及欧洲还有一些响应。例如，日本京都大学的社会信息学就仍主要研究信息技术方面的文化、经济、环境、灾难预防等社会问题④。塞尔维亚-斯洛文尼亚卢布尔热亚那大学社会科学系设立了一个信息

---

① Rob Kling Center for Social Informatics. http://rkcsi.indiana.edu [2013-2-27].

② 台湾信息社会研究学会. http://www.tais.org.tw [2013-2-27].

③ 李雅靖，等. 信息社会学：一个社会与技术并重的观点——Rob Kling(1944～2003)纪念专辑. 资讯社会研究，2003，(5)：1-50. 台湾南华大学社会学研究所与应用社会学系《资讯社会研究杂志》. http://society.nhu.edu.tw/jccic.htm [2014-8-8].

④ 日本京都大学大学院情報学研究科. http://www.soc.i.kyoto-u.ac.jp/jp [2014-7-12].

学与方法论中心，集中研究科灵所倡导的信息通信技术方面的“社会信息学”问题①。至于基于信息与通信技术的社会问题研究，全球还有很多，如奥地利霍夫基尔奇纳的“信息和通信技术社会网络”（the ICTs and society-network）小组②等，但这些研究者并未将他们自己的工作称为“社会信息学”。

12.2 什么是人类信息学？

由于人文信息是由人类产生的，所以，我们更倾向于把这种信息称为人类信息。人是群居动物因而也是社会性动物，群居动物之所以能够成为一个社会，其首要和必要条件是：彼此能够通信。有通信就必有信息。反复出现在本书中的一个基本观点是：信息，尤其是人文信息，它并不是近代语言进化史上的一个新概念，自从有人类以来它就存在。在中国，从唐朝算起到现在，它已经有1000多年的历史。在英语中，从14世纪算起，它的存在也已超过600年。按照常规的思维，科学团体一定会在科学研究，特别是人文科学研究中出现过或存在着对这一现象的相关思考。如若考察人文科学的发展史，我们可以并不惊奇地发现，历史上对人类信息的研究不是没有，而是已经很多，且这些研究曾经是且仍然是人文社会科学，特别是人文科学的核心研究内容。

12.2.1 人类信息概念的进化史

从人文与社会科学的发展史来看，关于精神方面的研究内容是沿着灵魂—意识—信息的历程演化前进的。围绕着这些概念，各个时期的人文科学分别形成了自己的时代特征，我们把这些不同的时代分别叫作灵魂中心论时代、意识中心论时代、信息中心论时代。

1. 灵魂中心论时代

在科学的婴儿时期，它曾受到神学思想的严重影响。那时的科学，尤其是后来的人文科学，有一个基本的思考中心：灵魂。虽然人们在美索不达米亚文明和古埃及文明时期，已对灵魂问题进行过一些零星的探索，但系统的研究还是从古希腊哲学以及后来的心理学开始的。

---

① 塞尔维亚-斯洛文尼亚卢布尔热亚那大学社会科学系信息学与方法论中心. http://www.social-informatics.org [2014-7-12].

② 奥地利萨格列布大学“信息和通信技术社会网络小组”. http://icts-and-society.net [2013-4-22].

在古希腊哲学的第一个学派米利都学派中，泰勒士（Thales，约公元前 624～前 547 年）、阿那克西曼德（Anaximander，约公元前 610～前 545 年）、阿那克西美尼（Anaximenes，约公元前 570～前 526 年）是这一学派的三个代表人物，他们都曾对灵魂进行过深入的研究。泰勒士认为，水是万物的本原，万物因水而获得生命，灵魂因生命而获得。因为具有灵魂，万物才有了运动的能力。磁石之所以能够吸引铁，是因为磁石具有“灵魂”，这就是灵魂存在的最好例证，这也是欧洲最早的物活论思想。阿那克西美尼认为，“气”是万物的始基，而灵魂也是气，因为生命个体呼吸的是气。人的呼吸一旦停止，生命也就终结了。无限的气就是神，它弥漫于整个宇宙之中。

在米利都学派之后，毕达哥拉斯（Pythagoras，约公元前 580～前 500 年）对灵魂进行了更为深入的研究。他认为，灵魂是由某种物质构成的，它可能是空气中的尘埃，或者是推动尘埃运动的某种东西。这个学派甚至认为，精液中的“热气”也是灵魂。灵魂是一种“和谐”，是由肉体中热和冷、湿和干等对立元素的构成物。毕达哥拉斯还认为，由于数是万物的本原，灵魂具有数的性质，因此它也服从数的关系。灵魂可以分为表象、心灵、生气三个部分。动物有表象和生气，而只有人类才有心灵。灵魂的位置处于心脏和大脑之间，心脏的部分是生气，心灵和表象则位于脑中，各种感觉就是这两部分的点滴流露。灵魂从血液中取得养料，之后通过血管、肺、神经而实现语言的功能。

在毕达哥拉斯之后出现的是爱菲索学派，在这个学派中，赫拉克利特（Heraclitus，约公元前 530～前 470 年）反对灵魂不死和灵魂轮回的学说。他认为，灵魂生于火，是火的热气。火有生有灭。根据这一看法，他认为，灵魂可以分为“干”的和“湿”的两类。干燥的灵魂最有智慧，潮湿的灵魂在追求享乐的同时，也使灵魂在水中逐渐灭亡。另外，赫拉克利特还朦胧地认识到，灵魂和身体之间具有某种关系，灵魂好比位于蛛网中央的蜘蛛，身体好比整张蛛网，身体任何部位的动作都联结着位居中央的灵魂。

进入古希腊文明之后，灵魂研究进入了柏拉图（Plato，约公元前 427～前 347 年）和亚里士多德（Aristotle，公元前 384～前 322 年）的视野。柏拉图认为，人类社会可以分为“现实世界”和“理念世界”，现实世界除了现实的自然事物和社会现象之外，还有事物的影子或肖像，它是一个外在的物与影的世界。而理念世界则是数量的、本质的、自然规律的世界。为了说明这两个世界的存在，他就灵与肉的性质、内涵、关系、特点等，在其著作中做了大量详细的论述。

公元前372年，亚里士多德写出了世界上第一部灵魂研究的专著:《论灵魂》（Περὶ Ψυχῆς，又译作《精神论》）。亚里士多德认为，灵魂是生命的动力，是生命的最终原则，同时又是身体的形式。通俗地说，一个有生命的躯体必须有灵魂。没有灵魂，就没有生命。灵魂和躯体共同构成了生命，而躯体则是灵魂的工具，灵魂通过躯体实现自己的功能。这种认为身心既统一于一体又相对独立的灵魂学说，构成了亚里士多德的一元论与二元论并举的独特灵魂观。从上述基点出发，亚里士多德认为，不同的生命形式具有不同的灵魂类型。植物只具有营养能力的生命形式，它的灵魂只能通过营养的吸收和消化来促进成长。动物除具有营养功能之外，它们还有感觉的功能，因此，动物所具有的是感觉事物的灵魂。人则包含了动物和植物的所有功能，而且还具有人类独特的理性功能，即通过思维来超越当前直接感知情境的能力。因此，人具有理性灵魂。在植物、动物、人类这三类生命形式中，人的灵魂是最高级的。

古罗马时期，原子论者伊壁鸠鲁（Epicurus，公元前341～前270年）认为，世界是由原子构成的，因此灵魂也由原子组成。灵魂原子布满身体。感觉是由身体所投射的薄膜，人死后灵魂也就消散了。虽然期间的原子还继续存在，但不能再有感觉，因为灵魂不再与身体保持联系。他说：“是消散了的东西都已没有感觉，而凡是无感觉的东西都与我无关。”根据伊壁鸠鲁的原子论，17世纪法国唯物主义哲学家伽桑狄（Pierre Gassendi）提出，世界上的一切物体都是由原子构成的。原子各式各样的结合才产生了千差万别的事物。人的灵魂也是物质，是一种散布在肉体中的，“非常精细、非常稀疏”的物质。他批判了笛卡儿（René Descartes）的观点，认为灵魂不占体积，没有形体，既不能发生作用，也不能接受作用。一种没有体积的灵魂，怎么会能够指挥有体积的身体呢？即怎样指挥一个有头、有脚、有肢体的人呢？同时，灵魂和肉体的密切联系也是一个由经验证明的、无法否认的事实。当身体健康的时候，灵魂是健康的。当身体有疾病的时候，灵魂是衰弱的。当人死之后，灵魂也就烟消云散。伽桑狄否认灵魂是一种独立于物质的实体，认为灵魂与身体密切联系在一起。

17世纪的唯物主义哲学家斯宾诺莎（Baruch de Spinoza）认为，思维、意识、灵魂是实体物质的属性，这种观点在对灵魂和意识的认识上，无疑向前迈进了巨大的一步。这样，他既反对了把灵魂看成是一种和物质无关的、不灭的实体，又反对了把灵魂、意识说成是某种特殊的物质。意识、思维既不是物质，又不是与物质无关的不死灵魂，而是物质的属性。18世纪，法国唯物主义者拉美特利（Julien De La Mettrie）、爱尔维修（Claude

A. Helvétius）、狄德罗（Denis Diderot）、霍尔巴赫（Baron d'Holbach）等继承并发展了斯宾诺莎的唯物主义学说，他们指出，灵魂不灭的观念是荒谬的。霍尔巴赫说："灵魂根本不应当与身体分开，它就是身体的本身，只有我们从身体活着的时候所具有的某些作用、某些存在方式和活动方式去看，才能把它称为灵魂。"他指出，神学家所说的人们的灵魂在身体死亡以后还继续存在是荒谬的。

关于灵魂的结构，亚里士多德反对柏拉图所提出的知、情、欲三分法，并提出了"四因论""感觉论""记忆观"学说，尽管此后的一些学派如斯多亚学派提出了物质与灵魂之间不存在对立，伊壁鸠鲁学派提出了灵魂是由热气、冷气、类似的气息或风、"无名成分"的混合物组成，但灵魂的研究却开始逐渐被心理学概念不断地加以还原。①之后，一个以灵魂研究充斥科学和生活的中心时代慢慢谢幕。在灵魂中心论时代，心（mind）的研究也曾一度曾被作为替换灵魂的一个候选概念，但它却未能像灵魂那样成为一个时代的宠儿。

2. 意识中心论时代

在灵魂概念盛行的时期，它的研究主要分布在哲学、心理学、神学等领域，医学和生理学仅起一些注解作用。之后，一位罗马医生观察到，虽然人的注意、记忆、思维等活动，以及人在睡眠中的大脑活动，它们都是靠灵魂来调节的，但前者需要有新的要素参加，这就是"意识"。意识概念自此首次被引入心理学和医学。那时，柏拉图关于灵魂的学说在人们思想中已经根深蒂固，因而对"意识"还不易接受。一直到 17 世纪，笛卡儿研究了行为的反射性质，认为由于神经系统装置的作用，机体上的肌肉能够适当地回答外界刺激，而没有什么灵魂的干预。和笛卡儿同时代的霍布斯（Thomas Hobbes）则果断地排斥了灵魂概念，在心理学史上开始主张把关于灵魂的学说改造成为关于意识及精神现象的学说。由此，意识的概念开始正规且大规模地引入西方思想界并逐渐代替了灵魂概念。

在意识概念被纳入研究者们视野之初，它是常常被误解的。笛卡儿认为，物质不过是呈现在意识影象上的内在性质，科学与物理学只涉及影象与定量关系。这些都从属于意识的丰富内涵——它的性质与特征。它只是此刻存在于意识之中，除了现在，一无所有。时间又从它身边悄悄溜走。意识超过一切，不可毁灭。也没有任何途径可以去想象它的创生，它比具体还要坚实。每个人的意识都是无限的，并飘散着不同的甜美和芳香。如

① 叶浩生. 心理学史. 北京：高等教育出版社, 2005: 14-23.

果人们相爱，他们真正所爱的其实是意识。

18 世纪法国的唯物论者认为，思想、意识是人脑这种特殊物质的机能，人脑是思想的器官。狄德罗曾指出，意识是人脑的特性，一切对外界的感觉都是通过感觉神经传到大脑的，有如来外界的震动通过蛛网传给蜘蛛一样。霍尔巴赫认为，感觉虽然是我们认识的来源，但是，“如果我们感官并没有被触动，那么，我们就不能有感觉、知觉和观念。”因此，一切心理现象只能是“对象的映像”。他说，如果我们认为不需要外物的作用也能产生心理活动，那就等于说天生的盲人也能看到颜色。

然而，这只是革命的前奏，真正的意识研究直到 19 世纪中后期才兴盛起来。科学心理学的先驱冯特（Wilhelm Wundt），于 1975 年来到德国莱比锡大学任教，并于 1879 年在那里正式建立了世界上第一个心理学实验室。这一行动具有两个重要的里程碑式意义。第一，冯特希望把心理学从哲学中分离出来，使它正式成为一门独立的学科。在过去，心理学如果不是神学的婢女，那它一定是哲学的附庸。正如美国医学家墨菲（William P. Murphy）后来所评论的那样，在冯特之前，“心理学就像一个流浪儿，一会儿敲敲生理学的门，一会儿敲敲伦理学的门，一会儿敲敲认识论的门。1879 年，它才算有了个安身之所，有了一个实验科学的名字。”①第二，冯特希望心理学应该从以灵魂为研究中心的泥淖中走出来，逐渐建设成一门以意识为研究中心的科学。他认为，心理学应当着重研究意识，尤其是关于意识的内容、结构、要素及其组合规律等。所以，心理学家在不同情况下也把冯特心理学分别称作内容心理学、构造心理学、元素心理学。

冯特在研究心理的意识方面提出了一个研究纲领，其基本指导思想是：应该以朴素的还原论和整体论为中心进行系统的思考。他认为，心理学在研究意识的过程中，其基本任务可以分为如下三个方面：心理元素、心理复合体、心理复合体形成的规律。关于心理元素：冯特认为，一切心理现象都是由心理元素构成的，心理元素是最终不可再分的基本心理结构单元，它包括感觉和感情两个元素。感觉呈现的是经验的客观内容，感情显示的是经验的主观内容。感觉和感情都具有性质和强度，根据这两种特性，可以将感觉和感情进行细分。感觉包括视觉、听觉、嗅觉、味觉、触觉、肤觉。感情包括愉快和烦恼、紧张和松弛、兴奋和沉静三组。关于心理复合体的结构，冯特认为，对心理元素的不同组合所形成的单位叫心理复合体。感觉组成的心理复合体叫观念，它分为三种：一是忆象，即非直

① 墨菲 G, 柯瓦奇 J. 近代心理学历史导引. 林方, 王景和译. 北京: 商务印书馆, 1980: 230.

接起因于外在印象的观念；二是知觉，即由外在感官印象形成的观念；三是感动，它由复杂的感情组成。感情组成情绪，情绪导致意志。①

许多人认为，只有人类才有意识而动物没有。之后，一些学者对黑猩猩进行了考察，发现黑猩猩可以使用手势语表达自己对外界的觉知以及自我觉察和感受，因此对于动物没有意识的观点开始提出怀疑，并提出了"动物意识"的概念，认为它们也是一个发生和发展的过程。重视和强调人的意识在本质上不同于动物是正确的，但不应仅看到两者之间的间断性，也应看到其连续性。心理学家的任务不是去抹煞这种连续性，而是应当仔细地分析两者的异同。

此外，由于把意识理解为只是反映的最高形式、理性反映、特殊认识，因此忽视了意识的层次性：它不仅有无意识、还有下意识，即使在意识层次也有低级层次的一般觉察，中级层次的关系觉察，高级层次的规律觉察等。只要主体对其中之一拥有觉察，那就进入了意识层次。自我意识也一样。把意识限定为只是理性的反映，显然会把许多意识状态排除在意识范畴之外。也正是由于这种误解，从而把意识等同于理性思维。而思维通常是与语言联系在一起的，于是便得出过没有语言就没有意识这样的错误结论。

在意识概念占据科学研究的中心时代，研究这个问题的主力军是心理学家，其次是哲学家。哲学家除了讨论意识本身的问题之外，他们还致力于研究物质与意识或物质与精神之间的关系问题。在历史上，参与这些讨论的包括休谟（David Hume）、康德（Immanuel Kant）、黑格尔（Georg F. Hegel）、马克思（Karl H. Marx）、恩格斯（Friedrich von Engels）、罗素（Bertrand Russell）等，并各自建立起了自己的意识学说。20 世纪，许多自然科学家也开始卷入了对意识的讨论，例如薛定谔。作为一位对生物学有巨大兴趣的物理学家，薛定谔在关于什么物质事件具有意识，什么物质事件没有意识，他提出了自己的看法。薛定谔认为：意识是与神经系统的功能相联系的，那些功能本身是通过我们叫作经验的东西以适应环境的变化。同时他也表示：意识与生命实体的学习相联。意识的技能是无意识的。目前的实验表明，经验、学习等行为也为许多尚无神经系统的生物所具有，这就要求确立生物的经验、学习与具有神经系统的生物的经验、学习之间的差别。不然就仍看不出有意识的主体与不具有意识的主体的界限。也不足以区别有意识的经验与无意识的经验。②

---

① 车文博. 西方心理学史. 杭州: 浙江教育出版社, 1998: 217-222.

② 埃尔温·薛定谔. 生命是什么？罗来鸥，罗辽复译. 长沙: 湖南科学技术出版社, 2003: 91-139.

需要说明的是，和“意识”相近的概念还有“精神”和“文化”，它们都是十分抽象且多义的词汇。按照我们的理解，抛去它们的动词意义而从纯粹的产品角度看，意识是人脑对大脑内外表象的觉察。精神是对过去的事情、事物的记录，是意识活动的最高产物。文化是一种可以在人类之间进行交流的、普遍认可的一种精神产品。在作为一种人类认识的抽象产品方面，意识、精神、文化可同等使用。

3. 信息中心论时代

在数百年的科学争论中，意识问题不仅一直是大部分人文科学家关注的话题，特别是心理学家和哲学家们的核心话题，甚至也是整个人文科学家和部分自然科学家们关注的话题。自行为主义研究兴起之后，行为的概念曾一度代替了大部分的意识概念，意识研究由此曾受到冷遇。20 世纪中期，随着分子生物学、脑科学、认知心理学的兴起，意识问题再度受到重视，行为主义被排斥在外。可是，关于意识与自我意识这类涉及人类感觉和经验的复杂问题，研究者所拥有的仍是一些相互对立的不同假说。法国一位著名的分子物学家曾把这个问题称为“我们知识边界之外的问题”。这种说法虽有点夸张，但的确表明了这一研究的难度。因为整个人类的认识史表明：当知识边界之外的问题被转化为知识边界之内的问题之后，实际上也就没有边界了。说它的确反映了问题的难度，是因为关于意识的本质、意识的呈现、意识的判别、意识的生理基础等问题，都是现在仍然难以回答的。不过，这次意识研究的兴起，出现了策略性的转变：它不再用一个贴上新标签的旧瓶重装旧酒，一个用“信息”代替“意识”的新思维隆重登场，科学由此迈入了一个以“信息”为研究中心的时代。

我们前面已经谈到，在香农信息论和维纳控制论开始引发一场新思维的革命之前，信息概念除了在文学作品和社会生活中使用之外，它在统计学、博弈论、生物学、通信工程等学科里也被有限地使用着。但在这一革命发生之后，信息的广泛应用就变成了一个时代潮流，甚至逐渐演化成了20 世纪后半叶的一场信息文明。这种文明的表现，我们已经分别在前面的信息概念的研究、信息科学的历史、信息科学的现状几章中做了充分的表述。但有两点值得特别提及：一是信息概念和信息科学研究给整个哲学带来的影响，二是信息概念和信息科学研究对整个科学体系，包括自然科学和人文科学带来的变革。到目前为止，信息概念已是哲学、心理学、传播学、生物学等传统基础科学的中心概念。下面我们仅以哲学为例，分析一下由信息概念的应用所引起哲学新思维。

在哲学中，“一元论”一词由德国哲学家沃尔夫（Christian Wolff）

于 19 世纪末提出，德国哲学家海克尔（Ernst Haeckel）之后开始将它引入哲学，他把基于物种保存原则和进化论的世界观称为一元论。以后，凡是认为世界只有一种本原的哲学学说都称为一元论。一元论与二元论和多元论相对立，依据研究哲学基本问题的立场不同，一元论可分为唯物主义一元论和唯心主义一元论。前者认为，物质是世界的本原，世界的统一性在于它的物质性，世界上形形色色的事物都是物质的表现形态，精神是物质的反映；后者则认为世界统一于精神，世界上的各种事物都是精神的产物和表现。黑格尔的“绝对精神”理论是唯心主义一元论的代表学说。他提出，“绝对精神”是世界的本原，而自然和社会不过是绝对精神发展到一定阶段的产物。

17 世纪的法国哲学家笛卡儿是一个典型的二元论者，他认为，世界有两个本原，一个是物质，一个是心灵。物质的唯一属性是广延，一切物体都占有体积，拥有空间；心灵是思想的实体，它没有体积，且不占空间。同时代的法国唯物主义哲学家伽桑狄坚决反对笛卡儿的二元论。他根据伊壁鸠鲁的原子论提出，世界上的一切物体都是由原子构成的，因此一元论才是科学的。此时，荷兰的唯物主义哲学家斯宾诺莎坚持用世界本身说明世界，在同经院哲学的斗争中，他对笛卡儿的二元论提出了批判，并在此基础上提出了他的唯物论，其核心是实体，是自然界，是客观存在的物质世界，他从原则上坚持了唯物主义一元论。在之后几百年的争论中，一元论和二元论的世界观成了哲学研究中的一个最基础部分。这是在信息概念没有介入哲学之前的宏观状况。

在哲学引入信息概念之后，由它引起的第一大哲学问题是世界组成论问题。1948 年，维纳在他的《控制论》中第一次提出了一个非标准的三元论世界观，认为世界是由物质、能量、信息组成的。[①]这个划分的引人之处，在于它解禁了在传统哲学家的思想中固化了的不存在高于二元组分的世界观。在这个非标准的三元论世界观中，物质被保留了下来，精神或意识被信息所取代，之外增加了一个新组分：能量。2005 年，中国学者罗先汉又提出了一个新的世界观：物信论[②]。物信论把世界的组成又精简回到两元：物质和信息。和传统的物质和意识（或精神）二者构成了我们的世界的说法不同，“物信论”的创新之处在于：它用“信息”代替了“意

① 维纳 N. 控制论：或关于在动物和机器中控制和通信的科学. 郝季仁译. 北京：科学出版社，1963: 133.

② 罗先汉. 物信论——多层次物质信息系统及其哲学探索. 北京大学学报(自然科学版)，2005，41(3): 440-447.

识”(或精神)。此外，在新世界观和旧世界观之间还有一个很大的区别，那就是新理论的倡导者还很少去证明世界组分中究竟哪个是第一性的，哪个是第二性的。这中间固然夹杂着类似惠勒那种基于量子力学而提出的“万物源于比特”的观点，它似乎是一种唯心论[①]，而量子力学的“人择原理”本身就是一种在标准的唯物主义哲学家眼中的唯心主义哲学。“物信论”是一种很现代化的新哲学，但也很难说这一新理论就能经得起哲学家日后的严格推敲。但有一点是毋庸置疑的：信息引入哲学之后，哲学中关于世界观或本体论的讨论使哲学的研究内容日益丰富了。这就不难理解，为什么英国的弗洛里迪认为，由信息引入哲学后所形成的信息哲学将会成为第一哲学[②]。

由信息概念引入哲学之后所引起的第二大哲学问题是人类认识论问题。根据传统的哲学学说，认识论是探讨人类认识活动的本质、结构，以及认识与客观实在之间关系的一种基本哲学理论。在香农信息论和维纳控制论思潮的影响下，1956 年，英国生物学家和控制论研究者艾什比(Eric Ashby)，把信息和反映联系起来提出了一个“变异度”概念[③]。1966 年，苏联哲学家科普宁(Павел В. Копнин)把信息直接引入认识论[④]。1967 年，苏联著名哲学家乌尔苏尔提出，“信息是反映内容的最本质方面”，“它不仅是反映结果的内容和形式，也是反映过程的内容和形式”[⑤]。20 世纪末，中国学者邬焜把由信息引入哲学而形成的认识论研究干脆命名成了“信息认识论”。他认为，由信息引起的认识论可以从三个层次上进行考察。第一个是人工智能层次，第二个是认知心理学层次，第三个是哲学认识论层次。邬焜说：在哲学层次上，人们以主客体关系为主线，可以运用信息的观点和方法对认识活动的本质、起源、过程、机制进行研究。这正是信息认识论的层次。由于信息本质和认识本质的差异，在研究中出现的分歧和争论具有宏观性、抽象性、综合性的特点[⑥]。在解释认识是如何借助信息而发生的时候，他进行了类似当代心理学的过程分解方法，阐明了信息在认识的不同阶段所起的作用。更为重要的是，他对 1980 年代哲学界提出的“信息中介论”切切实实地在信息认识论中进行了分析，并把

① 苗东升. 信息研究的中国路径在开拓中. 《系统科学通讯》(信息科学专题), 2015, (5): 34.(内部文稿: 2015 年维也纳信息科学国际高峰会议)

② 弗洛里迪 L. 什么是信息哲学? 刘钢译. 世界哲学, 2002, (4): 72-80.

③ 艾什比 W R. 控制论导论. 张理京译. 北京: 科学出版社, 1965: 18.

④ 科普宁 П В. 何以常译. 科学研究逻辑及其基本概念. 哲学译丛, 1968, (8): 40-45.

⑤ 乌尔苏尔 А Д. 认识论和逻辑学中的信息方法. 何以常译//摘译：外国自然科学哲学, 1974, (2): 17.

⑥ 邬焜. 信息认识论. 北京: 中国社会科学出版社, 2002: 1-3.

信息和认识过程结合起来，在认识过程研究中用信息取代了过去大部分称之为意识和精神的东西，这使得信息认识论研究比过去的意识认识论或精神认识论研究更为科学、更易理解①。和意识一样，“认识”包含动词和名词两种含义。当从动词角度考察时，“认识”就是一种如何正确认识世界的过程，包括对唯物与唯心，可知与不可知等问题的分析。当从名词角度考察它时，简单的认识结果是新闻和历史，复杂的认识结果要么是科学，要么是文学、艺术、宗教。从结果方面看，这一切现在可用一词以蔽之：信息。所有的信息集合起来叫“信息世界”或“人类信息世界”。对于科学，不论是社会科学，或者是人文科学，抑或是自然科学，在信息时代，信息都是这些学科的核心，这就是信息中心论的基本表象和含义。

12.2.2　人类信息学和人文科学的等价性

任何人类信息都是我们人类的感官或认知器官对某一视域的反映，所有的视域集合起来就是整个自然世界和社会世界，甚至是信息世界。而反映者的专业往往是不一样的。对于同一个物理视域而言，物理学家得到的可能是物理信息，化学家得到的可能是化学信息。对于同一个社会视域而言，政治学家往往注意取得政治信息，经济学家往往注意取得经济信息。因此，从人类主义的角度来说，在所有的机械信息、细胞信息、人类信息等类型中，人类信息可能是最为丰富的一种。所有人类信息的集合构成了一个信息世界，它是整个人类文明的成果和结晶，我们的科学现在正处于一个信息中心论时代。科学和信息科学在信息中心论时代的一个基本任务，就是要对信息世界进行研究，它是信息科学赋予信息时代的光荣使命。

1. 人类信息的类型

对于人类信息世界中的信息类型，我们在前面的“信器”部分已经提出了一些基本的看法，它和一般“信息系统”概念一起构成了一种确定信息类型的新方法，它也迫使我们必须对过去的信息类型观做出巨大的修正。系统科学对信息科学的影响是根本性的，过去我们在这些方面忽视了，今天需要重新审视它们。当然，这些问题也可能对系统科学具有一定的参考意义。这就是今天许多研究者们一直强调信息和系统具有密切联系的原因所在。

按照信器分类法，我们可以有机体信息、细胞信息、分子信息、粒子信息、机械信息等。在机体信息之下，我们可以有动物信息和植物信息；

① 邬焜. 信息认识论. 北京：中国社会科学出版社, 2002: 118-138.

在动物信息之下，我们有人类信息和其他动物信息。在所有这些信息类型中，人类信息是我们整个人类文明的结晶。

根据信器的概念，所有由信器分类法形成的信息构成了不同的信息世界。把“传偶”和“信息系统”两个概念结合起来看，每个信息系统的输入有两种——“原激”和“信息”。原激是还没有形成信息的一种物理刺激。当它们进入一个系统时首先被受信体接收，之后再形成信息。之后的去向有四个：一是被该受信体暂时或长久地在该受信体之内保存起来；二是被该受信体暂时或长久地保存在受信体之外，且自己可以控制着输送到某种小众媒体上去（例如人类信息被保存在诸如笔记之类的小众媒体上）；三是传输到一个更大的，基本不能再被自己所控制的大众媒体系统上去，从而作为整个人类信息世界大家庭的一个持久组成部分；四是把它向另一个信息系统发送，这就进入了另一个新的信息系统轮回。这四种情况不仅适合人类信息系统，同时也适用于其他一些信息系统。这就是我们在引入了“信息系统”和“传偶”的概念之后，信息的视野会马上就开阔或清晰起来的缘故。

由于过去的信息科学是机械主义和人类主义的混合物，所以，我们习惯地会把 $E=MC^2$ 仅看作物理信息。但是，按照我们现在的分类方法，无疑，$E=MC^2$ 首先应该是人类信息，其次才是物理信息。事实上，我们人类在任何媒体上和场合里所讨论的信息，它们首先是由我们“人类通信器”和“人类处信器”所操控的，所以它们首先是人类信息。由于所有的人类信息都是我们人类的感知器官对某一视域的反映而形成的，而所有的视域都带有某种专业属性，例如物理的、化学的、经济的、法律的、技术的等，所以，我们之后就有了物理信息、化学信息、经济信息等。因为纯粹的物理信息应该是由“物理通信器”或“物理处信器”操控的，但这些信器在操控这些信息的时候，它们所使用的语言符号并不是我们日常信息交流和思维所使用的人类自然语言。以遗传信息为例，它的存在、传输、处理等操控行为，都不是我们人类信器所能识别和处理的。表面上看是用 GATC 之类的语言表达的遗传信息，实际上它是生物学家为了在科学家和公众之间进行研究和交流的方便，而将遗传信息人类信息化后的表达形式。一个卵子或精子是不会明白 GATC 是什么含义的，所有的生殖细胞绝不会对纸面上的 GATC 做出反应。因此，在决定一种信息是什么类型的时候，首先要从信器分类入手，然后再从专业分类入手进行分类。“一个原子是由一个原子核和绕核旋转的若干电子组成的”，它首先应该是人类信息其次才是物理信息。如果一定要强调其物理特性的话，准确的说法应该是：

它是“关于物理视域的人类信息”。“物理信息”的概念适于在普通公众中和大众媒体上进行交流和传播，“人类信息”的概念适于信息科学研究者进行研究时使用。

在人类对社会的反映过程中，由于时间和思维的原因，我们首先得到的是对某一视域的直感信息，即社会信息。直感信息的基本特征是：它是原始的。虽可以在形式上加以剪裁，但在内容上一般会保留其原貌。社会信息在加工过程中会扭曲变形，记者或史家有责任将其复原。在一些极端的看法中，新闻学家李普曼曾对把真实的新闻报道变成政客的政治宣传进行过抨击，他说：宣传的任务就是帮助公众形成一种歪曲的世界图景，在一个人创造出他认为明智且可取的虚拟环境之前，宣传的目的是尽力限制受众接近世界的真实环境，最终形成一个虚假的世界图像。[①]类似的表述也由历史哲学家们用冷幽默的方法表达过，他们说：历史其实就是个小姑娘，她往往可以任由胜利者们进行乔装打扮而变得花枝招展，我们后人实际上很难看到当时的历史真相。德国犹太社会学家和哲学家齐美尔（Georg Simmel）曾经提出：历史学家从文献着手，在自己的心灵中构造出号称是过去的写照的东西。这幅写照只是在他的心灵里，而不在任何其他地方；它是一种主观的精神构造，但是他却声称这种主观的构造具有客观的真理，这是不可能的[②]。英国哲学家、历史学家、考古学家柯林武德（Robin Collingwood）的看法是：历史没有客观性可言，历史学所描写的并不是真正的社会史，而是史家自己的思想史[③]。

社会信息的基本价值是它的“真实性”或“原始性”，但是，其他的信息就以其“加工性”或“调制性”为其基本特征。例如，我们对某种信息进行抽象的加工，其结果就形成了科学信息。我们对某种信息进行形象的加工，其结果就形成了文艺信息。我们对某种信息进行虚像的加工，其结果就形成了宗教信息。依次，我们就得到了四种基本的人类信息，即社会信息、科学信息、文艺信息、宗教信息。社会信息包括新闻信息和历史信息；科学信息包括自然科学信息、技术科学信息、社会科学信息、人文科学信息；文艺信息包括文学信息和艺术信息；宗教信息包括佛教信息、基督教信息、伊斯兰教信息等。所有的人类信息类型如图 12-1 所示。

① 胡翼青. 传播学：学科危机与范式革命. 北京：首都师范大学出版社, 2004: 16-24.

② 柯林武德 R G. 历史的观念. 何兆武, 张文杰译. 北京：中国社会科学出版社, 1986: 194.

③ 同上，244.

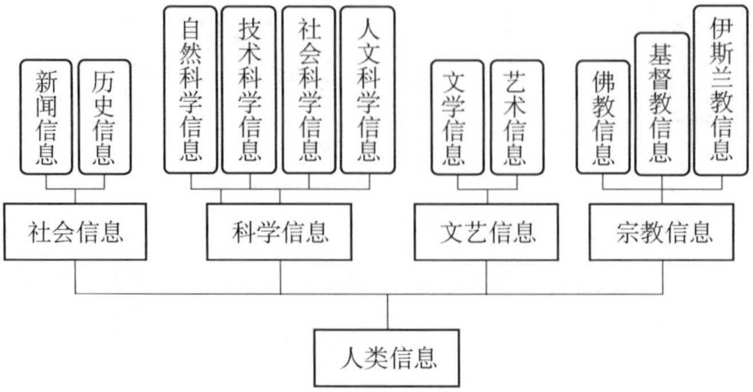

图 12-1　人类信息的类型

这里的社会信息、科学信息、文艺信息、宗教信息，都是从人类信息加工的视角来划分的。对一般人来说，我们日常所形成、所接受、所使用的主要信息是新闻信息，其次才是科学信息和文艺信息。如若按照人类的信息活动进行信息分类，除去相对稳定的科学活动所形成的科学信息之外，如果你进行的是经济活动，那么你对该类活动进行反映所形成的信息就是经济信息；如果你进行的是旅游活动，那么你对该类活动进行反映所形成的信息就是旅游信息。如果我们乐意继续分下去的话，这种人类信息就会出现无穷无尽的类别。但是，大多数人类信息由于过分简单而对其反映所得的信息进行研究并不具有什么科学价值。例如，对散步这样的简单活动进行反映所形成的“散步信息”进行研究，它是不大会有什么科学意义的。

2. 人类信息学的研究对象

作为整个人类认识世界的成果，它们的全部集合构成了一个世界，我们将这个世界称作“信息世界”或“人类信息世界”。在科学史上，科学证伪理论的提出者波普尔（Karl Popper）曾将这个世界称为“思想的客观内容世界”（objective contents of thought）。1967 年，在“第三届逻辑方法论和科学哲学国际会议”致辞中，他首次提出了这个概念，他的原话是这么说的：

> 如果不过分认真地考虑“世界”和“宇宙”一词，我们就可区分下列三个“世界”或“宇宙”：第一，物理客体或物理状态的世界；第二，意识状态或精神状态的世界，或关于活动的行为意向的世界；第三，思想的客观内容世界，尤其是科学思想、诗的思想以及艺术作品的世界。（The world of objective contents of thought，especially of

scientific and poetic thoughts and works of art.）①

之后，人们一般把它简称为：世界 1，即物理及其状态的世界；世界 2，即意识状态或精神状态的世界；世界 3，即思想的客观内容世界。

波普尔是 1967 年提出这种理论的，根据“信息”一词的进化规律，我们今天完全可以修正这种说法，把波普尔的世界 3——思想的客观内容世界——简称为**“信息世界”**或**“人类信息世界”**，而人类信息学的全部任务就是研究这个“信息世界”。②对这个世界进行研究的人类信息学有不同的分支，它们总体上可以分为如图 12-2 所示的两个层次。

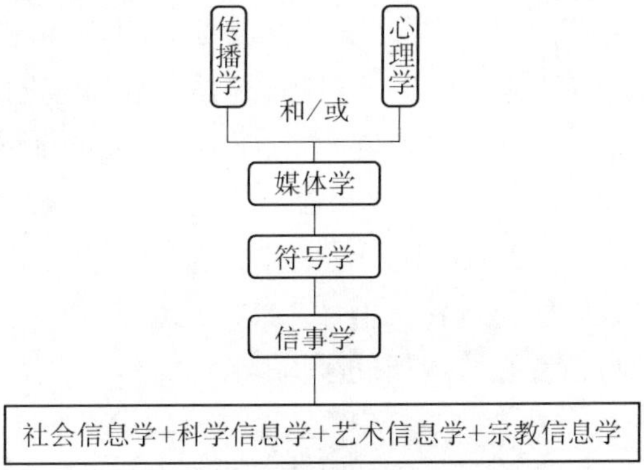

图 12-2　人类信息学的完整理论体系

底层是直接对某类信息进行研究得到的人类信息学实践学科，上层是在这些实践学科之上得到的人类信息学理论学科。由于我们在第七章中已

---

① Popper K R. *Objective Knowledge: An Evolutionary Approach*. New York: Clarendon Press, 1979: 106. 中文版见：卡尔·波普尔. 客观知识——一个进化论的研究. 舒炜光，等译. 上海：上海译文出版社，1987: 114.

② 这一思想的接近表述曾由图书馆信息科学研究者布鲁克斯提出过，他的原话是这样说的：图书馆信息科学研究者的实际工作可以归结为收集和组织“世界 3”的记录，以资利用。其理论工作可以归结为要研究“世界 2”和“世界 3”的相互作用，可能的话还要描述和解释它们，以帮助组织知识而不是文献来提高其利用效率。（So the practical work of library and information scientists can now be said to collect and organise for use the record of World 3. And the theoretical task is to study the interactions between Worlds 2 and 3，to describe and explain them if they can and so to help in organizing knowledge rather than documents for more effective use.）见：Brooks B C. The Foundations of Information Science，Part. I，Philosophical Aspects. *Journal of Information*，1980, 2(2-3): 128. 遗憾的是，布鲁克斯的眼光仍没能跳出图书馆信息科学的狭隘思维。试想如若他那时就大胆地提出：“图书馆信息科学研究者的任务就是研究‘世界 3’”，而不是说：“图书馆信息科学研究者……的理论工作可以归结为要研究“世界 2”和“世界 3”的相互作用”，那么图书馆信息科学今天的境遇是不可想象的。

经讨论了除媒体学之外的其他人类信息学理论学科，下面我们仅分析一下人类信息学的实践学科。由于前面已经先用“信器”后用“专业”的标准将人类信息分成了社会信息、科学信息、文艺信息、宗教信息，所以，下面我们也将从这四个方面对人类信息进行讨论。

（1）社会信息的研究。

研究社会信息的学科有两个：新闻学和历史学。关注当前信息的是新闻学，关注过往信息的是历史学。[①]作为对社会信息进行研究的学科，新闻信息学已经存在[②]，历史信息学虽有人提出过，但提出者认为其很特殊[③]，所以也没有人再继续深入探讨下去。但近年来的历史学实践正在迫使历史学家和信息科学家不得不去深思这些问题。例如邓小南[④⑤]、李浩[⑥]等一些历史研究者已经证明，许多历史现象和制度是通过不同的历史信息传播机制造成的。但我们需要提请历史学家注意的是，诸如德国科隆大学的泰勒（Manfred Thaller）[⑦]，莫斯科大学的佳尔斯科娃（Ирина М. Гарскова）[⑧]等所倡导的，那种以数学方法和计算机技术在历史学研究中应用为核心的所谓“历史信息学”，它并不是我们在这里主张的历史信息学。我们提出的历史信息学是把历史作为一种“本体”或“思想”，即一种“信息”来研究的历史信息学，二者有着本质的不同。

在传统的科学、文艺、宗教人类知识三分法中，新闻和历史通常是没有地位的，虽然二者都不是一种严密的知识体系，但它们却是一种不可或缺的信息类型。新闻信息反映的是当前社会的概貌，历史信息反映的是过去社会的概貌。新闻媒体主要报道的是社会信息，其次才报道科学和文艺信息。历史文献主要记载的是社会信息，其次才记载科学、文艺、宗教信息。所以，我们必须为新闻信息和历史信息提供一个合法的信息学位置。

（2）科学信息的研究。

按理说，关于科学或知识的研究，应该出现在 20 世纪问世的“科学

---

① 葛剑雄，周筱赟. 历史学是什么？北京：北京大学出版社, 2002: 57-60.

② 李元授. 新闻信息论. 武汉：武汉大学出版社, 1994.

③ 程洪. 历史研究：一门特殊的信息科学//中国史研究编辑部等合编. 系统论与历史科学. 郑州：中州古籍出版社, 1987: 150.

④ 邓小南. 政绩考察与信息渠道：以宋代为重心. 北京：北京大学出版社, 2008.

⑤ 邓小南，曹家齐，平田茂树. 文书·政令·信息沟通：以唐宋时期为主. 北京：北京大学出版社, 2012.

⑥ 李浩. 天子文书·政令·信息沟通：以两汉魏晋南北朝为中心. 上海：复旦大学出版社, 2014.

⑦ Thaller M. The Need for a Theory of Historical Computing//Peter D, et al. *History and Computing II*. Manchester: Manchester University Pressk, 1989.

⑧ 佳尔斯科娃 И М. 历史信息学的史料学问题. 张广翔译. 北方纵论, 2015, (2) : 25-30.

学”学科中[1]，即使它不研究人文科学知识的话，也应该把社会科学知识列入其研究范围。但科学学并未如此。在过去以致到现在，把自然科学当作正统合法的科学，把社会科学当作勉强够格的科学，把人文科学不当作科学看待的思想仍大有人在。[2]所以，本应研究所有科学特征的“科学学”却仅仅研究自然科学的各种问题，社会科学和人文科学的相应问题被排除在了科学学的大门之外。较宽松的“科学学”研究内容包括自然科学的管理、队伍、经费、政策、信息等，例如贝尔纳（John D. Bernal）的《科学的社会功能》等[3][4]；较狭窄的科学学只研究自然科学的方法论等。流行的看法是，只有自然科学才有资格谈论方法论，这在“科学哲学”的研究内容中已成既定模式。在中国，给大学生讲授科学方法论时，往往用“自然辩证法”来代表其整个内容已经人所共知。这种思想延伸到对信息的理解上时，最为著名的例子就是米哈依洛夫等三人的“科学信息学”研究[5]。

解决这种困局的方法有两个。第一，扩大以米哈伊洛夫等于 1976 年创造的科学信息学学研究范围[6]，使其不仅包括自然科学信息和技术科学信息，而且还要包括社会科学信息；第二，建立一门综合性的科学学或知识学，而其核心仍是信息问题。

（3）文艺信息的研究。

至于文艺信息学或艺术信息学，它早已由一些学者研究过，例如陈辽 1986 年就出版过《文艺信息学》的著作[7]。但在文艺信息学的细化研究中，有一个奇特的现象需要引起我们的注意，那就是：艺术学家特别喜欢用信息概念来阐释艺术学中的信息问题，而文学家却恰恰相反。在艺术学中，典型的如川野洋的《艺术信息理论》[8]，奥斯鲍恩（Harold Osborne）

---

① 蒋国华. 科学学的起源. 石家庄: 河北教育出版社, 2001: 42.

② 胡立耘. “人文学科”“社会科学”及其通称术语的由来与非规范性现象探讨. 宁夏社会科学, 2005, (5): 155.

③ 贝尔纳 J D. 科学的社会功能. 陈体芳译. 北京: 商务印书馆, 1982: 398-419.

④ 在科学学研究中, 这种局面之后开始松动. 例如一些研究社会科学科学学的著作也开始问世. 例如: 夏禹龙. 社会科学学. 武汉: 湖北人民出版社, 1989.

⑤ 米哈依洛夫 A И, 乔尔内 A И, 吉里列夫斯基 P C. 科学交流与情报学. 北京: 科学文献出版社, 徐新民, 张国华, 孙荣科, 等译. 北京: 科学文献出版社, 1980.

⑥ 米哈依洛夫 A И, 乔尔内 A И, 吉里列夫斯基 P C. 科学交流与情报学. 北京: 科学文献出版社, 徐新民, 张国华, 孙荣科, 等译. 北京: 科学文献出版社, 1980.

⑦ 陈辽. 文艺信息学. 北京: 人民文学出版社, 1986.

⑧ 川野洋. 芸術情報の理論. 東京: 新曜社, 1972. 川野洋的这部《艺术信息论》在 20 世纪是一部影响很大的艺术信息论专著.

的《20世纪艺术中的抽象和技巧》，罗一平的《美术信息学》[①]等。特别是英国的艺术学家奥斯鲍恩，他把艺术作品中包含的信息分为三类，即语义信息、符号信息、表现信息。奥斯鲍恩认为，语义信息是指一件艺术作品所描绘或阐述的，关于外在世界某个方面的某些特征，尽管是想象的或不一定是真实的；符号信息是指艺术作品传达的，关于它自身的特性与结构、各部分的关系、用以制作它们的材质等方面的情况；表现信息是指艺术作品所传达的，有关情感特征、作品的相关情况或它所描绘的事物等[②]。而这些深刻的探索在文学家的理论探索中几乎是看不到的。

（4）宗教信息的研究。

关于宗教信息。虽然世界上有许多人是无神论者，但有神论者在西方或东方仍是一个很大的群体。在著名的科学家中，包括许多自然科学家和诺贝尔奖获得者在内，他们仍旧认为，在宇宙之上有一个万能的上帝存在。在中国，我们的教育从小就把我们塑造成了一个无神论者。近20年来，随着多元文化的发展，在大学的院系设置中，宗教学已经普遍成其中的一个系科。原因在于，宗教信仰中有其合理的成分存在，它能够给人们提供一种关于人生或宇宙的不同认知。例如，认为宇宙起源于最初的一个大爆炸奇点虽然是一个比较流行的物理学学说，但它至今仍是一个没有得到普遍认同的宇宙学理论。因此，宗教和神学仍会在这类夹缝中找到的它的立足之地。所以，在信息的分类和研究中，我们仍应给宗教和神学信息留出一个特别的位置。虽然马克思1842年在《黑格尔法哲学批判·导言》一文中认为："宗教里的苦难既是现实的苦难的表现，又是对这种现实苦难的抗议。宗教是被压迫生灵的叹息，是无情世界里的感情，正像它是没有精神的状态的精神一样。宗教是人民的鸦片。"[③]但吸食这种"鸦片"已变成人类文明的一种不可遏制的特征。

人类信息学的实践学科和理论学科一起构成了一个致密的人类信息学理论体系。我们在前面已经分析过，一个好的信息科学应该是一种类似汉字"羊"字的结构，而在我们的人类信息学中，"羊"字下面还具有四组扎实的基础科学做支撑，如果把这四组学科当作四个基本支点的话，人类信息学的实践学科和理论学科就一起就构成了一个类似汉字"羔"字的结构。这一现象表明，人类信息学不仅具有广泛的实践研究做支持，而且

① 罗一平. 美术信息学. 广州：中山大学出版社, 2002.

② Harold O. 20世纪艺术中的抽象和技巧. 闫嘉，黄欢译. 成都：四川美术出版社, 1988: 7.

③ 卡·马克思. 黑格尔法哲学批判·导言//中共中央马克思恩格斯列宁斯大林著作编译局编译. 卡·马克思，弗·恩格斯. 马克思恩格斯全集（第一卷）. 北京：人民出版社, 1956: 453.

还具有坚实的理论研究做后盾，它是目前整个信息科学体系中最为完美、最为稳固的一个知识体。细胞信息学的理论研究虽然也十分严密，但作为其基础理论的信号转导理论还处于一个混沌的大学科中，而我们的人类信息学基础理论已经细化成五个结构分明的学科，这是目前 200 多门专业信息学科中任何信息学科也不能与之相媲美的。

3. 人类信息学和人文科学的等价性

科学的含义是什么？一般认为，科学是指关于对事物的本质属性及其规律进行认识的知识以及获得这些知识的方法。但国际学术界对科学的定义至今一直存在着争议。目前，世界各国对科学的理解大体有两种：一种是以英、美国家为主的科学概念，认为科学（science）是指一套具有严密逻辑实证可能的知识体系。例如，查尔默斯（Alan F. Chalmers）在《科学究竟是什么？》一书就认为："科学理论是严格地从用观察和实验得来的经验事实中推导出来的。科学是以我们能看到、听到、触到……的东西为基础的。个人的意见或爱好和思辨的想象在科学中没有地位。"①二是德国、俄罗斯、日本、中国等国家的科学概念，认为科学（wissenschaft/наука/科学）是指一切系统化和组织化的知识。例如，康德在《自然科学的形而上学基础》中就认为："每一种学问，只要其任务是按照一定的原则建立一个完整的知识的话，皆可被称为科学。"②

追溯这种认识差别的原因在科学史上充满着许多动人和伤感的故事。在欧洲文艺复兴之前，宗教和神学统治着整个人类精神世界长达几百年，越过漫漫的中世纪暗夜之后，科学的曙光开始照亮人类，最先产生了人文学科（the humanities），它是和宗教神学相对应的。人文学科的成果最后形成了一个以文学与艺术产品为中心的精神世界。之后，哥白尼（Nikolaj Kopernik）和伽利略（Galileo Galilei）等科学先驱发展了物理学等学科，（自然）科学（science）逐渐开始从人文科学的大家庭里分离了出来，接下来分离出来的是社会科学（social science）。这样，人类的精神世界就逐渐形成了宗教、文艺、科学三个世界。到今天为止，我们仍经常在以英美等国学者撰写的关于科学和人类文明史研究的著作中，把科学、文艺、宗教看作是三个独立的文明分支。在一般的表述中，人们常把"人文学科"和"社会科学"合称为"人文与社会科学"（humanities and social science），或干脆称之为"文科"（liberal arts 或 arts），而和它相对应的学科已经

① 查尔默斯 A F. 科学究竟是什么？——对科学的性质和地位及其方法的评价. 查汝强，等译. 北京：商务印书馆，1982: 10.

② 伊曼努尔·康德. 自然科学的形而上学基础. 邓晓芒译. 上海：上海人民出版社，2003: 15.

不再是宗教和神学，而是自然科学（natural science）。从科学的研究实践来看，“人文学科”和“人文科学”并没有什么不同，两者都代表一种科学知识。

在对自然科学、社会科学、人文科学，或再加上技术科学的边界划分中，自然科学和技术科学的边界，以及它们和社会科学和人文科学的边界并没有太多的交叉，数百年来，关于社会科学和人文科学的划分却几乎是永存争议。一般认为：

所谓社会科学，它是一种以人类社会为研究对象的科学，是关于对社会事物的本质及其规律进行研究的科学。社会事物是一种特殊的自然事物，它往往受到众多彼此非线性相关的变量制约。社会事物一般具有较长的运行周期，且在时间上具有不可逆性。社会科学研究的是社会发展的自然规律。

所谓人文科学，它是指以人的内心活动、精神世界以及作为人的精神世界的客观表达的文化传统及其辩证关系为研究内容和研究对象的学科体系，它是以人的生存价值和生存意义为学术研究主题的学科，它所研究的是一个精神与意义的世界①。

这些定义说起来并不困难，难的是在具体的划分实践中。著名的《不列颠百科全书》在“社会科学”条目中列举了8个学科，它们包括经济学、政治学、社会学、社会和文化人类学、社会心理学、社会和经济地理学②。在人文科学条目下就没能给出一个系统的列表。在联合国教科文组织出版的《当代学术通观：社会科学和人文科学研究的主要趋势》中则列举了11个学科，它们包括社会学、政治学、心理学、经济学、人口统计学、语言学、社会和文化人类学、考古学和史前学、美学和艺术学、法学、哲学，并认为前6种学科属于社会科学，后5种学科属于人文科学。③英文版的维基百科对人文科学的解释是：“人文科学是对人类文化进行研究的科学学科。”（The humanities are academic disciplines that study human culture.）方法主要表现为批判和怀疑。门类包括语言学、文学、哲学、宗教学、音乐学等④。吴鹏森等人的看法是：人文科学的基本学科主要包括

① 吴鹏森, 房列曙. 人文社会科学基础. 上海: 上海人民出版社, 2008: 4-5.

② 美国不列颠百科全书公司, 不列颠百科全书（国际中文版，修订版）. 中国大百科全书出版社不列颠百科全书编辑部编译. 北京: 中国大百科全书出版社, 1999: 473.

③ 联合国教科文组织. 当代学术通观: 社会科学和人文科学研究的主要趋势(上、中、下). 周昌忠, 等译. 上海: 上海人民出版社, 2004.

④ Wikipedia. Humanities. https://en.wikipedia.org/wiki/Humanities [2014-8-9].

文学、哲学、历史学、美学、宗教学、伦理学、文化学、艺术学等①。

长期以来，在对科学，尤其是社会科学和人文科学的划分上，我们一直缺乏一个明晰的标准，从而导致两者的边界模糊不清，各种说法莫衷一是。今天，由于深化的信息科学触角已经触及人文与社会科学研究的核心地带，它给我们制定这个标准带来了机遇。我们由此认为，社会科学和人文科学边界模糊的时代应该结束了。按照我们的看法，科学的核心概念是沿着灵魂—意识—信息的足迹发展而来的。按照过去的看法，人文科学是研究人类精神世界的科学；按照今天的看法，人文科学是研究人类信息世界的科学。对人类信息世界进行研究既是人文科学的任务，同时也是信息科学的任务。因此，我们的总体看法是：自然科学是以自然物质及其运动规律为研究对象的科学，社会科学是以人类社会及其运动规律为研究对象的科学，人文科学是以人类信息及其运动规律为研究对象的科学。由于意识、精神、文化的基本内涵今天逐渐在被信息概念所侵蚀着，过去以研究它们为己任的人文科学，今天也开始逐渐走向了信息科学，所以，人文科学是人类信息学的等价科学。

12.2.3　两门特殊的人类信息学：符号学和媒体学

在人类信息学的体系中，有两门学科比较特殊，一个是符号学，一个是媒体学。

符号学的研究已经有很久的历史，它过去曾是哲学的附属，今天仍缺乏一个名正言顺的安身场所。自然语言符号虽然已经得到充分的研究，但它仍只限于规范和成熟的符号体系，而所有符号中不规范和不成熟的仍有很多。所以，在人类信息学中，仅研究语言学一种符号学是不够的，我们还要研究剩余的其他各种符号。在我们的人类信息学理论中，符号学是一个名正言顺的人类信息学分支。

就媒体学而言，它早期夹杂在新闻学中。主要指对报纸和杂志，扩大一点说还可以包括图书的研究。随着电子技术的不断创新，电报、电话、广播、电视、电影被列入了传媒的基本类型。之后又加进了广告和公共关系。20 世纪末叶，计算机互联网新晋为传媒的新宠，近年来移动电话网又变成了更新的媒体。自传播学问世之后，大众媒体的概念被提了出来。按今天的话说，上述媒体都是大众媒体，它们应该列入大众传播学从而成为传播学的分支。但在我们的人类信息学理念中，传播学应该是一门基于

① 吴鹏森，房列曙. 人文社会科学基础（第 2 版）. 上海：上海人民出版社，2008: 6.

信息科学和行为科学的交叉学科，它主要研究人类的抽象信息行为。而媒体或大众媒体是一种承载信息和符号的物质载体，其物质构成是技术科学和发明家的研究范围，它不像遗传信息学中承载碱基符号的狄恩酸或阿恩酸那样是一种自然对象，分析其学理只能基于经验性的管理学基础上。媒体是信息的最终物质承载形式，它在人类信息的传播活动中是唯一的一种载体，所以我们必须研究它。

1. 符号学

符号学的英文是 semiotics 或 semiology，这个概念起源于希腊语 σημειωτικός。1670 年，英国医生斯塔布（Henry Stubbe）把它引入英语，用来专指病人“症状”的含义。19 世纪，哲学家皮尔斯（Charles Peirce），哲学家莫里斯（Charles Morris），语言学家索绪尔（Ferdinand de Saussure）等人，逐步把它扩大到了一般的“含义”或“意义”或“语义”研究上。这时的底物已不仅仅指病人，它可以用来代表人类一切可以认知的客体。自从对语言文字这种规范化的符号系统研究成为一门独立的语言学，并逐渐从符号学的大家庭中分离出来之后，余下的符号学部分仍显示出强大的生命力。原因在于：规范化的语言符号在表达人类传播与认知的许多方面时仍难以奏效。例如，在用自然语言来解释舞蹈家使用的舞蹈符号，画家使用的绘画等符号时，它常常就表现得捉襟见肘。

什么是符号？符号学家已经给出几十种定义，其中类似日本符号学家池上嘉彦给出的那类定义可能比较明确一些。他说：“当某一事物作为另一事物的替代而代表另一事物时，它的功能被称为符号功能，承担这种功能的事物被称为符号。”①简而言之，符号就是一种指代另一种事物的事物，或符号就是一种事物对另一种事物的指代。

符号的功能是什么？法国符号学家吉罗（Pierre Guiraud）说：符号的功能是靠讯息（message）来传播（communiquer）观念（idée）的。随后，他列举了符号的 6 种功能，即指代功能、情感功能、指令功能或表意功能、诗歌功能或美学功能、交流功能、元语言功能。符号的功能既然是靠讯息来传播观念的，而讯息与观念又是人们对客观世界认知的结果，那么，传播的过程就是交际的过程。因此，概而言之，符号的基本功能便是认知与交际。②现在比较全面的看法是：符号有两类功能：表达与交流，认知与思维。③这和我们认为信息科学的动力学研究要包含通信与处信是一脉相

① 池上嘉彦. 符号学入门. 张晓云译. 北京: 国际文化出版公司, 1985: 45.

② 皮埃尔・吉罗. 符号学概论. 怀宇译. 成都: 四川人民出版社, 1988: 1.

③ 黄华新, 陈宗明. 符号学导论. 郑州: 河南人民出版社, 2004: 32-68.

承的。

到目前为止，对符号类型做出最为全面统计的是皮尔斯，据他研究，世界上共有 59 049 种符号，很显然，这个数字应该是动态的。但是，具有争论的地方是：皮尔斯统计的符号包括了世界上各种通信器和处信器使用的符号，我们的符号学家是否都要研究它们？一种具有建设性的意见是，符号学应该把其研究范围仅限定在和人类通信与人类处信相关的符号方面，我们对这种看法表示赞同。但对于关注统一信息科学研究的人来说，这看起来又有点矛盾。根据统一信息科学的理念，显然，我们应该支持对各种符号进行研究。但是，根据我们的看法，除了人类通信和人类处信之外，一般研究者对其他符号进行研究是很难奏效的。例如，作为基因通信中的碱基符号，它必须借助隧道扫描显微镜才能进行观察，甚至一般的光学显微镜都难以发现。对分子通信中可能出现的符号，它们可能是分子之间一起起作用的共价键上的电子，而对一个非化学或非生物学的研究者来说，对这种符号能够说清楚也非易事。即使提出一些模糊不清的意见，它对专业人士而言，几乎也是没有什么价值的。所以，我们赞同作为一般符号学的研究范围，仅仅将其限定在人类通信和人类处信的中观层次是合适的。

符号的分类问题一直是符号学中最为繁琐的一项研究。到目前为止，符号学家提出的分类法有很多种，但比较广泛接受的分类法是皮尔斯的三个分类法中的第二个，即把符号分为：图像符号（icon）、指索符号（index）、象征符号（symbol）。图像符号指的是以图像方式传达信息的符号，指索符号指的是直接方式传达信息的符号，象征符号指的是用蕴涵方式传达信息的符号。在实践应用中，图像符号、指索符号、象征符号的区分有时仍是很难把握的。

符号学起源于古希腊，兴盛于 19 至 20 世纪。到目前为止，它仍是许多学科关注的一个边缘学科。在西方，每年仍有许多符号学研究成果问世。在中国，符号学出现的时间约在 20 世纪初。1926 年，语言学家赵元任写了一篇长文——《符号学大纲》，刊登在由他自己参与创办的上海《科学》杂志上。在这篇文章中他指出：“符号这东西是很老的了，但拿一切符号当一种题目来研究它的种种性质跟用法的原则，这事情还没有人做过。”他提出，“符号学”的英文可以使用 symbolics、symbology 或 symbolology 来表示[①]。因此，可以说赵元任是独立于西方学者在中文中提出符号学学科的第一人。但是，符号学此后在中国就近乎消失了。在 20 世纪五六十

① 吴宗济，赵新那编. 赵元任语言文学论集. 北京: 商务印书馆, 2002: 178.

年代，曾出现了一批介绍西方符号学研究的文章，多数刊登在外国哲学语言学的杂志上。而符号学在中国的真正复兴，仍是改革开放之后的事。近40 年来，有关符号学研究的著作、文章、会议风生水起。例如，李幼蒸1993 年出版的《理论符号学导论》巨著等①。1989 年，中国逻辑学会下设立了一个符号学专业委员会，1994 年，中国语言与符号学研究会在苏州大学成立。进入 21 世纪之后，南京师范大学于 2007 年成立了国际符号学研究所②，四川大学符号学—传媒学研究所也于 2008 年成立③。从 20 世纪初的情况和来看，符号学在中国曾呈现一派欣欣向荣的景象。

在信息科学研究方面，在欧洲信息科学论坛 20 年的讨论中，从 2002 年 5 月至 8 月，研究者曾就信息科学与符号学的关系问题进行了为期长达 4 个月的讨论。在弗莱斯纳和霍夫基尔奇纳提出的统一信息理论四步路线图中，其第三步是："重新系统地思考符号理论和认知理论与人类传播的含义。"④2008 年，丹麦的信息科学研究者布赫尔（Søren Brier）出版了一部信息科学新著，题目是"赛博符号学：为什么信息是不够的？"⑤。在巴尔金 2010 年出版的《信息论：基础、差异与统一》一书第二章"信息的一般理论"中，作者用一节的篇幅专门讨论了符号学问题，尤其是皮尔斯的符号三分法问题⑥。

"符号"能够和"信息"发生联系，其根本原因在于：符号学家把符号看作"含义"或"意义"或"语义"的外部物质形式。由于过去许多涉及"含义"或"意义"或"语义"的地方，今天已经都转向使用"信息"，所以，符号学最终和信息发生联系是不可避免的。在历史上，符号学没有安定的"家"，它常夹杂在哲学和语言学之间，近年来又出现在文学、艺术学、传播学、媒体学的边缘地带。但从信息科学的观点看，作为信息的存在方式，符号是信息的第一载体。所以，我们主张把符号学正式作为信息科学的一个独立子学科，并让它和传播学、心理学、媒体学、信事学一起，作为人类信息学的五大分支之一，并认为符号学是研究第一级信息载体的科学。欧洲信息科学家们喜欢的信息定义是："信息是一种能够制造

---

① 李幼蒸. 理论符号学导论. 北京：中国社会科学出版社, 1993.

② 南京师范大学国际符号学研究所. http://www.nnuiiss.com [2014-3-6].

③ 四川大学符号学–传媒学研究所. http://www.weibo.com/semioticsscu [2014-6-7].

④ Fleissner P, Hofkirchner W. Emergent Information: Towards a Unified Information Theory. *BioSystems*, 1996, 38 (2-3): 243-248.

⑤ Brier S. *Cybersemiotics: Why Information Is Not Enough*. Toronto, Buffalo: University of Toronto Press，2008.

⑥ Burgin M. *Theory of Information: Fundamentality, Diversity and Unification*. Singapore: World Scientific Publishing Co. Pty, Ltd., 2010.

差异的差异”，但在我们看来，符号能够承载差异才是它能够作为信息载体的根本原因。

2. 媒体学

媒体是人类信息的第二级载体。和“传播”一词一样，“媒体”在中文中也有不同的称谓。但主要的叫法有三个：传媒、媒介、媒体。媒体的英文是 media，是复数的形式，而其单数形式是 medium。在西语文献中，唯有法语提出了 médiologie（媒体学）一词，用来表达专门对媒体进行的研究。媒体学研究可以集中在分类、体制、制作、管理等几个方面。本书仅以前两个问题为例谈谈媒体学研究。

之所以说媒体学在人类信息学中是一门特殊的学科，理由有两点：①从人类信器的角度来说，媒体是外在的，是一种人工制成品。我们提出的人类信息学，其首要分类标准是信器。人类信息的信器，应不包含除大脑或神经系统之外的人工制成品。但是，人类信息在传播过程中又的确是以媒体为基本存储方式和传输媒介进行的。所以，从人类信息学的实践上说，离开媒体学的人类信息学研究是不完整的。②从我们的信息科学研究模式来看，传播学和心理学是人类信息学的两个动力学分支。纯粹的传播学理论并不需要媒体研究，但传播实践的执行却离不开媒体；但心理学却不同，它的研究和实践都不需要媒体的参与。尽管如此，我们仍希望不使用“传媒”一词，因为使用“传媒”好像它仅属于传播学的必要条件。尽管心理学不需要它，但除了传播问题之外，人类信息的管理、表达却都离不开媒体。

关于媒体的类型，目前一般分为纸质媒体、电子媒体、网络媒体三大类。纸质媒体包括图书、杂志、报纸三类；电子媒体包括电报、电话、广播、电视、电影五类；网络媒体包括计算机网、移动电话网两类。一种新媒体的出现总会给旧媒体带来冲击。自从 20 世纪末计算机网络成为一种实用的新媒体之后，它迅速使纸质媒体的存在受到挤压，而受冲击最大的是传统的报纸业。数百年来，人们形成的从报纸获取信息的习惯已经逐渐让位于计算机互联网，近年来又逐步显现出让位于移动电话网的趋势。在电子媒体方面形成的冲击是，电报已于 20 世纪末基本消亡，人们对电视和电影的依赖也逐渐从电视机和电影院转移到计算机互联网或移动电话互联网上。20 世纪移动电话问世以后，传统的固定电话业务开始萎缩，集通信和处信于一体的移动电话不仅逐渐冲击着传统的媒体业，而且对传统的国民经济行业也产生着冲击。计算机互联网正在让传统的信件业务趋向消亡，同时也对传统的包裹业形成了冲击。在中国，以淘宝和京东等为代表的电子商务产业为例，近年来也逐渐让传统的实体商店叫苦连天。最近，移动电话网开始从出租车业起步，导致本是同行兄弟的出租业之间开始出现相互残杀局面。为什么会出现这些现象呢？我们只有对人们的信息传播和处理行为进行详细的分析之后才能够给出合理的解释。在传统的媒体分类中，过去一般把广告和公共关系也作为媒体的两个媒体部门，但现在后者却逐步退出这个领域了。

自从传播学问世以来，关于传播学没有像样的理论，这一直是学术界的普遍的看法。但是，有一门分支却普遍被认为是传播学的一门重要理论，那就是关于媒体体制的研究。

1956 年，来自美国密歇根州立大学新闻传播学院的西伯特（Fred S. Siebert）、伊利诺伊大学传播学院的彼得森（Theodore Peterson）、美国传播学创始人施拉姆（Wilbur Schramm）三人合著了一本小册子，标题是“传媒的四种理论”，该小册子对世界上各国的媒体体制进行了总结，认为世界上一共存在着四种媒体体制：①权威主义体制（authoritarian system）；②自由主义体制（libertarian system）；③社会责任体制（social responsibility system）；④苏联共产主义体制（soviet commuist system）。[①]这种划分虽有不尽如人意之处，但大体反映了世界传媒体制的现实。之后，许多研究者对这一理论进行了修订。例如，1981 年，哈希顿（William Hachten）提出，世界上的媒体体制可以分为五种，它们是威权主义体制、西方体制、共产主义体制、革命体制、发展体制（即第三世界体制）。1984 年，阿特休尔（J. Herbert Altschull）认为可以概括为三种，即：马克思主义计划经济体制、资本主义市场经济体制、第三世界国家体制。[②]在一部 2004 年出版的《比较媒介体制：媒介与政治的三种模式》中，作者认为，可以把当前世界的媒体体制分为极化多元模式、民主法团主义模式、自由主义模式。[③]《传媒的四种理论》在世界产生了广泛的影响，但也一直争议不断。但最有力量的声音常常来自法学家或法哲学家而不是纯粹的媒体学家。

信息是人们行动的基础，没有信息，任何国家和政府的运作都是不可

---

① Siebert F S, Peterson T, Schramm W. *Four Theories of the Press: the Authoritarian, Libertarian, Social Responsibility, and Soviet Communist Concepts of what the Press Should be and Do.* N Stratford, N H: Ayer Company Publishers, 1956. 中文版见：韦尔伯·斯拉姆. 报刊的四种理论. 中国人民大学新闻系译. 北京：新华出版社, 1980；弗雷德里克·S. 西伯特，等. 传媒的四种理论. 戴鑫译. 北京：中国人民大学出版社, 2008.

② 展江，王晓芃. 译者序言//弗雷德里克·S. 西伯特，等. 传媒的四种理论. 戴鑫译. 北京：中国人民大学出版社, 2008: 18-22.

③ 丹尼尔·C. 哈林，保罗·曼奇尼. 比较媒介体制：媒介与政治的三种模式. 陈娟，展江译. 北京：中国人民大学出版社, 2012.

能的。因此，任何国家都会兴办报纸、杂志、图书，创建广播、电视、电影。正因为如此，任何国家都会有自己的媒体及其管理制度。世界上只有绝对的专制媒体制度，而不会有绝对的自由媒体制度。原因在于，虽创办媒体，但任何国家的人民都相信，让什么信息都绝对自由地出现在媒体上是不可取的。从个人的角度来说，人人都有隐私，让个人的隐私自由地在媒体上传播，这会对当事者的心灵带来难以预期的伤害。从儿童教育的角度来说，由于年幼，淫秽和暴力信息对儿童的心灵侵害是不言而喻的。此外，还有正当的知识产权保护。基于上述原因，任何国家都不会有绝对自由的媒体制度。

但是，世界上不少专制国家，正是借上述正当理由为幌子，对媒体应该传播的信息却进行毫无节制的限制，凡是对自己王朝不利的信息，一概予以封杀。违者饱受牢狱之灾或各种惩罚。这在非洲、中东、亚洲等国家屡见不鲜。在昨天甚至今天，一个国家只有一张报纸和一个电视台的例子并不鲜见。在计算机互联网和移动电话网已经成为当代文明和社会生产力的今天，用无所不用其极的方式来围追堵截自己不愿看到的信息的现象，我们也并不感到陌生。

用法律的形式明文规定哪些信息可以在媒体上进行传播，哪些信息则必须是禁止的。不用人治而用法制的方法来建立媒体制度，这是一个现代文明国家的基本特征。从历史上看，信息自由法、大众传播法、知识产权法、隐私法、保密法、信息公开法等都是媒体制度研究的内容。由于今日的媒体早已不再仅仅是一种新闻媒体，它是各种信息媒体的综合。因此，从信息科学的角度看，“新闻法”和“信息法”都已不再是一个合适的概念，前者太窄，后者太宽。合理的名称应该叫作“媒体法”或“人类信息法”，前者偏重形态，后者偏重内容。

关于媒体控制制度，马克思曾于 1842 年 2 月对当时的普鲁士政府颁布的书报检查令进行了严厉的抨击，他说：“整治书报检查制度的真正而根本的办法，就是废除书报检查制度，因为这种制度本身是恶劣的”[①]，“没有新闻出版自由，其他一切自由都会成为泡影”[②]。在马克思看来，“书报检查制度不是法律，而是警察手段，并且还是拙劣的警察手段，因为它

① 卡・马克思. 评普鲁士最近的书报检查令//中共中央马克思恩格斯列宁斯大林著作编译局编译. 卡・马克思，弗・恩格斯. 马克思恩格斯全集 (第一卷, 上册). 北京：人民出版社, 1995: 121.

② 卡・马克思. 关于新闻出版自由和公布省等级会议辩论情况的辩论//卡・马克思，弗・恩格斯. 马克思恩格斯全集 (第一卷, 上册). 中共中央马克思恩格斯列宁斯大林著作编译局编译. 北京：人民出版社, 1995: 201.

所希望的它达不到，而它达到的又不是它所希望的”①。马克思接着说，“在实行书报检查制度的国度里，国家没有新闻出版自由，但是，有一个国家机关却享有新闻出版自由，那就是政府”②。最后，他把媒体审查制度上升到思想层面，继续对普鲁士政府颁布的书报检查令进行了抨击。他说：“你们赞美大自然令人赏心悦目的千姿百态和无穷无尽的丰富宝藏，你们并不要求玫瑰花散发出和紫罗兰一样的芳香，但你们为什么却要求世界上最丰富的东西——精神只能有一种存在形式呢？”③许多人认为，马克思没有在他的著作中使用过信息概念，但在今天，可以肯定地说，马克思会成为一个带头且频繁地使用信息概念的思想家。

12.3 从社会信息学到人类信息学

什么是社会信息学？根据前面的分析，虽然世界上一共有三种不同的社会信息学，但它们却没有一个一致和清晰的目标，要么是研究社会信息的，要么是研究大众媒体的，要么是研究信息技术的社会问题的。而人类信息学则不同，它的目标是清晰的：基础理论学科主要研究人类信息，由信事学、符号学、媒体学、传播学、心理学五个学科组成。其实践学科主要由新闻信息学、历史信息学、科学信息学、文学信息学、艺术信息学、宗教信息学等学科组成。根据我们的预测，在未来的信息科学和人文科学研究中，“社会信息学”的概念可能会逐渐退出历史舞台，取而代之的将是我们在这里称之为“人类信息学”的新学科。虽然我们把新闻信息和历史信息也看作了社会信息，但对这两种“社会信息”能否构成一种新的社会信息学，我们仍持审慎的态度。

12.3.1 重塑社会信息学

在对世界上三种不同的社会信息学研究有了一个大致的了解之后，实际上我们仍弄不明白，到底什么才是一门真正的社会信息学。一门科学学科的核心无法定位，这在科学研究中是极其可怕的。

---

① 卡·马克思. 关于新闻出版自由和公布省等级会议辩论情况的辩论//卡·马克思，弗·恩格斯. 马克思恩格斯全集（第一卷，上册）. 中共中央马克思恩格斯列宁斯大林著作编译局编译. 北京：人民出版社, 1995: 178.

② 同上，167.

③ 卡·马克思. 评普鲁士最近的书报检查令//中共中央马克思恩格斯列宁斯大林著作编译局编译. 卡·马克思，弗·恩格斯. 马克思恩格斯全集（第一卷，上册）. 北京：人民出版社, 1995: 111.

总体上说，俄罗斯、日本、美国的社会信息学，其研究者对究竟什么才是一门社会信息学应该研究的问题，彼此在认识上存在着很大的差异，但在差异中也有部分的共识。正如我们看到的那样，俄罗斯是提出“社会信息学”概念最早的国家，其起源是索科洛夫和曼克维奇对米哈依洛夫等人构造的科学信息学体系持有疑议，并提出应该建立一门把科学信息、经济信息、专利信息、法律信息、灾难信息等人文信息统统包括在内的一个新学科，并把它称之为“社会信息学”。当这种辩论进行得不可开交的时候，以信息技术普及为核心的信息化思维开始冲击到苏联的最高决策层和学术界，在苏联有着重要学术地位的乌尔苏尔这时站了出来，用苏联应该尽快实行“信息化”为理由，融化了以米哈依洛夫为首的三人研究小组和索科洛夫为首的二人小组之间的争论。这样，苏联就开始了从一种偏重理论的社会信息学走向了一种偏重为社会信息化服务的社会信息学。由于乌尔苏尔在苏联学术界所拥有的特殊地位，尽管这一仲裁并不像 20 世纪 40 年代出现的，用政治手段来强行推广以李森科（Трофим Д. Лысенко）为首的遗传学学说那样的情形，但鉴于爱因斯坦的相对论和维纳的控制论也可以在苏联被当作资产阶级理论进行批判，俄罗斯的社会信息学研究最后不得不在很长一段时间里接受了乌尔苏尔的观点。只是在苏联解体之后，俄罗斯科学院信息问题研究所的科林等人才站出来，开始纠偏了社会信息学应该如何在俄罗斯走下去的问题。但从科林等所发表的一系列著作来看，他们对乌尔苏尔的社会信息学应该基于社会信息化为基点进行研究的学说，秉持了一种既不反对也不认可的态度。

对日本来说，信息技术的世界领先地位，使日本的一些政治家和思想家们，能够对信息技术对社会发展的影响拥有第一手的深刻认识。像滨田纯一这样的教育家和思想家，他本来就对美国的那种把信息科学和图书馆学捆绑在一起的做法不感兴趣，也对以新闻学为核心开展传播学研究的做法冷眼相看。因此，他和他的同事们使得日本的新闻学发展跨越了传播学直接走向了社会信息学。这个举措是非常超越时代的，它蕴涵着一种勇气和智慧。和今天中国的新闻学研究相比，两者具有天壤之别。因为直到 20 世纪末，中国的一些研究者还用僵化得令人可怕的思维把传播学斥为“资产阶级的”货色，认为它是在用“超阶级的观点”来“掩盖新闻事业的阶级性”，其目的在于宣扬资本主义的“真实性、客观性、公正性”，借以欺骗群众，最终把传播学与资产阶级画上等号。[①]可是，从世界信息

① 转引自：徐耀魁. 我国传播学研究的得与失. 新闻与传播研究, 1998, (4): 4.

科学发展的历史和现状来看，特别是从奥地利、西班牙、法国、英国、丹麦等一些欧洲国家的学者发起的统一信息理论研究运动实践观察，东京大学的研究者从新闻学直接走向社会信息学的道路在某种意义上说是具有先见之明的，而滨田纯一等在东京大学推进的，在统一信息科学背景下检视社会信息学发展的思路是一种先进的思考，这和科林在俄罗斯提倡的，要在普通信息学的背景下思考社会信息学的思路具有相同的性质。我们对科林所设想的关于社会信息学应该研究的内容并不赞同。从实践上看，到目前为止，社会信息学在日本轰轰烈烈的行动，也并未在实质上取得国际信息科学界公认的系统性研究成果。

至于美国的社会信息学，自科灵 2003 年逝世之后，以他为主所发起的社会信息学研究运动，已接近了后继无人状态。这种情况表明，科灵的社会信息学理论是有问题的：他的“社会信息学”实则是一种“信息社会学”。而真正的“社会信息学”应该是一个信息学分支，而科灵的“社会信息学”实则是一个社会学分支，两者完全不同。和那些之前关注信息技术对社会的发展已经和即将带来巨大影响的思想家们提出的理论相比，科灵的工作是微不足道的。虽然他也偶尔提到贝尔等人，且还并不时地揶揄一下韦伯斯特（Frank Webster）于 1998 年在英国完成的《信息社会理论》①等理论，但可以肯定地说，这些人对信息社会的理解都不在科灵之下。

然而，对科灵的社会信息学理论具有更大的灾难性打击还不止这些。正如我们在前面提到的那样，2001 年，在由美国三个权威计算机研究机构联合提出的计算科学 CC2001 报告中，它们将“计算机的社会和职业问题”列为计算机科学 14 个知识体的第 12 号②，即对计算机科学所引起的各种社会、经济、政治、伦理、道德等问题的统筹思考，属于计算机科学的边缘性研究。从科灵的社会信息学应该研究“信息与通信技术的人文问题”的观点看，计算机科学的这些问题也可以被看作“社会信息学”的研究范畴。所不同的是，科灵所占据的位置，是从技术–社会的角度，对主要基于通信和信息技术在内的信息技术问题的人文检视，而 CC2001 的第 12 号知识体，是站在计算机和信息技术问题的角度来思考社会信息学的，而这在本质上没有什么不同。研究的本质并不会因为缺少或增加通信技术或处信技术而产生根本性的变化。不论科灵的理论也好，或者是 CC2001 报告中第 12 号知识体也好，它们研究的问题终归是一个社会学问题而不

① 弗兰克·韦伯斯特. 信息社会理论(第 3 版). 曹晋, 等译. 北京: 北京大学出版社, 2011.

② 董荣胜, 古天龙. 计算机科学与技术方法论. 北京: 人民邮电出版社, 2002: 148-177.

是一个信息学问题。

但是，所有这些分析还没有走到尽头，前述的所有思考全然忽视了当前矛盾中所展现出的光辉一面。抛开美国的社会信息学不论，从总体上说，俄罗斯的社会信息学和日本的社会信息学包含着一个最大的共同点，那就是它们都对“信息研究”在名称上被计算机科学，或者是计算机科学和通信科学所“独享”，而在研究内容上又都对其不管不问的状况感到不满。在把计算机科学和通信科学被看作是所谓的正统信息科学成员时，许多人都能感到，人文信息的应用实际上占据着更大的份额，对它们的忽视是一个极大的遗憾。在之前以苏联和美国的为首的图书馆信息科学虽然关注了其中的一部分，但大量的人文信息研究仍旧被拒之于信息科学研究的大门之外。因此，面对信息科学发展的未来，我们就特别需要建立一门专门致力于“人文信息”的研究学科来解决这一问题。虽然以图书馆信息科学为基础的信息科学和以通信论信息科学为基础的信息科学，以及上述三种不同的社会信息学，它们实际上都在某种程度上涉及部分这类问题，但却都难独立地完成这一使命。社会信息学的概念虽然已经问世 40 余年，但从它的发展历史来看，至今仍一直找不到一个正确的和有前途的发展方向，因而一直在徘徊中挣扎。在当今俄罗斯的社会信息学研究方案和日本许多大学的社会信息学课程中，这种缺憾仍随处可见。即使把美国的那种以研究“信息社会”为己任的“社会信息学”思想和苏联的那种以研究“社会信息化”为己任的“社会信息学”思想统统剔除出去，余下的以研究“人文信息”为其专一使命的俄罗斯的“社会信息学”和日本的“社会信息学”，最终也不一定能够成为一门合格的“社会信息学”。理由如下：

第一，如果从 1971 年算起，“社会信息学”的概念问世已有 40 余年，尽管存在着“社会信息学”究竟是研究“社会信息”还是研究“信息社会”或者是研究“社会信息化”三种不同的看法，但 40 年的时光已足够能使任何坚持己见的一方有时间构造出一门真正的“社会信息学”，特别是以研究“社会信息”为己任的“社会信息学”。但是，我们没有看到这种结果出现。

第二，不论俄罗斯的以人文信息为基点的社会信息学也好，还是日本的以大众媒体为基点的社会信息学也好，还是美国的以信息技术的社会问题为基点的社会信息学也好，我们都看不出一个具有内在逻辑联系的“社会信息学”研究纲领。更不要说把由美国海军学院历史系的阿尔蒂贾尼（Bob Artigiani）所倡导的，那种把一个社会的价值、伦理、道德（values，ethics，morals，VEMs）等看作社会信息载体的另一种社会信息学理论。[1]这样，使用“社会信息学”概念的最终结果，将会使信息科学的人文研究一地鸡毛。

第三，从形容词“社会的”（social）和名词“社会”（society）这些概念的本质来看，“某某社会学”有时会被看作研究这个社会成员间信息交流或传输问题的学科。例如，“细胞社会学”（celluar sociology），它就可以被理解成研究细胞的通信和处信等和信息相关问题的学科。[2]“分子社会学”（molecular biology）应该研究多个分子间相互作用的研究，这当然包括它们之间可能存在的通信研究。人们对事物的认识总是从简单到复杂，从初级到高级的一个演变过程。配位化学的创始人沃尔纳（Alfred Werner）1893 年提出的配位理论使无机化学出现了飞跃。半个世纪以后，以冠醚配位化学为基础的超分子问世，证明了从简单化合物到经典配合物再到超分子的复杂阶梯的进程。[3]因此，当某一研究以“某社会学”的名称出现时，我们必须清晰地指出其社会成员是什么。毫无疑问，我们若用“信息社会学”这个概念的话，这一社会的基本成员必定是人。

第四，什么是社会信息？直到今天也很少看到有哪个研究者给出了明晰的答案。和关注什么是“信息”的概念研究相比，实际上很少有人去认真研究过它。在关注这一问题的研究者当中，尽管提倡“社会信息学”应该以研究社会的信息化为核心的理念是不妥的，但乌尔苏尔认为：“在新的信息学中，更合适的是系统活动观，它把信息学看成对各种不同但相互联系的活动的信息系统的研究。”[4]我们的看法是，这种观点最可能接近人文信息研究的实质。在系统活动观方面，什么是“人的信息活动”？很

---

① Artigiani B. Re: Social Information: http://fis.icts.sbg.ac.at/mailings/0146.html [2009-7-2].

② 生物学家认为，信息是调控生命系统的基本要素。随着生物物种的进化，生命科学家开始花费大量精力来对生物信息的传输和处理机制进行研究。20 世纪中叶，一些先驱者已经声称：遗传学与信息论正在逼近。遗传信息不仅在动物的生命活动中起主导作用，而且它也指导着植物生存机制的各个方面。遗传信息通过细胞的增殖、分化和细胞社会的运行起作用。就整个细胞通信而言，它是单细胞生物进化为多细胞生物的必需条件，同时也是多细胞生物成为有机体的基础之一，它是对生理和病理过程进行调节的基础。这一研究方向已成为当代生化和分子生物学、生理学、病理生理学、免疫学、药理学、细胞生物学和生物物理学等多个学科的重要研究领域，是阐明某些疾病的发病机制、寻找新的治疗靶点和新型治疗措施的研究前沿之一。一句话，细胞社会学主要研究的就是细胞的信息传输和信息处理问题的学科。见：吴克复. 细胞通信与疾病. 北京：科学出版社, 2006: 2-3.

③ 化学家认为，人们对事物的认识总是沿着从简单到复杂，从初级到高级的过程前进。1803 年以来，道尔顿的原子论统治化学界长达一个世纪之久。当一群不符合原子价法则的化合物出现时，人们称其为复杂化合物。沃尔纳理论使无机化学出现了飞跃。半个世纪以后，以冠醚配位化学研究为基础的超分子问世，证明了从简单化合物到经典配合物到超分子的复杂阶梯进程认识过程。化学家开始提出了对单个分子的研究转向多个分子间相互作用的研究，即关注于“分子社会学”的研究。见：罗勤慧. 大环化学——主-客体化合物和超分子. 北京：科学出版社, 2009: 30.

④ 乌尔苏尔 А Д. 论社会信息学的发展. 赵国琦译. 国外社会科学, 1991, (5): 34.

显然，我们的“吃饭”和“散步”这些活动肯定不是。人的信息活动是以人的视觉、听觉、触觉、味觉、嗅觉等五大信息感官系统为中心的各种信息表达、传输、接收等活动，如果这个答案是合理的话，那么它就应该成为“人文信息”或“人类信息”关注的基点。

回顾历史，由于出现在俄罗斯、日本、美国的三种社会信息学，彼此之间一直缺乏一个内在的逻辑联系。因此，我们若想在信息科学的大家庭里发展出一门有关人文信息的研究，并希望其成为一门基础性的信息科学分支，我们就应该谨慎地避免这种错误重现。

12.3.2　建立人类信息学

既然人类信息在整个信息概念应用中的比例高达 40%～50%，那么，任何一个正统的信息科学家对此类信息研究都不应当进行回避。对它们的各种问题进行剖析，分析它们的意义，发现其中可能存在理论，在可能的领域推广我们的研究成果，在适当的场合发表我们的信息见解，这是人文信息科学家的责任，也是一般信息科学家的权利和权力。信息科学不可能仅仅是一门为制造精美信息传输和信息处理产品提供指南的技术学科，也不可能仅仅是深藏在细胞通信或分子处信背后的一种生物或化学理论，它的大多数实践，几乎每天都暴露在我们的眼前。因此，在一个信息社会里，发展一门以人文信息为研究对象的学科是具有无比重要意义的。下面我们从七个方面来论述这一问题。

第一，我们知道，当今的专业信息学已经多达 200 余门。按照我们提出的信息科学研究模式，在剔除掉那些实际上并不属于真正信息学的同时，我们可以把性质相近的信息学首先归入一个个小类。这样，信息科学家就可能增加了从减小了的总阵营中观察到整个信息基本属性和原理的希望。同时，被分组了的、先行被组织起来的不同的小信息科学类，也会反过来促进一门统一信息科学的理论建设，这些个分组，不但对解决这些小信息科学类意欲攻克的那类信息问题行之有效，同时对统一信息科学的研究也会带来积极的意义，这是级进信息科学研究的优势，我们应该努力推进。虽然还原论有时受到哲学家的强烈批评，但它在一门科学研究的初始阶段常常是一个不可或缺的工具。发展人类信息学的目的正是这一思想的具体体现。

第二，面对我们计划研究的人类信息问题，流行在俄罗斯、日本、美国等国的“社会信息学”无疑已经失去发言的权利和权力。一个简单的理由是：如果我们要对“人文信息”进行系统的研究，按照我们前面提出的

18 号“2+2”或 21 号“3+2”两种合格信息科学模式，“信息传输”和“信息处理”是必须面对的两个信息动力学问题。如果选择使用“社会信息”的概念，我们就必须建立起一门“社会信息传输学”，一门“社会信息处理学”、抑或创造出“社会信息符号学”等学科。可以预见的是，即使它们能够被建立起来，其内容也绝不会和人类信息学群体中已经存在的人类传播学、人类心理学、人类语言学等学科有什么本质的区别。因此，欲对人文信息进行研究，彻底放弃“社会信息学”的称谓而使用“人类信息学”的称谓将是一个明智的选择，它将把对人文信息的研究很快地引入到充满希望的轨道上。我们若继续使用“社会信息学”的名称，既容易和研究“信息社会学”的学科相混淆，也在研究范式上难以确定它究竟应该怎么开展，甚至根本看不到未来。用“社会信息学”这一概念来代表关于人文信息的研究是没有前途的。

第三，根据我们的观点，人文科学的基本问题就是人类信息问题。众所周知，人文科学已有 500 多年的历史，它是许多自然科学或社会科学的母体，所分离出来的许多学科如今都已独立发展成规模宏大的学科，而余下的人文科学分支至今彼此仍然缺乏致密的联系，家族成员之间也没有积极有效的往来。但是，如若我们用信息的红线把它们串连起来，不排除它有可能增加其间各个学科的互动，从而增加它们的致密性，也不排除最后将人文科学建设成一门比自然科学大类或社会科学大类内部各学科之间关系更加紧密的一个学科群。

第四，从控制论和信息论问世之后到今天为止，无数科学家充满了各种伟大的梦想，希望建立起一门包括各种信息问题在内的统一信息科学便是其中之一。但是，56 年过去了，随着越来越多的学科继续在把信息概念不停地向自己的学科的深处延伸，其结果导致建立一门统一信息科学的梦想变得更加艰难。如果我们承认这是一个现实的话，那么发展不同小类的信息科学将是建立大信息科学的一个希望之路。在这些小信息科学类别里，我们可能按照我们提出的 18 号“2+2”或 21 号“3+2”两种模式来建立一门人类信息学。如果这个理想最终能够实现，那么，它对其他小类的信息科学建立将会树立起一个典范，并在这种典范的树立过程中，对其他小类的信息科学建立起到启迪作用。同时对大类的统一信息科学建立，也会起到一种积极的推进。

第五，我们已经进入信息社会，各种信息问题每天都会扑面而来。在这些纷繁复杂的信息问题中，它们并不都是信息技术问题，也不都是细胞信息问题，更不都是分子信息等信息问题，它们更多的都是人类信息问题。

从今天的社会现实来看，信息科学家在这些问题面前是普遍失语的。我们没有提出类似经济学家发现了的，那种著名的“信息对称”理论，也没有提出类似社会学家发现了的，那种神奇的“六分度”理论，而我们经常津津乐道的香农信息论，它对解释人类信息问题方面几乎是没有什么价值的。其结果是，公众对“信息科学家”这个光荣的称号，越来越失去崇敬之情。就中国的问题而言，我们的社会，目前在物质和精神两个领域里正处于严重的撕裂状态，而治愈这个问题的良方，最有可能是“信息”。我们的信息技术已经比较发达，“工业、农业、国防、科学技术”四个现代化已不是社会的主要矛盾，我们现在急需的是一种开放的信息思维，而一个符合国际惯例的人类信息传播制度将会为我们的社会进步作做出贡献。

第六，正如我们看到的那样，作为基因信息底物的狄恩酸的结构，在 1953 年就被沃森和克里克阐明了。但是，直到 1977 年兴起的狄恩酸基因组信息测序技术的出现为止，生物学家逐渐弄清了基因组——遗传信息的本体——内幕，遗传信息的本体研究开始令这个世界发狂，它不仅使生物学发生了一场分子生物学革命，神经信息学、内分泌信息学、免疫信息学也随即问世。和基因信息相关的研究，也因基因组学的出现而变得生龙活虎。在实践方面，因基因的先天性缺陷而导致的大部分遗传性疾病，也希望在遗传信息传输的早期就被阻断，而使相关的疾病被治愈，这似乎已不是梦想。若伦理学家们在生命的道德问题上最后能够达成一致，人类辅助生殖技术的实现，不仅会将无数患有不孕症疾病的男男女女从痛苦中解救出来，而且还会彻底改变人类的生育过程，这不仅为广大育龄男女减去了痛苦，而且还会对提高人种的质量带来根本性的变革。同理，立足人类信息本体研究的信事学如若能够建立，它不仅会对人类信息学体系带来重大的影响，也不排除它对整个信息科学体系同样产生重大的影响。

第七，在发展人类信息学的同时，我们有必要对“信息社会学”予以有力的支持。信息社会学是社会学和信息科学的交叉学科，它着重研究由信息技术引起的各种经济、法律、道德、心理等社会问题。随着信息技术越来越成为我们这个社会发展的基本生产力，对这一问题的研究就变得刻不容缓。更有甚者，随着遗传信息技术的发展，由遗传信息技术引起的社会伦理问题也变得更加尖锐，所以，在人类信息学的体系中还应该开展信息社会学的研究。尽管有托夫勒、贝尔、韦伯斯特[①]等学者的丰硕成果存

① 弗兰克・韦伯斯特. 信息社会理论(第 3 版). 曹晋, 等译. 北京: 北京大学出版社, 2011.

在，但它们肯定还不是这一研究的终点。例如，由法国学者诺拉（Simon Nora）和明克（Alain Minc）1978 年提出的“informatisation”这个概念①，根据法文的含义，显然应该被翻译成“计算机化”而不是“信息化”。从今天的情况来看，若继续使用“信息化”的话，“信息化”是把不同的事物“技术信息化”呢？还是“细胞信息化”呢？还是“人类信息化”呢？抑或是“分子信息化”呢？根据这个概念的发展史，“信息化”的含义显然是指在国民经济和各个机构尽可能地应用信息技术，特别是计算机技术，而对这个问题的最好研究学科就是信息社会学。

1982 年，在马克卢普组成的跨学科交叉信息科学研究团队中，美国著名心理学家米勒（George A. Miller）曾从认知科学的角度撰写了一篇评论性文章，题目是**“食信动物”**（*Informavores*）②。食信动物是和食肉动物（carnivore）、食腐动物（saprovore）、食鱼动物（piscivore）、食谷动物（granivore）、食草动物（herbivore）、食叶动物（folivore）等动物相对而言的。米勒的看法是，按照薛定谔提出的“有机体赖负熵为生”的说法，基于熵和信息的特殊关系，对人类而言，我们是否可以认为，人类是通过摄取信息而得以生存的，因而人可以叫作“食信动物”。从某种意义上说，所有的高级生物都需要摄取信息才能够生存，因而所有的动物都可以叫作“食信动物”。回顾马斯洛（Abraham H. Maslow）的人类需求层次理论，在一个正常的社会中，在饮食冷暖等基本生理需求被满足的情况下，人类的其他需求基本上都是信息层面的。或从物信论的角度看，物质是人类的第一需求，信息是人类的第二需求。维纳说过：“要想有效地生活，就要有足够的信息。这就是说，通信和控制是人类内在生活的本质，就像它们是社会中生活的本质一样。”（To live effectively is to live with adequate information. Thus，communication and control belong to the essence

---

① Nora S, Minc A. *L'Informatisation de la Société: Rapport à M. le Président de la République.* Paris: La Documentation Française, 1978. 英文版: Nora S, Minc A. *The Computerization of Society: A Report to the President of France.* MA: The MIT Press, 1980. 中文版: 诺拉 S, 孟克 A. 社会的信息化. 施以方, 迟路译. 北京: 商务印书馆, 1985; 或: 诺拉 S, 明克 A. 社会计算机化: 一份致法国总统的报告. 黄德强, 王运永译. 北京: 科学技术文献出版社, 1988. 在英文版作者将 informatisation 翻译成 computerization 之后，法文版原作者曾撰文说，他们倾向于用 informatisation（信息化）而不是 computerization（计算机化）。在由 Andrew J. Pierre 撰写的一篇评论性文章中，作者说这份致吉斯卡尔·德斯坦总统的报告强调的是，计算机正在影响着法国社会，而通信又在其中起着重要的作用（On the way computers may influence French society，with particular emphasis on telecommunications.）

② Miller G A. Informavores//Machlup F, Mansfield U. ed. *The Study of Information: Interdisciplinary Messages.* New York: John Wiley & Sons, 1983: 111-113.

of man's inner life，even as they belong to his life in society.）[①]对我们人类的生活和行动而言，**信息是基础，是指南，是依仗，是路标，是灯塔，是希望，是梦想。人类依赖信息交流和处理而生存，这将是人类信息学的一个基本定律！**

① Wiener N. *The Human Use of Human Beings: Cybernetics and Society*. Boston: Houghton Mifflin, 1954: 18. 中文版见：维纳 N. 人有人的用处: 控制论与社会. 陈步译. 北京: 北京大学出版社, 2010: 13; 诺伯特·维纳. 维纳著作选. 钟韧译. 上海: 上海译文出版社, 1978: 4.

第 13 章　万物源于信息吗?

1989 年 3 月，在美国新墨西哥州红木城桑塔菲研究所，洛斯阿拉莫斯国家实验室的美籍波兰物理学家祖里克（Wojciech H. Zurek），主持召开了一次“复杂性、熵和信息物理学”大会，当时业已 75 岁高龄的世界著名理论物理学家惠勒（John A. Wheeler）提交了一篇论文，题目是“信息、物理学、量子：探索它们之间的联系”（*Information，Physics，Quantum：The Search for Links*）①。在这篇论文中，他从物理学和信息之间关系的角度尝试讨论了信息与量子机制、信息与热力学、信息与黑洞、信息与量子辐射，以及信息与假设的宇宙量子起源之间的深层联系。在这篇论文中，惠勒提出了一个至今仍令所有物理学家、信息科学家、其他领域的学者都难以清楚理解的命题：“万物源于比特。”（It from bit.）一般认为，物理学家最喜欢用数学语言来表达问题，因此他们所表达的知识常被挡在了一般公众的视野之外。但《信息、物理学、量子：探索它们之间的联系》一文几乎没有使用什么数学，但它仍艰深难懂。1994 年，惠勒已 83 岁，在其助手福德（Kenneth Ford）的帮助下，他出版了一个自选集——《宇宙逍遥》（*At Home in the Universe*）。在这部文集中，他把该论文的标题改为“万物源于比特”收录其中②。1998

---

① Wheeler J A，Ford K. Information，Physics，Quantum：The Search for Links//Zurek W H. ed. *Complexity, Entropy, and the Physics of Information: The Proceedings of the 1988 Workshop on Complexity, Entropy, and the Physics of Information*. Redwood City: Addison-Wesley Pub. Co. 1990. 惠勒的这篇论文，仅在发表当年就被提交给了世界的四个大会。但提交给各会议的名字不尽相同，各版本的内容也略有差别。1989 年，除了提交给桑塔菲会议之外，提交给其他的几个会议是：

a. 1989 年 4 月 20-22 日，美国，American Philosophical Society Held at Philadelphia for Promoting Useful Knowledge；

b. 1989 年 8 月 28-31 日，日本，The Third International Symposium on Foundations of Quantum Mechanics in the Light of New Technology；

c. 1989 年 10 月 13 日，意大利，Accademia Nazionale dei Lincei Conference on La Verita nella Scienza.

② Wheeler J A, Ford K. *At Home in the Universe*. N Y: American Institute of Physics, c1994, 中文版见：约翰·阿奇博尔德·惠勒. 宇宙逍遥. 田松，南宫梅芳译. 北京：北京理工大学出版社, 2006: 329-350.

年，仍是在福德的帮助下，惠勒完成了一部学术自传——《真子，黑洞和量子泡沫：我的物理学人生》[①]。在这部他对自己一生的物理学研究和生活感悟进行系统总结的著作中，惠勒将他一生中对物理学认识的转变进行了系统的回顾。其中谈到了他对“万物源于比特”的认识形式过程，他说：

> “我将我一生的物理学研究历程划分为三个时期。第一个时期，自从我开始投入这门事业之后到 20 世纪 50 年代早期，我坚信**万物皆为粒子**（Everything is particles）。我在那个时期里尝试以最基本的最轻的粒子，也就是电子与光子，来建构所有的基本物质——中子、质子、介子等。……当时我和费曼的研究便是以这种单纯由粒子所组成的基本实体（basic entities）为基调。我们当时不需要采用电场或磁场为中介，并纯粹以粒子彼此的超距作用便成功地构思出了电动力学。……我把我人生的第二时期称为**万物皆为场**（Everything is fields）。从 1952 年我爱上了广义相对论与重力，一直到我事业生涯的晚期。我在这个时期里致力于研究由场所建构的世界观。这种观点认为，我们所见的粒子实际上是电场与磁场，以及重力场与时空本身等的表象。……如今我抱持一个全新的观点，**万物皆为信息**（Everything is information）。我愈深入探究量子与我们能够理解我们所居世界的能力等神秘现象，我就愈能够看清一个可能性，也就是逻辑与信息二者所扮演的角色正是物理学理论的基石（bedrock）。”[②]

在这段表述中，他将最初的“万物源于比特”（It from bit）改成了“万物皆为信息”（Everything is information），虽然两者含义近似但不尽相同，但它已经成为惠勒的一种基本物理学思想或世界观。在惠勒的这一命题问世之后，全世界对其产生兴趣的人比比皆是。但包括物理科学和信息科学两界在内，目前仍无一人能够对这一命题给出有效的解释，只有极少数学者给出了一些有限的尝试性解读。例如，具有雄厚量子物理学知识的牛津大学的多伊奇（David Deutsch），他在 2002 年庆祝惠勒九十华诞的时候，基于量子信息学背景，他把“万物源于比特”学说向前推进一步

① Wheeler J A，Ford K. *Geons，Black Holes，and Quantum Foam：A Life in Physics*. New York：W.W. Norton，1998. 中文版见：约翰・惠勒，肯尼斯・惠勒. 约翰・惠勒自传：物理历史与未来的见证者. 蔡承志译. 汕头：汕头大学出版社，2004.

② 同上，84.

并提出了一个新命题："万物源于量子比特"（It from qubit）①。他认为，按照量子力学的观点，0 和 1 只是粒子在极化状态下的取值，常态下应该是多种状态的叠加。从这个意义上说，"万物源于量子比特"将比"万物源于比特"更能精确地描述世界。多伊奇认为，"没有人知道世界是怎样从比特起源的，我认为这永远是不可能的。但我们可以把事情做得更好，那就是从量子比特开始"②。另一个对这一理论进行深入演绎的是美籍华裔物理学家文小刚。近年来，他在麻省理工学院提出了一种弦网凝聚态（string-net condensed state）理论。该理论认为，惠勒的"万物源于比特"理论很漂亮，它说明了物质从信息而来。但这一理论没有考虑长程纠缠。如果我们从多伊奇所说的量子比特思考，基本粒子就可以看成是量子比特的波动涡旋，所有的基本粒子，包括光子和电子，甚至引力和空间都能被统一起来，"万物源于比特"就更具说服力。③④但总体上，国际物理学界和信息学界对"万物源于比特"学说仍持怀疑的态度，人们仍很难找到一种更加普通的解释。

13.1 物理学实例

惠勒的"万物皆为信息"命题是在他"万物源于比特"之后提出的，为的是和他的"万物皆为粒子"和"万物皆为场"能够进行排比式语言表述。但严格来说，"万物源于比特"和"万物皆为信息"两个命题具有一定的差别，前者偏重历时和生成解释，后者偏重共时和构成解释，但它们都在强调：信息是宇宙万物中的一个基本成分。在《信息、物理学、量子：探索它们之间的联系》一文中，惠勒对"万物源于比特"这一命题用三个例子进行了说明：

第一个例子：**光子计数**。普通光源发出的是自然光，用于从自然光中

---

① qubit 一般译为量子比特，但还可以译为"库比特"或"库特"。

② Deutsch D. It from Qubit//John D B, Paul C W, Charles L H, Jr. *Science and Ultimate Reality: Quantum Theory, Cosmology, and Complexity*. Cambridge: Cambridge University Press, 2004.

③ 潘颖. 文小刚（上）：物理学新的革命. http://chuansong.me/n/1098981 [2015-10-20].

④ 文小刚的理论是一种大胆的尝试，他认为可以把真空看作一种特殊的凝聚态，根本就不存在什么基本的粒子。所谓的"基本"粒子，都是这种凝聚态的低能集团激发，都属于"衍生"粒子。见：文小刚. 多体系统的量子场论：从声子的起源到光子和电子的起源. 北京：世界图书出版公司, 2013. 影印版前言。作者在前言中写道："读完本书，我希望读者感觉的不是完美，而是渺茫。"支持文小刚理论的人认为，他的这一理论将会迎来诺贝尔奖。

获得偏振光的器件称为起偏器（polarizer），它能使自然光变为偏振光。人的眼睛不能区分自然光与偏振光，用于鉴别光偏振态的器件称为检偏器（analyzer），一个能做起偏器的装置也可当作检偏器来使用。我们可以做这样一个物理学试验：在一个远距离的光源上装上一个起偏器，然后再安装一个带有极化检偏器的光电探测器来观测这个光学试验。试验开始，我们需要提出并回答这样一个问题：是否计数器在特定的时刻记录到了一个滴答声这一“是-否”问题。如果是，我们常常会说：“这是由光子引起的。”我们清楚地知道，这个光子在发射之前和接收之后都不存在。然而，我们也必须认识到，在此期间，我们对光子“存在”的任何说法都不过是对一个原生事实（raw fact）或计数行为的描述。被记录下来的“是”或“否”构成了一个不可分割的信息比特，理论已经证明，一个光子是不能够被克隆的。

第二个例子：**磁通测量**。磁通是通过磁场中某一面积磁场分布情况的物理量。高斯定理指出，通过任意闭合曲面的磁通量为零。在著名的量子力学双缝试验中，让电子源位于双缝屏的左侧，电子计数器位于双缝屏的右侧，在通量打开之前和关上之后，计数器的“是-否”标志着来自光源的电子是否到达。这时可以发现，磁力线的通量被两股从双缝中扇形散射的电子流所包围——但是没有接触。电子流发生了干涉。干涉条纹在场关闭和打开之间的位移代表着通量的大小。这不仅在电动力学中，而且在几何动力学以及所有的规范场论中，在一个适当选取的量子力学概率振幅的相位沿环路微分，可以给出一个场的量度。场强或者空时曲率通过干涉条纹得以表现，条纹所代表的不是别的，正是“是-否”记录的统计图样。这个动力是移动磁力计指针并给我们的仪器以读数的力源。当我们驱动校准电流通过磁力计的线圈时，我们处理的是批发而不是零售的比特，但是根据场的定义，它一点也不少地决定于比特。

第三个例子：**黑洞视界**。贝肯斯坦发现，不论黑洞是否旋转，其视界的表面积与黑洞的熵总成正比。我们假想，一个黑洞是一个椭圆形的球体，对其视界面积沿经线和纬线进行横竖切割，并使其切割后的每一个微梯形或矩形的表面积均为 $4\hbar\log_e 2$，即普朗克面积 $\hbar$ 的 2.77 多倍（图 13-1）。按照贝肯斯坦和霍金 1972～1975 年给出的一系列证明，一个黑洞的全部视界表面积为 $4N\hbar\log_e 2$，即一个黑洞的视界表面积总共包含着 N 个这样的微梯形或矩形。我们还可以让它们每一个都对应着一个特定的黑洞，每一个都可以象征性地表示为一个“电话号码”，每一个特定的黑洞都与贝

肯斯坦数 N 和视界总面积 $4N\hbar\log_e 2$ 有关。如果令每个微梯形或矩形代表一个二进制比特的 0 或 1，凭借这个数字，我们就可以深入细致地确定构成这个黑洞的所有要素的配置。**熵是失去的信息度量**。不可能有黑洞被造出来给观察者之外的某个新生群体，以显示自己是 2^N 种配置中的哪一个。它的大小也是一个物，是由隐含于其中的信息比特数 N 所确定的。这 2^N 个可以想象的，但却不能分辨的黑洞配置，从更广泛的意义上说象征着这样一个主题：所有的物理实体或万物都源自比特。

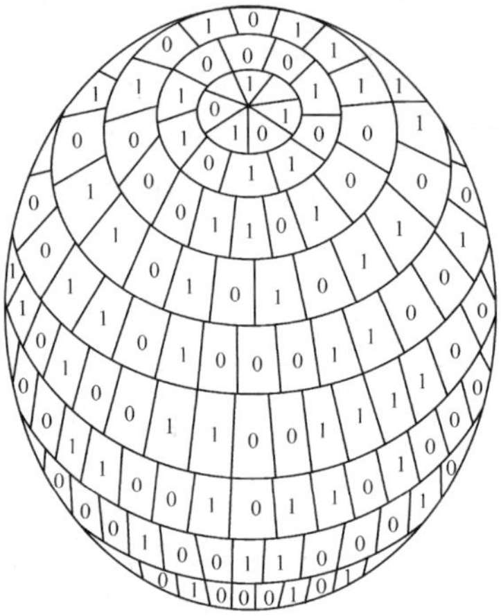

图 13-1　黑洞视界面积切割

通过以上三个实例，惠勒指出：量子 $\hbar$ 在它出现的任何一个正确的物理公式中都成了一盏明灯。它让我们把视界看作信息的丢失，把光的波数理解为光子的动量，把场通量视为以比特记录的条纹位移。通过给予“万物”以比特，量子将作为信息的物理学呈现在了我们的面前（The quantum presents us with physics as information）。每一个包含了 $\hbar$ 的方程都是一面飘扬着印有“万物源于比特”的旗帜，这个口号所显示的一部分物理学，需要我们学会用信息–理论的方式来加以翻译，直到我们学会以信息的语言理解并表达全部的物理学。到那时，我们将重新评价 $\hbar$，把它从自然的常数变成历史的衍生物，从真理的基础变成理解的对象。

13.2　实在与测量

惠勒是玻尔（Niels Bohr）的量子力学传人，因此他的很多理论深受玻尔量子力学的互补理论影响。惠勒在《物理学与质朴性》演讲集中曾反复强调："在量子物理的实在境界中，一种现象只有当它成为被记录到的现象时才是一种基本现象。""在一个现象被记录到之前，没有一种基本现象是一个现象。"他非常欣赏玻尔所说的"物理学并不是在研究物理本身，而是在研究我们对物理世界究竟能说些什么"的名言。那么，"万物源于比特"中的"万物"（it）指的是什么？无疑，惠勒指的是他自己一生都在苦苦思索着的那个"实在"。田松在讨论惠勒的实在时把它分为"本体实在"、"感知实在"、"符号实在"，大体对应于波普尔的物理世界、精神世界、符号世界。田松主要讨论了惠勒的"符号实在"，尤其是"符号实在中物理学这个子集"。①但从整体上理解"万物源于比特"时，如果我们把"万物"理解成符号世界的话，那么问题就会变得非常简单，因为符号世界的本质就是信息世界的外在物理表现，由此可将"万物源于比特"翻译成"信息世界源于比特"，这样一来，惠勒的这一命题就变成了同语重复，也就是说，它实际上什么也没有说。尽管我们可以把万物的形式理解为比信息更高级的一种形式，但这并不是惠勒的研究风格。惠勒在"万物源于比特"一文中曾举例说，磁场是一种"物"（it），熵的大小也是一种"物"（it），和他后来总结出的"万物皆为粒子"，"万物皆为场"相比较，我们更倾向于把惠勒所说的"万物"理解成波普尔的物理世界，即田松所说的"本体实在"。

至于"万物源于比特"中的"比特（bit）"指的是什么呢？它比理解"万物"一词更为复杂，同时也是理解"万物源于比特"这一命题的关键。英语中的 bit 一共有三种含义。①在普通用语中，它指"a small portion，degree，or amount"（少部分、小程度、微数目），泛指"一些、少许、微小"；②在信息论中，bit 指信息的计量单位。更准确地说，bit 是指以 2 为底数的事件先验概率除以事件后验概率的对数值；③在计算机科学中，bit 也是一种信息计量单位。但和信息论不同的是，这里的比特仅代表"0"或"1"的位数。

---

① 田松. 惠勒科学哲学思想初探：一个整体论的建构方案. 中国社会科学院研究生院博士论文, 2001: 11. 田松认为："可以把实在分为三个层次：本体实在、感知实在和符号实在。本体实在就是所谓的客观实在，或者康德意义上的物自体，大体上对应波普尔的世界 1：物理世界；感知实在是人们感知信息的集合，一向被认为是本体实在在感官上的显现，可以大致对应波普尔的世界 2：精神世界；符号实在是对感知实在的描述，包括人类的一切符号体系，相当于波普尔的世界 3。就我们所讨论的问题而言，最重要的是符号实在中物理学这个子集。"但一般研究者对波普尔 3 个世界的描述是：物理及其状态的世界，意识状态或精神状态的世界。第 1 世界包括物理实体和物理状态的物理世界；第 2 世界是精神的或心理的世界，包括意识状态、心理素质、主观经验等；第 3 世界是思想内容的世界、客观知识世界。见：卡尔·波普尔. 客观知识——一个进化论的研究. 舒炜光，卓如飞，周柏乔，等译. 上海：上海译文出版社, 1987: 5.

根据惠勒在“万物源于比特”一文以及《真子，黑洞和量子泡沫：我的物理学人生》一书中的综合表述，我们倾向于把惠勒使用的 bit 理解成计算机科学中的 0 或 1，即若干个每位只有 0 或 1 状态的组合。因为在谈到椭圆球或黑洞的 N 个微梯形或矩形切割总数时，惠勒用它们代表着 2^N 个选择，这和我们在计算机科学中使用的比特计算方法是完全相同的：以 0 和 1 为基础，N 个物理单元组成的状态总数是 2^N（信息总量）。而不是通信科学中以 2 为底的对数计量结果 Log_2X。尽管惠勒也引用了“熵是失去了的信息量”的说法，但他并未沿着物理熵或香农熵的方法去继续讨论他的信息量。2 是数学和自然数中的一个特殊量，二值逻辑是我们思维中的一个基本判断方法。查阅惠勒的几部不同著作，特别是他在阐明“万物源于比特”时给出的三个例子和他极为钟情的 20 问游戏①，我们很容易将“万物源于比特”理解为“万物源于提出的问题和对其做出二答选一的结果”，但是，我们认为情况并非如此。

我们知道，惠勒的信息科学思想是在量子力学的宏观背景下提出的，量子力学的一个基本的，但同时也是带有争议的核心价值观是“测量”（measurement），它构成了海森伯（Werner K. Heisenberg）测不准原理的基本核心。在玻尔那里，他把测量上升到了“注册”（registration），认

① 惠勒这样描述了这种 20 问游戏：游戏开始，先由我做。我先被赶到屋子外面，另外 15 个人就偷偷商量，讨论一些比较难的词。门锁上了，时间出奇地长。等最后我被允许进入的时候，我发现每个人脸上都挂着笑容。这里面一定有阴谋！尽管如此，我还是开始提问。“是动物吗？”“不是。”“是矿物吗？”“是的。”“是绿色的吗？”“不是。”“白色的吗？”“是的。”这些问题回答得很快。随后，回答开始慢了起来。真是太奇怪了。我要得到的不过是简单的“是”或“不是”。然而，被问的人却想来想去，是或不是，不是或是，犹豫再三。最后，我感到我已经发现了答案，那个词应该是“云”。我只剩下最后一个提问的机会了。我只有冒险了：“是云吗？”“是的。”这时，所有人都爆发出一阵大笑。他们对我解释，在屋子里他们事先根本就没有拟定过一个词。每个人都可以随意回答——条件是：他心里必须有一个答案，且能够和自己的回答以及前面所有的回答逻辑相符。否则，如果我反问他，他就输了。关于这个游戏的详细描述见：约翰·阿奇博尔德·惠勒.宇宙逍遥. 田松，南宫梅芳译. 北京：北京理工大学出版社，2006: 281-282. 其他一些解释请参考：童世骏，陈克艰，编译. 科学和艺术中的结构. 上海：华东师范大学出版社，1989：134-135. 20 问游戏的核心有四点：①.提问者可以任意提问；②.回答问题的团队成员不能事先拟定任何的最终答案；③.回答问题的团队成员只能用“是-否”回答提问人的问题；④.团队成员中后面回答的“是-否”必须与前面所有的回答逻辑上一致。

我们在北京大学的课堂上和学生们对这个游戏进行了反复的实验，且一般在 18 个回合左右就把答案找到了。下面是这个游戏的一个北大版：①.它是由细胞构成的吗？不是！②.它是自然形成的吗？不是！③.它是人造的吗？是！④.它是生活用品吗？是！⑤.它在使用中需要能源吗？不需要！⑥.学生宿舍有吗？有！⑦.大家每天都会用到它吗？是！⑧.它被搁在书桌上吗？不！⑨.一个 44 号鞋盒能把它装下吗？不能！⑩.它是盛东西用的吗？不是！⑪.它含有金属吗？没有！⑫.它的使用权归私人所有吗？是！⑬.大家开始住进来时它就存在吗？不是！⑭.它是门吗？不是！⑮.它是窗户吗？不是！⑯.它是扫把吗？不是！⑰.它是饮水机吗？不是！⑱.它是衣架吗？是！答案找到。

为人类认识微观世界的基本前提，是在对微观世界的认识过程中，人们对微观粒子的认识必须有一个注册行为。在惠勒的理论里，他采用了另一个概念：“记录”（record），并认为记录是我们理解万物的基础。就一般人而言，我们更喜欢使用具有普遍意义的“观察”（observation）。在惠勒的物理信息理论中，我们认为这四个概念是可以同等看待的。“记录”的含义一如他在前面解释“万物源于比特”的三个例子中的叙述，对“测量”、“注册”、“观察”这三个概念的含义，他在《真子，黑洞和量子泡沫：我的物理学人生》中是这样解释的，他说：

“宇宙……的存在与其历史都是经由测量而决定。我所谓的‘测量’并不必然是指称由人类或人类所设计的仪器，或任何外星智慧生命，或甚至是蚂蚁或变形虫所进行的测量。生命在这个方程式里并非必要。这里所谓的‘测量’，是一种让不确定性崩溃成为确定性的不可逆行动。这就是量子世界与传统世界的交会点。在这个交会点上，可能发生者，如多重途径、干涉形态、扩散概率云雾等，变成真正发生者。这些真正发生者，可以是计数器的滴答声响，是某个人眼睛里的视觉神经的激发状态，或只是一堆物质的合并，这些都是经由量子事件所引发的。”

“我所谓的测量，就是玻尔所说的‘登录’。玻尔喜欢格言。他说过，只有在登录之后，所有的基本现象才得以成为一种现象。例如，经由辐射现象所释放的一颗高能粒子，会以概率云状态向四面八方散射。如果这颗高能粒子在一片云母中留下一串散裂的原子痕迹，并得以让我们在数百万年之后从事测量，这时，其（位置与方向的）不确定性便崩溃成确定性。粒子向四面八方的‘未知’与‘不可知’散播形态，便形成一种‘测量’或‘观察’或‘登录’的状态，也就是在云母片中形成一种不会受到粒子的未来历史所影响的不可逆或者不可移除或变更的宏观痕迹。粒子的可能行为（或从量子观来描述所有同时发生的一切事物），都被其已完成的行为所取代。”①

由此，我们可以看出，惠勒的“比特”是指一种经由测量、注册、记录、观察的结果，按照我们通常对信息的理解，这种结果就是信息。他使

① Wheeler J A, Ford K. *Geons, Black Holes, and Quantum Foam: A Life in Physics*. New York: W. W. Norton, 1998: 63-64. 中文版见：约翰·惠勒，肯尼斯·惠勒. 约翰·惠勒自传: 物理历史与未来的见证者. 蔡承志译. 汕头: 汕头大学出版社, 2004: 435-436.

用的比特不过是一种象征性的说法。事实上，前面已经提到，在解释 1989 年红木城桑塔菲会议上画出的那个“比特球”时他已经说过，“这是一个象征，从更广泛的意义上说，它象征着所有的物理实体都来自比特”①。实际上，我们也只能把“万物源于比特”理解成“万物源于信息”或“万物皆为信息”的一种形象说法。如果把它当作一个实命题的话，我们就必然会得出“面包源于千克”，“钻石源于克拉”，或“面包皆为千克”，“钻石皆为克拉”这类荒谬的结论，因为“比特”是一个计量单位而不是一个实体。

这样，我们便可以回到问题的实质上来。万物果真源于信息吗？桌子源于信息吗？苹果源于信息吗？我们的身体也源于信息吗？它听起来是多么的荒谬和不可思议，因为它太违反我们从小就树立起来的物质科学观。另外，惠勒在提出“万物皆为信息”时也并没有指出他所说的信息是什么。但是，在目前数不清的信息定义中，除了美国国际商业机器公司（IBM）的物理学家兰道尔以及新的弦网凝聚态理论坚持认为“信息是物理的”之外，在其他所有关于信息的讨论中，学者基本上都倾向于认为信息是一种非物质性的实体。但惠勒较倾向于信息是物理的。惠勒的理论也许能够“在自组织的物质和以物质作为前提条件的自组织信息之间构成一个连续统一体，尽管它们之间存在着不连续性”②。但是，在他自己的表述中，许多地方又似乎认为信息是非物理的。

13.3 中国的知音

惠勒曾于 1981 年对中国进行过他一生唯一的一次访问，这位高擎“万物源于比特”大旗的物理学大师在访问行程中，曾在北京观看了一场根据商灭周兴的历史背景改编的中国京剧《风鸣岐山》。当惠勒看到姜子牙手执的大旗上镶嵌着一个大大的“無”字时，便问陪同人员其含义是什么。当被告知“無”就是“NOTHING”时，惠勒兴奋不已③。他认

---

① 约翰·阿奇博尔德·惠勒. 宇宙逍遥. 田松，南宫梅芳译. 北京：北京理工大学出版社, 2006: 334.

② Capurro R, Fleissner P, Hofkirchner W. Is a Unified Theory of Information Feasible? A Trialogue//Hofkirchner W, ed. *The Quest for a Unified Theory of Information*. Amsterdam: Gordon and Breach Publishers, 1999: 9-30.

③ 董光壁. 易图的数学结构. 上海：上海人民出版社, 1987: 133-134. 也见于：《惠勒演讲集：物理学与质朴性——没有定律的定律》一书“编者的话”部分。根据朱照宣的考证，姜子牙所执大旗上的“無”字，其含义应为“微小”，而不是“无”（nothing）。

为，自己一生对物理实在的苦苦思索，结果早在几千年的中国古典思想中就已经表现了出来。惠勒的思想从“万物由粒子构成”的标准物质观，之后转变成了“万物由场构成”的准物质观，最后变成了“万物由信息构成”的信息观。对于什么是物质，我们的科学教育早就告诉过我们它们是什么。至于什么是场，虽然它在物理学家中并未达成一致的见解，但我们也能够大体明白其基本含义。但我们不禁要问，信息在中国古代思想家的理念中究竟是否被类似地表述过？下面我们仅以《周易》和《道德经》为例进行讨论。

1. 太极

“太极”是中国典籍《周易》中的一个基本概念，它代表一个虚无的世界本源，根据《周易》的理论，这个本源最后构成的就是万物。《周易》一书为周文王姬昌所著，它是东方文化中一部最玄妙、最深奥的经书。《周易》集伏羲氏创造的先天易，神农氏创造的连山易，轩辕氏创造的归藏易等思想综合提炼而成，据传它是周文王被商王囚禁期间在狱中写成，全书仅 2 万 4 千余字。数千年来，中国乃至世界上的不少学者对《周易》的研究兴趣长盛不衰，并已经形成一门独立的学问：易学。易学有两个部分组成：《易经》和《易传》。《易经》是《周易》的本经，它由六十四卦和对它们的解说而成；《易传》是在《易经》问世后从战国到汉朝之间，由后人系统研究《易经》的十篇论文集，其中比较著名的论文是《系辞》，而“太极”的概念就出自《系辞》而非《易经》本经。《系辞》在解释《易经》时认为，“易有太极，是生两仪。两仪生四象，四象生八卦。”八卦最后生成了万物。惠勒认为“万物源于信息”，易经则认为“万物源于太极”。那么，什么是太极呢？“万物源于太极”的学说又是什么意思呢？在后来的易学研究中，人们对它一共有两种不同的解释。一种是筮法论[①]，即认为它是在讲述摆置草棍[②]或画卦的过程；另一种是宇宙形成论，即它是在讲宇宙的形成过程。就占筮的过程来说，太极指五十或四十九根混而未分的蓍草。两仪是指将四十九根蓍草分为两堆。四象指四次分草的过程，即“分二”“挂一”“揲四”“归奇”。筮法论中还有一种画卦说，认为太极指阴阳混而未分时的状态，两仪指阴阳已分的两爻[③]，四象指在两仪之上各加一奇一偶后组成的老阳、老阴、少阳、少阴，八卦指乾、坤、震、

① 筮（shì）法：用蓍草进行占卜的方法。

② 原文为揲（she，读“舍”）蓍（shi，读“湿”）。揲，对草的数目进行数数，把它们分成几份；蓍，一种多年生草本植物，俗称“锯齿草”或“蚰蜒草”。

③ 爻（yao，读“摇”）。指组成八卦的长短划。

巽、坎、离、艮、兑。世界形成论者认为，**太极是最高或最初的实体**，两仪为阴阳或天地，四象为春、夏、秋、冬四时，八卦为天、地、雷、风、水、火、山、泽八种自然现象[①]。《周易》中的宇宙形成过程学说表达了“万物源于太极”的含义（图 13-2）。

图 13-2　八卦与自然现象

在整个易学研究中，存在着两种比较流行理论，一种是沿着由虚向实转化的思路，一种是沿着由少向多分化的思路，前者叫作“易纬说”，后者叫作“太极说”。“易纬说”认为，周易八卦中的乾坤二卦既然用符号表示了出来，那就已经具备形象。**有形的东西都是从无形中演化而来的**，而**能够演化出乾坤的东西一定是无形无象的**，这便是《周易》所说的“易”。“易”，无形、无象、无气、无质，因为是处在宇宙的最原初阶段，所以也称为“太易”。“太易”无形无象，连气这样无色无味的东西都不存在，之后逐渐产生了气；开始有气的时候称为太初。“太初”开始有气，但还没有固定的形态，之后逐渐演化出了形态；开始有形的时候称为“太始”，“太始”开始虽有形但没有质地，之后又逐渐演化出了“质地”；开始有质地的时候称为“太素”。从有气开始到有形有质，虽然具备了有形个体的物质条件，但却没有界限，没有区分，浑然一体，看不见也听不到，所以笼统地称为太极；太极又称为“元气”。宇宙处在太极之时，虽然阴阳未分，天地未萌，但却已经具备气质，太极之后分为阴阳二气，化为天地，所以才有了象征阴阳及天地的乾坤二卦。

太极学说认为，宇宙的始基是一个“无极”，“无极”后来生出了太极元气，元气又分为阴阳二气和天地。二气结合，又生出五行之气，五行相生，则形成了万物和人类。从某种意义上说，太极学说对宋明时期的宇宙

① 朱伯崑. 易学基础教程. 北京：九州出版社, 2002: 180.

论和本体论都产生了深远的影响。他们根据太极生两仪的二分法模式，之后又陆续提出了一分为二，二分为四，四分为八的宇宙演化图式。认为宇宙之始是“太极”；太极之时没有差别，所以又称之为一；由一分而为二，产生了阴阳；阴阳交错产生四象，四象又分为天之四象和地之四象，于是形成了八卦乃至万物。整个宇宙经历了这样一分为二，二分为四，四分为八，由少到多，由一至万的分化过程。宇宙演化过程是按二的倍数逐次增加，愈分愈细，没有穷尽。①

对《周易》这部中国传统文化经典中所表达出的思想，后人一直存在着两种不同的看法。一种认为，《周易》是一部占卜算命的邪书，因为它的核心是通过一定的筮法起卦和占断，即利用六十四卦和三百八十四爻的变化来预测吉凶，预测一个人或事物未来的命运或前程。但到目前为止，任何预测学还都达不到这种水平，更不用说几千年前的古人了。因而《周易》是靠不着的，是一种迷信。所以在今日中国的流行说法中，常把“八卦”比做没有根据、捕风捉影之类的流言。另一种观点认为，《周易》虽然以占卜为目的，但在预测命运吉凶时依据的原理是有一定科学根据的，那就是一切都在“变”，而《周易》就是研究关于“变”的学问，是对宇宙动力学的原始研究，于是它的一个英文译本的书名就是“*The Book of Changes*”（变）。如果我们把“太极”理解为惠勒所说的“信息”，那么，从总体上说，“万物源于太极”就是“万物源于信息”的中国式解读。所不同的是，惠勒是从量子理论提出的，《周易》是从变易理论提出的。

2. 道

“道”是老子《道德经》中的一个基本概念，它代表着天地和人间万物的本源，且是它们的最高支配者。《道德经》是在《易经》问世约 500 年后，产生于楚国时期的又一部恢宏的中国文化典籍。《道德经》为老子所作，故有时又称为《老子》或《老子道德经》。《道德经》一书共计 5235 字，据说后人解释的文字已超过 5000 万字。《道德经》原书不分章节，为了阅读方便，从东汉中后期起人们把它分为 81 章。《道德经》全书由两个部分组成，第一部分讲‘道’，第二部分讲‘德’，《道德经》便据此得名。作者老子原名李耳，今河南鹿邑县人，他年长于孔子约 20 余岁。据历史文献记载，孔子曾向老子请教过学问，并与老子有过多次交往。

“道”是《道德经》理论中的一个核心概念，它在《道德经》中一共出现了 76 次，分布于 37 章之中。“道”在《道德经》中大体有两种含义。

① 朱伯崑. 易学基础教程. 北京：九州出版社, 2002: 332-337.

一种是实存意义的“道”，一种是规律之义的“道”。在实存意义的“道”中，“道”是一种实实在在的东西，但却听不见它的声音，看不见它的形体，它超越我们的感觉和知觉而存在。同时，它也是一个变体和动体，本身处在不断变化之中，整个宇宙万物都随着“道”而永远在变在动。由于道的变动，才产生了天地万物。但是，任何事物都会在变动中消失和灭亡，而“道”却永存。“道”不仅在天地形成之前就已存在，而且天地万物还由它创生。“道”是天地万物创造的根源，也是一切存在的根源。在规律性的“道”中，“道”表现着某种规律，这些规律可作为人类行为的标准和处世的准则。形而上的“道”落实到人生的层面上，所显现的理念应为人类所体验所效法，这可以说已经进入“德”的活动范围了。

在《道德经》中涉及“万物源于道”的阐释有很多处，但主要的表述包括“道生一，一生二，二生三，三生万物。”“有物混成，先天地生。”“天下万物生于有，有生于无。”等。“道”是“理”，“一”就是气。“道生一”就是理生气。气是阴阳未分之前的“一气”，“二”就是阴阳二气，“三”是除阴阳二气外，再加上阴阳二气交合而生的和气。“道生一，一生二，二生三，三生万物。”就是说道由混沌状态演化而成一气，由一气演化而成阴阳二气，再由阴阳二气交合而生和气，然后万物逐渐形成。[①]这就是宇宙生成的《道德经》解释。老子还认为，在天地还没有形成之前就有一个混然而成的“道”存在。它既是宇宙的本源，也是天地万物生存的总原理。但它又和天地万物不同，天地万物是事物，可称之为“有”；道不是事物，是形而上的存在，可称之为“无”。但“道”能创生天地万物，或又可称之为“有”。道兼“有”和“无”，或者说“无”是道体，“有”是道用，体必先于用，所以，‘无”的层次要较“有”为高。这就是“天下万物生于有，有生于无”的含义。

同理，在《道德经》中，如果我们把“道”看作信息，和《周易》一样，这里就出现了另一个关于宇宙生成的路线图：“万物源于道”，其结果和惠勒的“万物源于信息”又走到了一起。因为《道德经》问世于《周易》之后，所以它的理论比后者更易于理解。根据不少《周易》和《道德经》研究者的推测，老子的思想曾深受《周易》的影响，因此，二者的表现和叙述形式有很大的近似，它们都是在解释宇宙的一种生成过程。

---

① 余培林. 老子快读——生命的大智慧. 海口: 海南出版社, 三环出版社, 2004: 285-290.

3. 唯信息论

2005 年，以中国道家思想和现代物理学的超弦思想为基础，中国福建学者沈新曦构造了一套以冥想而不是实验为基础的——这一点和惠勒学说相同——和“万物源于比特”理论惊人相似的“信息生成世界万物”的学说，他称之为“唯信息论”（informatilism）或“信息 *N* 论”。所不同的是，沈新曦的理论更加深刻，因为他采用了“生成论”而不是“构成论”的铠甲武装了自己。

沈新曦认为，世界由“元信息”分阶生成，“元信息”是一种“无”，它携带着“母宇宙”的基因信息，它在自主生长发育中生成了新宇宙。“元信息”是一种原始的生长基因信息程序，它包含着一些具有自复制和自生成本性的参数和程序，也就是它能够决定宇宙生长方向的一系列初始条件的数据和内部信息结构，作者把它称之为“信息 0 阶”。在“信息 0 阶”之后，作者一步一步地提出了——不是靠物理学试验证明的构想——世界或宇宙根据“信息 0 阶”生成的整个过程。它们分为 7 个阶次：

（1）信息 1 阶。

当信息 1 阶在演绎中发育的时候，母宇宙的信息域也逐渐收缩成一个易点，易点没有体积，没有质量，但包含整个宇宙生长的信息模组——发育成熟的信息 1 阶，即发育中的宇宙胚胎。宇宙胚胎既没有形状与大小，也没有物质和能量。在信息 1 阶那里，宇宙发育处于“无世界”阶段。信息1阶里有 11 个维序，它们和大量的超弦一起都是“无”世界里的信息，序还只是信息的序，弦还只是信息的弦，它们在易点紧紧卷缩和振荡着，默默维持着一个无世界的发育秩序。从“信息 0 阶”到“信息 1 阶”，它是信息 N 阶发育进程中具有决定性意义的事件，它创立了一个“无”的世界。

（2）信息 2 阶。

信息 1 阶时代的卷缩维序群发生对称的破缺，维序分化为阳序和阴序两种，这预示着胎儿宇宙已经成熟。在卷缩的阳序中有 4 个维脱离了卷缩状态，当它们舒展开来时，我们的宇宙就诞生了。世界从“无”一举跃迁到“有”。除绽开的 4 个阳序之外，还有 7 个阴序依然卷缩着，它们承担着生成各种粒子和力元的重任。阳序（舒展序）和阴序（封卷序）两者失称但却互补，它们相辅相成，共同生成了我们的宇宙。从“信息 1 阶”到“信息 2 阶”，是信息 *N* 阶“从无到有”的转折性跃迁。

（3）信息 3 阶。

生命是信息 *N* 秩序模组演进到 3 阶时的演绎彰显事件，生命在本质上不是物质的存在方式而是信息的演绎过程。从简单的原初生物到复杂的灵长动物，无一例外的都是信息 *N* 进入其 3 阶的生成事件。简而言之，生命就是“信息 3 阶”。具体地说，生命生成的过程就是信息 3 模组调动着元信息、维序、超弦、物质和能量这些创元，彰显为狄恩酸结构，同时演绎出各种形式不同的生命现象。不管生命起源于海洋、陆地，还是从太空中陨落下来，它们都是在宇宙信息 *N* 的大背景下，从简单到复杂的渐进中突现创新而成，并在此后的生命网络中反复演绎的信息 3 阶模组。

（4）信息 4 阶。

在信息 3 演绎了数十亿年之后，大约在距今 25 万年前，信息 *N* 又实现了向一个新的阶次跃进，在地球上最后生成了心智“信息 4 阶”。从生命的前心智开始，信息 4 就开始编写和调试其程序，心智处于悄悄的孕育过程之中。但是，只有当心智的特质结构最终完备，生命体的前心智才走完了漫长的发育历程，心智由此诞生。其特质结构包含着三大对称关系：信息根系与价值认同的对称、创造品质与逻辑言语的对称、内隐模式与明晰模式的对称，具备这些特质结构是心智发育成熟的主要标志。

（5）信息 5 阶。

信息 5 阶是一个在演绎中彰显为心智星球的宏大信息程序模组，它的演绎成功范式就是我们人类居于其中的这个地球。心智星球在信息 5 的演绎中被生成，其过程的彰显分为三个阶段：以质能信息 2 为主导创元的体格生成阶段，以生命信息 3 为主导创元的生物圈生成阶段，以心智信息 4 为主导创元的超心智涌现阶段。可见，心智星球的结构是一种体质结构、生物圈、超心智相复合的复杂结构。星球超心智的精华是人类的文化结构，它包含了与星球心性相关的艺术、哲学、伦理、宗教的体系，与星球智力相关的科学和技术的体系，以及与星球行为相关的法律、制度体系、各种有形与无形的文明结构，这些就是整个星球人类的文化及其生长结构。

（6）信息 6 阶。

信息 6 阶是一个由浩瀚星系中的数十亿计的心智星球联网而形成的星系共同体及其所呈现的全部生态–文化的整体结构，可称之为“心智星系”。地球的这颗心智星球，将通过向一些适宜的星球移植地球生态–文化结构的形式复制自己。在银河系里，可能不止是人类正在这样行动着，在银河系适合生命生长的黄金分割带里，还会有其他心智星球或迟或早会像地球人一样行动，并在它们周围的适宜星球上培育出一种生态–文化结构，最终把该星球变成一个新的心智星球。经过第一代和第二代心智星球及其之后的若干代星球不停地复制，这些新的心智星球数量急剧增加并且实现星球间的网络互联。

（7）信息 7 阶。

信息 7 阶是一个由宇宙中数十亿计的心智星系的网络共同体和它所呈现的全部宏文化及其发育结构组成的整体：心智宇宙。心智宇宙作为一个由信息 7 阶的演绎所彰显而成的泛生命，其结构也包含着由无数心智星系大联合所生成的宇宙共同体，及其所呈现的全部生态–文化的整体结构。我们的宇宙可能存在着其他姊妹宇宙，它们在一起构成了宇宙群体，共同生长、共同创造。我们的宇宙将长大成熟并作为一个母宇宙，开始孕育属于新一代的子宇宙，直至这些子宇宙呱呱坠地并成为一个个独立的宇宙单元。对我们的宇宙进行复制将引导信息 *N* 阶发生新一轮的演进：一种螺旋式上升的轮回。其中的奥妙在于别具一格的宇宙复制规则；宇宙作为一种成熟的“有”，它将生成一种“无”。①

对于标准的理论物理学和现代科学而言，“太极”、“道”、“唯信息论”这些学说都是令人费解的，它们根本无法进行证明。就目前的情况来看，惠勒的“万物源于比特”也属此列。因此，这就决定了它们必然会招致人们的非议。我们已经看到，对于《周易》和《道德经》，一方面，无数的中外爱好者奉它们为宇宙和人生的圣典；另一方面，也有无数的学者对其不屑一顾。就沈新曦的唯信息论所遭遇的境况而言，中国学者们甚至连听说过他的理论的人也寥寥无几。即使对惠勒这样享誉世界的超级物理学家来说，一些美国资深物理学家甚至还一直认为：他们并不知道惠勒的“万物源于比特”是“在谈论着一个什么样的地狱。”②但是，“万物源于信息”“万物源于太极”“万物源于道”“万物源于信息 *N* 阶”四种解释之间的确又存在着某种惊人的类似，况且，惠勒对自己的导师玻尔对贯穿在《周易》与《道德经》中的阴阳学说钟情有加，自己又对《周易》与《道德经》中那种“无”的世界观倍加推崇，我们不妨认为期间有某种

① 沈新曦．唯信息论．纽约：柯捷出版社，2007: 5-45. 同时见沈新曦的博客：唯信息论. http://blog.sina.com.cn/informatilism [2013-6-25]. 但该博客的最后更新日期仅到 2012 年 9 月就停止了。作者所用的“唯信息论”（informatilism），和德国学者卡普罗所用的“唯信主义”（informatism），二者从形式和含义都不相同。沈新曦的“informatilism”就是惠勒的“万物由信息构成”，卡普罗的“唯信主义”（informatism）是和传统哲学的“唯物主义”（materialism）相对应的一种说法。

② Siegfried T. *The Bit and the Pendulum: From Quantum Computing to M Theory: The New Physics of Information.* New York: John Wiley & Sons, Inc., 2000: 5-6.

不明的联系和近似。退一步说，又有谁能说清楚“万物源于信息”的真正含义呢？[①]《科学美国人》杂志的资深撰稿人和《科学的终结》的作者霍根（John Horgan）不也认为，惠勒的“万物源于比特”有些禅宗含义吗？[②]保守地说，我们可以采用朱照宣给田松的提示，“微”有“无”的含义，[③]最后再来认可苗东升在这个提示的基础上提出的“有生于微”的折中学说。[④]况且，一些量子物理学家近年来也不断提出：西方科学的思维逻辑和学科体系跟中国传统的科学思维是完全不同的。中国的传统文化不分数、理、化、天、地、生，研究的对象也不分宏观和微观，不分运动和静止。它把天、地、人作为一个统一的研究对象，对运动的起因概括为阴、阳相生相克，按照天、地、人的运动特性分为金、木、水、火、土五行学说。因而中国的科学思维和结构更适用于范围广泛的思维型科学体系[⑤]。

肯定也罢，否定也罢，我们需要宽容，我们可以把这些探索当作我们在科学征程中对许多无解问题的一种权宜性解释。我们应该默默牢记歌德（Johann von Goethe）的箴言：思想家最精美的成就是理解能理解的东西，同时默默地尊敬不能理解的东西。（Das schoenste Glueck des denkenden menschen ist das erforschliche erforscht zu haben und das unerforschliche ruhig zu verehren.）

13.4　宇宙终极理论

惠勒是 20 世纪著名的理论物理学家，他毕生都跑在其他科学家的前面，并为他们推开一扇又一扇大门。从黑洞概念到多世界理论再到量子力学，他的努力使在许多其他物理学家看来稀奇古怪的思想，最终都变得为

① 由中国学者提出的类似学说还有。例如王江火的《在之演化》和《统一信息论》中提出的“统一信息论”。作者认为，“世界是信息的”，“物质是信息的集合体”，“哲学将被统一信息论消解”等。作者说，如果有谁愿意把这种理论划为某种主义的话，那就请将他的“统一信息论”划到“唯信息主义”一边。这里的“唯信息主义”和沈新曦的“唯信息论”，以及惠勒的“万物由信息构成”近似；罗先汉的“物信论”和卡普罗的“信息主义”近似，它们都有可能导致和我们今天传统哲学截然不同的一种世界观，我们需要谨慎对待。见：王江火. 在之演化. 北京: 北京燕山出版社, 2010: 20. 及其：王江火. 统一信息论. 北京: 中国政法大学出版社, 2012: 2, 8, 257.

② 约翰·霍根. 科学的终结: 在科学时代的暮色中审视知识的限度. 孙雍君, 等译. 呼和浩特: 远方出版社, 1997: 117.

③ 约翰·阿奇博尔德·惠勒. 宇宙逍遥. 田松, 南宫梅芳译. 北京: 北京理工大学出版社, 2006: 329. 注释部分.

④ 苗东升. 有生于微: 系统生成论的基本原理. 系统科学学报, 2007, 15 (1): 3-4.

⑤ 陈亚孚, 薛玲玲, 孙雅东. 量子与量子力学. 长春: 吉林大学出版社, 2006: 2-3.

世人接受。或者，至少也为人们所重视。对于这位“物理学界最后的超级英雄”①来说，他一生都在不知疲倦地向传统物理学挑战，他不断地提出物理学的新概念和新思维。在他一生所提出的新概念中，包括黑洞、量子泡沫、真子②等，到目前为止，其中大部分都已被试验证明是存在的或是具有深远意义的，而其中的部分新概念已对现代物理学的发展产生了重大的影响。

惠勒认为，物理世界的所有单元，在根本上——在最根本、最基础的意义上说——都有一个非物质性的来源和解释；也就是说，我们所说的实在，归根结底产生于一种“是-否”问题（yes-no questions）的提出及其对所激起的仪器反应的记录。简而言之，所有的物质性事物，究其根源都是信息-理论性的（information-theoretic），我们的宇宙是一个参与性宇宙③。物理学基础可能是由一些像“是-否”这样的信息碎片组成的。④明天，我们所有的物理学家“也许不得不学会按照信息的语言来理解和表述所有的物理学问题。”⑤惠勒在他的四个“没有”的第一个“没有”中说：物理学引起了观察者的参与，观察者引起了信息，信息导致了物理学。最后，他问到：世界是否就存在于这种“非物质的无”中？⑥惠勒认为，“从最根本的方面来看，信息在某种意义上说是物理的，它是所有现实基础的本质部分。”⑦

对于惠勒的学说，除了牛津大学的多伊奇撰写了“万物源于量子比特”对它进行了有限的解读之外，另外一些学者也发表了一些零星的看法。例如惠勒自己的学生，以色列的贝肯斯坦在他那篇著名的“世界是张全息图”

---

① 惠勒已于 2008 年 4 月 13 日在美国逝世，美国麻省理工学院的物理学家特马克（Max Tegmark）在评价这位物理学大师时说：惠勒是最后的巨人，物理学界最后的超级英雄。见：“黑洞”概念提出者约翰·惠勒去世. http://news.sciencenet.cn/htmlnews//200841511227976205366.html [2008-4-20].

② 原文为 Geon。Geon 中的 G 代表 gravity（引力）；e 代表 electromagnetism（电磁）；-on 代表粒子类的构词后缀。台湾蔡承志将其译为“重力电磁体”。田松认为，geon 是个大光子，是个粒子，不是一个天体。见：Wheeler，J. A. Ford K. *Geons，Black Holes，and Quantum Foam：A Life in Physics*. New York：W. W. Norton，1998：63-64. 中文版见：约翰·惠勒，肯尼斯·惠勒. 约翰·惠勒自传：物理历史与未来的见证者. 蔡承志译. 汕头：汕头大学出版社，2004. 参见该书的书名及其文内相关内容；同时参见：约翰·阿奇博尔德·惠勒. 宇宙逍遥. 田松，南宫梅芳译. 北京：北京理工大学出版社，2006. 前言部分.

③ 约翰·阿奇博尔德·惠勒. 宇宙逍遥. 田松，南宫梅芳译. 北京：北京理工大学出版社, 2006: 331.

④ 约翰·惠勒，肯尼斯·惠勒. 约翰·惠勒自传：物理历史与未来的见证者. 蔡承志译. 汕头：汕头大学出版社, 2004: 458.

⑤ 约翰·阿奇博尔德·惠勒. 宇宙逍遥. 田松，南宫梅芳译. 北京：北京理工大学出版社, 2006: 333.

⑥ 同上，335.

⑦ Siegfried T. *The Bit and the Pendulum: From Quantum Computing to M Theory: The New Physics of Information*. New York: John Wiley & Sons, Inc. 2000: 10.

一文中，在文末引用了加拿大滑铁卢圆周理论物理学院斯墨林（Lee Smolin）的话后说，从全息理论上看，（也许物理学理论）“最终考虑的不是场，甚至不是时空，而应该是物理过程之间的信息交换。如果真是这样的话，（惠勒）把信息看成世界的组成部分的观点就体现出了它的价值”①。奥地利的量子信息学家泽林格尔（Anton Zeilinger）也提出了一个对惠勒理论的新解释。他认为，就基本粒子而言，它们都不是一个元系统，因为它们都有电荷、自旋、位置、能量等属性。但按照量子力学的“观察”概念，我们对这些基本粒子的“观察”却可以形成一个最基本的元系统（the most elementary system），且每个元系统只带 1 比特信息，且只能对一个命题给出真假判断②。物理学家兰道尔认为：“总体上说，我同意信息处理和物理学定律关于这方面的一些论点。”但是，“我不敢肯定，我是否明白了惠勒所说的所有东西，不知道是否应该同意他。但我认为它是一个值得探索的方向”③。撰写《比特与钟摆：从量子计算到 M 理论——新信息物理学》一书的作者西格弗雷德（Tom Siegfried）认为：信息物理学正在给科学带来一场革命。他认为：“惠勒的论断正确与否并不是一个大问题，而其价值在于，他把自己对宇宙的幽深探索用当今的信息概念表达了出来，而它正好是科学家近年来的一种思维方法。这种新探索对解决量子物理学、生命和宇宙方面的困惑可能带来动力。信息是终极的‘物质’，万物由此而来，这是一个新观点。”④西格弗雷德模仿海森伯对古希腊哲学家赫拉克利特对宇宙解释的方法，把其中的“能”换成了信息，结果得出了一个新结论：“信息确实是所有基本粒子，所有原子以及所有东西构成的物质。同时，信息也是运动的……信息能够被转换为运动、热、光和状态。信息能够被看成世界变化的所有原因。”⑤

到目前为止，对惠勒理论探索进行得最为深入的，是来自美国亚利桑那大学的光物理学家弗莱登（B. Roy Frieden），弗莱登于 1998 年提出了

---

① Bekenstein J D. 宇宙是张全息图. 何毓嵩译. 科学, 2003, 10: 53.

② 安东 • 策林格. 量子化的成因？实体来自信息？观察者和世界互动？——惠勒的三个深刻问题及相关实验//约翰 • 巴罗, 保罗 • C. W. 戴维斯, 查里斯 • 哈勃. 宇宙极问——量子、信息和宇宙. 朱芸慧, 罗璇, 雷奕安译. 长沙: 湖南科学技术出版社, 2008: 96-97.

③ Siegfried T. *The Bit and the Pendulum: From Quantum Computing to M Theory: The New Physics of Information*. New York: John Wiley & Sons, Inc. 2000: 6.

④ 同上，6.

⑤ 同上，8.

一个“终极物理信息（extreme physical information，EPI）原理”①。弗莱登十分欣赏惠勒的“我们的宇宙是一个参与者的宇宙”的说法，他分析了从薛定谔的波动方程到麦克斯韦-玻尔兹曼分布定律后认为，整个物理学理论——乃至整个科学的理论都是基于“终极物理信息”而建立起来的。终极物理信息原理的基本内涵是：我们构建科学的基础依赖于我们对世界原始信息的搜集。根据玻尔原理，从我们对世界原始信息的搜集到最后获得信息为止，中间要经由一个衰减过程。也就是说，我们最后搜集到的信息和世界原始信息之间存在一个差，这个差就是终极物理信息。他提出了一个方程，把终极信息定义为一个负值。认为所有科学研究者搜集信息的目标就是把这个负值向接近零的目标推进。弗莱登发现，现代科学研究中的许多无奈，早在 80 年前，英国的统计学家兼基因学家费希尔就在他的著作中提出过对策。所以，他又把这种信息称为费希尔信息（fisher information），并认为它是整个科学研究的基础②。弗莱登之所以这么看，有一个根据是广为人知的，那就是：费希尔是抽样推断和参数估计的创始人。而这两个理论的基本指导思想是：当我们判断一个对象总体时所依据的信息，由于某些原因总是无法完全获得的，这时我们可以用信息的小样本和参数估计方法来对原始对象进行间接的判断。如何有效地利用不完全信息获得最佳的决策效果，实际上还可以从冯·诺依曼等人 1948 年合著的《博弈论和经济行为》③中获得启示。弗莱登 1998 年时还仅认为他的“终极物理信息”原理和“费希尔信息”原理只适用于物理学。2004 年，他大胆地断言，这两个原理适用于所有的科学④。

我们可以这样尝试着去理解惠勒的观点：我们对宇宙的所有认识都是基于我们获得的关于宇宙的信息之上的。而在我们获得信息的过程中，由于我们观察者取舍信息的态度和方法不同，我们最后获得的关于世界的信息是一个不完全的信息集合，而我们最后却依据这些不完全的信息构建了物理学或科学。因而，我们的宇宙是一个参与者的宇宙而不是一个客观的宇宙。就惠勒的“万物源于比特”或其另一种表述“万物皆为信息”而言，它们皆是对宇宙终极存在的一种思考。

---

① Frieden B R. *Science from Fisher Information：A Unification*. Cambridge: Cambridge University Press, 2004: 74-130.

② 同上，23.

③ 冯·诺依曼，摩根斯顿. 博弈论与经济行为. 王文玉，王宇译. 北京：生活·读书·新知三联书店，2004.

④ Frieden B R. *Science from Fisher Information：A Unification*. Cambridge: Cambridge University Press, 2004.

惠勒用信息看待世界或物理学的动因是和他一生对物理实在的苦苦思索联系在一起的。惠勒是最早宣称“现实世界并非完全是物质世界”的物理学家之一。在某种意义上说，我们的宇宙可能是一种以人类的发现为基础的人择宇宙，对它的把握取决于观察者的成就——因而也取决于人的意识本身。近年来天体物理学家对火星细节的发现就更说明着这个问题。在 20 世纪 60 年代，惠勒曾致力于推广著名的人择原理，其核心内容是：宇宙必须以其自身的存在方式而存在，否则我们就丧失了观察它的立足点。惠勒强调，科学中仍存在着许多谜团有待揭开。“我们仍然生活在人类的孩提时代。”“在我们这个时代，像分子生物学、狄恩酸、宇宙学等领域都已迎来其光辉的黎明。”但“随着我们的知识岛屿与日俱增，无知的海岸线也在日渐延长。”但他仍然相信，人类总有一天会发现“终极答案”。为了找到一句能够准确地表述他的这些信念的信条，他说：“我们相信，有朝一日我们肯定会以一种如此简单、如此完美、如此令人信服的方式来把握万事万物的中心思想，以至于我们将会奔走相告：‘噢，世界原来就是这样的！我们居然在这么长的时间内一直被蒙在鼓里！’”“我不知道这到底需要一年，还是十年，但我相信，我们能够且一定能够理解。”也许“万物源于比特”就是惠勒对宇宙思考的终极答案的一种格言。

但是，如何解释惠勒的这些学说在物理学和其他学科遭到的冷遇呢？与海森伯批评玻尔并认为他是一位哲学家而不是一位物理学家的类似立场相比较，“万物源于比特”目前的确更像一种关于物理和信息关系的哲学思考。尽管“万物皆为信息”被共时解释时，此说难以成立；但它在被历时解释时又包含着深刻的哲理。但毕竟“万物皆为信息”是从量子力学而来的，而量子力学本身就是一个争议性话题。回顾以往，加拿大的科学哲学家邦格在评论哥本哈根学派的量子力学时认为：“哥本哈根教条在科学上和哲学上都是站不着脚的，因为它是不一致的和完全非物理的。”“互补原理不是一条原理，因为……从它推不出任何定理。”①中山大学物理学家关洪生前甚至认为：“哥本哈根解释本质上属于一种信仰而不属于物理学。”②中国科技大学的沈惠川还干脆认为：“当前许多有关‘量子信息论’的文章中的说法都是哗众取宠，经不起推敲的。”③既然对“万物源于比特”的量子力学学说尚还存在着这么多的怀疑，那么，我们把这位哥本哈根互补原理门徒下的大师从量子力学观点提出的关于

① Bunge M A. *Philosophy of Physics*. Dordrecht: D. Reidel, 1973.

② 关洪. 一代神话——哥本哈根学派. 武汉：武汉出版社, 2002: 224.

③ 赵国求, 等. 物理学的新神曲——量子力学曲率解释. 武汉: 武汉出版社, 2004: 2, 4.

宇宙和世界的信息解释最终看成一种哲学论述。这些有关物理信息问题的争议从物理学方面看就显得并不重要了。

科学和哲学是不同的，它们最大的差别在于：科学需要实证，而思辨仅需遐想。当一个科学家变成一个哲学家时，他的思想常常就成了一种阳春白雪。和科学命题不同，哲学上的许多命题是相当含糊的。即使有些非常严谨的学说，例如，非相对论性量子力学的标准表述，也已在物理学的大实践家中留下了严重的怀疑。怀疑是属于哲学性质的，在物理学之外，还有形而上学的性质。在一个头脑简单的实践家看来，一些哲学家的学说虽然时常受到大自然科学家们的颂扬，但这些学说实际上对他们的工作并不会产生多大的影响。他们时常把它们放在自己实验室或书房外面的小屋里，事后才去求教。人们能够学习到的东西的限度、“真理”的意义、心智与客观世界的关系、这个或那个句子中的一些词的定义——所有这些都是人们可以无限期地讨论下去的话题。①

① 埃米里奥・赛格雷. 从落体到无线电波——经典物理学家和他们的发现. 陈以鸿, 周奇, 陆福全, 等译. 上海: 上海科学技术文献出版社, 1990: 3.

第 14 章　信息计量研究概览

在信息科学研究中，有两个常年不衰却至今仍无获得满意答案的话题，一个是信息定义，一个是信息计量。关于信息的定义，我们在第 1 章已经用充分的篇幅对其起源和现状等问题进行了讨论。本章讨论信息的计量问题。

14.1　信息计量方法面面观

对信息进行一般的计量研究，最早始于英国著名的统计学家和优生学家费希尔，以及杰出的数学家和计算机科学家冯·诺依曼。之后是一批通信工程师的工作，他们分别是奈奎斯特、哈特莱、香农，以及像"除数论之外其研究范围遍及一切数学领域"的天才数学家柯尔莫哥洛夫等。由于香农的信息计量方法和热力学熵的计量方法具有某种程度的类似，所以，一些物理学家也曾参与过这一研究。

14.1.1　信息计量方法在国外

2010 年，长期旅居美国的乌克兰数学家和信息科学家巴尔金，对不包括中国学者在内的世界部分国家信息研究者所提出的不同信息计量方法进行了清点，据他统计，到目前为止，一共有 35 种[①]。

（1）$I = p'^2(x) / p(x)\mathrm{d}x$ ……（Fisher，1925）；

（2）$S(D) = -KTr\eta(D)$ ……（von Neumann，1927，1932）；

（3）$I = \log_2 n$ ……（Hartley，1928）；

① Burgin M. *Theory of Information: Fundamentality, Diversity and Unification.* World Scientific Publishing Co. Pty, Ltd. : Singapore, 2010: 131-133.

（4）$J(P||Q)=\sum_{i=1}^{n}(p_i-p_i)\log(p_i/q_i)$ ....（Jeffreys，1946）；

（5）$H(X)=-\sum_{i=1}^{n}p_i\log_2 p_i$ ....（Shannon，1948）；

（6）$H(X||Y)=-\sum_{y\in Y}p(y)\sum_{x\in X}p(x|y)\log_2 p(x|y)$ ....

....（Shannon，1948）；

（7）$I(X,Y)=H(X)-H(X|Y)$ ....（Shannon，1948）；

（8）$\text{cont}(p)=m(\neg p)$ ....（Bar-Hillel 和 Carnap，1952）；

（9）$\inf(p)=\log(1/(1\text{-cont}(p)))$ ....（Bar-Hillel 和 Carnap，1952）；

（10）$D(P||Q)=-\sum_{i=1}^{n}p_i\log_2(p_i/q_i)$ ....

....（Kullback 和 Leibler，1951）；

（11）$I(a)=E(\log_2(\pi(\Theta|X)/\pi(\Theta))$ ....（Lindley，1956）；

（12）$Q(I)=p_0(R,g)-p_1(R,g)$ ....（Harkevitch，1960）；

（13）$H_\alpha(p_1,p_2,\cdots,p_n)=(1/(1-\alpha))\ln(\sum_{i=1}^{n}p_i^{\alpha})$ ....

....（Rényi，1960）；

（14）$D_\alpha(P||Q)=(1/(1-\alpha))\sum_{i=1}^{n}\ln(p_i^{\alpha}q_i^{1-\alpha})$ ....（Rényi，1961）；

（15）$H(P||Q)=\sum_{l=1}^{n}p_i\log q_i\ )$ ....

....（Kerridge，1961；Bongard，1963）；

（16）$C_A(x)=\min\{l(p),A(p)=x\}$ ....

.......（Solomonoff，1964；Kolmogorov，1965；Chaitin，1966）；

（17）$C_A(x)=\min\{l(p);U(p)=x\}$ ....

.... Solomonoff，1964；Kolmogorov，1965；Chaitin，1966）；

（18）$I_T(y:x)=C_T(x)-p_T(x|y)$ ....

....（Kolmogorov，1965；Chaitin，1966）；

（19）$I_n=-\sum_{i=1}^{n}p_i\log_2 p_{li}-\sum_{i=1}^{n}p_{0i}\log_2 p_{0i}$ ....（Bongard，1967）；

（20）$I(P||Q)=-\sum_{i=1}^{n}(p_i\log p_i+q_i\log q_i)/2-(p_i+q_i)/2\log((p_i+q_i)/2)$

....（Sibson，1969）；

（21）$I_n(P^n,Q^n)=A\sum_{i=1}^{n}p_i\log p_i+B\sum_{i=1}^{n}p_i\log p_i$ ....

....（Sharma 和 Tneja，1974）；

（22）$K(X)=\min\{l(p);UPFTM(p)=x\}$ ....

.............................（Gács，1974；Levin，1974；Chaitin，1975）；

（23）$v(I_x)=U_1-U_0=E\{\max_a u(a,x)\}-\max_a E\{u(a,x)\}$ ....

....（Marschak，1980）；

（24）$C_p(\mathrm{x})=\min\{l(p);U_p(p)=x\}$ ....（Burgin，1982）；

（25）$U(r)=\int_0^1 (r_1-r_{i+1})\log_2 i$ ……………………（Higashi 和 Klir，1983）；

（26）$U(r)=\sum_{i=1}^{n}(r_i-r_{i+1})\log_2 i$ ……………………（Higashi 和 Klir，1983）；

（27）$C_{IT}(X)=\min\{l(p); UPFTM(p)=x\}$ ……………………（Burgin，1990）；

（28）$R(Z,Y)=I(Z,Y)/H(Z)$ ……（Kononenko 和 Bratko，1991）；

（29）$I_1(P,y_i)=\sum_{i=1}^{n} p(x_i/y_{ij})(\log_2(p(x_i/y_{ij})/p(x_i)))$ ……… ………………………………………………… DeWeese 和 Meister，1999）；

（30）$I_2(P;y_i)=\sum_{i=1}^{n} p(x_i)(\log_2 p(x_i))+\sum_{i=1}^{n} p(x_i/y_{ij})(\log_2 p(x_i/y_{ij})$ …… ……………………………………………（DeWeese 和 Meister，1999）；

（31）$I_{tot}(p)=Tr(\rho-\vec{1}/n)$ …………（Brukner 和 Zeilinger，1999）；

（32）$|I(d,K_1,K_F)|=|(K_A,K_R)|=|K_A|+|K_R|$ ……………………………… ……………………………………………………………（Mizzaro，2001）；

（33）$E_c(Z;Y,W)=I(Z,Y)/I(Z,W)$ ……………………（Hill，2004）；

（34）$I_{IT}(y:x)=C_{IT}(x|y)$ ………………………………（Burgin，2005）；

（35）$I_P(y:x)=C_P(x)-C_P(x|y)$ ……………………（Burgin，2005）。

但巴尔金的这种认为具有 35 种信息计量方法之说并不是绝对的，正如许多数学公式所显示的那样，一个公式常常包含着参数在不同条件下可能出现的变种。例如，在芬兰哲学家与逻辑学家欣蒂卡（Jaakko Hintikka）1984 年《信息的一些变种》一文中，他一共提出了基于一种计量思路的 8 种方法：Inf_{add}（A/B），$Cont_{add}$（A/B），Inf_{cond}（A/B），$Cont_{cond}$（A/B），Inf_{trans}（A/B），$Cont_{trans}$（A/B），INF（A），Cont（A）。他把所有这些方法统称为不同的信息计量方法。①

14.1.2 信息计量方法在国内

在国外信息研究者在寻找不同信息计量方法的同时，中国学者在这方面也做了不少有意义的探索，而这中间最为著名的研究当属钟义信的全信息计量方法，其次是邢修三的动态信息计量方法，以及张学文、鲁晨光、许建峰等提出的其他方法。中国学者提出信息计量方法包括：

① Hintikka J. Some Varieties of Information. Information Processing & Management, 20(1-2): 175-181.

$$
(36)\quad I(\mathscr{U},\mathscr{U}^*;R)=\begin{cases}\displaystyle\sum_{n=1}^{N}\mathscr{U}_n^*\log\mathscr{U}_n^*-\sum_{n=1}^{N}\mathscr{U}_n\log\mathscr{U}_n\ldots\ldots(\mathrm{C}=\mathrm{P})\cup(\mathrm{C}=\mathrm{Q})\\ \displaystyle\frac{1}{N}\sum_{n=1}^{N}\mathscr{U}\log\mathscr{U}_n^*+(1-\mathscr{U}_n^*)\log(1-\mathscr{U}_n^*)\\ -\mathscr{U}_n\log\mathscr{U}_n+(1-\mathscr{U}_n)\log(1-\mathscr{U}_n)]\ \ldots\ldots\ldots\ldots\ldots\mathrm{C}=\mathrm{F}\end{cases}
$$

……………………………………………………（钟义信，1988-2002）①

（37）$I_F(x_i;z_k)=P(x_i\mid z_k)\log\dfrac{Q(x_i\mid z_k)}{Q(x_i)}$ …………（鲁晨光，1993）②

（38）$I_y(x)=H(x)-H(x\mid y)$ ……………………………（张学文，2003）③

（39）$I(t)=S_m-S(t)=S_m+\int p(a,x,t)\log(a,x,t)dadx$ ……………………………

……………………………………………………………………（邢修三，2005）④

（40）$\mathrm{scope}_{\mu}(I)=\mu(o)$ ……………………………………（许建峰等，2015）⑤

和巴尔金的信息计量方法清单相加，今天我们所能看到的信息计量方法已有 40 余种，面对如此之多的信息计量方法，巴尔金的看法是：“若要知道如何以科学的方式来计量信息，我们不仅需要一些业已从经验中发明的方法，即使这些方法是成功和流行的，一如香农提出的信息量和信息熵那样，我们也需要一种信息计量理论。”⑥他说的“信息计量理论”指的是“信息计量方法论”或“信息计量理论的理论”，我们对这种看法表示赞赏。正确的信息计量方法可能存在，但人们不能这样盲目地一任其“发明”下去。为此，我们打算对信息计量问题进行一个简单的历史回顾。回顾先从通信工程中的信息计量探索做起，至于其他的方法，例如由费希尔

① 钟义信. 信息科学原理(第 3 版). 北京: 北京邮电大学出版社, 2002: 120.

② 鲁晨光. 广义信息论. 合肥: 中国科学技术大学出版社, 1993: 59.

③ 张学文. 组成论. 合肥: 中国科学技术大学出版社, 2003: 79.

④ 邢修三. 动态统计信息理论. 中国科学 G 辑: 物理学力学天文学, 2005, 35(4) : 345.

⑤ 许建峰, 汤俊, 马雪峰等. 客观信息的模型和度量研究. 中国科学 F 辑: 信息科学, 2015, 45(3): 336-353. 基于类似的原理，许建峰等一共提出了 9 类信息的度量方法——信息的广阔性度量，信息的细致性度量，信息的持续性度量，信息的丰富性度量，信息的包容性度量，信息的延迟性度量，信息的遍及性度量，信息的真实性度量，信息的适配性度量。上面列出的仅是其中的一种——信息广阔性度量。

⑥ Burgin M. *Theory of Information: Fundamentality, Diversity and Unification.* Singapore: World Scientific Publishing Co. Pty, Ltd. , 2010: 33-134.

等提出的其他方法，我们将放到后面去进行分析。

14.2 香农理论的过去与现在

1832 年，莫尔斯发明了以自己名字命名的莫尔斯编码。以后，在华盛顿和巴尔的摩之间一段64千米的有线通信电线试验很快于1844年架设完成。紧接着，贝尔（Alexander G. Bell）于 1876 年发明了有线电话，意大利的马可尼（Guglielmo Marconi）和俄国的波波夫（Александр С. Попов）同时于 1895 年在各自的国家完成了无线通信试验。但是，所有这一切都只是一种技术发明，这时根本没有多少人去关注通信技术背后的理论解释。例如，没有人考虑过，类似华盛顿和巴尔的摩之间所架设的通信线路在 1 分钟内到底能传输多少信息，传输信息的最大极限是什么。

14.2.1 香农之前的通信工程信息计量

1885 年，通信技术的研究者们研究了一条电缆的信息传输极限问题，1936 年研究了在信号传输过程中可用增加频带的方法来提高对噪声干扰抑制能力的问题。根据这些思想，基于调制的调频方法被提出，香农探索了连续信道通信能力的极限问题。之后，工程师们从概率论和数理统计的观点对噪声波形问题，对检波器对接收机噪声过滤问题都进行了一系列研究，它们对后来香农理论中有扰信道等理论都产生了重要的影响。当信道中有噪声干扰时，可以通过对消息序列增加冗余度的方法来提高通信的可靠性。这种观点在香农之前未能有效地应用。之后问世的汉明纠错码技术已在香农的研究中有所体现①。这些研究在方法上都越来越多地利用数学。例如在有关海底电缆通信的数学思考方面，研究者发现，信号的传输速度 v 与距离 l 的平方成反比关系，与电缆每单位长度的电阻 R 和电容 C 的乘积也成反比，即

$$v \propto \frac{1}{RCl^2}$$

之后，美国的奈奎斯特（Harry Nyquist）和德国的屈普夫米勒（Karl Küpfmuller）于 1924 年同时提出了这样的看法：在速率一定的情况下，若要传输电报信号就必须有一定的频带，而且信号的传输速率与带宽成正

① 王崇彦, 陆锦辉编. 信息论基础. 北京: 兵器工业出版社, 1992: 8-9.

比。1928 年，哈特莱（Ralph V. L. Hartley）撰写了《信息传输》一文，他在文中将这个思想表达进一个数学公式，其构思如下：

设可兹利用的一个符号集中的符号数为 S，我们若要构造一条从该符号集中共取 N 个符号的消息，根据排列组合原理，所构造的这条消息就存在着 S^N 种可能，让我们取其对数并将结果定义为信息量 H，那么就有

$$H = N\log S$$

这个公式是哈特莱的一个伟大发明[①]。正是这个公式的出现，它为香农后来的成功奠定了极其重要的基础。我们知道，根据当时的电报技术，对于所有投入使用的英文字母和符号来说，由于依据它们能够构造出的所有消息数是一个常数。所以，某一时刻其中某个消息所能出现的可能性必是一个概率，某两个消息一起出现的可能性就是这两个消息的概率之积。同理，N 个消息一起出现的可能性就是它们所有的概率之积。依据经验，从 1 到 2，最后到 N，所有这些消息所给出的信息量一定是线性的。接下来的问题是，如何在数学中找到一个单调函数，使它能够使“求积”变成“求和”。显然，对数函数是一个理想的选择，因为

$$\log(MN) = \log M + \log N$$

同时，由于某一消息出现的概率是 $\dfrac{1}{S^N}$，它小于等于 1，若选择以 2 为底的对数，并用 I 而不是 H 来代表某一消息的信息量，那么，

$$I = \log\frac{1}{S^N} = -\log S^N$$

这一结果经过香农的系统化整理之后，对于一个离散信源传送出的某一消息来说，今天人们已经习惯地将它所包含的信息量表达为

$$I = -\log p = \log\frac{1}{p}$$

哈特莱在“信息传输”一文中还指出：为传输一定的信息量，除了需要一定的频带 B 外，还需要一定的时间 T。他证明，在某一信道中传输的信息量 I 与信道的频带 B 和传输时间 T 的乘积成正比，即 $I \propto BT$，一个正弦波在 $t=-\infty$ 到 $t=+\infty$ 的全部时间内是连续的，一个理想脉冲的频谱在全部频域中也是连续的。

---

① Hartley R V L. Transmission of Information. *Bell System Technical Journal*, 1928, 7(3) : 536.

14.2.2 香农信息计量理论的基本内容

以哈特莱的信息计量设想为基础，1948 年，32 岁的香农在《贝尔系统技术杂志》第 27 卷第 3 期和第 4 期上，一共用 79 页的篇幅，以“通信的数学理论”（*A Mathematical Theory of Communication*）为题，连续发表了两篇文章，他用统计数学的方法系统阐述了通信系统中的大量问题——当然包括对信息进行离散和连续的计量研究，这就是被后人在科学史上称为“信息论”的最早起源。

《通信的数学理论》由 5 章 29 节 7 个附录组成。在该文中，香农一口气提出了 23 个定理。[①]其中，大多数定理对其后的信息论研究影响并不是特别大，较大的仅有：

（1）某一离散信源的信息量：$H=-K\sum_{i=1}^{n}p_i\log p_i$

某一连续信源的信息量：$H=-\int_{-\infty}^{\infty}p(x)\log p(x)dx$

（2）给定信道的信息传输速率：$R=H(x)-H_y(x)$

有噪声情况下连续信道的最大传输速率：$C=W\log\frac{P+N}{N}$

（3）无噪声情况下信道的最大信息容量：$C=\lim\limits_{T\to\infty}\frac{\log N(T)}{T}$

无噪声情况下信道的最大信息容量：$C=\max(H(x)-H_y(x))$

在这些定理中，以香农第 2 定理即离散信源的信息计量定理最为著名，它有时又叫香农定理或香农公式。当事件个数为 1 时，该公式被简化为

$$H=-p_i\log p_i$$

对于离散信源，信源在某一时刻输出的符号是随机的。但是，信源各符号出现的概率大小是确定的。因此，信源可由概率空间描述。信源确定，那么概率分布也就能够随之确定，反之亦然。消息的概率大小决定了信息量的大小。以香农理论为基础发展的后续研究，相继提出了很多种信息量，但其基本方法，仍是以哈特莱工作为基础所建立起来的对一个信源中单一

① Shannon C E. A Mathematical Theory of Communication. *Bell System Technical Journal*, 1948, 27(3) : 379-423. 27(4) : 623-656.

消息进行计量的方法，以及对一个信源的总体数字特征进行描述的平均信息量。前者在今天被称为“自信息”，后者更多地被称为“信息熵”，有时干脆就简称为“熵”。

对给定信源 X，$a_i \in X$，其对应的概率空间若为

$$\begin{bmatrix} \dfrac{X}{p(x)} \end{bmatrix} = \begin{bmatrix} a_1 & a_2 \cdots & a_r \\ p(a_1) & p(a_2)\cdots & p(a_r) \end{bmatrix}$$

则

$$I(a_i) = -\log p(a) = \log \frac{1}{p(a_i)}$$

这是信息量的标准数理统计学描述，这一公式今天被称为自信息量公式①。需要说明的是，香农在他的论文中并没有使用自信息（Self-Information）这一概念，它是由特里布斯（Myron Tribus）1961 年在他的《热统计学与热力学》②一书中引进的。

若考虑离散型信源，那么整个信源的数学期望就是：

$$E[I(p_i)] = -\sum_{i=1}^{n} p_i \log p_i$$

更一般的表述是：

$$I = -\sum_{i=1}^{n} p_i \log p_i$$

这就是香农第 2 定理，即平均信息量定理。如果我们不使用“信息熵”或“熵”的概念而仅用“平均信息量”概念来表示，那么，它就是一个信源的总体特征或信源的总体统计规律。至此，我们已经能够明白哈特莱工作对香农理论的重要意义：在求某一消息所包含的信息时，若没有对一个消息取对数的设想，平均信息量计算方法几乎就无法建立起来。

14.2.3　香农之后的通信工程信息计量

以香农理论为基础发展的后续研究，相继提出了很多类型的信息量，下面我们用标准的概率论方式来简要介绍三种常用信息量，它们是互信息（mutual information）、条件自信息（conditional self-information）、鉴别信息（discrimination information）。

---

① 邓家先，肖嵩，严春丽. 信息论与编码(第 2 版). 西安: 西安电子科技大学出版社, 2011: 12-18.

② Tribus M. *Thermodynamics and Thermostatics: An Introduction to Energy, Information and States of Matter, with Engineering Applications*. New York: D. Van Nostrand Company Inc. 1961.

1. 互信息

对于给定的两个信源 X、Y，对应的概率空间分别为：

$$\left[\frac{X}{p(x)}\right]=\begin{bmatrix} a_1 & a_2 \cdots & a_r \\ p(a_1) & p(a_2)\cdots & p(a_r)\end{bmatrix}$$

$$\left[\frac{X}{p(x)}\right]=\begin{bmatrix} a_1 & a_2 \cdots & a_r \\ p(a_1) & p(a_2)\cdots & p(a_r)\end{bmatrix}$$

定义事件$b_j \in Y$给出的关于事件$a_i \in X$的互信息量$I(a_i,b_j)$为

$$I(a_i,b_j)=\log\frac{p(a_i \mid b_j)}{p(a_i)}$$

同样，事件$a_i \in X$给出的关于事件$b_j \in Y$的互信息量$I(b_j,a_i)$为

$$I(b_j,a_i)=\log\frac{p(b_j \mid a_i)}{p(b_j)}$$

同时，我们可以证明下列等式成立

$$I(a_i,b_j)=I(b_j,a_i)$$

互信息量的意义在于它表达了事件之间的关联性。如果事件 b_j 的出现有利于事件 a_i 的出现，那么，$I(a_i,b_j)>0$；如果事件 b_j 的出现不利于事件 a_i 的出现，那么$I(a_i,b_j)<0$。所以，$I(a_i,b_j)$可正可负，也可为 0。

2. 条件自信息

给定联合概率空间

$$\left[\frac{XY}{p(x,y)}\right]=\begin{bmatrix} a_1b_1 & a_1b_2 \cdots & a_rb_s \\ p(a_1,b_1) & p(a_1,b_2)\cdots & p(a_r,b_s)\end{bmatrix}$$

对于事件$a_i \in X$在事件$b_j \in Y$条件下，条件自信息量定义为

$$I(a_i \mid b_j)=-\log p(a_i \mid b_j)$$

条件自信息量$I(a_i \mid b_j)$是在事件 b_j 给定条件下关于事件 a_i 的不确定性，当$I(a_i \mid b_j)$较大时，则给出的关于事件 a_i 出现较大的不确定性，反之较小。同时可以证明，条件信息量和互信息之间满足

$$I(a_i)=I(a_i,b_j)+I(a_i \mid b_j)=-\log p(a_i \mid b_j)$$

3. 鉴别信息

鉴别信息的概念是由若干信息研究者在 20 世纪 50 年代共同提出和发展起来的。1959 年，美国密码学家和数学家库尔伯克（Solomon Kullback）以著作的形式系统地阐述了这一概念。现在有些文献也称它为交叉熵

（cross entropy）、库尔伯克熵（kullback entropy）、相对熵（relative entropy）、方向熵（directed entropy）等。20 世纪 70 年代末，鉴别信息在信号处理理论中获得了良好的应用，从而使得这一概念的重要性得到了普遍承认，并成了现代信息论的一个重要组成部分。

鉴别信息在离散随机变量、连续随机变量、多个随机变量几种情形下各自的公式并不完全相同，下面我们仅以在离散随机变量情形下的公式示例。

设随机变量 X 的可能取值为$\{a_1，a_2，\cdots，a_k\}$，且 X 的概率分布情况与假定的 H_1 和 H_2 有关，即在假设 H_1 下，X 的概率分布为

$$\left[\frac{X}{p_1(x)}\right]=\begin{bmatrix} a_1 & a_2 \cdots & a_k \\ p_1(a_1) & p_1(a_2)\cdots & p_1(a_k) \end{bmatrix}$$

在假定的 H_2 下，X 的概率分布为

$$\left[\frac{X}{p_2(x)}\right]=\begin{bmatrix} a_1 & a_2 \cdots & a_k \\ p_2(a_1) & p_2(a_2)\cdots & p_2(a_k) \end{bmatrix}$$

另外，假定 H_1 和 H_2 成立的概率分别为 p（H_1）和 p（H_2），则根据条件概率公式及全概率公式，我们有

$$p(H_1 \mid a_k)=\frac{p(H_1)p_1(a_k)}{p(H_1)p_1(a_k)+p(H_2)p_2(a_k)}$$

$$p(H_2 \mid a_k)=\frac{p(H_2)p_2(a_k)}{p(H_1)p_1(a_k)+p(H_2)p_2(a_k)}$$

其中，$p_1(a_k)=p(a_k \mid H_1)$，$p_2(a_k)=p(a_k \mid H_2)$；$p(H_1|a_k)$和 $p(H_2|a_k)$是在 X 取 a_k 的条件下分别假定 H_1 和 H_2 成立的条件概率。由上面两式可知

$$\log\frac{p_2(a_k)}{p_1(a_k)}=\log\frac{p(H_2|a_k)}{p(H_1 \mid a_k)}-\log\frac{p(H_2)}{p(H_1)}$$

上式右边第一项是已知 X 取 a_k 时假定 H_1 和 H_2 的对数似然比，右边第二项是未知 X 取 a_k 时假定 H_1 和 H_2 的对数似然比。可以看出，对数似然比 $\log\frac{p_2(a_k)}{p_1(a_k)}$ 刚好等于随机变量 X 在取 a_k 前后假定的 H_2 和 H_1 的对数似然比之差。

我们定义 $\log\frac{p_2(a_k)}{p_1(a_k)}$ 为随机变量 X 取 a_k 时所提供的在鉴别假定的 H_1

和 H_2 时倾向于 H_2 的信息。可以看出，对数似然比 $\log\frac{p_2(a_k)}{p_1(a_k)}$ 所给出的信息量可正可负。但是，为避免出现除数为零，就必须假定所有概率可正可负。当然，该正值可任意小，而这种假定并不会给研究结果带来多大损失。

若把对数似然比 $\log\frac{p_2(a_k)}{p_1(a_k)}$ 在假定的 H_2 下的数学期望称为鉴别信息 $I(p_2, p_1; X)$，则

$$I(p_2, p_1; X) = \sum_{k=1}^{K} p_2(a_k)\log\frac{p_2(a_k)}{p_1(a_k)}$$

鉴别信息 $I(p_2, p_1; X)$ 是为鉴别 H_2 和 H_1 而对随机变量 X 在 H_2 假设的分布下进行观察时平均得到的倾向于 H_2 的信息量。在不需要特别指明随机变量的情况下，我们可用 $I(p_2, p_1)$ 来代表它。①

在现代信息论中，除了上述几种基本的信息量之外，还有以熵的概念命名的其他类型信息量，如柯尔莫哥洛夫 1958 年提出的 ε-熵、雷尼尔（Alfréd Rényi）1961 年提出的 α-阶熵、阿里墨托（Suguru Arimoto）1971 年提出的 γ-熵等，但这些熵在信息论中的应用有限，但在信息论之外的模式识别及模糊集合理论中却有较多的应用。

14.3 香农理论与熵理论对比

科学史上很多发明是十分有趣的，而一些名字的使用更是充满戏剧色彩。许多实践表明，一个好的名字会给一个理论的推广带来很多便利；而一个不好的名字也许会误导许多人，而香农的理论在某种意义上说就陷入了后一种境地。我们知道，香农之所以将其理论核心的“信息”一定要和“熵”建立联系，这和另外两个人的工作和建议是分不开的，一个是维纳，一个是冯·诺依曼。

14.3.1 香农理论的核心是“信息”还是“熵”？

作为香农的科学盟友，维纳他在自己的《控制论》前言中说到：“信息量的概念非常自然地从属于统计力学的一个古典概念——‘熵’。正如

① 朱雪龙. 应用信息论基础. 北京: 清华大学出版社, 2001: 44-45.

一个系统中的信息量是它的组织化程度的度量；一个系统的熵就是它的无组织程度的度量；这一个正好是那一个的负数。这个观点引导我们产生了许多关于热力学第二定律的考虑，引导我们去研究所谓麦克斯韦妖的可能性问题。”[①]这是促成香农将“信息”说成“信息熵”的第一个缘由。

此外，我们都知道，在香农完成了他的《通信的数学理论》一文后，本打算就用“信息”这一概念贯穿于他的全部理论，尤其是平均信息量。但他去咨询了冯·诺依曼，冯·诺依曼却油滑地建议他不要使用“信息”而用“熵”，理由是：因为“信息”概念人人皆知而“熵”概念却懂者聊聊，他认为这样做的好处是，若以后遇到辩论，那么在辩论中香农总可以处于有利的地位。这句话既表明了冯·诺依曼的聪明，也表示了他的圆滑。

于是，香农最后采取了一个折中的办法，这就是我们今天看到的“信息熵”概念，一个单纯的“信息”概念活生生地被“熵”概念给绑架了。因为“熵”比“信息”在边际意义上说更加复杂，结果一个从各个实践领域来说并不难理解的“信息”概念却被“熵”概念弄得极端复杂化了。也许，今天所形成的“信息”研究热潮，部分原因应该拜“熵”概念的复杂所带来的神奇力量所赐，但信息科学研究者绝不应在这种热潮中人云亦云，我们应该明辨是非，知所以然。

14.3.2　信息的含义与熵的含义

关于信息的含义，我们在第一章的讨论中已经提出：专业信息的研究今天基本都可以找到有效的定义，而统一信息的有效定义仍需漫长的等待。因此，我们也无需在这里对这个问题进行深入的探讨。但是，需要明确的是，和香农信息论相关的信息定义有时常被定义为对事件的不确定性或系统有序度的度量。但从前面的讨论中我们知道，在通信工程中，不论你用

$$H = -p_i \log p_i$$

或是用

$$H = -K\sum_{i=1}^{n} p_i \log p_i$$

或是用

$$H = -\int_{-\infty}^{\infty} p(x)\log p(x)dx$$

① 维纳 N. 控制论：或关于在动物和机器中控制和通信的科学. 郝季仁译. 北京：科学出版社, 2009: 10.

也不论是用 H 还是用 I 来表达信息，其含义都是通信系统中信号中的消息所携带的信息量，而该信息的含义是由系统所传输的符号的消息的含义来确定的。在包括人类信息在内的动物信息中，信息都代表着人类或动物对客观世界的反映结果；在基因组学中，信息代表着核苷酸的某一序列片段含义或碱基对的数量。

在物理学或者说热力学中，熵一共有两种定义：第一，克劳修斯定义。在那里，熵指热量对温度的比值。数学表示为：$dS=dQ/T$；第二，玻尔兹曼定义。在那里，熵是系统可能拥有的微观状态数目的对数。数学表示为：$S=k\log W$。从这两种表示中，人们演绎出了熵可以代表系统的混乱度或者说有序度的看法；如果勉强说熵还有第三种定义的话，那就是薛定谔从广义角度提出的生物系统的“负熵”，它代表一个生物系统的混乱程度。

在信息科学定量研究中，一种流行的思潮是，希望将“信息”和“熵”统一起来，试图从“不确定性”、“有序度”/“无序度”/“混乱度”等角度赋予它们一个统一定义。但是，半个多世纪以来的实践证明，所有这种努力要取得成功都是很艰难的。“熵”的边际含义虽然模糊，但对物理学家来说，它并没有发展到混乱不堪的地步，所以无须借用“信息”的含义来定义；“信息”的含义越借用“熵”来解释，其结果只会越来越乱。

有时候，当我们听到别人说“信息”和“熵”是同一回事时，我们会顿时感到茫然。本来我们对对方向给我们传来的信息兴趣盎然，若用“熵”解释以后，我们的兴趣马上就会烟消云散。更有甚者，当我们听到别人说信息就是“负熵”或“负的熵”时，这种局面将会变得更加糟糕。出现这种状况并不是因为我们不习惯于分析不同事情，而是用“熵”来解释“信息”弊远大于利。一些人考虑的是信息发送者和潜在的接收者对事物的理解上，而另一些人考虑的则是接收者对问题回答的理解上，两者考虑的是同样的事情：发送者和接收者是同一个问题的两个方面，我们没有理由去把并不复杂的问题人为弄得迷雾重重。

在信息科学定量研究中还有一个容易使人迷惑的地方，那就是“先验”与“后验”问题。“先验”与“后验”的概念来源于概率论。我们知道，概率研究起源于赌博，但在人们的日常生活中却有着普遍的应用。不论是赌博或者是日常生活，人们对某种事件出现的可能性的确有一种预先的估计，当接收到某一“信息”之后，这种估计会发生变化：也许是正向的，也许是负向的。而这些理论也直接导致了贝叶斯统计学学派的诞生。但在信息论中，一个通信系统中某一消息出现的概率是一个变化的频率，而后验概率常用常数 1 来表示，其结果和带有人为色彩的“先验”与“后验”

关系不大。但是，在我们今天所进行的信息研究中，若我们一味地要把“先验”与“后验”概念引入，结果就把信息计量研究复杂化了。不否认未来更加深入的信息研究会成功地加进“先验”与“后验”思考，但至少今天的信息研究远不是信息计量学的成熟年代，因此，一个冷静的形式化分析远比一个带有“先验”与“后验”的统计学方法更有实践意义。

14.3.3　信息的计量与熵的计量

对数与指数是互为相反的运算，正如除法与乘法是互为相反的运算一样。要取消乘 6，可以用除 6 来解：5×6＝30，而 30÷6＝5。要取消 6 的若干次方的指数，可以用底数是 6 的对数函数。如：$6^5=7776$，$\log_6 7776=5$，此处 $\log_6$ 代表底数是 6 的对数。

在数学实践中，底数写得很明白的情况并不通用，而这正是有可能造成混乱的原因。因为 log 在不同的上下文中底数可能不同。在多数情况下，log 的意思是底数为 10 的对数。我们之所以认为 log1000＝3，是因为 $\log_{10}10^3=3$。

然而，这并不是常用的惯例。很多计算机科学家是按照二进制思维进行的。他们认为，当底数是 2 时，对数的用处更大。对于这些计算机科学家来说，log 1000 并非就是 $\log_{10}1000$，而是底数比 10 小的 $\log_2 1000$。对于许多数学家来说，按照 2 与 3 之间的、通常被称为 e 的一个自然对数进行思考会更自然一些。对于他们来说，log 1000 其实是 $\log_e 1000$，这个数大约是 70。非数学家往往用符号 ln 代表 $\log_e$，但这在数学家中并不通用。

或许我们认为这样会引起很多麻烦，但实际上，不同对数的底数其结果并不会造成太大的差别，因为它们的联系十分紧密。在许多方程中，使用什么底数可以不用特别声明。例如，在玻尔兹曼的方程 $S=k\log W$ 中，log 的底数取 2、e、10、42，都没有关系。因为选择不同底数所造成的差异都会被并入一个常数 k。例如，我们假设上述方程中所涉及的对数的底数是 10，那么，结果就是：

$$S=k\log_{10}W=k(\log_{10}42)(\log_{42}W)=k'\log_{42}W$$

在上述方程中，k'是一个新常数，等于 k 乘以 $\log_{10}42$。底数为 42 的方程看起来与底数为 10 的方程完全相同，显然，log 的底数是 42 即 $\log_{42}$ 而不是原来的底数为 10 即 log10，但我们可以完全忽略这个底数。

为此，在没有明确说明底数的情况下，我们用 log 这个符号表示对数。在玻尔兹曼方程中，log 的底数一般指 10 或 e，这取决于所使用的常数的值；在香农公式中，log 的底数是 2；而在大多数情况下 log 的底数又回到了 e。既然所谈到的方程其差别归因于底数的不同，因而差别也纯属表面性质的，正因为如此，为了简洁起见，在使用对数时，我们常常省略了底数。①

按照通信科学的研究惯例，对数如果以 2 为底，计量单位叫比特（bit，binary unit）；如果以 e 为底，计量单位叫奈特（nat，nature unit）；如果以 10 为底，计量单位叫哈特（hart，hartley）。它们可分别表示为

$$I=\log_2\frac{后验概率}{先验概率},\quad I=\log_e\frac{后验概率}{先验概率},\quad I=\log_{10}\frac{后验概率}{先验概率}$$

因此，在所有不同的计量单位中，bit 只是其中的一个选择。但需要注意的是，在计算机科学中，bit 的含义与前述的 bit 含义有所不同，虽然它也是 binary digit 的缩写，但它通常代表着一个物理器件或存储单元所能表征的两种物理状态，当然也是一种信息计量单位。理论上说，根据所制造出的固态物理信器使用 2 态、4 态、8 态、10 态、16 态等的不同，我们就会得出不同的进制，就会有不同的信息计量单位。但目前在电子、电磁、或光子信息技术中，普遍采用的是二态数字技术，因而相应的计量单位也多采用和二进制所对应的比特（bit）；而在未来的量子信息技术中，进制采用的将是一种叠加的计量单位：量子比特（qubit）。它只有在极化状态下才取 0 或 1，而在一般状态下它们总取两态的叠加。

根据克劳修斯的解释，熵 $dS=dQ/T$ 是系统变化过程中能量与温度之比，能量的单位是焦或尔格，1 焦等于 10^7 尔格；温度的单位是开或开尔文，所以，熵的计量单位就是尔格/开或焦/开。为了在两个概念之间建立起等价关系，布里渊将“负熵”（negative entropy）所用的两个英语单词合并缩写，最后造出一个新词“负熵（negentropy）”，并推算出了“信息”和“熵”之间的换算关系：1 比特＝10^{-16} 尔格/开或 1 比特=10^{-23} 焦/开②。更为深入的探索是，根据上述熵和信息的换算关系，斯托尼尔在他 1990 年完成的《信息和宇宙的内部结构：信息物理学探索》一书中，得出了每个分子损失 1 比特信息，就相当于损失了 6 焦/（开・摩）的熵。反过来说：1 个熵值单元等于大约 10^{23} 比特/摩，从而进一步得出了使 1 摩水蒸气（373℃）组成一个完全的冰结晶体（0℃），共需要输入 2.1×10^{25} 比特的信息，以及 1 电子伏特等于 1.6×10^{-19} 焦的结论。③

---

① 查尔斯・赛费. 宇宙解码: 新信息科学看天地万物. 隋竹梅译. 上海: 上海科技教育出版社, 2010: 265-266.

② 陈宜生, 刘书声. 谈谈熵. 长沙: 湖南教育出版社, 1993: 85.

③ Stonier T. *Information and the Internal Structure of the Universe: An Exploration into Information Phys-*

请读者注意，在通信工程的信息论中，还常常使用着另一个单位——波特①。其含义是：单位时间内传递的符号数（符号速率）。这些符号可以是电平、脉冲等。例如，一个 9600 波特的调制器是指它在 1 秒内能传送 9600 个符号。波特率和比特率是两个不同的概念。如果每个符号包含一比特的信息，那么波特率和比特率在数值上相等。如果每个符号包含了多于 1 比特的信息，例如十进制的符号，那么波特率就会小于比特率；反之，为了确保每个比特的信息都能正确地传送，往往要采用冗余编码。例如，1B2B 编码即对 1 比特，用 2 比特来传输。虽然降低了效率，但可以发现错误，同时可以消除直流等噪声；1 用“＋”或“－”表示，0 用“－”或“＋”表示。这样，每个符号包含的信息量就少于 1 比特，这时波特率就会高于比特率。尽管波特率与比特率并不是同一概念，而且数值上也不相等，但人们还是常把二者混为一谈。

14.4　香农方法的一般性应用举例

在传统的信息论或通信工程范围内，香农的方法基本上都是有效的。但是，如果我们把香农理论延伸到通信工程以外的领域，其结果是否正确或是否有意义就需要认真思量。下面选择自香农信息论问世以来，许多不同领域里的研究者在这方面进行的最成功和最不成功的一些

---

ics. London: Springer-Verlag, 1990: 105.

① 直数法的线路传输速率的波特率有两种解释：a. 波特率（baud rate）即调制速率，指有效数据信号调制载波的速率，即单位时间内载波调制状态变化的次数。它是对符号传输速率的一种度量，1 波特即指每秒传输 1 个符号，而通过不同的调制方式，可以在一个码元符号上负载多个 bit 位信息。单位“波特”本身就已经是代表每秒的调制数，以“波特每秒”（Baud Per Second）为单位是一种常见的错误。b. 波特率（Bit Per Second，简称 BPS）即传输速率，它是指每秒设备或网络之间能够传输的二进制信息位数。波特率越高，数据传输率自然也就越大。当然，数字化设备的波特率也不是完全用来进行数据传输的，在这其中会有损耗和延时，因此在选购时需要两者结合起来看。在计算机科学中，bit 是表示信息的最小单位，叫作二进制位；一般用 0 和 1 表示。Byte 叫作字节，由 8 个位（8bit）组成 1 个字节（1Byte），用于表示计算机中的 1 个字符。Bit 与 Byte 之间可以进行换算，其换算关系为：1Byte=8bit（或简写为：1B=8b）；在实际应用中一般用简称，即 1bit 简写为 1b（注意是小写英文字母 b）。1Byte 简写为 1B（注意是大写英文字母 B）。在计算机网络或者是网络运营商中，一般宽带速率的单位用 bps（b/s，bit/s）表示；bps 表示比特每秒，即表示每秒传输多少位信息。在实际所说的 1M 带宽的意思是 1Mbps(是兆比特每秒 Mbps 而不是兆字节每秒 MBps)。例如在我们实际上网应用中，下载软件时常常看到诸如下载速度显示为 128KBps（KB/s），103KB/s 等宽带速率字样，因为 ISP 提供的线路带宽使用的单位是比特，而一般下载软件显示的是字(（1 字节=8 比特），所以要通过换算，才能得到实际值。然而我们可以按照换算公式 128KB/s=128×8（Kb/s）=1024Kb/s=1Mb/s，即 128KB/s=1Mb/s 进行换算。

案例来说明它。

14.4.1 通信线路的信息计量

在互联网通信中，虽然现在在通信技术比较发达的地方已经较少使用，但调制解调器曾是模拟链路上传输数字信号的一种通用计算机外部设备，它可以在一个音频电话线上传输二进制数据并且不出太大的误差。一个拨号上网的用户通过调制解调器把自己的计算机连接到市话网络上，一般会获得 28.8Kbps、36Kbps、56Kbps 三种下行波特速率。在香农理论中，它给出了有噪声连续信道的最大传输速率，即香农第 17 定理：$C=W\log(P+N)/N$，计算的结果是以每秒比特（bps）的形式给出的一个链路速度的上限。链路信噪比用分贝（dB）衡量，上式中 C 是可得到的链路速度，W 是链路的带宽，P 是平均信号功率，N 是平均噪声功率，信噪比(P/N)通常用分贝（dB）表示，即 $10\times\log 10(P/N)$。通常，音频电话连接支持的频率范围为 300 Hz～3300 Hz，则 W 为 3300 Hz－300 Hz=3000 Hz，而一般链路上典型的信噪比是 30 dB，即 $P/N=1000$。因此，根据香农的上述计算方法，我们可以得出一般电话线的数据传输速率 $C=3000\times\log 2$（1001），结果近似于 30Kbps，它是 28.8Kbps 型调制解调器的极限。因此，如果电话网的信噪比没有改善或不使用压缩方法，调制解调器将达不到更高的速率。由于链路信噪比一般变化不大，网络的速度很大程度上就取决于链路的带宽。但是，后来发明的综合业务数字网（ISDN）或者非对称数字用户环路（ADSL）技术，可以通过大幅提高链路的带宽来获得更高的传输速度。假如选用 ISDN，用户就可以获得最高 64Kbps 甚至 128Kbps 的传输速度。若选用 ADSL，甚至可以得到 1MB 的传输速度。在通信技术中，使用香农创立的理论来讨论信息传输速率是十分有效的。

14.4.2 自然语言的信息计量

一些语言学家曾以香农第 2 定理为基础，计算出了各种语言中字母（或字）集所包含的信息量，即以：

$$I=-\sum_{i=1}^{n} p_i \log p_i$$

为基础，假定各种语言中的每个字母或字在它们所在的语系中被使用的频率是相等的，那么，将每种语言的符号总体作为一个信源考察，将每个字母或字的使用频率代入香农平均信息量公式中，结果就可以得到每种语言的所谓的“信息”特征。如用英语 26 个字母代入上式，每个字母可产生 4.70 比特的信息量。依此类推，法语的信息量是 3.98 比特，意大利语的信息量是 4.00 比特，西班牙语的信息量是 4.01 比特，德语的信息量是 4.10 比特，罗马尼亚语的信息量是 4.12 比特，俄语的是信息量 4.35 比特。若汉语以 12 370 个常用汉字为计，则每个汉字的信息量是 9.65 比特。[①]和西方使用拼音文字的语言比较起来，汉字的信息量差不多是每种西文信息量的两倍，有些语言学家从而就信誓旦旦地断定，由于汉语的信息量比西语的信息量大，所以汉语比西语更加优越，或者断定汉语是世界上最优秀的语言。但一般人认为，从学习的角度看，汉语是世界上“最难学”的语言之一，而根据香农理论得出的汉语是世界上“最优秀”的语言之一，我们是不是可以得出“最优秀”的语言一定是“最难学”的语言这样的一般结论呢？这实在是对香农理论的一种滥用。

14.4.3　蛋白质的信息计量

我们已经在前面提到，1956 年美国田纳西州举办过一次生物学中的信息论会议[②]。在会上，布兰森（Herman R. Branson）利用香农第 2 定理对蛋白质分子中的信息量进行了计算。为实用计，可把香农第 2 定理改写为：

$$H = [\sum_{i=1}^{m} \log_2 n_i! - \log_2 N!]$$

其中，n_i 代表某种氨基酸的数目，N 代表某种蛋白质分子中氨基酸的总数，n_i! 和 N! 指数学中的“阶乘”。以一种叫作二聚体胰岛素的蛋白质为例，它由 16 种共 103 个氨基酸组成。按照上式，布兰森计算出了该二聚体胰岛素包含的信息量为

$$H = [\sum_{i=1}^{m} \log_2 n_i! - \log_2 N!] = -[194.7 - 529.7] = 335 \text{（比特）}$$ [③]

对于这个计算结果，布兰森解释说，各种蛋白质之所以不同，就在于它们所含的信息量不同。各种蛋白质分子所含的信息量不同，就在于它们各自所含的氨基酸数目和各个氨基酸出现的概率不同，因为蛋白质是由氨基酸组成的。按照近代生物进化论的观点，随着生物的不断进化，当一种

---

① 冯志伟. 汉字的信息量大不利于中文信息处理—再谈汉字的熵. 语文建设, 1994, (3) : 34.

② Yockey H P. With the Assistance of Platzman R L, Quastler H. ed. *Symposium on Information Theory in Biology*. New York: Pergamum Press, 195.

③ 方丁. 生物信息流. 南京: 江苏科学技术出版社, 1985: 29-31.

蛋白质分子的信息量达到一定水平时，该物种才能显示出其生理功能，并且当组成生物体的某些蛋白质分子中的氨基酸种类和数量发生变化时，这些蛋白质的信息量也将随之改变。换成生物学的术语来说，当组成某种蛋白质分子的原有氨基酸种类被其他氨基酸代替时，信息量就发生改变，其生物学功能也随之变更。整个生物界可能存在着 100 亿种不同的蛋白质，这些数字提示我们，正是由于蛋白质如此多种多样，最终才表现出了千差万别的生命特征和功能。虽然布兰森按照香农公式正确地计算出了二聚体胰岛素包含的“信息量”，好像信息论为生物学家提供了一种有用的研究工具。但是，没有多少生物学家能够明白，二聚体胰岛素中包含着 335 比特的信息究竟是什么意思。假如有一个人发表了 5 分钟的演说，而其中也包含了 335 比特的信息量，那么这两者之间究竟存在着什么关系呢？同理，人类的一个雄性生殖细胞约包含有 75 兆的遗传信息，假如这和北京图书馆里所有藏书所包含信息一样多，但这样的信息计量有意义吗？

14.4.4 黑洞的信息计量

在贝肯斯坦提出的广义热力学第二定律中，他为任何孤立的物理系统设定了信息容量的限度。这些限度对于直到 X 层的任何结构层次都将成立。贝肯斯坦 1980 年开始研究这样的一个边界，他称之为宇宙熵界。宇宙熵界确定了特定尺寸和特定质量的物质所能包含的信息量界限。美国斯坦福大学实验物理学家萨斯坎德（Léonard Susskind）于 1995 年提出了一个与之相关的全息界（holographic bound）概念。它确定了占据一定空间体积的物质或能量所能包含信息量的界限。最后他们得出结论：一个直径为 1 厘米的装置，理论上可以存储高达 10^{66} 比特的信息，而宇宙至少包含着 10^{100} 比特的熵①。

霍金从对辐射过程的研究中得到了黑洞熵值和视界表面积之间的比例关系：黑洞的熵值恰恰是按照普朗克表面积丈量的视界表面积的 1/4。也就是说，若想计算出一个黑洞所包含的信息量，你只需计算出它的视界面积。由于一个黑洞的熵值是其视界表面积的 1/4，根据玻尔兹曼公式和香农公式的关系，物理学家们得出结论：黑洞视界的面积就是黑洞所具有的信息量。根据 1 比特 $=10^{-23}$ 焦/开的换算关系，我们也能够轻易算出一个黑洞的信息量是多少。一般来说，一个直径为 1 厘米的黑洞熵值约为 10^{66} 比特，这大约和一个边长为 100 亿千米的立

① Bekenstein J D. 世界是一张全息图. 何毓嵩译. 科学, 2003, (10): 50-51.

方水柱所含的热力学熵相当。于是，天体物理学家就在黑洞的熵和信息之间建立起了某种内在的联系。

实际上，贝肯斯坦早就坚信，一个黑洞所吞噬的，以及内容胀满的就是物质的信息，这说明黑洞的熵和其视界面积成正比。普朗克面积约为 10^{-66} 厘米 ^{2}，是根据引力强度、光速、量子大小得出的一个基本量子面积单位。但问题是，黑洞的信息量可以轻易地被求得，但我们能够明白一个黑洞具有某一数值的信息量，如 $10^{1\,000}$ 比特，它究竟是什么意思呢？

在上述所列举的四个例子中，只有第一个例子和实践相符并具有实际意义，其他三个都带有数学游戏的性质。按照香农的信息理论，我们一般都可以正确地计算出某一事件或系统所包含的信息，但却不会知道计算出的结果其含义是什么，因此这种计算是没有意义的。那么，问题究竟出在哪里？

众所周知，香农第 2 定理是一种形式定理，也就是说，决定一个事件信息量大小的唯一变量是该事件发生的概率，而无需去考虑该事件的意义何在。换句话说，当任何两个事件的概率相等时，它们所提供的信息量就一定相等。例如，以“袁隆平被推选为联合国秘书长”和“北京人民大会堂内发现了一只狐狸”两件事情为例，按照当下的情况，两件事情发生的概率同为极小，事实上我们可以假设它们小得相等。但假如真的发生，按照香农理论，这两件事情带给我们的信息量是相等的。但根据一般常识，这两件事情对世界范围内的任何人来说，其意义都不可能是同日而语的。或者按照布里渊提供的例子，“莎士比亚的两行诗”和“爱因斯坦的两个定理”信息量相等。①从这些一份信息其量的大小与受信体的理解无关的例子看，香农理论是一种形式理论，而在生活实践中，不考虑意义的任何信息计量方法都是没有意义的，真正的信息计量理论应该满足对意义的解释。但是，巴尔金却提供了相反的例子。他说，按照香农理论：“一本优秀的数学教科书，对于一个数学专业的学生来说，其中包含了大量的信息。对于一个专业的数学家来说，它可能什么信息也不包含。”②这个例子说明，虽然在分析一份其信息量的大小时与受信体的理解有关，但所得出的结论仍是有违常理的，因为一本书包含的信息量与理解者无关。把对信息的理解和受信体结合或不结合的例子都让我们陷入困境。因此，基于香农理论，考虑意义与不考虑意义的信息计量结果都与实践存在着矛盾。

---

① Brillouin L. *Science and Information Theory*. New York: Academic Press Inc., 1962: 9.

② Burgin M. *Theory of Information: Fundamentality, Diversity and Unification*. Singapore: World Scientific Publishing Co. Pty, Ltd., 2010: 94.

但是，我们不得不承认，基于先验概率的香农信息量计算在人们的日常生活中已有相当深厚的应用基础。例如，我们常常听到这样的表述。在一个人听了一场优秀的报告后，他或她常常会有这样的评论：这个报告的信息量很大！对于一个听者而言，可以从两种角度来理解这句话。第一种是表层角度，它包含三个因素：①新颖因素。这个报告给他或她带来了太多他或她之前从没有听说过的东西；②质量因素。这个报告做得太好了，甚至每句话都很精彩；③数量因素。这个报告具有一定的长度而不是三言两语就结束了。从这个角度理解一个报告，第一种因素使用得较多，而它又是香农信息量应用的极好体现。第二种因素是深层角度，它仅包含一个因素。例如，一个人讲了一句话，却意味深长；或者，我们看到了一张可以推测出很多额外信息的照片，我们通常也说它的信息量很大。

由于香农的信息计量理论还不能有效地解决上述实际问题，所以就出现了现实中使用的“信息量”和香农的“信息量”完全不同的含义。如何解决这个矛盾呢？我们的意见是，应该引进一个新概念：信息丰度（information abundance/information richness）。丰度在物理学、地质学、生物学中都有广泛的应用，它指某种含量的丰富程度。和信息量相比，它比较模糊一些，但对信息含量这个问题而言，模糊比清晰要好。“信息丰度”类似我们常使用的“科技含量”或“技术含量”概念，这种“量”虽很难计算，但却是一个值得信息科学家好好研究的课题。

14.5 信息计量方法的进一步思考

正因为香农信息论在上述诸多领域存在着并不总是凑效的现实，也因为信息科学自身的发展的需要，自香农信息论问世以后，试图突破传统的香农信息计量理论局限的探索就一直没有停止过，新成果和新建议也不断问世，下面择三个重要的思路和方向予以介绍。

14.5.1 钟义信的全信息理论

中国学者钟义信自 1969 年开始，就一直致力于在中国和世界推广和发展信息科学研究，他当然对在香农信息论之后发生的那场对香农信息论有效性的质疑了如指掌。因为威弗尔早在 1949 年在美国《科学》杂志上发表了一篇重要的综述性论文：《通信理论的近期进展》（*Recent Contributions to the Mathematical Theory of Communication*），该文之后又收录在了以香农和威弗尔的名字合作出版的专著《通信的数学理论》（*The Mathematical Theory of Communication*）①中，威弗尔在该文中指出，通信问题包含三方面的内容：

（1）技术问题：怎样精确地传送通信符号？

（2）语义学问题：怎样使传送的符号精确地表达语义？

（3）有效性问题：怎样使接收到的语义按需要的方式有效地发挥作用？

因此，在研究的伊始，钟义信就立足于威弗尔提议的，对香农理论做进一步修正的新起点，决心建立起一种把语法、语义、语用三者柔和在一起的“全信息理论”（comprehensive information theory，CIS）。历经数年的艰辛探索，一套足够复杂的全信息计量理论终于在他的努力下被建立了起来，并依此为基础构建了一套极具特色的信息科学理论。下面我们简要介绍钟义信的这一全信息理论。

1. 综合语法信息计量

香农的单一形式信息计量理论仅是对语法信息量的计算，如果我们按照威弗尔的提议求出语义和语用信息量，并将它们和已有的语法信息量统一起来，这样就构成了一种全信息理论。

定义 1：考虑一个抽象试验 X，它具有 N 种可能的结果：x_1，…，x_N。我们把 X 取某种具体可能结果 x_n 的可能性、机会或程度称为 x_n 的肯定度，记为 c_n，n=1，…，N。

定义 2：肯定度 c_n（n=1，…，N）的集合称为肯定度分布，记为 C，即

$$C=(c_1, \cdots, c_N)$$

定义 3：若有 $c_n=\dfrac{1}{N}$，则称这种分布为均匀肯定度分布，记为 C_0；若有

$$c_n=\begin{cases}1\ \text{某个元}\\0\ \text{其余元}\end{cases}$$

则称这种分布为 0-1 型的肯定度分布，记为 C_s。

定义 4：对于给定的肯定度分布 C，可以构造一个函数

$$M_\phi(C)=\phi^{-1}\{\sum_{n=1}^{N}c_n\phi(c_n)\}$$

① Shannon C, Weaver W. *The Mathematical Theory of Communication*. Urbana: The University of Illinois Press, 1964, 2: 14.

称 M_ϕ（C）为关于 C 的平均肯定度。

定义 5：两个抽象试验 X 和 Y 各自的肯定度分布分别记为 C 和 D（为方便计，可以把试验写成（X，C），（Y，D）这种形式）。如果它们满足条件

$$\varphi^{-1}\{\sum_{n=1}^{N}c_n\varphi(c_nd_n)\}=\varphi^{-1}\{\sum_{n=1}^{N}c_n\varphi(c_n)\}.\varphi^{-1}\{\sum_{n=1}^{N}c_n\varphi(d_n)\}$$

则称（X，C）与（Y，D）为互相 ϕ^{-1} 无关。

于是，我们有下面的定理：

定理：若满足定义 4 和定义 5 的条件，则 ϕ 函数形式必为对数形式。

现在考虑由一个试验和一个观察者组成的系统，记为（X, C, C^*; R），其中 R 表示观察者，（X，C，C^*）表示试验过程，C 是观察者 R 关于试验的先验肯定度的广义分布，C^*则是 R 关于 X 的后验肯定度广义分布。

定义 6：观察者 R 从试验系统（X，C，C^*）中得到的信息量 I（C，C^*；R）是其通过观察所实现的关于 X 的对数相对平均肯定度的增量，即

$$I(C,C^*;R)\underline{\underline{\Delta}}I(C^*)-I(C)=\log\frac{M_\varphi(C^*)}{M_\varphi(C_0^*)}-\log\frac{M_\varphi(C)}{M_\varphi(C_0)}=\log\frac{M_\varphi(C^*)}{M_\varphi(C)}$$

显然有

$$I(C,C^*;R)=\sum_{n=1}^{N}c_n^*\log c_n^*-\sum_{n=1}^{N}c_n\log c_n$$

最后，应用归一化肯定度情形的各种结果，可以得到语法信息的统一测度：

$$\begin{aligned}I(C,C^*;R)&=\frac{1}{N}\sum_{n=1}^{N}I(C,C^*;R)\\&=\frac{1}{N}\sum_{n=1}^{N}[f_n^*\log f_n^*+(1-f_n^*)\log(1-f_n^*)\\&\quad-f_n\log f_n-(1-f_n)\log(1-f_n)]\end{aligned}$$

在形式上，我们可以把 $I(C,C^*;R)$ 表示为

$$I(C,C^*;R)=I(C^*,R)-I(C,R))$$

$$I(C,C^*;R)=\begin{cases}\sum\limits_{n=1}^{N}c_n^*\log c_n^*-\sum\limits_{n=1}^{N}c_n\log c_n & (C=P)\cup(C=Q)\\ \frac{1}{N}\sum\limits_{n=1}^{N}(c_n^*\log c_n^*+(1-c_n^*)\log(1-c_n^*)) & \\ -\frac{1}{N}\sum\limits_{n=1}^{N}(c_n\,log\,c_n+(1-c_n)\,log\,(1-c_n)) & C=F\end{cases}$$

2.综合语义信息计量

在语法信息度量的场合，把相对平均肯定度的对数定义为与之相对应的信息量。在语义信息度量的场合，我们将考察相对平均的逻辑真实度的对数。事实上，逻辑真实度在性质上是一种模糊量。因此，完全可以采用模糊语法信息的度量方法来建立语义信息的测度。利用近似于综合语法信息测度的方法，便有如下综合语义信息公式：

$$I(\mathscr{T},\mathscr{T}^*;R)=I(\mathscr{T}^*)-I(\mathscr{T})$$

$$I(\mathscr{T},\mathscr{T}^*;R)=\begin{cases}\sum\limits_{n=1}^{N}\mathscr{T}_n^*\log\mathscr{T}_n^*-\sum\limits_{n=1}^{N}\mathscr{T}_n\log\mathscr{T}_n & (C=P)\cup(C=Q)\\ \dfrac{1}{N}\sum\limits_{n=1}^{N}[\mathscr{T}_n^*\log\mathscr{T}_n^*+(1-\mathscr{T}_n^*)\log(1-\mathscr{T}_n^*)) & \\ -(\mathscr{T}_n\log\mathscr{T}_n+(1-\mathscr{T}_n)\log(1-\mathscr{T}_n)] & (C=F)\end{cases}$$

3.综合语用信息计量

综合语用信息的特征量是综合效用度。相应地，也可以采用综合语义信息测度的方法得到综合语用信息公式：

$$I(\mathscr{U})=\begin{cases}\sum\limits_{n=1}^{N}\mathscr{U}_n\log\mathscr{U}_n+\log\mathrm{N} & (C=P)\cup(C=Q)\\ \dfrac{1}{N}\sum\limits_{n=1}^{N}\{\mathscr{U}_n\log\mathscr{U}_n+(1-\mathscr{U}_n)\log(1-\mathscr{U}_n)+\log2\} & C=F\end{cases}$$

$$I(\mathscr{U},\mathscr{U}^*;R)=\begin{cases}\sum\limits_{n=1}^{N}\mathscr{U}_n^*\log\mathscr{U}_n^*-\sum\limits_{n=1}^{N}\mathscr{U}_n\log\mathscr{U}_n & (C=P)\cup(C=Q)\\ \dfrac{1}{N}\sum\limits_{n=1}^{N}[\mathscr{U}_n^*\log\mathscr{U}_n^*+(1-\mathscr{U}_n^*)\log(1-\mathscr{U}_n^*)) & \\ -(\mathscr{U}_n\log\mathscr{U}_n+(1-\mathscr{U}_n)\log(1-\mathscr{U}_n)] & C=F\end{cases}$$

由于综合语用信息公式综合了语法、语义、语用各种信息量的关系，所以，**可以把该公式理解为“全信息”的测度公式。全信息也是认识主体关于某个事物的认识论信息，是它的语法信息、语义信息、语用信息所构成的三位一体，**是为了理解该事物素所需要的全部信息[①]。因此全信息计量也是对认识论信息的计量。而已获得国际学术界认可的各种信息测度公式，例如香农-维纳（Shannon-Wiener）的概率熵公式、德鲁卡-特弥尼（Deluca-Termini）的模糊熵公式、玻尔兹曼-艾什比-哈特莱（Boltzman-Ashby-Hartley）的信息公式以及高

① 钟义信. 信息科学原理(第 5 版). 北京：北京邮电大学出版社, 2013: 69.

艾斯（Guiasu）的加权熵公式等都是全信息公式 $I(U, U^*; R)$ 在各种特殊条件下的特例。这样，通过全信息的测度公式就揭示了现行各种信息测度公式之间的内部联系，并建立了一种统一的表达方法。①

14.5.2 费希尔的信息估计理论

费希尔（Ronald Fisher）是一位活跃在 20 世纪初的英国统计学家和优生学家，由于在统计学方面的卓越成就，他常和皮尔逊（Charls Pearson）、耐曼（Jerzy Neyman）一起被称为当代统计学的奠基人，并被当代著名统计学家埃弗龙誉为统计学中的凯撒②。在现代统计学的许多领域，人们都可以发现费希尔工作的身影。我们在这里简要介绍的费希尔信息计量方法，是他早在 1925 年就提出的。由于其提出的背景是为了评价统计学中一个估计方法的好坏，而不是像香农方法那样是专门为信息计量而提出的，加之费希尔信息计量方法的使用并非像香农方法那样简单。因此，尽管信息论和信息科学的发展已有五六十年的历史，但却很少有人注意到它，更不用说将它应用到信息计量实践中去了。虽然中国的统计学家倪加勋早在 1992 年就在《统计信息理论与实践》一书中对费希尔的信息计量方法和香农信息计量方法进行过详细的对比分析③，但呼吁学术界应该对该方法予以高度重视的，仍是美国的光物理学家弗莱登。弗莱登于 1998 年、2004 年、2007 年分别在他的《从费希尔信息看物理学的统一》④《从费希尔信息看科学的统一》⑤《用费希尔信息探索数据分析》⑥中，从量子物理学的角度对费希尔的信息计量方法进行了高度的评价和热情的推荐，认为费希尔的信息计量方法将对物理学甚至整个科学（包括经济学、生物学、热物理学、密码学等）领域都会产生重大的影响。

正如我们所知道的那样，统计学的基本目的是根据样本信息来对总体进行统计推断的一个方法论科学。常用的方法包括参数估计、假设检验等。在参数估计中，一般有点估计和区间估计两种。而对于一个点估计而言，

---

① 钟义信. 信息科学原理(第 3 版). 北京: 北京邮电大学出版社, 2002: 110-121.

② 陈希儒. 数理统计学: 世纪末的回顾与展望. 统计研究, 2000, 2: 27-32.

③ 倪加勋. 统计学与信息论的关系//张泽厚. 统计信息理论与实践. 北京: 中国统计出版社, 1992: 34-37.

④ Frieden B R. *Physics from Fisher Information: A Unification.* Cambridge：Cambridge University Press, 1998.

⑤ Frieden B R. *Science from Fisher Information: A Unification.* (Third Edition). Cambridge: Cambridge University Press, 2004.

⑥ Frieden B R, Gatenby R A. ed. *Exploratory Data Analysis Using Fisher Information.* London: Springer, 2007.

其最终是否有效，需要我们进行评估。评估标准包括无偏性、有效性和一致性等。对于点估计中一个最小方差无偏估计量，若有一个 $\theta\in\Theta$ 的概率函数 $p(x;\theta)$ 且满足如下条件：

（1）参数空间 Θ 是直线上一个开区间，可以是（$-\infty$，$+\infty$）；

（2） $p(x;\theta)$ 的支撑集合 $\{x|p(x;\theta)>0\}$ 与 θ 无关；

（3）导数 $\frac{\partial}{\partial\theta}p(x;\theta)$ 对一切 $\theta\in\Theta$ 都存在；

（4）对 $p(x;\theta)$ 积分和偏导可交换次序，即

$$\frac{\partial}{\partial\theta}\int_{-\infty}^{+\infty}p(x;\theta)=\int_{-\infty}^{+\infty}\frac{\partial}{\partial\theta}p(x;\theta)dx$$

（5） $E_\theta\left[\frac{\partial}{\partial\theta}ln\,p(X;\theta)\right]^2<+\infty$

若来自该总体的样本 X_1，X_2，…，X_n 的概率函数为

$P(x;\theta)=P(x;\theta)\cdot P(x;\theta)\cdots, P(x;\theta)$，$T(X)=T(X_1,X_2,\cdots,X_n)$ 是 $g(\theta)$ 的任一无偏估计，且满足条件

$$g'(\theta)=\frac{d}{d\theta}E_\theta T=\int_{\mathrm{R}^n}T(x)\frac{\partial}{\partial\theta}p(x;\theta)dx$$

则对一切 $\theta\in\Theta$，瑞典统计学家克拉默（Harald Cramér）和印度统计学家拉奥（Calyampudi Radhakrishna Rao）分别于 1945 年和 1946 年发现下述不等式成立

$$D_\theta T\geqslant\frac{[g'(\theta)]^2}{nI(\theta)}$$

该不等式称为克拉默–拉奥不等式（Cramér-Rao Inequality），又称信息不等式。条件（5）中的公式

$E_\theta\left[\frac{\partial}{\partial\theta}\ln p(X,\theta)\right]^2$ 被称为费希尔信息量。

即对于任意一个具有概率函数 $p(x;\theta)$ 的 θ 而言，其信息量可以从

$$I(\theta)=E_\theta\left[\frac{\partial}{\partial\theta}\ln p(X,\theta)\right]^2$$

公式求出，这就是费希尔信息量公式，或称费希尔信息函数。

倪加勋认为，费希尔的信息计量方法和香农的信息计量方法都是对事物不确定性的一种度量，但二者的用途不同，对不确定性的解释角度也不相同。香农的信息计量方法是在认识过程中对某一事件不确定性的一种度量。因而，当事物不确定性愈大时，在认识之后所获得的信息量也就愈大；而费希尔信息量则是在估计的过程中提出来的，是对随机变量中包括总体参数在内的信息的计量，当变量的不确定性愈大，也即离散程度愈大时，该分布包括参数 θ 的信息量反而愈小。二者对不确定性的计量角度不同，计算方法也不相同，但二者在计量事物不确定性上是相通的。

为了更清楚地比较香农信息计量方法和费希尔信息计量方法的异同，我们可以通过另一个不确定性的度量——方差来加以说明。方差是随机变量与其数学期望之间离差平方的数学期望。因此，当一个随机变量不确定性大时，则意味着每个可能取值与平均数之间的离差也大，这时方差也大。当符合计算费希尔信息的假设条件成立时，该分布的费希尔信息恰好是其方差的倒数。如二项分布、正态分布等的费希尔信息量均为方差的倒数。但需要注意的是，有些分布，如在（0，θ）区间的均匀分布，由于不满足计算费希尔信息量的必要条件，上述关系就不能成立。费希尔信息在统计的估计理论中起着重要作用，但若要在统计的估计理论中得到最好的效果，我们可以转化为求最小方差的估计。当从随机变量的概率密度函数为 $f(x|\theta)$ 的总体中抽取一个容量为 n 的独立随机样本 X_1，X_2，…，X_n 时，可以求得其费希尔信息量为 $\mathrm{In}(\theta)=nI(\theta)$。也就是说，$n$ 个观察值的样本信息是单个观察值信息的 n 倍。若 T 为样本容量为 n 的一个任意估计量，且有协方差

$$cov_{\theta}[T,\lambda'(x\mid\theta)]=g'(\theta) \qquad \theta\in\Omega$$

则可以证明，估计量 T 的方差就是前述克拉默–拉奥不等式，据此可以找出估计量最小方差的下界。由于方差与费希尔信息的大小方向相反，因此它与香农信息的方向一致。香农的信息概念是将信息的具体内容加以抽象，因而不受其变量值大小的影响，只受变量值出现的概率大小的影响，而方差则同时受变量值大小和概率大小的双重影响。①

刘钢认为，费希尔信息函数并不去量化由一个给定实验结果所提供的信息量，而是反映从该给定实验情况下能够得到的平均信息精度。实验者的问题是要确定两个试验组之间的观察误差是真正的实验处理结果，还是由于随机变量导致的结果。原则上，这个变量可以用信道中传输的“噪声”

---

① 倪加勋．统计学与信息论的关系//张泽厚．统计信息理论与实践．北京：中国统计出版社，1992：34-37.

进行比较，因而实验者的问题可被视为类似于在噪声背景下检测信号的问题。费希尔在假设检验方法论的框架内将这些概念用于数据的统计分析，其基本意义在于：只有当实验结果是低先验概率的结果时，才可以拒斥零假设。由此可见，尽管香农和费希尔的工作背景不同，但所得结论却是相同的，即低概率事件具有高信息价值（大的意外），这已经成为一个方法论原则。①

和社会史的发展充满着曲折一样，科学史的发展也充满着曲折。费希尔是早在香农 23 年之前就提出了信息计量方法的学者，因此，他的理论本应在香农之前就予以重视。虽然费希尔是仅在贝叶斯之后，在生活和社会领域之外开始使用信息，且发展了信息计量理论的少数学者之一，但由于没有一个像维纳这样的科学伯乐去帮助推广它，所以，他的这一工作并没有受到广泛的注意。放在香农信息计量之后来讨论费希尔信息计量在时间上有些颠倒，但它在科学发展史上却是一个值得玩味的故事。

14.5.3　巴尔金的信息价值理论

巴尔金一共发表过 500 篇论文和 21 部著作，除了信息科学之外，他涉猎的学术领域还包括数学、计算机科学、逻辑学、教育学、心理学、科学哲学等。2010 年，巴尔金出版了一部信息科学专著：《信息论：基础、差异与统一》（*Theory of Information: Fundamentality, Diversity and Unification*）。在这部著作中，他提出了一种信息计量的新思路，并把依此思路建立的信息理论称为“广义信息论”（general theory of information）。从世界整个信息科学发展历史来看，从 1988 年到 2010 年的 20 余年间，除了钟义信的全信息理论外，从计量起步建立信息科学理论，巴尔金的广义信息论是全球范围内另一个可被看作具有里程碑意义的信息科学事件。

巴尔金认为，我们需要从根本上反思过去的信息计量理论，他提议用**信息价值论**来重新构造信息计量方法。在传统的情况下，价值论是一个哲学分支。伦理学处理道德的价值，美学处理艺术的价值等。广义信息论中的信息价值论在发展信息理论工具和信息评价、信息评估和信息计量方面具有类似的目标。价值论原理对信息的测量提出了不同的指导思想，指出了寻找什么样的信息量是必要的，探索了它们具有什么样的一般属性，并指导人们如何建立这样的方法。巴尔金的价值论原理由下列几个主要的定义、命题、本体论原理、价值论组成：

① 刘钢. 信息哲学探源. 北京：金城出版社, 2007: 73-74.

本体论原理 O1（局域性原理）：我们有必要把一般意义上的信息和关于某一系统 *R* 的信息（或一份信息）区分开来。

本体论原理 O2（一般转化原理）：广义上，对于一个系统 *R*，信息是一种在系统 *R* 中引起变化的能力。

本体论原理 O2g（相对转化原理）：对于系统 *R* 来说，相对于信息逻辑系统，*IF*(*R*)的信息是它在系统 *IF*(*R*)中引起变化的能力。

本体论原理 O2c（认知转化原理）：一个系统 *R* 的认知型信息是一种能够引起该系统 *R* 的认知型信息逻辑系统 *IFC*(*R*)改变的能力。

本体论原理 O2a（特殊转换原理）：从狭义、恰当、简单的意义上说，一个系统 *R* 的信息，是来自系统 *R* 的信息逻辑系统 *IF*(*R*)的信息对结构性信息逻辑元素的改变能力。

本体论原理 O3（体现原理）：对于信息 *I* 的任何部分来说，系统 *R* 中都有一个该信息的载体。

本体论原理 OM3（材料体现原理）：对于信息 *I* 的任何部分来说，总有一种物质 *C* 包含着信息 *I*。

本体论原理 O4（信息表示原理）：对于信息 *I* 的任何部分来说，系统 *R* 总存着在一个该部分信息 *I* 的表示 *C*。

本体论原理 O5（相互作用原理）：信息的传递、转移、转换必须以 *C* 和 *R* 之间的相互作用为前提。

本体论原理 O5a（结构化相互作用原理）：仅当信息 *I* 的一些载体 *C* 把 *I* 传输给系统 *R* 或系统 *R* 从 *C* 中提取这些信息时，一个系统 *R* 才收到信息 *I*。

本体论原理 O6（现实性原理）：只有处理、转换、传输导致相应的转换时，一个系统 *R* 才接受一份信息 *I*。

本体论原理 O7（多重性原理）：一个相同的载体 *C* 可以为一个同一系统 *R* 容纳不同份的信息。

根据上述本体论原理 *O2* 和有关的分析，巴尔金认为，无论是在整个接收信息的系统 *R* 中，或者是在某些这类系统的信息逻辑系统 *IF*(*R*)中，接收信息都能够引起系统的变化。因此，我们可以自然地认为，通过评估由接收信息所引起的变化来测量信息是可能的。据此，他提出了信息价值论的 5 个基本原理：

价值论原理 A1：一个系统 *R* 中的一份信息 *I* 的大小，是 *I* 在 *R* 中（更确切地说，是在选择的信息逻辑系统 *IF*(*R*)中）所引起的变化量。

价值论原理 A2：从时间方面选择，有三种时间信息量：①潜在的或未来的；②存在的或共时的；③实际的或溯往的。

定义 1：一份信息 I 的溯往量决定（反映）着从信息 I 到 R（R 是接收者）开始直到测量时为止由系统 R 中的 I 引起的变化程度。

定义 2：一份信息 I 的共时量决定（反映）着 R 在当前时间（时间点）接受 I 时的变化程度。

定义 3：一份信息 I 的未来量决定（反映）着 I 在未来能够在 R 中引起的变化程度。

价值论原理 A3：关于空间定位方面，有三种结构信息量类型：外部的、中间的、内部的。

定义 4：一份信息 I 的内部信息量，反映了由 I 引起的内部变化程度。

定义 5：一份信息 I 的中间信息量，是由 I 引起的，反映在 R 和 W 之间联系的变化程度。

定义 6：一份信息 I 的外部信息量反映了由 I 引起的外部变化程度，即 W 的变化程度。

价值论原理 A4：有关（信息）量的确定和评估方式，有三种构造型信息量：抽象的、实地的、实验的。

定义 7：一个抽象的信息量在理论上是根据一般的假设来确定的。

定义 8：确切的信息量在理论上是由现实（观察的，体验的等）条件确定的。

定义 9：一个实验信息量的值是通过实验和推断的（物理）计量操作而获得的。

价值论原理 A5：关于决定的取向方面，有三个构造型信息量：绝对的、相对固定的、相对变化的。

定义 10：一个绝对信息量本质上给出了一份信息的（定量）值。

定义 11：一个相对固定的信息量说明了在一份信息和一些选择（定量）值之间的一种（定量）关系。

定义 12：一个相对变化的信息量显示了一个给定的信息部分和另一个变化的（定量）值之间的（定量）关系。

命题：一份信息 I 的量从 C 传递到系统 R 取决于 C 和 R 之间的相互作用。

我们可以通过测量有关的信息过程来计量信息。这允许我们建立这样一种重要的量作为信息的传输效率。也就是说，信息的传输效率反映了在传输过程中由系统 R 接受的信息量和由 C 提供的信息量，即在同一传输过程中 C 的暂时性信息之间的一个（像比率，差异等的）关系。

上述 A2-A4 的信息价值学原理具有下述意义：单一的信息量只存在于十分简单的系统中。任何一个具有发达的信息逻辑系统 *IF*(*R*)的复杂系统 *R* 都有许多可能改变的参数。因此，为了全面反映系统的各种属性以及在这些系统中它们起作用的各种条件，一个复杂系统就需要由许多不同的信息量组成。巴尔金由此认为，在目前的条件下，试图**找到一个通用的信息计量方法是不现实的**。（Finding one universal measure for information is unrealistic.）①

在巴尔金提出了他的信息价值论建议之后，他从广义信息的角度全面讨论了语法、语义、语用三类信息的计量问题。由于乌克兰和俄罗斯在历史渊源上所具有的特殊关系，巴尔金和国立莫斯科大学的柯尔莫哥洛夫一直保持着密切的联系。因此，他在自己的理论中接受了不少柯尔莫哥洛夫的建议，并用一章的篇幅来讨论由柯尔莫哥洛夫创立的算法信息论，并在最后探讨了动态信息的计量问题。巴尔金近年一直客居于美国加利福尼亚大学洛杉矶分校，他和当今在欧洲倡导统一信息理论研究的前卫信息科学研究者们一直保持着密切的联系，这就使得他的理论更有积极的现实意义。尽管他身体力行地将历年来出现的种种非主流信息计量探索，例如像英国图书馆信息科学学派布鲁克斯1980年提出的$K(S)+\quad I=K(S+\quad S)$的思想也进行了反复的考虑②，甚至连图书馆信息科学学派中的计算机文献检索专家兰卡斯特（Frederick W. Lacaster）1968 年提出的文献信息检全率与检准率等理论③也统统融合进了他的信息价值论中。但总体上，该理论基本上仍属于一种难以投入实践的纸面设计，而要使它能够很好地和香农信息论、算法信息论、动态信息论结合起来，并如何从范畴论、代数学、拓扑学等方面综合起来建立一套完整的广义信息计量理论，这仍是一项相当艰巨的任务。

14.6 对信息计量研究的看法

到目前为止，我们已对当今所有的信息计量方法进行了一个简单的鸟

① Burgin M. *Theory of Information: Fundamentality, Diversity and Unification.* Singapore: World Scientific Publishing Co. Pty, Ltd., 2010: 92-144.

② Brookes B C. The Foundations of Information Science, Part. I, Philosophical Aspects. *Journal of Information sciece,* 1980, 2: 131.

③ Lancaster F W. *Information Retrieval Systems.* New York: John Wiley & Sons, 1968.

瞰，下面简要叙述一下我们对在信息科学探索中开展信息计量研究的一些看法。

14.6.1　两种主要的计量方法分析

大体上说，目前已有的信息计量方法可以分为两类：一类是直数法，另一类是函数法。[①]用直数法取得信息量的方法是直接对信息进行数数，大多数情况下是对荷载信息的符号或底物进行数数。典型的直数法如计算一本书信息量的方法是对图书中的文字直接数数，对一个基因的信息量的计算是对狄恩酸上的碱基对直接数数。用函数法取得信息量的方法是必须事先找到一个函数，函数中必须包含一个或多个自变量，信息量最后的取得是依据变量中的函数关系计算而来。典型的函数法如计算通信线路中信息量的香农对数法，对总体参数信息量计算的费希尔偏导积分法等。

但是，任何时候我们都需要牢牢记着，一个信器的层次是不同的。对底物的计量不等于对符号的计量，对符号的计量不等于对信息的计量。即使在通信科学的信息论中，其计量方法也不能说纯粹就是针对信息的。因为，一个信源的平均信息量，恰巧是一个信源的信号（符号）的平均数学期望值。真正的信息计量必是对符号后面的意义进行计算，而这在目前仍是无法实现的。

然而，导致目前最混乱的计量分析不是来自上面几个领域，而是来自“信息”和“熵”的关系，而其思想根源来自“两种计量方式等价就可以导出两个概念的含义相同”的思维。我们知道，前述对“熵”和“信息”关系的换算是建立在克劳修斯的熵解释上，而它是有量纲的。但在玻尔兹曼的 $S=k\log W$ 中，S 是作为一个无量纲数给出的，即它没有单位，只是一个表示一个无序的度量。如果我们说一本书的某节给我们带来了 300 比特的信息量，我们虽然会保持某种怀疑的态度，认为它是一个不知所云的结论，但仍能勉强明白其意思；但我们说这本书的某一节给你带来了 30^{-21} 焦/开的信息量，我们将处于迷雾之中。

正因为如此，在许多和信息计量紧密联系的实践领域里，研究者们都抛开了比特或焦/开之类的信息计量理论，采用了直接计量法。例如，在

① 中文数学文献中使用的“函数”一词是一个转译词。清代数学家李善兰在翻译《代数学》时把“function”译成“函数”。在中国古代，“函”与“含”通用，都有“包含”的意思。李善兰给出的定义是：“凡式中含天，为天之函数。”中国古代用天、地、人、物 4 个字来表示 4 个不同的未知数或变量。这个定义的含义是：“凡是公式中含有变量 *x*，则该式子叫作 x 的函数。”所以，“函数”是指公式里含有变量的意思。

和信息论最近的计算机科学中，研究者们虽在基础理论阐述方面采用了比特的说法，但在实际应用中采用的却是字节表示法。如若用 8 比特（bit）表示 1 个字节（byte），计算机字长通常用 8 位、16 位、32 位、64 位表示。例如，文件的大小通常用字节表示。1KB 表示 1024 字节，常简写成 1K。一般用字节（B）、千字节（KB）、兆字节（MB）、吉字节（GB）、太字节（TB）、拍字节（PB）、艾字节（EB）、泽字节（ZB）、尧字节（YB）、千亿亿亿字节（BB）等表示。它们的换算关系是：$1TB=1024^1GB=1024^2MB=1024^3KB=1024^4B$。存储器厂商对存储容量的换算关系是：$1TB=1000^1GB=1000^2MB=1000^3KB=1000^4B$。在人类信息实践中，出版界常用的是字符计量法，一本书包含的信息量多少也不是按比特或焦/开计算，而是按字数多少计算的。一部 40 万字的著作和一部 20 万字的著作是不同的两本书，这种计算方法虽和真正的信息量含义还有很远的距离，但对出版商来说是十分有用的。图书馆里的藏书信息是按册数计算的，音乐家创作出的音乐信息是按首计算的，画家的作品信息是按幅计算的，基因组信息是按碱基对计算的，等等。即使在香农信息论最为流行的通信工程领域，无线通信运营商在计算卖给通信用户的流量时使用的也是以兆数 M 或千兆 G 这类直数法而不是函数法计算的。正因为存在着这种根本的不同，我们一旦把信息看成某种熵时，就需要格外小心。如果我们把“信息”看成“熵”，那么分子的有序或无序状态究竟是用比特、奈特、哈特表示好，还是采用尔格/开、焦/开好呢？如果我们把“熵”看成“信息”，五分钟的音乐若向我们传递了 50 000 焦/开的信息，这种计量在信息科学中究竟是什么意思呢？如果采用香农的方法来对硬盘的信息容量进行计算，这差不多会变成为一个巨大的技术灾难。再比如，图像信息是目前研究得最多的一种光电信息。一幅图像含有多少信息量，这是图像信息系统（例如电视系统）面临的最基本问题。如前所述，这实际上和我们的空间检测精度——清晰度有关。以普通的 PAL 制电视机为例，其空间分辨率是 25×625＝15 625 个像素。如果每个像素有 8 级灰度，量化为 256 级（8 比特），那么每幅图像将有 125 Kb。如果每秒传送 50 幅图像，那么电视的信息传输速率为：125k×50=6.25 Mb/s。但实际的电视传输系统并没有这么高的信息传输速率。但对于高清晰数字电视而言，它至少需要有 600×800 像素。如果每个像素采用 24 位编码，且每秒发送 60 帧，那么，它的信息速率将为：600×800×24×60=691.2 Mb/s。另外，在通信科学的信息计量实践中，用波特计量法的地方也不比用比特计量法的地方少。

14.6.2　是否应该把信息论看作信息科学的基础?

迄今为止，在所有关于通信工程信息论的著作中，作者差不多都会在前言或在第一章中对“信息”概念做一番解释，而所用的案例都是人类信息案例。例如用“母亲生病了！”“明天要下雨！”之类的信息说明，以解释一个受信体对这个信息事先具有的预测。但这种解释往往误导读者，以为信息论的计量方法可以解决类似的问题，但通信工程信息论方面的理论恰恰不是这样的，香农信息论对人类信息的解释和计量都爱莫能助。

到今天为止，以研究一般信息科学为目的的广义信息论著作虽然不多，但还是有一些信息论专著被看作对一般信息科学研究很有参考价值的。除了前面的提到的巴尔金的著作之外，其他如由科弗（Thomas M. Cover）和托马斯（Joy A. Thomas）1991 年出版的，被称为信息论中圣经的《信息论基础》也是一部优秀的著作。该书作者在其第二版中强调：“有人认为信息论是通信理论的一个组成部分，但我们将竭力阐明信息论远不止于此。实际上，信息论在统计物理（热力学）、计算机科学、柯尔莫哥洛夫复杂度或算法复杂度、统计理论、奥卡姆剃刀，以及概率和统计等学中都有奠基性的贡献。”[①]巴尔金在他的《信息论：基础、差异与统一》中一开始就说，他写作本书的目的是：“试图为信息科学构造一个信息论基础。”[②]从这种表述看，他认为信息论和信息科学仍是完全不同的两个学科，信息科学需要一个信息论基础，不论它是狭义的、一般的、广义的。

但是，从目前的研究实践来看，香农信息论对一般信息科学的作用是十分有限的，除了他自己就认为他的理论并不是万应灵药之外，其他一些研究者也曾提出过不少质疑。例如通信科学研究者黄载禄就认为：香农“通信论”是将传送的消息看成是不相关的白噪声（即消息元素之间不存在任何联系），这与自然界的一切消息特性都是不相符的。由于“通信论”对消息的假设与实际不符，因而“通信论”中所得的结论只是实际通信系统性能指标的理论极限，而这一理论极限是实际通信系统无法达到的。此外，通信论中关于信息的度量原理是基于消息集合的一种概率模型，但这一原理并不能用于社会生活中，不能解决信息领域实际遇到的很多数学问题。香农信息理论的局限性是由于他创立的“通信论”并不适于广义信息论，

---

① Thomas M C, Joy A T. 信息论基础. 阮吉寿, 张华译; 沈世镒审校. 北京: 机械工业出版社, 2007: 1.

② Burgin M. *Theory of Information: Fundamentality, Diversity and Unification*. Singapore: World Scientific Publishing Co. Pty, Ltd., 2010: 550.

因而它也不是现代信息科学技术的理论基础①。从学科性质看，把信息论属于通信科学的一个分支是没有异议的，但把香农信息论看作信息科学的基础就可能会为信息科学的未来构筑起一个难以逾越的壁垒。此外，有关信息的研究实践证明，香农信息论还可以属于数理统计学，因而也属于数学的一个分支。

14.6.3 信息科学研究是否一定要从计量研究开始?

在自然科学、技术科学、社会科学、人文科学这四大科学研究阵营中，它们各具自己的研究特色，并已形成了各自的研究文化是否使用数学则是这些不同文化中最具特色的一面。在一些自然科学，例如物理学中，不用数学做工具将会使研究者寸步难行；而在一些人文科学中，例如艺术学中，利用数学做工具也同样会使研究者寸步难行。

从 19 世纪的玻意耳等开始，包括马克思和恩格斯在内，他们普遍表达了这样的观点：在一门研究中是否使用数学将是判断一门研究最终是否是一门科学的标准。所以，在诺贝尔经济学奖 20 世纪 70 年代左右开始所授予的经济学奖项中，几乎清一色地拿是否量化的理论作为重要的评判标准。在中国改革开放后的 80～90 年代，这种思潮也浸润了中国科学者的思维，一股推广科学数学化的热风吹遍了神州大地，由此产生的历史计量学、爱情计量学等研究也都曾由不同的研究者开展过，但最终成功的寥寥无几，而在人文学科中的尝试大部分都失败了。即使成功地利用了数学也并非代表该研究一定是成功的。例如在经济学和人口学等研究中开展的计量研究，至今仍被许多批评者认为是一种华而不实的故弄玄虚，而有的干脆就没有找到入门的途径。就信息科学研究而言，从它的开始起，几乎都诞生过这样的愿景，20 世纪的许多科学都曾打上过这个烙印。

统计学是一门提供量化分析的工具，因为它本身就是数学的。但它是否是一门信息科学，我们已经表达了自己的看法。除此之外，从目前的专业信息学研究实践来看，除了通信科学理论，除了作为技术信息学的物理学部分成功地使用了数学外，在其他的专业信息学中，我们还很少能够看到使用数学的成功案例。本书提到的物理信息研究的几个方向，虽然清一色地需要用数学来解释，而在它的应用领域之一的计算机科学中，数学几乎就没有什么太大的用武之地。尽管遗传学在一开始就由孟德尔和摩尔根用统计学得出了重要的结论，尽管该领域近年来也增添了许多数学研究者，

① 黄载禄. 电子信息科学与技术导论. 北京: 高等教育出版社, 2011: 6-7.

但生物信息学的主要任务并非是进行数学运算或统计，它的研究文化仍是以实验为主，而新进的数学研究者，部分任务仍是用现有的数学分析方法对生物信息进行分析而不是创造生物信息的数学新方法。在人类信息学的几个分支中，期待用数学来发现新的现象，这仍是一个不切实际的幻想。

就统一信息科学而言，目前提出唯一新思路的霍夫基尔奇纳，其基本思想仍是希望从系统科学、复杂性科学、哲学等方面建立新思维，而不是通过对信息的某种计量开始。因此，不像物理学中的电磁波、能量、速度和力等概念那样，用数学手段是透彻了解它们的唯一方法。到目前为止，没有证据表明，计量方法是了解信息的唯一手段。实现认识信息的方法可能不仅一个，而信息计量可能仅是其中之一。因此，我们的看法是，在信息科学究竟是一门什么样的学科的答案还没有弄清的情况下，我们没有必要去限定研究方法，我们可以用多元的方法齐头并进地去推进它。擅长数学的就使用数学方法，不擅长者就用一般的逻辑方法，只要我们锲而不舍，最终总有可能发现信息研究的新大陆。

深入分析各个专业信息学的价值，通过对几种使用香农信息进行度量的领域使我们感到，即使找到了这种方法，其结果也可能是没有意义的。尤为应该注意的是，除了钟义信的全信息理论是值得思考的方法之外，其他以香农信息论作为整个信息科学基础的研究者必须谨慎行事，否则这种设想很难会再继续打动人们对信息科学继续关注下去的热情。正如马克卢普所说的那样，它对“教会人们如何把它扩大和应用到人类传播、社会行为或心理学，从理论上或试验上来看都只有很小或干脆就没有什么用处”①。

由于香农信息计量方法要根据个人的先验概论而定，所以这就决定了它在一般的人类信息计量方面没有太大的用武之地。就人类信息的计量而言，我们的看法是：不使用香农方法而直接采用直数法可能更加实用。一份份报纸每天提供的信息量就以先它的文字量而论，然后再去找到一个一份图像能够转化为若干文字的常数或函数，找到一个一首音乐能够转化为特定文字的常数或函数。这样，人类信息的计量研究就可能会迈上一个实用的台阶。

① Machlup F, Mansfield U. Cultural Diversity in Studies of Information//Machlup F, Mansfield U. *The Study of Information: Interdisciplinary Messages*. New York: John Wiley & Sons, 1983: 56.

第四篇

信息科学发展展望

第 15 章　信息科学的新发展

我们在第 3 章已经提到，1980 年，马克卢普率领一批学者，对从控制论和信息论问世以后到 20 世纪 80 年代初这段时间内已经出现的，那些仅在学科的研究内容中涉及到信息问题的近 40 门学科进行了一次系统的考察。然而这一工作在那时是十分粗浅的，由于当时在名称上使用信息概念的学科只有“信息论”“计算机信息科学”“图书馆信息科学”等有限的几门，因此，他的其他主要分析对象仅是诸如“认知科学”“决策科学”这类在学科名称上并没有包含“信息”一词，但在研究内容上却和“信息”紧密相关的学科。而今天的情况是：仅在学科名称中使用“信息论”或“信息学”或“信息科学”的学科就已达 200 余门，而在研究内容上和信息相关的学科更是多如牛毛。尽管是在 20 世纪 80 年代那样的“信息学科贫乏”的背景下开展的这项研究，但马克卢普最后还是敏锐地捕捉到了问题的关键，他最后提出了这样的问题：是否存在着一门真正的信息科学，它所研究的信息不是上述某一种或某几种学科所说的某一类信息所形成的信息科学。也不是仅从计算机科学的角度或从图书馆学的角度，把自己的研究说成是一个具有普通意义上“信息科学”的信息科学呢？由马克卢普开辟的这一研究引发了人们对信息科学的深入思考，最终引领信息科学的研究方法进入了跨学科研究的新纪元。

15.1　普林斯顿：一个经济学家对信息科学的最早质疑

马克卢普是奥地利人，他在 1933 年对美国进行了一次访问后就留在了那里。接下来他开始从经济学的角度对美国人民生活中知识产业的作用进行了系统的考察。这项研究随即在康奈尔等大学受到好评，并被认为是一项具有历史意义的开创性工作。1962 年，他把这一研究成果以《美国的知识生产与分配》的书名付诸出版。[①]全书共分十章，除第一章导论之外，第二章讨论的是知识的类型与生产，第三章讨论的是知识的产业与职业。最长的两章是第四章教育和第五章研究与开发。[②]1971 年，作为普林斯顿大学的国际金融学教授，他决定把他在 1962 年完成的这部著作进行修改和扩展。初步计划是：把这部原来由十章构成的专著扩展成八卷，总书名为《知识：它的创造、分配和经济意义》，由普林斯顿大学出版社负责出版。

抛开第一章导论不论，由原书第二章“知识和知识生产的各种类型”扩展成的新书第一卷《知识和知识生产》如期于 1980 年问世[③]，而由原书第三章“知识生产与职业”由“知识产业”“知识生产的各种产业和各种职业”“公司、产业和整个经济”3 个小节组成。按原计划，他仅打算将该章扩大成一卷，而在新计划中，他要把这由 3 个小节组成的一章扩大成三卷，每卷将分别考察学术的分支、信息经济学和人类资本，以及信息科学。这样一来，原计划的八卷书就要额外多出两卷从而使全书从八卷变成十卷。1982 年，第二卷《学术的分支》也如期出版。[④]计划中的第三卷《信息经济学和人类资本》也基本完成。[⑤]接下来的第四卷要专门从经济学的角度来系统地考察信息科学，计划揭示信息研究中的综合学科、元学科、交叉学科和子学科等基本的信息问题。但他突然感到，这个任务相当艰巨。究竟什么是信息科学？学术界对此并无一致意见。而计算机科学和图书馆科学都声称自己对这一新兴名称拥有使用权。

我们在第 3 章中已经谈到，他统计了这时在研究内容上和“信息”相关的学科数目是 39 门。那时他已深深地感到，要对这 39 门学科进行一个

---

① Machlup F. *Production and Distribution of Knowledge in the United States*. Princeton：Princeton University Press，1962. 中文版见：弗里茨・马克卢普. 美国的知识生产与分配. 孙耀君译. 北京：中国人民大学出版社，2007. 马克卢普精通多种语言，除了用英语发表多种经济学论著外，还有很多研究成果是用德文、法文、意大利文和西班牙文完成的。在世界范围内兴起在 20 世纪末和 21 世纪初的信息经济学和知识经济学，其最早的倡导者就是马克卢普。

②全书共分十章：第一章：导论；第二章：知识和知识生产的各种类型；第三章：知识生产产业和知识生产职业；第四章：教育；第五章：研究和开发；第六章：传媒；第七章：信息机器；第八章：信息服务；第九章：知识的总产值和国民生产总值；第十章：知识生产和职业结构。

③ Machlup F. *Production and Distribution of Knowledge: Its Creation, Creation, Distribution, and Economic Significance. Volume I: Knowledge, and Knowledge Production*. Princeton: Princeton University Press, 1980.

④ Machlup F. *Production and Distribution of Knowledge: Its Creation, Creation, Distribution, and Economic Significance. Volume II, The Branches of Learning*. Princeton: Princeton University Press, 1982.

⑤ Machlup F. *Production and Distribution of Knowledge: Its Creation, Creation, Distribution, and Economic Significance. Volume III, Economics of Information and Human Capital*. Princeton: Princeton University Press, 1984.

系统的、拉网式的考察，研究者的知识范围需要涉及工程、自然、人文三大研究领域，具有一个宽广的学科视野是完成这一任务的先决条件，但这一任务的艰巨性和复杂程度是难以想象的。马克卢普既不是莱布尼茨也不是维纳，他深知自己一人并不能胜任这一任务。于是，他说服了来自美国和加拿大[①]涉及这些学科的 39 位学者，请他们分别站在自己的立场上，详尽地解释一下自己眼中的信息和信息科学。这项研究实际上是为他新计划的第四卷“信息科学”提供一份综合性参考资料，但最后的结果却意外开创了一个信息科学研究的一个新模式——信息科学的跨学科研究。

然而，在信息科学研究历史上这个划时代合作即将进入尾声的时候，马克卢普突然与世长辞。好在他的关于信息和信息科学的主要思想，已经初步写就了一篇长文。此时，受邀的 39 位学者已经完成了规划中的 55 篇论文，经由他的助手曼斯菲尔德整理加工，一部信息科学交叉研究论文集《信息研究：学科间的讯息》（*The Study of Information: Interdisciplinary Messages*）于 1983 年在美国出版，全书长达 743 页。[②]马克卢普的信息科学思想以“信息研究中的文化差异”（*Cultural Diversity in Studies of Information*）为题，作为一个巨幅前言放在文集的开头，中间是被分成 9 个领域的 39 位学者写成的 55 篇文章，书的最后附加的是一篇由马克卢普之前撰写的一篇关于信息含义问题的文章作为跋给出。中间的 9 个主体部分，每部分的开头都由该领域一位资深的学者撰写一篇引导性论文，紧跟着是该领域里其他的人对这篇论文写出的 3～5 篇评论或质疑性文章，最后由每篇引导性论文的作者再给予最终的答复。这种安排提供了一种类似圆桌会议的讨论气氛。尽管问世的这个文集并不是他自己计划要完成的那个系列著作的第四卷，但加在这个文集前面的这个长长的序言却是信息科学历史上的一篇佳作，著名的计算机科学家和心理学家米勒（George A. Miller）曾经用“英雄史诗”来赞誉过它。我们认为，如果说维纳的控制论和香农的信息论是信息科学的奠基性著作的话，那么，马克卢普的这篇长文近似一份真正的信息科学交叉研究总宣言和新世纪信息科学建设的总纲领，它十分值得关注信息和信息科学研究的人士去仔细阅读。从今天全球的信息科学发展来看，《信息研究：学科间的讯息》已成为继香农信息论和维纳控制论之后对信息科学进行研究人士的必读著作。特别是在交

① 最初的邀请名单上还包括英国帝国大学的著名信息和通信问题专家彻里（Colin Cherry），但他不久就去世了。

② Machlup F, Mansfield U. *The Study of Information: Interdisciplinary Messages*. New York: John Wiley & Sons, 1983.

叉信息科学研究者当中，其引用率仅次于香农的信息论和维纳的控制论，从而成为在对信息进行跨学科研究时引用率最高的三份文献之一。

除了这篇前言之外，其他 39 位作者写就的 55 篇文章今天看来不免有些过时，但它们对今天信息科学的发展仍有很大的启发意义，内容中仍有不少地方闪耀着智慧的火花。根据曼斯菲尔德的回忆，引发信息科学之间关系的这一重大探索的动因，主要来自匹兹堡大学交叉信息科学系戴彭斯的一些挑衅性言论；在书中，来自宾夕法尼亚大学莫尔电子工程学院——“信息科学”概念诞生地——的计算机科学家戈恩（Saul Gorn），从思想体系、方法论和社会学的意义上详细地论证了应该把“信息学（计算机信息科学）”看作一门符号学。著名的计算机科学家和心理学家米勒为全书撰写了前言之后，在他看到马克卢普和曼斯菲尔德写成的《信息科学中的文化差异》一文后又怀着兴奋与感慨的心情，立即给他们二位写了一封长信，信中从认知科学的角度对他们的这一宏大研究提出了自己的坦诚看法，他在信中说：

“很久以来，我一直希望能够读到您和乌娜的‘信息研究中的文化差异’，我希望你们对我的这一印象今天仍有兴趣。”“分享对一个（信息）问题的兴趣与作为一门学科来研究是不同的事情——对于认知科学，在这一点上，我只能用耸耸肩来表示不满。但我相信，你们有义务来消除这种差别。”“我曾错误地把计算机科学看作形式科学”“我尤其希望你们捍卫你们的多元论”。这封信后来被编者放在“信息研究中的文化差异”之后的正文之前以补遗的形式登出①。这样，米勒实际上为该书写了三篇文章。

15.2 科特布斯：重构信息科学的一次多学科会议

1994 年 3 月初，在靠近波兰的德国小城科特布斯（Cottbus），由贺利氏（WE-Heraeus）②基金会赞助的第 125 次研讨会正在这里举行。会议由德国系统学会、德国物理学会、德国计算机科学学会、德国通信技术学会下的一个研究小组发起，参会的 27 名学者在这里就信息科学中的基础

① George A M. Addendum to the Prologue//Machlup F, Mansfield U. ed. *The Study of Information: Interdisciplinary Messages*. New York: John Wiley & Sons, 1983: 57-59

② WE-Heraeus，Wilhelm und Else-Heraeus-Stiftung 也称 WE-Heraeus Foundation，是一个德国私人基金会，主要资助在科学，尤其是物理学方面的研究和教学，它和德国物理学会（Deutsche Physikalische Gesellschaft）关系密切。

问题展开了一轮新的讨论。除了和普林斯顿的马克卢普研究小组学者的领域类似外，学者的研究领域新增了在 20 世纪 80 年代后期兴起的生物信息学、量子信息学、复杂性理论、宇宙信号信息处理等。在德国会议的参加者中，理工科研究者明显增多，主题也延伸到了对香农信息论适应性问题的讨论上。

在这次会议之后出版的论文集中，最为重要的论文之一是由来自奥地利的芬茨尔（Norbert Fenzl）、弗莱斯纳（Peter Fleissner）、霍夫基尔奇纳（Wolfgang Hofkirchner）、雅恩（Robert Jahn）、施托金格（Gottfried Stockinger）等 5 位学者[①]联合提交的，题目是："论信息结构的起源：一种既非还原论也非整体论的观点"（On the Genesis of Information Structures：A View that Is Neither Reductionistic Nor Holistic）。其中，作者们首次提出了"统一信息理论"（unified information theory，UIT）的概念，并简述了它的含义。在新形势下如何看待信息科学的发展，从对两次在两个国家的跨学科讨论看出，信息科学理论所涉及的范围越来越大。这次会议的论文集最后由勃兰登堡技术大学的科尔瓦科斯（Klaus Kornwachs）和德国西门子公司的雅各比（Konstantin Jacoby）于 1996 年整理出版，书名为："信息：一个多学科概念的新问题"（*Information: New Question to a Multidisciplinary Concept*）。科尔瓦科斯和雅各比在书中谈到：试图用不同学科的不同方法再次说明信息概念是要冒着失去信息一致性的危险的，尽管这个危险存在，但我们还是不要放过理解这个新概念的机会，从而向交叉学科迈进一步。

科尔瓦科斯和雅各比认为：许多人一直尝试将香农的信息概念从句法级推广到语义级和语用级，大多数人都试着引入一些诸如加权冗余数之类的新术语或更一般的方程式。另一种学说则修改了香农的这个概率表达式，代之以其他的不确定性计量方法，如模糊性度量、真实性度量或可能性度量等，尽管这些研究对香农理论做出了不少改进，但它们仍存在着诸多问题。例如：①用于修改的所有概念仍然处于句法级（即对信息和符号之间关系的可能性或不确定性进行度量）；②对已经发生的事件或者符号出现的概率分配加权冗余数，虽并不能从已经描述好了的情境中引出，但却表达了接收者的兴趣或对此事件的先验性；③信息量是不确定性量的负数这个基本观点没有改变；④只有用同一种分布描述的不确定情境才能比

① 这 5 位作者分别是：芬茨尔（Norbert Fenzl）、弗莱斯纳（Peter Fleissner）、霍夫基尔奇纳（Wolfgang Hofkirchner）、雅恩（Robert Jahn）、施托金格（Gottfried Stockinger）。之后，弗莱斯纳、霍夫基尔奇纳、雅恩之后分别在新成立的国际信息学学会任职。

较；⑤要事先设定固定的时间分配；⑥可能发生的信息、符号或事件能相互分离，因为它们是可以区分的；⑦一些基本的数学特性，如可加性和泛函性仍然保留。

两位作者继续写道：由于用到了这样一些相同的原则，那些期望将信息理论应用于通信技术以外的人最终都很失望。只有当涉及对一个在语义层次上已经理解的过程的技术进行优化时，香农理论的句法层次这时才与这里的问题相关。而计算科学、计算机理论、心理学和语言学远未达到对这一层次的理解。只有在语义学和神经机械学这些不太著名的较低层次上，如人类个体间的信号交换，随机分配在时间上所保持的恒定，才可以应用到香农理论。他们认为：自香农文章发表以来，将语义计量引入信息计量的尝试不胜枚举，人们试图将信息的概念打造成一个在各学科中通用的基本概念，但除了在通信技术、行为科学、通信科学以及控制论、密码学和计算机科学方面稍有成功之外，在哲学等方面进行着的则是关于信息的一般性讨论。

最后他们提出：很显然，统一的信息概念只能通过多学科探索才能获得，但这只是一个必要条件，我们仍不能从交叉学科的角度洞察信息的本质，即信息是如何产生、如何被理解并且是如何影响接收者的。生物学、通信技术、统计方法、系统理论，以及物理学也已经提出了不同的方法，但它们仅在小范围内体现了良好的学科交叉。然而，寻找不同方法的尝试仍在不断地重复着，不同的学科有不同的概念，它们虽然在各自的理论中对信息都有不同的应用，但距离从真正的交叉学科角度洞察信息的本质，即信息是如何产生、如何被理解并如何影响接收者的，我们还有很远的路要走。①

15.3　马德里：第一届国际信息科学基础大会

在德国科特布斯会议召开之前，另一个规模更大的信息科学研究活动实际上也已经开始在紧锣密鼓地秘密筹备着。1991 年秋天，在美国芝加哥一个由黎巴嫩人开办的小旅馆里，当时还在西班牙萨拉戈萨大学电子与通信工程系就职的马里胡安（Pedro C. Marijuán）、美国密歇根州韦恩州立大学计算机科学系的康拉德（Michael Conrad）一起首次提出是否能够

① Kornwachs K, Jacoby K. *Information: New Question to a Multidisciplinary Concept*. Berlin: Akademie Verlag GmbH, 1996: 1-15.

召开一届国际范围内信息科学基础研究大会的可能性。这个动议立即得到了日本名古屋工学院生物工程系的松野孝一郎、英国布拉德福大学的斯托尼尔等的积极支持。1994 年 6 月，这个自“信息科学”概念问世以来在世界范围内首次就它的基本问题进行跨学科讨论的大会，终于在西班牙首都马德里卡罗斯三世大学顺利举行。有趣的是，会议中的一些参加者，包括奥地利的霍夫基尔奇纳和卡普罗等人，才刚刚在 3 月份参加完在德国科特布斯举行的信息科学多学科会议。这次会议的论文集后来以“从计算机和量子物理到细胞、神经系统和社会”为题，发表在《生物系统：生物信息处理杂志》1996 年 38 卷第 2 和第 3 期合刊上。会议的主题远远超出了人们的预期，人们纷纷认为，就信息科学研究的基础问题开展讨论不仅是必要的，而且也是激动人心的。

1994 年的马德里会议，其显著特点表现在对信息概念应用广泛性的新认知上。马里胡安说：“信息是什么？至少从科学的意义上来说，它仍是一个模糊和缺乏条理的术语。”在回顾过去几十年来的信息科学研究时，马里胡安认为：“信息这一概念目前在科学上属于这样一种情况：它被成功地杜撰之后，现在使用得有些泛滥和过分，以至于在研究上的追求不论是多么明确或多有前途，或社会多么愿意接受它，事实上它都被放弃了。就信息的情况而言，20 世纪 40～50 年代——信息论、控制论和系统论等学科形成的初期——出现的研究热忱在接下来的岁月里正一个十年不如一个十年地逐渐衰减。除了一些特别的应用之外，现在几乎快消失殆尽。”

马里胡安接着说：“从前景方面来看，先不说它所具有的巨大潜力，来到这里的新一代交叉领域科学家的世界观是，信息作为一个误解和悖论的源泉更多于它带来的启迪。”马里胡安引用了一位人工智能研究者 1989 年对信息科学家的批评说：“从总体上说，现在的信息理论毫无典型特征，但我认为是改变它的时候了。”“在所有这些领域里使用的术语并非都是错误的，但从整体上说一致性却很小。人类活动和生物行为的每个方面——甚至包括宇宙进化——看起来都包含和处理着信息，但这些充分的应用还没有在一致性上能够达到系统地概念化。对这个令人困惑的概念的解决办法的进展，触及了许多学科的基础，而许多需要在看法上进行大幅度的转变——或许包括对在实际上想建立一个‘学科’的观点的反思。”①

在这次会议上，西班牙的弗莱斯纳和奥地利的霍夫基尔奇纳两人继续

① Marijuán P C. First Conference on the Foundations of Information Science: From Computers and Quantum Physics to Cells, Nervous Systems, and Societies. *BioSystems*, 1996, 38(2-3): 87-96.

就在上次德国会议上联合提出的“统一信息理论” “进行了深入探讨，并重新向大会提交了一篇颇具震撼力的论文，题目是：“涌现的信息：走向统一信息理论”（*Emergent Information：Towards a Unified Information Theory*）。①在这篇论文中，他们除了将在德国提出的统一信息理论的英文“unified information theory”改成了“unified theory of information”，并简称 UTI 外，更重要的贡献在于，他们提出了一个建立统一信息理论的“路线图”。具体步骤如下：

第一步，研究（信息）背景理论的哲学本质；第二步，从系统理论角度考察背景理论的含义；第三步，重新系统地思考符号理论和认知理论与人类传播的含义；第四步，从整体上着手考虑一般信息理论的含义。对这个路线图是否科学的深层思考，我们在后面将提供卡普罗、弗莱斯纳、霍夫基尔奇纳就这一问题进行的一个长篇对话，此刻我们还是先对它采取赞赏的态度。由这一计划所激发出来的活力和引起的热情曾经是欧洲“信息科学基础论坛”多年来的动力所在。在马德里会议之后的很长一段时间里，许多人似乎都坚信，一门“统一信息理论”最后能够取得成功似乎是不容置疑的。

1994 年西班牙会议的举行，激起了世界范围内更多的学者想把自己多年来对信息研究要说的话表述出来的欲望，它超出了会议主办者的预期。于是，大家很快达成共识，必须就信息科学研究的基础问题再次进行大规模的讨论。以欧洲为中心的信息科学学人已经隐约地感到，贯穿在不同学科之间的一条信息金带，在不久的将来就会从它所隐藏的地下涌向地面。

15.4 维也纳：第二届国际信息科学基础大会

紧接着，由维也纳技术大学设计与技术评估研究所社会控制论小组（Social Cybernetics Group，Institute of Design and Technology Assessment，Vienna University of Technology）组织，第二届世界信息科学基础大会于 1996 年夏天在奥地利首都维也纳举行。和第一届会议相比，这次会议的参加者其学术领域更广，讨论的主题也更加多样化。最为引人注目的一个特点是，物理学家在这次大会中占据了很大的份额。参会者不仅来自计算

① Fleissner P, Hofkirchner W. Emergent Information: Towards a Unified Information Theory. *BioSystems*, 1996, 38(2-3): 243-248.

机科学、物理学、生物学、数理逻辑学和系统科学，也有来自心理学、社会学、经济学、语言学、哲学、佛学等领域方面的专家。这次会议试图结束一些关于信息概念定义之类的基础性讨论，从而开始一种新型的跨学科探索。因此，会议的主题就确定在了“在新的科学发展背景下建立一门统一信息理论的可能性”。维也纳此时已经不再仅仅是优美古典音乐的象征，会议主办者自豪地宣称，它同时也成了世界新信息科学研究者聚会的理想场所。在会议的论文集《探寻统一信息理论》(*The Quest for a Unified Theory of Information*)[①]正式出版之前，会议的部分发言已经在《世界未来：新范式研究杂志》（*World Futures: The Journal of New Paradigm Research*）1997 年第 49 期和第 50 期[②]，《生物系统：生物信息处理》杂志 1998 年第 46 卷第 1 期、第 2 期、第 3 期[③④]先行部分刊出。会议中最为引人注目的一篇论文，是一篇《统一信息理论是可能的吗？三人谈》（*Is a Unified Theory of Information Feasible? A Trialogue*）的对话录[⑤]，三位作者卡普罗、弗莱斯纳、霍夫基尔奇纳，分别来自德国斯图亚特大学哲学研究所、西班牙世界贸易中心、维也纳技术大学设计与技术评估研究所。三人谈的议题涵盖了当今推进统一信息科学研究可能遇到的大部分基础问题，包括卡普罗三难困境、辨证唯信主义、物质和信息的关系等。

两次会议的召开无疑为以后的信息科学研究搭建了一个更好的平台。随着其他交叉学科研究的进展，如复杂性科学、人工生命、分子计算、神经计算等，一个巨大的与信息研究有关的知识体正在逐渐形成，虽然扎根在信息现象形式化中的模糊性依然如旧，但扎根于信息革命中的信息科学将会问世和变得成熟也可能不会使人感到特别震惊。但鉴于历史上的燃素、以太这些失败学说的教训，这门新的信息科学的问世也将会是一个旷

---

① Hofkirchner W. ed. *The Quest for a Unified Theory of Information*. Amsterdam: Gordon and Breach Publishers, 1999.

② Second Conference on Foundations of Information Science: The Quest for a Unified Theory of Information. *World Futures: The Journal of New Paradigm Research*, 1997, 49(3-4), 50(1-4). http://www.tandfonline.com/toc/gwof20/49/3-4, http://www. tandfonline.com/toc/gwof20/50/1-4 [2013-9-2].

③ Second Conference on Foundations of Information Science: The Quest for a Unified Theory of Information, FIS Special Issue. BioSystems, 1998, 46(1-2). http://www.sciencedirect.com/science/journal/03032647/46/1-2 [2013-9-2].

④ Second Conference on Foundations of Information Science: The Quest for a Unified Theory of Information, FIS Special Issue. BioSystems, 1998, 46(3). http://www.sciencedirect.com/science/journal/03032647/46/3 [2013-9-2].

⑤ Capurro R, Fleissner P, Hofkirchner W. Is a Unified Theory of Information Feasible? A Trialogue//Hofkirchner W, ed. *The Quest for a Unified Theory of Information*. Amsterdam: Gordon and Breach Publishers, 1999: 9-30.

日持久的任务。会议认为，隐藏在这个“统一信息理论”运动背后的是关于在新构架下对信息概念的再认识，从信息在不同领域里总是相互矛盾这一点看，差不多从一开始，香农信息论就在秩序、熵和不确定性方面形成了一个误导。随着时间的推移，没有哪个单一学科，没有哪个单一理论能够解决信息概念这个难题。这次信息科学世界大会特别强调，开展跨学科的对话是极其必要的。

在这若干次会议之后，信息科学基础研究的舞台更加活跃了，许多学术团体也介入了这个议题。例如，国际对称学会、国际系统学会也很快分别举办了相应的信息科学基础理论研讨。而一个在新技术背景下的信息科学论坛也于 1997 年初冬开始以虚拟的形式在互联网上开始举行。

15.5 巴黎：第三届国际信息科学基础大会

经过 9 年的酝酿，第三届国际信息科学基础大会于 2005 年 7 月在巴黎第七大学举行。全球五大洲 28 个国家的 76 位代表参加了会议，其中 91 位作者提交了 115 篇论文。1972 年诺贝尔信息经济学奖得主阿罗（Kenneth Arrow）也参与了会议的筹备工作。之前活跃在欧洲统一信息科学研究领域的马里胡安、霍夫基尔奇纳、林书坤、松野孝一郎等也都在大会上做了发言。联合国教科文组织派出了专门代表列席了会议。这次会议的议题包括物理信息学、化学信息学、生物信息学、信息计量学、信息传播学、信息社会学，以及对称性、互联网、代理人、符号学、数据挖掘、哲学等学科和信息的关系等问题。来自巴黎第七大学的会议东道主，专事手性化学研究的珀蒂让（Michel Petitjean）会后评论道：参会者的热情令人印象深刻，来自不同学科的专家就信息问题之间的对话富有成效。①

此次会议的特色有以下几个方面：第一，把物理信息学、化学信息学、生物信息学这几个自然信息科学分支放到了会议的首位，因为它们代表着新生的信息研究生力军。第二，热力学熵和信息熵不但在这次会议上再度被提起，而且还成了几个分会场的热点话题。在讨论一般的信息计量和检讨香农信息计量方法上，熵问题如若说不清楚，信息计量问题就很难有突破性的进展。更何况量子信息理论和黑洞信息理论所涉及的信息问题，无

① Petitjean M. The FIS2005 Conference in Paris. http://www.mdpi.com/1099-4300/7/3/188/pdf http://www.mdpi.org/entropy/htm/e7030188.htm [2013-4-14].

一不和熵有着密切的联系。第三，急于建立一门统一信息理论的呼声已经不再像以前那么高涨了。而在第一、二届国际信息科学基础大会上，统一信息理论的鼓吹者给人的印象是：人们期待的这株蓓蕾不久就会盛开。会议的论文集最后以《熵》为名出版了电子版。①

15.6　北京：第四届国际信息科学基础大会

自从中国改革开放以来，西方的新科学和新思想随着改革的春风一并呼啸着吹向中国，中间当然也包括对当代信息科学的思考。1988 年钟义信出版了他的具有广泛影响力的信息科学专著《信息科学原理》以后，整个中国的信息科学研究在之后的 20 年间并没有因此出现繁荣，更谈不上有什么突破性的进展问世，这中间固然包括来自另外两个也称为信息科学的“图书馆信息科学”和“计算机信息科学”的存在对一门真正的信息科学问世增添了一定的不确定性，更大的原因则是由于包括来自物理、化学、生物、传播、心理等学科提出的信息问题大大增加了信息科学研究的难度，从而导致了新信息科学进一步开展下去的艰巨性。

这时，对统一信息科学的思考已经不仅仅局限在欧洲。在中国，在其他契机的配合下，从 2000 年冬季开始，北京大学以地球与空间科学院马蔼乃、哲学系冯国瑞、信息管理系闫学杉等三人为主，着手组织了一系列的跨学科信息科学交叉研讨，并成立了一个非实体性组织：北京大学交叉信息科学研讨班，并一直持续达 10 年之久。在这一活动开始不久之后，本书作者很快就在互联网上发现了位于欧洲的，以马里胡安和霍夫基尔奇纳为核心的信息科学研究团体。北京大学力学系的朱照宣以一种高度的民族责任感和科学家的使命感提出建议，认为我们以后的思考绝不应忽视欧洲同行的工作，否则中国的信息科学研究就可能大大落后于西方。这个建议迅速得到了研讨班成员的一致认同。在中国人民大学系统科学研究者苗东升的提议下，研讨班就是否可能将国际信息科学基础大会的下次会议转移到中国召开的可能性进行了若干次认真的讨论。最后达成的一致意见是：这一条件并不成熟。原因并非来自经费方面，主要是在信息概念正处于迅猛的扩张期，我们自己连续多年的探索并未找出什么合适的

① Petitjean M. Proceedings of FIS 2005, The Third Conference on the Foundations of Information Science, Paris, July 4-7, 2005. FIS 2005 Proceedings. http://www. mdpi.org/fis2005/proceedings.html [2006-1-21]. or: http://www.mdpi.com/1099-4300/7 [2013-4-14].

理论和方法，以适应日益扩大的信息科学发展多元化的需求，没有像样的成果可以拿来与世界同行分享，我们不应该为开会而开会。尽管如此，该研讨班对将来在中国举办一次这样的世界大会充满信心，因为世界的信息科学发展正处在一个徘徊和迷茫的十字路口。大家最后一致同意，先在国内召开一次预备性信息科学会议，以此检视一下国内的信息科学研究力量。于是，由北京大学、北京师范大学、西安交通大学、上海理工大学联合主办的中国首届交叉信息科学研讨会于2005 年冬在北京师范大学顺利举行，会议的论文集之后由浙江教育出版社以《信息科学交叉研究》的书名出版①。就在同一年，欧洲的同行在巴黎第七大学召开了第三届国际信息科学基础大会。

在其他一些意外因素的作用下，第四届国际信息科学基础大会于2010 年 8 月在北京仓促举行。到目前为止，大多数中国的信息科学研究者仍不知道在中国曾举办过这样一次国际性大会。会议总共收到论文 77 篇。其中，来自国外学者的有 30 篇，来自国内学者的有 47 篇。论文总体质量不尽如人意，典型的如中国一位学者撰写的《互逆离散数学导论》、国外一位学者撰写的《理论基因学的计算方法》。无论如何，这样的论文都不能算作核心的基础信息科学研究，甚至连当时一般意义上的信息科学研究也算不上，但它们被照单全收。一年后，会议的组织者最后经过挑选，选择了其中 31 篇文章，外加一篇导言，刊登在开放电子杂志 *TripleC* ②2011 年第 9 卷第 2 期上。③为了向世界同行做出一个体面的交代，大会副主席马里胡安随后又在世界范围内特邀了一批学者撰写了 15 篇文章外加一篇导言，作为“信息科学基础 2010 年北京会议论文集”的专辑，刊登在多学科数字出版中心（Multidisciplinary Digital Publishing Institute，MDPI）的开放电子杂志《信息》（*Information*）分卷第 2～3 卷上④，以期对 *TripleC*

---

① 马蔼乃, 姜璐, 苗东升, 等. 信息科学交叉研究. 杭州: 浙江教育出版社, 2007.

② TripleC（3C）是霍夫基尔奇纳等人早期倡导的信息科学研究倾向，含义是“认识、传播、合作”（cognition, communication, co-operation），现已改为新 3C，即“传播、资本、批评”（communication, capitalism, critique），并以此为名出版了一个电子杂志：TripleC: Communication, Capitalism & Critique. Open Access Journal for a Global Sustainable Information Society. http://www.triple-c.at/index.php/TripleC/about [2013-4-14].

③ Hofkirchner W, et al. Towards a New Science of Information. http://www.triple-c.at/index.php/TripleC/issue/view/22 [2013-4-14].

④ Moral R D, Marijuán P C. Selected Papers from "FIS 2010 Beijing". http://www.mdpi. com/journal/information/special_issues/selectedpap_beijing [2013-9-5]. 以“FIS 2001 北京会议”名义未入选的其他论文分别见：http://www.mdpi.com/2078-2489/1, http://www.mdpi.com/2078-2489/2, http://www. mdpi.com/2078-2489/3, http://www. mdpi.com/2078-2489/4 [2013-4-14].

杂志上刊登的 31 篇文章进行质量补充。

尽管如此，关于 2010 年信息科学基础北京会议，该文集的编辑者马里胡安（Pedro C. Marijuán）和莫拉尔（Raquel del Moral）仍旧给出了客气的评价。他们说道：2010 年 8 月在中国首都北京召开的第四届信息科学基础国际会议是值得庆祝的。它遵从了信息科学基础国际会议之前的一贯路线，但会场上却包含着一个之前曾经缺席的重要学术团体（中国的信息科学家团队）。……沿着初始提出的（信息科学）基础研究倡议，每次不同的信息科学基础国际会议都会就正在进行的信息讨论选择一个新的专题和重点。就 2010 年北京会议而言，我们同一些重要的中国科学家和学者的合作在两个方向上取得了进展。一方面，信息讨论与智能研究建立了联系，它包括在正规级别的“高等人工智能”和面向社会问题的探索上。在这方面，东方哲学传统的影响是一个明显的参照点。在 2010 年北京信息科学会议交流中，东西方之间在其他方面的历史性邂逅回忆，在适当的范围内可以感觉得到；另一方面，在 2010 年北京会议上，主张建立一个新的，为推进科学家和学者进行国际范围内信息科学研究的建议被提了出来；作为会议的中心目标之一，这个国际会议在信息方面将多元化研究（常规的、物理的、化学的、生物的、认知的、伦理的、哲学的、社会的和技术的）整合到了一起。①

为了巩固上述几方面的成果并为这些研究提供一个良好的平台，会议达成共识，决定成立特别的国际学术机构。与会者一致同意将这个新机构命名为“国际信息学学会”（International Society for Information Studies，ISIS）。经过多轮的酝酿、推荐、斟酌和协商，国际信息学学会最终形成了以中国北京邮电大学钟义信（Zhong Yixin）等为荣誉主席，俄罗斯科学院信息问题研究所科林（Константин Колин）为主席，华中科技大学哲学研究所欧阳康（Ouyang Kang）为卸任主席，以及奥地利维也纳技术大学信息学院技术与评估研究所霍夫基尔奇纳（Wolfgang Hofkirchner）、西班牙萨拉戈萨阿拉贡健康科学研究所马里胡安（Pedro C. Marijuán）、中国北京大学信息管理系闫学杉（Yan Xueshan）、日本东京大学交叉信息科学学院西垣通（Toru Nishigaki）等为副主席，奥地利奥镁集团雅恩（Robert Jahn）为秘书长的国际信息学领导团队，学会总部设在维也纳。大家一致同意，新成立的国际信息学学会要特别考虑其研究范围应该包括科学、社会和技术领域里的各种信息问题。一个信息科学家学术团体的出

① Moral R D, Marijuán P C. Introduction to the Special Issue on Information: Selected Papers from “FIS 2010 Beijing”. http://www.mdpi.com/2078-2489/3/1/16 [2013-4-2].

现，可能是这次北京会议最重要的一个成果。

巧合的是，当国际信息学学会 2011 年在维也纳正式成立之后两年的 2013 年，来自图书馆信息科学界的美国信息科学与技术学会（American Society for Information Science and Technology，ASIS&T），开始将其名称之中的“美国学会”（American Society）二词悄悄地改成了 Association（协会）一词，从而使其变成了一个非正式的国际性信息科学研究团体：信息科学与技术协会（Association for Information Science and Technology，ASIS&T）[①]。这一举动的意义是积极的：基于图书馆信息科学思维之上的“美国信息科学与技术学会”和基于跨学科思维之上的“国际信息学学会”将要拉开一场信息科学研究的国际竞赛。在新形势下信息科学研究究竟如何开展，两个组织都任重道远。

① Association for Information Science and Technology. http://www.asis.org/about.html [2013-4-4]. 对于改名后的简称而言，之前的 ASIS&T 前两个字母 AS 是 american society 两个词的缩写 AS。为了使简称不变，当被问到更名后的 ASIS&T 前两个字母 AS 的含义时，他们会说这是 association 一词的前两个字母 AS，这个更名是很讨巧的，真是用心良苦。

第 16 章　信息科学的新思维

从整个信息科学的思想发展史来说，它一共经历了三个发展阶段：第一个阶段的主要工作是由维纳、香农、布里渊等学者完成的。主要表现在他们把“信息”从一个“普通”概念升华为一个“科学”概念。第二个阶段的主要工作是由三大经典信息科学学派的发起者和他们的研究者完成的，其主要表现是他们把一个已列入科学词表的“信息科学”从概念性层面上升为一个探索性学科。第三个发展阶段主要表现在“统一信息科学”或“统一信息理论”等概念的提出，其宗旨是建立能够解释包含所有信息学科的信息科学理论。

在这三个发展阶段研究中，最重要的文献是维纳的控制论，其次是香农的信息论，接下来是马克卢普的《信息研究中的文化差异》，最后是卡普罗、弗莱斯纳、霍夫基尔奇纳的《统一信息理论是可能的吗？三人谈》。在其他的著作中，钟义信的《信息科学原理》、巴尔金的《信息论：基础、差异与统一》、霍夫基尔奇纳的《涌现的信息：信息体系的统一理论》也值得认真阅读。由于维纳的控制论和香农的信息论早已为读者所熟悉，对它们进行研究的相关著作已经俯拾皆是。至于钟义信的信息科学理论和巴尔金的信息科学理论，我们已在前面的信息计量部分也已予以简介。对于霍夫基尔奇纳的信息科学理论，我们将在第 18 章介绍。本章我们主要介绍马克卢普的《信息研究中的文化差异》和卡普罗、弗莱斯纳、霍夫基尔奇纳的《统一信息理论是可能的吗？三人谈》。

16.1　对信息科学进行交叉研究的必要性

我们已经谈到，把信息科学从单一的计算机信息科学思维或单一的图书馆信息科学思维推向跨学科信息科学思维的开路者是马克卢普，这一思想主要体现在他和其助手曼斯菲尔德出版的《信息研究：学科间的讯息》一书中的长篇序言——《信息研究中的文化差异》。①在这篇长文中，他引用了英国化学家兼小说家斯诺的看法，认为一个深深的知识鸿沟把那些终日泡在实验室里且擅长数学的自然科学家同那些终日埋首于图书馆书堆中的人文知识分子分割开来。两种学者之间的互不理解和彼此轻视导致了今天被人们称作自然科学和人文科学的两个科学门类或两种文化。在分析那时已经引进“信息”概念的 39 个学科之后，马克卢普曾打算把这些学科称作第三种文化——信息文化（信息研究学群）。在由自然科学、技术科学、社会科学、人文科学组成的阵营中，研究信息的学科究竟能否在最后形成单一的（信息科学）文化，这是值得怀疑的。我们在前面的分析中已经提出，人文科学文化实际上就已等同于一种信息文化（人类信息学科群）。

16.1.1 对信息科学进行交叉研究的必要性

马克卢普在 1980 年提出，我们需要对那些集中讨论信息问题的学科或领域进行一个逻辑的或方法的，或语用关系的分析。这些学科是指那些已经被人们称为“学科”的学科，而这些人是指那些知识面广，或其著作正在被那些知识面广的人所阅读的人士所敬重的。于是，不同学科之间的关系就变成了学者们思想之间的关系。由不同的人所提出的命题，其逻辑关系在这里很难加以检验，除非它们实质上要表达的同一意义和相同的意义是用同一词汇来表达的。在任何特定的情况下，不论能否被简单地假定，其关系都需通过分析其讯息的上下文来确立。如果那种详察揭示了由于对同形异义词或期待的同义词的误解，“翻译”就变成了一个主要任务。即使都仅局限在英语文献范围内，但对不同的述者或作者的话语进行“翻译”也是不容易的，只有当“译者”在对其他领域进行了足够的研究并变成“多语通”之后才有可能取得成功。在这里，我们所指的对和信息有关的三四十种“文化”进行研究的人，在他们之中，没有几个最后变成了“双语通”或“三语通”，即在涉及信息的所有学科的理解上都成功的学者几乎是凤毛麟角。

但是，他们所从事的不同专业有可能都是同一个大学科的一个组成部分；总体上说，这些专业或学科可能服从于一些相同的原理。一个领域对其他领域来说可能是一个补充，它们之间的交叉关系不论怎样都应该加以

① Machlup F, Mansfield U. Cultural Diversity in Studies of Information//Machlup F, Mansfield U. ed. *The Study of Information: Interdisciplinary Messages*. New York: John Wiley & Sons, 1983: 3-56.

描述。获得由同一或相近领域里的学者所关注的“交叉讯息”，将会使我们和我们的读者，在对所提到的学科之间的逻辑和语义关系方面的了解上，至少获得一个大致的轮廓。

在美国，当我们试图把一个信息科学交叉研究计划解释给不同的，对新科学具有好奇心的人听时，他们对我们的反应是奇特的。许多人不相信存在着那么多与信息有关的学科；而当我们把那些还不为他们所知的，且又冠以“某学”，或“某理论”，或“某科学”，且与信息有关的学科名称提供给他们时，他们的表情是一种敬畏与蔑视的混合物，这种混合物是那种被优等知识的坚实铁甲掩盖着的人所表现出的自卑：控制论？信息学？认知科学？符号学？机器人学？人工智能？啊！我们从来还没听说过！

另一些“听说过”的人，对于我们努力发现看来会形成一个新科学门类的努力表示出一些欣赏。这个科学门类就是那些具有同一主题，即至少与同一个名字——信息——有关的学科。探索者第一个轻易的发现是：他或她找到了一个了不起的同形异义词（多义词）的实例：啊！信息原来不只是一种东西。对于那些陈述它们的不同的特性、性质、原理、技术、功能、范围和联系的人来说，它原来代表着不同的东西。很明显，所有被称为信息的东西，其背后肯定都有一些共同的东西存在，但它又肯定不是轻而易举就能找到的，这不是一个简单的名字问题。如果我们失败了并继续处在迷雾之中，我们的过错可能是：探索者在学习其他学科“语言”的思维和习惯上并不总是成功。

有一个学者，他在我们所提到的领域里有好几门都非常精通，他就是西蒙。他是许多科学献身者的精神动力。他把信息科学的交叉研究比作人类学探险：我们来到了其居民讲外国语言（他们许多词汇的发音和我们的语言相像，但意义却不同）的区域；我们试图发现一些有助于我们学习这些奇怪声音背后的意义的指导方法；我们试图弄明白我们所看到的和听到的东西的意义。然而，我们可能对一些东西产生了误解并被弄得愈加糊涂。另一些学者拒绝把我们的工作和人类学相提并论，主要是由于人类学家们常常发誓说，他们的探索对象在智力上是如何如何的纯洁。所以，他们能用他们预先拥有的知识毫不费力地开始他们的探索，干净利落地同固有的概念脱离干系，与哲学联系分开。对于一个成功的研究来说，实际需要的是“一个融进哲学思维，融进心理学和生物学中的交叉科学认识论。”我们倾向于这样的看法，即：这主要指计算上的洞察力。我们发现，在对有关信息的领域进行分析时，这一判断都是有效的。

在学科之间清除障碍的学术需求在很久以前就有人意识到了，实际上在所有学术分支中，我们都可以看到关于专门化和集中化、分立主义与协作主义、学术孤立主义与全球化主义之间持久的争论，一句话：分离与融合。我们不应变成一个已经在很多知识领域都已出现的“白痴类专家”（fachidioten）。[①]特别值得注意的是，一些信息学科的创建者在和同行们的工作进行比较时，他们特别担心自己在学术上陷入孤僻的角落。

虽然已经有跨越几个学科的学术交流，但它还是不够的，听一听学科之间的讯息总比塞上耳朵不听要强些。在维纳写出他的《控制论》和香农写出他的《通信的数学理论》之后不久就召开了交叉学科的国际研讨会。第一届信息论国际研讨会于 1950 年夏天在伦敦举行。与会者有数学家、物理学家、工程师、语言学家、生理学家和遗传学家，事实上差不多所有科学分支的人都参加了。这里所提到的所有科学分支都是指传统学科，它代表着那个时代每个大学的传统结构。当类似的交叉学科研讨会于 32 年后再次召开时，许多与会者都把他们自己看作新学科、新专业、交叉学科的代表，可它们在 20 世纪 50 年代早期还不存在，或至少还没有被看成一个可以授课的学科，甚至还没有出现在大学的系或教学大纲所提供的课表中。

对于大多数读者来说，列出这些调查和讲解的新领域可能没有必要，但另一些喜欢浏览目录的读者可能想看一看它们究竟是什么。然而，我们提供了这个目录（见 3.2.1 节）。但我们必须预先说明的是，在我们所列出的这些学科中，一些批评家或对手可能在一种或另一种意义上会提出挑战说：它们不是合法的学科。界限的争议还未加以解决，甚至一些学科的主要研究对象还是一个有争议的问题。列表的主要目的是让那些还不十分了解的读者，对这些已经“条理化了”，但又缺乏另外一种条理的知识有一个印象。总而言之，正是由于缺乏条理和还未发现共同的基础，所以才促使我们对这些具有明显相关的研究主题进行一个调查。

我们首先要列出的是包含英语词根 infor 的三个称谓：它们是信息论、信息学、信息科学。接着我们用类似的原始分类方法继续列出我们的目录，首先是以“某某学”结尾的学科，接着是那些称作“某某科学”“某某分析”“某某理论”或“某某研究”的学科。它们一共有 39 门[②]。按照以“某某学”“某某科学”“某某分析”等顺序把这些学科或专业加以列表后，

① fachidioten 是一个德语贬义词，专指那些对自己所研究的学科极其在行，而对自己学科以外的专业则一无所知的专家。

② 见 3.2.1 节。

我们需要立即声明的是，不应该从这个列表中得出排序上的轻重。确实，一些已选择从事上述某门学科为职业的人虽然会受到尊重，但却并不代表他们的研究就一定属于信息学科。另一些仅拥有一般或经验理论的人，又爱坚持说他们所从事的工作是一门真正的信息科学。对这种顺序上的差别进行讨论通常是没有建设意义的。

这个目录中列出的 30 多个研究和教学领域，还没有将信息和知识研究的家族列尽。在大众媒体意义上所说的传播学研究正在日益受到重视。信息和知识这两个关键词从大的范围上说正向一起靠近。还有许多学科和“认知”有关；加之，差不多社会科学中所有学科，都含有致力于和社会上所说的信息和知识有关的学术分支。知识社会学长期以来都是这种专业的良好标准，而信息社会学最近也已经问世。人类学和政治学已经开始把知识和信息作为与它们日益相关的问题进行研究。知识经济学和信息经济学已经出版超过 20 000 个出版单位的文献。社会心理学具有它自己的信息和知识方面的文献。在这里我们也将不失时机地提一提知识的社会现象学。

这是一个可怕的学科、元学科、交叉学科和专业的大清单，其长度远非一般交叉信息研究所能覆盖得了的。这里所选择的只是一些主要的信息学科。由此我们可以看出，学术上的孤立主义是一种多么不健康的态度。

有几个比喻，是用来刻画那些对同源或相关领域的研究不感兴趣的专家的孤立主义或狭隘态度的。例如，他们在研究领域周围树起一个篱笆——像具有不爱社交特性的住户对他们的邻居极为冷漠一样。把对话的宇宙分割开来的障碍不会使这些专家的孤立情境永远持续下去；篱笆既可以被拆除也可以被跨越，在任何情况下，一个人都可以越过篱笆以观察一下邻居都在干什么，信息学科里很多著名的先驱和创始人都敦促他们的同伴要彼此理解和合作。

不同领域的学者去学习其他学科的词汇，试图理解别人在说什么，这样的要求不能认为是太高了。当信息这个概念在不同的研究领域里被赋予不同意义的时候，人们应当期待该词汇的所有别的使用者对此词在“别的领域”里意指什么怀有充分的好奇心。此外，此词的使用者一旦意识到这个同义词的使用使他们自己同别人的交流出现障碍时，或者说出现误解时，他们应当试图防止它，这种办法也许可以通过对他们自己的术语给出仔细的说明和用精确的尝试来排除那些不是他们所指的意义来达到。

我们不希望给人以这样的印象，即这些领域里的大多数专家喜欢另立山头而反对建立密切的交叉学科关系。然而，一些人想在信息的研究和知识的研究之间划出一条分界线。尽管他们承认，相互理解和彼此合作可能对研究信息处理和其他有关信息计划的专家们是有帮助的，但一旦要他们把合作扩大到知识的研究时他们就想裹足不前。这个把知识的研究排除在外的有限胸怀——虽然，一般来说信息是被说成是产生或影响知识的——不比一个除了只会对存储容量进行计算，或者只会对几个数据检索系统的成本进行比较外什么也不会的信息科学家的决策更加狭隘和孤立。

肯定地说，那些反对用他们相机的广角镜头，而坚持用标准镜头的研究者的相对数目已经越来越少了——主要是由于他们已对自己的狭隘目光开始感到羞耻。但许多学术部门、小组和学校里的教师仍然坚持说，收缩焦点是科学的而广角取景是投机的。强烈支持宽泛研究的人还来自认知科学家这支队伍，他们中间的一些人显然从信息处理研究到知识结构研究都取得了成果。但在信息研究和知识研究之间强行划一条分界线，这对于二者的进展来说都是一种不合理的限制。

16.1.2 科学分化与重组的一般规律

前面我们已经列举差不多 40 门把信息作为一个具有战略意义的研究领域。从学术意义上说，这些学科的大多数都是近三四十年间才出现的。这是一个庞大的新的同源学科群（元学科、交叉学科和子学科），它们的出现显得极为注目。科学主题中新物种的进化主要是通过对已经存在的学科进行分化与合并，在知识与准知识背景下发生选择过程。分化、合并和选择需要苦心经营才行。（The notions of splits，mergers，and selection call for elaboration.）

人们已经观察到，科学学科中的分化与合并已有两千年的历史了。例如，化学最早是从物理学中分化出来的，而在一般哲学和自然哲学的分类上，二者都被看作独立的学科。在各个分支出现之后，对物理学和化学的一些分支进行合并，是非常有用的：它导致了物理化学的出现。随着生物学被分成了几个子学科，并同部分物理学和化学进行合并，在生命科学里出现了几种情况。这个过程结果导致出现了生物物理学和生物化学，以后又分化为化学方面的生物化学和生物学方面的生物化学。同样的分化与合并过程情况发生在道德哲学中，而它在亚里士多德的著作中已经提出，并在关于基督教不同教派之父的著作中变得相当明确了。现代大学以系为单位的分离是在 19 或 20 世纪形成的。系与系的合并通常是通过跨系课程来实现的。但也有许多例子证明，是政治力量导致了交叉学科方面系科的诞生。于是，道德哲学或社会科学，在 50～100 年按几个连续的步骤开始被不断地分开，并形成了文化人类学、人口统计学、经济学、人类地理学、政治学、社会心理学和社会学。然后所有这些学科和其他一些学科又被集中到一个研究领域，成为民族学研究、城市研究、妇女研究和几个更多的研究领域。例如，所有社会科学研究都被分散到拉美研究的规划或系里去，有时附带到历史（文化、政治和社会），语言（西班牙语和匈牙利语）和法律的系科里。

通常，分化与合并的原因是与哲学和方法论问题连在一起的，因为它们包含了成对的对立问题，例如分析与综合，抽象与具体，基础与应用（注意，我们没有说推理与归纳这些潘多拉盒子）。增加抽象的分析和强调基础研究支配了学科的分化；相反，对具体问题进行考虑的综合和面向实际生活问题的应用兴趣支配了学科的合作与合并。然而，为了在正确的方法论原理的背景下解释科学学科的分化与合并的历史事实，并非意味着实际的分化与合并总是以正确的原理为原动力的；个性冲突、校园政治、社会赞助和类似的非理性因素总是由我们大学的学院和官方的决策机构引起或点燃的。

然而，这种决策并不产生新学科——新学科的创建要么是通过把一些存在的学科分化，要么是把已存在的学科中的一部分合并成一些新的混合物——而仅仅是对一些发展的认可，如那些在学术期刊，研讨会或学术讨论会，或口头及书面形式的无形学院和预出版物的传播中，它们已经有足够发展的东西，然而这又回到了我们的“一门学科之所以成为一门学科是因为一些人说它是一门学科”的命题上。我们通过一个人们所说的基本附加条件来承认这种陈述的合法性，说“那儿有一门某某新学科”（aplopathoscopics）[①]的人实质上是一批尊敬的学者，他们博览群书且其作品也正在由其他尊敬的学者广泛研读着，而这些学者也博览群书，且他们的作品也正在由另一些尊敬的学者们广泛研读着……如此循环下去。尽管学者们的这种循环不一定太长。对于那些已经认识到这一现象的学者们来说，这种存在的一致性有一些可操作的验证方法。这些验证包括这样一些东西：如对最近出版的教科书中的主题索引、文章及图书的标题所涉及的新学科（或专业）的某些关键词特征加以参考；出版物中新学科内容的概论性文献；在一个较大学科分类范围扩展中所出现的，为新学科（或专业）列出出版物而提供的一个或更多的特殊标题；集中在新学科（或专业）上的参考文献和会议录；最后，在大学里首先为研究生，以后也许为本科生

① aplopathoscopics 不是任何语言中的一个词汇，它相当于中文中的“某某学”，意指随便什么一门学科。

提供的新课程。

确定专业的一个新方法是依靠引文分析，它假定“已经形成的东西容易被承认”。引文分析师能够发现一簇被“共引”或“文献耦”聚类在一起的文献和图书。在共引中，不同的早期出版物被一些相同的新文献所引用，从而使得它们被联系在一起。在文献耦中，由于不同的新出版物引用一些早期相同的文献而被聚类在一起。一个类似的方法可以通过编制一个引文矩阵来建立互引群体：在一个新的或正在形成的领域里，知道作者引用了谁的文献和什么人的文献被引用了。然而，如果一个小组里人们只彼此相互引用却几乎不引用他人的作品，人们就会产生怀疑，这些人是不是一个俱乐部？一个信仰团体或阴谋集团？也许如此。然而，一个人不应该在此基础上仍否认通过小组的共识而出现的研究领域，尤其是如果它的一些成员是学者并在小组以外受到尊敬时就更不应如此。

有人认为，一门新学科的成立，全然是通过把两门或多门已经存在学科中一些特定的部分拿出来加以合并。要想否定一门新科学，仅仅靠这样的否定还构不成充足的理由。对于特定现象或特定问题的研究，从几个领域里进行选择是必要的。如果那种多学科努力不是短暂的而是一个长期的问题，那么不管其水平有多高，一门交叉学科的出现是必然的。如果这门新学科的目标主要是处理特定或具体问题的，那么它的方向很可能是面向应用研究的。

长期以来，从事科学研究的人们都被告诫或相当错误地被告诫，“科学”这一名称的使用仅局限在基础研究上，应用研究不能使用它。这种势利主义、偏执狂与这样的事实不容：至少当前95%的科学工作是面向使命的，即设计用来产生有用知识的。第一，让我们承认，把几门科学的特定部分加以合并所创造出来的复合学科，它的科学意义不比那种捐赠学科（donor discipline）[①]来得少；第二，取自已存在的学科并合并进新学科的那些部分，并没有由此从它们原来学科或常规的学科中消亡。相反，它同时属于旧学科和新学科两个部分；第三，任何改变我们知识结构或向上增添些什么新发现，都可能使不论是旧的或新的学科同时获益。

我们已经指出，分化和组合是科学学科变化的一种方式。在某些方面这种说法可能被误解。它可能促使我们想起关于重新划分行政区域的过程——在一个州里改变选区的边界——这可能是一个谬误。对于所增加到新区上的部分是要从另一个区中除掉的——对于映射到科学学科或研

① 指对资助人指定的某一特别问题进行研究而形成的学科。

究领域的东西能否被除掉，我们刚刚对此加以否定。

很幸运，讨论各种学科界限的科学哲学家们，还没能画出一幅地图来指导人们没有重复地就一定现象、概念、定律或理论恰当地分配给各个学科。在重新安排知识的边界时，任何程度的重叠都是可以接受的。同一任务的多重指派（不论是研究或教学）都是具有高度建设性的。一门学科从另一门学科输入它的材料或方法，这一事实并未降低它的意义，也不应该降低它的科学高尚性。

在试验性自然科学的课程和教科书中所讲授的严格的“科学”意义，从古典的科学意义上来说已经指明不包括其他科学学科，这种情况仅发生在英语世界里。法语、德语都不是——就我们所知，任何其他语言也都不是——用这些词来表示狭义的科学概念或任何类似的科学方法。对于合格的学科来说，如果术语的限制能够服务于任何科学目的的话，那么，法语、德语、俄语、日语和其他语言，肯定能够创造出词汇来表达他们讲英语的同行在内心世界里想要表达的东西。一些作者目前仍然暗暗地在科学和哲学、科学和未证实的信念、科学和艺术、科学和技术、科学和职业之间进行着争论。

一些关于一般称之为科学的领域的科学特征的争论，是由于人们对科学家特有活动的偏见造成的。科学机构的高级牧师们创造了一种社会等级，他们把最高的地位授予了那些成功的研究者，次高地位授给了默默苦干的研究者（借助于一些出版物建立对他们的信任），第三种位置给了教师（没有什么值得称赞的作品），最低的地位给了从业人员，他们仅仅实践一些东西（技巧或技能），它们不外乎是一些由学院、系或学术计划的课程所传播的那种镶嵌在学科中的知识。第五类通常都不予考虑：它指那些已经对这些学科进行过研究并精通它们，但还没有以研究者、教师或实践家身份进行活动的人。

像许多或者是大多数等级制度一样，排名是按照那些受过专业训练并继续从事这个专业的人的活动进行的，这种做法既势利又傲慢。一个特定学科究竟是一门多大的科学，这一问题应该通过对基础研究者、应用研究者、教师、顾问和在这学科中获得了高等学位的从业人员各占多大的比例的计算来回答吗？生物物理学比生物化学更像一门科学是因为大学里雇用的有学位的人员多吗？由于分子遗传学方面许多教授转到了工业界，而该学科就变得不怎么科学了吗？计算机科学或者它的一个专业，例如人工智能研究正在走下坡路，是因为在这个领域或专业里增加人员的办法是用金钱诱惑来雇用那些非专业人员所导致的吗？几十年来，大多数持有化学或地质学学位的人被其他非学术部门雇用，出于这种原因，他们就不把自己当作一个科学家了吗？所有这些问题都是浮夸的且诱人的，按照我们的观点都应予以否定。如果我们是对的，并且一门科学的地位不是由那些曾研究过它，并为生计而继续从事它的人来确定的话，那么，一些实用科学的教授们的自我怀疑心情可以消除。在信息科学、计算机科学或图书馆学学院的教授们不必放弃通常由“真正科学家”所培植起来的自尊。

逻辑学和纯数学是形式科学的典范，通过解析（首先）来传播真理且无法由经验（之后）检测和推翻，并能应用到实际世界的命题上，来试图检测这些命题的一致性和形式上的有效性——所有这些事实是为大多数受过教育的人所熟悉的。人们知道不多的是，在科学推理中的新发展，可以扩展逻辑学、数学和一些新学科，或者是属于形式科学领域的一部分的范围。当纯粹形式的陈述（公理、启发式的假定、分析习惯、模式、无情的法则和科学研究程序）应用到经验命题（基于观察或综合）上时，解释者常常在弄清是分析或是综合的特征时误入歧途，不仅是命题和一般理论，而且是整个专业和学科。这些研究领域究竟应当划归到形式科学或者是经验科学里去有时是很难确定的。对几门处理信息的学科的性质的怀疑就这么一直存在着。我们知道，有许多信息科学的作者，对这门学科既没有发现新定律，也没有创造出新理论从而不值得称之为科学这一事实怀有负疚感。这种自卑情绪是被过时的科学哲学用科学的宣传性定义和科学方法进行灌输的结果。

对于当前的目的来说，我们可以把我们自己的注意力放在这样的思考里，即不必去在乎，也没有人去在乎信息科学、图书馆科学、计算机科学、决策科学、系统科学等是否是一门真正的科学。很少人会依靠这种简单的判定去否认加在某一特定学科上的光荣称号。在科学与非科学之间如果有很少或根本就没有什么东西是来自这种区别的话，那么我们就不值得花费大量的精力去创造或捍卫它，即使花费很少时间来证明这种区别也是有害且不值得提倡的。

16.1.3 信息科学与信息相关的科学

1. 信息科学

信息科学这一术语在文献中至少有四种不同的应用：①从广义上说，它代表对信息的系统研究，它可以包括对前述 39 门学科中所有信息的研究；②当它指计算机信息科学这一术语时，信息科学表示那些兴趣在把计算机作为一个信息处理器这一现象的研究；③在图书馆信息科学这一术语中，它指那些和图书馆学传统实践有关的新任务和新技术的应用；④从狭义上讲，信息科学是指这样一个新的研究领域，它由上述三个领域的交叉地带进化而来，其兴趣在于如何改进科学与技术信息的交流与传播，以及那些充分检验过的研究方法在信息系统中的服务和应用。

"信息科学"（information science）这一术语在美国最早的正式应用，看来是来自 1959 年宾夕法尼亚大学莫尔电子工程学院对一个计算机信息科学计划的描述。然而，一个"信息科学家协会"（Institute of Information Scientist）[①]于 1958 年 5 月在英国已经建立起来。使用"信息科学家"这一术语的目的，是企图把信息科学家同实验室科学家区分开来，因而其成员们关心的主要问题是科技信息的管理。对处理这些信息的专业知识要求，是那些对关怀这些学科且具有足够资格的专业科学家，而不是那些知识水平仅限于知道一些一般科学术语的图书馆员。

在信息科学这个广阔的领域里，早期的工作已由后面谈及的一些学科刻画出来。科学家和学者们从各个方面被吸引到了这个新的研究和教学领域里来，他们各自带来了喧嚣纷杂的研究方法和术语。图书馆学家发现，在他们和数学家之间相互影响是很困难的；认知心理学家面临着处理物理学家的问题；社会认识论学家把工程师看作另一类人。这种兴趣的多样性，甚至在今天仍反映在美国信息科学学会上——美国唯一的其成员资格向所有信息行业人士开放的学会中。

除了别的学科之外，信息科学这个大熔炉还包括下述学科中的一部分，例如电子工程中的通过噪声信道传输信号的研究，计算机技术中用机器进行信息处理的研究，生物科学的生命系统中信息处理的研究，行为科学中认知过程的研究和社会科学中的知识社会学的研究。而并没有多少学科把自己的精力放在和信息相关的所有领域上。有一些学科打着信息科学的旗号，却仅把自己的精力集中在一个或两个与信息有关的学科上。然而，在一个旗帜下的汇集和在一个大熔炉中进行炼冶从而消除文化上的差异并不是一回事：差异依旧，统一的（信息）科学仍未露出端倪。

我们认为，大多数由在广义上使用的某某信息科学术语所引起的混乱，在英语中可以通过在其词尾增加一个 s 使其成为一个复数来避免。就像自然科学、社会科学，及其他代表一组具有共同特征的学科和研究领域的总标题一样，复数的信息科学形式能够取代其中某一分支的位置。当然，

---

① 美国计算机科学界 1959 年最先创造的"information science"（信息科学）概念，究竟是否受到了英国图书馆学界 1958 年创造的"信息科学家"（information scientist）这一概念的影响？若是，那么影响的程度有多大？这一点目前无从考证。

在信息科学的分支之间所达成的契约是，它们都把焦点集中在信息这个研究对象上。虽然让其中的各个研究分支来解释信息这个词是非常困难的，但牢牢地记着这一点却很重要。

让不同领域的学科汇集在一个集体名词下将会解决许多问题或伪问题，像自然科学和社会科学一样，信息科学需要的不是一个简单的模式，不是一个贯串如一的科学研究纲领，不是一个普遍的假设和公理，不是一个统一的概念结构。

2. 计算机信息科学

在计算机和信息科学的组合（computer and information science）中省略复数 s 证明是一条歧路，这样做的目的，究竟是想把两门科学合并到同一知识单元呢？或是想从这两门科学中发展出一门新科学呢？在后一种情况下，就需要一个连字号来说明“计算机”和“信息”这两个词在共同分享着被修饰词“科学”的功能，即计算机-和-信息科学。从另一方面说，如果不打算进行彻底的融合而仅仅想并列在一起，那么，这两门科学的继续存在就应当通过在词尾增加复数形式的 s 来标识。这在有关科学家早期的思想中已明确地表达过；于是，计算机协会的计算机科学课程委员会在他们 1968 年的报告中就告诉我们，尽管他们决定采用计算机科学这个术语，但另一方面，同时也希望能在更大的范围内考虑问题并强调正在被处理的信息；提倡把这门学科称之为“信息科学”或作为一个折中方案叫作“计算机信息科学”（computer and information sciences）。请注意，复数标示“s”在这里企图说明，它代表的是两门不同的科学——计算机科学和信息科学——而不是在一个集体名词意义下的信息科学。附带说一下，尽管计算机信息科学这一复合词的应用（有或没有“s”）已极为普遍，但一些作者仍是有选择地使用“计算机科学”或者“信息科学”这两个术语。

当然，也有一些很好的理由认为，计算机研究和信息研究应放在同一标题下，计算机科学家在信息方面的兴趣倾向于把它的作用仅局限在计算机系统内和符号上（符号学研究），以及处理器上（信息学研究）等。

3. 图书馆信息科学

上面所说的不用连字符和复数标示 s 的情况也包括图书馆研究和信息研究的组合。人们需要决定两门分立但同族的学科是否应当放在一起，或者把研究方向加以集中，从而融化到一门学科中。在大多数作者和教师还没有明确主见的情况下，他们干脆把连字号也给省略掉了，干脆把复数也给省略了，把一个没有结构的词串——图书馆信息科学——印到了他们信笺的上方。

成长于 20 世纪 60 年代的文献学研究的信息科学，其研究对象与计算机科学家的不同，它主要在图书馆学院里讲授。着重点在用最好的技术来管理媒体性信息方面，不论它们存在于什么样的媒体上，它主要关心的是如何利用这些媒体，也即如何利用上面的知识内容。这个领域里的信息科学的主要研究活动，集中在把新技术应用到传统的图书馆功能上，包括搜集、存储、检索、显示、传播这些记录——换句话说，这种信息科学的主要目的，是从技术方面改造图书馆学。到目前为止，还没有多少证据能够证明，在处理记录在图书馆和其他材料上的知识方面，这类信息科学所开发出来的新技术从根本上说形成了一种新方法。但是，新任务无疑已经赋予图书馆学。例如，信息中心的有关于非文献信息的管理，只有参与资源共享网络，才能达到记录知识增加而预算减少，通过新的电子通信技术从联机电子数据库中进行检索成为可能，等等。

图书馆学院纷纷把信息这个词拽到它们自己的名称中，这种热望证明，从它们的院长到教员，都把信息处理中的新技术进展作为他们的发展方向，甚至作为维持他们生存的救命稻草。不断有文章指出，在美国图书馆协会认可的图书馆学院中，差不多都加进了信息这个概念，一些学校在名称上则全然删除了“图书馆”这个单词。

虽然图书馆学院迅速加大了它们在信息研究方面的课程，但问题是，在学科方向中这是否是一个实质性的变化。在它们的信息科学课程中，仅仅教会学生用一用计算机这门新工具，这并不能算作信息科学，而这一任务最终会在一个人受教育的早期就会完成。要么在初中，要么在小学，学会使用计算机很快就会变成人生的一个基本技能。[①]这种信息科学的一些高等课程，也不过是给学生教一教如何从联机电子数据库中进行信息检索，而在图书馆学院现在还在教授的课程中，这已经算是好的了。但这种训练并不能理所当然地称作信息科学。为了取得合格的名称，它们的研究应当包括设计、构造和为联机检索系统编写程序等。

---

① 马克卢普是在 1982 年做出这种预见的。依据操作系统的发展史，1981 年，微软以 5 万美元的价格从西雅图公司购得 86-DOS 操作系统，并把它装在了 IBM 的一台计算机上，称为 MS-DOS 1.0。之后不断改进，直到 1994 年发布它的最后一个销售版 MS-DOS 6.22，并最后开发到 2000 年的 MS-DOS 8.0 停止。同时，微软 1985 年发布了视窗操作系统英文版 Windows 1.0，直到 1994 年，视窗 Windows 3.2 开始发布中文版，1995 年推出具有里程碑意义的视窗 Windows 95。中国某些用户的习惯是，在 1994～1995 年甚至更长的一段时间里还在使用 MS-DOS 6.22。在中国某些著名的图书馆信息科学院校里，1998 年在主修课程《计算机科学概论》中还在给学生讲如何使用 DOS 操作系统而不是视窗操作系统。此时微软已经发布集成传输控制与网络互联协议 TCP/IP、拨号网络、支持长文件名、内置 Internet Explorer 4.0 的视窗 Windows 98。因此，马克卢普能够做出上述预言，说明一个经济学家对图书馆信息科学的看法是十分敏锐和一针见血的。

4. 控制论

维纳把控制论看作“一门新的科学学科”，而在《控制论》第二版问世时已被称作“一门存在的科学”。控制论所包含的问题应局限在控制论里而不应该超越它，从这个意义上说，控制论面临的问题是：是否这门科学的范围与维纳的著作相符。维纳认为，在一个有着“真正生命力”的学科里，“兴趣的中心”是随着“年代的流逝而转移的”。因此，控制论不应该仅局限在他在书中提到过的范围里。从另一方面说，并非他书中包括的所有东西都能被合理地称为控制论，因为他花了许多篇幅和章节来讨论控制论在各种经验学科中的应用，例如，计算机、心理学、精神病学、社会组织、学习理论、电生理学等诸如此类的问题。这个多学科应该单方面提出一种关系，当然它不是那种由不同学科进行观察和解释的那些普通问题的经验关系，而是控制论能够提供一种可以应用到大量自然、社会和人工现象里去的分析技巧。

5. 系统论

我们常为在文献中碰到讨论系统问题的名称全然不同而感到困惑。英语中单数形式的系统论（system theory）与复数形式的系统论（systems theory）是两个不同的研究领域吗？系统论不同于一般系统论（general system theory）吗？系统论与系统分析（system analysis）、系统研究（system research）、系统探索（system approach）和系统科学（system science）的区别在哪里？所有这些名称不仅仅出现在早期的文献中，而且现在仍然如此。此外，系统论和系统学（systemics）的差别又是什么呢？

在什么意义上系统论或一般系统论能被看作一门研究信息的学科？或者是基于信息研究的学科？或者是信息研究类别或家族中的一部分？系统论曾被看作囊括自动化理论、通信理论、控制理论、控制论、决策论、博弈论、信息论和运筹学研究的理论，上述所有学科无疑都曾是系统论这个家族中的成员。

人类是系统的基本成员，系统是设计用来辅助研究社会组织的，相互关联主要是通过有意义的符号以直接或间接的形式进行交流的，通常是通过负载信息的词汇方式进行。在动物聚集或交往的地方，交互关系通常是通过信号形式完成的，这种信号被表示成含有非词汇的但仍然是语义的讯息。在其成员既不是人类也不是动物的系统中，无生命部分的相互关系常常被刻画为包含信息的传播。在开放系统中，从外部环境中接收输入，这种输入常被视作物质－能量－信息－负熵。一个封闭系统将逐渐蜕变到最大熵状态。

但这并不是就系统论和信息之间的联系做出的复杂陈述。加之各种联系都应该就所使用术语的兼容性提出疑问：系统的意义变化了一点，信息的意义在实质上就变化了许多。如果一般系统论被看作普通方法论的一部分，那么限制对它与信息这一经验现象关系的研究将会是一个错误。

6. 信息论

即使已经阅读十几篇有关这一领域的论文（在思想还没有被权威大师所影响情况下），人们还是拿不准信息论这个研究领域的真正主题、范围和名称。信息论仅仅是这一学科的几个可供选择的名称中的一个。这些名称包括通信的数学理论、通信理论、编码理论、信号传输理论、信息计量的数学理论等。这门学科主要关心的是信息？是通信？或者是信号呢？它是一门抽象数学？数理统计学？或者是概率论的分支呢？它是一个强调信道传输能力的电子工程专业吗？它是那种主要强调物理熵的热力学和统计力学的一部分（或附带物）吗？或者它是那种关心系统设计的电子通信吗？或者它是那种普及得足以能够应用到生物学，心理学和社会科学领域的科学吗？事实上它们之中的每门都曾经这么声称过。

所有这个领域的杰出代表，在讨论到这个众所周知的名词时都无不对它表示遗憾。用信息这个词来代表某些东西时的最好典范，是与信号传输的特殊技术的特定方面有关。作为主要倡导者的香农，他在自己的论著中竭力避免使用信息论这个概念，他称自己的研究为通信的数学理论。他也曾为使用“信息论”这个并不具一般“信息”含义的研究有过担忧。

当人们把一份消息的概率告诉我们时，我们对这份消息究竟是什么仍然感到困惑。我们首先会禁不住想一想它的真实性，有用性和价值；然后我们就想到由一个进行合理选择的传输器所选择的概率，也许依据一个命令，要么试图是有用的，要么试着欺骗受信者。牢记信息论学家的劝告，忘掉意义而只记着可能消息的给定集合。我们认为，消息的概率是从所有可能的消息中随机抽选出来的；在明白了讨厌的噪声是与真正的信号混在一起之后，当它又是由发信者故意发送的时候，我们认为到达受信者的消息的概率是没有不合适的噪声的。最后，退到把消息同假设要传输的东西联系起来的一般态度上，我们认为消息的概率是由受信者来理解的。

我们对寻找在普遍意义上能够对信息进行计量的方法表示怀疑，也许根本就不可能找到它。这就诱使许多人把对可计量的信号传输、信道容量、选择率等误称为信息量并接受为一种信息的替代物或代用品。“科学是量化的”已经诱导了许许多多的研究人员，就好像有人强迫他们一定要寻找一种为通信或信息的某些方面制定出一个定量操作的操作性定义一样；香农的公式是这样做的，但他所处理的是一些有关客观的可计量的消息。

7. 认知科学

认知科学是近几年才发展起来的一门元科学，它由十几门交叉学科组成，它也给我们带来了困难，因为所有这些子学科领域的特征不是都很容易辨认的。在部分致力于交叉结合的传统学科中是哲学；它一边与心理学相连，一边与语言学相连。如果在这个联合体中只有一部分是属于认识领域的，属于经验和观察领域的，那么，心理哲学和语言哲学应当被看作经验的吗？我们倾向于肯定的回答。虽然不易被检验和歪曲，非经验推理也不把关于观察到的或体验到的现象和过程的综合命题，转化到纯粹结构和进化中。成对的经验倾向支配着非经验的倾向，于是它就只有隐退了。

由认知科学提出的“最直接的问题”是“知识表示、语言阐释、图像理解、问题解答、推理、学习、问题求解和规则”。通行的分析技术包括图式分析、话语分析和各种由认知心理学家近年来研制的试验技术。有疑问的是下列新学科依托的方法说明：“不像心理学或语言学，它们是分析科学；人工智能是综合科学。认知科学则努力在分析与综合之间保持平衡。”一般认为，认识论是元物理学的主要部分，因此也是非经验性的、纯粹分析性的，而应用认识论可以适于所有知识的分支。

认知科学被看作一门其焦点在信息和知识上的学科，这一点几乎不需要任何说明。但我们可以从它的研究规划中的基本问题里获得一些启示：“关于环境的信息是如何被采集、分类和记忆的？那样的信息是如何在精神上进行表示的？结果的精神表示是如何被用来作为一种行动基础的？行动是如何通过交流来协调的？行为和交流是如何被推理指导的？”

8. 符号学

符号的科学和组成语言的符号的科学，它们分别处理可观察的对象。尽管在这一学科中许多推理是形式化的，但在精神结构领域，它的主题无疑也是经验的。符号学区别了三个平面：句法学、语义学和语用学，它们处理九类符号（例如象征、类型，句法级上的发音、标志、图像和语义级上的象征）。一个前句法平面（或方面）已被用来解释观察者看到的一些对象，例如纸张上的墨水标记，岩石或石头上的清晰的沟槽，森林中的树桩，但不知道它们是否是符号；即使把一些东西符号化了的人工制成品，至少对于那些制造它们并想用它们来同别人进行通信的人来说是这样的。当一个人清楚地认识到观察目标是符号但并不知道它们表示什么时，它就涉及了句法方面的问题。当讲的、写的、印刷的是用观察者不懂的外国语出现时，符号仍处于句法平面上。当通信是用受信者自己民族的语言但却处在他不懂的技术平面上时，例如就像另一门科学学科里的行话争论那样，这时，语义学平面的界限就被混淆了。读者或听众可能差不多知道每个词，以至于它们在每个句子中的语法功能，但仍然抓不住的它的意义。在真正的语义学平面上，那些处于受信端的人必须熟悉一些所讨论的学科问题和语言特色。例如，如果没有哲学背景的话，一个即使是德国本民族的人去花 12 或 14 年的时间研读《纯粹理性评判》，也仍不可能明白康德（Immanuel Kant）在说些什么的。由于这些读者考虑到的文本词汇是在语义学平面上，至于康德所关怀的总的信息，这些读者仅处于句法的平面上。在语用平面上，语义理解与行为有关，这就像当你碰到账单就应该知道付款，而遇到传票就应该联想到出庭一样。

我们分析了面向计算机科学家的信息科学和面向图书馆学家的信息科学。接着又分析了和信息关系紧密的一组学科：它们碰巧讨论的都是信息诸多意义中的一种。但我们将要问一问自己，是否可以有一门其焦点不那么宽泛但却是独立的信息科学？它讨论的信息问题既不是计算机科学所说的那种，也不是图书馆学所说的那种，也与各种不同学科所讨论的信息界限分明。

也许那样的信息科学将会问世，但我们怀疑它是否能够出现。基于窄化的信息科学思想已经提出一些研究计划，它们包括：对科学家和学者之间交流模式的研究（如共引分析）、改进信息分类方法的研究（如基于计算机的文献编目）、文献的增长与分布的统计研究（如众所周知的文献计量学领域）、信息传输的新方法（如电子信息网络、电子会议等）、对所获得的信息进行控制（如信息传播的政府法规、国际传播条约等）、对信息系统和网络的建模和计算机模拟；对信息系统和服务的特性和用户行为的研究、对包括人机系统设计在内的人为因素的研究等。

很难说这种研究就能构成一门独立的信息科学。事实上，它们如果不属于计算机科学，就属于图书馆学。然而无疑，在最为发达的经济学中，信息服务和知识分析是正在成长着的分支，并且对培训过的信息职业还有需求。但是，人类研究已经证明：**一个没有单一且没有实质性研究对象的科学学科终将会失去它的内在动力**。要想创造那样的研究计划，我们就需要专门的，类似英语的复数形式 information sciences 出现的信息科学学院。有几门科学的合作能够提供这种前途辉煌的研究机会。如果这种学院坚持采用信息科学的单数形式的话，那么我们相信，这一研究领域里的部分活动无疑会取得有意义的进展，它们也会获得和它们的研究活动相一致的称谓，但其地位充其量也不过就像人工智能在计算机科学中所具有的地位一样。

16.2 统一信息理论是否可能的哲学思考

虽然弗莱斯纳和霍夫基尔奇纳1994年在马德里会议上发表的《涌现的信息：走向统一信息理论》一文引起了人们对统一信息理论研究的热情，但这一工作仍有很多基本的问题困惑着人们。特别是德国学者卡普罗基于1976年以来对信息概念的研究，提出了信息“概念”应用中三个令人困惑的现象，即不同信息概念应用中广泛存在的“同义性”（synonym）、“相近性”（synonymous）、“不同性”（equivocalism）三个问题。1995年，弗莱斯纳和霍夫基尔奇纳对卡普罗提出的这三个问题，在德国《计算机科学论坛》（*Informatik Forum*）第3期上发表了一篇论文——《再谈信息：相对于物质而言》（*In-formatio revisited /Wider dem dinglichen Informationsbegriff*）①，文中首次将卡普罗提出的信息概念应用中的三种情形称为“卡普罗三难困境”（Capurro's Trilemma）。1996年，在维也纳第二届国际信息科学基础大会上，卡普罗就这个问题提交了一篇论文，会后弗莱斯纳和霍夫基尔奇纳就这一问题同卡普罗进行了长时间的电子邮件交流，交流的结果由霍夫基尔奇纳系统整理，最后以《统一信息理论是可能的吗？三人谈》的对话形式形成了一篇论文，并刊登在维也纳信息科学基础会议的论文集中。令人意外的是，这篇三人谈最后竟成了该文集中最为精彩的文章之一。三人谈是从“卡普罗三难困境”开始的，它不仅涉及“卡普罗三难困境”，更重要的是，它还就当今整个信息科学的基础、信息哲学以及一个统一信息理论是否能够出现等问题进行了讨论。三人谈同时也展示了为什么欧洲的信息科学家对贝特森的“信息是一种制造差异的差异”（Information is a difference which makes a difference.）的定义予以青睐的哲学根源。鉴于该文的历史价值，下面我们将这一长篇对话的重点进行摘译②。由于涉及许多艰深的信息哲学问题，该文用了许多希腊文、

① 英语前缀in加在名词之前可以使名词变成动词，而formatio是英语form（外形，轮廓）的拉丁语变体，故In-formatio也有“使某物成形”的含义。

② 这里的这篇对话节选，主要采用的是第二次信息科学国际大会会议录的英文删节版，但译文也参考了他们三人之后于1997年1月重新发表在德国“信息学论坛”（Informatik Fourm）上的德文全版。参见：Capurro R，Fleissner P，Hofkirchner W. Is a Unified Theory of Information Feasible? A Trialogue// Hofkirchner W, ed. *The Quest for a Unified Theory of Information*. The Netherlands: Gordon and Breach Publishers, 1999: 9-30.

拉丁文、德文、英文的生偏词汇。尤其是卡普罗，他非常喜欢通过这样的方式来考证信息概念起源方面的问题。对话名字中的拉斐尔即拉斐尔·卡普罗（Rafael Capurro），沃尔夫冈即沃尔夫冈·霍夫基尔奇纳（Wolfgang Hofkirchner），彼得即彼得·弗莱斯纳（Peter Fleissner）。

16.2.1　卡普罗三难困境

沃尔夫冈：亲爱的拉斐尔，为了开始我们的讨论，我非常高兴由您先通过回答下面的问题开始：您在会议的演讲里提到了逻辑三难困境，您从中得出了什么样的结论？

拉斐尔：亲爱的沃尔夫冈，请允许我首先总结一下逻辑三难困境的内容，即您二位在"再谈信息"一文中所称的"卡普罗三难困境"。信息的含义可以在所有的应用上都会是相同的（同义性），或者是相近的（近义性），或者是不同的（不同性）。在第一种情况下，我们忽略了所有质的差别。例如我们把电子邮件的收发和细胞的复制看作是一种相同的信息过程。尽管在计算机和细胞中，它们不仅材料和结构不同，彼此的信息处理方式也不一样。在第二种情况下，如果我们所说的信息概念是以近义的方式在使用，那么，我们就必须阐述其原始的含义是什么。如果信息是一个在人类层面上使用的概念，那么，当我们在非人类层面上使用它的时候，我们就面临着一个拟人化的问题。我们可以认为，是"某种原子""正以某种方式"在相互"交流"着，等等。在第三种情况下，是信息的不同性问题，它意味着物理学中的信息和教育学中的信息是完全不同的两个概念。在这种情况下，**信息无论如何也不可能成为一个统一的概念**，那就是说，它不可能成为你们所期待的那个（统一信息理论）新范式的基础。

对于三难困境，你们的结论或者"解决方法"是：用语源学的思维回到信息概念的老家去（信息的含义是"给予形式"），并采取进化论的观点，把信息的特性看成是通过涌现而来的。我把你们的这种方法称之为"辨证唯信主义"（dialectical informatism），并把它作为和辩证唯物主义（dialectical materialism）不同的一个新版本。

但是，现在你们问到了我在会议的发言中提到的逻辑三难困境，以及关于它，我得出了什么样的结论。我的一个基本结论是：当考虑统一信息理论可能性的时候，一定要牢记三难困境。换句话说，就是在制造差异的差异之间记住差异。这在某些方面对近义甚至是异义而言好像是个借口。我相信，我们可以采取一种对现实的还原论观点，例如对信息处理这个概念的观点。然后我们可以说：任何存在都能够被数字化。存在是一种计算。

这种还原论观点在许多方面都是很有用的。但是，我们必须为此付出高昂的代价，因为我们必须把其他属于现实不同层面的基本现象搁置一边。这就是我所说的辨证唯信主义需要面对的问题。我相信，辨证唯信主义对于人类推理能力有一种超乐观的看法。这就是为什么我在演讲中要提到康德的原因——康德认为人类推理是有很多局限性的。

把“卡普罗三难困境”作为构成元素考虑在内，而不是作为“消除”或“遗弃”的某种东西，在这样的背景下建立统一信息理论还有可能吗？不错，这是一个很难回答的问题。也许我们应该回顾一下莱布尼茨的形而上学。莱布尼茨认为，现实有两个方面，即单子和物质。没有单子就没有物质（上帝除外），反之亦然。单子和物质在不同的现实层面以无穷复杂的方式重叠着。这就意味着，我们不可能对演变（或进化）中面对的所有步骤取得正确的看法。概括地说，这就意味着，我们面临着一个无穷的信息概念，而什么样的理论都不能回避它。但在另一方面，当我们使用不同信息概念的时候，我们可以形而上学地假设它们的意义是不同的，或者我们的近义使用完全不应该无中生有，甚至不用知道哪个是真实的或正确的基本类比项（primum analogtum）。换句话说，从我们有限推理的观点来看，如果有可能的话，统一信息理论必须学会如何与异义、近义、同义打交道，并始终把三难困境牢记在心。

16.2.2 物理过程和信息过程

彼得：亲爱的拉斐尔，您用有些贬义的方式描述了沃尔夫冈和我在“再谈信息”一文中谈到的信息概念，并称之为“辩证唯信主义”。如果我正确地理解了您的意思的话，我想通过这种对辩证唯物主义的理解来提示您：您承认我们使用了辩证唯物主义的结构。但只有一个例外，即我们用“信息”替换了它的主要对象——物质；您看起来认为我们没有改变什么，尤其是辨证的思维方式。我不认为您的论点准确地指向了我们建议的核心，例如认识信息的方法。尽管沃尔夫冈和我都用辩证思维的方法，但各自对于统一信息科学可能性的看法并不完全相同。

我希望把我的立场表达得清楚一些。我所追求的不是（像您假设的那样）用“信息”来替代“物质”，而是想找到一个更加宽泛、更加集成的概念，使得“物质”和“信息”可以共存。此外，我还在探索“物质”与“信息”之间的相互联系，我正在寻求一个比较一般的看法来处理这两种描述现实的方式。

我认为，一个可以普遍采用的基本概念是术语“因果关系”。这个概念在日常用语中、在神学思维中、在科学语言中都有应用。因此，这就存在着一个机会，让它也来适应于我们的情况，并就我们的需求来扩充它，并更精确地说明它。我认为，从这个观点来探索信息，研究一下信息过程的因果关系与物理过程的因果关系之间的差异和相似是很有建设意义的。这种看法的优势在于：它所阐明的范围比物理学所允许的范围大得多。它允许把完全不同的因果关系考虑在内，而这一点在自然科学中是不被接受的。

下面我将概括一下我的主要论点：对我们人类来说，认识世界是很重要的。认识世界的目的是为了控制世界，而控制世界是生存的需要。按照康德的看法，因果关系原则是我们如何讨论这种控制的可能性前提（尽管我们不得不准确地修改它的内容）。卡西雷尔（Ernst Cassirer）告诉我们，这个原则的内容不仅适于物理学，而且还适于现代的日常思维（而且在我看来，还包括后现代思维）以及神学思维。然而，随着时间的推移，对这个原则的理解产生了相当大的变化。在这里，我们不打算讨论因果关系内容的整个物理学变化史，而是要探讨一下因果关系原则在物理过程和信息过程之间的区别和含义。

因此，在研究的每一个层次上（例如在物理学、生物学或者社会科学中），我们都必须试图回答下面的问题："本体的这个部分是如何被内部或外部力量处理/控制的？"物理学的回答很简单：由于因果关系原则是自然法则的基础，所以这是可能的。为了能够控制结果，人们就不得不去控制导致这种结果出现的原因。物理学中的守恒定律（如能量守恒、物质守恒或动量守恒等）减少了对可能出现的结果的"选择自由"（如多样性）。某种习惯性推理起作用了。"如果我这样做，自然界就会那样反应。"机械唯物论认为，任何原因对应着唯一的结果（拉普拉斯精灵就隐含地表示，存在着一个在任何时刻对整个世界的情形状态都无所不知的科学家）。在可测物理变量之间，因果关系在今天的物理学上表达了一个一般的、直接的和局部的关系。而这些可测的物理变量在关于原因和结果之间的关系上却是不对称的。

另一方面，不用遵循守恒定律，信息就能在原因和结果之间居间协调。结果的唯一性并没必要。甚至结果的类型和性质也不必一定是可预测的。这样，物理学和信息科学的主要差别之一就可以显现出来了。物理学倾向于从一些已经详细说明的前提条件中预测结果，而信息科学则必须处理不可预知的结构。乍一看来，这似乎是一个非常模糊的计划，但事实上它是物理世界唯一可预言的补充。物理学并不能够从理论上抓住这个新思想。

在物理环境中，如果任何事情都是唯一可预测的话，那么世界的进步就是不可能的。

物理过程和信息过程还存在第二个差别。本体论在信息王国里丢失的时候，物理单元（特别是在古典力学中）就基于某种因素（像物质、力、能）的形而上学原则之上。从具体方面来看，信息如同一个符号，一个隐喻。就某种解释过程而言，与其说它本来就是对象，还不如说它是一个指示器（pointer）。它并不总是指向任何所谓的本体对象。如果有某种意识过程需要解释这个指示器，并且从而创造一个新本体的话，那么信息的本体就不再需要了。根据同样的论点，解释的唯一性就不再具有保证；相反，在信息过程中必须有选择的自由，在某个层次上甚至必须有不可预知性，必须有创造和产生新事物的机会。此时，莱布尼茨的单子论引起了人们的注意。它可以被认为是一个早期的概念，用来解释被机械唯物论所摒弃的另一半世界，例如人类思维、精神及创造过程。我认为没有必要坚持莱布尼兹的单子是被神创造出来的说法。信息过程的概念应该考虑使用唯物主义的解释。

到此为止，我力图说明信息过程和物理过程之间的差别，但它们之间也有一些相似之处。虽然科学史上的物理过程起源于唯一性和可预知性，但最近几十年来，物理学上出现了越来越多的不确定性。量子力学就证明我们有两种选择。一方面，如同传统的机械唯物主义坚持因果关系的唯一性一样，其劣势是人们不得不把“本体”的领域只限制在系统世界内部而不是元素本身；另一方面，人们可以考虑随机性，从而拓展了因果关系的看法，削弱了原因和结果之间的唯一性联系。对于这两难的选择，我倾向于把后者的解释作为合适的解答。然而，信息过程的独特性就减小了。

从另一种观点来看，信息过程类似于物理过程。爱因斯坦的广义相对论缺乏严格的能量守恒定律。不确定性的另一个来源是数学上的混沌概念，这在大量的描述物理世界的模型中均有体现。尽管我们能够在了解世界某一瞬间状态前提下预知世界的未来和过去，但混沌理论告诉我们，这个过程对初始条件相当依赖，过去的一个较小改变可能会从根本上将未来予以较大的改变。

在一个完全不同的层次上，可以给出第二个相像的例子。如同爱因斯坦指出的那样，能量守恒定律并不支持他的广义相对论。

物理过程和信息过程的相似之处也能够找到。在使用具体和固定习惯的语法、语义和语用信息中，信息过程能够扮演着与物理过程非常相似的角色。所有的工业自动化过程都属于这一类。在特定的情形下，唯一可预知的反应是任何自动装配线、计算机化、数字机床或者个人计算机的核心特征。由于它们高度独立于所有的守恒定律。和物理反馈系统相比，工程师们则更喜欢这些（例如离心调节器或者由机器控制的自动织布机）。

我希望这些叙述在保留着辨证概念的同时，也能够消除您把我的目的仅仅看作用“信息”替代“物质”的疑虑。

16.2.3　信息的因果关系

拉斐尔：亲爱的彼得，很高兴看到我对二位略含贬义的批评已成为我们对话的一种激励而不是一种障碍。我知道，辩证唯物主义对本体的解释与含有进化论观点的一般信息科学观，它们之间的确有一些类似之处。当然，我们无法在这里从历史和理论的复杂性上充分讨论辩证法（dialectics）、唯物主义（materialism）、唯信主义（informatism）是什么的问题。我试图用术语“**辩证唯信主义**（dialectical informatism）”作为我们这次讨论的标识。但您是对的，“主义”让人觉得总有点儿轻蔑和夸张。我的问题是：“这样的信息科学其边界在哪里？”或者说，“把信息作为一个理解现实的基本概念，它的边界在哪里？”

您提出，因果关系的概念应该不仅适用于“物质”，还要适用于“信息”。而且您还提出“信息过程的因果关系和物质过程的因果关系之间的差异性/类似性”的问题。我认为，这种说法对唯信主义同样是一个明确的否定；万事万物都是信息，或者说物质过程主要是通过信息或类似信息的东西来理解的。

您谈到了物质的因果关系和信息的因果关系，也许我们需要把一些与一般意义上的因果关系概念有关的问题概括一下。正如您所知道的那样，因果关系这个概念深深地根植于西方哲学中。那些所谓的前苏格拉底哲学家们试图从一种非神学的观点来理解自然时，喜欢运用起因（arché）和动因（aition）这两个概念。正是亚里士多德，他在其对柏拉图哲学“形态”的解释以及我们所说的生成或原因的“陶器模型”（pottery model）基础上建立了因果关系的四种差别。从中世纪开始，这四种因果关系就家喻户晓了，它们分别是质料因（causa materialis）、形式因（causa formalis）、结果因（causa efficiens）和目的因（causa finalis）。

起因和动因在拉丁语中被翻译成原因（causa）和缘由（ratio），虽然作为一些事情的“真实”原因和事情发生的“缘由”不同，但它们有时被看作同义词。依照莱布尼茨的说法，任何一个存在的事物都有其存在的“足够理由”。因此，根据形而上学的观点，为什么竟然有了这件事情而不是什么都没有，这就需要一个基本的理由。也就是说，事物必须有其存在的理由：上帝是斯宾诺莎（Baruch de Spinoza）的自因（God as Causa sui as Spinoza called it）。

在柏拉图的《蒂迈欧》（*Timaios*）中，作为一种“陶神”（Pottery God）的德缪哥（Demiourg）从内在的因果关系中分离了出来，（在基督教的形而上学下）将一个超凡的造物主变成了自然界的结果因和目的因。例如，在阿奎那（Thomas Aquina）对形成（creatio）和信息（informatio）的区分中就可以看到这种现象。每个信息（informationem）的因果关系或内在的因果关系都假设：对一些存在的事物来说，原因产生结果。例如，生命过程或理解过程。每个形成的因果关系，或者说超然的因果关系是神的特权，它表示一种无中生有（ex nihilo）的能力。

形而上学还对内在因果关系的两种形式进行了区分：一种是“过渡性”的内在因果关系：原因在形成（信息）的过程中可以改变甚至消失；另一种内在的因果关系是：虽然出现了变化，但其原因仍然存在。举例来说，后者就像是人类或动物的精神。这种超然的原因必须“高于”内在的原因。

这种先验原因的思想，受到了那些只寻找内在经验主义自然法则的现代自然科学家们的批评。我认为，这就是您在谈论物质的因果关系时提到的，物质的因果关系一直被认为是确定的，至少在量子物理学的辩论还没有开始之前是这样的。现代因果关系不仅是根据自然法则的内在因果关系，而且是根据一种进化的或是“过渡性”的因果关系构思出来的。现在的问题是，进化是否可以看作遵循规律或法则的“信息”过程，或是像您提议的那样，必须把物质的确定性因果关系和信息的不确定性因果关系区别开来。和现代概念进行对比，我认为您把后者放在了首位。

当然，对于现代自然科学来说，这是一个非常尴尬的事情，它们一直是根据确定性原因的解释来寻找“解决办法”（lösung）的，而不是通过在因果关系斗争中寻找康德哲学中自相矛盾的“分解”（auflösung）。现在，康德哲学是否能够被移植仍是个问题。举例来说，是否可以为原因的“先验”（a priori）结构提供一个进化的概念？或是对人类的自由给出一个涌现性的解释？在这些概念中，正像您说的那样，原因等于结果（causa aequat effectum）这一内在的确定性规律正在被因果间的非对称而不是固有的联系所取代，或者至少划定了界限或进行了补充。在这种情况下解释本体，意味着不仅要处理确定性物质的因果关系，而且还要处理非确定性信息的因果关系。

我认为，正是在这种意义上，您谈到了一种新的因果关系：信息的因果关系。问题是，这种不同类型的因果关系是否就能如您说的那样引起科学上的新差别？并且用什么样的方式来解释这个差别？也就是像理解整个本体的两种补充方法那样，是一种形式的或方法的区别？还是像由不同现象引起的区别那样，是一个“真实的”差别（cum fundamento in re）？后面的选择将成为自然科学和社会科学之间，或者是根据 20 世纪德国术语产生的人文科学（geisteswissenschaften）和自然科学（naturwissenschaften）之间区别的一种新观点。考虑到所有自然进程对新的不可预知的“信息”的开放性，第一个选择可能意味着某种信息概念的移植。我认为这就是斯托尼尔所说的，也是魏茨泽克在把信息的概念与信息在柏拉图和亚里士多德哲学中形态的起源联系起来时考虑的事情。

这与您对莱布尼茨的物质和单子二元论的解释相符，也可以解释为一元论，至于物质是单子的一种“表达”，或者更贴近您所说的原始的双重“预先确定的协调”，是通过无限的可能来自我展示的两种维度而不是两种物质。您取自相对论和混沌理论的例子正显示出我们逐渐认识到自然中的非确定性过程，并且这种非确定性过程已经成为当今物质的确定性因果关系中最重要的挑战。

这使您有可能来推翻（我是否可以这么说？）那种在物质因果关系确定的前提下，试图解释所有过程的现代观点。在这种确定性的观点中，时间是一种同类的瞬间连续。我们对因果关系的解释假定是按照先（原因）后（结果）顺序进行的。时间本身作为一个同类结构是可逆的。依据决定论，您可以指出这一点：如果知道世界在某一时刻的（拉普拉斯精灵）状态，我们就可以预测未来（和描述过去）。

相反，在一个非同类时间中，信息的因果关系只允许一种预言。过去、现在和将来是不可逆的。这并不仅仅意味着我们能做各种“预言”，或者“任何事情都能发生”，而且意味着信息的解释是概率性的，没有“精灵”可以给出我们有关将来的确定知识。

我的问题是，在您的区别基础上，现在我们是否要考虑：①物理学和信息科学（您用了复数形式的 information sciences）的不同，或者是：②把那些具有不同（无限的？）信息概念的物理学（还有化学和生物学等）作为信息科学来看待。在由信息构成原因的前提下，对不同的研究结果而言，因果关系的信息规则“仅仅”是形式上的（先验的）结构吗？在何种意义下我们可以说信息的原因至少有部分是不可预知的结果（信息的原因不等于结果，Causa information is non aequat effectum）？在何种情况下这个不等价规则导致了信息的三难困境？我的意思是说，在何种情况下它被认为是一种引起意识的不同涌现的信息过程（例如在生物学水平上）？作为那些不相等的导致它们出现的原因，谁的信息过程现在成了社会的原因？……

对我来说，像物质一样，信息的概念也在不同的层次中（类似地？模糊地？）发生着变化（并且留下的“只是”无用的或是形式的信息的因果关系）。当我们在物理学，生物学和社会科学中研究物质时，这个概念的含义出现了戏剧性的变化。物质的概念是“多态的”。我们还没有“物质科学”的说法，物理学上的“物质”与人文科学上的“物质”相差甚远（有多远？）。（自然）科学一般所具有的（直到现在）都是把物质的因果关系作为正规的原理。我认为，辨证唯物主义把物质的因果关系放在了首位。但是，这里我们又遇到了三难困境！这就是为什么我“警告”“辨证唯信主义”的原因，以至于它还保留着确定性，它把本体的特殊层次放在了首位，它应该谈一些本体自身，或者作为一个整体（在康德的术语中，他是把“本体的”与“先验的”混在一起使用的）来谈谈。在我看来，这没有把物质（与决定论）的因果关系扩展到本体（历史，文学等）的“非物质”维度，我们现在正在做出相反的事情，将信息的因果关系看成了基础。

但是，根据康德的意思，仅仅从信息的因果关系来说，我们是不能说所有的本体要么是“被告知”的，要么是能够“被告知”的。形而上学地说，上帝就是形式方式（forma formarum）。更确切地说，如果因果关系的概念（作为一个“先验”的概念）是解释自然的一种方式（一种客观的确定的和/或确定的方式），那么我们只能问我们自己，产生那样一个概念的自然模式是否是唯一合理的一个？这就是海德格尔（Martin Heidegger）在分析前苏格拉底哲学中的“自然”（physis）经验时的一种看法。

按照海德格尔所说，自然主要被看作一种非隐蔽过程，在那里发生的某些事情变得不隐蔽了。然而，同时又保留了“隐蔽”的基本维度，它不能根据原因，尤其是不能根据产生来充分掌握。“产生”（或“生产出”）的过程同陶器的比喻有密切的联系。大体上说，形而上学所做的就是把陶器模型作为“非隐蔽处”放回到自然经验中。根据海德格尔所说，作为一个形而上学概念的因果关系，“忽略”或承认了自然赋予的双重原因，或者试图借助先验的原因解释给定东西的特定性。根据非形而上学的经验，自然没有范围，而且这个“没有范围”是作为一种“非隐蔽处”显示出来（和隐藏）的。作为给予的给予，赠物（gratuity）比原因更基础。我认为这是一个超出了决定论和非决定论的问题，因此也超出了与物质的因果关系相关的信息的因果关系的首要问题。但是同时，您的信息因果关系的概念似乎质疑了陶器的比喻，也质疑了这样的观点：本体的整体是一种硬件和软件的池子（pool），在那里，所有的“信息”可以产生、存储和复制等。虽然我认为这种观点在当今信息处理系统的纯哲学背景下是对信息的因果关系的一个最明显解释。然后就可以把自然界看成是一个巨大的信息网络，而不是一个巨大的时钟机器。

16.2.4　自组织与信息

沃尔夫冈：亲爱的彼得，我们正在谈论着我们在因果关系中描绘的差别，也就是信息过程和物质过程之间的因果关系（的不同）。拉斐尔，就像您提到的那样，物质的因果关系不包含信息的因素。

拉斐尔，在解决您的问题（关于这种因果关系中的差别是否也意味着科学中的差别？）之前我先要指出，我并不认为这种（因果关系中的）差别是形式上的、方法论的或者是一个物质的、实际的差别。以我的观点来看，这两个方面并不互相独立。我们之所以使用描绘差别的方法，是因为我们认为，在现实中，这两种因果关系之间存在着差别。

但是，说到这里，现在我要谈一下关键的东西了。我刚刚说过，绝不是一定要扩大自然科学与社会科学的分野。拉斐尔，您知道，我是极力推崇所有科学之间的统一的。不同学科研究对象的不同并不意味着不同学科只能使用完全不同的方法。不同学科之间也有共同点，研究对象不同的学科之间有些内容是一样的。我们有很好的理由设想整个宇宙虽然是由无数个不同的部分组成，但是它们相互之间并不是割裂的。宇宙是唯一的，但其中的许多部分在同一时刻又重叠了起来。

所以，几种因果关系之间的差别并不主要是科学体系中各学科间结构性上的差别，它更像是一种历史性的差别——一种新旧世界观之间的差别。在旧世界观中，所有的过程都是确定性的，非确定论没有立足之地。相反，正在发展的新世界观则允许把确定性过程作为本质上是不确定的宇宙演变过程中的一个特例。我们正面临着一个范式的转变，它是那么的基础，以至于它不仅涉及科学学科，还涉及我们日常生活中的一些看法。并且最为重要的是：新的世界观并没有废除以前的发现，而是将它们加上限定条件后被保留了下来。那就是说：在一定情况下，我们发现了确定性的因果关系，但这种情况并不普遍。

正在兴起的信息科学是这种范式转变中的一个部分，但它不是全部。这种新范式认为：我们生活在一个自组织的宇宙中，尽管其中存在着确定的约束条件，但未来是开放式的。在我看来，信息科学已经表明：**信息出自任何自组织发生的地方**。拉斐尔，这就是我想把您的注意力吸引到另一个问题上来的原因。**在物质和信息之间没有明显的差异，后者源于前者**。也就是说，**如果物质超越了规定的限制，并开始进行自组织的话，那么信息就产生了**。它的哲学背景是涌现主义，就像在最近由摩尔根（Lewis Morgan）提出，布利茨（David Blitz）概括的那样，结果并不归因于“原因”。也就是说，它们不是“作为结果而产生的”，而是由“涌现发生的”，并且还不能“还原”到它们的原因上去。在这种情况下，原因不等于结果（Causa non aequat effectum），因果关系在这里仅是一个必要的约束，而不像它在机械论中那样是一个充分的约束。因此，从涌现的观点来看，您一方面有机会坚持因果关系的观念，也就是不存在无中生有（让我们先抛开宇宙的产生问题不谈）；另一方面又留有足够开阔的空间产生以前不存在的新事物。这样，在物质（它是自组织的）和信息（它也是自组织的，而且一定要以物质作为前提条件）之间也存在着一个连续统一体，尽管它们之间也存在着不连续性。

换句话说，我想强调的是，并不存在着一个绝对的差别。在一个事物中考虑差别和同一，这可能像是一种辩证主义思维。只考虑找出的差别而不去考察发现的共同点，这属于实证主义思维。现在，这种思维方式被朝向全方位的范式转变所取代了。但是，考虑得更多些的话，如果含糊的概念是正确的话，那么我们将不得不生活在一个悲伤阴暗的世界中。这实际上有点像在为一个无法实现的计划而工作。人类不是生活在一个通过决策来构造它们的决策之路的自组织系统中吗？放弃绝对的形式逻辑而采用另一种能更灵活地适应我们发展的观点是不可思议的吗？

拉斐尔，我想说的是，您的三难困境也应该是一种特殊的世界观。作为一种替代，如果我采取一种涌现学的观点，一种具有自组织能力的进化系统观点的话，那么，我也能避免将实体从一个层次扩展到另一个层次，并且它没有必要拥有基本的类比项，因为这些系统被认为是不相似的，但系统之间彼此联系、彼此依赖、彼此衍生，因此，既出现了相同的特征，也出现了不同的特征。如果我认可了这种观点的话，那么我可以将一般性和特殊性放在一起进行考虑，这时就再也不存在什么两难困境（dilemma）了。

我承认要获得关于宇宙的（包括我们自身）不断形成的绝对知识是不可能的。但是，如果我没有理解错的话，您已经承认，我们正在明显且不断地取得相对知识，甚至在更好地组织知识。我们不得不身兼数职，而这只是为了不错过任何一个获得其他知识的可能性，并能迈出更大的一步。从这个意义上来说，**统一信息理论不能设计得像一个封闭的教条**。但是，我们应该知道，在科学团体中，每次关于某些假说需要达成共识时，实际上我们就正在为这个理论添砖加瓦。

16.2.5　物质的含义和信息的含义

彼得：亲爱的沃尔夫冈，亲爱的拉斐尔，我对沃尔夫冈将我们最近对话的主题转移到了物质和信息上仅作几点评论。我想我能够认同你们的大部分观点，只是我发现有些话容易让人产生误解，那就是关于物质和信息的关系问题。

沃尔夫冈，您谈到："在物质（它是自组织的）和信息（它是自组织的，而且一定要以物质作为前提条件）之间也存在着一个连续统一体，尽管它们之间也存在着不连续性。"尽管我赞同您的"物质是信息的先决条件"的提法，**但我怀疑"连续统一体"这个词是不是描述物质和信息之间关系特征的一个合适词汇**。按照我的看法，物质与信息属于两个不同的本体论范畴。沃尔夫冈，您描述的物质和信息的关系好像存在着一个从物质到信息的发展过程。但是，发展的概念意味着不随时间变化的一些实体，（因为它）发生了质量和数量上的变化。尽管在物理学家的词汇中，物质、能量、质量（不考虑一般相对论，物质的这两个属性都是守恒的）是不可分割地联系在一起的，但信息是个不同的概念。

如果您说信息是，或者可能是物质的一个方面或者是它的一个属性，那么，我能够认同这种说法。**但说除了信息是转变了的物质之外，它什么都不是，这将会是一个误导**。按照我的看法，信息具有一个特殊的符号属性。我们想要强调的是：尽管没有物质化的媒介过程，具体的信息显然就无法交流。但物质性并不是信息的本质。在信息的物质性方面，一定存在着一些结构，不论它们是转瞬即逝抑或是一成不变。而这些结构并不涉及它们自身，而是指其他现象（语义层次）。我认为，从物理关系上来看，根本的差别还在于，信息在其创造过程中存在着可交换性原理，它并不是由表示一系列动作或者物理对象或者主题的符号确定好了的。而且，在最近的进化发展中，特别是人类方面（的发展中），信息的构成特征具有特殊的重要性。新的观点也许会被提出来，它们也许会从根本上改变彼此互动着的对象行为（语用层次）。

现在我把我的观点概括如下：**信息是在物质发展的某一阶段涌现出来的，但并不是物质自身**。它具有物质性的一面，但是这不是它的本质所在。

当（信息）指称的是其他对象、过程或者思维的时候，它需要用符号来表示。符号表示意味着符号没有唯一的确定性（含义）。符号可以取自存在的物体，但是它们也可以被重新发明和创造。有时含蓄有时明晰的建构过程、商讨过程和力量都包含在信息过程中。

沃尔夫冈：亲爱的彼得，让我来做一个简短的回答。我那样说的目的是为了反对二元论。并不存在两种绝对相互独立的像物质和信息这样的东西。物理学的规律依然有效并且适合所有具有物质性的现象。对于那些超出了物理属性的涌现属性，物理学的规律并不能告诉我们多少东西。它们只是给出了约束，但是并没有确定所谈论的现象的新性质的具体本质。我们有不显示信息特性的物质系统，也有显示信息特性的物质系统。但我认为，**没有物质基础的信息产生/处理系统是根本不存在的**。

拉斐尔：亲爱的沃尔夫冈，我想我们现在正在讨论我最初对信息的两种定义之间的差异所进行的评论，正如果卓普所指出的那样，这两种定义是指贝特森所说的信息是“任何形成差异的差异”的定义和在“发现差异”的精神过程意义上的信息的定义，后者是构成主义者。例如，弗斯特（Heinz von Foerster）和卢曼（Niklas Luhmann）按照果卓普的观点提出的概念。然而，卢曼没有把意义归于所有的生物系统，而仅仅局限在精神和社会系统中。

您说，“物质和信息没有严格的差别，后者由前者产生”。您用“如果物质超越了确定性限制”来解释“产生”。这怎么可能呢？不确定性怎么可能“产生”于确定性呢？这是否意味着**您只是在自组织即生物层次上谈论信息**？否则您就必须考虑自组织非生命物质和自组织生命物质的差异。这种差异意味着什么呢？如果您说宇宙（您把这个概念想象成什么都行！）本质上就是不确定的，那么就没必要说信息“产生”于物质。我们（！）总是不得不处理含有信息的物质。

我们是信息性生物（informational beings），而不仅仅是具有“创造”差异能力的生物。就我们所知，**非理性动物相互之间不能够从合适的上下文中理解另一些含义，所以它们不能相互沟通**。而这一点只有通过语言才能做到。当然，这种人类的特权并不是对物种沙文主义的特许！从这个意义上说，我们是信息概念的基本类比项（primum analogtum），因此我们必须对近义的局限性小心谨慎。“跳跃”的不可还原性打开了异义的交叉。当然，还有一个问题就是，我们是否“看到”了性质上的差异的交叉，抑或说这种交叉是否只是一种类似妄想的想象物。打破这种窘境的唯一出路仍然是通过一种统一的界定，也就是通过对共有信息进行耐心地研究。我们的理念（logos）是有条件的，是受必须要告诉对方我们认为情况是怎么样的过程影响的。人类的“对话”是一个信息过程，这个过程限定了一起发现差异的可能性，也限定了要对跳跃发生的事情给出（部分地）不同的判断，它开始于生命本身最初产生跳跃的那一刹那。由于我们不是生命最原始的来源（和结束），因此我们的德缪哥式理性（demiourgical logos），或者说我们的世界图景不仅仅是一个有界限的图景，同时还是一个有偏差的图景。下一代人不仅能够质疑其正确性，而且还能够（从那些直到他们那时才显现出来的事物中）设计出新的草案或远景，这样就可能在人与世界之间给出新关系。这就是海德格尔提出的“非隐藏性”原理（与真理作为恰当性或正确性相对比）的思想，这样就又回到了希腊的真理（a-letheia）中。

按照彼得的观点，**信息“需要由符号表示”**。这就是柏拉图在谈到锚点（chora）时，认为它与一种表达的保护层媒介非常类似。根据马格尔（Mojsije Margel）的看法，锚点是不定形的，但需要“轮廓”（图式），也就是成分转换的说明。在柏拉图的理论中仍然有一些非常具体（和困难）的区分，比如原始的表达（mimemata）脱离了印象，或者印象性（反映）错误（forma impressa）表示着一种形态，最终成为形式（morphai）或者是确定好了的图式。图式在所感受的和可理解的世界之间建立了一种联系。在这种情况下，我又自然地想起了康德在《纯粹理性批判》一书中所说的，在把范畴同感觉数据进行联系方面，图式起着关键的（同时也是模糊的）作用。

现在，我关注的问题是，对今天的信息科学家来说，物质形式的信息（information）过程和这个过程对德缪哥的意义之间的差别和类似！我认为我们同样能够赞同：柏拉图所说的信息活动，也就是德缪哥的智力活动是不同于在德缪哥介入之前所发生的信息过程的。那时，整个世界“没有均衡和尺度”（Alogos kai ametros）。换句话说，如果说我们现在处理的是一个有组织的宇宙的话，那是因为德缪哥的信息活动是存在的，这种活动是以一个预设的符号草案为基础的。柏拉图的人类精神承担了德缪哥的任务，也就是“拯救”世界，或者是给它的一个理由（logon didonai），这是很有趣的。我们必须学会区分这两种信息过程（德缪哥介入之前以及介入之后的过程）。通过对信息概念的语源学研究，我**把信息定义为形式**（所有的主观与客观，“Genitivus subjectivus and objectivus”）**的确定**。

是的，“后者产生于前者”，但这并不意味着后者能够还原为前者或者能够用前者加以解释，而是说前者使得可靠的信息活动成为可能。根据这种观点，**信息科学研究是一门为了“拯救”世界而进行的智力活动**。这和通过形式进行的活动有质的不同，但又能对其加以补充的领域。我们正在应对一个具有开放的可能性的领域，没有什么已有的形式（pre-formation）来告诉我们，为了做出正确的事情我们必须要做什么。但是同时，我们又生活在一个上帝以及伴随上帝的合理理念消失了的时代。根据马格尔的解释，德缪哥已经用不可能实现的将现实世界转变成理想世界的承诺引诱了我们。

对柏拉图来说，世界已经变成了“陶神的坟墓”（马格尔的标题是：匠神墓“le tombeau du dieu artisan”），同样地，我们的身体是我们灵魂的坟墓（我们降生自女人的身体），这就失去了和上帝以及理想数字的联系。同时，当灵魂取代了德缪哥时，它必须考虑到世界和理念的联系作为一个有限的存在，它能丧失理念并在“神话”和分散中结束。按照苏格拉底的哲学活动定义，我们的信息活动基本上是一种学习死亡的活动之一。这就意味着，学会理解我们相互讲述的有关我们自己和我们的世界的故事应该是一种理念，但是，这些理念经常有可能成为神话的危险，特别是在我们相信世界（在它“形成”中的一个阶段）是一种理想的履行，而不是保持一种宣告一项不可能达到的期望的态度的时候更是如此。我想把马格尔的“期望”（attente）概念和在希腊悲剧中起关键作用的非柏拉图哲学的神秘的天使（angelia）概念联系起来。或许我们不应该把我们自己定义成“合乎逻辑的”（而且是必死的）生命（发育完全的个体有理性的（logon echon），具有动物的基本特性和死亡率（et mortale）），而是“天使般的”生命或者是信息生命。对我们而言，报信者（信使）（angelia）比理念更为基础。信息是理念和“神话”能够交流的维度。要处理好这两个方向，必须同时包含两个方面的东西，停留在任何一端都可能导致失败。**我们的时代是一个信息的时代，这就是我们为什么要探索信息科学的原因**。但是如果我们把我们自己理解成是对期望的履行的话，我们自己就会失败，我们会把世界引向分散。学会死亡正是我们通向理性和脆弱的传播之路。

沃尔夫冈：亲爱的拉斐尔，肯定存在着能够组织它们自身的无生命体吗？想想著名的贝纳德（Henri Bénard）细胞和其他的耗散结构。准确地说，我认为自组织和信息之间有着很深的联系，因为在自组织过程中，结果不同于初始（The result does not equal the starting point），起始也不等于开始（Reactio is unequal to actio）（因为那里出现了新涌现）。我想以下面的方式解释“信息是产生差异的差异”的说法。在自组织过程中，系统的输入和输出之间出现了差异，这个差异是由于系统的一些输入之间的差异而产生的；这就是说，环境中的差异被系统转化成一些东西，这些东西产生了和系统之间的差异。同时，这些由这个系统提供的差异能够被其他的系统转化为另外的东西，而那些东西又产生了和其他系统之间的差异，如此等等。

让我来详细地说明一下。我不相信在特定时间涌现出来的东西，在之前的其他地方已经事先存在，除非是一种潜能。因此，宇宙在诞生的时候，作为生命、人类和意识的潜能肯定就已经部署在了那里，且偶然能够（或不能够）被实际的发展所认识到。**我个人不相信类似上帝这样的任何东西，这是个人的信仰，我（当然也）尊重其他的信仰**。但是，在涌现主义者的哲学中，我看到了解决这类问题的工具。比如新事物是如何产生的；当远离热平衡态时，物质本身和所有的物质系统通过拥有组织它们自身的能力来产生新事物。

我完全同意您**把涌现描述成不能还原**的观点，不能仅从字面上来解释，也就是说，不能把结果完全还原成它们的起因。我猜想，从逻辑上讲，就像结论必然包含着比前提更多的东西一样，涌现现象不能够完全地被解释清楚，是因为结论要必然指明新的性质。这样的演绎推理在逻辑上是不可能的。

因此，在进化的过程中以及在宇宙的结构中，我们得到了一些连续方面和不连续方面的混合物。我认为您不会怀疑我们不断显露的宇宙的不同阶段是联系在一起的看法，因为是同一个宇宙在不断地显露。认为人类最初是由某种如树木、石头一样的原料构成的，这是很有洞察力的。在跳跃之间存在着一个连续统一体。为什么我们不能同时抓住不同点和相同点呢？好的，我们通过交流来完成这件事，这是没有问题的。但我要补充的是，交流不仅仅是建筑（构建），建筑是由蓝图组成的，它们在面对客体时必须被证明是真实的，它们应该对解决社会实践中出现的问题有所帮助。今天，人类的生存面临危险，我们看到了人类发展中面临的问题。一方面是进化系统在走向成熟过程中通常面临的问题，另一方面是人类这个特殊系统所独有的特性。这是一个关键的问题，在寻找解决办法时，我们发现了宇宙中所有系统的共同点，抛开它们的个别地方不论，我们正在追求的理论，正是一种意识到这一点的新的信息理论。

拉斐尔：亲爱的彼得、亲爱的沃尔夫冈，如果我们考虑果卓普把信息定义为“产生差异的任何差异”和贝特森把信息定义为“发现一个差异”的建议，那么我们就能增加一个新的定义，如**信息不仅是由“产生的”差异（就像在自然界的情况下）或者“发现的”差异组成，而且是由“设计**

的”差异组成。最后一种可能是最普遍的，它就像哲学中的本体论一样。

沃尔夫冈：我们就谈到这里吧。总体上说，拉斐尔和彼得，我希望你们能够简短地回答一个问题。你们已经知道我是如何思考这个问题的：你们是否认为，思考并阐明一个统一的信息理论，它是可能的吗？

拉斐尔：是可能的。[①]但是，不论是从牛顿的，还是从数字的，抑或从其他的观点看，保守地说，每一种看法都存在着它们自己的盲点，这些盲点限制了我们的想象力，我们必须意识到这一点。

彼得：我同意，但是我不打算认同拉斐尔那样的观点，即他认为的所有理论都应该是彼此一样地好。因为存在着差异，所以一些理论就肯定比另一些理论好。牛顿的思想已经被更优秀的相对论[②]取代了，前者所包含的限制在后者中已经消失；同样，未来的理论将会揭开现在的盲点。

---

① 从实践看，卡普罗这个回答是很勉强的，是出于礼貌性质的。事实上，他自己对建立一门“统一信息理论”是不报太大希望的。因为自此之后，他就渐远了欧洲信息科学基础论坛，渐远了和他一起奋斗了若干年的同行们。虽然他目前仍是欧洲信息科学界最为活跃的研究者之一，但已基本不再谈“统一信息理论”这个话题。就这个问题，本书作者在“信息科学基础论坛邮件列表”2004 年 1 月 14 日 579 卷 25 期上公开向卡普罗询问了目前他对这个话题的看法，他的回答是：“三难困境”并不是什么值得去克服和消除的东西，请大家去思考其他问题吧！……嗯，嗯……，我说得是不是有点太多了。见：FIS Digest, 579, Issue 25, 14 Jan. 2014；和 FIS Digest, 579, Issue 26, 14 Jan. 2014.

② 我认为，此处使用“量子力学思想”表达，也许会更好。

第 17 章　信息科学的网络讨论

第二届国际信息科学基础大会于 1996 年 6 月在维也纳召开后，互联网技术的应用自 1997 年起开始在全球普及，基于主要聚集在欧洲的一批信息科学研究者对统一信息理论理念的狂热追求，最后导致了一个信息科学研究新形式的诞生：网络虚拟讨论。从 1997 年开始，欧洲的研究者们在维也纳建立了一个专门的信息科学基础（foundations of information science，FIS）讨论网站，服务器最先设在维也纳技术大学，然后又转移到了维也纳的萨格列布大学。网站的讨论进程由来自西班牙萨拉戈萨大学具有生物工程研究背景的马里胡安主持，瑞士籍的中国学者，具有化学研究背景的林书坤等人负责技术性工作[①]，奥地利维也纳技术大学设计与技术评估研究所的霍夫基尔奇纳负责一般性事务。论坛于 1997 年 12 月正式运营。讨论者之间彼此常以费丝们（fISers）、同行们（colleagues）、同胞们（folks）、朋友们（friends）等方式相称，口气颇为亲切。

网站的讨论内容开始是公开的，所有帖子都予以直接显示。但从 2002 年开始，由于网站不断受到来自包括中国黑客在内的攻击，致使论坛数度瘫痪。黑客们这时也趁机在该网站上发表了许多骚扰性帖子。最严重的一次攻击发生于 2003 年 4 月，并一直持续到 2004 年 11 月，为期长达一年半之久。在这 1 年多的攻击中，服务器上的许多发言被删除，虽经努力抢救，但至今仍有不少帖子不复存在。由于网站维护的难题和其他原因，“信息科学基础论坛”的决策者们从 2009 年 5 月起，决定将公开式的讨论形式改为内部邮件列表式讨论，之前公开讨论的剩余内容直到于 2011 年才予以关闭。也就是说，之后欲参加和查看“信息科学基础论坛”的讨论内

① 林书坤不仅参与了网站的技术管理，同时也对信息的概念、熵和化学信息学中的分子识别等问题提出了不少见解。

容，只有加入邮件列表之后方能进行①。在从 1997 年 12 月开始到 2009 年 5 月为止的公开讨论期间，论坛一共发表了 3000 多份帖子。改由邮件列表讨论后从 2004 年第 1 卷第 1 期开始排序，到 2014 年 3 月时已达 581 卷约 2500 余期，但之后服务器又开始瘫痪，之前的 581 卷内容再次不复存在。2014 年 8 月，管理者不得不再次从第 1 卷开始排序，到 2015 年 1 月出版到第 10 卷第 11 期后再度陷入瘫痪。“信息科学基础论坛”的网站管理始终是一个令人头疼的问题。

在公开讨论期间的 3000 余份帖子中，反复涉及的信息科学主题有很多，但主要内容是围绕着信息的概念、信息和物理学、信息和生物学、信息和符号学、信息和神经、信息和哲学、信息和时间、信息和意义、信息和意识、信息和数据、信息和知识、信息和传播、统一信息理论等方面展开的。其间虽然也有少数计算机科学家和通信科学家参与了讨论，但技术信息科学的这两个主要分支在“信息科学基础论坛”中基本属于罕见物。没有人认为通信科学和计算机科学是真正的信息科学，但也没有人否认它们不是信息科学。

论坛正式运营之后，第一个发言者是来自丹麦的约兰德（Birger Hjørland），他先做了一个新书推介广告，形式如下：

大家好！

这是一条测试性发言。我是一个工作在信息科学领域的研究人员。最近，我在美国康涅狄格州西点绿林出版社出版了一本“信息检索和主题表示——信息科学的理论研究活动”的著作，书号是 ISBN 0-313-29893-9。我期待它能引起关于信息的基本概念和信息科学基础问题的讨论。

谨向各位问好！

比耶·约兰德（Birger Hjørland）

柏廷盖特（Birketinget）大街 6 号

哥本哈根（DK-2300），丹麦

E-mail：bh@db.dk

个人主页：http://www.db.dk/nhs/bh/home_uk.htm

1997 年 12 月 6 日②

之后，论坛的显示方式开始步入正轨。以 2002 年 5 月 30 日来自加拿

---

① 有兴趣的读者可以免费注册加入这个讨论列表. https://webmail.unizar.es/cgi-bin/mailman/listinfo/fis [2014-6-1].

② Hjørland B. SV: fis@listas.unizar.es. http://fis.icts.sbg.ac.at/mailings/0000.html [2005-6-2].

大天主教大学塔博尔斯基（Edwina Taborsky）的被编为 0581 号的发言为例，其内容在论坛上最终以如下形式显示：

回复：论物理学、熵和信息

本条信息：[讯息正文] [更多的选择]

相关信息：[下一条讯息] [前一条讯息] [下一个线索] [回复]

来自：Edwina Taborsky <taborsky@primus.ca>

时间：2002 年 5 月 30 日，星期四，中欧夏时制 18：18：46

为了回答埃贝灵（Werner Ebeling）提出的问题，我想我们都有自己的看法，那会引起有趣的辩论。

我同意埃贝灵关于**信息是一种关系**的论点，但我不认为这只是发送者和接收者之间的一个二元关系（见埃贝灵 2002 年 2 月 30 日的发言）。那会使得信息成为类似通信的东西——“这”是一个沿着从发送者到接收者的移动路线。我不认为“整个通信就是信息”，还有“认知”——那是一个三元过程，如克利斯朵夫（Chrsitophe）指出的那样，包括在发送者和接收者两领域内系统（包括“这”在其中的移动）受到条件约束的一个过程。

埃贝灵所说的“从发送者到接收者之间的信息流与不确定性减少相关”……我将其解释为两者的相互作用取决于提供信息的约束条件（如克利斯朵夫所指出的那样），它限制了解释或相互作用的本质。这在一个氢原子与一个氧原子的相互作用中是有效的，其相互作用的约束条件是在电子层的构造法则中起作用的，对生物有机体而言，其相互作用的约束条件是在种群的标准习惯中起作用的。我认为，产生信息的相互作用，或被告知的物质，只有当两个媒介间有共同稳定的领域时才能发生。随着信息约束条件的输入（我称其为“知识”而不是“信息”）将有能量的损失……这又回到了这个领域中。

至于对“意义”的测量，如果人们将意义解释为被告知的主体的话，那么，它可能用复杂的主题提出一个测量（不仅是图像的，也是指索的，也是象征的），用宽松的量变来处理从能量到物质（信息）的系统，以较高的速度来处理这种转换，这就是我目前所能想到的。

对于克利斯朵夫提出的意向性概念，我认为这不能被限制在基于代理的个体意向上，因为那是一个只为最复杂的有机体而存在的产品。我同意克利斯朵夫所说的，我们可以考虑演化是这种增加复杂性的行为——它肯定是独立地作用在生命的层次上，即物理-化学层次上的。精神或逻辑不仅仅是生命世界的一个因子。

埃德威纳·塔巴斯基（Edwina Taborsky）
加威斯大街 39 号 318
多伦多，安大略，M5E 1Z5，加拿大
（416）361 0898
本条信息：[讯息正文]
下一信息：拉斐尔·卡普罗：“回复：再论物理学、熵和信息”
前一信息：crmenant@free.fr：“物理学、熵和信息”
下一线索：诺伯特·芬茨尔：“回复：再论物理学、熵和信息”
可能回复：诺伯特·芬茨尔：“回复：再论物理学、熵和信息”
当前信息分类：[按时间] [按线索] [按主题] [按作者] [按附件]
该文档由程序 hypermail 2.1.8 自动生成①。

对“信息科学基础”网站 12 年间公开讨论中的各种信息问题，我们打算从 1997～2007 年共 10 年间发表的 2185 份帖子中，选择出我们认为具有重要学术意义并具有这个论坛代表性的帖子择要展示，并将这些内容分为信息概念、物理信息、化学信息、生物信息、社会信息、其他信息和信息科学的基础等 7 个专题，对每个专题只摘录我们认为是重要的若干个发言，特别是那些属于引导性的或综述性的发言，以此来对读者进行一个关于欧洲信息科学基础论坛内容的简略介绍，目的是使大家对当前世界范围内统一信息科学的进展有一个大致的了解。摘录在这里的“信息科学基础论坛”的发言内容大多是口语式的，因此许多文法并不规范，一些单词的拼写还常有错误，个别发言的意思只能靠猜想。发言者的国籍虽来自世界各地，但最多的发言者仍主要集中在中欧、西欧、北美。各人的学科背景无所不包，但仍以自然科学居多。论坛的工作语言是英语，但偶尔也有西班牙语和德语帖子出现。

17.1 信息概念

众所周知，关于信息是什么的问题一直是困扰信息科学研究者的基础性永恒话题，这个论坛也不例外。从 1997 年开始的论坛讨论到今天的邮件列表讨论，信息概念问题都一直是讨论者们热衷的永恒话题。从论坛的第三个发言起，这个问题就被提了出来。不论主持人将主题限定在什么领

① Taborsky E. Physic(s), Entropy and Information. http://fis.icts.sbg.ac.at/mailings/0581.html [2009-6-8].

域，关于信息定义的讨论都常被合或不合时宜地提起。

松野孝一郎（Koichiro Matsuno）：我想提出一个关于信息的看法，并且希望通过网络引起我们的同行对此问题产生相关的评论。即信息从总体上说是什么？以及在这个过程中，我们需要考虑一下，它和自然语言彼此的地位是什么？

如果信息是一个存在在那儿的东西，一个人可以用一般现在时来描述它。香农的信息可以很好地满足这个要求，因为它是以信息比特的形式出现的。另一方面，如果信息与某种发展过程有关，相应的语言学方法一定是以现在进行时来描述的。然而，通常我们在从事科学研究时，使用现在进行时的句子进行客观地表述非常困难。没有哪一家杂志愿意发表那些只用现在进行时撰写的文章。一家广播电台的任何田径赛事实况转播，都不可能声称它是客观的，因为它的广播内容很有可能与另一家转播同一赛事的广播电台所播放的内容存在着冲突。问题是，如何达到从现在进行时（实况转播的模式）转为一般现在时（客观化了的）。

当然，香农的信息用一般现在时把信息表示成了一个合法的事情。如果能够出现一种关于信息的更合法尝试，可能会使它从现在进行时转为一般现在时。这种可能性存在吗（1997 年 12 月 8 日）？[①]

卡普罗（Rafael Capurro）：亲爱的松野，信息本来就是“外在”的吗？或者是它以我们所认知的方式“外在”存在着？“外在”是什么意思？如果有“客观的信息”，从它的“外在”（特点）来看，它不会不代表任何东西。换句话说，说明某种事物是“外在”的前提条件是：这个人知道“外在”和“内在”的区别是什么。但是，为了构成这种区别，人们必须超越它，因为仅仅从一个不甚了解的“内在”是无法思考“外在”的。许多世纪以来，（西方）哲学不断地自问，“外在”的可能性以及在“这儿”和“那儿”之间的那座桥梁的问题。换句话说，信息是“外在”的。和任何事物一样，它们都具有我们所认为的“外在”的可能性。通过语言表达，表明某种事物是“外在”的可能性对我们来说也就成了可能，直到我们可以说：某种事物“是”（或者“不是”）。这个论题看起来是唯心的或有神论的（任何事物都“依靠”我们），但它看起来也仅仅如此。它仅仅在于我们说事物不是“独立于理解者”（我再一次声明，同样，说某种关于我们认识“本体”的事物）的方式（或者我们“组成”或“构建”事物的方式）存在。就我的理解而言，您的问题还同两个有趣的学科联在一起：

---

① Matsuno K. Information and Natural Languages. http://fis.icts.sbg.ac.at/mailings/0002.html [2009-6-2].

“广播”一条消息是什么意思？我想，我们需要一个称之为讯息（message）的理论①；第二，以现在时和现在进行时讨论信息是什么意思？后一个问题是关于讯息传送和时间的关系。在忽略了过去、现在和将来的区别去讨论信息的时候，我们得到了一种特别的信息（或讯息）传送形式。如您所言，现在的期刊被当作传播媒介来使用。这意味着，我们有不同的传送讯息方式和把它们同时间关联起来的方式（1997 年 12 月 8 日）。②

约兰德（Birger Hjørland）：我的一个基本问题是：信息是属于人文的还是属于物质的？由于定义无论对错都或多或少地带有目的性，所以我的问题是：一门关于信息的学科通过某些途径定义的信息概念能够得到什么样的结果？是什么原因使得我们为信息科学进行信息概念的定义出现了如此艰难的局面？迄今为止，我的答案是：我们所说的信息科学（即许多杂志所称的信息科学）来源于文献学，并且同“图书馆信息科学”相关。这就是说，研究的主体应该是广义的“文献”和“文本”。如果我们通过物质途径定义信息（比如像德雷斯基那样），那么，信息科学将同人类传播过程无关，这将会变得极端模糊（1997 年 12 月 16 日）。③

肯普夫纳（Roberto Kampfner）：松野提出的信息观点确实是富有启发意义的。我正在努力追寻这样的观点：信息就是那些使任何处理过程或代理，对它们所处的环境之间相互关系发生作用成为可能，也就是行使职责。魏茨泽克在早期的一次会议上说过：“信息就是那些产生信息的东西”（Information is that which produces information）。我发现这个把信息作为一些过程的观点与瑟伦（Søren Brier）关于量子力学中的测量问题的观点非常一致。信息就是可能性的存在，它必须通过测量来证明。埃贝灵的观点似乎是非常可靠的。但是，这种把信息作为提供潜在的与环境调和的观点，在我看来就是把信息处理作为信息动力学过程的一个完整部分，它提出了一些值得探讨的问题。其中之一就是：这样的观点使得埃贝灵对于“限制性信息”和“自由性信息”的区分变得更加困难，特别是在生物化学和生物学过程中。我认为这还与钱德勒（Jerry LR Chandler）提出的如何来定义不同程度的组织的结构之间的关系问题相关（1998 年 2 月 2 日）。④

埃贝灵（Werner Ebeling）：信息是一个基础性概念，这意味着它不

① 卡普罗最后的确进行了关于 message 的系统研究，他称之为“信使学”（Angeletics）。见他的个人网页：http://www.capurro.de [2013-4-17]. 网页用德文、西班牙文、法文、日文、中文、葡萄牙文 6 种语言显示。

② Capurro R. Re: Information and Natural Languages. http://fis.icts.sbg.ac.at/mailings/0003.html [2009-6-2].

③ Hjørland B. Foundations of Information Science. http://fis.icts.sbg.ac.at/mailings/0033.html [2009-6-2].

④ Kampfner R. FIS Discussion. http://fis.icts.sbg.ac.at/mailings/0075.html [2009-6-2].

能从其他概念中演绎出来。其他的基础概念，如质量、能量等，它们也不能够用严格的演绎方式来定义。我同意维纳的观点，信息就是信息，它既不是物质也不是能量（1998 年 2 月 13 日）！①

卡普罗（Rafael Capurro）：亲爱的约兰德，您一定还记得魏茨泽克的双重信息定义：信息就是那些产生信息的东西；信息只存在于概念中（There is information only under a concept），这两方面是相互关联的。概念主要是从语言学角度理解的（所以只有语言系统中的信息），但是魏茨泽克扩展了他的观点，并把生物（和物理）结构也视为概念（并把其作为语言），这是一种非常经典的（纯哲学的）观点——把（柏拉图的形式思想）和概念（柏拉图的精神）联系了起来。事物被叫作信息依赖于相应的形式（或系统），因而信息不是一个给定物质的事件，而是我们应用到不同系统中的东西。它（信息）属于第二范畴（或者，按照康德哲学，它是一个反义概念）。所以，我同意您的观点，同一块石头对于地质学家和考古学家或者一个寻找藏身之处的蜥蜴表达着不同的信息。用诠释学（即解释理论）的术语来说，信息总是和个人的预设有关（1998 年 2 月 21 日）。②

马里胡安（Pedro C. Marijuán）：什么是信息？我的答案是：我不知道（No idea）。我至少有三个关于信息本质的个人看法（幸运的是它们各不相同）。除此之外，当我思考那些经典观点和“信息科学基础论坛”好几个同行们支持的最初观点时，我忍不住得出这样的结论：信息有几分像我们这个时代的“燃素”——这正是让我痴迷的原因！如果我的看法被视为像在燃素时代那种极端错误的东西的话，我们可能正在遗漏所分析的一些关键方面。但是，没有层次和系统等级的分类能够在这个问题上给我们提供帮助。分类法不能推动科学进步，大胆的假设或许可以。

这是从一个对上面的片面回答的坚定支持中得出的事实。直观上说，从香农和非香农（我同意钱德勒对生物系统变量的评论：从环境中选择重要的变量的能力，或者忽视它们的能力，似乎是细胞识别系统和神经系统的主要目标）方面看，信息的生物学关系或多或少地显得清晰了。但是，我们可以确定的是，那些真正的信息现象和无生命的自然界之间的关系是密切相关的，而同时又是没有确切根据的。

我虽然赞同这种说法，但按照我的看法，它和物理学的关系并非是关键的。如果基于对细胞识别系统（谦虚地说，它们是科学时代的新生儿），神经系统处理功能和我们自身在社会生活“经济”产出和知识世界的社会关

① Ebeling W. Re: Biological Information. http://fis.icts.sbg.ac.at/mailings/0086.html [2009-6-2].

② Capurro R. Re: SV: Biological Information. http://fis.icts.sbg.ac.at/mailings/0094.html [2009-6-2].

系方面的理解上，如果我们能够取得显著进步的话，那么就会获得一些有趣的东西。而且非常可能会和正式的、占统治地位的二元论以及其他非常著名的物理学结论产生矛盾（当然，说要比做简单）（1998 年 2 月 27 日）。①

卡普罗（Rafael Capurro）：我认为，在跨学科对话中这是一个关键的问题。在对话中，每个人的头脑中都有着自己的独特想法，而同时又使用同样的词汇，这些词汇有时是相似的，有时是相同的，有时是不同的（即卡普罗三难困境）！如果一个生物学家使用信息这个词来把握生命有机体和客观世界交互时的转换过程，那么，我认为，他和一个认为信息不仅仅是意义，而且也是一种认知结构（或者一个预先理解的释义呈现）的特定转换的语言学家处于相似的境界！信息，首先是制造差异的差异，其次是发现差异的差异。在所有的情况下，信息（魏茨泽克和其他人赞同）不是某一物质而是某物关于（认知）结构的质。这是瑟伦（和符号语言学）所强调的三合一状态，也是康德在谈到事物的质和指称认知者描述的事物的质时所说的。因此，**信息是事物（具有特定的性质）的一种（或者更一般地说，一个结构的）描述**。我认为，这就是为什么我们能够（从总体上）谈论信息但同时又有不同的想法（行动！）的原因。举例来说，思考一下“信息管理”这个概念。管理是一个和使用一定的方式达到结果（因此和能够理解方式和结果的有机体相关）有关的概念。它也和关注某物有关，但所有这些论述对生物学家来说几乎都没有任何（隐含的）作用，尽管它对一个经济学家来说十分重要（1998 年 3 月 8 日）。②

卡普罗（Rafael Capurro）：当我思考“信息是形成差异的差异”和“信息是发现差异的差异”之间的差异时，我想起了果卓普发表在瑟伦的《控制论与人类认知》上的一篇好文章。在这篇文章中，他确立了在自然科学（第一个定义）和精神以及社会系统（第二个定义）内思考信息的差异。

魏茨泽克（在他不同时期的著作中）清晰地陈述了信息概念的双重（或双束）结构。我认为，关键在于信息是某种“外在”的、“客观”的东西（一种能够从 A 转变成 B 的“东西”）。典型的状态是知者给出的状态，对于他或她来说，某事、某物是（成为）和他或她的知识结构有关的信息！魏茨泽克说，我们可以“在一定程度上”考虑把生命（和非生命）结构作为某事物成为信息（形成差异/或不形成差异）的根据。但他同时又说，

① Marijuán P C. Biological Phlogiston. http://fis.icts.sbg.ac.at/mailings/0098.html [2009-6-2].

② Capurro R. Re: Biology, Technology and Information. http://fis.icts.sbg.ac.at/mailings/0101.html [2009-6-2].

把某事物归因于结构作为它的信息过程是建立在知识基础上的（我们正在掌握那样的差异）。从哲学上说，最后一种见解是一种先验论（康德哲学），也就是说，从自然科学的观点看是非常唯心的！魏茨泽克也提出，作为柏拉图学派的人也要考虑‘形式本身’（概念），但是他指出，我们的视点（和柏拉图的相反）是动态的（演化的）和世俗的（无神论的）（1998 年 3 月 8 日）。①

斯托尼尔（Tom Stonier）：很明显，在用各种各样的方法对信息进行的相互矛盾的不同定义中，大家普遍认为信息一定是某种东西，那就是说，这种说法适用于所有情况。**首先，我们应该谈论信息系统和信息处理系统，而不仅仅是信息本身。当我们试图定义信息时，我们几乎总是将其置于某种系统中（例如狄恩酸、计算机和人的对话等）**。我在我的拙作《信息与意义》中引用的每一个例子，都涉及截然不同的信息传递和信息存储，以及解读信号的载体。其次，我们应该知道，在 20 世纪末期，我们大约处在相当于物理学家在 18 世纪末期那种试图努力搞清“能量”概念的阶段。我们现在刚刚开始为信息科学寻找基础，并且对于一种形式的信息转换为另一种（信息转导）的相互转换知之甚少，但至少我提出了信息与能量之间相互转换的一些计算方法（1999 年 5 月 6 日）。②

马里胡安（Pedro C. Marijuán）：信息概念方面的不一致和矛盾，在许多自然科学、社会科学和计算机科学中随处可见。比严格集中地去追求统一概念更好的是，“信息科学基础论坛”网络会议也研究那些“相反”的问题：信息不是什么？因而，这个会议是为了提出新分类和统一理论，以及批判地分析概念上的障碍物，这些障碍物可能会在信息相关学科的战略区域内扮演着低效率的代理人。在当代社会急速发展的信息技术和广泛宣传的“信息社会”背景下，再次评估科学系统里的信息状态已成为一项适时的事业（2001 年 12 月 11 日）。③

约兰德（Birger Hjørland）：把信息看作物理学传统范畴之外的一个模糊范畴，这种趋势现在已经很明显。信息确实是一个新范畴，但是，它也不能作为先前物理学范畴之外的一部分而被折中地取代。信息是一个范畴，它不在传统物理学之外，而是在物理学之上。因此，信息既不能直接简化到这些传统范畴之内，也不是一个与物质和能量这些范畴的特性绝对

① Capurro R. Re: Biology, Technology and Information. http://fis.icts.sbg.ac.at/mailings/0108.html [2009-6-2].

② Stonier T. Definition of Information. http://fis.icts.sbg.ac.at/mailings/0261.html [2009-6-2].

③ Marijuán P C. Advanced Draft. http://fis.icts.sbg.ac.at/mailings/0356.html [2009-6-2].

不同的东西。事实上，信息是现有物理成分和物理过程的产物。此外，它是这些物理实体的突发性产物。这一点在信息的系统定义中有所揭示。它是一个关联概念，包括信源、信号、释放机制、反应过程。可能有人要问，在我的存在论系统中，我把信息的分类放在了什么位置？它是否应该放在宇宙哲学的客观领域，就像物质、能量和因果关系那样？或者，是否应该放在生物学的客观领域（2001 年 12 月 12 日）？①

罗杰斯蒂芬斯基（Igor Rojdestvenski）：基于以前我在苏联的经历，这仅仅是为了深层次讨论的一个小小想法。我们的教育告诉我们，哲学中一个重要问题是，必须解决什么是第一性的问题：物质还是思想？这个问题是唯心主义和唯物主义的分水岭。我认为，信息可能是一个排除这种矛盾的主要概念。**信息具有双重性，它是物质的（没有物质载体，信息就不可能存在），同时信息又不仅仅是物质的，因为它的内容不能由载体的物质属性完全决定（电线、图书、光盘等）**。此外，它还需要根据背景，也就是精神状态来确定（2001 年 12 月 13 日）。②

伊甘别尔德耶夫（Andrei Igamberdiev）：我想对这个讨论再多说两句。亚沃尔斯基（Karl Javorszki）的方法似乎对于理解什么是信息是非常有希望的："众多可能的数字之间关系的排列中的一个特定排列"——这是一个很重要的观点。在这种环境下，我们能够考虑描述从现实中简化的潜在领域（我们可以说它能够通过一系列复杂/虚构的数字来实现，就像在薛定谔方程中那样）。这个简化暗指通过测量装置，它不能完全从潜在的状态中被预测出，但是它是被暗指的，就像装置和潜在领域之间的一些关系一样。装置的有形结构决定了抽取——潜在领域特定的简化方法，这样，我们就可以说它包含一些信息内容。这种方法将引来什么样的观点呢？它导致最终状态的完成需要依赖动力学环境。信息是决定最终特定状态实现方法的消息。

另一种观点是：最终的状态与相关环境有关，但是它也许有一些客观的属性。这些属性是关于完美的规定，它限制着测量过程的实现。最简单的例子是，通过记住映像循环中的状态来产生珍贵的界面价值。它也许需要更加彻底的数学描述和分析。然后，就可能建立起动力学和形态学之间的联系。形态学通过数字描述，但是它并不是静态的——它是关于从潜在领域现实化的递归限制。

信息意味着最终原因是存在的，要努力地去找到它。它可能是对的，

① Hjørland B. Karpatschof on Information Concept. http://fis.icts.sbg.ac.at/mailings/0360.html [2009-6-2].

② Rojdestvenski I. Re: Advanced Draft. http://fis.icts.sbg.ac.at/mailings/0369.html [2009-6-2].

或者是错的，但是，这都是通过最终的结果来评估的。这并非是个绝对适当的范式，关于完美的规则将把适当的范式作为一个案例也包括进来。因此，我们需要结合最终原因来理解什么是信息。来自过去的决定论根本不占有信息：信息在过去或者现在的状态包含有可能的未来状态的宏观图景时才出现。通过这种方法，正确性得以建立（最终，这种方法得以完成）。以前的状态包含一些“隐藏的协调”，它是可以实现的，但是隐藏的协调“更好”，它包括不同的潜在实现，它们其中的一部分会比潜在的更好。“隐藏的协调”就是我所说的“内在量子状态”——它一直通过修正错误来保持，这个活跃的系统是一直存在的，直到它被获得为止。

我同意松野的观点，应该有一个关于量子力学的解释来使得这些长期的活跃状态得以实体化。同时，使得不确定性变成稳固的道路。事实上，量子力学的设备允许提出这样的方法。问题在于：信息在经典的确定性图景中没有合法性，它只在选择的自由上有。但是，选择的价值由它对于所可能达到的（未来）状态（就像它被预测的一样，或许有一些修正，或许根本没有达到）的估计而决定（2002 年 5 月 9 日）。[①]

科列尔（John Collier）：由于对信息是否独立于解释者而客观存在，还是说信息仅仅是通过解释来创造的划分，我有点很不情愿来讨论这个问题。部分原因在于，我不知道什么是相关的。对我而言，合理的情况是，两个人对于同一个信息的解释是不同的。因此，我认为信息不依赖于特定的解释。如果这个解释观点是正确的话，那么它就必须有一些解释，而不是特定的解释，也可以说**不可以有对于同一信息的不同解释**。但是，似乎至少有一些持有这种解释的人认为，信息应该成为能够让被告知的人感到惊奇的东西，使得信息成为一个相对主观的事物。这使得两个人共享信息会非常困难，特别是传递信息。因为对于接收者而言，新颖的东西对于传递者而言则不新颖了。另外，关于新颖的认识具有偏差也是可能的。

当前存在着一种看法，认为“信息是消除不确定性”的方法。我们在使用这个习语时是否严肃呢？显然，我们希望我们尽可能是严肃的。不过，灵活性在于来自这个团体的不同观点一次又一次地出现。因此，很多看法中止了我们的期望，这就是我所不清楚的：什么是相关的？什么是重要的？

因此，在普通的环境下，**我非常小心地讨论信息量而不是信息**。实际上，这就是香农所讨论的，它也是物理学和通信的数学理论所需要的。这

① Igamberdiev A. RE: The Dynamism of Numbers. http://fis.icts.sbg.ac.at/mailings/0464.html [2009-6-2].

两种主张都对信息进行了特定的限制，物理学要求它可以被具体化，而通信理论则把它限制在可以转移的方面。关于具体传输的理论是非常有用的东西，我不打算中止这个主题，无论它是否真的与信息相关。**我特别不能够接受这样的观点：由于信息依赖于接收者，因此信息量依赖于接收者的愿望、偏见、信仰、幻想、智力和愚蠢而定**。这里也许可以发现信息，但是接收者仅仅只是要注意到它。我们需要一种讨论这种问题的环境和方法，但它必须是系统的，能够融合到一般信息理论中的。

我认为，对于信息量的主张和信息的融合有很多种，就像久里（Gyuri）和诺伯特（Norbert）所说的那样，有一种巨大的趋于统一的力量存在着。这种统一将趋于模糊化信息的意图方面——如果假定信息量就是出现信息的地方所指的信息。

就个人而言，我发现意图、目的、惊奇、期望和不确定性比模糊化要好（除了在严格的数学和物理学中应用惊奇、期望和不确定性——但这些都肯定不是正常的用法）。我想知道，我们是否想在这些神秘的概念基础上建立起信息理论。一些哲学家，如切尔奇兰兹（Churchlands）等认为，在世界上根本就不存在这样有意义的事情。这是否意味着没有信息呢？

如果我们以故意的方式来定义信息，那么，这是否意味着信息理论作为有理解和预设意义的方法而没有希望呢？另一方面，如果我们允许一个显示出包含信息的结构（万物源于比特）的物理系统，那么我们是否暗含了一些泛心论（panpsychism）呢？我认为这些问题的答案都是否定的，一个满意的信息理论需要搞清楚为什么在这些情况下都是否定的。

我要离开几天，我想在离开之前留下这些思考（2002 年 5 月 13 日）。①

阿理（Syed Ali）：我正在寻找一种对术语“信息”定义的批判。我使用的信息定义是：信息是一种仅有传递意义的属性的东西。（Information is a thing which has the only property of conveying meaning.）因此，一张报纸不是信息，因为它具有由纸张生成的特性，它具有一定的维度，它有油墨等，它携带信息。香农理论建立在信息的概率论基础之上。对一物来说，最可能的比较是它是不同的，这个“差别”就意味着不同。对于一个单位来说，认识到它与其不同就存在着差别。

有谁愿意对这种观点进行批判吗？如能指出一些参考文献的引文也是值得期许的（2005 年 8 月 29 日）。②

---

① Collier J. Re: Info & Physics. http://fis.icts.sbg.ac.at/mailings/0473.html [2009-6-2].

② Ali S. Re: What Is the Definition of Information? http://fis.icts.sbg.ac.at/mailings/2119.html [2009-6-2].

17.2　物理信息

在信息科学研究中，信息和物理学的关系问题一直困扰着许多学者。在“信息科学基础论坛”的早期讨论中，日本学者松野孝一郎、英国学者斯托尼尔等，他们都是这个问题的热情关注者。其中比较频繁提及的问题包括信息和热力学熵、信息和量子力学、信息和量子通信、信息守恒、惠勒的宇宙信息生成论、德国物理学家魏茨泽克从哲学方面看物理学和信息科学的关系等问题。

松野孝一郎（Koichiro Matsuno）**：**现在，我想利用这个机会提出一些长期困扰着我还有其他人的信息的各种物理学问题，欢迎大家提出评论。

（1）总体的信息：如果由许多个个体构成的总体存在，那么就有可能将它的信息内容分配到每个个体上。相反，如果总体仅有像加亚（Gaia）这样的一个希腊女神，那么，我们如何把它的信息内容指派给它们呢？或者说，这个提法本身就是一个错误呢？

（2）信息和热力学：差不多有 100 年了，信息和热力学这样的两分法强烈地吸引着许多物理学家的注意，但这个问题到目前为止似乎仍没有解决。**对热力学来说，信息是不是一个多余的东西呢？或反之亦然**？

（3）信息和量子力学：量子力学中一个令人困惑的问题是测量，它仿佛是信息绕不开的一种特性。此外，量子力学也一直被能否非局域地找到它的波函数这种方法困扰着，更不用说将最近出产的因斯布鲁克美酒进行量子远距传物了。如何将量子力学中的测量和量子纠缠这两个问题与信息问题联系起来呢？

（4）信息和守恒定律：物理学已经发现各种各样的守恒定律，比如能量守恒定律等。如何使信息的进化和历史特性与守恒定律兼容呢？它们是一对奇怪的问题吗？

（5）信息和物理学：一个坦率的批评家会这样说：信息研究有它自己的事情要做，物理学也是如此。如果您很忙而没有时间做别的事情的话，完全没有必要把它们两个联系在一起；第二个批评家会说，**看着上面印有惠勒的“万物源于比特”名言的旗帜在那里飘扬，感到信息科学似乎要比物理科学更深奥**；第三个批评家会跳出来提醒我们，魏茨泽克说过，任何生产过程都是物理性的。粗略地说，“信息就是那些产生信息的东西”，我们要铭记着他的这些箴言。这些说法正确吗（1998 年 1 月 6 日）？①

钱德勒（Jerry LR Chandler）：为了促进这次交谈，我将试着从一个生化学家的观点出发来回答松野提出的那些具有深刻见解的问题。我可能还不足以理解他的看法中的物理学观点，不过，另外一些观点可以帮助我们开始这次交谈。

（1）关于总体的信息：我想这是一个有关闭包的问题，即谈话的领域是什么。信息论起源于概率空间和概率分布的概念，这些术语从本质上说是纯数学的，它们本身都没有任何物质的或动态的限制。这样，它们就适用于大部分概率空间和概率分布。在任何一个概率分布上的数学限制是，事件（对象？）可能性的概率之和等于 1。如果概率分布由单一对象构成，那么概率等于 1，而且没有不确定性存在（从数学上来讲）。从香农信息论的定义来看，信息内容是 0（因为 $\ln 1=0$）。第一个问题引起了在观察结果、语义学以及符号之间一致的必要条件这种一般性的问题。无疑，我们的地球由富含信息的局部动态过程构成。通过语义学和符号的适当选择，一个人就可能会反对这种观察结果（用不同的参考标准来衡量）。

（2）关于信息和热力学：从定义来看，古典热力学是一门有关热传导研究的科学。有人能够提供一个这种观察的例子吗？即在热的连续单元和信息的离散单元之间建立起一个一对一的对应关系？我相信这里的第二个问题，其本质是连续和离散函数之间的关系问题。信息一定是像香农认为的那样是离散的吗？人体能够依照热力学原理发挥功能，难道人类的判断仅仅是由离散信息组成的吗？或者连续函数对人类的判断是必需的吗？或者人类的判断是兼有信息的离散形式和连续形式构成的吗？

（3）关于信息和量子力学：这个问题是量子力学假设的人为现象吗？换句话说，我能够把这个问题看作“闭包”问题的另一个不同形式吗？量子力学起源于系统中的所有微粒之间的相互作用的系统观点吗？而且断言一类微分方程将能描述系统的进化吗？这些微分方程从本质上说维护所有其他受影响的闭包了吗？换句话说，用一种热力学上的认识进行类推，量子力学系统是一个孤立的系统吗？这是测量问题的根源吗？在测量问题与“回避实质”之间做出一个隐喻是可能的吗？

（4）关于信息和守恒定律：守恒定律呈现多种形式，而且有许多用途。但我还不知道有任何一种守恒定律，它能对所有可能的原子集合成化学形

① Matsuno K. Information & Physics. http://fis.icts.sbg.ac.at/mailings/0054.html [2009-6-2].

式进行详细的说明，或对在那样的化学形式中的交互动力学进行说明。生命系统中的物质组成也遵循守恒定律，而且还可以使用许多潜在的动力行为和潜在的化学形式。生物进化是和不受物理或化学禁止的研究自由相连的。类似地，尽管管理条例（规则、规章、法律等）的数目一直在增长，人类的文化进化却能不断地呈现出新的模式。那么，是否存在着这样的规则，它能禁止那些激发系统去搜索新行为的行为，这些行为既不违反旧规则，且仍然能够实现目标呢？

（5）关于信息和物理学：一个同事将物理学定义为在复杂中发现简单的艺术。物理是实用主义的极端形式吗？当简单的线性表示法（和偶尔的二次方程式形式）产生出有用的结果时，物理学就算是非常成功了吗？当一个人能够接近带有简单分布（例如二元选择）的自然系统时，信息理论是有用的吗？从哲学的观点看，"信息研究有它自己的事情要做，物理学也如此。"这句话应该从哲学方面加以严格的推敲。为了相互交流，术语"信息"和术语"物理学"是我们历史成就中超越语义的子类吗？如同我们用 2 来代表数字 2，或者用符号 S 来表示硫原子那样，要么是观察，要么是符号。按照同一种意思，每个项目都是可以表示的吗？这些项目每个都容许闭包吗？换句话说，我们能对这些项目进行有意义的边界划定，从而能够在他们之间形成确定的区别吗（1998 年 1 月 11 日）？①

布赫尔（Søren Brier）：我认为把量子力学中的测量问题与热力学中的不可逆性和时间之箭联系在一起是毫无价值的，就像在物质世界中每个动作都会产生热，而把自由能转变成熵能的改变却是不可逆的一样。

这是对"波函数崩塌"的重要解答。一些不可逆的东西被引入了力学的、美妙的、永恒的图景中，同时，这些东西又超出了力学的解释。但是，真正的信息在这个同样的测量过程中被创造了，波函数是一种理论化的美景。因此，在我看来，也就是在物理学中，信息仅能潜在地"在那儿"存在着，它只能通过测量来证明。

现在人们开始讨论如何来定义测量，我的一般性答案是，它通过自创生的和符号的系统来进行测量。所以，总体是不能够有信息内容的，就像康德曾经告诉过我们的那样，这个问题没有什么科学意义。信息是一个相对的概念，只有那些制造了差异的差异才能够成为信息（1998 年 1 月 13 日）。②

埃贝灵（Werner Ebeling）：迄今，我一直怀着浓厚的兴趣来关注"信

① Chandler J L R. Re: Information & Physics. http://fis.icts.sbg.ac.at/mailings/0056.html [2009-6-2].

② Søren B. Physics and Information. http://fis.icts.sbg.ac.at/mailings/0062.html [2009-6-2].

息科学基础论坛”讨论的观点，我赞同其中的大部分看法但不是全部。我的观点和松野的表述、钱德勒的注释、佩德罗的考虑有关。让我简单地概述一下我的观点：

①信息熵是一个更为一般的概念；②如果选择特定的状态空间的话（坐标和动量的相空间），具有热力学意义的玻尔兹曼-吉布斯熵可以从香农公式导出；③**信息是由一个“发送者”和一个“接收者”组成的两个系统之间的特殊二元关系**。（Information is a specific binary relation between two systems，a“sender”and a“receiver”.）[①]也许一个是对象，一个是观察者（这在量子力学中尤为重要）；④**信息是一个非物理量**，信息的传输总和能量以及熵流联系在一起，反之则不然。埃贝灵是对的：信息不能够简化成能量或熵；⑤从发送者到接收者所传递的信息量（不是语用，也不是语义），可以通过熵的传输来测量；⑥在信息处理中，它与能量的传输在总体上是不相关的，但是存在着物理学上的约束；⑦信息流与系统状态不确定性的减少有关，或与未来状态预期的增加有关；⑧信息熵转化为热力学熵的可能性问题，事实上已经被麦克斯韦和西拉德提出过（1998年1月14日）。[②]

马里胡安（Pedro C. Marijuán）：最近一些令人兴奋的话题吸引了我，在此我仅做一些评论。

（1）信息、热力学和熵：我认为，埃贝灵的观点很恰当地抓住了主题。玻尔兹曼和香农的方法很好地建立起了一致性。用我自己的话来说，前者指出了时空混乱的可能数量，后者指出了符号的位置结合，他们（埃贝灵和钱德勒）合理地选择了把二者揉在一起进行单一探索的定义空间。

但是，如果我们认真地对待这种可能性：在一个“合成”的战略而不是“位置”的战略下使用有区别的符号的可能性（记住，这就是汤姆、瑟伦和我在上个月一致认为的：它们可能包含信息“颗粒”），那么亚沃尔斯基就可能是正确的，我们就可以通过基于“多维划分”的计算方法来给出真正的可选择的信息组合进行战略通信。让我重提一下我曾经提到的线索：这种分区“运算”可能为细胞信号系统的神秘处理操作奠定基础。

一般而言，合成信息熵会和香农与玻尔兹曼的计算不同，事实上，它们之间的数学关系也许会很古怪：依赖于选择的不同符号集，可能会出现最大值和最小值——相关的如基因编码等生物学参数将会基于这些最小

① 我的看法是：对于信息存在的必要前提来说，一个系统就足够了，没有必要扩大到两个。

② Ebeling W. No Subject. http://fis.icts.sbg.ac.at/mailings/0063.html [2009-6-2].

最大值找到精确位置！（再次重申一下，我是相信亚沃尔斯基的）。

事实上，埃贝灵所说的大部分“自由信息”——这个术语很有启发意义——都有这种合成信息的形式，要把“集的组合”联系起来使用还远非那么容易（计算他们内部的生产和退化过程的结果）。

（2）信息和“奇怪的存在”问题：在普鲁斯特（Marcel Proust）的著作中，他对于常规上把国家作为一个整体来看的观点是不予认同的。他认为，它们必须从一个“持续的创造”和退化的观点来考虑，在生成真正的包括合作和对抗行为的联合有机体方面，这远远超出了个人的水平。我们现在的信息和物理学讨论能够对这种奇怪的“存在方式”提供线索吗？

同时，在和萨拉斯（Vicente Salas）交流关于商号和公司必须理解的方式时，他向我阐述了一些经济学家关于“公司性质”的讨论。另一种对任何线性分析是少不了的奇怪的“存在方式”，在以下方面是可以被预期的：与连续性的创造和灭绝过程相关，它们被赋予了独特的计算方式、保守的法律和优化的原理。

在蛋白质合成/降解与细胞繁殖和灭亡的有机体之间，由细胞舞蹈组成的管弦乐对看起来就像上面所谓的奇怪的存在方式在生物学中的对应物（最后的来源）。人们也许可以把“信息的存在”应用于这些以物理学完全不熟悉的方式存在着的实体中。

（3）信息、物理学范式、生命：也许我们都认可的关于“存在”的思维方式，不仅源自经典物理学，而且源自位置语言和字母书写[在这点上，我同意麦克卢汉（McLuhan）和格波尔德（Andreas Goppold）的意见]，对这些存在的认识使我们对政治、经济和社会领域甚至物理学自身的认识产生了偏见。也许，今天的“量子精神分裂症”的一些方面就来自一系列关于“存在方式”的基本本体论选择，而这些问题从历史上说我们还未能予以克服。

哲学家卡赛特（Ortega y Gasset）写了一篇非常有趣的随笔，他在文中提出了这样的观点：希腊、罗马和西方的思维，都把基于对自然的结构一方面不停地编织，一方面又不停地拆解这种古典的思维方式搁到了一边。最近的分子生物学研究就被这个事实所困扰，这也许就是大多数超生物学存在（supra-biological existences）的基本组成部分：它们包括神经的、经济的、社会的等。

因此，就松野关于信息和物理学的最后一个问题，前面的发言人已经对其中的观点进行了中肯的评论，他的观点可以用下述说法给予重申：最近的生物学（复杂性）革命也许和“信息存在”的沉思连在了一起，这种新的纵向信息范式是一个贡献，也可能扩展到物理学王国。但谁又能够知道，这些有趣的观点对于减轻“量子力学精神分裂症”是否有意义呢（1998年1月16日）？①

马里胡安（Pedro C. Marijuán）：当量子状态向量向一个广域纪录崩塌时，信息相变的想法可能在量子测量问题上有一个相似物。那么，是否可以这样认为：关于波函数崩塌的持久论战的可能与状态是一种独立于粒子和波二者的特性有关？反之，这是否意味着状态只能够理解为在“过程”的汇合或冲突中引起的不确定性的“虚无”和“泡沫”呢？那么过程是应该理解为时空线呢，还是应该理解为连接潜在“状态”的管子呢？这个相互依赖性把我带到了松野和佩顿已经提到的信息和语言的主题上，特别是名词和动词的辩证关系上。像“状态”这样的名词，像“处理”这样的动词，它们相互产生了对方——短语把它们连接起来了，片面的状态描述使得我们只能够用被动语态来说话。也许信息变成了动词，或者动名词，就像佩顿所说的那样。毫无疑问，“信息思想-综合体”是一件非常令人着迷的事情！（1998年2月5日）②

达尔瓦斯（Gyorgy Darvas，即 Gyuri）：古典物理学（还包括量子物理学）为封闭的系统用公式表明它的“规律”。因此它是不是也用于熵，以及用于信息。考虑到细胞（或者任何生物学实体）是一个开放的系统，在它的环境之内交换物质、物理等属性。一些现代（较不流行的）物理学书籍涉及了这些主题：我们必须考虑如何采用我们的规律应用到这些开发系统中（依靠同他们的环境交换的种类），包括用于熵和信息。因而，从物理学方面（和从信息方面）对细胞的观察是一个特殊的研究主题，它值得我们付出时间和精力。

物理学和信息可能是另一类研究主题（例如，那些为物理运动制定的速度限制并没有限制信息传输的速度，这也许会产生特殊的影响，但还没有被充分地讨论）（2001年12月19日）。③

伊甘别尔德耶夫（Andrei Igamberdiev）：只对信息的物理学背景做一个简单的注解。我认为，考察使得信息传递成为可能世界的物理机构的可能性是重要的。物理结构也确实使得原子、生命和意识的存在成为可能。但一般而言，这和物理主义观点相去甚远。我想指出的是，信息不仅仅是一个选择（否则它将没有任何信息的真实性），同时它还是有关做出选择

① Marijuán P C. Information, Thermod. & Phys. http://fis.icts.sbg.ac.at/mailings/0064.html [2009-6-2].

② Marijuán P C. Info Phase Transitions. http://fis.icts.sbg.ac.at/mailings/0079.html [2009-6-2].

③ Darvas G. Re: Disconnected Points. http://fis.icts.sbg.ac.at/mailings/0383.html [2009-6-2].

的消息。这种选择的结果含蓄地包含在信息中，借助信息选择得以发生，那就是为什么信息拥有“记忆”（按照苏格拉底和柏拉图的说法）特征的缘故：知识是对完美法则的“记忆”（2002 年 5 月 14 日）。①

埃贝灵（Werner Ebeling）：对我来说，**信息不是一个物理概念，它没有包含在物理学的公理中。在第一个生命系统出现在地球上以前是没有信息的。在我看来，信息处理总是至少与生物社会技术系统间接相关**。对我来说，了解绝对独立于生命的信息处理系统将非常有趣。归纳起来，我认为这种讨论令人倍感兴趣并极为有用，但有时我们仍不得不回到我们的地球上来（2002 年 5 月 30 日）。②

马里胡安（Pedro C. Marijuán）：我基本同意由路易斯、约翰和安德烈所做的评论。确实，从物理学上说，围绕着分子识别的概念之路还远未被恰当地认识。对现象的锁–钥数学图像非几何化，突出识别和随之而来的“黏合”两者的摆动/共鸣/节奏特性，对构建一个与量子力学世界的基本过程连在一起的简单图像来说是关键的。谁知道这是为什么呢？它确实存在——在奇异的包括库仑定律、氢键、永久和诱导偶极、范德华力和包括疏水相互作用在内的分子动力学中——基于对称的分析应该尝试性地把分子识别现象（例如蛋白质）放在一个适当的量子力学基础上。事实上，“分子识别”问题将赋予比蛋白质–折叠问题很高且十分高的复杂性上。

然而，我不同意安德烈做出的把第二定律的非有效性作为宇宙的一项基本法则的进一步评论。尤其，如果一个人意识到，在普朗克‘领域’之外，有斯墨林（Lee Smolin）、彭罗斯（Roger Penrose）、霍金（Stephen Hawking）的研究，为了使存在有一个合理的说法，“熵”是当代量子宇宙学家很少还在使用的一个概念。假如不同意原理在科学中的作用（并且明显从经验上不同意），我建议我们延长这次浩大的讨论直到我们组织一次特别的“信息物理学”会议——这实际上是一次迟到的讨论。在此期间，我提议把依格尔的帖子作为一种更加审慎的说法，也许到目前为止，它离那些物理–符号的观点还不是太远。（若可能，由安德烈和依格尔二人组织一次会议如何？事实上已组织了量子信息学会议。）

斯托尼尔已经把熵–信息的关系放在了信息物理学的中心，莫拉尔威茨认为，除了泡利之外，对于单一的“比特袋”（for a unitary “bag of bits”），

① Igamberdiev A. RE: Info & Physics. http://fis.icts.sbg.ac.at/mailings/0478.html [2009-6-2].

② Ebeling W. Re: Again on Physics, Entropy and Information. http://fis.icts.sbg.ac.at/mailings/0578.html [2009-6-2].

其他部分把“不确定性”当作了一个基本的时空界限。如果我们能够像为生物信息分析建立的分子识别那样，把信息、对称、物质、熵、不确定性等作为一组中心现象来建立起信息物理学，那将是十分美妙的（2003 年 9 月 16 日）。①

马里胡安（Pedro C. Marijuán）：我简要地对以前的帖子做一个回应。关于热力学熵和信息的关系，它确实是一个相当复杂的问题。一方面，我用温度的概念（一个源远流长的事实）加入了约翰的评论，另一方面，**我非常喜欢把“流”往信息概念上推演**，而这是林书坤提到的方法。他的刘易斯函数提醒我要对由斯托尼尔建立的熵和信息之间的关系给予充分的注意——但他没有破坏计算关系，但斯托尼尔却破坏了（我认为破坏了整体方法）。在几星期前的帖子里，我提到了像由斯墨林、霍金、彭罗斯这些量子宇宙学家进行的量子熵的“比特”解释——而这就是我对林书坤方法的解释：在能量载体的状态空间上，什么样的熵测量是我们的“比特”损失呢（2003 年 10 月 17 日）？②

就信息和物理学之间的关系问题，人们对其中的信息和熵、信息和量子力学之间的关系问题特别钟情，为此，“信息科学基础论坛”之后就这两个专题又进行过专门的讨论，鉴于篇幅的关系，在此不再多做介绍。

17.3 生物信息

对生物信息的看法，在“信息科学基础论坛”中也是一个经常讨论的话题。需要注意的有三点：①这个论坛对世界目前流行的以计算机技术和数理统计学为基础的生物信息学并不认为是一门真正的信息学，出现在这里的关于生物信息的讨论都是从生物学本身为出发点的；②讨论中有一个极端的观点，认为整个信息科学的研究应该仅局限在生物信息（包括人类信息）的范围内，当然也有不少人对此提出质疑；③对生物信息的思考后来引发了费希尔曾在 1930 年代提出的“细胞–大脑–公司”之间的关系问题，论坛主持人之后提出了一个以“细胞–大脑–公司”为整个信息科学基础的建议也值得玩味。

① Marijuán P C. Re: FIS Continuing the Session Molecular Recognition and Inviting Papers on This Topic. http://fis.icts.sbg.ac.at/mailings/1106.html [2009-6-2].

② Marijuán P C. Re: FIS Concluding the Session. http://fis.icts.sbg.ac.at/mailings/1148.html [2009-6-2].

马里胡安（Pedro C. Marijuán）：比较而言，某些学科在其发展的中期会有一些重要的新事物出现，即允许某些兴趣点的跨学科融合建设。任何一个关心分子生物学–神经计算发展的人都将不得不承认，关于信号系统、第二信使、蛋白质降解、凋亡、营养互动、细胞骨骼、流动组织、个体发育进展、神经元突触以及神经元成像等诸如此类的消息，都在以生物学的方式优雅地、完整地传递着“世界的存在”这个概念。实际上，那种汇集刺激出了相当多的合成尝试（桑塔菲的“复杂性工厂”每个月都会有一种新“产品”面世）。

对于信息科学而言，当前大多数的合成是不能令人满意的，它们缺少对信息现象细微属性的考察，并缺乏同其他领域的思想和知识进行联系。这些问题始终提醒我们，只有思想上的扩展才能带来进一步的研究。“信息科学基础论坛”团体的智慧能不能取得重大的进展呢？这种质疑对我们的习惯是一个不小的挑战。

就我个人而言，一个新的、重要的、具有巨大迷惑性的信息难题是：“阴性”强度和范围呈下降趋势的现象无可避免地伴随着自我生产活动而出现。生物学家最近 5～8 年来完全忽视了这个事实，但现在它又流行起来了。这个奇怪的现象加上“自组织危险度”，还有细胞信号系统的新研究一起促使形成了一种新的信息混合思想，并且这种思想已成为各学科间感兴趣的地带。

包括易消散部分的合成物之间进行的通信在内，将扩展了的信息理论（即沃尔夫冈所说的统一）进行形式化看起来并不是什么重要的事情。也许这是另一种符号在起作用的方式。最严格（坚定）的预测是：生态细胞刻画了细胞自己的“大脑”、细胞符号系统，从而能够在他们自己的组织内部使用语言以及在诸如消息传递上取得一致的操作。无论如何，这都是一个我要在此讨论的问题。特别是假定（如果）佩顿等同事们能够带来相当多的其他具有跨学科的关联性生物信息问题。

我已经反复说过，目前我对本体论思想存在着很深的怀疑。当一些学者在理论物理范围内讨论结构实在论时，他们认为“在一个成功的理论中，实体（经常表示为数学结构）间的结构关系甚至比实体本身更为真实。”除去以前对粒子和波的怀疑不说，可能这是目前我们可以依据的关于“量子”存在最自相矛盾的说法。

不只是哲学和宗教，另一个可以对现代科学观做出贡献的人类活动领域是艺术，特别是文学和绘画。对生活的直觉和自我毁灭的冷酷都可以在一些研究者的作品中完全且优美地表现出来（1997 年 12 月 16 日）。[①]

佩顿（Ray Paton）："信息科学基础论坛"讨论的一些帖子已经涉及生物信息，我发这封邮件的目的是引起大家就生物信息进行进一步的讨论。

（1）初级问题：一些问题在我们很小的时候就被问到过，但在成长的过程中却没有人能够回答我们，而在我们成年之后发觉仍然没有人能够回答我们。它们包括：①信息是什么？②信息不少于观察的结果吗？③什么是生物信息？④生物信息中的信息与信息物理学家们讨论的信息不同吗？

（2）生物信息的类型：它服从于奥卡姆剃刀吗？就像生物学家一样，让我们进入"采样阶段"。我们通过一个收集很多种信息的篮子进入了生物–地理–化学–物理学的世界。于是，我们发现了所有的合适例子：光子、电子、质子、孤子、水声，甚至还包括机械信息，如力的传递形态，这里面包括很多化学离子、分子、超分子。有没有办法把所有这些类型综合到一类中的方法呢？是细胞在应用着信息，还是我们从外界将信息强加给了系统呢？我们应该把这些"东西"放到不同的篮子中吗？

（3）生物信息：一个历史的错误。生物系统中信息概念的出现可以和 20 世纪四五十年代的科学文化发展相联系——在信息论、形式语言、计算机科学等学科里，那时出现了编码、讯息、转导等概念，由于翻译的时候要进行替换，也许是这些文本和语言的隐喻提法起到了作用。把基因组看作程序的说法过于简单了。最终，这种方法简单地促进了句法研究，但有没有语义学问题呢？除了哲学的梦想之外，语义研究什么也没取得吗？

（4）生物分子和细胞信息：这里有一些值得讨论的问题。细胞是非常聪明的系统——模式识别、信号转导、改变、预期等，这就是一些生物分子问题——例如信号蛋白质。从化学方面看，我们可以认为狄恩酸不仅是愚钝的，而且是哑巴的。也许它的"聪明"之处就在于它有着三维形态。细胞信息的处理不仅仅是个计算问题，我们如何对它进行评价呢？**假如可以将细胞看作是一个分层系统，那么信息是如何在不同层次之间进行流动的呢？信息是否在一个层次上代表着一些事物，而在另一个层次上却毫无意义呢？**

（5）类比：数字的–连续的–离散的–整体的–部分的。细胞是否可以认为是一个混合的计算装置呢？例如，存在很多关于把"钙"信号作为开

---

① Marijuán P C. Tech. Note & Comments. http://fis.icts.sbg.ac.at/mailings/0034.html [2009-6-2].

关、云、烟的讨论。是不同的次数导致了不同东西呢？还是不同的东西需要不同的次数呢？这就引出了细胞之间对环境的敏感性问题。

（6）信息、物质、能量和测量：主观主义的态度。我们如何能够开发出解释这种观点所需要的智能工具呢（1998 年 2 月 13 日）？①

钱德勒（Jerry LR Chandler）：信息的本质问题已经被广泛地争论好几十年了。就信息和生物学关系进行了非常清晰认真地思考的是米勒教授，他在自己 1978 年出版的《生命系统》一书中，就系统地讨论了生物学和社会系统中的信息等级的结构问题，并根据香农的公式经常诉诸于定量化的表述。在 6 个层次、19 个子系统的基础上，米勒教授对信息构建的有序发展进行了系统的分析并加以综合。

（1）**关于沃尔纳坚持的"没有什么信息可以独立于生命是人所共知的"这种看法是对的**。当且仅当人们认为整个宇宙是相互联系时，每一个事物才是相互联系的。所以，生命和宇宙中的每一个事物都相互联系着，反之亦然。在系统逻辑（整个宇宙就是一个"系统"）这一层面上，我赞同这种看法。从数学的观点来说，把那些同现实世界松散地联系在一起的变量分立出来，这种"完全独立性"的柏拉图哲学是需要的。那些对信息在生物学中的作用充满好奇心的科学家所面临的一项任务，就是要懂得这些和现实世界松散联系的变量在什么时候是重要的，在什么时候又是可以忽略不计的。我补充一下，从传统上看，物理学和工程科学都忽视了这些系统中的松散联系，因为数学方法很难处理它们（例如，用量子力学计算蛋白质分子的信息（构造））。因此，独立的"秘密"可以视为分析方法和工程科学成功的一个必要信条，也是在实用主义的世界中人类行动必须遵守的信条。所有生命系统都是和生态（直接环境）紧密相连的，而且也都对生态（直接环境）的许多变量的初始状态反应灵敏。这个有机体与其生态的松散联系和它的直接环境对于有机体获得维持自身所需的营养是绝对必要的。

总之，对物理学和工程科学团体来说，要坚持"完全独立"可能是个谜，但米勒教授的著作认为，这个联系在生物学和哲学界已经得到了广泛的认可。

（2）**生物信息中的信息概念和信息物理学家讨论的信息概念是不同吗？**是不是另外一种语言？在我的心目中，语言问题比这里所提出的问题层次更深。

① Paton R. Biological Information. http://fis.icts.sbg.ac.at/mailings/0084.html [2009-6-2].

物理学的语言相当贫乏——几十个术语加上几十个公式就奠定了一个不错的学科基础。但重要的是，能否用这些并不丰富的词汇对人类活动也给予“完全独立”的描绘。举例来说，人们能否用物理学术语对一场音乐会、一首诗或者是性欲进行有意义的描述？或者，非线性变量间的松散联系是否会变成动力学占主导地位的“形式–创造”的源泉？

再举一个语言的例子。我们能否用身体中单个原子的行为来对一个人的意识运动加以“完全独立”地描述？封闭的系统机体（正如前面所讨论的）对于科学语言的形成是非常关键的。物理学的语言能否进一步扩展到能够描述生命形式呢？如果是的话，生命的物理学语言将会产生显著地不同于生物学和医学现有的语言吗？

总而言之，我们需要一种方法来区分物理学的实体材料和物理学家的哲学体系。这是一个困难的任务（远比数学更难，因为其逻辑是玄妙的）。松野（好几年前）非常聪明地建议我，对这项任务而言，守恒定律是一个很好的开端。有任何其他可能有助于我们进行这一分离（将信息从整个科学中分离出来）的开端存在吗（1998 年 2 月 20 日）？①

埃勒斯多夫（Guenther Ellersdorfer）：作为维也纳技术大学霍夫基尔奇纳“维也纳小组”的一个成员，我想在分子生物学的范围内提出一些有关信息理论的东西。

以狄恩酸为中心的主流分子生物学单单把信息的概念和遗传密码联系了起来。由狄恩酸中心观拓展的“生命理论”认为，复杂行为和失调（例如癌症）也可以用基因和它们的代理之间的相互作用来解释。当不能够用线性模式解释这种作用的时候，这种观点就不考虑多代理之间的协同作用。但这并不意味着细胞内的元素之间没有线性作用发生，或者科学家调查的那些情况不对。但我想说的是，仅用那样的线性观点来解释生物信息是不够的。所以，正是环境中的更加复杂的基因、蛋白质、代谢物和信号的相互作用定义维持了细胞的行为。所以，正是来自环境的基因、蛋白质、代谢物和信号间的复杂动态作用，才符合定义和维持一个细胞行为的基础。

因此，**发展“细胞的信息理论”是必要的**，它解释了在特定约束下的一个细胞是如何发展特殊属性的，这些属性定义了例如组织中的功能，或者使得单一（细胞）个体依靠适应特定的现实得以存活。

对于那样一种生命实体的多层次观点探索来说，它强调了细胞内的一

① Chandler J L R. Re: Biological Information. http://fis.icts.sbg.ac.at/mailings/0093.html [2009-6-2].

个额外的信息网络，它把所有现有的代理综合到一个高度有组织的信息状态。这个信息网络具有渐成性，它强调了这样一个事实：它存在于我们已经很好地理解了的基因网络之旁和之上（1998 年 4 月 14 日）。[①]

肯普夫纳（Roberto Kampfner）：从罗伊最初对生物信息的质疑开始，对细胞信息处理（或者更广泛地说，生物信息处理）不仅仅看作是与“计算”有关的看法对我而言是关键的。作为处理信息动力学的一个主要部分的信息学说——我主要指早期在物理学和信息研究的背景下——看来似乎与生物信息处理尤其相关。特别是它给上面的问题提示了一个答案，因为它表明生物信息处理分享这些功能，支持这些功能蕴含的过程。对上述问题而言，它特别暗示了这样一个答案：它认为生物信息处理共同分享着它支持奠定的那种功能的过程。例如，蛋白质综合是一个具有强大信息处理内容的生物化学过程，我们把信息内容解释为基因编码的阅读。从这个意义上说，生物信息处理不仅仅是一个“计算”，而和它（是什么呢？）还密切相关。

由于信息处理发生在生物组织的不同等级上，所以，若把信息处理视为功能的一个主要部分，这就产生了埃贝灵的论述：真正的问题是信息怎么从这些形式中的一种转化成了另一种。它也和钱德勒所陈述的，在不同级别组织的结构之间如何定义它们的相互联系有关。

我用来探讨把信息作为功能的主要学说的观点或框架是，**把组织的低层次过程作为高层次信息处理的基础结构**。例如，生物信息处理，使用物理和大分子过程作为基础结构的一部分（这矛盾吗？）。然而，为了支持细胞、机体、种群和群落水平上更高层次的功能，也要使用和它们的动力学或过程相关的额外形式或结构。

像埃贝灵一样，我也欣赏康拉德的关于生物信息内容的说法。过滤网络结构特别有助于解决不同层次的信息和相互信息处理的问题。这个结构考虑了三个主要层次的生物信息处理，具体效果在这些层次间向上或向下过滤。例如，从微观层次（亚原子和原子）到中观层次的过滤，量子加速就影响到了大分子层次。大分子然后就给信息处理加上了可塑性、特异性和适应性。这个新效果过滤到宏观层次，在那里与环境的相互作用就发生了。

我认为过滤网络结构揭示了把信息作为功能的一个重要部分的某些方面，它有助于把计算和生物处理（包括社会和组织处理）联系在一起，

---

① Ellersdorfer G. Late Contribution to Biol. Info. http://fis.icts.sbg.ac.at/mailings/0116.html [2009-6-2].

而且进一步解释了信息和功能的关系。这个信息作为功能的一个重要部分的观点也给钱德勒提到的组织层次之间映射功能的本质带来了曙光。

我个人认为，层次映射的本质是：某种符号信息处理在一个层次上对它紧挨着的下个层次首先变得清晰了，而这对一个统一的信息观来说也是关键的（1998 年 5 月 11 日）。①

马里胡安（Pedro C. Marijuán）：亲爱的钱德勒，在回应您最后的两个发言（抱歉延迟了）时，我打算把这些主题分成四个独立的单元来讨论。

（1）信息和生物化学：按照您的看法，把物理和生物化学的方法应用到生命现象（和生物信息）中，我看这和 20 世纪 80 年代末发生在人工智能和人工生命的实践家之间的讨论非常类似——这是我发在前面的一些帖子中一些问题的基本含义。尽管前者，也就是人工智能中“非生物力”的方法在“逻辑”上是正确的，这和您已经争论的生物化学系统计算、映射函数一一对应具有同等的意义，但结果证明它是一种和增加神经（生物）处理的知识几乎没有任何关系的方法。布鲁克思（Rodney Brooks）非常好地表达了为什么一种新的计算方法（人工生命）是必需的观点——如果人工生命的进一步发展真正实现了它最初设想的话，他们的新战略显得丰富多彩则是另一回事。我把布鲁克思的帖子概括为“对无限的反叛”：在任何逻辑代理和自然环境的复杂性遇到一起的时候，人工智能不可能逻辑地管理多种涌现的无穷性。

或许同样的情况在这里也会发生。例如当您试图“计算”一个酶是怎样折叠时，怎么“攫取”它的培养基和转变它的电子结构（这两种情况都意味着一整套的电磁力、范德华力、氢键、疏水力、弱电作用等）时，您会一个接一个地发现无限性，更不要说成千上百亿计的分子如何协调它们各自的和集体的活动了（这就是为什么说分子生物学在很大程度上仍是一种经验主义和实用主义的一个原因）。任何总是能够给出合乎逻辑的“动力计算”的进一步解答都等同于掩藏在地毯下面的摩擦力一样。正是由于复杂性的完全展示，才可以从酶上升到令人惊讶的生命“信息处理能力”（包括神经处理和智能），不是从任何其他（还不知道的）一种惰性化学物质。事实是，“驯服无限”一直是细胞和有机体的常规活动（我们可以想一下上万亿个相互联结的神经过程的数学图形）。

我认为您从自己的生物化学观点的说明是完美无缺的。但是它或许如固体物理学关怀我们身边的这些聪明的计算机的工作规律（原理）一样，

① Kampfner R. Re: Biological Information. http://fis.icts.sbg.ac.at/mailings/0103.html [2009-6-2].

它和生物信息的更深层次的组织有同样的相关性。克服这一系列的大量障碍的生物学计谋——很少相关属性的一种“诱骗”——完全没有必要服从于非生物力（逻辑的）方法。

（2）水：这个物质不仅仅是“质子的来源（因为它在分类上属于生物化学作用）”。在最近的一个相关评论中出现了一个基本上还未回答的问题：水的结构是如何同大分子、溶解离子和胶质粒子相互作用的。水的令人惊异的溶解、黏滞、绝缘、电磁和水晶属性，它们在生命活动中总体上作为一种粘胶（这让我们回忆起了罗伊所寻求的东西）持续地产生作用。

是质子的来源，但也是基因折叠的媒介，在每一个酶功能中都是一个积极的角色，多种生物物理-电磁过程的基础，但最重要的是，它还是生物信息处理中巨大的相互连接工具（回到和计算机的类比中，水解决了困扰超大规模集成电路设计这个可怕的布线难题）。在细胞内部和细胞之间，水都成了一个实际的在它连续的页面中包含有相关信息内容以供检索的“报纸”（这将引出如何分析组成信息的故事——但是它太长了）。

（3）存在与缺失：很多年前我做了一个非常简单的校准酶功能的自动模型，它的输出是一个对应一系列的二进制输入（培养基和受动器）的二进制序列（只有 0 和 1）。好，有人问我，输出的每一个比特所含的信息是多少？我知道“0”只代表不存在，所以就是 1 比特。但是，“1”的背后有上面所有有关酶的不可描述的功能的内涵。但是，就“1”来说，“0”差不多真的是自由信息吗？

我的延迟的回答是被细胞的多产机制（例如，由于具体的酶不再给蛋白质合成产生一个响应）充满了“功能空缺”思想耽搁了。所以，在细胞之外和之间的通信游戏中，缺失可能具有一个真正的信息内容——这就暗示着“0”包含的意义可能比“1”更丰富。换句话说，这意味着在信号（信息）过程与基本的生命产生和分解活动之间具有必要的连接。但恐怕在这些讨论中，我已经谈到了信号信息和自身结构（自组织的危险程度和自生成生命系统的片面性）的平衡之间产生的联系，并且不想再进一步地坚持了。

（4）细胞的语言：不幸的是，何塞和我所做的工作还刚刚开始，我们关于把“分割”作为细胞信号系统形式描述工具的可能性探索刚于几个月前才开始。但是我们非常感谢您的有思想的评论和质疑，因为它们是从一个不同的视角来看待我们的研究的（1998 年 5 月 19 日）。①

① Marijuán P C. Miscellanea. http://fis.icts.sbg.ac.at/mailings/0109.html [2009-6-2].

17.4 社会信息

社会信息这个概念现在已被不少人文信息研究者使用着。“信息科学基础论坛”上关于社会信息的讨论认为，“社会信息”是关于“社会的信息”。按照一般的看法，这种“社会信息”也可以叫作“人文信息”“文科信息”，即人类关于社会（而不是自然）的认知结果。

表面上看，社会信息涉及社会学问题，但信息问题在社会学中的地位并不比政治学等学科在该学科中的地位更高。早期的社会学研究容纳的大部分问题是和自然科学、工程科学相对立的。但现在的社会学，其主要研究内容，是自经济学、法学、哲学等学科从社会学中独立出去以后所剩下的相关问题，主要集中在民族、社区、婚姻等问题方面。但近年来的社会学中有很多是关于（社会）信息问题的研究。因此，当我们谈到社会信息这一概念时，许多人认为它必然是或仅仅是和社会学相关的，实则不然。“信息科学基础论坛”上 1998 年出现的这次大规模的关于社会信息的讨论，其核心观点是：一个社会的价值（values）、伦理（ethics）、道德（morals）（简称为 VEMs）是该社会的社会信息载体，它们相当于生物学中的狄恩酸、蛋白质等是生物信息的载体一样。

阿尔蒂贾尼（Bob Artigiani）：如果信息是一个观察者对于世界不确定性所减少的数量，那么社会信息就是（一个社会）对社会不确定性所减少的数量。我知道你们当中的某些人一定会对这种说法感到不悦，因为你们深信，只有人类（而不是社会等）才能成为观察者。我认为，观察只是简单的相互作用，这种相互作用可在任何元素与系统之间发生，前提是必须存在着一个能量梯度。这种相互作用的纪录和痕迹会保留下来，但只有在能量流越过边界从而发生某些显著结构变化时才有可能。每一个相互作用的纪录都提供了一种被观测到的地图，它是在定义观察结构时内在成分与相互作用的改变。当与信息有关的结构属于生命系统时，如果它不仅仅指人类，那么，神经网络或者与大脑相关的类似组织都将发生改变。这些物质媒介存储了关于有机体与它们的世界相遇的记忆。

社会也存储记忆，但通常不是以物质媒介形式来存储的。当然也有一些诸如工具、艺术品和文献等形式的物质纪录。但是，社会通常利用仪式和习俗、社会角色和制度、语言和神话等方式来存储信息和记录世界上的相互作用。例如，社会角色意味着它是变化了的人类行为，这些行为本身存储着社会信息。当然，由于个人原因，人类也能自发地改变他们个人的行为。如果我们想象一下，自发改变的个体行为是孤立的话，很显然，这些改变的纪录可能被分别保存在他们的大脑与身体之中。然而，如果这些个体是社会成员的话，那么他们的行为改变会如何和是否会影响到别人的生活呢？然后这些行为的纪录将会存储在外部系统中，如符号系统和有组织的集体行为中。由于它是关于群体的，而非群体当中个体的信息需要被存储，存储的介质也会发生改变。

这些纪录的存在说明，**关于社会群体对（社会）信息的存储与基因与组织对生物信息的存储在本质上是不同的**。尤其是当你具有盎格鲁血统的美国人那样的敏感性时，群体通常并非总是容易被觉察，但只需要很短的时间就可以理解社会是如何自组织的。一方面，社会影响世界与它的成员，这两者又是处于永恒的转变之中。如果事实如此，**自组织社会的结构本身就是社会信息的化身**，因为通过复制的仪式与习俗，社会角色与制度，语言与神话，社会结构记着了一个群体减少了多少有关一个环境转变的不确定性。

当相互作用的人类数量超过一定的阈值时，人类突然形成了一个超越各部分之和的相互关联的整体，这时，社会的自组织就会产生。这并不神秘，因为，如果人们之间的协同作用将会释放能量到环境中，将产生一定的并不与原因成比例的效果，但从环境中得到的反馈将会选择整体。人们通过自底向上的相互作用一旦形成组织，社会将对它的成员产生自顶向下的效果。通过纪录它对世界的认知，整个社会得以自我维持。这不可能在人的大脑和身体中完成，如果这样的话，我们会有很多关于你和我的信息，但却没有关于我们能够共享的信息。最明显的例子就是农业的发明，它释放出能量来维持一个陷入它自己制造的笼子里的人口爆炸。因为爆炸的人口不可能通过遵循它的生物指令维持自身，它只能通过农业系统来维持。

为了维持农业系统，把信息传播给所有成员是必要的。这些信息描述了他们必须限制的可能行为的数量，包括从生物学上来说对他们有利的一套约束行为，包括争斗、迁徙、交配、睡眠、饮食等。后者是基本的，因为只有通过实行选择性的行为，维系一切的社会网络才能重构。只有依靠挖沟开渠的人们不考虑自己有多么的劳累，或者不计较他们的劳动回报有多么的菲薄，耕地的人才有可能用水浇田以使庄稼成长。同理，士兵、誊写员与工匠才能在挖渠者的工作上执行自己的任务。

意识到生物并不需要挖水渠这一点是很重要的。早期文明的成果几乎没有诱使人们投入这种永无止境的劳动。人们完成他们的工作是被社会责成和强迫的，这也是为什么斯宾塞称早期形式的相互关联的人类行为是强制性合作。被限制到一套狭隘的外部决定的行为正在扮演着社会角色，而它们是个人所属的整体所决定的。**社会角色记录了社会所知道的集体环境（信息）。**

作为社会成员，人们通过吸收存储在自身结构中的信息去学会扮演各自的社会角色。社会角色向人们传播的方式，起初是通过在群体事业中成功地重复扮演一些角色，具有代表性的是舞蹈或游戏。随着时间的推演，它们演变成了仪式和习俗。一旦适合社会角色的行为变得清晰时，他们就可以通过击物和呼喊而制度化。击物和呼喊并不是精致意义上的交流，但它们却相当有效，尤其是当人们被限定在特定的行为中时，此后只是简单的重复。在稳定和良好的环境中，能够自组织的简单社会系统，通过将人们严格地限定在很久以来已经规定好了的行为中而维持下去。

当个体改变自己的行为时，他们有时候会发现这是探索自然的有效方法。而日益增长的资源流动，需要更加专业化的角色以及更加亲密的关系来处理（当然，环境变化也有相似的效果）。以代代相传的方式处理增长的流动来完成同样的任务显得捉襟见肘，因为还有新任务需要去完成，所以将用许多迥异的方法来执行。因此，越来越复杂的讯息需要发送。人们或许必须被告知去改变他们的社会角色，或因环境变动，他们起码要改变他们的输出行为。发送更多更复杂的讯息就需要发展一种新媒体。社会并没有确切地告诉人们应该做些什么，它只是赋予人们一种能力。凭借这种能力，人们不但可以勾勒出自己的社会角色，还可以判断这种角色变异的适用范围以及适用的强度。然后人们可以指导自身，继续与他们所依赖的网络保持互动。为了交流复杂的行为信息，仅有重复的讯息是不够的，新的冗余也同时需要。

对于那些自我指导的人们来说，在一个由不断变化的个体行为组成的社会中，他们需要预测整个集体环境对结构性改变做出反应。预测需要用到精神模型，在这种情况下被看成是个人所属的社会整体。作为一条典型的系统论公理，即整体可以观察局部，但局部不可以观察整体。因此，提供具有上帝之眼的观点并不容易。但是，当价值（values）、伦理（ethics）、与道德（morals）形成了可供利用的手段时，它们从符号上就代表着道德意义的终极状态，并提供着趋于远离的规则。依据规定的规则，对终极状态的追求引导人们去判断他们自己的行为，并在选项间进行有意义的选择。价值–伦理–道德（VEMs）在符号上也代表了社会成员扮演的角色，这些角色自身又是社会所创造的行为代表。

作为对世界进行映像所形成的行为图谱，**价值–伦理–道德是社会信息的精髓**。因为它们并非是个人经历的记录，它们可以通过愉悦或痛苦的感觉进行交流。价值–伦理–道德是一种新的信息。不论是好的还是坏的知识，价值–伦理–道德都象征着行为的意义，并以对社会有益的行为标准给自己的愉悦和痛苦套上轭具。价值–伦理–道德只有在社会从游牧猎人阶段转向稳定的（sedantic）农耕阶段之后才能产生，只有在个人行为有可能产生集体效应的环境自组织之后才能产生。当然，这个作为社会整体的环境和倾向于维系它的行为都是好的，而倾向于动摇它的行为都是坏的，由于构造了一种环境信息，价值–伦理–道德使更加复杂的社会进化便成为可能。包含在信息中的讯息更为可靠，因为它给接收者提供了如何解码的线索，从而增加了发送者的意图实现的概率。当通信系统改进时，社会系统可以达到更多的状态，处理更多种源流，并对资源进行更为有效的利用。但是，可以想象，可靠信息的获得取决于给决策者提供能够提升他们社会地位和声誉的能力。因此，价值–伦理–道德可比喻为潜望镜，它记录着一个社会关于其环境的不确定性的减少。通过约束人类的行为，价值–伦理–道德把这种不确定性保持在最低水平。这种信息同样也可以帮助人们减少自身与他人的不确定性。价值–伦理–道德证明，存在的社会信息是一种减少了的不确定性的数量，它不存在着代理人。社会信息不应该具体化，同时它什么也做不了。但它的确记录了新观察者做出的有关社会系统的涌现，而不是有关生物学系统、化学系统、或物理学系统的涌现（1998 年 9 月 24 日）。①

施托金格（Gottfried Stockinger）：总的来说，从一个观察者的角度来看，“*I*”在这里作为有序度的度量（行为模式确定性）。它意味着，一旦社会发生变化（没有秩序），信息（关于秩序的知识）将会减少②，这样又产生了不确定性（相对于某个系统的观察者）。我们知道，一旦发现无序与不确定性时，系统自己又增加了它们的信息（关于自身的知识），即使观察者没有意识到增加的信息流。在提到的这种情况下，内在的信息处理较多的是变化的主题，而有序的主题则较少。**信息在这里充当了制造差异的差异**。在与这些或就这些差异进行通信时，系统就可以实现自组织。为了与阿尔蒂贾尼的理论建立联系，我们或许可以引入一个“内在”的观察者，一个“自我”。它构成了一个好像位于系统边界之内的信息处理器。

---

① Artigiani B. Re: Social Information. http://fis.icts.sbg.ac.at/mailings/0146.html [2009-6-2].

② 我认为，此处应为增多（increase），而不是减少。

在持久的传播过程中，仪式、角色等由信息构成。角色等不是永恒的，它们通过传播对社会进行质疑而发生变化。所以，我认为一个人应该集中在传播过程上，集中在它如何建构与解构社会习俗和角色等方面上。当变化过于迅猛时，角色将变得毫不相关。

认为社会结构由习俗（仪式、角色、规定等）组成，作为一种社会事实，我并不赞同。但我想看一下这些“习俗”与“模式”自己是如何形成是值得的。它们并没有在“较小的”模块中解体，而是在通信行为中解体了。这样来看，**社会学理论更有可能与信息理论发生联系，从而集中在信息科学基础的话题上**。但这并非是唯一的优点：看看由通信行为而不是个人构成的社会，就会更容易发现不同于从心理学层次发现的新特征。从这个意义上说，人类不属于社会系统，而是属于环境。当他们“本能地”地脱离“角色”“颠覆惯例”，做一些与社会“不适宜”的事情时，它们就会经常令系统“愤怒”。

协同作用是由系统产生的，对吗？它们不属于人们，而属于它们的相互作用。如果相互作用停止了，系统就会崩溃。

我不认为信息被同化了。信息、行为是主动的，它们具有转变价值与行为的能量。它由“物质”社会构成。

行为的变异经常发生，但不是所有的变化都会被选择而进一步加以运用。大部分会被忽略。它们不“适应”环境，所以不能“生存”。如你们所述，因为有一些更加有效的方法被发现了。对于没有被选择到的变化发生了什么呢？它们消失了么？

价值，伦理、与道德的确在某种意义上标志着一个社会的进化。但是，它们通常与世界上涌现出的新生活方式发生冲突。并不存在一个固定的价值–伦理–道德结构将社会凝聚在一起。它们的指示与命令并不发生作用。但是，即使社会没有变得“更遭”，世界大战也远离我们的视线。“新”世界是先依靠对价值–伦理–道德差异的认知，然后再遵从它们而凝聚在一起的。“识别”不是一种价值观，而是由信息能量控制的复杂的大众传播过程的产品（1998 年 9 月 25 日）。①

维拉罗埃尔（Morris Villaroel）：我不大赞同阿尔蒂贾尼和施托金格的观点。当然，鲍布的文章是相当有价值的，因为他涉及社会信息问题的核心（至少我这么认为），但我觉得他的解释应该追溯得更早一些——我的意思是，他认为社会信息与复杂的、特定的社会角色（及价值–伦理–

① Stockinger G. Social Information-2. http://fis.icts.sbg.ac.at/mailings/0147.html [2009-6-2].

道德）相关，但几乎没有考虑到前社会形态——群居（Bands）和部落的存在。他的关于农业起源的意见是把双刃剑：在相当多的情形下不存在食物的生产，反之亦然。整个部族都居住在特别富足的生态系统中，发展他们的角色（如在加拿大西海岸的蛙鱼渔场），等等。农业和耕作被“大灭绝”逼出来的重大发明，社会“约束”并非是首要的社会信息因素，也许自然界的信息“发现”也是。我的观点是，当这样的发现超越了口传文化的记忆限制时，社会（或其一部分）就跨越了社会信息的门槛从而形成了价值–伦理–道德（以及相应的等级、官僚机构）（1998 年 10 月 2 日）。①

维拉罗埃尔（Morris Villaroel）：首先，我总体上对你们关于价值–伦理–道德以及它在复杂社会中的角色的观点表示赞同。然而，就像你们自己所指出的那样，当我们谈到价值–伦理–道德的进化和社会信息自古以来就随着人类族群而创造和出现时，情况就变得复杂了。从我的进化生物学知识背景来看，我将更看重在社会网络中出现的交配体制的重要性。从这个角度而言，“万事通”不是必须的，而且我们可以假设，一旦异配生殖开始（大小不同的不成比例的配偶子之间出现交配）出现，有组织的集体就形成了。更不用说从生命圈阶段起就自动形成了组织（按年龄划分为儿童、青少年、战士、有智慧的女人）。

因此，**我不认可在原始部落中只有较少社会信息的说法**。社会网络可能在任何原始的“自然”组群（可能是等级制的）中找到，基于交配的优先权/选择和个人对外界知识的积累程度，它能对个体施加自顶向下的影响（如强制性合作）（1998 年 10 月 13 日）。②

马里胡安（Pedro C. Marijuán）：阿尔蒂贾尼最近在他的帖子里进行了雄辩的陈述之后，我不得不承认（再一次），关于社会复杂性进化的价值–伦理–道德观点的中心地位，价值–伦理–道德已经为我们的社会信息讨论假定了一个伟大的开端。它对于在适当性、道德、伦理、社会进化、意识、经济学等之间的联系也勾画出了一个轮廓，并且已经证明是一个了不起的催化剂。我也承认，不同学科的观点之间有这样几个星期的耐心交流和解释也是相当迷人的，同时也是必要的。但我们的话题并不时髦（至少现在是这样），支持撤退下来好像也不可能，也许将来情况会发生改变（1998 年 11 月 20 日）。③

① Villaroel M. Eco-Socioinfo. http://fis.icts.sbg.ac.at/mailings/0160.html [2009-6-2].

② Villaroel M. Eco-VEMS. http://fis.icts.sbg.ac.at/mailings/0167.html [2009-6-2].

③ Marijuán P C. Social Complexity. http://fis.icts.sbg.ac.at/mailings/0218.html [2009-6-2].

17.5 其他信息

我们已经说过，信息问题涉及当今所有的科学学科和社会生活，除了从学理方面讨论的上面的几类信息之外，论坛中还讨论了很多其他类型的信息问题。下面挑选出若干发言来展示世界各国信息科学研究者对其他一些信息问题的关心和看法。

伊甘别尔德耶夫（Andrei Igamberdiev）：我乐意提供一些关于音乐的一般观点。从信息的观点看，音乐可以被看作某种知识。但在真实的客体之间，这种知识不具有“确定”关系。它是一种关于世界的总体知识。音乐可以被看作对声音的无穷（潜在领域）集合到有穷集合的一种反映。和艺术比较起来，音乐在时间上进行了延长和组织化，这是它的优点（2003年5月21日）。①

希门尼斯-洛佩斯（Elohim Jiménez-López）：我是否可以认为，当我在听贝多芬的“致爱丽丝（Für Elisa）”时，我在从事某种信息接受活动吗？

在清晨，我选择一个讯息来唤醒我；而在夜晚我上床休息的时候，我同样拿它来听一遍。这里的信息是一样的吗？

就贝多芬写的音乐说明而言，当我作为一个听众的角色时，或者是试图担任一个解说的角色时，其中的信息是相同的吗？

我们永远也无法知道，当贝多芬在写他的音乐的时候，他试图要向听众传达一种什么样的信息。假如信息总是一样的，我们无需去关心它的意义吗（2003年6月2日）？②

马里胡安（Pedro C. Marijuán）：我认为“信息”在以三种不同的方式被使用着：要素型（constitutive，如我们可以见到和分析的医学-化学-热力学材料组织）、生成型（formative，如我们赖以生产或制造整个物品的编码或蓝图的关键）、通信型（communicational，如在细胞组织、有机体或人类个体等通信代理间交换的信号以及共享的一系列战略、规定或语法）。

① Igamberdiev A. What is Music? http://fis.icts.sbg.ac.at/mailings/1001.html [2009-6-2].

② Jiménez-López E. I do not Find the Objectivity of Music. http://fis.icts.sbg.ac.at/mailings/1007.html [2009-6-2].

如果我们考虑一个细胞可能是膜、代谢网以及其他能够成为要素型信息（表现型，phenotype）的其他器官，狄恩酸的顺序是生成型信息（基因型，genotype），细胞间信使的随员是通信型信息。令人遗憾的是，这样的区别并不明晰，仍有许多重叠和关联。特别是依格尔和阿贝尔（他们那些令人感兴趣的观点我们可以在以后继续讨论）提出了要素型信息和生成型信息之间的基本联系（1999 年 4 月 26 日）。①

马里胡安（Pedro C. Marijuán）：以前关于“信息门”（info phyla）的讨论可能存在着令人感兴趣的交织。除了夏天以前讨论的内容之外，有一个关于那三个范畴（要素型、生成型和通信型）本身代表着某种初始的问题。

“信息门”这个词（汤姆和依格尔都使用过）看上去像是关于进化过程的隐喻：在信息王国中可以被用于区分三个独立的分支。但是，如果我们在一个更加“本体论”的环境中去领会那三个范畴，其他一些令人感兴趣的社会和科学问题就会浮现出来。

例如，在社会方面，看一下古代的宇宙论，我们就会发现，它们经常遵循的正是那三个范畴（例如天主教里的三位一体玄义——三个人集于一身，具有存在、生成、通信三重特性）。当然，其他宗教和宇宙论关于统一的世界观已经有类似的说法。

那么，在科学方面套用那三个分类，我们可以发现，构成分子、场、自然法则、直接通信、测量、可进化性等词汇的本体论假设的相似性。在进化中，我们尤其能发现与脊椎动物门组织发生作用情况的吻合（想一下与依格尔进行的关于消化通道和神经通道关系的讨论）。如果我们现在加上生殖通道，这样我们就发现了三个范畴。多少在那三个通道中形成的现实，提供了一个几乎无处不在的发生作用情况的组织与描述。请原谅我轻率的推测，但我们怎么能选择、理解和使用那三个信息种类或“信息门”呢（1999 年 9 月 17 日）？②

库姆斯（Allan Combs）：当然，似乎关于“一般进化”和自组织系统等信息问题属于“生成型”范畴，而形态学大体上和结构主义的描述（从现象学开始）是要素型的，一般生物过程可能初看上去是要素型的，但仔细考察后却发现是生成型的，宇宙自身以及意识（或至少是精神）也可能是这样。

但当谈论物质世界时，这似乎意味着与物理学所提供的“浅层的”解

---

① Marijuán P C. While Waiting. http://fis.icts.sbg.ac.at/mailings/0251.html [2009-6-2].

② Marijuán P C. Old Discussion. http://fis.icts.sbg.ac.at/mailings/0268.html [2009-6-2].

释有冲突，特别是与三大力学（three mechanics）的核心有冲突，可能那些现代物理学悬而未决的问题（测量、重力、时间流、第二定律）与不考虑生成和通信有关。在这方面，部分相互矛盾的原子物理学本体论看上去颇为令人着迷。

到此为止，能使用通信型信息和一个根植于其中的生成型特洛伊木马的结合为我们展开一下最后一个想法吗（1999 年 9 月 28 日）？①

巴纳西（Bela Banathy）：实际上我们有很多种方法来整合我们所假定的这三个方面的信息（要素型、生成型、通信型）。当我以前努力思索这个问题的时候，最有效的途径似乎是要考虑这些不同方面之间（之中）的需要关系。通常，当一个人打算做这一工作的时候，他会提出一些基于他所乐意接受的本体论假设的不同需要的继承关系。

我的本体论立场是，基于我对卡姆皮斯（George Kampis）和罗森（Robert Rosen）著作的理解，结果就导致了这样的结论：衍生（参照的或积极的）部分需要其他部分，而不是相反方向的需要。组成部分则成了对其他部分需要的最小关系。

一个经验主义者的立场可能会认为，通信部分需要其他各个部分。一个传统的还原论者则很可能会认为这三者之间互相需要，这是由于通信中的随机性或错误而导致的通信的矛盾。从以上这些各个不同的角度来探讨它们之间的关系是很有趣的，而且这些看法已经在西方历史和不是很西化的思想中受到重视。我们很可能会通过在这个方向上的工作来救赎关于复杂性的“科学”，或者，至少能帮助我们理解：对信息而言，为什么取得一致性是这么的困难（2000 年 4 月 24 日）。②

马里胡安（Pedro C. Marijuán）：尽管生物科学、神经科学和计算机科学（还有社会的和技术的变化）领域的很多新事物引起了信息现象的新概念，**也许我们应当聪明地把生命细胞作为“零点”系统来开始分析一切（以及后来的合成）**。

这种新的信息概念化很可能需要修订物理学的主要原则（四大力学核心：古典力学，统计力学，流体力学，量子力学）。关于因果关系、物质思考、知识、特性、适应性、效用性、合理性、价值等，也有一批物理学的和包括各种学科的许多想法。这种“机械的、深奥的”想法可能在信息领域需要一个公平的修正和一个更清楚的地位。

可以说，在科学被物理学统治了整整两百年后，一个机械论的非信息

① Combs A. Re: Old Discussion. http://fis.icts.sbg.ac.at/mailings/0271.html [2009-6-2].

② Banathy B. No Subject. http://fis.icts.sbg.ac.at/mailings/0285.html [2009-6-2].

学观点强硬地闯入了自然科学系统，而且坚持了很多错误的立场，它以阴险的代理人形式出现。把它们清理出去实在是一件艰难且漫长的事情（没有提及自然科学和人文科学之间错误的背离）。

就个别情况而言，也许是我们感觉已经在这些相关的主题上取得了实质的进步。但同时，我们可能应该共同坚持去揭示概念上的差别，并尽可能地公开这些差别。**在科学事业上，没有什么东西比“填补空白”更吸引人的了**（2001 年 12 月 17 日）。①

塔博尔斯基（Edwina Taborsky）：佩德罗提议，**把生命细胞作为开始分析（以及后来的合成）的“零”系统，由此来界定我们对信息过程的思考。关于信息过程，我的观点实际上是进行包括物理学在内的探索**。我把物理过程包括进信息里面，并且认为把物理过程作为封闭的“规律”而不是“规则”，这是一个严重的错误。换句话说，通过在具有固定规律和进化过程的物理结构的二维框架中进行操作，从而建立对现实世界的分析以及进化的过程，这对我来说是个错误。**物理过程对于进化是免疫的吗？**它们自己在“本质上”是存在的吗？或者，它们工作在生物学领域是为了以一种次要的形式发展吗？我们真的知道吗？我所关心的是，如果我们把物理学作为本质的形式——因为它的行为没有给生物学过程增添什么——因此我认为，我们可能误导了自己。我并不认为物理学是形式化的，即规律性的。

按照佩德罗所说，我们可能不得不修改物理学的核心原则，而且**我们不能仅仅从生命细胞开始做这件事情**。对我们来说，在某种意义上延续了的佩德罗所说的“物理学统治”忽略了它的本性，接受了把自然作为一个对深入研究的封闭区域。然而，对于物理学自身来说，研究者们正发现那些以前被认为是纯粹的规律的过程不是固定的。当然，我并不十分同意把物理学过程定义成“生物学的”，就像我们并不把生物学过程定义成“物理学的”一样。然而，物理过程是生物学的一个重要部件，它们提供了膨胀的能力（在量子力学过程中）以及关闭的能力（在古典力学过程中），而且我们应该探究这些物理过程，看看生物学领域和社会领域是如何将这些“规律”转换成“规则”的，这可能会具有开发更复杂的相互作用的能力（2001 年 12 月 17 日）。②

戈兰松（Ted Goranson）：在这方面，我的观点是：不要以启蒙的口吻进行发言，而要多提出一些能够促进这个学科成果出现的建议，并且在

① Marijuán P C. Disconnected Points. http://fis.icts.sbg.ac.at/mailings/0376.html [2009-6-2].

② Taborsky E. Disconnected Points. http://fis.icts.sbg.ac.at/mailings/0377.html [2009-6-2].

应用科学领域发起一场可能的革命。

我没有看到佩德罗以任何方式提出适度的建议来把应用范围限制到生物学。事实上，关于所谓的无机和有机的连接结构，他曾做过明确的说明。

我认为问题的关键是，要把我们的关注方向努力地统一起来，同时放弃那些让我们分心的事情。你们知道我指的是什么吗？即，不要只关注术语而不去关注统一概念，不要把讨论仅紧密地联系到你们所喜欢的那些已故的思想家或学派上，或者一种让大家分心的趋势上，或迷失在例子里和理论的源头中。

我打算把佩德罗建议的目标作为我们注意力的焦点，这个目标可能会很重要，主要的主持人和负责任的参与者们将会努力致力于任何讨论范围。

把佩德罗的“先进的方案”作为“新方法”的出发点。了解了这个群体之后，他聪明地建议我们**不要从信息是什么这个黑洞开始，而是从它不是什么开始**。我认为这是明智的和合理的。

我认为第二阶段之后他破坏了这个原则，除非它被看作“信息不是什么”这样狭窄问题的一个框架，并且那里的思想导致了站不住脚的自相矛盾。

我怀着很高的期待参与了这个讨论，希望能得到真正的收获，并相信在必要的核心基础上是可靠的。因此，除非我大声呐喊下去，否则之后我将不时地提醒这些原则（2001 年 12 月 17 日）。①

巴哈姆（James Barham）：我同意佩德罗的看法，把细胞当作重新思考信息概念的基础。而把信息具体化，或者试图将信息在本体论层次提升到与物理学上的物质与能量相等的地位，我相信这是一个基本的错误（I believe it is a fundamental error）。更准确地说，我们必须承认，信息与生命过程存在着本质的联系。

我认为这两个观点是基本的：我们从直接的主观经验知道，包括目的和意义在内的人类世界是真实的。我们也知道，一个外在于我们的主观世界的真实世界也存在着，而且我们被嵌于其中，而不是以其他的方式存在（换句话说，知道是一种存在，而不是其他的方式）。

现在，按照这种现实主义的观点，**在与作为理解者的我们有关的外部世界信息和除人类之外的信息本身的存在之间进行区分是非常重要的**。如

① Goranson T. Re: Disconnected Points. http://fis.icts.sbg.ac.at/mailings/0379.html [2009-6-2].

果我正确地理解了佩德罗的观点的话，他认为信息是第二位的，客观判断仅仅在与物质协作时才会存在。那就是说，拿细胞来说，我们可以认为信息是因细胞而存在，它远离我们的研究。这不是非生命世界的例子——在那里，信息总是与我们的认知相关。

我认为，**被惠勒和他的追随者们这样的泛信息学家们**曲解的这种差别，对于澄清信息的概念有着绝对根本的重要性。

但是，佩德罗，在现实主义的方向上，也许我比您的追随者要走得更远一些，是吧（2001 年 12 月 18 日）？①

塔博尔斯基（Edwina Taborsky）：我猜关于信息处理“最低界限”的争论将会持续下去，而且我不认为达成一个简单的结论有什么意义。因为我认为这将不仅是不可能的，而且是有反作用的。**科学是要探索而不是大家一致同意就行了。因此，我不同意那种认为信息处理仅存在于生命体内的“最低界限”**。以巴哈姆写的过关于“信息具体化”的著作而论，我不知道他指的是什么。对于我来说，任何事物的具体化都是把动态过程转换成停止了的符号过程，而且我不明白这同我的论题如何联系起来，信息过程发生在物理过程、化学过程、生物过程以及社会过程之中。

我同意同时考虑内部和外部两种（信息）实体。然而，我不同意说信息能够“自身”存在。决不，那是柏拉图主义的，而我是一个顽固的亚里士多德“学派”。信息是一种与其他事物有关的事物。这些惯常的和突然的关联，可以发生在宇宙中所有物理的、化学的、生物的和社会的相互作用之中。所以，**我不同意巴哈姆的那种信息仅仅与生命体有关的观点**。我认为，“什么是信息”和“什么是知识”的概念已经由各自学科的具体研究者们明确地定义过，而我们可能难以得出一个统一的结论。对于我来说，信息是关联的结果。物质/能量与其他物质/能量相联系之后，它们就不再是非信息化的而是信息化的了。它是信息，为了形成这些关联，它作为“信息”而起作用。当能量的物质被组织起来时，它就与它的能量/物质形成了一种特殊的关系……**包括一个质子和一个电子，它们是信息化了的物质**。它的信息化性质允许它与其他信息化了的物质形成一种特殊的关系，也就是说，更多的氢原子变成了一个分子或者别的什么东西。因此，这些依照规则起作用的关联，在我看来肯定是信息在起作用。

生物学领域（的信息）在一个更加复杂的关系中发生作用，但公理是一样的。也就是说，必须依据规则来处理这些关系，关系的结果意味着更

① Barham J. Re: Realism and Information. http://fis.icts.sbg.ac.at/mailings/0380.html [2009-6-2].

复杂的物质/能量形成。

我不同意说在非生物的或者“无生命的宇宙”中，信息相当于我们的认知者这种说法（引自巴哈姆）。信息是物质无生命形态的一部分。我说过，为了成为一个原子，为了成为一个分子，原子必须以一种特定的物质/能量关系组织自己。那是一个信息化的关联……而且更确定的是，分子为了像组织好的/信息化的分子那样存在，像出现和描述的代理人那样，它们并不依靠我们。我们的描述与它们的实体并不相关（2001 年 12 月 19 日）。①

芬茨尔（Norbert Fenzl）：开始的讨论真的非常有趣。这是一个好现象，我很高兴佩德罗能够稳定地使“信息科学基础论坛”保持活力！

今天我要对我收到的不同邮件作一个概括性评述。

在过去的大约十年间，我们维也纳小组都在处理信息概念问题，并且从讨论的一开始，我们总是回顾一个吸引人的要点，对它的态度至少分成两种基本看法：

（1）信息是固有的与生命过程相关么？

（2）信息是一个与整个世界的进化相关的更普遍的概念吗？

就我个人而言，当我开始接触这个课题时我“几乎确信”，信息是与生物学进化相关联的。然而在最近几年的讨论中，随着对概念理解的深入，我确信，信息是宇宙进化过程中物质/能量变化的不可逆步骤间的一种基本联系，这是以物质/能量系统的不可逆行为为基础的。现在，如果我们把讨论仅仅局限于“活物质”，我想我们会扼杀整个讨论的一个非常有趣的哲学方面。

另一方面，我也同意我们需要一个核心，我想它可以或多或少由佩德罗来决定，如果我正确地理解了一些其他提议的话，那么，我们为什么不将焦点集中在信息的不同概念（自相矛盾的）和研究方法之间呢？这将引导我们更好地计划和理解不同概念背后的东西，并且也增加了在信息、意义、含义之间重要性的讨论，这些看上去是必需的（2001 年 12 月 19 日）。②

马里胡安（Pedro C. Marijuán）：读了安德烈和约翰的帖子之后，我有一些话要说。

在我看来，安德烈的看法有一个中心目标，即把信息的映像和“新物理学”主题联系了起来。新物理学的主题包括：非破坏性测量、退相干性

① Taborsky E. Realism and Information. http://fis.icts.sbg.ac.at/mailings/0381.html [2009-6-2].

② Fenzl N. Re: Vedr.: Realism and Information. http://fis.icts.sbg.ac.at/mailings/0393.html [2009-6-2].

脱落、最优化和能量法则、黄金数字……通过结合其他系统的想法来建立一个概念束–内聚力、组成成分、级别等来提升开展信息系统的层次。约翰在物理学和信息论（加特林-布鲁克思-威利）中都进行了关注。

还有很多我想当面请教大家的细节和问题，同样，我也可以指出很多一致的地方。但是，指出不同也许更有趣。一个核心——有点夸张地讲——就是思考的两种方法都是出自物理学，同时努力地把信息放在物理学的背景之下，我不同意这种观点。

我的看法是：**信息存在（仅从生物学开始）的特点是不断地改变它们的结构来适应环境的**，作为引起通信流的媒介，它们推动或者控制过剩的合成和分解过程——在我的看法中，我重新描述了三种“信息类”。物理学非常讲究自洽性（尽管不是完全独立的），因为这些实体来自整体的结构、生成和交流信息的活动之外而涌现为一种存在。与安德烈的观点相一致，有一个特定的签名或者特定的能量法则（我从亚沃尔斯基的分区代数学中演绎出来的）出现了，这种出现是作为来自这些信息实体在他们的小生境中所进行的无休止的修正活动而出现的。我们认为信息实体的矛盾的“逐渐永久性消失”将通过大量的分区博弈而获得。

综上所述，我的不成体系的看法是：信息概念从物理学中分离出来是很好的，同时也许我们应该把以下内容作为目标来强调，这就是费希尔基于经验主义背景提出的，关于**信息的三个例证——细胞、大脑、公司**的集中研究。

让我补充一点，直接把公司作为“信息科学基础论坛”的经验主义研究的基础领域，这能够防止我们进入我最近在巴塞罗那商学院所作的研究中所提出的观点。探索公司的信息属性看起来是一个迷人的研究课题：举例来说，它们的“逐渐永久性消失”可以通过基于与小生境的交流中的对称和对称的破损来实现（2002 年 5 月 13 日）。①

芬茨尔（Norbert Fenzl）：我很高兴地读到乔治刚才写的文章……我也一直关心着这些问题：我们应该把信息概念放到一个较小的框架中，**可以把它仅简化到生物学和社会系统中**。从地球上的生物进化开始，不可逆的进化过程已经有很长的历史了，我们很容易在宇宙的无机进化中找到自组织和结构信息的进化证据（2002 年 5 月 13 日）。②

达尔瓦斯（Gyorgy Darvas）：亲爱的佩德罗，我支持您下面的大部分观点，在这里我只想讨论其中的一个观点：**信息的存在仅从生物学开始**。

① Marijuán P C. Info & Physics. http://fis.icts.sbg.ac.at/mailings/0469.html [2009-6-2].

② Fenzl N. Re: Info & Physics. http://fis.icts.sbg.ac.at/mailings/0471.html [2009-6-2].

当然，您的陈述在很大程度上依赖于我们关于信息的定义。之前，我更相信我们对信息的本质或多或少都有一些很好的观点。但在上个星期我突然感到，**信息所指的东西可能是一个巨大的黑洞**。也就是说，我们（参与者）所具有的信息概念彼此之间差距也非常大，而且比我假想的还要大。这个概念似乎很少有详细的描述，很少符合惯例的要求，这比我预期的还要少。

回到信息存在和存在的对称上来。就我而言，物质的进化是从一系列对称的破损开始的。这涉及各个层次，无机的和有机的自然界，这不仅仅是生物存在的特性。

永恒的对称破损决定了物质进化的方向：从大量对称的状态走向少量对称的状态（一个几何学的例子：正三角形有三条中线和三个对称的折叠轴，三个正三角形同样具备这样的对称性质。如果我们把三个正三角形连成一个环，单个三角形就会失去一些对称。），同时，新分子的对称会作为一个新的实体而出现。

当有新的结构从原来层次的实体中产生出来的时候，同样的事情就会发生在这个发展阶段。原来的物质的状态更加对称、有序，而新的状态相对来说是缺乏对称和无序的。我能否说，整个宇宙就是从有序走向无序的？熵又如何呢？这是否意味着在物质的进化过程中，熵在持续不断地减少呢？

我们关于熵增的法则是用来描述整个世界的，或者说是描述封闭系统的。封闭系统不与它们的环境进行物质交换。在我们曾经考虑过的范围内，熵也许会在宇宙的某一部分局部地减少，但是与整个系统相比，这是十分异常的，我们可以忽略它。

但有人认为，它们是不能够被忽略的！新的物质结构恰恰就是在宇宙的这些相对小的空间内形成的，正是在这里发生着物质的进化。对于在这些小环境中发生着的最重要的事情，难道我们可以不去适用那些应用于封闭系统的法则吗？这些相对小的环境，消耗能量，打破局部对称，创造新的组织结构，同时都集中着信息。这个过程显示了相同的特性，从基本粒子的形成，从原子到分子，再到有机分子和高分子，它们在生命体的形成过程中都起到了重要的作用，然后，就是细胞等。

我的结论是：我们从信息方面发现了同无机体和有机体相类似的过程，产生了新的物质结构，信息被浓缩在特定的小环境中，这个环境从先前法则的角度看，可以被认为具有异常的拓扑关系。

我说得太多了，请大家原谅（2002 年 5 月 13 日）。①

芬茨尔（Norbert Fenzl）：很高兴看到我们的讨论正在“升温”，我想我们碰巧接触到了整个信息讨论中的一个敏感话题：**在无机界中也存在着信息吗？**这并不是偶然的。

有两件事情似乎非常重要：第一，所有的一切都取决于我们看待这个问题的视角（特别是从学科领域的角度）；第二，我们如何定义我们正在使用的不同概念。

到现在为止，我认为每一方面都要足够灵活，因为如果生物科学家或社会科学家声称信息是自从地球上生命出现之后才有的，那么，信息科学就会变成仅和基因信息和社会传播有关的讨论。

就我个人来说，作为一个地质学家和地质化学家，我显然对看看信息的概念在多大程度上和宇宙的演化有关抱有兴趣。**而且大量的迹象显示，在宇宙诞生之日起的那些远古观念中，物质、能量和信息就是密不可分的统一体了**。

这个统一体经历了好几个不同性质的阶段，这也是事实，生物系统和人类社会的出现当然也是一个重要的事件。所以，看起来有趣的正是观察这些不同的性质，并发现它们有什么相通的地方（2002 年 5 月 14 日）。②

芬茨尔（Norbert Fenzl）：然而，这一讨论的一个有效部分还是围绕着那个古老的话题：**谁最先出现，精神还是物质？无生命物质世界中是否存在着信息？……**

我将要说的是：严格地讲这不是个问题。我们不应该讨论是物质还是精神谁最先出现。首先是因为“精神”的概念确实与人类意识有关；第二，因为**这实质是黑格尔与马克思之间古老“对话”的新形式：谁最先出现，意识还是物质？**

我们现在说的是物质与能量总是一起出现。发生改变的是物质的联系与能量的质量。实际上，**天体物理学讨论的宇宙大爆炸理论，其正确性因为出现异常而不再“流行”了**。这是显而易见的，因为异常观点符合古典的创造范式。

我的意思是说：**关于信息概念的讨论一定要从精神、意识、理解等概念中完全脱离出来**。信息是能量与物质之间交互作用的“产品”。由于我们关于宇宙进化的理解还过于狭窄，我们不得不承认，能量和物质一直是

① Darvas G. Re: Info & Physics. http://fis.icts.sbg.ac.at/mailings/0470.html [2009-6-2].

② Fenzl N. Re: Info & Physics. http://fis.icts.sbg.ac.at/mailings/0485.html [2009-6-2].

彼此相连的。

一个系统越是复杂，它的物质组织和相应的能量域就越复杂。在人类的层面上，我们的物质组织有一个能量域的相应复杂性，我们称之为“精神”或别的什么。但是，让我们抛弃那种认为我们绝对是宇宙进化的最后一步这种思维吧。

我们认为我们的问题不是假设信息在这个（也许是十分无意义的）我们称之为地球（这似乎是一种**以人类为中心的观点**）的星球上先于生命的出现而存在，而是：

（1）在信息与能量和物质关系里，信息是什么？

（2）能量–物质–信息间的关系是怎样通过进化而改变的（2002 年 5 月 25 日）？①

17.6 信息科学

“信息科学基础论坛”的最终目的，仍是为了建立一门统一的信息科学、统一的信息理论、信息科学基础而出现的。下面的这些发言是对这类宏观问题的总看法。

钱德勒（Jerry LR Chandler）：亲爱的拉斐尔和各位，你们最近的帖子触及了问题的核心。经过了大约 10 年的跨学科讨论，我完全相信，来自不同学科的人们必须特别努力地工作，才能抓住本学科中人们意欲表达的（信息）在自己的学科或领域中的意义。正如罗伊（Ray）精确地指出的那样，这个分割是在特定历史条件下形成的，它是一种时尚。早在 20 世纪 50 年代，斯诺就把它简单地称为两种文化。现在，我们已经有 *N* 种文化了，但没有聚合的迹象（1998 年 3 月 11 日）！②

埃贝灵（Werner Ebeling）和泼舍尔（Thorsten Poeschel）：我们回头阅读了“信息科学基础论坛”讨论中关于“现实主义和信息”的大部分发言（很抱歉，我们虽没有太积极地参与讨论，但却研究了大部分帖子。）坦率地说，我们并不喜欢一些参与者的纯哲学讨论。我们记起了在 5 年前“信息科学基础论坛”讨论的第一阶段里，我们同已故的朋友康拉德进行

① Fenzl N. Re: Clarifying Our Aims. http://fis.icts.sbg.ac.at/mailings/0553.html [2009-6-2].

② Chandler J L R. Re: Biology, Technology and Information. http://fis.icts.sbg.ac.at/mailings/0104.html [2009-6-2].

的一次讨论。康拉德说，就“信息科学基础论坛”的讨论来说，同自然科学问题保持密切联系是很重要的，“信息科学基础论坛”不应该放松对我们地球上任何具体问题的接触。因为我们也工作在自然科学领域的缘故，所以比较认同康拉德的观点（2002 年 2 月 15 日）。①

马里胡安（Pedro C. Marijuán）：亲爱的特德，您关于莱顿的优美评论（一个完全的惊喜——感谢吉姆）导致我开始支持他关于应该把主题集中在发送方或接受方的观点上。实际上，我们在西班牙这边正在研究着一种信息理论，虽然还没有具体化，但至少我们在尝试探索“生成型”和“通信型”两种信息之间是如何建起联系桥梁的。我们的团队是很谨慎的。对于您以及其他人提供的类似发言，我们为这些精神食粮感到兴奋。同时，我也打算增加一些除了对细胞和基本粒子等事物“认识”之外的讨论，我将加入郝盖特（John Holgate）的讨论并喜欢就“信息性”（实体）进行发言。但是，我感觉到，如果**全然把物理存在作为信息来考虑是比较勉强的**（尽管可以通过热力学和香农的一些信息测量方法来处理他们）。**信息存在是从活细胞开始的**。科列尔也提出了关于罗森的迷人的观点——我们是否需要寻找关于信息概念的联合定义群呢？就像考夫曼在他的研究中所提到的那样，这些观点恰好与维特根斯坦、罗森的观点一致吗（2002 年 4 月 11 日）？②

松野孝一郎（Koichiro Matsuno）：简而言之，我能够从科列尔的观点中得到的是：“后退一步，就有希望前进两步”。我确信我们中的很多人都对关于信息概念问题的争论感到不舒服和疲劳了，因为所有用来阐明信息是什么的语言都已经成了一种累赘。约翰在处理关于信息的不可避免的复杂性时采取的方法是：努力对信息做出一种阐述，而不是它的字面表达。

约翰在对信息阐述时采用的所谓内在立场，就是在可能和实际之间进行对比。如果一个人接受那种认为天下没有什么新东西的外在立场的话，那么，说明信息是什么的重担就落到了那些注定要接受信息的无辜的同伴们的肩上了。相反，约翰关注的可能是：期待在相关的各方之间进行认真的对话，而每一方都会用很好的理由来维护自己的立场。约翰的物理信息看起来有点不可思议，面向过去时看起来是实际的，面向未来时看起来仅是可能的。信息的实际部分已经商议妥当，可能的部分则是关于那些大家当前还在桌面上进行商议的部分。缺乏一个全局裁判可能对某些人来说是

① Ebeling W, Poeschel T. FIS 2002. http://fis.icts.sbg.ac.at/mailings/0417.html [2009-6-2].

② Marijuán P C. Re: Art, Shape, and Symmetry. http://fis.icts.sbg.ac.at/mailings/0442.html [2009-6-2].

一个严重的障碍，但这个缺乏也给我们提供了一个不受限制的讨论信息自身的机会。

持有大体相同的观点，佩德罗提出了看不见的手的有趣想法。如果人们关注迄今为止由各方共同参与所取得的成就时，尽管并不存在一个外部的裁判，它看起来好像被一只无形的手在牵引着。这当然是一个美妙的人类本位比喻。然而，问题的焦点是，在一个供应商和消费者之间写出一个简单的子句才是制造一个精致的、不可思议的看不见的手的唯一方法。**亚当·斯密也许已经预期到，到21世纪，这只看不见的手有可能以信息的名义出现**。

伊甘别尔德耶夫（Andrei Igamberdiev）正面临一种在供应商与消费者之间建立一个薄记的物质基础方法。物质活动是量子力学的事情。令人惊讶的是，安德烈完全打乱了量子力学的标准惯例，他关于量子的内在状态仍然是稳定或健全的说法与内部测量行动是矛盾的。尽管标准的量子力学告诉我们，量子的波函数在面对测量操作时是相当脆弱的（就像薛定谔猫一样），但量子力学也必须保证我们日常生活的物质世界的稳定性。如果量子力学不能够面对这个挑战，那么我们的生活就会成为一个糟糕的玩笑，安德烈设置了一个议程，认为内部的量子状态所构成的基础结构，其物质世界一定是靠信息来支撑的。

在21世纪即将来临的时候，信息看来即将成为连接物理学、化学、生物学甚至经济学的一条主线，一个合适的名称需要供应商和消费者坐下来认真谈判才能形成（2002年5月6日）。①

马里胡安（Pedro C. Marijuán）：就实体而言，我相信我们在发现信息科学未来真正的关键所在时，我们至少有半打（half dozen）公开的路线。接下来我试图把这些观点和我自己的研究结合起来一起谈谈。

关于信息和物理学的讨论，显然我和詹姆斯与朱安的观点更加接近，但是，我不觉得我们之间有什么可怕的分歧存在。至少从我来说，在物理学领域，“信息”这个术语没有被生硬地拒之门外：例如，“结构”的或“状态”的信息在不同的力学中被认真地考察了，或者如林书坤所做的面向分子统计的讨论。在这方面，我们不能违反最稳固的科学传统。然而，我所做的是，只把“信息”这个术语应用到那些示范性的实体上，在那里，我提议就下列对象集中进行理论讨论并在未来进行经验性研究——**细胞、大脑和公司**。

① Matsuno K. Kickoff. http://fis.icts.sbg.ac.at/mailings/0455.html [2009-6-2].

让我来解释一下为什么它是隐喻的。当“信息科学基础论坛”的任何讨论者正在阅读这些评论时，1 分钟的工夫，数十亿酶和蛋白质被其蛋白酶体和蛋白酶降解了；其成千上万的构成性细胞正在凋亡；其大脑中数十亿的突触变成了塑化的，从而弱化或加强了它们的分子导电性（甚至自己消失或长出了）。如果“信息科学基础论坛”的成员们拥有一个研究公司，谁知道，或许他或她正在兑换 10 美元（或者会失去它们）；如果他或她在一个风险性资本生物科技公司拥有股票，每一分钟或许都会有 100 美元的进出。对那些奇怪的存在，它们在不断地生成、衰减，总是从环境中接受信号，并计算和处理这些信号，并相应地（适当地）改变它们的结构，这些就是我为“信息”这个概念所保留的位置。

这可以视为从一个更具挑战性的概念上的一个退却。看一看上面提到的荒谬的实体类型，从持续凋零的短暂永恒（evanescent permanence）中浮现出来，我们或许会获得概念的广义性，以其推进信息科学的综合。正如罗森（Robert Rosen）所指出的那样，**生物学中的‘信息’问题最终会变得比物理学中的要强大**。例如，在探索那种信号动力学对相关结构的影响时，我们发现了幂定律（Power Law）的主题，它是作为“成熟的”信息系统的一个特殊象征出现的。我也把它用到了许多隐约出现的有趣概念上，比如功能、知识、对称等。

很清楚，对我来说，在一个相当长的时间里，新物理学的基本主题应该有一个收敛，但是，现在就试图去直接锻造那样的衔接反而会适得其反：用一种适宜的办法，会有利于在复杂思维的‘粒子’中产生另外的情况，这些思维都带有信息探索的特征。例如，为什么描述公司动力学的，来自复杂性灵感的大部分新方法，最近都能够以“经济物理学”的名义被创造出来？公司在市场上的位置和它的战略规划——合并、拆分、垄断——可以在特殊的幂定律环境中用出自上面信息交换中“看不见的手”来令人信服地加以描述？

总之，为什么要恢复到纯粹的新简约主义，而不为新的信息科学去革命性地探索概念的、理论的和经验的方法，在新的“信息时代”，对别的科学以及社会来说，这是十分必要的（2002 年 5 月 16 日）。[①]

巴哈姆（James Barham）：巴尔金认为：①生命来源于物质和信息过程；②没有信息就没有生命：③生命（过程）不可能发生涌现。

这些论点的荒谬出自①上。**把生命看作涌现自信息（过程）是不正**

① Marijuán P C. Re: Info & Physics. http://fis.icts.sbg.ac.at/mailings/0494.html [2009-6-2].

确的。正确的说法应该是：生命诞生自一个信息过程。换句话说，生命构成了一个信息过程。这个过程是生命的组成部分，同时也是与生命一起起源的。

如果大家相信宇宙有过一段无生命期，那么生命“诞生”就是必然的。如果大家接受我的观点：生命是一个自激产生的动力学过程，该过程是由使用低能触发间歇非线性震荡的信息和维持它们动态稳定性的环境构成的，那么，信息的诞生并不比生命的诞生更加神秘，它们是同一种现象。

我不想将诞生打扮得平淡无奇。而且，我承认生命的诞生比其他任何事物的诞生都更加神秘。但视这种出现为一个普遍的拉普拉斯还原论，我认为这也是极其荒谬的。涌现问题已经很好地整合到物理理论（尤其是效能性场论）中。从这个联系上说，**我们应该站在凝聚态物理学家一边而反对高能物理学家**。

所以，大爆炸给对称的破损赋予了物质的新质能状态，生命和信息的诞生变得不那么神秘了。只有当我们建立了真正的生存状态理论时，神秘才会彻底消失。即将信息动力学理论整合到广义量子理论中并去实证它。我不知道这样的路还有多远，但可能不像我们所想的那么长（2002 年 5 月 20 日）。①

戈兰松（Ted Goranson）：朋友们，很抱歉，下面这个帖子可能会有些长。

1. 基本情况

迄今为止，我们的讨论似乎被这样一种现象困扰着：桌上摆满餐具，盘中肴品萧聊。

“信息科学基础论坛”正在创造着一门科学，就我的意愿来说，有条不紊地做下去的办法就是去理解科学将要发生的作用（关于这个世界，你不必想当然地把自己当作一个理想主义者，并认为大多数科学都是被创立出来的）。如果你希望的话，我认为有前途的应用是关注进化或涌现行为。有用的是，新科学将会比我们现在的科学更加利索地处理机制问题，它将比描述的更多，它需要预测。

我曾在别处提到过一个特别的方法，经检验可能是有成效的。这个方法超越了组织、创造结构和一些坚持成为系统容量的一些基本性质的推动。它成了一种我并不能完美地称之为多层次或多等级的系统。以康拉德的观点看，这些都是细胞、大脑、壁龛（niche）和经济（谢谢佩德罗重

① Barham J. Reply to Burgin. http://fis.icts.sbg.ac.at/mailings/0505.html [2009-6-2].

新、恰当、并慢慢地再次引入了这个问题）。其他不同层次的部分将会由他人去假想（基本粒子、分子、细胞……），而我有一些不同的人工系统。单位并不重要，重要的是这些系统层次之间的边界。

细胞的活动产生两种类型的组织：**一个简单的例子是细胞社会的组成，一个复杂的例子是它定义了更高层次的世界，比如说大脑**。这种结构的性质是一个比简单的社会更加有趣的问题。我强烈地坚信，它会是发展一门新科学的催化剂。问题的核心是，以"信息"为中心的低水平活动创造了所有高水平的抽象物：主要是新的本体论和物理学。这种"垂直"的信息流和预期的世界新层次的深层创造，完全是用传统的结构不可思议地构成的。

当一些复杂的阈值达到层内（量子熵）时，我建议就构造出一个新层次来；也有一些可预见的形式方法，基于其层次之内"信息"活动的特性可以预测新本体论的性质，任何观察者都有可能得出自己的"第三种结论"，但一定要遵守单一层次居于这个社会行为的层次之上这一原则（那种在一个层次内的观察或符号的第三种检验是一个有趣的爱好，但不可能承诺出一个新见解）。

2. 采用的方法

考戈斯威尔（Jim Cogswell）将莱顿（Michael Leyton）的工作引入了讨论，之后我提出了一些附加说明，把他的观点引入了"信息科学基础论坛"的讨论，结果同他原来的看法相当不同。我认为，他的许多观点提供了一些杠杆，与我们在这里并行开展的工作有些类似。

我们相信，信息研究的基本问题是，要打破一阶逻辑的机制，这意味着这类问题并不充足。关于"情景"的信息（其中大多数会被理解为"系统环境"）需要明确地表示出来，每个事实然后被"情景化"。这可以通过 20 世纪 80 年代由巴维斯提出，之后大大发展了的强大"情境逻辑"来满足。此外，"情境状态"的观点一定要形式化地处理：单子的一种形式科学已经在计算团体中得到了发展，包括多层次单子新概念。

伴随着这种情况/单子意识，人们自然地可以看到，作为群体的信息传输系统和子系统（包括在群体中的用相关形式主义卷入的抽象结构）。这些群体动力学可以被看作对称性操作（这在自反方式中可以作为群体的特点）。它表现为在一定程度的复杂性上，群体可以定义为把它们自己转变成一个新抽象"层次"和信息传输行为的操作。这里的关键点反映了莱顿的工作。

重申不用数学的术语：这似乎是一种正式表征/模型信息的行为，在一个系统内，致使该模型可以解释和预测系统的行为。这一表述不仅包含了系统的物理学，也包含了它的形而上学（也允许它的本体论和抽象方法）。到目前为止，这没有什么独特的东西。但是，由于系统的单纯活动被看作抽象机制的发起者，该系统具有足够的资源将它自己转化为更高层次上的一个相关的“孩子”（父母）。高层次的存在取决于低层次的存在，但也有一些明显的不同行为。如果这是真实的并局限在有用的界限内，并确实预测到利益的行为，我们就可能为新的“信息科学基础”创造一些机制。

注意，机制是基于对称算符之上的。这不是大卫的以形态为中心所描述的对称，而是包含着对时间的长期的广泛应用。但就像我们常在实验室里所说的那样，这超出了我付酬的范围。

3. 对之前评论的若干意见

关于信息科学基础的发展，我是非常乐观的。这不是基于共识，而是基于重要的发现。集如此之大成，我并不具备这样的能力，但可以谈谈之前许多人就这个问题的评论：

松野把约翰的观点称之为“内在主义者”（internalist），我认为这是一个个人喜好而不是一个真理。我喜欢他的“谈判”模式，因为它为上面提到的有关问题提供了一种方法。同样具有“潜在的”信息映射到抽象的观念上。关于这一点，我估计图表和类别比数字更能说明问题。

佩德罗反对约翰把信息统一到物理学中，并提出了一个三层次（**细胞、大脑、公司**）的基础性类别。公司（或我说的“企业”）是一个极为丰富的领域：从术语上说，这是一个非常有趣的问题，但也是——请注意——新科学的赞助人。按我自己的理解，约翰认为，从物理角度生成的信息根植于物理学，其他层次的（有机的和无机的）则同样根植于其他不同的学科。除了伽弗里德（Gottfried）可能是个特例之外，大多数人，甚至像埃德威纳等在这里所说的情况似乎都非常类似。（但林书坤就此问题所发表的简短评论击中了我的要害！）

从迹象上来说，伽弗里德提出的有关问题是被普遍认可的，例外的情况是，对传统的观察者来说，层次的扩展并不存在。我认为瑟伦的 5 层次看法（及相关的工作）相当好地解决了这个问题。埃德威纳反对强迫性的泛符号主义并含蓄地挑战我们，我们为此应该制定一个并不太复杂的框架范式，我认为这是信息科学基础研究的一个任务。

基于一些起源方面的原因，随之而来的宗教差异，使得几乎每个人都在以句法方面的些微错误用自己的方式分享着同一信息、交流和结构（记忆）方面的一般性差别。这些大多是有关“意识”方面的好笑的不靠谱的游戏，如果不是游戏的话我们将会做得更好。

瑟伦所做的关于福池（Fuschl）看法的报告，这可以作为信息科学基础未来的一个起点。我的看法是，这还不够强大。良好的共识从暂时商定好了的开放性问题中分离了出来。此外，解释性的方法（自生成）同问题的描述混在了一起。这里提出的层次，是立足于框架（物理的、信息的和符号的因果关系）而不是像埃德威纳所说的行为（如细胞、大脑、公司）。对相同的消息而言，她提出了一个有关自组织系统与复杂自适应系统的有趣问题。我认为这种不和谐的问题需要尽快得到解决。我提出两个看法：第一个作为局部的封闭系统看待；第二个作为多层次系统看待，“开放性”指出了规划一个新信息空间的潜力。

已经有很多进步的征兆。我觉得它们既令人兴奋也令人沮丧。征兆是一个逻辑的人工制品，如前所述，我们需要一个新逻辑——部分原因是用以逃避那种难以形容的困难。

4. 未来

虽然我的时间不允许我参与这些我乐意参与的活动，但我认为这是一个极有价值的组织，它是一种新的偏重理智且非常有礼貌的合作。以综合出一些妥协性条款为重点，我们可以做一些实际工作，这可能是十分有意义的。

我们的准则是，尽可能不要教条主义（undogmatic）。我想我们必须牢记一些经验证明了的东西，即没有可行的框架供我们效仿（尽管有贝塔朗非的原教旨主义）。所以，我们需要做一些形而上学的工作。什么样的概念是杠杆性的（leverageable）和脆弱性的？这些问题都需要按新科学的发展模式来思考（2002 年 5 月 24 日）。①

关于“信息科学基础论坛”讨论的概况，我们的介绍打算就此结束。任何阅读了我们从近 3000 个发言中挑选出的这 60 来个发言的要点之后，相信各自都会在自己的心中建立起“一门真正的信息科学绝非是一项一蹴而就的事业”的感慨，期间的复杂性超越了任何当代单一科学发展所遇到的困难和荆棘，即使在今日已经出现的许多多学科、跨学科和交叉学科中，它的难度也远远超过其他类似的学科，其困难程度也绝对会让一个新闯入者望而生畏。这也就是尽管“信息学”和“信息科学”这些概念虽然问世

① Goranson T. Multilevel Emergence. http://fis.icts.sbg.ac.at/mailings/0552.html [2009-6-2].

已经半个多世纪，但仍然没有任何个人、团体能够建立起一个能够解释所有信息问题的理论或体系的基本原因。

在以欧洲为中心的20年的“信息科学基础论坛”网论中，一些曾为这场在欧洲掀起的统一信息科学运动做过卓越贡献，或在论坛上发表过具有创新性发言的研究者之后也相继去世，他们包括斯卡罗特、斯托尼尔、康拉德、佩顿等。“信息科学基础论坛”的同行们尤为斯托尼尔和康拉德这两位优秀的信息科学研究者的去世发表了许多怀念性的评论。斯托尼尔以他刚强的毅力完成了“信息科学三部曲”①②③，康拉德则高屋建瓴地提醒信息科学基础研究者们要密切注意信息研究在自然科学中的每项进展。的确，他们两位的去世为当代信息科学研究事业带来了不可弥补的损失，这些怀念性的讨论因此也持续了很久。此外，在10多年的讨论中还穿插举办了“信息科学基础2002”、“信息科学基础2003”两次虚拟性年会，以及后来的实体性“信息科学基础2005”法国年会和“信息科学基础2010”中国年会。分别在巴黎和北京举办的第三届国际信息科学基础大会和第四届国际信息科学基础大会为促进世界信息科学的发展做出了各自的贡献。

“信息科学基础网络讨论”的起源是基于1994年和1996年两次会议所唤起的人们对统一信息科学追求的热情而促成的，但经过若干年的激烈争论和冷静分析之后，大家逐渐感到情况并非像一些研究者当初想象的那么简单，因此，其热情便随着讨论的深入反而逐渐冷淡了，这可以从他们1997～2007年发帖数量看出。年发帖量在2004年时曾达到高峰，之后就逐渐一路下滑，一些见解非凡的人士后来也逐渐离开了这个虚拟组织。典型的如德国的卡普罗。它曾是这个论坛中思想最为深邃的参与者之一，在他提出了他的“卡普罗三难困境”之后就基本上离开了这个研究队伍，独自经营一个信息时代赐予他的“信息伦理学”采邑去了。更多的讨论参与者正在采取着一种观望的态度。起源于欧洲的这场并没有什么著名的科学家参与的信息科学研讨运动，曾一度燃起了无数信息科学研究者的激情，不论它在过去经历过多么启人心智的争论，或在将来会走向何种升腾或寂静，这个论坛在人们心目中留下的记忆将永远是美好的。

---

① Stonier T. *Information and the Internal Structure of the Universe: An Exploration into Information Physics*. London: Springer-Verlag, 1990.

② Stonier T. *Beyond information: The Natural History of Intelligence*. New York: Springer-Verlag, c1992.

③ Stonier T. *Information and Meaning: An Evolutionary Perspective*. London: Springer-Verlag, 1997.

第 18 章　信息科学的发展展望

任何一位致力于当代信息科学的研究者，他首先要面对的一个基本现实是：怎样处理业已存在的 200 余门专业信息学和设想中的一般信息科学之间的关系。如果你认为自己是一个一般信息科学研究者，那么你所追求的信息概念、原理和方法等，都必须在所有的、真正的专业信息学分支中行之有效。结果如果是否定的，那么，这种被称为一般信息科学的概念、原理和方法的有效性就值得怀疑。信息科学研究已经经历三个发展时期：酝酿时期、三足鼎立时期和统一时期。目前主要处于第三时期。对于前两个时期的基本情况，我们已经着力进行了介绍。对于第三个时期需要面对的基本问题，我们也已在本书中着力进行了展示。在这方面，中国、俄罗斯、日本、欧洲各国的学者都在进行着不同程度的思考，而走在最前面的则是欧洲。在欧洲的研究者当中，对这一目标的追求特别持之以恒的是奥地利的霍夫基尔奇纳。因此，本章将重点介绍他对这一目标的思考。最后，对整个信息科学未来的发展，我们将提出自己的看法。

18.1　统一信息科学的发展

我们已经谈到，1994 年，在马德里召开的第一届国际信息科学基础大会上，弗莱斯纳和霍夫基尔奇纳发表了《涌现的信息：统一信息理论》的纲领性论文。文中提出了建立统一信息理论的四步路线图。1996 年，在维也纳第二届国际信息科学基础大会上，德国学者卡普罗提出，要建立一个统一的信息理论，人们必须首先解决信息概念之间的同一性、近义性和无关性这三个基本前提，这就是后来被人们称为“卡普罗三难困境”的核心，“卡普罗三难困境”给当时正风生水起的统一信息理论思潮当头泼了一瓢冷水。经过 10 多年的思考，霍夫基尔奇纳独自奋斗，分别于 2010

年出版了《统一信息理论的 20 个问题》，2011 年发表了《关于信息的四种思维方式》，2013 年出版了《涌现的信息：信息体系的统一理论》等论著。尤其是在最后一部著作中，他系统地提出了对上述问题，特别是“卡普罗三难困境”的看法和解决思路。下面分别进行介绍和讨论。

18.1.1 关于信息的四种思维方式

霍夫基尔奇纳认为，人类思维一共有四种方式，即还原论（reductionism）、投射论（projectivism）、析取论（disjunctivism）、整体论（integrativism）。

1. 还原论

从理想的角度说，还原论思维在认识实体时，是以用更加复杂的方式为代价来减小复杂性从而消除差异。还原论的核心是把“较高的复杂性”降为“较低的复杂性”，它在自然科学研究中占据主流。

在实际问题中，实体和不同复杂性现象之间的关系可用下述方法描述：使 A 集简单化，使 B 集复杂化。那么 A 集是一个基本集，B 集是它的一个子集。这就意味着：就给定的基准集 A 而言，B 集同它是有区别的。它同所有的非 B 集的全部 A 集都是不同的。A 集表现了（B 集和 B 集的）差异双方的同一性。还原论思维是一种消除 B 集和 B 集的补集边界之间的合乎逻辑的方法，从而使得 B 集变成 A 集且仅仅是 A 集。还原论习惯于想当然地把每个 B 集简单地看成是 A 集。

一个实践方面的例子是：让 A 集是（史）前人类自然生活中的知识和 B 集是人类行为的价值。那么，还原论将把该价值看作如何表达行为的结果值。举例来说，在自然界的“为生活而奋斗”就被看作在社会中的“为生活而奋斗”的正当理由。一个本体论方面的例子是：让 A 集具有说明特性和让 B 集具有人类特性。那么，还原论就会让人类在人类自然中制造的差异奇迹般地消失。因此，动物行为学就视人类为一种裸猿。一个认知方面的例子是：让 A 集是生物学和 B 集是社会学。那么还原论就会试图从生物性前提下得出社会性结论。例如，社会生物学就认为生物学是一门解释社会学的学科。

2. 投射论

和还原思维方式相对应的是“投射”思维。投射思维也是通过消除差异来认识实体的一种方法，尽管它以较小的复杂性为代价，但获得的结果却是更加复杂的差异；它以“高复杂性”为出发点，从那里进行推断或将其投射到“低复杂性”上。它高估了整体的作用，低估了部分的作用。这是人文学科的特点。还原论和投射论两种思维方式都在缺乏多样性的条件下产生了统一。

投射是一个消除 B 集和 B 集的补集之间边界的合乎逻辑的操作，从而使得 A 集不折不扣地变成 B 集。投射论习惯理所当然地把每个 A 集完全看成 B 集。

实践方面的例子是：根据投射论，人类行为的价值对自然也是有效的。起源于社会的“为生活而奋斗”也被扩大至（史）前人类的特性上。本体论方面的例子是：根据投射论，生活的特性不同于自然的特性。神人同型论者就错误地将人类特性推演到非人类和有机体的特性上去，例如“思维”。认识论方面的例子是：根据投射论，生物学结论应当来自社会学的前提。

请注意，还原论和投射论都符合方程 A=B。在第一种情况下，它意味着 A=A；在第二种情况下，它意味着 B=B。

3. 析取论

与上述两种方法相反，为了表明复杂性的缘故，第三种方法致力于从自身方面通过认识差异来消除实体。它通过“析取”的方法把它们之间的联系都放弃掉。断开彼此的联系，从没有统一的差异这个意义上说，分开彼此并产生了二元论（或多元论），由此而被称为“析取论”。人们常常感叹的所谓硬科学（自然科学）和软科学（人文科学）两种文化之间的鸿沟就是这种思维的显著例子。事实上，这是对科学事业状态的一种描述，是作为对单一学科探索时所表现出来的多重性的一种彼此装聋作哑行为。

分离也是一个合乎逻辑的操作，它把 B 集和 B 集的补集的普通背景移去，使得 A 集和 B 集仅仅成为 A 集或 B 集。析取论的习惯是理所当然地把 A 集和 B 集看作彼此不相关的。

实践方面的例子是：自然行为的王国和人类行为的王国之间不存在共同的特性：自然事实和人类价值之间无论如何都没有什么连接。本体论方面的例子是：生命自然是超人类的，动物没有灵魂。认识论方面的例子是：生物学和社会学都没有办法相互依赖，有关生命系统的社会生活的命题，和关于人类在社会中无法被翻译的命题彼此都在使用着并不兼容的语言。

4. 整体论

整体论作为第四种思维方式，它是对还原论、投射论、析取论三种思维方式的反叛。它对实体及差异的认识，对哪一种复杂性的表现形式都不感兴趣。它依据差异认识实体。整体论集成了差异的两翼（产生出统一）并区别差异（产生出多样性）。这种思维方法基于整体和差异之上，它既反对分离也反对统一，结果把统一和多样性集中于一体。通过在它们之间建立起辩证关系，它集“低复杂性”和“高复杂性”于一体。

集成（与分化）是一个合乎逻辑的操作，它把 B 集和 B 集的补集集成到 A 集中。同时，将 A 集分化为 B 集和 B 集的补集。B 集是 A 集分化的结果。整体论理所当然地把 A 集看作 B 集的一般情况，而 B 集是 A 集的特例。

实践方面的例子是：人类行为的价值，无论是竞争导向还是合作导向，它们都不能从大自然中导出，但其性质为每种行为都提供了一个生物学基础。本体论方面的例子是：人类是大自然进化的产物。在物种形成过程中，人类创造了思维、语言和工作的新特性这些差异，并开始超越生物进化的动力学，甚至改变了人类的生理特性。尽管如此，人类将永远不会从周围的自然环境或从他们的内在本质中剥离出来。认识论方面的例子是：社会学用特定概念和理论描述它的实体，而它与生物学的概念/理论有关，其中后者为社会的主要物质性描述提供了可能的空间。

整体论是一种对统一和分离，对还原论、投射论、析取论的辩证否定。一种辩证扬弃消除了先前的质量而不是质量自身的支配作用。这种质量被保留下来并继续使用。但是，在新质量的主导下，正如黑格尔所说的那样：提升到下一层次上。所有这三种扬弃的含义对整体论思维相对于荒谬的思维都是有效的。还原论、投射论、析取论不完全无效，而是打了折扣。它们每个都有不得不消除的夸大方面。但出于同样的原因，一旦片面性被消除，却总有一个方面是正确的。新的整体论对这些方面是公正的，这种方法在不同的相互冲突面前能够建立起统一。

据此，一个“基于多样性的统一”（unity through diversity）原则就应该被提出。非整体论的思维方式要么在没有多样性下产生出统一（还原和投射），要么在没有统一下产生出多样性（析取）。就像所定义的那样，整体按照多样性产生出统一，但也在统一中产生出多样性。多样性被认为是统一的一个必要条件。因此它被称为“基于多样性的统一”。从方法论上说，整体论是建立统一信息理论的一个工具。[①②]

18.1.2 卡普罗三难困境的消解

回顾一下我们所选择和认定的有关信息学科之间的关系，我们就会看

---

① Hofkirchner W. Four Ways of Thinking in Information. *TripleC*, 2011, 9(2): 324-325.

② Hofkirchner W. *Emergent Information: A Unified Theory of Information Framework*. Singapore: World Scientific Publishing Co. Pte. Ltd., 2013: 37-47.

到，对于“卡普罗三难困境”而言，“同义词”对“硬”科学来说是首选，“近义词”对“软”科学来说是首选，“模糊词”牢牢抓住这些观点并作为一个独立的支柱（两种文化）。

还原论把信息的含义还原到“一个”含义和“同一个”含义上，投射论把信息的特定含义投射到所有其他的信息含义上，析取论从任何其他信息所指的含义中使彼此分开。“卡普罗三难困境”的解决在于对三种观点的每一种的运用。从“硬”科学的角度，“软”科学的角度和“两种文化”的角度看，它们分别体现着一种独特的思维方式，那就是：硬科学角度反映着还原论，软科学角度反映着投射论，两种文化角度反映着析取论。在这里，我们只需使用第四种思维方法——整体论。

1. 同义论

崇尚还原论的研究者关于信息的思维方法，接近于把信息作为一种“硬”事实和一件单一的事情，它对任何科学都如此（包括日常思维也如此）。

（1）客观主义。

从人类行为学方面来看，信息被视为任何类型的人类实际行动的对象，即从社会（文化、政治和经济）角度转向和干预。在环境管理及在技术设计的背景下，这是一个可以处理的东西，特别是它们能够被存储、检索、传播、发送、接收和处理。

（2）唯物主义。

从本体论上说，它可以被设想为现实世界的对象，无论是在人类社会，还是在更广泛的物理世界，它都不一定非要按照唯物主义的本体论把自己（像物质那样）被说成是一个实体。它有足够的资格把自己看作是一种物质的衍生物。即作为一种物质的属性（如结构），它也对信号的传输进行思考。无论怎样，它都被认为是一种物质对象。值得注意的是，在这种情况下，信息被认为是相当固定的和严格的，而不是易变的或动态的。

（3）外在主义。

从认识论上说，这种材料对象是经验和正规科学方法所关注和所考察的对象，所有这一切都是在所谓的第三人称，即从旁观者角度下的观察。形式主义被发展成揭示物质或信号结构的方法。

2. 类比论

投射论解释信息的方式在于把信息作为一种“软”现象。因此，与人类主观行动相比，它是由人类参与者完成的，并认为是一个信息的过程。

相同的主观能动性是由占据着世界的任何代理来执行的先决条件。

（1）主观主义。

从人类行为来说，人的主观投射在对非人类实体的信息处理上，其主观程度是值得怀疑的。

（2）唯心主义。

从本体论来说，一个推定的人类信息对过程特性的处理是由非人类实体引起的意图特性来投射的，而其意图也是值得怀疑的。从理想的观点看，它解释了所有信息的流动性和动态性。

（3）内在主义。

从认识论来说，这是一种人类对非人类信息过程对信息现象获得的一种主观方法的直觉投射。

3. 含混论

信息的析取主义为信息的主观（人类）行为解释保留了一个独特的类别：从行为主义来说，这仅仅包含人类社会话语的情况；从本体论来说，这仅仅作为一种人类信息现象；从认识论上说，它仅属于对主体的一种主体性解释。如果我们用整体论思维方法来思考，它立刻就把“卡普罗三难困境”消解了，这为统一信息理论的建立铺平了道路。

从客观方面看，还原论专注于将信息看作结构方面的实体；从主观方面来看，投射论和析取论专注于把信息看作一种专一集中在过程方面的代理的主观行动或活动。整体论把信息看成为一个约束，并能够通过信息作为一个客观结构（通过信息作为一个主观过程而产生）的主观过程。处理即处理结构，结构即构成过程。这促进了把过程化和结构化观点融合到主观主义和客观主义，唯心主义和唯物主义，内部主义和外部主义观念上，并居间在“软”科学和“硬”科学两种科学文化之间搭起了桥梁。

我们现在需要重新认识同义论情况下还原论的缺陷，看一看由近似论在投射论中产生的片面性，把在任何模糊性的情况下都否认有共同背景的析取论搁置一边。同时，我们公平地想一想它们所提出的合理性一面。

根据严格的同义论，我们需要承认信息是某种客观的东西（不属于一种主题），它可以被独立地测量。根据严格的类比论和模糊论，**信息又是某种主观的东西。那就是说，它与人类有着千丝万缕的联系**。统一信息理论不能满足这种片面的看法。信息的整体研究不得不考虑信息的客观、物质和外部方面的问题，不得不考虑它和主观、意识和内部的关系问题，并同时克服同义论的类比论和模糊论。

客观主义，唯物主义和外部主义思维，它们在陈述信息在现实世界是一种事实的客观事情而不仅仅是一种人类想象方面时是正确的。主观主义、唯心主义和内部主义观念到目前为止仍是正确的。因为它们认为，信息仅仅发生在如果有自由选择的情况下，其生成和利用是一种自然属性。这就意味着，它还是一种主观性的产物。然而，考虑到第一种观点，我们不得不把对象的范围限制在信息被看成唯一起主观作用的客观事物方面；考虑到第二种观点，我们不得不扩大主观的范围，从人类的方面扩大到非人类方面以及准主观原型方面。

统一信息理论寻求的信息概念是抽象的和必要的，但也尽可能是具体的。概念越抽象，内涵就越小，而外延就越大；概念越具体，内涵越丰富，而外延就越小。

一方面，所有信息过程的概念理论都有一个共同点，那就是都不应该把它们缩小到一种抽象的形式主义上，而使其在没有意义的定义上也能适应于每种情况。另一方面，它应覆盖每一种凭经验就可以发现的个人信息过程，而不是把其单一的特殊性假想成一种独有的观念。①

18.1.3　统一信息理论的进一步思考

2009 年岁末，应西班牙莱昂大学的邀请，霍夫基尔奇纳就统一信息理论研究的相关问题在那里举办了一个系列讲座。之后，他把这些讲座内容归纳整理为《统一信息理论的 20 个问题》于 2010 年在美国出版。在 20 个问题的第四个问题中，他以“如何能够实现（信息理论的）统一？”为题进一步阐述了他的思路，下面是他这一想法的核心：

初始看来，面对不同的信息概念和理论，它们似乎支持各种各样的探索和假设，形形色色，互不相容，统一无望。但仔细分析起来，不论它们基于什么样的起点：哲学、两种文化、或者刚刚起步的新学科，最终我们都能够用一种模式来把它们武装起来。沿着从哲学到具体学科的阶梯拾级而下，对于现有的信息概念/理论的分类，似乎像一种相当抽象和统一的类别的具体和特化。在那里，相当实在的类别都被镶嵌在相当松散的类别中。每一类簇都被镶嵌在一种科学文化中，每一种科学文化又都被镶嵌在哲学中。它不只是在层面之间，而是在每个层面之上都存在着一个影响统一的障碍。

按照哲学的分类，信息概念被卡在了唯物主义和唯心主义之间。考虑到“硬”科学和“软”科学之间的鸿沟，信息概念和理论都被卡在“硬”

---

① Hofkirchner W. *Emergent Information: A Unified Theory of Information Framework*. Singapore: World Scientific Publishing Co. Pte. Ltd., 2013: 148-167.

科学和“软”科学一边。不过，这并不令人感到惊讶，正像“软”科学更倾向唯心主义一样，“硬”科学更倾向唯物主义。而作为簇拥着“信息”概念的科学族群一样，它们也是完全“潜在”“自由”或“现实”的。但第一和第二种情况属于科学和技术（硬的）的分野，至于第三种情况，它更倾向于人文（软的）方面。

怎样才能把这个基本的裂缝成功地进行弥合？其答案就像是著名的盲人摸象故事：每个人仅仅摸到了大象的一部分，最后就得出结论认为整个大象就是这样的。所以，**没有什么现成的信息概念和理论绝对代表着这个学科的未来**。从某种程度上说，我们应该把彼此看作一种互补。

但如何才能使物质和观念、思想和信息形成一种互补——并借助它们使信息发挥作用来处理事情（一种结构，一种流）或人类事业（加工活动）呢？考虑到哲学不仅仅是关于本质或性质或现实物质——本体论——的解释，它也是一种对实践的解释——一种行为学。霍夫基尔奇纳认为，这其中包含着伦理学和美学，以及有关经验方面的（认识论和方法论）问题。可以将其假设为行为学，它和本体论和认识论一起形成了一种层次结构（行为——本体——认识论），行为的观点优先于本体的观点，本体的观点优先于认识的观点。我们可以问一问，在有关信息方面，行为的看法是否向我们提供了一种比已经存在的唯物主义——唯心主义更加寂静、更加抽象的鸿沟？我们可以问一问，究竟在什么程度上这种观点可以帮助我们通过再次改造和重新诠释来实现统一？

接着，霍夫基尔奇纳又系统地分析了还原论、投射论、析取论三种思维方法的优劣。他最后的结论是：只有绕开这三种思维方式并用整体论取而代之，最后才有可能实现信息研究中的“基于多样性的统一”，从而建立起一个统一的信息理论。[①]

从弗莱斯纳和霍夫基尔奇纳 1994 年提出的统一信息理论路线图的第一个步骤（哲学本质）看，从定义上说，霍夫基尔奇纳后来比较倾向于接受贝特森 1972 年提出的信息定义：“信息是一种制造差异的差异”，并认为它有可能成为一个可以被各方普遍接受的信息定义，并依此开始建立统一信息理论。但我们的问题是：纵观当今 150 个左右不同的信息定义，这个定义是否已经为全球大多数信息科学研究者普遍接受？或者是被主流信息科学研究者都已经认可？退一步说，即使它是一个各方可以接受的定义，建立一个今日几乎已经涉及各门科学的信息理论，近期似乎也是一

---

① Hofkirchner W. Twenty *Questions about a Unified Theory of Information: A Short Exploration into Information from a Complex Systems View*. Mansfield, MA: ISCE Publishing, 2011: 14-16.

件难以完成的任务，它绝不是轻易结出硕果的；此外，如何用整体论思维实现信息（概念）的“基于多样性的统一”，霍夫基尔奇纳并没有给出任何具体的示例。例如，如何将神经信息和人类信息统一起来？故它仍处于一个哲学层面的设想。

纵观霍夫基尔奇纳提出的建立“统一信息理论”的整个计划，我们的看法是，在目前实行起来仍面临着诸多困难，但也不乏有若干曙光，最显著的方面有下列三个：

（1）究竟怎样才能把整体论思维应用到不同的专业信息学的统一上去？设计者既没有阐明，也没有举例。卡普罗在提出三难困境时曾举例说：电子邮件中的信息和细胞中的信息肯定是不一样的。①但按照霍夫基尔奇纳的看法，整体思维可以将它们统一起来。但究竟怎样才能将它们统一起来？霍夫基尔奇纳并没有直接给出答案。在后来给作者发来的一封解释性邮件中，他虽对此进行了进一步的辩解，但这一解释看起来仍然相当苍白。②

（2）所有已经系统化的真正的专业信息学都是由一套系统理论组成的，而不是仅靠讨论信息概念等并非信息问题研究就能形成的。例如基因组学。抛开信息概念的争论不论，怎么把各种信息理论统一起来？举例来说，我们怎样把内分泌信息学中的信息传输理论同人类信息学中的信息传输（传播）理论统一起来？这对霍夫基尔奇纳的设想来说可能是一个更加难以回答的问题。

（3）弗莱斯纳和霍夫基尔奇纳的四步骤路线图实际上还有一个更大的缺陷，那就是重人文，轻理工。他们似乎只把人文科学中的信息问题看作是一种真正的信息问题，而基本不提及自然科学（以及技术科学）中的信息研究。这既不符合当代专业信息学的发展现状，也不符合欧洲“信息科

---

① Capurro R., Fleissner P, Hofkirchner W. Is a Unified Theory of Information Feasible? A Trialogue//Hofkirchner W, ed. *The Quest for a Unified Theory of Information*. Amsterdam: Gordon and Breach Publishers, 1999: 9.

② 以下是 2013 年 9 月 6 日霍夫基尔奇纳给本书作者的来函：至于三难困境的消解，如果您把“信息”同时应用在“邮件”和“细胞”中，那就面临着两种选择：要么这一相同的术语在两种情况下具有某种共同的东西，要么这一术语本来就是一个虚假的东西并需要用科学的方法来澄清它。我倾向于把它看成第一种情况，但我并不情愿认为它们之间存在着很大的差别。因此，“基于多样性的统一”的共性是来自这样一个事实：人类和细胞都可以看作一种系统。作为一种系统，它们产生有关它们（外部）环境或内部环境的信息。您可以发现，认知、通信、合作可以看作不同层次的信息过程，但人类信息和细胞信息的具体表达的确与人类和社会的特化有关。从另一方面来说，细胞（也可以是多细胞有机体等）作为实体界的一种系统，它表达了进化的不同阶段。这样，我们就不得不充实这些差别来公平地看待这种现象（但不要忘记它们的共同基础）（来自私人通信）。

学基础论坛”创始人之一康拉德的早期警示：信息科学的基础研究应该时刻同自然科学问题保持密切的联系，不应该放松和我们地球上任何具体（信息）问题的接触。①但是，总体上，霍夫基尔奇纳的思想里仍旧闪耀着一些启人心智的火花。例如他认为，统一信息理论建设应该和系统科学、复杂性科学、涌现科学等新兴学科保持密切的联系。从霍夫基尔奇纳发表的所有有关信息研究的著作来看，这是迄今为止所有信息科学研究中最具创造性的看法之一。例如他提出：“自组织系统展示了信息的繁殖力，信息产生于每个自组织过程中。”②

霍夫基尔奇纳还认为，自组织过程与信息生成过程（符号生成）相一致。各自的结果也相互吻合。自组织概念和信息概念是共存的。③特别是在他提出的“自组织与信息共存原理”中他说：沿着系统的不同结构的进化链来处理、观察和研究信息是一种模型、编码和概念的生产和利用（多阶段模型范畴化原理与历时分析）；跨越有联系的“之间”“之内”和超系统功能来处理、观察和研究信息，它是一种认知、传播和合作。在与处理信息的概念和研究过程方面，是否可以把关注和研究自组织看作成为一门信息（科学）的一个标准？通过协调自组织秩序，就自组织而言，它与一个系统的摄动（perturbation）相关，信息实现了三重关系。自组织秩序、信息作为一种标示（signator）和摄动作为一种标志（signandum /signatum）有关。信息进化一如自组织的进化。④

霍夫基尔奇纳关于如何在差异中实现信息科学的统一方面，许多论述是抽象的、拗口的，而且是非常哲学化的，它和我们在本书中使用的归纳法信息科学研究方法相比，我们相信，归纳法更加明了、清晰。但是，演绎法在总体上比较强调信息科学研究应该和系统科学、复杂性科学、涌现科学等新兴的交叉科学保持密切联系。在这方面，我们使用的归纳法信息科学研究方法却具有明显的缺失，在后续的研究和策略设计看，归纳法的缺陷也许会表现得更加明显，我们需要清楚地牢记这一点。

① Ebeling W, Poeschel T. FIS 2002. http://fis.icts.sbg.ac.at/mailings/0417.html [2009-6-2].

② Hofkirchner W. *Emergent Information: A Unified Theory of Information Framework*. Singapore: World Scientific Publishing Co. Pte. Ltd., 2013: 169.

③ 同上，173.

④ 同上，199.

18.2　信息科学未来的展望

关于信息科学的概念、起源、现状、争议、发展，我们的概括性叙述到此已经基本完成。虽然叙述中尚有不少疏漏或错误之处，但我们还是希望，不论是对统一信息科学的建设持有乐观态度的人，还是对专业信息学的探索情有独钟的人，这一叙述对大家来说还算基本完整，它足以为这一事业的深入开展树立一种新视角，并激励读者去研判这些新视角的价值。在接下来的篇幅中，我们对信息科学的未来进行一个展望。

18.2.1　重视系统科学与人文科学

在信息科学研究的初期，我们的关注点主要放在了信息论和控制论的思潮方面，尤其是对香农的信息论给予了过高的期许。即使是今天，在许多自然科学家或其他一些研究者的心目中，信息论仍是信息科学的代名词。事实证明，这种观点是不合适的。2011 年，马里胡安和莫拉尔对此曾评论到："几乎从一开始，著名的香农信息论作为整个信息领域中最能接受的正规核心，在秩序、熵、不确定性、知识等方面就被严重地曲解了。"①的确，从今天的实践来看，这种努力与我们曾经期待的结果相差甚远。虽然觉得维纳的控制论对信息科学的建设也是非常重要的，但我们对它的关注却远不如香农的信息论高，也并未深刻地认识到它更是信息科学的一种启蒙思维。事实上，即使在今天，对维纳的许多思想我们也许还未完全消化。在信息科学发展的早期，许多人都普遍认为，我们只要牢牢地把握着香农信息论的核心，在为信息科学寻找到一个合适的信息定义和正确的计量方法之后，我们只要不断去深刻剖析基本的信息问题，那么，一门信息科学理论的问世并非是一个难以实现的梦想。

但是，就在这种观点的背后，有些事情还是出现了毛病。20 世纪八九十年代，最初的研究热情慢慢消退了。20 世纪 90 年代之后，这个领域就再也没有取得过戏剧性的进展。很难说有谁在这方面建立了某种合适的理论，它不但自洽，而且还能和普遍存在的专业信息学实践建立起正确的对应关系。就世界范围内信息科学研究队伍而言，从 20 世纪七八十年代开始的一批学术带头人大部分都改行了，他们离开了这个研究领域转向了

① Moral R D, Marijuán P C. Introduction to the Special Issue on Information: Selected Papers from "FIS 2010 Beijing". http://www.mdpi.com/2078-2489/3/1/16 [2013-4-2].

其他方向。

就在信息科学出现停滞不前的沮丧年代，我们一直找不到问题的原因所在，抛开信息概念的争论不论，就计量方法而言，我们一直希望，新世纪的数学家能够向我们提供除了数理统计学之外的其他有效的数学工具，也希望新问世的新兴学科的研究者们，能为我们指出信息科学研究困境的症结所在，但这些期待也都没有能够实现。我们看到，不论系统科学也罢，复杂性科学也罢，它们也都还处在并不顺利的发展期，这些学科中的学者们需要以他们自己的学科而不是信息科学学科为研究己任。因此，期待由别人来解决信息科学的困境是不现实的，困难的克服仍需我们自己。回头分析起来，我们在过去的研究中忽视了两种非常重要的思想。

第一种被忽视的思想是系统科学。把信息同充满活力的信息世界隔离开来，用孤立、静止、片面的思维去研究信息科学，不去观察信息世界在普遍联系和变化中所呈现出的多姿多彩，因而表现出机械的、形而上学的特征，这是过去的信息科学研究的一种失误。虽然我们都承认，可传输性是信息的一个普遍特性，但没有谁接下去认真分析一下，当信息从一个时空域被传输到另一个时空域时，空间和时间都发生了变化。如果信息发出方的载体还存在的话，其结果就必然构成一个信息系统。从信息系统看信息将会使我们对信息产生更深刻的认识，从而为我们带来一种信息科学的系统观。在系统科学中，我们需要关注的不仅仅应该是亚里士多德提出过的，经贝塔朗菲系统化的了整体大于部分之和的著名论断，而且还要关注亚里士多德提出过的，整体不等于部分之和或小于部分之和的观点。两种观点不仅可以帮助我们判断和分析细胞信息和人类信息的各种丰富特性，而且还有可能帮助我们解释，为什么植物在细胞层次具有的丰富信息特征，在进入整体层次之后就没有涌现出来或消失了的原因。也许整体小于部分之和的思想能够解释这种原因，但一般的动物信息却为什么又能一直能保持着它的涌现特性？从涌现的反方向上看，一般分子到底是否能够构成通信器或处信器呢？在不同的数量级别上，当系统过于复杂时，我们是否需要提升系统表述的层次？[①]

第二种被忽视的思想是人文科学思想。我们曾坚信，信息科学是一门成长于信息论，并在计算机科学和通信科学的浸润中发展起来的，以数理统计学为主的交叉科学。因此，这一科学也必然且应该充满着自然科学或交叉科学的色彩。我们不需要去关注和分析人文科学家的成就，更不用期

① 飞利浦·D. 克莱顿. 涌现：我们因此而生//约翰·巴罗，保罗· C. W. 戴维斯，查里斯·哈勃编. 宇宙极问——量子、信息和宇宙. 朱芸慧，罗璇，雷奕安译. 长沙：湖南科学技术出版社，2008: 357.

待从那里获得理论的教育和启发。但观察信息概念大规模流行之后半个多世纪的应用实践，一门完善的人类信息学将给我们带来巨大的启示，即任何信息科学研究都必须关注本体论。当一门信息科学始终没有就自己所研究的信息本体给予一个清晰说明的时候，它几乎就没有资格称自己是一门信息科学。而本体论研究恰巧是人文科学的一个基石。

然而，对人文科学的最大关注还在于我们需要修正我们的，自古本根重建社会科学委员会 1997 年提出的对社会科学研究的知识观。[①]从产生的年代来看，我们把科学分为人文科学、社会科学、自然科学、技术科学。但信息是科学之母，科学知识只是所有人类信息类型中的一种，而对所有人类信息的研究恰巧就是人文科学的任务。所以，信息科学中的人类信息学研究从根本上说就是人文科学研究的代名词。

18.2.2　从机械主义走向有机主义

提供有效的信息观察学科是信息科学研究的支撑点。支撑点的作用是能够为其他的信息科学研究提供标准的、充分的、可供研究者观察和参照的基本信息现象。具备这些条件的信息学科是基础性专业信息学科。按照生物学家的说法，它们是一种模式学科。信息科学研究者不应该凭空想象某种信息现象和信息问题，而应该从不同的基础性专业信息学科中去进行观察，之后再进行选择，同时把得出的有关结论立即应用到不同的专业信息学科中去加以检验。

从理论上说，信息科学过去有两个基本的支撑点：通信科学和计算机科学（处信科学）。它们都属于技术信息学，而技术信息学是基于他生成信息系统而建立的。基于他生成信息系统的学科不是基础性专业信息科学，因此，信息科学过去的这两个支撑点，将逐渐失去对信息科学研究进行支撑的资格，或对其理论建设提供观察性服务。

那么谁将会在未来扮演支持信息科学基础研究的支撑点呢？根据我们提出的成为基础性信息科学的标准，近期将有两个学科符合这些条件，第一是细胞信息学，第二是人类信息学。从传统的科学研究看，细胞信息学是一门“物质–信息”性的科学，其特质是非常明显的。从信息科学的观点看，它是一门强“物质性”科学；从物质科学的观点来看，它是一门强“信息性”科学。遗传学研究史告诉我们，追求信息作用的机理是遗传学家在过去很长时期内的最高目标。那时，他们是先通过对细胞中的染色

① 华勒斯坦，等. 开放社会科学：重建社会科学报告书. 刘锋译. 北京：生活 • 读书 • 新知三联书店，1997.

体底物进行观察，之后再深入到对染色体中的狄恩酸底物进行观察，直到最后分析到了分子的碱基符号，最后才弄清楚了遗传信息的本质所在。神经信息学目前已经分析到了分子水平，内分泌信息学大部分还在细胞的层面上打转转，免疫信息学还没有入门。但从总体上说，细胞信息学目前的主要精力还在致力于信使媒介的“信息-物质”研究上，信息处理还远没有列入生物学家的议事日程。但人类信息学却不同，人类符号学的研究已经有了很长的历史，底物问题虽涉及物质问题，但对它的研究主要是由技术科学或材料科学承担的，如广播技术、电视技术、互联网技术、造纸技术等，它们早已成为技术科学家或材料科学家的研究领域，其他的研究通常都不涉及物质问题。人类信息学家通常只研究它们的人文问题，例如信息、符号、传播、心理等。但在人类信息学中，虽然作为其本体论研究的信事学还没有建立起来，作为其动力学研究的传播学还需要强力重构，其语言学知识体系也需要重新进行调整，心理学的发展也面临着一大堆棘手的难题。但从总体上说，它们正朝着一个以信息为明确目标的道路在前进。因此，从未来的信息科学发展趋势来看，过去占据了信息科学核心地位50 余年的通信科学和计算机科学将逐渐让位于细胞信息学和人类信息学。我们将这两个转变称为信息科学未来的两个支撑点转移。

在信息科学以通信科学和计算机科学为支撑点的时候，这时的信息科学是机械主义的。机械主义的信息科学显然不能解释广泛存在的信息现象，尤其不能解释广泛存在的细胞信息现象和人类信息现象，甚至不能解释基本的信息现象，但它却统治了信息科学舞台长达半个多世纪之久，如果其他科学家对已经存在的所谓的信息科学研究不提出质疑，如果普遍存在的信息现象没有被纳入信息科学家的新视野，机械主义的信息科学也许还将在这个舞台上继续统治下去。正因为机械主义的信息科学并不能解释广泛存在的信息现象，于是就出现了信息科学研究中隐约浮现出的人类主义。

信息科学研究的人类主义把研究的许多焦点指向了人类信息，哲学家在这方面最先充当了阐释者的角色。实际上，信息科学的人类主义思潮很早就萌芽了，但却一直没有发展起来，本书提出的人类信息学应该是迫使它走向高潮的一个激励。随着人们对信息概念理解的加深，随着信息科学研究的不断进步，对细胞信息和人类信息的研究必然会走向前台，并将会持续很长一个时期。事实上我们已经看到，在信息科学的机械主义盛行时代，许多学者的研究还是夹杂着浓厚的人类主义色彩，例如霍夫基尔奇纳的统一信息理论，钟义信的全信息理论，邬焜的信息哲学理论，以及标有

“信息科学”旗号的图书馆信息科学理论等。虽然没有谁明确地说自己的研究是人类主义的，但“反映”“认知”“认识”之类的动词是人类主义信息科学的基本标签。在机械主义之后，细胞信息学和人类信息科学将会有一个繁荣时期，之后有可能进入到一个有机主义的信息科学时代。

什么是信息科学的有机主义？有机主义的信息科学不仅包括对人类在内的所有动物信息进行研究，还包括对植物信息的研究，对细胞信息的研究，以及可能还包括对有机分子的信息研究。当供信体和受信体是动物、植物、细胞，抑或是一个有机分子时，机械信息主义的信息科学主流将会逐渐让位给有机主义的信息科学。从有机主义的信息观点看，只要观察一下信息系统的传偶，尤其是供信体和受信体的组成，当它们是人时，是羚羊或企鹅时，是细胞或有机分子时，我们就进入了完全的有机主义信息科学时代。不过根据一些学者的看法，对于有机体而言，分离出来的组织与系统中的组分有质的不同，部分或多或少包含着有关整体的信息，但不能一般地认为整体的全部信息都反映在它的每一个部分之中。①

之后的信息科学将走向哪里？在有机主义之后它还会继续发展吗？我们目前仅能预见到的是，它将会把重心转移到有机分子信息的研究上，如果超分子信息学或一般分子信息学能够成立，那么，它将会为信息科学从有机主义走向物理主义打开一个缺口，再往后的发展，就我们目前的知识水平而言，要进行更多的预测就非常困难了。唯物主义信息科学在此将会和唯信主义信息科学进行一个大会师吗？我们并不知道。两个支撑点的历史性转移是信息科学从机械主义走向有机主义的开始，技术信息学的沙文主义地位走向终结将是信息科学发展中一个不可避免的趋势。

就技术科学和理论科学而言，两者的研究风格是完全不同的。因此，理论信息科学和技术信息科学是完全不同的两类信息科学。信息科学从机械主义走向有机主义的趋势如果是不可避免的话，那么，未来我们将会看到：人文科学将是一门全信息科学，生命科学将是一门半信息科学，技术信息学将不被看作一门基础性信息科学。深化的信息科学研究将会完全颠覆我们既有的信息科学理念，这种情况的出现并不是不可能的。

18.2.3　统一信息科学的三种方法

到目前为止，在基础信息科学研究中，除了“信息科学”这一众所周知的初始概念之外，我们还有“计算机信息科学”“图书馆信息科学”“地

① 刘量衡. 物质·信息·生命. 广州: 中山大学出版社, 2004: 13.

理信息科学”“农业信息科学”等。此外，花样繁多的“信息学”和“信息论”学科更是层出不穷。例如气象信息学、土地信息学、医疗信息学、经济信息学、算法信息论、效用信息论等。目前，这个数字已超过 200 余门。在关于信息的研究中，为了寻找一门包括上述所有“信息科学”“信息学”“信息论”在内的一个普适的信息科学理论，之后就陆续出现了“一般信息科学”“普通信息科学”“统一信息科学”“理论信息学”“统一信息论”等概念。就其含义而言，它们基本上都大同小异。上述这些概念的出现和存在只是信息科学发展史上的一种权宜现象，一旦我们最终建立起了一个普适的信息科学理论，那时，“基础”“一般”“统一”之类的前缀就没有了存在的必要。“统一”的含义是什么？它指对众多表面上看来并不相同，但却被“信息”这一概念的内秉特性牢牢地连在一起的一类信息学科进行研究，最终归纳出其中具有通用的、概括的、普适的概念、原理、方法，并对它们进行系统化整理，最后形成的一个系统的信息科学知识体系。统一的做法有三种，即直接统一、级进统一、特别统一。

1. 直接统一

直接统一是指直接对所有 200 余门专业信息学科的共同信息特性和问题直接进行统一。

1994 年，弗莱斯纳和霍夫基尔奇纳在马德里第一届国际信息科学基础大会上共同提交的“涌现的信息：走向统一信息理论”一文，可视为这种统一的标本。文中提出了建立一门统一信息理论的路线图。[①]沿着这个路线图，霍夫基尔奇纳等人试图以贝特森 1971 年提出的“信息是一种能够制造差异的差异”[②]信息定义为出发点，依此构建起一门统一信息论。自 2011 年以来，霍夫基尔奇纳陆续发表了《统一信息论的 20 个问题》[③]，《涌现的信息：信息体系的统一理论》[④]，“迈向一门新的信息科学”[⑤]等论著。在这些研究中，他陆续提出了关于信息的四种思维，多样性中的统一，有限控制等理论，并希望它们能够成为建立一门统一信息理论的方法

① Fleissner P, Hofkirchner W. Emergent Information: Towards a Unified Information Theory. *BioSystems*, 1996, 2-3: 244.

② Bateson G. *Steps to an Ecology of Mind*. New York: Ballantine Books, 1972: 230, 361, 339.

③ Hofkirchner W. *Twenty Questions about a Unified Theory of Information: A Short Exploration into Information from a Complex Systems View*. MA: ISCE Publishing, 2011.

④ Hofkirchner W. Toward a New Science of Information, *Information*, 2011, (2): 372-383.

⑤ Hofkirchner W. *Emergent Information: A Unified Theory of Information Framework*. Singapore: World Scientific Publishing Co. Pte. Ltd., 2013.

性指南。从 1994 年到现在已经 20 年过去了，从目前的研究进程看来，采用直接统一的方法并不顺利。

2. 级进统一

级进统一是指先对一组性质相近的信息学科进行统一，首先形成若干组信息科学分支，然后再对这若干组信息科学分支进行统一，最后达到统一的目的。

从 2000 年起，以北京大学交叉信息科学研讨班为主的部分中国信息科学研究者，在他们所进行的信息科学研究中，所采用的方法就是级进统一。在这个研究团体内，马蔼乃、朱照宣、苗东升、冯国瑞、罗先汉、林建祥、姜璐、闫学杉等研究者认为，如果我们对当今已经存在的众多信息学科研究内容和性质尚不清楚，那么，希望建立起一门对众多信息学科的建设具有指导作用的统一信息科学，这是不大可能的。①本书作者认为，在目前所有的 200 余门信息学科中，具有重大信息意义的信息学组可以分为三类，它们是技术信息学组（包括计算机科学、通信科学等）、细胞信息学组（包括遗传信息学、神经信息学、内分泌信息学等）、人类信息学组（包括心理学、语言学、传播学、信事学等）。从目前在世界各国所开展的基础信息科学研究来看，技术信息学组不大可能成为未来统一信息科学的参考标准，而细胞信息学和人类信息学则有可能会在未来登上信息科学的中心舞台。

3. 特别统一

特别统一是指采用一些特别的方法或路线，例如信息计量研究、信息结构研究等方法对不同的信息学科进行统一。

1988～2013 年，作为中国的信息科学研究者，钟义信在香农信息论和威弗尔信息观的基础上，陆续建立和完善了一套全信息理论。②③众所周知，香农信息论是单一的形式信息计量理论，它尤其不考虑信息的语义与语用问题。但钟义信的全信息理论却弥补了上述缺陷。在沿着香农单一形式信息计量理论向着一般信息计量理论扩展，并希望借此建立起一个统一信息科学的追求中，在世界范围内，钟义信的全信息理论目前仍是已经出现过的最好的理论。此外，乌克兰学者贝尔金于 2010 年提出的信息价

---

① 马蔼乃，姜璐．前言//马蔼乃，姜璐，苗东升，等编．信息科学交叉研究．杭州：浙江教育出版社，2007.

② 钟义信．信息科学原理．1988 年第 1 版，福州：福建人民出版社.

③ 钟义信．信息科学原理．1996 年第 2 版，2002 年第 3 版，2013 年第 5 版，北京：北京邮电大学出版社.

值原理①，英国学者费希尔于1920年提出的费希尔信息函数②等，它们也可能被用于构建一门以量化为特色的统一信息科学，因而也属于特别统一方法的范畴。

但是，不论我们采用哪种方法来建立统一信息科学，我们必须认识到，它的前进道路都是非常崎岖的。在近期内，**这一研究的缓慢进步，将是全球信息科学家们必须加以忍耐的**，这是21世纪信息科学发展的宏观图景。我们在16年前对21世纪信息科学的发展进行预测时曾认为，在未来的信息科学研究中，试图构建起一门统一的信息科学，其前景并非是乐观的。③现在看来，这种预测仍是正确的。

18.2.4 统一信息科学的三种结局

不论采用什么方法去进行统一的信息科学研究，最终的结果都可能会以下列三种之一方式出现，即大信息科学（*large information science*）、小信息科学（*small information science*）、群信息科学（*aggregate information science*）。

1. 大信息科学

大信息科学具有常规科学的性质。它通常由一系列子学科组成。信息科学最后如果以这样的结局出现，这是我们非常乐意看到的。因为它意味着：虽然我们历尽千辛万苦，但最终还是建立起了一个系统的信息科学知识体。它不但可以在大学建立起独立的院系，并能够向社会招收学生和进行授课。当这些学生完成所学学业之后，社会上将有一个唯一和此学科相对应的，包括教学、科研、社会服务的机构来接纳他们去施展宏图。需要注意的是，在目前世界各国大学所存在的林林总总的信息科学院系中，它们所研究和传授的“信息科学”知识，并不是我们这里所说的“统一信息科学”。这些信息科学院系的研究和教学内容，要么是计算机科学，要么是通信科学，或者是以这二者为中心的信息科学。而另一类信息科学院系，一如霍夫基尔奇纳所说的那样，它们是在计算机科学的辅助下所建立的图书馆与文献科学（a field that grew out of library and documentation science with the help of computer science）④的别称。

---

① Burgin M. *Theory of Information: Fundamentality, Diversity and Unification*. World Scientific Publishing Co. Pty, Ltd., : Singapore, Singapore, 2010.

② Fisher R A. Statistical Methods, Experimental Design and Scientific Inference, 1920//Fisher R A. *Fisher's Collection*. Clarendon Press: Oxford, UK, 1927.

③ 闫学杉. 关于21世纪信息科学发展的一些见解. 科技导报, 1999, (8): 6.

④ Hofkirchner W. *Emergent Information: A Unified Theory of Information Framework*. Singapore: World Scientific Publishing Co. Pte. Ltd., 2013: 3.

2. 小信息科学

小信息科学具有交叉科学和跨科学的特征。和具有常规科学性质的大信息科学相比，小信息科学下面不会包含或仅会包含很少的分支。信息科学如果最后以这种形式出现，这表明我们最后虽建立起了一门具体的信息科学知识体，但因为其小，所以一般都不能在大学设立院系，它更适合设立研究所或研究中心。培养出来的人才，之后只能继续从事这方面的研究，而不能找到相应的一般社会工作来使得这种知识显现出它的社会意义。20 世纪中叶之后兴起的控制论、系统论、协同学、混沌理论、耗散理论、复杂性理论等都是这种小科学的典范。小信息科学如果出现，虽然它有些不尽如人意，但也意味着我们能够对广泛存在的信息现象和问题给出了一个有限的理论解释，而且也不排除它可能会成为一门大信息科学出现的前奏。一般来说，它更多地和一般的小科学一样，虽不能通过大规模地开办教育来培养学生，但最后却可能提供出一套信息思维方法，一面用来指导人们进行信息思维，一面用来指导和信息相关的其他信息学科的发展。

3. 群信息科学

群信息科学是由若干组信息学科构成的一个信息科学群。被包含在一个信息科学群内的信息学科，彼此之间被某类共同的信息特征连在一起。就一般的科学研究而言，自然科学、技术科学、社会科学、人文科学是四大科学群。通常情况下，群科学是很难统一起来的。例如，在物质科学群里，物理学、化学、生物学、地质学等都是它的群成员，虽然它们都高度依赖“物质”这一概念，但我们却看不到有一门称为“物质科学”的具体科学知识体存在。在社会科学里，政治学、经济学、法律学、社会学等学科都是它的群成员，虽然它们都高度依赖“社会”这一概念，但我们却看不到有一门称之为“社会科学”的具体科学知识体存在。此外，技术科学的情况也是如此。信息科学最后若以这种结局出现，它将是信息科学研究中最为令人伤感的一种结果。

预测未来，在上述三种信息科学发展前景中，大信息科学出现的可能性是非常小的。相反，小信息科学和群信息科学出现的可能性较大。就后两种前景而言，小信息科学前景又是较坏前景中较好的前景。如果我们能够正确地把握所有信息问题的实质所在，在小信息科学中，即使能够提出一套合适的信息思维方法或信息理论，它对信息学科的发展来说也是非常有价值的。我们认为，在后两种前景中，群信息科学出现的可能性反而更大。群信息科学，也可以称之为类信息科学，它是本书提出的一个新概念。一门大统一的信息科学知识体在近期内是不可能出现的，至少在最近10～20年之内是没有希望出现的，它可能需要几代人的努力，或者是它根本就不存在。因此，我们需要向现实妥协，发展群信息科学可能是一种正确的选择。1983年，马克卢普曾经预言，所有和信息有关的研究在未来可能形成一种被称之为“信息文化”的文化，它是一种和“自然科学文化”和“人文科学文化”并列的第三种文化。[①]我们的看法是，群信息科学很可能是“信息文化”的具体体现。

在群信息科学中，最能称得上信息科学的群有三个：机体信息学群、细胞信息学群、分子信息学群。在机体信息学群中，最有希望的分支是人类信息学，它的内涵和外延和人文科学群基本重合。这是信息科学发展到21世纪时它赠予人文科学的最好礼物。“上帝的归上帝，恺撒的归恺撒。”（Give back to Ceasar what is Ceasar's and to God what is God's.）像法利赛人那样试图用欺骗的方法取胜是不能成功的。信息这个概念起源于人文领域，它应该在人文领域有一个体面的结局。对其他动物类别的信息研究虽能成功但未必有意义。在细胞信息学群中，遗传信息学将会继续取得光辉的成就，神经信息学将以解开人类思维之谜为其最高期盼，而内分泌信息学将成为细胞信息学未来最为有趣的一个发展方向。在分子信息学群中，莱恩猜想或被证实或被证伪都是具有积极意义的，它也许会给出信息科学还原论的一个底层边界。但有一点是肯定的，计算机科学和其姊妹科学通信科学都不是真正的信息科学。

在未来的信息科学研究中，不论采用何种方法进行统一，或以哪种结局出现，我们都应该深切牢记，一门合理信息科学的建立，绝不是仅凭空想象就可能从旷野上耸起的一座高楼，它必须建立在对各种有效的信息现象进行的观察和思考之上，之后才能得出合理的信息科学理论。不论我们把它叫作“信息科学”（information science）或“信息的科学”（science of information）；也不论我们把它叫作“信息理论”（information theory）或“信息的理论”（theory of information）；也不论我们把它叫作“统一信息科学”（unified information science）或“统一信息理论”（unified theory of information），其形成过程皆应如此。

---

① Machlup F, Mansfield U. Cultural Diversity in Studies of Information//Machlup F, Mansfield U. ed. *The Study of Information: Interdisciplinary Messages*. New York: John Wiley & Sons, 1983: 3.

18.3　结语

在对信息科学的各种思潮进行了系统的介绍之后，对 1959 年信息科学概念诞生以来 56 年间世界信息科学研究和发展的宏观脉络进行梳理，我们可以用下面的结论进行概括：

信息科学的思想起源于 1948 年维纳的控制论和香农的信息论。但“信息科学”这个概念，是 1959 年美国宾夕法尼亚大学莫尔电子工程学院首次提出的，最初它是用来表示一组计算机方面课程的，所以，此后的计算机科学界，并没有在信息的基础理论方面进行任何探索，而使其仅仅停留在了“计算机科学”可以用“信息科学”来指称的形式上。20 世纪 60 年代后期，计算机技术在文献检索试验方面所展现出的曙光，引起了图书馆学家们的极大兴趣，他们迅速地用“信息科学”这个概念，来代表他们对文献研究及文献管理和检索自动化，以及科学信息交流等内容的研究方面。这样，人们就用“计算机信息科学”和“图书馆信息科学”来区分上述两种所谓的“信息科学”。20 世纪 80 年代末，第三种信息科学研究出现了，这个方向以香农信息论为起点，以全信息理论为基础建立起了一种全新的信息科学，即“通信论信息科学”。在上述这些信息科学研究进行的同时，1974 年，由医疗信息学带头，一大批以计算机和通信技术应用为核心，或以文献管理为核心的应用信息学科开始问世，其汹涌的来势给信息研究阵营带来了空前的繁荣，也使其理论研究陷入了空前的混乱。除了一般信息科学和应用信息学之外，人文与社会科学家所提出的许多信息问题，也开始启发信息科学家的思考。随着越来越多的新信息学科出现，从 20 世纪 90 年代初开始，一种试图把所有信息研究学科统一起来的新思维，开始逐渐在欧洲兴起，并被称之为“统一信息理论”或“统一信息科学”，相同的现象也出现在中国。这就是从 20 世纪 40 年代末到 21 世纪初的 56 年间信息科学发展的总历程。总体上，我们可以把信息科学的发展大致归纳为如下四个阶段：第一阶段：信息科学的萌芽（1948～1959）；第二阶段：信息科学的三足鼎立（1959 年至今）；第三阶段：专业信息学的兴起（1974 年至今现在）；第四阶段：统一信息科学的发展（1994 年至今）。

不论在东方或西方，信息这个概念都有着悠久的应用历史。开始主要集中在普通生活和人文研究领域。虽然西方的学者最先让其脱离了这两个旧有轨道进入自然科学领域，但这仅是一个新生命诞生前的萌动。直到1948年维纳的控制论和香农的信息论问世以后，这种局面才得以彻底地改变。今天，几乎所有的人文科学、社会科学、自然科学、及大部分技术科学都引入了信息概念，且大多数学科都从这一举措中获得了益处。许多当初只是对信息“感兴趣”的学科，今天都已经变成“某某信息论”“某某信息理论”“某某信息学”“某某信息科学”。很难想象，如果奥多布莱扎在1938年伊始就在自己的著作里引进了“信息”概念，那么维纳未必就能独一无二地享有“反馈理论”的知识产权。如果香农接受冯·诺依曼的建议，在自己的理论里最终使用的是“熵”而不是“信息”，那么，香农的著作就未必会被誉为“信息时代的大宪章”。众多事实表明，“信息”是一个极具活力的概念，虽然我们不能说采用了它就会使根本就不存在解决可能的问题能够得到解决，但用了它就有可能增大解决问题的希望。事实上，不使用“信息”概念的学科照样可以解决自己遇到的种种难题，但所受的关注可能不会有使用“信息”概念那样影响大。词汇是对对象的一种符号表达，信息一词的使用有它自己的内在规律，这一规律是支配自莱布尼茨时代以来众多科学，特别是自然科学和人文科学中心概念转移的重要动力之一。

但是，我们在推进信息概念应用的过程中需要保持冷静，不要被可能的表面繁荣冲昏头脑。我们应该时刻牢记，对信息的关注是一回事，而把信息作为一个研究对象却是另一回事，两者有着本质的不同。“关注”只是在研究自己的问题时涉及信息，而“研究”却是把信息当成了自己的一个研究对象。

我们已经看到，在信息概念广泛应用的今天，已经逐渐出现一种泛信息思潮，相当多的研究者在遇到了自己学科中不知道该如何解决的问题的时候，就会拿信息来当挡箭牌。信息似乎已经变成一个可以开启任何神秘洞府的密码，并使其变成一个万用概念。一些人甚至想当然地认为，用了信息概念，自己的问题就会很容易地得到解决。信息概念具有综合性和暂代性的优势，而许多学科却正在糟蹋和破坏着这些优势。更不用说一些玄学打着“信息”的幌子来欺骗世人。马里胡安的话曾恰当地鼓舞了信息科学研究者：**“信息科学是照耀在我们科学家个人或整体在把玩的信息游戏上的一缕新曙光。”**[①]但我们也需要恰当地把握好信息概念应用的分寸，只做我们应该做的事，把信息科学一步一个脚印地向前推进。

① Marijuán P C. Disunity of Science. http://fis.icts.sbg.ac.at/mailings/0238.html [1999-3-2].

当然，对于信息概念使用中出现的负面现象，我们也许不必过分地感到焦虑和不安，请接受这个事实吧！即使一个作者缜密得像贾岛那样，只把信息用在一个传输过程，一个处理周期，这也难免使读者得到这样的印象：信息在某些学科方面的比喻性应用，仅仅是信息论和计算机科学应用的戏剧性增长。事实上，也有不少研究者试图抵制它。一些物理学研究者甚至认为，对于物理学来说，一个熵概念就足够了，物理学家没有必要去赶这个信息时髦。其他的例子还可以在其他一些信息学科的分析中找到。

我们的基本看法是：信息不是一个新概念，它只是人们对过去不同概念的新表述或新综合。今天用信息概念所表述的现象和问题，在过去差不多都可以找到用其他概念进行表述的方法。但借助维纳控制论和香农信息论提供的信息思维，借助计算机科学、通信科学、心理学、传播学等大量使用信息概念学科的帮助，信息概念的暂代性和综述性所激发出的活力使它变成了今天的宠儿。

在信息科学研究史上的三个流派中，计算机信息科学不过是计算机科学的一个别称，图书馆信息科学不过是在信息研究华荫萌照下的现代文献学而已，通信论信息科学虽然抓着了信息探索的一些实质，但体现其核心价值的全信息理论在众多专业信息研究中的应用却仍显得力不从心。所以，国内外一些信息科学研究者近年来对这一状况普遍表示出失望和怀疑。董光壁 2006 年认为："现在信息技术虽很发达，但信息科学还很不成熟，甚至可以说还没有信息科学。"①王禄山和高培基 2008 年的结论是："目前只有信息技术，而未建成信息学，因为现在还没有可以适用于各个领域的普适性信息理论。"②巴维斯（Jon Barwise）和塞利格曼（Jerry Seligman）于 1997 年就提出，目前还没有可被接受的真正的信息科学。（There is no accepted science of information.）③戴彭斯（Anthony Debons）和霍内（Esther E. Horne）1997 年写道，如果现有的信息科学是一门真正的信息科学的话，那么，我们只有对讨论的对象进行定义，才能对问题有所了解。（If information science is to be a science of information，then some clear understanding of the object in question requires definition.）④伦斯基

---

① 董光壁. 关于信息物理学. 北京大学交叉信息科学研讨班报告, 2006, 18. (内部文稿).

② 王禄山, 高培基. 生物信息学应用技术. 北京: 化学工业出版社, 2008: 1.

③ Barwise J, Seligman J. *Information Flow: The Logic of Distributed Systems*. Cambridge: Cambridge University Press, 1997: 4.

④ Debons A, Horne E. NATO Advanced Study Institutes of Information Studies and Foundations. *Journal of the American Society for Information Science*, 1997, 48(9): 799.

（Wolfgang Lenski）于2004年提出：一个广泛接受的真正的信息科学到目前为止还无法想象是一个什么样子。（As a broadly accepted science of information is not envisaged by now.）[①]霍夫基尔奇纳于2013年也提出：目前，一门真正的信息科学并不存在。（Currently，a science of information does not exist.）[②③]于是，关于信息科学研究的一些新概念于20世纪后半叶就纷纷被提了出来。

信息科学研究已走过50多个年头，这50多年中的头30年正是科学事业在第二次世界大战后呈现出活力和热忱的年代，这一点可从早年信息论、控制论、系统论在世人心目中所受到的关注程度看出，虽然目前人们对它们的热情已不再像它们刚问世时那样的狂热，但这正是反思和沉淀的时代。在这50多年里，自然科学的核心理念正在经历着从“牛顿物理学”向“量子物理学”的过渡，人文科学的核心理念正在经历着从“意识”向“信息”的过渡。专业信息学的发展虽然迅速，但它们终究会把信息的概念“碎片化”，不论是历史上的三大信息科学学派也好，或是目前采用演绎法和归纳法的两大信息科学研究方法也好，从一般的科学哲学观点来看，除了维纳的机器和生物通信理论、香农的单一形式信息理论、钟义信的全信息理论、卡普罗的三难困境理论、霍夫基尔奇纳的多样性中的统一信息理论之外，其他的众多信息科学研究还都难以称得上是真正的信息科学探索。即使包括上述所有的信息科学理论探索在内，目前还没有谁可以拥有信息科学真正代言人的资格。而真正的信息科学的出现，需要待到不同的专业信息学发育到一定程度时才能逐渐显现出来。因此，在未来的信息科学研究中，我们应该花费一定的精力去关注那些带有标本性和基础性的专业信息学发展上，例如遗传信息学和人类信息学中的本体理论、符号理论、信使理论等。从霍夫基尔奇纳等人1994年提出“统一信息理论”建设的构思到现在已经整整20年过去，大统一的信息科学观仍是一个纸上谈兵的蓝图。基于知识结构的原因，他们对自然科学中信息问题的重要性关注远远不够，例如生命科学中的信息问题，化学科学中的信息问题等，而这和欧洲新信息科学运动的发起人之一康拉德提出的：“我们应该同自

---

① Lenski W. Remarks on a Publication-Based Concept of Information. New Developments in Electronic Publishing AMS/SMM Special Session, ECM4 Satellite Conference. Stockholm, 2004: 119-135.

② Hofkirchner W. *Emergent Information: A Unified Theory of Information Framework*. Singapore: World Scientific Publishing Co. Pte. Ltd., 2013: 3.

③ 由于过去的所有信息科学均不能解释广泛存在的信息现象，于是，从20世纪末以来，新一代的信息科学研究者们就创造了一个英语新概念 science of information，本书一些地方暂将它译为“真正的信息科学”。

然科学中的信息研究保持密切接触。”①的主张是不相符的。既然统一信息科学研究的前景无法令人乐观，那么，在相当长的一段时间内，信息科学研究者更多的努力将仍会集中在专业信息学的发展上。而在统一信息科学的研究过程中，我们必须将信息的本体研究、信息的系统研究作为这一学科的重点。

然而，这就涉及信息科学到底是一门什么样的学科的问题。迄今为止，即使是欧洲最为前卫的统一信息研究倡导者们，虽然他们为实现统一信息科学的建设已经初步勾列出了一个蓝图，但其蓝图的内涵至今仍旧模糊不清，人们很难从中领悟出未来的信息科学究竟是个什么样子。要么它还深藏在信息百花园的壁龛里，虽然我们可以闻到它的芳香，但却无缘睹其芳容；要么它最终是撒遍科学、生活、诗歌、艺术原野的漂浮种子，在这些地方虽然可以开花和成长，但却永远无法生根和发芽。

信息科学究竟是一门以信息技术为中心的科学，还是一门以信息理论为中心的科学？我们的看法是，我们已经进入信息社会，成为信息社会的决定性因素无疑是信息技术，以及由信息技术引起的各种人文与社会信息问题。虽然信息技术和信息社会具有千丝万缕的联系，但信息技术绝不是信息科学成立的决定性原因，支配信息科学是否能够成立和走向的是信息思维而不是信息技术。

从 20 世纪下半叶开始，信息技术的发展使社会生产力的壮大出现了前所未有的进步，从而使人类进入了信息社会，但这仅是问题的一个方面。信息论和控制论的研究使整个科学界出现了一股信息思维。其特征有两个：第一，过去使用诸如新闻、消息、知识、基因等概念的地方，之后大多逐渐用信息一词取代了；第二，对事物之间的相互作用，除了注意彼此之间的物质联系、力学联系之外，还开始注意到了信息联系，尤其表现在对通信问题的关注方面。几乎渗透了各个学科的信息思维是决定信息科学命运的决定性力量，在这方面，信息技术所起的作用是非常有限的。

我们已经看到，当今几乎各门科学中都不同程度地出现了信息思维，但这是否就意味它一定就能够出现一门独立的信息科学理论呢？我们的答案是：难以定论。通过我们对基本的专业信息学的考察，从大的方面说，我们已经看到，信息的存在方式是以“物质-信息”的方式存在的，这就是说，信息不能脱离或独立于物质而存在，因此，这就决定了信息科学不可能用旧有的物质科学与人文科学的机械分割观念来进行理解。从这个意

① Hofkirchner W. *Emergent Information: A Unified Theory of Information Framework*. Singapore: World Scientific Publishing Co. Pte. Ltd., 2013: 3.

义上来说，问世于20世纪的信息科学研究是整个科学体系中的一种新现象。但从另一种意义上说，信息科学所关注的信息又不是一种新现象，它只是人们对旧有的，用其他不同名称表达的一种旧存在的新表述。既然不是一新现象，那么，一门独立存在的信息科学出现的可能性就会受到质疑。我们虽然有细胞信息学和人类信息学等基础性专业信息学科，也许还有分子信息学、动物信息学、植物信息学等新信息学科的出现，但这些信息学都是某一旧有学科的附属品或它们和信息科学的交叉学科或自己的子学科。就人类信息学而言，除了我们提出的信事学之外，其余的心理学、传播学、语言学都不是新学科。在某种意义上，信事学关注的信息问题，可能是语义、意义、意识、精神等概念的高级形式。信息科学最终的发展有可能类似于“物质科学”“社会科学”之类的类科学而不是一门实体学科，而这些概念并不代表一门独立学科的存在，它们是一群学科的总称。但我们可以肯定的是，对它的研究必定会促进相关学科的发展。2005 年，董光壁曾提出了21世纪科学发展的三大转移模式，一个是从物质论走向信息论，一个是从构成论走向生成论，一个是从公理论走向模型论[①]，而信息科学研究正是第一种转移模式的明证。

到今天为止，信息科学已经发展成两个阵营，一个是专业信息科学阵营，它已多达200余门；一个是基础信息科学阵营，它所取得的成果为数寥寥。在信息科学的研究过程中，许多机构、团体、个人，他们最容易犯下的一个错误是：把在部分专业性信息学科中被检验为正确的结论，拿来误作为一般信息科学的结论，而这一教训正是广大信息科学工作者在今后的奋斗中需要时时警惕的。技术信息学科不属于基础信息学科，我们对这个问题应该时刻保持清醒的认识。**信息科学目前正处于历史上最沉闷的低潮期，但也不排除它可能正潜伏在一个革命的前夜**。

随着“固定互联网”“移动互联网”“物联网”等以信息为依托的产业的兴起，新的关于信息科学的问题会再度被人们提起。信息科学就要再回到20年前的状态，我们需要不断地再去应对“信息”到底是什么的质疑。从不同角度来看待信息的研究也许还会不停地问世，只要一个被科学团体普遍认可的普通信息科学一天不建立起来，这种新的探索就永无休止。因此，对信息科学的探索还会再度热起。21世纪的第一个10年已经过去，这种局面还要持续多久？统一信息科学的希望在哪里？它到底能不能建立起来？抑或压根儿就不存在？那么多的学科都在使用“信息”这个

① 董光壁. 自然科学三大理论体系的交叉与统一问题//李喜先. 21世纪100个交叉科学难题. 北京：科学出版社, 2005: 794-798.

概念，不少学科还都提出了自己的专业信息学理论，统一信息科学却为什么建不起来？难道这些理论彼此之间没有一点共同之处吗？这一连串的问题，一直困扰着关心统一信息科学研究的人士，也一直吸引着更多的专业信息科学研究者。

在欧洲，统一信息理论的倡导者和追随者们几乎在很长时间里一直深信，按照他们的四步路线图，统一信息科学也许不久就会问世。可是，5 次国际会议，20 年论坛讨论，580 余卷邮件列表，这些研究和分析并没有得出多少令人兴奋的研究成果。相反，许多人在信息研究的道路上越来越感到迷茫。随着时间的推移，人们愈加感到：很难说一定就存在着一门独立的信息科学知识体，也没有什么十分权威的信息科学家提出什么有效的普适理论，使其可以用来解决围绕着信息问题而产生的概念性困惑和实体性难题，每个研究者的观念和认识，都可由其他同行一起分享。统一信息科学到底存在与否？它的基本规律是什么？回答这些问题看来还需要付出更大的艰辛。但有一点是肯定的，从总体上说，到目前为止，统一信息科学还没有出现。

但是，我们也不应为信息科学研究目前的困难局面感到过分的气馁，尽管道路曲折，但这些年来我们仍旧取得了一些对这一研究产生巨大影响的结论。除了前面提到的全信息理论和多样性中的统一信息理论等理论之外，在专业信息科学方面，细胞信息学中的顺反子理论和信使理论等，它们的出现给我们的信息科学发展带来了许多启示。发展信息科学的勋业道崎路长，统一信息科学和专业信息科学发展还将会持续地引起人们的兴趣，对它们的建设必然有赖大家坚定的信念，彼此守望，相互协助！

最后我们要说的是，我们必须向严峻的现实妥协。通过生物信息学和人类信息学的研究，我们如果能够找到一个相对确定的信息本体论描述和动力学描述范式的话，无论它们的具体含义是什么，这都是我们热切期望的。对于统一信息科学的建设而言，要想一蹴而就，并希望在近期内取得成功，这几乎是不可能的，它可能需要一代甚至几代人的努力。因此，目前我们只有面对现实，做我们能够做的事，并由此向我们期望的结果努力。对于未来的研究中可能遭遇的种种困难，我们需要有足够的思想准备。

但是，不论信息科学怎样发展，我们坚信，它的最终目的，绝不是为了解决将信息的传输速率从每秒吉兆级向着太兆级迈进，也不是为了将计算机中央处理器的时钟频率从 1 亿亿次/秒提高到 100 亿亿次/秒，也不是为了发明出伟大的机器人以使其能够代替我们去和地外星体上的文明社会进行对话，也不是为了创造出类似云计算、大数据之类的新技术，或制造出更好的三维打印机之类的精美产品。信息科学的最终目的，将会是对实在的一种新解释。对此，传统的唯物论和唯心论都提供了自己的学说。但是，对这个问题的研究，近期似乎也不会得出什么圆满性的结论。因此，我更喜欢马赫（Ernst Mach）的名言。他相信，实在的最后性质不是轻易就能阐明的。丹皮尔（William C. Dampier）在《科学史及其与哲学和宗教的关系》一书中讨论了马赫的这些话，他是这样说的：

> 当时的大多数科学家，尤其是生物学家仍然保持着常识性的唯物主义，相信物理科学揭示了事物的实在。他们没有读过唯心主义的哲学，无论如何不会变成这种哲学的信徒。但是，1887 年，马赫用他们熟悉的语言重申古来的学说，认为科学只能把我们的感官所领会的现象的信息告诉我们，实在的最后性质不是我们的智力所能达到的。也有人认为，虽然就科学证据所能证明的而论，我们只能走到这种现象论为止。但是，科学毕竟把自然现象合成了一个前后一致的模型，这个事实却是一个有效的形而上学论据，可以证明，有某种和模型一致的实在存在于背后。①

丹皮尔在剑桥的上述描述，只是 1929 年代的牛顿科学图像，而现在我们已经进入量子时代。爱因斯坦（Albert Einstein）、波多尔斯基（Boris Podolsky）、罗森（Nathan Rosen）三人旷达数年的争论已向我们冥冥地昭示：信息科学的任务若是为了寻求对实在的一种新解释的话，那它将会比马赫那个时代面临的任务更加艰巨。

① 丹皮尔 W C. 科学史及其与哲学和宗教的关系. 李珩译，张今校. 桂林：广西师范大学出版社，2001: 12-13. 绪论部分.

参 考 文 献

中文文献

[1] Bekenstein J D. 2003. 世界是一张全息图. 何毓嵩译. 科学，（10）.

[2] Campbell N A，Reece J B，Simon E J. 2006. 生物学导论. 吴相钰，尚玉昌，安利国，等译. 北京：高等教育出版社.

[3] Casella G，Berger R L. 2010. 统计推断. 张忠占，傅莺莺译. 北京：机械工业出版社.

[4] Coon D，Mitter J O. 2008. 心理学导论：思想与行为的认识之路. 刘刚，等译. 北京：中国轻工业出版社.

[5] Cover T M，Thomas J A. 2007. 信息论基础 阮吉寿，张华译；沈世镒审校. 北京：机械工业出版社.

[6] Davis G B. 2007. 序. 信息系统学报，1（1）.

[7] Efron B. 2005. 贝叶斯学派统计学家，频率学派统计学家和科学家. 朱钰，谢爱辉，郭晓烨译. 统计与信息论坛，20（4）.

[8] Halliday M A K. 2010. 功能语法导论. 彭宣维，等译. 北京：外语教学与研究出版社.

[9] Langville A N，Meyer C D. 2014. 谁排名第一？关于评价和排序的科学. 郭斯羽译. 北京：机械工业出版社.

[10] Lehn J M. 2002. 超分子化学——概念和展望. 沈兴海，等译；叶宪曾审校. 北京：北京大学出版社.

[11] Liljas A，等. 2013. 结构生物学：从原子到生命. 苏晓东，等译. 北京：科学出版社.

[12] Myers M D. 2008. 走向成熟：信息系统学科的演变. 黄彦，等译. 信息息系统学报，2（2）.

[13] Osborne H. 1988. 20 世纪艺术中的抽象和技巧. 闫嘉，黄欢译. 成都：四川美术出版社.

[14] Pierce J R. 1976. 早期信息论. 康继鼎译；钟义信校. 计算机应用与应用数学，（4）.

[15] Raven P H，Johnson G B. 2008. 生物学. 谢莉萍，张荣庆，张贵友主译. 北京：

清华大学出版社.

[16] Slepian D. 1976. 五十年代信息论. 康继鼎译；钟义信校. 计算机应用与应用数学，（5）.

[17] Susskind L. 1998. 黑洞与信息悖论. 何常译. 世界科学，（6）.

[18] van Bemmel J H，Musen M A. 2002. 医学信息学. 包含飞，郑学侃译. 上海：上海科学技术出版社.

[19] Viterbi A J. 1976. 六十年代信息论. 康继鼎译；钟义信校. 计算机应用与应用数学，（6）.

[20] Славкии B B. 1988. 苏联篇章语言学发展概况. 华劭译. 国外语言学，（1）.

[21] 阿尔温·托夫勒. 1983. 第三次浪潮. 朱志焱，潘琪，张焱译. 北京：生活·读书·新知三联书店.

[22] 阿什比. 1983. 科技发达时代的大学教育. 滕大春，滕大生译. 北京：人民教育出版社.

[23] 埃尔温·薛定谔. 1973. 生命是什么？——活细胞的物理学观. 上海外国自然科学哲学著作编译组译. 上海：上海人民出版社.

[24] 埃尔温·薛定谔. 2003. 生命是什么？罗来鸥，罗辽复译. 长沙：湖南科学技术出版社.

[25] 埃夫拉伊姆·图尔班，等著. 2009. 管理信息技术. 赵苹，曹晓玮译；毛基业审校. 北京：中国人民大学出版社.

[26] 埃米里奥·赛格雷. 1984. 从X射线到夸克——近代物理学家和他们的发现. 夏孝勇，等译. 上海：上海科学技术文献出版社.

[27] 埃米里奥·赛格雷. 1990. 从落体到无线电波——经典物理学家和他们的发现. 陈以鸿，周奇，陆福全，等译. 上海：上海科学技术文献出版社.

[28] 艾伯茨 B，布雷 D，霍普金 K，等. 2012. 细胞生物学精要. 丁小燕，陈跃磊，等译. 北京：科学出版社.

[29] 艾伦 G E. 1985. 二十世纪的生命科学. 谭茜，田铭，王云松译；彭奕欣审校. 北京：北京师范大学出版社.

[30] 艾什比 W R. 1965. 控制论导论. 张理京译. 北京：科学出版社.

[31] 爱德华·威尔逊. 2008. 社会生物学——新的综合. 毛盛贤，等译. 北京：北京理工大学出版社

[32] 安东·策林格. 2008. 量子化的成因？实体来自信息？观察者和世界互动？——惠勒的三个深刻问题及相关实验//约翰·巴罗，保罗·C. W. 戴维斯，查里斯·哈勃编. 宇宙极问——量子、信息和宇宙. 朱芸慧，罗璇，雷奕安译. 长沙：湖南科学技术出版社.

[33] 安东尼·黑，帕特里克·沃尔特斯. 2006. 新量子世界. 雷奕安译. 长沙：湖南科学技术出版社.

[34] 巴特 R. 1987. 符号学美学. 董学文，王葵译. 沈阳：辽宁人民出版社.

[35] 保罗·利文森. 2002. 软边缘：信息革命的历史与未来，熊澄宇，等译. 北京：清华大学出版社

[36] 北京师范大学，华中师范大学，南京师范大学无机化学教研室合编. 2002. 无机化学（上册）（第 4 版）. 北京：高等教育出版社.

[37] 贝尔纳 J D. 1982. 科学的社会功能. 陈体芳译；张今校. 北京：商务印书馆.

[38] 彼得·霍尔. 1982. 2000 年的欧洲. 刘觉俦，等译. 北京：世界知识出版社.

[39] 彼得罗夫斯基. 1981. 普通心理学. 朱智贤，伍棠棣，卢盛忠，等译. 北京：人民教育出版社.

[40] 滨田纯一. 1991. 社会信息学综述. 刘琦译. 国际新闻界，（10）.

[41] 薄伽丘. 1994. 十日谈. 王永年译. 北京：人民文学出版社.

[42] 岑麒祥编. 2008. 语言学史概要. 岑运强评注. 北京：世界图书出版公司.

[43] 查尔默斯 A F. 1982. 科学究竟是什么？——对科学的性质和地位及其方法的评价. 查汝强，等译. 北京：商务印书馆.

[44] 查尔斯·赛费. 2010. 宇宙解码：新信息科学看天地万物. 隋竹梅译. 上海：上海科技教育出版社.

[45] 车宏安. 2007. 信息的系统观——从系统观点看问题//中国系统工程学会，上海交通大学. 钱学森系统思想研究. 上海：上海交通大学出版社.

[46] 车文博. 1998. 西方心理学史. 杭州：浙江教育出版社.

[47] 陈金儿，王让定，林雪明，等. 2006. 基于 CC2005 的“计算机组成原理与结构”课程改革. 计算机教育，（11）.

[48] 陈明旦，谭凯. 2011. 化学信息学，北京：化学工业出版社.

[49] 陈述彭，等编著. 1999. 地理信息系统导论. 北京：科学出版社.

[50] 陈涛. 1994. 地理学是一门空间信息科学. 信阳师范学院学报（自然科学版），7（2）.

[51] 陈惟昌，王自强，陈志华，等. 2001. 神经信息学的原理与展望. 生物物理学报，17（4）.

[52] 陈希儒. 2000. 数理统计学：世纪末的回顾与展望. 统计研究，（2）.

[53] 陈希儒. 2002. 数理统计学简史. 长沙：湖南教育出版社.

[54] 陈小章，王子栋. 2012. 外分泌生理学：基础与临床（第 2 版）. 北京：科学出版社.

[55] 陈亚孚，薛玲玲，孙雅东. 2006. 量子与量子力学. 长春：吉林大学出版社.

[56] 陈宜生，刘书声. 1993. 谈谈熵. 长沙：湖南教育出版社.

[57] 陈宜张. 2008. 神经科学的历史发展和思考. 上海：上海科学技术出版社.

[58] 陈韵昭. 1981. 传学浅谈. 新闻大学，（1）.

[59] 陈忠著. 1999. 信息语用学. 济南：山东教育出版社.

[60] 程洪. 1987. 历史研究：一门特殊的信息科学//中国史研究编辑部等合编. 系统论与历史科学. 郑州：中州古籍出版社.

[61] 程千帆. 1992. 宋诗精选. 南京：江苏古籍出版社.

[62] 池上嘉彦. 1985. 符号学入门. 张晓云译. 北京：国际文化出版公司.

[63] 达新宇，等编著. 2005. 通信原理教程. 北京：北京邮电大学出版社.

[64] 戴元光. 1988. 传播学原理与应用. 兰州：兰州大学出版社.

[65] 丹 • 斯珀波，迪埃钰 • 威尔逊. 2008. 关联：交际与认知. 蒋严译. 北京：中国社会科学出版社.

[66] 丹尼尔 • C • 哈林，保罗 • 曼奇尼. 2012. 比较媒介体制：媒介与政治的三种模式. 陈娟，展江译. 北京：中国人民大学出版社.

[67] 丹尼尔 • 贝尔. 1984. 后工业社会的来临——对社会预测的一项探索. 高铦，等译. 北京：商务印书馆.

[68] 丹皮尔 W C. 2001. 科学史及其与哲学和宗教的关系. 李珩译；张今校. 桂林：广西师范大学出版社.

[69] 邓家先，肖嵩，严春丽. 2011. 信息论与编码（第 2 版）. 西安：西安电子科技大学出版社.

[70] 邓小南，曹家齐，平田茂树. 2012. 文书 • 政令 • 信息沟通：以唐宋时期为主. 北京：北京大学出版社.

[71] 邓小南. 2008. 政绩考察与信息渠道：以宋代为重心. 北京：北京大学出版社.

[72] 董春雨，姜璐. 2004. 从不变量看信息概念的定义. 北京师范大学学报（哲学社会科学版），（4）.

[73] 董古胜，古天龙. 2002. 计算机科学与技术方法论. 北京：人民邮电出版社.

[74] 董光壁. 1987. 易图的数学结构. 上海：上海人民出版社.

[75] 董光壁. 2005. 自然科学三大理论体系的交叉与统一问题//李喜先. 21 世纪 100 个交叉科学难题. 北京：科学出版社.

[76] 董光壁. 2006. 关于信息物理学. 北京大学交叉信息科学研讨班报告，18.（内部文稿）.

[77] 董荣胜，古天龙. 2002. 计算机科学与技术方法论. 北京：人民邮电出版社.

[78] 多勃罗夫 Г М. 1984. 普通科学学导论（第 2 版）. 王兴成，等译. 天津：天津科学技术出版社.

[79] 多米尼克 • 吴尔敦. 2012. 拯救传播. 盖连香，刘昶译. 北京：中国传媒大学出版社.

[80] 范航清. 1988. 他感，竞争和信息的植物生态学挑战. 自然杂志，11（12）.

[81] 范丽伟，唐焕文. 2002. 一门新兴的交叉学科：神经信息学. 自然杂志，（6）.

[82] 方丁. 1985. 生物信息流. 南京：江苏科学技术出版社.

[83] 方汉奇. 2000. 新闻史的奇情壮彩. 北京：华文出版社.

[84] 飞利浦 • D • 克莱顿. 2008. 涌现：我们因此而生//约翰 • 巴罗，保罗 • C. W. 戴维斯，查理斯 • 哈勃. 宇宙极问——量子，信息和宇宙. 朱芸慧，罗璇，雷奕安译. 长沙：湖南科学技术出版社.

[85] 冯 • 戴伊克. 1993. 话语心理社会. 施旭，冯冰编译. 北京：中华书局.

[86] 冯 • 诺伊曼，摩根斯顿. 2004. 博弈论与经济行为. 王文玉，王宇译. 北京：生活 • 读书 • 新知三联书店.

[87] 冯秉铨，蒋卡琳. 1978. 漫谈信息学控制学及其他. 信息与控制，（1）.

[88] 冯国瑞. 1994. 信息科学与认识论. 北京：北京大学出版社.

[89] 冯华君，李晓彤. 2001. 信息物理基础. 杭州：浙江大学出版社.

[90] 冯瑞，冯步云. 1992. 熵. 北京：科学出版社.

[91] 冯志伟. 1994. 汉字的信息量大不利于中文信息处理——再谈汉字的熵. 语文建设，（3）.

[92] 弗兰克・韦伯斯特. 2011. 信息社会理论（第3版）. 曹晋，等译. 北京：北京大学出版社.

[93] 弗雷德里克・S・西伯特，等著. 2008. 传媒的四种理论. 戴鑫译，展江校. 北京：中国人民大学出版社.

[94] 弗里茨・马克卢普. 2007. 美国的知识生产与分配. 孙耀君译. 北京：中国人民大学出版社.

[95] 弗里德曼 J，等著. 1985. 社会心理学. 高地，高佳，等译. 哈尔滨：黑龙江人民出版社.

[96] 弗林斯，等著. 1981. 动物的通讯. 陈德茂，等译. 北京：科学出版社.

[97] 弗洛里迪著 L. 2002. 什么是信息哲学？刘钢译. 世界哲学，（4）.

[98] 傅懋勣. 1988. 人类语言学. 中国大百科全书（语言・文字卷）. 北京：中国大百科全书出版社.

[99] 傅雨贤. 1988. 现代汉语语法学（增订本）. 广州：广东高等教育出版社.

[100] 高惠宝，宁光. 2012. 内分泌系统. 上海：上海交通大学出版社.

[101] 葛剑雄，周筱赟. 2002. 历史学是什么？北京：北京大学出版社.

[102] 关洪著. 2002. 一代神话——哥本哈根学派. 武汉：武汉出版社.

[103] 桂海源，张碧玲. 2008. 信令系统. 北京：北京邮电大学出版社.

[104] 郭蔼光. 2001. 基础生物化学. 北京：高等教育出版社.

[105] 郭世远. 1992. 读‘医学信息学的起源与医学情报学——术语辨析’一文所想到的. 医学情报工作，（6）.

[106] 哈尔凯维奇 A A. 1957. 通信论简述. 张煦译. 北京：人民邮电出版社.

[107] 哈肯 H. 2010. 信息与自组织：复杂系统的宏观方法（第2版）. 信息与自组织翻译组译. 成都：四川教育出版社.

[108] 海登・怀特. 2003. 后现代历史叙事学. 陈永国，张万娟译. 北京：中国社会科学出版社.

[109] 韩济生. 2009. 神经科学（第3版）. 北京：北京大学医学出版社.

[110] 郝宁湘. 1989. 对信息本质的分析和认识. 青海社会科学，（5）.

[111] 郝晓玲，等. 2012. 信息系统开发——方法，案例与实验. 北京：清华大学出版社.

[112] 何继善. 2001. 信息物理学——人类感官的延拓. 科学中国人，（10）.

[113] 洪昆辉，杨娅. 2007. 论复杂关系中的信息存在//马蔼乃，姜璐，苗东升，等编.

信息科学交叉研究. 杭州：浙江教育出版社.
[114] 侯炳辉. 2011. MIS 三十年回眸及其新认识. 信息系统学报，（8）.
[115] 胡德海. 2013. 教育学原理（第 3 版）. 北京：人民教育出版社.
[116] 胡继武. 1995. 信息科学与信息产业. 广州：中山大学出版社.
[117] 胡立耘. 2005. ‘人文学科’，‘社会科学’及其通称术语的由来与非规范性现象探讨. 宁夏社会科学，（5）.
[118] 胡亚敏. 1994. 叙事学. 武汉：华中师范大学出版社.
[119] 胡翼青. 2004. 传播学：学科危机与范式革命. 北京：首都师范大学出版社.
[120] 胡翼青. 2012. 传播学科的奠定：1922～1949. 北京：中国大百科全书出版社.
[121] 胡正海. 2012. 植物分泌结构解剖学. 上海：上海世纪出版股份有限公司，上海科学技术出版社.
[122] 胡作玄. 2010. 人有人的用处导读//维纳 N. 人有人的用处：控制论与社会. 陈步译. 北京：北京大学出版社.
[123] 华勒斯坦，等著. 1997. 开放社会科学：重建社会科学报告书. 刘锋译. 北京：生活·读书·新知三联书店.
[124] 黄旦. 2012. 学科与问题//胡翼青. 传播学科的奠定：1922～1949. 北京：中国大百科全书出版社.
[125] 黄国文. 1988. 语篇分析概要. 长沙：湖南教育出版社.
[126] 黄国文. 2001. 语篇分析的理论与实践——广告语篇研究. 上海：上海外语教育出版社.
[127] 黄华新，陈宗明. 2004. 符号学导论. 郑州：河南人民出版社.
[128] 黄文林，朱孝峰. 2012. 信号转导与疾病（第 2 版）. 北京：人民卫生出版社.
[129] 黄载禄. 2011. 电子信息科学与技术导论. 北京：高等教育出版社.
[130] 霍华德·沃伦. 1927. 人类心理学要义. 赵演，汪德全译述. 上海：上海商务印书馆.
[131] 及海龙. 1998. 信息子论——关于宇宙本体的新探索. 北京：中国工人出版社.
[132] 及海龙. 2012. 信息子进化论——关于宇宙本体的新探索之二. 北京：中国言实出版社.
[133] 佳尔斯科娃 И М. 2015. 历史信息学的史料学问题. 张广翔译. 北方纵论，(2).
[134] 贾国恒. 2012. 情境语义学研究. 北京：中国社会科学出版社.
[135] 江岚. 2012. 运动项目概论北京：北京体育大学出版社.
[136] 姜丹. 2001. 信息论与编码. 合肥：中国科学技术大学出版社.
[137] 蒋国华. 2001. 科学学的起源. 石家庄：河北教育出版社.
[138] 蒋卡林. 1983. 谈维纳其人其书. 读书，（6）.
[139] 教育部高等学校管理科学与工程类学科专业教学指导委员会，国际信息系统协会中国分会(CNAIS)课题组编. 2011. 中国信息系统学科课程体系 2011. 北京：清华大学出版社.

[140] 杰弗里·利奇. 1987. 语义学. 李瑞华，等译. 上海：上海外语教育出版社.

[141] 金克木. 1996. 艺术科学丛谈. 北京：生活·读书·新知三联书店.

[142] 靖继鹏，马费成，张向先. 2009. 情报科学理论. 北京：科学出版社.

[143] 居延安. 1986. 信息·沟通·传播. 上海：上海人民出版社.

[144] 卡尔·波普尔. 1987. 客观知识——一个进化论的研究. 舒炜光，卓如飞，周柏乔，等译. 上海：上海译文出版社.

[145] 卡尔·冯·克劳塞维茨. 1978. 战争论. 中国人民解放军军事科学院译. 北京：商务印书馆.

[146] 卡·马克思. 1956. 黑格尔法哲学批判·导言//卡·马克思，弗·恩格斯. 马克思恩格斯全集(第一卷)中共中央马克思恩格斯列宁斯大林著作编译局编译. 北京：人民出版社.

[147] 卡·马克思. 1995. 关于新闻出版自由和公布省等级会议辩论情况的辩论//卡·马克思，弗·恩格斯. 马克思恩格斯全集（第一卷，上册）. 中共中央马克思恩格斯列宁斯大林著作编译局编译. 北京：人民出版社.

[148] 卡·马克思. 1995. 评普鲁士最近的书报检查令//卡·马克思，弗·恩格斯. 马克思恩格斯全集（第一卷，上册）. 中共中央马克思恩格斯列宁斯大林著作编译局编译. 北京：人民出版社.

[149] 柯林武德 R G. 1986. 历史的观念. 何兆武，张文杰译. 北京：中国社会科学出版社.

[150] 科林 K K. 2012. 信息科学中的哲学问题. 邬焜译. 北京：中国社会科学出版社.

[151] 科普宁 П В. 1968. 科学研究逻辑及其基本概念. 何以常译. 哲学译丛，（8）.

[152] 克劳斯 G. 1981. 从哲学看控制论. 梁志学译. 北京：中国社会科学出版社.

[153] 克雷奇，克拉奇菲尔德，利维森，等著. 1981. 心理学纲要（下）. 周先庚，林传鼎，张述祖，等译. 北京：人民教育出版社.

[154] 雷智等. 2009. 信息材料. 北京：国防工业出版社.

[155] 黎鸣. 1984. 论信息. 中国社会科学，（4）.

[156] 黎作鹏. 2013. 分子通信研究综述. 通信学报，34（5）.

[157] 李邦贵. 2004. 植物的信息传递. 发明与创新，（10）.

[158] 李伯聪. 1997. 赋义与释义：多元关系中的信息. 哲学研究，（1）.

[159] 李浩著. 2014. 天子文书·政令·信息沟通：以两汉魏晋南北朝为中心. 上海：复旦大学出版社.

[160] 李良荣. 1984. ‘信息热’和新闻改革. 新闻大学，（7）.

[161] 李茂政. 1993. 传播学：再见！宣伟伯. 台北：美国教育出版社.

[162] 李鹏翔. 2011. 植物传递信息的秘笈. 林业与生态，（8）.

[163] 李邵文. 2001. 生态生物化学. 北京：北京大学出版社.

[164] 李晓，等. 2010. 信息系统分析与设计. 北京：中国水利水电出版社.

[165] 李新洲. 2004. 黑洞信息佯谬. 科学，56（6）.

[166] 李雅靖，等. 2003. 信息社会学：一个社会与技术并重的观点——Rob Kling（1994～2003）纪念专辑. 资讯社会研究，（5）.

[167] 李艺. 1998. 信息与信息量. 自然辩证法研究，14（12）.

[168] 李幼蒸. 1993. 理论符号学导论. 北京：中国社会科学出版社.

[169] 李元授. 1994. 新闻信息论. 武汉：武汉大学出版社.

[170] 李振刚. 2008. 分子遗传学（第3版）. 北京：科学出版社.

[171] 联合国教科文组织. 2004. 当代学术通观：社会科学和人文科学研究的主要趋势（上，中，下）. 周昌忠，等译. 上海：上海人民出版社.

[172] 廖秋忠. 1987. 《篇章语言学导论》简介. 国外语言学，（2）.

[173] 列尔涅尔 A Я. 1980. 控制论基础. 刘定一译. 北京：科学出版社.

[174] 林建祥. 2004. 信息科学的若干问题. 北京大学交叉信息科学研讨班报告，(13). （内部文稿）.

[175] 林建祥. 2008. LOGO 思想与教育信息化（上）. 中国信息技术教育，（10）.

[176] 林赛 P H，诺曼 D A. 1987. 人的信息加工：心理学导论. 孙晔，王甦，等译. 科学出版社.

[177] 林之达. 1999. 有关传播学理论的探讨//袁军，龙耘，韩运荣. 传播学在中国：传播学者访谈. 北京：北京广播学院出版社.

[178] 刘伯胜，雷家煜. 1993. 水声学原理. 哈尔滨：哈尔滨工程大学出版社.

[179] 刘长林. 1985. 论信息的哲学本性. 中国社会科学，（2）.

[180] 刘钢. 2007. 信息哲学探源. 北京：金城出版社.

[181] 刘广发. 2001. 现代生物科学概论（第2版）. 北京：科学出版社.

[182] 刘鸿绅. 1987. 篇章语言学的发展史及其研究领域（上）. 国外语言学，（3）.

[183] 刘景生. 1998. 细胞信息与调控. 北京：北京医科大学出版社，中国协和医科大学出版社.

[184] 刘景生. 2004. 细胞信息与调控（第2版）. 北京：中国协和医科大学出版社.

[185] 刘魁立. 1998. 刘魁立民俗学论集. 上海：上海文艺出版社.

[186] 刘莉. 2008. 情境语义学探析. 重庆西南大学硕士学位论文.

[187] 刘量衡. 2004. 物质·信息·生命. 广州：中山大学出版社.

[188] 刘瑞挺. 1993. 计算机系统导论. 北京：高等教育出版社.

[189] 刘韶军. 1996. 太玄校注. 武汉：华中师范大学出版社.

[190] 刘威，宋心琦. 2000. 化学信息论——21世纪化学的重要课题之一. 河北大学学报（自然科学版），（3）.

[191] 柳延延. 1998. 评当代关于信息定义的争鸣. 福建论坛（文史哲版），（6）.

[192] 卢宇澄. 1958. 邮电通信科学研究的展望. 通信科学，（10）.

[193] 鲁宾斯坦 A. 2004. 经济学与语言. 钱勇，周翼译. 上海：上海财经大学出版社.

[194] 鲁晨光. 1989. 论信息守恒. 科学技术与辩证法，（3）.

[195] 鲁晨光. 1993. 广义信息论. 合肥：中国科学技术大学出版社.

[196] 鲁川，梁镇韩. 1986. 汉语信息语法. 河南财经学院学报，（2）.

[197] 陆汝钤. 1995. 人工智能（上册）. 北京：科学出版社.

[198] 陆象淦. 1991. 现代历史科学. 重庆：重庆出版社.

[199] 吕公礼. 2007. 语言信息新论. 北京：中国社会科学出版社.

[200] 吕建新，李晋瑞. 2009. ‘信息’的源流发展及内涵详考. 图书情报工作，（8）.

[201] 吕婷，姜友好. 2009. 中美医学信息学教育比较研究. 医学信息学杂志，30（12）.

[202] 罗杰斯 E M. 2002. 传播学史：一种传记式的方法. 殷晓蓉译. 上海：上海译文出版社.

[203] 罗勤慧. 2009. 大环化学——主-客体化合物和超分子. 北京：科学出版社.

[204] 罗斯 A M. 1979. 信息与通信理论. 钟义信，李道本，王继先译. 北京：人民邮电出版社.

[205] 罗先汉. 2005. 物信论——多层次物质信息系统及其哲学探索. 北京大学学报（自然科学版），41（3）.

[206] 罗先汉. 2007. 信息概念的发展及其哲学意义//马蔼乃，姜璐，苗东升，等编. 信息科学交叉研究. 杭州：浙江教育出版社.

[207] 罗一平. 2002. 美术信息学. 广州：中山大学出版社.

[208] 洛伊斯·N. 玛格纳. 2009. 生命科学史. 刘学礼主译. 上海：上海人民出版社.

[209] 马蔼乃，姜璐，苗东升，等编. 2007. 信息科学交叉研究. 杭州：浙江教育出版社.

[210] 马蔼乃. 2000. 地理科学与地理信息科学导论. 武汉：武汉出版社.

[211] 马克·波拉特. 1987. 信息经济. 袁君时，等译. 北京：中国展望出版社.

[212] 马礼主. 2004. 计算机组成原理与系统结构. 北京：人民邮电出版社.

[213] 马希文. 1984. 什么是理论计算机科学？自然杂志，7（6）.

[214] 马希文. 2003. 逻辑·语言·计算——马希文文选. 北京：商务印书馆.

[215] 迈尔 E. 1990. 生物学思想发展的历史. 涂长晟，等译. 成都：四川教育出版社.

[216] 茆诗松. 1999. 贝叶斯统计. 北京：中国统计出版社.

[217] 梅拉妮·米歇尔. 2014. 复杂. 唐璐译. 长沙：湖南科学技术出版社.

[218] 美国不列颠百科全书公司. 1999. 不列颠百科全书（国际中文版，修订版）. 中国大百科全书出版社不列颠百科全书编辑部编译. 北京：中国大百科全书出版社.

[219] 孟宪文. 1999. 公安信息学. 北京：警官教育出版社.

[220] 米哈依洛夫 А И，乔尔内 А И，吉里列夫斯基 Р С. 1980. 科学交流与情报学. 徐新民，张国华，孙荣科，等译. 北京：科学文献出版社.

[221] 苗东升. 2000. （系统科学的）基本概念与方法//许国志. 系统科学. 上海：上海科技教育出版社.

[222] 苗东升. 2000. 系统科学是关于整体涌现性的科学//许国志. 系统科学与工程研

究. 上海：上海科技教育出版社.

[223] 苗东升. 2006. 系统科学精要（第 2 版）. 北京：中国人民大学出版社.

[224] 苗东升. 2007. 信息载体研究//马蔼乃，姜璐，苗东升，等编. 信息科学交叉研究. 杭州：浙江教育出版社.

[225] 苗东升. 2007. 有生于微：系统生成论的基本原理. 系统科学学报，15（1）.

[226] 苗东升. 2009. 开来学于今——复杂性科学纵横谈. 北京：光明日报出版社.

[227] 苗东升. 2015. 信息研究的中国路径在开拓中. 系统科学通讯：信息科学专题，（5）.（内部文稿：2015 年维也纳信息科学国际高峰会议）.

[228] 明安香. 1983. 西方大众传播研究概况//中国社会科学院新闻研究所世界新闻研究室. 传播学（简介）. 北京：人民日报出版社.

[229] 明安香. 1999. 传播学的历史，现状和未来//袁军，龙耘，韩运荣. 传播学在中国：传播学者访谈. 北京：北京广播学院出版社.

[230] 缪明主. 1992. 内分泌学. 北京：高等教育出版社.

[231] 莫里斯 C W. 2011. 指号，语言和行为. 罗兰，周易译. 上海：上海人民出版社.

[232] 墨菲 G，柯瓦奇 J. 1980. 近代心理学历史导引. 林方，王景和译. 北京：商务印书馆.

[233] 尼尔·史密斯，达埃德尔·威尔逊. 1983. 现代语言学：乔姆斯基革命的结果. 李谷城，等译. 北京：外语教学与研究出版社.

[234] 尼古拉·尼葛洛庞帝. 1997. 数字化生存. 胡咏，范海燕译. 海口：海南出版社.

[235] 倪加勋. 1992. 统计学与信息论的关系//张泽厚. 统计信息理论与实践. 北京：中国统计出版社.

[236] 潘根. 2002. 基础物理述评教程. 北京：科学出版社.

[237] 潘乐山. 1984. 信息概念研究简介. 国内哲学动态，（4）.

[238] 潘菽，荆其诚. 1988. 心理学. 中国大百科全书（哲学卷）. 北京：中国大百科全书出版社.

[239] 潘学峰. 2009. 现代分子生物学教程. 北京：科学出版社.

[240] 裴钢. 2005. 暗信息. 自然杂志，（3）.

[241] 皮埃尔·吉罗. 1988. 符号学概论. 怀宇译. 成都：四川人民出版社.

[242] 钱学森，等. 1994. 论地理科学. 杭州：浙江教育出版社.

[243] 钱学森. 1980. 光子学，光子技术，光子工业. 中国激光，（1）.

[244] 钱学森. 1994. 发展地理科学的建议//钱学森，等著. 论地理科学. 杭州：浙江教育出版社.

[245] 乔恩·巴威斯，约翰·佩里. 2015. 情境与态度. 贾国恒译；张建军审订. 南京：南京大学出版社.

[246] 曲良焕，孙蒙祥. 2005. 位置信息与植物发育. 植物学通报，22（3）.

[247] 荣泰生. 1999. 资讯管理学（第 4 版）. 台北：华泰书局.

[248] 沙莲香. 1990. 传播学. 北京：中国人民大学出版社.

[249] 尚玉昌. 2005. 动物行为学. 北京：北京大学出版社.

[250] 邵学广，蔡文生. 2013. 化学信息学（第 3 版）. 北京：科学出版社.

[251] 申农 C E. 1965. 通信的数学理论. 沈永朝译//上海市科学技术编译馆编. 信息论理论基础. 上海：上海市科学技术编译馆.

[252] 沈为民，等编著. 2013. 光电信息物理基础. 北京：电子工业出版社.

[253] 沈新曦. 2007. 唯信息论. 纽约：柯捷出版社.

[254] 司有和. 2001. 信息管理学. 重庆：重庆出版社.

[255] 斯蒂芬・李特约翰. 2004. 人类传播理论. 史安斌译. 北京：清华大学出版社.

[256] 斯诺 C P. 1994. 两种文化. 纪树立译. 北京：生活・读书・新知三联书店.

[257] 斯齐什考夫斯卡娅. 1985. 动物的语言. 董维国，等译. 北京：知识出版社.

[258] 斯特凡・奥多布莱扎. 1997. 协调心理学与控制论. 柳风运，蒋本良译. 北京：商务印书馆.

[259] 宋其友，等. 1997. 土地信息学. 北京：测绘出版社.

[260] 宋心琦，周福添. 2001. 分子智能化猜想——超分子化学与化学信息论. 长沙：湖南教育出版社.

[261] 宋心琦，周金渭，周福添. 1998. 分子识别、化学信息学和化学反应智能化问题//21 世纪 100 个科学难题编写组. 21 世纪 100 个科学难题. 长春：吉林人民出版社.

[262] 宋心琦. 2000. 21 世纪理论化学的重要课题之我见. 大学化学，（1）.

[263] 宋祖顺，等. 2009. 现代通信原理（第 3 版）. 北京：电子工业出版社.

[264] 苏成勇，潘梅. 2010. 配位超分子结构化学基础与进展. 北京：科学出版社.

[265] 孙大业，崔素娟，孙颖. 2010. 细胞信号转导（基础篇：第 4 版）. 北京：科学出版社.

[266] 孙大业，郭艳林，马力耕. 1998. 细胞信号转导（第 2 版）. 北京：科学出版社.

[267] 孙大业，郭艳林，马力耕. 2001. 细胞信号转导（第 3 版）. 北京：科学出版社.

[268] 孙绍荣. 2000. 教育信息理论. 上海：上海教育出版社.

[269] 孙啸，陆祖宏，谢建明. 2005. 生物信息学基础. 北京：清华大学出版社.

[270] 孙云山，刘婷，张立毅. 2006. 我国通信工程专业的发展与现状. 太原理工大学学报（社会科学版），24 卷（增刊）.

[271] 塔嫩鲍姆，等. 2012. 计算机网络（第 4 版）. 严伟，潘爱民译. 北京：清华大学出版社.

[272] 唐孝威，等. 2003. 人脑计划和神经信息学. 武警医学，14（1）.

[273] 陶亚雄. 2012. 现代通信原理与技术（第 2 版）. 北京：电子工业出版社.

[274] 特伦斯・霍克斯. 1987. 结构主义和符号学. 翟铁鹏译. 上海：上海译文出版社.

[275] 特纳 C D，贝格纳尔 J T. 1983. 普通内分泌学. 刘以训，等译. 北京：科学出版社.

[276] 田松. 2001. 惠勒科学哲学思想初探：一个整体论的建构方案. 中国社会科学院

研究生院博士论文.
[277] 同济大学普通化学及无机化学教研室. 2004. 普通化学. 北京：高等教育出版社.
[278] 童世骏，陈克艰，编译. 1989. 科学和艺术中的结构. 上海：华东师范大学出版社.
[279] 涂途. 1990. 信息论控制论系统论与美学. 北京：世界知识出版社.
[280] 托马斯 • L • 贝纳特. 1981. 感觉世界：感觉和知觉导论. 旦明译. 北京：科学出版社.
[281] 汪凤炎. 2006. 当前中国心理学发展中值得反省的四个问题. 西北师大学报（社会科学版），43（5）.
[282] 汪云九，等. 2006. 神经信息学——神经系统的理论和模型. 北京：高等教育出版社.
[283] 王爱民. 2010. 地理学思想史. 北京：科学出版社.
[284] 王崇彦，陆锦辉. 1992. 信息论基础. 北京：兵器工业出版社.
[285] 王玢，左明雪. 2001. 人体及动物生理学（第 2 版）. 北京：高等教育出版社.
[286] 王浣尘. 2006. 信息距离与信息. 北京：科学出版社.
[287] 王江火. 2010. 在之演化. 北京：北京燕山出版社.
[288] 王江火. 2012. 统一信息论. 北京：中国政法大学出版社.
[289] 王禄山，高培基. 2008. 生物信息学应用技术. 北京：化学工业出版社.
[290] 王甦，汪圣安. 1992. 认知心理学. 北京：北京大学出版社.
[291] 王卫红，李晓明. 2010. 计算机网络与互联网. 北京：机械工业出版社.
[292] 王行刚，钱锋. 1984. 计算机基础教程（下册）. 北京：清华大学出版社.
[293] 王怡红. 2012. 导读：我们从美国传播学科史研究中读到什么？//胡翼青. 传播学科的奠定：1922～1949. 北京：中国大百科全书出版社.
[294] 王英玮. 2004. ‘信息’一词源流考. 中国档案，（4）.
[295] 王雨田. 1988. 控制论信息论系统科学与哲学（第 2 版）. 北京：中国人民大学出版社.
[296] 王月丹，陈慰峰. 2004. 免疫信息学. 自然科学进展，14（10）.
[297] 王振昆，谢文庆，刘振铎. 1983. 语言学基础. 北京：中央广播电视大学出版社.
[298] 王振武. 1987. 反映选择信息. 中国社会科学，（1）.
[299] 韦尔伯 • 斯拉姆. 1980. 报刊的四种理论. 中国人民大学新闻系译. 北京：新华出版社.
[300] 维克利 B，维克利 A. 1990. 情报科学的理论与实践. 中国科学技术情报研究所硕士研究生班译. 北京：科学技术文献出版社.
[301] 维纳 N. 1963. 控制论：或关于在动物和机器中控制和通信的科学（第 2 版）. 郝季仁译. 北京：科学出版社.
[302] 维纳 N. 1978. 人当做人来使用：控制论与社会//诺伯特 • 维纳著. 维纳著作选. 钟韧译. 上海：上海译文出版社.

[303] 维纳 N. 1978. 人有人的用处：控制论和社会. 陈步译，北京：商务印书馆.

[304] 维纳 N. 1978. 维纳著作选. 钟韧译. 上海：上海译文出版社.

[305] 维纳 N. 2010. 人有人的用处：控制论和社会. 陈步译，北京：北京大学出版社.

[306] 文小刚. 2013. 多体系统的量子场论：从声子的起源到光子和电子的起源. 北京：世界图书出版公司.

[307] 乌尔苏尔 А Д. 1974. 认识论和逻辑学中的信息方法. 何以常译. 摘译：外国自然科学哲学，（2）.

[308] 乌尔苏尔 А Д. 1991. 论社会信息学的发展. 赵国琦译. 国外社会科学，（5）.

[309] 乌家培. 1993. 信息与经济. 北京：清华大学出版社.

[310] 邬焜. 1989. 信息哲学：一种新的时代精神. 西安：陕西师范大学出版社.

[311] 邬焜. 2002. 信息认识论. 北京：中国社会科学出版社.

[312] 邬焜. 2005. 信息哲学——理论、体系、方法. 北京：商务印书馆.

[313] 吴东平. 2006. 汉字的故事. 北京：新世界出版社.

[314] 吴家睿. 2002. 后基因组时代的思考——系统生物学面面观. 科学，（6）.

[315] 吴建民. 2010. 交流学讲章. 北京：中国人民大学出版社.

[316] 吴今培，李学伟. 2010. 系统科学发展概论. 北京：清华大学出版社.

[317] 吴娟瑜. 2002. 沟通管理学. 北京：中国对外翻译出版公司.

[318] 吴克复. 2006. 细胞通信与疾病. 北京：科学出版社.

[319] 吴鹏森，房列曙. 2008. 人文社会科学基础（第 2 版）. 上海：上海人民出版社.

[320] 吴庆余. 2006. 基础生命科学（第 2 版）. 北京：高等教育出版社.

[321] 吴延海，陈光军. 2006. 数据通信技术教程. 北京：北京大学出版社.

[322] 吴宗济，赵新那. 2002. 赵元任语言文学论集. 北京：商务印书馆.

[323] 伍德沃德 D O，伍德沃德 V W. 1983. 分子遗传学概论：遗传与进化中的信息流. 葛扣麟，等译. 上海：上海科学技术出版社.

[324] 伍静著. 2011. 中美传播学早期的建制史与反思. 济南：山东人民出版社.

[325] 夏禹龙. 1989. 社会科学学. 武汉：湖北人民出版社.

[326] 萧静宁. 1986. 脑科学概要. 武汉：武汉大学出版社.

[327] 萧鸣政，等. 2004. 人员评测理论与方法（第 2 版）. 北京：中国劳动社会保障出版社.

[328] 谢康. 1998. 信息经济学原理. 长沙：中南工业大学出版社.

[329] 谢清佳，吴琮璠. 2000. 资讯管理——理论与实务（第 4 版）. 台北：智胜文化事业有限公司.

[330] 谢清俊. 2006. 谢清俊谈人文与资讯. 台北：数位典藏维运管理分项计划.

[331] 谢晓专. 2010. ‘情报学’名不副实的尴尬及其解决之道. 情报资料工作，3.

[332] 信息与控制编辑部. 1978. 计算机科学——计算机与当代信息科学. 信息与控制，（3-4）（合刊）.

[333] 邢万金，莫日根，阿拉坦高勒，苏慧敏. 2011. 以遗传信息为主线的遗传学教学架构及与其他课程的衔接. 遗传，33（6）.

[334] 邢修三. 2005. 动态统计信息理论. 中国科学 G 辑：物理学力学天文学，35（4）.

[335] 邢修三. 2010. 动态信息理论和动力学系统信息描述. 中国科学 G 辑：物理学力学天文学，40（2）.

[336] 邢修三. 2014. 论动态信息理论. 物理学报，63（23）.

[337] 熊澄宇. 2002. 清华传播译丛•序//保罗・利文森. 软边缘：信息革命的历史与未来. 熊澄宇，等译. 北京：清华大学出版社.

[338] 徐光宪. 2007. 关于化学信息学的探索与思考. 中国科学 B 辑：化学，37（1）.

[339] 徐光宪. 2007. 化学分子信息量的计算和可见宇宙信息量的估算. 中国科学 B 辑：化学，37（4）.

[340] 徐光宪. 2007. 化学信息学的探索与思考//马蔼乃，姜璐，苗东升，等编. 信息科学交叉研究，杭州：浙江教育出版社.

[341] 徐晋麟，徐沁，陈淳. 2001. 现代遗传学原理. 北京：科学出版社.

[342] 徐晋麟，徐沁，陈淳. 2011. 现代遗传学原理（第 3 版）. 北京：科学出版社.

[343] 徐科. 2002. 神经生物学纲要. 北京：科学出版社.

[344] 徐伟亮. 2008. 有机化学（第 2 版）. 北京：科学出版社.

[345] 徐筱杰. 2000. 超分子建筑——从分子到材料. 北京：科学技术出版社.

[346] 徐耀魁. 1998. 我国传播学研究的得与失. 新闻与传播研究，（4）.

[347] 徐跃权. 2003. 我国情报概念的特点及其对学科发展的影响. 情报科学，21（4）.

[348] 许建峰，汤俊，马雪峰，等. 2015. 客观信息的模型和度量研究. 中国科学 F 辑：信息科学，45（3）.

[349] 薛华成. 2011. MIS 专业方向探讨. 信息系统学报，（8）.

[350] 闫桂琴，郜刚. 2010. 遗传学. 北京：科学出版社.

[351] 闫康年. 1989. 热力学史. 济南：山东科学技术出版社.

[352] 闫学杉. 1989. 论当代信息科学. 北京大学计算语言学研究所研究报告，（1）（内部发行）.

[353] 闫学杉. 1997. 从新闻学到社会信息学. 国际新闻界，（4）.

[354] 闫学杉. 1997. 论普通信息科学. 北京大学学报（信息管理系专刊）.

[355] 闫学杉. 1999. 关于 21 世纪信息科学发展的一些见解. 科技导报，（8）.

[356] 闫学杉. 2007. 信息科学的历史、现状与未来//马蔼乃，姜璐，苗东升等编. 信息科学交叉研究. 杭州：浙江教育出版社.

[357] 晏华编. 2000. 超分子液晶. 北京：科学出版社.

[358] 杨波，周亚宁. 2009. 大话通信——通信基础知识读本. 北京：人民邮电出版社.

[359] 杨成军，等编著. 2004. 现代通信网络概论. 西安：西安电子科技大学出版社.

[360] 杨持. 2008. 生态学（第 2 版）. 北京：高等教育出版社.

[361] 杨春燕，蔡文. 2012. 可拓学. 北京：科学出版社.

[362] 杨焕民，计红，甄莉. 2012. 动物生理学. 北京：中国农业出版社.

[363] 杨开忠，沈体雁. 1999. 试论地理信息科学. 地理研究，18（3）.

[364] 杨伟国. 2007. ‘信息的载体’与‘信息载体’差异的深思//马蔼乃，姜璐，苗东升，等编. 信息科学交叉研究. 杭州：浙江教育出版社.

[365] 杨学仁，朱英国. 1995. 遗传学发展史. 武汉：武汉大学出版社.

[366] 姚敦义. 2005. 生物科学发展史. 济南：济南出版社.

[367] 姚健，贾桂华. 1998. 中日文情报科学术语的相互关系——试析中国情报学亦应更名的根本原因. 情报资料工作，（6）.

[368] 叶浩生. 2005. 心理学史. 北京：高等教育出版社.

[369] 叶加明. 1984. 奇妙的细胞间通信——细胞与环境. 长春：吉林人民出版社.

[370] 叶鹰，潘有能，潘卫编. 2006. 情报学基础教程. 北京：科学出版社.

[371] 伊曼努尔・康德. 2003. 自然科学的形而上学基础. 邓晓芒译. 上海：上海人民出版社.

[372] 尤里・乔尔内. 2012. 信息学：如何定名？——学术中的一词多义现象. 李俊升译. 国外社会科学，（4）.

[373] 游效增，孟庆金，韩万书. 2000. 配位化学进展. 北京：高等教育出版社.

[374] 余海若. 2004. 诺贝尔奖为何 64 次聚焦生命信使. （山东）大众科技报. 2004-2（10-24）.

[375] 余鸿. 2009. 人体发生发育学. 北京：人民卫生出版社.

[376] 余培林. 2004. 老子快读——生命的大智慧. 海口：海南出版社，三环出版社.

[377] 余燕平，李式巨. 2002. 信息交换与通信网. 杭州：浙江大学出版社.

[378] 余有成. 2012. 智能奥秘探寻记. 香港：香港文汇出版社.

[379] 袁晖，戴耀晶. 1998. 三个平面：汉语语法研究的多维视野. 北京：语文出版社.

[380] 苑子熙. 1991. 应用传播学. 北京：北京广播学院出版社.

[381] 约翰・阿奇博尔德・惠勒. 2006. 宇宙逍遥. 田松，南宫梅芳译. 北京：北京理工大学出版社.

[382] 约翰・巴罗，保罗・ C. W. 戴维斯，查理斯・哈勃. 2008. 宇宙极问——量子，信息和宇宙. 朱芸慧，罗璇，雷奕安译. 长沙：湖南科学技术出版社.

[383] 约翰・冯・诺依曼，奥斯卡・摩根斯特恩. 1963. 竞赛论与经济行为. 王建华，顾玮琳译. 北京：科学出版社.

[384] 约翰・惠勒，肯尼斯・惠勒. 2004. 约翰・惠勒自传：物理历史与未来的见证者. 蔡承志译. 汕头：汕头大学出版社.

[385] 约翰・霍根. 1997. 科学的终结：在科学时代的暮色中审视知识的限度. 孙雍君，等译. 呼和浩特：远方出版社.

[386] 约翰・奈斯比特. 1984. 大趋势——改变我们生活的十个新方向. 梅艳译. 北京：中国社会科学出版社.

[387] 詹豪强. 2010. 信息化学实验导论. 北京：科学出版社.

[388] 詹捷，黄文振，梁锡昌. 1997. 机械信息学. 重庆：重庆出版社.
[389] 詹姆斯·格雷克. 2013. 信息简史. 高博译. 北京：人民邮电出版社.
[390] 展江，王晓芃. 2008. 译者序言//弗雷德里克·S. 西伯特，等. 传媒的四种理论. 戴鑫译；展江校. 北京：中国人民大学出版社.
[391] 湛垦华，孟宪俊，张强. 1989. 信息，结构与系统自组织. 社会科学研究，（5）.
[392] 张伯鹏. 2003. 制造信息学. 北京：清华大学出版社.
[393] 张嘉同. 1998. 化学基本概念的演变. 太原：山西教育出版社.
[394] 张守一. 1992. 信息经济学. 辽宁：辽宁人民出版社.
[395] 张惟杰. 1999. 生命科学导论. 北京：高等教育出版社.
[396] 张维迎. 1996. 博弈论与信息经济学. 上海：上海三联书店和上海人民出版社.
[397] 张学文. 2003. 组成论. 合肥：中国科学技术大学出版社.
[398] 张毅，郭亚利. 2007. 通信工程（专业）概论. 武汉：武汉理工大学出版社.
[399] 张云麟. 2009. 通信网的信令系统. 北京：北京大学出版社.
[400] 张允若. 1998. 对传播学几个基本概念的辨析. 杭州大学学报（哲学社会科学版），（1）.
[401] 张泽厚. 1992. 统计信息理论与实践. 北京：中国统计出版社.
[402] 赵保经. 1983. 从有线通信发展到无线电通信. 北京：中国农业机械出版社.
[403] 赵国求. 2004. 物理学的新神曲——量子力学曲率解释. 武汉：武汉出版社.
[404] 赵连城，国凤云，等编著. 2005. 信息功能材料科学. 哈尔滨：哈尔滨工业大学出版社.
[405] 赵毅衡. 2004. 符号学文学论文集. 天津：天津百花文艺出版社.
[406] 赵致琢. 2004. 计算科学导论（第3版）. 北京：科学出版社.
[407] 郑海燕. 2000. 社会信息学：一个新兴的跨学科研究领域. 国外社会科学，（3）.
[408] 郑人杰，殷人昆. 1998. 软件工程概论. 北京：清华大学出版社.
[409] 中国高等院校信息系统学科课程体系课题组编. 2005. 中国高等院校信息系统学科课程体系（征求意见版）. 北京：清华大学出版社.
[410] 中国系统工程学会，上海交通大学. 2007. 钱学森系统思想研究. 上海：上海交通大学出版社.
[411] 钟焕懈. 1980. 信息与反映. 哲学研究，（2）.
[412] 钟义信，周延泉，李蕾. 2005. 信息科学教程. 北京：北京邮电大学出版社.
[413] 钟义信. 1978. 信息科学的现状与未来. 北京邮电学院学报，（1）.
[414] 钟义信. 1978. 信息科学与信息论. 国外电子技术，（2）.
[415] 钟义信. 1979. 信息科学. 自然杂志，（3）.
[416] 钟义信. 1988. 信息科学原理. 福州：福建人民出版社.
[417] 钟义信. 1996. 信息科学原理（第2版）. 北京：北京邮电大学出版社.
[418] 钟义信. 2002. 信息科学原理（第3版）. 北京：北京邮电大学出版社.

[419] 钟义信. 2013. 信息科学原理（第 5 版）. 北京：北京邮电大学出版社.

[420] 周鸿铎. 2001. 信息资源开发利用策略. 北京：中国发展出版社.

[421] 周怀珍. 1980. 信息方法的哲学分析. 哲学研究，（9）.

[422] 周炯槃，等编著. 2002. 通信原理（第 3 版）. 北京：北京邮电大学出版社.

[423] 周琴，杨海霞. 2008. 亚里士多德修辞学——西方传播研究之渊源. 东南传播，（4）.

[424] 朱伯崑. 2002. 易学基础教程. 北京：九州出版社.

[425] 朱雪龙. 2001. 应用信息论基础. 北京：清华大学出版社.

[426] 朱照宣. 2007. 说攖宁//中国系统工程学会，上海交通大学. 钱学森系统科学思想研究. 上海：上海交通大学出版社.

[427] 邹崇理. 2002. 逻辑、语言和信息. 北京：人民出版社.

[428] 邹海林，刘法胜，汤小兵，等编著. 2008. 计算机科学导论. 北京：科学出版社.

外文文献

[429] ACM Curriculum Committee on Computer Science, An Undergraduate Program in Computer Science. 1965. Preliminary Recommendations. A Report from the ACM Curriculum Committee on Computer Science. Communications of the ACM, 8, September.

[430] ACM Curriculum Committee on Computer Science. Curriculum 68. 1968. Recommendations for Academic Programs in Computer Science. Communications of the ACM, 11, March.

[431] Alston W P, et al. 1983. Open Peer Commentary on Knowledge and the Flow of Information. *Behavioral and Brain Science*, 6(1).

[432] Attwood T K, Parry-Smith D J. 1999. *Introduction to Bioinformatics*. England: Addison Wesley Longman Limited.

[433] Bar-Hillel Y, Carnap R. 1953. Semantic information. *British Journal for the Philosophy of the Science*, (4).

[434] Bar-Hillel Y. 1964. *Language and Information*. Reading, Mass: Addison Wesley.

[435] Barthes B. 1981. Introduction à I'analyse Structurale des Récits. Barthes et al., Poétique du Recit. Paris: Seuil.

[436] Barthes R. 1977. *Introduction to the Structural Analysis of Narratives. Image, Music, Text, Essays Selected and Translated by Stephen Heath*. New York: Hill and Wang.

[437] Barwise J, Perry J. 1983. *Situation and Attitudes*. Cambridge, Mass: The MIT Press. 中文版见: 乔恩 · 巴威斯, 约翰 · 佩里. 2015. 情境与态度. 贾国恒译, 张建军审订. 南京: 南京大学出版社.

[438] Barwise J, Seligman J. 1997. *Information Flow: The Logic of Distributed Systems*. Cambridge, New York: Cambridge University Press.

[439] Bateson G. 1972. *Steps to an Ecology of Mind*. New York: Ballantine Books.

[440] Bauer F L, Goos G. 1971. *Informatik: Eine Einführende Übersicht*. Berlin: Springer-Verlag.

[441] Bawden D, Robinson L. 2012. *Introduction to Information Science*. London: Facet Publishing.

[442] Bayes T. 1763. An Essay towards Solving a Problem in the Doctrine of Chances. *Philosophical Transactions of the Royal Society of London*, 3(416).

[443] Belkin N J. 1978. Information Concepts for Information Science. *Journal of Documentation*, (34).

[444] Bolander F F. 2004. *Molecular Endocrinology*. Amsterdam, Boston: Elsevier Academic Press.

[445] Borgmann A. 1999. *Holding on to Reality: The Nature of Information at the Turn of the Millennium*. Chicago, London: University of Chicago Press.

[446] Borko H. 1968. Information Science: What Is It? *American Documentation*, 19(1).

[447] Braman S. 1989. Defining Information: An approach for Policymakers. *Telecommunications Policy*, 13(1).

[448] Brenner J. 2011. Wu Kun and the Metaphilosophy of Information. *International Journal of Information Theories and Applications*, 18(2).

[449] Brier S. 2008. *Cybersemiotics: Why Information Is Not Enough*. Toronto, Buffalo: University of Toronto Press.

[450] Brillouin L. 1962. *Science and Information Theory*. New York: Academic Press Inc.

[451] Bronte C. 1980. *Jane Erye*. Oxford: Oxford University Press.

[452] Brookes B C. 1980-1981. The Foundations of Information Science. *Journal of Information Science*, Part I, 1980, 2(3-4); Part II, 1980, 2(5); Part III, 1980, 2(6); Part IV, 1981, 3(1).

[453] Buckland M. 1991. Information and Information Systems. *New Directions in Information Management*. New York: Praeger.

[454] Bunge M A, Ardila R 1987. *Philosophy of Psychology*. New York: Springer-Verlag.

[455] Bunge M A. 1973. *Philosophy of Physics*. Dordrecht: D. Reidel.

[456] Burgin M. 2010. *Theory of Information: Fundamentality, Diversity and Unification*. Singapore: World Scientific Publishing Co. Pty, Ltd.

[457] C. Donnell T, Joseph T B. 1976. *General Endocrinology*. Philadelphia: Saunders.

[458] Capurro R, Fleissner P, Hofkirchner W. 1999. Is a Unified Theory of Information Feasible? A Trialogue//Hofkirchner W, ed. *The Quest for a Unified Theory of Information*. Amsterdam: Gordon and Breach Publishers.

[459] Capurro R, Hjørland B. 2003. The Concept of Information. *Annual Review of Information Science and Technology*, ed. Blaise Cronin, 37, Chapter 8.

[460] Chaitin G J. 1975. A Theory of Program Size Formally Identical to Information

theory. *Journal of Association for Computing Machinery*, (22).

[461] Charles O. ed. 1989. *Perspectives in Information Management*. London: Butterworths.

[462] Charles W M. 1938. *Foundations of the Theory of Signs*. Chicago: The University of Chicago Press.

[463] Charles W M. 1946. *Signs, Language and Behavior*. New York: Prentice-Hall.

[464] Clancey W J. 1997. *Situated Cognition: On Human Knowledge and Computer Representations*. Cambridge: Cambridge University Press.

[465] Craige W A. 1962. *A Dictionary of the Older Scottish Tongue from the Twelfth Century to the End of the Seventeenth*. Chicago: The University of Chicago Press.

[466] Crutchfield J P. 1990. *Information and Its Metric. Nonlinear Structures in Physical Systems-Pattern Formation, Chaos and Waves*. New York: Springer-Verlag.

[467] Curtis G. 2008. *Business Information Systems: Analysis, Design and Practice*. Addison- Wesley: Workingham.

[468] Debons A, Horne E E. 1997. NATO Advanced Study Institutes of Information Studies and Foundations. *Journal of the American Society for Information Science*, 48(9).

[469] Debons A. 1988. et al. *Information Science: An Integrated View*. Boston, Mass: G.K. Hall & Co.

[470] Deutsch D. 2004. It from Qubit//John D B, Paul C, Charles L H Jr. ed. *Science and Ultimate Reality: Quantum Theory, Cosmology, and Complexity*. Cambridge: Cambridge University Press.

[471] Devlin K. 1991. *Logic and Information*. New York: Cambridge University Press.

[472] Deway J. 1961. *Democracy and Education*. New York: The Macmillan Company.

[473] Dretske F I. 1981. *Knowledge and the Flow of Information*. Cambridge, Mass: MIT Press.

[474] Driesch H. 1908. *The Science and Philosophy of the Organism. I. Gilford Lectures, 1907; II. Gilford Lectures*, London: A & C. Black.

[475] Efron B. 2005. Bayesians, Frequentists, and Scientists. *Journal of the American Statistical Association*, 100(469).

[476] Fairthorn R A. 1973. Information: One Label, Several Bottles. Perspectives in Information Science//*Nato Science Series E:(Book 10)*, Leyden: Noordhoff.

[477] Fenzl N, Fleissner P, Hofkirchner W. et al., 1996. On the Genesis of Information Structures: A View That Is Neither Reductionistic Nor Holistic//Kornwachs K, Jacoby K, ed. *Information: New Question to a Multidisciplinary Concept*. Berlin: Akademie Verlag GmbH.

[478] Fisher R A. 1920. A mathematical Examination of the Methods of Determining the Accuracy of Observation by the Mean Error, and by the Mean Square Error. *Monthly Notices of the Royal Astronomical Society*, 127(8).

[479] Fisher R A. 1927. Statistical Methods, Experimental Design and Scientific Inference//Fisher R A. *Fisher's Collection*. Clarendon Press: Oxford, UK.

[480] Fleissner P, Hofkirchner W. 1996. Emergent Information: Towards a Unified Information Theory. *BioSystems*, (2-3).

[481] Floridi L. 2010. *Information: A Very Short Introduction*. Oxford: Oxford University Press.

[482] Flynn R R. 1987. *An Introduction to Information Science*. New York: Marcel Dekker Inc.

[483] Frieden B R, Gatenby R A. 2007. *Exploratory Data Analysis Using Fisher Information*. London: Springer.

[484] Frieden B R. 2004. *Science from Fisher Information: A Unification*. Cambridge: Cambridge University Press.

[485] Furner J. 2004. Information Studies without Information. *Library Trends*, 52(3).

[486] George A M. 1983. Addendum to the Prologue//Machlup F, Mansfield U, eds. *The Study of Information: Interdisciplinary Messages*. New York: John Wiley & Sons.

[487] Gilbert W. 1991. Towards a Paradigm Shift in Biology. *Nature*, 349(6305).

[488] Giuseppe L. 1975. *Information Theory: New Trends and Open Problems*. Wien, New York: Springer [in Komm.].

[489] Godin B. 2008. The information Economy: The History of a Concept through Its Measurement. 1949-2005. *History and Technology*, 24(3).

[490] Haken H. 1988. *Information and Self-Organization: A Macroscopic Approach to Complex Systems*. Berlin, New York: Springer-Verlag. 中文版见：哈肯 H. 2010. 信息与自组织：复杂系统的宏观方法(第 2 版). 《信息与自组织》翻译组译. 成都：四川教育出版社.

[491] Halliday M A K. 1985. *An Introduction to Functional Grammar*. London: E. Arnold.

[492] Hanson P P. 1990. *Information, Language and Cognition*. Vancouver: University of British Columbia Press.

[493] Harris Z S. 1952. Discourse Analysis. *Language*, 28(1).

[494] Harris Z S. 1952. Discourse Analysis: A sample Text. *Language*, 28(4).

[495] Harris Z S. 1991. *A Theory of Language and Information: A Mathematical Approach*. Oxford: Clarendon Press.

[496] Hartley R V L. 1928. Transmission of information. *Bell System Technical Journal*, 7(3).

[497] Hashimoto W. 2011. Autopoiesis, Observation and Informatics Lessons from the Development of Autopoietic Systems Theory in Japan. *TripleC*, 9(2).

[498] Hawking S W. 1975. Particle Creation by Black Holes. *Communications in Mathematical Physics*, 43(3).

[499] Hawking S W. 1976. Black Holes and Thermodynamics. *Physical Review D*, 13(2).

[500] Hintikka J. 1967. Some Varieties of Information. *Information Processing & Management*, 20(1-2).

[501] Hobart M E, Schiffman Z S. 2000. *Information Ages: Literacy, and the Computer Revolution*. Baltimore: Johns Hopkins University Press.

[502] Hofkirchner W. 1999. *The Quest for a Unified Theory of Information*. Amsterdam: Gordon and Breach Publishers.

[503] Hofkirchner W. 2011. Four Ways of Thinking in Information. *TripleC*, 9(2).

[504] Hofkirchner W. 2011. Toward a New Science of Information, *Information*, (2).

[505] Hofkirchner. W. 2011. *Twenty Questions about a Unified Theory of Information: A Short Exploration into Information from a Complex Systems View*. Mansfield, MA: ISCE Publishing.

[506] Hofkirchner. W. 2013. *Emergent Information: A Unified Theory of Information Framework*. Singapore: World Scientific Publishing Co. Pte. Ltd.

[507] Hood L E. 2002. A Personal View of Molecular Technology and How It Has Changed Biology. *Journal of Proteome Research*, 1(5).

[508] Jacob M. 1964. Problems in Information Economics//Bonini, Charles P, Jaediicke R K, Wagner H M. ed. *Management Controls: New Directions in Basic Research*. New York: McCraw-Hill Book Co.

[509] Kanehisa M. 2000. *Post-Genome Informatics*. Oxford: Oxford University Press.

[510] Kling R. 2000. Learning about information technologies and social change: The contribution of social informatics. *The Information Society*, 16(3).

[511] Koch S. 1981. The Nature and Limits of Psychological Knowledge: Lessons of a Century qua 'Science'. *American Psychologist*, 36(3).

[512] Kochen M. 1965. *Some Problems in Information Science*. New York, Scarecrow Press.

[513] Kogut B., Zander U. 1992. Knowledge of the Firm: Combinative Capabilities, and the Replication of Technology. *Organization Science*, 3(3).

[514] Kolmogorov A N. 1965. Three Approaches to the Definition of the Quantity of Information. *Problems of Information Transmission*, (1).

[515] Kornwachs K, Jacoby K. 1996. *Information: New Question to a Multidisciplinary Concept*. Berlin: Akademie Verlag GmbH.

[516] KrippendorffK. 1980. *Content Analysis: An Introduction to Its Methodology*. Beverly Hills CA: Sage.

[517] KrippendorffK. 1986. *Information Theory: Structural Models for Qualitative Data*. Beverly Hills CA: Sage Publications.

[518] Lancaster F W. 1968. *Information Retrieval Systems*. New York: John Wiley & Sons.

[519] Landauer R. 1991. Information Is Physical. *Physics Today*, 44(5).

[520] Lasswell H. 1927. Propaganda Technique in the World War. New York: Knopf.

[521] Lasswell H. 1948. The Structure and Function of Communication in Society//Lyman Bryson, ed. *The Communication of Ideas: A Series of Addresses*. New York: Knopf.

[522] Laudon K C. 1996. [With Carol Traver and Jane Laudon]. *Information Technology and Society*. Cambridge, Mass: Course Technology Inc. The Thompson Group.

[523] Lehn J M. 1978. Crepitates: Inclusion complexes of macropolycyclic receptor. *Molecules in Pure and Applied Chemistry*, 50(9-10).

[524] Lenski W. 2004. Remarks on a Publication-Based Concept of Information. New Developments in Electronic Publishing AMS/SMM Special Session, ECM4 Satellite Conference. Stockholm.

[525] Lerner V S. 2007. Information Systems Theory and Informational Macrodynamics: Review of the Main Results. *IEEE Transactions on Systems, Man, and Cybernetics*, 37(6).

[526] Lindsay P H. 1977. Norman D A. *Human Information Processing: An Introduction to Psychology*. New York: Academic Press.

[527] Littlejohn S W, Foss K A. 2010. *Theories of Human Communication*. Long Grove, Ill.: Waveland Press, Inc.

[528] Logan R K. 2012. What Is information? Why Is It Relativistic and What Is Its Relationship to Materiality. *Meaning and Organization. Information*, (3).

[529] Longo G. 1975. *Information Theory: New Trends and Open Problems*. Wien, New York: Springer [in Komm].

[530] Losee R M. 1997. A Discipline Independent Definition of Information. *Journal of the American Society for Information Science*, 48(3).

[531] Luenberger D G. 2006. *Information Science*. Princeton: Princeton University Press.

[532] Lyons J. 1968. *Introduction to Theoretical Linguistics*. London: Cambridge University Press.

[533] Macgregor G. 2005. The Nature of Information in the Twenty-first Century: Conundrums for the Informatics Community? *Library Review*, 54(1).

[534] Machlup F, Mansfield U. 1983. Cultural Diversity in Studies of Information//Machlup F, Mansfield U, ed. *The Study of Information: Interdisciplinary Messages*. New York: John Wiley & Sons.

[535] Machlup F, Mansfield U. 1983. ed. *The Study of Information: Interdisciplinary Messages*. New York: John Wiley & Sons.

[536] Machlup F. 1962. *The Production and Distribution of Knowledge in the United States*. Princeton: Princeton University Press. 中文版见：弗里茨·马克卢普. 2007. 美国的知识生产与分配. 孙耀君译. 北京：中国人民大学出版社.

[537] Machlup F. 1980. *Production and Distribution of Knowledge: Its Creation, Creation, Distribution, and Economic Significance. Volume I: Knowledge, and Knowledge Production*. Princeton: Princeton University Press.

[538] Machlup F. 1982. *Production and Distribution of Knowledge: Its Creation, Creation, Distribution, and Economic Significance. Volume II, The Branches of Learning*. Princeton: Princeton University Press.

[539] Machlup F. 1984. *Production and Distribution of Knowledge: Its Creation, Creation, Distribution, and Economic Significance. Volume III, Economics of Information and Human Capital*. Princeton: Princeton University Press.

[540] MacKay D M. 1969. *Information, Mechanism and Meaning*. Cambridge, Mass: The MIT Press.

[541] Marijuán P C. 1996. First Conference on the Foundations of Information Science: From Computers and Quantum Physics to Cells, Nervous Systems, and Societies. *BioSystems*, 38(2-3).

[542] Markov K, Ivanova K, Mitov I. 2007. Basic Structure of the General Information theory. *International Journal of Information Theories and Applications*, (14).

[543] Marshall S P. 1995. *Schemas in Problem Solving*. New York: Cambridge University Press.

[544] Mattessich R. 1993. On the Nature of Information and Knowledge and the Interpretation in the Economic Sciences. *Library Trends*, 41(4).

[545] Miller G A. 1983. Informavores//Machlup F, Mansfield U, eds. *The Study of Information: Interdisciplinary Messages*. New York: John Wiley & Sons.

[546] Mingers J. 1995. *Self-Producing Systems: Implications and Applications of Autopoiesis*. New York: Plenum Press.

[547] Minsky M L. 1968. *Semantic Information Processing*. Cambridge, Mass: The MIT Press.

[548] Mryon T. 1978. *The Maximum Entropy Formalism*. Cambridge, Mass: MIT Press.

[549] Muller S J. 1996. *Asymmetry: The Foundation of Information*. The Frontiers Collection.

[550] Nalewajski R F. 2006. *Information Theory of Molecular Systems*. Boston: Elsevier.

[551] Nalewajski R F. 2009. Information Origins of the Chemical Bound: Bond Descriptors from Molecular Communication Channels. Orbital Resolution. *International Journal of Quantum Chemsity*, (109).

[552] Neisser U. 1967. *Cognitive Psychology*. New York: Appleton-Century-Crofts.

[553] Nishida Y. 2011. The Relationship between Autopoiesis Theory and Biosemiotics: On Philosophical Suppositions as Bases for a New Information Theory. *TripleC*, 9(2).

[554] Nishigaki T, Takenouchi T. 2009. The Informatic Turn–who Observes the 'Infosphere'? *Journal of Socio-Informatics*, 2(1).

[555] Nora S, Minc A. 1978. *L'Informatisation de la société: Rapport à M. le Président de la République*. Paris: La Documentation Française. 英文版: Nora, Simon, ; Minc, Alain, 1980. *The Computerization of Society: A Report to the President of France*.

Mass: MIT Press. 中文版见：诺拉 S, 孟克 A. 1985. 社会的信息化. 施以方, 迟路译. 北京：商务印书馆. 以及：诺拉 S, 明克 A. 1988. 社会计算机化：一份致法国总统的报告. 黄德强, 王运永译. 北京：科学技术文献出版社.

[556] Norman D A. 1969. *Memory and Attention: An Introduction to Human Information Processing*. New York: Wiley.

[557] Nygaard K. 1986. Program Development as a Social Activity. Edited by Hans-Jurgen Kugler, Information Processing 86: *Proceedings of the IFIP 10th World Computer Congress*, Dublin, Ireland, 1986, IFIP Congress Series, 10. Boston: Kluwer Academic Publishers.

[558] Parker E B. 1974. Information and Society. Library and Information Science Needs of the Nation. National Commission on Libraries and Information Science, Washington, DC.

[559] Pearson C, Slameka V. 1983. Perspective on Informatics as a Semiotic Discipline// Machlup F, Mansfield U. ed. *The Study of Information: Interdisciplinary Messages*. New York: John Wiley & Sons.

[560] Peirce C S. 1931. *Collected Papers*. Cambridge, Mass: Harvard University Press.

[561] Pennisi E. 2001. Behind the Scenes of Gene Expression. *Science*, 293(5532).

[562] Popper K R. 1979. *Objective Knowledge: An Evolutionary Approach*. New York: Clarendon Press. 中文版见：卡尔·波普尔. 1987. 客观知识——一个进化论的研究. 舒炜光, 卓如飞, 周柏乔, 等译. 上海：上海译文出版社.

[563] Poster M. 1990. *The Mode of Information: Poststructuralism and Social Context*. Chicago: University of Chicago Press.

[564] Qvortrup L. 1993. The Controversy over the Concept of Information: An Overview and a Selected and Annotated Bibliography. *Cybernetics & Human Knowing*, 1(4).

[565] Resnikoff H L. 1989. *The Illusion of Reality*. New York: Springer-Verlag.

[566] Rodbell M. 1980. The Role of Hormone Receptors and GTP-regulatory Proteins in Membrane Transduction. *Nature*, 284(5751).

[567] Ruben B D. 1981-1986. *Information and Behavior, 1, 2, 3, 4, 5*. New Brunswick: Transaction Books.

[568] Ruben B D. 1988. *Communication and Human Behavior*. New York: Macmillan Publishing Company.

[569] Ruben B D. 1992. The Communication-information Relationship in System-theoretic Perspective. *Journal of the American Society for Information Science*, 43(1).

[570] Saracevic T. 1970. *Introduction to Information Science*. New York: R. R. Bowker.

[571] Scarrott G G. 1989. The Nature of information. *Computer Journal*, 32(3).

[572] Schombarg D. 1994. *Bioinformatics: From Nucleic Acids and Proteins to Cell Metabolism*. Berlin: Walter de Gruyter.

[573] Schramm W, Porter W. 1982. *Men, Women, Messages, and Media: A Look at Human Communication*. New York: Harper & Row.

[574] Schramm W. 1949. *Mass Communications: A Book of Readings Selected and Edited for the Institute of Communications Research in the University of Illinois.* Urbana: University of Illinois Press.

[575] Schramm W. 1978. *Men, Messages, and Media: A Look at Human Communication.* New York: Harper & Row.

[576] Schrödinger E. 1944. *What is Life? The Physical Aspect of the Living Cell.* New York: Cambridge University Press. 中文版见: 埃尔温·薛定谔. 1973. 生命是什么? ——活细胞的物理学观. 上海外国自然科学哲学著作编译组译. 上海: 上海人民出版社. 或: 埃尔温·薛定谔. 2003. 生命是什么? 罗来鸥, 罗辽复译. 长沙: 湖南科学技术出版社.

[577] Searle J R. 1992. et al. *Searle on Conversation.* Amsterdam, Philadelphia: J. Benjamins Pub. Co.

[578] Searle J R. 2008. *Philosophy in a New Century: Selected Essays.* Cambridge: Cambridge University Press.

[579] Senn J A. 1990. *Information Systems in Management.* Belmont, CA.: Wadsworth Publishing.

[580] Shannon C E, Weaver W. 1964. *The Mathematical Theory of Communication.* Urbana: The University of Illinois Press.

[581] Shannon C E. 1948. A Mathematical Theory of Communication. *Bell System Technical Journal*, 27(3), 27(4). 中文版见: 申农 C E. 1965. 通信的数学理论. 沈永朝译//上海市科学技术编译馆编. 信息论理论基础. 上海: 上海市科学技术编译馆.

[582] Siebert F S, Peterson T, Schramm W. 1956. *Four Theories of the Press: The Authoritarian, Libertarian, Social Responsibility, and Soviet Communist Concepts of what the Press Should Be and Do.* N, Stratford, NH: Ayer Company Publishers. 中文版见: 韦尔伯·斯拉姆, 等. 1980. 报刊的四种理论. 中国人民大学新闻系译. 北京: 新华出版社. 或: 弗雷德里克·S.西伯特, 等. 2008. 传媒的四种理论. 戴鑫译; 展江校. 北京: 中国人民大学出版社.

[583] Siegfried T. 2000. *The Bit and the Pendulum: From Quantum Computing to M Theory: The New Physics of Information.* New York: John Wiley & Sons, Inc.

[584] Slameka V. 1985. Fundamental Research in Information Science. Unpublished Paper Dated October, 1975, Cf. Poole, Herbert L., *Theories of the Middle Range.* Norwood: Ablex Publishing Corporation.

[585] Stonier T. 1990. *Information and the Internal Structure of the Universe: An Exploration into Information Physics.* London: Springer-Verlag.

[586] Stonier T. 1992. *Beyond information: The Natural History of Intelligence.* New York: Springer-Verlag.

[587] Stonier T. 1997. *Information and Meaning: An Evolutionary Perspective.* London: Springer-Verlag.

[588] Swift J. 1970. *Gulliver's Travels.* New York: Norton.

[589] Szilard L. 1929. Uber die Entropieverminderung in Einem Thermodynamischen System bei Eingriffen Intelligenter. *Wesen in Zeitschrift für Physik*, 53(11-12).

[590] Szilard L. 1964. On the Decrease of Entropy in a Thermodynamic System by the Intervention of Intelligent Beings. *Behavioral Science*, 9(4).

[591] Szilard L. 1972. *On the Decrease of Entropy in a Thermodynamic System by the Intervention of Intelligent Beings. The Collection Works of Leo Szilard*, Cambridge, Mass: MIT Press.

[592] Temple R. 1986. *The Genius of China: 3, 000 Years of Science, Discovery & Invention*. London: Andre Deutsch 2007.

[593] Thaller M. 1989. The Need for a Theory of Historical Computing//Peter Denley, et al. ed. *History and Computing II*. Manchester: Manchester University Press.

[594] Thom R. 1975. *Structural Stability and Morphogenesis: An Outline of a General Theory of Models*. Translated from the French. Reading, Mass: W. A. Benjamin.

[595] Tribus M. 1961. *Thermodynamics and Thermostatics: An Introduction to Energy, Information and States of Matter. With Engineering Applications*. New York: D. Van Nostrand Company Inc.

[596] van Bemmel J H, Musen M A. 1997. *Handbook of Medical Informatics*. Heidelberg, Germany: Springer-Verlag.

[597] van Dijk T A. 1972. *Aspects of Text Grammars*. The Hague: Mouton.

[598] van Dijk T A. 1980. *Macrostructures: An Interdisciplinary Study of Global Structures in Disclosure, Interaction, and Cognition*. Hillsdale: Lawrence Erlbaum Associates.

[599] van Dijk T A. 1985. *Handbook of Discourse Analysis*. London; Orlando: Academic Press.

[600] van Rijsbergen C J, Laimas M. 1996. Information Calculus for Information Retrieval. *Journal of the American Society for Information Science*, 47(5).

[601] Verdú S, McLanghlin S. 1998. *Information Theory: 50 Years of Discovery*. New York: IEEE Press.

[602] Vickery B, Vickery A. 1987. *Information Science in Theory and Practice*. London, Melbourne: Bowker-Saur. 中文版见: 维克利 B, 维克利 A. 1990. 情报科学的理论与实践. 中国科学技术情报研究所硕士研究生班译. 北京: 科学技术文献出版社.

[603] Villanueva E. 1990. *Information, Semantic and Epistemology*. Cambridge, Mass.: Basil Blackwell.

[604] von Neumann J, Morgenstern O. 1947. *Theory of Games and Economic Behavior*. Princeton: Princeton University Press. 中文版见: 约翰·冯·诺依曼, 奥斯卡·摩根斯特恩. 1963. 竞赛论与经济行为. 王建华, 顾玮琳译. 北京: 科学出版社. 或: 冯·诺伊曼, 摩根斯顿. 2004. 博弈论与经济行为. 王文玉, 王宇译. 北京: 生活·读书·新知三联书店.

[605] von Weizsäcker C F V, Görnitz T, Lyre H. 2006. *The Structure of Physics*. Dordrecht: Springer.

[606] von Weizsäcker C F V. 1982. *Die Einheit der Natur*. München: Deutscher Taschenbuch Verlag.

[607] Wegner P. 1976. Research Paradigms in Computer Science. Proceedings of the 2nd International Conference on Software Engineering. San Francisco, California, United States, Year of Publication.

[608] Wegner P. 1983. Research Paradigms of Information Engineering//Machlup F, Mansfield U. eds. *The Study of Information: Interdisciplinary Messages*. New York: John Wiley & Sons.

[609] Wellisch H. 1972. From information science to informatics. *Journal of Librarianship*, 4(3).

[610] Wheeler J A, Ford K. 1990. Information, Physics, Quantum: The Search for Links// Zurek, Wojciech H. ed. Complexity, Entropy, and the Physics of Information: The Proceedings of the 1988 Workshop on Complexity, Entropy, and the Physics of Information. Redwood City, Calif: Addison-Wesley Pub. Co. 中文版见：约翰·阿奇博尔德·惠勒. 宇宙逍遥. 2006. 田松，南宫梅芳译. 北京：北京理工大学出版社.

[611] Wheeler J A, Ford K. 1998. *Geons, Black Holes, and Quantum Foam: A Life in Physics*. New York: W.W. Norton. 中文版见：约翰·惠勒，肯尼斯·惠勒. 2004. 约翰·惠勒自传：物理历史与未来的见证者. 蔡承志译. 汕头：汕头大学出版社.

[612] Wiener N. 1949. *Extrapolation, Interpolation, and Smoothing of Stationary Time Series: With Engineering Application*. Cambridge, Mass: Technology Press of the Massachusetts Institute of Technology.

[613] Wiener N. 1954. *The Human Use of Human Beings: Cybernetics and Society*. Boston: Houghton Mifflin. 中文版见：维纳 N. 1978. 人有人的用处：控制论和社会. 陈步译. 北京：商务印书馆. 或：诺伯特·维纳. 1978. 维纳著作选. 钟韧译. 上海：上海译文出版社. 或：维纳 N. 2010. 人有人的用处：控制论与社会. 陈步译. 北京：北京大学出版社.

[614] Wiener N. 1961. *Cybernetics: Or Control and Communication in the Animal and the Machine*. New York: MIT Press. 中文版见：维纳 N. 1963. 控制论：或关于在动物和机器中控制和通信的科学(第 2 版). 郝季仁译. 北京：科学出版社.

[615] Winograd T. 1986. *Understanding Computers and Cognition*. Norwood: Ablex Publishing Corporation.

[616] Yan Xueshan. 2011. Information Science: Its Past, Present and Future. *Information*, 2(3).

[617] Yan Xueshan. 2014. Re: Contents of FIS Digest. *FIS Digest*, 570(3).

[618] Yockey H P. 1956. *Symposium on Information Theory in Biology*. New York: Pergamum Press.

[619] Соколов А В, Манкевич А И. 1971. Информатика в Перспективе к Вопросу о

Классификации Видов Информации и Системе Наук Комму- никационного Цикла. *Науч-техн. Информация*, 2(10)

[620] Михайлов А И, Чёрный А И, Гиляревский Р С. 1968. *Основы Информатики, Изд. 2-е, Перер.* и Дополн. М: Наука.

[621] Михайлов А И, Чёрный А И, Гиляревский Р С. 1976. *Научные Коммуникации и Информатика.* М: Наука. 中文版见: 米哈依洛夫 А И, 乔尔内 А И, 吉里列夫斯基 Р С. 1980. 科学交流与情报学. 徐新民, 张国华, 孙荣科, 等译. 北京: 科学文献出版社.

[622] 川野洋. 1972. 芸術情報の理論. 東京: 新曜社.

[623] 川野洋. 1983. 芸術の論理: 情報美学の方法. 東京: 早稲田大学出版部.

[624] 日本医療情報学会 10 周年記念出版編纂委員会, 医療情報システム開発センター企画. 1997. 医療情報学(第 2 巻). 東京: 日本医療情報学会.

[625] 長山泰介. 1983. 情報という言葉の起源. ドクメンテーション研究, (33).

[626] 松田信義, 岸本光代. 2002. 情報科学・医療情報学(第 3 版). 東京: 医学書院.

[627] 梅棹忠夫. 1988. 情報の文明学. 東京: 中央公論社.

[628] 樺澤一之, 豊田修一. 2006. 医療情報学入門. 東京: 共立出版.

[629] 増田米二, 等. 1972. 情報社会入門: コンピュータは人間社会を変える. 東京: 日本経済新聞社.

网络文献

[630] 百度百科. 光合作用. http://baike.baidu.com/view/8885.htm.

[631] 百度百科. 神经信息学. http://baike.baidu.com/view/1038418.htm.

[632] 李彦宏. 信息管理与信息系统专业的学习. http://wenku.baidu.com/ view/a6a32fc5bb4cf7ec4afed097.html.

[633] 潘颖. 文小刚(上): 物理学新的革命. http://chuansong.me/n/1098981.

[634] 任霄鹏. 物理学家、“黑洞”概念提出者约翰・惠勒去世 http://news.sciencenet.cn/htmlnews//20084151122797620 5366.html.

[635] 唐澍, 周晓蒙. 全球经济学家排名引中国学者争议. http://economy. caixin.com/2012-07-06/100408420_all.html#page2.

[636] 汪丽群. 网络高速化. http://baike.baidu.com/view/381139.htm.

[637] 孝文. 科学家发现含羞草有学习和记忆能力. http://tech.sina.com.cn/d/2014-01-23/10329122108.shtml.

[638] Ali S. A Definition of Information. http://fis.iguw.tuwien.ac.at/mailings/ 1311.html.

[639] Ali S. Re: What Is the Definition of Information? http://fis.icts.sbg.ac. at/mailings/2119.html.

[640] Ananthaswamy A. Plants Can Think, Feel and Learn. http://www.newscientist.com/article/mg22429980-400-root-intelligence-plants-can-think-feel-and-learn.

[641] Archive G. Leo Szilard in Physics and Information. http://www.fas. org/rlg/04_07_2014LeoSzilardinPhysicsandInformation.pdf.

[642] Artigiani B. Re: Social Information. http://fis.icts.sbg.ac.at/mailings/ 0146.html.

[643] Association for Computing Machinery, IEEE Computer Society. Computer Science Curriculum 2008: An Interim Revision of CS 2001. http://www.acm. org// education/curricula/ComputerScience2008.pdf. 2008-12.

[644] Banathy B. No Subject. http://fis.icts.sbg.ac.at/mailings/0285.html.

[645] Barham J. Re: Realism and Information. http://fis.icts.sbg.ac.at/mailings/0380.html.

[646] Barham J. Reply to Burgin. http://fis.icts.sbg.ac.at/mailings/0505.html.

[647] Capurro R. Biology, Technology and Information. http://fis.icts.sbg.ac.at/mailings/0108.html.

[648] Capurro R. Re: Biology, Technology and Information. http://fis.icts.sbg.ac.at/mailings/0101.html.

[649] Capurro R. Re: Biology, Technology and Information. http://fis.icts.sbg.ac.at/mailings/0110.html.

[650] Capurro R. Re: Information and Natural Languages. http://fis.icts.sbg.ac.at/mailings/0003.html.

[651] Capurro R. Re: SV: Biological Information. http://fis.icts.sbg.ac.at/mailings/0094.html.

[652] Chandler J L R. Re: Biological Information. http://fis.icts.sbg.ac. at/ mailings/0093.html.

[653] Chandler J L R. Re: Biology, Technology and Information. http://fis.icts.sbg.ac.at/mailings/0104.html.

[654] Chandler J L R. Re: Information & Physics. http://fis.icts.sbg.ac.at/mailings/0056.html.

[655] Chmielecki A. What Is Information? http://www.bu.edu/wcp/Papers/Cogn/CognChmi.htm.

[656] Clark D D. A Cloudy Crystal Ball-Visions of the Future. http://ietf.org/proceedings/prior29/IETF24.pdf.

[657] Collier J. Re: Info & Physics. http://fis.icts.sbg.ac.at/mailings/0473.html.

[658] Combs A. Re: Old Discussion. http://fis.icts.sbg.ac.at/mailings/0271.html.

[659] Comer D. Lessons Learned from the Internet Project. http://course.ccert.edu.cn/reference/Comer_Internet_Lessons_Talk.pdfhttp://xys.ccert.edu.cn/reference/Comer_Internet_Lessons_Talk.pdf.

[660] Computer Science Curriculum 2008: An Interim Revision of CS 2001. http://www.acm.org//education/curricula/ComputerScience2008.pdf.

[661] Cook G. Do Plants Think? http://www.scientificamerican.com/article/ do-plants-think-daniel-chamovitz/#rd? suey=fc78a68049a14bb24ce82efd8ef931 e64057ce61

42b1f2f7b919612d2b3f42c07f559f5be33be0881613ccfbf5b43c4b.

[662] Darvas G. Re: Disconnected Points. http://fis.icts.sbg.ac.at/mailings/0383.html.

[663] Darvas G. Re: Info & Physics. http://fis.icts.sbg.ac.at/mailings/0470. html.

[664] Doyle B. About Information Philosopher. http://www.informationphi- losopher.com /solutions/scientists/szilard.

[665] Ebeling W, Poeschel T. FIS 2002. http://fis.icts.sbg.ac.at/mailings/0417.html.

[666] Ebeling W. No Subject. http://fis.icts.sbg.ac.at/mailings/0063.html.

[667] Ebeling W. Re: Again on Physics, Entropy and Information. http://fis.icts.sbg.ac.at/mailings/0578.html.

[668] Ebeling W. Re: Biological Information. http://fis.icts.sbg.ac.at/mailings/0086.html.

[669] Ellersdorfer G. Late Contribution to Biol. Info. http://fis.icts.sbg.ac.at/mailings/0116.html.

[670] Fellingham J. Accounting as an Information Science. http://fisher.osu.edu/~fellingham_1/523/index.html.

[671] Fenzl N. Re: Clarifying Our Aims. http://fis.icts.sbg.ac.at/mailings/0553.html.

[672] Fenzl N. Re: Info & Physics. http://fis.icts.sbg.ac.at/mailings/0485.html.

[673] Fenzl N. Re: Info & Physics. http://fis.icts.sbg.ac.at/mailings/0471.html.

[674] Fenzl N. Re: Vedr.: Realism and Information. http://fis.icts.sbg.ac.at/mailings/0393.html.

[675] FIS 2005 Proceedings. http://www.mdpi.org/fis2005/proceedings.html.

[676] Goranson T. Multilevel Emergence. http://fis.icts.sbg.ac.at/mailings/0552.html.

[677] Goranson T. Re: Disconnected Points. http://fis.icts.sbg.ac.at/mailings/0379.html.

[678] Hjørland B. Foundations of Information Science. http://fis.icts.sbg.ac.at/mailings/0033.html.

[679] Hjørland B. Karpatschof on Information Concept. http://fis.icts.sbg.ac.at/mailings/0360.html.

[680] Hjørland B. SV: fis@listas.unizar.es. http://fis.icts.sbg.ac.at/mailings/0000.html.

[681] Hofkirchner W. et al. ed. Towards a New Science of Information. http://www.triple-c.at/index.php/TripleC/issue/view/22.

[682] Igamberdiev A. RE: Info & Physics. http://fis.icts.sbg.ac.at/mailings/0478.html.

[683] Igamberdiev A. RE: The Dynamism of Numbers. http://fis.icts.sbg.ac.at/mailings/0464.html.

[684] Igamberdiev A. What is Music? http://fis.icts.sbg.ac.at/mailings/1001. html.

[685] Intropy. http://www.intropy.co.uk.

[686] IS2002(IS2002: Model Curriculum and Guidelines for Undergraduate Degree Programs in Information Systems). http://www.acm.org/education/education/curric_vols/is2002.pdf.

[687] IS2010(IS2010: Curriculum Guidelines for Undergraduate Degree Programs in Information Systems). http://www.acm.org/education/curricula/IS%202010%20 ACM%20final.pdf.

[688] Javorszky K. A One Sentence Definition of Information. http://fis.iguw.tuwien. ac.at/mailings/1344.html.

[689] Javorszky K. What is the Definition of Information? http://fis.iguw.tuwien.ac.at/ mailings/2122.html.

[690] Jiménez-López E. I do not Find the Objectivity of Music. http://fis.icts.sbg.ac.at/ mailings/1007.html.

[691] Kampfner R. FIS Discussion. http://fis.icts.sbg.ac.at/mailings/0075.html.

[692] Kampfner R. Re: Biological Information. http://fis.icts.sbg.ac.at/mailings/ 0103.html.

[693] Lehn J M. Toward Complex Matter: Supramolecular Chemistry and Self- Organization. http://www.pnas.org/content/99/8/4763.

[694] Marijuán P C. Biological Phlogiston. http://fis.icts.sbg.ac.at/mailings/0098.html.

[695] Marijuán P C. Biological Phlogiston. http://fis.icts.sbg.ac.at/mailings/0098.html.

[696] Marijuán P C. Disunity of Science. http://fis.icts.sbg.ac.at/mailings/0238.html.

[697] Marijuán P C. Info & Physics. http://fis.icts.sbg.ac.at/mailings/0469.html.

[698] Marijuán P C. Info Phase Transitions. http://fis.icts.sbg.ac.at/mailings/0079.html.

[699] Marijuán P C. Information, Autopoiesis, Life and Semiosis. http://fis.icts.sbg.ac.at/ mailings/1247.html.

[700] Marijuán P C. Information, Thermod. & Phys. http://fis.icts.sbg.ac.at/mailings/ 0064.html.

[701] Marijuán P C. Miscellanea. http://fis.icts.sbg.ac.at/mailings/0109.html.

[702] Marijuán P C. Old Discussion. http://fis.icts.sbg.ac.at/mailings/0268.html.

[703] Marijuán P C. Re: [FIS] Concluding the Session. http://fis.icts.sbg.ac.at/mailings/ 1148.html.

[704] Marijuán P C. Re: [FIS] Continuing the Session Molecular Recognition and Inviting Papers on This Topic. http://fis.icts.sbg.ac.at/mailings/1106.html.

[705] Marijuán P C. Re: Art, Shape, and Symmetry. http://fis.icts.sbg.ac.at/mailings/ 0442.html.

[706] Marijuán P C. Re: Info & Physics. http://fis.icts.sbg.ac.at/mailings/0494.html.

[707] Marijuán P C. Social Complexity. http://fis.icts.sbg.ac.at/mailings/0218.html.

[708] Marijuán P C. Tech. Note & Comments. http://fis.icts.sbg.ac.at/mailings/0034.html.

[709] Marijuán P C. While Waiting. http://fis.icts.sbg.ac.at/mailings/0251.html.

[710] Marijuán P C. Disconnected Points. http://fis.icts.sbg.ac.at/mailings/0376.html.

[711] Marijuán. P C. Advanced Draft. http://fis.icts.sbg.ac.at/mailings/0356.html.

[712] Matsuno K. Information & Physics. http://fis.icts.sbg.ac.at/mailings/0054.html.

[713] Matsuno K. Information and Natural Languages. http://fis.icts.sbg.ac.at/mailings/0002.html.

[714] Matsuno K. Kickoff. http://fis.icts.sbg.ac.at/mailings/0455.html.

[715] Moral R del, Marijuán P C. Introduction to the Special Issue on Information: Selected Papers from 'FIS 2010 Beijing'. http://www.mdpi.com/2078-2489/3/1/16.

[716] Moral R del, Marijuán P C. Selected Papers from "FIS 2010 Beijing". http://www.mdpi.com/journal/information/special_issues/selectedpap_beijing.

[717] Paton R. Biological Information. http://fis.icts.sbg.ac.at/mailings/0084.html.

[718] Petitjean M. The FIS2005 Conference in Paris. http://www.mdpi.org/entropy/htm/e7030188.htm. http://www.mdpi.com/1099-4300/7/3/188/pdf.

[719] Petitjean M. What Is the Definition of Information? http://fis.icts.sbg. ac.at/mailings/2123.html.

[720] Rafael C. Angeletics: A Message Theory. http://www.capurro.de/ angeletics_ zkm.html.

[721] RePEc General Principles. http://repec.org.

[722] RePEc/IDEAS Rankings. http://ideas.repec.org/top.

[723] Rojdestvenski I. Biological Phlogiston. http://fis.iguw.tuwien.ac.at/mailings/0389.html.

[724] Rojdestvenski I. Re: Advanced Draft. http://fis.icts.sbg.ac.at/mailings/0369.html.

[725] Ropolyi L. What Is Information? http://fis.iguw.tuwien.ac.at/mailings/2168.html.

[726] Salthe S N. A Definition of Information. http://fis.icts.sbg.ac.at/mailings/1312.html.

[727] Salus P H. OSI and TCP: A History. http://www.groklaw.net/articlebasic.php?story=20050219170121955.

[728] Schroeder M J. What Is the Definition of Information? http://fis.iguw.tuwien.ac.at/mailings/2140.html.

[729] Second Conference on Foundations of Information Science: The Quest for a Unified Theory of Information, in World Futures, 1997, 49(3-4), 50(1-4). http://www. tandfonline.com/toc/gwof20/49/3-4, http://www. tandfonline.com/toc/ gwof20/50/1-4.

[730] Second Conference on Foundations of Information Science: The Quest for a Unified Theory of Information, FIS Special Issue. BioSystems, 1998, 46(1-2). http://www.sciencedirect.com/science/journal/03032647/46/1-2.

[731] Second Conference on Foundations of Information Science: The Quest for a Unified Theory of Information, FIS Special Issue. BioSystems, 1998, 46(3). http://www.sciencedirect.com/science/journal/03032647/46/3.

[732] Shu-Kun L. What Is the Definition of Information? http://fis.icts.sbg.ac.at/mailings/2121.html.

[733] Søren B. Physics and Information. http://fis.icts.sbg.ac.at/mailings/0062.html.

[734] Spang-Hanssen H. How to Teach about Information as Related to Documentation. Human IT. 5(1). (Original Work Published in 1970.) http://www.hb.se/bhs/ith/humanit.htm.

[735] Special Issue: The Difference that Makes a Difference. http://www. triple-c.at/index.php/TripleC/issue/view/26.

[736] Stallings W. The Origins of OSI. http://williamstallings.com/Extras/OSI.html.

[737] Stockinger G. Social Information-2. http://fis.icts.sbg.ac.at/mailings/0147.html.

[738] Stonier T. Definition of Information. http://fis.icts.sbg.ac.at/mailings/0261.html.

[739] Szilard. L. On Entropy Reduction in a Thermodynamic System by Interference by Intelligent Subjects. http://aurellem.org/jaynes/sources/Szilard.pdf.

[740] Taborsky E. Disconnected Points. http://fis.icts.sbg.ac.at/mailings/0377. html.

[741] Taborsky E. Physic(s), Entropy and Information. http://fis.icts.sbg.ac.at/mailings/0581.html.

[742] Taborsky E. Realism and Information. http://fis.icts.sbg.ac.at/mailings/0381.html.

[743] Villaroel M. Eco-Socioinfo. http://fis.icts.sbg.ac.at/mailings/0160.html.

[744] Villaroel M. Eco-VEMS. http://fis.icts.sbg.ac.at/mailings/0167.html.

[745] Wikipedia. Autopoiesis. http://en.wikipedia.org/wiki/Autopoiesis.

[746] Wikipedia. Force Carrier. http://en.wikipedia.org/wiki/Force_carrier.

[747] Wikipedia. Global Information Infrastructure. http://en.wikipedia.org/wiki/Global_Information_Infrastructure.

[748] Wikipedia. Homeostasis. http://en.wikipedia.org/wiki/Homeostasis.

[749] Wikipedia. Humanities. https: //en.wikipedia.org/wiki/Humanities.

[750] Wikipedia. Informatik. http://de.wikipedia.org/wiki/Informatik.

[751] Wikipedia. Information and communications technology. http://en.wikipedia.org/wiki/Information_and_communications_technology.

[752] Wikipedia. Infrastructure. http://en.wikipedia.org/wiki/Infrastructure.

[753] Wikipedia. National Information Infrastructure. http://en.wikipedia.org/wiki/National_Information_Infrastructure.

[754] Wikipedia. Pheromone. http://en.wikipedia.org/wiki/Pheromone.

[755] Wikipedia. Semiochemical. http://en.wikipedia.org/wiki/Semiochemical.

[756] Wikipedia. Supermolecule. http://en.wikipedia.org/wiki/Supermolecule.

[757] Wikipedia. Telecommunication. http://en.wikipedia.org/wiki/Telecommunication.

附录A　关于几个英文缩略语和名词的汉译

本书对信息科学研究和发展过程中经常涉及的几个生物学和生物化学英语缩略语和名词，在正文中已经尝试使用新译。为了使读者能够更好地去理解它们，下面对为什么使用这些新译加以说明。

（1）DNA 和 RNA 的汉译。

为了推进汉语的纯化，国家语言文字工作委员会提倡在汉语表达，特别是大众化的汉语表达中，希望不用或尽量少用外语缩略语。但是，包括所有自然科学在内的科学读物中，唯有生物学中的 DNA 和 RNA 十分流行，原因是它们一直缺乏合适的汉译。DNA 是 deoxyribonucleic acid（脱氧核糖核酸）的缩略语，RNA 是 ribonucleic acid（核糖核酸）的缩略语，两者都是一种酸（acid）分子。在英文文章或著作里，特别是在生物化学、分子生物学、现代遗传学里，使用缩略语 DNA 和 RNA 已成为一种生物学文化。在汉语专业著作中，一般作者的表达习惯是，先对 DNA 的全称 deoxyribonucleic acid 给出汉语“脱氧核糖核酸”的第一次说明，对 RNA 的全称 ribonucleic acid 给出“核糖核酸”的第一次说明，然后就开始直接使用 DNA 和 RNA 了。但在一部或一篇非专业的作品中，全部使用 DNA 和 RNA，既不符合国家语言文字工作委员会提倡的汉语纯化宗旨，也给非生物学或非生物化学专业读者的阅读带来了极大的困扰。对于一般的读者而言，一部现代生物学或现代遗传学的著作，好像不是用普通汉语写成的，而是用英语缩略语锻造的，这对普及生命科学知识是非常不利的。找不到合适的汉译，大概是因为 DNA 和 RNA 中的罗马字母 A 在汉语中找不到合适汉译。但如果我们采用音义结合的办法，就可以解决这个问题，从而把“DN”按音译成“狄恩”，“RN”按音译成“阿恩”，而把 A 按义译成“酸”。这样，“DNA”就可译成“狄恩酸”，“RNA”就可译成“阿恩酸”。相应地，“tRNA”就译成了“转运阿恩酸”，“mRNA”就译成了“信使阿恩酸”，“rRNA”就译成了“核糖体阿恩酸”，克里克的中心法则“DNA→RNA→Protein”就可以译成“狄恩酸→阿恩酸→蛋白质”，从而可以不再使用半土半洋的“DNA→RNA→蛋白质”表示法。本书在涉及这些概念的地方都使用了这些新译。对于专业人员来说，也许没有改变写作习惯的必要。但对于生物学和生物化学之外的其他学科，尤其是对普通读物而言，如果仅在文章或著作中少量地用到了 DNA、RNA，抑或 tRNA、mRNA、rRNA 几个缩略语的话，采用这个新译将是一个很好的选择。在一篇涉及这个问题的全汉语普通文章中，唯因没有合适汉译而通篇充斥 DNA 和 RNA 的文章，它们看起来着实扎眼。在英语缩略语使用历史上，即使对生物学或生化学研究者来说，在自己的著作里通篇都是诸如 Aids（艾滋病）、HGP（人类基因组计划）之类的表示法时，作者自己一样也会感到不大舒服。从本书大量使用这种新汉译（包括在通信科学的信道编码部分，计算机科学的互联网协议部分也基本以使用缩略语的汉译为主）的实践来看，这种写作习惯可以大大降低读者的阅读难度。

以下是从本书中抽出的一段文字，读者可以比较两种表示法的优劣。

①旧表示法。

把 RNA 上的信息翻译成蛋白质，也就是用信使 RNA 转录本中所含的信息来指导核糖体上多肽链合成时的氨基酸序列，这个过程叫作翻译，因为 mRNA 转录本中的核苷酸序列被翻译成了多肽链中的氨基酸序列。当核糖体中的核糖体 RNA 分子辨认并结合在信使 RNA 上的“开始”序列的时候，翻译就开始了。核糖体随后沿着信使 RNA 分子移动，一次 3 个核苷酸。每 3 个 1 组的核苷酸都是一个决定什么氨基酸将要被加在伸长的多肽链上的密码子。核糖体按此方法继续移动，直到它遇到一个翻译“终止”信号时，它便从 mRNA 上脱离下来，并释放出新生的多肽链，最后完成“DNA→RNA→蛋白质”的信息传输流程。

②新表示法。

把阿恩酸上的信息翻译成蛋白质，也就是用信使阿恩酸转录本中所含的信息来指导核糖体上多肽链合成时的氨基酸序列，这个过程叫作翻译，因为信使阿恩酸转录本中的核苷酸序列被翻译成了多肽链中的氨基酸序列。当核糖体中的核糖体阿恩酸分子辨认并结合在信使阿恩酸上的“开始”序列的时候，翻译就开始了。核糖体随后沿着信使阿恩酸分子移动，一次 3 个核苷酸。每 3 个 1 组的核苷酸都是一个决定什么氨基酸将要被加在伸长的多肽链上的密码子。核糖体按此方法继续移动，直到它遇到一个翻译“终止”信号时，它便从信使阿恩酸上脱离下来，并释放出新生的多肽链，最后完成“狄恩酸→阿恩酸→蛋白质”的信息传输流程。

（2）hormone 和 pheromone 的汉译。

Hormone 汉译为激素，其希腊文是 ὁρμή，英文为 impetus（刺激），原意为“奋起活动”，属于内分泌学的专业术语，代表一类对肌体的代谢、生长、发育、繁殖等过程起调节作用的高效活性化学物质。激素由内分泌腺或内分泌组织合成，之后直接分泌入血液或体外。激素在体内外作为信使传递生理信息，它是我们生命活动中一种重要的信息载体。hormone 最早译为“激素”，义项仅包含正向的生理刺激。但内分泌学家后来发现，hormone 不仅能产生正向刺激，而且能产生负向抑制。译为“激素”后，好像它只能产生正向刺激，故不是理想的译法。由于已经约定俗成，现在想更改它已经不大可能。“激素”的大众说法是 hormone 的音译，即荷尔蒙。

pheromone 由希腊语 φέρω“具有”（to bear）和 ὁρμή“刺激”（impetus）组合而成，它和 hormone 具有相同的词根-mone。鉴于 pheromone 被高度分化的细胞合成之后的去向不是直接进入体内而是体外，因此，可以把 pheromone 译作“外激素”，而把 hormone 译作“内激素”。外激素是有机体分泌到个体外的一种化学因子，它能激起同类物种或相关物种的社会性反应。从化学性质来说，外激素能够影响接收外激素的个体行为。pheromone 在中文中有若干个译名，除了外激素之外，最为流行的译法是“（外）信息素”。诚然，pheromone 也已被确定为一种传递生物信息的信使，但鉴于我们没有把更早就被确认为是信使的 hermone 译为“（内）信息素”，而且从其英文 hermone 本身也无法析出“信息”的义项。因此，采用“信息素”的译法就不合适。我们的建议是：可以把 hermone 称为激素或内激素，而把 pheromone 称为外激素。从事内激素研究的学科属于内分泌学，从事外激素研究的学科属于外分泌学。此外，一些人对 pheromone 也使用了音译，如费洛蒙、佛罗蒙、费拉蒙等，而另一些人采用了其他译法，如香偶素等。

（3）semiochemical 和 semiochemistry 的汉译。

除了（内）激素和外激素之外，近年来，生物学家和生物化学家们又发现了另外一些携带生化信息的化合物，它们包括利己素（allomones）、利他素（kairomones）、引诱剂（attractants）、排斥剂（repellents）等。作为一类外信使物质，化学家、化学生态学家、生物行为学家甚至心理学家对此类化学物质都饶有兴味，故研究者对它们使用了一个新概念：semiochemical。相应地，对它的研究就是 semiochemistry。怎样确定

semiochemical 的汉译？一些研究者把它译为“信息化学物质”，相应地，semiochemistry 就被译成了“信息化学”。译者的理由是：semiochemical 的词根“semio”是“信息”的含义①，但我们认为这个问题需要进一步商榷。

根据维基百科英文版的解释，semiochemical 的词根是 semeon 而不是 semio，它在希腊语中的含义是 signal（信号），因此，semiochemical 的准确翻译应该是“信号化合物”或“信号化学物质”。“符号”的词根是 semio，相应地，符号学在英文中就是 semiotics 或 semiology；在法文中是 sémiotique 或 sémiologie。故英文版维基百科认为，semiochemical 的作用是承担物种之间或之内传递信息的化学信使。依此推理，semiochemistry 的准确翻译应该是“信号化学”。退一步说，即使 semiochemical 的词根是 semio，那么 semio 也不包含任何的信息含义。和细胞信息学中的“信号转导”理论一样，虽然我们清楚地知道所研究的物质或行为的核心必是一个信息问题，但名称仍应称作“信号”而不是“信息”。同理，对“信号化学物质”的研究 semiochemistry 就应该译作“信号化学”，而不宜直接译为“信息化学”。

另外，主要研究蛋白质、核酸、脂、糖、酶、氨基酸等生物大分子的生物化学和主要研究激素的信使理论都是在 1903 年被提出的。在过去的半个世纪中，诺贝尔生理学或医学奖的 1/3 左右都授给了这方面的研究者。其中最大的动因是关于遗传物质和基因组学的研究，其深层问题均与生物化学有关。我们有理由相信，随着分子生物学的深入，探索使有机体处于理想稳态机制的生物化学和探索有机体相互作用化学机理的生态学逐渐会成为两门重要的学科，这只要从有关细胞通信学的进展中就可以看出。从萨撒兰时代起，细胞通信学的分子机制之谜就一直没有被彻底解开，而揭开有机体内、外信使的机制，正是信号化学家的重任。所以，从信息科学的角度来看，这门产生于 1959 年的信号化学研究在未来将会和生物化学一起被列为两门重要的生物学、化学、信息科学的交叉分支。

① Wikipedia. Semiochemical. http://en.wikipedia.org/wiki/Semiochemical [2013-12-10]. 在国内这方面的研究中，詹豪强将 semiochemical 译成了“化学信息素”。与之相对应，将 semiochemistry 译成了“信息化学”。见：詹豪强. 信息化学实验导论. 北京：科学出版社, 2010: 1-9.

附录B　关于本书写作体例的几点说明

（1）外国人名的译法。

本书中出现外国人名的汉译。除了不同专业文献中已经约定俗成的译法外，其他外国人名译法基本以新华通讯社译名室主编、中国出版集团和中国对外翻译出版公司2007年修订出版的《世界人名翻译大辞典》（上、下）为准。如无大的不妥，那些没有被收录到《世界人名翻译大辞典》中的人名译法，基本都按照首次翻译为准的原则翻译。索引中人名的收录原则是：①中文作者后面不加拼音；②除个别情况外，日本人的名字后面一般不附加英文音译；③人名索引只限于正文，前言、致谢、脚注、附录、后记中出现的人名不入索引。16.2节和第17章中的外国人名，由于大多数只有姓而无名，故也未予收录。

（2）姓名的称谓。

本书对中外学者实行平等称谓。除致谢外，不论中外学者，称呼后基本都不加先生、女士、教授、院士等头衔。按照姓名使用惯例，对外国学者只称呼姓，对中国学者称呼姓名，虽然书中所提及的许多中国学者都是作者十分熟悉和敬仰的。

（3）参考文献著录标准。

根据中国文献学家制定的《文后参考文献著录规则》（GB/T 7714—2005），作者自己要对所引用的文献用[M]、[C]、[N]等加以标示，用来标明它们分别属于“专著”、“会议录”、“报纸”等纸质文献，用[EB]、[OL]、[DB]、[MT]、[CP]、[DK]等标明它们分别属于“电子公告”、“联机网络”、“数据库”、“磁带”、“计算机程序”、“磁盘”等电子文献类型。从近年来公开出版物的使用实践看，大多数作者都觉得这一规定给自己增加了不必要的额外负担，没有多少实用价值，而且在涉及互联网方面的规定早已落后于时代。因此，本书全部放弃了这些规定。相反，在参考文献中涉及互联网的部分，则提供了更全的信息标示。

（4）情报概念的一些使用。

中国图书馆信息科学界（现在称信息管理界）在早期的研究中将英语的“information”、俄语的“информация”、日语的“情報”等词一律译成中文的“情报”，但现在大部分都已改译成“信息”。为了使本书正文的叙述风格保持一致，不至于一会儿“信息”，一会儿“情报”，使读者云里雾里。在引用相关语种的中译本论点时，本书正文一律使用“信息”一词，而原译作可能还是“情报”一词，如米哈依洛夫等 3 人于 1976 年完成的科学信息学俄语名著 *Научные Коммуникации и Информатика* 等。对于一些中译本出现的“情报科学”、“情报学”，本书引用时基本都使用“信息科学”、“信息学”。

（5）一些网络地址。

偏重逻辑缜密的著作和偏重探索火花的著作在写作风格上是不同的。本书引用了“信息科学基础论坛”（Foundation of Information Science，FIS）中世界各国信息科学研究者的大量探索性发言。该论坛由生物学家和信息科学家马里胡安（Pedro C. Marijuán）主持。马里胡安居住在西班牙，但论坛服务器位于奥地利。由于管理不善，服务器经常遭到黑客攻击，有些文档已荡然无存。按照英语引文惯例，引用互联网文献的地址必须加上网络地址，我心里明明知道其中大量网址已经是不可用的，但还是要写上。这好像是一种愚弄，自己看起来都觉得好笑。好在我有备份这些发言的习惯，并且已经把自己备份的数千份发言“还”给了马里胡安，希望有朝一日这些地址能够成为可用的。

姓名索引

C

D

E

F

G

K

M

Z

后　记

18 年在社会的历史长河中只是一瞬短暂的岁月，但在个人的生命历程中却是一段漫长的时光。从 1997 年开始到现在，这部书的写作用了整整 18 年。由于过分的专注而陷入得太深，对处理上下级人际关系的技能又近乎白痴。所以，工作的完成是在一种什么样的境遇下进行的可想而知。鉴于信息问题的极端复杂性，要想对其中的纲领性问题取得有效的思考，就必须用一种宗教般的意志和初恋般的赤诚去满怀激情地工作。我陷于一种矛盾之中。伴随着无数个焦虑和失眠的夜晚，心腔为此痛苦不已。在无数个难以名状的日子里，手指在键盘上冻结。多少次忧世伤生，多少次心想终止，但最后还是坚持了下来。现在呈现在读者面前的这部著作，对全球信息科学未来的研究思路进行了大幅度的预设，希望它对该学科的发展有所帮助。

尽管如此，本书仍不是一部系统的信息科学教科书，它只是作者长年来对信息科学涉及的各种问题进行的一个系统思考。书中提及的专业信息学大多数还处在成长期，而真正的一般信息科学事实上还正处于构建之中。因此，本书尽可能从宽泛的角度展示了信息科学的历史和现状，并对它与其他学科的交叉图景着力进行了描述，同时力所能及地对其未来进行了展望。据我所知，这样的信息科学研究在世界范围内目前还未见到。对中国读者而言，改革开放近 40 年来，更很少有人涉足全面介绍和系统评价中外信息科学研究状况的工作。致力于信息科学研究的人可以不读本书，但如果不对本书所讨论的主要专业信息学分支有所了解，那就没有谁能能够建立起一门真正的信息科学。从这个意义上说，本书是一部重要的基础性信息科学参考文献。

着手进行本书的写作，最先是从数理统计学和一般统计学入手的。那时我确信，数理统计学虽然只有限地使用了信息概念，但它给人带来了无限的遐想空间。就统计学而言，其中处处都在谈论着引人入胜的信息问题。

但事后证明，数理统计学的信息思维仅能对可量化的信息提供一种有限的方法论；而一般的统计学对信息科学来说仍是一个方法性学科。而本书追求的思考是一种基础性和一般性的信息科学结论。因此，为了完成既定的任务，就必须重新寻找解决问题的方案。

回顾信息科学的发展史，它始于 20 世纪 40 年代末的维纳和香农。由于信息概念之后开始迅速向各学科渗透，故从 80 年代初的马克卢普开始，其探索形式大都采用团体研究的方法进行。团体研究固然有利于及早对整个信息科学的任何特化问题进行富有成效的分析，但任何来自多人的合成思维，都天生会导致一种对事物进行良好整体性把握的缺陷。这就是说，在对信息科学进行团体性研究的同时，更需要一种系统的个人思考；而任何个人，对这一几乎涉及当代所有科学学科的信息问题进行单独思考，就有可能会出现对某些问题没有足够时间和能力去弄清楚的弊端。为了避免这种情况的出现，我们很可能再回到团体研究的方法中。这样，信息科学的探索实际上很容易陷入两难的境地。

在今天的科学研究和社会实践之中，信息已成天地之心、生命之魂、往今之桥。为了探索建立一门一般或统一信息科学的可行性，首要任务是先分析清楚不同的专业信息学科究竟都在研究些什么。但面对当今如此之多的专业信息学科，一个人阅读和分析的边界在哪里？答案有两种：第一，我们需要一个研究指南。这个指南应该能够告诉我们：哪些是基础性的专业信息学科，哪些是非基础性的专业信息学科？很显然，根据一般的科学方法论，致力于基础信息科学研究的人，可以仅把自己的有限精力放在那些基础性的专业信息学科之上。然而，目前我们还没有这个指南，故这个条件并不存在。第二，我们可以使用遍历法。用遍历法逐一考察目前已有的 200 余门信息学科，它也许最终能使我们从中获得我们希望获得的东西。但要达到这个目的，不说一个人的理解力有多么的好，仅就海量的阅读而言，它几乎就会耗掉一个人的一生。即便如此，也不能保证最终一定能找到有效的信息科学规律、原理、方法。大体上说，不论采用哪种方法，我们都不得不被信息概念应用的足迹牵着鼻子走：哪里使用了信息，我们的思考足迹就必须跟向哪里。但一个人的精力和学识总是有限的，即使是被马克卢普称作“科学献身者的精神动力”的诺贝尔奖获得者西蒙，被康威和西格尔曼称作“信息时代之父”的控制论缔造者维纳，面对今天的信息科学研究，他们也未必都能得心应手。这就是自“信息科学”概念问世 57 年来，在全世界还一直看不到一部把各种主要的信息问题都包括在内进行全面系统地探讨的信息科学著作问世的原因。

正因为如此，选择第一种答案是紧迫的。但是，要给出“哪些是基础性的专业信息学科，哪些是非基础性的专业信息学科”这样的答案，又要以第二种答案为前提。作为一个当代信息科学研究者，我没有权利去回避对当前任何重要的信息问题进行分析，忽略对任何专业信息学科的分析，都可能会给我们带来认知破损的风险，并最终不能实现我们的目标。这样，唯一的方法是进行风险性研究。但风险性研究的两个常见弊端是：说外行话，做无用功。

尽管已有足够的自知之明，但为了完成既定的任务，我还是忍不住用信息的观点提出了“遗传信息学”和“内分泌信息学”的概念，并把它们和神经信息学放在一起，作为一门大的“细胞信息学”学科提出，并对其内容进行了有限的描述；对当代物理学、化学、统计学、地理学等学科中那些声称自己和信息具有密不可分关系的主张进行了述评；对基本属于人类信息学分支的语言学和传播学研究提出了大幅度的修改建议；在信息的人文研究领域提出了一门独立的信息本体论研究分支——信事学，其地位类似于遗传信息学中的基因组学。同时，所引入的“自生成信息系统”等概念，它们在有效地解释计算机科学和通信科学这类技术信息学为什么不能成为基础性专业信息科学的同时，实际上也为未来从事一般信息科学研究的人们在工作中提供了大幅度的减负指南。例如，成为量子通信系统和量子处信系统的前提是量子纠缠，而基于量子纠缠的信息系统属于一种他生成信息系统。因此，未来的基础信息科学理论研究者就可以不必去理会它们。虽然这种思路可能解决了信息科学中的一些难题，但其中就可能包含了大量的外行话，典型的例子如遗传信息学。

在生命科学中，遗传学大概属于最为艰深的生物学分支之一。许多学习遗传学的学生，在谈到孟德尔和摩尔根的遗传学三大基本定律时，也都认为它们是一些非常复杂的生物学学说。加上之后关于遗传物质和遗传信息的研究，以及 20 世纪末叶之后大规模流行的基因组学和蛋白质组学研究，即所谓建立在分子生物学级别之上的生物信息学探索，对一个并非主修生物学的研究者来说，要弄明白什么是遗传信息学，其难度可想而知。即使为此花费了大量的精力，但直到本书完稿时为止，我对遗传信息学的理解实际上仍处于迷雾之中。但有一点是肯定的，在所有的专业信息学中，遗传信息学可能是最为复杂、最为精深的专业信息学之一。从进化论和发育生物学的角度看，不考虑未来的遗传信息处理问题，遗传信息学目前的基本问题仍是一个信息传输问题，但香农的信息传输模型对遗传信息学来说几乎没有任何参考意义。

至于做无用功方面，对量子信息学的理解是最好的例子。量子信息学是来自量子力学和信息技术的交叉学科。要了解量子信息学，就必须先了解量子力学。量子力学产生于20世纪初，直到它问世很久之后，全世界懂得量子力学的物理学家仍不超过13人。费曼曾说："我确信没有人懂得量子力学。"爱因斯坦也曾感慨道："我脑中懂得量子力学，但心中却不懂它。"即使到了1997年，来自奥地利因斯布鲁克的世界著名量子信息学家泽林格尔，在接受美国有线电视新闻网访谈时，在洋洋洒洒地做了长时间关于量子纠缠之类的解说之后，在节目结束时他却告诉主持人："如果'纠缠'的概念让你头晕，不要难过，因为我也不明白它是什么。"可见量子信息学的艰深程度。为了弄明白这一问题，借助源自生物学的自生成理论，以及要制造出一个量子通信系统，就必须先进行人工量子纠缠的思路，最后终于明白了量子信息学并不属于基础性专业信息学的范畴。再比如，从Smalltalk程序设计语言开始，计算机科学家就反复强调，面向对象的程序设计语言既是一种程序设计工具，也是一种认识世界的方法。并且，这种建立在人类认识世界和理解世界的对象与属性的构造法之上的方法，具有良好的系统封装和继承等属性。对信息科学来说，信息世界也是某一物种认识现实世界和理解现实世界的最后成果。既然面向对象的程序设计已经包含了一个系统的方法论，那么，这种方法论对信息科学研究是否具有借鉴意义呢？为了深入理解这种方法，我们就有必要在学习中使用它，在使用中理解它。于是，从研究Smalltalk开始到C++，再到Java，我最终发现，这一方法纯粹是一种技术设计。用我现在喜欢的话来说，一个他生成信息系统对基础信息科学研究是没有价值的。类似的无用功还有很多，它们曾花掉了我数年的研究时光，结果一无所获。但探索总需要有人去完成，尽管需要极大的勇气和耐心，并愿意承受失败带来的种种风险和痛苦。信息科学基础理论的研究目前已成为一个名副其实的世界性难题，一个人要想在这一领域有所作为，他既需要挑战自己，更需要超越自己。事实上，我对自己18年来所付出的心血无怨无悔。

另一件事值得在此提及。纵观今日大众媒体和普通公众所说的信息，它们既不是香农信息论的研究范畴，也不是计算机科学的关注主题，但却在我们的日常应用中占据着最大的份额。很显然，隐遁和逃避并不是通向信息研究的自由之路。缄默既不是信息科学研究者的权力，也未必是他们的一种美德。一门智慧的信息科学如若能够取得成功，它应该在这方面能够同公众进行对话，并在这个对话中展现出自己的独特气质。前提是：它必须在人文研究方面有一个重大的突破。因此，从1987年开始，我就不断说服北京大学的最高管理层，应该考虑在校内建立一个信息科学的人文研究基地。历经三代领导班子的交替，在时任副校长何芳川教授的支持下，最终于 1998 年决定在北京大学成立信息与传播学院。众所周知，当代新闻学有三个基本概念：信息、传播、媒体。从信息角度入手构思这个学院，不仅对信息科学的发展具有重要的意义，而且对改造和信息相关的一系列传统人文学科也会产生不可估量的创新。仅就新闻学而言，当时人们已经意识到，业界并不青睐纯粹的新闻学专业学生，它们更喜欢具有一门其他专业知识的新人。对作为一所追求高水准的研究型大学而言，一如英国的牛津大学和剑桥大学、美国的哈佛大学和耶鲁大学、日本的东京大学和京都大学等世界著名学府，它们均对新闻学研究了无兴趣。北京大学虽在历史早期有过新闻学，并于改革开放之后在中国语言文学系成立过新闻学专业试点，但在不久之后就被划转到了中国人民大学。但遗憾的是，当 2000 年这个学院在北京大学成立时，却变成了新闻与传播学院。从世界范围来看，在高水准的大学中进行信息、传播、媒体研究和教育，整合得最好的机构当属日本的东京大学，其次才是美国的一些院校。从信息科学的发展历程来看，尽管“信息传播学”的概念最终也许会被证明并不是最好的一个，但它至少比“新闻传播学”的概念先进 20 年。而采取落后 20 年的概念在北京大学轰轰烈烈地建立这样一个机构，这是非常令人惋惜的。但无论如何，既然有了起步，涉及信息的人文研究终会沿着其自身的规律发展下去，因为它在很大程度上是不以人的意志为转移的。

虽然作为一个小说家的韦尔斯成功地写出了《世界史纲》，作为一个物理学家的薛定谔成功地写出了《生命是什么？》，但这只是科学研究佳话中的一些偶然案例，它们不是一种可以普遍仿效的模式。韩愈早在唐代就告诫过我们：学有所长，术有专攻。因此，对自己并不熟悉的领域指手画脚是科学研究中的一个大忌。但又正如薛定谔所说，为了某种责任，我们必须放弃这种尊贵。或诚如惠勒所说，人的思想应该超越其特定的专业和研究课题的狭隘疆界。虽心有戚戚，但仍需自知，对信息科学这一几乎涉及当代所有学科的研究来说，自己的知识结构远不是完成这项使命的合格候选人。但要推动信息科学向前迈进，即使是一种缓慢的进步，也必须有人敢于冒险去进行一个全方位的跨学科扫描，这是当前全球信息科学研究者亟须完成且根本躲不过去的一项任务。在这方面，我们的西班牙同行马里胡安曾说过一句很鼓舞人的话：在科学事业上，没有什么东西比“填补空白”更吸引人的了。在本书中，我小心翼翼地做了这种尝试，并期待所涉学科的学者和信息科学研究者对本书提出的观点给予各种批评和建议。

作为作者，我期待自己能写出一部启人心智的信息科学读物，并希望读者觉得我已经尽到了这份责任。但必须说明的是，和 20 世纪后半叶兴起的信息研究热潮相比，目前的基础信息科学研究正处于一个令人幻灭和迷茫的低潮期。而和其形成鲜明反差的是，专业信息学研究却又显得十分活跃，它几乎和一切学科相关。换句话说，几乎没有多少学术领域不涉及信息问题。基于信息科学研究的这种特性，若欲使本书涵盖今日所有科学分支中有关信息问题的已有想法、方向、参考文献，这几乎是不可能的。同时，本书在涉及相关学科中信息问题的叙述上也可能差错良多。在这方面，我希望读者给予宽容。

实际上，人的一生有时感觉的确是很短暂的。在本书完稿的时候，致谢中提到的一些我十分尊敬的学者，有的已经与世长辞。例如，斯托尼尔在与癌症进行了长期的搏斗之后，终于从英国回到他的美国故乡马萨诸塞，不得不告别了信息科学这个探索的舞台。当他的夫人和儿子来信将这一噩耗告诉我时，我的心中充满了哀伤。马希文教授带着满盈的才华和对科学的热爱客逝异域，他昔日的老师、北京大学丁石孙前校长，他所培养的几位优秀弟子，以及我们这些有限的、对他的为人和学识有所了解和十分崇敬的人，只能聚集在北京大学数学学院的一个小教室里，对他进行了一个简朴但庄严的追思……而这时的我已不再年轻，入世的激情已被岁月冲刷几尽。面对许多变化，觉得自己对这个世界已稍感生疏。

闫学杉

2015 年 12 月 1 日